Koch / Stämpfle

Mathematik für das Ingenieurstudium

Jürgen Koch
Martin Stämpfle

Mathematik für das Ingenieurstudium

5., aktualisierte Auflage

HANSER

Über die Autoren:
Prof. Dr. Jürgen Koch hält Vorlesungen zur Mathematik an der Hochschule Esslingen.
Prof. Dr. Martin Stämpfle hält Vorlesungen zur Mathematik an der Hochschule Esslingen.

MIX
Papier aus verantwortungsvollen Quellen
FSC® C083411

Print-ISBN: 978-3-446-47684-4
E-Book-ISBN: 978-3-446-47810-7

Bibliografische Information der Deutschen Nationalbibliothek:
Die Deutsche Nationalbibliothek verzeichnet diese Publikation in der Deutschen Nationalbibliografie; detaillierte bibliografische Daten sind im Internet unter http://dnb.d-nb.de abrufbar.

Kolbergerstraße 22 | 81679 München | info@hanser.de
www.hanser-fachbuch.de
Lektorat: Dipl.-Ing. Natalia Silakova-Herzberg
Coverkonzept: Marc Müller-Bremer, www.rebranding.de, München
Covergestaltung: Max Kostopoulos
Satz: Martin Stämpfle
Druck: CPI Books GmbH, Leck
Printed in Germany

Vorwort

Drei wesentliche Gründe haben uns bewogen, ein Mathematikbuch zu schreiben. Zum einen haben wir unser persönliches didaktisches Konzept umgesetzt. Zum anderen ist dieses Buch so gestaltet, dass es dem Wandel, der durch den Einsatz von Computern entstanden ist, gerecht wird. Schließlich wird durch viele Anwendungsbeispiele die Bedeutung der Mathematik in der Technik sichtbar.

In diesem Mathematikbuch haben wir viel Wert auf eine verständliche Sprache gelegt. Begriffe, Regeln und Sätze sind so formuliert, dass sie möglichst leicht zu lesen, schnell aufzufassen und einfach zu merken sind. Bilder sagen mehr als tausend Worte. Gemäß diesem Grundsatz werden Sätze, Regeln und Beispiele mit farbigen Skizzen illustriert. Diese Abbildungen helfen, den Sachverhalt unmittelbar visuell aufzunehmen. Alle Beispiele enthalten einen ausführlichen Rechenweg. Durch die Angabe von vielen Zwischenschritten sind sie auf das Niveau von Studienanfängern zugeschnitten. Dieses Buch ist nicht nach dem strengen Prinzip Definition-Satz-Beweis aufgebaut. In diesem Sinne ist es kein Mathematikbuch für Mathematiker. Trotzdem sind an vielen Stellen Herleitungen oder Beweisskizzen enthalten. Sie fördern das Verständnis über die Zusammenhänge des mathematischen Gedankengebäudes. Querbezüge zur Geschichte der Mathematik verdeutlichen, wie sich die Mathematik über Jahrhunderte aus Ideen genialer Personen entwickelt hat. Kurzporträts einiger bedeutender Mathematiker befinden sich im Anhang.

Durch den Einsatz von Computern hat sich die Tätigkeit von Ingenieuren stark gewandelt. Berechnungen und Konstruktionen werden überwiegend mit Softwarewerkzeugen durchgeführt. Dadurch steht die Vermittlung von Rechenschemata und Rechentricks bei der Mathematikausbildung in einem Ingenieurstudium heute nicht mehr im Vordergrund. Computer machen Mathematik aber nicht überflüssig, im Gegenteil: Das Kapital der Ingenieurabsolventen liegt im Verständnis der Mathematik. Das Wissen über die Modellierung und die Kenntnis unterschiedlicher Berechnungsverfahren sowie die Fähigkeit zu einer souveränen Interpretation der Ergebnisse zeichnen einen guten Ingenieur aus. Dieses Buch wird diesem geänderten Anspruch gerecht. Die meisten Kapitel enthalten einen Abschnitt über numerische Verfahren und einen Abschnitt über ausgewählte Anwendungen. Bei diesen Anwendungen sind die technischen Skizzen und Bezeichnungen teilweise vereinfacht dargestellt und deshalb nicht immer normgerecht.

Zum Überprüfen des Lernfortschrittes stehen am Ende der Kapitel Aufgaben, unterteilt in die Kategorien Verständnis, Rechentechnik und Anwendungen, zur Verfügung. Durch selbstständiges Üben und mit einer gesunden Portion Hartnäckigkeit beim Bearbeiten der Aufgaben wird sich der gewünschte Studienerfolg einstellen. Das Dozentenportal des Carl Hanser Verlags stellt für Mathematikdozenten begleitend zum Buch einen Foliensatz bereit.

Unser Dank richtet sich in erster Linie an unsere Studierenden. Ihre Fragen und Bemerkungen über viele Semester hinweg haben uns angeregt, immer wieder über Verbesserungen der Darstellung des Stoffes zu reflektieren. Ebenfalls bedanken möchten wir uns bei unseren Kolleginnen und Kollegen der Fakultät Grundlagen an der Hochschule Esslingen. Zahlreiche Hinweise sind an vielen Stellen eingeflossen. Ein herzlicher Dank geht an den Carl Hanser Verlag, speziell an Frau Christine Fritzsch, Frau Renate Roßbach und Frau Katrin Wulst, für die angenehme Zusammenarbeit bei der Entstehung dieses Buches. Schließlich gilt ein besonderer Dank unseren Familien, die uns Freiräume geschaffen und so die Entstehung des Manuskripts ermöglicht haben.

Esslingen, im Juli 2010

Jürgen Koch
Martin Stämpfle

Die positive Resonanz über unser Buch hat uns sehr gefreut und uns dazu motiviert, in die 2. Auflage eine Reihe von Ergänzungen und Verbesserungen aufzunehmen. Bedanken möchten wir uns bei den Studierenden und Kollegen über die Rückmeldungen zu Tippfehlern und kleinen Unstimmigkeiten. In akribischer Kleinarbeit sind wir allen Hinweisen nachgegangen und haben entsprechende Korrekturen vorgenommen. Auch die Lösungen zu den Aufgaben, die nach wie vor im Internet abrufbar sind, haben wir überarbeitet.

Wir haben in der 3. Auflage das Thema Funktionen in drei Kapitel aufgeteilt. Der Einstieg in die Funktionen ist nun etwas allgemeiner gehalten und beinhaltet auch Relationen. Ein eigenes klar strukturiertes Kapitel über die elementaren Funktionen verbessert den Überblick über diese Funktionen. Die zentralen Themen Folgen, Grenzwerte und Stetigkeit sind nun in einem separaten Kapitel gebündelt. Mit Ergänzungen bei der z-Transformation und den beiden komplett neuen Kapiteln über Differenzengleichungen und elementare Zahlentheorie haben wir weitere Aspekte der diskreten Mathematik hinzugefügt. Einige Aufgaben und Lösungen sind neu hinzugekommen oder wurden überarbeitet.

In der 4. Auflage haben wir Abschnitte über orthogonale Vektoren und Matrizen und die Hauptachsentransformation aufgenommen. Das Kapitel über Zahlentheorie wurde um zwei Anwendungen erweitert. Bei den Kapiteln über Grundlagen, Matrizen und gewöhnliche Differenzialgleichungen wurden etliche Aufgaben ergänzt. Auch für diese Auflage haben wir noch einige kleinere Unstimmigkeiten geglättet.

Wir haben in der 5. Auflage eine zweite Farbe eingeführt. Der Text ist nun durchgehend in einheitlicher Schriftgröße, die Formatierung wurde stark überarbeitet. Die Aufgaben am Ende eines jeden Kapitels sind in die Kategorien Verständnis und Kompetenz, Rechnung und Training, und Anwendung unterteilt. Das didaktische Konzept für die Aufgaben wird durch die Angabe der Schwierigkeitsgrade erweitert. Die Lösungen mit ausführlichen Rechenwegen sind in einem separaten Buch Mathematik für das Ingenieurstudium: Aufgaben und Lösungen enthalten.

Esslingen, im Januar 2025

Jürgen Koch
Martin Stämpfle

Inhaltsverzeichnis

1 Grundlagen

Die Mathematik ist aus einzelnen Bausteinen aufgebaut. Neue Erkenntnisse bauen stets auf bereits Bekanntem auf. Dadurch entsteht ein immer mächtigeres Bauwerk. In diesem Kapitel beschäftigen wir uns, bildlich gesprochen, mit den untersten Etagen der Mathematik. Dabei geht es vor allem um Themen der Schulmathematik. Nun gehört die Schulmathematik nicht immer zu den vorrangigen Interessensgebieten von Studierenden. Man könnte darüber nachdenken, dieses Kapitel zu überblättern. Das geht natürlich nur gut, wenn im Kartenhaus unserer Leser in den untersten Etagen nicht viele Lücken vorhanden sind. Ansonsten drohen die ganzen Bemühungen mit einstürzenden Neubauten zu enden. Auch wenn man den Eindruck hat, über ein tragbares Fundament in Mathematik zu verfügen, sollte man sich mit den Bezeichnungen für logische Operatoren, Mengen, Zahlen, Intervalle, Summen und Produkte in diesem Kapitel vertraut machen.

Die Darstellung der Themen in diesem ersten Kapitel ist sehr komprimiert. Für eine intensive Wiederholung der Schulmathematik sollte man jedoch noch weitere Bücher, die mehr Beispiele und Übungsaufgaben enthalten, in Betracht ziehen. Die wesentlichen Dinge, die in den folgenden Kapiteln benötigt werden, sind jedoch alle enthalten.

1.1 Logik und Mengen

Wir gehen in diesem Abschnitt kurz auf einige Aspekte der Logik und der Mengenlehre ein. Diese beiden Teilgebiete gehören zum absoluten Fundament der Mathematik. Obwohl sie in diesem Buch nicht im Mittelpunkt stehen, werden wir doch an vielen Stellen immer wieder logische und mengentheoretische Eigenschaften anwenden.

1.1.1 Aussagenlogik

„Das ist doch logisch.“ Dieser Satz wird oft strapaziert, jedoch nicht immer geht dieser Aussage eine wirklich streng logische Herleitung eines Sachverhalts voraus. Die Mathematik bedient sich an vielen Stellen der Logik. Die Hoffnung dabei ist, dass Dinge objektiv beschrieben werden können und Aussagen und Gesetze lange Zeit Gültigkeit haben, da sie für jeden transparent und schlüssig, eben logisch herleitbar sind. Die grundlegende Denkweise der Logik wurde auch unter philosophischen Aspekten bereits in der Antike etwa von Aristoteles beschrieben.

Eine spezielle Art der Logik ist die Aussagenlogik. Wie die Bezeichnung schon vermuten lässt, stehen dabei Aussagen im Mittelpunkt. Es stellt sich die Frage, wie man mit Aussagen, insbesondere natürlich mit mathematischen Aussagen umgehen kann. In der klassischen Aussagenlogik geht man davon aus, dass eine Aussage entweder wahr oder falsch ist. Aussagen, bei denen nicht entscheidbar ist, ob sie wahr oder falsch sind, berücksichtigen wir hier nicht.

Betrachtet man nicht nur eine Aussage, sondern mehrere, dann ist interessant, wie diese Aussagen zueinander stehen. Oftmals folgt aus einer Aussage eine andere. Man kann Aussagen miteinander verknüpfen und dadurch zu weiteren Aussagen gelangen. Der formale Apparat dazu heißt Aussagenlogik. Etwas allgemeiner ist die nach dem englischen Mathematiker George Boole benannte und von Giuseppe Peano und John Venn maßgeblich entwickelte Boolesche Algebra. Sie kann auf die Logik und auf Mengen, wie wir sie in Abschnitt 1.1.2 betrachten, spezialisiert werden. Zunächst definieren wir einige Operationen für Aussagen.

Definition 1.1 (Aussagenlogik)

Für die Aussagen A_1 und A_2 bezeichnet man

- die Negation oder das Gegenteil der Aussage A_1 mit $\neg A_1$,
- die Und-Verknüpfung der beiden Aussagen mit $A_1 \wedge A_2$,
- die Oder-Verknüpfung der beiden Aussagen mit $A_1 \vee A_2$,
- die Implikation der beiden Aussagen mit $A_1 \Longrightarrow A_2$,
- die Äquivalenz der beiden Aussagen mit $A_1 \Longleftrightarrow A_2$.

Für äquivalente Aussagen verwendet man die Sprechweise

$$A_1 \Longleftrightarrow A_2 \quad \text{„}A_1 \text{ gilt genau dann, wenn } A_2 \text{ gilt“}$$

und für die Implikation

$$A_1 \Longrightarrow A_2 \quad \text{„wenn } A_1 \text{ gilt, dann gilt auch } A_2\text{“} \quad \text{oder} \quad \text{„aus } A_1 \text{ folgt } A_2\text{“}.$$

Etwas gewöhnungsbedürftig ist die Tatsache, dass für Relationen zwischen Aussagen Folgendes zutrifft:

$$A_1 \Longrightarrow A_2 \quad \text{ist gleichbedeutend mit} \quad \neg A_2 \Longrightarrow \neg A_1.$$

Folgt also aus A_1 die Aussage A_2, so ist dies äquivalent zur Tatsache, dass, wenn A_2 falsch ist, die Ausssage A_1 ebenfalls nicht wahr sein kann. Dies wird beispielsweise bei der Durchführung von Widerspruchsbeweisen, siehe Abschnitt 1.6, angewandt. Die Oder-Verknüpfung ist kein exklusives Oder. Ist Aussage A_1 oder Aussage A_2 wahr, so können durchaus auch beide Aussagen wahr sein. Möchte man ausdrücken, dass nur genau eine Aussage wahr ist, also entweder A_1 oder A_2, so kann man dies mithilfe der exklusiven Oder-Verknüpfung erreichen:

$$(A_1 \wedge \neg A_2) \vee (A_2 \wedge \neg A_1).$$

Damit wird also ausgedrückt, dass entweder A_1 wahr und A_2 falsch ist oder der umgekehrte Fall gilt.

Beispiel 1.1 (Aussagen)

a) Um im Lotto zu gewinnen, muss man einen Lottoschein ausfüllen. Zwischen den beiden Aussagen

A_1 : Ich habe im Lotto gewonnen, A_2 : Ich habe einen Lottoschein ausgefüllt

besteht also die Implikation $A_1 \Longrightarrow A_2$. Einen Lottoschein auszufüllen bezeichnet man als eine notwendige Bedingung für einen Lottogewinn. Allerdings ist das leider noch keine hinreichende Bedingung für einen Lottogewinn.

b) Wir betrachten die beiden Aussagen

A_1 : Die Figur ist ein Dreieck, A_2 : Die Figur ist ein Polygon.

Da jedes Dreieck ein Polygon ist, gilt $A_1 \Longrightarrow A_2$. Die Umkehrung muss aber nicht zutreffen. Ein Quadrat etwa ist insbesondere ein Polygon, aber eben kein Dreieck. Die beiden Aussagen sind nicht äquivalent.

c) Bei den beiden Aussagen

$$A_1 : x > 5, \quad A_2 : x > -2.$$

gilt $A_1 \Longrightarrow A_2$, denn wenn eine Zahl größer als 5 ist, dann ist sie auch größer als -2. Die Umkehrung trifft nicht zu. Somit sind die beiden Aussagen auch nicht äquivalent.

d) Für die Aussagen

$$A_1 : x^2 = 4, \quad A_2 : x = 2, \quad A_3 : x = -2$$

gelten die folgenden Relationen:

$$A_2 \Longrightarrow A_1, \quad A_3 \Longrightarrow A_1, \quad A_1 \Longleftrightarrow A_2 \vee A_3.$$

An diesem Beispiel wird deutlich, wie die Aussagenlogik die mathematische Lösungsfindung begleitet. Nur bei Äquivalenzumformungen ist sichergestellt, dass keine Lösung verloren geht und auch kein neuer Lösungskandidat hinzu kommt. ■

Die Oder-Verknüpfung und die Und-Verknüpfung sind assoziativ und kommutativ. Man kann also beliebig Klammern setzen und auch die Reihenfolge vertauschen. Treten beide Operatoren gemischt in einem Ausdruck auf, so kann man diesen mithilfe der Regeln des Mathematikers Augustus de Morgan umformen.

Satz 1.1 (Regeln von de Morgan)

Für die Aussagen A_1 und A_2 gilt:

- $\neg(A_1 \wedge A_2) = \neg A_1 \vee \neg A_2$
- $\neg(A_1 \vee A_2) = \neg A_1 \wedge \neg A_2$

Nun gibt es allerdings auch eine etwas seltsame Art von Aussagen, bei denen man auch bei näherer Betrachtung nicht so recht weiter kommt:

„Ich spreche jetzt nicht die Wahrheit.“

Was ist davon zu halten, wenn eine Person einen solchen Satz spricht? Entspricht die Aussage der Wahrheit?

Wenn die Person die Wahrheit sagt, so stimmt ihre Aussage. Darin ist aber enthalten, dass sie nicht die Wahrheit spricht. Dies ist ein Widerspruch. Wenn sie lügt, dann ist ihre Aussage nicht wahr. Ihre Behauptung, dass sie nicht die Wahrheit spricht, ist falsch. Sie sagt also die Wahrheit. Dies führt ebenfalls zu einem Widerspruch. Es ist folglich nicht entscheidbar, ob diese Aussage wahr ist oder nicht. Wie kommt dieses Paradoxon zustande? Es ist der Selbstbezug, der diese sogenannte Antinomie ungreifbar macht. Bertrand Russell publizierte 1903 dieses Paradoxon erstmals.

Als Ausblick sei hier erwähnt, dass eine Erweiterung der Aussagenlogik in der sogenannten Prädikatenlogik besteht. Dieser Formalismus enthält als weitere Strukturelemente sogenannte Prädikate und Quantoren, mit deren Hilfe Existenz und Allgemeingültigkeit von Ausdrücken näher spezifiziert werden können. Die Prädikatenlogik hat viele Anwendungsfelder. Dazu zählen Programmiersprachen und Compilerbau in der Informatik. Pioniere der modernen Logik sind John von Neumann, Paul Bernays und Kurt Gödel.

1.1.2 Mengen

Viele Begriffe in der Mathematik, wie beispielsweise die reellen Zahlen oder der Wertevorrat einer Funktion, werden über Mengen definiert. Eine Menge fasst verschiedene Elemente zusammen. In einer Menge können endlich viele oder unendlich viele Elemente enthalten sein. Bei einer Menge interessiert man sich nicht für die Reihenfolge der Elemente. In diesem Sinn gibt es kein erstes oder letztes Element einer Menge. Man kann lediglich entscheiden, ob ein gewisses Element in einer Menge enthalten ist oder nicht. Ein und dasselbe Element kann auch nicht mehrfach in einer Menge enthalten sein. Mengen kann man durch Aufzählen der Elemente oder durch Angabe bestimmter Eigenschaften der Elemente festlegen.

Definition 1.2 (Mengenschreibweise)

In der aufzählenden Form einer Menge M werden alle Elemente a, b, c, ... aufgezählt, die zu M gehören:

$$M = \{a, b, c, \ldots\}.$$

In der beschreibenden Form einer Menge M besteht M aus allen Elementen x, die eine bestimmte Eigenschaft erfüllen:

$$M = \{x \mid x \text{ hat bestimmte Eigenschaft}\}.$$

Beispiel 1.2 (Mengenschreibweise)

Die Menge, die aus allen Zahlen besteht, deren Quadrat kleiner oder gleich 4 ist und die größer oder gleich -1 sind, definiert man durch

$$M = \left\{x \mid x^2 \leq 4 \text{ und } x \geq -1\right\}.$$

Die Menge M besteht aus den Zahlen zwischen -1 und 2. ∎

Definition 1.3 (Leere Menge)
Die leere Menge bezeichnet man mit $\emptyset = \{\}$.

Die leere Menge enthält kein Element. Für sie verwendet man die Bezeichnung $\emptyset$. Mit den Symbolen $\in$ und $\notin$ beschreibt man das Enthaltensein oder Nichtenthaltensein von Elementen in Mengen.

Definition 1.4 (Element einer Menge)
Die Mengenzugehörigkeit beschreibt man für

- ein Element einer Menge mit $a \in \{a, b, c\}$,
- kein Element einer Menge mit $d \notin \{a, b, c\}$.

Zwei Mengen sind gleich, wenn sie genau dieselben Elemente enthalten. Wenn die Menge M_2 alle Elemente der Menge M_1 auch enthält, dann nennt man M_1 eine Teilmenge von M_2. In diesem Sinne besteht auch zwischen zwei gleichen Mengen die Teilmengenrelation. An manchen Stellen unterscheidet man zwischen echten und unechten Teilmengen. Bei zwei gleichen Mengen spricht man dann von unechten Teilmengen. Echte Teilmengen müssen sich um mindestens ein Element unterscheiden.

Definition 1.5 (Teilmenge)
Die Menge M_1 ist eine Teilmenge der Menge M_2, falls jedes Element x der Menge M_1 auch in der Menge M_2 enthalten ist:

$$M_1 \subset M_2 : \quad x \in M_1 \implies x \in M_2.$$

Die wichtigsten Operationen für Mengen sind Vereinigung, Schnitt und Differenz. Die Vereinigungsmenge zweier Mengen enthält alle Elemente aus den beiden Mengen. Die Schnittmenge zweier Mengen besteht aus den Elementen, die sowohl zu der einen als auch zu der anderen Menge gehören. Bei der Differenzenmenge von zwei Mengen werden alle Elemente der zweiten Menge aus der ersten Menge entfernt. Mithilfe der Aussagenlogik kann man die Mengenoperationen formal definieren.

Definition 1.6 (Mengenoperationen)
Für die Mengen M_1 und M_2 definiert man

- die Vereinigungsmenge durch $M_1 \cup M_2 = \{x \mid x \in M_1 \vee x \in M_2\}$,
- die Schnittmenge durch $M_1 \cap M_2 = \{x \mid x \in M_1 \wedge x \in M_2\}$,
- die Differenzenmenge durch $M_1 \setminus M_2 = \{x \mid x \in M_1 \wedge x \notin M_2\}$.

Während bei den ersten beiden Operationen die Mengen vertauschbar sind, ohne dass sich dabei das Ergebnis ändert, ist dies bei der Differenzbildung nicht möglich. Im Allgemeinen ist also $M_1 \setminus M_2$ nicht dasselbe wie $M_2 \setminus M_1$. Die Differenzbildung ist, wie man sagt, nicht kommutativ. Das exklusive Mengen-Oder erhält man mittels der Mengendifferenz folgendermaßen:

$$(M_1 \setminus M_2) \cup (M_2 \setminus M_1).$$

Deutlich sichtbar ist die Analogie zwischen der logischen Oder-Verknüpfung und der Vereinigungsmenge. Gleiches gilt für die logische Und-Verknüpfung und die Schnittmenge. Auch beim exklusiven Oder ist die Analogie zur Aussagenlogik erkennbar. Sicherlich einprägsamer und leichter zu merken sind diese Definitionen über Mengendiagramme, die man auch als Venn-Diagramme bezeichnet. Sie sind nach dem englischen Mathematiker John Venn benannt.

Merke 1.1 (Mengenoperationen)

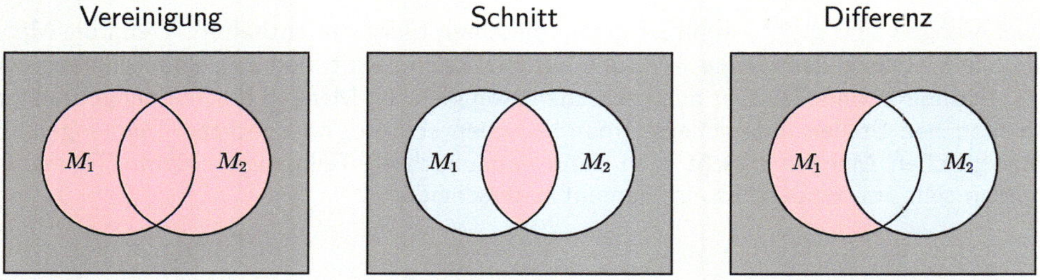

$M_1 \cup M_2$ $\qquad$ $M_1 \cap M_2$ $\qquad$ $M_1 \setminus M_2$

Beispiel 1.3 (Mengenoperationen)

a) $\{4, 7, 11\} \cup \{7, 17, 27\} = \{4, 7, 11, 17, 27\}$

b) $\{4, 7, 11\} \cap \{7, 17, 27\} = \{7\}$

c) $\{4, 7, 11\} \setminus \{7, 17, 27\} = \{4, 11\}$ ■

Nun gibt es noch die sogenannte Komplementbildung einer Menge M. Diese ist allerdings nur definiert, falls es eine Grundmenge gibt, aus der M gebildet ist. Das Komplement bezieht sich immer auf eine Grundmenge.

Definition 1.7 (Mengenkomplement)

Bezogen auf eine Grundmenge ist das Komplement einer Menge definiert durch

$$M^C = \{x \mid x \notin M\}.$$

Kein Element von M ist in der Menge M^C enthalten und umgekehrt.

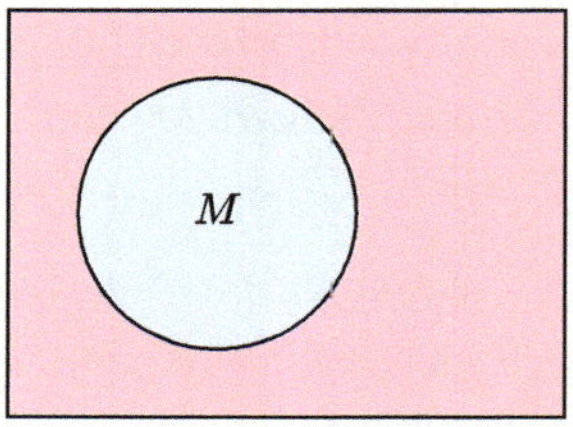

Viele Beiträge zu unterschiedlichen Aspekten der Mengenlehre stammen von Bernhard Placius Johann Nepomuk Bolzano, Richard Dedekind, Georg Ferdinand Ludwig Philipp Cantor und Ernst Friedrich Ferdinand Zermelo.

1.2 Zahlen

Der Mathematiker Richard Dedekind veröffentlichte 1888 eine Publikation mit dem Titel „Was sind und was sollen Zahlen?". Für sich betrachtet sind Zahlen rein abstrakte mathematische Objekte. Aus unserem Alltag sind Zahlen jedoch nicht mehr wegzudenken. Sie werden zum Zählen, Ordnen, Messen und zur Angabe von Größenverhältnissen verwendet. Beispielsweise hat die Zahl 11 zunächst keinen Bezug zu unserer täglichen Realität. Wenn wir jedoch wissen, dass eine Fußballmannschaft aus 11 Spielern besteht, dann ist die Größe genau festgelegt. Wenn eine Mannschaft auf dem 11-ten Tabellenplatz steht, dann verwenden wir die Zahlen zum Festlegen einer Reihenfolge.

In dieser Einführung stellen wir gewissermaßen die Entstehungsgeschichte der Zahlen vor. Sie erstreckt sich von den natürlichen und ganzen Zahlen über die rationalen Zahlen bis zu den reellen Zahlen. Die letzte Episode, die sich mit den komplexen Zahlen beschäftigt, ist in Kapitel 13 enthalten.

1.2.1 Natürliche Zahlen

Die Zahlen

$$0, 1, 2, 3, 4, 5, 6, 7, \ldots$$

sind uns aus dem Alltag vertraut. Die Mathematiker bezeichnen diese Zahlen deshalb als natürliche Zahlen.

Definition 1.8 (Menge der natürlichen Zahlen)

Die Menge der natürlichen Zahlen wird beschrieben durch

$$\mathbb{N} = \{0, 1, 2, 3, \ldots\}.$$

Viel Diskussion erzeugt die Frage, ob die Null auch eine natürliche Zahl ist. Letztendlich ist es jedoch ohne Bedeutung, ob wir die Null als natürliche Zahl betrachten oder nicht. Über was wir wirklich bei dieser Schreibweise nachdenken sollten, sind die drei Punkte am Ende der Auflistung. Durch die Notation ... wird angedeutet, dass es immer weiter geht. Im Sinne der Mathematik gibt es also keine größte natürliche Zahl. Meistens argumentiert man dabei wie folgt: Angenommen es gäbe eine größte natürliche Zahl, dann kann man doch sicherlich eine Eins zu dieser Zahl addieren und erhält dadurch eine noch größere Zahl. Also ist die Annahme, dass es eine größte natürliche Zahl gibt, nicht haltbar.

Definition 1.9 (Unendlich)

In der Mathematik versteht man unter dem Begriff Unendlichkeit das Gegenteil von Endlichkeit. Eine Menge hat also genau dann unendlich viele Elemente, wenn die Anzahl der Elemente nicht endlich ist. Zur Bezeichnung der Unendlichkeit verwendet man das Symbol ∞.

Beim Umgang mit dem Symbol ∞ ist Vorsicht geboten. Man darf mit diesem Symbol nicht einfach wie mit Zahlen rechnen. Wenn man Ausdrücke der Art $\infty - \infty$ verwendet, muss man genau erläutern, was darunter zu verstehen ist.

Merke 1.2 (Symbole ∞ und $-\infty$)

Die Bezeichnungen ∞ und $-\infty$ sind Symbole und keine Zahlen. Mit den Symbolen ∞ und $-\infty$ darf man nicht einfach rechnen wie mit Zahlen.

Ob sich die mathematische Unendlichkeit tatsächlich auf unsere reale Welt übertragen lässt, ist dem Mathematiker letztendlich egal. Nach Schätzungen von Physikern enthält unser Universum nicht mehr als 10^{78} Atome. Die Größe einer solchen Zahl mit 78 Stellen ist schwer zu erfassen, sie spielt für die mathematische Theorie keine Rolle. In der Mathematik ist das Prinzip der Unendlichkeit durch Axiome fest verankert. Albert Einstein soll einmal gesagt haben: „Zwei Dinge sind unendlich: Das Universum und die menschliche Dummheit. Aber beim Universum bin ich mir nicht ganz sicher."

1.2.2 Ganze Zahlen

Die Addition und die Multiplikation zweier natürlicher Zahlen ergibt wieder eine natürliche Zahl. Anders sieht es bei der Subtraktion aus. Wenn man von einer natürlichen Zahl eine größere natürliche Zahl abzieht, so ist das Ergebnis negativ. Das Ergebnis ist in diesem Fall also keine natürliche Zahl. Um diesen Makel zu beseitigen, erweitern wir die natürlichen Zahlen um die negativen Zahlen.

Definition 1.10 (Menge der ganzen Zahlen)

Die Menge der ganzen Zahlen wird beschrieben durch

$$\mathbb{Z} = \{\ldots, -3, -2, -1, 0, 1, 2, 3, \ldots\}.$$

Durch die ganzen Zahlen ist die Problematik bei der Subtraktion behoben. Die Addition, die Multiplikation und die Subtraktion zweier ganzer Zahlen ergibt wieder eine ganze Zahl. Mathematiker sprechen von der Abgeschlossenheit der ganzen Zahlen bezüglich Addition, Multiplikation und Subtraktion.

Auf den ersten Blick hat es den Anschein, dass es doppelt so viele ganze Zahlen wie natürliche Zahlen gibt. Bei dieser Betrachtung ist jedoch Vorsicht geboten. Sie geht von einer Rechnung der Art „$\infty + \infty = 2\infty$" aus.

Wie bereits erwähnt, darf man mit dem Symbol ∞ nicht einfach so rechnen, als ob es eine Zahl wäre. Aus Sicht der Mathematik ist die Anzahl der natürlichen und der ganzen Zahlen gleich, nämlich unendlich.

1.2.3 Rationale Zahlen

Über eine Grundrechenart haben wir uns bisher noch keine Gedanken gemacht, nämlich die Division. Was passiert, wenn wir zwei ganze Zahlen durcheinander teilen? Nur in Ausnahmefällen geht die Division zweier ganzer Zahlen ohne Rest auf. Damit wir Ergebnisse von Divisionen beliebiger ganzer Zahlen darstellen können, benötigen wir eine Erweiterung der ganzen Zahlen.

Definition 1.11 (Menge der rationalen Zahlen)

Die Menge der rationalen Zahlen besteht aus allen Zahlen, die sich als Bruch zweier ganzer Zahlen darstellen lassen:

$$\mathbb{Q} = \left\{ q = \frac{n}{m} \;\middle|\; n, m \in \mathbb{Z},\ m \neq 0 \right\}.$$

Im Hinblick auf die vier Grundrechenarten haben wir unser Ziel erreicht. Die rationalen Zahlen sind bezüglich Addition, Multiplikation, Subtraktion und Division abgeschlossen. Beim Umgang mit rationalen Zahlen spielt die Darstellung als Dezimalzahl eine wichtige Rolle. Dabei verwenden wir anstelle eines Kommas die international übliche Schreibweise der Dezimalzahlen mit einem Dezimalpunkt.

Definition 1.12 (Dezimalzahl)

Ein Zahl der Form

$$z_n z_{n-1} \ldots z_2 z_1 z_0 \,.\, z_{-1} z_{-2} z_{-3} \ldots\,, \qquad z_k \in \{0, 1, 2, 3, 4, 5, 6, 7, 8, 9\}$$

bezeichnet man als Dezimalzahl. Sie besteht aus endlich vielen Ziffern z_k vor dem Dezimalpunkt und endlich oder unendlich vielen Ziffern z_k nach dem Dezimalpunkt.

Bei Dezimalzahlen werden die Ziffern 0 bis 9 verwendet. Sie beruhen auf dem Zehnersystem. Historiker sehen die Ursache für die weite Verbreitung des Dezimalsystems vor allem in der menschlichen Anatomie. Das Zählen im Zehnersystem lässt sich durch zehn Finger einfach realisieren.

Trotzdem haben sich auch andere Zahlensysteme etabliert. Unter anderem das Zwölfersystem, das sich durch die einfache Aufteilung in Hälften, Drittel, Viertel, Sechstel und Zwölftel gegenüber dem Dezimalsystem auszeichnet. Bei der Darstellung auf Computern verwendet man das Binärsystem, das nur die beiden Ziffern 0 und 1 kennt. Eine komprimierte Darstellung des Binärsystems bietet das Hexadezimalsystem zur Basis 16.

Beispiel 1.4 (Dezimalzahlen)

a) Die Zahl 1.4142 ist ein typisches Beispiel für eine Dezimalzahl. Sie besitzt eine Stelle vor dem Dezimalpunkt und 4 Nachkommastellen und lässt sich als Bruch zweier ganzer Zahlen darstellen:

$$1.4142 = \frac{14142}{10000}.$$

Somit ist 1.4142 auch eine rationale Zahl. Zusätzlich wird bei diesem Beispiel eine Problematik deutlich, die wir an dieser Stelle auf keinen Fall verheimlichen wollen. Die Bruchdarstellung einer rationalen Zahl ist nicht eindeutig:

$$1.4142 = \frac{14142}{10000} = \frac{7071}{5000} = \frac{28284}{20000} = \ldots$$

b) Unter den rationalen Zahlen gibt es auch Zahlen, die sich nicht als endliche Dezimalzahl darstellen lassen. Ein einfaches Beispiel ist die rationale Zahl $\frac{1}{3}$. Die Darstellung dieser Zahl ist als Dezimalzahl nur dann möglich, wenn man unendlich viele Nachkommastellen zulässt:

$$\frac{1}{3} = 0.333333\ldots = 0.\overline{3}.$$

Man spricht hier von einer periodischen Dezimalzahl. Ein Strich über den sich wiederholenden Ziffern zeigt die Periode an.

c) Durch Brüche mit dem Nenner 9, 99, 999, $\ldots$ kann man aufgrund von

$$\frac{1}{9} = 0.111111\ldots, \quad \frac{1}{99} = 0.010101\ldots, \quad \frac{1}{999} = 0.001001\ldots, \quad \ldots$$

jede periodische Dezimalzahl darstellen. Dadurch sind alle periodischen Dezimalzahlen rationale Zahlen. Man kann den Trick auch bei Zahlen der Art

$$0.815471147114711\ldots = 0.815\overline{4711} = \frac{815}{1000} + \frac{4711}{1000 \cdot 9999}$$

anwenden. Umgekehrt kann man die Dezimalzahl

$$0.999999\ldots = 0.\overline{9} = \frac{9}{9} = 1$$

auch als rationale Zahl darstellen. ■

Merke 1.3 (Dezimalzahlen)

Jede Dezimalzahl mit endlich vielen Nachkommastellen und jede periodische Dezimalzahl ist als Bruch darstellbar und somit eine rationale Zahl. Umgekehrt bestehen die rationalen Zahlen genau aus allen Dezimalzahlen, die endlich viele Nachkommastellen haben oder periodisch sind.

1.2.4 Reelle Zahlen

In der griechischen Antike, also vor rund 2500 Jahren, gab es den ersten Nachweis, dass es auch Zahlen gibt, die nicht rational sind. Nicht rational bedeutet, dass sich die Zahl nicht als Bruch zweier ganzer Zahlen darstellen lässt.

Solche Zahlen bezeichnet man heute als irrational. Unglücklicherweise assoziiert man umgangsprachlich mit irrational etwas, was gegen die „Ratio", also gegen die Vernunft gerichtet ist. Der Ausdruck irrationale Zahlen bezieht sich jedoch auf den Begriff „Ratio" im Sinne vom Verhältnis zweier Zahlen.

Definition 1.13 (Irrationale Zahlen)

Eine Zahl, die sich nicht als Bruch zweier ganzer Zahlen darstellen lässt, bezeichnet man als irrationale Zahl. Irrationale Zahlen besitzen eine Dezimaldarstellung mit unendlich vielen Nachkommastellen, die sich nicht periodisch wiederholen.

Beispiel 1.5 (Irrationale Zahlen)

a) Ein typischer Vertreter der irrationalen Zahlen ist

$$\sqrt{2} = 1.4142135623730950488016887242097\ldots$$

Die Irrationalität von $\sqrt{2}$ hat Euklid indirekt nachgewiesen, siehe Beispiel 1.25.

b) Leonhard Euler konnte im Jahr 1737 beweisen, dass die Zahl

$$\mathrm{e} = 2.7182818284590455348848081484903\ldots$$

auch irrational ist. Einzelheiten zur Eulerschen Zahl e findet man in Definition 7.9.

c) Auch von der Kreiszahl

$$\pi = 3.1415926535897932384626433832795\ldots$$

ist bekannt, dass sie irrational ist. Die Kreiszahl π spielt eine zentrale Rolle bei den trigonometrischen Funktionen, siehe Definition 1.28. ∎

Definition 1.14 (Reelle Zahlen)

Die Menge der reellen Zahlen $\mathbb{R}$ besteht aus allen rationalen und irrationalen Zahlen.

Die Beweise, dass die Zahlen e und π irrational sind, sind alles andere als einfach. Charles Hermite etwa hat gezeigt, dass e eine sogenannte transzendente Zahl ist. Daraus folgt insbesondere, dass e irrational ist. Es entsteht leicht der Eindruck, dass man irrationale Zahlen wie Stecknadeln im Heuhaufen suchen muss. Doch genau das Gegenteil ist richtig. Es gibt wesentlich mehr irrationale Zahlen als rationale Zahlen. Formal drückt man das in der Mathematik dadurch aus, dass die rationalen Zahlen als abzählbar und die irrationalen Zahlen als überabzählbar bezeichnet werden. Anschaulich kann man sich das folgendermaßen vorstellen: Angenommen, man hätte einen Sack, indem sich alle rationalen und irrationalen Zahlen befinden. Wenn man nun blind eine Zahl aus diesem Sack ziehen würde, dann kann man fast sicher sein, dass es eine irrationale Zahl ist.

Merke 1.4 (Einbettung der Zahlenmengen)

Die natürlichen Zahlen sind eine echte Teilmenge der ganzen Zahlen, die ganzen Zahlen sind eine echte Teilmenge der rationalen Zahlen und die rationalen Zahlen sind eine echte Teilmenge der reellen Zahlen : $\mathbb{N} \subset \mathbb{Z} \subset \mathbb{Q} \subset \mathbb{R}$.

Möchte man die Zahlenmengen einschränken oder erweitern, so verwendet man zusätzliche Indizes. Ein Index 0 bedeutet, dass die Null zur Menge hinzugehört. So ist üblicherweise $\mathbb{N}_0$ die Menge der natürlichen Zahlen einschließlich der Null. Ein Index + bedeutet, dass nur die positiven Zahlen gemeint sind, ein Index – entsprechend, dass nur die negativen Zahlen gemeint sind. Die Menge $\mathbb{Q}^+$ bezeichnet also beispielsweise die positiven rationalen Zahlen. Die Menge $\mathbb{Q}_0^+$ bezeichnet die nicht negativen rationalen Zahlen. Selbst die reellen Zahlen sind noch nicht in jeder Hinsicht ausreichend. So besitzt etwa die quadratische Gleichung

$$x^2 + 1 = 0$$

keine reelle Lösung. Möchte man auch für dieses Problem eine Lösung haben, so muss die Menge der reellen Zahlen abermals erweitert werden. Man gelangt dadurch zur Menge der komplexen Zahlen, die in Kapitel 13 ausführlich eingeführt und diskutiert wird.

Die Theorie der Zahlen ist ein fundamentales Themengebiet der Mathematik und bis heute alles andere als abgeschlossen. Viele Mathematiker haben sich mit zahlentheoretischen Fragestellungen beschäftigt, darunter Richard Dedekind, Sophie Germain, David Hilbert, Georg Friedrich Bernhard Riemann und Srinivasa Aiyangar Ramanujan.

1.2.5 Ordnung

Bei zwei unterschiedlichen reellen Zahlen ist stets klar, welche von beiden die kleinere und welche die größere Zahl ist. Anschaulich kann man sich Zahlen als Punkte auf der Zahlengeraden vorstellen. Die kleinere Zahl wird dabei immer links von der größeren Zahl eingetragen. Ein Pfeil an der rechten Seite verdeutlicht, dass die Zahlen in dieser Richtung anwachsen. In beiden Richtungen ist der Zahlenstrahl in seiner Ausdehnung nicht beschränkt. Zur Beschreibung der Anordnung verwendet man die Symbole <, > und =.

Definition 1.15 (Ordnung der reellen Zahlen)

Für zwei reelle Zahlen x_1 und x_2 gilt immer genau eine der folgenden Beziehungen:

- x_1 kleiner x_2, also $x_1 < x_2$
- x_1 gleich x_2, also $x_1 = x_2$
- x_1 größer x_2, also $x_1 > x_2$

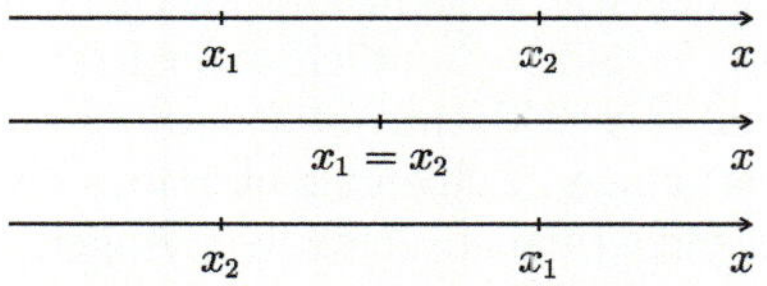

Neben den Symbolen < und > sind auch die Symbole ≤ und ≥ gebräuchlich. Auf den ersten Blick ist die Bedeutung von ≤ und ≥ etwas verwirrend. Verständlich wird diese Schreibweise, wenn man beachtet, dass man unter ≤ eine logische Oder-Verknüpfung von < und = versteht. Eine logische Und-Verknüpfung würde keinen Sinn ergeben, denn es existieren keine Zahlen die gleichzeitig echt kleiner und gleich sind. Entsprechend bezeichnet ≥ eine logische Oder-Verknüpfung von > und =.

Definition 1.16 (Kleiner oder gleich, größer oder gleich)

Für zwei reelle Zahlen x_1 und x_2 verwendet man die Symbole $\leq$ und $\geq$, falls gilt:

- x_1 kleiner oder gleich x_2, also $x_1 \leq x_2$
- x_1 größer oder gleich x_2, also $x_1 \geq x_2$

Beispiel 1.6 (Ordnung)

a) Um zwei Brüche miteinander zu vergleichen, bringen wir sie auf denselben Hauptnenner. Für die beiden Zahlen $\frac{1}{3}$ und $\frac{2}{7}$ bedeutet dies:

$$\frac{2}{7} = \frac{6}{21} < \frac{7}{21} = \frac{1}{3}.$$

Damit haben wir die beiden Brüche angeordnet.

b) Mit der Schreibweise $M = \{m \in \mathbb{Z} \mid -2 \leq m < 4\}$ bezeichnet man die Menge M der ganzen Zahlen, die kleiner als 4 und größer oder gleich -2 sind. Diese Menge lässt sich auch durch $M = \{-2, -1, 0, 1, 2, 3\}$ darstellen. ■

1.2.6 Intervalle

Die beiden Symbole $\leq$ und $\geq$ werden in der Mathematik häufig zur Bezeichnung von Mengen von Zahlen verwendet. Zahlenmengen ohne Zwischenräume bezeichnet man dabei als Intervalle.

Wenn das begrenzende Element auch zu der Menge dazu gehören soll, verwendet man eckige Klammern. Runde Klammern deuten an, dass das begrenzende Element nicht mehr zur Menge gehört.

Definition 1.17 (Intervalle)

Intervalle sind Teilmengen der reellen Zahlen, die sich ohne Zwischenräume von einer Untergrenze a bis zu einer Obergrenze b erstrecken:

- abgeschlossenes Intervall $[a, b] = \{x \in \mathbb{R} \mid a \leq x \leq b\}$
- offenes Intervall $(a, b) = \{x \in \mathbb{R} \mid a < x < b\}$
- halboffenes Intervall $(a, b] = \{x \in \mathbb{R} \mid a < x \leq b\}$
- halboffenes Intervall $[a, b) = \{x \in \mathbb{R} \mid a \leq x < b\}$

Intervalle sind ganz spezielle, einfache Teilmengen der reellen Zahlen. Es gibt auch viel allgemeiner strukturierte Teilmengen. Beispiele dafür sind, die nach Émile Borel benannte Borel-Menge oder die nach Georg Cantor benannte Cantor-Menge.

Beispiel 1.7 (Intervalle)

a) Das Intervall $(-1, 1)$ ist auf beiden Seiten offen, die Untergrenze -1 und die Obergrenze 1 gehören nicht zum Intervall.

b) Das Intervall $[1, 3]$ ist auf beiden Seiten abgeschlossen, die Untergrenze 1 und die Obergrenze 3 gehören zum Intervall.

c) Das Intervall $(0, 3]$ ist auf der linken Seite offen und auf der rechten Seite abgeschlossen, die Untergrenze 0 gehört nicht zum Intervall, die Obergrenze 3 gehört zum Intervall.

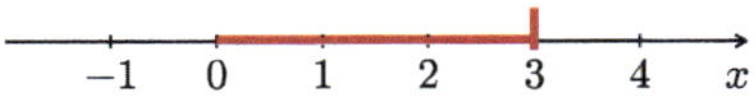

d) Das Intervall $[-1, 2)$ ist auf der linken Seite abgeschlossen und auf der rechten Seite offen, die Untergrenze -1 gehört zum Intervall, die Obergrenze 2 gehört nicht zum Intervall.

■

Zur Bezeichnung von Intervallen, die beliebig große Zahlen enthalten, verwendet man das Symbol ∞. Entsprechend benutzt man das Symbol $-\infty$ bei negativen Zahlen. Insbesondere schreibt man auch $\mathbb{R} = (-\infty, \infty)$.

Definition 1.18 (Unendliche Intervalle)

Bei einem Intervall darf man für die Obergrenze auch das Symbol ∞ und für die Untergrenze das Symbol $-\infty$ verwenden. Man spricht dann von einem unendlichen Intervall:

- halboffenes Intervall $[a, \infty) = \{x \in \mathbb{R} \mid a \leq x < \infty\}$
- offenes Intervall $(a, \infty) = \{x \in \mathbb{R} \mid a < x < \infty\}$
- halboffenes Intervall $(-\infty, b] = \{x \in \mathbb{R} \mid -\infty < x \leq b\}$
- offenes Intervall $(-\infty, b) = \{x \in \mathbb{R} \mid -\infty < x < b\}$

1.2.7 Betrag und Signum

Bei bestimmten Anwendungen in der Technik interessiert man sich für das Vorzeichen einer reellen Zahl. Ein typisches Beispiel ist ein Gleichrichter in der Elektrotechnik. Dabei werden negative Spannungen ausgeblendet oder in positive Spannungen umgewandelt. In der Mathematik verwendet man den sogenannten Betrag, um ein eventuell negatives Vorzeichen einer reellen Zahl zu eliminieren. Diese auch als Absolutwert bezeichnete Zahl ist niemals negativ.

Definition 1.19 (Betrag)

Der Betrag einer reellen Zahl x ist definiert als

$$|x| = \begin{cases} x & \text{für} \quad x \geq 0 \\ -x & \text{für} \quad x < 0. \end{cases}$$

Auf den ersten Blick scheint diese Definition des Betrags unter einer gewissen Unsymmetrie zu leiden. Anhänger symmetrischer Formeln würden eine Formulierung der Art

$$|x| = \begin{cases} x & \text{für} \quad x > 0 \\ 0 & \text{für} \quad x = 0 \\ -x & \text{für} \quad x < 0. \end{cases}$$

bevorzugen. Mathematisch unterscheiden sich die beiden Formulierungen jedoch nicht. Die Formulierung in Definition 1.19 ist kompakter und wird deshalb üblicherweise verwendet.

Beispiel 1.8 (Betrag)

a) Die Zahl -3 ist negativ, deshalb müssen wir zur Berechnung von $|-3|$ laut Definition 1.19 den zweiten Fall $x < 0$ betrachten. Es folgt

$$|-3| = -(-3) = 3.$$

b) Wenn wir den Ausdruck $|x - 1|$ durch Fallunterscheidung darstellen möchten, dann müssen wir uns zunächst Gedanken darüber machen, wann $x - 1$ negativ wird. Dies ist genau für $x < 1$ der Fall. Somit lautet die betragsfreie Darstellung

$$|x - 1| = \begin{cases} x - 1 & \text{für} \quad x \geq 1 \\ -x + 1 & \text{für} \quad x < 1. \end{cases}$$

Bei der Auflösung von Beträgen entsteht meist eine Fallunterscheidung. ■

Merke 1.5 (Betrag)

Das Betragszeichen lässt sich durch Fallunterscheidungen auflösen.

Der Betrag des Produktes zweier Zahlen ist gleich dem Produkt der einzelnen Beträge. Entsprechendes gilt auch für Quotienten und Potenzen. Bei den Punktoperatoren kann man den Betrag also auf die einzelnen Faktoren anwenden.

Satz 1.2 (Rechenregeln für den Betrag)

Für reelle Zahlen x und y gelten folgende Rechenregeln für den Betrag:

- $|x \cdot y| = |x| \cdot |y|$
- $\left|\dfrac{x}{y}\right| = \dfrac{|x|}{|y|}$
- $|x^a| = |x|^a$ für reelle Hochzahlen a

Anschaulich entspricht der Betrag einer Zahl dem Abstand zum Ursprung auf der Zahlengeraden. Die beiden Zahlen x und $-x$ haben denselben Abstand vom Ursprung, also von der Zahl null, nämlich $|x|$.

Der Betrag einer Differenz von zwei Zahlen x und y gibt entsprechend den Abstand dieser beiden Zahlen an. Diese geometrische Interpretation des Betrags werden wir in Abschnitt 13.1.1 bei der Definition des Betrags einer komplexen Zahl wieder aufgreifen.

Merke 1.6 (Betrag und Abstand)

Der Betrag lässt sich als Abstand interpretieren:

- Der Abstand der Zahl x zum Ursprung ist $|x|$.
- Der Abstand der beiden Zahlen x und y zueinander ist $|x - y|$.

Beispiel 1.9 (Betrag und Abstand)

a) Den Abstand der beiden Zahlen 3 und 4 kann man mithilfe des Betrags berechnen: $|3 - 4| = 1$.

b) Es gilt sowohl $|3| = 3$ als auch $|-3| = 3$. Somit besteht die Menge aller Zahlen x mit der Eigenschaft $|x| = 3$ aus den beiden Zahlen 3 und -3. Diese beiden Zahlen haben vom Ursprung den Abstand 3.

c) Die Menge aller Zahlen x mit der Eigenschaft $|x| < 3$ besteht aus allen Zahlen x, deren Abstand vom Ursprung kleiner als 3 ist. Diese Menge können wir in Form des offenen Intervalls $(-3, 3)$ angeben.

d) Die Beziehung $|x - 2| \leq 3$ erfüllen alle Zahlen x, deren Abstand von der Zahl 2 kleiner oder gleich 3 beträgt. Diese Zahlen liegen im abgeschlossenen Intervall $[-1, 5]$. ■

Beim Rechnen mit Beträgen von Summen und Differenzen ist Vorsicht geboten. Bei unterschiedlichen Vorzeichen ist der Betrag der Summe zweier Zahlen nicht gleich der Summe der einzelnen Beträge. Die sogenannte Dreiecksungleichung gilt immer. Sie besagt, dass der Betrag einer Summe niemals größer als die Summe der einzelnen Beträge ist.

Satz 1.3 (Dreiecksungleichungen für den Betrag)

Für beliebige reelle Zahlen x und y gelten die Dreiecksungleichungen für den Betrag:

- $|x \pm y| \leq |x| + |y|$
- $|x \pm y| \geq \big||x| - |y|\big|$

Beispiel 1.10 (Dreiecksungleichung für den Betrag)

a) Nach der Dreiecksungleichung für den Betrag gilt die Abschätzung nach oben:

$$\big|(-3) + (4)\big| \leq |-3| + |4| = 7.$$

Bei der Summe von Zahlen mit unterschiedlichen Vorzeichen gilt also keine Gleichheit.

b) Mit der Dreiecksungleichung für den Betrag lautet die Abschätzung nach unten:

$$\big|(-3) + (-4)\big| \geq \big||-3| - |-4|\big| = 1.$$

Bei der Summe von Zahlen mit gleichen Vorzeichen gilt also keine Gleichheit. ■

Definition 1.20 (Signum, Vorzeichen)

Das Signum oder Vorzeichen einer reellen Zahl x ist definiert als

$$\operatorname{sgn}(x) = \begin{cases} 1 & \text{für} \quad x > 0 \\ 0 & \text{für} \quad x = 0 \\ -1 & \text{für} \quad x < 0. \end{cases}$$

1.2.8 Summe und Produkt

Sollen viele Zahlen aufsummiert werden, ist die explizite Angabe aller Terme in der Form

$$s = a_1 + a_2 + a_3 + a_4 + a_5 + a_6 + a_7 + a_8$$

oft sehr unübersichtlich. Deshalb greift man gern zur sogenannten Pünktchenschreibweise, bei der nur der Anfang und das Ende der Summe explizit angegeben wird. Dazwischen werden einfach drei Punkte geschrieben:

$$s = a_1 + a_2 + \ldots + a_8.$$

Etwas eleganter besteht alternativ dazu die Möglichkeit, die Summe mit dem Summenzeichen $\sum$, dem griechischen Großbuchstaben Sigma, anzugeben:

$$s = \sum_{k=1}^{n} a_k.$$

Nach dem Summenzeichen wird nur ein einziger Term geschrieben, der dafür in allgemeiner Form in Abhängigkeit von einem Index formuliert ist. Der Summationsindex k startet dabei mit dem Wert $k = 1$ und wird so oft um eins erhöht, bis der Endwert $k = n$ erreicht ist. Ähnliche Konstrukte treten in vielen Programmiersprachen unter dem Begriff Schleife auf. Dabei übernimmt der Index k die Rolle der Schleifenvariablen.

Definition 1.21 (Summe und Produkt)

Werden die reellen Zahlen a_1, a_2, a_3, …, a_{n-1}, a_n zu

- einer Summe addiert, so verwendet man die Summenschreibweise

$$\sum_{k=1}^{n} a_k = a_1 + a_2 + a_3 + \ldots + a_{n-1} + a_n,$$

- einem Produkt multipliziert, so verwendet man die Produktschreibweise

$$\prod_{k=1}^{n} a_k = a_1 \cdot a_2 \cdot a_3 \cdot \ldots \cdot a_{n-1} \cdot a_n.$$

Das Produktzeichen $\prod$ ist vom griechischen Großbuchstaben Pi abgeleitet. In Definition 1.21 kann man den Index k auch mit anderen Buchstaben bezeichnen. Gebräuchlich ist auch die Verwendung von i oder j.

Summen und Produkte müssen nicht notwendigerweise mit dem Index $k = 1$ starten. Im Prinzip kann man für die untere und auch für die obere Grenze jede beliebige ganze Zahl wählen.

Beispiel 1.11 (Summe)

Wir berechnen die Summe der natürlichen Zahlen von 1 bis n. Dazu gehen wir geschickt vor und schreiben die Zahlen zweimal untereinander, einmal vorwärts und einmal rückwärts:

$$\begin{array}{ccccccc} 1 & 2 & 3 & \dots & n-2 & n-1 & n \\ n & n-1 & n-2 & \dots & 3 & 2 & 1 \\ \hline n+1 & n+1 & n+1 & \dots & n+1 & n+1 & n+1. \end{array}$$

Nun kann man in jeder Spalte die Summe bilden: Sie beträgt $n+1$. Insgesamt erhalten wir für die doppelte Summe den Wert $(n+1)\,n$ und durch Division mit dem Faktor 2 das Ergebnis

$$\sum_{k=1}^{n} k = \frac{n(n+1)}{2}.$$

Es wird behauptet, dass Carl Friedrich Gauß diese Formel bereits als junger Schüler aufgestellt hat. ■

1.3 Potenz und Wurzel

Das Rechnen mit Potenzen und Wurzeln beruht auf wenigen Grundgesetzen. In diesem Abschnitt fassen wir die wichtigsten Regeln zusammen. Die einzelnen Rechengesetze erscheinen den meisten sofort plausibel. Da das Arbeiten mit Potenzen und Wurzeln die Grundlage für viele weiterführende Themen bildet, ist ein souveräner Umgang mit diesen Regeln unerlässlich. Das Ganze verhält sich so ähnlich wie beim Schachspiel. Die Regeln, nach denen die Schachfiguren gezogen werden, lassen sich schnell erklären. Aber allein die Kenntnis der Spielregeln reicht natürlich nicht aus, um ein guter Schachspieler zu sein.

1.3.1 Potenzen

Wiederholtes Multiplizieren mit demselben Faktor nennt man in der Mathematik Potenzieren. Entsprechend bezeichnet man das Ergebnis der Multiplikationen als Potenz. Dabei ist die Anzahl der Faktoren zunächst eine natürliche Zahl.

Definition 1.22 (Potenz)

Für eine natürliche Zahl n bezeichnet man die n-te Potenz einer reellen Zahl x mit

$$x^n = \underbrace{x \cdot x \cdot x \cdot \ldots \cdot x}_{n \text{ Faktoren}}.$$

Negative Potenzen entsprechen dem Kehrwert $x^{-n} = \dfrac{1}{x^n}$. Üblicherweise gilt die Festlegung $x^0 = 1$ für alle reellen Zahlen $x \in \mathbb{R}$.

Bei der Potenz x^n bezeichnet man x als Basis und n als Hochzahl oder Exponent. Eine Sondersituation liegt bei der Hochzahl $n = 0$ vor. Unabhängig von der Basis x hat x^0 immer den Wert 1. Darin ist auch die Konvention $0^0 = 1$ enthalten, die allerdings bis heute noch bei einigen Mathematikern umstritten ist.

Beispiel 1.12 (Potenzen)

a) $2^5 = 2 \cdot 2 \cdot 2 \cdot 2 \cdot 2 = 32.$

b) $10^{-2} = \frac{1}{10^2} = \frac{1}{100} = 0.01.$ ▪

1.3.2 Potenzgesetze

Die Rechenregeln für Potenzen, die sogenannten Potenzgesetze, lassen sich unmittelbar aus den Rechenregeln der Multiplikation und Division ableiten. Bisher haben wir nur Potenzen mit ganzen Zahlen als Hochzahlen betrachtet. Die Potenzgesetze behalten ihre Gültigkeit jedoch auch für andere Hochzahlen, siehe Abschnitt 13.3.2.

Satz 1.4 (Potenzgesetze)

Bei der Multiplikation oder Division von Potenzen mit gemeinsamer Basis kann man die Exponenten zusammenfassen:

- $x^a \cdot x^b = x^{a+b}$
- $\dfrac{x^a}{x^b} = x^{a-b}$

Bei der Multiplikation oder Division von Potenzen mit gemeinsamem Exponenten kann man die Basen zusammenfassen:

- $x^a \cdot y^a = (x \cdot y)^a$
- $\dfrac{x^a}{y^a} = \left(\dfrac{x}{y}\right)^a$

Beim Potenzieren multiplizieren sich die Hochzahlen: ▸ $(x^a)^b = x^{a \cdot b} = (x^b)^a$

Die Potenzgesetze gelten für beliebige Hochzahlen a und b und reelle Zahlen x und y.

Beispiel 1.13 (Potenzgesetze)

a) $2^3 \cdot 2^2 = 2^{3+2} = 2^5 = 32.$

b) $\frac{3^2}{3^4} = 3^{2-4} = 3^{-2} = \frac{1}{3^2} = \frac{1}{9}.$

c) $2^3 \cdot 3^3 = (2 \cdot 3)^3 = 6^3 = 216.$

d) $(2^2)^3 = 2^{2 \cdot 3} = 2^6 = 64.$ ▪

1.3.3 Wurzeln

Wurzeln stellen eine Art Umkehrung der Potenzen dar. Beispielsweise ergibt das Quadrat der Zahl 5 die Zahl 25. Umgekehrt liefert die Quadratwurzel aus der Zahl 25 dann die ursprüngliche Zahl 5.

Wenn wir also zurückverfolgen können, wie eine Zahl durch Potenzieren entstanden ist, dann sind wir in der Lage, die Wurzel dieser Zahl anzugeben. Dabei entstehen neben der Quadratwurzel weitere Wurzeln.

Beispiel 1.14 (Wurzel)

a) Aus der Gleichung $2^2 = 4$ folgt unmittelbar $\sqrt{4} = 2$.

b) Die Gleichung $\left(\frac{1}{2}\right)^2 = \frac{1}{4}$ impliziert $\sqrt{\frac{1}{4}} = \frac{1}{2}$.

c) Der Ausdruck $\sqrt[4]{-16}$ ist nicht definiert. Es gibt keine Zahl y mit $y^4 = -16$. ▪

Definition 1.23 (Wurzel)

Für eine natürliche Zahl n bezeichnet man die n-te Wurzel einer reellen Zahl x mit $\sqrt[n]{x}$ oder $x^{\frac{1}{n}}$. Zwischen Potenz und Wurzel gilt der Zusammenhang

$$y = \sqrt[n]{x} = x^{\frac{1}{n}} \quad \Longrightarrow \quad y^n = x.$$

Für gerade Zahlen n darf die Zahl unter der Wurzel nicht negativ sein.

Definition 1.23 lässt ein paar Fragen offen. Zur Lösung praktischer Probleme benötigt man Methoden, um Wurzeln zu berechnen. Dabei ist man in der Regel auf Näherungsverfahren angewiesen. Diesen Aspekt werden wir in Abschnitt 7.1.1 und Abschnitt 7.5.1 aufgreifen und Methoden zur Berechnung von Wurzeln vorstellen. In Definition 1.23 sind für ungerade Hochzahlen n auch Wurzeln aus negativen Zahlen zugelassen. Beispielsweise ist $(-3)^3 = -27$, also ist die Festlegung $\sqrt[3]{-27} = -3$ durchaus sinnvoll.

Folgenden Sachverhalt sollte man an dieser Stelle unbedingt beachten: Potenzgleichungen haben in der Regel nicht nur eine Lösung. Beispielsweise hat die Gleichung $y^2 = 4$ zwei verschiedene Lösungen, nämlich $y_1 = 2$ und $y_2 = -2$. Weitere Einzelheiten dazu betrachten wir in Abschnitt 1.5.2. Wurzeln sind Potenzen mit rationalen Hochzahlen. Die Potenzgesetze aus Satz 1.4 gelten somit auch für Wurzeln.

1.3.4 Binomischer Satz

Ausdrücke der Form $(a + b)$ oder $(a - b)$ bezeichnet man als Binome. Der binomische Satz vereinfacht die Berechnung der Potenzen von Binomen. Dazu benötigen wir zwei wichtige Begriffe: Die Fakultät einer natürlichen Zahl und der Binomialkoeffizient zweier natürlicher Zahlen.

Definition 1.24 (Fakultät)

Die Fakultät einer natürlichen Zahl n ist das Produkt aus den Faktoren 1 bis n:

$$n! = 1 \cdot 2 \cdot 3 \cdot \ldots \cdot (n-1) \cdot n = \prod_{k=1}^{n} k.$$

Außerdem definiert man $0! = 1$.

Beispiel 1.15 (Fakultät)

a) $5! = 1 \cdot 2 \cdot 3 \cdot 4 \cdot 5 = 120.$

b) $7! = 1 \cdot 2 \cdot 3 \cdot 4 \cdot 5 \cdot 6 \cdot 7 = 5! \cdot 6 \cdot 7 = 120 \cdot 42 = 5040.$ ■

Aus Beispiel 1.15 erkennen wir, dass Fakultäten sehr schnell große Zahlenwerte liefern. Außerdem ist es günstig, Fakultäten rekursiv zu berechnen. Beim Rechnen mit Fakultäten in Brüchen kann man oft durch das Kürzen gemeinsamer Faktoren die Berechnung vereinfachen und das Entstehen extrem großer Zahlen vermeiden.

Definition 1.25 (Binomialkoeffizient)

Der Binomialkoeffizient der beiden natürlichen Zahl $m \geq n$ ist definiert durch

$$\binom{m}{n} = \frac{m!}{n!\,(m-n)!}.$$

Fakultäten und Binomialkoeffizienten sind in der Kombinatorik von großer Bedeutung. In der Kombinatorik werden Fragestellungen zur Anzahl unterschiedlicher Anordnungen und Auswahlmöglichkeiten untersucht. Die Kombinatorik ist ein wichtiges Hilfsmittel zur Berechnung von Wahrscheinlichkeiten. Für natürliche Zahlen m ist der Binomialkoeffizient in folgendem Sinn symmetrisch:

$$\binom{m}{n} = \frac{m!}{n!\,(m-n)!} = \frac{m!}{(m-n)!\,(m-(m-n))!} = \binom{m}{m-n}.$$

Mit wachsendem n nehmen die Koeffizienten zunächst zu und ab der Stelle $n = \frac{m}{2}$ wieder ab. Man kann zeigen, dass Binomialkoeffizienten eine rekursive Beziehung erfüllen. Deshalb bietet sich eine rekursive Berechnung in Form eines Dreieckschemas an. Der Name dieses Schemas geht auf den französischen Mathematiker Blaise Pascal zurück.

Merke 1.7 (Pascalsches Dreieck)

Die Binomialkoeffizienten im Pascalschen Dreieck ergeben sich jeweils aus der Summe der beiden darüber stehenden Koeffizienten:

$$\binom{m+1}{n+1} = \binom{m}{n} + \binom{m}{n+1}.$$

$$\begin{array}{ccccccccccc} & & & & & 1 & & & & & \\ & & & & 1 & & 1 & & & & \\ & & & 1 & & 2 & & 1 & & & \\ & & 1 & & 3 & & 3 & & 1 & & \\ & 1 & & 4 & & 6 & & 4 & & 1 & \\ \ldots & & \ldots & & \ldots & & \ldots & & \ldots & & \ldots \end{array}$$

Durch Ausmultiplizieren des Ausdrucks

$$(a+b)^3 = (a+b)^2(a+b) = (a^2 + 2\,a\,b + b^2)(a+b) = a^3 + 3\,a^2\,b + 3\,a\,b^2 + b^3$$

erkennt man, dass Potenzen von Binomen eine rekursive Struktur mit Binomialkoeffizienten besitzen. Für eine allgemeine Hochzahl n bezeichnet man diesen Zusammenhang als binomischen Satz.

Satz 1.5 (Binomischer Satz)

Für jede natürliche Hochzahl n und beliebige Zahlen a und b gilt die Formel

$$(a+b)^n = a^n + \binom{n}{1} a^{n-1} b + \binom{n}{2} a^{n-2} b^2 + \ldots + \binom{n}{n-1} a\, b^{n-1} + b^n = \sum_{k=0}^{n} \binom{n}{k} a^{n-k} b^k.$$

Beispiel 1.16 (Binomischer Satz)

a) $(x-1)^3 = x^3 - 3x^2 + 3x - 1.$

b) $(x+2)^4 = x^4 + 4 \cdot 2x^3 + 6 \cdot 2^2 x^2 + 4 \cdot 2^3 x + 2^4.$ ▪

Merke 1.8 (Binomische Formeln)

Für beliebige Zahlen a und b gelten die binomischen Formeln:

- $(a+b)^2 = a^2 + 2ab + b^2$
- $(a-b)^2 = a^2 - 2ab + b^2$
- $(a+b)(a-b) = a^2 - b^2$

1.4 Trigonometrie

Die Trigonometrie ist das Teilgebiet der Mathematik, das sich mit Dreiecken beschäftigt. Wir werden in diesem Abschnitt Zusammenhänge zwischen den Längen der Kanten und den Winkeln eines Dreiecks aufzeigen.

1.4.1 Trigonometrie im rechtwinkligen Dreieck

In einem rechtwinkligen Dreieck besteht ein Zusammenhang zwischen den Längen der einzelnen Dreiecksseiten. Dieser Zusammenhang wurde bereits in der Antike erkannt und ist heute unter dem, nach dem griechischen Mathematiker und Philosophen Pythagoras benannten Satz bekannt. Es gibt viele verschiedene Varianten, diesen Satz zu beweisen. Wir verzichten an dieser Stelle aber auf eine Herleitung.

Satz 1.6 (Satz des Pythagoras)

Im rechtwinkligen Dreieck bezeichnet man die dem rechten Winkel gegenüberliegende Seite als Hypotenuse und die beiden anderen Seiten als Katheten. Zwischen der Länge der Hypotenuse c und den Längen der beiden Katheten a und b gilt die Formel

$$c^2 = a^2 + b^2.$$

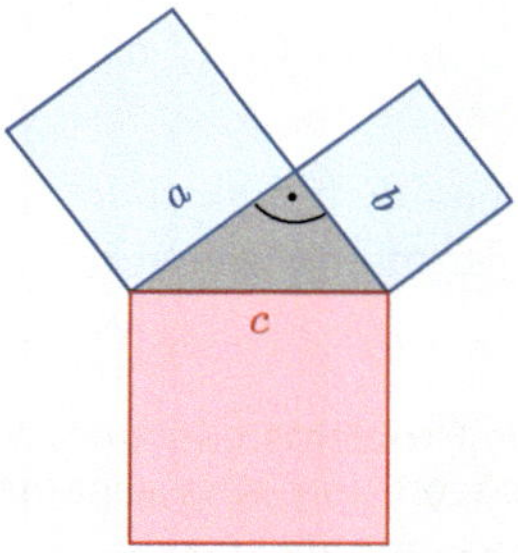

Zur Unterscheidung bezeichnet man in einem Dreieck diejenige Kathete, die dem Winkel α gegenüberliegt, als Gegenkathete und die andere Kathete als Ankathete. Legt man in einem rechtwinkligen Dreieck einen Winkel α fest, dann ist damit auch das Verhältnis der Länge der Ankathete und der Länge der Gegenkathete zur Länge der Hypotenuse festgelegt. Die Verhältnisse der Längen definiert man als Sinus und Kosinus des Winkels α. Diese trigonometrischen Werte sind von fundamentaler Bedeutung in der Anwendung der Mathematik.

Definition 1.26 (Sinus und Kosinus im rechtwinkligen Dreieck)

Sinus und Kosinus eines Winkels α sind im rechtwinkligen Dreieck durch die Verhältnisse der Längen der drei Seiten Ankathete, Gegenkathete und Hypotenuse definiert:

- $\sin\alpha = \dfrac{a}{c} = \dfrac{\text{Gegenkathete}}{\text{Hypotenuse}}$
- $\cos\alpha = \dfrac{b}{c} = \dfrac{\text{Ankathete}}{\text{Hypotenuse}}$

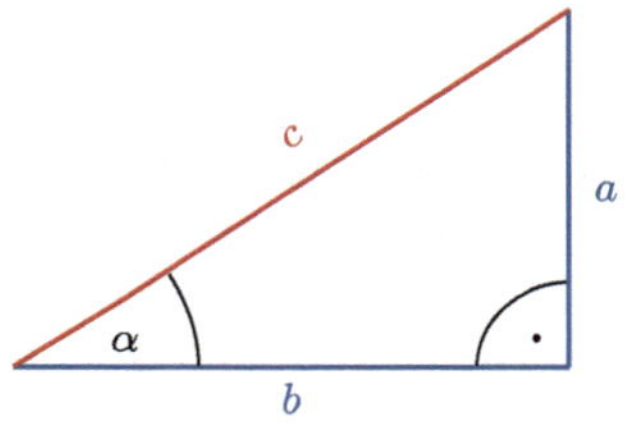

Offensichtlich ist die längste Seite in einem rechtwinkligen Dreieck immer die Hypotenuse. Somit sind die Werte von Sinus und Kosinus sicherlich niemals größer als 1. Definition 1.26 stellt eine rein geometrische Definition von Sinus und Kosinus dar. Wenn wir nach dieser Definition die Werte von Sinus und Kosinus eines Winkels α ermitteln wollten, dann müssten wir ein entsprechendes Dreieck zeichnen, die Längen der Dreiecksseiten messen und die Verhältnisse berechnen.

Heutzutage sind wir auf diese geometrische Art der Berechnung aber nicht mehr angewiesen. Wir werden in Kapitel 10 Methoden vorstellen, mit denen man Näherungswerte für Sinus und Kosinus für beliebige Winkel berechnen kann.

Sinus und Kosinus sind über ein rechtwinkliges Dreieck definiert. Wählt man ein Dreieck mit Winkel α so, dass die Hypotenuse die Länge 1 hat, dann entspricht der Sinus des Winkels α der Länge der Gegenkathete und der Kosinus der Länge der Ankathete. In diesem Fall erhält man mit dem Satz des Pythagoras eine Beziehung zwischen Sinus und Kosinus.

Satz 1.7 (Pythagoras für Sinus und Kosinus, Kreisgleichung)

Zwischen dem Sinus und Kosinus eines Winkels α gilt die Beziehung

$$\sin^2\alpha + \cos^2\alpha = 1.$$

Manche Problemstellungen, wie beispielsweise die Berechnung von Steigungen, lassen sich mit dem Verhältnis von Sinus und Kosinus beschreiben. Zu diesem Zweck definiert man den Tangens und Kotangens eines Winkels.

Definition 1.27 (Tangens und Kotangens im rechtwinkligen Dreieck)

Tangens und Kotangens eines Winkels α sind im rechtwinkligen Dreieck durch die Verhältnisse der Längen der Ankathete und der Gegenkathete definiert:

- $\tan\alpha = \dfrac{\sin\alpha}{\cos\alpha} = \dfrac{\text{Gegenkathete}}{\text{Ankathete}}$
- $\cot\alpha = \dfrac{\cos\alpha}{\sin\alpha} = \dfrac{\text{Ankathete}}{\text{Gegenkathete}}$

1.4.2 Winkel im Grad- und Bogenmaß

Bisher haben wir Winkel nur als Innenwinkel eines Dreiecks betrachtet. In einem Dreieck ist kein Winkel größer als $180°$. Einige Anwendungen in der Technik erfordern jedoch eine allgemeinere Festlegung. Dazu betrachtet man Winkel am Kreis. Dadurch kann man Winkel zwischen $0°$ und $360°$ festlegen. Am Einheitskreis, also an einem Kreis mit Radius 1, kann man jedem Winkel einen entsprechenden Bogen auf dem Kreisumfang zuordnen. Beispielsweise wird einem $180°$-Winkel ein Halbkreisbogen zugeordnet. Die Länge dieses Halbkreisbogens ist eine Art mathematische Naturkonstante. Man bezeichnet sie mit π, sprich „Pi".

Definition 1.28 (Zahl π)

Die Zahl π entspricht der Länge eines Halbkreisbogens mit Radius 1.

Die Angabe eines Winkels in Form der Länge eines entsprechenden Bogens auf dem Einheitskreis bezeichnet man als Bogenmaß. In der Mathematik werden Winkel üblicherweise nicht im Winkelmaß, sondern nur im Bogenmaß angegeben. Die Umrechnung zwischen Grad- und Bogenmaß ist jedoch nicht schwierig.

Definition 1.29 (Bogenmaß)

Das Bogenmaß b eines Winkels α im Gradmaß ist die Länge des Kreisbogens im Einheitskreis. Die Umrechnung zwischen dem Bogenmaß und dem Gradmaß erfolgt durch

$$b = \frac{2\pi}{360°}\,\alpha, \qquad \alpha = \frac{360°}{2\pi}\,b.$$

Insbesondere entspricht 2π dem Winkel $360°$.

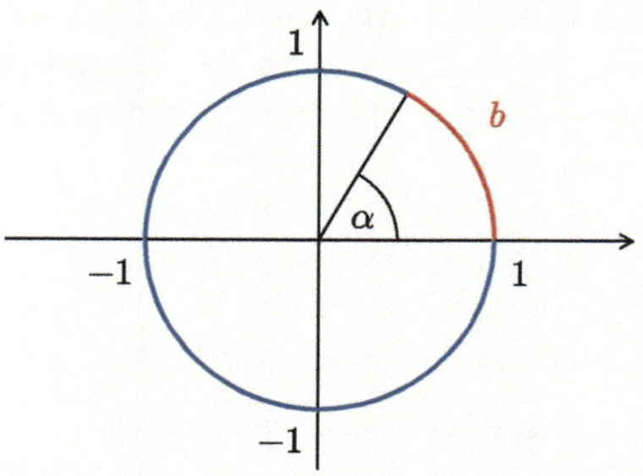

Für die Winkel $0°$, $30°$, $45°$, $60°$ und $90°$ haben Sinus und Kosinus ausschließlich Werte, die besonders einfach sind und sich mit den Wurzeln aus den Zahlen 0, 1, 2, 3 und 4 darstellen lassen.

Merke 1.9 (Spezielle Werte des Sinus und Kosinus)

α	$0°$	$30°$	$45°$	$60°$	$90°$
b	0	$\frac{\pi}{6}$	$\frac{\pi}{4}$	$\frac{\pi}{3}$	$\frac{\pi}{2}$
sin	$\frac{\sqrt{0}}{2}$	$\frac{\sqrt{1}}{2}$	$\frac{\sqrt{2}}{2}$	$\frac{\sqrt{3}}{2}$	$\frac{\sqrt{4}}{2}$
cos	$\frac{\sqrt{4}}{2}$	$\frac{\sqrt{3}}{2}$	$\frac{\sqrt{2}}{2}$	$\frac{\sqrt{1}}{2}$	$\frac{\sqrt{0}}{2}$

1.4.3 Sinus- und Kosinussatz

Bisher haben wir nur Dreiecke mit einem rechten Winkel betrachtet. Der Kosinussatz ist die Verallgemeinerung des Satzes von Pythagoras für beliebige, also nicht zwingend rechtwinklige Dreiecke.

Satz 1.8 (Kosinussatz)
Sind a, b und c die Seiten eines Dreiecks und γ der gegenüber der Seite c liegende Winkel, so gilt die Beziehung

$$c^2 = a^2 + b^2 - 2\,a\,b\,\cos\gamma.$$

Diese Formel ist eine Verallgemeinerung des Satzes von Phythagoras auf nicht rechtwinklige Dreiecke.

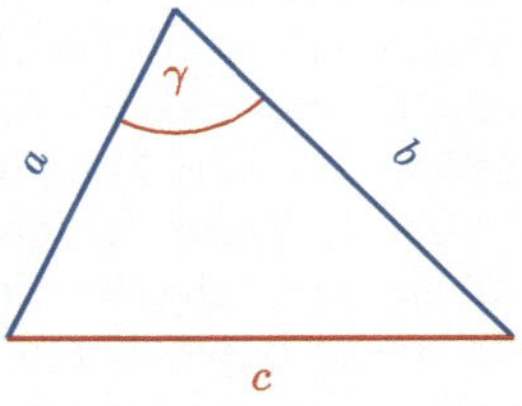

Der Sinussatz, den wir der Vollständigkeit halber hier auch erwähnen, und der Kosinussatz haben an praktischer Bedeutung eingebüßt. Berechnungen in nicht rechtwinkligen Dreiecken werden heute typischerweise mithilfe von Vektoren durchgeführt, siehe Kapitel 3.

Satz 1.9 (Sinusssatz)
Sind a, b und c die Seiten eines Dreiecks und α, β und γ die jeweils gegenüber liegenden Winkel, so gilt die Beziehung

$$\frac{a}{\sin\alpha} = \frac{b}{\sin\beta} = \frac{c}{\sin\gamma} = 2\,r.$$

Dabei ist r der Umkreisradius des Dreiecks.

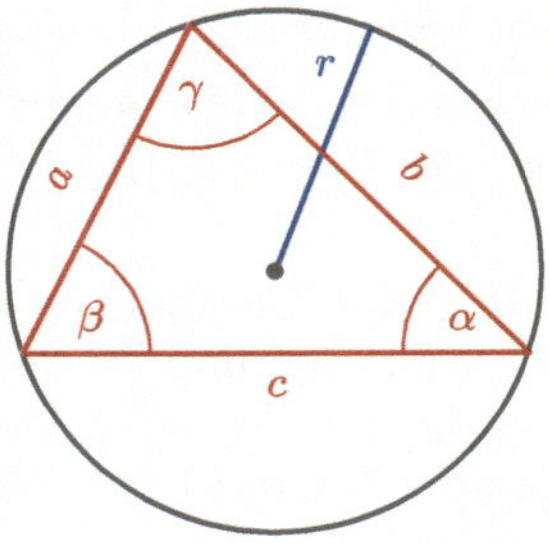

1.5 Gleichungen und Ungleichungen

Aus Sicht vieler Naturwissenschaftler und Techniker besteht die Hauptaufgabe der Mathematik darin, geeignete Verfahren zur Lösung von Gleichungen zu entwickeln. Auch wenn diese Sichtweise für die moderne Mathematik zu kurz gegriffen ist, ist das Lösen von Gleichungen ein wichtiger Aspekt der Mathematik. Eine sehr populäre Gleichung wurde Mitte des 17. Jahrhunderts von Pierre de Fermat aufgestellt:

$$x^n + y^n = z^n \quad \text{mit einer gegebenen natürlichen Zahl } n > 2.$$

Gesucht sind dabei ganzzahlige Lösungen x, y und z. Über viele Jahrzehnte hinweg wurde intensiv an einer Lösung geforscht. Viele Mathematiker sind an diesem Problem gescheitert. Erst vor wenigen Jahren konnte bewiesen werden, dass es für diese Gleichung keine einzige Lösung gibt.

Bei vielen Problemstellungen aus der Praxis ist man zur Lösung von Gleichungen auf numerische Näherungsverfahren angewiesen. Es gibt jedoch eine ganze Reihe von Problemen, die auf Gleichungen führen, die man durch mathematische Methoden exakt lösen kann. Dabei lassen sich komplizierte Gleichungen oft auf einfachere Gleichungen zurückführen. In diesem Abschnitt betrachten wir Lösungsverfahren für die wichtigsten elementaren Gleichungstypen.

Entscheidend ist zunächst, dass man sich klar macht, nach welcher Größe man eine Gleichung auflösen möchte. Diese Größe bezeichnet man als Unbekannte der Gleichung. Wir betrachten zunächst nur Gleichungen, die eine Unbekannte enthalten. Wie in der Mathematik üblich, verwenden wir für die Unbekannte die Bezeichnung x. Oftmals ist ein eindeutiges Auflösen der Gleichung nach der Unbekannten gar nicht möglich. Unter Umständen gibt es mehrere Werte für die Unbekannte, sodass die Gleichung erfüllt ist. Manchmal gibt es überhaupt keine Werte, die die Gleichung erfüllen. Wenn wir uns mit dem Lösen von Gleichungen beschäftigen, dann wollen wir zunächst mit Gewissheit klären, ob es eine Lösung gibt oder nicht. Falls es Lösungen gibt, dann klären wir, wie viele Lösungen es gibt. Anschließend möchten wir natürlich auch alle konkreten Werte, für die die Gleichung erfüllt ist, berechnen.

Merke 1.10 (Lösung einer Gleichung)

Beim Lösen einer Gleichung versucht man folgende Fragen zu beantworten:

- Besitzt die Gleichung überhaupt eine Lösung (Existenz)?
- Wie viele Lösungen besitzt die Gleichung (Eindeutigkeit)?
- Welche Werte darf man für die Unbekannte einsetzen, damit die Gleichung erfüllt ist (Lösungsmenge)?

Beim Lösen von Gleichungen gibt es kein generelles Kochrezept, nach dem man immer auf die gleiche Art und Weise vorgehen kann. Es gibt ein paar grundlegende Typen von Gleichungen, für die wir in den folgenden Abschnitten Lösungsstrategien angeben. Allerdings erfordert das Lösen von Gleichungen in vielen Fällen eine intuitive und kreative Vorgehensweise.

Man versucht durch geeignete Umformungen die Gleichung in eine Form zu bringen, in der die Lösungen einfacher zu berechnen sind. Von zentraler Bedeutung sind Umformungen, die die Lösungsmenge einer Gleichung unverändert lassen. Solche Umformungen bezeichnet man als Äquivalenzumformungen.

Merke 1.11 (Äquivalenzumformung)

Mithilfe von Umformungen versucht man eine Gleichung so zu verändern, dass man die Lösungen schließlich bestimmen kann. Eine Äquivalenzumformung verändert die Lösungsmenge einer Gleichung nicht. Äquivalenzumformungen lassen sich problemlos wieder rückgängig machen.

Eine typische Äquivalenzumformung ist die Addition oder Subtraktion eines Terms auf beiden Seiten einer Gleichung. Auch die Multiplikation oder Division mit demselben Faktor auf beiden Seiten einer Gleichung ist in der Regel eine Äquivalenzumformung. Dabei muss man aber sicherstellen, dass man nicht mit null multipliziert oder durch null teilt. Somit ist insbesondere das Multiplizieren oder Dividieren einer Gleichung auf beiden Seiten mit der Unbekannten x in der Regel keine Äquivalenzumformung. Durch Multiplikation mit x erzeugt man unter Umständen die zusätzliche Lösung $x = 0$, und durch Division mit x verliert man unter Umständen die Lösung $x = 0$.

Leider lassen sich nicht alle Gleichungen ausschließlich durch Äquivalenzumformungen lösen. Beispielsweise löst man Wurzelgleichungen dadurch, dass man die Gleichungen quadriert, was in aller Regel keine Äquivalenzumformung ist, siehe Abschnitt 1.5.4.

1.5.1 Lineare Gleichungen

Der einfachste Gleichungstyp ist die sogenannte lineare Gleichung. Die Unbekannte x steht bei einer linearen Gleichung ausschließlich in der ersten Potenz, also x^1. Andere Ausdrücke in der Unbekannten x, wie etwa x^2, $\sqrt{x}$ oder $\sin x$ sind nicht erlaubt.

Merke 1.12 (Lineare Gleichung)

Eine Gleichung, die man in der Form $a\,x = b$ darstellen kann, bezeichnet man als lineare Gleichung für die Unbekannte x. Die Koeffizienten a und b sind dabei beliebige reelle Zahlen. Eine lineare Gleichung besitzt für $a \neq 0$ die eindeutige Lösung $x = \frac{b}{a}$.

Wenn der Koeffizient a nicht null ist, dann besitzt eine lineare Gleichung eine eindeutige Lösung. Der Fall, dass a null ist, ist bei einer einzigen linearen Gleichung uninteressant. Im Hinblick auf die Untersuchung linearer Gleichungssysteme in Kapitel 2 betrachten wir diesen Fall hier trotzdem. Wenn a null ist und b auch null ist, dann können wir für x jeden beliebigen Wert in die Gleichung einsetzen. In diesem Fall gibt es also unendlich viele Lösungen. Wenn a null ist, aber b nicht null ist, dann hat die Gleichung gar keine Lösung.

Beispiel 1.17 (Lineare Gleichung)

Bei der Gleichung $47x - 11 = 8x + 15$ handelt es sich um eine lineare Gleichung, denn wir können sie in der Form $39x = 26$ darstellen. Die eindeutige Lösung ist $x = \frac{2}{3}$. ■

1.5.2 Potenzgleichungen

Potenzgleichungen lassen sich mithilfe von Wurzeln lösen. Dabei ist allerdings zu beachten, dass Potenzen mit geraden Hochzahlen keine negativen Werte erzeugen können. Bei ungeraden Hochzahlen ist die Wurzel aus einer negativen Zahl sinnvoll definiert, siehe Abschnitt 13.3.2.

Merke 1.13 (Potenzgleichung)

Eine Gleichung, die man in der Form $x^n = a$ mit einer natürlichen Hochzahl n darstellen kann, bezeichnet man als Potenzgleichung für die Unbekannte x. Diese Gleichung hat

- für eine gerade Hochzahl n und $a > 0$ genau zwei Lösungen: $x_{1,2} = \pm\sqrt[n]{a}$,
- für eine gerade Hochzahl n und $a = 0$ genau eine Lösung: $x = 0$,
- für eine gerade Hochzahl n und $a < 0$ keine Lösung,
- für eine ungerade Hochzahl n genau eine Lösung: $x = \sqrt[n]{a}$.

Beispiel 1.18 (Potenzgleichungen)

a) Die Gleichung $x^4 = 81$ hat die beiden Lösungen $x_{1,2} = \pm\sqrt[4]{81} = \pm 3$.

b) Die Gleichung $x^4 = -81$ hat keine reelle Lösung.

c) Die Gleichung $x^3 = 8$ hat genau eine reelle Lösung, nämlich $x = \sqrt[3]{8} = 2$.

d) Die Gleichung $x^3 = -8$ hat auch genau eine reelle Lösung: $x = \sqrt[3]{-8} = -2$. ■

1.5.3 Quadratische Gleichungen

Gleichungen, die außer der Unbekannten x auch noch x^2 enthalten, bezeichnet man als quadratische Gleichungen. Solche Gleichungen kann man immer in der Form

$$a x^2 + b x + c = 0$$

darstellen. Dabei sind die Koeffizienten a, b und c beliebige reelle Zahlen, wobei allerdings der Koeffizient a nicht null sein darf. Ansonsten läge lediglich eine lineare Gleichung vor. Zur Herleitung einer Lösungsformel isolieren wir die Terme mit x und teilen durch den Koeffizienten a:

$$x^2 + \frac{b}{a} x = -\frac{c}{a}.$$

Der entscheidende Trick ist nun das Ergänzen eines geeigneten Terms auf beiden Seiten.

Addiert man das Quadrat des halben Faktors vor dem x auf beiden Seiten, dann ergibt sich ein Ausdruck, den man als vollständiges Quadrat darstellen kann:

$$x^2 + \frac{b}{a}\,x + \frac{b^2}{4\,a^2} = \frac{b^2}{4\,a^2} - \frac{c}{a} \quad \Longleftrightarrow \quad \left(x + \frac{b}{2\,a}\right)^2 = \frac{b^2 - 4\,a\,c}{4\,a^2}.$$

Falls nun der Ausdruck auf der rechten Seite nicht negativ ist, ergeben sich die Lösungen der quadratischen Gleichung durch Wurzelziehen:

$$x + \frac{b}{2\,a} = \pm\sqrt{\frac{b^2 - 4\,a\,c}{4\,a^2}} = \pm\frac{\sqrt{b^2 - 4\,a\,c}}{2\,a}.$$

Bringt man den zweiten Summanden links noch auf die rechte Seite und schreibt dann beide Summanden rechts mit einem gemeinsamen Hauptnenner, so entsteht die bekannte Formel für die Lösungen einer quadratischen Gleichung.

Merke 1.14 (Quadratische Gleichung)

Eine Gleichung, die man in der Form

$$a\,x^2 + b\,x + c = 0, \quad a, b, c, \in \mathbb{R}, \quad a \neq 0$$

darstellen kann, bezeichnet man als quadratische Gleichung für die Unbekannte x. Durch quadratische Ergänzung ergibt sich die äquivalente Darstellung

$$\left(x + \frac{b}{2\,a}\right)^2 = \frac{b^2 - 4\,a\,c}{4\,a^2}\,.$$

Falls die Diskriminante $D = b^2 - 4\,a\,c$ nicht negativ ist, hat die Gleichung die Lösungen

$$x_{1,2} = \frac{-b \pm \sqrt{b^2 - 4\,a\,c}}{2\,a}\,.$$

Die Existenz und Eindeutigkeit von Lösungen hängt von der Diskriminante ab. Eine positive Diskriminante $D > 0$ erzeugt zwei verschiedene Lösungen, bei negativer Diskriminante $D < 0$, gibt es keine Lösungen, und falls die Diskriminante null ist, also $D = 0$, gibt es nur eine einzige Lösung.

Beispiel 1.19 (Quadratische Gleichungen)

a) Die quadratische Gleichung

$$x^2 + x - 1 = 0 \quad \Longrightarrow \quad x_{1,2} = \frac{-1 \pm \sqrt{1 + 4}}{2} = -\frac{1}{2} \pm \frac{\sqrt{5}}{2}$$

hat zwei verschiedene Lösungen.

b) Bei der quadratischen Gleichung

$$x^2 - 4\,x + 4 = 0 \quad \Longrightarrow \quad x_{1,2} = \frac{4 \pm \sqrt{16 - 16}}{2}$$

ist die Diskriminante null. Es gibt nur eine Lösung $x_1 = 2$, die doppelt gezählt wird.

c) Die Lösungen der Gleichung $x^3 + x^2 + 2x = 0$ kann man mithilfe einer quadratischen Gleichung berechnen. Dazu klammert man den Faktor x aus:

$$x\left(x^2 + x + 2\right) = 0 \quad \Longrightarrow \quad x_1 = 0, \quad x_{2,3} = \frac{-1 \pm \sqrt{1-8}}{2}.$$

In diesem Fall ist die Diskriminante negativ und somit $x_1 = 0$ die einzige Lösung.

d) Die Gleichung $x^4 - x^2 - 12 = 0$ ist keine quadratische Gleichung. Man kann sie aber durch die Substitution $x^2 = u$ in eine quadratische Gleichung überführen:

$$u^2 - u - 12 = 0 \quad \Longrightarrow \quad u_{1,2} = \frac{1 \pm \sqrt{1+48}}{2} \quad \Longrightarrow \quad u_1 = 4,\ u_2 = -3.$$

Aus der ersten Lösung $u_1 = 4$ ergeben sich wegen $x^2 = 4$ die Lösungen $x_1 = 2$ und $x_2 = -2$. Aus der zweiten Lösung $u_2 = -3$ erhalten wir wegen $x^2 = -3$ keine weiteren Lösungen. ■

Liegt eine quadratische Gleichung in der Form $x^2 + px + q = 0$ vor, so gilt nach dem Wurzelsatz von Vieta, benannt nach François Viète, der Zusammenhang

$$x^2 + px + q = 0, \quad p = -(x_1 + x_2), \quad q = x_1 x_2$$

zwischen den Koeffizienten p und q und den Lösungen x_1 und x_2.

1.5.4 Wurzelgleichungen

Gleichungen, bei denen die Unbekannte unter einer Wurzel vorkommt, versucht man durch Potenzieren zu lösen. Bereits die einfache Gleichung

$$\sqrt{x} = -1 \quad |^2 \quad \Longrightarrow \quad x = 1$$

zeigt, dass das Potenzieren einer Gleichung keine Äquivalenzumformung darstellt. Die Gleichung $\sqrt{x} = -1$ hat keine Lösung. Durch Quadrieren der Gleichung auf beiden Seiten erhalten wir die neue Gleichung $x = 1$. Wenn wir jedoch $x = 1$ in die ursprüngliche Gleichung einsetzen, erkennen wir, dass $x = 1$ keine Lösung ist. Wenn wir also eine Gleichung potenzieren, müssen wir unbedingt kontrollieren, ob die Lösungen der neuen Gleichung auch tatsächlich Lösungen der Ausgangsgleichung sind. Dieses Prinzip bezeichnet man auch als „Probe“.

Merke 1.15 (Wurzelgleichung)

Gleichungen, bei denen die Unbekannte unter einer Wurzel vorkommt, versucht man durch Potenzieren zu lösen. Dabei ist Folgendes zu beachten:

(1) Vor dem Potenzieren isoliert man eine Wurzel.

(2) Wenn in der Gleichung mehrere Wurzelausdrücke vorkommen, muss man die Vorgehensweise wiederholen.

(3) Bei den durch Potenzieren berechneten Lösungen muss man unbedingt kontrollieren, ob sie tatsächlich die ursprüngliche Wurzelgleichung erfüllen.

Beispiel 1.20 (Wurzelgleichung)

Durch Quadrieren der Wurzelgleichung

$$\sqrt{8-2x} = 1+\sqrt{5-x} \Longrightarrow 8-2x = \left(1+\sqrt{5-x}\right)^2 \Longrightarrow 8-2x = 1+2\sqrt{5-x}+5-x$$

können wir eine der beiden Wurzeln beseitigen. Die verbleibende Wurzel isolieren wir nun und quadrieren nochmals:

$$2-x = 2\sqrt{5-x} \Longrightarrow (2-x)^2 = 4(5-x) \Longrightarrow 4-4x+x^2 = 20-4x \Longrightarrow x^2 = 16.$$

Der Test von $x_1 = 4$ in der ursprünglichen Wurzelgleichung

$$\underbrace{\sqrt{8-2\cdot 4}}_{0} = \underbrace{1+\sqrt{5-4}}_{2}$$

zeigt, dass $x_1 = 4$ keine Lösung ist. Beim zweiten Wert $x_2 = -4$ ergibt der Test

$$\underbrace{\sqrt{8-2\cdot(-4)}}_{4} = \underbrace{1+\sqrt{5-(-4)}}_{4}.$$

Somit ist $x_2 = -4$ die einzige Lösung. ▪

1.5.5 Ungleichungen

Wenn Terme mit der Unbekannten x durch eines der Relationszeichen $<$, $\leq$, $>$ oder $\geq$ in Beziehung gesetzt werden, spricht man von einer Ungleichung. Die Bestimmung der Lösungen einer Ungleichung ist in der Regel aufwendiger und gestaltet sich unangenehmer als das Lösen von Gleichungen. Dafür gibt es zwei Gründe: Zum einen besteht die Lösungsmenge bei Ungleichungen im Allgemeinen nicht aus einzelnen Zahlenwerten, sondern aus ganzen Zahlenbereichen. Zum andern verändert die Multiplikation einer Ungleichung mit einem negativen Faktor das Relationszeichen.

Beispiel 1.21 (Multiplikation einer Ungleichung mit einem negativen Faktor)

Multiplikation der Ungleichung $2 < 3$ mit dem Faktor -1 ergibt $-2 > -3$:

$$2 < 3 \quad |\cdot(-1) \quad \Longrightarrow \quad -2 > -3.$$

Das Relationszeichen dreht sich also um. ▪

Merke 1.16 (Multiplikation bei Ungleichungen)

Wird eine Ungleichung mit einer negativen Zahl multipliziert oder durch eine negative Zahl dividiert, so dreht sich das Relationszeichen um:

- Aus $<$ wird $>$ und umgekehrt.
- Aus $\leq$ wird $\geq$ und umgekehrt.

Multipliziert oder dividiert man eine Ungleichung mit einem Faktor, dessen Vorzeichen man nicht kennt, benötigt man eine Fallunterscheidung.

Es gibt eine zweite Umformung für Ungleichungen, bei der man aufpassen muss. Bildet man den Kehrwert einer Ungleichung, so kann sich das Relationszeichen umdrehen. Hierbei sind allerdings die Vorzeichen der beiden Seiten zu berücksichtigen.

Merke 1.17 (Kehrwert bei Ungleichungen)

Wird der Kehrwert einer Ungleichung gebildet, bei der beide Seiten das gleiche Vorzeichen haben, so dreht sich das Relationszeichen um:

- Aus $<$ wird $>$ und umgekehrt.
- Aus $\leq$ wird $\geq$ und umgekehrt.

Haben beide Seiten der Ungleichung unterschiedliches Vorzeichen, so ändert die Kehrwertbildung das Relationszeichen nicht.

Beispiel 1.22 (Umformung von Ungleichungen)

a) Durch Multiplikation mit $-\frac{1}{2}$

$$-2x < 8 \quad \Longrightarrow \quad x > -4$$

ändert sich das Relationszeichen der Ungleichung.

b) Bei der Kehrwertbildung

$$2 < 3 \Longrightarrow \frac{1}{2} > \frac{1}{3}, \quad -10 < -1 \Longrightarrow -\frac{1}{10} > -1, \quad -4 < 3 \Longrightarrow -\frac{1}{4} < \frac{1}{3}$$

kommt es auf die Vorzeichen der linken und rechten Seite an. ▪

Es gibt verschiedene Methoden, um Ungleichungen zu lösen. Wird die Lösungsmenge mithilfe von algebraischen Umformungen bestimmt, dann sind meistens Fallunterscheidungen notwendig. Es gibt auch grafische Methoden, bei denen die Lösungsmenge aus Schaubildern entsprechender Funktionen abgelesen wird.

Wir präsentieren hier eine Methode, wie sie üblicherweise von Computeralgebrasystemen verwendet wird. Die Idee dabei besteht darin, anstelle der Ungleichung die entsprechende Gleichung zu lösen und die Lösungsbereiche durch gezieltes Testen einzelner Werte zu ermitteln.

Merke 1.18 (Lösen einer Ungleichung)

Zur Bestimmung der Lösung einer Ungleichung kann man folgendermaßen vorgehen:

(1) Bestimme diejenigen Werte, für welche die Ungleichung nicht definiert ist.

(2) Bestimme alle Lösungen der entsprechenden Gleichung.

(3) Identifiziere durch Testen geeigneter Werte diejenigen Bereiche, die zur Lösungsmenge gehören.

Beispiel 1.23 (Ungleichungen)

a) Die folgende Ungleichung ist für alle x-Werte definiert:

$$-2\,x^2 + 4\,x < -6\,.$$

Zur Bestimmung der Lösungsmenge berechnen wir zunächst die Lösungen der quadratischen Gleichung:

$$-2\,x^2 + 4\,x + 6 = 0 \quad\Longrightarrow\quad x_{1,2} = \frac{-4 \pm \sqrt{16+48}}{-4} \quad\Longrightarrow\quad x_1 = -1,\, x_2 = 3.$$

Jetzt testen wir die Bereiche für x-Werte, die kleiner als -1 sind, für x-Werte zwischen -1 und 3 und für x-Werte, die größer als 3 sind. Wir können beispielweise die Kandidaten $x = -2$, $x = 0$ und $x = 4$ testen:

$$\underbrace{-2\,(-2)^2 + 4\,(-2)}_{-16} < -6, \quad \underbrace{-2\,(0)^2 + 4\,(0)}_{0} < -6, \quad \underbrace{-2\,(4)^2 + 4\,(4)}_{-16} < -6.$$

Nur die beiden Kandidaten $x = -2$ und $x = 4$ haben den Test bestanden. Somit besteht die Lösungsmenge aus den beiden Intervallen $(-\infty, -1)$ und $(3, \infty)$.

b) Die folgende Ungleichung ist für $x_1 = 4$ und $x_2 = -2$ nicht definiert:

$$\frac{2}{x-4} \le \frac{1}{x+2}\,.$$

Die entsprechende Gleichung hat genau eine Lösung:

$$\frac{2}{x-4} = \frac{1}{x+2} \quad\Longrightarrow\quad 2\,x + 4 = x - 4 \quad\Longrightarrow\quad x_3 = -8.$$

Für den Bereich kleiner als -8 wählen wir den Testkandidaten $x = -10$, zwischen -8 und -2 wählen wir $x = -4$, zwischen -2 und 4 wählen wir $x = 0$ und für den Bereich größer als 4 wählen wir $x = 6$. Durch Testen dieser Werte

$$\frac{2}{-10-4} \le \frac{1}{-10+2}, \quad \frac{2}{-4-4} \le \frac{1}{-4+2}, \quad \frac{2}{0-4} \le \frac{1}{0+2}, \quad \frac{2}{6-4} \le \frac{1}{6+2}$$

ergeben sich die Lösungsintervalle $(-\infty, -8]$ und $(-2, 4)$. Dabei ist zu beachten, dass der Wert -8 zur Lösungsmenge gehört, die beiden Werte -2 und 4 jedoch nicht. ■

1.6 Beweise

Beweise bilden die Substanz der Mathematik. Jede neue Formel, jeder neue Satz wird aus bereits bekannten Aussagen hergeleitet. Diese Herleitungsprozesse nennt man auch Beweise. Dabei wird auch die Aussagenlogik eingesetzt, wie wir sie in Abschnitt 1.1.1 kennengelernt haben. Die oftmals gefürchtete Strenge der Mathematik ergibt sich wesentlich daraus, dass jede Behauptung zunächst bewiesen werden muss, ehe sie den Status einer Regel oder eines Satzes bekommt. David Hilbert war ein Vertreter des strengen Formalismus in der Mathematik. Alle Aussagen sollen widerspruchsfrei bewiesen oder widerlegt werden können. Prinzipiell gibt es verschiedene Varianten der Beweisführung.

Die folgenden Ausführungen sind im Vergleich mit den bisherigen Abschnitten etwas anspruchsvoller. Es sei jedoch darauf hingewiesen, dass die Beweistechnik hier im Wesentlichen zur Illustration des mathematischen Denkens vorgestellt wird. Wir werden im weiteren Verlauf nicht alle Sätze streng beweisen, sondern oftmals nur anschaulich plausibel machen.

1.6.1 Direkter Beweis

Am einfachsten ist der direkte Beweis. Aus mehreren bekannten Aussagen A_1 bis A_m wird eine neue Aussage B direkt durch Implikation abgeleitet:

$$A_1 \wedge A_2 \wedge \ldots \wedge A_m \quad \Longrightarrow \quad B.$$

Hier wird nochmals deutlich, dass insbesondere die Aussagenlogik eine zentrale Rolle in der Mathematik spielt.

Beispiel 1.24 (Direkter Beweis)
Wir betrachten die Behauptung

„Das Quadrat einer ungeraden Zahl ist ungerade."

Ist n eine ungerade Zahl, so hat sie die Form $n = 2m + 1$, wobei m eine ganze Zahl ist. Für das Quadrat gilt dann

$$n^2 = (2m+1)^2 = 4m^2 + 4m + 1 = 2(2m^2 + 2m) + 1.$$

Also ist n^2 wegen dieser Darstellung ebenfalls ungerade. Wir haben die Behauptung direkt aus bekannten Tatsachen, hier der binomischen Formel, hergeleitet. ▪

1.6.2 Indirekter Beweis

Beim indirekten Beweis nimmt man zunächst das Gegenteil der Behauptung B, also $\neg B$ an. Daraus stellt man einen Widerspruch $\neg A_k$ zu bekannten Aussagen A_1 bis A_m her:

$$\neg B \quad \Longrightarrow \quad \neg A_1 \vee \neg A_2 \vee \ldots \vee \neg A_m.$$

Somit kann die Annahme, also das Gegenteil der Behauptung $\neg B$ nicht richtig sein. Folglich ist die Behauptung B selbst wahr.

Beispiel 1.25 (Indirekter Beweis)
Wir wollen die Behauptung

„Die Zahl $\sqrt{2}$ ist irrational."

beweisen. Dazu nehmen wir zunächst das Gegenteil der Behauptung an. Falls also $\sqrt{2}$ eine rationale Zahl ist, dann lässt sie sich als Bruch $\sqrt{2} = \frac{n}{m}$ darstellen. Diese Darstellung kann so gewählt werden, dass sie gekürzt ist. Das heißt, n und m haben abgesehen von der Zahl 1 keine weiteren gemeinsamen Teiler mehr.

Durch Quadrieren entsteht

$$2 = \frac{n^2}{m^2} \quad \Longrightarrow \quad n^2 = 2m^2.$$

Das bedeutet, dass n^2 eine gerade Zahl ist. Nun ist aber laut Beispiel 1.24 das Quadrat einer ungeraden Zahl stets ungerade. Somit ist n selbst ebenfalls gerade, also etwa $n = 2p$:

$$n^2 = 4p^2, \quad n^2 = 2m^2 \quad \Longrightarrow \quad m^2 = 2p^2.$$

Wir können schließen, dass m^2 und damit auch m selbst gerade sein muss. Nun haben wir die Aussagen, dass sowohl n als auch m gerade ist. Dann kann man aber den Bruch $\frac{n}{m}$ mit 2 kürzen. Dies steht im Widerspruch zur Voraussetzung, dass $\frac{n}{m}$ gekürzt ist. Damit ist die Annahme, dass $\sqrt{2}$ rational ist, nicht wahr. Die Zahl $\sqrt{2}$ muss irrational sein. ■

1.6.3 Konstruktiver Beweis

Eine spezielle Form des direkten Beweises ist der konstruktive Beweis. Hier wird nicht nur die Existenz und Wahrheit einer neuen Aussage B bewiesen, sondern Schritt für Schritt gezeigt, wie man aus den bekannten Aussagen A_1 bis A_m zur Aussage B kommt. Die neue Aussage B ist also zu Beginn des Beweises nicht bekannt. Sie kann zur Beweisführung nicht eingesetzt werden. Sie wird erst im Lauf des Beweises konstruiert.

Beispiel 1.26 (Konstruktiver Beweis)

Wir betrachten die Behauptung

„Die Menge $\mathbb{Q}$ ist abzählbar."

Ganz allgemein heißt eine Menge abzählbar, wenn man ihre Elemente derart anordnen kann, dass jeder natürlichen Zahl genau ein Element entspricht. Wie müssen also zeigen, dass alle Brüche in eine abzählbare Reihenfolge gebracht werden können. Wie kann eine solche Reihenfolge aussehen? Wir betrachten zunächst nur die positiven Brüche, also die Menge der positiven rationalen Zahlen $\mathbb{Q}^+$. In einer Tabelle schreiben wir den Zähler n nach rechts und den Nenner m nach unten.

In dieser Tabelle mit unendlich vielen Zeilen und Spalten sind alle positiven Brüche enthalten. Man beginnt links oben und durchläuft anschließend in diagonaler Richtung von rechts oben nach links unten und umgekehrt. Dabei kommt man an jedem Bruch vorbei. Es kommen dabei zwar auch Brüche vor, welche dieselbe Zahl darstellen, wie etwa $\frac{1}{2}$ und $\frac{2}{4}$. Trotzdem kann man so alle Brüche in einer Reihe anordnen. Diese Idee der Diagonalisierung geht auf Georg Cantor zurück.

$m \backslash n$	1	2	3	4	...
1	$\frac{1}{1}$	$\frac{2}{1}$	$\frac{3}{1}$	$\frac{4}{1}$	...
2	$\frac{1}{2}$	$\frac{2}{2}$	$\frac{3}{2}$	$\frac{4}{2}$	...
3	$\frac{1}{3}$	$\frac{2}{3}$	$\frac{3}{3}$	$\frac{4}{3}$	...
4	$\frac{1}{4}$	$\frac{2}{4}$	$\frac{3}{4}$	$\frac{4}{4}$	...
⋮	⋮	⋮	⋮	⋮	⋱

Möchte man die negativen Brüche auch einbauen, so fügt man unmittelbar nach jedem positiven Bruch den entsprechenden negativen ein. Damit kann ganz $\mathbb{Q}$ angeordnet werden. Die Menge ist also abzählbar. Wohl gemerkt: Abzählbar heißt nicht endlich. Es dürfen schon unendlich viele Zahlen sein. Sie müssen nur in eine Reihenfolge gebracht werden können. Mit der Menge $\mathbb{R}$ gelingt dies nicht mehr. Sie ist überabzählbar. ■

1.6.4 Vollständige Induktion

Die vollständige Induktion kann nur bei speziellen Behauptungen eingesetzt werden, nämlich bei Behauptungen der Art

$$A_1 \wedge A_2 \wedge \ldots \wedge A_m \quad \Longrightarrow \quad B_n \text{ für jedes } n \in \mathbb{N}.$$

Die rechte Seite der Behauptung B besteht also aus einer ganzen Folge von Teilbehauptungen B_n. Für jedes $n \in \mathbb{N}$ muss die Aussage B_n bewiesen werden. Dazu startet man beim sogenannten Induktionsanfang B_0. Die Aussage B_0 wird direkt gezeigt. Anschließend zeigt man in einem Induktionsschritt, dass B_{n+1} immer dann gilt, wenn B_n wahr ist. Auf diese Art und Weise hangelt man sich von n zu $n+1$. Wesentlich dabei ist, dass der Induktionsschritt nur einmal, dafür aber mit allgemeinem Index n, durchgeführt wird.

Auf den ersten Blick kommt einem das Induktionsprinzip wie eine Art Mogelpackung nach Art von Baron Münchhausen vor, bei dem er sich selbst am Schopf aus dem Sumpf zieht. Genauer betrachtet täuscht dieser erste Eindruck. Das Induktionsprinzip ist eine in der Mathematik anerkannte Beweismethode, die sich treffender mit dem Domino-Effekt vergleichen lässt. Man stößt den ersten Stein $n = 0$ um und mit jedem fallenden Stein n wird auch der Stein $n + 1$ umgestoßen.

Das Induktionsprinzip mit Induktionsanfang und Induktionsschritt ist erstmals 1654 bei Blaise Pascal und 1659 bei Pierre de Fermat zu finden. August De Morgan und Richard Dedekind prägten den Begriff der vollständigen Induktion. Für die geschichtliche Entwicklung der Mathematik ist das Induktionsprinzip von großer Bedeutung. Es inspirierte Giuseppe Peano Ende des 19. Jahrhunderts zum Axiomensystem der natürlichen Zahlen.

Beispiel 1.27 (Summenformel von Maurolicus)

Wenn man die Summen der ungeraden Zahlen betrachtet

$$1 + 3 = 4, \quad 1 + 3 + 5 = 9, \quad 1 + 3 + 5 + 7 = 16, \quad 1 + 3 + 5 + 7 + 9 = 25,$$

dann fällt auf, dass die Ergebnisse Quadratzahlen sind. Es stellt sich nun die Frage, ob dieses Prinzip generell gilt. Man könnte zur Überprüfung der Vermutung noch ein paar weitere Tests für die Summe der ersten sechs, sieben, acht oder sogar hundert ungeraden Zahlen durchführen. Aus mathematischer Sicht klärt das die Frage aber nicht endgültig. Der italienische Mathematiker Franciscus Maurolicus hat bereits vor über 500 Jahren einen Beweis dieser Vermutung veröffentlicht und gilt damit als Wegbereiter für das Prinzip der vollständigen Induktion. Die Behauptung B, die wir beweisen möchten, lautet:

$$B: \text{Für alle } n \in \mathbb{N} \text{ ergibt die Summe der ersten } n \text{ ungeraden Zahlen } n^2.$$

Diese Behauptung passt zum Prinzip der vollständigen Induktion, denn sie besteht aus einer Folge von Teilbehauptungen:

$$B_n: \text{Die Summe der ersten } n \text{ ungeraden Zahlen ergibt } n^2.$$

Mathematisch formuliert sieht das dann so aus:

$$B_n: 1 + 3 + 5 + 7 + 9 + \ldots + (2n - 1) = n^2.$$

Dabei haben wir die Summe in aufzählender Schreibweise dargestellt.

Zum Beweis durch vollständige Induktion beginnt man mit dem Induktionsanfang:

$$B_0 : 0 = 0^2,$$

der natürlich richtig ist. Beim Induktionsschritt betrachten wir die Behauptung für $n+1$:

$$B_{n+1} : 1+3+5+7+9+\ldots+(2n-1)+(2(n+1)-1) = (n+1)^2.$$

Die Summe der ersten $n+1$ ungeraden Zahlen zerlegen wir in zwei Teile:

$$\underbrace{1+3+5+7+9+\ldots+(2n-1)}_{\text{erste } n \text{ ungerade Zahlen}} \quad + \quad \underbrace{2n+1.}_{\text{letzte ungerade Zahl}}$$

Da wir beim Induktionsschritt davon ausgehen, dass die Behauptung B_n richtig ist, können wir die ersten n ungeraden Zahlen zu n^2 zusammenfassen:

$$\underbrace{1+3+5+7+9+\ldots+(2n-1)}_{n^2}+2n+1 = n^2+2n+1 = (n+1)^2.$$

Somit ist die Behauptung auch für $n+1$ richtig und der Beweis nach dem Prinzip der vollständigen Induktion abgeschlossen. ▪

Beispiel 1.28 (Ungleichung von Oresme)

Wir weisen die Ungleichung

$$B_n : 1+\frac{1}{2}+\frac{1}{3}+\ldots+\frac{1}{2^n} \geq 1+\frac{n}{2}$$

mittels vollständiger Induktion nach. Diese Ungleichung findet man bereits in Arbeiten von Nikolaus von Oresme aus dem 14. Jahrhundert. Der Induktionsanfang für $n=0$ ist leicht gezeigt. Die Summe auf der linken Seite besteht dann nur aus einer Zahl:

$$B_0 : \frac{1}{2^0} \geq 1+\frac{0}{2}.$$

Nun zeigen wir im Induktionsschritt, dass aus der Ungleichung für n die Ungleichung für $n+1$ folgt. Typischerweise setzt man dazu die Behauptung für $n+1$ an und formt so um, dass man die sogenannte Induktionshypothese, also die Aussage für n, einsetzen kann:

$$1+\frac{1}{2}+\ldots+\frac{1}{2^n}+\frac{1}{2^n+1}+\ldots+\frac{1}{2^{n+1}} = \underbrace{1+\frac{1}{2}+\ldots+\frac{1}{2^n}}_{\geq 1+\frac{n}{2}}+\underbrace{\frac{1}{2^n+1}}_{\geq \frac{1}{2^n+2^n}}+\ldots+\underbrace{\frac{1}{2^n+2^n}}_{\geq \frac{1}{2^n+2^n}}.$$

Dabei benutzen wir $2^{n+1} = 2^n + 2^n$. Wir setzen die Induktionshypothese ein und verkleinern die zweite Hälfte der Terme auf der rechten Seite, indem wir ihre Nenner vergrößern:

$$1+\frac{1}{2}+\frac{1}{3}+\ldots+\frac{1}{2^{n+1}} \geq 1+\frac{n}{2}+\frac{1}{2^n+2^n}+\ldots+\frac{1}{2^n+2^n}.$$

Dadurch entsteht insgesamt 2^n mal der gleiche Bruch. Wir fassen zusammen:

$$1+\frac{1}{2}+\frac{1}{3}+\ldots+\frac{1}{2^{n+1}} \geq 1+\frac{n}{2}+2^n\frac{1}{2^n+2^n} = 1+\frac{n}{2}+\frac{1}{2} = 1+\frac{n+1}{2}.$$

Ausgehend von der Behauptung für n ist auch die Behauptung für $n+1$ gezeigt. Diese Ungleichung werden wir bei der harmonischen Reihe in Abschnitt 10.2 anwenden. ▪

1.7 Aufgaben

1.7.1 Verständnis und Kompetenz

Aufgabe 1.1 (Zahlenmengen) ★

Welche der Zahlen 0, -2, 0.815, $\sqrt{2}$, $\frac{51}{17}$, $-\frac{47}{11}$ gehören zu folgenden Mengen?

a) Reelle Zahlen b) Rationale Zahlen c) Ganze Zahlen d) Natürliche Zahlen

Aufgabe 1.2 (Ordnung) ★★

Ordnen Sie die Zahlen $\frac{1}{3}$, $\frac{5}{14}$, $\frac{11}{30}$, $\frac{12}{35}$, $\frac{23}{70}$, $\frac{34}{105}$ der Größe nach, ohne Taschenrechner.

Aufgabe 1.3 (Dezimalzahlen) ★★★

Stellen Sie die rationalen Zahlen $\frac{1}{9}$, $\frac{7}{9}$, $\frac{1}{3}$, $\frac{1}{99}$, $\frac{5}{11}$, $\frac{4711}{9999}$ als Dezimalzahlen dar. Verwenden Sie dabei keinen Taschenrechner.

Aufgabe 1.4 (Intervallschreibweise) ★★

Geben Sie die Zahlenmenge mit folgender Beschreibung in Intervallschreibweise an.

a) Alle reellen Zahlen außer der 7.

b) Alle reellen Zahlen, aber nicht die Zahlen zwischen -3 und 2 einschließlich.

c) Alle reellen Zahlen, die kleiner oder gleich 6 oder größer als 8 sind.

d) Alle reellen Zahlen größer gleich -3, aber nicht zwischen 3 und 4 ausschließlich.

Aufgabe 1.5 (Einfache Ausdrücke) ★★

Berechnen Sie den Wert der folgenden Ausdrücke.

a) $2 \cdot (-3)$ b) $-2 \cdot (-3)$ c) $(-2) \cdot (-3)$

d) -3^2 e) $(-3)^2$ f) $-(3^2)$

g) $(-2) + (-5) \cdot (-1)$ h) $3 \cdot (-5) - 6 \cdot (-4)$ i) $(-5)^2 - 2^3 + (-2)^3 + 12$

Aufgabe 1.6 (Wurzelumformungen) ★★★

Richtig oder falsch? Der Wurzelausdruck $\sqrt{a^2 - b^2}$

a) ist nicht definiert, b) kann zu $a - b$ vereinfacht werden,

c) kann zu $|a - b|$ vereinfacht werden, d) kann zu $|a| - |b|$ vereinfacht werden,

e) kann zu $\pm |a - b|$ vereinfacht werden, f) wird niemals negativ.

Aufgabe 1.7 (Lösungen einer Wurzelgleichung) ★★★

Richtig oder falsch? Die Gleichung $\sqrt{(-x)^2} = 2$

a) ist nicht definiert, b) besitzt keine reelle Lösung,

c) hat die Lösung $x = -2$, d) hat nur eine Lösung, nämlich $x = -2$,

e) besitzt die Lösungen $x = \pm\sqrt{2}$, f) ist nicht eindeutig lösbar.

1.7.2 Rechnung und Training

Aufgabe 1.8 (Zusammengesetzte Zahlenmengen) ★

Gegeben sind die folgenden Zahlenmengen:

$$A = (-2, 1], \quad B = \{x \in \mathbb{R} \mid x \geq -1\}, \quad C = \mathbb{R} \setminus \{2\}, \quad D = \{x \in \mathbb{R} \mid x^2 \geq 2\}.$$

Bestimmen Sie die folgenden zusammengesetzten Mengen.

a) $(A \cup B) \cap C$ b) $(A \cap B) \cap C$ c) $A \cup D$

Aufgabe 1.9 (Faktorisierung) ★★

Klammern Sie möglichst viele gemeinsame Faktoren aus.

a) $8x - 4z$
b) $6x + 12y - 3z$
c) $10x^2y + 5xy^2$
d) $12x^3y^4 - 3xy^2$
e) $9x^3yz^2 - 12x^2y^3z + 3xy^2z^3$
f) $6x^5z^4 - 12x^2y^2z^3 + 72x^2y^2z^2$

Aufgabe 1.10 (Summenschreibweise und binomischen Formeln) ★★★

Multiplizieren Sie mithilfe der binomischen Formeln aus und fassen Sie zusammen.

a) $(x - y^3)^2$
b) $(x^2 + 2y)^2$
c) $(x + y)^2 - (x - y)^2$
d) $(4x + 2y)^2 - (4x - 2y)^2$
e) $(2y - x^2)^2 - (x^2 + y)^2$
f) $(x^3 - y^2)^2 + (x^2 - 2y^3)^2$

Aufgabe 1.11 (Faktorisierung und binomische Formeln) ★★★

Formen Sie die Terme mithilfe der binomischen Formeln um.

a) $x^2 + 2x + 1$
b) $9y^2 + 6y + 1$
c) $4x^2 - 8x + 4$
d) $9x^2 - 24xy + 16y^2$
e) $16x^2 - 4y^2$
f) $-(x^2 - 1)(4x - 9x^3)$

Aufgabe 1.12 (Mehrfache Potenzen) ★★

Welche rationalen Zahlen werden durch die folgenden Terme dargestellt?

a) $(2^2)^3$ b) $(-2^2)^3$ c) $((-2)^2)^3$
d) $(2^{-2})^3$ e) $(-2^{-2})^3$ f) $(2^2)^{-3}$

Aufgabe 1.13 (Potenzen und Brüche) ★★★

Vereinfachen Sie folgende Brüche mit Potenzen.

a) $\dfrac{x^5}{x^2}$ b) $\dfrac{x^5}{x^{-2}}$ c) $\dfrac{x^{-5}}{x^2}$

d) $\dfrac{(a+b)^2}{(a+b)}$ e) $\dfrac{(a+b)}{(a+b)^3}$ f) $\dfrac{(a+b)^{-2}}{(a+b)}$

g) $\dfrac{x^{n+2}}{x^{n-2}}$ h) $\dfrac{x^{2n}}{x^n}$ i) $\dfrac{x^n}{x^{3n-3}}$

Aufgabe 1.14 (Potenzgesetze) ★★★★

Vereinfachen Sie folgende Ausdrücke durch Ausklammern und anschließendes Anwenden der Potenzgesetze.

a) $\dfrac{26\cdot 5^n - 5^n}{5^{n+2}}$ b) $\dfrac{x^n + 2x^{n-1}}{x^{n-2} + 2x^{n-3}}$ c) $\left(\dfrac{a^2\,b}{c\,d^3}\right)^3 \cdot \left(\dfrac{c^2\,d^2}{a\,b^2}\right)^4$

Aufgabe 1.15 (Wurzeln) ★★

Berechnen Sie folgende Wurzeln.

a) $\sqrt{7^2}$ b) $\sqrt{3}\cdot\sqrt{27}$ c) $(\sqrt{7}-\sqrt{2})(\sqrt{7}+\sqrt{2})$

Aufgabe 1.16 (Teilweises Wurzelziehen) ★★★

Vereinfachen Sie folgende Wurzelterme durch teilweises Wurzelziehen.

a) $\sqrt{4\,x^2\,y}$ b) $\sqrt{\dfrac{2x^2}{36}}$ c) $\sqrt{x(4x^2-4x+1)y}$

Aufgabe 1.17 (Winkelmaße umrechnen) ★

Rechnen Sie folgende Winkel vom Gradmaß in das Bogenmaß um.

a) $\alpha = 30\,°$ b) $\alpha = -150\,°$ c) $\alpha = 270\,°$

Aufgabe 1.18 (Trigonometrische Werte) ★★

Bestimmen Sie die Werte der trigonometrischen Ausdrücke für die gegebenen Winkel.

a) $\sin\left(\dfrac{\pi}{4}\right)$ b) $\sin\left(\dfrac{\pi}{6}\right)$ c) $\sin\left(\dfrac{5\,\pi}{6}\right)$ d) $\tan\left(\dfrac{\pi}{4}\right)$

e) $\cos\left(\dfrac{\pi}{6}\right)$ f) $\cos\left(\dfrac{\pi}{3}\right)$ g) $\cos\left(\dfrac{\pi}{4}\right)$ h) $\tan\left(\dfrac{\pi}{3}\right)$

Aufgabe 1.19 (Winkelwerte) ★★

Bestimmen Sie die Winkel α zwischen $0\,°$ und $90\,°$ für die gegebenen Werte.

a) $\sin\alpha = \dfrac{\sqrt{3}}{2}$ b) $\sin\alpha = \dfrac{1}{2}$ c) $\sin\alpha = \dfrac{\sqrt{2}}{2}$ d) $\tan\alpha = \sqrt{3}$

e) $\cos\alpha = \dfrac{1}{2}$ f) $\cos\alpha = \dfrac{\sqrt{3}}{2}$ g) $\cos\alpha = \dfrac{\sqrt{2}}{2}$ h) $\tan\alpha = \dfrac{\sqrt{3}}{3}$

Aufgabe 1.20 (Quadratische Gleichungen) ★

Bestimmen Sie die Lösungsmengen der folgenden quadratischen Gleichungen.

a) $x^2 + x - 2 = 0$ b) $2\,x^2 - 12\,x + 18 = 0$ c) $-3\,x^2 + 12\,x - 15 = 0$

Aufgabe 1.21 (Biquadratische Gleichungen) ★★

Bestimmen Sie die Lösungsmengen der folgenden biquadratischen Gleichungen.

a) $x^4 - 13\,x^2 + 36 = 0$ b) $-2\,x^4 - 6\,x^2 + 8 = 0$ c) $3\,x^4 - 24\,x^2 + 48 = 0$

Aufgabe 1.22 (Wurzelgleichungen) ★★★

Bestimmen Sie die Lösungsmengen der folgenden Wurzelgleichungen.

a) $1 - \sqrt{2x+3} = x$ b) $\sqrt{3x\,(x-2)} + 2 = x$ c) $\sqrt{x+1} + \sqrt{1-3x} = 2$

Aufgabe 1.23 (Betragsfreie Darstellung) ★★

Schreiben Sie den Term $\left|-3x^2 + 3x + 6\right|$ durch Fallunterscheidung ohne Betragszeichen.

Aufgabe 1.24 (Betragsgleichungen) ★★

Bestimmen Sie die Lösungsmengen der folgenden Gleichungen:

a) $|2 - 5x| = 3$ b) $|2 + x| = 4x - 1$ c) $|x^2 - 4| = 5$

Aufgabe 1.25 (Lineare Ungleichungen) ★★★

Bestimmen Sie die Lösungsmengen der folgenden linearen Ungleichungen.

a) $3x < 5$ b) $-4x > 2x - 2$ c) $8(x-2) > -3(x+1)$

Aufgabe 1.26 (Quadratische Ungleichungen) ★★★★★

Bestimmen Sie die Lösungsmengen der folgenden quadratischen Ungleichungen.

a) $3x^2 < 12$ b) $-4x^2 \geq 2x - 2$ c) $8(x-2) > -2(x+1)^2$

d) $x^2 - x < 20$ e) $x^2 + 8x \leq -16$ f) $10x^2 + 21 < 41x$

Aufgabe 1.27 (Verschachtelte Beträge) ★★★

Bestimmen Sie die Lösungsmenge der Ungleichung $\left||x| - 1\right| < x$.

Aufgabe 1.28 (Summen) ★★★

Berechnen Sie die folgenden Summen:

a) $\sum_{k=1}^{5} k^2$ b) $\sum_{k=-1}^{3} 2^{k-1}$ c) $\sum_{k=0}^{3} \frac{(-1)^k}{k+1}$ d) $\sum_{k=1}^{3} \frac{(k+1)}{k^2}$

Aufgabe 1.29 (Beweise für Summenformel) ★★★★

Wir betrachten die Summen der geraden Zahlen

$$2+4=6, \quad 2+4+6=12, \quad 2+4+6+8=20, \quad 2+4+6+8+10=30, \quad \ldots$$

Ermitteln Sie eine einfache Formel für die Summe der geraden Zahlen und beweisen Sie diese Formel auf möglichst viele unterschiedliche Arten.

Aufgabe 1.30 (Beweis für Teilbarkeit) ★★★★

Wenn man eine natürliche Zahl hoch drei nimmt und davon diese natürliche Zahl abzieht,

$$2^3 - 2 = 6, \quad 3^3 - 3 = 24, \quad 4^3 - 4 = 60, \quad 5^3 - 5 = 120, \quad \ldots$$

dann fällt auf, dass das Ergebnis durch 3 teilbar ist. Beweisen Sie auf möglichst viele unterschiedliche Arten, dass das für alle natürlichen Zahlen richtig ist.

1.7.3 Anwendung

Aufgabe 1.31 (Parallelschaltung von Widerständen) ★★

Bei der Parallelschaltung der Widerstände R_1 und R_2 gilt für den Gesamtwiderstand R_{ges}

$$\frac{1}{R_{ges}} = \frac{1}{R_1} + \frac{1}{R_2}.$$

Lösen Sie die Formel nach R_{ges} auf. Welchen Gesamtwiderstand erzeugt eine Parallelschaltung mit den beiden Widerständen $R_1 = 2\,\Omega$ und $R_2 = 3\,\Omega$?

Aufgabe 1.32 (Oldtimer) ★★★

Drei Oldtimerfans fahren bei einer Ausfahrt hintereinander, sie schauen nur nach vorn. Alle drei wissen nur, dass sie einen Oldtimer fahren, von dem noch genau 5 Fahrzeuge existieren: Zwei mit einer silbernen und drei mit einer schwarzen Heckklappe. Nun wird der hintere Fahrer gefragt, ob er die Farbe seiner Heckklappe kenne. Er antwortet „Nein". Dann wird der mittlere Fahrer dasselbe gefragt. Auch er sagt „Nein". Schließlich wird der vordere Fahrer gefragt. Was antwortet er?

Aufgabe 1.33 (Parkpilot) ★★★

Ein Parkassistenzsystem eines Fahrzeugs besteht aus zwei Ultraschallsensoren im vorderen Stoßfänger, die einen Abstand d zueinander haben. Ultraschallsensoren bestimmen aufgrund ihres Messprinzips nur den radialen Abstand, also die Entfernung zu einem Hindernis, nicht aber die Richtung. Wie groß ist der Abstand a zwischen einem punktförmigen Hindernis, das sich vor dem Fahrzeug befindet und dem vorderen Stoßfänger, wenn die beiden Sensoren die radialen Abstände a_1 und a_2 messen?

Aufgabe 1.34 (Rohr) ★★★★

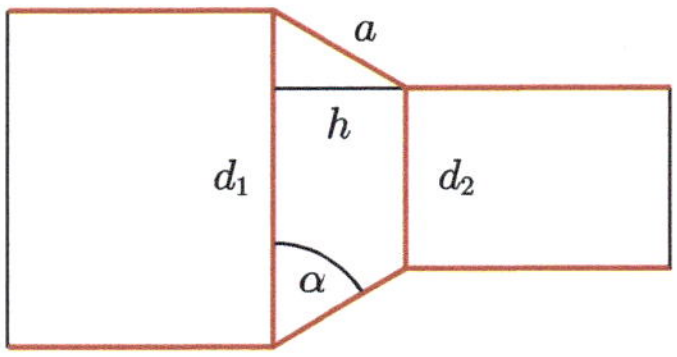

Zwischen zwei zylindrische Rohre mit den Durchmessern $d_1 = 30$ cm und $d_2 = 20$ cm wird ein Reduzierstück in Form einer Kegelstumpfoberfläche mit der Höhe $h = 10$ cm eingesetzt. Das Reduzierstück wird aus einem ebenen Stück Blech geschnitten und anschließend geformt. Der Blechzuschnitt hat die Form eines Kreisringsegments. Die Blechdicke wird für den Zuschnitt vernachlässigt.

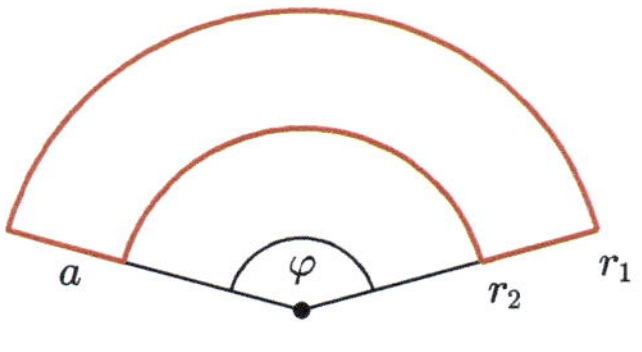

a) Bestimmen Sie den äußeren Radius r_1, den inneren Radius r_2, die Höhe a und den Winkel φ des Kreisringsegments.
b) Bestimmen Sie den Winkel α, der die Steigung des Reduzierstücks beschreibt.
c) Für welchen Grenzwinkel α_0 hat das Kreisringsegment den Öffnungswinkel $\varphi_0 = \pi$?
d) Welche Oberfläche hat das Reduzierstück?

2 Lineare Gleichungssysteme

Lineare Gleichungssysteme haben sich zum Lieblingsspielzeug der Mathematiker entwickelt. Viele wesentliche theoretische Fragestellungen, die lineare Gleichungssysteme betreffen, sind gelöst. In den letzten Jahrzehnten wurden Verfahren entwickelt, mit denen man selbst lineare Gleichungssysteme mit weit über einer Million Unbekannten mit Computerprogrammen stabil und effizient lösen kann. Das Lösen linearer Gleichungssysteme bildet die Basis für viele Berechnungsverfahren, wie beispielsweise Crash-Simulation oder Strömungssimulation. Auch die Finite-Elemente-Methode führt die Problemstellung auf das Lösen linearer Gleichungssysteme zurück. Ströme in elektrischen Netzwerken und Kräfte in mechanischen Konstruktionen werden durch lineare Gleichungssysteme berechnet. Verfahren zur Bewertung von Internetseiten durch Internetsuchmaschinen und die Wettervorhersage basieren ebenfalls auf linearen Gleichungssystemen. Nichtlineare Gleichungen werden oftmals dadurch gelöst, dass man sie iterativ durch lineare Gleichungssysteme annähert.

In Computerprogrammen werden lineare Gleichungssysteme in der Regel durch Matrizen dargestellt. In diesem Kapitel betrachten wir lineare Gleichungssysteme jedoch ohne dabei auf die Darstellung mit Matrizen zurückzugreifen. Den Zusammenhang zwischen linearen Gleichungssystemen und Matrizen stellen wir in Kapitel 4 her.

2.1 Einführung

In Abschnitt 1.5 haben wir Problemstellungen betrachtet, bei denen eine einzige Unbekannte x in einer einzigen Gleichung oder Ungleichung vorkommt. Jetzt betrachten wir Probleme mit mehreren Unbekannten und mehreren Gleichungen. Dabei beschränken wir uns aber auf ganz spezielle Typen von Gleichungen, nämlich lineare Gleichungen.

Beispiel 2.1 (Lineares Gleichungssystem)

Das lineare Gleichungssystem

$$\begin{array}{rcrcrcr} x_1 & - & x_2 & + & 5x_3 & = & 12 \\ 3x_1 & - & 8x_2 & - & x_3 & = & 9 \\ 10x_1 & + & 5x_2 & - & 2x_3 & = & 1 \end{array}$$

besteht aus 3 Gleichungen mit den drei Unbekannten x_1, x_2 und x_3. Jede Gleichung wird durch drei Koeffizienten vor den Unbekannten und durch einen Koeffizient auf der rechten Seite dargestellt. Insgesamt enthält das System $3 \cdot 3 = 9$ Koeffizienten auf der linken Seite der Gleichheitszeichen und 3 Koeffizienten auf der rechten Seite. ■

Bei einem linearen Gleichungssystem kommen die Unbekannten jeweils nur in der ersten Potenz vor. Somit lassen sich lineare Gleichungssysteme immer auf dieselbe Art strukturiert darstellen. Wir betrachten lineare Gleichungssysteme immer in der Form, dass alle Unbekannten auf der linken Seite der Gleichheitszeichen stehen. In jeder einzelnen Gleichung stellen wir die Unbekannten in derselben Reihenfolge dar. Auf der rechten Seite der Gleichheitszeichen steht jeweils nur ein einziger Koeffizient, der auch null sein kann. Die Anzahl der Gleichungen und die Anzahl der Unbekannten muss nicht übereinstimmen.

Definition 2.1 (Lineares Gleichungssystem)

Ein System aus m Gleichungen mit n Unbekannten $x_1, x_2, \ldots, x_n$ in der Form

$$\begin{array}{ccccccccc} a_{11}\,x_1 & + & a_{12}\,x_2 & + & \ldots & + & a_{1n}\,x_n & = & b_1 \\ a_{21}\,x_1 & + & a_{22}\,x_2 & + & \ldots & + & a_{2n}\,x_n & = & b_2 \\ \vdots & & \vdots & & \ddots & & \vdots & & \vdots \\ a_{m1}\,x_1 & + & a_{m2}\,x_2 & + & \ldots & + & a_{mn}\,x_n & = & b_m \end{array}$$

nennt man ein lineares Gleichungssystem (LGS). Die Zahlen a_{ij} sind die Koeffizienten, $b_1, b_2, \ldots, b_m$ bezeichnet man als Absolutglieder oder rechte Seite.

Die Koeffizienten a_{ij} eines linearen Gleichungssystems bilden eine Tabellenstruktur mit m Zeilen und n Spalten. Üblicherweise bezeichnet der erste Index i die Zeile und der zweite Index j die Spalte. Insgesamt wird ein lineares Gleichungssystem durch $m \cdot n$ Koeffizienten und m Absolutglieder beschrieben.

Merke 2.1 (Lösung eines linearen Gleichungssystems)

Die Lösung eines linearen Gleichungssystems besteht aus allen Zahlen $x_1, x_2, \ldots, x_n$, bei denen alle m Gleichungen erfüllt sind.

Ohne genaue Untersuchung eines linearen Gleichungssystems kann man nicht entscheiden, ob es überhaupt eine Lösung gibt. Die speziellen Situationen, die beim Lösen linearer Gleichungssysteme auftreten können, zeigen sich bereits bei zwei Gleichungen mit zwei Unbekannten. Bei zwei Unbekannten kann man jede Gleichung als Gleichung einer Geraden interpretieren. Anschaulich besteht die Lösungsmenge aus allen Punkten, die auf beiden Geraden liegen. Einzelheiten zu Punkten und Geraden findet man in Abschnitt 3.4.

Beispiel 2.2 (Grafische Lösung eines linearen Gleichungssystems)

a) Die beiden Gleichungen des linearen Gleichungssystems

$$\begin{array}{ccccc} x_1 & + & 2x_2 & = & 1 \\ x_1 & - & x_2 & = & -2 \end{array}$$

stellen jeweils eine Geradengleichung dar. Die beiden Geraden schneiden sich im Punkt mit den Koordinaten $(-1\,|\,1)$. Dieses lineare Gleichungssystem hat die eindeutige Lösung $x_1 = -1$ und $x_2 = 1$.

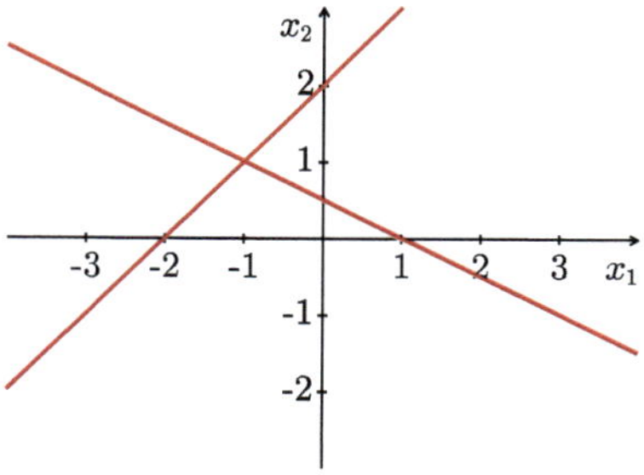

b) Bei dem linearen Gleichungssystem

$$\begin{aligned} x_1 &+ x_2 &= 1 \\ 2x_1 &+ 2x_2 &= 2 \end{aligned}$$

liegt eine Sondersituation vor. Anschaulich handelt es sich um zwei identische Geraden. Es gibt also unendlich viele Lösungen, die wir in der Form $x_1 = t$ und $x_2 = 1 - t$ mit einem reellen Parameter t darstellen können.

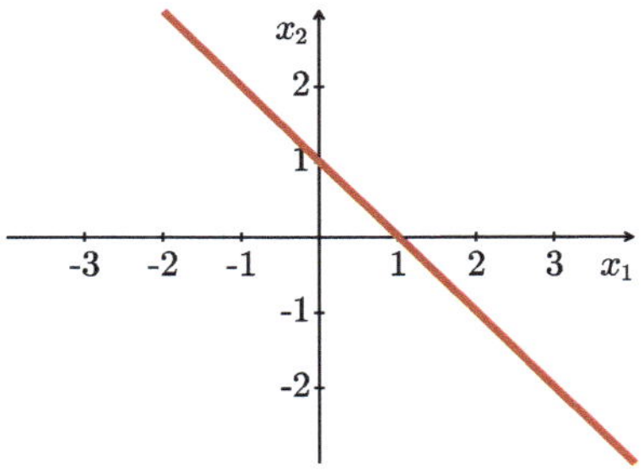

c) Eine weitere Sondersituation ergibt sich für das Gleichungssystem

$$\begin{aligned} x_1 &+ x_2 &= 1 \\ x_1 &+ x_2 &= 0 \end{aligned}$$

Die entsprechenden Geraden sind unterschiedlich, verlaufen aber parallel. Dieses lineare Gleichungssystem hat überhaupt keine Lösung.

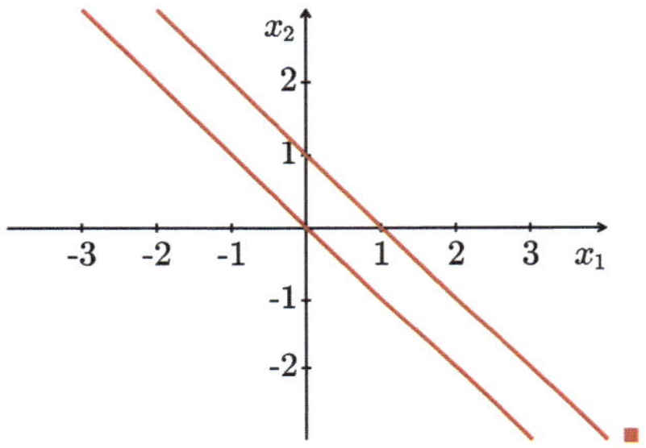

Satz 2.1 (Lösbarkeit eines linearen Gleichungssystems)
Bei der Lösung eines linearen Gleichungssystems sind grundsätzlich nur drei verschiedene Fälle möglich. Das lineare Gleichungssystem hat entweder

- gar keine Lösung,
- eine eindeutige Lösung oder
- unendlich viele Lösungen.

Auf den ersten Blick wird gar nicht richtig klar, worin die eigentliche Aussage von Satz 2.1 besteht. Eine zentrale Eigenschaft von linearen Gleichungssystemen besteht darin, dass es keine, eine einzige oder ansonsten gleich unendlich viele Lösungen gibt. Es gibt also kein lineares Gleichungssystem, das beispielsweise genau zwei oder genau drei Lösungen besitzt. Kennt man von einem Gleichungssystem zwei unterschiedliche Lösungen, dann kann man sicher sein, dass es unendlich viele Lösungen gibt.

2.2 Gauß-Algorithmus

Aufgrund von Überlieferungen gehen Historiker davon aus, dass chinesische Gelehrte zu Zeiten von Lao-Tse, also bereits im sechsten Jahrhundert vor Christus, in der Lage waren, lineare Gleichungssysteme zu lösen. Heute kennt man eine ganze Reihe unterschiedlicher Methoden zur Lösung linearer Gleichungssysteme.

Ein Verfahren zur Lösung linearer Gleichungssysteme ist nach dem deutschen Mathematiker Johann Carl Friedrich Gauß benannt. Das Gaußsche Eliminationsverfahren funktioniert für beliebige lineare Gleichungssysteme. Mit ihm kann man alle Lösungen systematisch berechnen. Außerdem ist das Verfahren in der Lage zu erkennen, ob es keine Lösung gibt oder ob es unendlich viele Lösungen gibt.

2.2.1 Äquivalenzumformungen

Das Gaußsche Eliminationsverfahren ist ein sogenanntes direktes Lösungsverfahren. Bei einem direkten Verfahren wird das ursprüngliche Gleichungssystem Schritt für Schritt so lang umgeformt, bis die gesuchten Größen einfach berechnet werden können. Bei den Umformungen muss sichergestellt sein, dass man weder Lösungen verliert noch zusätzliche Lösungen generiert.

Mit anderen Worten: Jedes umgeformte lineare Gleichungssystem muss dieselbe Lösungsmenge wie das ursprüngliche System besitzen. Genau wie bei Gleichungen mit einer Unbekannten bezeichnet man solche Umformungen als Äquivalenzumformungen, siehe Abschnitt 1.5.

Merke 2.2 (Äquivalenzumformungen für lineare Gleichungssysteme)

Algebraische Umformungen, die die Lösungsmenge unverändert lassen, bezeichnet man als Äquivalenzumformungen. Bei linearen Gleichungssystemen sind folgende Operationen Äquivalenzumformungen:

- Zwei Gleichungen dürfen miteinander vertauscht werden.
- Jede Gleichung darf mit einem beliebigen Faktor ungleich null multipliziert werden.
- Zu jeder Gleichung darf eine beliebige andere Gleichung addiert werden.

Beispiel 2.3 (Äquivalenzumformungen)

Wenn wir beim linearen Gleichungssystem aus Beispiel 2.1 die erste Zeile mit dem Faktor (-3) multiplizieren und das Ergebnis zu der zweiten Zeile addieren

$$\begin{array}{rcrcrcrl} x_1 & - & x_2 & + & 5\,x_3 & = & 12 & |\cdot(-3) \\ 3\,x_1 & - & 8\,x_2 & - & x_3 & = & 9 & \longleftarrow \\ 10\,x_1 & + & 5\,x_2 & - & 2\,x_3 & = & 1 & \end{array}$$

erhalten wir das neue Gleichungssystem

$$\begin{array}{rcrcrcr} x_1 & - & x_2 & + & 5\,x_3 & = & 12 \\ & - & 5\,x_2 & - & 16\,x_3 & = & -27 \\ 10\,x_1 & + & 5\,x_2 & - & 2\,x_3 & = & 1 \end{array}$$

Das ursprüngliche lineare Gleichungssystem und das neue lineare Gleichungssystem besitzen dieselben Lösungen. ▪

2.2.2 Vorwärtselimination

Die Krux bei linearen Gleichungssystemen besteht darin, dass in der Regel jede einzelne Gleichung eine Beziehung zwischen allen Unbekannten darstellt. Wenn es uns gelingt, diese Koppelung zu entzerren, dann sind wir in der Lage, das System Stück für Stück zu lösen. Beim Gaußschen Eliminationsverfahren versucht man deshalb im ersten Schritt, die erste Unbekannte x_1 aus der zweiten bis zur letzten Gleichung zu eliminieren. Im zweiten Schritt versucht man das System so zu staffeln, dass die erste Unbekannte x_1 nur in der ersten Gleichung vorkommt und die zweite Unbekannte x_2 nur in der ersten und in der zweiten Gleichung vorkommt. Bei einem System mit n Gleichungen und n Unbekannten ist das Ziel ein System, bei dem die letzte Zeile schließlich nur noch von der letzten Unbekannten x_n abhängt.

Merke 2.3 (Lineares Gleichungssystem in Dreiecksform)

Die wesentliche Idee beim Gaußschen Eliminationsverfahren besteht darin, das lineare Gleichungssystem durch Äquivalenzumformungen in Dreiecksform zu bringen. In Dreiecksform enthält das Gleichungssystem unterhalb der Diagonalen keine Einträge.

Den Begriff „Diagonale" müssen wir bei Gleichungssystemen, bei denen die Anzahl der Gleichungen und die Anzahl der Unbekannten nicht übereinstimmen, großzügig interpretieren. Die Diagonale besteht aus allen Koeffizienten a_{ij}, bei denen der Zeilenindex i mit dem Spaltenindex j übereinstimmt. Dabei spielt es keine Rolle, ob die Anzahl der Gleichungen kleiner, gleich oder größer der Anzahl der Unbekannten ist.

Die Gauß-Elimination transformiert ein lineares Gleichungssystem normalerweise auf die sogenannte obere Dreiecksform, bei der unterhalb der Diagonalen keine Einträge stehen. Prinzipiell genauso denkbar, aber wenig verbreitet ist eine Transformation auf die untere Dreiecksform, bei der entsprechend oberhalb der Diagonalen alle Einträge null sind.

Für das Ergebnis nach der Gauß-Elimination ist auch der Begriff Zeilenstufenform gebräuchlich. Er deutet an, dass die Zeilen von oben nach unten betrachtet immer mehr führende Nullen enthalten. Anschaulich entsteht eine gestufte Form des Gleichungssystems. Dabei kann es durchaus auch vorkommen, dass eine Stufe breiter als nur ein Element ist. Wir werden diesen Spezialfall nochmals in Abschnitt 2.3 diskutieren.

Beispiel 2.4 (Vorwärtselimination)

Beim linearen Gleichungssystem aus Beispiel 2.1 wählen wir die erste Zeile als sogenannte Pivotzeile. Der Begriff „Pivot" steht hier für Dreh- oder Angelpunkt. Wenn wir die Pivotzeile mit -3 multiplizieren und zur zweiten Zeile addieren, wird x_1 aus der zweiten Zeile eliminiert. Wir multiplizieren die Pivotzeile mit -10 und addieren sie zur dritten Zeile:

$$\begin{array}{rcrcrcrll} x_1 & - & x_2 & + & 5x_3 & = & 12 & |\cdot(-3) & |\cdot(-10) \\ 3x_1 & - & 8x_2 & - & x_3 & = & 9 & \longleftarrow & \\ 10x_1 & + & 5x_2 & - & 2x_3 & = & 1 & & \longleftarrow \end{array}$$

Damit ist x_1 auch aus der dritten Zeile eliminiert.

Nun wählen wir die zweite Zeile als Pivotzeile. Die Pivotzeile mit 3 multipliziert eliminiert x_2 aus der letzten Zeile:

$$\begin{array}{rcrcrcrl} x_1 & - & x_2 & + & 5\,x_3 & = & 12 & \\ & - & 5\,x_2 & - & 16\,x_3 & = & -27 & |\cdot(3) \\ & & 15\,x_2 & - & 52\,x_3 & = & -119 & \longleftarrow \end{array}$$

Alle Elemente unterhalb der Diagonale sind nun eliminiert.

$$\begin{array}{rcrcrcr} x_1 & - & x_2 & + & 5\,x_3 & = & 12 \\ & - & 5\,x_2 & - & 16\,x_3 & = & -27 \\ & & & - & 100\,x_3 & = & -200 \end{array}$$

Das Gleichungssystem besitzt die gewünschte Dreiecksform. ■

Die in Beispiel 2.4 verwendete Strategie mit Pivotzeilen führt in aller Regel zum gewünschten Ziel. Man kann aber nicht garantieren, dass man ausschließlich mit dieser Vorgehensweise immer eine Dreiecksform erzielt. Teilweise ist eine trickreiche Variante erforderlich, bei der man unter Umständen die Reihenfolge der Unbekannten vertauschen muss. Einzelheiten dazu findet man beispielsweise bei [Golub].

2.2.3 Rückwärtseinsetzen

Bei einem Gleichungssystem in Dreiecksform kann man die Unbekannten Schritt für Schritt bestimmen. Zu ihrer Berechnung betrachtet man zunächst die letzte Zeile und bestimmt daraus die Unbekannte x_n. Im zweiten Schritt betrachtet man die zweitletzte Zeile. Dabei wird der bereits ermittelte Wert für x_n eingesetzt. Dadurch kann man aus der zweitletzten Zeile die Unbekannte x_{n-1} bestimmen. Nach dieser Strategie werden alle Unbekannten rückwärts bestimmt. Zum Schluss bestimmt man x_1 aus der ersten Zeile.

Beispiel 2.5 (Rückwärtseinsetzen)

Beim Gleichungssystem in Dreiecksform aus Beispiel 2.4

$$\begin{array}{rcrcrcr} x_1 & - & x_2 & + & 5\,x_3 & = & 12 \\ & - & 5\,x_2 & - & 16\,x_3 & = & -27 \\ & & & - & 100\,x_3 & = & -200 \end{array}$$

können wir aus der letzten Zeile $x_3 = 2$ bestimmen. Wenn wir nun $x_3 = 2$ in die zweitletzte Zeile einsetzen, können wir nach x_2 auflösen:

$$-5\,x_2 - 32 = -27 \quad\Longrightarrow\quad x_2 = -1.$$

Aus der ersten Zeile erhalten wir mit $x_3 = 2$ und $x_2 = -1$

$$x_1 + 1 + 10 = 12 \quad\Longrightarrow\quad x_1 = 1.$$

Das lineare Gleichungssystem hat die eindeutige Lösung $x_1 = 1$, $x_2 = -1$ und $x_3 = 2$. ■

Aus Beispiel 2.5 erkennen wir, unter welchen Umständen das Rückwärtseinsetzen problemlos funktioniert. Wir gehen zunächst von dem Spezialfall aus, bei dem die Anzahl der Gleichungen und die Anzahl der Unbekannten gleich ist.

Gleichungssysteme, bei denen die Anzahl der Gleichungen kleiner oder größer als die Anzahl der Unbekannten ist, betrachten wir in den folgenden Abschnitten. Eine weitere Einschränkung betrifft die Diagonalelemente. Da wir in jedem Schritt durch ein Diagonalelement teilen, dürfen die Diagonalelemente nicht null sein. Konstellationen, bei denen Diagonalelemente null sind, analysieren wir ebenfalls in den folgenden Abschnitten genauer. Die generelle Vorgehensweise ist jedoch in allen Fällen ähnlich.

Merke 2.4 (Rückwärtseinsetzen)

Ein lineares Gleichungssystem in Dreiecksform, bei dem die Anzahl der Gleichungen gleich der Anzahl der Unbekannten ist,

$$\begin{array}{ccccccccc} a_{11}\,x_1 & + & a_{12}\,x_2 & + & \dots & + & a_{1n}\,x_n & = & b_1 \\ & & a_{22}\,x_2 & + & \dots & + & a_{2n}\,x_n & = & b_2 \\ & & & & \ddots & & \vdots & & \vdots \\ & & & & & & a_{nn}\,x_n & = & b_n \end{array}$$

kann man rückwärts lösen. Dabei bestimmt man zuerst x_n aus der letzten Gleichung, dann x_{n-1} aus der zweitletzten, usw. und zum Schluss x_1 aus der ersten Gleichung. Es gibt genau dann eine eindeutige Lösung, wenn alle Diagonalelemente a_{ii} ungleich null sind.

2.2.4 Gaußsches Eliminationsverfahren

Die Kombination von Vorwärtselimination und Rückwärtseinsetzen bezeichnet man als Grundversion des Gaußschen Eliminationsverfahrens. Neben der Grundversion gibt es unzählige Varianten, auf die wir hier nicht näher eingehen.

Definition 2.2 (Gaußsches Eliminationsverfahren)

Die Lösungsmenge eines linearen Gleichnungssystems kann man mit dem Gaußschen Eliminationsverfahren durch folgende Schritte berechnen:

(1) Mithilfe von Äquivalenzumformungen erzeugt man durch Vorwärtselimination eine Dreiecksform.

(2) Aus der Dreiecksform erhält man durch Rückwärtseinsetzen die Lösungsmenge.

Beispiel 2.6 (Gaußsches Eliminationsverfahren)

Bei dem linearen Gleichungssystem

$$\begin{array}{cccccccccll} x_1 & + & x_2 & - & 3\,x_3 & + & 2\,x_4 & = & -10 & |\cdot(-1) & |\cdot(-2) \\ x_1 & - & 2\,x_2 & + & x_3 & & & = & 5 & \longleftarrow & \\ 2\,x_1 & + & x_2 & - & 3\,x_3 & + & x_4 & = & -7 & & \longleftarrow \\ & & 3\,x_2 & + & x_3 & - & 4\,x_4 & = & 7 & & \end{array}$$

wählen wir die erste Zeile als Pivotzeile.

Um die Unbekannte x_1 aus der zweiten und dritten Zeile zu eliminieren, wählen wir die Faktoren -1 und -2. Bei der letzten Zeile besteht kein Handlungsbedarf, denn diese Zeile enthält die Unbekannte x_1 nicht:

$$\begin{array}{rrrrrrrrr} x_1 & + & x_2 & - & 3x_3 & + & 2x_4 & = & -10 \\ & - & 3x_2 & + & 4x_3 & - & 2x_4 & = & 15 \\ & - & x_2 & + & 3x_3 & - & 3x_4 & = & 13 \\ & & 3x_2 & + & x_3 & - & 4x_4 & = & 7 \end{array}$$

Um das Rechnen mit Brüchen zu vermeiden, ist es nun geschickt, die dritte Zeile als Pivotzeile zu verwenden. Mehr Übersichtlichkeit erhalten wir durch Vertauschen der zweiten und dritten Zeile:

$$\begin{array}{rrrrrrrrrll} x_1 & + & x_2 & - & 3x_3 & + & 2x_4 & = & -10 & & \\ & - & x_2 & + & 3x_3 & - & 3x_4 & = & 13 & |\cdot(-3) & |\cdot(3) \\ & - & 3x_2 & + & 4x_3 & - & 2x_4 & = & 15 & \longleftarrow & \\ & & 3x_2 & + & x_3 & - & 4x_4 & = & 7 & & \longleftarrow \end{array}$$

Durch Multiplikation der zweiten Zeile mit den Faktoren -3 und 3 eliminiert man bei der dritten und vierten Zeile jeweils x_2:

$$\begin{array}{rrrrrrrrrl} x_1 & + & x_2 & - & 3x_3 & + & 2x_4 & = & -10 & \\ & - & x_2 & + & 3x_3 & - & 3x_4 & = & 13 & \\ & & & - & 5x_3 & + & 7x_4 & = & -24 & |\cdot(2) \\ & & & & 10x_3 & - & 13x_4 & = & 46 & \longleftarrow \end{array}$$

Schließlich multiplizieren wir die dritte Zeile mit dem Faktor 2 und addieren das Ergebnis zur letzten Zeile:

$$\begin{array}{rrrrrrrrr} x_1 & + & x_2 & - & 3x_3 & + & 2x_4 & = & -10 \\ & - & x_2 & + & 3x_3 & - & 3x_4 & = & 13 \\ & & & - & 5x_3 & + & 7x_4 & = & -24 \\ & & & & & & x_4 & = & -2 \end{array}$$

Aus diesem Dreiecksschema erhalten wir durch Rückwärtseinsetzen die gesuchte Lösung $x_4 = -2$, $x_3 = 2$, $x_2 = -1$ und $x_1 = 1$. ■

Der Algorithmus von Gauß ist ein universelles Verfahren zum Lösen von linearen Gleichungssystemen. Leider lassen sich nicht alle linearen Gleichungssysteme „straight forward" nach diesem Schema lösen. Manchmal ist geschicktes Vertauschen von Zeilen oder Spalten erforderlich oder zumindest hilfreich. In Abschnitt 2.3 werden wir wie angekündigt auf ein paar Spezialfälle genauer eingehen.

2.2.5 Rechenschema

Zur Reduzierung des Schreibaufwandes kann man beim Lösen linearer Gleichungssysteme ein vereinfachtes Schema verwenden. Auch für die Erstellung von Computerprogrammen ist ein Rechenschema für lineare Gleichungssysteme vorteilhaft. In diesem Rechenschema sind nur die Koeffizienten und Absolutglieder enthalten. Die Unbekannten kommen in diesem Schema nicht explizit vor.

Die Koeffizienten in der i-ten Spalte gehören zur Unbekannten x_i. Die Gleichheitszeichen werden durch einen senkrechten Strich ersetzt. Dadurch werden die Absolutglieder visuell von den Koeffizienten getrennt.

Beispiel 2.7 (Rechenschema beim Gaußschen Eliminationsverfahren)
Das lineare Gleichungssystem aus Beispiel 2.6

$$\begin{array}{rcrcrcrcr} x_1 & + & x_2 & - & 3x_3 & + & 2x_4 & = & -10 \\ x_1 & - & 2x_2 & + & x_3 & & & = & 5 \\ 2x_1 & + & x_2 & - & 3x_3 & + & x_4 & = & -7 \\ & & 3x_2 & + & x_3 & - & 4x_4 & = & 7 \end{array}$$

schreiben wir als Rechenschema folgendermaßen:

$$\begin{array}{rrrr|rll} 1 & 1 & -3 & 2 & -10 & |\cdot(-1) & |\cdot(-2) \\ 1 & -2 & 1 & 0 & 5 & \longleftarrow & \\ 2 & 1 & -3 & 1 & -7 & & \longleftarrow \\ 0 & 3 & 1 & -4 & 7 & & \end{array}$$

Durch Multiplikation der ersten Zeile mit den Faktoren -1 bzw. -2 erzeugt man in der ersten Spalte der zweiten bzw. dritten Zeile jeweils eine Null. Die letzte Zeile besitzt bereits eine Null in der ersten Spalte. Nun ist es geschickt, die dritte Zeile als Pivotzeile zu verwenden:

$$\begin{array}{rrrr|rll} 1 & 1 & -3 & 2 & -10 & & \\ 0 & -3 & 4 & -2 & 15 & \longleftarrow & \\ 0 & -1 & 3 & -3 & 13 & |\cdot(-3) & |\cdot(3) \\ 0 & 3 & 1 & -4 & 7 & & \longleftarrow \end{array}$$

Durch Multiplikation der dritten Zeile mit den Faktoren -3 bzw. 3 erzeugt man in der zweiten Spalte der zweiten bzw. vierten Zeile jeweils eine Null. Mehr Übersichtlichkeit erhalten wir durch Vertauschen der zweiten und dritten Zeile:

$$\begin{array}{rrrr|rl} 1 & 1 & -3 & 2 & -10 & \\ 0 & -1 & 3 & -3 & 13 & \\ 0 & 0 & -5 & 7 & -24 & |\cdot(2) \\ 0 & 0 & 10 & -13 & 46 & \longleftarrow \end{array}$$

Die dritte Zeile mit dem Faktor 2 zur letzten Zeile addiert, erzeugt das gewünschte Dreiecksschema:

$$\begin{array}{rrrr|r} 1 & 1 & -3 & 2 & -10 \\ 0 & -1 & 3 & -3 & 13 \\ 0 & 0 & -5 & 7 & -24 \\ 0 & 0 & 0 & 1 & -2 \end{array}$$

Rückwärtseinsetzen ergibt die gesuchte Lösung $x_4 = -2$, $x_3 = 2$, $x_2 = -1$ und $x_1 = 1$. ■

Aus den Äquivalenzumformungen ergeben sich Regeln für unser Rechenschema. Die Reihenfolge der Zeilen darf jederzeit beliebig vertauscht werden. Jede Zeile darf mit einem beliebigen Faktor ungleich null multipliziert werden. Zu einer Zeile darf ein beliebiges Vielfaches einer anderen Zeile addiert werden.

2.3 Spezielle Typen linearer Gleichungssysteme

Bei den linearen Gleichungssystemen in den bisher betrachteten Beispielen ist die Anzahl der Gleichungen und die Anzahl der Unbekannten gleich. Alle diese Gleichungssysteme haben außerdem eine eindeutige Lösung. Bei praktischen Problemstellungen ist dieser Gleichungstyp weit verbreitet. Trotzdem sind Gleichungssysteme, die diese Einschränkung nicht erfüllen, von praktischer Bedeutung.

In diesem Abschnitt betrachten wir auch Gleichungssysteme, bei denen die Anzahl der Gleichungen größer oder kleiner als die Anzahl der Unbekannten ist. Wir analysieren Gleichungssysteme, die keine oder unendlich viele Lösungen besitzen. Schließlich gehen wir noch auf lineare Gleichungssysteme ein, die einen oder mehrere Parameter enthalten.

2.3.1 Lineare Gleichungssysteme ohne Lösung

Wenn durch Äquivalenzumformungen eine einzelne Gleichung entsteht, die für beliebige Werte der Unbekannten nicht lösbar ist, dann besitzt das komplette lineare Gleichungssystem keine Lösung. In diesem Fall sind die einzelnen Gleichungen des Gleichungssystems widersprüchlich formuliert. Durch systematisches Anwenden der Vorwärtselimination können wir auch diesen Fall problemlos erkennen.

Beispiel 2.8 (Unlösbares lineares Gleichungssystem)

Bei dem linearen Gleichungssystem

$$\begin{array}{rcrcrcr l l}
x_1 & + & x_2 & + & x_3 & = & 6 & |\cdot(-3) & |\cdot(-2) \\
3\,x_1 & + & 2\,x_2 & + & x_3 & = & 10 & \longleftarrow & \\
2\,x_1 & + & 3\,x_2 & + & 4\,x_3 & = & 2 & & \longleftarrow
\end{array}$$

wählen wir die erste Zeile als Pivotzeile und multiplizieren mit den Faktoren -3 und -2:

$$\begin{array}{rcrcrcr l}
x_1 & + & x_2 & + & x_3 & = & 6 & \\
 & - & x_2 & - & 2\,x_3 & = & -8 & |\cdot(1) \\
 & & x_2 & + & 2\,x_3 & = & -10 & \longleftarrow
\end{array}$$

Nun addieren wir die zweite zur dritten Zeile. Dadurch wird in der letzten Zeile nicht nur x_2, sondern auch x_3 eliminiert:

$$\begin{array}{rcrcrcr}
x_1 & + & x_2 & + & x_3 & = & 6 \\
 & - & x_2 & - & 2\,x_3 & = & -8 \\
 & & & & 0 & = & -18
\end{array}$$

Vollständig ausgeschrieben lautet die letzte Zeile

$$0\cdot x_1 + 0\cdot x_2 + 0\cdot x_3 = -18.$$

Gleichgültig welchen Wert man für die Unbekannten wählt, die linke Seite ergibt immer null. Das Gleichungssystem ist also nicht lösbar. ■

Merke 2.5 (Keine Lösung beim Gaußschen Eliminationsverfahren)

Entsteht im Verlauf des Gaußschen Eliminationsverfahrens eine Gleichung der Form

$$0 \cdot x_1 + 0 \cdot x_2 + \ldots + 0 \cdot x_n = b, \quad b \neq 0,$$

wobei b eine beliebige Zahl ungleich null ist, dann besitzt das lineare Gleichungssystem keine Lösung.

2.3.2 Lineare Gleichungssysteme mit unendlich vielen Lösungen

Entsteht bei der Gauß-Elimination eine Dreiecksform, bei der eine Stufe breiter als ein Element ist, dann besitzt das lineare Gleichungssystem in der Regel unendlich viele Lösungen. Alle Unbekannte, die zu Zeilenstufen der Breite 2 oder größer gehören, können beliebige Werte annehmen. Die Lösungsmenge wird dann durch ein oder mehrere freie Parameter beschrieben und wird als Lösungsschar bezeichnet.

Beispiel 2.9 (Lineares Gleichungssystem mit zweidimensionaler Lösungsschar)

Das lineare Gleichungssystem

$$\begin{array}{ccccccccc} x_1 & + & 2x_2 & + & 3x_3 & + & x_4 & = & 6 \\ & & & & 2x_3 & - & 4x_4 & = & 8 \end{array}$$

ist bereits in Zeilenstufenform. Die erste Stufe hat die Breite 2, denn in der zweiten Gleichung fehlen die Unbekannten x_1 und x_2. Die zweite Stufe hat ebenfalls die Breite 2, denn sie enthält die Unbekannten x_3 und x_4 und ist die letzte Gleichung. Beide Stufen haben also die Breite 2. Somit können x_2 und x_4 beliebig gewählt werden, denn diese beiden Unbekannten erzeugen bei den beiden Stufen die Breite größer 1. Wir beginnen mit dem Rückwärtseinsetzen und setzen $x_4 = t$. Aus der zweiten Gleichung erhalten wir

$$2x_3 - 4t = 8 \quad \Longrightarrow \quad x_3 = 4 + 2t.$$

Weiter setzen wir $x_2 = s$ und erhalten aus der ersten Gleichung

$$x_1 + 2s + 3(4 + 2t) + t = 6 \quad \Longrightarrow \quad x_1 = -6 - 2s - 7t.$$

Jede Kombination aus einem s-Wert und einem t-Wert erzeugt eine Lösung. Die Lösungsmenge ist also eine zweidimensionale Schar. Beispielsweise ergibt sich für $s = 0$ und $t = 0$ die Lösung $x_1 = -6$, $x_2 = 0$, $x_3 = 4$ und $x_4 = 0$ und für $s = 1$ und $t = -1$ die Lösung $x_1 = -1$, $x_2 = 1$, $x_3 = 2$ und $x_4 = -1$. ■

Merke 2.6 (Unendlich viele Lösungen beim Gaußschen Eliminationsverfahren)

Entstehen im Verlauf des Gaußschen Eliminationsverfahrens zwei aufeinander folgende Zeilen i und $i+1$ mit einer Zeilenstufe der Breite $p+1$ in der Form

$$\begin{array}{ccccccccccc} a_{i,k}\,x_k & + & \ldots & + & a_{i,k+p}\,x_{k+p} & + & a_{i,k+p+1}\,x_{k+p+1} & + & \ldots & + & a_{i,n}\,x_n & = & b_i \\ & & & & & & a_{i+1,k+p+1}\,x_{k+p+1} & + & \ldots & + & a_{i+1,n}\,x_n & = & b_{i+1} \end{array}$$

so kann man die p Unbekannten x_{k+1} bis x_{k+p} beliebig wählen.

2.3.3 Systeme mit redundanten Gleichungen

In jeder einzelnen Gleichung ist eine Bedingung für die Unbekannten formuliert. Wenn man beim Formulieren der Bedingungen nicht sorgfältig vorgeht, dann wird ein und derselbe Aspekt mehrfach berücksichtigt. Überflüssige Bedingungen erzeugen sogenannte redundante Gleichungen. Ein Spezialfall redundanter Gleichungen sind zwei Gleichungen, die sich nur durch einen konstanten Faktor unterscheiden. In diesem Fall ist also eine Gleichung ein Vielfaches einer anderen Gleichung. Es gibt jedoch auch Konstellationen, bei denen Redundanzen auftreten, die nicht offensichtlich sind, siehe Beispiel 2.10. Mit dem Gaußschen Eliminationsverfahren sind wir in der Lage, alle Redundanzen zu erkennen.

Beispiel 2.10 (Lineares Gleichungssystem mit redundanten Gleichungen)
Das lineare Gleichungssystem

$$\begin{array}{rcrcrcrll} x_1 & + & x_2 & + & x_3 & = & 6 & |\cdot(-3) & |\cdot(-2) \\ 3x_1 & + & 2x_2 & + & x_3 & = & 10 & \longleftarrow & \\ 2x_1 & + & 3x_2 & + & 4x_3 & = & 20 & & \longleftarrow \end{array}$$

stimmt bis auf den letzten Eintrag auf der rechten Seite mit dem Gleichungssystem aus Beispiel 2.8 überein. Wieder wählen wir die erste Zeile als Pivotzeile und multiplizieren mit den Faktoren -3 und -2

$$\begin{array}{rcrcrcrl} x_1 & + & x_2 & + & x_3 & = & 6 & \\ & - & x_2 & - & 2x_3 & = & -8 & |\cdot(1) \\ & & x_2 & + & 2x_3 & = & 8 & \longleftarrow \end{array}$$

und fassen die zweite und die dritte Zeile zusammen. Dadurch wird in der letzten Zeile nicht nur x_2, sondern auch x_3 eliminiert. Im Gegensatz zu Beispiel 2.8 steht nun aber in der letzten Zeile auch auf der rechten Seite null:

$$\begin{array}{rcrcrcr} x_1 & + & x_2 & + & x_3 & = & 6 \\ & - & x_2 & - & 2x_3 & = & -8 \\ & & & & 0 & = & 0 \end{array}$$

Die letzte Gleichung stellt keine Bedingung für die Unbekannten dar. Diese Zeile ist überflüssig, man kann sie einfach weglassen:

$$\begin{array}{rcrcrcr} x_1 & + & x_2 & + & x_3 & = & 6 \\ & - & x_2 & - & 2x_3 & = & -8 \end{array}$$

Dadurch haben wir nun aber beim Rückwärtseinsetzen ein Problem. Insgesamt bleiben nur zwei Gleichungen zur Bestimmung von drei Unbekannten. Das Problem lässt sich dadurch lösen, dass wir für die Unbekannte x_3 einen beliebigen Wert t wählen, $x_3 = t$. Durch Rückwärtseinsetzen ergibt sich dann aus der zweiten Gleichung

$$-x_2 - 2t = -8 \quad \Longrightarrow \quad x_2 = 8 - 2t$$

und aus der ersten Gleichung

$$x_1 + (8 - 2t) + t = 6 \quad \Longrightarrow \quad x_1 = -2 + t.$$

Jeder t-Wert erzeugt eine Lösung. Beispielsweise ergibt sich für $t = 0$ die Lösung $x_1 = -2$, $x_2 = 8$ und $x_3 = 0$ und für $t = 1$ die Lösung $x_1 = -1$, $x_2 = 6$ und $x_3 = 1$. ■

Merke 2.7 (Redundante Gleichungen)

Entsteht im Verlauf des Gaußschen Eliminationsverfahrens eine Gleichung der Form

$$0 \cdot x_1 + 0 \cdot x_2 + \ldots + 0 \cdot x_n = 0,$$

dann kann man diese redundante Gleichung einfach weglassen.

2.3.4 Unterbestimmte lineare Gleichungssysteme

Wenn es zu wenig Bedingungen gibt, um die Unbekannten eindeutig festzulegen, dann hat das lineare Gleichungssystem keine eindeutige Lösung. Weniger Bedingungen als Unbekannte ergeben sich, wenn die Anzahl der Gleichungen kleiner als die Anzahl der Unbekannten ist. Dabei sind zwei unterschiedliche Fälle möglich. Entweder das Gleichungssystem hat schon zu Beginn weniger Gleichungen als Unbekannte, oder Gleichungen erweisen sich im Verlauf des Eliminationsverfahrens als redundant, siehe Abschnitt 2.3.3.

Definition 2.3 (Unterbestimmtes lineares Gleichungssystem)

Ein lineares Gleichungssystem, bei dem die Anzahl der Gleichungen kleiner als die Anzahl der Unbekannten ist, nennt man unterbestimmt.

Beispiel 2.11 (Unterbestimmtes lineares Gleichungssystem)

Das lineare Gleichungssystem

$$\begin{array}{rcrcrcrl} x_1 & + & x_2 & + & x_3 & = & 6 & |\cdot(-3) \\ 3x_1 & + & 2x_2 & + & x_3 & = & 10 & \longleftarrow \end{array}$$

ist unterbestimmt. Es besitzt drei Unbekannte, aber nur zwei Gleichungen. Die erste Zeile multipliziert mit dem Faktor -3 ergibt

$$\begin{array}{rcrcrcr} x_1 & + & x_2 & + & x_3 & = & 6 \\ & - & x_2 & - & 2x_3 & = & -8 \end{array}$$

Wir können x_3 beliebig wählen und x_1 und x_2 abhängig von x_3 ausdrücken. Mathematisch formuliert man das, indem man einen reellen Parameter t einführt, also $x_3 = t$. Aus der zweiten Zeile erhält man dann

$$-x_2 - 2t = -8 \Longrightarrow x_2 = 8 - 2t$$

und aus der ersten Zeile

$$x_1 + (8 - 2t) + t = 6 \Longrightarrow x_1 = -2 + t.$$

Das lineare Gleichungssystem hat zwar unendlich viele Lösungen, trotzdem ist nicht jede Kombination aus x_1, x_2 und x_3 eine Lösung. Beispielsweise erhält man für $t = 2$ die Lösung $x_1 = 0$, $x_2 = 4$ und $x_3 = 2$. Die Kombination $x_1 = 1$, $x_2 = 4$ und $x_3 = 2$ ist jedoch keine Lösung, da es kein passendes t für diese Kombination gibt. ▪

Merke 2.8 (Unterbestimmtes lineares Gleichungssystem)

In der Regel besitzt ein unterbestimmtes lineares Gleichungssystem unendlich viele Lösungen. Die Lösungen erhält man durch Rückwärtseinsetzen, indem man für die unbestimmten Unbekannten geeignete Parameter einführt. In Ausnahmefällen kann ein unterbestimmtes lineares Gleichungssystem jedoch auch unlösbar sein. Ein unterbestimmtes lineares Gleichungssystem ist niemals eindeutig lösbar.

2.3.5 Überbestimmte lineare Gleichungssysteme

Das entsprechende Pendant zu unterbestimmten Systemen sind überbestimmte Systeme, also Systeme mit mehr Gleichungen als Unbekannte. Auch hier kann man nicht unmittelbar aus der Größe des Gleichungssystems auf die Anzahl der Lösungen schließen.

Definition 2.4 (Überbestimmtes lineares Gleichungssystem)

Ein lineares Gleichungssystem, bei dem die Anzahl der Gleichungen größer als die Anzahl der Unbekannten ist, nennt man überbestimmt.

Beispiel 2.12 (Überbestimmtes lineares Gleichungssystem)

Bei dem linearen Gleichungssystem wählen wir die letzte Zeile als Pivotzeile

$$\begin{array}{rcrcrllll} 2x_1 & - & x_2 & = & 5 & & & & \longleftarrow \\ x_1 & - & 3x_2 & = & -5 & & & \longleftarrow & \\ 6x_1 & - & 2x_2 & = & 10 & & \longleftarrow & & \\ x_1 & + & x_2 & = & 7 & |\cdot(-6) & |\cdot(-1) & |\cdot(-2) & \end{array}$$

und multiplizieren mit den Faktoren $-6, -1$ und -2:

$$\begin{array}{rcrcr} x_1 & + & x_2 & = & 7 \\ & - & 3x_2 & = & -9 \\ & - & 4x_2 & = & -12 \\ & - & 8x_2 & = & -32 \end{array}$$

Die zweite und dritte Zeile ergeben jeweils $x_2 = 3$. Die vierte Zeile fordert jedoch $x_2 = 4$. Somit ist dieses lineare Gleichungssystem nicht lösbar. ■

Auf den ersten Blick vermutet man, dass alle überbestimmten linearen Gleichungssysteme nicht lösbar sind. Schließlich gibt es mehr Bedingungen als Freiheitsgrade. Tatsächlich sind überbestimmte lineare Gleichungssysteme in der Regel nicht lösbar.

Trotzdem können überbestimmte Systeme unter Umständen redundante Gleichungen enthalten und somit auch lösbar sein. Dies ist dann der Fall, wenn die Gleichungen redundante Bedingungen enthalten.

Beispiel 2.13 (Überbestimmtes lineares Gleichungssystem mit eindeutiger Lösung)

Wir verändern bei dem linearen Gleichungssystem aus Beispiel 2.12 die rechte Seite der dritten Gleichung von 10 auf 18:

$$\begin{array}{rcrcrl} 2x_1 & - & x_2 & = & 5 & \qquad\qquad\qquad\quad \longleftarrow \\ x_1 & - & 3x_2 & = & -5 & \qquad\quad \longleftarrow \\ 6x_1 & - & 2x_2 & = & 18 & \longleftarrow \\ x_1 & + & x_2 & = & 7 & |\cdot(-6) \quad |\cdot(-1) \quad |\cdot(-2) \end{array}$$

Mit denselben Umformungen erhalten wir

$$\begin{array}{rcrcr} x_1 & + & x_2 & = & 7 \\ & - & 3x_2 & = & -9 \\ & - & 4x_2 & = & -12 \\ & - & 8x_2 & = & -24 \end{array}$$

Die letzten drei Zeilen ergeben jeweils $x_2 = 3$. Somit ist dieses lineare Gleichungssystem eindeutig lösbar mit $x_1 = 4$ und $x_2 = 3$. ▪

Es liegt sicherlich an der speziellen Wahl der Zahlen, dass das lineare Gleichungssystem aus Beispiel 2.13 eine Lösung besitzt. Anschaulich lässt sich diese Problemstellung als Schnittbedingung von vier Geraden in einer Ebene interpretieren. Im Allgemeinen werden sich vier Geraden nicht in einem einzigen Punkt schneiden.

Merke 2.9 (Überbestimmtes lineares Gleichungssystem)

In der Regel besitzt ein überbestimmtes lineares Gleichungssystem keine Lösung. In Ausnahmefällen kann es jedoch eindeutig lösbar sein oder sogar unendlich viele Lösungen besitzen.

Bei überbestimmten linearen Gleichungssystemen, die keine Lösung besitzen, kann man sogenannte Ausgleichswerte berechnen. Bei Ausgleichswerten sind die Gleichungen zwar nicht exakt erfüllt, die Werte werden jedoch so bestimmt, dass die Fehler in den einzelnen Gleichungen möglichst klein sind. Die Ausgleichsrechnung nach der sogenannten Methode der kleinsten Fehlerquadrate betrachten wir in Abschnitt 12.4.1.

2.3.6 Homogene lineare Gleichungssysteme

Der Begriff homogen kommt in der Mathematik an verschiedenen Stellen vor. Er taucht immer bei linearen Problemen auf, bei denen die rechte Seite der Gleichung null ist. Etwa bei linearen Gleichungssystemen oder auch bei linearen Differenzialgleichungen.

Definition 2.5 (Homogenes lineares Gleichungssystem)

Ein lineares Gleichungssystem, bei dem die rechte Seite nur aus Nullen besteht, nennt man homogen. Ansonsten nennt man es inhomogen.

Wenn bei allen Gleichungen auf der rechten Seite null steht, dann können wir eine spezielle Lösung sofort erraten. Denn wenn wir auf der linken Seite für alle Unbekannten die Null wählen, dann sind trivialerweise alle Gleichungen erfüllt. Entsprechend bezeichnet man diese Lösung als triviale Lösung. Bei homogenen linearen Gleichungssystemen besteht die eigentliche Herausforderung darin herauszufinden, ob es außer der trivialen Lösung noch weitere Lösungen gibt oder nicht. Wenn es außer der trivialen Lösung noch weitere Lösungen gibt, dann muss es nach Satz 2.1 unendlich viele Lösungen geben.

Beispiel 2.14 (Homogenes lineares Gleichungssystem)

Die Vorwärtselimination bei dem linearen Gleichungsystem

$$\begin{array}{rcrcrcl} x_1 & - & x_2 & + & 5\,x_3 & = & 0 \quad |\cdot(-3) \quad |\cdot(-10) \\ 3\,x_1 & - & 8\,x_2 & - & x_3 & = & 0 \quad \longleftarrow \\ 10\,x_1 & + & 5\,x_2 & - & 2\,x_3 & = & 0 \qquad\qquad\quad \longleftarrow \end{array}$$

verläuft genau wie in Beispiel 2.4. Schließlich unterscheiden sich beide linearen Gleichungssysteme nur durch die rechte Seite. Die zweite Pivotzeile

$$\begin{array}{rcrcrcl} x_1 & - & x_2 & + & 5\,x_3 & = & 0 \\ & - & 5\,x_2 & - & 16\,x_3 & = & 0 \quad |\cdot(3) \\ & & 15\,x_2 & - & 52\,x_3 & = & 0 \quad \longleftarrow \end{array}$$

liefert das Dreiecksschema

$$\begin{array}{rcrcrcl} x_1 & - & x_2 & + & 5\,x_3 & = & 0 \\ & - & 5\,x_2 & - & 16\,x_3 & = & 0 \\ & & & - & 100\,x_3 & = & 0 \end{array}$$

Das Gleichungssystem ist eindeutig lösbar. Die einzige Lösung ist die triviale Lösung $x_1 = 0$, $x_2 = 0$ und $x_3 = 0$. ■

Beispiel 2.15 (Homogenes Gleichungssystem mit unendlich vielen Lösungen)

Das homogene lineare Gleichungssystem

$$\begin{array}{rcrcrcl} x_1 & + & x_2 & + & x_3 & = & 0 \quad |\cdot(-3) \quad |\cdot(-2) \\ 3\,x_1 & + & 2\,x_2 & + & x_3 & = & 0 \quad \longleftarrow \\ 2\,x_1 & + & 3\,x_2 & + & 4\,x_3 & = & 0 \qquad\qquad\quad \longleftarrow \end{array}$$

ist bis auf die rechte Seite identisch mit dem linearen Gleichungssystem aus Beispiel 2.10. Die Eliminationsschritte ergeben

$$\begin{array}{rcrcrcl} x_1 & + & x_2 & + & x_3 & = & 0 \\ & - & x_2 & - & 2x_3 & = & 0 \quad |\cdot(1) \\ & & x_2 & + & 2\,x_3 & = & 0 \quad \longleftarrow \end{array}$$

und danach dann

$$\begin{array}{rcrcrcl} x_1 & + & x_2 & + & x_3 & = & 0 \\ & - & x_2 & - & 2x_3 & = & 0 \\ & & & & 0 & = & 0 \end{array}$$

Die letzte Zeile ist redundant. Beim Rückwärtseinsetzen können wir somit $x_3 = t$ beliebig wählen und erhalten $x_1 = t$, $x_2 = -2t$ und $x_3 = t$. Die triviale Lösung ist bei diesem Beispiel also nicht die einzige Lösung. ■

Merke 2.10 (Homogenes lineares Gleichungssystem)

Ein homogenes lineares Gleichungssystem besitzt stets die sogenannte triviale Lösung

$$x_1 = 0, \quad x_2 = 0, \quad x_3 = 0, \quad \ldots, \quad x_n = 0.$$

Offen ist, ob es außer der trivialen Lösung noch weitere Lösungen gibt. Ein homogenes lineares Gleichungssystem hat entweder nur die triviale Lösung oder unendlich viele Lösungen.

2.3.7 Lineare Gleichungssysteme mit Parametern

In den Beispielen 2.9, 2.10, 2.11 und 2.15 haben wir bereits gesehen, dass manche lineare Gleichungssysteme unendlich viele Lösungen besitzen. Bei diesen Beispielen beschreibt man die Lösung mithilfe von Parametern. Bei Problemen aus der Praxis treten manchmal bereits beim Aufstellen der Gleichungen Parameter auf. Bei diesen linearen Gleichungssystemen muss man in erster Linie klären, wann das Gleichungssystem überhaupt lösbar ist und wann die Lösung eindeutig ist. In beiden Situationen spricht man von Parametern. Wichtig ist hierbei, dass man diese beiden Fälle klar trennt. Im ersten Fall verwendet man Parameter, falls es unendlich viele Lösungen gibt, und im zweiten Fall sind die Parameter bereits Bestandteil des linearen Gleichungssystems.

Beispiel 2.16 (Lineares Gleichungssystem mit Parameter)

Das lineare Gleichungssystem

$$\begin{array}{rcrcrcl} x_1 & + & x_2 & - & x_3 & = & 1 \\ 2x_1 & + & 3x_2 & + & px_3 & = & 3 \\ x_1 & + & px_2 & + & 3x_3 & = & 2 \end{array}$$

enthält den Parameter p. Bei verschiedenen Werten des Parameters p erhalten wir also unterschiedliche lineare Gleichungssysteme. Die Vorwärtselimination mit der ersten Zeile als Pivotzeile

$$\begin{array}{rcrcrclll} x_1 & + & x_2 & - & x_3 & = & 1 & |\cdot(-2) & |\cdot(-1) \\ 2x_1 & + & 3x_2 & + & px_3 & = & 3 & \longleftarrow & \\ x_1 & + & px_2 & + & 3x_3 & = & 2 & & \longleftarrow \end{array}$$

ergibt die gewünschten Nullen in der ersten Spalte:

$$\begin{array}{rcrcrcll} x_1 & + & x_2 & - & x_3 & = & 1 & \\ & & x_2 & + & (p+2)x_3 & = & 1 & |\cdot(1-p) \\ & & (p-1)x_2 & + & 4x_3 & = & 1 & \longleftarrow \end{array}$$

Unser Ziel ist es, in der dritten Zeile die Unbekannte x_2 zu eliminieren. Dazu multiplizieren wir die zweite Zeile mit dem Faktor $1-p$. Diese Umformung ist allerdings nur dann eine Äquivalenzumformung, wenn der Faktor $1-p$ nicht null wird. Den Sonderfall $p = 1$ müssen wir hier also getrennt behandeln. Für $p = 1$ ist die Unbekannte bereits aus der letzten Zeile eliminiert und das System ist eindeutig lösbar mit $x_3 = \frac{1}{4}$, $x_2 = \frac{1}{4}$ und $x_1 = 1$.

Für $p \neq 1$ dürfen wir die zweite Zeile mit $1-p$ multiplizieren und erhalten

$$\begin{array}{rcrcrcl} x_1 & + & x_2 & - & x_3 & = & 1 \\ & & x_2 & + & (p+2)x_3 & = & 1 \\ & & & & (6-p-p^2)x_3 & = & 2-p \end{array}$$

Die Lösung ist eindeutig, falls der Faktor vor x_3 in der letzten Zeile nicht null ist:

$$6-p-p^2 \neq 0 \quad \Longrightarrow \quad p_{1,2} \neq \frac{1 \pm \sqrt{1+24}}{-2} = 2, -3.$$

Rückwärtseinsetzen ergibt aus der dritten Zeile

$$x_3 = \frac{2-p}{6-p-p^2} = \frac{2-p}{(2-p)(3+p)} = \frac{1}{p+3},$$

aus der zweiten Zeile

$$x_2 + \frac{p+2}{p+3} = 1 \quad \Longrightarrow \quad x_2 = \frac{(p+3)-(p+2)}{p+3} = \frac{1}{p+3}$$

und schließlich aus der ersten Zeile

$$x_1 + \frac{1}{p+3} - \frac{1}{p+3} = 1 \quad \Longrightarrow \quad x_1 = 1.$$

Für $p = 2$ ist die letzte Zeile eine Nullzeile und es ergeben sich unendlich viele Lösungen:

$$x_3 = t, \quad x_2 = 1 - 4t, \quad x_1 = 5t.$$

Für $p = -3$ lautet die letzte Zeile $0 \cdot x_1 + 0 \cdot x_2 + 0 \cdot x_3 = 5$ und somit gibt es keine Lösung. Wir können das Ergebnis folgendermaßen zusammenfassen: Für $p \neq 2$ und $p \neq -3$ gibt es die eindeutige Lösung

$$x_1 = 1, \quad x_2 = \frac{1}{p+3}, \quad x_3 = \frac{1}{p+3},$$

für $p = 2$ gibt es unendlich viele Lösungen

$$x_1 = 5t, \quad x_2 = 1 - 4t, \quad x_3 = t$$

und für $p = -3$ gibt es keine Lösung. Aufgrund des Parameters müssen wir bei diesem Beispiel also mehrere Fälle untersuchen. ∎

Merke 2.11 (Lineares Gleichungssystem mit Parametern)

Ein lineares Gleichungssystem mit Parametern kann man mit dem Gaußschen Eliminationsverfahren lösen. Multipliziert man eine Gleichung mit einem Faktor, der einen Parameter enthält, dann muss man die Fälle, in denen der Faktor null wird, gesondert betrachten. Es ist zu untersuchen, für welche Parameterwerte das Gleichungssystem lösbar ist und für welche Parameterwerte die Lösung eindeutig ist.

Lineare Gleichungssysteme mit Parametern lassen sich prinzipiell mit dem Gaußschen Eliminationsverfahren lösen. Allerdings können dabei aufwendige Fallunterscheidungen erforderlich sein. In vielen Fällen lassen sich lineare Gleichungssysteme mit Parametern einfacher mithilfe von Matrizen lösen, siehe Kapitel 4.

2.4 Numerische Verfahren

Besonders wertvoll für mathematische Problemstellungen sind konstruktive Lösungen, also Lösungen, bei denen nicht nur die Existenz sichergestellt wird, sondern auch eine Vorschrift angegeben werden kann, wie man die Lösung schrittweise berechnet. Eine solche schrittweise Beschreibung zur Berechnung einer Lösung wird auch als Algorithmus bezeichnet. Diese Bezeichnung geht auf den persischen Mathematiker Muhammad ibn Musa Abu Dscha'far Al-Chwarizmi Anfang des 9. Jahrhunderts zurück. Seit der Verbreitung elektronischer Rechenmaschinen haben Algorithmen dramatisch an Bedeutung gewonnen. Die Numerische Mathematik ist das Teilgebiet der Mathematik, das sich intensiv mit Algorithmen beschäftigt. Ein klassisches Beispiel ist der Algorithmus von Gauß, der in Abschnitt 2.2 enthalten ist. Der russische Mathematiker Andrei Nikolajewitsch Kolmogorow hat sich ausführlich mit der Komplexität von Algorithmen auseinandergesetzt.

Bei Anwendungen aus der Praxis treten oft Gleichungssysteme mit sehr vielen Unbekannten auf. Wenn alle Gleichungen eine ähnliche Bauart aufweisen, dann lassen sich solche Gleichungssysteme durch Computerprogramme oft mit iterativen Verfahren einfacher lösen als mit dem Eliminationsverfahren. Bei einem Iterationsverfahren wird ein und dieselbe Berechnungsvorschrift wiederholt angewendet. Das Ergebnis des letzten Iterationsschrittes verwendet man dabei als Ausgangswert für den nächsten Iterationsschritt.

2.4.1 Jacobi-Iteration

Die nach Carl Gustav Jacob Jacobi benannte Jacobi-Iteration beruht auf einer einfachen Idee. Wir lösen die erste Gleichung nach x_1 auf, die zweite nach x_2, usw. und berechnen mithilfe dieser umgeformten Gleichungen iterativ Näherungslösungen. Um das Verfahren in Gang zu setzen, benötigen wir Werte, mit denen wir die Berechnung starten können. Bei Problemstellungen aus der Praxis kennt man oftmals gute Startwerte aus früheren Berechnungen oder aus Schätzungen. Falls solche Werte nicht vorliegen, startet man in der Regel bei allen Unbekannten mit dem Wert null.

Beispiel 2.17 (Jacobi-Iteration)

Das folgende lineare Gleichungssystem soll mit der Jacobi-Iteration gelöst werden:

$$\begin{array}{rcrcrcr} 3x_1 & + & 6x_2 & & & = & 6 \\ x_1 & + & 7x_2 & + & 5x_3 & = & 17 \\ 2x_1 & + & 4x_2 & - & 8x_3 & = & -12 \end{array}$$

Durch Auflösen der ersten Gleichung nach x_1, der zweiten Gleichung nach x_2 und der dritten Gleichung nach x_3 erhält man die Iterationsvorschrift

$$\begin{aligned} \tilde{x}_1^{(k+1)} &= \frac{1}{3}\left(6 - 6\tilde{x}_2^{(k)}\right) \\ \tilde{x}_2^{(k+1)} &= \frac{1}{7}\left(17 - \tilde{x}_1^{(k)} - 5\tilde{x}_3^{(k)}\right) \\ \tilde{x}_3^{(k+1)} &= -\frac{1}{8}\left(-12 - 2\tilde{x}_1^{(k)} - 4\tilde{x}_2^{(k)}\right) \end{aligned}$$

Dabei bezeichnen $\tilde{x}^{(k)}$ die alten und $\tilde{x}^{(k+1)}$ die neuen Näherungswerte.

Wenn wir mit den Werten

$$\tilde{x}_1^{(0)} = 0, \quad \tilde{x}_2^{(0)} = 0, \quad \tilde{x}_3^{(0)} = 0$$

starten, dann erhalten wir im ersten und zweiten Iterationsschritt

$$\tilde{x}_1^{(1)} = 2, \quad \tilde{x}_2^{(1)} = \frac{17}{7}, \quad \tilde{x}_3^{(1)} = \frac{3}{2}, \qquad \tilde{x}_1^{(2)} = -\frac{20}{7}, \quad \tilde{x}_2^{(2)} = \frac{15}{14}, \quad \tilde{x}_3^{(2)} = \frac{45}{14}.$$

Bei der Berechnung mit einem Computerprogramm ändern sich die Werte nach ungefähr 100 Iterationsschritten kaum noch:

$$\tilde{x}_1^{(100)} \approx 0, \quad \tilde{x}_2^{(100)} \approx 1, \quad \tilde{x}_3^{(100)} \approx 2.$$

Damit haben wir eine gute Näherungslösung. ▪

Zwei Fragen sind bisher noch nicht geklärt: Bei welchen linearen Gleichungssystemen strebt die Jacobi-Iteration auch tatsächlich gegen die Lösung des linearen Gleichungssystems und nach wie vielen Schritten können wir das Verfahren abbrechen? Antworten auf diese Fragen findet man beispielsweise bei [Golub].

2.4.2 Gauß-Seidel-Iteration

Die Gauß-Seidel-Iteration ist eine nahe liegende Verbesserung der Jacobi-Iteration. Sie geht auf Johann Carl Friedrich Gauß und Philipp Ludwig Seidel zurück. Dabei werden die neu berechneten Näherungswerte sofort wieder bei den weiteren Rechenschritten verwendet.

Beispiel 2.18 (Gauß-Seidel-Iteration)

Das folgende lineare Gleichungssystem soll mit der Gauß-Seidel-Iteration gelöst werden:

$$\begin{array}{rcrcrcr} 3x_1 & + & 6x_2 & & & = & 6 \\ x_1 & + & 7x_2 & + & 5x_3 & = & 17 \\ 2x_1 & + & 4x_2 & - & 8x_3 & = & -12 \end{array}$$

Durch Auflösen der ersten Gleichung nach x_1, der zweiten Gleichung nach x_2 und der dritten Gleichung nach x_3 erhält man die Iterationsvorschrift

$$\begin{aligned} \tilde{x}_1^{(k+1)} &= \frac{1}{3}\left(6 - 6\tilde{x}_2^{(k)}\right) \\ \tilde{x}_2^{(k+1)} &= \frac{1}{7}\left(17 - \tilde{x}_1^{(k+1)} - 5\tilde{x}_3^{(k)}\right) \\ \tilde{x}_3^{(k+1)} &= -\frac{1}{8}\left(-12 - 2\tilde{x}_1^{(k+1)} - 4\tilde{x}_2^{(k+1)}\right) \end{aligned}$$

Im Gegensatz zum Jacobi-Verfahren verwendet die Gauß-Seidel-Iteration bei der Berechnung von x_2 bereits den neuen Wert von x_1 und bei der Berechnung von x_3 bereits die neuen Werte von x_1 und x_2. Wenn wir mit den Werten

$$\tilde{x}_1^{(0)} = 0, \quad \tilde{x}_2^{(0)} = 0, \quad \tilde{x}_3^{(0)} = 0$$

starten, erhalten wir im ersten und zweiten Schritt

$$\tilde{x}_1^{(1)} = 2, \quad \tilde{x}_2^{(1)} = \frac{15}{7}, \quad \tilde{x}_3^{(1)} = \frac{43}{14}, \qquad \tilde{x}_1^{(2)} = -\frac{15}{7}, \quad \tilde{x}_2^{(2)} = \frac{55}{98}, \quad \tilde{x}_3^{(2)} = \frac{237}{196}$$

und damit bereits grobe Näherungswerte.

Bei der Berechnung mit einem Computerprogramm ändern sich die Werte nach ungefähr 65 Iterationsschritten kaum noch und wir erhalten die Näherungslösung

$$\tilde{x}_1^{(65)} \approx 0, \quad \tilde{x}_2^{(65)} \approx 1, \quad \tilde{x}_3^{(65)} \approx 2.$$

Im Vergleich zum Jacobi-Verfahren aus Beispiel 2.17 benötigt das Gauß-Seidel-Verfahren also deutlich weniger Iterationsschritte. ▪

2.5 Anwendungen

Lässt sich ein Problem aus der Praxis in Form eines linearen Gleichungssystems formulieren, dann gelingt es in der Regel das Problem zu lösen. Selbst wenn die Anzahl der Gleichungen und Unbekannten sehr groß ist, existieren geeignete Verfahren, um das Problem zu lösen.

2.5.1 Produktion

Viele Produkte für den industriellen oder privaten Einsatz sind heutzutage aus mehreren Komponenten zusammengesetzt. Beispielsweise besteht Stahl aus einer Mischung von Rohmetallen, Müsli ist aus verschiedenen Bestandteilen zusammengesetzt und ein Schraubensortiment enthält Schrauben unterschiedlicher Größen. Beim Mischungsverhältnis der einzelnen Bestandteile spielen verschiedene Aspekte eine Rolle. Stahl etwa muss einerseits gewisse Festigkeiten erfüllen und andererseits materialkostenoptimal sein. Beim Müsli soll die Mischung gesund und geschmackvoll sein, aber auch nicht zu viele teure Zutaten enthalten. Ein Schraubensortiment soll eine bestimmte Gesamtanzahl von Schrauben enthalten, ein bestimmtes Gewicht haben und möglichst preisgünstig sein.

Beispiel 2.19 (Produktoptimierung)

Es soll ein Sortiment mit drei Schraubengrößen zusammengestellt werden. Eine Schraube der jeweiligen Größe wiegt $5\,\mathrm{g}$, $10\,\mathrm{g}$ und $20\,\mathrm{g}$. Das Sortiment soll $1000\,\mathrm{g}$ wiegen und aus 100 Teilen bestehen. Wir gehen nun der Frage nach, wie viele Schrauben der drei Größen das Sortiment enthält. Dazu bezeichnen wir die Anzahl der Schrauben in den drei Größen mit x_1, x_2 und x_3 und formulieren die Angaben in einem Gleichungssystem:

$$\begin{array}{rcrcrcr} x_1 & + & x_2 & + & x_3 & = & 100 \\ 5\,x_1 & + & 10\,x_2 & + & 20\,x_3 & = & 1000 \end{array}$$

Addieren wir das (-5)-fache der ersten Gleichung zur zweiten, so erhalten wir

$$\begin{array}{rcrcrcr} x_1 & + & x_2 & + & x_3 & = & 100 \\ & & 5\,x_2 & + & 15\,x_3 & = & 500 \end{array}$$

Die letzte Stufe in diesem Gleichungssystem hat die Breite 2. Wir können also $x_3 = t$ beliebig, aber natürlich nur ganzzahlig zwischen 0 und 100, wählen. Daraus folgt die Lösungsschar $x_3 = t$, $x_2 = 100 - 3t$ und $x_1 = 2t$. Fordert man nun zusätzlich, dass die geringste Anzahl von Schrauben möglichst groß ist, also von allen Schraubengrößen möglichst viele im Sortiment sind, so folgt die eindeutige Lösung $x_1 = 50$, $x_2 = 25$ und $x_3 = 25$. ▪

2.5.2 Netzwerkanalyse in der Elektrotechnik

Die Netzwerkanalyse in der Elektrotechnik dient zur Untersuchung elektrischer Schaltkreise. Mithilfe des Maschenstromverfahrens kann man die Zweigströme eines Netzwerkes bestimmen. Dabei wird ausgenutzt, dass sich ebene elektrische Netzwerke aus linearen Bauelementen durch lineare Gleichungssysteme beschreiben lassen.

Wir betrachten hier ausschließlich Schaltungen mit Gleichstrom und Gleichspannung. Ströme und Spannungen sind also zeitlich konstant. Der Zusammenhang zwischen Strom und Spannung ist durch das Ohmsche Gesetz beschrieben. Die Aufteilung in Teilströme und Teilspannungen wird durch die Kirchhoffschen Gesetze formuliert. Zur Lösung werden alle Knotengleichungen und Maschengleichungen aufgestellt.

Damit sich eine eindeutige Lösung ergibt, müssen die Gleichungen unabhängig voneinander sein. Die Gleichungen werden anschließend derart umgeformt, dass auf der linken Seite alle Stromterme und Widerstandsterme und auf der rechten Seite alle Spannungsterme stehen. Das Ergebnis ist ein lineares Gleichungssystem. Ausführliche Informationen zu den elektrotechnischen Hintergründen findet man beispielsweise bei [Küpfmüller].

Beispiel 2.20 (Netzwerkanalyse)

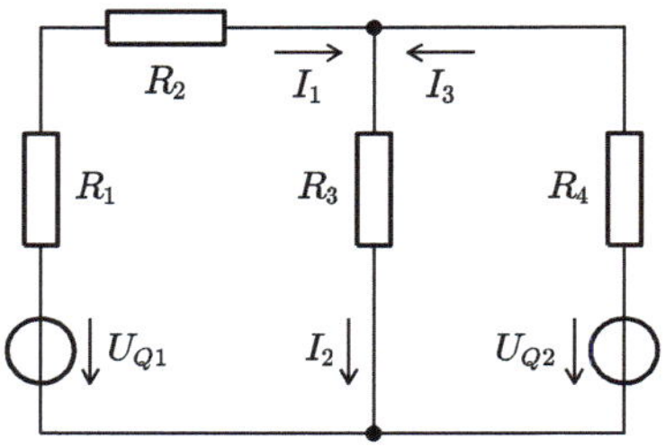

Wir betrachten das abgebildete Netzwerk. Für die Teilströme gilt nach der Knotenregel

$$I_1 - I_2 + I_3 = 0,$$

und für die beiden Maschen ergeben sich nach der Maschenregel die Gleichungen

$$\begin{aligned} I_1R_1 + I_1R_2 + I_2R_3 &= U_{Q1} \\ I_2R_3 + I_3R_4 &= U_{Q2} \end{aligned}$$

Daraus ergibt sich das lineare Gleichungssystem

$$\begin{array}{rcrcrcl} I_1 & - & I_2 & + & I_3 & = & 0 \\ (R_1 + R_2)\, I_1 & + & R_3\, I_2 & & & = & U_{Q1} \\ & & R_3\, I_2 & + & R_4\, I_3 & = & U_{Q2} \end{array}$$

Beispielsweise erhalten wir für die konkreten Widerstandswerte

$$R_1 = 60\,\Omega, \quad R_2 = 100\,\Omega, \quad R_3 = 80\,\Omega, \quad R_4 = 200\,\Omega$$

und für die Spannungswerte

$$U_{Q1} = 10\text{ V}, \quad U_{Q2} = 16\text{ V}$$

das Rechenschema

$$\begin{array}{rrr|r} 1 & -1 & 1 & 0 \\ 160 & 80 & 0 & 10 \\ 0 & 80 & 200 & 16 \end{array} \quad \Longrightarrow \quad \begin{array}{rrr|r} 1 & -1 & 1 & 0 \\ 0 & 80 & 200 & 16 \\ 0 & 0 & 760 & 38 \end{array}$$

mit der Lösung $I_1 = 0.025$ A, $I_2 = 0.075$ A und $I_3 = 0.05$ A für die Teilströme. ■

2.6 Aufgaben

2.6.1 Verständnis und Kompetenz

Aufgabe 2.1 (Grafische Lösung mit zwei Gleichungen) ★

Berechnen Sie die Lösung des folgenden linearen Gleichungssystems. Bestimmen Sie die Lösung außerdem auch grafisch in der Ebene.

$$\begin{array}{rcrcr} x & - & 3y & = & -1 \\ 3x & + & y & = & 7 \end{array}$$

Aufgabe 2.2 (Grafische Lösung mit drei Gleichungen) ★★

Bestimmen Sie die Lösungen der linearen Gleichungssysteme rechnerisch und grafisch.

a) $$\begin{array}{rcrcr} 2x & - & 3y & = & 6 \\ 3x & + & y & = & 3 \\ 4x & + & 4y & = & 3 \end{array}$$

b) $$\begin{array}{rcrcr} 2x & - & 3y & = & 9 \\ x & + & 2y & = & 4 \\ x & - & 5y & = & 5 \end{array}$$

2.6.2 Rechnung und Training

Aufgabe 2.3 (Fallunterscheidung mit Parameter) ★★

Für welche Werte des reellen Parameters b besitzt das lineare Gleichungssystem Lösungen? Bestimmen Sie in diesem Fall die Lösungsmenge.

$$\begin{array}{rcrcr} 9x & - & 6y & = & b \\ -6x & + & 4y & = & 2 \end{array}$$

Aufgabe 2.4 (Lineare Gleichungssysteme mit drei Unbekannten) ★★★

Berechnen Sie die Lösungen der linearen Gleichungssysteme:

a) $$\begin{array}{rcrcrcr} x_1 & - & x_2 & + & x_3 & = & 2 \\ x_1 & - & x_2 & + & 3x_3 & = & 3 \\ x_1 & + & x_2 & - & 2x_3 & = & 0 \end{array}$$

b) $$\begin{array}{rcrcrcr} 3x_1 & - & 4x_2 & + & 5x_3 & = & 1 \\ x_1 & - & 3x_2 & + & 2x_3 & = & 1 \\ 2x_1 & + & 2x_2 & + & x_3 & = & 1 \end{array}$$

Aufgabe 2.5 (Lineares Gleichungssystem mit drei Parametern) ★★★

Unter welchen Bedingungen ist das folgende lineare Gleichungssystem lösbar?

$$\begin{array}{rcrcrcr} 2x_1 & - & x_2 & + & 3x_3 & = & p \\ -x_1 & + & 2x_2 & - & 2x_3 & = & q \\ x_1 & + & 4x_2 & & & = & r \end{array}$$

Aufgabe 2.6 (Lineare Gleichungssysteme mit Parameter) ★★★★

Für welche Parameterwerte p haben die linearen Gleichungssysteme genau eine Lösung, unendlich viele Lösungen oder gar keine Lösung?

a) $$\begin{array}{rcrcrcr} px_1 & - & x_2 & + & 2x_3 & = & 0 \\ 2x_1 & + & px_2 & - & x_3 & = & 3 \\ & & px_2 & + & x_3 & = & 1 \end{array}$$

b) $$\begin{array}{rcrcrcr} x_1 & + & x_2 & + & px_3 & = & 1 \\ x_1 & + & px_2 & + & x_3 & = & p \\ px_1 & + & x_2 & + & x_3 & = & p^2 \end{array}$$

Aufgabe 2.7 (Lineares Gleichungssystem mit vier Unbekannten) ★★★★

Berechnen Sie die Lösungen des folgenden linearen Gleichungssystems:

$$\begin{array}{rcrcrcrcr} x_1 & - & x_2 & + & x_3 & + & x_4 & = & -2 \\ 2x_1 & + & x_2 & - & 2x_3 & - & x_4 & = & 1 \\ x_1 & - & 2x_2 & + & x_3 & - & 2x_4 & = & 3 \\ -x_1 & + & x_2 & & & + & x_4 & = & 1 \end{array}$$

Aufgabe 2.8 (Homogene lineare Gleichungssysteme) ★★★

Lösen Sie folgende homogene lineare Gleichungssysteme:

a) $$\begin{array}{rcrcr} x_1 & + & x_2 & = & 0 \\ x_2 & + & x_3 & = & 0 \\ x_1 & - & x_3 & = & 0 \end{array}$$

b) $$\begin{array}{rcrcr} x_1 & + & x_2 & = & 0 \\ x_2 & + & x_3 & = & 0 \\ x_3 & + & x_4 & = & 0 \\ x_1 & - & x_4 & = & 0 \end{array}$$

c) $$\begin{array}{rcrcr} x_1 & + & x_2 & = & 0 \\ x_2 & + & x_3 & = & 0 \\ x_3 & + & x_4 & = & 0 \\ x_4 & + & x_5 & = & 0 \\ x_1 & - & x_5 & = & 0 \end{array}$$

2.6.3 Anwendung

Aufgabe 2.9 (Vater und Sohn) ★★

Vater und Sohn sind zusammen 62 Jahre alt. Vor sechs Jahren war der Vater viermal so alt wie damals der Sohn. Wie alt ist jeder? Verwenden Sie für das Alter von Vater und Sohn zwei Unbekannte x und y und lösen Sie das Problem mithilfe eines linearen Gleichungssystems.

Aufgabe 2.10 (Interpolationsparabel) ★★★

Durch drei Punkte, die nicht auf einer Geraden liegen, kann man eine Parabel $y = a\,x^2 + b\,x + c$ legen. Bestimmen Sie a, b und c so, dass die Parabel durch folgende Punkte geht und skizzieren Sie die Parabel:

$$P_1(-1\,|\,2)\,, \quad P_2(1\,|-2)\,, \quad P_3(2\,|-1)$$

Durch Einsetzen der drei Punkte in die Gleichung ergibt sich ein lineares Gleichungssystem mit drei Gleichungen und den drei Unbekannten a, b und c.

Aufgabe 2.11 (Temperaturverteilung) ★★★★

Die Temperatur einer quadratischen Metallplatte beträgt am unteren Rand 20 °C und an den anderen Rändern 0 °C. Zur näherungsweisen Bestimmung der Temperaturverteilung gibt es 12 Messpunkte am Rand und 4 im Inneren der Platte. Für jeden inneren Messpunkt gilt, dass sein Temperaturwert gleich dem Mittelwert der Temperaturwerte der 4 Nachbarpunkte links, rechts, unten und oben ist. Stellen Sie ein lineares Gleichungssystem für die Temperaturwerte T_k der 4 inneren Punkte auf und lösen Sie es.

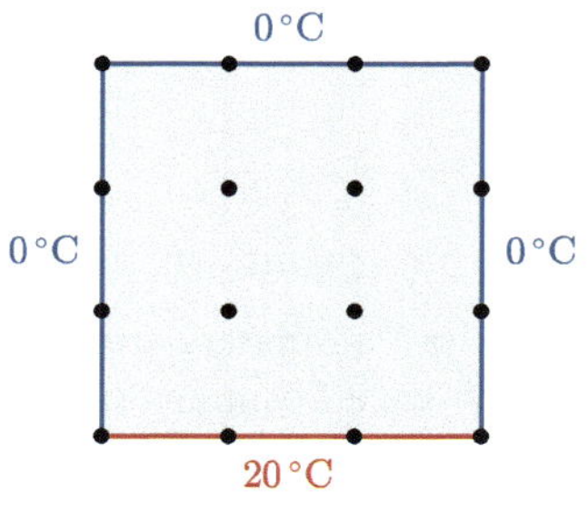

3 Vektoren

Bisher haben wir uns in der Mathematik mit Objekten beschäftigt, die sich vollständig durch Zahlenwerte beschreiben lassen. Zahlenwerte lassen sich auf der Skala von Messinstrumenten ablesen und man bezeichnet sie deshalb als Skalare. Typische Beispiele für skalare Größen sind Temperatur, Masse, Zeit, Arbeit, Widerstand und Spannung. In den Naturwissenschaften und der Technik spielen jedoch auch Größen eine Rolle, die Richtungen aufweisen, wie beispielsweise Kraft, Geschwindigkeit, Beschleunigung, Impuls und Drehmoment. Bei manchen Größen ist uns oft gar nicht bewusst, dass es sich um vektorielle Größen handelt. Umgangssprachlich sagt man: Ein Tachometer zeigt die Geschwindigkeit an. Tatsächlich ist das nur die halbe Wahrheit, denn die Richtung der Geschwindigkeit wird durch einen Tachometer gar nicht angezeigt.

In der Mathematik ist ein Vektor ein Element eines Vektorraumes. Dadurch wird ein Vektor als ein abstraktes mathematisches Objekt mit gewissen Eigenschaften definiert. Der Vektorbegriff ist eine Verallgemeinerung des geometrisch anschaulichen Vektorbegriffs, wie er in der Physik üblich ist. Wir konzentrieren uns in diesem Kapitel auf den anschaulichen Vektorbegriff und visualisieren Vektoren durch Pfeile.

Dieses Kapitel ist bewusst so strukturiert, dass wir uns zunächst mit Vektoren ohne Koordinatendarstellung beschäftigen. Erst in Abschnitt 3.3 verwenden wir Koordinatensysteme in der Ebene und im Raum, um Vektoren durch Koordinaten zu beschreiben.

3.1 Der Begriff eines Vektors

Ein Vektor wird durch eine Richtung und durch eine Länge festgelegt. Wir können uns das nochmals am Beispiel der Geschwindigkeit klar machen. Die Länge des Geschwindigkeitsvektors wird durch den Tachometer angezeigt, die Richtung gibt an, wohin man sich fortbewegt.

Definition 3.1 (Vektor)
Vektoren $\boldsymbol{a}$, $\boldsymbol{b}$, $\boldsymbol{c}$, ... werden durch Länge und Richtung festgelegt. Die Länge eines Vektors bezeichnet man auch als Betrag des Vektors und verwendet die Schreibweise

$$|\boldsymbol{a}|, |\boldsymbol{b}|, |\boldsymbol{c}|, \dots$$

Der Betrag eines Vektors ist niemals negativ.

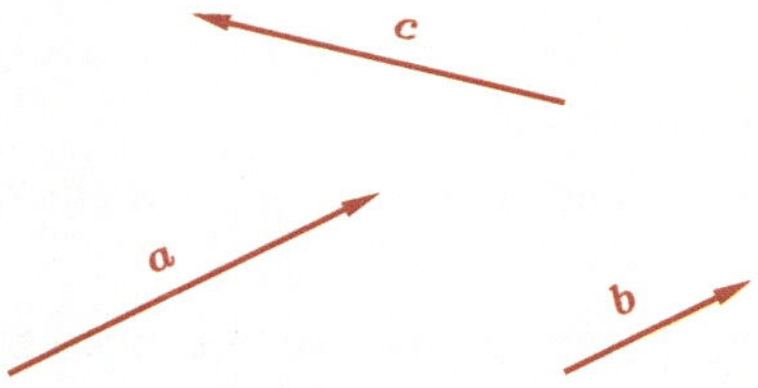

Vektoren und Geraden unterscheiden sich grundsätzlich. Eine Gerade hat keinen Anfangs- und keinen Endpunkt. Geraden besitzen eine unendliche Ausdehnung. Im Gegensatz dazu haben Vektoren eine endliche Länge.

Um Skalare und Vektoren schnell zu unterscheiden, werden in diesem Buch Vektoren durch fettgedruckte Kleinbuchstaben dargestellt. Ebenfalls gebräuchlich in der Literatur ist auch die Schreibweise $\vec{a}$, $\vec{b}$, $\vec{c}$ mit Kleinbuchstaben und Pfeilen darüber. Zur grafischen Darstellung von Vektoren verwenden wir Pfeile. Hierbei ist jedoch zu beachten, dass wir mit sogenannten freien Vektoren arbeiten. Freie Vektoren dürfen beliebig parallel verschoben werden, ohne sich zu ändern. Zwei Vektoren, die dieselbe Richtung und denselben Betrag haben, sind identisch und zwar unabhängig von der Stelle, an der wir die Vektoren skizzieren.

Merke 3.1 (Gleichheit von Vektoren)

Zwei Vektoren sind genau dann gleich, wenn sie dieselbe Richtung und denselben Betrag haben. Vektoren dürfen beliebig parallel verschoben werden, ohne dass sich ihr Wert ändert.

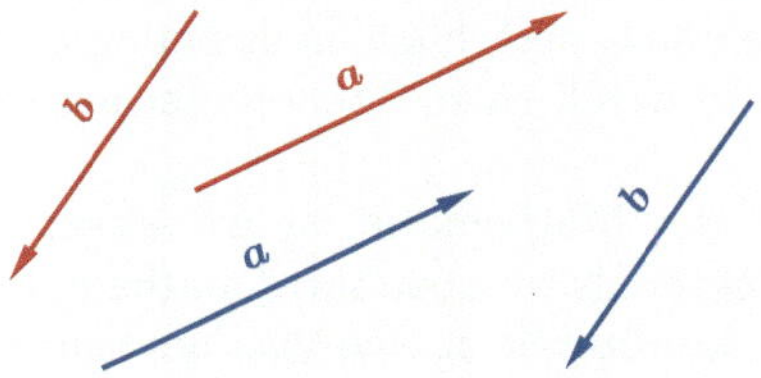

Bei technischen Anwendungen arbeitet man teilweise auch mit ortsfesten oder linienflüchtigen Vektoren. Ortsfeste Vektoren haben einen festen Angriffspunkt und linienflüchtige Vektoren lassen sich nur in Richtung einer Wirkungslinie verschieben. Weitere Einzelheiten zu diesen speziellen Vektoren betrachten wir in diesem Buch jedoch nicht.

Definition 3.2 (Nullvektor und Einheitsvektoren, normierte Vektoren)

Den Vektor mit der Länge 0 bezeichnet man als Nullvektor $\mathbf{0}$, es ist $|\mathbf{0}| = 0$. Alle Vektoren mit der Länge 1 bezeichnet man als Einheitsvektoren $\boldsymbol{e}$, für sie gilt $|\boldsymbol{e}| = 1$. Einheitsvektoren nennt man auch normierte Vektoren.

Es gibt genau einen Nullvektor, aber viele verschiedene Einheitsvektoren mit unterschiedlichen Richtungen. Man könnte nun lang darüber philosophieren, ob der Nullvektor keine Richtung hat oder ob der Nullvektor jede beliebige Richtung hat. Für das weitere Vorgehen ist diese Frage jedoch unerheblich.

Definition 3.3 (Parallele und antiparallele Vektoren)

Zwei Vektoren

- $\boldsymbol{a}$ und $\boldsymbol{b}$ mit derselben Richtung nennt man parallel: $\boldsymbol{a} \uparrow\uparrow \boldsymbol{b}$,
- $\boldsymbol{a}$ und $\boldsymbol{c}$ mit entgegengesetzter Richtung nennt man antiparallel: $\boldsymbol{a} \uparrow\downarrow \boldsymbol{c}$.

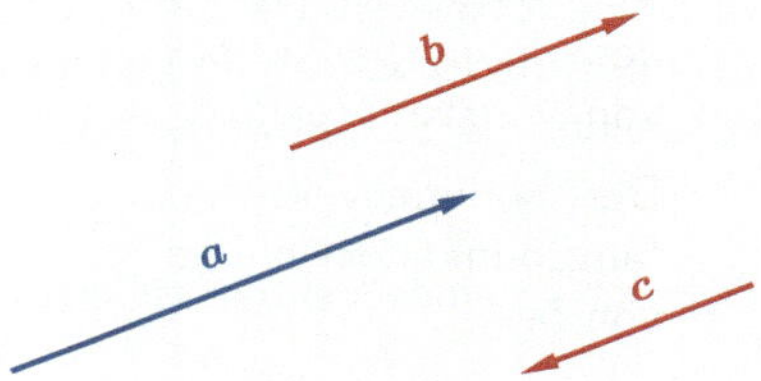

Zu jedem Vektor existiert ein Gegenvektor. Der Gegenvektor ist gleichlang, hat aber die entgegengesetzte Richtung. In der Physik ist dieses Prinzip bei Kräften unter dem dritten Newtonschen Gesetz als „actio et reactio" bekannt, siehe [Hering-Martin].

Definition 3.4 (Gegenvektor)

Der Gegenvektor zum Vektor $\boldsymbol{a}$ ist derjenige Vektor, der antiparallel zu $\boldsymbol{a}$ ist und dieselbe Länge wie $\boldsymbol{a}$ besitzt. Für den Gegenvektor verwendet man die Bezeichnung $-\boldsymbol{a}$:

$$-\boldsymbol{a} \uparrow\downarrow \boldsymbol{a}, \qquad |-\boldsymbol{a}| = |\boldsymbol{a}|.$$

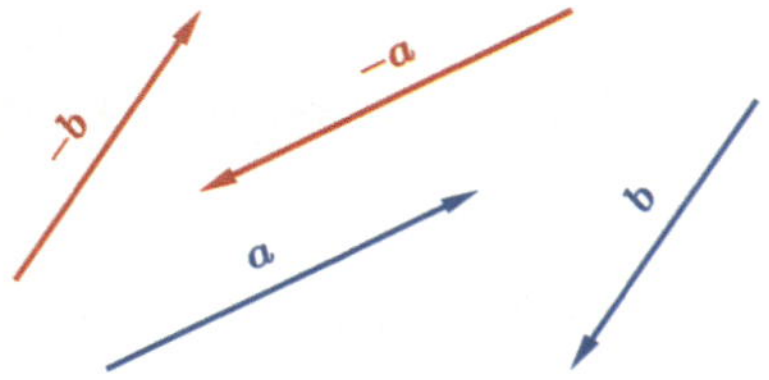

3.2 Vektorrechnung ohne Koordinaten

Beim Rechnen mit Vektoren denken die meisten an die Koordinatendarstellung von Vektoren. Viele Berechnungen mit Vektoren lassen sich jedoch auch ohne Koordinaten durchführen. Oftmals sind Berechnungen ohne Koordinaten kürzer und eleganter. Außerdem ist das Herleiten von Formeln in der koordinatenfreien Darstellung einfacher.

3.2.1 Addition und Subtraktion

Die Addition zweier Vektoren ergibt einen resultierenden Vektor. Der Betrag und die Richtung des resultierenden Vektors ist so festgelegt, dass der resultierende Vektor in seiner Wirkung der Gesamtwirkung der beiden einzelnen Vektoren entspricht. Am einfachsten kann man sich das bei Kräften in der Mechanik vorstellen. Die resultierende Kraft zweier Einzelkräfte ist so festgelegt, dass die Wirkung der beiden Einzelkräfte und der resultierenden Kraft gleich ist. Die resultierende Kraft ist eine Ersatzkraft der Einzelkräfte.

Definition 3.5 (Addition von Vektoren)

Die Addition der Vektoren $\boldsymbol{a}$ und $\boldsymbol{b}$ ist durch folgendes Konstruktionsprinzip definiert:

(1) Verschiebe den Vektor $\boldsymbol{b}$ parallel so, dass der Anfangspunkt von $\boldsymbol{b}$ mit dem Endpunkt von $\boldsymbol{a}$ zusammenfällt.

(2) Der Summenvektor $\boldsymbol{a}+\boldsymbol{b}$ startet im Anfangspunkt von $\boldsymbol{a}$ und endet im Endpunkt von $\boldsymbol{b}$.

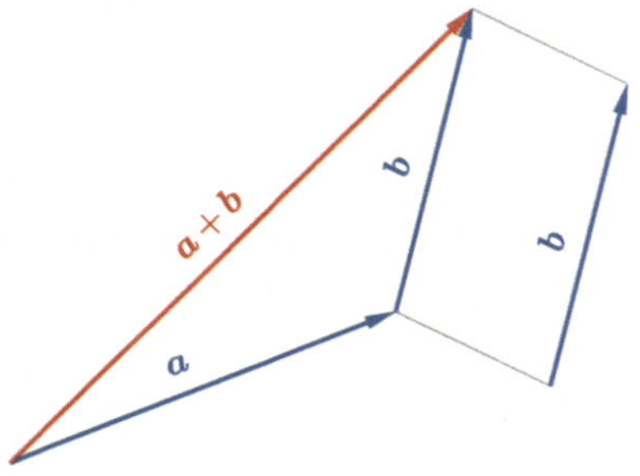

Wenn wir den Vektor $\boldsymbol{a}$ in den Endpunkt von Vektor $\boldsymbol{b}$ parallel verschieben, dann erhalten wir nach einem zu Definition 3.5 analogen Konstruktionsprinzip denselben Summenvektor. Also ergeben die beiden Additionen $\boldsymbol{a}+\boldsymbol{b}$ und $\boldsymbol{b}+\boldsymbol{a}$ wie erwartet dasselbe Ergebnis. Durch wiederholtes Anwenden des Konstruktionsprinzips aus Definition 3.5 kann man auch mehr als zwei Vektoren addieren. Das Ergebnis ist dabei unabhängig von der Reihenfolge.

Satz 3.1 (Kommutativ- und Assoziativgesetz der Vektoraddition)

Für beliebige Vektoren $\boldsymbol{a}$, $\boldsymbol{b}$ und $\boldsymbol{c}$ gilt:

- $\boldsymbol{a}+\boldsymbol{b}=\boldsymbol{b}+\boldsymbol{a}$
- $\boldsymbol{a}+(\boldsymbol{b}+\boldsymbol{c})=(\boldsymbol{a}+\boldsymbol{b})+\boldsymbol{c}$

Durch die Definition des Gegenvektors, siehe Definition 3.4, haben wir bereits festgelegt, was wir unter der Subtraktion von Vektoren verstehen: $\boldsymbol{a}-\boldsymbol{b}=\boldsymbol{a}+(-\boldsymbol{b})$. In einem Parallelogramm, aufgespannt durch die Vektoren $\boldsymbol{a}$ und $\boldsymbol{b}$, lassen sich beide Diagonalen jeweils in beide Richtungen durch Addition und Subtraktion von $\boldsymbol{a}$ und $\boldsymbol{b}$ darstellen.

Merke 3.2 (Diagonalen im Parallelogramm)

Das Parallelogramm aus den Vektoren $\boldsymbol{a}$ und $\boldsymbol{b}$ besitzt folgende gerichtete Diagonalen:

- $\boldsymbol{a}+\boldsymbol{b}$
- $\boldsymbol{a}-\boldsymbol{b}$
- $-\boldsymbol{a}+\boldsymbol{b}$
- $-\boldsymbol{a}-\boldsymbol{b}$

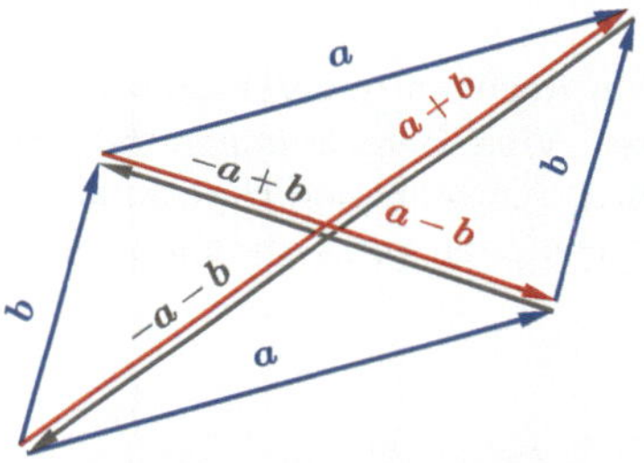

Beispiel 3.1 (Addition von Vektoren)

Die Summe der drei abbgebildeten Vektoren

$$\boldsymbol{s}=\boldsymbol{a}+\boldsymbol{b}+\boldsymbol{c}$$

kann man bestimmen, indem man zunächst die beiden Vektoren $\boldsymbol{a}$ und $\boldsymbol{b}$ addiert. Der Vektor $\boldsymbol{c}$ wird zu diesem Zwischenergebnis addiert. Man kann jedoch die drei Vektoren auch in jeder beliebigen anderen Reihenfolge addieren. Der resultierende Vektor ist immer derselbe.

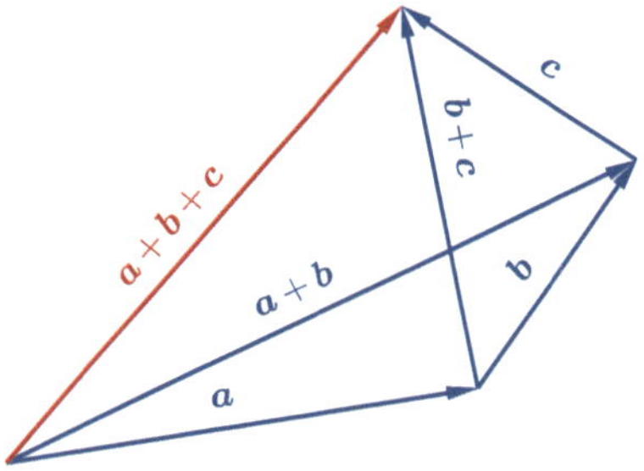

■

Merke 3.3 (Dreiecksungleichungen für Vektoren)

Für beliebige Vektoren $\boldsymbol{a}$ und $\boldsymbol{b}$ ist die Länge einer Diagonale in dem von $\boldsymbol{a}$ und $\boldsymbol{b}$ aufgespannten Parallelogramm niemals größer als die Summe der beiden Seitenlängen und niemals kleiner als die Differenz der beiden Seitenlängen.

- $|\boldsymbol{a}\pm\boldsymbol{b}|\leq|\boldsymbol{a}|+|\boldsymbol{b}|$
- $|\boldsymbol{a}\pm\boldsymbol{b}|\geq\big||\boldsymbol{a}|-|\boldsymbol{b}|\big|$

3.2.2 Skalare Multiplikation

Die Multiplikation eines Vektors mit einer Zahl bezeichnet man als skalare Multiplikation. Die Multiplikation mit einem Skalar ändert lediglich den Betrag des Vektors, die Ausrichtung bleibt erhalten. Ist der Skalar positiv, so ändert sich die Richtung nicht. Die Multiplikation mit einer negativen Zahl erzeugt einen Vektor mit entgegengesetzter Richtung. Auch wenn die Namen ähnlich klingen, sollte man die skalare Multiplikation auf keinen Fall mit dem Skalarprodukt aus Abschnitt 3.2.3 verwechseln.

Definition 3.6 (Multiplikation eines Skalars mit einem Vektor)

Durch Multiplikation eines Vektors $\boldsymbol{a}$ mit einem Skalar λ wird die Länge des Vektors um den Faktor λ skaliert. Bei positiven Faktoren λ haben $\boldsymbol{a}$ und $\lambda \cdot \boldsymbol{a}$ dieselbe Richtung und bei negativen Faktoren λ haben $\boldsymbol{a}$ und $\lambda \cdot \boldsymbol{a}$ entgegengesetzte Richtungen.

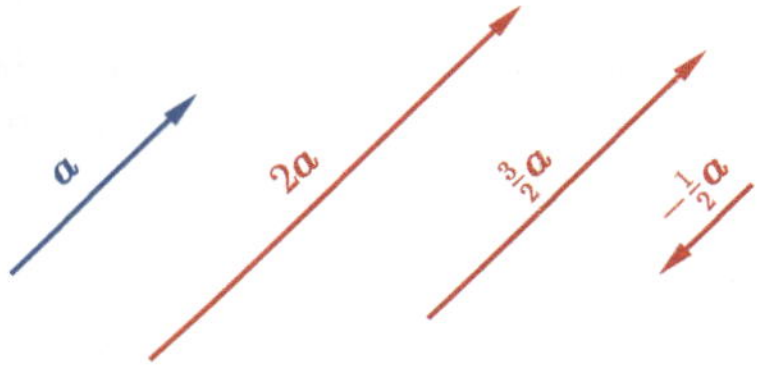

Für die Multiplikation mit einem Skalar verwenden wir denselben Malpunkt wie bei der Multiplikation von zwei Zahlen. Schreibfaul wie die Mathematiker nun einmal sind, ist es auch hier üblich, den Malpunkt einfach wegzulassen. Im Zusammenhang mit Vektoren bezeichnet man üblicherweise Skalare mit griechischen Buchstaben, etwa mit λ oder μ.

Beispiel 3.2 (Multiplikation von Skalar und Vektor)

Wir konstruieren den Vektor

$$\boldsymbol{s} = 3\,\boldsymbol{a} - \frac{1}{2}\boldsymbol{b}.$$

aus gegebenen Vektoren $\boldsymbol{a}$ und $\boldsymbol{b}$. Dazu wird $\boldsymbol{a}$ zunächst mit dem Faktor 3 gestreckt und $\boldsymbol{b}$ mit dem Faktor $\frac{1}{2}$ gestaucht. Anschließend wird der gestauchte Vektor vom gestreckten Vektor subtrahiert. Die Subtraktion entspricht der Addition mit dem Gegenvektor.

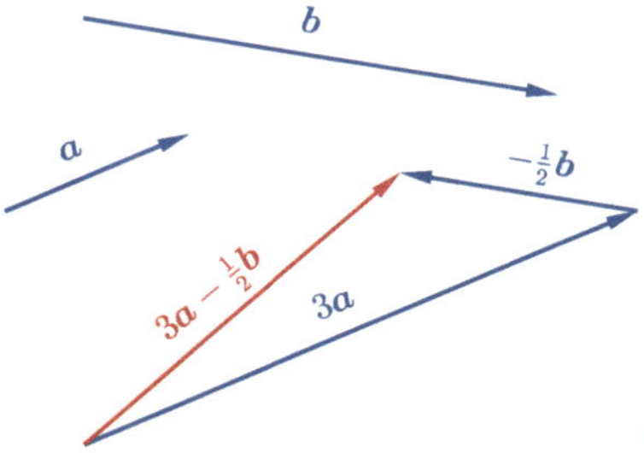

■

Addition und skalare Multiplikation sind zwei verschiedene Operationen für Vektoren. Wir müssen nun prüfen, ob diese beiden Operationen miteinander verträglich sind. Wenn wir einen Vektor durch zwei unterschiedliche Werte skalieren und die entstandenen Vektoren dann addieren, erhalten wir dasselbe Resultat, wie wenn wir den Vektor mit den addierten Werten skalieren. Es spielt auch keine Rolle, ob wir zwei Vektoren erst skalieren und dann addieren oder ob wir die Vektoren erst addieren und dann den resultierenden Vektor entsprechend skalieren. Diese Verträglichkeit von Vektoraddition und skalarer Multiplikation bezeichnet man als Distributivgesetze. Distributivgesetze bedeuten letztendlich nur, dass man Klammern ausmultiplizieren darf. Die Gültigkeit der Distributivgesetze kann man sich anschaulich klar machen.

Satz 3.2 (Distributivgesetze der skalaren Multiplikation)

Für beliebige Vektoren $\boldsymbol{a}$, $\boldsymbol{b}$ und Skalare λ, μ gilt:

- $(\lambda + \mu)\,\boldsymbol{a} = \lambda\boldsymbol{a} + \mu\boldsymbol{a}$
- $\lambda\,(\boldsymbol{a} + \boldsymbol{b}) = \lambda\boldsymbol{a} + \lambda\boldsymbol{b}$

Die skalare Multiplikation kann man zur Normierung eines Vektors verwenden. Dazu multipliziert man einen Vektor mit dem Kehrwert seiner Länge. Der normierte Vektor hat dann die Länge 1.

Merke 3.4 (Einheitsvektor in Richtung eines Vektors)

Zu jedem beliebigen Vektor $\boldsymbol{a} \neq \boldsymbol{0}$ kann man durch Multiplikation mit dem Kehrwert des Betrags des Vektors einen Einheitsvektor in Richtung dieses Vektors $\boldsymbol{a}$ erzeugen:

$$\boldsymbol{e}_{\boldsymbol{a}} = \frac{1}{|\boldsymbol{a}|}\,\boldsymbol{a}.$$

Der Einheitsvektor in Richtung $\boldsymbol{a}$ hat dieselbe Richtung wie $\boldsymbol{a}$ und die Länge 1.

Zu beachten ist, dass bei der Berechnung eines Einheitsvektors nicht durch den Vektor, sondern durch den Betrag des Vektors geteilt wird. Durch Vektoren kann man nämlich nicht teilen! Eine Folgerung aus der Normierung ist die Darstellung $\boldsymbol{a} = |\boldsymbol{a}|\,\boldsymbol{e}_{\boldsymbol{a}}$. Jeder Vektor $\boldsymbol{a}$ lässt sich also aus dem Produkt von Länge und Einheitsvektor in Richtung von $\boldsymbol{a}$ darstellen.

3.2.3 Skalarprodukt

Ein weiteres wichtiges Element ist der Winkel zwischen zwei Vektoren. Unter dem Winkel zwischen zwei Vektoren versteht man denjenigen Winkel, den die beiden Richtungen der Vektoren bilden. Man kann den Winkel zwischen zwei Vektoren ermitteln, indem man die Vektoren so parallel verschiebt, dass ihre Anfangspunkte übereinstimmen.

Merke 3.5 (Winkel zwischen zwei Vektoren)

Für den Winkel zwischen zwei Vektoren spielt die Reihenfolge der Vektoren keine Rolle:

$$\angle(\boldsymbol{a}, \boldsymbol{b}) = \angle(\boldsymbol{b}, \boldsymbol{a}).$$

Vektoren haben Winkel zwischen $0°$ und $180°$, also zwischen 0 und π.

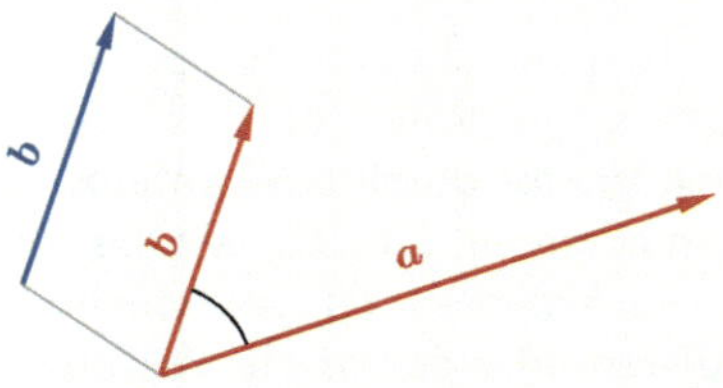

Das Produkt der Beträge zweier Vektoren mit dem Kosinus des Winkels zwischen den beiden Vektoren bezeichnet man als Skalarprodukt der beiden Vektoren. In der Physik verwendet man das Skalarprodukt zur Berechnung der Arbeit, siehe Abschnitt 3.5.2.

Definition 3.7 (Skalarprodukt)

Das Skalarprodukt der Vektoren $\boldsymbol{a}$ und $\boldsymbol{b}$ ist das Produkt aus den Längen der beiden Vektoren und dem Kosinus des von den beiden Vektoren eingeschlossenen Winkels

$$\boldsymbol{a} \cdot \boldsymbol{b} = |\boldsymbol{a}|\,|\boldsymbol{b}| \cos \angle(\boldsymbol{a}, \boldsymbol{b}).$$

Wie der Name schon sagt, ergibt das Skalarprodukt von zwei Vektoren einen Skalar und keinen Vektor. Auch beim Skalarprodukt verwendet man wieder den üblichen Malpunkt. Eine Verwechslungsgefahr mit dem Malpunkt der skalaren Multiplikation aus Definition 3.6 besteht nicht. Während das Skalarprodukt nur zwischen zwei Vektoren definiert ist, erfordert die skalare Multiplikation einen Skalar und einen Vektor. Das Skalarprodukt ist ein Spezialfall des Matrixprodukts, siehe Abschnitt 4.2.2. In diesem Zusammenhang ist eine alternative Schreibweise des Skalarprodukts üblich, die wir aber erst in Abschnitt 4.2.2 einführen. Manchmal wird das Skalarprodukt $\boldsymbol{a} \cdot \boldsymbol{b}$ auch durch spitze Klammern $\langle \boldsymbol{a}, \boldsymbol{b} \rangle$ dargestellt. Für $\boldsymbol{a} \cdot \boldsymbol{a}$ ist auch die Bezeichnung $\boldsymbol{a}^2$ üblich.

Beispiel 3.3 (Skalarprodukt)

Der Vektor $\boldsymbol{a}$ besitzt die Länge 2 und der Vektor $\boldsymbol{b}$ die Länge 3. Der Winkel zwischen den Vektoren beträgt $30°$. Dann lautet das Skalarprodukt

$$\boldsymbol{a} \cdot \boldsymbol{b} = 2 \cdot 3 \cdot \cos(30°) = 6 \cdot \frac{1}{2}\sqrt{3} = 3\sqrt{3}.$$

Dabei haben wir direkt auf die Definition des Skalarprodukts zurückgegriffen. ■

Man kann die Sichtweise auf die Formel in Definition 3.7 auch umkehren. Angenommen, wir kennen den Wert des Skalarproduktes zweier Vektoren und die Beträge der beiden Vektoren. Dann können wir daraus den Winkel berechnen.

Merke 3.6 (Skalarprodukt und Winkel)

Wenn man das Skalarprodukt und die Längen der beiden Vektoren $\boldsymbol{a}$ und $\boldsymbol{b}$ kennt, dann kann man daraus den Winkel zwischen den beiden Vektoren berechnen:

$$\angle(\boldsymbol{a}, \boldsymbol{b}) = \arccos\left(\frac{\boldsymbol{a} \cdot \boldsymbol{b}}{|\boldsymbol{a}|\,|\boldsymbol{b}|}\right).$$

Da der Arkuskosinus nur Werte zwischen 0 und π liefert, ergeben sich mit dieser Formel nur Winkel im Bereich von $0°$ bis $180°$. Dies entspricht also genau der ursprünglichen Festlegung des Winkels.

Beispiel 3.4 (Winkel zwischen Vektoren)

Der Vektor $\boldsymbol{a}$ besitzt die Länge 2 und der Vektor $\boldsymbol{b}$ die Länge $\sqrt{8}$. Das Skalarprodukt der beiden Vektoren beträgt -4. Dann können wir den Winkel aus diesen Angaben berechnen:

$$\angle(\boldsymbol{a}, \boldsymbol{b}) = \arccos\left(\frac{-4}{2\sqrt{8}}\right) = \arccos\left(-\frac{1}{\sqrt{2}}\right).$$

Der Winkel zwischen $\boldsymbol{a}$ und $\boldsymbol{b}$ beträgt somit $135°$. ■

Das Skalarprodukt der beiden Vektoren $\boldsymbol{a}$ und $\boldsymbol{b}$ kann nur negativ werden, wenn der Kosinus des Winkels negativ ist:

$$\boldsymbol{a} \cdot \boldsymbol{b} = |\boldsymbol{a}|\,|\boldsymbol{b}| \cos \angle(\boldsymbol{a}, \boldsymbol{b}) < 0.$$

Dies ist nur für Winkel zwischen $90°$ und $180°$ möglich. Die Beträge in der Formel sind stets positiv oder null.

Merke 3.7 (Vorzeichen des Skalarproduktes)

Das Skalarprodukt der beiden Vektoren $\boldsymbol{a}$ und $\boldsymbol{b}$ ist genau dann negativ, wenn der Winkel zwischen den beiden Vektoren größer als $90°$ ist.

Wenn wir wissen, dass das Skalarprodukt der beiden Vektoren $\boldsymbol{a}$ und $\boldsymbol{b}$ null ist,

$$\boldsymbol{a} \cdot \boldsymbol{b} = |\boldsymbol{a}|\,|\boldsymbol{b}| \cos \angle(\boldsymbol{a}, \boldsymbol{b}) = 0,$$

dann gibt es dafür drei mögliche Ursachen: Die Länge des Vektors $\boldsymbol{a}$ ist null, die Länge des Vektors $\boldsymbol{b}$ ist null oder der Kosinus des Winkels ist null. Im letzten Fall sind die beiden Vektoren senkrecht zueinander.

Merke 3.8 (Skalarprodukt null)

Wenn das Skalarprodukt der beiden Vektoren $\boldsymbol{a}$ und $\boldsymbol{b}$ null ergibt, dann

- sind die beiden Vektoren $\boldsymbol{a}$ und $\boldsymbol{b}$ senkrecht zueinander oder
- einer der beiden Vektoren $\boldsymbol{a}$ oder $\boldsymbol{b}$ ist der Nullvektor.

Bei der Formel für das Skalarprodukt können wir auch den Spezialfall $\boldsymbol{a} = \boldsymbol{b}$ betrachten. In diesem Fall ist der Winkel 0 und wir erhalten

$$\boldsymbol{a} \cdot \boldsymbol{a} = |\boldsymbol{a}|\,|\boldsymbol{a}| \cos 0 = |\boldsymbol{a}|^2.$$

Diese kleine und unscheinbare Formel ist manchmal äußerst nützlich. Sie stellt den Zusammenhang zwischen einem Vektor und seinem Betrag her. Der Zusammenhang erfolgt über das Skalarprodukt.

Merke 3.9 (Skalarprodukt und Länge)

Zwischen dem Skalarprodukt $\boldsymbol{a} \cdot \boldsymbol{a}$ und der Länge des Vektors $\boldsymbol{a}$ besteht die Beziehung

$$|\boldsymbol{a}| = \sqrt{\boldsymbol{a} \cdot \boldsymbol{a}}.$$

Bei der Winkelberechnung spielt die Reihenfolge der beiden Vektoren $\boldsymbol{a}$ und $\boldsymbol{b}$ keine Rolle, deshalb gilt $\boldsymbol{a} \cdot \boldsymbol{b} = \boldsymbol{b} \cdot \boldsymbol{a}$. Das Skalarprodukt ist kommutativ. Die zweite Rechenregel in Satz 3.3 garantiert die Verträglichkeit des Skalarproduktes mit der Addition von Vektoren. Wie üblich dürfen Klammern ausmultipliziert werden. Auf einen expliziten Nachweis des Distributivgesetzes verzichten wir.

Satz 3.3 (Kommutativ- und Distributivgesetz des Skalarprodukts)
Für beliebige Vektoren $\boldsymbol{a}$, $\boldsymbol{b}$ und $\boldsymbol{c}$ gilt:

- $\boldsymbol{a} \cdot \boldsymbol{b} = \boldsymbol{b} \cdot \boldsymbol{a}$
- $\boldsymbol{a} \cdot (\boldsymbol{b} + \boldsymbol{c}) = \boldsymbol{a} \cdot \boldsymbol{b} + \boldsymbol{a} \cdot \boldsymbol{c}$

Wenn wir einen der beiden Vektoren $\boldsymbol{a}$ und $\boldsymbol{b}$ mit einem Faktor λ skalieren, dann ändert sich der Winkel zwischen den beiden Vektoren nicht. Ein Faktor λ kann entweder dem einen oder dem anderen Vektor zugeordnet werden.

Satz 3.4 (Rechenregel für das Skalarprodukt)
Für beliebige Vektoren $\boldsymbol{a}$, $\boldsymbol{b}$ und Skalare λ gilt:

$$(\lambda \boldsymbol{a}) \cdot \boldsymbol{b} = \boldsymbol{a} \cdot (\lambda \boldsymbol{b}) = \lambda (\boldsymbol{a} \cdot \boldsymbol{b})$$

Beispiel 3.5 (Rechenregeln des Skalarproduktes)
Der Vektor $\boldsymbol{a}$ besitzt die Länge 4 und der Vektor $\boldsymbol{b}$ die Länge 2. Der Winkel zwischen den beiden Vektoren beträgt $120°$. Wie lang ist dann der Vektor $\boldsymbol{u} = \boldsymbol{a} + 2\boldsymbol{b}$? Die Länge von $\boldsymbol{u}$ kann man aus dem Skalarprodukt berechnen:

$$|\boldsymbol{u}| = \sqrt{\boldsymbol{u} \cdot \boldsymbol{u}} = \sqrt{(\boldsymbol{a} + 2\boldsymbol{b}) \cdot (\boldsymbol{a} + 2\boldsymbol{b})} = \sqrt{\boldsymbol{a} \cdot \boldsymbol{a} + 2\boldsymbol{b} \cdot \boldsymbol{a} + 2\boldsymbol{a} \cdot \boldsymbol{b} + 4\boldsymbol{b} \cdot \boldsymbol{b}}.$$

Mit den Zwischenergebnissen

$$\boldsymbol{a} \cdot \boldsymbol{a} = |\boldsymbol{a}|^2 = 16, \quad \boldsymbol{b} \cdot \boldsymbol{b} = |\boldsymbol{b}|^2 = 4, \quad \boldsymbol{a} \cdot \boldsymbol{b} = |\boldsymbol{a}|\,|\boldsymbol{b}| \cos(120°) = 4 \cdot 2 \cdot \left(-\frac{1}{2}\right) = -4$$

ergibt sich dann

$$|\boldsymbol{u}| = \sqrt{16 - 8 - 8 + 16} = 4$$

und damit die gesuchte Länge des Vektors $\boldsymbol{u}$. ▪

Die Rechenregeln für die skalare Multiplikation aus Satz 3.2 und für das Skalarprodukt aus Satz 3.3 und Satz 3.4 erzeugen den Eindruck, dass man mit Vektoren genau wie mit Zahlen rechnen darf. Meist ist dieser Eindruck auch nicht falsch, allerdings ist bei einigen Umformungen Vorsicht geboten. Potenzielle Gefahrenstellen sind mehrfache Produkte:

$$\boldsymbol{a} \cdot \underbrace{(\boldsymbol{b} \cdot \boldsymbol{c})}_{\text{Skalar}} \overset{\text{i.Allg.}}{\neq} \underbrace{(\boldsymbol{a} \cdot \boldsymbol{b})}_{\text{Skalar}} \cdot \boldsymbol{c}.$$

Nur die Malpunkte in den Klammern bezeichnen Skalarprodukte. Die beiden anderen Malpunkte bezeichnen jeweils eine Multiplikation mit einem Skalar. Das Ergebnis der Berechnung auf der linken Seite ist ein Vektor, der in die Richtung oder Gegenrichtung von $\boldsymbol{a}$ zeigt. Auf der rechten Seite ergibt sich ein Vektor, der die Richtung oder Gegenrichtung von $\boldsymbol{c}$ aufweist. Da $\boldsymbol{a}$ und $\boldsymbol{c}$ im Allgemeinen unterschiedliche Richtungen haben, gilt das Gleichheitszeichen nur in Spezialfällen. Ein Ausdruck der Form

$$\boldsymbol{a} \cdot \boldsymbol{b} \cdot \boldsymbol{c}$$

ist also ohne Klammern gar nicht eindeutig definiert. Man muss hier unbedingt Klammern verwenden, um festzulegen, welche Operation zuerst auszuführen ist.

3.2.4 Vektorprodukt

Wir gehen nun der Frage nach, wie man einen Vektor bestimmt, der auf zwei vorgegebenen Vektoren senkrecht steht. Dieses Problem wird durch das sogenannte Vektorprodukt gelöst. Wenn wir nur Vektoren betrachten, die alle in einer Ebene liegen, ergibt diese Fragestellung keinen Sinn. Wir betrachten in diesem Abschnitt deshalb nur Vektoren im dreidimensionalen Raum.

Definition 3.8 (Vektorprodukt, Kreuzprodukt)

Das Vektorprodukt oder Kreuzprodukt der beiden Vektoren $\boldsymbol{a}$ und $\boldsymbol{b}$ ist ein Vektor $\boldsymbol{c} = \boldsymbol{a} \times \boldsymbol{b}$ mit folgenden Eigenschaften:

- Die Länge von $\boldsymbol{c}$ entspricht der Fläche des von $\boldsymbol{a}$ und $\boldsymbol{b}$ aufgespannten Parallelogramms.
- Der Vektor $\boldsymbol{c}$ steht senkrecht auf $\boldsymbol{a}$ und $\boldsymbol{b}$.
- Die Vektoren $\boldsymbol{a}$, $\boldsymbol{b}$ und $\boldsymbol{c}$ bilden in dieser Reihenfolge ein Rechtssystem.

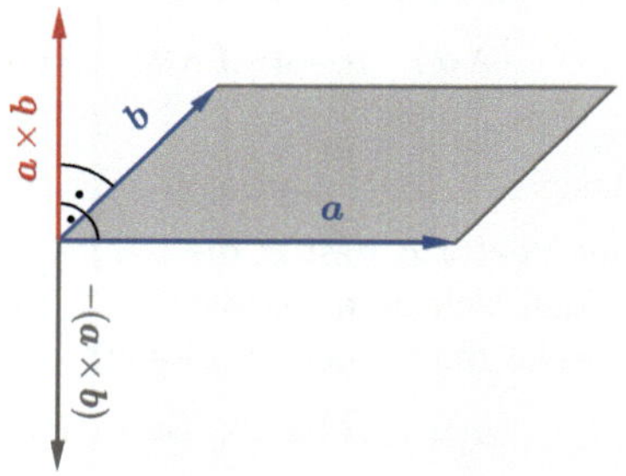

Für das Vektorprodukt verwendet man die Sprechweise „c gleich a kreuz b". Im Gegensatz zum Skalarprodukt ergibt das Vektorprodukt aus zwei Vektoren keine Zahl, sondern einen Vektor. Die erste Bedingung in Definition 3.8 legt die Länge des Vektors $\boldsymbol{c}$ eindeutig fest. In der zweiten Bedingung ist die Ausrichtung festgelegt, allerdings noch nicht eindeutig. Es bleiben zwei Alternativen: nach oben oder nach unten. In der Mathematik bezeichnet man diese beiden Alternativen als Rechts- oder Linkssystem. Eine eindeutige Festlegung erreicht man durch die Forderung nach einem Rechtssystem.

Merke 3.10 (Rechtssystem)

Mit der Rechten-Hand-Regel kann man überprüfen, ob die drei Vektoren $\boldsymbol{a}$, $\boldsymbol{b}$ und $\boldsymbol{c}$ in dieser Reihenfolge ein Rechtssystem bilden. Wenn der Vektor $\boldsymbol{a}$ in Richtung des Daumens und der Vektor $\boldsymbol{b}$ in Richtung des Zeigefingers zeigt, dann muss der Vektor $\boldsymbol{c}$ für ein Rechtssystem in Richtung des Mittelfingers zeigen.

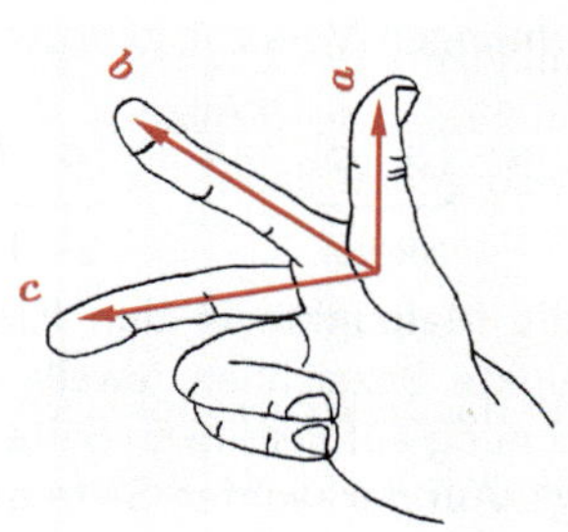

Die erste Eigenschaft bei der Definition des Vektorprodukts betrifft die Länge des Produktvektors. Der Flächeninhalt des von den beiden Vektoren $\boldsymbol{a}$ und $\boldsymbol{b}$ aufgespannten Parallelogramms lässt sich unmittelbar aus der Länge der beiden Vektoren und dem eingeschlossenen Winkel berechnen.

Ein Parallelogramm hat denselben Flächeninhalt wie ein Rechteck mit entsprechender Höhe. Die Länge der Grundseite des Rechtecks ergibt sich aus dem Betrag des Vektors $\boldsymbol{a}$. Die Höhe des Rechtecks $h = |\boldsymbol{b}| \sin \angle(\boldsymbol{a}, \boldsymbol{b})$ ermitteln wir aus der Länge des Vektors $\boldsymbol{b}$ und dem Winkel zwischen $\boldsymbol{a}$ und $\boldsymbol{b}$. Der Flächeninhalt des von den beiden Vektoren $\boldsymbol{a}$ und $\boldsymbol{b}$ aufgespannten Dreiecks ist halb so groß wie die Fläche des Parallelogramms.

Merke 3.11 (Vektorprodukt und Fläche)

Das von den beiden Vektoren $\boldsymbol{a}$ und $\boldsymbol{b}$ aufgespannte

- Parallelogramm hat den Flächeninhalt

  $$A_{\square} = |\boldsymbol{a} \times \boldsymbol{b}| = |\boldsymbol{a}|\,|\boldsymbol{b}| \sin \angle(\boldsymbol{a}, \boldsymbol{b}),$$

- Dreieck hat den Flächeninhalt

  $$A_{\triangle} = \frac{1}{2}|\boldsymbol{a} \times \boldsymbol{b}| = \frac{1}{2}|\boldsymbol{a}|\,|\boldsymbol{b}| \sin \angle(\boldsymbol{a}, \boldsymbol{b}).$$

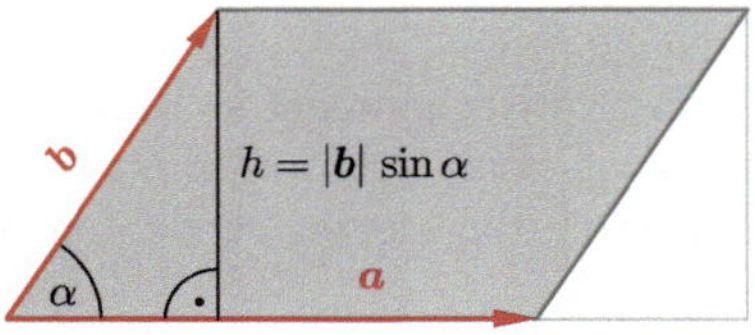

Beispiel 3.6 (Vektorprodukt)

Der Vektor $\boldsymbol{a}$ besitzt die Länge 2 und der Vektor $\boldsymbol{b}$ die Länge 3. Der Winkel zwischen den Vektoren beträgt 60°. Dann hat das Vektorprodukt die Länge

$$|\boldsymbol{a} \times \boldsymbol{b}| = 2 \cdot 3 \cdot \sin(60^\circ) = 2 \cdot 3 \cdot \frac{1}{2}\sqrt{3} = 3\sqrt{3}.$$

Dabei haben wir die Formel für den Betrag des Vektorpdukts verwendet. ▪

Wenn die beiden Vektoren $\boldsymbol{a}$ und $\boldsymbol{b}$ senkrecht zueinander sind, erhalten wir

$$|\boldsymbol{a} \times \boldsymbol{b}| = |\boldsymbol{a}|\,|\boldsymbol{b}| \sin(90^\circ) = |\boldsymbol{a}|\,|\boldsymbol{b}|.$$

Geometrisch ist dann das Parallelogramm ein Rechteck, dessen Fläche man aus dem Produkt der Längen der beiden Seiten berechnet. Falls das Vektorprodukt der Vektoren $\boldsymbol{a}$ und $\boldsymbol{b}$ den Nullvektor ergibt, dann muss die Länge des Vektorproduktes null sein:

$$|\boldsymbol{a} \times \boldsymbol{b}| = |\boldsymbol{a}|\,|\boldsymbol{b}| \sin \angle(\boldsymbol{a}, \boldsymbol{b}) = 0.$$

Drei mögliche Ursachen dafür sind: Die Länge des Vektors $\boldsymbol{a}$ ist null, die Länge des Vektors $\boldsymbol{b}$ ist null oder der Sinus des Winkels ist null. Der Sinus wird bei den Winkeln 0° und 180° null, also genau dann, wenn die beiden Vektoren parallel oder antiparallel sind.

Merke 3.12 (Vektorprodukt ergibt Nullvektor)

Wenn das Vektorprodukt der beiden Vektoren $\boldsymbol{a}$ und $\boldsymbol{b}$ den Nullvektor ergibt, dann

- sind die beiden Vektoren $\boldsymbol{a}$ und $\boldsymbol{b}$ parallel oder antiparallel oder
- einer der beiden Vektoren $\boldsymbol{a}$ oder $\boldsymbol{b}$ ist der Nullvektor.

Es ist unbedingt zu beachten, dass das Kreuzprodukt nicht kommutativ ist. Beim Kreuzprodukt der beiden Vektoren $\boldsymbol{a}$ und $\boldsymbol{b}$ kommt es auf die Reihenfolge an. Dies folgt aus der Definition des Kreuzprodukts.

Wenn man die Reihenfolge der beiden Vektoren vertauscht, dann liefert das Kreuzprodukt einen Vektor, der in die entgegengesetzte Richtung zeigt: $\boldsymbol{b} \times \boldsymbol{a} = -(\boldsymbol{a} \times \boldsymbol{b})$. Das liegt daran, dass nun die Vektoren $\boldsymbol{b}$, $\boldsymbol{a}$ und $\boldsymbol{b} \times \boldsymbol{a}$ in dieser Reihenfolge ein Rechtssystem bilden.

Satz 3.5 (Antikommutativ- und Distributivgesetz des Vektorprodukts)

Für beliebige Vektoren $\boldsymbol{a}$, $\boldsymbol{b}$ und $\boldsymbol{c}$ gilt:

- $\boldsymbol{b} \times \boldsymbol{a} = -(\boldsymbol{a} \times \boldsymbol{b})$
- $\boldsymbol{a} \times (\boldsymbol{b} + \boldsymbol{c}) = \boldsymbol{a} \times \boldsymbol{b} + \boldsymbol{a} \times \boldsymbol{c}$

Die zweite Rechenregel in Satz 3.5 beschreibt ein Distributivgesetz und garantiert, dass man auch beim Vektorprodukt Klammern ausmultiplizieren darf. Auf einen Nachweis dieses Distributivgesetzes verzichten wir.

Satz 3.6 (Rechenregel für das Vektorprodukt)

Für beliebige Vektoren $\boldsymbol{a}$, $\boldsymbol{b}$ und Skalare λ gilt:

$$(\lambda \boldsymbol{a}) \times \boldsymbol{b} = \boldsymbol{a} \times (\lambda \boldsymbol{b}) = \lambda (\boldsymbol{a} \times \boldsymbol{b})$$

Die Skalierung einer der beiden Vektoren $\boldsymbol{a}$ oder $\boldsymbol{b}$ mit dem Skalar λ hat keine Auswirkung auf die Ausrichtung des Kreuzprodukts. Die Fläche des Parallelogramms ändert sich ebenfalls um den Faktor λ.

Satz 3.7 (Entwicklungssatz)

Für beliebige Vektoren $\boldsymbol{a}$, $\boldsymbol{b}$ und $\boldsymbol{c}$ gilt

$$\boldsymbol{a} \times (\boldsymbol{b} \times \boldsymbol{c}) = (\boldsymbol{a} \cdot \boldsymbol{c})\,\boldsymbol{b} - (\boldsymbol{a} \cdot \boldsymbol{b})\,\boldsymbol{c}.$$

Das doppelte Kreuzprodukt $\boldsymbol{a} \times (\boldsymbol{b} \times \boldsymbol{c})$ steht senkrecht auf einem Vektor, der senkrecht auf den beiden Vektoren $\boldsymbol{b}$ und $\boldsymbol{c}$ steht. Also verläuft $\boldsymbol{a} \times (\boldsymbol{b} \times \boldsymbol{c})$ komplett in der Ebene, die von den beiden Vektoren $\boldsymbol{b}$ und $\boldsymbol{c}$ aufgespannt wird, und es gilt

$$\boldsymbol{a} \times (\boldsymbol{b} \times \boldsymbol{c}) = \lambda_1 \boldsymbol{b} + \lambda_2 \boldsymbol{c}.$$

Der Nachweis, dass sich die Faktoren λ_1 und λ_2, wie in Satz 3.7 behauptet, aus den Skalarprodukten berechnen lassen, erfordert eine längere Herleitung, die wir hier nicht darstellen. Bei Verwendung der Koordinatendarstellung lassen sich die Skalare λ_1 und λ_2 aus Satz 3.7 auch mithilfe linearer Gleichungssysteme bestimmen, siehe Beispiel 3.15.

3.2.5 Spatprodukt

Mithilfe einer geeigneten Kombination aus Kreuzprodukt und Skalarprodukt lassen sich Volumina berechnen. Zur Festlegung eines Volumens benötigen wir mindestens drei Vektoren, die nicht in einer gemeinsamen Ebene liegen. Deshalb betrachten wir wie im letzten Abschnitt auch in diesem nur Vektoren im Raum.

Definition 3.9 (Spat, Parallelepiped)

Drei Vektoren $\boldsymbol{a}$, $\boldsymbol{b}$ und $\boldsymbol{c}$, die nicht in einer Ebene liegen, spannen einen Spat oder ein Parallelepiped auf. Jeder Vektor definiert genau vier der insgesamt zwölf Kanten. Dadurch verlaufen jeweils vier Kanten parallel und sind gleich lang. Gegenüberliegende Seiten werden durch deckungsgleiche Parallelogramme begrenzt.

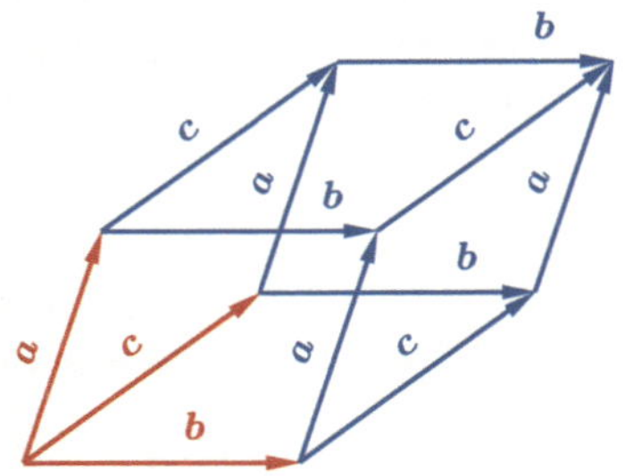

Ziel ist nun, eine Formel für die Berechnung des Volumens des Spats, der aus den drei Vektoren $\boldsymbol{a}$, $\boldsymbol{b}$ und $\boldsymbol{c}$ aufgespannt wird, herzuleiten. Der Flächeninhalt A der Grundfläche des Spats beträgt $A = |\boldsymbol{b} \times \boldsymbol{c}|$. Zur Berechnung des Volumens benötigen wir noch die Höhe h. Diese hängt von der Länge des Vektors $\boldsymbol{a}$ und dem Winkel α, den der Vektor $\boldsymbol{a}$ mit $\boldsymbol{b} \times \boldsymbol{c}$ bildet, ab. Es ist also $h = |\boldsymbol{a}| \cos\alpha$, sofern α nicht größer als $90°$ ist. Insgesamt erhalten wir somit für das gesuchte Volumen

$$V = |\boldsymbol{b} \times \boldsymbol{c}|\,|\boldsymbol{a}| \cos\alpha = |\boldsymbol{a}|\,|\boldsymbol{b} \times \boldsymbol{c}| \cos\alpha.$$

Da α der Winkel zwischen dem Vektor $\boldsymbol{a}$ und dem Vektor $\boldsymbol{b} \times \boldsymbol{c}$ ist, gilt außerdem

$$\boldsymbol{a} \cdot (\boldsymbol{b} \times \boldsymbol{c}) = |\boldsymbol{a}|\,|\boldsymbol{b} \times \boldsymbol{c}| \cos\alpha.$$

Das Volumen lässt sich also als Skalarprodukt eines Kreuzproduktes berechnen.

Satz 3.8 (Volumen eines Spats)

Für das Volumen V eines Spats, der von den drei Vektoren $\boldsymbol{a}$, $\boldsymbol{b}$ und $\boldsymbol{c}$ aufgespannt wird, gilt die Formel

$$V = |\boldsymbol{a} \cdot (\boldsymbol{b} \times \boldsymbol{c})| = |\boldsymbol{a}|\,|\boldsymbol{b} \times \boldsymbol{c}|\,|\cos\alpha|\,.$$

Dabei ist α der Winkel zwischen dem Vektor $\boldsymbol{a}$ und dem Vektor $\boldsymbol{b} \times \boldsymbol{c}$.

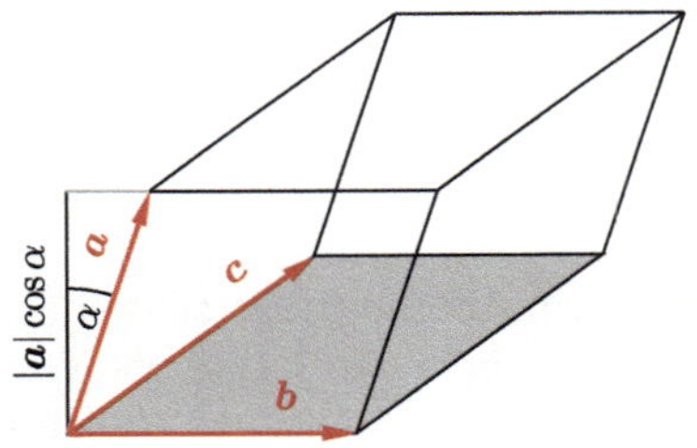

Für Winkel α größer als $90°$ wird der Kosinus negativ. Die drei Vektoren $\boldsymbol{a}$, $\boldsymbol{b}$ und $\boldsymbol{c}$ spannen dann immer noch einen Spat auf. Allerdings bilden die drei Vektoren in diesem Fall ein Linkssystem. Ein Volumen ist aber immer eine positive Größe. Um alle Fälle abzudecken, braucht man in der Formel aus Satz 3.8 deshalb die Beträge.

Definition 3.10 (Spatprodukt)

Das Spatprodukt $[\boldsymbol{a}, \boldsymbol{b}, \boldsymbol{c}]$ von drei Vektoren $\boldsymbol{a}$, $\boldsymbol{b}$ und $\boldsymbol{c}$ ist definiert durch

$$[\,\boldsymbol{a}, \boldsymbol{b}, \boldsymbol{c}\,] = \boldsymbol{a} \cdot (\boldsymbol{b} \times \boldsymbol{c})\,.$$

Das Spatprodukt ist eine Abkürzung für die Kombination aus Skalarprodukt und Kreuzprodukt. Abgesehen vom Vorzeichen entspricht der Wert des Spatproduktes dem Volumen des Spats. Mit dem Spatprodukt haben wir nun auch ein Kriterium, mit dem wir entscheiden können, ob drei Vektoren ein Rechts- oder ein Linkssystem bilden.

Merke 3.13 (Vorzeichen des Spatproduktes)

Das Vorzeichen des Spatproduktes der drei Vektoren $\boldsymbol{a}$, $\boldsymbol{b}$ und $\boldsymbol{c}$ gibt Auskunft darüber, ob die Vektoren ein Rechtssystem oder ein Linkssystem bilden:

- $[\boldsymbol{a}, \boldsymbol{b}, \boldsymbol{c}] > 0 \iff$ $\boldsymbol{a}$, $\boldsymbol{b}$ und $\boldsymbol{c}$ bilden ein Rechtssystem
- $[\boldsymbol{a}, \boldsymbol{b}, \boldsymbol{c}] = 0 \iff$ $\boldsymbol{a}$, $\boldsymbol{b}$ und $\boldsymbol{c}$ liegen in einer Ebene
- $[\boldsymbol{a}, \boldsymbol{b}, \boldsymbol{c}] < 0 \iff$ $\boldsymbol{a}$, $\boldsymbol{b}$ und $\boldsymbol{c}$ bilden ein Linkssystem

Die Rechenregeln für das Spatprodukt ergeben sich aus den Rechenregeln für das Skalarprodukt, siehe Satz 3.3 und Satz 3.4, und aus den Rechenregeln für das Vektorprodukt, siehe Satz 3.5 und Satz 3.6. Offensichtlich ändert sich der Absolutwert des Spatproduktes beim Vertauschen der Reihenfolge der drei Vektoren nicht. Allerdings hat das Vertauschen der Reihenfolge der drei Vektoren Einfluss auf das Vorzeichen des Spatproduktes.

Satz 3.9 (Zyklisches und antizyklisches Vertauschen beim Spatprodukt)

Für beliebige Vektoren $\boldsymbol{a}$, $\boldsymbol{b}$ und $\boldsymbol{c}$ gilt:

- $[\boldsymbol{a}, \boldsymbol{b}, \boldsymbol{c}] = [\boldsymbol{c}, \boldsymbol{a}, \boldsymbol{b}] = [\boldsymbol{b}, \boldsymbol{c}, \boldsymbol{a}]$
- $[\boldsymbol{a}, \boldsymbol{b}, \boldsymbol{c}] = -[\boldsymbol{a}, \boldsymbol{c}, \boldsymbol{b}] = -[\boldsymbol{b}, \boldsymbol{a}, \boldsymbol{c}] = -[\boldsymbol{c}, \boldsymbol{b}, \boldsymbol{a}]$

3.2.6 Lineare Unabhängigkeit

In diesem Abschnitt betrachten wir nicht einen einzelnen Vektor, sondern das Zusammenspiel von mehreren Vektoren. Wenn man beispielsweise zwei Vektoren betrachtet, dann sind diese nur in Ausnahmefällen parallel oder antiparallel. In diesen Ausnahmefällen bezeichnet man die beiden Vektoren als linear abhängig. Die typische Situation bei drei Vektoren ist gegeben, wenn nicht alle drei Vektoren in einer Ebene liegen. Entsprechend bezeichnet man drei Vektoren, die in einer Ebene liegen, als linear abhängig.

Definition 3.11 (Lineare Unabhängigkeit)

Die Vektoren $\boldsymbol{a}_1, \boldsymbol{a}_2, \ldots, \boldsymbol{a}_n$ nennt man linear unabhängig, falls die Gleichung

$$\lambda_1 \boldsymbol{a}_1 + \lambda_2 \boldsymbol{a}_2 + \ldots + \lambda_n \boldsymbol{a}_n = \boldsymbol{0}$$

nur die triviale Lösung $\lambda_1 = 0, \lambda_2 = 0, \ldots, \lambda_n = 0$ besitzt. Andernfalls heißen die Vektoren linear abhängig.

Für zwei Vektoren lautet die Bedingung

$$\lambda_1\, \boldsymbol{a}_1 + \lambda_2\, \boldsymbol{a}_2 = \boldsymbol{0}.$$

Wenn die beiden Vektoren linear abhängig sind, dann gibt es eine nicht triviale Lösung, bei der der erste Faktor λ_1 oder der zweite Faktor λ_2 ungleich null ist. Somit gilt

$$\boldsymbol{a}_1 = -\frac{\lambda_2}{\lambda_1}\, \boldsymbol{a}_2 \quad \text{oder} \quad \boldsymbol{a}_2 = -\frac{\lambda_1}{\lambda_2}\, \boldsymbol{a}_1.$$

Mit anderen Worten: Zwei linear abhängige Vektoren sind stets parallel oder antiparallel.

Satz 3.10 (Lineare Abhängigkeit von zwei Vektoren)

Zwei Vektoren $\boldsymbol{a}_1$ und $\boldsymbol{a}_2$ sind genau dann linear abhängig, wenn sie parallel oder antiparallel sind.

Ganz ähnlich kann man zeigen, dass drei Vektoren genau dann linear abhängig sind, wenn sie in einer Ebene liegen. Drei Vektoren liegen genau dann in einer Ebene, wenn der von den drei Vektoren aufgespannte Spat das Volumen null hat. Somit können wir die lineare Abhängigkeit von drei Vektoren durch das Spatprodukt überprüfen.

Satz 3.11 (Lineare Abhängigkeit von drei Vektoren)

Drei Vektoren $\boldsymbol{a}_1$, $\boldsymbol{a}_2$ und $\boldsymbol{a}_3$ sind genau dann linear abhängig, wenn sie in einer Ebene liegen. Dies ist genau dann der Fall, wenn das Spatprodukt der drei Vektoren null ist:

$$[\,\boldsymbol{a}_1, \boldsymbol{a}_2, \boldsymbol{a}_3\,] = 0.$$

Falls zwei Vektoren $\boldsymbol{a}_1$ und $\boldsymbol{a}_2$ linear unabhängig sind, also eine Ebene aufspannen, dann kann man jeden Vektor, der ebenfalls in dieser Ebene liegt, durch die Vektoren $\boldsymbol{a}_1$ und $\boldsymbol{a}_2$ ausdrücken. Dieses Prinzip nennt man Komponentenzerlegung in der Ebene.

Definition 3.12 (Komponentenzerlegung in der Ebene)

Falls die beiden Vektoren $\boldsymbol{a}_1$ und $\boldsymbol{a}_2$ linear unabhängig und die drei Vektoren $\boldsymbol{a}_1$, $\boldsymbol{a}_2$ und $\boldsymbol{b}$ linear abhängig sind, nennt man

$$\boldsymbol{b} = \lambda_1\, \boldsymbol{a}_1 + \lambda_2\, \boldsymbol{a}_2$$

die Komponentenzerlegung des Vektors $\boldsymbol{b}$ in Richtung der Vektoren $\boldsymbol{a}_1$ und $\boldsymbol{a}_2$.

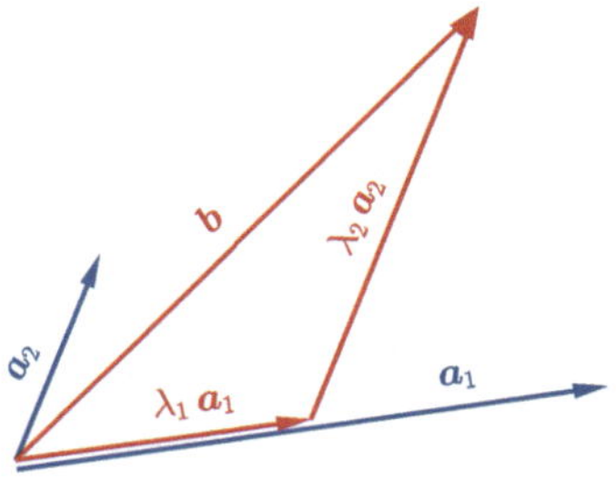

Die Berechnung der Koeffizienten λ_1 und λ_2 bei der Komponentenzerlegung in der Ebene in Definition 3.12 erfolgt am einfachsten mithilfe der Koordinatendarstellung von Vektoren, siehe Abschnitt 3.3. Für die Komponentenzerlegung im Raum benötigt man drei linear unabhängige Vektoren.

Definition 3.13 (Komponentenzerlegung im Raum)

Falls die drei Vektoren $\boldsymbol{a}_1$, $\boldsymbol{a}_2$ und $\boldsymbol{a}_3$ linear unabhängig sind, nennt man

$$\boldsymbol{b} = \lambda_1\,\boldsymbol{a}_1 + \lambda_2\,\boldsymbol{a}_2 + \lambda_3\,\boldsymbol{a}_3$$

die Komponentenzerlegung des Vektors $\boldsymbol{b}$ in Richtung der Vektoren $\boldsymbol{a}_1$, $\boldsymbol{a}_2$ und $\boldsymbol{a}_3$. Für die Koeffizienten λ_1, λ_2 und λ_3 gilt:

$$\lambda_1 = \frac{[\boldsymbol{b},\,\boldsymbol{a}_2,\,\boldsymbol{a}_3]}{[\boldsymbol{a}_1,\,\boldsymbol{a}_2,\,\boldsymbol{a}_3]}, \quad \lambda_2 = \frac{[\boldsymbol{a}_1,\,\boldsymbol{b},\,\boldsymbol{a}_3]}{[\boldsymbol{a}_1,\,\boldsymbol{a}_2,\,\boldsymbol{a}_3]}, \quad \lambda_3 = \frac{[\boldsymbol{a}_1,\,\boldsymbol{a}_2,\,\boldsymbol{b}]}{[\boldsymbol{a}_1,\,\boldsymbol{a}_2,\,\boldsymbol{a}_3]}.$$

Wir müssen noch klären, wie die Berechnungsformeln der Koeffizienten λ_1, λ_2 und λ_3 in Definition 3.13 zu rechtfertigen sind. Dazu multiplizieren wir die Komponentenzerlegung des Vektors $\boldsymbol{b}$ mit dem Vektor $\boldsymbol{a}_2 \times \boldsymbol{a}_3$:

$$\underbrace{\boldsymbol{b}\cdot(\boldsymbol{a}_2 \times \boldsymbol{a}_3)}_{[\boldsymbol{b},\,\boldsymbol{a}_2,\,\boldsymbol{a}_3]} = \lambda_1\,\underbrace{\boldsymbol{a}_1\cdot(\boldsymbol{a}_2 \times \boldsymbol{a}_3)}_{[\boldsymbol{a}_1,\,\boldsymbol{a}_2,\,\boldsymbol{a}_3]} + \lambda_2\,\underbrace{\boldsymbol{a}_2\cdot(\boldsymbol{a}_2 \times \boldsymbol{a}_3)}_{\boldsymbol{0}} + \lambda_3\,\underbrace{\boldsymbol{a}_3\cdot(\boldsymbol{a}_2 \times \boldsymbol{a}_3)}_{\boldsymbol{0}}.$$

Da der Vektor $\boldsymbol{a}_2 \times \boldsymbol{a}_3$ sowohl auf dem Vektor $\boldsymbol{a}_2$ als auch auf dem Vektor $\boldsymbol{a}_3$ senkrecht steht, ergeben die jeweiligen Skalarprodukte null. Dadurch erhalten wir

$$[\boldsymbol{b},\,\boldsymbol{a}_2,\,\boldsymbol{a}_3] = \lambda_1\,[\boldsymbol{a}_1,\,\boldsymbol{a}_2,\,\boldsymbol{a}_3]\,.$$

Unter der Voraussetzung, dass die drei Vektoren $\boldsymbol{a}_1$, $\boldsymbol{a}_2$ und $\boldsymbol{a}_3$ linear unabhängig sind, ist das Spatprodukt dieser Vektoren nicht null und wir können die Gleichung nach λ_1 auflösen. Auf dieselbe Art erfolgt die Berechnung von λ_2 und λ_3. Diese Berechnungsmethode ist unter dem Namen Cramersche Regel zum Lösen linearer Gleichungssysteme bekannt, siehe Satz 4.7.

Linear unabhängige Vektoren sind nicht zwangsläufig senkrecht zueinander. In der besonderen Situation, in der alle Vektoren paarweise senkrecht zueinander sind, spricht man von orthogonalen Vektoren. Wenn man zusätzlich fordert, dass die Vektoren alle die Länge eins haben, spricht man von orthonormalen Vektoren. Die besonderen Eigenschaften von orthogonalen und orthonormalen Vektoren spielen bei der Transformation von Koordinatensystemen eine wichtige Rolle.

Definition 3.14 (Orthogonalsystem, Orthonormalsystem)

Die Vektoren $\boldsymbol{a}_1$, $\boldsymbol{a}_2$, ..., $\boldsymbol{a}_n$ bilden ein Orthogonalsystem, falls keiner der Vektoren der Nullvektor ist und alle Vektoren paarweise senkrecht zueinander sind

$$\boldsymbol{a}_i\cdot\boldsymbol{a}_j = 0\,, \quad i \neq j\,, \quad 1 \le i,j \le n.$$

Wenn zusätzlich noch alle Vektoren Einheitsvektoren sind

$$\boldsymbol{a}_i\cdot\boldsymbol{a}_i = 1\,, \quad 1 \le i \le n,$$

dann bilden die Vektoren ein Orthonormalsystem.

Orthonormale Vektoren sind von zentraler Bedeutung für die Koordinatendarstellung von Vektoren, siehe Abschnitt 3.3. Wir präsentieren eine Vorgehensweise, die aus linear unabhängigen Vektoren ein entsprechendes Orthonormalsystem erzeugt. Das Grundprinzip beruht auf der senkrechten Projektion von Vektoren.

Wir betrachten zunächst zwei Vektoren $\boldsymbol{a}$ und $\boldsymbol{b}$ mit einem eingeschlossenen Winkel zwischen $0°$ und $90°$. Die senkrechte Projektion des Vektors $\boldsymbol{a}$ in Richtung des Vektors $\boldsymbol{b}$ ist durch zwei Eigenschaften festgelegt. Zum einen verläuft die Projektion in Richtung des Vektors $\boldsymbol{b}$. Zum anderen hat die Projektion die Länge des Vektors $\boldsymbol{a}$ multipliziert mit dem Kosinus des eingeschlossenen Winkels. Es gilt also

$$\boldsymbol{a}_{\boldsymbol{b}} = |\boldsymbol{a}| \cos \angle(\boldsymbol{a},\boldsymbol{b})\, \boldsymbol{e}_{\boldsymbol{b}} = |\boldsymbol{a}| \cos \angle(\boldsymbol{a},\boldsymbol{b}) \frac{1}{|\boldsymbol{b}|}\boldsymbol{b} = |\boldsymbol{a}| \frac{\boldsymbol{a}\cdot\boldsymbol{b}}{|\boldsymbol{a}|\,|\boldsymbol{b}|}\frac{1}{|\boldsymbol{b}|}\boldsymbol{b} = \frac{\boldsymbol{a}\cdot\boldsymbol{b}}{|\boldsymbol{b}|^2}\boldsymbol{b}.$$

Dabei haben wir den Einheitsvektor $\boldsymbol{e}_{\boldsymbol{b}}$ in Richtung des Vektors $\boldsymbol{b}$ verwendet. Für Winkel zwischen $90°$ und $180°$ ist der Kosinus negativ und die Projektion $\boldsymbol{a}_{\boldsymbol{b}}$ zeigt in die Gegenrichtung von $\boldsymbol{a}$. Die Formel ist auch in diesem Fall gültig.

Definition 3.15 (Senkrechte Projektion in Richtung eines Vektors)

Die senkrechte Projektion des Vektors $\boldsymbol{a}$ in Richtung des Vektors $\boldsymbol{b}$ ist definiert durch

$$\boldsymbol{a}_{\boldsymbol{b}} = \frac{|\boldsymbol{a}| \cos \angle(\boldsymbol{a},\boldsymbol{b})}{|\boldsymbol{b}|}\boldsymbol{b} = \frac{\boldsymbol{a}\cdot\boldsymbol{b}}{|\boldsymbol{b}|^2}\boldsymbol{b}.$$

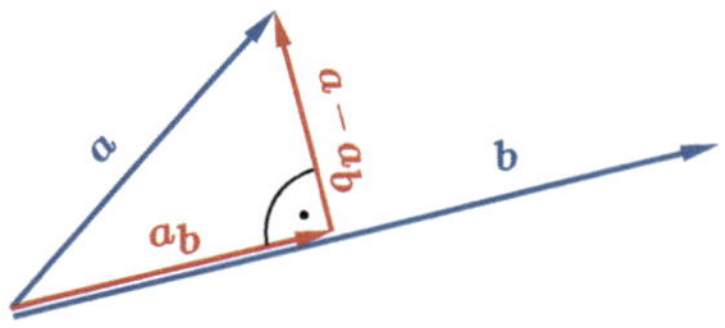

Auch an dieser Stelle soll nochmals der Hinweis erfolgen, dass durch Vektoren nicht dividiert werden kann. Insbesondere können die Vektoren $\boldsymbol{b}$ in der Formel in Definition 3.15 nicht gekürzt werden!

Beispiel 3.7 (Senkrechte Projektion in Richtung eines Vektors)

Der Vektor $\boldsymbol{a}$ besitzt die Länge 2 und der Vektor $\boldsymbol{b}$ die Länge 4. Der Winkel zwischen den beiden Vektoren beträgt $30°$. Aus diesen Angaben können wir mit

$$\boldsymbol{a}_{\boldsymbol{b}} = \frac{2\cos(30°)}{4}\boldsymbol{b} = \frac{\sqrt{3}}{4}\boldsymbol{b}$$

die senkrechte Projektion des Vektors $\boldsymbol{a}$ in Richtung des Vektors $\boldsymbol{b}$ berechnen. ■

Die senkrechte Projektion $\boldsymbol{a}_{\boldsymbol{b}}$ des Vektors $\boldsymbol{a}$ in Richtung des Vektors $\boldsymbol{b}$ bezeichnet man auch als Parallelkomponente von $\boldsymbol{a}$ in Richtung von $\boldsymbol{b}$. Entsprechend bezeichnet $\boldsymbol{a} - \boldsymbol{a}_{\boldsymbol{b}}$ die Normalkomponente. Die beiden Vektoren $\boldsymbol{b}$ und

$$\boldsymbol{a} - \boldsymbol{a}_{\boldsymbol{b}} = \boldsymbol{a} - \frac{\boldsymbol{a}\cdot\boldsymbol{b}}{|\boldsymbol{b}|^2}\boldsymbol{b}$$

sind senkrecht zueinander und spannen dieselbe Ebene wie die Vektoren $\boldsymbol{a}$ und $\boldsymbol{b}$ auf.

Mit dem nach Jørgen Pedersen Gram und Erhard Schmidt benannten Orthogonalisierungsverfahren werden linear unabhängige Vektoren in orthogonale Vektoren überführt. Die orthogonalen Vektoren werden dabei so bestimmt, dass sich der von den Vektoren aufgespannte Raum nicht ändert. Ähnliche Ideen findet man bereits früher in den Werken von Pierre-Simon Marquis de Laplace und Augustin-Louis Cauchy.

Ausgehend von n linear unabhängigen Vektoren $\boldsymbol{a}_1, \boldsymbol{a}_2, \boldsymbol{a}_3, \ldots, \boldsymbol{a}_n$ werden schrittweise n orthogonale Vektoren $\boldsymbol{b}_1, \boldsymbol{b}_2, \boldsymbol{b}_3, \ldots, \boldsymbol{b}_n$ ermittelt. Der erste Vektor wird übernommen:

$$\boldsymbol{b}_1 = \boldsymbol{a}_1.$$

Die beiden Vektoren $\boldsymbol{b}_1$ und $\boldsymbol{b}_2$ müssen zueinander senkrecht sein und dieselbe Ebene wie die Vektoren $\boldsymbol{a}_1$ und $\boldsymbol{a}_2$ aufspannen. Das erreichen wir mithilfe der senkrechten Projektion des Vektors $\boldsymbol{a}_2$ in Richtung von $\boldsymbol{b}_1$. Aus Definition 3.15 ergibt sich

$$\boldsymbol{b}_2 = \boldsymbol{a}_2 - \frac{\boldsymbol{a}_2 \cdot \boldsymbol{b}_1}{|\boldsymbol{b}_1|^2}\, \boldsymbol{b}_1.$$

Dieses Prinzip lässt sich fortsetzen, indem man als nächstes den Vektor $\boldsymbol{a}_3$ in Richtung von $\boldsymbol{b}_1$ und in Richtung von $\boldsymbol{b}_2$ projiziert:

$$\boldsymbol{b}_3 = \boldsymbol{a}_3 - \frac{\boldsymbol{a}_3 \cdot \boldsymbol{b}_1}{|\boldsymbol{b}_1|^2}\, \boldsymbol{b}_1 - \frac{\boldsymbol{a}_3 \cdot \boldsymbol{b}_2}{|\boldsymbol{b}_2|^2}\, \boldsymbol{b}_2.$$

Durch die zweifache Projektion ist die Orthogonalität des Vektors $\boldsymbol{b}_3$ zu den Vektoren $\boldsymbol{b}_1$ und $\boldsymbol{b}_2$ sichergestellt.

Definition 3.16 (Gram-Schmidtsches Orthogonalisierungsverfahren)
Mit dem Gram-Schmidtschen Orthogonalisierungsverfahren werden für eine Menge von n linear unabhängigen Vektoren $\boldsymbol{a}_1, \boldsymbol{a}_2, \boldsymbol{a}_3, \ldots, \boldsymbol{a}_n$ paarweise orthogonale Vektoren $\boldsymbol{b}_1, \boldsymbol{b}_2, \boldsymbol{b}_3, \ldots, \boldsymbol{b}_n$ bestimmt. Dabei geht man schrittweise vor:

$$\boldsymbol{b}_1 = \boldsymbol{a}_1\,, \quad \boldsymbol{b}_2 = \boldsymbol{a}_2 - \frac{\boldsymbol{a}_2 \cdot \boldsymbol{b}_1}{|\boldsymbol{b}_1|^2}\, \boldsymbol{b}_1\,, \quad \boldsymbol{b}_3 = \boldsymbol{a}_3 - \frac{\boldsymbol{a}_3 \cdot \boldsymbol{b}_1}{|\boldsymbol{b}_1|^2}\, \boldsymbol{b}_1 - \frac{\boldsymbol{a}_3 \cdot \boldsymbol{b}_2}{|\boldsymbol{b}_2|^2}\, \boldsymbol{b}_2\,, \quad \ldots$$

3.3 Vektoren in Koordinatendarstellung

Laut Definition 3.1 sind Vektoren mathematische Objekte, die eine bestimmte Richtung und eine bestimmte Länge besitzen. Diese Definition ist zwar geometrisch recht anschaulich, allerdings erfordert es einigen Aufwand, geometrisch definierte Berechnungen, wie etwa das Skalarprodukt, das Kreuzprodukt oder das Spatprodukt, mit Computerprogrammen zu realisieren.

Deshalb wählen wir in diesem Abschnitt einen neuen Ansatz. Wir beschreiben Vektoren durch Koordinaten und klären, wie man die Berechnungen mit Skalaren und Vektoren mithilfe dieser Koordinaten durchführen kann.

3.3.1 Koordinatendarstellung

Die Koordinatendarstellung von Vektoren beruht auf Basisvektoren. In der Mathematik gibt es verschiedene Möglichkeiten, Basisvektoren sinnvoll festzulegen. Wir arbeiten in diesem Abschnitt mit Basisvektoren, die jeweils die Länge 1 haben, paarweise senkrecht zueinander sind und ein Rechtssystem bilden. Diese Vektoren bilden sogenannte Orthonormalsysteme.

Für Vektoren in der Ebene genügen zwei Basisvektoren, für Vektoren im Raum benötigen wir drei Basisvektoren. Auch wenn es anschaulich schwerfällt, wir könnten auch n Basisvektoren in einem n-dimensionalen Raum betrachten. Im Abschnitt 3.4 werden wir im Zusammenhang mit Punkten, Geraden und Ebenen noch speziell auf das kartesische Koordinatensystem eingehen.

Definition 3.17 (Basisvektoren und Koordinaten)
Drei Einheitsvektoren $\boldsymbol{e}_1$, $\boldsymbol{e}_2$ und $\boldsymbol{e}_3$, die paarweise senkrecht zueinander sind und in dieser Reihenfolge ein Rechtssystem bilden, bezeichnet man als Basisvektoren. Jeder Vektor $\boldsymbol{a}$ lässt sich durch

$$\boldsymbol{a} = a_1\,\boldsymbol{e}_1 + a_2\,\boldsymbol{e}_2 + a_3\,\boldsymbol{e}_3$$

darstellen. Dabei nennt man die Skalare a_1, a_2 und a_3 die Koordinaten und die Vektoren $a_1\,\boldsymbol{e}_1$, $a_2\,\boldsymbol{e}_2$ und $a_3\,\boldsymbol{e}_3$ die Komponenten des Vektors $\boldsymbol{a}$.

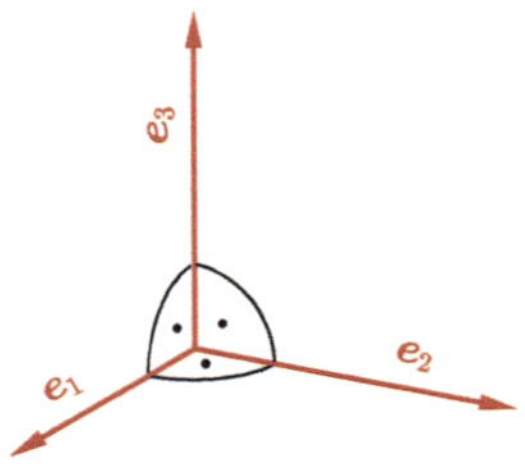

Vektoren in einer Ebene stellen einen Spezialfall von Vektoren im Raum dar. Ebene Vektoren können wir durch räumliche Vektoren beschreiben, in dem wir beispielsweise die dritte Koordinate null setzen. In diesem Zusammenhang spricht man auch von einer Einbettung des zweidimensionalen Raums in den dreidimensionalen.

Üblicherweise fasst man die Koordinaten a_1, a_2 und a_3 eines Vektors $\boldsymbol{a}$ in einer einzigen Spalte zusammen:

$$\boldsymbol{a} = a_1\,\boldsymbol{e}_1 + a_2\,\boldsymbol{e}_2 + a_3\,\boldsymbol{e}_3 = a_1 \underbrace{\begin{pmatrix} 1 \\ 0 \\ 0 \end{pmatrix}}_{\boldsymbol{e}_1} + a_2 \underbrace{\begin{pmatrix} 0 \\ 1 \\ 0 \end{pmatrix}}_{\boldsymbol{e}_2} + a_3 \underbrace{\begin{pmatrix} 0 \\ 0 \\ 1 \end{pmatrix}}_{\boldsymbol{e}_3} = \begin{pmatrix} a_1 \\ a_2 \\ a_3 \end{pmatrix}.$$

Die Basisvektoren stehen paarweise senkrecht aufeinander. Damit lässt sich die Länge eines Vektors nach dem Satz des Pythagoras in rechtwinkligen Dreiecken berechnen, siehe Satz 1.6. Der Betrag ist sowohl für Vektoren in der Ebene als auch Vektoren im Raum berechenbar.

Satz 3.12 (Betrag von Vektoren in Koordinaten)

Für den Betrag eines Vektors $\boldsymbol{a}$ gilt:

$$|\boldsymbol{a}| = \left|\begin{pmatrix} a_1 \\ a_2 \\ a_3 \end{pmatrix}\right| = \sqrt{a_1^2 + a_2^2 + a_3^2}.$$

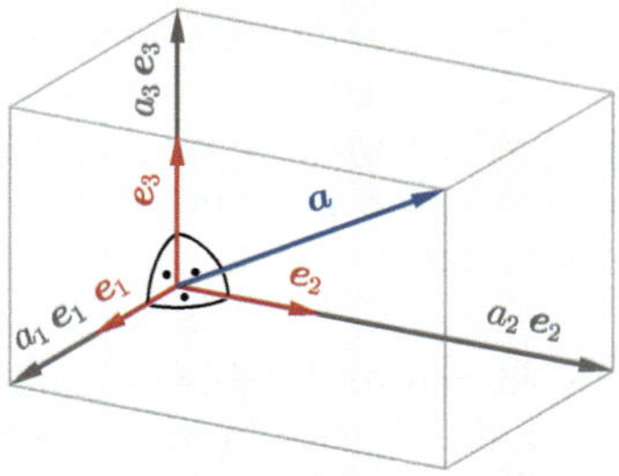

Beispiel 3.8 (Länge eines Vektors)

Wie muss man die Koordinate a_3 des Vektors

$$\boldsymbol{a} = \begin{pmatrix} 1 \\ 2 \\ a_3 \end{pmatrix}$$

wählen, damit der Vektor die Länge 3 hat? Für die Länge gilt

$$|\boldsymbol{a}| = \sqrt{1^2 + 2^2 + a_3^2} = 3 \quad \Longrightarrow \quad 5 + a_3^2 = 9 \quad \Longrightarrow \quad a_3^2 = 4.$$

Für $a_3 = \pm 2$ hat der Vektor $\boldsymbol{a}$ somit die Länge 3. ▪

3.3.2 Addition und Subtraktion

Formeln für die Addition und Subtraktion von Vektoren in Koordinaten erhalten wir mithilfe der Rechenregeln aus Satz 3.1:

$$\begin{aligned} \boldsymbol{a} \pm \boldsymbol{b} &= \big(a_1\, \boldsymbol{e}_1 + a_2\, \boldsymbol{e}_2 + a_3\, \boldsymbol{e}_3\big) \pm \big(b_1\, \boldsymbol{e}_1 + b_2\, \boldsymbol{e}_2 + b_3\, \boldsymbol{e}_3\big) \\ &= (a_1 \pm b_1)\, \boldsymbol{e}_1 + (a_2 \pm b_2)\, \boldsymbol{e}_2 + (a_3 \pm b_3)\, \boldsymbol{e}_3. \end{aligned}$$

Die Koordinaten von Vektoren dürfen also, wie wir das erwartet haben, einfach addiert oder subtrahiert werden. Man spricht von einer sogenannten koordinatenweisen Addition oder Subtraktion.

Satz 3.13 (Addition und Subtraktion von Vektoren in Koordinaten)

Für die Addition und Subtraktion der Vektoren $\boldsymbol{a}$ und $\boldsymbol{b}$ gilt:

$$\boldsymbol{a} \pm \boldsymbol{b} = \begin{pmatrix} a_1 \\ a_2 \\ a_3 \end{pmatrix} \pm \begin{pmatrix} b_1 \\ b_2 \\ b_3 \end{pmatrix} = \begin{pmatrix} a_1 \pm b_1 \\ a_2 \pm b_2 \\ a_3 \pm b_3 \end{pmatrix}.$$

3.3.3 Skalare Multiplikation

Die Multiplikation des Vektors $\boldsymbol{a}$ mit dem Skalar λ erfolgt durch

$$\lambda\,\boldsymbol{a} = \lambda\,(a_1\,\boldsymbol{e}_1 + a_2\,\boldsymbol{e}_2 + a_3\,\boldsymbol{e}_3) = (\lambda\,a_1)\boldsymbol{e}_1 + (\lambda\,a_2)\boldsymbol{e}_2 + (\lambda\,a_3)\boldsymbol{e}_3.$$

Jede einzelne Koordinate wird also mit dem Faktor λ multipliziert.

Satz 3.14 (Skalare Multiplikation von Vektoren in Koordinaten)
Für die skalare Multiplikation des Vektors $\boldsymbol{a}$ mit dem Skalar λ gilt:

$$\lambda\,\boldsymbol{a} = \lambda \begin{pmatrix} a_1 \\ a_2 \\ a_3 \end{pmatrix} = \begin{pmatrix} \lambda\,a_1 \\ \lambda\,a_2 \\ \lambda\,a_3 \end{pmatrix}.$$

Beispiel 3.9 (Einheitsvektoren)
Zu den Vektoren

$$\boldsymbol{a} = \begin{pmatrix} 1 \\ 1 \\ 0 \end{pmatrix}, \quad \boldsymbol{b} = \begin{pmatrix} 1 \\ 1 \\ 1 \end{pmatrix}, \quad \boldsymbol{c} = \begin{pmatrix} 1 \\ -2 \\ 3 \end{pmatrix}$$

sollen die jeweiligen Einheitsvektoren bestimmt werden:

$$\boldsymbol{e}_{\boldsymbol{a}} = \frac{1}{\sqrt{2}} \begin{pmatrix} 1 \\ 1 \\ 0 \end{pmatrix}, \quad \boldsymbol{e}_{\boldsymbol{b}} = \frac{1}{\sqrt{3}} \begin{pmatrix} 1 \\ 1 \\ 1 \end{pmatrix}, \quad \boldsymbol{e}_{\boldsymbol{c}} = \frac{1}{\sqrt{14}} \begin{pmatrix} 1 \\ -2 \\ 3 \end{pmatrix}.$$

Dazu multiplizieren wir jeden Vektor mit dem Kehrwert der jeweiligen Länge. ■

3.3.4 Skalarprodukt

Entscheidend für das Skalarprodukt zweier Vektoren sind die Skalarprodukte der Basisvektoren. Das Skalarprodukt von zwei Vektoren ist definiert als das Produkt der beiden Vektorlängen multipliziert mit dem Kosinus des eingeschlossenen Winkels, siehe Definition 3.7. Zwei verschiedene Basisvektoren sind immer senkrecht zueinander, ihr Skalarprodukt ist null. Beim Skalarprodukt eines Basisvektors mit sich selbst sind die Längen 1 und der Winkel ist 0°. Dadurch ergibt dieses Skalarprodukt 1. Insgesamt entsteht

$$\begin{aligned}
\boldsymbol{a}\cdot\boldsymbol{b} &= (a_1\,\boldsymbol{e}_1 + a_2\,\boldsymbol{e}_2 + a_3\,\boldsymbol{e}_3)\cdot(b_1\,\boldsymbol{e}_1 + b_2\,\boldsymbol{e}_2 + b_3\,\boldsymbol{e}_3) \\
&= a_1\,b_1\,\underbrace{\boldsymbol{e}_1\cdot\boldsymbol{e}_1}_{1} + a_1\,b_2\,\underbrace{\boldsymbol{e}_1\cdot\boldsymbol{e}_2}_{0} + a_1\,b_3\,\underbrace{\boldsymbol{e}_1\cdot\boldsymbol{e}_3}_{0} \\
&+ a_2\,b_1\,\underbrace{\boldsymbol{e}_2\cdot\boldsymbol{e}_1}_{0} + a_2\,b_2\,\underbrace{\boldsymbol{e}_2\cdot\boldsymbol{e}_2}_{1} + a_2\,b_3\,\underbrace{\boldsymbol{e}_2\cdot\boldsymbol{e}_3}_{0} \\
&+ a_3\,b_1\,\underbrace{\boldsymbol{e}_3\cdot\boldsymbol{e}_1}_{0} + a_3\,b_2\,\underbrace{\boldsymbol{e}_3\cdot\boldsymbol{e}_2}_{0} + a_3\,b_3\,\underbrace{\boldsymbol{e}_3\cdot\boldsymbol{e}_3}_{1}.
\end{aligned}$$

Beim Skalarprodukt müssen wir also lediglich sich entsprechende Koordinaten multiplizieren und dann diese Produkte addieren.

Satz 3.15 (Skalarprodukt von Vektoren in Koordinaten)

Für das Skalarprodukt der Vektoren $\boldsymbol{a}$ und $\boldsymbol{b}$ gilt:

$$\boldsymbol{a}\cdot\boldsymbol{b} = \begin{pmatrix} a_1 \\ a_2 \\ a_3 \end{pmatrix} \cdot \begin{pmatrix} b_1 \\ b_2 \\ b_3 \end{pmatrix} = a_1 b_1 + a_2 b_2 + a_3 b_3.$$

Beispiel 3.10 (Orthogonale Vektoren)

Gegeben sind die beiden Vektoren

$$\boldsymbol{a} = \begin{pmatrix} 2 \\ -1 \\ 2 \end{pmatrix}, \quad \boldsymbol{b} = \begin{pmatrix} 1 \\ b_2 \\ 2 \end{pmatrix}.$$

Für welche Werte der Koordinate b_2 stehen die beiden Vektoren senkrecht und für welche Werte ist der Winkel zwischen den beiden Vektoren größer als $90°$? Die beiden Vektoren $\boldsymbol{a}$ und $\boldsymbol{b}$ stehen senkrecht, falls das Skalarprodukt null ergibt:

$$\boldsymbol{a}\cdot\boldsymbol{b} = 2\cdot 1 - 1\cdot b_2 + 2\cdot 2 = 0 \quad\Longrightarrow\quad b_2 = 6.$$

Für $b_2 > 6$ wird das Skalarprodukt negativ und der Winkel größer als $90°$. ■

Beispiel 3.11 (Skalarprodukt, Winkel und Projektion)

Gegeben sind die Vektoren

$$\boldsymbol{a} = \begin{pmatrix} 1 \\ 2 \\ -1 \end{pmatrix}, \quad \boldsymbol{b} = \begin{pmatrix} 2 \\ 1 \\ 1 \end{pmatrix}.$$

Aus den Koordinaten lässt sich das Skalarprodukt der beiden Vektoren berechnen:

$$\boldsymbol{a}\cdot\boldsymbol{b} = 1\cdot 2 + 2\cdot 1 + (-1)\cdot 1 = 3.$$

Mit dem Skalarprodukt berechnen wir den Winkel α zwischen den beiden Vektoren:

$$\cos\alpha = \frac{\boldsymbol{a}\cdot\boldsymbol{b}}{|\boldsymbol{a}|\,|\boldsymbol{b}|} = \frac{3}{\sqrt{6}\cdot\sqrt{6}} = \frac{1}{2} \quad\Longrightarrow\quad \alpha = 60°.$$

Die senkrechte Projektion des Vektors $\boldsymbol{b}$ in Richtung des Vektors $\boldsymbol{a}$

$$\boldsymbol{b}_{\boldsymbol{a}} = \frac{\boldsymbol{a}\cdot\boldsymbol{b}}{|\boldsymbol{a}|^2}\,\boldsymbol{a} = \frac{3}{(\sqrt{6})^2}\begin{pmatrix} 1 \\ 2 \\ -1 \end{pmatrix} = \frac{1}{2}\begin{pmatrix} 1 \\ 2 \\ -1 \end{pmatrix}.$$

liefert Definition 3.15. ■

Skalarprodukte ermöglichen die Berechnung von Winkeln. Insbesondere können wir damit die Winkel, die ein Vektor $\boldsymbol{a}$ mit den Basisvektoren einschließt, berechnen:

$$\cos\angle(\boldsymbol{a},\boldsymbol{e}_1) = \frac{\boldsymbol{a}\cdot\boldsymbol{e}_1}{|\boldsymbol{a}|\,|\boldsymbol{e}_1|} = \frac{a_1}{|\boldsymbol{a}|}.$$

Den Kosinus des Winkels mit einem Basisvektor bezeichnet man als Richtungskosinus.

Definition 3.18 (Richtungswinkel und Richtungskosinus)
Die Winkel α_1, α_2 und α_3 zwischen dem Vektor $\boldsymbol{a}$ und den Basisvektoren $\boldsymbol{e}_1$, $\boldsymbol{e}_2$ und $\boldsymbol{e}_3$ nennt man Richtungswinkel des Vektors $\boldsymbol{a}$. Die Kosinuswerte der Winkel

$$\cos\alpha_1 = \frac{a_1}{|\boldsymbol{a}|}, \quad \cos\alpha_2 = \frac{a_2}{|\boldsymbol{a}|}, \quad \cos\alpha_3 = \frac{a_3}{|\boldsymbol{a}|}$$

bezeichnet man als Richtungskosinus.

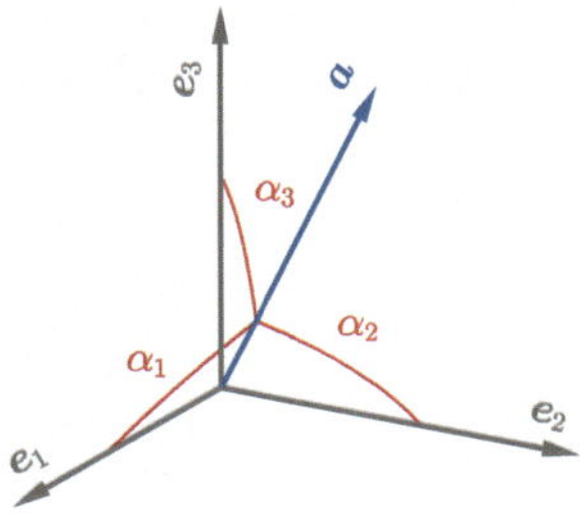

Fasst man die Richtungskosinuswerte des Vektors $\boldsymbol{a}$ zu einem Vektor zusammen, also

$$\begin{pmatrix} \cos\alpha_1 \\ \cos\alpha_2 \\ \cos\alpha_3 \end{pmatrix} = \frac{1}{|\boldsymbol{a}|}\begin{pmatrix} a_1 \\ a_2 \\ a_3 \end{pmatrix} = \frac{1}{|\boldsymbol{a}|}\boldsymbol{a},$$

dann ist dieser Vektor ein Einheitsvektor mit der Richtung von $\boldsymbol{a}$. Die Quadrate der Richtungskosinuswerte müssen zu 1 summieren:

$$\cos^2\alpha_1 + \cos^2\alpha_2 + \cos^2\alpha_3 = 1.$$

Mit anderen Worten: Wenn man zwei Richtungswinkel eines Vektors festlegt, dann ist dadurch die Ausrichtung des Vektors, abgesehen von der Orientierung, bereits bestimmt. Dieses Prinzip verwendet man beispielsweise bei der Steuerung von Industrierobotern.

Beispiel 3.12 (Richtungskosinus)
Für den folgenden Vektor bestehen die Richtungskosinuswerte:

$$\boldsymbol{a} = \begin{pmatrix} 1 \\ 2 \\ -1 \end{pmatrix} \quad \Longrightarrow \quad \cos\alpha_1 = \frac{1}{\sqrt{6}}, \quad \cos\alpha_2 = \frac{2}{\sqrt{6}}, \quad \cos\alpha_3 = \frac{-1}{\sqrt{6}}.$$

Der dritte Richtungskosinus ist negativ, deshalb ist der Winkel zwischen dem Vektor $\boldsymbol{a}$ und dem Basisvektor $\boldsymbol{e}_3$ größer als $90°$. Es ergeben sich die Näherungswerte $\alpha_1 \approx 65.9°$, $\alpha_2 \approx 35.3°$ und $\alpha_3 \approx 114.1°$. ■

3.3.5 Vektorprodukt

Die Formel für das Vektorprodukt zweier Vektoren kann man in ähnlicher Weise herleiten wie die Formel für das Skalarprodukt. Entscheidend sind die Kreuzprodukte der Basisvektoren. Das Kreuzprodukt eines Basisvektors mit sich selbst ist null. Für die restlichen Kreuzprodukte betrachten wir exemplarisch $\boldsymbol{e}_1 \times \boldsymbol{e}_2$ und $\boldsymbol{e}_1 \times \boldsymbol{e}_3$.

Zur Bestimmung von $\boldsymbol{e}_1 \times \boldsymbol{e}_2$ suchen wir einen Vektor, der senkrecht auf $\boldsymbol{e}_1$ und $\boldsymbol{e}_2$ steht. Die Länge muss dem Flächeninhalt des Parallelogramms entsprechen, das die beiden Vektoren $\boldsymbol{e}_1$ und $\boldsymbol{e}_2$ aufspannen, also 1. Außerdem müssen die Vektoren $\boldsymbol{e}_1$, $\boldsymbol{e}_2$ und $\boldsymbol{e}_1 \times \boldsymbol{e}_2$ in dieser Reihenfolge ein Rechtssystem bilden. Somit ist $\boldsymbol{e}_1 \times \boldsymbol{e}_2 = \boldsymbol{e}_3$.

Bei der Bestimmung von $\boldsymbol{e}_1 \times \boldsymbol{e}_3$ greifen sehr ähnliche Überlegungen. Allerdings ist $\boldsymbol{e}_2$ noch nicht unser gesuchter Kandidat, da die drei Vektoren $\boldsymbol{e}_1$, $\boldsymbol{e}_3$ und $\boldsymbol{e}_2$ in dieser Reihenfolge ein Linkssystem bilden. Der Gegenvektor ist der richtige Kandidat: $\boldsymbol{e}_1 \times \boldsymbol{e}_3 = -\boldsymbol{e}_2$. Mit analogen Überlegungen für die restlichen Kreuzprodukte der Basisvektoren ergibt sich insgesamt

$$\begin{aligned}
\boldsymbol{a} \times \boldsymbol{b} &= (a_1\,\boldsymbol{e}_1 + a_2\,\boldsymbol{e}_2 + a_3\,\boldsymbol{e}_3) \times (b_1\,\boldsymbol{e}_1 + b_2\,\boldsymbol{e}_2 + b_3\,\boldsymbol{e}_3)\\
&= a_1\,b_1\,\underbrace{\boldsymbol{e}_1 \times \boldsymbol{e}_1}_{\boldsymbol{0}} + a_1\,b_2\,\underbrace{\boldsymbol{e}_1 \times \boldsymbol{e}_2}_{\boldsymbol{e}_3} + a_1\,b_3\,\underbrace{\boldsymbol{e}_1 \times \boldsymbol{e}_3}_{-\boldsymbol{e}_2}\\
&+ a_2\,b_1\,\underbrace{\boldsymbol{e}_2 \times \boldsymbol{e}_1}_{-\boldsymbol{e}_3} + a_2\,b_2\,\underbrace{\boldsymbol{e}_2 \times \boldsymbol{e}_2}_{\boldsymbol{0}} + a_2\,b_3\,\underbrace{\boldsymbol{e}_2 \times \boldsymbol{e}_3}_{\boldsymbol{e}_1}\\
&+ a_3\,b_1\,\underbrace{\boldsymbol{e}_3 \times \boldsymbol{e}_1}_{\boldsymbol{e}_2} + a_3\,b_2\,\underbrace{\boldsymbol{e}_3 \times \boldsymbol{e}_2}_{-\boldsymbol{e}_1} + a_3\,b_3\,\underbrace{\boldsymbol{e}_3 \times \boldsymbol{e}_3}_{\boldsymbol{0}}.
\end{aligned}$$

Nun müssen wir nur noch die Koeffizienten bei den entsprechenden Basisvektoren unter Berücksichtigung der Vorzeichen zusammenfassen.

Satz 3.16 (Vektorprodukt von Vektoren in Koordinaten)

Für das Vektorprodukt der Vektoren $\boldsymbol{a}$ und $\boldsymbol{b}$ gilt:

$$\boldsymbol{a} \times \boldsymbol{b} = \begin{pmatrix} a_1 \\ a_2 \\ a_3 \end{pmatrix} \times \begin{pmatrix} b_1 \\ b_2 \\ b_3 \end{pmatrix} = \begin{pmatrix} a_2\,b_3 - a_3\,b_2 \\ a_3\,b_1 - a_1\,b_3 \\ a_1\,b_2 - a_2\,b_1 \end{pmatrix}.$$

Wie der Begriff Kreuzprodukt schon sagt, wird bei der Formel für das Kreuzprodukt aus Satz 3.16 über Kreuz multipliziert. Diese Formel lässt sich leider nicht so einfach merken wie unsere bisherigen Formeln. Die Formel für das Vektorprodukt kann man auch in Form einer sogenannten Determinanten darstellen. Dies werden wir in Abschnitt 4.3.2 formulieren. Dadurch kann man ein Vektorprodukt nach demselben Schema wie Determinanten berechnen.

Beispiel 3.13 (Vektorprodukt)

Das Vektorprodukt der beiden folgenden Vektoren lässt sich berechnen:

$$\boldsymbol{a} = \begin{pmatrix} 1 \\ 2 \\ -1 \end{pmatrix}, \quad \boldsymbol{b} = \begin{pmatrix} 2 \\ 1 \\ 1 \end{pmatrix} \quad \Longrightarrow \quad \boldsymbol{c} = \boldsymbol{a} \times \boldsymbol{b} = \begin{pmatrix} 3 \\ -3 \\ -3 \end{pmatrix}.$$

Wir berechnen die Fläche des von den beiden Vektoren aufgespannten Parallelogramms

$$A_{\diamond} = |\boldsymbol{a} \times \boldsymbol{b}| = \sqrt{3^2 + 3^2 + 3^2} = 3\sqrt{3}$$

und die Fläche des Dreiecks:

$$A_{\triangle} = \frac{1}{2}\,|\boldsymbol{a} \times \boldsymbol{b}| = \frac{3}{2}\sqrt{3}.$$

Dabei haben wir die Formel für die Länge des Kreuzprodukts verwendet. ∎

3.3.6 Spatprodukt

Eine Formel für das Spatprodukt ergibt sich aus der Formel für das Skalarprodukt aus Satz 3.15 und der Formel für das Vektorprodukt aus Satz 3.16:

$$\begin{aligned}[\boldsymbol{a}, \boldsymbol{b}, \boldsymbol{c}] = \boldsymbol{a} \cdot (\boldsymbol{b} \times \boldsymbol{c}) &= \begin{pmatrix} a_1 \\ a_2 \\ a_3 \end{pmatrix} \cdot \begin{pmatrix} b_2\, c_3 - b_3\, c_2 \\ b_3\, c_1 - b_1\, c_3 \\ b_1\, c_2 - b_2\, c_1 \end{pmatrix} \\ &= a_1(b_2c_3 - b_3c_2) + a_2(b_3c_1 - b_1c_3) + a_3(b_1c_2 - b_2c_1).\end{aligned}$$

Diese Formel sieht komplizierter aus, als sie in Wirklichkeit ist. Genau wie das Kreuzprodukt, lässt sich auch das Spatprodukt mithilfe von Determinanten darstellen, siehe Abschnitt 4.3.2.

Satz 3.17 (Spatprodukt von Vektoren in Koordinaten)
Für das Spatprodukt der Vektoren $\boldsymbol{a}$, $\boldsymbol{b}$ und $\boldsymbol{c}$ gilt:

$$[\boldsymbol{a}, \boldsymbol{b}, \boldsymbol{c}] = a_1(b_2\, c_3 - b_3\, c_2) + a_2(b_3\, c_1 - b_1\, c_3) + a_3(b_1\, c_2 - b_2\, c_1).$$

Beispiel 3.14 (Spatprodukt)
Das Spatprodukt der drei Vektoren

$$\boldsymbol{a} = \begin{pmatrix} 1 \\ 1 \\ 4 \end{pmatrix}, \quad \boldsymbol{b} = \begin{pmatrix} 1 \\ -2 \\ 1 \end{pmatrix}, \quad \boldsymbol{c} = \begin{pmatrix} -3 \\ 3 \\ -4 \end{pmatrix}$$

beträgt

$$\begin{aligned}[\boldsymbol{a}, \boldsymbol{b}, \boldsymbol{c}] &= 1 \cdot \big((-2) \cdot (-4) - 1 \cdot 3\big) \\ &+ 1 \cdot \big(1 \cdot (-3) - 1 \cdot (-4)\big) \\ &+ 4 \cdot \big(1 \cdot 3 - (-2) \cdot (-3)\big) \\ &= -6\,.\end{aligned}$$

Der Spat, der von den drei Vektoren aufgespannt wird, hat also das Volumen $V = |-6| = 6$. Da das Spatprodukt negativ ist, bilden die drei Vektoren ein Linkssystem. ▪

3.3.7 Lineare Unabhängigkeit

Die Themen lineare Unabhängigkeit und Komponentenzerlegung haben wir bereits in Abschnitt 3.2.6 ausführlich untersucht. In diesem Abschnitt erläutern wir anhand von Beispielen, wie die Untersuchung auf lineare Unabhängigkeit und die Komponentenzerlegung für Vektoren in Koordinaten erfolgt. Mit dem Gram-Schmidtschen Orthogonalisierungsverfahren können linear unabhängige Vektoren nach und nach senkrecht zueinander ausgerichtet werden. Wesentlich dabei ist, dass sich die aufgespanne Ebene bzw. der aufgespannte Raum durch das Verfahren nicht ändert.

Beispiel 3.15 (Linear abhängige Vektoren, Komponentenzerlegung in der Ebene)

Zunächst untersuchen wir, ob die drei Vektoren

$$\boldsymbol{a} = \begin{pmatrix} 1 \\ 4 \\ 7 \end{pmatrix}, \quad \boldsymbol{b} = \begin{pmatrix} 2 \\ 5 \\ 8 \end{pmatrix}, \quad \boldsymbol{c} = \begin{pmatrix} 3 \\ 6 \\ 9 \end{pmatrix}$$

linear abhängig oder unabhängig sind. Dazu berechnen wir das Spatprodukt

$$[\,\boldsymbol{a}, \boldsymbol{b}, \boldsymbol{c}\,] = 1 \cdot (5 \cdot 9 - 8 \cdot 6) - 4 \cdot (2 \cdot 9 - 8 \cdot 3) + 7 \cdot (2 \cdot 6 - 5 \cdot 3) = 0.$$

Die drei Vektoren sind also linear abhängig. Da die beiden Vektoren $\boldsymbol{a}$ und $\boldsymbol{b}$ linear unabhängig sind, lässt sich der Vektor $\boldsymbol{c}$ als Linearkombination von $\boldsymbol{a}$ und $\boldsymbol{b}$ darstellen. Es gibt also Skalare λ_1 und λ_2 so, dass $\boldsymbol{c} = \lambda_1 \boldsymbol{a} + \lambda_2 \boldsymbol{b}$. Die Faktoren λ_1 und λ_2 berechnen sich aus dem linearen Gleichungssystem

$$\begin{array}{rcrcl l l} \lambda_1 & + & 2\,\lambda_2 & = & 3 & |\cdot(-4) & |\cdot(-7) \\ 4\,\lambda_1 & + & 5\,\lambda_2 & = & 6 & \longleftarrow & \\ 7\,\lambda_1 & + & 8\,\lambda_2 & = & 9 & & \longleftarrow \quad . \end{array}$$

Aus den Äquivalenzumformungen erhalten wir

$$\begin{array}{rcrcr} \lambda_1 & + & 2\,\lambda_2 & = & 3 \\ & - & 3\,\lambda_2 & = & -6 \\ & - & 6\,\lambda_2 & = & -12 \quad . \end{array}$$

Die eindeutige Lösung ist somit $\lambda_1 = -1$ und $\lambda_2 = 2$. ■

Die Komponentenzerlegung in der Ebene führt auf ein lineares Gleichungssystem. Auch die Komponentenzerlegung im Raum lässt sich auf ein lineares Gleichungssystem zurückführen. Altenativ kann die Komponentenzerlegung auch mit Spatprodukten und den Formeln aus Definition 3.13 erfolgen.

Beispiel 3.16 (Linear unabhängige Vektoren, Komponentenzerlegung im Raum)

Wir betrachten die Vektoren

$$\boldsymbol{a}_1 = \begin{pmatrix} 2 \\ 1 \\ -1 \end{pmatrix}, \quad \boldsymbol{a}_2 = \begin{pmatrix} 1 \\ -1 \\ 3 \end{pmatrix}, \quad \boldsymbol{a}_3 = \begin{pmatrix} 0 \\ 1 \\ 2 \end{pmatrix}, \quad \boldsymbol{b} = \begin{pmatrix} 3 \\ 6 \\ 1 \end{pmatrix}.$$

Das Spatprodukt der Vektoren $\boldsymbol{a}_1$, $\boldsymbol{a}_2$ und $\boldsymbol{a}_3$ beträgt

$$[\boldsymbol{a}_1, \boldsymbol{a}_2, \boldsymbol{a}_3] = 2 \cdot ((-1) \cdot 2 - 3 \cdot 1) - 1 \cdot (1 \cdot 2 - 3 \cdot 0) + (-1) \cdot (1 \cdot 1 - (-1) \cdot 0) = -13.$$

Die Vektoren $\boldsymbol{a}_1$, $\boldsymbol{a}_2$ und $\boldsymbol{a}_3$ sind also linear unabhängig und spannen den ganzen Raum auf. Der Vektor $\boldsymbol{b}$ lässt sich somit in Komponenten bezüglich dieser Vektoren zerlegen:

$$\boldsymbol{b} = \lambda_1 \boldsymbol{a}_1 + \lambda_2 \boldsymbol{a}_2 + \lambda_3 \boldsymbol{a}_3 \ .$$

Die Faktoren λ_1, λ_2 und λ_3 kann man durch

$$\lambda_1 = \frac{[\boldsymbol{b}, \boldsymbol{a}_2, \boldsymbol{a}_3]}{[\boldsymbol{a}_1, \boldsymbol{a}_2, \boldsymbol{a}_3]} = 2, \quad \lambda_2 = \frac{[\boldsymbol{a}_1, \boldsymbol{b}, \boldsymbol{a}_3]}{[\boldsymbol{a}_1, \boldsymbol{a}_2, \boldsymbol{a}_3]} = -1, \quad \lambda_3 = \frac{[\boldsymbol{a}_1, \boldsymbol{a}_2, \boldsymbol{b}]}{[\boldsymbol{a}_1, \boldsymbol{a}_2, \boldsymbol{a}_3]} = 3$$

berechnen. ■

In der Ebene ist das Orthogonalisierungsverfahren anschaulich und mit wenigen Rechenschritten durchgeführt. Der erste Vektor bleibt unverändert. Der zweite wird so gedreht, dass er auf dem ersten senkrecht steht.

Beispiel 3.17 (Orthogonalisierung in der Ebene)

Um die beiden linear unabhängigen Vektoren

$$\boldsymbol{a}_1 = \begin{pmatrix} 3 \\ 1 \end{pmatrix}, \quad \boldsymbol{a}_2 = \begin{pmatrix} -1 \\ 2 \end{pmatrix}$$

in zwei Vektoren zu transformieren, die senkrecht zueinander sind, berechnen wir

$$\boldsymbol{b}_1 = \boldsymbol{a}_1 = \begin{pmatrix} 3 \\ 1 \end{pmatrix}, \quad \boldsymbol{b}_2 = \boldsymbol{a}_2 - \frac{\boldsymbol{b}_1 \cdot \boldsymbol{a}_2}{|\boldsymbol{b}_1|^2}\boldsymbol{b}_1 = \begin{pmatrix} -1 \\ 2 \end{pmatrix} - \frac{-1}{10}\begin{pmatrix} 3 \\ 1 \end{pmatrix} = \frac{7}{10}\begin{pmatrix} -1 \\ 3 \end{pmatrix}.$$

Wenn am Ende die Länge der Vektoren keine Rolle spielt, dann kann man $\boldsymbol{b}_2$ vereinfachen und den Vorfaktor einfach weglassen. ▪

Im dreidimensionalen Raum sind höchstens drei Vektoren linear unabhängig. Diese können mit dem Orthogonalisierungsverfahren transformiert werden. Bei manchen Anwendungen wird zusätzlich gefordert, dass die Vektoren normiert sind.

Beispiel 3.18 (Orthonormalisierung im Raum)

Wir transformieren die drei linear unabhängigen Vektoren

$$\boldsymbol{a}_1 = \begin{pmatrix} 2 \\ -1 \\ 2 \end{pmatrix}, \quad \boldsymbol{a}_2 = \begin{pmatrix} 8 \\ 2 \\ 2 \end{pmatrix}, \quad \boldsymbol{a}_3 = \begin{pmatrix} 1 \\ 2 \\ 3 \end{pmatrix}$$

zunächst in Vektoren, die paarweise senkrecht zueinander sind. Dazu setzen wir $\boldsymbol{b}_1 = \boldsymbol{a}_1$ und berechnen danach $\boldsymbol{b}_2$ mit der Formel zur Orthogonalisierung:

$$\boldsymbol{b}_1 = \boldsymbol{a}_1 = \begin{pmatrix} 2 \\ -1 \\ 2 \end{pmatrix}, \quad \boldsymbol{b}_2 = \boldsymbol{a}_2 - \frac{\boldsymbol{b}_1 \cdot \boldsymbol{a}_2}{|\boldsymbol{b}_1|^2}\boldsymbol{b}_1 = \begin{pmatrix} 8 \\ 2 \\ 2 \end{pmatrix} - \frac{18}{9}\begin{pmatrix} 2 \\ -1 \\ 2 \end{pmatrix} = \begin{pmatrix} 4 \\ 4 \\ -2 \end{pmatrix}.$$

Die Berechnung von $\boldsymbol{b}_3$ ist etwas aufwendiger:

$$\boldsymbol{b}_3 = \boldsymbol{a}_3 - \frac{\boldsymbol{b}_1 \cdot \boldsymbol{a}_3}{|\boldsymbol{b}_1|^2}\boldsymbol{b}_1 - \frac{\boldsymbol{b}_2 \cdot \boldsymbol{a}_3}{|\boldsymbol{b}_2|^2}\boldsymbol{b}_2 = \begin{pmatrix} 1 \\ 2 \\ 3 \end{pmatrix} - \frac{6}{9}\begin{pmatrix} 2 \\ -1 \\ 2 \end{pmatrix} - \frac{6}{36}\begin{pmatrix} 4 \\ 4 \\ -2 \end{pmatrix} = \begin{pmatrix} -1 \\ 2 \\ 2 \end{pmatrix}.$$

Schließlich werden die Vektoren $\boldsymbol{b}_1$, $\boldsymbol{b}_2$ und $\boldsymbol{b}_3$ normiert:

$$\boldsymbol{c}_1 = \frac{1}{|\boldsymbol{b}_1|}\boldsymbol{b}_1 = \frac{1}{3}\begin{pmatrix} 2 \\ -1 \\ 2 \end{pmatrix}, \quad \boldsymbol{c}_2 = \frac{1}{|\boldsymbol{b}_2|}\boldsymbol{b}_2 = \frac{1}{3}\begin{pmatrix} 2 \\ 2 \\ -1 \end{pmatrix}, \quad \boldsymbol{c}_3 = \frac{1}{|\boldsymbol{b}_3|}\boldsymbol{b}_3 = \frac{1}{3}\begin{pmatrix} -1 \\ 2 \\ 2 \end{pmatrix}.$$

Alternativ kann man die Vektoren $\boldsymbol{b}$ auch gleich nach ihrer Erzeugung normieren. Dann entfällt in den folgenden Schritten der Nenner in den Projektionstermen und die Rechnung wird etwas einfacher. ▪

3.4 Punkte, Geraden und Ebenen

Mit der Vektorrechnung lassen sich weit mehr Probleme lösen, als wir bisher betrachtet haben. Beispielsweise kann man den Abstand, den ein Punkt von einer Ebene hat, oder den Schnittwinkel zwischen zwei Ebenen mithilfe von Vektoren berechnen. In diesem Abschnitt beschäftigen wir uns mit dem Zusammenhang von Vektoren mit Punkten, Geraden und Ebenen. Wir verwenden die Vektorrechnung, um geometrische Probleme zu lösen. In der Mathematik bezeichnet man dieses Teilgebiet als analytische Geometrie. Oftmals fällt die Trennung zwischen Vektoren einerseits und Punkten, Geraden und Ebenen andererseits nicht leicht. Punkte haben eine feste Position im Raum, Vektoren sind jedoch frei verschiebbar. Vektoren besitzen eine endliche Länge, Geraden und Ebenen sind mathematische Gebilde, die in ihrer Ausdehnung unbeschränkt sind.

3.4.1 Kartesisches Koordinatensystem

Die Grundlage für das Rechnen mit Punkten, Geraden und Ebenen bilden räumliche kartesische Koordinatensysteme, benannt nach dem Franzosen René Descartes. Dabei stehen die Achsen senkrecht aufeinander.

Definition 3.19 (Kartesisches Koordinatensystem im Raum)

Ein Achsenkreuz aus drei paarweise senkrechten Geraden, die sich im Ursprung O schneiden, nennt man ein kartesisches Koordinatensystem. Die Einheitslängen sind auf allen drei Achsen gleich und die Einheitsvektoren in Richtung der Geraden bilden ein Rechtssystem. Ein Punkt $P_0\,(x_0\,|\,y_0\,|\,z_0)$ wird durch seine Koordinaten beschrieben.

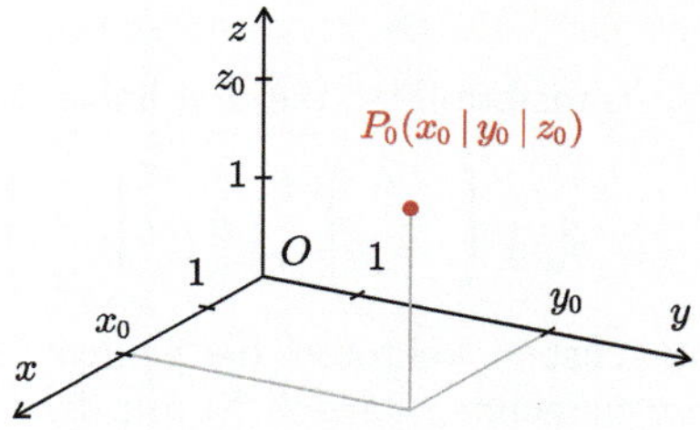

Der Zusammenhang von Punkten und Vektoren ergibt sich durch Ortsvektoren und Verbindungsvektoren. Ortsvektoren starten immer im Ursprung. Ein Verbindungsvektor verläuft von einem Punkt zu einem anderen.

Definition 3.20 (Ortsvektor und Verbindungsvektor)

Den Vektor $\boldsymbol{a}$ vom Punkt $P_1\,(x_1\,|\,y_1\,|\,z_1)$ zum Punkt $P_2\,(x_2\,|\,y_2\,|\,z_2)$ nennt man den Verbindungsvektor. Er hat die Koordinaten

$$\boldsymbol{a} = \begin{pmatrix} x_2 - x_1 \\ y_2 - y_1 \\ z_2 - z_1 \end{pmatrix}.$$

Ein Ortsvektor ist ein Verbindungsvektor vom Ursprung $O\,(0\,|\,0\,|\,0)$ zu einem Punkt.

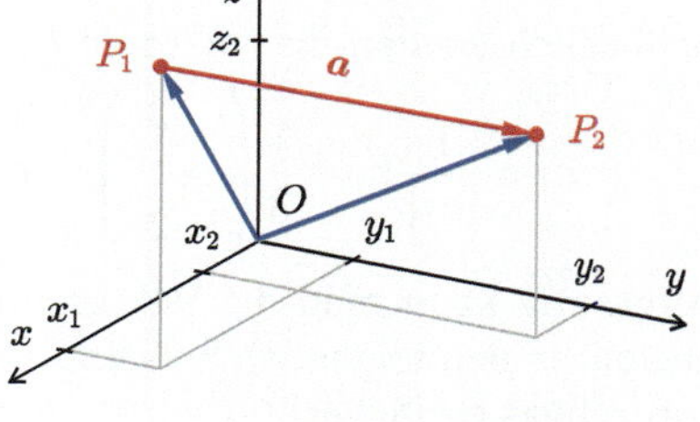

Punkte und Vektoren sind unterschiedliche mathematische Objekte. Für die Koordinatendarstellung von Punkten und Vektoren verwenden wir daher bewusst auch unterschiedliche Schreibweisen. Die Koordinaten von Vektoren stellen wir in einer Spalte dar, und die Koordinaten von Punkten werden durch einen vertikalen Strich getrennt in einer Zeile dargestellt.

Beispiel 3.19 (Vektor zwischen zwei Punkten)

Der Vektor $\boldsymbol{a}$ vom Punkt $A(3|-4|4)$ zum Punkt $B(1|-2|5)$ hat die Koordinaten

$$\boldsymbol{a} = \begin{pmatrix} 1 & - & 3 \\ -2 & + & 4 \\ 5 & - & 4 \end{pmatrix} = \begin{pmatrix} -2 \\ 2 \\ 1 \end{pmatrix}.$$

Dabei können wir $\boldsymbol{a}$ als Verbindungsvektor vom Punkt A zum Punkt B auffassen. ▪

Wenn man in der Mathematik vom Abstand zwischen zwei Objekten spricht, dann meint man damit die jeweils kürzeste Distanz zwischen den Objekten. Der Abstand zweier Punkte entspricht gerade der Länge des Verbindungsvektors. Diese Länge berechnen wir nach Satz 3.12.

Satz 3.18 (Abstand zwischen Punkten)

Die Punkte $P_1\,(x_1\,|\,y_1\,|\,z_1)$ und $P_2\,(x_2\,|\,y_2\,|\,z_2)$ haben den Abstand

$$d_{\overline{P_1 P_2}} = \sqrt{(x_2 - x_1)^2 + (y_2 - y_1)^2 + (z_2 - z_1)^2}.$$

Der Punkt $P\,(x\,|\,y\,|\,z)$ hat vom Ursprung den Abstand

$$d_P = \sqrt{x^2 + y^2 + z^2}.$$

Beispiel 3.20 (Teilung einer Strecke)

Die Strecke zwischen dem Punkt $P(5|8|1)$ und dem Punkt $Q(-4|2|-2)$ soll durch den Punkt M im Verhältnis 1 zu 2 geteilt werden. Welche Koordinaten hat der Punkt M? Wir berechnen zunächst den Verbindungsvektor $\boldsymbol{a}$ von P nach Q:

$$\boldsymbol{a} = \begin{pmatrix} -4-5 \\ 2-8 \\ -2-1 \end{pmatrix} = \begin{pmatrix} -9 \\ -6 \\ -3 \end{pmatrix}.$$

Den Ortsvektor $\boldsymbol{m}$ des Punkts M erhalten wir dann aus dem Ortsvektor $\boldsymbol{p}$ des Punkts P und dem Verbindungsvektor $\boldsymbol{a}$ durch

$$\boldsymbol{m} = \boldsymbol{p} + \frac{1}{3}\,\boldsymbol{a} = \begin{pmatrix} 5 \\ 8 \\ 1 \end{pmatrix} + \frac{1}{3}\begin{pmatrix} -9 \\ -6 \\ -3 \end{pmatrix} = \begin{pmatrix} 2 \\ 6 \\ 0 \end{pmatrix}.$$

Der Punkt M hat somit die Koordinaten $M(2|6|0)$. ▪

Beispiel 3.21 (Flächeninhalt eines Dreiecks)

Die drei Punkte $P(1\,|\,1\,|\,1)$, $Q(4\,|\,1\,|\,3)$ und $R(1\,|\,4\,|\,3)$ bilden ein Dreieck. Zur Berechnung des Flächeninhalts verwenden wir den Verbindungsvektor $\boldsymbol{a}$ von P nach Q, den Verbindungsvektor $\boldsymbol{b}$ von P nach R und bestimmen den Vektor $\boldsymbol{c} = \boldsymbol{a} \times \boldsymbol{b}$:

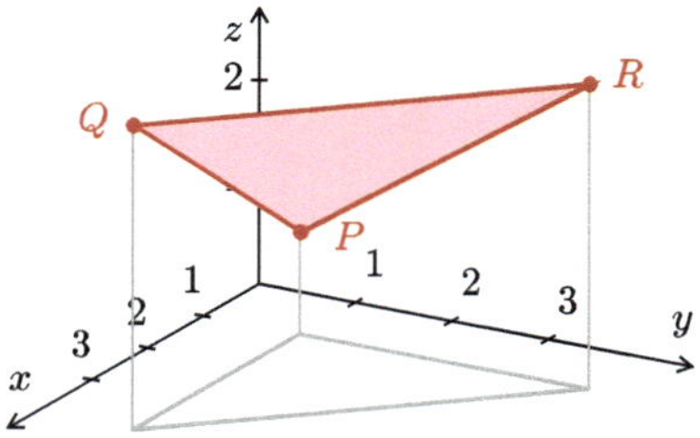

$$\boldsymbol{a} = \begin{pmatrix} 3 \\ 0 \\ 2 \end{pmatrix}, \quad \boldsymbol{b} = \begin{pmatrix} 0 \\ 3 \\ 2 \end{pmatrix}, \quad \boldsymbol{c} = \begin{pmatrix} -6 \\ -6 \\ 9 \end{pmatrix}.$$

Den Flächeninhalt des Dreiecks

$$\begin{aligned} A &= \frac{1}{2}\,|\boldsymbol{c}| = \frac{1}{2}\sqrt{(-6)^2 + (-6)^2 + 9^2} \\ &= \frac{3\sqrt{17}}{2} \end{aligned}$$

erhalten wir nun schließlich aus dem Betrag des Vektors $\boldsymbol{c}$. ■

Beispiel 3.22 (Volumen eines Tetraeders)

Die vier Punkte $P(4\,|\,3\,|\,3)$, $Q(4\,|\,1\,|\,3)$, $R(2\,|\,4\,|\,4)$ und $S(1\,|\,2\,|\,1)$ bilden ein Tetraeder. Zur Berechnung des Volumens verwenden wir den Verbindungsvektor $\boldsymbol{a}$ von P nach Q, den Verbindungsvektor $\boldsymbol{b}$ von P nach R und den Verbindungsvektor $\boldsymbol{c}$ von P nach S:

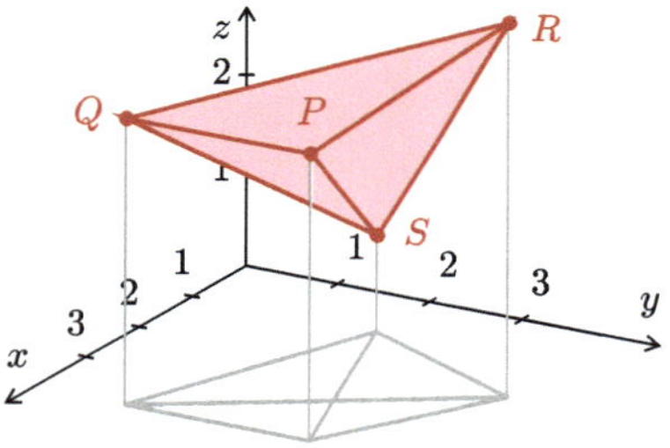

$$\boldsymbol{a} = \begin{pmatrix} 0 \\ -2 \\ 0 \end{pmatrix}, \quad \boldsymbol{b} = \begin{pmatrix} -2 \\ 1 \\ 1 \end{pmatrix}, \quad \boldsymbol{c} = \begin{pmatrix} -3 \\ -1 \\ -2 \end{pmatrix}.$$

Das Volumen des Tetraeders

$$V = \frac{1}{6}\Big|\,[\,\boldsymbol{a}, \boldsymbol{b}, \boldsymbol{c}\,]\,\Big| = \frac{1}{6}\,|14| = \frac{7}{3}$$

erhalten wir dann aus dem Spatprodukt dieser Vektoren. ■

3.4.2 Parameterdarstellung von Geraden und Ebenen

Geraden und Ebenen besitzen zwei verschiedene Darstellungsformen: Eine Form mit und eine ohne Parameter. Jede der beiden Formen hat Vor- und Nachteile. In diesem Abschnitt starten wir mit der Parameterdarstellung von Geraden und Ebenen. Die Darstellung ohne Parameter sind Thema des nächsten Abschnitts.

Definition 3.21 (Punktrichtungsform einer Geraden)

Eine Gerade g kann durch einen Richtungsvektor $\boldsymbol{a} \neq \boldsymbol{0}$ und durch einen Punkt P_0 mit dem Ortsvektor $\boldsymbol{x}_0$ festgelegt werden:

$$g: \quad \boldsymbol{x} = \boldsymbol{x}_0 + \lambda\,\boldsymbol{a}, \quad \lambda \in \mathbb{R}.$$

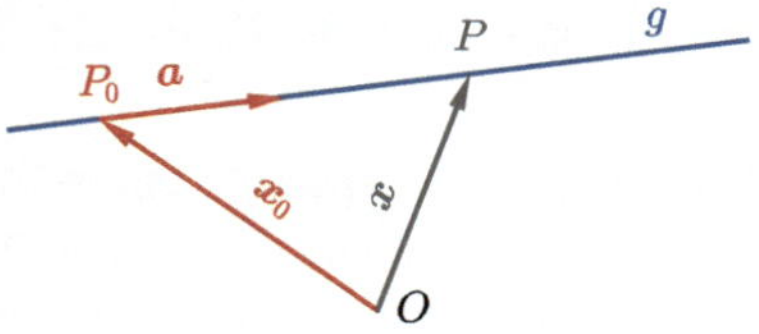

Bei der Parameterdarstellung der Geraden g in Definition 3.21 ist die Gleichung so zu interpretieren, dass die Gerade g aus allen Punkten P mit Ortsvektor $\boldsymbol{x}$ besteht, bei der sich der Ortsvektor $\boldsymbol{x}$ in Form von $\boldsymbol{x} = \boldsymbol{x}_0 + \lambda\boldsymbol{a}$ darstellen lässt.

Der Parameter λ wirkt als eine Art Schieberegler. Für $\lambda = 0$ erhalten wir den sogenannten Aufpunkt P_0. Mit wachsenden λ-Werten erhalten wir Punkte, die von P_0 aus in Richtung des Vektors $\boldsymbol{a}$ verlaufen. Negative λ-Werte erzeugen diejenigen Punkte, die in entgegengesetzter Richtung liegen. Der Parameter λ durchläuft alle reellen Zahlen. Dadurch werden alle Punkte auf der Geraden durch einen eindeutigen Parameterwert λ beschrieben. In ähnlicher Weise lässt sich eine Gerade auch durch zwei Punkte festlegen. Dabei übernimmt der Verbindungsvektor der beiden Punkte die Rolle des Richtungsvektors.

Definition 3.22 (Zweipunkteform einer Geraden)

Eine Gerade g kann durch zwei verschiedene Punkte P_0 und P_1 mit den Ortsvektoren $\boldsymbol{x}_0$ und $\boldsymbol{x}_1$ festgelegt werden:

$$g: \quad \boldsymbol{x} = \boldsymbol{x}_0 + \lambda\left(\boldsymbol{x}_1 - \boldsymbol{x}_0\right), \quad \lambda \in \mathbb{R}.$$

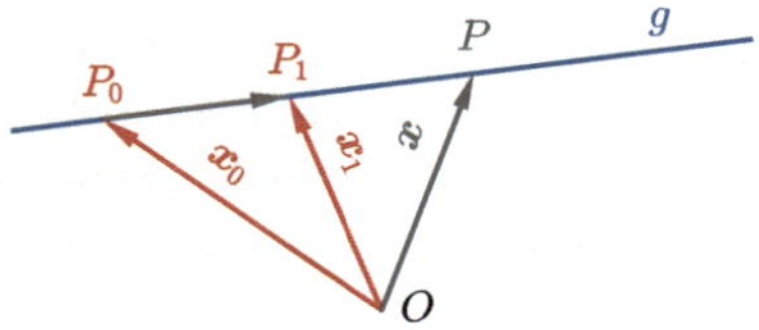

Zur Definition einer Ebene benötigt man zwei Richtungen, genauer gesagt, zwei linear unabhängige Vektoren. Jede Richtung wird unabhängig durch einen eigenen Parameter gesteuert.

Definition 3.23 (Punktrichtungsform einer Ebene)

Eine Ebene E kann durch zwei linear unabhängige Richtungsvektoren $\boldsymbol{a}$ und $\boldsymbol{b}$ und durch einen Punkt P_0 mit dem Ortsvektor $\boldsymbol{x}_0$ festgelegt werden:

$$E: \quad \boldsymbol{x} = \boldsymbol{x}_0 + \lambda\,\boldsymbol{a} + \mu\,\boldsymbol{b}, \quad \lambda, \mu \in \mathbb{R}.$$

Die Parameter λ und μ sind unabhängig voneinander.

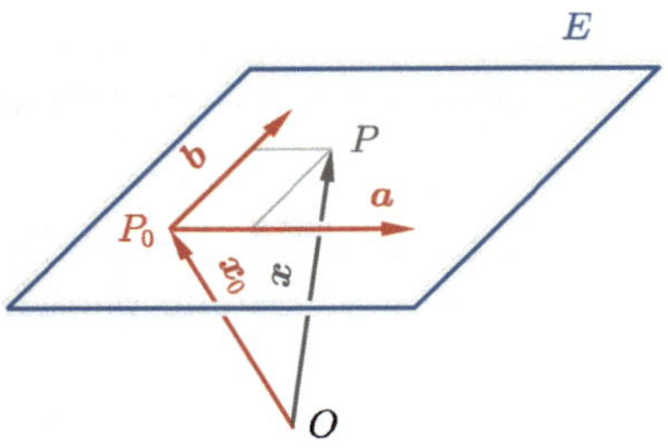

Eine Ebene lässt sich auch dadurch festlegen, dass man drei Punkte vorgibt. Diese drei Punkte müssen allerdings auch zwei linear unabhängige Richtungsvektoren definieren. Das erreicht man durch die Forderung, dass nicht alle drei Punkte auf einer Geraden liegen.

Definition 3.24 (Dreipunkteform einer Ebene)
Eine Ebene E kann durch drei Punkte P_0, P_1 und P_2, die nicht alle auf einer Geraden liegen, mit den Ortsvektoren $\boldsymbol{x}_0$, $\boldsymbol{x}_1$ und $\boldsymbol{x}_2$ festgelegt werden:

$$E: \ \boldsymbol{x} = \boldsymbol{x}_0 + \lambda\,(\boldsymbol{x}_1 - \boldsymbol{x}_0) + \mu\,(\boldsymbol{x}_2 - \boldsymbol{x}_0)\,, \qquad \lambda, \mu \in \mathbb{R}.$$

Die Parameter λ und μ sind unabhängig voneinander.

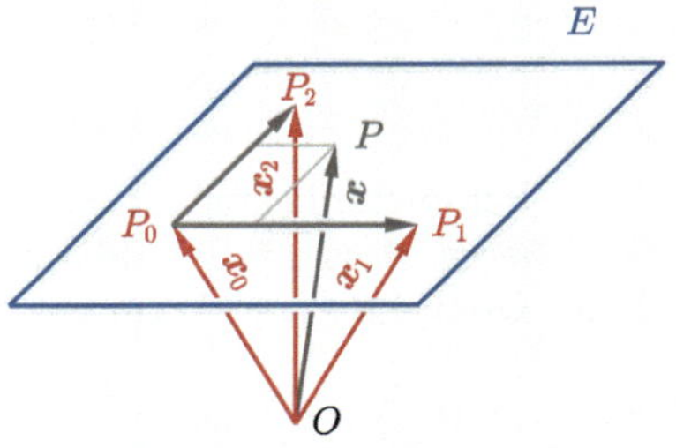

3.4.3 Parameterfreie Darstellung von Geraden und Ebenen

Bei der parameterfreien Darstellung werden Geraden und Ebenen durch Gleichungen dargestellt. Wir werden sehen, dass man eine Ebene sehr elegant durch eine einzige Gleichung beschreiben kann. Die Ebene besteht aus allen Punkten, die diese Gleichung erfüllen.

Die entscheidende Idee ist die Festlegung der Ausrichtung der Ebene durch einen Normalenvektor $\boldsymbol{n}$. Ein Normalenvektor steht senkrecht auf allen Vektoren, die in der Ebene liegen. Bei einem Normalenvektor ist lediglich die Ausrichtung festgelegt. Die Länge und die Orientierung des Normalenvektors sind durch die Ebene nicht eindeutig festgelegt.

Wenn $\boldsymbol{x}_0$ der Ortsvektor eines festen Punkts P_0 in der Ebene E ist, dann muss der Ortsvektor $\boldsymbol{x}$ eines beliebigen Punkts P in der Ebene folgende Gleichung erfüllen:

$$(\boldsymbol{x} - \boldsymbol{x}_0) \cdot \boldsymbol{n} = 0\,.$$

Vektoren sind gerade dann senkrecht zueinander, wenn das Skalarprodukt null ist.

Definition 3.25 (Parameterfreie Darstellung einer Ebene)
Eine Ebene E durch den Punkt P_0 mit dem Ortsvektor $\boldsymbol{x}_0$ und dem Normalenvektor $\boldsymbol{n} \neq \boldsymbol{0}$ kann man in Form einer Gleichung darstellen:

$$E: \quad (\boldsymbol{x} - \boldsymbol{x}_0) \cdot \boldsymbol{n} = 0.$$

Ein Punkt P mit dem Ortsvektor $\boldsymbol{x}$ liegt genau dann in der Ebene, wenn die Gleichung erfüllt ist.

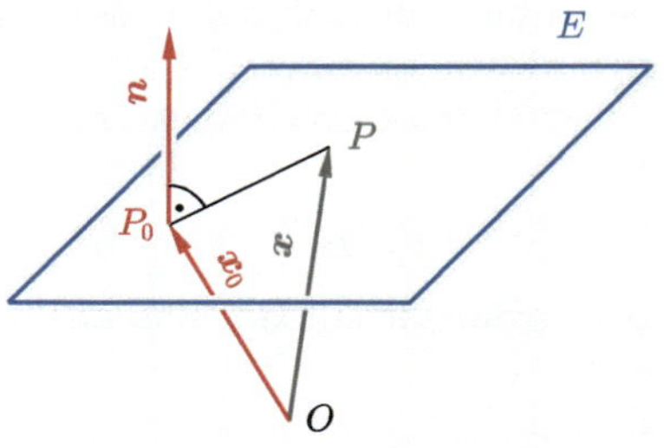

In der Koordinatendarstellung mit $P_0(x_0 \,|\, y_0 \,|\, z_0)$ und $P(x \,|\, y \,|\, z)$ lautet die Gleichung aus Definition 3.25

$$\begin{pmatrix} x - x_0 \\ y - y_0 \\ z - z_0 \end{pmatrix} \cdot \begin{pmatrix} n_x \\ n_y \\ n_z \end{pmatrix} = 0 \quad \Longrightarrow \quad n_x\, x + n_y\, y + n_z\, z \underbrace{- n_x\, x_0 - n_y\, y_0 - n_z\, z_0}_{d} = 0.$$

Wenn der Normalenvektor $\boldsymbol{n}$ ein Einheitsvektor ist, dann kann man durch einfache geometrische Überlegungen zeigen, dass der Betrag von d den Abstand der Ebene vom Ursprung angibt. In diesem Fall spricht man von der Hesseschen Normalenform einer Ebene. Die Bezeichnung geht auf den Mathematiker Ludwig Otto Hesse zurück.

Definition 3.26 (Hessesche Normalenform)

Bei der parameterfreien Darstellung einer Ebene

$$E: \quad n_x x + n_y y + n_z z + d = 0$$

sind die Faktoren n_x, n_y und n_z die Koordinaten des Normalenvektors $\boldsymbol{n} \neq \boldsymbol{0}$. Falls der Normalenvektor $\boldsymbol{n}$ ein Einheitsvektor ist, bezeichnet man die Darstellung als Hessesche Normalenform.

Die Umrechnung zwischen parameterbehafteter und parameterfreier Darstellung einer Ebene ist einfach. Sie basiert auf der Eigenschaft, dass der Normalenvektor senkrecht auf allen Vektoren der Ebene steht.

Merke 3.14 (Darstellung einer Ebene mit und ohne Parameter)

Die Umrechnung zwischen einer Parameterdarstellung und einer parameterfreien Darstellung einer Ebene

$$E: \quad \boldsymbol{x} = \boldsymbol{x}_0 + \lambda\, \boldsymbol{a} + \mu\, \boldsymbol{b} \quad \Longleftrightarrow \quad (\boldsymbol{x} - \boldsymbol{x}_0) \cdot \boldsymbol{n} = 0$$

erfolgt mittels der Beziehung $\boldsymbol{n} = \boldsymbol{a} \times \boldsymbol{b}$.

Auch Geraden kann man durch Gleichungen, also parameterfrei, darstellen. Allerdings benötigt man für eine Gerade im Raum zwei Gleichungen. Jede einzelne Gleichung repräsentiert dabei eine Ebene. Die Gerade ist als Schnittgerade dieser beiden Ebenen festgelegt. Wir gehen hier jedoch nicht auf weitere Details ein.

3.4.4 Schnitte von Geraden und Ebenen

Schnitte von Geraden und Ebenen lassen sich immer durch Lösen entsprechender linearer Gleichungssysteme bestimmen. Allerdings kann man dabei mehr oder weniger geschickt vorgehen. Wir betrachten zunächst die Schnitte zweier Geraden. Dabei werden zwei Geraden als windschief bezeichnet, falls sie weder parallel verlaufen noch einen Schnittpunkt besitzen.

Merke 3.15 (Schnitt zweier Geraden)

Die Schnittpunkte zweier Geraden g_1 und g_2 in Parameterdarstellung bestimmt man aus dem linearen Gleichungssystem

$$\left.\begin{aligned} g_1: \quad \boldsymbol{x} &= \boldsymbol{x}_1 + \lambda_1 \boldsymbol{a}_1 \\ g_2: \quad \boldsymbol{x} &= \boldsymbol{x}_2 + \lambda_2 \boldsymbol{a}_2 \end{aligned}\right\} \quad \Longrightarrow \quad g_1 \cap g_2: \quad \boldsymbol{x}_1 + \lambda_1 \boldsymbol{a}_1 = \boldsymbol{x}_2 + \lambda_2 \boldsymbol{a}_2$$

mit den beiden Unbekannten λ_1 und λ_2. Falls das Gleichungssystem

- genau eine Lösung hat, dann besitzen die beiden Geraden einen Schnittpunkt,
- unendlich viele Lösungen hat, dann sind die beiden Geraden identisch,
- keine Lösung hat, dann sind die Geraden parallel oder windschief.

Beispiel 3.23 (Schnitt zweier Geraden)

Wir betrachten die beiden Geraden

$$g_1: \quad \boldsymbol{x} = \begin{pmatrix} -1 \\ 3 \\ -1 \end{pmatrix} + \lambda_1 \begin{pmatrix} -2 \\ 3 \\ 1 \end{pmatrix}, \qquad g_2: \quad \boldsymbol{x} = \begin{pmatrix} 5 \\ -2 \\ -3 \end{pmatrix} + \lambda_2 \begin{pmatrix} -8 \\ 4 \\ 2 \end{pmatrix}.$$

Wir untersuchen nun, ob g_1 und g_2 gemeinsame Punkte haben. Dazu setzen wir die beiden Darstellungen für $\boldsymbol{x}$ gleich und erhalten das überbestimmte lineare Gleichungssystem

$$\begin{array}{rcrcrll} -2\lambda_1 & + & 8\lambda_2 & = & 6 & \longleftarrow & \\ 3\lambda_1 & - & 4\lambda_2 & = & -5 & & \longleftarrow \\ \lambda_1 & - & 2\lambda_2 & = & -2 & |\cdot(2) & |\cdot(-3) \end{array} \quad \Longrightarrow \quad \begin{array}{rcrcr} \lambda_1 & - & 2\lambda_2 & = & -2 \\ & & 4\lambda_2 & = & 2 \\ & & 2\lambda_2 & = & 1 \end{array}$$

Das Gleichungssystem hat die eindeutige Lösung $\lambda_1 = -1$ und $\lambda_2 = \frac{1}{2}$. Damit erhalten wir als Schnittpunkt den Punkt $S(1\,|\,0\,|\,-2)$. ■

Wir kommen nun zum Schnitt einer Geraden mit einer Ebene. Die Ebene kann dabei in Parameterdarstellung oder auch als parameterfreie Gleichung gegeben sein. In beiden Fällen ergeben sich auch hier unmittelbar lineare Gleichungssysteme zur Beschreibung der Schnittbedingungen.

Merke 3.16 (Schnitt einer Geraden mit einer Ebene)

Die Schnittpunkte einer Geraden g mit einer Ebene E bestimmt man, indem man

- eine Parameterdarstellung der Geraden g und eine Parameterdarstellung der Ebene E gleichsetzt oder
- eine Parameterdarstellung der Geraden g in eine parameterfreie Gleichung der Ebene E einsetzt.

Im Zweifelsfall ist die zweite Methode zu empfehlen. Durch Einsetzen einer Parameterdarstellung der Geraden in eine Gleichung der Ebene entsteht nur eine einzige Gleichung mit einer Unbekannten, siehe Beispiel 3.24.

Beispiel 3.24 (Schnitt einer Geraden mit einer Ebene)

Zur Berechnung des Schnittpunkts zwischen der Geraden g und der Ebene E

$$g: \quad \boldsymbol{x} = \begin{pmatrix} 0 \\ 2 \\ -2 \end{pmatrix} + \lambda \begin{pmatrix} 1 \\ -2 \\ 1 \end{pmatrix}, \qquad E: \quad 5x + 2y + 4z - 6 = 0$$

setzt man die Koordinaten der Geraden in die Ebenengleichung ein:

$$5(0+\lambda) + 2(2-2\lambda) + 4(-2+\lambda) - 6 = 0 \quad \Longrightarrow \quad 5\lambda = 10 \quad \Longrightarrow \quad \lambda = 2.$$

Durch Einsetzen dieses Parameterwertes λ in die Geradengleichung erhält man den Schnittpunkt $S(2\,|\,-2\,|\,0)$. Als Probe der Rechnung kann man den Schnittpunkt S schließlich in die Ebenengleichung einsetzen. ▪

Merke 3.17 (Schnitt zweier Ebenen)

Die Schnittpunkte zweier Ebenen E_1 und E_2 bestimmt man, indem man

- die Parameterdarstellungen der beiden Ebenen gleichsetzt oder
- das Gleichungssystem aus den beiden Ebenengleichungen löst oder
- eine Parameterdarstellung einer Ebene in eine parameterfreie Gleichung der anderen Ebene einsetzt.

Beispiel 3.25 (Schnitt zweier Ebenen)

Zur Untersuchung der Schnittpunkte der beiden Ebenen

$$E_1: \quad x - 2y + 4z + 2 = 0 \qquad E_2: \quad 2x - 3y + z - 5 = 0$$

stellen wir das folgende unterbestimmte lineare Gleichungssystem auf:

$$\begin{array}{rcrcrcrl} x & - & 2y & + & 4z & = & -2 & |\cdot(-2) \\ 2x & - & 3y & + & z & = & 5 & \longleftarrow \end{array} \quad \Longrightarrow \quad \begin{array}{rcrcrcr} x & - & 2y & + & 4z & = & -2 \\ & & y & - & 7z & = & 9 \end{array}$$

Aus der freien Variablen $z = \lambda$ folgt $y = 9 + 7\lambda$ und daraus $x = 16 + 10\lambda$ und damit

$$g: \quad \boldsymbol{x} = \begin{pmatrix} 16 \\ 9 \\ 0 \end{pmatrix} + \lambda \begin{pmatrix} 10 \\ 7 \\ 1 \end{pmatrix}.$$

Wir erhalten als Lösung die Schnittgerade. ▪

3.4.5 Abstände

Abstände zwischen Elementen spielen in der Geometrie eine wichtige Rolle. In der Computergrafik etwa kann man mithilfe der Abstände von Objekten zur Bildebene feststellen, welche Objekte bezüglich der Bildebene weiter hinten und damit eventuell verdeckt, und welche weiter vorn, also frei sichtbar, liegen. Typischerweise wird das Bild von hinten nach vorn aufgebaut. Diese Vorgehensweise bezeichnet man auch in Anlehnung an den Bildaufbau eines Gemäldes als Painter's Algorithmus.

Satz 3.19 (Abstand eines Punkts zu einer Geraden)
Den Abstand des Punkts P mit dem Ortsvektor $\boldsymbol{x}_P$ zur Geraden g

$$g: \quad \boldsymbol{x} = \boldsymbol{x}_0 + \lambda \boldsymbol{a}$$

berechnet man mit

$$\lambda_L = \frac{(\boldsymbol{x}_P - \boldsymbol{x}_0) \cdot \boldsymbol{a}}{\boldsymbol{a} \cdot \boldsymbol{a}}$$

als Distanz vom Punkt P zum Lotfußpunkt L:

$$d_P = \left| \boldsymbol{x}_P - (\boldsymbol{x}_0 + \lambda_L \, \boldsymbol{a}) \right|.$$

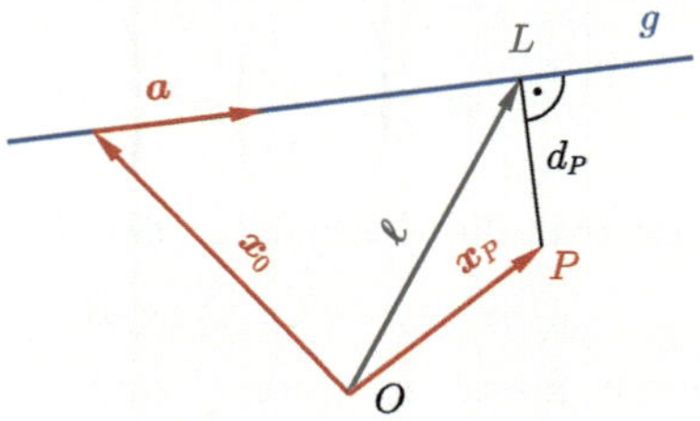

Zur Herleitung einer Formel für den Abstand eines Punkts P mit dem Ortsvektor $\boldsymbol{x}_P$ zu einer Geraden führt man den Lotfußpunkt L mit dem Ortsvektor $\boldsymbol{\ell}$ ein:

$$g: \quad \boldsymbol{x} = \boldsymbol{x}_0 + \lambda \boldsymbol{a}, \qquad \boldsymbol{\ell} = \boldsymbol{x}_0 + \lambda_L \, \boldsymbol{a}.$$

Der Lotvektor $\overline{LP} = \boldsymbol{x}_P - \boldsymbol{\ell}$ steht senkrecht auf der Geraden. Daraus erhalten wir

$$\boldsymbol{a} \cdot (\boldsymbol{x}_P - \boldsymbol{\ell}) = 0 \quad \Longrightarrow \quad \boldsymbol{a} \cdot \boldsymbol{x}_P = \boldsymbol{a} \cdot (\boldsymbol{x}_0 + \lambda_L \boldsymbol{a}) \quad \Longrightarrow \quad \lambda_L = \frac{(\boldsymbol{x}_P - \boldsymbol{x}_0) \cdot \boldsymbol{a}}{\boldsymbol{a} \cdot \boldsymbol{a}}.$$

Bei diesen Umformungen haben wir die Rechenregeln für das Skalarprodukt, siehe Satz 3.3 und Satz 3.4, angewendet. Der Abstand ist die Entfernung vom Punkt P zum Lotfußpunkt L, also $d_P = |\boldsymbol{x}_P - \boldsymbol{\ell}|$.

Beispiel 3.26 (Abstand Punkt zu Gerade)
Zur Bestimmung des Abstands des Punkts $P(3\,|\,2\,|\,1)$ zur Geraden g mit folgender Parameterdarstellung berechnen wir zunächst den Parameterwert λ_L des Lotfußpunkts L:

$$g: \quad \boldsymbol{x} = \begin{pmatrix} 1 \\ -2 \\ 3 \end{pmatrix} + \lambda \begin{pmatrix} 1 \\ -1 \\ 0 \end{pmatrix} \quad \Longrightarrow \quad \lambda_L = \frac{\begin{pmatrix} 2 \\ 4 \\ -2 \end{pmatrix} \cdot \begin{pmatrix} 1 \\ -1 \\ 0 \end{pmatrix}}{\begin{pmatrix} 1 \\ -1 \\ 0 \end{pmatrix} \cdot \begin{pmatrix} 1 \\ -1 \\ 0 \end{pmatrix}} = -1.$$

Für den Ortsvektor $\boldsymbol{\ell}$ des Lotfußpunkts und den Abstand gilt demnach

$$\boldsymbol{\ell} = \begin{pmatrix} 1 \\ -2 \\ 3 \end{pmatrix} + (-1) \cdot \begin{pmatrix} 1 \\ -1 \\ 0 \end{pmatrix} = \begin{pmatrix} 0 \\ -1 \\ 3 \end{pmatrix} \quad \Longrightarrow \quad d_P = \left| \begin{pmatrix} 3 \\ 2 \\ 1 \end{pmatrix} - \begin{pmatrix} 0 \\ -1 \\ 3 \end{pmatrix} \right| = \sqrt{22}.$$

Damit haben wir den Abstand d_P von P zu g berechnet. ■

Der Abstand eines Punkts zu einer Ebene lässt sich sehr einfach bestimmen, wenn man die Hessesche Normalenform der Ebene kennt. Man muss lediglich die Koordinaten des Punkts in die Ebenengleichung einsetzen.

Satz 3.20 (Abstand eines Punkts zu einer Ebene)

Mit der Hesseschen Normalenform einer Ebene

$$E: \quad n_x x + n_y y + n_z z + d = 0, \quad \sqrt{n_x^2 + n_y^2 + n_z^2} = 1$$

berechnet man den Abstand eines Punkts P mit dem Ortsvektor $\boldsymbol{x}_P$ zur Ebene E durch Einsetzen von P in die Ebenengleichung:

$$d_P = \left| n_x x_P + n_y y_P + n_z z_P + d \right|.$$

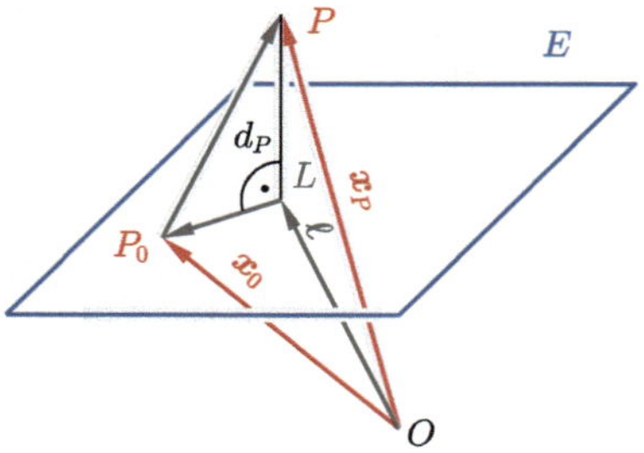

In der Hesseschen Normalenform hat der Normalenvektor $\boldsymbol{n}$ die Länge 1. Für den Lotvektor $\overline{LP}$ vom Lotfußpunkt L zum Punkt P gelten die beiden Beziehungen

$$\overline{LP} = \boldsymbol{x}_P - \boldsymbol{\ell} = (\boldsymbol{x}_P - \boldsymbol{x}_0) + (\boldsymbol{x}_0 - \boldsymbol{\ell}), \quad \overline{LP} = r\boldsymbol{n}.$$

Dabei ist r ein Skalierungsfaktor. Durch Gleichsetzen und anschließender Skalarmultiplikation mit $\boldsymbol{n}$ ergibt sich, bis auf das Vorzeichen, der gesuchte Abstand

$$d_P = |r| = |(\boldsymbol{x}_P - \boldsymbol{x}_0) \cdot \boldsymbol{n}|.$$

Anhand des Vorzeichens von r kann man erkennen, auf welcher Seite der Ebene der Punkt P liegt.

Beispiel 3.27 (Abstand Punkt zu Ebene)

Den Abstand des Punkts $P(1\,|-2\,|\,4)$ zur Ebene E mit der Gleichung bzw. Hesseschen Normalenform

$$E: \quad -2x + 2y - z + 4 = 0 \quad \Longrightarrow \quad \frac{-2x + 2y - z + 4}{\sqrt{9}} = 0$$

berechnet man kurz und bündig zu

$$d_P = \left| \frac{-2 \cdot 1 + 2 \cdot (-2) - 1 \cdot 4 + 4}{3} \right| = 2$$

unter Verwendung der entsprechenden Formel. ■

Satz 3.21 (Abstand zweier windschiefer Geraden)

Den Abstand der beiden windschiefen Geraden

$$g_1: \quad \boldsymbol{x} = \boldsymbol{x}_1 + \lambda_1 \boldsymbol{a}_1$$
$$g_2: \quad \boldsymbol{x} = \boldsymbol{x}_2 + \lambda_2 \boldsymbol{a}_2$$

kann man durch folgende Formel berechnen:

$$d = \frac{|(\boldsymbol{a}_1 \times \boldsymbol{a}_2) \cdot (\boldsymbol{x}_2 - \boldsymbol{x}_1)|}{|\boldsymbol{a}_1 \times \boldsymbol{a}_2|}.$$

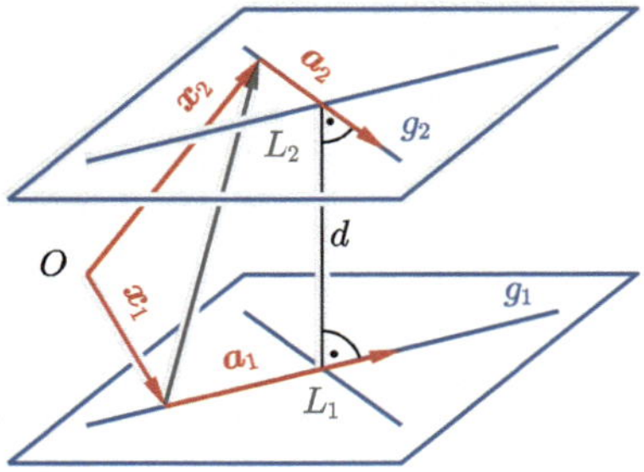

Zur Herleitung der Formel bettet man die beiden Geraden g_1 und g_2 mit den Richtungsvektoren $\boldsymbol{a}_1$ und $\boldsymbol{a}_2$ in parallele Ebenen E_1 und E_2 ein. Ein Lotvektor für beide Ebenen ist $\boldsymbol{n} = \boldsymbol{a}_1 \times \boldsymbol{a}_2$. Nun kann man den Verbindungsvektor der beiden Einstiegspunkte $\boldsymbol{x}_1$ und $\boldsymbol{x}_2$ senkrecht auf $\boldsymbol{n}$ projizieren, siehe Definition 3.15.

$$\left|\overline{L_1L_2}\right| = \left|\frac{\boldsymbol{n}\cdot(\boldsymbol{x}_2-\boldsymbol{x}_1)}{|\boldsymbol{n}|^2}\,\boldsymbol{n}\right| = \frac{|\boldsymbol{n}\cdot(\boldsymbol{x}_1-\boldsymbol{x}_2)|}{|\boldsymbol{n}|}.$$

Das Ergebnis ist der Lotvektor $\overline{L_1L_2}$, dessen Länge der gesuchte Abstand ist.

3.4.6 Winkel

Neben Abständen spielen Winkel eine wichtige Rolle im Umgang mit Geraden und Ebenen. Wir wollen Geraden und Ebenen als geometrische Objekte auffassen. Dann sind die Winkel unabhängig von der Darstellung der Geraden und Ebenen. Außerdem soll die Reihenfolge der Geraden und Ebenen bei der Winkelberechnung keine Rolle spielen. Bei Nebenwinkeln wählen wir stets den kleineren Winkel. Damit liegen alle Winkel im Intervall $[0°, 90°]$.

Sind zwei Geraden g_1 und g_2 in der Punktrichtungsform gegeben, so bestimmen wir den Winkel zwischen g_1 und g_2 über das Skalarprodukt der beiden Richtungsvektoren $\boldsymbol{a}_1$ und $\boldsymbol{a}_2$, siehe Abschnitt 3.2.3. Wir müssen beim Skalarprodukt allerdings den Betrag bilden:

$$\cos\angle(g_1, g_2) = |\cos\angle(\boldsymbol{a}_1, \boldsymbol{a}_2)|$$

So erhalten wir den kleineren der beiden Nebenwinkel.

Satz 3.22 (Winkel zwischen zwei Geraden)

Den Winkel zwischen den beiden Geraden g_1 und g_2 in der Darstellung

$$g_1: \quad \boldsymbol{x} = \boldsymbol{x}_1 + \lambda_1\boldsymbol{a}_1, \qquad g_2: \quad \boldsymbol{x} = \boldsymbol{x}_2 + \lambda_2\boldsymbol{a}_2$$

kann man mit folgender Formel berechnen:

$$\cos\angle(g_1, g_2) = \frac{|\boldsymbol{a}_1\cdot\boldsymbol{a}_2|}{|\boldsymbol{a}_1|\,|\boldsymbol{a}_2|}.$$

Beispiel 3.28 (Winkel zwischen zwei Geraden)

Den Kosinus des Winkels zwischen den beiden Geraden

$$g_1: \quad \boldsymbol{x} = \begin{pmatrix}1\\-2\\3\end{pmatrix} + \lambda_1\begin{pmatrix}1\\-2\\2\end{pmatrix} \qquad g_2: \quad \boldsymbol{x} = \begin{pmatrix}-4\\5\\6\end{pmatrix} + \lambda_2\begin{pmatrix}2\\1\\2\end{pmatrix}$$

kann man über das Skalarprodukt der Richtungsvektoren bestimmen:

$$\cos\varphi = \frac{|1\cdot 2 + (-2)\cdot 1 + 2\cdot 2|}{\sqrt{1+4+4}\cdot\sqrt{4+1+4}} = \frac{4}{9} \quad \Longrightarrow \quad \varphi \approx 63.6°.$$

Dabei ergibt sich der Winkel selbst schließlich mit dem Arkuskosinus. ■

Der Winkel zwischen einer Geraden g und einer Ebene E ist der Winkel zwischen der Geraden und der senkrechten Projektion der Geraden auf die Ebene. Dieser Winkel wird auch als Neigungswinkel bezeichnet. Zur Berechnung dieses Winkels geht man einen Umweg über den Nachbarwinkel zwischen der Geraden g mit Richtungsvektor $\boldsymbol{a}$ und dem Normalenvektor $\boldsymbol{n}$ der Ebene. Diesen Nachbarwinkel kann man mithilfe von Satz 3.22 bestimmen. Aus

$$\sin \angle(g, E) = |\cos \angle(\boldsymbol{a}, \boldsymbol{n})|$$

folgt dann der gesuchte Winkel.

Satz 3.23 (Winkel zwischen einer Geraden und einer Ebene)

Den Winkel zwischen der Geraden g und der Ebene E in der Darstellung

$$g: \quad \boldsymbol{x} = \boldsymbol{x}_0 + \lambda \boldsymbol{a}, \qquad E: \quad n_x x + n_y y + n_z z + d = 0$$

kann man mit folgender Formel berechnen:

$$\sin \angle(g, E) = \frac{|\boldsymbol{a} \cdot \boldsymbol{n}|}{|\boldsymbol{a}|\,|\boldsymbol{n}|}.$$

Schließlich ist noch der Winkel zwischen zwei Ebenen E_1 und E_2 relevant:

$$\cos \angle(E_1, E_2) = |\cos \angle(\boldsymbol{n}_1, \boldsymbol{n}_2)|.$$

Dieser berechnet sich aus dem Winkel zwischen den Normalenvektoren $\boldsymbol{n}_1$ und $\boldsymbol{n}_2$.

Satz 3.24 (Winkel zwischen zwei Ebenen)

Den Winkel zwischen den beiden Ebenen E_1 und E_2 in der Darstellung

$$E_1: \quad n_{1x} x + n_{1y} y + n_{1z} z + d_1 = 0, \qquad E_2: \quad n_{2x} x + n_{2y} y + n_{2z} z + d_2 = 0$$

kann man mit folgender Formel berechnen:

$$\cos \angle(E_1, E_2) = \frac{|\boldsymbol{n}_1 \cdot \boldsymbol{n}_2|}{|\boldsymbol{n}_1|\,|\boldsymbol{n}_2|}.$$

Beispiel 3.29 (Winkel zwischen zwei Ebenen)

Den Winkel zwischen den beiden Ebenen

$$E_1: \quad x - 2y + 4z + 2 = 0 \qquad E_2: \quad 2x - 3y + z - 5 = 0$$

kann man über die Normalenvektoren bestimmen:

$$\cos\varphi = \frac{\left|\begin{pmatrix} 1 \\ -2 \\ 4 \end{pmatrix} \cdot \begin{pmatrix} 2 \\ -3 \\ 1 \end{pmatrix}\right|}{\left|\begin{matrix} 1 \\ -2 \\ 4 \end{matrix}\right| \left|\begin{matrix} 2 \\ -3 \\ 1 \end{matrix}\right|} = \frac{12}{\sqrt{21}\,\sqrt{14}} = \frac{2\sqrt{6}}{7} \quad \Longrightarrow \quad \varphi \approx 45.6^\circ.$$

Liegen die Ebenen in der Normalenform vor, ist die Rechnung besonders einfach. ■

3.5 Anwendungen

Wichtige Begriffe der Mechanik, wie etwa Kraft, Drehmoment, Strecke, Geschwindigkeit und Beschleunigung sind vektorielle Größen. Andere physikalische Grundbegriffe, wie etwa die skalare Größe Arbeit, sind durch das Zusammenspiel von vektoriellen Größen definiert. Dadurch haben Vektoren in der Technischen Mechanik eine grundlegende Bedeutung.

3.5.1 Kraft

Der physikalische Begriff Kraft ist in der Technischen Mechanik von zentraler Bedeutung. Eine Kraft ist eine vektorielle Größe mit Betrag und Richtung. Bei der Überlagerung von Kräften gilt das Prinzip der resultierenden Kraft, dessen grundlegende Bedeutung von Sir Isaac Newton erkannt wurde. Wirken auf einen Punkt mehrere Kräfte $\boldsymbol{F}_1$, $\boldsymbol{F}_2$, ..., $\boldsymbol{F}_n$, dann haben alle diese Kräfte zusammen

$$\boldsymbol{F}_{\text{res}} = \boldsymbol{F}_1 + \boldsymbol{F}_2 + \ldots + \boldsymbol{F}_n$$

dieselbe Wirkung wie die sogenannte resultierende Kraft $\boldsymbol{F}_{\text{res}}$.

Beispiel 3.30 (Resultierende Kraft)

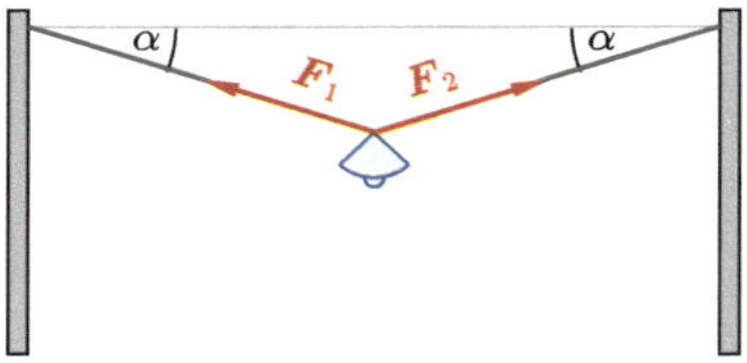

Eine Lampe hängt in der Mitte eines über die Straße gespannten Seils. Infolge des Durchhangs bildet das Seil auf beiden Seiten denselben Winkel α mit der Horizontalen. In den beiden Seilen wirken die Kräfte $\boldsymbol{F}_1$ und $\boldsymbol{F}_2$. Durch die Masse der Lampe entsteht eine Gewichtskraft $\boldsymbol{F}_{\text{G}}$, die senkrecht nach unten gerichtet ist. Es gilt das Kräftegleichgewicht

$$\boldsymbol{F}_{\text{G}} + \boldsymbol{F}_1 + \boldsymbol{F}_2 = \boldsymbol{0}.$$

Dabei wurde die Masse der Seile vernachlässigt. ■

3.5.2 Arbeit

Arbeit ist das Produkt aus Kraft und Weg. Dieses Prinzip kennen wir aus der Physik. Trotzdem betrachten wir diesen Sachverhalt noch etwas genauer. Eine Kraft ist eine vektorielle Größe. Die gerade Strecke vom Punkt A zum Punkt B lässt sich durch einen Vektor $\boldsymbol{s}$ beschreiben. Wird ein Körper geradlinig von A nach B bewegt, dann bezeichnet man die Energie, die durch die Kraft entlang der Strecke auf den Körper übertragen wird, als Arbeit W. Wirkt die konstante Kraft $\boldsymbol{F}$ direkt in Richtung der Strecke, dann ist die Arbeit als Produkt von $|\boldsymbol{F}|$ und $|\boldsymbol{s}|$ definiert. Im Allgemeinen Fall verrichtet nur die Kraft, die in Richtung des Wegs wirkt, eine Arbeit. Deshalb ist die skalare Größe Arbeit W

$$W = \boldsymbol{F} \cdot \boldsymbol{s} = |\boldsymbol{F}|\,|\boldsymbol{s}| \cos\alpha$$

das Skalarprodukt aus konstanter Kraft $\boldsymbol{F}$ und Strecke $\boldsymbol{s}$.

Beispiel 3.31 (Arbeit, Kraft und Weg)

Wird ein Körper durch eine konstante Kraft $\boldsymbol{F}_1$ senkrecht hochgehoben, so wirkt die Kraft direkt in Richtung des Weges $\boldsymbol{h}$. Die Arbeit berechnet sich zu

$$W = \boldsymbol{F}_1 \cdot \boldsymbol{h} = |\boldsymbol{F}_1|\,|\boldsymbol{h}|.$$

Vernachlässigt man Reibung, dann wird dieselbe Arbeit verrichtet, wenn der Körper durch eine konstante Kraft $\boldsymbol{F}_2$ über eine schiefe Ebene befördert wird. Der zurückgelegte Weg $|\boldsymbol{s}|$ ist länger als die Höhe $|\boldsymbol{h}|$ und die benötigte Kraft $\boldsymbol{F}_2$ ist kleiner als die Kraft $\boldsymbol{F}_1$.

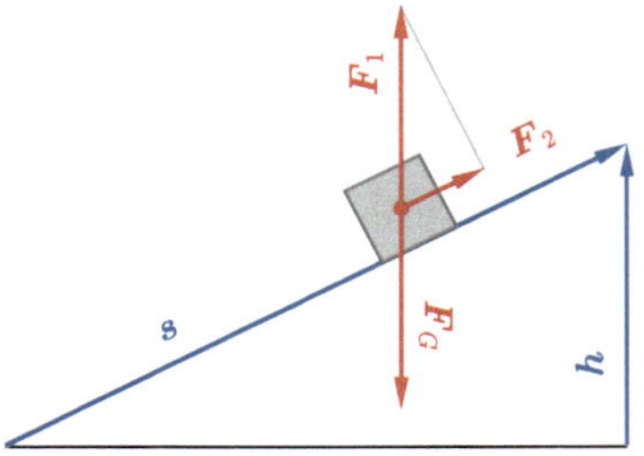

■

3.5.3 Drehmoment

Drehmomente werden in der Physik zur Beschreibung rotierender Bewegungen verwendet. Die Rolle, die die Kraft bei geradlinigen Bewegungen hat, übernimmt das Drehmoment bei Rotationen. Eine Kraft, die direkt auf den Schwerpunkt eines Körpers wirkt, erzeugt eine geradlinige Bewegung. Liegt der Angriffspunkt einer Kraft nicht direkt im Schwerpunkt, wird eine Drehung hervorgerufen. Das dabei entstehende Drehmoment $\boldsymbol{M}$ ist von der Kraft $\boldsymbol{F}$ und der Strecke $\boldsymbol{s}$ zwischen Angriffspunkt und Schwerpunkt abhängig. Die Rotationsachse der Drehbewegung verläuft durch den Schwerpunkt und ist sowohl senkrecht zur Kraft $\boldsymbol{F}$ als auch zur Strecke $\boldsymbol{s}$. Das Drehmoment $\boldsymbol{M}$ ist das Kreuzprodukt aus Strecke $\boldsymbol{s}$ und Kraft $\boldsymbol{F}$.

Beispiel 3.32 (Drehmoment)

Beim Hubkolbenmotor bewirkt die Kraft des Kolbens über das Pleuel ein Drehmoment an der Kurbelwelle. Über das Getriebe und den Achsantrieb wird das Motordrehmoment auf die Antriebsräder übertragen. Durch das Getriebe kann das Motordrehmoment verstärkt oder reduziert auf die Räder wirken. Das Drehmoment ist das Kreuzprodukt aus Hebelarm $\boldsymbol{s}$ und Kraft $\boldsymbol{F}$

$$\boldsymbol{M} = \boldsymbol{s} \times \boldsymbol{F} \quad \Longrightarrow \quad |\boldsymbol{M}| = |\boldsymbol{s}|\,|\boldsymbol{F}| \sin\alpha.$$

Das Drehmoment steht senkrecht auf Hebelarm und Kraft, es wirkt also in Richtung der Kurbelwelle. Bei konstanter Länge der Hebelarms $|\boldsymbol{s}|$ und konstantem Betrag der Kraft $|\boldsymbol{F}|$ erhalten wir das maximale Drehmoment, wenn Kraft und Hebelarm senkrecht zueinander stehen. Wirkt die Kraft parallel oder antiparallel zum Hebelarm, dann ist das Drehmoment null.

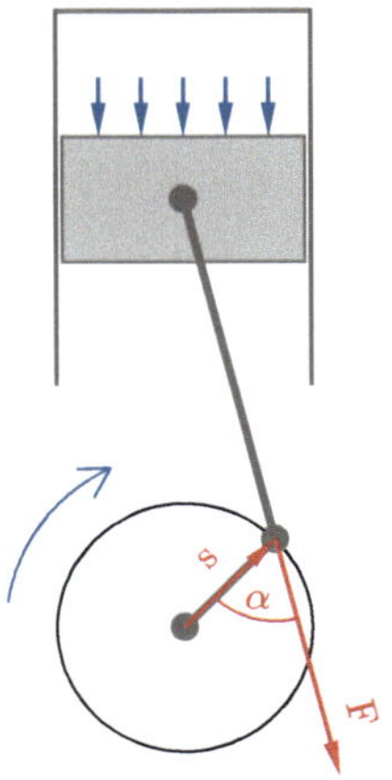

■

3.6 Aufgaben

3.6.1 Verständnis und Kompetenz

Aufgabe 3.1 (Addition von Vektoren) ★

Die drei abgebildeten Vektoren $\boldsymbol{a}$, $\boldsymbol{b}$ und $\boldsymbol{c}$ liegen in einer Ebene. Skizzieren Sie den Vektor

$$\boldsymbol{d} = \boldsymbol{a} + 2\boldsymbol{b} - \boldsymbol{c}$$

und bestimmen Sie mithilfe einer Skizze die Faktoren λ_1 und λ_2 so, dass gilt $\boldsymbol{a} = \lambda_1 \boldsymbol{b} + \lambda_2 \boldsymbol{c}$.

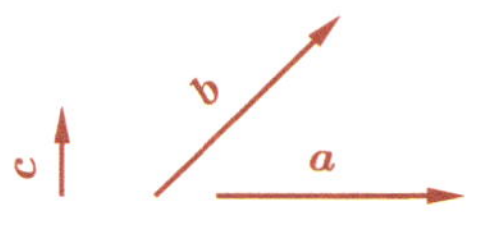

Aufgabe 3.2 (Vektorkoordinaten und Länge) ★

Welche z-Koordinate hat ein Vektor mit x-Koordinate 2, y-Koordinate -3 und Länge 7?

Aufgabe 3.3 (Ausdruck mit Vektoren ohne Koordinaten) ★★

Vereinfachen Sie den Ausdruck $(\boldsymbol{a} \cdot \boldsymbol{b})^2 + (\boldsymbol{a} \times \boldsymbol{b})^2$ für zwei beliebige Vektoren $\boldsymbol{a}$ und $\boldsymbol{b}$.

Aufgabe 3.4 (Eigenschaften von Vektoren ohne Koordinaten) ★★★

Was folgt für die Vektoren $\boldsymbol{a}$ und $\boldsymbol{b}$ aus den folgenden Aussagen?

a) $\boldsymbol{a} \times \boldsymbol{b} = \boldsymbol{0}$ und $\boldsymbol{a} \cdot \boldsymbol{b} = 0$ b) $|\boldsymbol{a} \times \boldsymbol{b}| = \boldsymbol{a} \cdot \boldsymbol{b}$ c) $(\boldsymbol{a} \cdot \boldsymbol{b})^2 = \boldsymbol{a}^2 \cdot \boldsymbol{b}^2$

Aufgabe 3.5 (Spat ohne Koordinaten) ★★★

Die Vektoren $\boldsymbol{a}_1$, $\boldsymbol{a}_2$ und $\boldsymbol{a}_3$ spannen einen Spat mit Volumen V auf. Welches Volumen hat der Spat, der von den Vektoren $\boldsymbol{b}_1 = -2\,\boldsymbol{a}_1 + \boldsymbol{a}_2 + \boldsymbol{a}_3$, $\boldsymbol{b}_2 = \boldsymbol{a}_1 - 2\,\boldsymbol{a}_2 + \boldsymbol{a}_3$ und $\boldsymbol{b}_3 = \boldsymbol{a}_1 + \boldsymbol{a}_2 - 2\,\boldsymbol{a}_3$ aufgespannt wird?

Aufgabe 3.6 (Lage zweier Ebenen) ★★★

Die Ebene E_1 ist in Parameterform gegeben durch

$$E_1 : \quad \boldsymbol{x} = \boldsymbol{x}_0 + \lambda\,\boldsymbol{x}_1 + \mu\,\boldsymbol{x}_2, \qquad \lambda, \mu \in \mathbb{R}.$$

Die Ebene E_2 geht durch den Punkt P und hat den Normalenvektor $\boldsymbol{n}$. Welche Bedingungen müssen $\boldsymbol{x}_0$, $\boldsymbol{x}_1$, $\boldsymbol{x}_2$, $\boldsymbol{n}$ und P erfüllen, damit die beiden Ebenen

a) parallel sind b) identisch sind c) senkrecht zueinander sind?

Aufgabe 3.7 (Satz von Thales) ★★★★

Beweisen Sie den Satz von Thales mithilfe der Vektorrechnung: Jeder Winkel $\angle APB$ auf einem Halbkreisbogen ist ein rechter Winkel. Drücken Sie dazu die Vektoren $\boldsymbol{a}$ und $\boldsymbol{b}$ durch die Vektoren $\boldsymbol{r}$ und $\boldsymbol{s}$ aus und verwenden Sie die Beziehung $|\boldsymbol{s}| = |\boldsymbol{r}|$, siehe Abbildung. Was gilt für das Skalarprodukt aus $\boldsymbol{a}$ und $\boldsymbol{b}$?

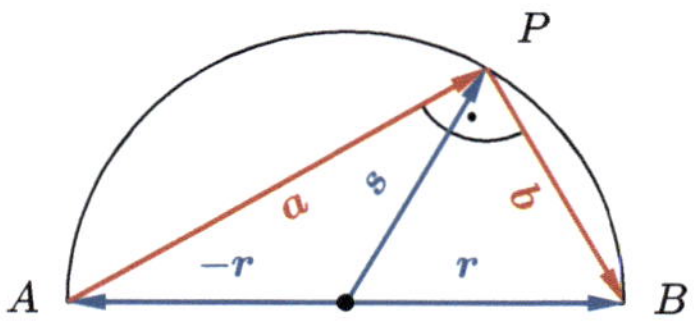

3.6.2 Rechnung und Training

Aufgabe 3.8 (Länge und Winkel von Vektoren in der Ebene) ★★

Gegeben sind die Vektoren

$$\boldsymbol{a} = \begin{pmatrix} 2 \\ 3 \end{pmatrix}, \quad \boldsymbol{b} = \begin{pmatrix} 5 \\ 4 \end{pmatrix}, \quad \boldsymbol{c} = \begin{pmatrix} 3 \\ -1 \end{pmatrix}.$$

a) Welche Länge haben die Vektoren?

b) Berechnen Sie die Winkel zwischen den Vektoren.

c) Welche Winkel schließen die Vektoren mit den Koordinatenachsen ein?

d) Bestimmen Sie die Einheitsvektoren, die senkrecht auf dem Vektor $\boldsymbol{a} - \boldsymbol{b} + 3\,\boldsymbol{c}$ stehen.

e) Kontrollieren Sie alle Berechnungen zeichnerisch.

Aufgabe 3.9 (Orthogonale Vektoren) ★★★

Gegeben sind drei Vektoren $\boldsymbol{a}$, $\boldsymbol{b}$ und $\boldsymbol{c}$. Der Faktor λ soll so bestimmt werden, dass die Summe $\boldsymbol{a} + \lambda \cdot \boldsymbol{b}$ auf dem Vektor $\boldsymbol{c}$ senkrecht steht. Gehen Sie dazu folgendermaßen vor:

a) Bestimmen Sie λ für die Vektoren

$$\boldsymbol{a} = \begin{pmatrix} 6 \\ 1 \\ 1 \end{pmatrix}, \quad \boldsymbol{b} = \begin{pmatrix} 0 \\ 3 \\ -1 \end{pmatrix}, \quad \boldsymbol{c} = \begin{pmatrix} -2 \\ 3 \\ 5 \end{pmatrix}.$$

b) Leiten Sie eine möglichst einfache Formel her, mit der man den Faktor λ aus den beiden Skalarprodukten $\boldsymbol{a} \cdot \boldsymbol{c}$ und $\boldsymbol{b} \cdot \boldsymbol{c}$ berechnen kann, und überprüfen Sie die Formel mit dem Ergebnis aus Aufgabenteil a). Wann ist das Problem nicht lösbar?

Aufgabe 3.10 (Würfel) ★★★★

Wir betrachten einen Würfel mit Seitenlänge a.

a) In jeder Würfelecke schneiden sich zwei Flächendiagonalen zweier aneinandergrenzender Würfelflächen. Welchen Winkel schließen die beiden Flächendiagonalen ein?

b) Alle Raumdiagonalen des Würfels schneiden sich in einem einzigen Punkt. Berechnen Sie den Winkel, unter dem sich die Raumdiagonalen schneiden.

Aufgabe 3.11 (Projektion im Raum) ★★★

Gegeben sind die beiden Vektoren

$$\boldsymbol{a} = \begin{pmatrix} -2 \\ -1 \\ 2 \end{pmatrix}, \quad \boldsymbol{b} = \begin{pmatrix} -5 \\ 3 \\ 4 \end{pmatrix}.$$

a) Bestimmen Sie den Einheitsvektor in Richtung von $\boldsymbol{b}$.

b) Berechnen Sie die Projektion von $\boldsymbol{a}$ in Richtung von $\boldsymbol{b}$ und zerlegen Sie damit den Vektor $\boldsymbol{a}$ in eine Parallel- und eine Normalkomponente von $\boldsymbol{b}$.

c) Welche Winkel schließen die Vektoren $\boldsymbol{a}$ und $\boldsymbol{b}$ mit den Koordinatenachsen ein?

Aufgabe 3.12 (Dreieck) ★★

Gegeben sind die drei Punkte $A(2|0|-1)$, $B(0|2|-1)$ und $C(0|0|1)$. Bestimmen Sie die Koordinaten der Mittelpunkte M_{AB} zwischen A und B, M_{AC} zwischen A und C und M_{BC} zwischen B und C. Welchen Flächeninhalt hat das Dreieck, das aus den Punkten M_{AB}, M_{AC} und M_{BC} gebildet wird?

Aufgabe 3.13 (Tetraeder) ★★★

Wie groß sind die Oberfläche und das Volumen des von den folgenden drei Vektoren aufgespannten Tetraeders?

$$\boldsymbol{a} = \begin{pmatrix} 1 \\ 1 \\ 0 \end{pmatrix}, \quad \boldsymbol{b} = \begin{pmatrix} 0 \\ 1 \\ 1 \end{pmatrix}, \quad \boldsymbol{c} = \begin{pmatrix} 1 \\ 0 \\ 1 \end{pmatrix}.$$

Aufgabe 3.14 (Spat ohne Koordinaten) ★★★★★

Ein Spat wird von drei Vektoren $\boldsymbol{a}$, $\boldsymbol{b}$ und $\boldsymbol{c}$ mit den Längen $|\boldsymbol{a}| = 3$, $|\boldsymbol{b}| = 5$ und $|\boldsymbol{c}| = 2$ aufgespannt. Die Winkel zwischen den Vektoren betragen $\angle(\boldsymbol{a}, \boldsymbol{b}) = 120°$, $\angle(\boldsymbol{b}, \boldsymbol{c}) = 60°$ und $\angle(\boldsymbol{c}, \boldsymbol{a}) = 120°$.

a) Wie lange sind die Diagonalen des von $\boldsymbol{a}$ und $\boldsymbol{b}$ aufgespannten Parallelogramms?

b) Wie lang ist die Raumdiagonale $\boldsymbol{d} = \boldsymbol{a} + \boldsymbol{b} + \boldsymbol{c}$ des Spats?

c) Welche Winkel schließt die Raumdiagonale $\boldsymbol{d}$ mit den Vektoren $\boldsymbol{a}$, $\boldsymbol{b}$ und $\boldsymbol{c}$ ein?

d) Bestimmen Sie die Projektionen von $\boldsymbol{d}$ auf die drei Vektoren $\boldsymbol{a}$, $\boldsymbol{b}$ und $\boldsymbol{c}$.

Aufgabe 3.15 (Lineare Unabhängigkeit im Raum) ★★★

Sind die beiden Vektoren $\boldsymbol{a}_1$, $\boldsymbol{a}_2$ bzw. die drei Vektoren $\boldsymbol{b}_1$, $\boldsymbol{b}_2$, $\boldsymbol{b}_3$ linear abhängig?

$$\boldsymbol{a}_1 = \begin{pmatrix} 2 \\ -4 \\ -6 \end{pmatrix}, \quad \boldsymbol{a}_2 = \begin{pmatrix} -3 \\ 6 \\ 9 \end{pmatrix}, \quad \boldsymbol{b}_1 = \begin{pmatrix} 1 \\ -2 \\ -3 \end{pmatrix}, \quad \boldsymbol{b}_2 = \begin{pmatrix} -1 \\ 1 \\ 2 \end{pmatrix}, \quad \boldsymbol{b}_3 = \begin{pmatrix} -1 \\ -1 \\ 0 \end{pmatrix}$$

Aufgabe 3.16 (Ebene mit drei Punkten) ★★★★

Gegeben sind die drei Punkte mit den Koordinaten

$$P_1(-1|3|7), \quad P_2(-5|4|3), \quad P_3(6|-5|-4).$$

a) Bestimmen Sie die Gerade g, die durch die beiden Punkte P_1 und P_2 geht.

b) Welche Koordinaten hat der Mittelpunkt der beiden Punkte P_1 und P_2?

c) Welchen Abstand hat der Punkt P_3 von der Geraden g?

d) Berechnen Sie die Winkel im Dreieck, das durch die drei Punkte gebildet wird.

e) Wie groß ist der Flächeninhalt des Dreiecks durch die drei Punkte?

f) Bestimmen Sie die Ebene E, die durch alle drei Punkte geht.

g) Welche Gerade h geht durch den Schwerpunkt der drei Punkte und steht senkrecht auf der Ebene E?

Aufgabe 3.17 (Lage von Punkten im Raum) ★★★

Gegeben sind die vier Punkte $A(6|3|-5)$, $B(2|-1|3)$, $C(1|2|4)$ und $D(-7|4|-1)$. Liegen die Punkte A, B und C auf einer Geraden? Liegen die Punkte A, B, C und D in einer Ebene?

Aufgabe 3.18 (Schnitt und Winkel bei einer Geraden und Ebene) ★★★

Gegeben ist die Gerade g und die Ebene E:

$$g: \quad \boldsymbol{x} = \begin{pmatrix} 2 \\ 3 \\ -1 \end{pmatrix} + \lambda \begin{pmatrix} 2 \\ -3 \\ 1 \end{pmatrix}, \quad \lambda \in \mathbb{R}, \qquad E: \quad 3x_1 + 4x_2 - 2x_3 = 4.$$

a) Berechnen Sie den Schnittpunkt S der Geraden mit der Ebene.

b) Unter welchem Winkel schneidet die Gerade die Ebene?

c) Welche Gerade steht senkrecht auf der Ebene und geht durch den Schnittpunkt S?

d) Geben Sie eine Parameterdarstellung der Ebene E an.

Aufgabe 3.19 (Abstand und Normale bei einer Geraden und Ebene) ★★★

Die Ebene E geht durch den Punkt P mit den Koordinaten $P(0|3|1)$ und hat den Normalenvektor

$$\boldsymbol{n} = \begin{pmatrix} 2 \\ 3 \\ 1 \end{pmatrix}.$$

a) Bestimmen Sie eine Gerade g, die senkrecht auf der Ebene E steht und durch den Punkt $Q(6|5|2)$ geht.

b) Welche Koordinaten hat der Durchstoßpunkt S der Geraden g durch die Ebene E?

c) Welchen Abstand hat der Punkt Q von der Ebene E?

d) In welchen Punkten durchstoßen die Koordinatenachsen die Ebene E?

e) Bestimmen Sie die Schnittgeraden der Ebene E mit der x-y-Ebene, mit der x-z-Ebene und mit der y-z-Ebene.

Aufgabe 3.20 (Parallele Ebenen) ★★★

Wir betrachten für λ und μ aus $\mathbb{R}$ die beiden Ebenen

$$E_1: \boldsymbol{x} = \begin{pmatrix} 2 \\ 0 \\ 4 \end{pmatrix} + \lambda \begin{pmatrix} 2 \\ 3 \\ -1 \end{pmatrix} + \mu \begin{pmatrix} 1 \\ 3 \\ -2 \end{pmatrix}, \quad E_2: \boldsymbol{x} = \begin{pmatrix} 1 \\ 0 \\ 2 \end{pmatrix} + \lambda \begin{pmatrix} 1 \\ 1 \\ 0 \end{pmatrix} + \mu \begin{pmatrix} 0 \\ -1 \\ 1 \end{pmatrix}.$$

a) Zeigen Sie, dass die beiden Ebenen parallel sind.

b) Bestimmen Sie die Gerade g, die senkrecht zu beiden Ebenen durch den Koordinatenursprung verläuft.

c) Berechnen Sie die Schnittpunkte der Geraden g mit den beiden Ebenen.

d) Welchen Abstand haben die beiden Ebenen?

3.6.3 Anwendung

Aufgabe 3.21 (Verteilermast) ★★

An einem Verteilermast greifen vier Kräfte an, die alle in einer Ebene liegen. Die Beträge der Kräfte lauten

$$|\boldsymbol{F}_1| = 380\ \text{N}, \quad |\boldsymbol{F}_2| = 400\ \text{N},$$
$$|\boldsymbol{F}_3| = 300\ \text{N}, \quad |\boldsymbol{F}_4| = 440\ \text{N}.$$

Die Winkel sind in der Abbildung enthalten. Ermitteln Sie die resultierende Kraft zeichnerisch. Wie lautet das rechnerische Ergebnis?

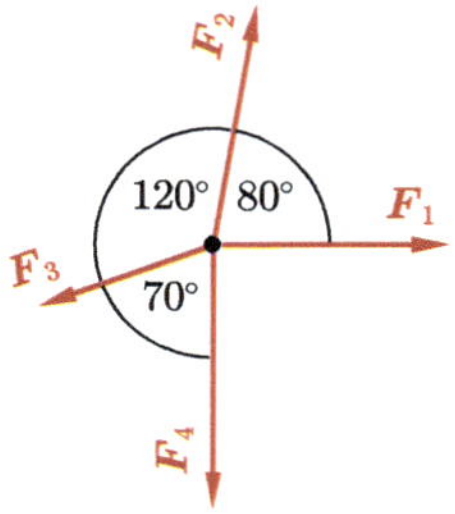

Aufgabe 3.22 (Zugkräfte an einem Gegenstand) ★★★

Ein Gegenstand soll mithilfe von Zugkräften an Seilen bewegt werden. Die erste Kraft $\boldsymbol{F}_1$ wirkt mit $700\ \text{N}$ unter einem Winkel von $60°$ und die zweite Kraft $\boldsymbol{F}_2$ wirkt mit $600\ \text{N}$ unter einem Winkel von $-45°$ bezogen auf die Richtung $\boldsymbol{d}$.

a) Bestimmen Sie die Richtung, in welche sich der Gegenstand bewegt.

b) Mithilfe einer dritten Kraft $\boldsymbol{F}_3$ mit einem Betrag von $1000\ \text{N}$ soll der Gegenstand in Richtung von $\boldsymbol{d}$ bewegt werden. Unter welchem Winkel α muss die Kraft $\boldsymbol{F}_3$ dann wirken?

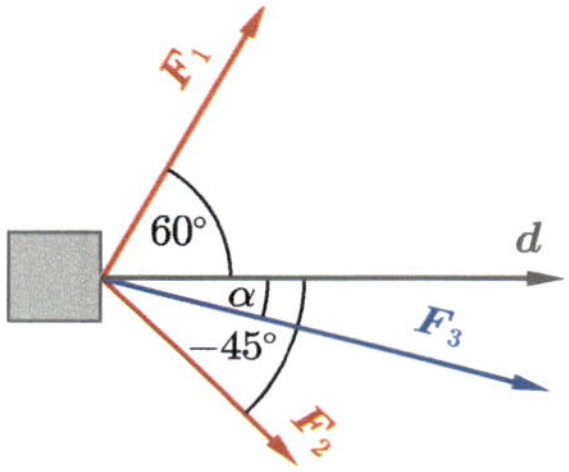

Aufgabe 3.23 (Hund im Fluss) ★★★★

Ein 100 Meter breiter Fluss hat an jeder Stelle dieselbe Strömungsgeschwindigkeit $0.4\ \frac{\text{m}}{\text{s}}$. Ein Hund durchschwimmt den Fluss mit der Eigengeschwindigkeit $0.6\ \frac{\text{m}}{\text{s}}$.

a) Wie weit wird der Hund abgetrieben, wenn er immer senkrecht zur Strömungsrichtung des Flusses schwimmt, und wie lange braucht er dabei für die Überquerung?

b) Unter welchem Winkel muss der Hund schwimmen, wenn er genau gegenüber dem Startpunkt zum anderen Ufer will? Wie lange braucht er jetzt für die Überquerung?

Aufgabe 3.24 (Ausleger) ★★★

Ein Ausleger besteht aus zwei Stäben. Der waagrechte Stab hat die Länge $s_1 = 80\ \text{cm}$, der vertikale Abstand der Stäbe beträgt $s = 50\ \text{cm}$. Im Punkt P greift eine Kraft $\boldsymbol{F}$ mit $|\boldsymbol{F}| = 20\ \text{kN}$ unter dem Winkel $\alpha = 30°$ gegen die Vertikale an. Welche Zug- oder Druckkräfte $\boldsymbol{F}_1$ und $\boldsymbol{F}_2$ wirken in den Stäben?

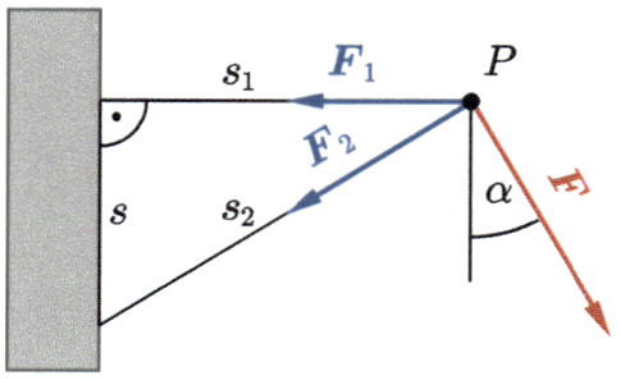

4 Matrizen

Matrizen bilden die Grundlage für das Verständnis der linearen Algebra. Ursprünglich wurde der Begriff Algebra für das Rechnen mit Zahlen und Variablen in Gleichungen verwendet. Heute ist die Algebra ein wichtiges Teilgebiet der Mathematik, das sich ganz allgemein mit Eigenschaften von Strukturen und deren Relation zueinander beschäftigt. Der französische Mathematiker François Viète wird manchmal als Vater der Algebra bezeichnet. Die moderne Algebra wurde unter anderen maßgeblich von Évariste Galois, Marius Sophus Lie und Emmy Amalie Noether beeinflusst. Die lineare Algebra ist dabei ein besonders wichtiger Spezialfall. Einige Problemstellungen der linearen Algebra sind uns bereits in anderen Kapiteln begegnet. Die linearen Gleichungssysteme aus Kapitel 2, die Vektorrechnung und die analytische Geometrie aus Kapitel 3 sind Teilgebiete der linearen Algebra. In diesem Kapitel werden wir an einigen Stellen auf diese Teilgebiete zurückgreifen und Querbezüge zu Matrizen herstellen.

4.1 Der Begriff einer Matrix

In Kapitel 2 haben wir gesehen, dass es zum systematischen Lösen von linearen Gleichungssystemen von Vorteil ist, ein Rechenschema zu verwenden. Ein Rechenschema stellt lineare Gleichungssysteme in komprimierter Form dar und enthält nur die zur Lösung des Problems notwendigen Informationen. Die Vorgehensweise, mehrere Zahlen in einer Tabelle zusammenzufassen, hat sich in der Mathematik bewährt. Eine Darstellung von Zahlen in Zeilen und Spalten wird in der Mathematik als Matrix bezeichnet.

Definition 4.1 (Matrix)

Ein rechteckiges Zahlenschema aus m Zeilen und n Spalten

$$\boldsymbol{A} = \begin{pmatrix} a_{11} & a_{12} & \cdots & a_{1n} \\ a_{21} & a_{22} & \cdots & a_{2n} \\ \vdots & \vdots & \ddots & \vdots \\ a_{m1} & a_{m2} & \cdots & a_{mn} \end{pmatrix}$$

nennt man eine (m, n)-Matrix.

Bei Matrizen hat sich die Sprechweise „m-n-Matrix“ eingebürgert. Wir bezeichnen Matrizen durch fettgedruckte Großbuchstaben. Bei der Schreibweise $\boldsymbol{A} = (a_{ij})$ nennt man den ersten Index i den Zeilenindex und den zweiten Index j den Spaltenindex. Die Zahl a_{ij} bezeichnet das Element in der i-ten Zeile und j-ten Spalte der Matrix. Möchte man die Dimension der Matrix deutlich machen, benutzt man auch die Schreibweise $\boldsymbol{A}_{mn}$.

Matrizen sind ein zentrales Werkzeug der linearen Algebra und finden in nahezu allen Bereichen Anwendung, in denen Computer eingesetzt werden. Mit moderner Technik können Matrizen mit Millionen von Zahlen effizient bearbeitet werden. Besonders beeindruckend ist dies im Bereich der künstlichen Intelligenz, wo hochoptimierte Hardware massive Parallelität bei Matrixoperationen ermöglicht.

Die Elemente von Matrizen müssen allerdings nicht unbedingt reelle Zahlen sein. In der Graphentheorie beispielsweise werden Matrizen eingesetzt, deren Elemente nur die beiden Werte null oder eins haben. Man kann sogar Matrizen betrachten, deren Elemente Funktionen oder selbst wieder Matrizen sind. Wir beschränken uns in diesem Kapitel auf Matrizen, deren Elemente ausschließlich reelle Zahlen sind.

Beispiel 4.1 (Matrizen)

Die Matrix $\boldsymbol{A}$ ist eine $(2,2)$-Matrix, $\boldsymbol{B}$ ist eine $(2,4)$-Matrix und $\boldsymbol{C}$ ist eine $(3,3)$-Matrix.

$$\boldsymbol{A}=\begin{pmatrix} 1.41 & 3.14 \\ 2.72 & 0.69 \end{pmatrix}, \quad \boldsymbol{B}=\begin{pmatrix} 27 & 5 & 19 & 63 \\ 24 & 11 & 19 & 61 \end{pmatrix}, \quad \boldsymbol{C}=\begin{pmatrix} 0 & 8 & 15 \\ 47 & 1 & 1 \\ 0 & 0 & -7 \end{pmatrix}, \quad \boldsymbol{D}=\begin{pmatrix} 0 & 1 \\ 1 & 0 \\ 0 & 1 \end{pmatrix}.$$

Die Elemente der $(3,2)$-Matrix $\boldsymbol{D}$ haben nur die Werte 0 oder 1. ■

Quadratische Matrizen, also Matrizen bei denen die Anzahl der Zeilen mit der Anzahl der Spalten übereinstimmt, stellen einen wichtigen Spezialfall dar. Einige Begriffe in der Matrizenrechnung wie etwa die Determinante und die inverse Matrix sind nur für quadratische Matrizen definiert. Beispiele für quadratische Matrizen sind Transformationsmatrizen in der Computergrafik oder bei sogenannten kinematischen Ketten.

Definition 4.2 (Quadratische Matrix)

Eine Matrix, bei der die Anzahl der Zeilen und Spalten gleich ist, nennt man eine quadratische Matrix.

Eine Matrix, die zwar aus mehreren Zeilen, aber nur aus einer Spalte besteht, erinnert an die Koordinatendarstellung eines Vektors. Tatsächlich lassen sich Vektoren, wie wir sie in Kapitel 3 definiert haben, als Spezialfälle von Matrizen interpretieren.

Definition 4.3 (Zeilen- und Spaltenvektor)

Eine Matrix, die aus einer einzigen

- Zeile besteht, nennt man Zeilenvektor $\boldsymbol{z} = (a_{11} \quad a_{12} \quad \dots \quad a_{1n})$,
- Spalte besteht, nennt man Spaltenvektor $\boldsymbol{s} = \begin{pmatrix} a_{11} \\ a_{21} \\ \vdots \\ a_{m1} \end{pmatrix}$.

Zeilen- und Spaltenvektoren bezeichnen wir mit fettgedruckten Kleinbuchstaben. Dem aufmerksamen Leser wird sofort auffallen, dass wir damit Zeilen- und Spaltenvektoren formal nicht von Vektoren, wie wir sie in Kapitel 3 eingeführt haben, unterscheiden können. Das ist nicht weiter tragisch.

Abgesehen vom Kreuzprodukt und Spatprodukt, die nur für Vektoren mit drei Koordinaten definiert sind, gelten für Vektoren im Grunde dieselben Rechenregeln wie für Matrizen. Spaltenvektoren erweitern den Begriff des dreidimensionalen Vektors auf beliebig viele Koordinaten.

Formal werden wir penibel an der Unterscheidung zwischen Zeilen- und Spaltenvektoren festhalten. Spätestens bei der Definition des Produkts zweier Matrizen werden wir die Gründe dafür verstehen. Wenn wir Vektoren, wie in Kapitel 3 definiert, als Spezialfälle von Matrizen betrachten, dann interpretieren wir diese Vektoren stets als Spaltenvektoren und nicht als Zeilenvektoren. Ein weiterer Spezialfall sind Matrizen, die nur aus einer einzigen Zahl bestehen.

Merke 4.1 (Skalar als Matrix)

Eine $(1, 1)$-Matrix $\boldsymbol{x}$ ist eine Matrix mit einer einzigen Zeile und einer einzigen Spalte, also ein Skalar $\boldsymbol{x} = (\, a_{11})$.

Auch wenn eine formale Definition überflüssig erscheint, legen wir den Begriff einer Nullmatrix fest. Eine Nullmatrix ist für jede Dimension definiert. Die Anzahl der Zeilen und Spalten dürfen bei einer Nullmatrix unterschiedlich sein.

Definition 4.4 (Nullmatrix)

Eine Matrix, bei der alle Elemente den Wert null haben, bezeichnet man als Nullmatrix $\mathbf{0}$. Eine Nullmatrix muss nicht quadratisch sein.

Ein Matrizenelement a_{ij} bezeichnet man als Diagonalelement, falls der Zeilenindex i und der Spaltenindex j übereinstimmen. Eine (n, n)-Matrix hat also n Diagonalelemente a_{11}, a_{22}, a_{33}, ..., a_{nn}. Wenn bei einer Matrix bis auf die Diagonalelemente alle Elemente null sind, dann bezeichnet man sie als Diagonalmatrix.

Definition 4.5 (Diagonalmatrix und Einheitsmatrix)

Eine quadratische Matrix, bei der alle Elemente außerhalb der Diagonalen null sind, nennt man eine Diagonalmatrix $\boldsymbol{D}$. Eine Diagonalmatrix, bei der alle Diagonalelemente aus Einsen bestehen, nennt man eine Einheitsmatrix $\boldsymbol{E}$:

$$\boldsymbol{D} = \begin{pmatrix} d_{11} & 0 & \cdots & 0 \\ 0 & d_{22} & \cdots & 0 \\ \vdots & \vdots & \ddots & \vdots \\ 0 & 0 & \cdots & d_{nn} \end{pmatrix}, \quad \boldsymbol{E} = \begin{pmatrix} 1 & 0 & \cdots & 0 \\ 0 & 1 & \cdots & 0 \\ \vdots & \vdots & \ddots & \vdots \\ 0 & 0 & \cdots & 1 \end{pmatrix}.$$

Bei vielen Problemstellungen aus der Praxis kommen Matrizen mit speziellen Strukturen vor. Dabei ist in der Regel nur entscheidend, an welchen Stellen die Matrix von null verschiedene Einträge besitzt. In Abschnitt 2.2 haben wir lineare Gleichungssysteme auf Zeilenstufenform gebracht. In der Matrixschreibweise entspricht dies einer oberen Dreiecksmatrix.

Definition 4.6 (Dreiecksmatrix)

Eine quadratische Matrix, bei der alle Elemente oberhalb der Diagonalen null sind, nennt man eine untere Dreiecksmatrix $\boldsymbol{L}$. Entsprechend nennt man eine quadratische Matrix, bei der alle Elemente unterhalb der Diagonalen null sind, eine obere Dreiecksmatrix $\boldsymbol{R}$:

$$\boldsymbol{L} = \begin{pmatrix} \ell_{11} & 0 & \cdots & 0 \\ \ell_{21} & \ell_{22} & \cdots & 0 \\ \vdots & \vdots & \ddots & \vdots \\ \ell_{n1} & \ell_{n2} & \cdots & \ell_{nn} \end{pmatrix}, \quad \boldsymbol{R} = \begin{pmatrix} r_{11} & r_{12} & \cdots & r_{1n} \\ 0 & r_{22} & \cdots & r_{2n} \\ \vdots & \vdots & \ddots & \vdots \\ 0 & 0 & \cdots & r_{nn} \end{pmatrix}.$$

Matrizen, bei denen die meisten Elemente null sind, bezeichnet man als schwach oder dünn besetzt. Spezielle dünn besetzte Matrizen sind sogenannte Band- oder Tridiagonalmatrizen, siehe Beispiel 4.2. Für schwachbesetzte Matrizen existieren spezielle Verfahren, die durch Ausnutzung der besonderen Matrixstrukturen zu gewaltigen Rechenzeitverkürzungen bei Berechnungen mit dem Computer führen.

Beispiel 4.2 (Schwachbesetzte Matrix)

Bei der Matrix $\boldsymbol{A}$ sind alle Elemente, die einen Wert ungleich null haben, durch einen $*$ markiert:

$$\boldsymbol{A} = \begin{pmatrix} * & * & 0 & 0 & 0 & 0 & 0 & 0 & 0 & 0 \\ * & * & * & 0 & 0 & 0 & 0 & 0 & 0 & 0 \\ 0 & * & * & * & 0 & 0 & 0 & 0 & 0 & 0 \\ 0 & 0 & * & * & * & 0 & 0 & 0 & 0 & 0 \\ 0 & 0 & 0 & * & * & * & 0 & 0 & 0 & 0 \\ 0 & 0 & 0 & 0 & * & * & * & 0 & 0 & 0 \\ 0 & 0 & 0 & 0 & 0 & * & * & * & 0 & 0 \\ 0 & 0 & 0 & 0 & 0 & 0 & * & * & * & 0 \\ 0 & 0 & 0 & 0 & 0 & 0 & 0 & * & * & * \\ 0 & 0 & 0 & 0 & 0 & 0 & 0 & 0 & * & * \end{pmatrix}.$$

Nur insgesamt 28 der 100 Elemente haben einen Wert ungleich null. Alle diese Elemente liegen in einem Band der Breite 3 entlang der Diagonalen. Man bezeichnet diese Matrix deshalb als Band- oder Tridiagonalmatrix. ■

Es gibt Situationen, in denen bei einer Matrix die Rollen von Zeilen und Spalten vertauscht werden. Dieses Vertauschen erzeugt aus einer Matrix die sogenannte transponierte Matrix. Man kann sich dazu auch vorstellen, dass die transponierte Matrix aus der Ausgangsmatrix durch Spiegeln an der Diagonalen entsteht. Die Elemente der Diagonale bleiben beim Transponieren unverändert.

Definition 4.7 (Transponierte Matrix)

Werden in einer Matrix $\boldsymbol{A}$ die Zeilen und Spalten miteinander vertauscht,

$$\begin{pmatrix} a_{11} & a_{12} & a_{13} & \cdots & a_{1n} \\ a_{21} & a_{22} & a_{23} & \cdots & a_{2n} \\ \vdots & \vdots & \vdots & \ddots & \vdots \\ a_{m1} & a_{m2} & a_{m3} & \cdots & a_{mn} \end{pmatrix}^{\mathrm{T}} = \begin{pmatrix} a_{11} & a_{21} & \cdots & a_{m1} \\ a_{12} & a_{22} & \cdots & a_{m2} \\ a_{13} & a_{23} & \cdots & a_{m3} \\ \vdots & \vdots & \ddots & \vdots \\ a_{1n} & a_{2n} & \cdots & a_{mn} \end{pmatrix},$$

so erhält man die transponierte Matrix $\boldsymbol{A}^{\mathrm{T}}$.

Matrizen, die durch Transponieren unverändert bleiben, bezeichnet man als symmetrisch. Symmetrische Matrizen spielen im Zusammenhang mit Eigenwerten und Eigenvektoren von Matrizen eine wichtige Rolle, siehe Satz 4.21.

Definition 4.8 (Symmetrische Matrix)

Eine Matrix, die sich durch Transponieren nicht ändert, nennt man symmetrisch. Eine symmetrische Matrix ist immer quadratisch.

Beispiel 4.3 (Symmetrische und nicht symmetrische Matrix)

a) Die Matrix $\boldsymbol{A}$ wird durch Transponieren verändert:

$$\boldsymbol{A} = \begin{pmatrix} 1 & 2 & 3 \\ 4 & 5 & 6 \\ 7 & 8 & 9 \end{pmatrix} \implies \boldsymbol{A}^{\mathrm{T}} = \begin{pmatrix} 1 & 4 & 7 \\ 2 & 5 & 8 \\ 3 & 6 & 9 \end{pmatrix}.$$

Die Matrix $\boldsymbol{A}$ ist somit nicht symmetrisch.

b) Die Transposition ändert die Matrix $\boldsymbol{B}$ nicht:

$$\boldsymbol{B} = \begin{pmatrix} 7 & -2 & 0 \\ -2 & 6 & -2 \\ 0 & -2 & 5 \end{pmatrix} \implies \boldsymbol{B}^{\mathrm{T}} = \begin{pmatrix} 7 & -2 & 0 \\ -2 & 6 & -2 \\ 0 & -2 & 5 \end{pmatrix}.$$

Die Matrix $\boldsymbol{B}$ ist somit symmetrisch. ■

4.2 Rechnen mit Matrizen

Das kleine Einmaleins der Matrizenrechnung besteht aus Addition, Subtraktion und Multiplikation. Diese Operationen werden wir für Matrizen in diesem Abschnitt definieren. Die vierte Grundrechenart, also die Division, erfordert ein tieferes Verständnis. Bei Matrizen entspricht der Division das Lösen von linearen Gleichungssystemen. Diesen Aspekt betrachten wir in Abschnitt 4.4.1.

Zunächst müssen wir klären, wann zwei Matrizen $\boldsymbol{A}$ und $\boldsymbol{B}$ gleich sind. Um zwei Matrizen $\boldsymbol{A}$ und $\boldsymbol{B}$ vergleichen zu können, müssen sie dieselbe Dimension haben. Die Anzahl der Zeilen der Matrix $\boldsymbol{A}$ muss gleich der Anzahl der Zeilen der Matrix $\boldsymbol{B}$ und die Anzahl der Spalten der Matrix $\boldsymbol{A}$ muss gleich der Anzahl der Spalten der Matrix $\boldsymbol{B}$ sein.

Definition 4.9 (Dimension und Gleichheit von Matrizen)

Die Matrizen $\boldsymbol{A}$ und $\boldsymbol{B}$ sind von derselben Dimension, wenn sowohl die Anzahl der Zeilen bei $\boldsymbol{A}$ und $\boldsymbol{B}$ als auch die Anzahl der Spalten bei $\boldsymbol{A}$ und $\boldsymbol{B}$ gleich sind. Zwei Matrizen derselben Dimension sind genau dann gleich, wenn alle entsprechenden Elemente in jeder Zeile und Spalte gleich sind.

4.2.1 Addition, Subtraktion und skalare Multiplikation

Die Addition von Matrizen erfolgt elementweise. Dieses Prinzip kennen wir bereits von Vektoren. Das Element in der ersten Zeile und ersten Spalte der Matrix $\boldsymbol{A}$ wird zum Element in der ersten Zeile und ersten Spalte der Matrix $\boldsymbol{B}$ addiert. Entsprechend wird das Element in der ersten Zeile und zweiten Spalte der Matrix $\boldsymbol{A}$ zum Element in der ersten Zeile und zweiten Spalte der Matrix $\boldsymbol{B}$ addiert. Insgesamt erfordert die Addition zweier (m, n)-Matrizen die Addition von $n \cdot m$ Zahlen.

Definition 4.10 (Addition und Subtraktion von Matrizen)

Zwei Matrizen derselben Dimension werden addiert bzw. subtrahiert, indem man die entsprechenden Elemente in jeder Zeile und jeder Spalte einzeln addiert bzw. subtrahiert.

Genau wie die Addition und die Subtraktion definiert man das Produkt einer Zahl mit einer Matrix elementweise. Der Faktor wird mit jedem einzelnen Element der Matrix multipliziert. Diese Multiplikation entspricht der skalaren Multiplikation bei Vektoren. Die Multiplikation einer (m, n)-Matrix mit einem Faktor erfordert $n \cdot m$ Produkte.

Definition 4.11 (Multiplikation einer Matrix mit einem Skalar)

Eine Matrix wird mit einem Skalar multipliziert, indem man jedes einzelne Element der Matrix mit dem Skalar multipliziert.

Beispiel 4.4 (Addition, Subtraktion und skalare Multiplikation)

Die Matrizen $\boldsymbol{A}$, $\boldsymbol{B}$ und $\boldsymbol{C}$ sind alle von derselben Dimension, nämlich $(2, 2)$:

$$\boldsymbol{A} = \begin{pmatrix} 1 & -1 \\ 2 & 3 \end{pmatrix}, \quad \boldsymbol{B} = \begin{pmatrix} 0 & 2 \\ 1 & 0 \end{pmatrix}, \quad \boldsymbol{C} = \begin{pmatrix} 4 & 2 \\ 0 & -6 \end{pmatrix}.$$

Dadurch lassen sich diese drei Matrizen addieren und subtrahieren:

$$\boldsymbol{D} = 2\,\boldsymbol{A} + \boldsymbol{B}^{\mathrm{T}} - \frac{1}{2}\boldsymbol{C} = 2\begin{pmatrix} 1 & -1 \\ 2 & 3 \end{pmatrix} + \begin{pmatrix} 0 & 1 \\ 2 & 0 \end{pmatrix} - \frac{1}{2}\begin{pmatrix} 4 & 2 \\ 0 & -6 \end{pmatrix} = \begin{pmatrix} 0 & -2 \\ 6 & 9 \end{pmatrix}.$$

Die Matrix $\boldsymbol{D}$ entsteht aus mathematischen Operationen der Matrizen $\boldsymbol{A}$, $\boldsymbol{B}$ und $\boldsymbol{C}$. ▪

Additionen und Multiplikationen mit Skalaren werden bei Matrizen elementweise durchgeführt. Somit gelten dabei dieselben Rechengesetze wie beim Rechnen mit Zahlen. Das Kommutativgesetz erlaubt das Vertauschen von Matrizen und das Assoziativgesetz mögliche Klammerungen. Die Distributivgesetze beschreiben das Ausmultiplizieren.

Satz 4.1 (Kommutativ-, Assoziativ- und Distributivgesetze für Matrizen)

Für beliebige Matrizen $\boldsymbol{A}$, $\boldsymbol{B}$, $\boldsymbol{C}$ und Skalare λ, μ gilt:

- $\boldsymbol{A}+\boldsymbol{B}=\boldsymbol{B}+\boldsymbol{A}$
- $(\boldsymbol{A}+\boldsymbol{B})+\boldsymbol{C}=\boldsymbol{A}+(\boldsymbol{B}+\boldsymbol{C})$
- $(\lambda+\mu)\,\boldsymbol{A}=\lambda\boldsymbol{A}+\mu\boldsymbol{A}$
- $\lambda\,(\boldsymbol{A}+\boldsymbol{B})=\lambda\boldsymbol{A}+\lambda\boldsymbol{B}$

Beim Transponieren spielt es keine Rolle, ob man zuerst zwei Matrizen addiert und dann das Ergebnis transponiert, oder ob man zunächst beide Matrizen transponiert und diese dann addiert. Zweifaches Transponieren lässt eine Matrix unverändert.

Satz 4.2 (Rechenregeln für die Transponierte einer Matrizen)

Für beliebige Matrizen $\boldsymbol{A}$ und $\boldsymbol{B}$ gilt:

- $(\boldsymbol{A}+\boldsymbol{B})^{\mathrm{T}}=\boldsymbol{A}^{\mathrm{T}}+\boldsymbol{B}^{\mathrm{T}}$
- $\left(\boldsymbol{A}^{\mathrm{T}}\right)^{\mathrm{T}}=\boldsymbol{A}$

4.2.2 Multiplikation von Matrizen

Addition und Multiplikation mit einem Skalar sind bei Matrizen elementweise definiert. Es muss also gute Gründe geben, die Multiplikation zweier Matrizen nicht elementweise zu definieren. Die Multiplikation zweier Matrizen definiert man anders, als man es auf den ersten Blick erwartet. Das Produkt zweier Matrizen wird so definiert, dass man lineare Gleichungssysteme möglichst einfach mithilfe von Matrizen darstellen kann.

Beispiel 4.5 (Lineares Gleichungssystem in Matrixform)

Das lineare Gleichungssystem aus Beispiel 2.5

$$\begin{array}{rcrcrcr} x_1 & - & x_2 & + & 5x_3 & = & 12 \\ 3x_1 & - & 8x_2 & - & x_3 & = & 9 \\ 10x_1 & + & 5x_2 & - & 2x_3 & = & 1 \end{array}$$

besteht aus $3\cdot 3$ Koeffizienten, 3 Unbekannten und 3 Zahlen auf der rechten Seite:

$$\boldsymbol{A}=\begin{pmatrix} 1 & -1 & 5 \\ 3 & -8 & -1 \\ 10 & 5 & -2 \end{pmatrix},\quad \boldsymbol{x}=\begin{pmatrix} x_1 \\ x_2 \\ x_3 \end{pmatrix},\quad \boldsymbol{b}=\begin{pmatrix} 12 \\ 9 \\ 1 \end{pmatrix}.$$

Die Multiplikation einer Matrix mit einem Vektor

$$\boldsymbol{A}\cdot\boldsymbol{x}=\begin{pmatrix} 1 & -1 & 5 \\ 3 & -8 & -1 \\ 10 & 5 & -2 \end{pmatrix}\cdot\begin{pmatrix} x_1 \\ x_2 \\ x_3 \end{pmatrix}=\begin{pmatrix} 1\cdot x_1 - 1\cdot x_2 + 5\cdot x_3 \\ 3\cdot x_1 - 8\cdot x_2 - 1\cdot x_3 \\ 10\cdot x_1 + 5\cdot x_2 - 2\cdot x_3 \end{pmatrix}.$$

wird so definiert, dass wir das Gleichungssystem in der Form $\boldsymbol{A}\cdot\boldsymbol{x}=\boldsymbol{b}$ schreiben können.

Wir müssen die Elemente jeder einzelnen Zeile der Matrix $\boldsymbol{A}$ mit den Elementen des Spaltenvektors $\boldsymbol{x}$ muliplizieren und die Produkte addieren. Das Ergebnis der Multiplikation einer $(3,3)$-Matrix mit einem Spaltenvektor mit 3 Elementen ergibt dann wieder einen Spaltenvektor mit 3 Elementen.

$$\begin{pmatrix} 1 & -1 & 5 \\ 3 & -8 & -1 \\ 10 & 5 & -2 \end{pmatrix} \cdot \begin{pmatrix} 1 \\ -1 \\ 2 \end{pmatrix} = \begin{pmatrix} 1\cdot 1 - 1\cdot(-1) + 5\cdot 2 \\ 3\cdot 1 - 8\cdot(-1) - 1\cdot 2 \\ 10\cdot 1 + 5\cdot(-1) - 2\cdot 2 \end{pmatrix} = \begin{pmatrix} 12 \\ 9 \\ 1 \end{pmatrix}.$$

Wir können also mithilfe der Matrixmultiplikation das Ergebnis $x_1 = 1$, $x_2 = -1$ und $x_3 = 2$ aus Beispiel 2.5 nochmals überprüfen. ▪

Das Prinzip aus Beispiel 4.5 wird ganz allgemein zur Definition des Matrixproduktes verwendet. Bei der Multiplikation von zwei Matrizen werden die Zeilen der ersten Matrix mit den Spalten der zweiten Matrix multipliziert und die Produkte aufsummiert. Diese Art der Multiplikation lässt sich nur durchführen, falls die Zeilenlänge der ersten Matrix und die Spaltenlänge der zweiten Matrix gleich sind.

Definition 4.12 (Multiplikation von Matrizen)

Das Produkt $\boldsymbol{A} \cdot \boldsymbol{B}$ zweier Matrizen $\boldsymbol{A}$ und $\boldsymbol{B}$ ist nur definiert, wenn die Anzahl der Spalten von $\boldsymbol{A}$ mit der Anzahl der Zeilen von $\boldsymbol{B}$ übereinstimmt. Die Ergebnismatrix $\boldsymbol{C}$ hat so viele Zeilen wie $\boldsymbol{A}$ und so viele Spalten wie $\boldsymbol{B}$:

$$\boldsymbol{C}_{mn} = \boldsymbol{A}_{mp} \cdot \boldsymbol{B}_{pn}.$$

Zur Berechnung der Elemente von $\boldsymbol{C}$ werden die Elemente in der entsprechenden Zeile von $\boldsymbol{A}$ mit den Elementen der entsprechenden Spalte von $\boldsymbol{B}$ multipliziert und summiert.

Beispiel 4.6 (Matrixmultiplikation)

Die Multiplikation der $(2,3)$-Matrix $\boldsymbol{A}$ mit der $(3,4)$-Matrix $\boldsymbol{B}$

$$\underbrace{\begin{pmatrix} 2 & 3 & -1 \\ 4 & -2 & 2 \end{pmatrix}}_{\boldsymbol{A}} \cdot \underbrace{\begin{pmatrix} 5 & 2 & 1 & 1 \\ 1 & 1 & -6 & 0 \\ 2 & 3 & 2 & 1 \end{pmatrix}}_{\boldsymbol{B}} = \underbrace{\begin{pmatrix} 11 & 4 & -18 & 1 \\ 22 & 12 & 20 & 6 \end{pmatrix}}_{\boldsymbol{C}}$$

ergibt die $(2,4)$-Matrix $\boldsymbol{C}$. Beispielsweise müssen wir zur Berechnung des Elementes in der ersten Zeile und der dritten Spalte der Matrix $\boldsymbol{C}$ die erste Zeile der Matrix $\boldsymbol{A}$ mit der dritten Spalte der Matrix $\boldsymbol{B}$ multiplizieren: $c_{13} = 2\cdot 1 + 3\cdot(-6) + (-1)\cdot 2 = -18$. ▪

Der Berechnungsaufwand bei der Multiplikation zweier Matrizen ist wesentlich höher als bei der Addition oder Subtraktion. Multipliziert man eine (m,p)-Matrix mit einer (p,n)-Matrix, dann muss man für jedes Element in der (m,n)-Ergebnismatrix p Multiplikationen und $(p-1)$ Additionen ausführen. In Summe benötigt man also $m\cdot n\cdot p$ Multiplikationen und $m\cdot n\cdot(p-1)$ Additionen. Bei Parallel- oder Vektorrechnern berücksichtigt man jedoch, dass die Berechnung der einzelnen Elemente der Ergebnismatrix unabhängig voneinander durchgeführt werden kann. Durch zeitgleiche Bearbeitungen lässt sich so die Dauer bei aufwendigen Berechnung stark verkürzen.

Merke 4.2 (Multiplikation von Matrizen)

Bei der Matrixmultiplikation $\boldsymbol{C} = \boldsymbol{A} \cdot \boldsymbol{B}$

$$\begin{pmatrix} c_{11} & \cdots & c_{1j} & \cdots & c_{1q} \\ \vdots & \ddots & \vdots & \ddots & \vdots \\ c_{i1} & \cdots & c_{ij} & \cdots & c_{iq} \\ \vdots & \ddots & \vdots & \ddots & \vdots \\ c_{m1} & \cdots & c_{mj} & \cdots & c_{mq} \end{pmatrix} = \begin{pmatrix} a_{11} & a_{12} & a_{13} & \cdots & a_{1n} \\ \vdots & \vdots & \vdots & \ddots & \vdots \\ a_{i1} & a_{i2} & a_{i3} & \cdots & a_{in} \\ \vdots & \vdots & \vdots & \ddots & \vdots \\ a_{m1} & a_{m2} & a_{m3} & \cdots & a_{mn} \end{pmatrix} \cdot \begin{pmatrix} b_{11} & \cdots & b_{1j} & \cdots & b_{1q} \\ b_{21} & \cdots & b_{2j} & \cdots & b_{2q} \\ b_{31} & \cdots & b_{3j} & \cdots & b_{3q} \\ \vdots & \ddots & \vdots & \ddots & \vdots \\ b_{n1} & \cdots & b_{nj} & \cdots & b_{nq} \end{pmatrix}$$

berechnet man das Element c_{ij} in der i-ten Zeile und j-ten Spalte der Matrix $\boldsymbol{C}$ durch

$$c_{ij} = a_{i1}\, b_{1j} + a_{i2}\, b_{2j} + a_{i3}\, b_{3j} + \ldots a_{in}\, b_{nj} = \sum_{k=1}^{n} a_{ik}\, b_{kj}.$$

Ein einfacher Spezialfall der Matrixmultiplikation ist die Multiplikation zweier Vektoren, genauer die Multiplikation eines Zeilenvektors mit einem Spaltenvektor. Dieser Spezialfall entspricht genau dem Skalarprodukt zweier Vektoren, siehe Satz 3.15.

Merke 4.3 (Matrixprodukt und Skalarprodukt)

Das Skalarprodukt der Vektoren $\boldsymbol{a}$ und $\boldsymbol{b}$ entspricht dem Produkt einer $(1, n)$-Matrix mit einer $(n, 1)$-Matrix

$$\boldsymbol{a}^{\mathrm{T}} \boldsymbol{b}.$$

Dabei wird der Vektor $\boldsymbol{a}$ durch Transponieren zu einem Zeilenvektor.

Beispiel 4.7 (Matrixprodukt und Skalarprodukt)

Die beiden Vektoren $\boldsymbol{a}$ und $\boldsymbol{b}$ stellen im Sinne der Matrizenrechnung zwei $(3, 1)$-Matrizen dar. Das Skalarprodukt der beiden Vektoren lässt sich als Matrixprodukt schreiben:

$$\boldsymbol{a} = \begin{pmatrix} 1 \\ 2 \\ 3 \end{pmatrix}, \quad \boldsymbol{b} = \begin{pmatrix} 4 \\ 5 \\ 6 \end{pmatrix} \quad \Longrightarrow \quad \boldsymbol{a}^{\mathrm{T}} \boldsymbol{b} = \begin{pmatrix} 1 & 2 & 3 \end{pmatrix} \cdot \begin{pmatrix} 4 \\ 5 \\ 6 \end{pmatrix} = 1 \cdot 4 + 2 \cdot 5 + 3 \cdot 6 = 32.$$

Dabei transponiert man den Vektor $\boldsymbol{a}$ und erzeugt dadurch eine $(1, 3)$-Matrix. ■

Nun kann man formal auch einen Spaltenvektor mit einem Zeilenvektor multiplizieren. Das Ergebnis nennt man dyadisches Produkt. Im Gegensatz zum Skalarprodukt erzeugt ein dyadisches Produkt eine Matrix. Nimmt man für das Produkt zweimal denselben normierten Vektor $\boldsymbol{a}$, so entsteht $\boldsymbol{a}\boldsymbol{a}^{\mathrm{T}}$. Im Sinne einer linearen Abbildung, siehe Abschnitt 4.5, führt diese Matrix eine Projektion in Richtung von $\boldsymbol{a}$ durch. Senkrechte Projektionen haben wir in Definition 3.15 festgelegt. Dyadische Matrizen spielen aber auch bei Vereinfachungen im Zusammenhang mit dem mehrdimensionalen Newton-Verfahren, siehe Abschnitt 12.6.1, eine wichtige Rolle. Dabei wird die Ableitungsmatrix nicht in jedem Iterationsschritt neu berechnet, sondern durch Addition mit einem dyadischen Produkt mit wenig Rechenaufwand angepasst.

Merke 4.4 (Matrixprodukt und dyadisches Produkt)

Das dyadische Produkt der Vektoren $\boldsymbol{a}$ und $\boldsymbol{b}$ entspricht dem Produkt einer $(m,1)$-Matrix mit einer $(1,n)$-Matrix

$$\boldsymbol{a}\,\boldsymbol{b}^{\mathrm{T}}.$$

Dabei wird der Vektor $\boldsymbol{b}$ durch Transponieren zu einem Zeilenvektor. Das Ergebnis ist eine (m,n)-Matrix.

Beispiel 4.8 (Matrixprodukt und dyadisches Produkt)

Mit den beiden folgenden Vektoren $\boldsymbol{a}$ und $\boldsymbol{b}$ lässt sich durch Transponieren von $\boldsymbol{b}$ ein dyadisches Produkt berechnen:

$$\boldsymbol{a}=\begin{pmatrix}1\\2\\3\end{pmatrix},\quad \boldsymbol{b}=\begin{pmatrix}4\\5\end{pmatrix}\quad\Longrightarrow\quad \boldsymbol{a}\boldsymbol{b}^{\mathrm{T}}=\begin{pmatrix}1\\2\\3\end{pmatrix}\cdot\begin{pmatrix}4 & 5\end{pmatrix}=\begin{pmatrix}4 & 5\\8 & 10\\12 & 15\end{pmatrix}.$$

Das Ergebnis ist eine $(3,2)$-Matrix. ∎

Beim Multiplizieren von Matrizen treten ein paar Phänomene auf, die man unbedingt beachten muss. Bei der Multiplikation zweier Zahlen a und b spielt die Reihenfolge keine Rolle, es gilt $a\cdot b=b\cdot a$. Diese Eigenschaft bezeichnet man als Kommutativität. Die Multiplikation von Matrizen ist in der Regel nicht kommutativ. Das erkennt man bereits bei der Betrachtung der Dimensionen. Beispielsweise kann man eine $(2,3)$-Matrix mit einer $(3,3)$-Matrix multiplizieren, aber in umgekehrter Reihenfolge funktioniert das nicht. Doch selbst bei quadratischen Matrizen ist die Multiplikation im Allgemeinen nicht kommutativ.

Beispiel 4.9 (Nicht kommutative Matrixmultiplikation)

Die beiden $(2,2)$-Matrizen $\boldsymbol{A}$ und $\boldsymbol{B}$ lassen sich auf zwei Arten multiplizieren:

$$\underbrace{\begin{pmatrix}1 & 2\\3 & 4\end{pmatrix}}_{\boldsymbol{A}}\cdot\underbrace{\begin{pmatrix}0 & 1\\1 & 0\end{pmatrix}}_{\boldsymbol{B}}=\underbrace{\begin{pmatrix}2 & 1\\4 & 3\end{pmatrix}}_{\boldsymbol{A}\cdot\boldsymbol{B}},\qquad \underbrace{\begin{pmatrix}0 & 1\\1 & 0\end{pmatrix}}_{\boldsymbol{B}}\cdot\underbrace{\begin{pmatrix}1 & 2\\3 & 4\end{pmatrix}}_{\boldsymbol{A}}=\underbrace{\begin{pmatrix}3 & 4\\1 & 2\end{pmatrix}}_{\boldsymbol{B}\cdot\boldsymbol{A}}.$$

In diesem Fall ist $\boldsymbol{A}\cdot\boldsymbol{B}\neq\boldsymbol{B}\cdot\boldsymbol{A}$. ∎

Merke 4.5 (Matrixmultiplikation ist nicht kommutativ)

Die Matrixprodukte $\boldsymbol{A}\cdot\boldsymbol{B}$ und $\boldsymbol{B}\cdot\boldsymbol{A}$ sind nur in Ausnahmefällen gleich:

$$\boldsymbol{A}\cdot\boldsymbol{B}\overset{\text{i.Allg.}}{\neq}\boldsymbol{B}\cdot\boldsymbol{A}.$$

Ein zweites, zunächst verblüffendes Phänomen betrifft Produkte, die eine Nullmatrix ergeben. Wenn das Produkt zweier Zahlen a und b null ergibt, dann muss mindestens eine der beiden Zahlen null sein. Bei Matrizen ist das in der Regel nicht so.

Beispiel 4.10 (Nullprodukt)

Die beiden folgenden $(2,2)$-Matrizen $\boldsymbol{A}$ und $\boldsymbol{B}$ sind beide keine Nullmatrizen:

$$\underbrace{\begin{pmatrix} 1 & 1 \\ 1 & 1 \end{pmatrix}}_{\boldsymbol{A}} \underbrace{\begin{pmatrix} 1 & 1 \\ -1 & -1 \end{pmatrix}}_{\boldsymbol{B}} = \underbrace{\begin{pmatrix} 0 & 0 \\ 0 & 0 \end{pmatrix}}_{\boldsymbol{A}\cdot\boldsymbol{B}}.$$

Trotzdem ergibt das Produkt eine Nullmatrix. ▪

Merke 4.6 (Nullprodukt)

Wenn das Produkt zweier Matrizen $\boldsymbol{A}$ und $\boldsymbol{B}$ eine Nullmatrix ergibt, dann kann man daraus nicht schließen, dass die Matrix $\boldsymbol{A}$ oder die Matrix $\boldsymbol{B}$ eine Nullmatrix ist:

$$\boldsymbol{A}\cdot\boldsymbol{B} = \boldsymbol{0} \quad \overset{\text{i.Allg.}}{\not\Longrightarrow} \quad \boldsymbol{A} = \boldsymbol{0} \text{ oder } \boldsymbol{B} = \boldsymbol{0}.$$

Eine Nullmatrix, also eine Matrix, bei der alle Elemente null sind, übernimmt in der Welt der Matrizen dieselbe Aufgabe wie die Null bei den Zahlen. Man kann zu einer Matrix die Nullmatrix addieren, ohne dass sich die Matrix dadurch verändert. Multipliziert man eine quadratische Matrix $\boldsymbol{A}$ mit der Einheitsmatrix $\boldsymbol{E}$, so ergibt das Produkt die Matrix $\boldsymbol{A}$. Bei der Multiplikation mit der Einheitsmatrix $\boldsymbol{E}$ spielt die Reihenfolge keine Rolle. In der Welt der Matrizen übernimmt die Einheitsmatrix $\boldsymbol{E}$ dieselbe Aufgabe wie die Eins bei den Zahlen.

Merke 4.7 (Multiplikation mit Einheitsmatrix)

Bei der Multiplikation einer (n,n)-Matrix $\boldsymbol{A}$ mit der (n,n)-Einheitsmatrix $\boldsymbol{E}$ gilt:

$$\boldsymbol{A}\cdot\boldsymbol{E} = \boldsymbol{A}, \quad \boldsymbol{E}\cdot\boldsymbol{A} = \boldsymbol{A}.$$

Diagonalmatrizen nehmen bei der Matrixmultiplikation eine Sonderrolle ein. Abhängig von der Reihenfolge der Faktoren skalieren Diagonalmatrizen entweder die Zeilen oder die Spalten einer Matrix. Hier sehen wir nochmals deutlich, dass es im Allgemeinen einen Unterschied macht, ob man eine Matrix von links oder von rechts mit einer anderen Matrix multipliziert.

Beispiel 4.11 (Multiplikation mit Diagonalmatrix)

Wir multiplizieren eine $(3,3)$-Matrix $\boldsymbol{A}$

$$\underbrace{\begin{pmatrix} 1 & 0 & 0 \\ 0 & 2 & 0 \\ 0 & 0 & 3 \end{pmatrix}}_{\boldsymbol{D}} \underbrace{\begin{pmatrix} 1 & 1 & 1 \\ 1 & 1 & 1 \\ 1 & 1 & 1 \end{pmatrix}}_{\boldsymbol{A}} = \underbrace{\begin{pmatrix} 1 & 1 & 1 \\ 2 & 2 & 2 \\ 3 & 3 & 3 \end{pmatrix}}_{\boldsymbol{D}\cdot\boldsymbol{A}}, \quad \underbrace{\begin{pmatrix} 1 & 1 & 1 \\ 1 & 1 & 1 \\ 1 & 1 & 1 \end{pmatrix}}_{\boldsymbol{A}} \underbrace{\begin{pmatrix} 1 & 0 & 0 \\ 0 & 2 & 0 \\ 0 & 0 & 3 \end{pmatrix}}_{\boldsymbol{D}} = \underbrace{\begin{pmatrix} 1 & 2 & 3 \\ 1 & 2 & 3 \\ 1 & 2 & 3 \end{pmatrix}}_{\boldsymbol{A}\cdot\boldsymbol{D}}$$

einmal von links und einmal von rechts mit einer $(3,3)$-Diagonalmatrix $\boldsymbol{D}$. ▪

Merke 4.8 (Multiplikation mit Diagonalmatrix)

Multipliziert man eine Matrix $\boldsymbol{A}$ von links mit einer Diagonalmatrix $\boldsymbol{D}$, dann werden die einzelnen Zeilen der Matrix $\boldsymbol{A}$ mit den Elementen der Diagonale skaliert. Bei der entsprechenden Multiplikation von rechts werden die Spalten der Matrix $\boldsymbol{A}$ mit den Elementen der Diagonale skaliert.

Beispiel 4.12 (Transponieren eines Produktes)

Für die beiden Matrizen $\boldsymbol{A}$ und $\boldsymbol{B}$ gilt

$$\boldsymbol{A} = \begin{pmatrix} 1 & 2 \\ 3 & 4 \end{pmatrix}, \quad \boldsymbol{B} = \begin{pmatrix} 5 & 6 \\ 7 & 8 \end{pmatrix} \quad \Longrightarrow \quad \boldsymbol{A} \cdot \boldsymbol{B} = \begin{pmatrix} 19 & 22 \\ 43 & 50 \end{pmatrix}.$$

Wenn wir nun die transponierten Matrizen multiplizieren, dann stellen wir fest, dass wir nicht die transponierte Matrix des Produktes erhalten:

$$\boldsymbol{A}^{\mathrm{T}} \cdot \boldsymbol{B}^{\mathrm{T}} = \begin{pmatrix} 1 & 3 \\ 2 & 4 \end{pmatrix} \cdot \begin{pmatrix} 5 & 7 \\ 6 & 8 \end{pmatrix} = \begin{pmatrix} 23 & 31 \\ 34 & 46 \end{pmatrix} \neq (\boldsymbol{A} \cdot \boldsymbol{B})^{\mathrm{T}},$$

Wenn wir aber die Reihenfolge vertauschen,

$$\boldsymbol{B}^{\mathrm{T}} \cdot \boldsymbol{A}^{\mathrm{T}} = \begin{pmatrix} 5 & 7 \\ 6 & 8 \end{pmatrix} \cdot \begin{pmatrix} 1 & 3 \\ 2 & 4 \end{pmatrix} = \begin{pmatrix} 19 & 43 \\ 22 & 50 \end{pmatrix} = (\boldsymbol{A} \cdot \boldsymbol{B})^{\mathrm{T}}.$$

dann ergibt sich der gesuchte Zusammenhang. ▪

Satz 4.3 (Rechenregel für das Transponieren von Matrixprodukten)

Für beliebige Matrizen $\boldsymbol{A}$ und $\boldsymbol{B}$ mit entsprechend passenden Dimensionen gilt:

$$(\boldsymbol{A} \cdot \boldsymbol{B})^{\mathrm{T}} = \boldsymbol{B}^{\mathrm{T}} \cdot \boldsymbol{A}^{\mathrm{T}}.$$

Matrixprodukte sind assoziativ, wir dürfen bei mehreren Faktoren beliebig Klammern setzen. Außerdem dürfen Klammerausdrücke mit Matrizen ausmultipliziert werden. Es gilt also ein Distributivgesetz.

Satz 4.4 (Assoziativ- und Distributivgesetze der Matrixmultiplikation)

Für beliebige Matrizen $\boldsymbol{A}$, $\boldsymbol{B}$ und $\boldsymbol{C}$ mit entsprechend passenden Dimensionen gilt:

- $(\boldsymbol{A} \cdot \boldsymbol{B}) \cdot \boldsymbol{C} = \boldsymbol{A} \cdot (\boldsymbol{B} \cdot \boldsymbol{C})$
- $\boldsymbol{A} \cdot (\boldsymbol{B} + \boldsymbol{C}) = \boldsymbol{A} \cdot \boldsymbol{B} + \boldsymbol{A} \cdot \boldsymbol{C}$
- $(\boldsymbol{A} + \boldsymbol{B}) \cdot \boldsymbol{C} = \boldsymbol{A} \cdot \boldsymbol{C} + \boldsymbol{B} \cdot \boldsymbol{C}$

Bei einem Matrixprodukt kann ein Skalar jeder Matrix zugeordnet werden. Beim Umformen von Termen ist diese Eigenschaft oftmals recht geschickt. Skalare zwischen Matrizen können nach vorn gezogen werden.

Satz 4.5 (Rechenregel für die Multiplikation von Matrizen)

Für beliebige Matrizen $\boldsymbol{A}$, $\boldsymbol{B}$ mit passenden Dimensionen und für Skalare λ gilt:

$$(\lambda \boldsymbol{A}) \cdot \boldsymbol{B} = \boldsymbol{A} \cdot (\lambda \boldsymbol{B})$$

Die Multiplikation zweier Matrizen lässt sich auch mit dem sogenannten Falk-Schema darstellen. Die Multiplikation größerer Matrizen wird heutzutage jedoch meist nicht mehr von Hand durchgeführt. An einigen Stellen in diesem Buch werden wir auf das Prinzip der Matrixmultiplikation zurückgreifen. Deshalb ermuntern wir an dieser Stelle alle Leser, die Berechnung von Matrixprodukten soweit zu festigen, dass sie in den folgenden Beispielen und in den Aufgaben auch ohne Falk-Schema durchgeführt werden kann.

Beispiel 4.13 (Falk-Schema)

Beim Falk-Schema trägt man die erste Matrix des Produktes links unten in ein Rechteckschema ein. Rechts oben platziert man die zweite Matrix des Produktes. Für das Matrixprodukt aus Beispiel 4.6 ergibt sich folgendes Schema:

$$\begin{array}{rrr|rrrr} & & & 5 & 2 & 1 & 1 \\ & & & 1 & 1 & -6 & 0 \\ & & & 2 & 3 & 2 & 1 \\ \hline 2 & 3 & -1 & \cdot & \cdot & \cdot & \cdot \\ 4 & -2 & 2 & \cdot & \cdot & \cdot & \cdot \end{array} \quad\Longrightarrow\quad \begin{array}{rrr|rrrr} & & & 5 & 2 & 1 & 1 \\ & & & 1 & 1 & -6 & 0 \\ & & & 2 & 3 & 2 & 1 \\ \hline 2 & 3 & -1 & 11 & 4 & -18 & 1 \\ 4 & -2 & 2 & 22 & 12 & 20 & 6 \end{array}$$

Somit kann die Matrixmultiplikation übersichtlich durchgeführt werden. ■

Merke 4.9 (Potenzen von Matrizen)

Eine quadratische Matrix $\boldsymbol{A}$ kann man beliebig oft mit sich selbst multiplizieren:

$$\boldsymbol{A}^n = \underbrace{\boldsymbol{A} \cdot \boldsymbol{A} \cdot \ldots \cdot \boldsymbol{A}}_{n\text{-mal}}.$$

4.3 Determinanten

Bei praktischen Problemstellungen besitzen Matrizen nicht selten Tausende oder sogar Millionen Einträge. Bei dieser großen Anzahl von Elementen greift man auf Kenngrößen zurück, die Informationen über die Matrix enthalten. Eine der wichtigsten Kenngrößen einer Matrix ist die sogenannte Determinante. Die Determinante einer Matrix ist ein einziger Zahlenwert, mit dem man unter anderem beurteilen kann, ob ein lineares Gleichungssystem eindeutig lösbar ist. Wir werden Determinanten auch dazu verwenden, Kreuzprodukte und Spatprodukte von Vektoren durch ein einheitliches Schema zu berechnen.

4.3.1 Determinante einer (2,2)-Matrix

Wir betrachten zunächst nur $(2,2)$-Matrizen. Beim Lösen von linearen Gleichungssystemen mit zwei Unbekannten

$$\begin{array}{rcrcl} a_{11}\,x_1 & + & a_{12}\,x_2 & = & b_1 \quad |\cdot(\ \ a_{22}) \\ a_{21}\,x_1 & + & a_{22}\,x_2 & = & b_2 \quad |\cdot(-a_{12}) \end{array}$$

treten solche Matrizen auf.

Wenn wir die erste Gleichung mit a_{22} und die zweite mit $-a_{12}$ multiplizieren, dann erhalten wir das lineare Gleichungssystem mit einer umgeformten zweiten Gleichung:

$$\begin{array}{rcrcl} a_{11}\,x_1 & + & a_{12}\,x_2 & = & b_1 \\ (a_{11}a_{22} - a_{12}a_{21})\,x_1 & & & = & a_{22}b_1 - a_{12}b_2 \end{array}$$

Für $a_{11}a_{22} - a_{12}a_{21} \neq 0$ können wir nach x_1 auflösen und erhalten

$$x_1 = \frac{a_{22}b_1 - a_{12}b_2}{a_{11}a_{22} - a_{12}a_{21}}.$$

Durch eine ähnliche Vorgehensweise, die wir nicht im Detail darstellen, ergibt sich

$$x_2 = \frac{a_{11}b_2 - a_{21}b_1}{a_{11}a_{22} - a_{12}a_{21}}.$$

Hierbei fällt auf, dass bei der Berechnung von x_1 und x_2 derselbe Ausdruck im Nenner auftaucht. Das lineare Gleichungssystem ist also genau dann eindeutig lösbar, wenn dieser Ausdruck nicht null ist. Man bezeichnet $a_{11}a_{22} - a_{12}a_{21}$ als Determinante der Matrix.

Definition 4.13 (Determinante einer $(2,2)$-Matrix)

Die Determinante einer $(2,2)$-Matrix ist als Differenz des Produktes der Zahlen in der Hauptdiagonalen und des Produktes der Zahlen in der Nebendiagonalen definiert:

$$\boldsymbol{A} = \begin{pmatrix} a_{11} & a_{12} \\ a_{21} & a_{22} \end{pmatrix} \quad \Longrightarrow \quad |\boldsymbol{A}| = \begin{vmatrix} a_{11} & a_{12} \\ a_{21} & a_{22} \end{vmatrix} = a_{11}a_{22} - a_{12}a_{21}.$$

Zur Bezeichnung von Determinanten verwendet man dieselben senkrechten Striche wie beim Betrag einer Zahl. Zu beachten ist, dass die Determinante durchaus auch einen negativen Wert annehmen kann. Somit ist bei den senkrechten Strichen also etwas Vorsicht geboten. Abweichend davon findet man in der Literatur auch die Bezeichnung $\det(\boldsymbol{A})$ für die Determinante von $\boldsymbol{A}$. Die Regel zur Lösung von linearen Gleichungssystemen mithilfe von Determinanten ist nach dem Schweizer Mathematiker Gabriel Cramer benannt.

Satz 4.6 (Cramersche Regel für $(2,2)$-Matrizen)

Das lineare Gleichungssystem in Matrixform $\boldsymbol{A}\,\boldsymbol{x} = \boldsymbol{b}$

$$\begin{pmatrix} a_{11} & a_{12} \\ a_{21} & a_{22} \end{pmatrix} \begin{pmatrix} x_1 \\ x_2 \end{pmatrix} = \begin{pmatrix} b_1 \\ b_2 \end{pmatrix}$$

hat genau dann eine eindeutige Lösung, wenn die Determinante der Matrix $\boldsymbol{A}$ nicht null ist. Die Lösung kann man dann nach der Cramerschen Regel berechnen:

$$x_1 = \frac{\begin{vmatrix} b_1 & a_{12} \\ b_2 & a_{22} \end{vmatrix}}{\begin{vmatrix} a_{11} & a_{12} \\ a_{21} & a_{22} \end{vmatrix}}, \qquad x_2 = \frac{\begin{vmatrix} a_{11} & b_1 \\ a_{21} & b_2 \end{vmatrix}}{\begin{vmatrix} a_{11} & a_{12} \\ a_{21} & a_{22} \end{vmatrix}}.$$

Nach der Cramerschen Regel berechnet man die Lösung eines linearen Gleichungssystems $\boldsymbol{A}\boldsymbol{x} = \boldsymbol{b}$ mit zwei Gleichungen für die beiden Unbekannten x_1 und x_2 mithilfe von drei Determinanten. Im Nenner steht jeweils die Determinante der ursprünglichen Matrix. Zur Bestimmung von x_1 ersetzt man die erste Spalte der Matrix $\boldsymbol{A}$ durch die rechte Seite $\boldsymbol{b}$ und bestimmt die Determinante dieser Matrix. Entsprechend ersetzt man zur Bestimmung von x_2 die zweite Spalte von $\boldsymbol{A}$ durch die rechte Seite $\boldsymbol{b}$.

Beispiel 4.14 (Cramersche Regel)

Folgendes lineare Gleichungssystem schreiben wir in Matrixform:

$$\begin{array}{rcrcl} x_1 & + & 2x_2 & = & 5 \\ 3x_1 & + & 4x_2 & = & 6 \end{array} \quad \Longrightarrow \quad \begin{pmatrix} 1 & 2 \\ 3 & 4 \end{pmatrix} \begin{pmatrix} x_1 \\ x_2 \end{pmatrix} = \begin{pmatrix} 5 \\ 6 \end{pmatrix}.$$

Zur Lösung mit der Cramerschen Regel berechnen wir drei Determinanten:

$$\begin{vmatrix} 1 & 2 \\ 3 & 4 \end{vmatrix} = 4 - 6 = -2, \qquad \begin{vmatrix} 5 & 2 \\ 6 & 4 \end{vmatrix} = 20 - 12 = 8, \qquad \begin{vmatrix} 1 & 5 \\ 3 & 6 \end{vmatrix} = 6 - 15 = -9.$$

Daraus erhalten wir die Lösung $x_1 = \frac{8}{-2} = -4$ und $x_2 = \frac{-9}{-2} = \frac{9}{2}$. ■

4.3.2 Determinante einer (3,3)-Matrix

Die Determinante einer $(3,3)$-Matrix wird mithilfe von Determinanten von $(2,2)$-Matrizen definiert. Dieselbe rekursive Vorgehensweise werden wir in Abschnitt 4.3.3 zur Definition der Determinante einer beliebigen (n,n)-Matrix verwenden.

Definition 4.14 (Determinante einer $(3,3)$-Matrix)

Die Determinante einer (3,3)-Matrix entsteht aus Determinanten von (2,2)-Matrizen:

$$\begin{vmatrix} a_{11} & a_{12} & a_{13} \\ a_{21} & a_{22} & a_{23} \\ a_{31} & a_{32} & a_{33} \end{vmatrix} = a_{11} \begin{vmatrix} a_{22} & a_{23} \\ a_{32} & a_{33} \end{vmatrix} - a_{12} \begin{vmatrix} a_{21} & a_{23} \\ a_{31} & a_{33} \end{vmatrix} + a_{13} \begin{vmatrix} a_{21} & a_{22} \\ a_{31} & a_{32} \end{vmatrix}.$$

Definition 4.14 enthält ein rekursives Berechnungsverfahren für die Determinante einer $(3,3)$-Matrix. Man bezeichnet diese Vorgehensweise als Entwicklung nach der ersten Zeile. Das Element a_{11} wird mit der Determinante derjenigen Matrix multipliziert, die durch Streichen der ersten Zeile und der ersten Spalte in der Ausgangsmatrix entsteht. Entsprechend multipliziert man das Element a_{12} mit der Determinante derjenigen Matrix, die durch Streichen der ersten Zeile und der zweiten Spalte entsteht. Dabei ist zusätzlich noch das negative Vorzeichen zu beachten. Für das letzte Element a_{13} ist entsprechend die erste Zeile und die letzte Spalte zu streichen.

In Satz 4.10 werden wir sehen, dass man bei der Berechnung von Determinanten sehr flexibel vorgehen kann. Man kann Determinanten nach jeder beliebigen Zeile oder Spalte entwickeln.

Beispiel 4.15 (Determinante einer $(3,3)$-Matrix)

Die Berechnung der Determinante

$$\begin{vmatrix} 4 & 7 & 1 \\ 1 & 0 & 8 \\ 1 & 5 & 2 \end{vmatrix} = 4 \underbrace{\begin{vmatrix} 4 & 7 & 1 \\ 1 & 0 & 8 \\ 1 & 5 & 2 \end{vmatrix}}_{(0 \cdot 2 - 8 \cdot 5)} -7 \underbrace{\begin{vmatrix} 4 & 7 & 1 \\ 1 & 0 & 8 \\ 1 & 5 & 2 \end{vmatrix}}_{(1 \cdot 2 - 8 \cdot 1)} + \underbrace{\begin{vmatrix} 4 & 7 & 1 \\ 1 & 0 & 8 \\ 1 & 5 & 2 \end{vmatrix}}_{(1 \cdot 5 - 0 \cdot 1)} = -113$$

erfolgt durch Streichen der entsprechenden Zeilen und Spalten. ▪

Ähnlich zum Falk-Schema bei der Matrixmultiplikation, siehe Beispiel 4.13, gibt es ein Hilfsschema zur praktischen Berechnung der Determinante einer $(3,3)$-Matrix. Bei dieser nach Pierre Frédéric Sarrus benannten Regel erweitert man die Matrix um zwei Spalten. An dieser Stelle weisen wir ausdrücklich darauf hin, dass die Regel von Sarrus nur für $(3,3)$-Matrizen gilt und nicht auf größere Matrizen verallgemeinert werden kann!

Merke 4.10 (Regel von Sarrus)

Die Determinante einer $(3,3)$-Matrix $\boldsymbol{A}$ kann man berechnen, indem man die Matrix um die ersten beiden Spalten erweitert und anschließend die Produkte der Elemente in den drei Nebendiagonalen von den Produkten der Elemente in den drei Hauptdiagonalen subtrahiert:

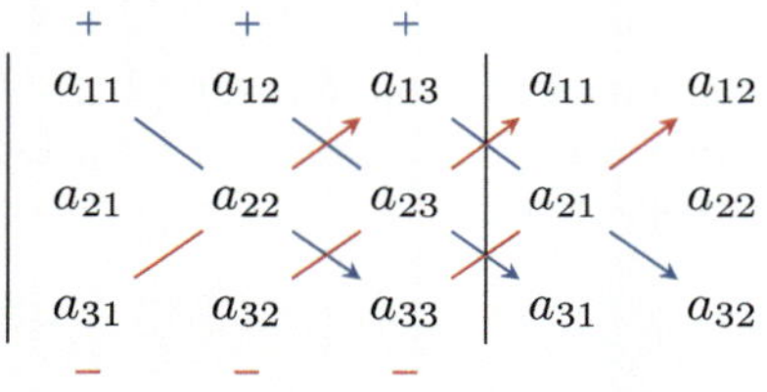

$$|\boldsymbol{A}| = a_{11}\,a_{22}\,a_{33} + a_{12}\,a_{23}\,a_{31} + a_{13}\,a_{21}\,a_{32} - a_{31}\,a_{22}\,a_{13} - a_{32}\,a_{23}\,a_{11} - a_{33}\,a_{21}\,a_{12}$$

Beispiel 4.16 (Regel von Sarrus)

Die Determinante aus Beispiel 4.15 kann auch mit der Regel von Sarrus berechnet werden:

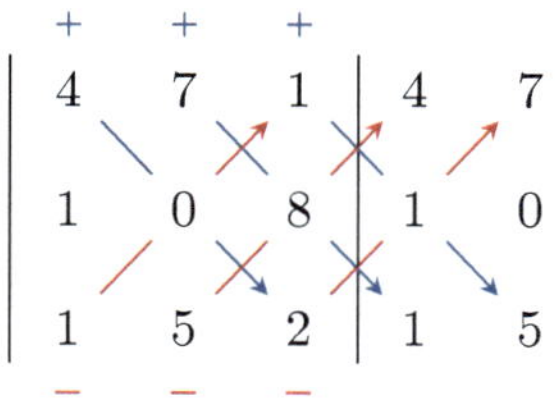

$$\begin{aligned} |\boldsymbol{A}| &= 4 \cdot 0 \cdot 2 + 7 \cdot 8 \cdot 1 + 1 \cdot 1 \cdot 5 \\ &\quad -1 \cdot 0 \cdot 1 - 5 \cdot 8 \cdot 4 - 2 \cdot 1 \cdot 7 \\ &= -113 \end{aligned}$$

Es ergibt sich natürlich der gleiche Wert wie in Beispiel 4.15. ▪

In Satz 4.6 haben wir die Lösung von linearen Gleichungssystemen mit zwei Gleichungen für zwei Unbekannte mithilfe von Determinanten kennengelernt. Das Prinzip gilt auch für lineare Gleichungssysteme mit drei Gleichungen für drei Unbekannte. Die Unbekannten x_1, x_2 und x_3 berechnen sich aus Quotienten von Determinanten. Bei allen Unbekannten steht die Determinante der Matrix im Nenner, sie darf nicht null sein. Bei den Determinanten im Zähler werden die entsprechenden Spalten durch die rechte Seite ersetzt.

Satz 4.7 (Cramersche Regel für $(3,3)$-Matrizen)

Das lineare Gleichungssystem in Matrixform $\boldsymbol{A}\boldsymbol{x} = \boldsymbol{b}$

$$\begin{pmatrix} a_{11} & a_{12} & a_{13} \\ a_{21} & a_{22} & a_{23} \\ a_{31} & a_{32} & a_{33} \end{pmatrix} \begin{pmatrix} x_1 \\ x_2 \\ x_3 \end{pmatrix} = \begin{pmatrix} b_1 \\ b_2 \\ b_3 \end{pmatrix}$$

hat genau dann eine eindeutige Lösung, wenn die Determinante der Matrix $\boldsymbol{A}$ nicht null ist. Die Lösung kann man dann nach der Cramerschen Regel berechnen:

$$x_1 = \frac{\begin{vmatrix} b_1 & a_{12} & a_{13} \\ b_2 & a_{22} & a_{23} \\ b_3 & a_{32} & a_{33} \end{vmatrix}}{\begin{vmatrix} a_{11} & a_{12} & a_{13} \\ a_{21} & a_{22} & a_{23} \\ a_{31} & a_{32} & a_{33} \end{vmatrix}}, \quad x_2 = \frac{\begin{vmatrix} a_{11} & b_1 & a_{13} \\ a_{21} & b_2 & a_{23} \\ a_{31} & b_3 & a_{33} \end{vmatrix}}{\begin{vmatrix} a_{11} & a_{12} & a_{13} \\ a_{21} & a_{22} & a_{23} \\ a_{31} & a_{32} & a_{33} \end{vmatrix}}, \quad x_3 = \frac{\begin{vmatrix} a_{11} & a_{12} & b_1 \\ a_{21} & a_{22} & b_2 \\ a_{31} & a_{32} & b_3 \end{vmatrix}}{\begin{vmatrix} a_{11} & a_{12} & a_{13} \\ a_{21} & a_{22} & a_{23} \\ a_{31} & a_{32} & a_{33} \end{vmatrix}}.$$

Beispiel 4.17 (Cramersche Regel)

Folgendes lineare Gleichungssystem können wir in Matrixform schreiben:

$$\begin{array}{rcrcrcl} x_1 & + & 2x_2 & + & x_3 & = & 1 \\ 3x_1 & - & x_2 & + & 2x_3 & = & 9 \\ x_1 & + & 3x_2 & + & 2x_3 & = & 1 \end{array} \implies \begin{pmatrix} 1 & 2 & 1 \\ 3 & -1 & 2 \\ 1 & 3 & 2 \end{pmatrix} \begin{pmatrix} x_1 \\ x_2 \\ x_3 \end{pmatrix} = \begin{pmatrix} 1 \\ 9 \\ 1 \end{pmatrix}.$$

Wir bestimmen gemäß der Cramerschen Regel vier Determinanten:

$$\begin{vmatrix} 1 & 2 & 1 \\ 3 & -1 & 2 \\ 1 & 3 & 2 \end{vmatrix} = -6, \quad \begin{vmatrix} 1 & 2 & 1 \\ 9 & -1 & 2 \\ 1 & 3 & 2 \end{vmatrix} = -12, \quad \begin{vmatrix} 1 & 1 & 1 \\ 3 & 9 & 2 \\ 1 & 1 & 2 \end{vmatrix} = 6, \quad \begin{vmatrix} 1 & 2 & 1 \\ 3 & -1 & 9 \\ 1 & 3 & 1 \end{vmatrix} = -6.$$

Damit erhalten wir die Lösung $x_1 = \frac{-12}{-6} = 2$, $x_2 = \frac{6}{-6} = -1$ und $x_3 = \frac{-6}{-6} = 1$. ■

Wir werden nun herleiten, wie man das Spatprodukt von drei Vektoren als Determinante einer entsprechenden Matrix schreiben kann. Dazu ordnen wir jeweils die drei Koordinaten der Vektoren $\boldsymbol{a}$, $\boldsymbol{b}$ und $\boldsymbol{c}$ als Zeilen einer $(3,3)$-Matrix an:

$$\begin{vmatrix} a_1 & a_2 & a_3 \\ b_1 & b_2 & b_3 \\ c_1 & c_2 & c_3 \end{vmatrix} = a_1 \begin{vmatrix} b_2 & b_3 \\ c_2 & c_3 \end{vmatrix} - a_2 \begin{vmatrix} b_1 & b_3 \\ c_1 & c_3 \end{vmatrix} + a_3 \begin{vmatrix} b_1 & b_2 \\ c_1 & c_2 \end{vmatrix}.$$

Durch Berechnung der Determinanten der $(2,2)$-Matrizen ergibt sich

$$\begin{vmatrix} a_1 & a_2 & a_3 \\ b_1 & b_2 & b_3 \\ c_1 & c_2 & c_3 \end{vmatrix} = a_1(b_2\,c_3 - b_3\,c_2) - a_2(b_1\,c_3 - b_3\,c_1) + a_3(b_1\,c_2 - b_2\,c_1).$$

Dieser Ausdruck stimmt mit dem Ergebnis von Satz 3.17 überein. Ein Spatprodukt lässt sich also aus der Determinante einer $(3,3)$-Matrix berechnen. Alternativ könnte man auch die Spalten der Matrix mit den Vektoren besetzen.

Satz 4.8 (Determinante und Spatprodukt)

Das Spatprodukt der Vektoren $\boldsymbol{a}$, $\boldsymbol{b}$ und $\boldsymbol{c}$ kann man als Determinante berechnen:

$$\boldsymbol{a} = \begin{pmatrix} a_1 \\ a_2 \\ a_3 \end{pmatrix}, \boldsymbol{b} = \begin{pmatrix} b_1 \\ b_2 \\ b_3 \end{pmatrix}, \boldsymbol{c} = \begin{pmatrix} c_1 \\ c_2 \\ c_3 \end{pmatrix} \implies [\boldsymbol{a}, \boldsymbol{b}, \boldsymbol{c}] = \begin{vmatrix} a_1 & a_2 & a_3 \\ b_1 & b_2 & b_3 \\ c_1 & c_2 & c_3 \end{vmatrix}.$$

Beispiel 4.18 (Determinante und Spatprodukt)

Das Spatprodukt der drei Vektoren

$$\boldsymbol{a} = \begin{pmatrix} 1 \\ 1 \\ 4 \end{pmatrix}, \quad \boldsymbol{b} = \begin{pmatrix} 1 \\ -2 \\ 1 \end{pmatrix}, \quad \boldsymbol{c} = \begin{pmatrix} -3 \\ 3 \\ -4 \end{pmatrix}$$

aus Beispiel 3.14 lässt sich auch mithilfe der Determinante berechnen:

$$[\,\boldsymbol{a}, \boldsymbol{b}, \boldsymbol{c}\,] = \begin{vmatrix} 1 & 1 & 4 \\ 1 & -2 & 1 \\ -3 & 3 & -4 \end{vmatrix} = 8 - 3 + 12 - 24 - 3 + 4 = -6.$$

Wir benutzen dazu die Regel von Sarrus. ∎

Bei der Berechnung einer Determinante spielt es keine Rolle, ob man die Vektorkoordinaten zeilenweise oder spaltenweise in die Matrix schreibt, siehe Satz 4.12. Ein ähnliches Ergebnis erhalten wir für das Kreuzprodukt von zwei Vektoren. Nach Satz 3.16 gilt:

$$\boldsymbol{a} \times \boldsymbol{b} = \begin{pmatrix} a_1 \\ a_2 \\ a_3 \end{pmatrix} \times \begin{pmatrix} b_1 \\ b_2 \\ b_3 \end{pmatrix} = \begin{pmatrix} a_2\,b_3 - a_3\,b_2 \\ a_3\,b_1 - a_1\,b_3 \\ a_1\,b_2 - a_2\,b_1 \end{pmatrix}.$$

Mithilfe der Basisvektoren $\boldsymbol{e}_1$, $\boldsymbol{e}_2$ und $\boldsymbol{e}_3$ ergibt sich die Darstellung

$$\boldsymbol{a} \times \boldsymbol{b} = (a_2\,b_3 - a_3\,b_2)\begin{pmatrix} 1 \\ 0 \\ 0 \end{pmatrix} - (a_1\,b_3 - a_3\,b_1)\begin{pmatrix} 0 \\ 1 \\ 0 \end{pmatrix} + (a_1\,b_2 - a_2\,b_1)\begin{pmatrix} 0 \\ 0 \\ 1 \end{pmatrix}.$$

Hieraus ist ersichtlich, dass auch das Kreuzprodukt durch eine Determinante darstellbar ist. Allerdings müssen wir als Einträge in der ersten Zeile die Basisvektoren zulassen. Deshalb spricht man von einer symbolischen Determinante.

Satz 4.9 (Determinante und Vektorprodukt)

Das Vektorprodukt der Vektoren $\boldsymbol{a}$ und $\boldsymbol{b}$ kann man als symbolische Determinante berechnen:

$$\boldsymbol{a} = \begin{pmatrix} a_1 \\ a_2 \\ a_3 \end{pmatrix}, \boldsymbol{b} = \begin{pmatrix} b_1 \\ b_2 \\ b_3 \end{pmatrix} \implies \boldsymbol{a} \times \boldsymbol{b} = \begin{vmatrix} \boldsymbol{e}_1 & \boldsymbol{e}_2 & \boldsymbol{e}_3 \\ a_1 & a_2 & a_3 \\ b_1 & b_2 & b_3 \end{vmatrix}.$$

Dabei sind $\boldsymbol{e}_1$, $\boldsymbol{e}_2$ und $\boldsymbol{e}_3$ die Basisvektoren.

Beispiel 4.19 (Determinante und Vektorprodukt)

Das Vektorprodukt in Beispiel 3.13

$$\boldsymbol{a} = \begin{pmatrix} 1 \\ 2 \\ -1 \end{pmatrix}, \quad \boldsymbol{b} = \begin{pmatrix} 2 \\ 1 \\ 1 \end{pmatrix} \quad \Longrightarrow \quad \boldsymbol{a} \times \boldsymbol{b} = \begin{vmatrix} \boldsymbol{e}_1 & \boldsymbol{e}_2 & \boldsymbol{e}_3 \\ 1 & 2 & -1 \\ 2 & 1 & 1 \end{vmatrix} = 3\,\boldsymbol{e}_1 - 3\boldsymbol{e}_2 - 3\boldsymbol{e}_3 = \begin{pmatrix} 3 \\ -3 \\ -3 \end{pmatrix}$$

kann man auch über eine Determinantendarstellung berechnen. ▪

4.3.3 Determinante einer (n,n)-Matrix

Determinanten sind grundsätzlich für beliebige quadratische Matrizen definiert. Allerdings ist die Berechnung für große Matrizen aufwendig. Die Berechnung der Determinante einer (n, n)-Matrix wird auf die Berechnung von Determinanten von $(n-1, n-1)$-Matrizen zurückgeführt. Mit diesem rekursiven Ansatz landet man dann Schritt für Schritt bei immer kleineren Matrizen. Schließlich berechnet man alle Determinanten von $(2, 2)$-Matrizen nach Definition 4.13.

Definition 4.15 (Determinante einer (n, n)-Matrix)

Die Determinante einer (n, n)-Matrix ist rekursiv definiert:

$$\begin{vmatrix} a_{11} & a_{12} & \cdots & a_{1n} \\ a_{21} & a_{22} & \cdots & a_{2n} \\ \vdots & \vdots & \ddots & \vdots \\ a_{n1} & a_{n2} & \cdots & a_{nn} \end{vmatrix} = a_{11} \underbrace{\begin{vmatrix} a_{22} & \cdots & a_{2n} \\ \vdots & \ddots & \vdots \\ a_{n2} & \cdots & a_{nn} \end{vmatrix}}_{\text{ohne 1. Spalte}} - a_{12} \underbrace{\begin{vmatrix} a_{21} & \cdots & a_{2n} \\ \vdots & \ddots & \vdots \\ a_{n1} & \cdots & a_{nn} \end{vmatrix}}_{\text{ohne 2. Spalte}} + \ldots + (-1)^{n+1} a_{1n} \underbrace{\begin{vmatrix} a_{21} & \cdots & a_{2\,n-1} \\ \vdots & \ddots & \vdots \\ a_{n1} & \cdots & a_{n\,n-1} \end{vmatrix}}_{\text{ohne } n\text{-te Spalte}}.$$

Bei der Berechnung einer Determinante hat man einen gewissen Spielraum. Oftmals ist es besser, die Berechnung nicht stur nach der Formel aus Definition 4.15 durchzuführen, sondern günstigere Zeilen und Spalten zum Entwickeln herauszugreifen, siehe Beispiel 4.20. Der sogenannte Entwicklungssatz geht auf den französischen Mathematiker Pierre-Simon Marquis de Laplace zurück. Der Satz garantiert, dass man bei der Berechnung einer Determinante nach jeder beliebigen Zeile oder Spalte entwickeln darf.

Satz 4.10 (Entwicklungssatz)

Die Determinante einer (n, n)-Matrix $\boldsymbol{A}$ lässt sich durch Entwickeln nach der i-ten Zeile berechnen:

$$|\boldsymbol{A}| = (-1)^{i+1} a_{i1}\,|\boldsymbol{A}_{i1}| + (-1)^{i+2} a_{i2}\,|\boldsymbol{A}_{i2}| + \ldots + (-1)^{i+n} a_{in}\,|\boldsymbol{A}_{in}|\,.$$

Dabei bezeichnet $\boldsymbol{A}_{ij}$ diejenige Matrix der Dimension $(n-1, n-1)$, die durch Streichen der i-ten Zeile und der j-ten Spalte aus der Matrix $\boldsymbol{A}$ entsteht. Entsprechend kann man eine Determinante auch durch Entwickeln nach einer beliebigen Spalte berechnen.

Die Vorzeichen in der Formel aus Satz 4.10 sind abwechselnd positiv und negativ. Die Anordnung der Vorzeichen erzeugt ein Schachbrettmuster. Auch bei Unterdeterminanten beginnt das Schachbrettmuster links oben immer mit einem Pluszeichen.

Merke 4.11 (Schachbrettmuster)

Die Vorzeichen beim Entwicklungssatz ergeben sich aus einem Schachbrettmuster, das in der linken oberen Ecke mit + startet:

$$\begin{vmatrix} (-1)^2 & (-1)^3 & (-1)^4 & \cdots \\ (-1)^3 & (-1)^4 & (-1)^5 & \cdots \\ (-1)^4 & (-1)^5 & (-1)^6 & \cdots \\ \vdots & \vdots & \vdots & \ddots \end{vmatrix} \Longrightarrow \begin{vmatrix} + & - & + & \cdots \\ - & + & - & \cdots \\ + & - & + & \cdots \\ \vdots & \vdots & \vdots & \ddots \end{vmatrix}.$$

Beispiel 4.20 (Determinante einer $(4,4)$-Matrix)

Bei der Matrix

$$\boldsymbol{A} = \begin{pmatrix} 3 & 4 & -2 & 0 \\ 0 & 2 & 1 & 0 \\ -4 & 0 & 0 & -7 \\ 0 & 3 & 5 & 1 \end{pmatrix}$$

bietet es sich an, die Determinante nach der ersten oder letzten Spalte zu entwickeln. Auch eine Entwicklung nach der zweiten oder dritten Zeile stellt eine günstige Wahl dar. Denn durch die Nullen in der Matrix müssen wir in allen diesen Fällen lediglich die Determinanten von zwei $(3,3)$-Matrizen berechnen. Die Entwicklung nach der letzten Spalte ergibt

$$|\boldsymbol{A}| = -(-7) \cdot \begin{vmatrix} 3 & 4 & -2 \\ 0 & 2 & 1 \\ 0 & 3 & 5 \end{vmatrix} + 1 \cdot \begin{vmatrix} 3 & 4 & -2 \\ 0 & 2 & 1 \\ -4 & 0 & 0 \end{vmatrix}.$$

Die erste Unterdeterminante entwickeln wir nach der ersten Spalte:

$$\begin{vmatrix} 3 & 4 & -2 \\ 0 & 2 & 1 \\ 0 & 3 & 5 \end{vmatrix} = 3 \cdot \begin{vmatrix} 2 & 1 \\ 3 & 5 \end{vmatrix} = 3 \cdot (2 \cdot 5 - 1 \cdot 3) = 21.$$

Bei der zweiten Unterdeterminanten bietet sich Entwickeln nach der letzten Zeile an:

$$\begin{vmatrix} 3 & 4 & -2 \\ 0 & 2 & 1 \\ -4 & 0 & 0 \end{vmatrix} = -4 \cdot \begin{vmatrix} 4 & -2 \\ 2 & 1 \end{vmatrix} = -4\,(4 \cdot 1 - (-2) \cdot 2) = -32.$$

Insgesamt erhalten wir somit $|\boldsymbol{A}| = 7 \cdot 21 + 1 \cdot (-32) = 115$. ■

Merke 4.12 (Entwickeln einer Determinante)

Man darf eine Determinante nach jeder beliebigen Zeile oder Spalte entwickeln. Dabei ist es günstig, Zeilen oder Spalten mit vielen Nullen zu wählen.

Die Cramersche Regel kann grundsätzlich auch zur Lösung von Gleichungssystemen verwendet werden. Damit erhält man gewissermaßen Lösungsformeln. Determinanten sind nur für quadratische Matrizen definiert.

Bei der Lösung mit der Cramerschen Regel muss das lineare Gleichungssystem deshalb so viele Gleichungen wie Unbekannte besitzen. Selbst für diese Spezialfälle werden in der Praxis bei mehr als drei Gleichungen meistens andere Lösungsverfahren eingesetzt. Die wichtigsten Gründe, die gegen die Verwendung der Cramerschen Regel sprechen, sind die numerische Instabilität und ein hoher Rechenaufwand.

Satz 4.11 (Cramersche Regel für (n, n)-Matrizen)

Das lineare Gleichungssystem in Matrixform $\boldsymbol{A}\boldsymbol{x} = \boldsymbol{b}$ hat genau dann eine eindeutige Lösung, wenn die Determinante der quadratischen Matrix $\boldsymbol{A}$ nicht null ist. Die Lösung kann man wie bei $(2, 2)$-Matrizen und $(3, 3)$-Matrizen mithilfe von Determinanten berechnen.

Die Cramersche Regel liefert ein Kriterium dafür, ob ein lineares Gleichungssystem eindeutig lösbar ist. Aus Kapitel 2 kennen wir bereits Situationen, in denen ein Gleichungssystem nicht eindeutig lösbar ist. In allen diesen Fällen ist die Determinante null.

Merke 4.13 (Determinante null)

Die Determinante einer quadratischen Matrix ist null, falls

- die Matrix eine Zeile oder Spalte mit lauter Nullen besitzt oder
- in der Matrix zwei Zeilen oder zwei Spalten gleich sind oder
- es in der Matrix eine Zeile bzw. Spalte gibt, die das Vielfache einer anderen Zeile bzw. Spalte ist.

Etwas allgemeiner kann man sogar ein notwendiges und hinreichendes Kriterium dafür angeben, dass die Determinante einer Matrix null ist. Die Determinante ist genau dann null, wenn es eine Zeile gibt, die sich als Linearkombination aller anderen Zeilen darstellen lässt. Eine analoge Aussage gilt auch für die Spalten. Bei Determinanten kann man auf ein paar Rechenregeln zurückgreifen, die in manchen Fällen die Berechnung wesentlich vereinfachen. Wir verzichten auf einen Nachweis dieser Regeln und betrachten dafür ein paar charakteristische Beispiele.

Beispiel 4.21 (Rechenregeln für Determinanten)

a) Wir berechnen die Determinante durch Entwickeln nach der ersten Zeile:

$$\begin{vmatrix} 1 & 2 & 3 \\ 4 & 5 & 6 \\ 7 & 8 & 0 \end{vmatrix} = 1 \begin{vmatrix} 5 & 6 \\ 8 & 0 \end{vmatrix} - 2 \begin{vmatrix} 4 & 6 \\ 7 & 0 \end{vmatrix} + 3 \begin{vmatrix} 4 & 5 \\ 7 & 8 \end{vmatrix} = 27.$$

b) Die Determinante der transponierten Matrix entwickeln wir nach der ersten Spalte:

$$\begin{vmatrix} 1 & 4 & 7 \\ 2 & 5 & 8 \\ 3 & 6 & 0 \end{vmatrix} = 1 \begin{vmatrix} 5 & 8 \\ 6 & 0 \end{vmatrix} - 2 \begin{vmatrix} 4 & 7 \\ 6 & 0 \end{vmatrix} + 3 \begin{vmatrix} 4 & 7 \\ 5 & 8 \end{vmatrix} = 27.$$

Die transponierte Matrix hat dieselbe Determinante.

c) Wir berechnen die Determinante der Matrix, bei der zwei Zeilen der Matrix aus Beispielteil a) vertauscht sind. Jetzt entwickeln wir nach der zweiten Zeile

$$\begin{vmatrix} 4 & 5 & 6 \\ 1 & 2 & 3 \\ 7 & 8 & 0 \end{vmatrix} = -1 \begin{vmatrix} 5 & 6 \\ 8 & 0 \end{vmatrix} + 2 \begin{vmatrix} 4 & 6 \\ 7 & 0 \end{vmatrix} - 3 \begin{vmatrix} 4 & 5 \\ 7 & 8 \end{vmatrix} = -27.$$

Bei der Determinante hat sich nur das Vorzeichen geändert.

d) Wir multiplizieren die Matrix aus Beispielteil a) mit dem Faktor 2

$$\begin{vmatrix} 2 & 4 & 6 \\ 8 & 10 & 12 \\ 14 & 16 & 0 \end{vmatrix} = 2 \begin{vmatrix} 10 & 12 \\ 16 & 0 \end{vmatrix} - 4 \begin{vmatrix} 8 & 12 \\ 14 & 0 \end{vmatrix} + 6 \begin{vmatrix} 8 & 10 \\ 14 & 16 \end{vmatrix} = 2^3 \cdot 27 = 216.$$

und berechnen die Determinante durch Entwickeln nach der ersten Zeile. ▪

Satz 4.12 (Rechenregeln für Determinanten)

Für beliebige (n, n)-Matrizen $\boldsymbol{A}$, $\boldsymbol{B}$ und Skalare λ gilt:

- Die transponierte Matrix hat dieselbe Determinante wie die Matrix: $|\boldsymbol{A}^{\mathrm{T}}| = |\boldsymbol{A}|$.
- Vertauscht man zwei Zeilen oder zwei Spalten, dann ändert sich das Vorzeichen der Determinante.
- Bei der Multiplikation mit einem Skalar gilt: $|\lambda\, \boldsymbol{A}| = \lambda^n\, |\boldsymbol{A}|$.
- Bei der Multiplikation von Matrizen gilt: $|\boldsymbol{A} \cdot \boldsymbol{B}| = |\boldsymbol{A}|\, |\boldsymbol{B}|$.

Bei speziellen Matrizen vereinfacht sich die Berechnung der Determinante häufig. Je mehr Nullen die Matrix enthalten, desto weniger Summanden treten bei der Entwicklung der Determinante auf. Bei Matrizen, die unterhalb der Diagonale nur Nullen haben oder bei Matrizen, die oberhalb der Diagonale nur Nullen haben, muss man nur noch das Produkt der Diagonalelemente berechnen.

Merke 4.14 (Determinante von Diagonal- und Dreiecksmatrizen)

Die Determinante einer Diagonalmatrix oder einer unteren oder oberen Dreiecksmatrix ist das Produkt der Elemente in der Diagonalen.

4.4 Inverse Matrix

Die inverse Matrix einer Matrix ist so etwas Ähnliches wie der Kehrwert einer Zahl. In diesem Abschnitt werden wir untersuchen, welche Matrizen eine inverse Matrix besitzen. Wir werden aufzeigen, wie man mit der inversen Matrix zumindest formal sehr elegant Gleichungssysteme lösen kann.

4.4.1 Invertierbare Matrizen

Die Lösung einer linearen Gleichung $a\,x = b$ berechnet man, indem man die Gleichung auf beiden Seiten durch a teilt und dadurch nach x auflöst. Sofern a nicht null ist, erhält man $x = \frac{b}{a}$ als eindeutige Lösung. Bei einem linearen Gleichungssystem in Matrixform $\boldsymbol{A}\,\boldsymbol{x} = \boldsymbol{b}$ kann man im Prinzip genauso vorgehen. Falls die Determinante einer quadratischen Matrix $\boldsymbol{A}$ ungleich null ist, ist das lineare Gleichungssystem eindeutig lösbar. Wir versuchen, die Gleichung $\boldsymbol{A}\,\boldsymbol{x} = \boldsymbol{b}$ nach $\boldsymbol{x}$ aufzulösen. Dazu multiplizieren wir beide Seiten mit der sogenannten inversen Matrix $\boldsymbol{A}^{-1}$:

$$\boldsymbol{A}\,\boldsymbol{x} = \boldsymbol{b} \quad \Longrightarrow \quad \boldsymbol{A}^{-1}\,\boldsymbol{A}\,\boldsymbol{x} = \boldsymbol{A}^{-1}\,\boldsymbol{b}.$$

Die inverse Matrix $\boldsymbol{A}^{-1}$ bestimmen wir so, dass das Produkt der Matrizen $\boldsymbol{A}^{-1}$ und $\boldsymbol{A}$ die Einheitsmatrix $\boldsymbol{E}$ ergibt: $\boldsymbol{A}^{-1}\,\boldsymbol{A} = \boldsymbol{E}$. Dann erhalten wir $\boldsymbol{x} = \boldsymbol{A}^{-1}\,\boldsymbol{b}$.

Definition 4.16 (Inverse Matrix)

Zu jeder quadratischen Matrix $\boldsymbol{A}$, deren Determinante nicht null ist, gibt es eine eindeutig bestimmte inverse Matrix $\boldsymbol{A}^{-1}$ so, dass

$$\boldsymbol{A}^{-1} \cdot \boldsymbol{A} = \boldsymbol{E}.$$

Eine Matrix $\boldsymbol{A}$, die eine inverse Matrix besitzt, nennt man invertierbar oder regulär. Eine nicht invertierbare Matrix heißt singulär.

Man kann zeigen, dass immer

$$\boldsymbol{A}^{-1} \cdot \boldsymbol{A} = \boldsymbol{E} \quad \Longleftrightarrow \quad \boldsymbol{A} \cdot \boldsymbol{A}^{-1} = \boldsymbol{E}$$

gilt. Eine sogenannte linksinverse Matrix ist also immer auch eine rechtsinverse Matrix und umgekehrt. Außerdem gelten weitere Rechenregeln im Zusammenhang mit inversen Matrizen. Ähnlich wie beim Transponieren eines Matrixprodukts kehrt sich beim Invertieren ebenfalls die Reihenfolge von mehreren Matrizen um.

Satz 4.13 (Rechenregeln für die Inverse einer Matrix)

Für invertierbare Matrizen $\boldsymbol{A}$ und $\boldsymbol{B}$ mit entsprechend passenden Dimensionen gilt:

- $\boldsymbol{A}^{-1} \cdot \boldsymbol{A} = \boldsymbol{A} \cdot \boldsymbol{A}^{-1} = \boldsymbol{E}$
- $(\boldsymbol{A} \cdot \boldsymbol{B})^{-1} = \boldsymbol{B}^{-1} \cdot \boldsymbol{A}^{-1}$
- $\left(\boldsymbol{A}^{-1}\right)^{-1} = \boldsymbol{A}$
- $\left(\boldsymbol{A}^{-1}\right)^{T} = \left(\boldsymbol{A}^{T}\right)^{-1}$

Definition 4.16 liefert kein Berechnungsverfahren für die inverse Matrix. Wir beschränken uns darauf, die inverse Matrix einer $(2,2)$-Matrix anzugeben, siehe Abschnitt 4.4.2. Für $n > 2$ ist die Berechnung der inversen Matrix aufwendig. Im Prinzip kann man mithilfe von Matrixgleichungssystemen und einer zweifachen Anwendung des Gauß-Algorithmus die inverse Matrix berechnen. Da Problemstellungen in der Praxis ohnehin selten mithilfe der inversen Matrix gelöst werden, verzichten wir auf weitere Details.

Beispiel 4.22 (Nachweis einer inversen $(3,3)$-Matrix)

Die Determinante der Matrix $\boldsymbol{A}$

$$\begin{vmatrix} 2 & 1 & -1 \\ 0 & 2 & 1 \\ 5 & 2 & -3 \end{vmatrix} = 2\cdot(2\cdot(-3)-1\cdot 2)+5\cdot(1\cdot 1-(-1)\cdot 2) = -1$$

ist nicht null. Somit ist die Matrix $\boldsymbol{A}$ invertierbar und besitzt eine inverse Matrix $\boldsymbol{A}^{-1}$. Die Berechnung von $\boldsymbol{A}^{-1}$ ist aufwendig und wir verzichten auf die Details:

$$\boldsymbol{A}^{-1}=\begin{pmatrix} 8 & -1 & -3 \\ -5 & 1 & 2 \\ 10 & -1 & -4 \end{pmatrix} \Longrightarrow \begin{pmatrix} 2 & 1 & -1 \\ 0 & 2 & 1 \\ 5 & 2 & -3 \end{pmatrix}\begin{pmatrix} 8 & -1 & -3 \\ -5 & 1 & 2 \\ 10 & -1 & -4 \end{pmatrix}=\begin{pmatrix} 1 & 0 & 0 \\ 0 & 1 & 0 \\ 0 & 0 & 1 \end{pmatrix}.$$

Allerdings lässt sich eine Vermutung einfach durch Matrixmultiplikation überprüfen. ■

4.4.2 Inverse einer (2,2)-Matrix

Die inverse Matrix einer $(2,2)$-Matrix existiert nur dann, wenn die Determinante der Matrix nicht null ist. Bei einer $(2,2)$-Matrix ergeben sich die Koeffizienten der inversen Matrix unmittelbar aus den Koeffizienten der Ausgangsmatrix, wobei durch die Determinante geteilt wird.

Satz 4.14 (Inverse einer $(2,2)$-Matrix)

Falls die Determinante einer $(2,2)$-Matrix nicht null ist, kann man die inverse Matrix durch folgende Formel berechnen:

$$\begin{pmatrix} a_{11} & a_{12} \\ a_{21} & a_{22} \end{pmatrix}^{-1} = \frac{1}{a_{11}a_{22}-a_{12}a_{21}}\begin{pmatrix} a_{22} & -a_{12} \\ -a_{21} & a_{11} \end{pmatrix}.$$

Die Gültigkeit der Formel aus Satz 4.14 lässt sich einfach überprüfen. Dazu multiplizieren wir die beiden Matrizen:

$$\boldsymbol{A}\,\boldsymbol{A}^{-1} = \begin{pmatrix} a_{11} & a_{12} \\ a_{21} & a_{22} \end{pmatrix}\frac{1}{a_{11}a_{22}-a_{12}a_{21}}\begin{pmatrix} a_{22} & -a_{12} \\ -a_{21} & a_{11} \end{pmatrix} = \begin{pmatrix} 1 & 0 \\ 0 & 1 \end{pmatrix} = \boldsymbol{E}.$$

Beispiel 4.23 (Inverse einer $(2,2)$-Matrix)

Zur Berechnung der inversen Matrix $\boldsymbol{A}^{-1}$ der Matrix $\boldsymbol{A}$ benötigen wir ihre Determinante:

$$\boldsymbol{A} = \begin{pmatrix} 1 & 2 \\ 3 & 4 \end{pmatrix} \quad\Longrightarrow\quad |\boldsymbol{A}| = \begin{vmatrix} 1 & 2 \\ 3 & 4 \end{vmatrix} = 1\cdot 4 - 2\cdot 3 = -2.$$

Mit der entsprechenden Formel

$$\boldsymbol{A}^{-1} = \frac{1}{-2}\begin{pmatrix} 4 & -2 \\ -3 & 1 \end{pmatrix} = \begin{pmatrix} -2 & 1 \\ \frac{3}{2} & -\frac{1}{2} \end{pmatrix}$$

ergibt sich die inverse Matrix. ■

4.4.3 Inverse Matrix und lineares Gleichungssystem

Die Berechnung der inversen Matrix ist in der Regel aufwendiger als das Lösen eines linearen Gleichungssystems. Wenn man die inverse Matrix jedoch kennt, dann kann man die Lösung eines linearen Gleichungssystems für beliebige rechte Seiten durch einfache Matrixmultiplikationen berechnen. Der Begriff einer inversen Matrix lässt sich verallgemeinern. Für nicht quadratische oder singuläre Matrizen gibt es die Pseudoinverse, siehe [Golub] oder [Freund-Hoppe].

Satz 4.15 (Inverse Matrix und lineares Gleichungssystem)

Falls die Determinante einer quadratischen Matrix $\boldsymbol{A}$ ungleich null ist, dann ist das lineare Gleichungssystem $\boldsymbol{A}\,\boldsymbol{x} = \boldsymbol{b}$ eindeutig lösbar. Die Lösung $\boldsymbol{x}$ kann man durch Multiplikation der rechten Seite $\boldsymbol{b}$ mit der inversen Matrix $\boldsymbol{A}^{-1}$ berechnen: $\boldsymbol{x} = \boldsymbol{A}^{-1}\,\boldsymbol{b}$.

Beispiel 4.24 (Inverse Matrix und lineares Gleichungssystem)

Wir schreiben das lineare Gleichungssystem in Matrixform

$$\begin{array}{rcrcrcl} 2x_1 & + & x_2 & - & x_3 & = & 1 \\ & + & 2x_2 & + & x_3 & = & 2 \\ 5x_1 & + & 2x_2 & - & 3x_3 & = & 3 \end{array} \quad\Longrightarrow\quad \underbrace{\begin{pmatrix} 2 & 1 & -1 \\ 0 & 2 & 1 \\ 5 & 2 & -3 \end{pmatrix}}_{\boldsymbol{A}} \underbrace{\begin{pmatrix} x_1 \\ x_2 \\ x_3 \end{pmatrix}}_{\boldsymbol{x}} = \underbrace{\begin{pmatrix} 1 \\ 2 \\ 3 \end{pmatrix}}_{\boldsymbol{b}}.$$

Aus Beispiel 4.22 kennen wir bereits die inverse Matrix

$$\boldsymbol{A}^{-1} = \begin{pmatrix} 8 & -1 & -3 \\ -5 & 1 & 2 \\ 10 & -1 & -4 \end{pmatrix} \Longrightarrow \underbrace{\begin{pmatrix} x_1 \\ x_2 \\ x_3 \end{pmatrix}}_{\boldsymbol{x}} = \underbrace{\begin{pmatrix} 8 & -1 & -3 \\ -5 & 1 & 2 \\ 10 & -1 & -4 \end{pmatrix}}_{\boldsymbol{A}^{-1}} \underbrace{\begin{pmatrix} 1 \\ 2 \\ 3 \end{pmatrix}}_{\boldsymbol{b}} = \begin{pmatrix} -3 \\ 3 \\ -4 \end{pmatrix}$$

und berechnen damit die Lösung des linearen Gleichungssystems. ■

4.4.4 Orthogonale Matrizen

Es gibt Matrizen, bei denen die Inverse gerade die Transponierte ist. Der Umgang mit solchen Matrizen ist besonders angenehm, man nennt sie orthogonal. Der Begriff der Orthogonalität für Vektoren wurde bereits in Abschnitt 3.2.6 eingeführt.

Definition 4.17 (Orthogonale Matrix)

Ein quadratische Matrix $\boldsymbol{A}$ nennt man orthogonale Matrix, falls das Matrixprodukt von $\boldsymbol{A}^T$ und $\boldsymbol{A}$ die Einheitsmatrix ergibt:

$$\boldsymbol{A}^T\boldsymbol{A} = \boldsymbol{E}\,.$$

Aus Definition 4.17 kann man ablesen, dass die Spaltenvektoren von $\boldsymbol{A}$ normiert sind und dass je zwei verschiedene Spaltenvektoren von $\boldsymbol{A}$ senkrecht zueinander sind. Orthogonale Matrizen sind immer regulär, ihre Determinanten immer ungleich null.

Satz 4.16 (Eigenschaften orthogonaler Matrizen)

Für eine orthogonale Matrix $\boldsymbol{A}$ gilt:

- Die Matrix $\boldsymbol{A}$ ist regulär.
- Die Transponierte von $\boldsymbol{A}$ ist gleichzeitig auch die Inverse von $\boldsymbol{A}$, also $\boldsymbol{A}^T = \boldsymbol{A}^{-1}$.
- Alle Zeilen- und Spaltenvektoren von $\boldsymbol{A}$ sind normiert.
- Zeilen- und Spaltenvektoren von $\boldsymbol{A}$ sind paarweise orthogonal.

Beispiel 4.25 (Orthogonale Matrizen)

a) Die folgende Matrix $\boldsymbol{A}$ ist orthogonal, denn es gilt:

$$\boldsymbol{A} = \begin{pmatrix} 0 & 1 \\ 1 & 0 \end{pmatrix} \quad \Longrightarrow \quad \boldsymbol{A}^T\boldsymbol{A} = \begin{pmatrix} 0 & 1 \\ 1 & 0 \end{pmatrix}\begin{pmatrix} 0 & 1 \\ 1 & 0 \end{pmatrix} = \begin{pmatrix} 1 & 0 \\ 0 & 1 \end{pmatrix}.$$

b) Auch die folgende Matrix $\boldsymbol{B}$ besitzt die Eigenschaft der Orthogonalität:

$$\boldsymbol{B} = \frac{1}{3}\begin{pmatrix} 2 & 2 & -1 \\ -1 & 2 & 2 \\ 2 & -1 & 2 \end{pmatrix}.$$

Das Skalarprodukt gleicher Zeilen- und Spaltenvektoren ergibt 1, alle Zeilen- und Spaltenvektoren sind also normiert. Das Skalarprodukt verschiedener Zeilen- und Spaltenvektoren ist 0, verschiedene Zeilen- und Spaltenvektoren sind also senkrecht zueinander.

$$\boldsymbol{B}^T\boldsymbol{B} = \frac{1}{9}\begin{pmatrix} 2 & -1 & 2 \\ 2 & 2 & -1 \\ -1 & 2 & 2 \end{pmatrix}\begin{pmatrix} 2 & 2 & -1 \\ -1 & 2 & 2 \\ 2 & -1 & 2 \end{pmatrix} = \begin{pmatrix} 1 & 0 & 0 \\ 0 & 1 & 0 \\ 0 & 0 & 1 \end{pmatrix}.$$

Bei diesem Beispiel dürfen wir den Vorfaktor der Matrix $\boldsymbol{B}$ nicht vergessen. ■

4.5 Lineare Abbildungen

Wir betrachten in diesem Abschnitt lineare Abbildungen. Derartige Abbildungen kann man sehr allgemein auf sogenannte Vektorräume beziehen. Wir beschränken uns hier auf lineare Abbildungen, die durch Matrizen festgelegt werden.

4.5.1 Matrizen als Abbildungen

Matrizen lassen sich auch als Abbildungen interpretieren. Durch Multiplikation mit einer Matrix $\boldsymbol{A}$ wird einem Vektor $\boldsymbol{x}$ ein neuer Vektor $\boldsymbol{y}$ zugeordnet:

$$\boldsymbol{x} \mapsto \boldsymbol{y} = \boldsymbol{A}\,\boldsymbol{x}.$$

Abbildungen in der Ebene werden durch $(2,2)$-Matrizen und Abbildungen im Raum durch $(3,3)$-Matrizen beschrieben.

Beispiel 4.26 (Lineare Abbildungen)

a) Die Matrix

$$A = \begin{pmatrix} 1 & 0 \\ 0 & -1 \end{pmatrix}$$

beschreibt eine lineare Abbildung in der Ebene:

$$\begin{pmatrix} y_1 \\ y_2 \end{pmatrix} = \begin{pmatrix} 1 & 0 \\ 0 & -1 \end{pmatrix} \begin{pmatrix} x_1 \\ x_2 \end{pmatrix} = \begin{pmatrix} x_1 \\ -x_2 \end{pmatrix}.$$

Dabei bleibt die erste Koordinate unverändert und die zweite ändert nur das Vorzeichen. Bei dieser Abbildung handelt es sich um eine Spiegelung an der x_1-Achse.

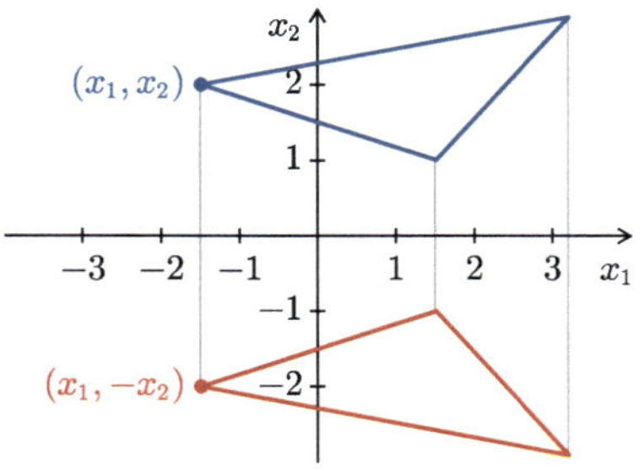

b) Eine lineare Abbildung in der Ebene wird durch die Matrix

$$B = \begin{pmatrix} 2 & 0 \\ 0 & 3 \end{pmatrix}$$

beschrieben. Damit erhalten wir

$$\begin{pmatrix} y_1 \\ y_2 \end{pmatrix} = \begin{pmatrix} 2 & 0 \\ 0 & 3 \end{pmatrix} \begin{pmatrix} x_1 \\ x_2 \end{pmatrix} = \begin{pmatrix} 2\,x_1 \\ 3\,x_2 \end{pmatrix}.$$

Die erste Koordinate wird um den Faktor 2 und die zweite um den Faktor 3 skaliert. Bei dieser Abbildung handelt es sich um eine Skalierung.

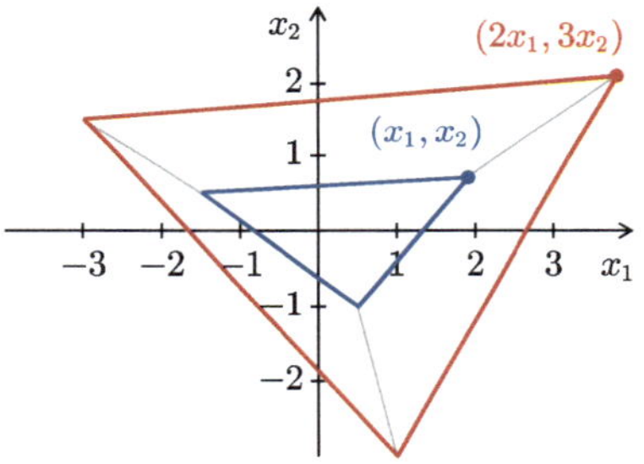

c) Durch die Matrix C wird eine lineare Abbildung im Raum beschrieben:

$$C = \begin{pmatrix} 1 & 0 & 0 \\ 0 & 0 & 0 \\ 0 & 0 & 1 \end{pmatrix} \quad \Longrightarrow \quad \begin{pmatrix} y_1 \\ y_2 \\ y_3 \end{pmatrix} = \begin{pmatrix} 1 & 0 & 0 \\ 0 & 0 & 0 \\ 0 & 0 & 1 \end{pmatrix} \cdot \begin{pmatrix} x_1 \\ x_2 \\ x_3 \end{pmatrix} = \begin{pmatrix} x_1 \\ 0 \\ x_3 \end{pmatrix}.$$

Die erste und die dritte Koordinate bleiben unverändert, die zweite Koordinate ist immer null. Alle Vektoren $\boldsymbol{y}$ liegen in der x_1-x_3-Ebene. Diese lineare Abbildung ist eine Projektion in die x_1-x_3-Ebene. ■

Aus Beispiel 4.26 erkennen wir, dass es unterschiedliche Typen linearer Abbildungen gibt. Bei der Spiegelung und bei der Skalierung handelt es sich um sogenannte bijektive Abbildungen. Bei einer bijektiven Abbildung gibt es zu jedem Vektor $\boldsymbol{y}$ genau einen Vektor $\boldsymbol{x}$, der diesen Vektor $\boldsymbol{y}$ erzeugt.

Die Projektion aus Beispiel 4.26 ist nicht bijektiv, da beispielsweise zwei Vektoren $\boldsymbol{x}$, die sich nur in der zweiten Koordinate unterscheiden, auf denselben Vektor $\boldsymbol{y}$ abgebildet werden. Projektionen sind daher im Allgemeinen nicht umkehrbar. Man könnte es auch so formulieren: Bei Projektionen geht Information verloren, daher gibt es im Allgemeinen keine Umkehrabbildung.

4.5.2 Koordinatentransformation

Mithilfe von linearen Abbildungen kann man ein Objekt in der Ebene oder im Raum spiegeln, strecken oder auch drehen, siehe dazu auch Abschnitt 4.8.1. Wesentlich hierbei ist, dass das Koordinatensystem unverändert bleibt, während das Objekt seine Gestalt oder Lage ändert. Nun kann man das Ganze aber auch genau umgekehrt betrachten: Bei einer Koordinatentransformation bleibt das Objekt unverändert und ein bestehendes Koordinatensystem wird durch ein neues Koordinatensystem ersetzt.

Merke 4.15 (Koordinatentransformation)

Bei einem Wechsel von einem $\boldsymbol{x}$-Koordinatensystem in ein $\boldsymbol{y}$-Koordinatensystem wird ein Koordinatenvektor $\boldsymbol{a}$ in einen Vektor $\boldsymbol{b}$ transformiert:

$$\boldsymbol{b} = \boldsymbol{T}\boldsymbol{a} \,.$$

Dabei bestehen die einzelnen Spalten der Transformationsmatrix $\boldsymbol{T}$ aus den normierten $\boldsymbol{x}$-Achsenrichtungsvektoren, angegeben in $\boldsymbol{y}$-Koordinaten. Sind beide Koordinatensysteme kartesisch, so kann $\boldsymbol{T}$ als orthogonale Matrix gewählt werden.

Beispiel 4.27 (Koordinatenwechsel)

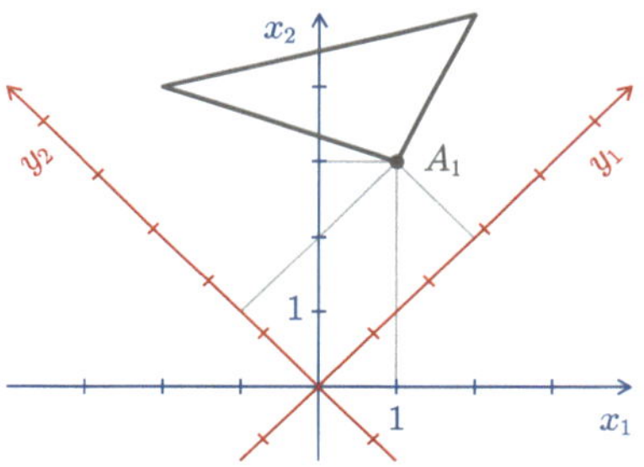

Das kartesische x_1-x_2-Standardkoordinatensystem in der Ebene soll um $45°$ gegen den Uhrzeigersinn gedreht werden. Die Richtungen der x_1-x_2-Achsen werden im gedrehten y_1-y_2-Koordinatensystem durch die beiden normierten Vektoren

$$\frac{1}{\sqrt{2}}\begin{pmatrix} 1 \\ -1 \end{pmatrix}, \quad \frac{1}{\sqrt{2}}\begin{pmatrix} 1 \\ 1 \end{pmatrix}$$

beschrieben. Damit können wir die gesuchte orthogonale Transformationsmatrix $\boldsymbol{T}$ aufstellen:

$$\boldsymbol{T} = \frac{1}{\sqrt{2}}\begin{pmatrix} 1 & 1 \\ -1 & 1 \end{pmatrix}.$$

Die Ecken A_1, A_2 und A_3 eines Dreiecks haben im x_1-x_2-Koordinatensystem beispielsweise die Koordinaten

$$\boldsymbol{a}_1 = \begin{pmatrix} 1 \\ 3 \end{pmatrix}, \quad \boldsymbol{a}_2 = \begin{pmatrix} 2 \\ 5 \end{pmatrix}, \quad \boldsymbol{a}_3 = \begin{pmatrix} -2 \\ 4 \end{pmatrix}.$$

Im y_1-y_2-Koordinatensystem entstehen die neuen Koordinaten $\boldsymbol{b}_1$

$$\boldsymbol{b}_1 = \boldsymbol{T}\boldsymbol{a}_1 = \frac{1}{\sqrt{2}}\begin{pmatrix} 1 & 1 \\ -1 & 1 \end{pmatrix}\begin{pmatrix} 1 \\ 3 \end{pmatrix} = \sqrt{2}\begin{pmatrix} 2 \\ 1 \end{pmatrix}$$

und die neuen Koordinaten $\boldsymbol{b}_2$ und $\boldsymbol{b}_3$:

$$\boldsymbol{b}_2 = \boldsymbol{T}\boldsymbol{a}_2 = \frac{1}{\sqrt{2}}\begin{pmatrix} 7 \\ 3 \end{pmatrix}, \quad \boldsymbol{b}_3 = \boldsymbol{T}\boldsymbol{a}_3 = \sqrt{2}\begin{pmatrix} 1 \\ 3 \end{pmatrix}.$$

Damit ist ein Koordinatenwechsel erfolgt. ■

4.5.3 Kern, Bild und Rang

Zur Charakterisierung linearer Abbildungen verwendet man die Begriffe Kern und Bild. Sie geben an, wie erzeugend oder auch vernichtend eine lineare Abbildung ist. Im Zusammenhang werden wir sehen, dass das Gesamtpotenzial an Erzeugung und Vernichtung von Vektoren konstant ist.

Definition 4.18 (Kern und Bild einer linearen Abbildung)

Bei der linearen Abbildung $\boldsymbol{y} = \boldsymbol{A}\,\boldsymbol{x}$ bezeichnet

- der Kern der Matrix $\boldsymbol{A}$ bzw. der linearen Abbildung die Menge aller Vektoren $\boldsymbol{x}$, die auf den Nullvektor abgebildet werden,
- das Bild der Matrix $\boldsymbol{A}$ bzw. der linearen Abbildung die Menge aller Vektoren $\boldsymbol{y}$, die durch Abbildung aller Vektoren $\boldsymbol{x}$ entstehen.

Anschaulich werden alle Vektoren, die zum Kern einer linearen Abbildung gehören, durch die lineare Abbildung vernichtet. Das Bild einer linearen Abbildung gibt an, welche Vektoren durch die Abbildung erzeugt werden. Zwischen der Dimension des Kerns und der Dimension des Bildes einer Matrix besteht ein enger Zusammenhang.

Satz 4.17 (Dimensionsformel)

Für jede (m, n)-Matrix $\boldsymbol{A}$ ergibt die Summe der Dimension des Kerns von $\boldsymbol{A}$ und der Dimension des Bildes von $\boldsymbol{A}$ gerade n. Besitzt also der Kern von $\boldsymbol{A}$ maximal k linear unabhängige Vektoren, so hat das Bild von $\boldsymbol{A}$ maximal $n - k$ linear unabhängige Vektoren.

Die Dimension des Bildraumes einer linearen Abbildung bezeichnet man als Rang. Je kleiner der Rang einer linearen Abbildung ist, um so mehr Vektoren werden durch die Abbildung vernichtet.

Definition 4.19 (Rang einer linearen Abbildung)

Die maximale Anzahl r linear unabhängiger Vektoren $y_1, y_2, \ldots, y_r$ im Bild der linearen Abbildung $\boldsymbol{y} = \boldsymbol{A}\,\boldsymbol{x}$ bezeichnet man als Rang der Matrix $\boldsymbol{A}$ bzw. der linearen Abbildung.

Beispiel 4.28 (Kern, Bild und Rang)

a) Die beiden Matrizen

$$\boldsymbol{A} = \begin{pmatrix} 1 & 0 \\ 0 & -1 \end{pmatrix}, \quad \boldsymbol{B} = \begin{pmatrix} 2 & 0 \\ 0 & 3 \end{pmatrix}$$

aus Beispiel 4.26 beschreiben lineare Abbildungen. Der einzige Vektor $\boldsymbol{x}$, der durch diese Matrizen auf den Nullvektor abgebildet wird, ist der Nullvektor. Der Kern dieser Matrizen besteht also nur aus dem Nullvektor. Das Bild der linearen Abbildung besteht aus allen Vektoren der Ebene. Die Matrizen $\boldsymbol{A}$ und $\boldsymbol{B}$ haben beide den Rang $r = 2$.

b) Die Matrix C aus Beispiel 4.26 bildet alle Vektoren, deren erste und dritte Koordinate null ist, auf den Nullvektor ab:

$$C = \begin{pmatrix} 1 & 0 & 0 \\ 0 & 0 & 0 \\ 0 & 0 & 1 \end{pmatrix} \implies \begin{pmatrix} 1 & 0 & 0 \\ 0 & 0 & 0 \\ 0 & 0 & 1 \end{pmatrix} \cdot \begin{pmatrix} 0 \\ x_2 \\ 0 \end{pmatrix} = \begin{pmatrix} 0 \\ 0 \\ 0 \end{pmatrix}.$$

Alle diese Vektoren liegen somit im Kern der Matrix. Das Bild der Matrix besteht nur aus allen Vektoren der x_1-x_3-Ebene. Der Rang der Matrix C ist somit $r = 2$. ▪

Wenn wir das Bild einer linearen Abbildung kennen, dann lässt sich damit genau entscheiden, wann ein lineares Gleichungssystem lösbar ist. Dabei erfolgt keine Unterscheidung, ob das zugehörige Gleichungssystem eindeutig lösbar ist oder unendlich viele Lösungen besitzt. Ein Gleichungssystem ist genau dann lösbar, wenn die rechte Seite zum Bild der Matrix gehört. Die Bestimmung des Bildes einer Matrix ist in der Regel wesentlich aufwendiger als die Lösung eines linearen Gleichungssystems. Somit hat diese Erkenntnis zwar große theoretische Bedeutung, ist aber bei der praktischen Lösung von Gleichungssystemen eher von geringer Bedeutung.

Satz 4.18 (Lösbarkeit eines linearen Gleichungssystems)

Das lineare Gleichungssystem in Matrixform

$$A\,x = b$$

ist genau dann lösbar, wenn der Vektor b im Bild der Matrix A enthalten ist.

4.6 Eigenwerte und Eigenvektoren

Bei manchen linearen Abbildungen gibt es Vektoren, die durch die Abbildung wieder auf sich selbst abgebildet werden. Solche Vektoren bezeichnet man als Fixpunkte. Beispielsweise sind bei einer Spiegelung an einer Geraden alle Punkte, die auf dieser Geraden liegen, Fixpunkte. Sie verändern ihre Lage nicht, wenn sie durch eine lineare Abbildung abgebildet werden. Informationen über die Fixpunkte einer Abbildung sind für das Verständnis von linearen Abbildungen sehr hilfreich.

Definition 4.20 (Eigenwert und Eigenvektor)

Man nennt den Vektor $v \neq 0$ einen Eigenvektor zum Eigenwert λ der quadratischen Matrix A, falls gilt:

$$A\,v = \lambda\,v.$$

Die Multiplikation der Matrix A mit einem Eigenvektor v ergibt einen Vektor mit Ausrichtung v. Die Veränderung der Länge wird durch den Eigenwert λ beschrieben.

Eigenvektoren sind eine Art verallgemeinerte Fixpunkte. Man bezeichnet einen Vektor als Eigenvektor einer linearen Abbildung, falls die Abbildung die Ausrichtung des Vektors unverändert lässt. Multipliziert man also eine Matrix mit einem Eigenvektor, dann ist das Ergebnis ein Vektor in Richtung oder Gegenrichtung des Eigenvektors. Nur die Länge hat sich eventuell geändert. Die Veränderung der Länge wird durch den sogenannten Eigenwert beschrieben. Bei der Frage nach Eigenwerten und Eigenvektoren betrachten wir ausschließlich quadratische Matrizen. Definition 4.20 liefert noch kein Berechnungsverfahren für Eigenwerte und Eigenvektoren. Wir werden uns noch ausführlich mit der Frage beschäftigen, wie man Eigenwerte und Eigenvektoren einer Matrix berechnen kann.

Beispiel 4.29 (Test von Eigenwerten und Eigenvektoren)

Wir kennen bislang noch kein Verfahren, um die Eigenwerte und Eigenvektoren der Matrix

$$\boldsymbol{A} = \begin{pmatrix} 7 & -2 & 0 \\ -2 & 6 & -2 \\ 0 & -2 & 5 \end{pmatrix}$$

zu berechnen. Trotzdem können wir testen, ob ein Vektor ein Eigenvektor ist oder nicht. Dazu multiplizieren wir die Matrix mit einem Testvektor $\boldsymbol{v}_1$:

$$\underbrace{\begin{pmatrix} 7 & -2 & 0 \\ -2 & 6 & -2 \\ 0 & -2 & 5 \end{pmatrix}}_{\boldsymbol{A}} \underbrace{\begin{pmatrix} 1 \\ 1 \\ 1 \end{pmatrix}}_{\boldsymbol{v}_1} = \begin{pmatrix} 5 \\ 2 \\ 3 \end{pmatrix} \neq \lambda \underbrace{\begin{pmatrix} 1 \\ 1 \\ 1 \end{pmatrix}}_{\boldsymbol{v}_1}.$$

Durch Multiplikation mit der Matrix $\boldsymbol{A}$ wird der Vektor $\boldsymbol{v}_1$ auf einen Vektor mit einer anderen Richtung abgebildet. Der Vektor $\boldsymbol{v}_1$ ist deshalb kein Eigenvektor der Matrix $\boldsymbol{A}$. Multiplikation mit einem Testvektor $\boldsymbol{v}_2$ ergibt

$$\underbrace{\begin{pmatrix} 7 & -2 & 0 \\ -2 & 6 & -2 \\ 0 & -2 & 5 \end{pmatrix}}_{\boldsymbol{A}} \underbrace{\begin{pmatrix} 1 \\ 2 \\ 2 \end{pmatrix}}_{\boldsymbol{v}_2} = \begin{pmatrix} 3 \\ 6 \\ 6 \end{pmatrix} = \underbrace{3}_{\lambda} \underbrace{\begin{pmatrix} 1 \\ 2 \\ 2 \end{pmatrix}}_{\boldsymbol{v}_2}.$$

Der Vektor $\boldsymbol{v}_2$ ist somit ein Eigenvektor der Matrix $\boldsymbol{A}$ zum Eigenwert $\lambda = 3$. ■

In Definition 4.20 werden die beiden Begriffe Eigenwert und Eigenvektor gemeinsam definiert. Es wird sich zeigen, dass die Berechnung von Eigenwerten und Eigenvektoren getrennt erfolgen kann. In der Regel berechnet man zuerst die Eigenwerte und dann zu jedem einzelnen Eigenwert einen passenden Eigenvektor. Zur Herleitung der entsprechenden Formeln starten wir mit der Gleichung $\boldsymbol{A}\boldsymbol{v} = \lambda\boldsymbol{v}$ aus Definition 4.20. Die Multiplikation mit der Einheitsmatrix $\boldsymbol{E}$ lässt den Vektor $\boldsymbol{v}$ unverändert. Deshalb können wir diese Gleichung auch in der Form

$$(\boldsymbol{A} - \lambda\boldsymbol{E})\,\boldsymbol{v} = \boldsymbol{0}$$

darstellen. Der Nullvektor $\boldsymbol{v} = \boldsymbol{0}$ ist eine Lösung dieser Gleichung. Aber an dieser trivialen Lösung ist man, siehe nochmals Definition 4.20, nicht interessiert. Lösungsvektoren $\boldsymbol{v} \neq \boldsymbol{0}$ sind also nur dann möglich, wenn die Gleichung nicht eindeutig lösbar ist. Somit muss die Determinante der Matrix auf der linken Seite der Gleichung null sein.

Satz 4.19 (Eigenwerte und charakteristische Gleichung)

Die Eigenwerte λ einer quadratischen Matrix $\boldsymbol{A}$ bestimmt man mithilfe einer Determinante aus der sogenannten charakteristischen Gleichung

$$|\boldsymbol{A} - \lambda\,\boldsymbol{E}| = 0.$$

Bei einer (n, n)-Matrix $\boldsymbol{A}$ muss man dabei die Nullstellen des charakteristischen Polynoms $|\boldsymbol{A} - \lambda\,\boldsymbol{E}|$ vom Grad n in der Unbekannten λ ermitteln. Eine (n, n)-Matrix $\boldsymbol{A}$ hat höchstens n verschiedene Eigenwerte.

Satz 4.19 liefert für kleine Matrizen eine passable Strategie zur Berechnung von Eigenwerten. Doch selbst für $n = 2$ ergeben sich Polynome, die Berechnungen mit komplexen Zahlen erfordern, siehe Abschnitt 13.3.3. Für Polynome von höherem Grad ist die Bestimmung aller Nullstellen keine einfache Problemstellung. In der numerischen Mathematik hat sich sogar die umgekehrte Strategie bewährt. Nullstellen von Polynomen werden dadurch bestimmt, dass man die Eigenwerte einer entsprechenden Matrix ermittelt. Für die numerische Berechnung von Eigenwerten gibt es unterschiedliche Näherungsverfahren, siehe [Mohr:Numerik], [Schwarz-Köckler] oder [Freund-Hoppe].

Beispiel 4.30 (Eigenwerte)

Die Eigenwerte der folgenden Matrix $\boldsymbol{A}$ berechnen wir aus der Gleichung $|\boldsymbol{A} - \lambda\,\boldsymbol{E}| = 0$:

$$\boldsymbol{A} = \begin{pmatrix} 7 & -2 & 0 \\ -2 & 6 & -2 \\ 0 & -2 & 5 \end{pmatrix} \quad \Longrightarrow \quad \begin{vmatrix} 7-\lambda & -2 & 0 \\ -2 & 6-\lambda & -2 \\ 0 & -2 & 5-\lambda \end{vmatrix} = 0.$$

Durch Entwickeln der Determinante nach der ersten Zeile erhalten wir

$$(7-\lambda)\begin{vmatrix} 6-\lambda & -2 \\ -2 & 5-\lambda \end{vmatrix} + 2\begin{vmatrix} -2 & -2 \\ 0 & 5-\lambda \end{vmatrix} = 0.$$

Die Determinanten der $(2, 2)$-Matrizen bestimmen wir nach Definition 4.13:

$$(7-\lambda)\Big[(6-\lambda)(5-\lambda) - 4\Big] + 2\Big[-2\,(5-\lambda)\Big] = 0.$$

Nach dem Ausmultiplizieren der Klammern und Vereinfachen erhalten wir die Gleichung

$$-\lambda^3 + 18\,\lambda^2 - 99\,\lambda + 162 = 0.$$

Ganzzahlige Lösungen versuchen wir über die Teiler von 162 zu ermitteln. Tatsächlich ist die charakteristische Gleichung für $\lambda_1 = 3$, $\lambda_2 = 6$ und $\lambda_3 = 9$ erfüllt. Die Matrix $\boldsymbol{A}$ hat die Eigenwerte $\lambda_1 = 3$, $\lambda_2 = 6$ und $\lambda_3 = 9$. ■

Nachdem man die Eigenwerte bestimmt hat, kann man nacheinander zu jedem einzelnen Eigenwert einen passenden Eigenvektor ermitteln. Für einen festen Zahlenwert λ stellt die Bedingung $(\boldsymbol{A} - \lambda\,\boldsymbol{E})\,\boldsymbol{v} = \boldsymbol{0}$ ein homogenes lineares Gleichungssystem dar. Die Lösung dieses homogenen Gleichungssystems ist nicht eindeutig, siehe Abschnitt 2.3.6. Wenn der Vektor $\boldsymbol{v}$ ein Eigenvektor ist, dann ist immer auch jedes Vielfache des Vektors $\boldsymbol{v}$ ein Eigenvektor.

Satz 4.20 (Eigenvektoren)

Eigenvektoren $\boldsymbol{v}$ zum Eigenwert λ einer quadratischen Matrix $\boldsymbol{A}$ ergeben sich aus der Lösung des homogenen linearen Gleichungssystems

$$(\boldsymbol{A} - \lambda\,\boldsymbol{E})\,\boldsymbol{v} = \boldsymbol{0}.$$

Eigenvektoren sind nicht eindeutig bestimmt. Die Länge eines Eigenvektors kann man beliebig festlegen.

Beispiel 4.31 (Eigenvektoren)

Die Eigenwerte $\lambda_1 = 3$, $\lambda_2 = 6$ und $\lambda_3 = 9$ der Matrix

$$\boldsymbol{A} = \begin{pmatrix} 7 & -2 & 0 \\ -2 & 6 & -2 \\ 0 & -2 & 5 \end{pmatrix}$$

haben wir in Beispiel 4.30 ermittelt. Zu jedem Eigenwert berechnen wir einen Eigenvektor. Für den Eigenwert $\lambda_1 = 3$ erhalten wir das homogene lineare Gleichungssystem:

$$\begin{array}{rcrcrcl} 4\,v_1 & - & 2\,v_2 & & & = & 0 \\ -2\,v_1 & + & 3\,v_2 & - & 2\,v_3 & = & 0 \\ & & -2\,v_2 & + & 2\,v_3 & = & 0 \end{array}$$

Die Lösung einer Eigenwertgleichung ist nicht eindeutig bestimmt. Wir können bei dieser Gleichung beispielsweise $v_1 = 1$ wählen. Aus der ersten Gleichung folgt dann $v_2 = 2$ und aus der dritten Gleichung $v_3 = 2$. Die zweite Gleichung ist mit diesen Werten erfüllt. Somit erhalten wir

$$\lambda_1 = 3: \quad \Longrightarrow \quad \boldsymbol{v}_1 = \begin{pmatrix} 1 \\ 2 \\ 2 \end{pmatrix}.$$

Auf dieselbe Art erhalten wir für $\lambda_2 = 6$

$$\begin{array}{rcrcrcl} v_1 & - & 2\,v_2 & & & = & 0 \\ -2\,v_1 & & & - & 2\,v_3 & = & 0 \\ & & -2\,v_2 & - & v_3 & = & 0 \end{array} \quad \Longrightarrow \quad \boldsymbol{v}_2 = \begin{pmatrix} 2 \\ 1 \\ -2 \end{pmatrix}$$

und schließlich für $\lambda_3 = 9$

$$\begin{array}{rcrcrcl} -2\,v_1 & - & 2\,v_2 & & & = & 0 \\ -2\,v_1 & - & 3\,v_2 & - & 2\,v_3 & = & 0 \\ & & -2\,v_2 & - & 4\,v_3 & = & 0 \end{array} \quad \Longrightarrow \quad \boldsymbol{v}_3 = \begin{pmatrix} -2 \\ 2 \\ -1 \end{pmatrix}.$$

Betrachten wir das Ergebnis genauer. Durch die Berechnung der Skalarprodukte

$$\underbrace{\begin{pmatrix} 1 & 2 & 2 \end{pmatrix}}_{\boldsymbol{v}_1^T} \underbrace{\begin{pmatrix} 2 \\ 1 \\ -2 \end{pmatrix}}_{\boldsymbol{v}_2} = 0, \quad \underbrace{\begin{pmatrix} 1 & 2 & 2 \end{pmatrix}}_{\boldsymbol{v}_1^T} \underbrace{\begin{pmatrix} -2 \\ 2 \\ -1 \end{pmatrix}}_{\boldsymbol{v}_3} = 0, \quad \underbrace{\begin{pmatrix} 2 & 1 & -2 \end{pmatrix}}_{\boldsymbol{v}_2^T} \underbrace{\begin{pmatrix} -2 \\ 2 \\ -1 \end{pmatrix}}_{\boldsymbol{v}_3} = 0$$

sehen wir, dass die drei Eigenvektoren $\boldsymbol{v}_1$, $\boldsymbol{v}_2$ und $\boldsymbol{v}_3$ jeweils senkrecht zueinander sind. Dieses Ergebnis ist typisch für symmetrische Matrizen. ▪

Merke 4.16 (Eigenwerte und Eigenvektoren)

Zur Bestimmung der Eigenwerte λ und der Eigenvektoren $\boldsymbol{v}$ einer quadratischen Matrix $\boldsymbol{A}$ kann man folgendermaßen vorgehen:

(1) Bestimme alle Eigenwerte λ aus der charakteristischen Gleichung

$$|\boldsymbol{A} - \lambda\,\boldsymbol{E}| = 0.$$

(2) Bestimme zu jedem Eigenwert λ einen Eigenvektor $\boldsymbol{v} \neq \boldsymbol{0}$ aus der Gleichung

$$(\boldsymbol{A} - \lambda\,\boldsymbol{E})\,\boldsymbol{v} = \boldsymbol{0}.$$

Beispiel 4.32 (Eigenwerte und Eigenvektoren)

Wir suchen die Eigenwerte der folgenden Matrix:

$$\boldsymbol{A} = \begin{pmatrix} 0 & 2 & 0 \\ 0 & 0 & 2 \\ -1 & 1 & 0 \end{pmatrix} \quad \Longrightarrow \quad \begin{vmatrix} -\lambda & 2 & 0 \\ 0 & -\lambda & 2 \\ -1 & 1 & -\lambda \end{vmatrix} = -\lambda^3 + 2\lambda - 4 = 0\,.$$

Durch Entwickeln nach der ersten Zeile erhalten wir die charakteristische Gleichung mit einer Lösung $\lambda_1 = -2$. Durch Polynomdivision ergibt sich:

$$(-\lambda^3 + 2\lambda - 4) \,:\, (\lambda + 2) = \lambda^2 - 2\lambda + 2 = 0\,.$$

Die resultierende quadratische Gleichung hat keine reelle Lösung. Wir werden in Kapitel 13 die reellen Zahlen so erweitern, dass wir auch für diese Matrix genau drei Eigenwerte erhalten. ∎

Matrizen der Dimension n, die keine n verschiedenen reellen Eigenwerte haben, wie etwa die Matrix aus Beispiel 4.32, treten im Zusammenhang mit Differenzialgleichungssystemen auf, siehe Abschnitt 14.5. Wir werden die Eigenwerte vollständig berechnen können, sobald wir die komplexen Zahlen in Kapitel 13 eingeführt haben.

Auch Matrizen, deren charakteristische Gleichungen mehrfache Nullstellen haben, sind etwas aufwendiger zu behandeln. Die Berechnung der Eigenvektoren in diesen Fällen kann schwierig sein. Unter Umständen muss man auf sogenannte Hauptvektoren ausweichen. Für spezielle Matrizen kann sich die Bestimmung der Eigenwerte deutlich vereinfachen.

Merke 4.17 (Eigenwerte von Diagonal- und Dreiecksmatrizen)

Die Eigenwerte einer Diagonalmatrix oder einer unteren oder oberen Dreiecksmatrix stehen in der Diagonalen. Sie müssen also nicht berechnet, sondern können einfach abgelesen werden. Insbesondere besitzt eine (n, n)-Dreiecksmatrix n reelle Eigenwerte.

Bei Diagonal- oder Dreiecksmatrizen muss man die Eigenwerte also nur aus der Diagonalen ablesen. Diese Eigenschaft folgt unmittelbar aus der einfachen Bestimmung der Determinanten solcher Matrizen, siehe Abschnitt 4.3. Eine explizite Rechnung ist hier also nicht erforderlich. Auch symmetrische Matrizen haben Eigenschaften, die die Berechnung von Eigenwerten und Eigenvektoren erleichtern.

Satz 4.21 (Eigenwerte und Eigenvektoren symmetrischer Matrizen)

Für die Eigenwerte und Eigenvektoren einer symmetrischen (n, n)-Matrix gilt:

- Alle Eigenwerte sind reell.
- Die Eigenvektoren zu verschiedenen Eigenwerten sind senkrecht zueinander.
- Es gibt n paarweise orthogonale Eigenvektoren.

In der Informatik setzt man Eigenwerte und Eigenvektoren zur Analyse großer und sehr großer Datenmengen ein, wie sie beispielsweise bei der Mustererkennung oder bei neuronalen Netzen auftreten. Satz 4.21 bildet die Grundlage für die sogenannte Hauptachsentransformation. Solche Transformationen werden in der Mathematik bei der Beschreibung von Flächen verwendet. In der Physik und in der Mechanik verwendet man Hauptachsentransformationen, um Symmetrieachsen von Körpern zu ermitteln und Trägheitsmomente zu bestimmen.

Definition 4.21 (Ähnlichkeitstransformation)

Bei einer Ähnlichkeitstransformation wird eine quadratische Matrix $\boldsymbol{A}$ mithilfe einer regulären Transformationsmatrix $\boldsymbol{T}$ in eine quadratische Matrix $\boldsymbol{B}$ transformiert:

$$\boldsymbol{T}^{-1}\boldsymbol{A}\boldsymbol{T} = \boldsymbol{B}\,.$$

Die beiden Matrizen $\boldsymbol{A}$ und $\boldsymbol{B}$ heißen dann ähnlich.

Ähnliche Matrizen besitzen die gleiche Determinante und die gleichen Eigenwerte. Ist $\boldsymbol{v}$ ein Eigenvektor zum Eigenwert λ von $\boldsymbol{A}$, so ist $\boldsymbol{w} = \boldsymbol{T}^{-1}\boldsymbol{v}$ ein Eigenvektor von $\boldsymbol{B}$:

$$\boldsymbol{B}\boldsymbol{w} = \boldsymbol{T}^{-1}\boldsymbol{A}\boldsymbol{T}\boldsymbol{T}^{-1}\boldsymbol{v} = \boldsymbol{T}^{-1}\boldsymbol{A}\boldsymbol{v} = \boldsymbol{T}^{-1}\lambda\boldsymbol{v} = \lambda\boldsymbol{T}^{-1}\boldsymbol{v} = \lambda\boldsymbol{w}\,.$$

Bei der Hauptachsentransformation verwendet man als Transformationsmatrix $\boldsymbol{T}$ eine spezielle Matrix, die aus Eigenvektoren der Matrix $\boldsymbol{A}$ besteht. Die resultierende Matrix $\boldsymbol{B}$ ist dann eine Diagonalmatrix, gebildet aus den Eigenwerten von $\boldsymbol{A}$. Man transformiert dabei also eine vollbesetzte Matrix in eine Diagonalmatrix.

Definition 4.22 (Hauptachsentransformation)

Bei der Hauptachsentransformation wird eine symmetrische (n, n)-Matrix $\boldsymbol{A}$ mit den Eigenwerten $\lambda_1, \ldots, \lambda_n$ und den paarweise orthogonalen, normierten Eigenvektoren $\boldsymbol{v}_1, \ldots, \boldsymbol{v}_n$ mithilfe einer Matrix $\boldsymbol{T}$ in eine Diagonalmatrix $\boldsymbol{D}$ transformiert:

$$\boldsymbol{T}^{-1}\boldsymbol{A}\boldsymbol{T} = \boldsymbol{D} \quad \text{mit} \quad \boldsymbol{T} = \begin{pmatrix} \boldsymbol{v}_1 & \boldsymbol{v}_2 & \cdots & \boldsymbol{v}_n \end{pmatrix}, \quad \boldsymbol{D} = \begin{pmatrix} \lambda_1 & 0 & \cdots & 0 \\ 0 & \lambda_2 & \cdots & 0 \\ \vdots & \vdots & \ddots & \vdots \\ 0 & 0 & \cdots & \lambda_n \end{pmatrix}.$$

Dabei besteht $\boldsymbol{T}$ aus den Eigenvektoren und $\boldsymbol{D}$ aus den Eigenwerten von $\boldsymbol{A}$.

Beispiel 4.33 (Hauptachsentransformation)

Die Gleichung $5x^2 - 4xy + 8y^2 = 36$ beschreibt eine Punktmenge in der Ebene. Zu ihrer Bestimmung formen wir die Gleichung mithilfe einer symmetrischen Matrix $\boldsymbol{A}$ um:

$$5x^2 - 4xy + 8y^2 = 36 \quad \Longleftrightarrow \quad \begin{pmatrix} x & y \end{pmatrix} \boldsymbol{A} \begin{pmatrix} x \\ y \end{pmatrix} = 1 \text{ mit } \boldsymbol{A} = \frac{1}{36} \begin{pmatrix} 5 & -2 \\ -2 & 8 \end{pmatrix}.$$

Dabei wird der Koeffizient -4 auf zwei Matrixelemente aufgeteilt. Die beiden Eigenwerte $\lambda_1 = \frac{1}{9}$ und $\lambda_2 = \frac{1}{4}$ der Matrix $\boldsymbol{A}$ schreiben wir in eine Diagonalmatrix $\boldsymbol{D}$. Wir berechnen normierte Eigenvektoren, fassen diese spaltenweise in einer orthogonalen Transformationsmatrix $\boldsymbol{T}$ zusammen und führen transformierte Koordinaten $\hat{x}$ und $\hat{y}$ ein:

$$\boldsymbol{v}_1 = \frac{1}{\sqrt{5}} \begin{pmatrix} 2 \\ 1 \end{pmatrix}, \quad \boldsymbol{v}_2 = \frac{1}{\sqrt{5}} \begin{pmatrix} -1 \\ 2 \end{pmatrix}, \quad \boldsymbol{T} = \frac{1}{\sqrt{5}} \begin{pmatrix} 2 & -1 \\ 1 & 2 \end{pmatrix}, \quad \begin{pmatrix} \hat{x} \\ \hat{y} \end{pmatrix} = \boldsymbol{T}^{-1} \begin{pmatrix} x \\ y \end{pmatrix}.$$

Wegen $\boldsymbol{T}^{-1}\boldsymbol{A}\boldsymbol{T} = \boldsymbol{D}$ oder umgeformt $\boldsymbol{A} = \boldsymbol{T}\boldsymbol{D}\boldsymbol{T}^{-1}$ lautet die Gleichung dann

$$\begin{pmatrix} x & y \end{pmatrix} \boldsymbol{A} \begin{pmatrix} x \\ y \end{pmatrix} = \begin{pmatrix} x & y \end{pmatrix} \boldsymbol{T}\boldsymbol{D}\boldsymbol{T}^{-1} \begin{pmatrix} x \\ y \end{pmatrix} = \begin{pmatrix} \hat{x} & \hat{y} \end{pmatrix} \boldsymbol{D} \begin{pmatrix} \hat{x} \\ \hat{y} \end{pmatrix} = 1.$$

Hier haben wir außerdem $\boldsymbol{T}^{-1} = \boldsymbol{T}^T$ verwendet. Wir multiplizieren den rechten Term aus und erhalten

$$5x^2 - 4xy + 8y^2 = 36 \quad \Longleftrightarrow \quad \frac{\hat{x}^2}{9} + \frac{\hat{y}^2}{4} = 1.$$

Diese Gleichung beschreibt eine Ellipse, siehe auch Abschnitt 11.2. Die Wurzeln aus den Kehrwerten der Eigenwerte ergeben die beiden Halbachsen 3 und 2. Die Eigenvektoren geben die Richtungen der Hauptachsen an. Die Drehung um $26.6°$ erhält man aus dem Winkel zwischen der positiven x-Achse und $\boldsymbol{v}_1$.

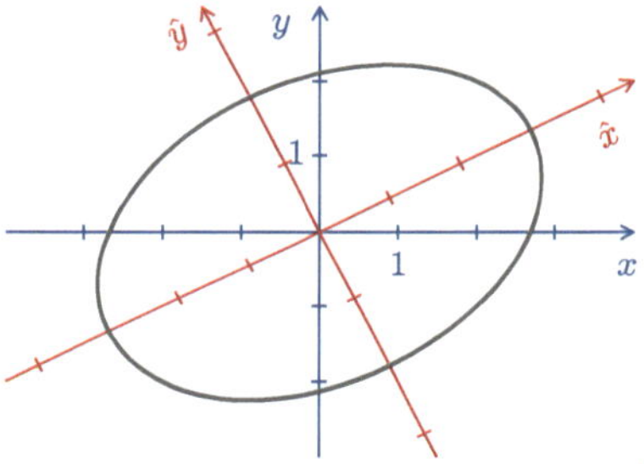

■

4.7 Numerische Verfahren

In der Anwendung sind im Zusammenhang mit der linearen Algebra neben Verfahren zum Lösen linearer Gleichungssysteme vor allem Methoden zur Berechnung von Eigenwerten und Eigenvektoren wichtig. Oftmals genügt es, die betragsmäßig größten Eigenwerte zu bestimmen. Bei der Analyse von Systemen liefern sie die wesentlichen Beiträge.

4.7.1 Potenzmethode

Die Potenzmethode ist ein numerisches Verfahren zur Berechnung des betragsgrößten Eigenwerts und eines dazugehörigen Eigenvektors einer Matrix. Die Methode ist ein sogenanntes iteratives Verfahren. Ein von null verschiedener Startvektor $\tilde{\boldsymbol{x}}_0$ wird zunächst normiert. Anschließend wird das Matrixprodukt $\boldsymbol{A}\tilde{\boldsymbol{x}}_0$ mit dem normierten Vektor gebildet. Das Ergebnis ist ein neuer Startvektor $\tilde{\boldsymbol{x}}_1$ für den nächsten Iterationsschritt. Es entstehen also im Verlauf der Berechnung im Wesentlichen Matrixpotenzen $\boldsymbol{A}^k$ der Ausgangsmatrix $\boldsymbol{A}$. Dies erklärt den Namen Potenzmethode.

Definition 4.23 (Potenzmethode)

Mit der Potenzmethode, auch Vektoriteration genannt, kann man eine Näherung für den betragsgrößten Eigenwert und einen dazugehörigen Eigenvektor einer quadratischen Matrix $\boldsymbol{A}$ berechnen:

(1) Finde einen geeigneten Startvektor $\tilde{\boldsymbol{x}}_0 \neq \mathbf{0}$.

(2) Berechne Näherungswerte $\tilde{\boldsymbol{x}}_1$, $\tilde{\boldsymbol{x}}_2$, ... und $\tilde{\lambda}_1$, $\tilde{\lambda}_2$, ... mit der Iterationsvorschrift

$$\tilde{\boldsymbol{y}}_k = \frac{\tilde{\boldsymbol{x}}_k}{|\tilde{\boldsymbol{x}}_k|}, \quad \tilde{\boldsymbol{x}}_{k+1} = \boldsymbol{A}\tilde{\boldsymbol{y}}_k, \quad \tilde{\lambda}_{k+1} = \tilde{\boldsymbol{y}}_k^{\mathrm{T}}\,\tilde{\boldsymbol{x}}_{k+1}, \quad k = 0, 1, 2, \ldots$$

(3) Führe die Iteration so lange durch, bis die gewünschte Genauigkeit erreicht ist.

Wenn es keinen vom betragsgrößten Eigenwert λ verschiedenen Eigenwert mit gleichem Betrag gibt, dann konvergieren die Vektoren $\tilde{\boldsymbol{x}}_k$ gegen einen Eigenvektor. Der zugehörige betragsgrößte Eigenwert entsteht durch Bilden des Skalarproduktes des aktuellen Vektors $\tilde{\boldsymbol{x}}_k$ und des normierten Vektors aus dem letzten Schritt. Die Potenzmethode wird auch als von-Mises-Iteration bezeichnet, benannt nach dem Mathematiker Richard von Mises.

Beispiel 4.34 (Potenzmethode)

Wir suchen den betragsmäßig größten Eigenwert der folgenden Matrix und wählen einen beliebigen einfachen Startvektor ungleich null:

$$\boldsymbol{A} = \begin{pmatrix} 2 & -1 & 0 & 0 & 0 \\ -1 & 2 & -1 & 0 & 0 \\ 0 & -1 & 2 & -1 & 0 \\ 0 & 0 & -1 & 2 & -1 \\ 0 & 0 & 0 & -1 & 2 \end{pmatrix}, \quad \tilde{\boldsymbol{x}}_0 = \begin{pmatrix} 1 \\ 1 \\ 1 \\ 1 \\ 1 \end{pmatrix}.$$

Für die ersten Iterationen ergeben sich die Vektoren

$$\tilde{\boldsymbol{x}}_1 \approx \begin{pmatrix} 0.4472 \\ 0 \\ 0 \\ 0 \\ 0.4472 \end{pmatrix}, \quad \tilde{\boldsymbol{x}}_2 \approx \begin{pmatrix} 1.4142 \\ -0.7071 \\ 0 \\ -0.7071 \\ 1.4142 \end{pmatrix}, \quad \tilde{\boldsymbol{x}}_3 \approx \begin{pmatrix} 1.5811 \\ -1.2649 \\ 0.6325 \\ -1.2649 \\ 1.5811 \end{pmatrix}.$$

Nach 10 Iterationen erhält man die Näherung $\tilde{\lambda}_{10} \approx 3.7317$ für den Eigenwert $\lambda \approx 3.73205080$ mit bereits 3 korrekten Ziffern. ■

4.8 Anwendungen

Matrizen werden in CAD-Systemen, zur Steuerung von Robotern, in der Computergrafik und bei vielen weiteren technischen Anwendungen zur Beschreibung von geometrischen Transformationen verwendet. Komplexe Transformationen werden in der Regel durch Nacheinanderausführung einzelner Grundtransformationen, wie etwa Translationen, Skalierungen und Rotationen, erzeugt.

4.8.1 Computergrafik

In der Ebene kann eine Rotation um den Ursprung $O(0\,|\,0)$ mit dem Winkel α durch eine Multiplikation mit der Matrix

$$\boldsymbol{R} = \begin{pmatrix} \cos\alpha & -\sin\alpha \\ \sin\alpha & \cos\alpha \end{pmatrix}$$

beschrieben werden. Eine Rotation ist eine lineare Abbildung. Eine Multiplikation des Ortsvektors von $P_1(x_1\,|\,y_1)$ mit der Matrix $\boldsymbol{R}$ ergibt einen gedrehten Ortsvektor:

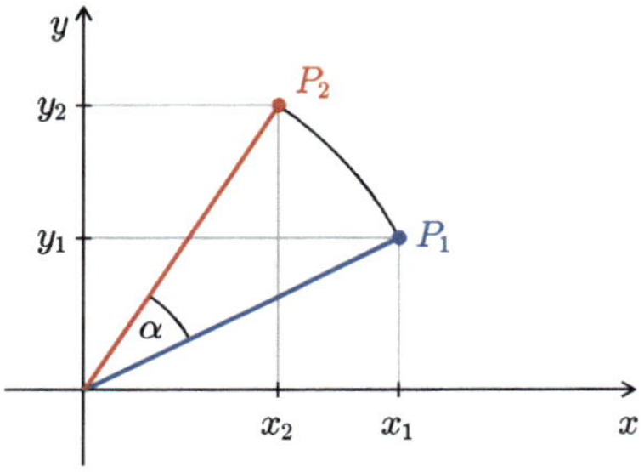

$$\begin{pmatrix} \cos\alpha & -\sin\alpha \\ \sin\alpha & \cos\alpha \end{pmatrix} \begin{pmatrix} x_1 \\ y_1 \end{pmatrix} = \begin{pmatrix} x_1\,\cos\alpha - y_1\,\sin\alpha \\ x_1\,\sin\alpha + y_1\,\cos\alpha \end{pmatrix} = \begin{pmatrix} x_2 \\ y_2 \end{pmatrix}.$$

Der Punkt $P_2(x_2\,|\,y_2)$ geht aus dem Punkt P_1 durch Rotation um den Winkel α in mathematisch positiver Orientierung, also entgegen dem Uhrzeigersinn, hervor. Die Rotation mit dem Winkel $-\alpha$ macht die ursprüngliche Rotation wieder rückgängig. Die inverse Matrix der Rotationsmatrix $\boldsymbol{R}$ ist also eine Rotationsmatrix:

$$\boldsymbol{R}^{-1} = \begin{pmatrix} \cos(-\alpha) & -\sin(-\alpha) \\ \sin(-\alpha) & \cos(-\alpha) \end{pmatrix} = \begin{pmatrix} \cos\alpha & \sin\alpha \\ -\sin\alpha & \cos\alpha \end{pmatrix}.$$

Das Hintereinanderausführen von zwei Rotationen mit den Winkeln α und β muss dieselbe Rotation wie die Rotation um den Winkel $\alpha + \beta$ ergeben:

$$\begin{pmatrix} \cos\alpha & -\sin\alpha \\ \sin\alpha & \cos\alpha \end{pmatrix} \begin{pmatrix} \cos\beta & -\sin\beta \\ \sin\beta & \cos\beta \end{pmatrix} = \begin{pmatrix} \cos(\alpha+\beta) & -\sin(\alpha+\beta) \\ \sin(\alpha+\beta) & \cos(\alpha+\beta) \end{pmatrix}.$$

Andererseits ergibt das Produkt der beiden Matrizen

$$\begin{pmatrix} \cos\alpha\cos\beta - \sin\alpha\sin\beta & -\cos\alpha\sin\beta - \sin\alpha\cos\beta \\ \sin\alpha\cos\beta + \cos\alpha\sin\beta & -\sin\alpha\sin\beta + \cos\alpha\cos\beta \end{pmatrix}.$$

Damit haben wir nun zwei Darstellungen des Matrixprodukts. Durch Vergleich der beiden Darstellungen erhalten wir bereits an dieser Stelle die Additionstheoreme aus Satz 6.9:

$$\begin{aligned} \cos(\alpha+\beta) &= \cos\alpha\cos\beta - \sin\alpha\sin\beta \\ \sin(\alpha+\beta) &= \sin\alpha\cos\beta + \cos\alpha\sin\beta\,. \end{aligned}$$

Diese Herleitung ist recht elegant.

Rotationen im Raum können ebenfalls durch Matrizen beschrieben werden. Man betrachtet dabei Rotationen um die drei Koordinatenachsen mit den sogenannten Euler-Winkeln. Ganz wesentlich dabei ist die Reihenfolge der Rotationen.

Ein anderer Ansatz, der in der Computergrafik oft verwendet wird, basiert auf komplexen Zahlen, siehe Abschnitt 13.4.3. Im dreidimensionalen Fall lassen sich Transformationen auch durch sogenannte Quaternionen, die man als Verallgemeinerung komplexer Zahlen betrachten kann, darstellen.

4.9 Aufgaben

4.9.1 Verständnis und Kompetenz

Aufgabe 4.1 (Reguläre Matrix) ★

Wahr oder falsch? Die Matrix $\boldsymbol{A}$ ist genau dann regulär, wenn a und b nicht null sind.

$$\boldsymbol{A} = \begin{pmatrix} 0 & a \\ b & 0 \end{pmatrix}$$

Aufgabe 4.2 (Determinante und Lösungmenge) ★

Wahr oder falsch? Wenn die Determinante der Matrix $\boldsymbol{A}$ null ist, dann hat $\boldsymbol{A}\boldsymbol{x} = \boldsymbol{0}$

a) keine Lösung, b) genau eine Lösung, c) mindestens eine Lösung.

Aufgabe 4.3 (Eigenwerte von Dreiecksmatrizen) ★★

Geben Sie für die folgenden Matrizen die Eigenwerte an:

a) $\boldsymbol{A} = \begin{pmatrix} 2 & 0 & 0 \\ 0 & -1 & 0 \\ 0 & 0 & 3 \end{pmatrix}$ b) $\boldsymbol{A} = \begin{pmatrix} -1 & 0 & 0 \\ 2 & \sqrt{3} & 0 \\ -3 & 1 & \sqrt{2} \end{pmatrix}$ c) $\boldsymbol{A} = \begin{pmatrix} \pi & 1 & -1 \\ 0 & 3\pi & 1 \\ 0 & 0 & -2\pi \end{pmatrix}$

Aufgabe 4.4 (Skalierung von Eigenwerten) ★★

Zeigen Sie, dass für eine beliebige reelle Konstante $c \neq 0$ folgendes gilt: λ ist Eigenwert der Matrix $\boldsymbol{A}$ genau dann, wenn $c\lambda$ Eigenwert der Matrix $c\boldsymbol{A}$ ist.

Aufgabe 4.5 (Summe und Produkt von Eigenwerten) ★★★★

Zeigen Sie zunächst für $(2,2)$-Matrizen und dann für $(3,3)$-Matrizen $\boldsymbol{A}$:

a) Die Summe der Eigenwerte ist gleich der Summe der Diagonalelemente von $\boldsymbol{A}$.

b) Das Produkt der Eigenwerte ist gleich der Determinante von $\boldsymbol{A}$.

Aufgabe 4.6 (Transponierte und Diagonalmatrix) ★★

Bestimmen Sie den Parameter a so, dass $\boldsymbol{A}\boldsymbol{A}^{\mathrm{T}}$ eine Diagonalmatrix ist:

$$\boldsymbol{A} = \begin{pmatrix} 1 & 2 \\ -2 & a \end{pmatrix}.$$

Aufgabe 4.7 (Determinante und lineares Gleichungssystem) ★★★

Schreiben Sie das lineare Gleichungssystem

$$\begin{array}{rcrcrcl} px_1 & - & x_2 & + & 2x_3 & = & 0 \\ 2x_1 & + & px_2 & - & x_3 & = & 3 \\ & & px_2 & + & x_3 & = & 1 \end{array}$$

in Matrixform $\boldsymbol{A}\boldsymbol{x} = \boldsymbol{b}$ und berechnen Sie die Determinante der Matrix $\boldsymbol{A}$. Für welche Werte des Parameters p ist das lineare Gleichungssystem eindeutig lösbar?

4.9.2 Rechnung und Training

Aufgabe 4.8 (Matrixprodukte) ★★

Gegeben sind vier Matrizen unterschiedlicher Dimensionen. Berechnen Sie alle möglichen Produkte aus jeweils zwei der Matrizen:

$$\boldsymbol{a} = \begin{pmatrix} 1 & 2 & 3 \end{pmatrix}, \quad \boldsymbol{b} = \begin{pmatrix} 2 \\ 1 \\ 3 \end{pmatrix}, \quad \boldsymbol{C} = \begin{pmatrix} 2 & 1 & 1 \\ 3 & 0 & 1 \end{pmatrix}, \quad \boldsymbol{D} = \begin{pmatrix} 2 & 2 & 3 \\ 1 & -1 & 0 \\ -1 & 2 & 1 \end{pmatrix}.$$

Aufgabe 4.9 (Matrixpotenzen) ★★

Berechnen Sie $\boldsymbol{A}^2$, $\boldsymbol{A}^3$ und $\boldsymbol{A}^4$ und stellen Sie eine Formel für $\boldsymbol{A}^n$ auf:

$$\boldsymbol{A} = \begin{pmatrix} a & 1 & 0 \\ 0 & a & 1 \\ 0 & 0 & a \end{pmatrix}.$$

Aufgabe 4.10 (Matrixgleichungen) ★★★

Bestimmen Sie die Matrizen $\boldsymbol{A}$ und $\boldsymbol{B}$ so, dass die beiden Gleichungen erfüllt sind:

$$2\,\boldsymbol{A} - 2\,\boldsymbol{B} = \begin{pmatrix} 1 & 0 \\ 0 & 1 \end{pmatrix}, \qquad 4\,\boldsymbol{A} + \boldsymbol{B} = \begin{pmatrix} 2 & 3 \\ -1 & 0 \end{pmatrix}.$$

Aufgabe 4.11 (Determinanten von (2,2)-Matrizen) ★★

Berechnen Sie folgende Determinanten:

a) $\begin{vmatrix} -4 & 1 \\ -9 & -2 \end{vmatrix}$ b) $\begin{vmatrix} \sin\alpha & \cos\alpha \\ -\cos\alpha & \sin\alpha \end{vmatrix}$ c) $\begin{vmatrix} a+b & a-b \\ a-b & a+b \end{vmatrix}$

Aufgabe 4.12 (Determinanten von (3,3)-Matrizen) ★★★

Berechnen Sie die folgenden Determinanten:

a) $\begin{vmatrix} 1 & 2 & 5 \\ 3 & -4 & 7 \\ -3 & 12 & -15 \end{vmatrix}$ b) $\begin{vmatrix} 12 & 6 & -4 \\ 6 & 4 & 4 \\ 3 & 2 & 8 \end{vmatrix}$ c) $\begin{vmatrix} 1 & 2 & 3 & 4 \\ 8 & 7 & 6 & 5 \\ -2 & 0 & 4 & 1 \\ 3 & 4 & -3 & 0 \end{vmatrix}$

Aufgabe 4.13 (Inverse Matrizen) ★★

Bestimmen Sie für folgende Matrizen jeweils die inverse Matrix:

a) $\boldsymbol{A} = \begin{pmatrix} 4 & 1 \\ -9 & -2 \end{pmatrix}$ b) $\boldsymbol{A} = \begin{pmatrix} 1 & 0 \\ 4 & 2 \end{pmatrix}$ c) $\boldsymbol{A} = \begin{pmatrix} \cos\alpha & \sin\alpha \\ -\sin\alpha & \cos\alpha \end{pmatrix}$

Aufgabe 4.14 (Matrixinverse und Matrixgleichungen) ★★★

Berechnen Sie die Inversen der Matrizen

$$\boldsymbol{A} = \begin{pmatrix} 1 & 1 \\ 1 & 2 \end{pmatrix}, \quad \boldsymbol{B} = \begin{pmatrix} 2 & 1 \\ 1 & 1 \end{pmatrix}$$

und bestimmen Sie die Matrizen $\boldsymbol{X}$ und $\boldsymbol{Y}$ so, dass gilt: $\boldsymbol{A}\,\boldsymbol{X} = \boldsymbol{B}$ und $\boldsymbol{Y}\,\boldsymbol{B} = \boldsymbol{A}$.

Aufgabe 4.15 (Inverse Matrizen und lineare Gleichungssysteme) ★★★★

Zeigen Sie, dass die Matrix $\boldsymbol{B}$ die inverse Matrix der Matrix $\boldsymbol{A}$ ist:

$$\boldsymbol{A} = \begin{pmatrix} 3 & 1 & 0 \\ -4 & -1 & 0 \\ 4 & -8 & 2 \end{pmatrix}, \qquad \boldsymbol{B} = \frac{1}{2}\begin{pmatrix} -2 & -2 & 0 \\ 8 & 6 & 0 \\ 36 & 28 & 1 \end{pmatrix},$$

Welche Matrix ist die inverse Matrix der Matrix $\boldsymbol{B}$? Bestimmen Sie die Determinanten der Matrizen $\boldsymbol{A}$ und $\boldsymbol{B}$. Berechnen Sie alle Lösungen der beiden linearen Gleichungssysteme

$$\begin{array}{rcrcrcl} 3x_1 & + & x_2 & & & = & 1 \\ -4x_1 & - & x_2 & & & = & 0 \\ 4x_1 & - & 8x_2 & + & 2x_3 & = & 0 \end{array} \qquad \begin{array}{rcrcrcl} 3x_1 & + & x_2 & & & = & 1 \\ -4x_1 & - & x_2 & & & = & 2 \\ 4x_1 & - & 8x_2 & + & 2x_3 & = & 3 \end{array}$$

Aufgabe 4.16 (Drehungen) ★★★

Die Ecken eines Rechtecks haben im x_1-x_2-Koordinatensystem die Koordinaten

$$\boldsymbol{a}_1 = \begin{pmatrix} 1 \\ 2 \end{pmatrix}, \quad \boldsymbol{a}_2 = \begin{pmatrix} 3 \\ 2 \end{pmatrix}, \quad \boldsymbol{a}_3 = \begin{pmatrix} 3 \\ 3 \end{pmatrix}, \quad \boldsymbol{a}_4 = \begin{pmatrix} 1 \\ 3 \end{pmatrix}.$$

Bestimmen Sie die Koordinaten im y_1-y_2-Koordinatensystem bei folgenden Drehungen in mathematisch positiver Drehrichtung:

a) Drehung um $30°$ b) Drehung um $135°$

Aufgabe 4.17 (Eigenwerte und Eigenvektoren von (2,2)-Matrizen) ★★★

Bestimmen Sie für folgende Matrizen die Eigenwerte und zugehörige Eigenvektoren:

a) $\boldsymbol{A} = \begin{pmatrix} 3 & 3 \\ 3 & -5 \end{pmatrix}$ b) $\boldsymbol{A} = \begin{pmatrix} 2 & 1 \\ 3 & 4 \end{pmatrix}$ c) $\boldsymbol{A} = \begin{pmatrix} -1 & 2 \\ 2 & -4 \end{pmatrix}$

Aufgabe 4.18 (Eigenwerte und Eigenvektoren von (3,3)-Matrizen) ★★★★

Berechnen Sie für folgende Matrizen alle Eigenwerte und zugehörige Eigenvektoren:

a) $\boldsymbol{A} = \begin{pmatrix} 1 & -1 & 1 \\ -1 & 3 & -1 \\ 1 & -1 & 1 \end{pmatrix}$ b) $\boldsymbol{A} = \begin{pmatrix} 2 & 1 & 1 \\ 2 & 3 & 4 \\ -1 & -1 & -2 \end{pmatrix}$ c) $\boldsymbol{A} = \begin{pmatrix} 0 & 1 & 0 \\ 0 & 0 & 1 \\ -10 & 1 & 10 \end{pmatrix}$

Aufgabe 4.19 (Eigenwerte, Eigenvektoren und Drehungen) ★★★★★

Berechnen Sie alle reellen Eigenwerte und zugehörige Eigenvektoren der folgenden Matrizen. Begründen Sie, dass die Matrizen Drehungen beschreiben. Geben Sie jeweils die Drehachse und den Drehwinkel an.

a) $\boldsymbol{A} = \frac{1}{3}\begin{pmatrix} 2 & 2 & -1 \\ -1 & 2 & 2 \\ 2 & -1 & 2 \end{pmatrix}$ b) $\boldsymbol{A} = \frac{1}{3}\begin{pmatrix} 1 & 0 & -\sqrt{8} \\ 0 & 3 & 0 \\ \sqrt{8} & 0 & 1 \end{pmatrix}$

Aufgabe 4.20 (Hauptachsentransformation) ★★★

Bestimmen Sie mithilfe der Hauptachsentransformation die Lösungsmengen der folgenden Gleichungen. Skizzieren Sie die Lösungsmengen in der Ebene.

a) $3x^2 + 2xy + 3y^2 = 8$ b) $2x^2 - 4xy - y^2 = 6$

4.9.3 Anwendung

Aufgabe 4.21 (Produktionsprozess) ★★

In einem zweistufigen Produktionsprozess werden aus vier Rohstoffen R_1, R_2, R_3 und R_4 drei Zwischenprodukte Z_1, Z_2 und Z_3 und daraus zwei Endprodukte P_1 und P_2 hergestellt. Zur Beschreibung des Bedarfs werden Mengeneinheiten (ME) verwendet.

Zur Herstellung von Z_1 benötigt man 4 ME von R_1 und 7 ME von R_3, zur Herstellung von Z_2 benötigt man 3 ME von R_1, 5 ME von R_2 und 2 ME von R_4 und zur Herstellung von Z_3 benötigt man 4 ME von R_2 und 6 ME von R_4.

Des Weiteren werden für P_1 3 ME von Z_1, 2 ME von Z_2 und 5 ME von Z_3 und für P_2 1 ME von Z_1, 3 ME von Z_2 und 3 ME von Z_3 benötigt.

a) Formulieren Sie die Beziehungen zwischen den Rohstoffen, den Zwischenprodukten und den Endprodukten mithilfe geeigneter Matrizen.

b) Wie groß ist der Rohstoffbedarf für 15 Endprodukte P_1 und 25 Endprodukte P_2?

Aufgabe 4.22 (Computergrafik) ★★★

Das Quadrat mit den Ecken $(3\,|\,1)$, $(5\,|\,3)$, $(3\,|\,5)$ und $(1\,|\,3)$ soll durch eine Rotation, eine Streckung und eine anschließende Verschiebung in das Einheitsquadrat mit den Ecken $(-1\,|\,-1)$, $(1\,|\,-1)$, $(1\,|\,1)$ und $(-1\,|\,1)$ transformiert werden.

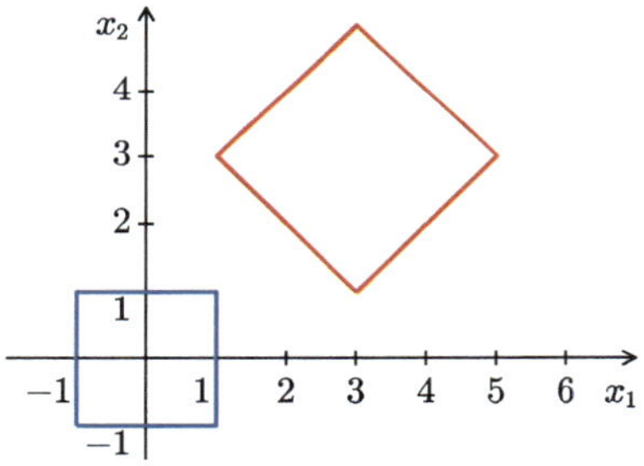

a) Bestimmen Sie die Matrizen $\boldsymbol{R}$ und $\boldsymbol{S}$ für die Rotation und die Streckung. Sind die Matrizen $\boldsymbol{R}$ und $\boldsymbol{S}$ eindeutig bestimmt?

b) Bestimmen Sie eine Matrix $\boldsymbol{A}$ und einen Vektor $\boldsymbol{b}$ so, dass die gesamte Transformation in der Form $\boldsymbol{y} = \boldsymbol{A}\boldsymbol{x} + \boldsymbol{b}$ durchgeführt wird.

Aufgabe 4.23 (Verkehrsverbindungen) ★★

Sechs Städte S_1 bis S_6 sind durch ein Netz von Verkehrswegen miteinander verbunden, siehe Abbildung.

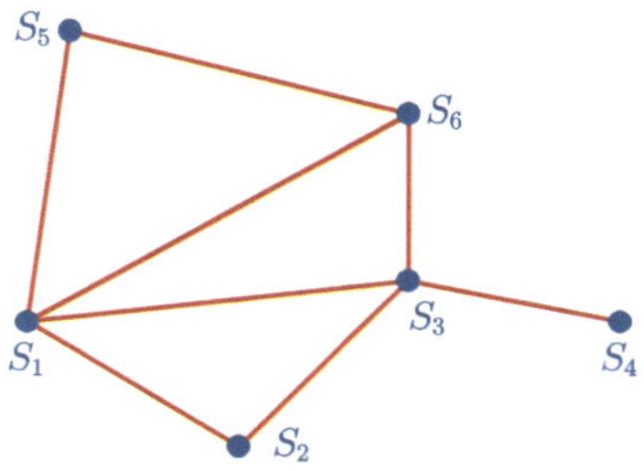

a) Stellen Sie eine $(6, 6)$-Matrix $\boldsymbol{A}$ auf. Dabei soll in der Matrix in Zeile i und Spalte j eine Eins stehen, falls es einen Verkehrsweg von Stadt i nach Stadt j gibt. Andernfalls soll an dieser Stelle eine Null stehen.

b) Welche Eigenschaft hat die Matrix $\boldsymbol{A}$?

c) Welche Zusatzinformation könnte man anstelle der Einträge mit einer Eins in die Matrix $\boldsymbol{A}$ aufnehmen?

5 Funktionen

Der Funktionsbegriff bildet das Herzstück der modernen Mathematik. Er ist das Bindeglied zwischen Technik, Wirtschaftswissenschaften und Naturwissenschaften einerseits und der Mathematik andererseits. Wenn es gelingt, die Funktionsweise einer konkreten Anwendung mithilfe von mathematischen Funktionen darzustellen, dann bietet die Mathematik ein reichhaltiges Repertoire zur Analyse dieser Funktionsweise.

5.1 Relationen und Funktionen

Die wesentlichen Begriffe zur Darstellung von reellen Funktionen werden bereits in der Schulmathematik behandelt. Wir betrachten den Funktionsbegriff jedoch allgemeiner. Bei dieser Betrachtungsweise ist eine Funktion eine Abbildung zwischen zwei beliebigen Mengen. Diese allgemeine Betrachtungsweise greifen wir an vielen Stellen wieder auf. Beispielsweise in Kapitel 7 bei der Definition von Folgen, oder in Kapitel 18 und Kapitel 19 bei der Definition von Transformationen.

5.1.1 Relationen

Etwas allgemeiner als Funktionen sind sogenannte Relationen. Eine Relation stellt einen Zusammenhang zwischen zwei Mengen her. Bei einer Relation kann die Zuordnung zwischen den Elementen der Mengen A und B beliebig sein. Einem Element der Menge A können beliebig viele Elemente der Menge B zugeordnet werden und umgekehrt. Es ist durchaus möglich, dass einem Element der Menge A gar kein Element der Menge B zugeordnet ist, bzw., dass manche Elemente aus B mit keinem Element aus A in Beziehung stehen.

Definition 5.1 (Relation)

Eine Relation R zwischen zwei Mengen A und B legt fest, welche Elemente $a \in A$ mit welchen Elementen $b \in B$ in Beziehung stehen. Eine Relation besteht also aus einer Menge von geordneten Paaren (a, b) mit $a \in A$ und $b \in B$:

$$R \subseteq \{(a,b) \mid a \in A,\, b \in B\}.$$

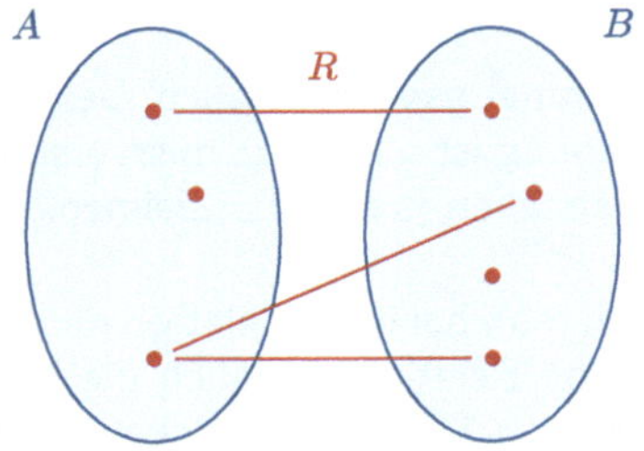

Beispiel 5.1 (Relation)

Wir betrachten die Menge der Gebirge

$$G = \{\text{Alpen, Himalaya, Pyrenäen, Ural}\}$$

und die Menge der Länder

$$L = \{\text{Deutschland, Frankreich, Italien, Polen, Russland, Spanien}\}\,.$$

Die Relation R beschreibt den Zusammenhang zwischen den Gebirgen und den Ländern:

$$R = \{\ (\text{Alpen, Deutschland}),\ (\text{Alpen, Frankreich}),\ (\text{Alpen, Italien}),\ (\text{Pyrenäen, Frankreich}),\ (\text{Pyrenäen, Spanien}),\ (\text{Ural, Russland})\ \}.$$

Die Alpen stehen in Relation zu drei Ländern aus der Menge L, der Himalaya aber zu keinem Land aus der Menge L. Polen steht zu keinem Gebirge aus der Menge G in Relation. ▪

5.1.2 Funktionen

Der Begriff Funktion wird in der Mathematik sehr allgemein gefasst. Man definiert eine Funktion als eine Abbildung von einer Definitionsmenge in eine Zielmenge. Im Unterschied zu einer Relation wird bei einer Funktion jedem Element der Definitionsmenge ein Element der Zielmenge zugeordnet. Außerdem muss die Zuordnung eindeutig sein. Jedem Element aus der Definitionsmenge muss ein eindeutiges Element aus der Zielmenge zugeordnet sein. Es ist jedoch durchaus möglich, dass mehreren Elementen aus der Definitionsmenge dasselbe Element der Zielmenge zugeordnet wird. Außerdem kann es Elemente der Zielmenge geben, die keinem Element aus der Definitionsmenge zugeordnet sind.

Definition 5.2 (Funktion)

Unter einer Funktion f versteht man eine spezielle Relation, die jedem Element x aus einer Definitionsmenge D genau ein Element y aus einer Zielmenge Z zuordnet:

$$f : D \to Z\,, \quad x \mapsto y = f(x)\,.$$

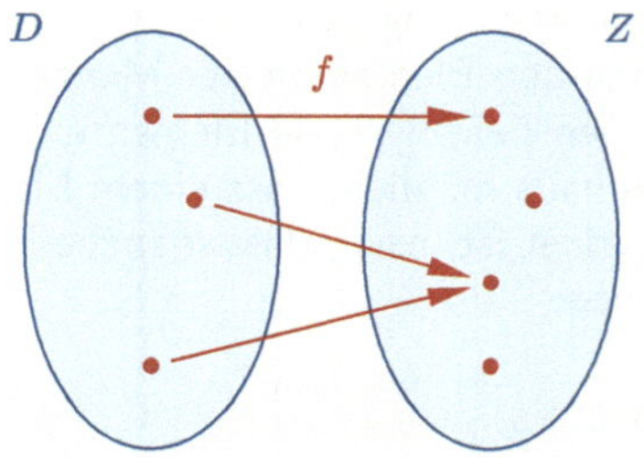

Manchmal sagt man auch Definitionsbereich anstelle von Definitionsmenge. Diese Bezeichnung ist allerdings missverständlich, da man darunter eine zusammenhängende Menge verstehen kann. Die Zielmenge wird auch als Wertevorrat bezeichnet.

Wenn man bei einer Relation die Mengen A und B vertauscht, dann erhält man im Prinzip dieselbe Relation, lediglich die Werte in den Paaren sind vertauscht. Bei einer Funktion kann man Definitionsmenge und Zielmenge nicht einfach tauschen. Deshalb verwendet man bei Funktionen die Darstellung mit dem Pfeil.

Eine Funktion stellt immer eine Relation dar. Aber nicht jede Relation lässt sich als Funktion darstellen. In Beispiel 5.1 kann man weder einem Gebirge eindeutig ein Land zuordnen noch einem Land eindeutig ein Gebirge.

Beispiel 5.2 (Funktion)

Die Abbildung, die jedem Wort die Anzahl der Buchstaben zuordnet, ist eine Funktion f. Beispielsweise wird dem Wort „Otto“ der Wert 4 zugeordnet:

$$f(\text{Otto}) = 4.$$

Die Definitionsmenge D ist die Menge aller Wörter und die Zielmenge Z besteht aus den natürlichen Zahlen. ▪

Streng genommen sollte man in der Mathematik genau zwischen f und $f(x)$ unterscheiden. f ist der Name der Funktion und $f(x)$ der Wert, der x zugeordnet ist. In Beispiel 5.2 steht f für die Berechnung der Anzahl der Buchstaben, $f(\text{Otto})$ bedeutet hingegen, dass man die Berechnung für das konkrete Wort „Otto“ durchführt. Dabei ist x nur ein Platzhalter; man könnte auch andere Bezeichnungen wie etwa $f(u)$ oder $f(t)$ wählen.

Bei einer Funktion f gibt es in der Regel nicht zu jedem Element y aus der Zielmenge Z ein Element aus der Definitionsmenge D, sodass $y = f(x)$. Die Menge aller tatsächlich vorkommenden Funktionswerte bezeichnet man als Wertemenge W. Die Wertemenge W ist eine echte oder unechte Teilmenge der Zielmenge Z.

Definition 5.3 (Wertemenge)

Die Wertemenge W einer Funktion f besteht aus allen Elementen y aus der Zielmenge Z, für die es ein Element x aus der Definitionsmenge D gibt mit $y = f(x)$:

$$W = \{y \mid y = f(x),\, x \in D\} \subseteq Z\,.$$

Im Zusammenhang mit der Definitionsmenge, der Zielmenge und der Wertemenge einer Funktion sind die Begriffe Injektivität, Surjektivität und Bijektivität gebräuchlich. Sie wirken zunächst etwas künstlich, sind aber wichtig für den Begriff einer Funktion.

Definition 5.4 (Injektive, surjektive und bijektive Funktion)

Eine Funktion $f : D \to Z$ heißt

- injektiv, falls jedes $y \in Z$ höchstens ein $x \in D$ mit $f(x) = y$ hat,
- surjektiv, falls jedes $y \in Z$ mindestens ein $x \in D$ mit $f(x) = y$ hat,
- bijektiv, falls jedes $y \in Z$ genau ein $x \in D$ mit $f(x) = y$ hat.

Eine Funktion ist genau dann bijektiv, wenn sie injektiv und surjektiv ist. Bijektive Funktionen nennt man auch ein-ein-deutige Funktionen. Sie sind sowohl von x nach y als auch in der Rückrichtung von y nach x eindeutig. Im Zusammenhang mit Umkehrfunktionen in Abschnitt 5.4 werden sie noch eine wesentliche Rolle spielen.

Beispiel 5.3 (Injektive, surjektive und bijektive Funktionen)

a) Die Funktion f, die jeder ganzen Zahl $z \in \mathbb{Z}$ ihre Quadratzahl zuordnet,

$$f : \mathbb{Z} \to \mathbb{Z}, \quad z \mapsto f(z) = z^2$$

ist nicht injektiv. Beispielsweise gibt es zu 1 zwei ganze Zahlen mit $f(z) = 1$, nämlich $z = 1$ und $z = -1$. Die Funktion ist auch nicht surjektiv, denn für -1 gibt es keine ganze Zahl mit $f(z) = -1$.

b) Ordnet man durch die Funktion f jeder natürlichen Zahl $n \in \mathbb{N}$ ihren doppelten Wert zu, dann ist f zwar injektiv aber nicht surjektiv:

$$f : \mathbb{N} \to \mathbb{N}, \quad n \mapsto f(n) = 2n\,.$$

In der Wertemenge kommen nämlich keine ungeraden Zahlen vor. Zielmenge und Wertemenge sind bei diesem Beispiel nicht identisch.

c) Bezogen auf die Menge $M = \{0, 1\}$ ist die Funktion

$$f : M \to M, \quad x \mapsto f(x) = x^2$$

bijektiv. Jedem Element aus der Definitionsmenge wird ein-ein-deutig ein Element aus der Zielmenge zugeordnet. ▪

5.2 Reelle Funktionen

Reelle Funktionen sind die Funktionen, die wir aus der Schulmathematik kennen. Also beispielsweise Sinus, Kosinus und e-Funktion. Diese Funktionen werden als elementare Funktionen bezeichnet. Wir beschäftigen uns in diesem Kapitel mit allgemeinen Eigenschaften von Funktionen. Spezielle Eigenschaften der elementaren Funktionen werden in Kapitel 6 vorgestellt.

5.2.1 Definitionsmenge, Zielmenge und Wertemenge

Wenn die Definitionsmenge und die Zielmenge Teilmengen der reellen Zahlen sind, so spricht man von reellen Funktionen. Bei einer reellen Funktion wird also einer reellen Zahl genau eine reelle Zahl zugeordnet. Man unterscheidet dann zwischen Definitionsmenge, Zielmenge und Wertemenge.

Definition 5.5 (Reelle Funktion)

Unter einer reellen Funktion f versteht man eine Abbildung, die jeder reellen Zahl x aus einer Definitionsmenge $D \subset \mathbb{R}$ genau eine reelle Zahl y aus einer Zielmenge $Z \subset \mathbb{R}$ zuordnet

$$f : D \to Z, \quad x \mapsto y = f(x)\,.$$

Man bezeichnet x als unabhängige Variable und y als abhängige Variable.

Merke 5.1 (Maximale Definitionsmenge, Definitionslücke)

Oftmals wird die Definitionsmenge einer Funktion nicht explizit angegeben. In diesem Fall betrachtet man die Funktion auf der maximal möglichen Definitionsmenge. Definitionslücken sind einzelne Stellen, die nicht in der Definitionsmenge liegen.

Beispiel 5.4 (Maximale Definitionsmenge)

a) Wir suchen die maximale Definitionsmenge der Funktion $f(x) = \frac{2}{1-x}$. Die einzige Einschränkung entsteht durch x-Werte, für die der Nenner null wird. Somit besteht die maximale Definitionsmenge aus $D = \mathbb{R} \setminus \{1\}$. Die Stelle $x = 1$ ist eine Definitionslücke.

b) Die Funktion $f(x) = \sqrt{-x^2 + 2\,x + 8}$ ist für alle x-Werte definiert, für die der Ausdruck unter der Wurzel nicht negativ wird. Diese x-Werte erfüllen die Bedingung $-x^2 + 2\,x + 8 \geq 0$. Die Lösungen der Gleichung $-x^2 + 2\,x + 8 = 0$ ergeben sich zu

$$x_{1,2} = \frac{-2 \pm \sqrt{4 + 32}}{-2} = -2, 4.$$

Für x-Werte zwischen -2 und 4 ist der Ausdruck unter der Wurzel nicht negativ, also ist die maximale Definitionsmenge $D = [-2, 4]$. ▪

Merke 5.2 (Wertemenge)

Zur Bestimmung der Wertemenge W einer Funktion f mit Definitionsmenge D benötigt man in der Regel einige Informationen über die Funktion, wie etwa die Extremwerte, die Monotonieeigenschaften und das asymptotische Verhalten.

Wie man solche Informationen für Funktionen systematisch erhält, werden wir später genauer betrachten. Bei einfachen Funktionen lässt sich die Wertemenge direkt ermitteln. Manchmal spricht man bei W auch von der Bildmenge oder vom Werte- oder Bildbereich der Funktion f.

Beispiel 5.5 (Wertemenge)

a) Welche Wertemenge hat die Funktion $f(x) = \frac{2}{1-x}$? Dazu überlegen wir uns, welche y-Werte sich ergeben, wenn die x-Werte die Definitionsmenge $D = \mathbb{R} \setminus \{1\}$ durchlaufen. Durch Auflösen der Gleichung nach x

$$y = \frac{2}{1-x} \quad \Longrightarrow \quad x = 1 - \frac{2}{y}$$

erkennen wir, dass es zu jeder reellen Zahl $y \neq 0$ einen passenden x-Wert gibt. Die Wertemenge ist somit $W = \mathbb{R} \setminus \{0\}$.

b) Zur Bestimmung der Wertemenge der Funktion $f(x) = \sqrt{-x^2 + 2\,x + 8}$ formen wir den Ausdruck unter der Wurzel durch quadratisches Ergänzen um

$$f(x) = \sqrt{-(x^2 - 2\,x + 1) + 9} = \sqrt{-(x-1)^2 + 9}.$$

Der Ausdruck unter der Wurzel hat für $x = 1$ den maximalen Wert 9. Die Wertemenge der Funktion besteht aus dem Intervall $W = [0, 3]$. ▪

5.2.2 Wertetabelle und Schaubild

Kennt man für die Funktion eine explizite Funktionsgleichung, dann kann man die Zuordnung der y-Werte zu den x-Werten in Form einer Tabelle wiedergeben. Dazu berechnet man die Funktionswerte für ausgewählte x-Werte.

Merke 5.3 (Wertetabelle)

Eine Wertetabelle einer Funktion enthält die Zuordnung der Funktionswerte zu einigen speziellen x-Werten. Damit die Tabelle das Verhalten der Funktion gut beschreibt, müssen die x-Werte geeignet ausgewählt werden.

Beispiel 5.6 (Wertetabelle einer Funktion)

Wir erstellen für die Funktion $f(x) = \frac{2}{1-x}$ eine Wertetabelle für $x \in [-5, 5]$.

x	-5	-4	-3	-2	-1	0	1	2	3	4	5
y	$\frac{1}{3}$	$\frac{2}{5}$	$\frac{1}{2}$	$\frac{2}{3}$	1	2	–	-2	-1	$-\frac{2}{3}$	$-\frac{1}{2}$

Dazu verwenden wir, wie in der Schule üblich, x-Werte im Abstand von 1. ■

Wertetabellen lassen sich mithilfe von Computern recht einfach erstellen. Oftmals übersieht man, dass der Informationsgehalt einer Wertetabelle weitaus geringer ist als der Informationsgehalt einer Funktionsgleichung. Durch eine Funktionsgleichung sind unendlich viele Funktionswerte definiert, eine Wertetabelle erfasst lediglich eine endliche Anzahl von Werten. In diesem Zusammenhang spricht man auch von einer sogenannten Diskretisierung der Funktion.

In der Regel fällt es sehr schwer, Informationen aus Zahlenkolonnen zu erfassen. Andererseits verfügt das menschliche Gehirn über hervorragende Fähigkeiten, Bilder entsprechend zu interpretieren. Deshalb verwendet man gerne eine visuelle Darstellung einer Funktion mithilfe von Schaubildern.

Definition 5.6 (Schaubild, Graph)

Die grafische Darstellung der Punkte $(x \,|\, f(x))$ in einem kartesischen Koordinatensystem nennt man Schaubild oder Graph der Funktion f.

Schaubilder von Funktionen lassen sich mithilfe von Computern mühelos erstellen. Doch genau wie bei einer Wertetabelle ist der Computer lediglich in der Lage, endlich viele Werte herauszugreifen und damit ein Schaubild zu erstellen. Die Sequenz von Punktepaaren wird in der Regel durch gerade Strecken miteinander verbunden. Wenn die Anzahl der Punkte ausreichend groß ist, entsteht der optische Eindruck einer Kurve ohne Kanten.

Computerprogramme zur Visualisierung von Funktionen haben in den vergangenen Jahren einen beachtlichen Stand erreicht. Trotzdem gehört es zu den Kompetenzen eines Ingenieurs, den Verlauf einfacher Funktionen, zumindest in Gedanken, skizzieren zu können.

Beispiel 5.7 (Schaubilder von Funktionen)

a) Mithilfe der Wertetabelle aus Beispiel 5.6 kann man den ungefähren Verlauf der Funktion

$$f(x) = \frac{2}{1-x}$$

skizzieren. An der Stelle $x = 1$ ist kein Funktionswert definiert. Das Verhalten in der Nähe dieser Definitionslücke werden wir später noch genauer betrachten. Das Schaubild der Funktion besteht aus zwei Teilgraphen.

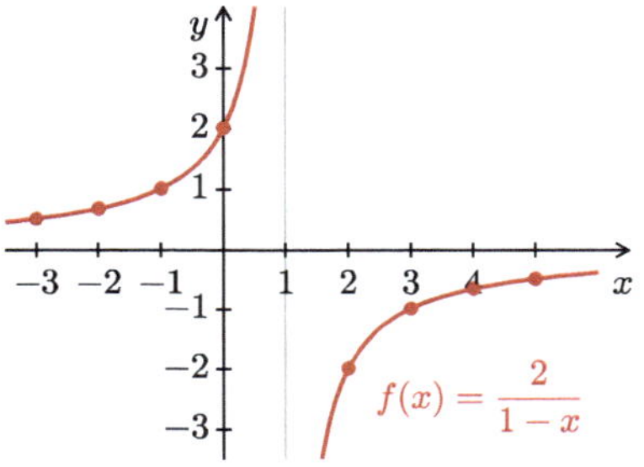

b) In Beispiel 5.4 haben wir bereits gesehen, dass

$$f(x) = \sqrt{-x^2 + 2\,x + 8}$$

nur für x-Werte im Intervall von -2 bis 4 definiert ist. Tatsächlich besteht das Schaubild aus dem oberen Halbkreis mit Mittelpunkt $(1\,|\,0)$ und Radius 3, denn es gilt

$$f(x)^2 = -(x-1)^2 + 9\,.$$

Umgeformt erhalten wir

$$(x-1)^2 + y^2 = 9\,.$$

Dies entspricht der Kreisgleichung. ■

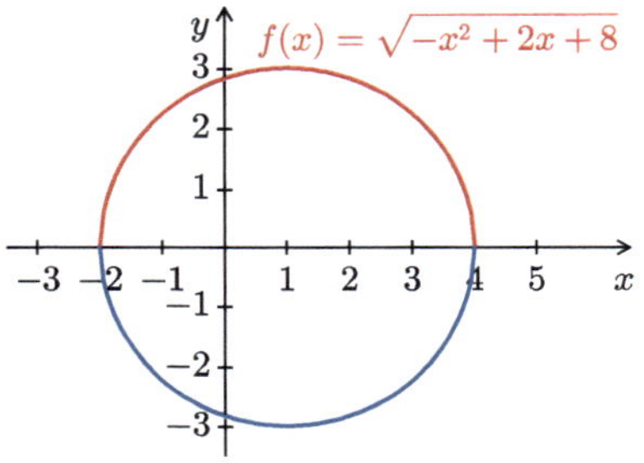

Das Schaubild einer Funktion hat genau dann einen Schnittpunkt mit der y-Achse, wenn die Stelle $x = 0$ in der Definitionsmenge liegt. Ist dies nicht der Fall, dann kann es natürlich keinen Schnitt geben.

Merke 5.4 (Schnitt mit y-Achse)

Den y-Wert des Schnittpunkts des Schaubildes der Funktion f mit der y-Achse kann man durch Einsetzen von $x = 0$ in die Funktionsgleichung berechnen, falls $x = 0$ in der Definitionsmenge von f liegt.

Eine Funktion kann keine, genau eine oder auch mehrere Schnittpunkte mit der x-Achse haben. Bei einfachen Funktionen f, etwa bei Geraden und Parabeln, kann man alle Nullstellen durch Lösen der Gleichung $f(x) = 0$ bestimmen. Je nach Typ der Funktion kann die Bestimmung der Nullstellen aufwendig sein. Oft ist man zur Berechnung von Nullstellen auf numerische Näherungsverfahren angewiesen. Bei manchen Funktionen ist es sogar problematisch, verlässliche Aussagen über die Anzahl der Nullstellen zu treffen.

Definition 5.7 (Nullstelle)

Eine Nullstelle einer Funktion f ist ein x-Wert, an dem die Funktion den Wert null hat. Eine Nullstelle erfüllt die Gleichung $f(x) = 0$.

Merke 5.5 (Schnitte mit x-Achse)
Die x-Werte der Schnittpunkte des Schaubilds der Funktion f mit der x-Achse sind die Nullstellen der Funktion.

Beispiel 5.8 (Achsenschnittpunkte)
Die Funktion

$$f(x) = \frac{1}{8}x^3 + \frac{1}{2}x^2 - \frac{1}{2}x - 2$$

hat an der Stelle $x = 0$ den Funktionswert $f(0) = -2$. Der Schnittpunkt mit der y-Achse hat die Koordinaten $(0|-2)$. Die Nullstellen der Funktion haben die x-Werte $x_1 = -4$, $x_2 = -2$ und $x_3 = 2$, wie man leicht durch Einsetzen der Werte in die Funktionsgleichung bestätigen kann. Methoden zur Berechnung aller Nullstellen von Polynomen werden wir später noch kennenlernen.

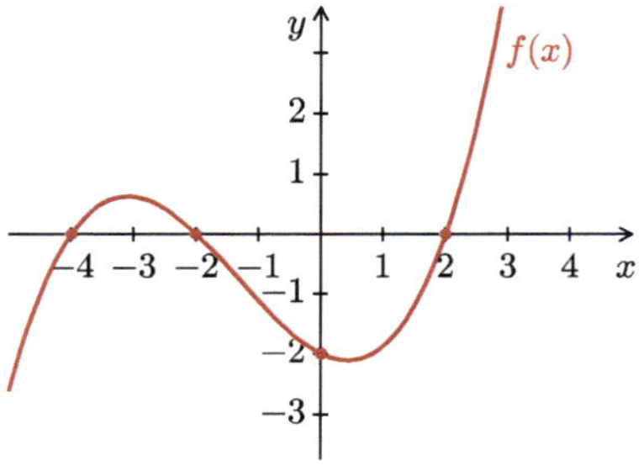

■

5.2.3 Explizite und implizite Darstellung

Die Darstellung von Funktionen durch explizite Angabe einer Funktionsgleichung in der Form $y = f(x)$ ist uns von der Schulmathematik vertraut und wurde bereits in einigen Beispielen verwendet. Es gibt jedoch noch andere Arten, Funktionen zu definieren. Bei der sogenannten impliziten Darstellung betrachtet man eine Gleichung mit den Variablen x und y. Einem x-Wert wird dabei ein y-Wert so zugeordnet, dass die Gleichung beim Einsetzen der beiden Werte erfüllt ist.

Beispiel 5.9 (Implizite Funktionsgleichung)
Die implizite Gleichung $y - xy = 2$ kann man explizit nach y auflösen, nämlich als $y = \frac{2}{1-x}$. Somit definiert die implizite Gleichung die Funktion

$$f(x) = \frac{2}{1-x}.$$

Wenn man in der impliziten Gleichung für x den Wert 1 einsetzt, dann gibt es keinen y-Wert, der die Gleichung erfüllt. Dies hat zur Folge, dass die Funktion für $x = 1$ nicht definiert ist. ■

Nicht jede implizite Gleichung definiert eine Funktion. Probleme treten auf, falls sich die Gleichung nicht eindeutig nach y auflösen lässt. Formal stellt eine implizite Gleichung eine Relation zwischen x und y dar. Wie wir jedoch bereits in Abschnitt 5.1 gesehen haben, kann nicht jede Relation durch eine Funktion dargestellt werden.

Neben dem Problem der Eindeutigkeit treten bei impliziten Gleichungen noch weitere Probleme auf. So kann es durchaus sein, dass eine Gleichung überhaupt keine Lösungen besitzt und somit auch keine Funktion definiert wird.

Beispiel 5.10 (Kreisgleichung)

Alle Punkte auf dem Einheitskreis werden durch die implizite Gleichung $x^2 + y^2 = 1$ beschrieben. Diese Gleichung kann man nach y auflösen: $y = \pm\sqrt{1 - x^2}$. Allerdings erhält man durch die beiden unterschiedlichen Vorzeichen nicht zu jedem x-Wert genau einen y-Wert. Die Gleichung erzeugt zwei Funktionen. Das Schaubild der einen Funktion ist der obere Halbkreis und das Schaubild der anderen Funktion ist der untere Halbkreis. Der Vollkreis lässt sich nicht als Schaubild einer einzigen Funktion darstellen.

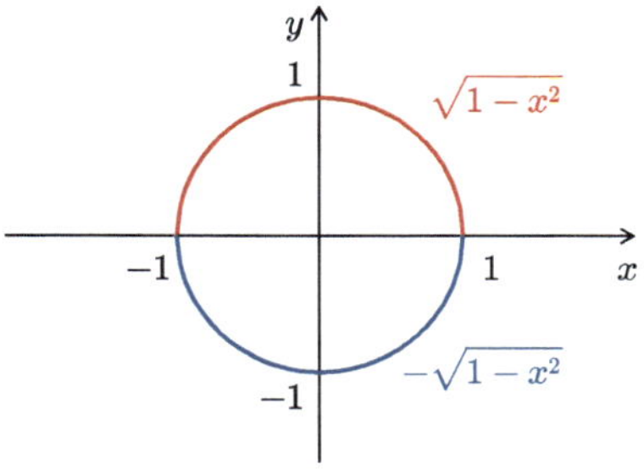

■

Beispiel 5.11 (Implizite Funktionsgleichung ohne Lösung)

Es gibt keine reellen Zahlen, für die die Gleichung

$$x^2 + y^2 = -1$$

erfüllt ist. Diese Gleichung definiert also keine Funktion. ■

Diese Beispiele zeigen, dass nicht jede implizite Gleichung in eindeutiger Weise eine Funktion definiert. Durch eine implizite Gleichung können gar keine, genau eine oder auch mehrere Funktionen definiert werden.

Merke 5.6 (Implizite Funktionsgleichung)

Funktionen kann man auch durch implizite Gleichungen definieren. Dabei ist jedoch zu beachten, dass nicht jede implizite Gleichung eine eindeutige Funktion definiert. Unter Umständen werden durch eine implizite Gleichung mehrere Funktionen definiert. Es gibt auch implizite Gleichungen, die gar keine Funktion definieren.

5.2.4 Abschnittsweise definierte Funktionen

In der Technik bezeichnet man die grafische Darstellung von zwei voneinander abhängigen physikalischen Größen als Kennlinie. Beispielsweise kennzeichnet der Zusammenhang zwischen Drehzahl und Drehmoment einen Motor. Bei Antrieben steigt typischerweise das Drehmoment bei niedrigen Drehzahlen linear an, bei großen Drehzahlen fällt das Drehmoment linear ab. Im mittleren Drehzahlbereich ähnelt der Verlauf einer Parabel. Solche wechselnden Verläufe sind typisch für technische Anwendungen. Mathematisch beschreibt man diese Verläufe mit sogenannten abschnittsweise definierten Funktionen.

Definition 5.8 (Abschnittsweise definierte Funktion)

Eine Funktion, bei der die Definitionsmenge aus endlich vielen Teilintervallen besteht, auf denen jeweils eine separate Funktionsvorschrift gilt, nennt man eine abschnittsweise definierte Funktion. Die Grenzen der Teilintervalle nennt man Nahtstellen.

Beispiel 5.12 (Abschnittsweise definierte Funktion)

Die abschnittsweise definierte Funktion

$$f(x) = \begin{cases} 2x & \text{für} \quad 0 \le x < 1 \\ 3-(x-2)^2 & \text{für} \quad 1 \le x < 3 \\ 5-x & \text{für} \quad 3 \le x \le 4 \end{cases}$$

besitzt die Definitionsmenge $D = [0,4]$. Sie besteht aus drei Abschnitten. An der Nahtstelle $x = 1$ besitzt das Schaubild keinen Sprung und keinen Knick. An der Nahtstelle $x = 3$ besitzt das Schaubild auch keinen Sprung, aber einen Knick.

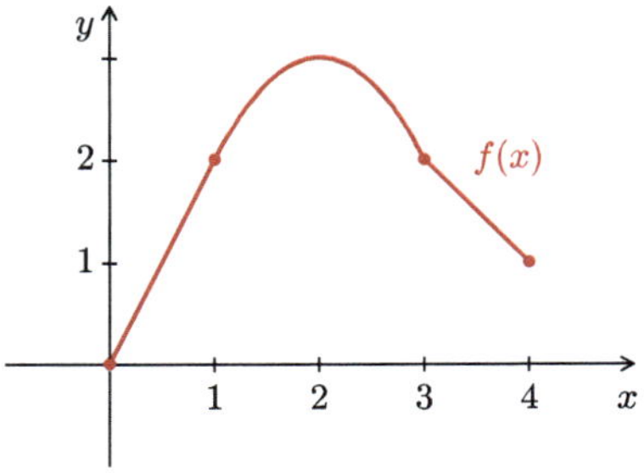

■

Merke 5.7 (Abschnittsweise definierte Funktion)

Bei abschnittsweise definierten Funktionen ist das Verhalten an den Nahtstellen von Interesse. An den Nahtstellen kann das Schaubild Knicke oder sogar Sprünge haben.

Methoden zum Untersuchen des Verhaltens an Nahtstellen werden wir in Abschnitt 7.3 und in Kapitel 8 kennenlernen. Ein Betragszeichen in der Funktionsgleichung erzeugt typischerweise eine abschnittsweise definierte Funktion.

Beispiel 5.13 (Betrag einer Parabel)

Die Funktion $f(x) = |x^2 - 4|$ lässt sich durch Fallunterscheidung in folgender Form darstellen:

$$f(x) = \begin{cases} x^2-4 & \text{für} \quad x^2-4 \ge 0 \\ -(x^2-4) & \text{für} \quad x^2-4 < 0 \end{cases}$$

Da die Nullstellen von $x^2 - 4$ bei $x = \pm 2$ liegen, lässt sich die Darstellung weiter vereinfachen:

$$f(x) = \begin{cases} x^2-4 & \text{für } x \le -2 \text{ od. } x \ge 2 \\ -(x^2-4) & \text{sonst} \end{cases}$$

Für das Schaubild von $f(x)$ werden die Abschnitte mit ursprünglich negativen Funktionswerten an der x-Achse gespiegelt.

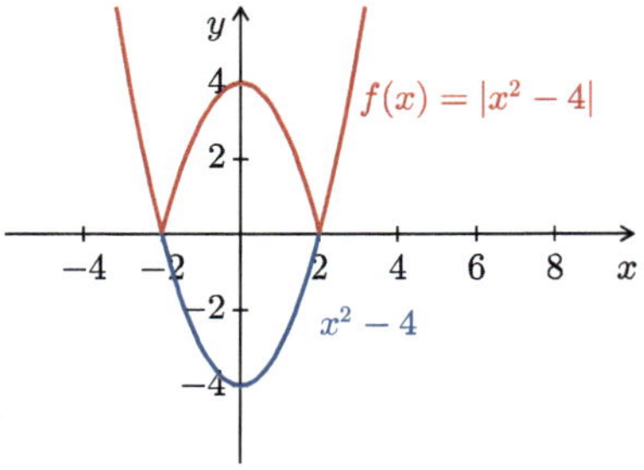

■

Beispiel 5.14 (Signumfunktion)

Ähnlich wie Betragsfunktionen lässt sich auch die Signumfunktion $f(x) = \operatorname{sgn}(x)$ durch Fallunterscheidung als abschnittsweise definierte Funktion darstellen:

$$f(x) = \operatorname{sgn}(x) = \begin{cases} -1 & \text{für} \quad x < 0 \\ 0 & \text{für} \quad x = 0 \\ 1 & \text{für} \quad x > 0\,. \end{cases}$$

Sie wird mithilfe von drei Abschnitten definiert und weist bei $x = 0$ einen Sprung auf.

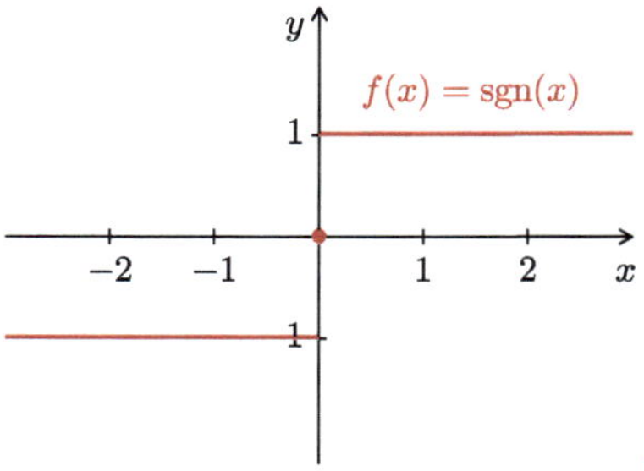

■

Merke 5.8 (Betragsfunktion)

Das Schaubild der Funktion $f(x) = |g(x)|$ entsteht aus dem Schaubild der Funktion $g(x)$, indem man die Punkte mit negativem y-Wert an der x-Achse spiegelt.

5.2.5 Funktionsschar

Oftmals treten Funktionen auf, die alle von derselben Bauart sind. Zum Beispiel Geraden, die alle unterschiedliche Steigung haben und deren Schaubilder alle durch denselben Punkt gehen. Oder Parabeln, die alle den Scheitel im selben Punkt haben.

Definition 5.9 (Funktionsschar)

Eine Funktionsschar ist eine Menge verschiedener Funktionen, deren Zuordnungsvorschriften sich in einem Parameter unterscheiden. Zur Unterscheidung zwischen Variable und Scharparameter wird der Scharparameter üblicherweise als Index beim Funktionsnamen angegeben.

Beispiel 5.15 (Funktionsschar)

a) Die Funktionsschar

$$f_m(x) = m(x-3)+2$$

besteht aus allen Geraden, die durch den festen Punkt $(3|2)$ gehen und eine beliebige Steigung haben. Nur die senkrechte Gerade $x = 3$ gehört nicht zur Schar. Es ist etwa

$$f_1(x) = x - 1$$

die Gerade mit Steigung 1 und y-Achsenabschnitt -1.

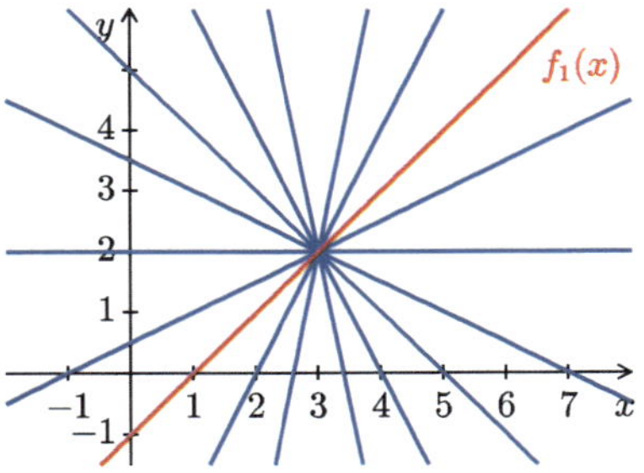

b) Die Funktionsschar

$$f_a(x) = (x-a)^2 - a^2$$

besteht aus Normalparabeln. Für jeden Wert des Parameters a hat der Scheitel der Parabel die Koordinaten $(a\,|-a^2)$. Beispielsweise ist

$$f_{-\frac{3}{2}}(x) = \left(x+\frac{3}{2}\right)^2 - \frac{9}{4}$$

eine Normalparabel mit

$$S\left(-\frac{3}{2}\,\middle|\,-\frac{9}{4}\right)$$

als deren Scheitelpunkt.

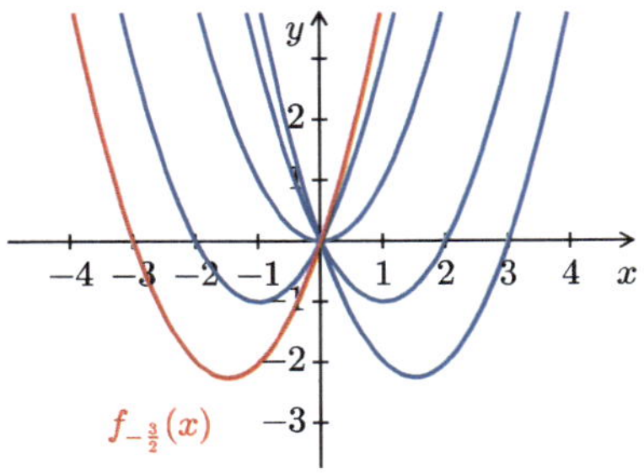

■

5.2.6 Verkettung von Funktionen

Der Funktionsbegriff ist von zentraler Bedeutung in Mathematik, Naturwissenschaft und Technik. Eine wesentliche Ursache dafür ist das Baukastenprinzip. Komplizierte Funktionen entstehen durch Verkettung mehrerer einfacher Funktionen.

Die einfachsten Arten von Verkettungen sind Verschiebungen und Skalierungen von Funktionen. Wir werden in diesem Abschnitt jedoch auch das allgemeine Verkettungsprinzip aufgreifen. Verkettung bedeutet in diesem Zusammenhang, dass das Ergebnis einer Funktionsberechnung als Variable für eine neue Funktionsberechnung verwendet wird. In der Mathematik bezeichnet man dieses Prinzip als Komposition.

Auf Schaubilder von Funktionen lassen sich einfache geometrische Transformationen wie etwa Translationen oder Skalierungen anwenden. Uns beschäftigt die Frage, wie sich diese Transformationen auf die Funktionsgleichung auswirken. Insbesondere die Frage, an welchen Stellen die Funktionsgleichung modifiziert werden muss.

Eine Verschiebung um den Wert x_0 in x-Richtung und um y_0 in y-Richtung ist im Grunde nichts anderes als eine Koordinatentransformation, bei der x durch $x - x_0$ und y durch $y - y_0$ ersetzt wird.

Definition 5.10 (Verschiebung, Translation)
Definiert man eine neue Funktion $\tilde{f}$, indem man in der Funktion f die Variable x durch $x - x_0$ ersetzt und zu dem Funktionswert y_0 addiert

$$\tilde{f}(x) = f(x - x_0) + y_0,$$

dann entsteht das Schaubild der neuen Funktion $\tilde{f}$ durch Verschiebung des Schaubildes von f in Richtung der x-Achse um x_0 und in Richtung der y-Achse um y_0. Dabei erzeugt ein positiver x_0-Wert eine Verschiebung nach rechts und ein negativer x_0-Wert eine Verschiebung nach links. Ein positiver y_0-Wert verschiebt nach oben und ein negativer y_0-Wert nach unten.

Beispiel 5.16 (Funktion verschieben in x-Richtung)
Das Schaubild der Funktion

$$f(x) = \frac{1}{4}x^3 - \frac{1}{4}x^2 - \frac{3}{2}x$$

soll um 1 nach links verschoben werden. Bei der Verschiebung um 1 nach links ersetzen wir in der Funktionsgleichung x durch $x + 1$:

$$\begin{aligned}\tilde{f}(x) &= f(x+1)\\ &= \frac{1}{4}x^3 + \frac{1}{2}x^2 - \frac{5}{4}x - \frac{3}{2}.\end{aligned}$$

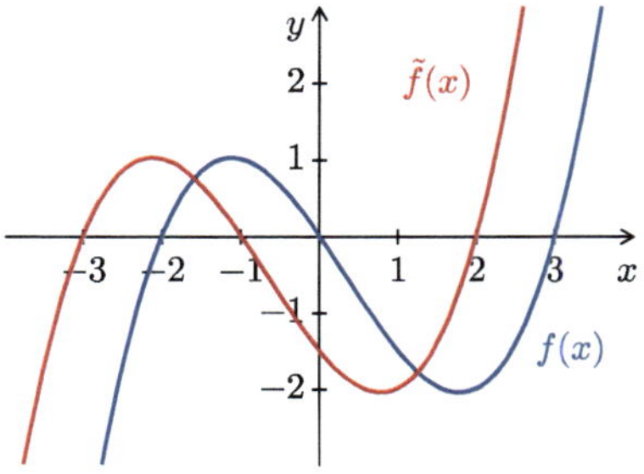

So entsteht eine Verschiebung in x-Richtung. ■

Beispiel 5.17 (Funktion verschieben in y-Richtung)

Das Schaubild der Funktion

$$f(x) = \frac{1}{4}x^3 - \frac{1}{4}x^2 - \frac{3}{2}x$$

soll um 1 nach oben verschoben werden. Dazu addieren wir den Wert 1 zur Funktionsgleichung:

$$\begin{aligned}\tilde{f}(x) &= f(x) + 1 \\ &= \frac{1}{4}x^3 - \frac{1}{4}x^2 - \frac{3}{2}x + 1.\end{aligned}$$

So entsteht eine Verschiebung in y-Richtung.

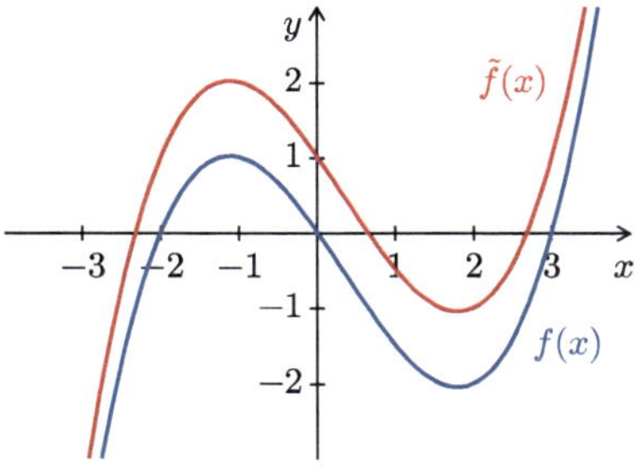

Definition 5.11 (Skalierung in x-Richtung)

Definiert man eine neue Funktion $\tilde{f}$, indem man in der Funktion f die Variable x durch $a\,x$ ersetzt

$$\tilde{f}(x) = f(a\,x),$$

dann entsteht das Schaubild der neuen Funktion $\tilde{f}$ durch Skalierung des Schaubildes von f in Richtung der x-Achse. Für $a > 1$ wird das Schaubild gestaucht, für $0 < a < 1$ wird es gedehnt. Negative a-Werte erzeugen zusätzlich eine Spiegelung an der y-Achse.

Beispiel 5.18 (Funktion skalieren in x-Richtung)

Die Funktion

$$f(x) = \frac{1}{4}x^3 - \frac{1}{4}x^2 - \frac{3}{2}x$$

soll um den Faktor 2 in x skaliert werden. Dazu ersetzen wir x durch $2\,x$ in der Funktionsgleichung:

$$\begin{aligned}\tilde{f}(x) &= f(2\,x) \\ &= \frac{1}{4}(2\,x)^3 - \frac{1}{4}(2\,x)^2 - \frac{3}{2}(2\,x) \\ &= 2\,x^3 - x^2 - 3\,x.\end{aligned}$$

So entsteht eine Skalierung in x-Richtung.

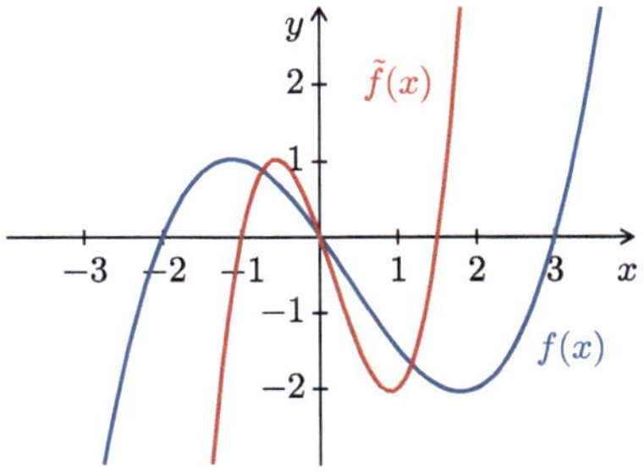

Definition 5.12 (Skalierung in y-Richtung)

Definiert man eine neue Funktion $\tilde{f}$, indem man die Funktion f mit dem konstanten Faktor a multipliziert

$$\tilde{f}(x) = a\,f(x),$$

dann entsteht das Schaubild der neuen Funktion $\tilde{f}$ durch Skalierung des Schaubildes von f in Richtung der y-Achse. Für $a > 1$ wird das Schaubild gedehnt, für $0 < a < 1$ wird es gestaucht. Negative a-Werte erzeugen zusätzlich eine Spiegelung an der x-Achse.

Eine Skalierung ist eine Abbildung, bei der die Werte mit einem konstanten Faktor multipliziert werden. Es können sowohl die x-Werte als auch die y-Werte skaliert werden. Damit werden Funktionen gestreckt oder gestaucht.

Beispiel 5.19 (Funktion skalieren in y-Richtung)

Die Funktion

$$f(x) = \frac{1}{4}x^3 - \frac{1}{4}x^2 - \frac{3}{2}x$$

soll um den Faktor $\frac{4}{3}$ in y skaliert werden. Dazu wird die Funktionsgleichung mit diesem Faktor multipliziert:

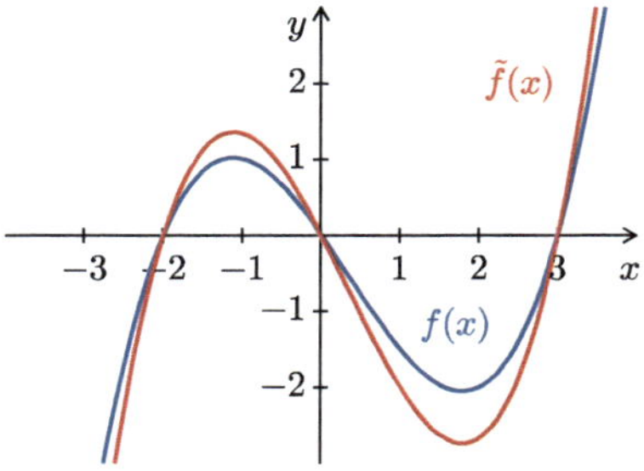

$$\begin{aligned}\tilde{f}(x) &= \frac{4}{3}f(x)\\ &= \frac{1}{3}x^3 - \frac{1}{3}x^2 - 2x.\end{aligned}$$

So entsteht eine Skalierung in y-Richtung. ▪

Ein wichtiger Spezialfall der Skalierung ist die Achsenspiegelung. Bei einer Spiegelung an der x-Achse skaliert man die y-Werte und bei einer Spiegelung an der y-Achse skaliert man die x-Werte mit dem Faktor -1.

Beispiel 5.20 (Funktion spiegeln an x-Achse)

Die Funktion

$$f(x) = \frac{1}{4}x^3 - \frac{1}{4}x^2 - \frac{3}{2}x$$

soll an der x-Achse gespiegelt werden. Dazu multipliziert man die Funktionsgleichung mit -1:

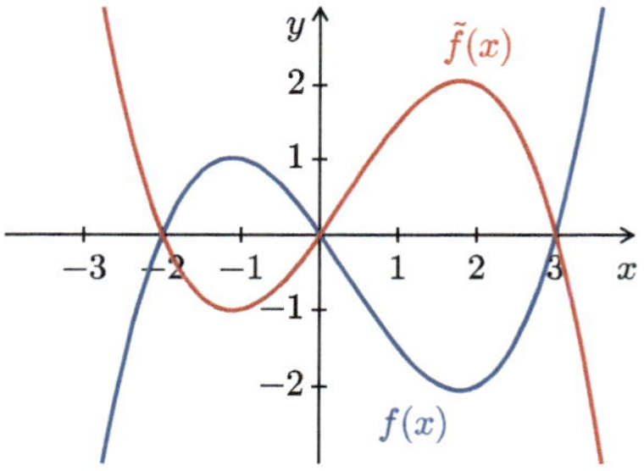

$$\begin{aligned}\tilde{f}(x) &= -f(x)\\ &= -\frac{1}{4}x^3 + \frac{1}{4}x^2 + \frac{3}{2}x.\end{aligned}$$

So entsteht eine Spiegelung an der x-Achse. ▪

Beispiel 5.21 (Funktion spiegeln an y-Achse)

Die Funktion

$$f(x) = \frac{1}{4}x^3 - \frac{1}{4}x^2 - \frac{3}{2}x$$

soll an der y-Achse gespiegelt werden. Dazu ersetzt man in der Funktionsgleichung x durch $-x$:

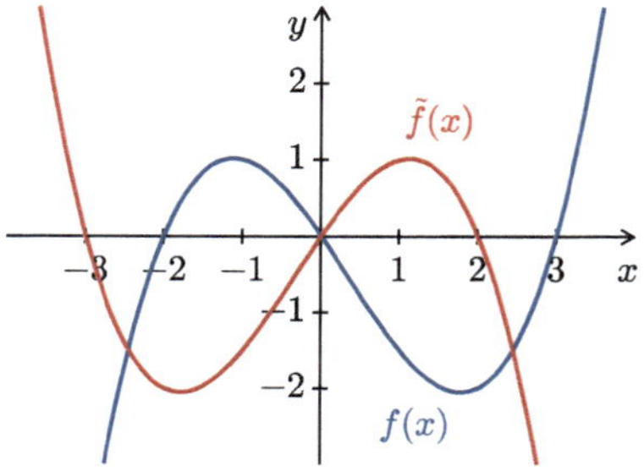

$$\begin{aligned}\tilde{f}(x) &= f(-x)\\ &= \frac{1}{4}(-x)^3 - \frac{1}{4}(-x)^2 - \frac{3}{2}(-x)\\ &= -\frac{1}{4}x^3 - \frac{1}{4}x^2 + \frac{3}{2}x.\end{aligned}$$

So entsteht eine Spiegelung an der y-Achse. ▪

Translation und Skalierung sind Spezialfälle eines allgemeinen Prinzips, der sogenannten Komposition von Funktionen. Bei einer Komposition wird eine Funktion in eine andere Funktion eingesetzt. Ein Beispiel für eine verkettete Funktion ist der Heizölpreis. Der Rohölpreis wird in US-Dollar angegeben. Wir bezahlen unser Heizöl aber in Euro. Für uns ist somit die Verkettung der beiden Funktionen Ölpreis in Abhängigkeit vom US-Dollar und US-Dollar in Abhängigkeit vom Euro entscheidend.

Definition 5.13 (Verkettete Funktion, Komposition)

Unter der Verkettung oder Komposition der Funktionen g und h versteht man die Nacheinanderausführung

$$f(x) = g(h(x)), \quad f = g \circ h$$

der beiden Funktionen. Man wendet die äußere Funktion g auf das Ergebnis der inneren Funktion h an und erhält somit die verkettete Funktion f.

Bei der Differenzialrechnung verwenden wir in Abschnitt 8.2.1 das Prinzip der äußeren und inneren Funktion für die sogenannte äußere und innere Ableitung. Die Substitutionsregel der Integralrechnung in Abschnitt 9.3.2 basiert ebenfalls auf verketteten Funktionen. Bei der Komposition von Funktionen kommt es auf die Reihenfolge an. In der Sprechweise der Mathematiker ist die Komposition eine nicht kommutative Verknüpfung.

Beispiel 5.22 (Komposition von Funktionen)

Die beiden Funktionen $g(x) = \frac{5}{x}$ und $h(x) = 1 - x$ können auf unterschiedliche Weise verkettet werden. Wendet man die Funktion g auf die Funktion h an, dann ergibt sich

$$f_1(x) = g(h(x)) = \frac{5}{1-x}.$$

Umgekehrt liefert die Komposition der Funktion h mit der Funktion g

$$f_2(x) = h(g(x)) = 1 - \frac{5}{x}.$$

Wir sehen, dass die Reihenfolge in der Regel entscheidend ist. ▪

Merke 5.9 (Komposition)

Bei der Komposition von Funktionen ist die Reihenfolge entscheidend. In der Regel sind die beiden Funktionen $g \circ h$ und $h \circ g$ nicht identisch.

5.3 Eigenschaften

Symmetrie, Periodizität, Monotonie und Beschränktheit sind qualitative Eigenschaften von Funktionen. Sie beziehen sich nicht auf das Verhalten der Funktion in einem einzelnen Wert, sondern auf das globale Verhalten der Funktion für alle reellen Zahlen oder zumindest für alle Zahlen aus einem Intervall.

5.3.1 Symmetrie

Die Schaubilder symmetrischer Funktionen verlaufen spiegelbildlich. Man unterscheidet achsen- und punktsymmetrische Funktionen. Wird ein zeitlicher Verlauf durch eine symmetrische Funktion dargestellt, kann man die Zukunft aus der Vergangenheit rekonstruieren und umgekehrt.

Definition 5.14 (Gerade Funktion)

Man bezeichnet f als eine gerade Funktion auf dem Intervall I, falls für alle $x \in I$

$$f(-x) = f(x).$$

Das Schaubild einer geraden Funktion ist symmetrisch zur y-Achse.

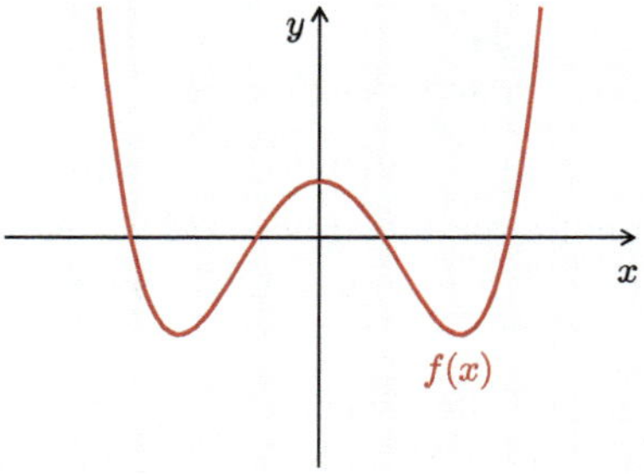

Beispiele für gerade Funktionen sind Potenzfunktionen mit geraden Hochzahlen und Polynome, die nur Glieder mit geraden Hochzahlen enthalten. Auch der Kosinus ist eine gerade Funktion, siehe Abschnitt 6.3. Der Begriff der geraden Funktion lässt sich auf Funktionen verallgemeinern, deren Schaubilder symmetrisch zu einer Geraden $x = x_0$ sind.

Definition 5.15 (Achsensymmetrie)

Man bezeichnet f als eine achsensymmetrische Funktion zur Achse $x = x_0$ auf dem Intervall I, falls für alle $x \in I$

$$f(x_0 - x) = f(x_0 + x).$$

Das Schaubild von f ist symmetrisch zur Achse $x = x_0$.

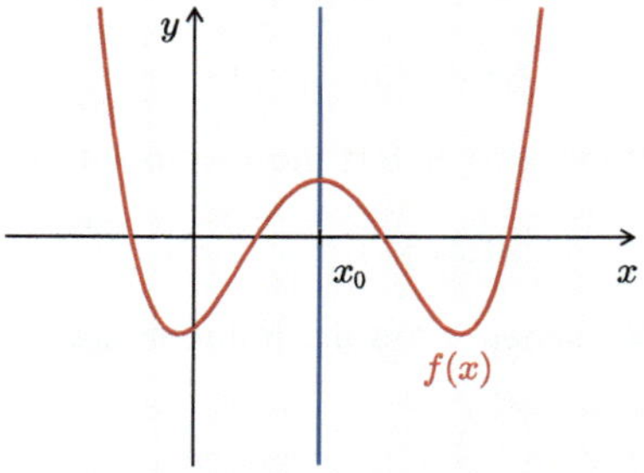

Beispiel 5.23 (Achsensymmetrische Funktion)

Die Funktion

$$f(x) = -x^2 + 2x + 2$$

ist achsensymmetrisch zur Gerade $x = 1$, denn

$$\begin{aligned} f(1-x) &= -(1-x)^2 + 2(1-x) + 2 \\ &= 3 - x^2 \\ f(1+x) &= -(1+x)^2 + 2(1+x) + 2 \\ &= 3 - x^2 \end{aligned}$$

Die Symmetrieachse ist also nicht die y-Achse.

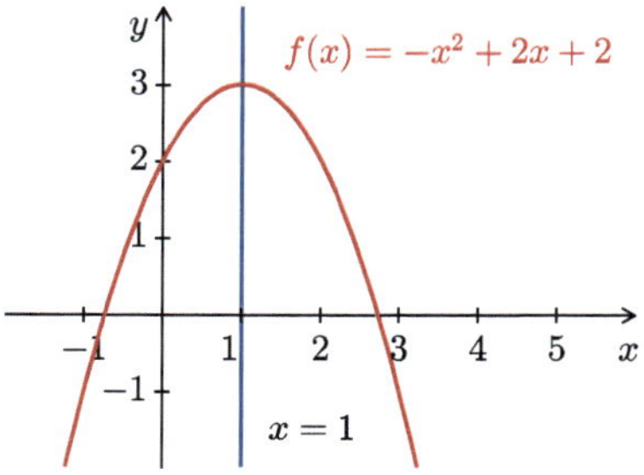

Definition 5.16 (Ungerade Funktion)
Man bezeichnet f als eine ungerade Funktion auf dem Intervall I, falls für alle $x \in I$

$$f(-x) = -f(x).$$

Das Schaubild einer ungeraden Funktion ist symmetrisch zum Ursprung.

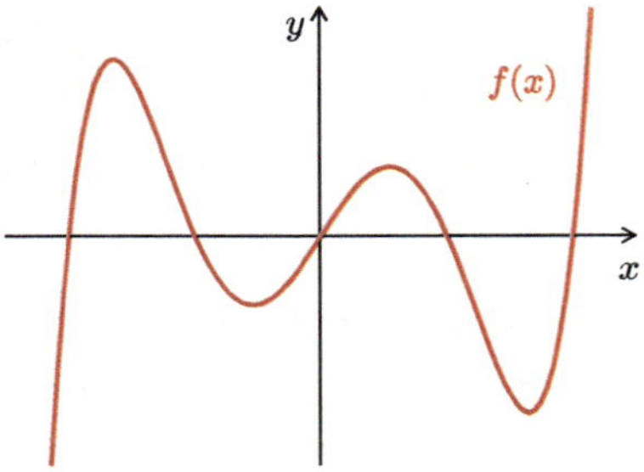

Beispiele für ungerade Funktionen sind Potenzfunktionen mit ungeraden Hochzahlen und Polynome, die nur Glieder mit ungeraden Hochzahlen enthalten. Der Sinus und der Tangens sind ungerade Funktionen, siehe Abschnitt 6.3. Der Begriff der ungeraden Funktion lässt sich auf Funktionen verallgemeinern, deren Schaubilder symmetrisch zu einem beliebigen Punkt $(x_0 \,|\, y_0)$ sind.

Definition 5.17 (Punktsymmetrie)
Man bezeichnet f als eine punktsymmetrische Funktion zum Punkt $(x_0 \,|\, y_0)$ auf dem Intervall I, falls für alle $x \in I$

$$y_0 - f(x_0 - x) = f(x_0 + x) - y_0.$$

Das Schaubild von f ist symmetrisch zum Punkt $(x_0 \,|\, y_0)$.

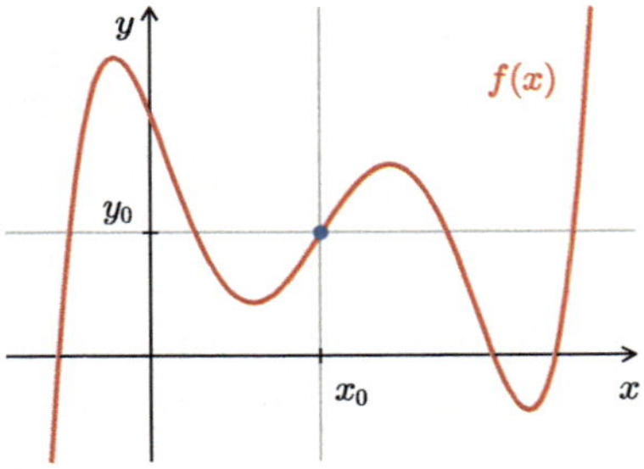

Beispiel 5.24 (Punktsymmetrische Funktion)
Die Funktion

$$f(x) = x^3 - 6x^2 + 12x - 7$$

ist punktsymmetrisch zum Punkt $(2 \,|\, 1)$, denn

$$1 - f(2-x)$$
$$= 1 - (2-x)^3 + 6(2-x)^2 - 12(2-x) + 7 = x^3$$
$$f(2+x) - 1$$
$$= (2+x)^3 - 6(2+x)^2 + 12(2+x) - 7 - 1 = x^3$$

Der Symmetriepunkt ist also nicht der Ursprung. ■

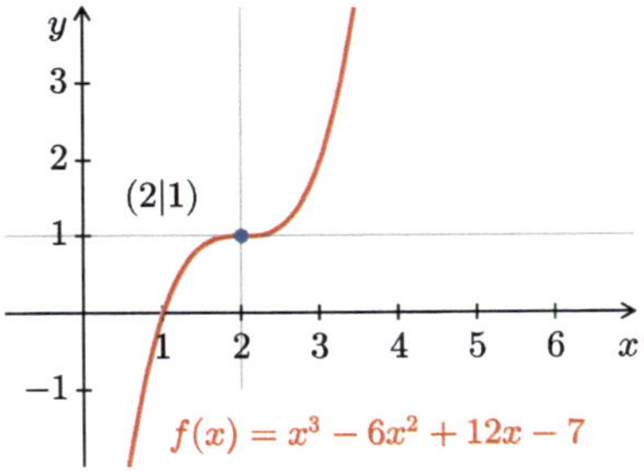

Für die Funktion aus Beispiel 5.24 haben wir zwar gezeigt, dass sie punktsymmetrisch ist, wir sind jedoch nicht darauf eingegangen, wie man den Symmetriepunkt bestimmt. Die Ermittlung der Koordinaten eines Symmetriepunkts ohne Hilfsmittel der Differenzialrechnung ist aufwendig. In Beispiel 8.28 stellen wir eine einfachere Methode vor.

Die Verknüpfung symmetrischer Funktionen liefert in der Regel wieder symmetrische Funktionen. Wenn zum Beispiel g eine gerade Funktion und h eine ungerade Funktion ist, dann ist das Produkt $f(x) = g(x)\,h(x)$ eine ungerade Funktion, denn

$$f(-x) = g(-x)\,h(-x) = g(x)\,(-h(x)) = -f(x).$$

Auf diese Weise lassen sich die folgenden Beziehungen herleiten.

Satz 5.1 (Gerade und ungerade Funktionen)

Gerade und ungerade Funktionen haben folgende Eigenschaften:

- Die Summe und die Differenz zweier gerader Funktionen ergeben eine gerade Funktion und die Summe und die Differenz zweier ungerader Funktionen ergeben eine ungerade Funktion.
- Das Produkt zweier gerader oder zweier ungerader Funktionen ergibt eine gerade Funktion und das Produkt einer geraden mit einer ungeraden Funktion ergibt eine ungerade Funktion.
- Der Kehrwert einer geraden Funktion ist eine gerade Funktion und der Kehrwert einer ungeraden Funktion ist eine ungerade Funktion.

Eine Funktion lässt sich in die Summe aus einer geraden Funktion und einer ungeraden Funktion zerlegen. Diese Zerlegung in gerade und ungerade Anteile ist insbesondere bei der Betrachtung von Fourier-Reihen und Fourier-Transformationen von Bedeutung, siehe Kapitel 16 und Kapitel 18.

Satz 5.2 (Zerlegung in gerade und ungerade Funktionen)

Eine Funktion f lässt sich als Summe einer geraden Funktion f_g und einer ungeraden Funktion f_u darstellen

$$f(x) = f_g(x) + f_u(x).$$

Dabei sind die geraden und ungeraden Anteile definiert durch

$$f_g(x) = \frac{f(x)+f(-x)}{2} \quad \text{und} \quad f_u(x) = \frac{f(x)-f(-x)}{2}.$$

Der gerade Anteil f_g ist der Mittelwert aus $f(x)$ und $f(-x)$, der ungerade Anteil ist der Mittelwert aus $f(x)$ und $-f(-x)$. Dass f_g eine gerade Funktion ist, folgt

$$f_g(-x) = \frac{f(-x)+f(-(-x))}{2} = \frac{f(-x)+f(x)}{2} = f_g(x).$$

In ähnlicher Weise zeigt man, dass f_u eine ungerade Funktion ist. Wir müssen also nur noch überprüfen, dass die Summe aus f_g und f_u tatsächlich f ergibt. Mit

$$f_g(x) + f_u(x) = \frac{f(x)+f(-x)}{2} + \frac{f(x)-f(-x)}{2} = f(x)$$

erhalten wir den gewünschten Nachweis.

Beispiel 5.25 (Zerlegung in gerade und ungerade Funktionen)

Bei Polynomen ist die Zerlegung in einen geraden und einen ungeraden Anteil offensichtlich. Der gerade Anteil besteht aus allen Teilen mit geraden Potenzen und der ungerade Anteil aus allen Teilen mit ungeraden Potenzen. Trotzdem illustrieren wir die Zerlegung an dem Beispiel

$$f(x) = x^3 - 6\,x^2 + 11\,x - 6.$$

Der gerade Anteil ergibt sich zu

$$f_g(x) = \frac{f(x) + f(-x)}{2} = \frac{x^3 - 6x^2 + 11x - 6 + (-x)^3 - 6(-x)^2 + 11(-x) - 6}{2} = -6x^2 - 6$$

und der ungerade Anteil ist

$$f_u(x) = \frac{f(x) - f(-x)}{2} = \frac{x^3 - 6x^2 + 11x - 6 - \big((-x)^3 - 6(-x)^2 + 11(-x) - 6\big)}{2} = x^3 + 11\,x.$$

Die Funktion f_g besteht also wie erwartet nur aus Potenzen mit geraden Hochzahlen und f_u nur aus Potenzen mit ungeraden Hochzahlen. ■

5.3.2 Periode

Unter einer periodischen Funktion versteht man eine Funktion, die sich im Abstand von einem festen Wert immer wiederholt. Die bekanntesten periodischen Funktionen sind Sinus und Kosinus, siehe Abschnitt 6.3.

Definition 5.18 (Periodische Funktion)

Eine Funktion f ist periodisch mit der Periode $p > 0$, wenn

$$f(x + p) = f(x)$$

für alle reellen Zahlen x.

Die Forderung, dass die Gleichung $f(x + p) = f(x)$ für alle reellen Zahlen x erfüllt ist, ist streng genommen zu restriktiv. Es gibt auch periodische Funktionen, die Definitionslücken haben, beispielsweise der Tangens. Konstante Funktionen sind auch periodisch. Allerdings ist es nicht sinnvoll, von einer kleinsten Periode zu sprechen.

Beispiel 5.26 (Periodische Funktion)

Die Funktion

$$f(x) = |x| \text{ für } x \in [-1, 1], \quad f(x+2) = f(x)$$

ist periodisch. Die kleinste Periode ist $p = 2$. Der über dem Intervall $[-1, 1]$ definierte Funktionsprototyp wird zu einer Funktion fortgesetzt, die für alle reellen Zahlen definiert ist.

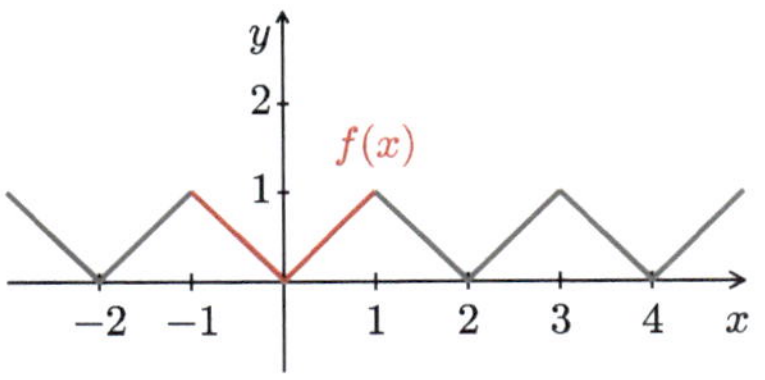

■

Merke 5.10 (Periodische Funktion)

Falls p eine Periode der Funktion f ist, dann ist auch $k \cdot p$ für alle ganzen Zahlen $k \in \mathbb{Z}$ eine Periode von f. Charakterisierend für periodische Funktionen ist die kleinste positive Periode. Bei periodischen Funktionen wiederholt sich eine Art Funktionsprototyp im Abstand der kleinsten positiven Periode.

Periodische Funktionen treten insbesondere bei zeitabhängigen Prozessen auf. Bei zeitabhängigen Funktionen bezeichnet man die kleinste positive Periode als Schwingungsdauer und den Kehrwert als Frequenz.

Definition 5.19 (Schwingungsdauer und Frequenz)

Bei einer zeitabhängigen Funktion mit Periode p bezeichnet man die Periode auch als Schwingungsdauer T und nennt $f = \dfrac{1}{T}$ die Frequenz.

Je größer also die Schwingungsdauer ist, um so kleiner ist die Frequenz. Umgekehrt besitzt eine periodische Funktion mit großer Frequenz eine kleine Schwingungsdauer. Zeit und Frequenz sind physikalische Größen, die mit Einheiten versehen sind. Die Zeit wird üblicherweise in Sekunden mit dem Einheitenzeichen s angegeben. Für die Frequenz verwendet man die Einheit Hertz: $1\,\mathrm{Hz} = \frac{1}{\mathrm{s}}$.

5.3.3 Monotonie

Funktionen, deren Funktionswerte mit zunehmenden x-Werten ständig anwachsen, nennt man monoton wachsend. Umgekehrt bezeichnet man Funktionen, deren Funktionswerte mit zunehmenden x-Werten ständig abnehmen, als monoton fallend. Bei der strengen Monotonie müssen die Funktionswerte tatsächlich anwachsen oder abnehmen, sie dürfen nicht konstant bleiben. Eine konstante Funktion ist sowohl monoton wachsend als auch monoton fallend, sie ist aber weder streng monoton wachsend noch streng monoton fallend.

Definition 5.20 (Monotonie)

Eine Funktion f ist auf dem Intervall I

- monoton fallend, falls $f(x_1) \geq f(x_2)$,
- streng monoton fallend, falls $f(x_1) > f(x_2)$,
- monoton wachsend, falls $f(x_1) \leq f(x_2)$,
- streng monoton wachsend, falls $f(x_1) < f(x_2)$,

für alle Zahlen x_1 und x_2 aus dem Intervall I mit der Eigenschaft $x_1 < x_2$.

Der entscheidende Punkt in dieser Definition ist, dass man alle möglichen Kombinationen von x_1-Werten und x_2-Werten betrachten muss. Für praktische Zwecke ist die Beurteilung der Monotonie mithilfe dieser Definition meist wenig hilfreich. Alternative Vorgehensweisen zur Bestimmung der Monotonieeigenschaften werden wir im Abschnitt 8.4.2 mithilfe der Differenzialrechnung kennenlernen.

Wenn man Aussagen über die Monotonie einer Funktion macht, dann muss man stets angeben, auf welchem Intervall man die Funktion betrachtet. Ohne Angabe eines Intervalls beziehen sich Monotonieaussagen auf die komplette Definitionsmenge der Funktion.

Beispiel 5.27 (Streng monoton wachsende Funktion)

Die Funktion

$$f(x) = x^3$$

ist auf der ganzen Menge der reellen Zahlen streng monoton wachsend. Skeptiker argumentieren an dieser Stelle oft damit, dass die Funktion aufgrund des horizontalen Verlaufs an der Stelle $x = 0$ nur monoton und nicht streng monoton wachsend ist. Diese Behauptung ist jedoch falsch, denn wäre die Funktion nicht streng monoton wachsend, dann müssten wir zwei verschiedene Werte $x_1 < x_2$ angeben können, sodass die Bedingung $x_1^3 \geq x_2^3$ erfüllt ist. Aber solche Werte gibt es nicht. ■

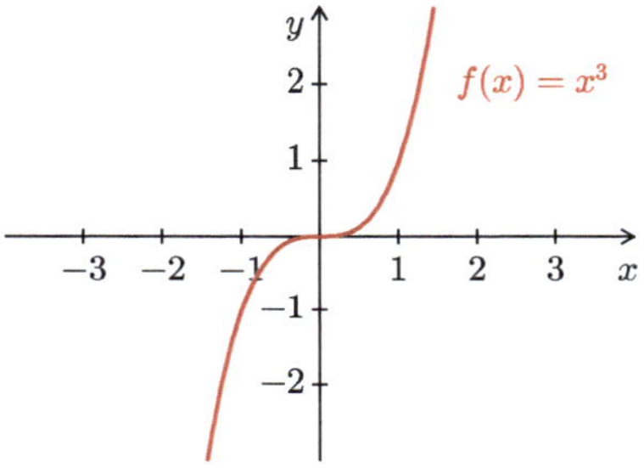

Beispiel 5.28 (Monotonie)

Die abschnittsweise definierte Funktion

$$f(x) = \begin{cases} -1 & \text{für } x \in [-1, 1] \\ x^2 - 2 & \text{sonst} \end{cases}$$

ist auf dem Intervall $(-\infty, -1]$ streng monoton und auf dem Intervall $(-\infty, 1]$ monoton fallend. Auf dem Intervall $[1, \infty)$ ist sie streng monoton und auf dem Intervall $[-1, \infty)$ monoton wachsend. Die Funktion ist auf dem Intervall $[1, -1]$ konstant, also sowohl monoton fallend als auch monoton wachsend. ■

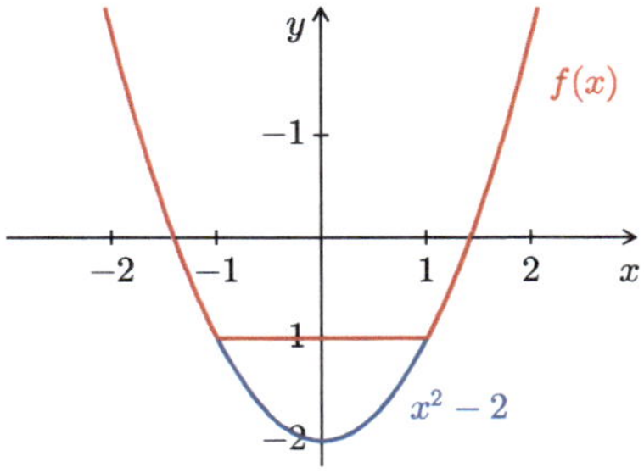

5.3.4 Beschränktheit

Für beschränkte Funktionen kann man eine feste obere Schranke angeben, die kein Funktionswert jemals übersteigt und eine feste untere Schranke, die kein Funktionswert jemals unterschreitet. Wichtig dabei ist, dass eine Schranke nicht zwingend exakt sein muss. Zwischen einer Schranke und den Funktionswerten darf es also eine Lücke geben. Es genügt, irgendeine untere bzw. obere Schranke anzugeben.

Definition 5.21 (Beschränktheit)

Eine Funktion f ist auf dem Intervall I

- nach unten beschränkt, falls die Funktionswerte aller Zahlen x aus dem Intervall I nicht unterhalb einer unteren Schranke liegen,
- nach oben beschränkt, falls die Funktionswerte aller Zahlen x aus dem Intervall I nicht oberhalb einer oberen Schranke liegen.

Eine Funktion, die nach unten und nach oben beschränkt ist, heißt beschränkt.

Beispiel 5.29 (Beschränkte Funktion)

Die Funktion

$$f(x) = \frac{4}{1+x^2} + 1$$

ist für alle reellen Zahlen definiert. Sie ist beschränkt. Die Funktionswerte sind alle größer als 1. Somit ist 1 eine untere Schranke. Der maximale Funktionswert ist $f(0) = 5$. Dadurch ist 5 eine obere Schranke. Alle Zahlenwerte kleiner 1 sind auch untere Schranken und alle Zahlen größer 5 sind auch obere Schranken.

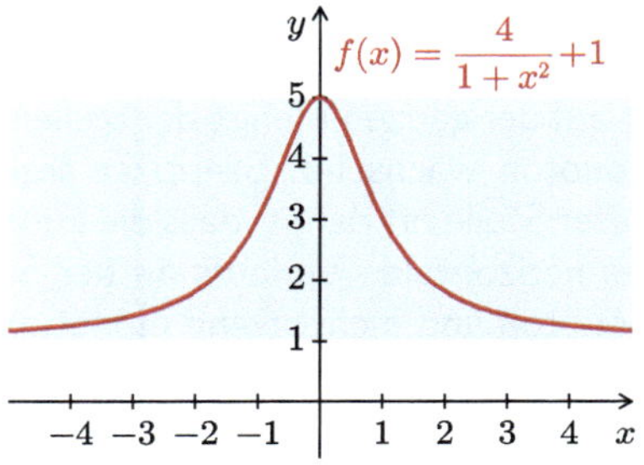

Beispiel 5.30 (Unbeschränkte Funktion)

Die Funktion

$$f(x) = \frac{1}{x^2}$$

ist für alle reellen Zahlen außer $x = 0$ definiert. Die Funktionswerte sind alle größer als 0. Somit ist 0 eine untere Schranke. Auf den Intervallen $I_1 = (-\infty, 0)$ und $I_2 = (0, \infty)$ ist die Funktion nicht nach oben beschränkt. Somit ist die Funktion auf diesen Intervallen auch insgesamt nicht beschränkt.

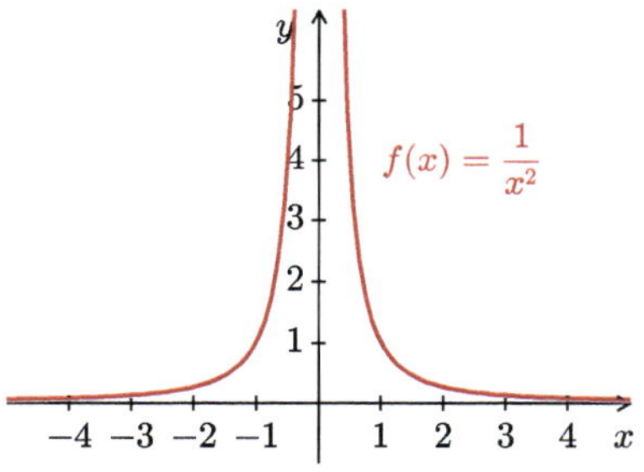

5.4 Das Prinzip der Umkehrfunktion

Eine Umkehrfunktion hebt die Wirkung einer Funktion auf. Wenn man die Umkehrfunktion auf den Funktionswert einer Variablen anwendet, dann erhält man den ursprünglichen Wert der Variablen wieder. Dieses Prinzip kennen wir bereits vom Begriff der Wurzel. Das Wurzelziehen hebt die Wirkung des Quadrierens auf und umgekehrt. Wenn wir die Wurzel aus einer Zahl quadrieren, dann erhalten wir wieder die ursprüngliche Zahl. In diesem Abschnitt nehmen wir das Prinzip der Umkehrfunktion genauer unter die Lupe.

Eine Funktion muss gewisse Voraussetzungen erfüllen, damit man ihr eine Umkehrfunktion zuordnen kann. Wenn unterschiedliche x-Werte denselben Funktionswert haben, dann kann man das Prinzip der Umkehrfunktion nicht anwenden.

Definition 5.22 (Umkehrbare Funktion)

Eine Funktion f nennt man umkehrbar auf der Definitionsmenge D, wenn es zu jedem Funktionswert y aus der Wertemenge W genau ein Argument x aus der Definitionsmenge D gibt mit $y = f(x)$.

In Definition 5.4 ist die Eigenschaft der Bijektivität einer Funktion eingeführt worden. Bei einer bijektiven Funktion gibt es zu jedem Funktionswert in der Wertemenge genau einen passenden Wert aus dem Definitionsbereich. Nach Definition 5.22 ist eine Funktion also genau dann umkehrbar, wenn sie bijektiv ist.

Beispiel 5.31 (Umkehrbare Funktion)

Die Funktion $f(x) = x^2$ ist für alle reellen Zahlen definiert, aber auf dieser Definitionsmenge nicht umkehrbar. Denn zu jedem positiven y-Wert gibt es zwei verschiedene x-Werte mit $f(x) = y$. Wenn wir jedoch die Definitionsmenge auf das Intervall $D = [0; \infty)$ einschränken, dann ist diese Mehrdeutigkeit beseitigt. Die Funktion $f(x) = x^2$ ist auf diesem Intervall umkehrbar.

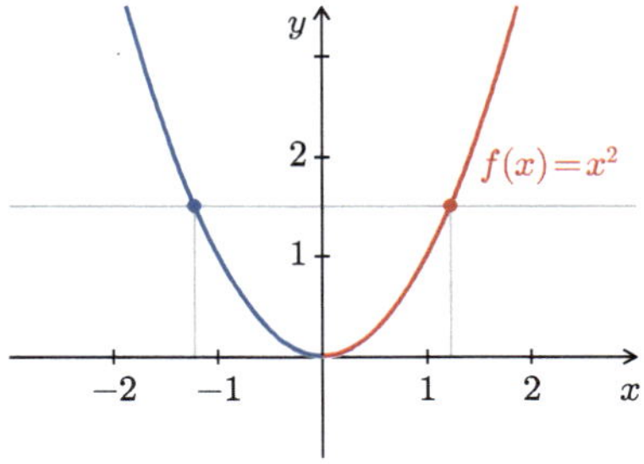

Funktionen mit geeigneten Monotonieeigenschaften sind umkehrbar. So ist die strenge Monotonie hinreichend für die Umkehrbarkeit einer Funktion. Sie garantiert die Ein-Eindeutigkeit bei der Zuordnung.

Satz 5.3 (Umkehrbarkeit einer Funktion)

Eine Funktion, die auf der gesamten Definitionsmenge D entweder streng monoton wachsend oder auf der gesamten Definitionsmenge D streng monoton fallend ist, ist auf der Definitionsmenge D umkehrbar.

Zu jeder umkehrbaren Funktion können wir eine Umkehrfunktion definieren. Dabei fordern wir, dass die Anwendung der Umkehrfunktion auf die Funktion die Wirkung der Funktion gerade aufhebt und umgekehrt.

Definition 5.23 (Umkehrfunktion, inverse Funktion)

Die Umkehrfunktion oder inverse Funktion f^{-1} einer umkehrbaren Funktion f ist definiert durch

$$f^{-1}(f(x)) = x \quad \text{und} \quad f\left(f^{-1}(x)\right) = x.$$

Die Komposition von Funktion und Umkehrfunktion erzeugt gerade wieder das Ausgangselement. Bildet man also zunächst x auf $f(x)$ ab und wendet auf das Ergebnis anschließend f^{-1} an, so erhält man wieder x zurück. Die Umkehrfunktion darf nicht mit dem Kehrwert einer Funktion verwechselt werden!

Beispiel 5.32 (Umkehrfunktionen)

a) Die Funktion $f(x) = x^2$ ist auf der Definitionsmenge $D = [0; \infty)$ umkehrbar, siehe Beispiel 5.31. Die Umkehrfunktion ist $f^{-1}(x) = \sqrt{x}$, denn es gilt

$$\sqrt{x^2} = x \text{ und } \left(\sqrt{x}\right)^2 = x$$

auf der gesamten Definitionsmenge.

b) Die Funktion $f(x) = x^3$ ist auf der Definitionsmenge $D = \mathbb{R}$ streng monoton wachsend und somit umkehrbar. Die Umkehrfunktion ist $f^{-1}(x) = \sqrt[3]{x}$, denn es gilt

$$\sqrt[3]{x^3} = x \text{ und } \left(\sqrt[3]{x}\right)^3 = x$$

auf ganz $\mathbb{R}$. Hierbei ist die Definition der dritten Wurzel aus negativen Zahlen zu beachten. ▪

Nachdem festgestellt ist, dass eine Funktion umkehrbar ist, stellt sich die Frage, wie die Umkehrfunktion dann auch bestimmt werden kann. Die Umkehrfunktion kann grafisch oder auch rechnerisch bestimmt werden.

Merke 5.11 (Bestimmung der Umkehrfunktion)

Man bestimmt die Umkehrfunktion einer umkehrbaren Funktion f in zwei Schritten:

(1) Durch Auflösen der Funktionsgleichung $y = f(x)$ nach x erhält man $x = f^{-1}(y)$.

(2) Vertauschen von x und y ergibt eine neue Funktion $y = f^{-1}(x)$.

Durch das Vertauschen von x und y werden Definitionsmenge und Wertemenge vertauscht. Das Schaubild der Umkehrfunktion erhält man durch Spiegeln des Schaubildes der Funktion an der ersten Winkelhalbierenden.

Beispiel 5.33 (Bestimmung der Umkehrfunktion)

Die Funktion $f(x) = \frac{x}{x+1}$ nimmt jeden Wert y ihrer Wertemenge genau einmal an. Damit ist sie auf ihrer Definitionsmenge umkehrbar. Zur Bestimmung der Umkehrfunktion lösen wir die Funktionsgleichung nach x auf und erhalten

$$y = \frac{x}{x+1} \quad \Longrightarrow \quad x = \frac{y}{1-y}.$$

Durch Vertauschen von x und y entsteht die Umkehrfunktion $f^{-1}(x) = \frac{x}{1-x}$. Geometrisch entsteht f^{-1} aus f durch Spiegelung an der ersten Winkelhalbierenden.

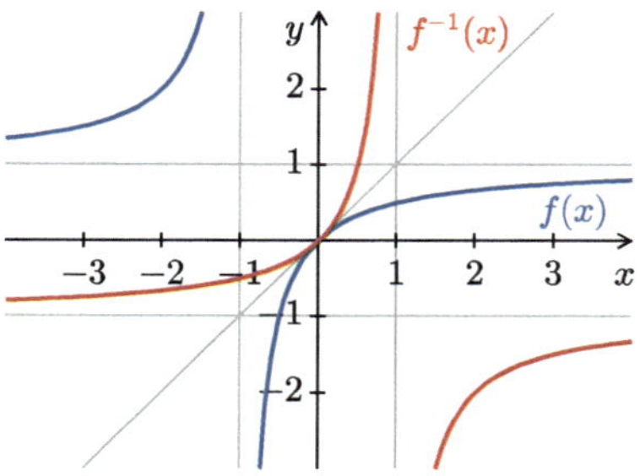

▪

5.5 Anwendungen

Funktionen sind in der Modellierung technischer Sachverhalte allgegenwärtig. Jede Abhängigkeit einer Ausgangsgröße von einer Eingangsgröße kann als Abbildung und somit zumindest abschnittsweise auch als Funktion aufgefasst werden. Allerdings nimmt man in den meisten Anwendungen gleichzeitig auch Ergebnisse der Differenzialrechnung zu Hilfe, siehe Kapitel 8.

5.5.1 Messwerte

Bei vielen Anwendungen aus der Praxis ist keine explizite Funktionsgleichung bekannt. Oft kennt man lediglich ein paar Funktionswerte, die durch Messungen im Versuch ermittelt wurden. Aus diesen Messwerten lassen sich auf unterschiedliche Arten Funktionen erzeugen. Die einfachste Methode ist die sogenannte lineare Interpolation.

Merke 5.12 (Lineare Interpolation)

Bei der linearen Interpolation definiert man eine stetige und stückweise lineare Funktion durch die Punkte

$$(x_0 \,|\, f_0), (x_1 \,|\, f_1), (x_2 \,|\, f_2), \ldots, (x_n \,|\, f_n),$$

indem man dem x-Wert im Intervall $[x_k, x_{k+1}]$ den Funktionswert

$$f(x) = f_k + \frac{f_{k+1} - f_k}{x_{k+1} - x_k}(x - x_k)$$

zuordnet. Dabei sind die x-Koordinaten aufsteigend sortiert: $x_0 < x_1 < x_2 < \ldots < x_n$.

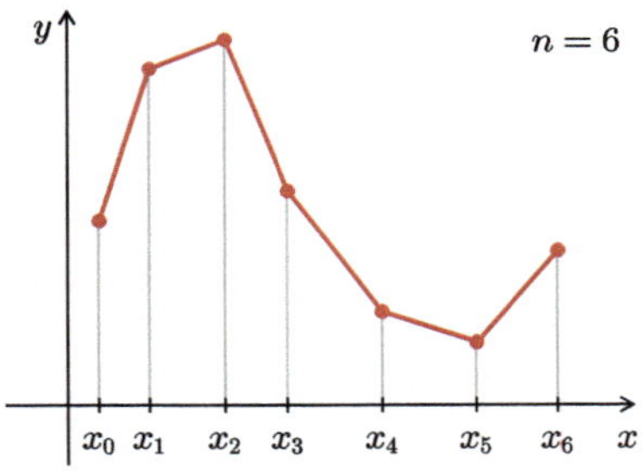

Man kann die Formel für die lineare Interpolation auch für x-Werte außerhalb des Intervalls $[x_k, x_{k+1}]$ verwenden. Dann spricht man aber nicht mehr von Interpolation, sondern von Extrapolation.

Beispiel 5.34 (Wertetabelle)

Bei einem Motor wurde zu verschiedenen Drehzahlen das Drehmoment experimentell bestimmt. Die diskreten Werte sind in einer Tabelle festgehalten:

Drehzahl	[min^{-1}]	2000	3000	4000	5000	6000	7000	8000	9000
Drehmoment	[Nm]	30	37	45	50	52	50	38	25

Um nun das Drehmoment bei einer beliebigen Drehzahl zwischen 2000 und 9000 Umdrehungen pro Minute zu bestimmen, werden die Werte linear interpoliert.

Zur Bestimmung des Drehmoments bei 2200 Umdrehungen pro Minute etwa betrachtet man das Teilintervall $[2000, 3000]$ und berechnet dann den Wert durch

$$f(2200) = 30 + \frac{37 - 30}{3000 - 2000}(2200 - 2000) = 31.4.$$

Dadurch entsteht eine Funktion, die über den ganzen Drehzahlbereich definiert ist. Der Verlauf des Drehmomentes in Abhängigkeit der Drehzahl lässt sich dadurch veranschaulichen, dass man die diskreten Werte durch Geradenstücke verbindet. Im technischen und naturwissenschaftlichen Bereich ist es üblich, bei der Beschriftung einen gemeinsamen Skalierungsfaktor, wie bei uns der Faktor 10^3, zusammen mit der Variablen als Beschriftung der Achse zu wählen.

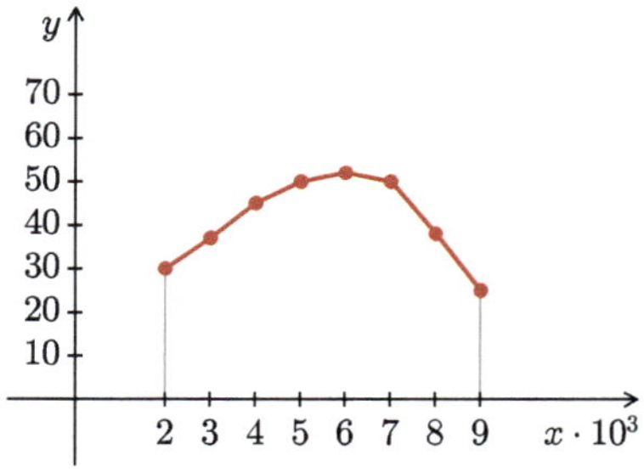

Neben der linearen Interpolation gibt es noch eine ganze Reihe weiterer Verfahren, mit denen man Funktionen aus diskreten Werten bestimmen kann. Abhängig davon, ob das Schaubild der Funktion exakt oder nur näherungsweise durch die vorgegebenen Punkte verläuft, spricht man von einem Interpolations- oder Approximationsverfahren. Weitere Details findet man in Kapitel 12 und Kapitel 16.

5.5.2 Kennfelder

Werte, die von mindestens zwei verschiedenen Größen abhängen, kann man mithilfe von Kennfeldern darstellen. Dabei werden meist Kurven mit gleichen Werten, sogenannte Kennlinien, in das Kennfeld eingetragen. Diese Kennlinien kann man auch als Höhenlinien interpretieren, siehe Kapitel 12. Häufig kann man die Kennlinien eines Kennfelds auch als Schar ähnlicher Kurven auffassen. Dabei lässt sich nicht jede Kurve als Funktion darstellen. Man muss also zur Definition eines Kennfelds neben expliziten oftmals auch implizite Funktionsgleichungen verwenden. Hier wird erneut der Unterschied zwischen Relation und Funktion deutlich.

Beispiel 5.35 (Kennfeld)

Der Kraftstoffverbrauch eines Verbrennungsmotors wird in einem Verbrauchskennfeld dargestellt. Dabei wird der spezifische Kraftstoffverbrauch in g/kWh in Abhängigkeit von der Drehzahl x in 1/min und dem Druck y in bar aufgetragen. Das Kennfeld wird in x-Richtung durch den möglichen Drehzahlbereich festgelegt und ist durch die Volllastkurve des Motors nach oben begrenzt. Die Kennlinien beschreiben Betriebspunkte mit gleichem Kraftstoffverbrauch.

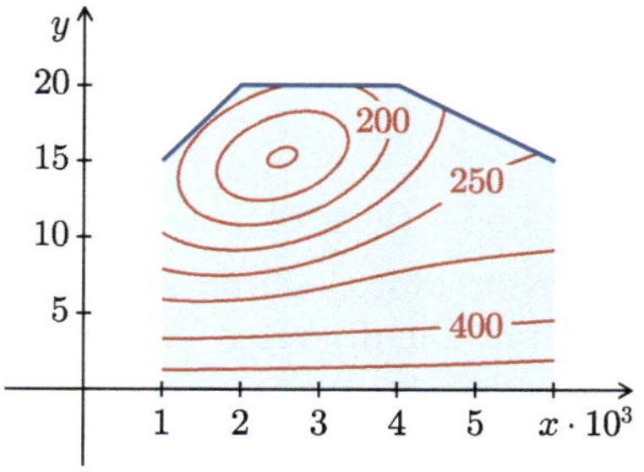

Die Kennlinien zu den Werten 400 und 250 können als Funktionen dargestellt werden, die Kennlinie zum Wert 200 hingegen nicht. Sie muss mithilfe einer impliziten Funktionsgleichung als Relation zwischen x und y definiert werden. ■

5.6 Aufgaben

5.6.1 Verständnis und Kompetenz

Aufgabe 5.1 (Relation) ★

Geben Sie alle Elemente der Relation „$a < b$" für die Mengen $A = B = \{1, 2, 3\}$ an.

Aufgabe 5.2 (Relationen und Funktionen) ★★★

Gegeben sind die Mengen $M_1 = \{1, 2, 3, 4\}$ und $M_2 = \{a, b, c, d\}$. Sind die folgenden Relationen auch Funktionen? Falls ja, welche sind injektiv, surjektiv bzw. bijektiv?

a) $R = \{(1, a), (1, c), (2, d)\}$

b) $R = \{(1, c), (2, a), (3, d)\}$

c) $R = \{(1, b), (2, a), (3, c), (4, b)\}$

d) $R = \{(1, d), (2, b), (3, a), (4, c)\}$

Aufgabe 5.3 (Injektivität, Surjektivität und Bijektivität) ★★★

Für welche Definitions- und Zielmengen ist $f(x) = x^2$ injektiv, surjektiv bzw. bijektiv?

a) $D = \mathbb{R}, \quad Z = \mathbb{R}$

b) $D = \mathbb{R}, \quad Z = [0, \infty)$

c) $D = [0, \infty), \quad Z = \mathbb{R}$

d) $D = [0, \infty), \quad Z = [0, \infty)$

Aufgabe 5.4 (Quadratisches Polynom) ★★

Für welche Werte von ω hat das Polynom $p(x) = x^2 + 2\omega x + 1$

a) zwei Nullstellen

b) genau eine Nullstelle

c) keine Nullstelle?

Aufgabe 5.5 (Spiegelung einer Parabel) ★★

Die Parabel $y = x^2 + 4x$ wird an der y-Achse gespiegelt. Skizzieren Sie beide Parabeln. Wo liegt der Scheitel der gespiegelten Parabel und wie lautet ihre Funktionsgleichung?

Aufgabe 5.6 (Parabelschar) ★★★

Skizzieren Sie die Schaubilder der Parabelschar $f(x) = x^2 - 2a\,x + 2a^2$ mit dem reellen Scharparameter a. Auf welcher Kurve liegen die Scheitelpunkte der Parabelschar?

Aufgabe 5.7 (Sägezahnfunktion) ★★

Die Funktion f wird für $x \in [0, 1)$ durch $f(x) = x$ definiert. Für die Werte von x, die nicht in $[0, 1)$ liegen, wird der Funktionswert über die periodische Fortsetzung $f(x + 1) = f(x)$ definiert. Skizzieren Sie das Schaubild der Funktion f.

Aufgabe 5.8 (Beschränktheit) ★★★★

Für welche Parameter a und b ist die Funktion $f(x) = \frac{b}{a+x^4}$ nach oben beschränkt, nach unten beschränkt bzw. beschränkt? Unterscheiden Sie dazu nacheinander die Fälle $a > 0$, $a = 0$ und $a < 0$ und diskutieren Sie jeweils Unterfälle für b.

Aufgabe 5.9 (Umkehrfunktion und Kehrwert) ★★★

Wir betrachten die Funktion $f(x) = 2x^3$ für $x \geq 0$. Skizzieren Sie die Schaubilder der Funktionen $f^{-1}(x)$ und $f(x)^{-1}$. Berechnen Sie den Schnittpunkt dieser Funktionen.

5.6.2 Rechnung und Training

Aufgabe 5.10 (Definitionsmengen und Achsenschnittpunkte) ★★★

Berechnen Sie die maximalen Definitionsmengen der folgenden Funktionen und berechnen Sie die Schnittpunkte mit den Koordinatenachsen:

a) $f(x) = \sqrt{4 + x^2} - 1 - x$ b) $g(x) = \dfrac{x}{\sqrt{x-4}} - 5$ c) $h(x) = x + \sqrt{x-1}$

Aufgabe 5.11 (Gerade und ungerade Funktionen) ★★★

Welche Funktionen sind gerade, welche ungerade und welche weder noch?

a) $f(x) = \cos x \, \sin x$ b) $f(x) = \sin x^2$ c) $f(x) = \sin^2 x$

d) $f(x) = \dfrac{1}{x^3}$ e) $f(x) = \dfrac{x^4 + 1}{x^3}$ f) $f(x) = \dfrac{x^3 + x}{x + 1}$

Aufgabe 5.12 (Symmetrie eines kubischen Polynoms) ★★★★

Die Funktion $f(x) = x^3 - 3\,x^2 + 3\,x + 1$ ist punktsymmetrisch zum Punkt $P(x_0 \,|\, y_0)$. Berechnen Sie die Koordinaten dieses Symmetriepunkts.

Aufgabe 5.13 (Konstruktion einer Parabel) ★★

Bestimmen Sie die Funktionsgleichung der Parabel, welche die x-Achse in den Punkten $(2 \pm \sqrt{3} \,|\, 0)$ schneidet und durch den Punkt $(1 \,|\, 1)$ geht. Welche Koordinaten hat der Scheitel der Parabel?

Aufgabe 5.14 (Konstruktion einer abschnittsweisen Funktion) ★★★

Eine abschnittsweise definierte Funktion f besteht aus drei Abschnitten. Im ersten Abschnitt verläuft das Schaubild von f linear vom Punkt $(0 \,|\, 0)$ bis zum Punkt $(2 \,|\, 2)$. Im dritten Abschnitt ist die Funktion f auf dem Intervall $[5, 6]$ konstant. Im zweiten Abschnitt besteht f aus einer Parabel mit Scheitelpunkt $(3 \,|\, 4)$, Das Schaubild von f hat keine Lücken oder Sprünge. Wie lautet die Funktionsgleichung von f?

Aufgabe 5.15 (Parabeln mit Beträgen) ★★★

Skizzieren Sie die Schaubilder der folgenden Funktionen:

a) $f(x) = x\,(x + 2)$ b) $f(x) = |x\,(x + 2)|$ c) $f(x) = |x|\,|x + 2|$

d) $f(x) = |x|\,(x + 2)$ e) $f(x) = x\,|x + 2|$ f) $f(x) = x\,(|x| + 2)$

Aufgabe 5.16 (Eigenschaften von Funktionen) ★★★★★

Bestimmen Sie Definitionsmenge, Wertemenge und Achsenschnittpunkte folgender Funktionen und erstellen Sie jeweils eine Skizze. Welche Funktion ist nach oben beschränkt, nach unten beschränkt bzw. beschränkt? Was kann man über die Monotonie sagen? Welche Funktion ist symmetrisch zum Ursprung, welche zur y-Achse?

a) $f(x) = \sqrt{x^2 - x + 1}$ b) $f(x) = \dfrac{1}{x} + x$

c) $f(x) = \sqrt{\dfrac{1}{x} + x}$ d) $f(x) = \sqrt{\dfrac{1 - x}{x}}$

6 Elementare Funktionen

Die grundlegenden Funktionen, wie etwa die Potenzfunktionen, die Polynome, die gebrochenrationalen Funktionen, die trigonometrischen Funktionen und die Exponentialfunktionen, werden unter dem Begriff elementare Funktionen zusammengefasst. Außerdem sind auch die jeweiligen Umkehrfunktionen elementare Funktionen. Es gibt aber keine strenge mathematische Definition für den Begriff elementare Funktion.

Wir werden in diesem Kapitel die Eigenschaften dieser elementaren Funktionen untersuchen und die jeweiligen Besonderheiten der einzelnen Typen von Funktionen herausstellen. Bei unterschiedlichen Anwendungsaspekten kommen typischerweise unterschiedliche Funktionstypen zum Einsatz. Beispielsweise werden zur Analyse von Schwingungsproblemen oft Sinus- und Kosinusfunktionen herangezogen. Wachstums- oder Zerfallsprozesse werden mithilfe von Exponentialfunktionen untersucht.

6.1 Potenz- und Wurzelfunktionen

Viele Zusammenhänge in Mathematik, Wirtschaft, Natur und Technik lassen sich durch Potenzfunktionen formulieren. Die Fläche einer Kreisscheibe ist proportional zum Quadrat des Radius, das Volumen einer Kugel ist proportional zur dritten Potenz des Radius. Ein weiteres Beispiel ist der reziproke Zusammenhang zwischen Geschwindigkeit und Zeit.

6.1.1 Potenzfunktionen

Eine Potenzfunktion mit einer natürlichen Hochzahl n entsteht durch mehrfache Multiplikation der Variablen x mit sich selbst. Negative Potenzen entsprechen dem Kehrwert, und die Hochzahl 0 ergibt 1:

$$x^n = \underbrace{x \cdot x \cdot x \cdot \ldots \cdot x}_{n \text{ Faktoren}}, \qquad x^{-n} = \frac{1}{x^n}, \qquad x^0 = 1,$$

siehe Definition 1.22. Somit können wir Potenzfunktionen mit beliebigen ganzen Hochzahlen definieren. Das Verständnis dieser Funktionen bildet die Basis für den weiteren Umgang mit Polynomen und gebrochenrationalen Funktionen. Deshalb fassen wir die wesentlichen Eigenschaften dieser Potenzfunktionen an dieser Stelle zusammen.

Definition 6.1 (Potenzfunktion mit ganzer Hochzahl)
Eine Funktion f, die sich in der Form

$$f(x) = a\,x^n, \quad n \in \mathbb{Z}, \quad a \in \mathbb{R}$$

darstellen lässt, bezeichnet man als Potenzfunktion.

Potenzfunktionen verhalten sich unterschiedlich, je nachdem ob die Hochzahl gerade oder ungerade bzw. positiv oder negativ ist. Bei negativen Hochzahlen würden wir für $x = 0$ durch null teilen. Deshalb haben Potenzfunktionen mit negativen Hochzahlen an der Stelle $x = 0$ eine Definitionslücke. Das Verhalten in der Nähe der Definitionslücken werden wir in Kapitel 7 genauer betrachten. Der konstante Faktor a bewirkt lediglich eine Skalierung der Funktionswerte, siehe Abschnitt 5.2.6.

Beispiel 6.1 (Potenzfunktionen mit geraden Hochzahlen)

a) Wir betrachten die Potenzfunktion

$$f(x) = x^2.$$

Die Funktion ist die Normalparabel. Ihr Schaubild geht durch den Ursprung und ist symmetrisch zur y-Achse.

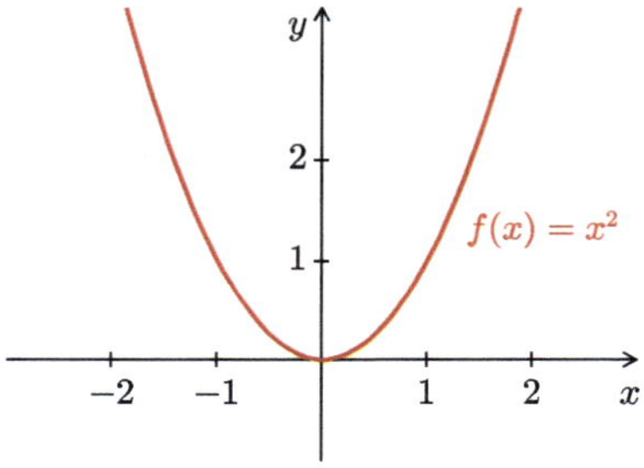

b) Wir betrachten die Potenzfunktion

$$f(x) = x^{-2}.$$

Die Funktion hat eine Definitionslücke an der Stelle $x = 0$. Diese Definitionslücke bezeichnet man als Pol ohne Vorzeichenwechsel, siehe Definition 7.17. Ihr Schaubild ist symmetrisch zur y-Achse.

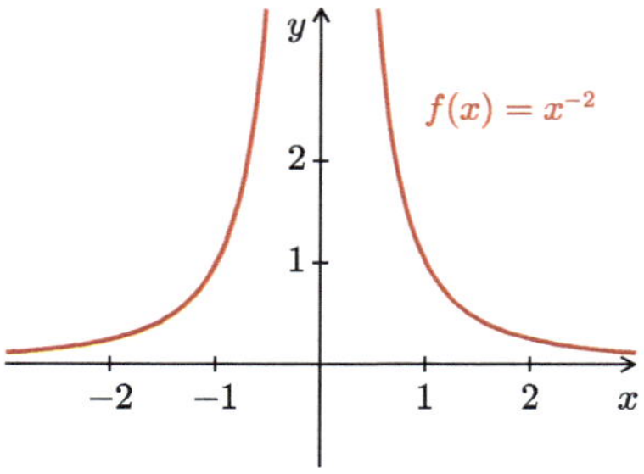

■

Beispiel 6.2 (Potenzfunktionen mit ungeraden Hochzahlen)

a) Wir betrachten die Potenzfunktion

$$f(x) = x^3.$$

Die Funktion bildet ihr Argument in die dritte Potenz ab. Ihr Schaubild geht durch den Ursprung und ist symmetrisch zum Ursprung.

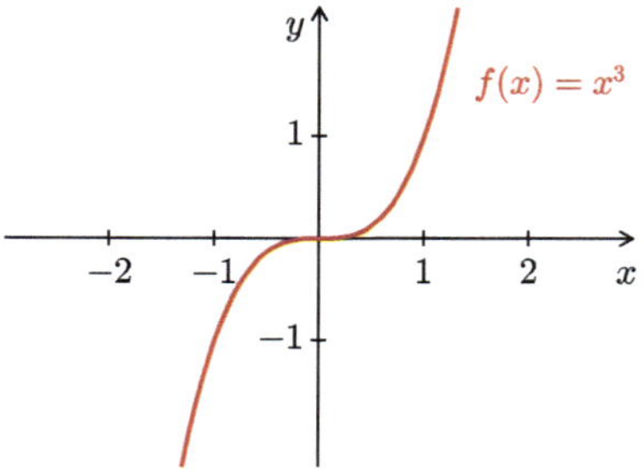

b) Wir betrachten die Potenzfunktion

$$f(x) = x^{-3}.$$

Die Funktion hat eine Definitionslücke an der Stelle $x = 0$. Diese Definitionslücke bezeichnet man als Pol mit Vorzeichenwechsel, siehe Definition 7.17. Ihr Schaubild ist symmetrisch zum Ursprung.

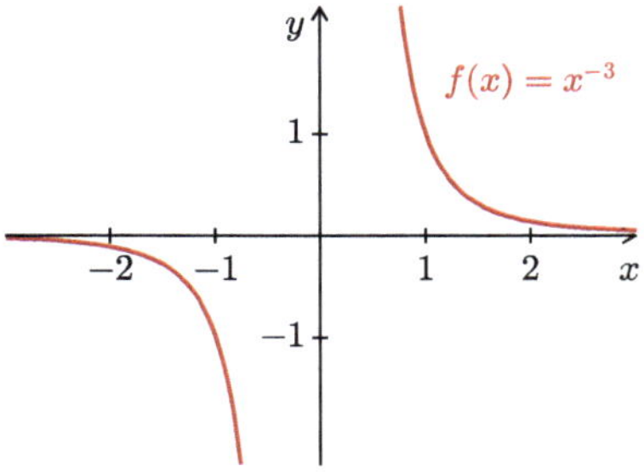

Merke 6.1 (Potenzfunktion)

Potenzfunktionen mit positiver Hochzahl sind für alle reellen Zahlen definiert, Potenzfunktionen mit negativer Hochzahl sind für alle reellen Zahlen mit Ausnahme der Null definiert. Das Schaubild einer Potenzfunktion mit gerader Hochzahl ist spiegelsymmetrisch zur y-Achse, das Schaubild einer Potenzfunktion mit ungerader Hochzahl ist spiegelsymmetrisch zum Ursprung.

6.1.2 Wurzelfunktionen

In Beispiel 5.32 haben wir die Wurzelfunktion $\sqrt{x}$ als Umkehrfunktion von x^2 und $\sqrt[3]{x}$ als Umkehrfunktion von x^3 bereits kennengelernt. Diese Überlegungen lassen sich auf alle Potenzfunktionen mit natürlichen Hochzahlen übertragen: Potenzfunktionen mit geraden natürlichen Hochzahlen sind auf dem Intervall $[0, \infty)$ streng monoton wachsend und damit umkehrbar. Potenzfunktionen mit ungeraden natürlichen Hochzahlen sind auf der Menge der reellen Zahlen streng monoton wachsend und damit umkehrbar. Somit können wir die Wurzelfunktion $\sqrt[n]{x}$ als Umkehrfunktion von x^n für jede natürliche Zahl n definieren. Die Schaubilder erhalten wir, wie immer bei Umkehrfunktionen, durch spiegeln an der ersten Winkelhalbierenden.

Definition 6.2 (Wurzelfunktionen)

Die Wurzelfunktionen sind die Umkehrfunktionen der Potenzfunktionen:

$$f(x) = x^n \iff f^{-1}(x) = \sqrt[n]{x} = x^{\frac{1}{n}}.$$

Dabei ist n eine natürliche Zahl.

Der Umgang mit Wurzelfunktionen mit ungeradem n und negativen x-Werten ist nicht einheitlich geregelt. Eine Fraktion der Mathematiker verbietet negative Werte unter der Wurzel grundsätzlich. Die andere Fraktion lässt negative Werte unter der Wurzel bei ungeradem n zu. Dabei muss man jedoch sehr vorsichtig sein. Wie das Beispiel

$$(-8)^{\frac{1}{3}} = \sqrt[3]{-8} = -2, \quad (-8)^{\frac{2}{6}} = \sqrt[6]{(-8)^2} = \sqrt[6]{64} = 2 \quad \Longrightarrow \quad (-8)^{\frac{1}{3}} \neq (-8)^{\frac{2}{6}}$$

zeigt, lassen sich die Potenzgesetze aus Satz 1.4 nicht mehr bedenkenlos anwenden.

Merke 6.2 (Eigenschaften der Wurzelfunktionen)

- Definitionsmenge:
  $D = [0, \infty)$
- Wertemenge:
  $W = [0, \infty)$
- Monotonie:
  streng monoton wachsend

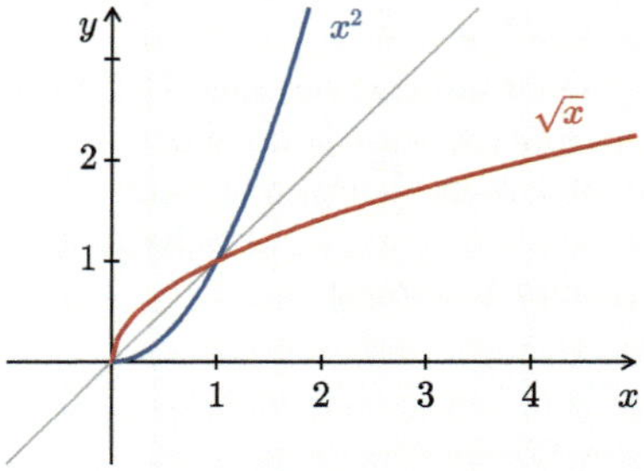

6.2 Polynome und gebrochenrationale Funktionen

Polynome und gebrochenrationale Funktionen lassen sich allein mithilfe der vier Grundrechenarten Addition, Subtraktion, Multiplikation und Division definieren. Alle Berechnungen durch Computer basieren auf diesen vier Grundrechenarten. Nicht zuletzt aus diesem Grund werden Polynome und gebrochenrationale Funktionen bei technischen Anwendungen, etwa in der Regelungstechnik oder in CAD-Systemen, gerne eingesetzt.

In Kapitel 10 werden wir Methoden kennenlernen, mit denen man die Auswertung beliebiger Funktionen auf die Auswertung von Polynomen und damit auf die vier Grundrechenarten zurückführen kann. Polynome werden oft auch als ganzrationale Funktionen bezeichnet.

6.2.1 Polynome

Polynome sind gewissermaßen die Lieblingsfunktionen der Mathematiker. Einerseits lassen sich mit Polynomen viele mathematische Operationen, wie beispielsweise das Differenzieren und das Integrieren, problemlos durchführen. Andererseits haben Problemstellungen, wie etwa die Bestimmung der Nullstellen von Polynomen, zu interessanten mathematischen Theorien geführt.

Definition 6.3 (Polynom, ganzrationale Funktion)

Eine Funktion f, die sich in der Form

$$f(x) = a_0 + a_1 x + a_2 x^2 + a_3 x^3 + \ldots + a_n x^n = \sum_{k=0}^{n} a_k\, x^k, \qquad a_n \neq 0,$$

darstellen lässt, bezeichnet man als Polynom oder ganzrationale Funktion vom Grad n. Die Koeffizienten a_0, a_1, a_2, a_3, …, a_n sind dabei beliebige Zahlen, wobei allerdings der höchste Koeffizient a_n nicht null sein darf.

Die sogenannte triviale Funktion $f(x) = 0$ ist aufgrund der Forderung $a_n \neq 0$ laut Definition 6.3 streng genommen kein Polynom. Trotzdem werden wir auch die triviale Funktion als Polynom zulassen. Somit sind alle konstanten Funktionen $f(x) = c$ Polynome. Außerdem sind alle linearen Funktionen $f(x) = mx + b$ und alle quadratischen Funktionen $f(x) = ax^2 + bx + c$ Polynome. Einzelheiten zu linearen und quadratischen Funktionen findet man in Abschnitt 1.5.1 und Abschnitt 1.5.3.

Aus der Schulmathematik ist uns die Darstellung von Polynomen wie in Definition 6.3 so vertraut, dass man andere Darstellungsmöglichkeiten von Polynomen leicht übersieht. Insbesondere zur Lösung praktischer Probleme ist es oft von Vorteil, Polynome in anderer Form darzustellen. Dazu stehen etwa die nach den Mathematikern Sergei Natanowitsch Bernstein, Joseph-Louis Lagrange und Sir Isaac Newton benannten Polynome zur Verfügung. Details sind in [Schwarz-Köckler] oder [Mohr:Numerik] zu finden.

Beispiel 6.3 (Einfache Polynome)

a) Die Funktion $f(x) = 2$ ist eine konstante Funktion, also ein Polynom vom Grad 0.

b) Die Funktion $f(x) = 1 - x$ ist eine lineare Funktion, somit ein Polynom vom Grad 1.

c) Die Funktion $f(x) = -x^2 + 2x + 8$ ist eine quadratische Funktion. Sie ist also ein Polynom vom Grad 2. ■

Das Dezimalsystem ist ein Stellenwertsystem. Die Wertigkeit einer Ziffer hängt von der Stelle ab, an der sie steht. Im Dezimalsystem hat die letzte Ziffer einer natürlichen Zahl die niedrigste Wertigkeit. Die zweitletzte Ziffer wird mit der Basis 10 multipliziert, die drittletzte mit 10^2. Hier lässt sich eine Analogie zu Polynomen erkennen. Diese Analogie besteht auch für das Dualsystem, das vor allem bei Computern verwendet wird.

Beispiel 6.4 (Dezimal- und Dualsystem)

a) Die Ziffernfolge 1010 ergibt im Dualsystem

$$f(x) = 1 \cdot x^3 + 0 \cdot x^2 + 1 \cdot x + 0 \quad \Longrightarrow \quad f(2) = 1 \cdot 2^3 + 0 \cdot 2^2 + 1 \cdot 2 + 0 = 10\,.$$

b) Die Zahl 2014

$$f(x) = 2 \cdot x^3 + 0 \cdot x^2 + 1 \cdot x + 4 \quad \Longrightarrow \quad f(10) = 2 \cdot 10^3 + 0 \cdot 10^2 + 1 \cdot 10 + 4 = 2014$$

lässt sich als Wert eines Polynoms an der Stelle $x = 10$ interpretieren. ■

Polynome sind durch ihre Koeffizienten definiert. Somit sind zwei Polynome genau dann gleich, wenn alle entsprechenden Koeffizienten übereinstimmen.

Satz 6.1 (Koeffizientenvergleich)

Die beiden Polynome

$$f(x) = a_0 + a_1 x + a_2 x^2 + \ldots + a_n x^n, \quad g(x) = b_0 + b_1 x + b_2 x^2 + \ldots + b_n x^n$$

sind genau dann identisch, wenn alle ihre entsprechenden Koeffizienten identisch sind:

$$a_0 = b_0, \quad a_1 = b_1, \quad a_2 = b_2, \quad \ldots, \quad a_n = b_n.$$

Der Koeffizientenvergleich klingt nach einer simplen Binsenweisheit. Wir werden diesen Sachverhalt jedoch an vielen Stellen gewinnbringend einsetzen und damit überprüfen, ob zwei gegebene Polynome gleich sind.

Polynome lassen sich addieren und subtrahieren, indem man einfach die entsprechenden Koeffizienten addiert bzw. subtrahiert. Offensichtlich ergibt die Multiplikation zweier Polynome wieder ein Polynom. Dabei entsteht bei der Multiplikation eines Polynoms vom Grad n mit einem Polynom vom Grad m ein Polynom vom Grad $n + m$.

Satz 6.2 (Multiplikation von Polynomen)

Die Multiplikation eines Polynoms vom Grad n mit einem Polynom vom Grad m ergibt ein Polynom vom Grad $n + m$.

Die Berechnung der Koeffizienten des Produktpolynoms erfordert zwar etwas Sorgfalt, die generelle Methode lässt sich jedoch auch ohne großen Formalismus aus den folgenden Beispielen erkennen. Wem diese Vorgehensweise zu pragmatisch erscheint, der findet im Abschnitt 10.5 unter dem Begriff Cauchy-Produkt weitere Informationen zum Thema Multiplikation von Potenzreihen.

Beispiel 6.5 (Multiplikation von Polynomen)

a) Ein Polynom, das für $x = 1$, $x = 2$ und $x = 3$ null wird, können wir in der Form $f(x) = (x-1)(x-2)(x-3)$ angeben.

$$f(x) = (x^2 - 3x + 2)(x - 3) = x^3 - 6x^2 + 11x - 6.$$

Durch Ausmultiplizieren der Klammern erhalten wir die Summendarstellung.

b) Durch geschicktes Umformen mithilfe der dritten binomischen Formel ergibt sich für das Polynom $f(x) = (x^2 + x + 1)(x^2 + x - 1)$ die neue Darstellung

$$f(x) = \big((x^2 + x) + 1\big)\big((x^2 + x) - 1\big) = (x^2 + x)^2 - 1 = x^4 + 2\,x^3 + x^2 - 1.$$

Auch hier erhalten wir als Ergebnis das Polynom in der Summendarstellung. ▪

Die sogenannte Polynomdivision ist gewissermaßen die Umkehrung der Multiplikation von Polynomen. Sie verläuft analog zu der üblichen Division von Zahlen. Entweder geht die Division ohne Rest auf oder es bleibt ein Rest, der sich nicht weiter teilen lässt.

Beispiel 6.6 (Division mit und ohne Rest)

Die Zahl 5682 ist durch 6 teilbar, denn sie ist gerade und lässt sich wegen der Quersumme 21 durch 3 teilen. Die Zahl 1234 hat die Quersumme 10 und ist deshalb weder durch 3 noch durch 6 teilbar. Bei dieser Division ergibt sich also ein Rest.

$$\begin{array}{rrrrl}
5 & 6 & 8 & 2 & : 6 = 9\ 4\ 7 \\
-5 & 4 & & & \\ \hline
 & 2 & 8 & & \\
 & -2 & 4 & & \\ \hline
 & & 4 & 2 & \\
 & & -4 & 2 & \\ \hline
 & & & 0 &
\end{array}
\qquad
\begin{array}{rrrrl}
1 & 2 & 3 & 4 & : 6 = 2\ 0\ 5 + \frac{4}{6} \\
-1 & 2 & & & \\ \hline
 & & 3 & 4 & \\
 & & -3 & 0 & \\ \hline
 & & & 4 &
\end{array}$$

Bei Zahlen sind die einzelnen Berechnungsschritte aus der Schule bekannt. ▪

Die Eigenschaften linearer und quadratischer Polynome lassen sich mithilfe elementarer Methoden, die bereits aus der Schulmathematik bekannt sind, untersuchen. Die wichtigste Eigenschaft von Polynomen von höherem Grad besteht darin, dass sie sich in Produkte aus linearen und quadratischen Polynomen zerlegen lassen. Diese Zerlegung erfolgt mithilfe der Polynomdivision.

Satz 6.3 (Polynomdivision)

Bei der Polynomdivision teilt man das Polynom f vom Grad n durch das Polynom g vom Grad m und erhält dann ein neues Polynom h vom Grad $n-m$ und eventuell noch ein Restpolynom r:

$$f(x) : g(x) = h(x) + r(x) : g(x).$$

Grundsätzlich ist eine Polynomdivision nur dann sinnvoll, wenn der Grad m des Nennerpolynoms g nicht größer als der Grad n des Zählerpolynoms f ist. Sind die Grade gleich, so entsteht bei der Division eine Konstante und eventuell noch ein Rest.

Durch Multiplikation der Gleichung aus Satz 6.3 mit g ergibt sich

$$f(x) = h(x)\,g(x) + r(x)\,.$$

Besonders hilfreich sind Polynomdivisionen, die ohne Rest aufgehen, denn dann hat man das Polynom f in die beiden Faktoren g und h zerlegt.

Satz 6.4 (Polynomdivision ohne Rest)

Wenn die Polynomdivision $f(x) : g(x) = h(x)$ ohne Rest aufgeht, dann hat man das Polynom f in ein Produkt der beiden Polynome g und h zerlegt:

$$f(x) = g(x)\,h(x).$$

Polynomdivision ist nichts anderes als ein mathematisches Rechenverfahren, das wir in Form eines Algorithmus formulieren könnten. Hier wollen wir darauf jedoch verzichten und die prinzipielle Vorgehensweise lediglich an ein paar Beispielen illustrieren.

Beispiel 6.7 (Polynomdivision)

a) Durch die Polynomdivision

$$\begin{array}{l}
\left(\;\; x^3 - 6x^2 + 11x \;\; - 6\right) : \left(x^2 + 3x + 2\right) = x - 9 + \dfrac{36x + 12}{x^2 + 3x + 2} \\
\underline{\;\; - x^3 - 3x^2 \;\; - 2x \;\;} \\
\qquad\; - 9x^2 \;\; + 9x \;\; - 6 \\
\qquad\;\; \underline{9x^2 + 27x + 18} \\
\qquad\qquad\quad 36x + 12
\end{array}$$

ergibt sich die Zerlegung

$$x^3 - 6x^2 + 11x - 6 = \left(x^2 + 3x + 2\right)(x - 9) + 36x + 12\,.$$

Bei der Polynomdivision ist ein Rest entstanden.

b) Die Polynomdivision

$$\begin{array}{l}
(\ \ x^3 - 6x^2 + 11x - 6) : (x^2 - 3x + 2) = x - 3 \\
\underline{-x^3 + 3x^2 \ \ - 2x} \\
\qquad -3x^2 \ + 9x - 6 \\
\qquad \underline{\ \ 3x^2 \ - 9x + 6} \\
\qquad\qquad\qquad 0
\end{array}$$

geht ohne Rest auf. Es gilt also

$$x^3 - 6x^2 + 11x - 6 = \left(x^2 - 3x + 2\right)(x - 3)$$

und wir haben das Ausgangspolynom faktorisiert.

c) Die Polynomdivision

$$\begin{array}{l}
(\ \ x^3 + x^2 - 2x + 1) : (x^2 - 1) = x + 1 + \dfrac{-x + 2}{x^2 - 1} \\
\underline{-x^3 \qquad\ + x} \\
\qquad x^2 \ - x + 1 \\
\qquad \underline{-x^2 \qquad + 1} \\
\qquad\qquad -x + 2
\end{array}$$

liefert die Gleichung

$$x^3 + x^2 - 2x + 1 = \left(x^2 - 1\right)(x + 1) - x + 2$$

und dabei entsteht ebenfalls ein Rest. ■

Die Nullstellen von linearen und quadratischen Polynomen lassen sich ohne großen Aufwand bestimmen. Auch für Polynome vom Grad 3 existieren die nach Gerolamo Cardano benannten Cardanischen Formeln. Beiträge dazu stammen bereits aus dem 16. Jahrhundert von dem venezianischen Mathematiker Niccolò Fontana Tartaglia. Für Polynome vom Grad 4 existieren ebenfalls Lösungsformeln.

Viele Mathematiker haben vergeblich versucht, Lösungsformeln für die Nullstellen von Polynomen von beliebigem Grad zu finden, bis Niels Henrik Abel und Évariste Galois Anfang des 19. Jahrhunderts nachgewiesen haben, dass es für die Nullstellen von Polynomen mit Grad größer gleich 5 keine allgemeine Formel geben kann.

Deshalb versucht man, Polynome von höherem Grad in Produkte aus Polynomen vom Grad $n \leq 2$ zu zerlegen. Diese Zerlegung gelingt mit Polynomdivision, vorausgesetzt man kennt ein geeignetes lineares oder quadratisches Polynom, sodass die Division ohne Rest aufgeht. Teilt man ein Polynom f durch ein lineares Polynom der Bauart $g(x) = (x - x_0)$, dann lässt sich wegen

$$f(x) = h(x)(x - x_0) + r(x)$$

sehr schnell erkennen, unter welchen Umständen diese Polynomdivision ohne Rest aufgeht. Wenn nämlich x_0 eine Nullstelle von f ist, dann muss $r(x_0) = 0$ gelten und $(x - x_0)$ ist ein Linearfaktor von f.

Definition 6.4 (Linearfaktor)

Falls x_0 eine Nullstelle des Polynoms f vom Grad n ist, geht die Polynomdivision

$$f(x) : (x - x_0) = h(x)$$

ohne Rest auf und man kann f in der Form

$$f(x) = h(x)\,(x - x_0)$$

darstellen. Dabei ist h ein Polynom vom Grad $n - 1$. Man bezeichnet $(x - x_0)$ als Linearfaktor von f.

Beispiel 6.8 (Polynomdivision durch Linearfaktoren)

a) Die Stelle $x_0 = 1$ ist eine Nullstelle des Polynoms $f(x) = x^3 - 6\,x^2 + 11\,x - 6$, denn durch Einsetzen gilt die Gleichung

$$f(1) = 1 - 6 + 11 - 6 = 0\,.$$

Deshalb muss die Polynomdivision

$$\begin{array}{l}
\left(\;x^3 - 6x^2 + 11x - 6\right) : \left(x - 1\right) = x^2 - 5x + 6 \\
\underline{-x^3 \;\; + x^2} \\
\qquad -5x^2 + 11x \\
\qquad \underline{\;\; 5x^2 \;\; - 5x} \\
\qquad\qquad\quad 6x - 6 \\
\qquad\qquad\quad \underline{-6x + 6} \\
\qquad\qquad\qquad\quad 0
\end{array}$$

ohne Rest aufgehen und wir erhalten die Zerlegung

$$x^3 - 6x^2 + 11x - 6 = \left(x^2 - 5x + 6\right)(x - 1)$$

des Polynoms f.

b) Durch Einsetzen der Stelle $x_0 = -2$ in das Polynom $f(x) = x^3 - 6\,x^2 + 11\,x - 6$ folgt die Gleichung

$$f(-2) = -8 - 24 - 22 - 6 = -60\,.$$

Wir erkennen, dass $x_0 = -2$ keine Nullstelle ist. Die Polynomdivision

$$\begin{array}{l}
\left(\;x^3 - 6x^2 + 11x \;\; - 6\right) : \left(x + 2\right) = x^2 - 8x + 27 + \dfrac{-60}{x + 2} \\
\underline{-x^3 - 2x^2} \\
\qquad -8x^2 + 11x \\
\qquad \underline{\;\; 8x^2 + 16x} \\
\qquad\qquad\quad 27x \;\; - 6 \\
\qquad\qquad\quad \underline{-27x - 54} \\
\qquad\qquad\qquad\quad -60
\end{array}$$

geht deshalb nicht ohne Rest auf. Man erhält ein quadratisches Polynom und einen Rest. Dieser Rest ist eine gebrochenrationale Funktion. ▪

Das Prinzip der Linearfaktoren versucht man nun Schritt für Schritt so oft auf ein Polynom anzuwenden, bis es vollständig in Faktoren von möglichst niedrigem Grad zerlegt ist. Dabei spricht man von der sogenannten Faktorisierung.

Beispiel 6.9 (Einfache Linearfaktoren)

Das Polynom $f(x) = x^3 - 6x^2 + 11x - 6$ hat bei $x = 1$ eine Nullstelle. Die Polynomdivision durch $(x-1)$ geht ohne Rest auf und ergibt $x^2 - 5x + 6$, siehe Beispiel 6.8. Somit ist

$$f(x) = (x^2 - 5x + 6)(x - 1).$$

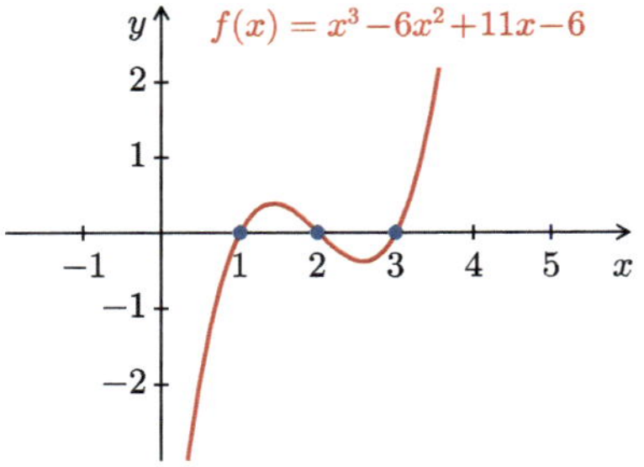

Die erste Klammer können wir weiter zerlegen in

$$x^2 - 5x + 6 = (x - 3)(x - 2).$$

Das Polynom f hat also die Form

$$f(x) = (x - 3)(x - 2)(x - 1)$$

und besitzt die drei Nullstellen $x = 1$, $x = 2$ und $x = 3$, siehe Beispiel 6.5. ▪

Nun kann es durchaus vorkommen, dass im Laufe der schrittweisen Zerlegung eine Nullstelle mehrfach auftaucht. Dann ist der zugehörige Linearfaktor im Ausgangspolynom auch mehrfach enthalten.

Beispiel 6.10 (Mehrfacher Linearfaktor)

Das Polynom $f(x) = x^3 - 3x + 2$ hat bei $x = 1$ eine Nullstelle. Nach der Polynomdivision durch $(x-1)$ erkennen wir aus

$$x^2 + x - 2 = (x - 1)(x + 2),$$

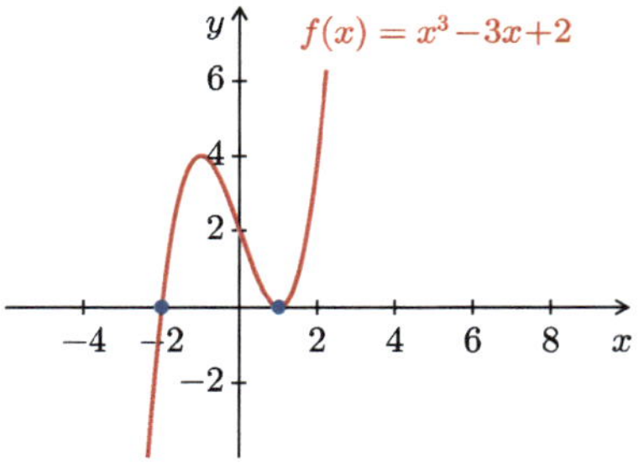

dass $x = 1$ auch eine Nullstelle von $x^2 + x - 2$ ist. Insgesamt ergibt sich

$$f(x) = (x - 1)^2(x + 2).$$

Man bezeichnet $x = 1$ als doppelte Nullstelle von f. An der doppelten Nullstelle $x = 1$ berührt die Funktion f die x-Achse. ▪

Definition 6.5 (Mehrfache Nullstelle)

Falls das Polynom f vom Grad n den Linearfaktor $(x - x_0)$ p-fach enthält, also

$$f(x) = h(x)(x - x_0)^p,$$

und das Polynom h vom Grad $n - p$ an der Stelle x_0 nicht null ist, dann bezeichnet man x_0 als p-fache Nullstelle oder als eine Nullstelle mit Vielfachheit p von f.

Bei den bisherigen Beipielen konnten wir das Polynom immer komplett in Linearfaktoren zerlegen. Im Allgemeinen ist dies jedoch nicht möglich. Es gibt quadratische Faktoren, die sich nicht weiter zerlegen lassen.

Beispiel 6.11 (Quadratischer Faktor)

Das Polynom $f(x) = x^3 - 2x - 4$ besitzt die Nullstelle $x = 2$. Die Polynomdivision durch den Linearfaktor $(x-2)$ geht ohne Rest auf und das Polynom kann durch

$$f(x) = (x^2 + 2x + 2)(x - 2)$$

dargestellt werden. Die Diskriminante der folgenden Gleichung hat den Wert -4:

$$x^2 + 2x + 2 = 0$$

Deshalb hat diese Gleichung keine reelle Lösung. Eine weitere Zerlegung ist nicht möglich.

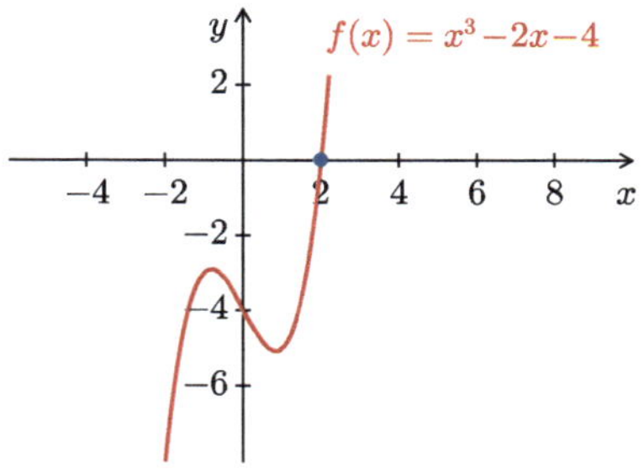

Satz 6.5 (Zerlegung in Linearfaktoren)

Ein Polynom vom Grad n lässt sich genau dann komplett in Linearfaktoren zerlegen, wenn es genau n Nullstellen hat. Dabei werden mehrfache Nullstellen entsprechend ihrer Vielfachheit gezählt.

Das Problem der Zerlegbarkeit von Polynomen in Faktoren beschäftigte im 18. und 19. Jahrhundert eine ganze Reihe renommierter Mathematiker, darunter René Descartes, Carl Friedrich Gauß, Leonhard Euler und Karl Weierstraß. Diese Problemstellung ist eng mit dem sogenannten Fundamentalsatz der Algebra verbunden. Seine volle Blüte entfaltet der Fundamentalsatz der Algebra, wenn man Polynome mit komplexen Variablen betrachtet. Zählt man die komplexen Nullstellen mit ihrer Vielfachheit, so ist die Anzahl der komplexen Nullstellen nämlich identisch mit dem Grad des Polynoms. Einzelheiten dazu betrachten wir in Abschnitt 13.3.3. Der Fundamentalsatz der Algebra enthält die Aussage, dass die Anzahl der Nullstellen eines Polynoms niemals größer als der Grad des Polynoms ist.

Satz 6.6 (Nullstellen von Polynomen)

Ein Polynom vom Grad n hat höchstens n Nullstellen.

Eine weitere wichtige Aussage des Fundamentalsatzes der Algebra ist, dass sich jedes Polynom in ein Produkt aus Polynomen vom Grad 1 und vom Grad 2 zerlegen lässt. Sinnvoll sind dabei lediglich diejenigen Polynome vom Grad 2, die keine Nullstellen besitzen.

Satz 6.7 (Zerlegung in Linearfaktoren und quadratische Faktoren)

Jedes Polynom lässt sich in ein Produkt aus Polynomen vom Grad 1 oder 2 zerlegen. Polynome vom Grad 2, die keine Nullstellen besitzen,

$$h(x) = x^2 + bx + c \quad \text{mit} \quad b^2 - 4c < 0,$$

verwendet man nur dann, wenn eine Zerlegung in Linearfaktoren nicht möglich ist.

Schon im Mittelalter haben chinesische und arabische Mathematiker festgestellt, dass man Polynome durch ausklammern geschickt darstellen kann. Die darauf basierenden Rechenmethoden sind heute unter dem Namen des englischen Mathematikers William George Horner bekannt.

Merke 6.3 (Horner-Schema)

Beim Horner-Schema verwendet man für Polynome eine Darstellung der Form

$$a_0 + a_1 x + a_2 x^2 + \ldots + a_n x^n = a_0 + x\left(a_1 + x\left(a_2 + \ldots + x(a_{n-1} + x a_n)\ldots\right)\right).$$

Dadurch kann man Funktionswerte ohne die explizite Bestimmung der Potenzen x^2, x^3, ..., x^n berechnen.

Das Horner-Schema eignet sich insbesondere zur Berechnung von Funktionswerten von Polynomen und zur Polynomdivision. In der Informatik kommt das Schema zur Umwandlung zwischen verschiedenen Zahlensystemen zum Einsatz. Eine ausführliche Darstellung des Horner-Schemas mit weiteren Details findet man etwa bei [Schwarz-Köckler].

Beispiel 6.12 (Horner-Schema)

Den Funktionswert des Polynoms

$$f(x) = x^3 - 6x^2 + 11x - 5$$

an der Stelle $x = 4$ kann man mit dem Horner-Schema

$$f(x) = -5 + x(11 + x(-6 + x))$$

ganz einfach zu $f(4) = -5 + 4(11 + 4(-6 + 4)) = 7$ berechnen. Dabei werden lediglich drei Additionen und zwei Multiplikationen benötigt. ■

6.2.2 Gebrochenrationale Funktionen

In technischen Anwendungen spielen gebrochenrationale Funktionen eine wichtige Rolle. Beispielsweise sind Übertragungsfunktionen in der Regelungstechnik gebrochenrationale Funktionen. Auch die mathematische Beschreibung von Kurven und Flächen in CAD-Systemen erfolgt mithilfe gebrochenrationaler Funktionen.

Definition 6.6 (Gebrochenrationale Funktion)

Eine Funktion f, die sich als Quotient zweier Polynome, also in der Form

$$f(x) = \frac{a_0 + a_1 x + a_2 x^2 + a_3 x^3 + \ldots + a_n x^n}{b_0 + b_1 x + b_2 x^2 + b_3 x^3 + \ldots + b_m x^m}, \quad a_n \neq 0, b_m \neq 0,$$

darstellen lässt, bezeichnet man als gebrochenrationale Funktion. Die Koeffizienten a_0, a_1, a_2, a_3, ..., a_n und b_0, b_1, b_2, b_3, ..., b_m sind dabei beliebige Zahlen, wobei allerdings die höchsten Koeffizienten a_n und b_m nicht null sein dürfen.

Gebrochenrationale Funktionen sind in der Regel nicht für alle reellen Zahlen definiert. Problematisch sind Stellen, an denen der Nenner null wird. Das Verhalten gebrochenrationaler Funktionen in der Nähe solcher Definitionslücken untersuchen wir in Abschnitt 7.3 genauer. Gebrochenrationale Funktionen der speziellen Form

$$f(x) = \frac{ax+b}{cx+d}$$

mit $ad \neq bc$ bezeichnet man auch als Hyperbeln.

Merke 6.4 (Definitionslücken gebrochenrationaler Funktionen)

Bei einer gebrochenrationalen Funktion sind die Nullstellen des Nenners Definitionslücken der Funktion.

Beispiel 6.13 (Definitionslücken gebrochenrationaler Funktionen)

a) Die gebrochenrationale Funktion

$$f(x) = \frac{x^3 - 3x + 5}{x - 2}$$

ist für $x = 2$ nicht definiert. Die maximale Definitionsmenge ist somit $D = \mathbb{R} \setminus \{2\}$.

b) Der Nenner der gebrochenrationalen Funktion

$$f(x) = \frac{3x^2 + 4x + 9}{x^2 + 5}$$

wird niemals null. Also ist die maximale Definitionsmenge $D = \mathbb{R}$. ∎

Merke 6.5 (Nullstellen gebrochenrationaler Funktionen)

Die Nullstellen einer gebrochenrationalen Funktion sind die Nullstellen des Polynoms im Zähler, falls sie nicht gleichzeitig auch Nullstellen des Nenners sind.

Beispiel 6.14 (Nullstellen gebrochenrationaler Funktionen)

a) Der Zähler der gebrochenrationalen Funktion

$$f(x) = \frac{x^2 - x}{x + 2}$$

wird für $x_1 = 0$ und $x_2 = 1$ null. Die einzige Definitionslücke ist $x = -2$. Somit hat diese Funktion die beiden Nullstellen $x_1 = 0$ und $x_2 = 1$.

b) Bei der gebrochenrationalen Funktion

$$f(x) = \frac{x - 1}{2x^2 - 6x + 4}$$

wird für $x = 1$ der Zähler null. Allerdings ist $x = 1$ auch eine Nullstelle des Nenners. Somit ist $x = 1$ eine Definitionslücke und keine Nullstelle und es gilt:

$$f(x) = \frac{x - 1}{2(x^2 - 3x + 2)} = \frac{x - 1}{2(x - 1)(x - 2)}.$$

Sowohl der Zähler als auch der Nenner enthalten den Faktor $(x - 1)$.

Kürzt man mit dem Faktor $(x-1)$, so entsteht eine neue Funktion

$$\tilde{f}(x) = \frac{1}{2(x-2)},$$

die für $x \neq 1$ mit f übereinstimmt und zudem auch für $x = 1$ definiert ist. ▪

Merke 6.6 (Gemeinsame Nullstellen von Zähler und Nenner)

Wenn bei einer gebrochenrationalen Funktion x_0 eine gemeinsame Nullstelle von Zähler und Nenner ist, dann lässt sich der Linearfaktor $(x - x_0)$ kürzen. Dabei kann eine Definitionslücke weggekürzt werden.

Das Kürzen eines gemeinsamen Linearfaktors von Zähler und Nenner ist also keine Äquivalenzumformung. Wie wir in Beispiel 6.14 gesehen haben, wird unter Umständen die Definitionslücke weggekürzt. Die Funktion, die nach dem Kürzen entsteht, hat somit möglicherweise eine andere Definitionsmenge. Weitere Einzelheiten dazu betrachten wir in Abschnitt 7.3.

Beim Umgang mit gebrochenrationalen Funktionen unterscheidet man zwischen echt und unecht gebrochenrationalen Funktionen. Diese Unterscheidung bezieht sich auf den Grad des Zähler- und des Nennerpolynoms.

Definition 6.7 (Echt und unecht gebrochenrationale Funktion)

Falls bei einer gebrochenrationalen Funktion der Grad des Zählerpolynoms größer oder gleich dem Grad des Nennerpolynoms ist, nennt man die Funktion unecht gebrochenrational und sonst echt gebrochenrational.

Beispiel 6.15 (Echt und unecht gebrochenrationale Funktionen)

a) Die gebrochenrationale Funktion

$$f(x) = \frac{x^3 - 3x + 5}{x - 2}$$

hat den Zählergrad 3 und den Nennergrad 1. Es handelt sich also um eine unecht gebrochenrationale Funktion.

b) Bei der gebrochenrationalen Funktion

$$f(x) = \frac{3x^2 + 4x + 9}{x^2 + 5}$$

ist der Grad im Zähler gleich dem Grad im Nenner. Die Funktion ist somit unecht gebrochenrational.

c) Die Funktion

$$f(x) = \frac{x - 1}{x^2 + 5x + 6}$$

ist eine echt gebrochenrationale Funktion. Der Zählergrad ist 1 und der Nennergrad ist 2. Ein Vergleich der Grade begründet die Aussage. ▪

Auf unecht gebrochenrationale Funktionen können wir die Polynomdivision anwenden. Dadurch entsteht ein Polynom und ein Divisionsrest. Der Divisionsrest ist immer eine echt gebrochenrationale Funktion. Dadurch können wir jede unecht gebrochenrationale Funktion durch ein Polynom und eine echt gebrochenrationale Funktion darstellen.

Merke 6.7 (Unecht gebrochenrationale Funktion)

Durch Polynomdivision kann man jede unecht gebrochenrationale Funktion zerlegen in eine Summe aus einem Polynom und einer echt gebrochenrationalen Funktion.

Beispiel 6.16 (Zerlegung unecht gebrochenrationaler Funktionen)

a) Durch Polynomdivision zerlegen wir die unecht gebrochenrationale Funktion

$$f(x) = \frac{x^3 - 3x + 5}{x - 2}$$

in ein Polynom und eine echt gebrochenrationale Funktion

$$f(x) = \frac{x^3 - 3x + 5}{x - 2} = x^2 + 2x + 1 + \frac{7}{x - 2}.$$

Das Polynom hat den Grad 2.

b) Die unecht gebrochenrationale Funktion

$$f(x) = \frac{3x^2 + 4x + 9}{x^2 + 5}$$

zerlegen wir durch Polynomdivision

$$f(x) = \frac{3x^2 + 4x + 9}{x^2 + 5} = 3 + \frac{4x - 6}{x^2 + 5}$$

in die Konstante 3 und eine echt gebrochenrationale Funktion. ▪

Ein fundamentales Prinzip der Mathematik besteht darin, komplizierte Problemstellungen in eine Reihe von einfacheren Problemstellungen zu zerlegen. Diese Vorgehensweise wendet man auch bei gebrochenrationalen Funktionen an. Man zerlegt einen echt gebrochenrationalen Ausdruck in eine Summe von sogenannten Partialbrüchen. In Analogie zur Zerlegung von Polynomen wird der Nenner dabei in lineare und quadratische Faktoren zerlegt. Dieser Vorgang verläuft ganz analog zur Zerlegung eines komplizierten Bruchs in mehrere einfache Brüche.

Beispiel 6.17 (Zerlegung eines Bruchs)

Ein Bruch soll als Summe von kleineren Brüchen dargestellt werden: $\frac{19}{42}$. Dazu zerlegen wir die Zahl im Nenner in Faktoren, $42 = 2 \cdot 3 \cdot 7$:

$$\frac{19}{2 \cdot 3 \cdot 7} = \frac{A}{2} + \frac{B}{3} + \frac{C}{7} = \frac{21\,A + 14\,B + 6\,C}{2 \cdot 3 \cdot 7}.$$

Dann ermitteln wir die Zähler A, B und C. Eine Lösung ist $A = 1$, $B = -1$ und $C = 2$:

$$\frac{19}{42} = \frac{1}{2} - \frac{1}{3} + \frac{2}{7}.$$

Damit haben wir den Ausgangsbruch in kleinere Brüche zerlegt. ▪

Merke 6.8 (Partialbrüche für Linearfaktoren)

Jeder Nennernullstelle x_0 einer echt gebrochenrationalen Funktion ordnet man einen Partialbruch zu. Die Form des Partialbruchs hängt dabei wie folgt von der Vielfachheit der Nullstelle x_0 ab:

$$\text{einfache Nullstelle} \quad \Longrightarrow \quad \frac{A_1}{x - x_0}$$

$$\text{zweifache Nullstelle} \quad \Longrightarrow \quad \frac{A_1}{x - x_0} + \frac{A_2}{(x - x_0)^2}$$

$$\vdots$$

$$p\text{-fache Nullstelle} \quad \Longrightarrow \quad \frac{A_1}{x - x_0} + \frac{A_2}{(x - x_0)^2} + \ldots + \frac{A_p}{(x - x_0)^p}$$

Die Konstanten A_1, A_2, …, A_p bestimmt man durch Koeffizientenvergleich.

Die Durchführung einer Partialbruchzerlegung erfolgt sehr systematisch in mehreren Schritten. Wir machen uns die Vorgehensweise zunächst an einem Beispiel klar. Dabei treten nur einfache Nullstellen auf.

Beispiel 6.18 (Partialbruchzerlegung bei einfachen Nullstellen)

Die Partialbruchzerlegung der echt gebrochenrationalen Funktion

$$f(x) = \frac{x - 1}{x^2 + 5x + 6}$$

bestimmen wir schrittweise.

(1) Zunächst bestimmen wir alle Nullstellen des Nenners. Aufgrund von

$$x^2 + 5x + 6 = (x + 3)(x + 2)$$

besitzt der Nenner die beiden Nullstellen $x_1 = -3$ und $x_2 = -2$.

(2) Dann ordnen wir jeder Nennernullstelle einen geeigneten Partialbruch zu:

$$x_1 = -3 \quad \Longrightarrow \quad \frac{A}{x + 3}, \qquad x_2 = -2 \quad \Longrightarrow \quad \frac{B}{x + 2}.$$

In den Zählern der Partialbrüche stehen unbekannte Konstanten A und B.

(3) Die Konstanten A und B ermitteln wir so, dass die Summe der Partialbrüche mit der Funktion übereinstimmt

$$\frac{x - 1}{x^2 + 5x + 6} = \frac{A}{x + 3} + \frac{B}{x + 2}.$$

Dazu fassen wir die beiden Brüche auf der rechten Seite zu einem Bruch zusammen und multiplizieren die Klammern aus

$$f(x) = \frac{x - 1}{x^2 + 5x + 6} = \frac{A(x + 2) + B(x + 3)}{(x + 3)(x + 2)} = \frac{(A + B)x + 2A + 3B}{x^2 + 5x + 6}.$$

Da der Nenner auf beiden Seiten gleich ist, müssen wir die Konstanten A und B im Zähler so ermitteln, dass auch dort Gleichheit herrscht:

$$x - 1 = (A + B)x + 2A + 3B.$$

Diese Gleichung muss für alle x-Werte erfüllt werden.

Durch Koeffizientenvergleich erhalten wir ein lineares Gleichungssystem mit zwei Gleichungen für unsere gesuchten Größen A und B

$$\begin{aligned} 2A + 3B &= -1\,, \\ A + B &= 1\,. \end{aligned}$$

Das lineare Gleichungssystem ist eindeutig lösbar mit $A = 4$ und $B = -3$:

$$f(x) = \frac{4}{x+3} - \frac{3}{x+2}.$$

Somit erhalten wir das Ergebnis der Partialbruchzerlegung. ▪

Merke 6.9 (Partialbruchzerlegung für Linearfaktoren)

Eine echt gebrochenrationale Funktion, bei der sich der Nenner in Linearfaktoren zerlegen lässt, kann man auf folgende Weise in eine Summe von Partialbrüchen zerlegen:

(1) Bestimme alle Nullstellen des Nenners.

(2) Ordne jeder Nennernullstelle einen geeigneten Partialbruch zu.

(3) Bestimme die Konstanten in den Partialbrüchen so, dass die Summe der Partialbrüche mit der Funktion übereinstimmt.

Bevor man mit einer Partialbruchzerlegung startet, muss man überprüfen, ob es sich um eine echt gebrochenrationale Funktion handelt. Bei einer unecht gebrochenrationalen Funktion ist zunächst eine Polynomdivision erforderlich. Die Bestimmung der Nennernullstellen kann aufwendig sein. Bei Anwendungen in der Praxis ist man zur Berechnung der Nullstellen meistens auf numerische Näherungsverfahren angewiesen.

Zur Bestimmung der Konstanten gibt es verschiedene Methoden. Wir erläutern hier den direkten Koeffizientenvergleich. Alternativ dazu gibt es die Möglichkeit, spezielle Werte in die Bestimmungsgleichungen einzusetzen oder die Koeffizienten mit der Grenzwertmethode zu bestimmen. Einzelheiten dazu findet man etwa in [Heuser:Analysis].

Beispiel 6.19 (Partialbruchzerlegung bei mehrfacher Nullstelle)

Die echt gebrochenrationale Funktion

$$f(x) = \frac{x-1}{x^2+4x+4}$$

soll in eine Summe aus Partialbrüchen zerlegt werden.

(1) Aufgrund von

$$x^2 + 4x + 4 = (x+2)^2$$

besitzt der Nenner die doppelte Nullstelle $x_1 = -2$.

(2) Der doppelten Nennernullstelle

$$x_1 = -2 \quad \Longrightarrow \quad \frac{A}{x+2} + \frac{B}{(x+2)^2}$$

ordnen wir zwei geeignete Partialbrüche zu.

(3) Die Berechnung der gesuchten Konstanten A und B erfolgt durch Zusammenfassen der Partialbrüche und Vergleich der Koeffizienten im Zähler

$$\frac{x-1}{x^2+4x+4} = \frac{A(x+2)+B}{(x+2)^2} = \frac{Ax+2A+B}{x^2+4x+4}.$$

Das lineare Gleichungssystem $A = 1$ und $2A + B = -1$ ist aufgrund der gestaffelten Form einfach zu lösen und besitzt die eindeutige Lösung $A = 1$ und $B = -3$:

$$f(x) = \frac{1}{x+2} - \frac{3}{(x+2)^2}.$$

Damit erhalten wir die Partialbruchzerlegung der Funktion. ■

Bei den bisher betrachteten Beispielen war eine komplette Zerlegung des Nenners in Linearfaktoren möglich. Es gibt jedoch auch Fälle, bei denen ein quadratischer Faktor zu berücksichtigen ist. Auch quadratischen Faktoren im Nenner lassen sich Partialbrüche zuordnen. Allerdings besitzen diese Partialbrüche eine andere Bauart.

Merke 6.10 (Partialbrüche für quadratische Faktoren)

Jedem quadratischen Faktor $x^2 + bx + c$ im Nenner einer echt gebrochenrationalen Funktion ordnet man einen Partialbruch zu. Die Form des Partialbruchs hängt dabei wie folgt von der Vielfachheit des Faktors $x^2 + bx + c$ ab:

einfacher Faktor $\Longrightarrow \dfrac{B_1x + C_1}{x^2+bx+c}$

zweifacher Faktor $\Longrightarrow \dfrac{B_1x + C_1}{x^2+bx+c} + \dfrac{B_2x + C_2}{(x^2+bx+c)^2}$

⋮

p-facher Faktor $\Longrightarrow \dfrac{B_1x + C_1}{x^2+bx+c} + \dfrac{B_2x + C_2}{(x^2+bx+c)^2} + \ldots + \dfrac{B_px + C_p}{(x^2+bx+c)^p}$

Die Konstanten $B_1, B_2, \ldots, B_p$ und $C_1, C_2, \ldots, C_p$ bestimmt man durch Koeffizientenvergleich.

Die Partialbrüche für lineare und für quadratische Faktoren zusammengenommen ergeben nun einen Ansatz, mit dem man beliebige echt gebrochenrationale Funktionen in Partialbrüche zerlegen kann.

Merke 6.11 (Partialbruchzerlegung)

Eine gebrochenrationale Funktion lässt sich auch dann in Partialbrüche zerlegen, wenn sich das Nennerpolynom nicht vollständig in Linearfaktoren zerlegen lässt:

(1) Bestimme alle linearen und quadratischen Faktoren des Nenners.

(2) Ordne jedem Faktor einen geeigneten Partialbruch zu.

(3) Bestimme die Konstanten in den Partialbrüchen so, dass die Summe der Partialbrüche mit der Funktion übereinstimmt.

Beispiel 6.20 (Partialbruchzerlegung bei quadratischem Faktor)

Gesucht ist eine Zerlegung der echt gebrochenrationalen Funktion

$$f(x) = \frac{x-3}{x^3+2\,x^2+2\,x+1}$$

in eine Summe aus Partialbrüchen.

(1) Zur Bestimmung der Nullstellen des Nenners

$$x^3+2\,x^2+2\,x+1=0$$

raten wir die erste Nullstelle $x_1 = -1$ und führen dann die Polynomdivision durch:

$$(x^3+2\,x^2+2\,x+1):(x+1) = x^2+x+1\,.$$

Das verbleibende Polynom hat keine Nullstelle, denn die Gleichung $x^2+x+1=0$ hat eine negative Diskriminante $D=-3$.

(2) Der einfachen Nullstelle $x=-1$ wird ein einfacher Partialbruch zugeordnet

$$x_1 = -1 \quad \Longrightarrow \quad \frac{A}{x+1},$$

für den quadratischen Term benötigen wir den Ansatz

$$\frac{Bx+C}{x^2+x+1}.$$

(3) Die Berechnung der Konstanten erfolgt durch Vergleich der beiden Darstellungen

$$\frac{x-3}{x^3+2\,x^2+2\,x+1} = \frac{A}{x+1} + \frac{Bx+C}{x^2+x+1}.$$

Dazu bringen wir die Partialbrüche auf den gemeinsamen Hauptnenner

$$\frac{x-3}{x^3+2\,x^2+2\,x+1} = \frac{A(x^2+x+1)+(Bx+C)(x+1)}{(x+1)(x^2+x+1)}$$

und multiplizieren die Klammern aus

$$\frac{x-3}{x^3+2\,x^2+2\,x+1} = \frac{Ax^2+Ax+A+Bx^2+Bx+Cx+C}{x^3+2\,x^2+2\,x+1}.$$

Durch Zusammenfassen der entsprechenden Potenzen

$$\frac{x-3}{x^3+2\,x^2+2\,x+1} = \frac{(A+B)x^2+(A+B+C)x+A+C}{x^3+2\,x^2+2\,x+1}$$

ergibt der Koeffizientenvergleich das lineare Gleichungssystem

$$\begin{array}{ccccccc} A & + & B & & & = & 0 \\ A & + & B & + & C & = & 1 \\ A & & & + & C & = & -3 \end{array}$$

Wenn wir die erste Gleichung von der zweiten Gleichung abziehen, ergibt sich $C=1$ und daraus die eindeutige Lösung $A=-4$ und $B=4$:

$$\frac{x-3}{x^3+2\,x^2+2\,x+1} = \frac{-4}{x+1} + \frac{4x+1}{x^2+x+1}.$$

Somit haben wir die Partialbruchzerlegung durchgeführt. ■

6.3 Sinus, Kosinus, Tangens und Arkusfunktionen

Schallwellen, elektromagnetische Wellen, Bahnkurven von Planeten und Satelliten und vieles mehr werden mathematisch durch Sinus und Kosinus beschrieben. Diese Funktionen sind also grundlegend für das Verständnis vieler Sachverhalte in den Naturwissenschaften und in der Technik. Sinus und Kosinus verwendet man insbesondere zur Beschreibung periodischer Vorgänge und Schwingungen.

6.3.1 Definition am Einheitskreis

In Abschnitt 1.4 haben wir Sinus und Kosinus für Winkel im rechtwinkligen Dreieck definiert. Diese Definition kann man als Grundlage für die Definition der Sinus- und Kosinusfunktion verwenden.

Um Sinus und Kosinus als Funktion beliebiger reeller Zahlen zu definieren, betrachtet man Sinus und Kosinus in Abhängigkeit von der Bogenlänge. Die Bogenlänge ist dabei nicht auf einen Bereich zwischen 0 und 2π eingeschränkt. Wir lassen beliebig viele Umdrehungen des Einheitskreises zu. Wobei wir Drehungen im mathematisch positiven Sinn, also entgegen dem Uhrzeigersinn, eine positive und Drehungen im mathematisch negativen Sinn eine negative Bogenlänge zuordnen. Somit durchläuft die Bogenlänge den kompletten Bereich der reellen Zahlen.

Definition 6.8 (Sinus und Kosinus)
Wir betrachten den Punkt P auf dem Einheitskreis und auf einer Geraden, die um den Winkel α gegen die x-Achse gedreht ist. Der Kosinus des Winkels α ist die x-Koordinate des Punkts P, der Sinus des Winkels α ist die y-Koordinate des Punkts P. Die Funktionen Sinus und Kosinus ordnen jedem Winkel x im Bogenmaß aus der Menge der reellen Zahlen den entsprechenden Sinus- und Kosinuswert zu.

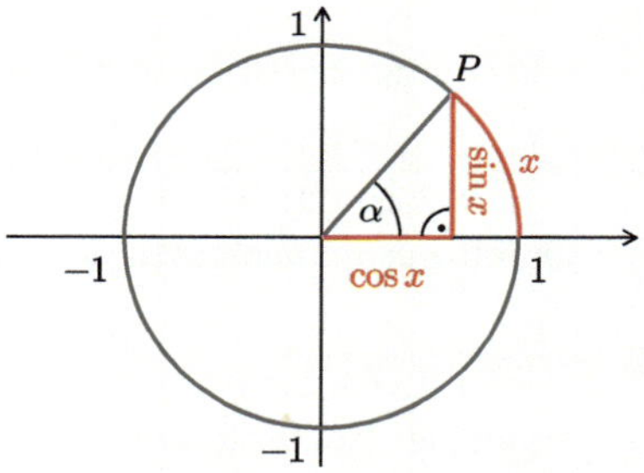

Das Steigungsdreieck aus $\sin x$ und $\cos x$ lässt sich durch zwei verschiedene Verhältnisse ausdrücken. Einmal mithilfe des Sinus und des Kosinus selbst, und einmal indirekt mithilfe des Tangens:

$$m = \frac{\sin x}{\cos x} = \frac{\tan x}{1} = \tan x.$$

Diese Beziehung erhält man auch aus dem Strahlensatz. Der Strahlensatz beschreibt Streckenverhältnisse und wurde bereits in der Antike von Thales formuliert.

Definition 6.9 (Tangens)

Die Funktion Tangens ordnet einem Winkel x im Bogenmaß das Verhältnis aus Sinus und Kosinus zu:

$$\tan x = \frac{\sin x}{\cos x}.$$

Der Tangens ist für alle reellen Zahlen außer

$$\ldots, -\frac{3\pi}{2}, -\frac{\pi}{2}, \frac{\pi}{2}, \frac{3\pi}{2}, \frac{5\pi}{2}, \ldots$$

definiert.

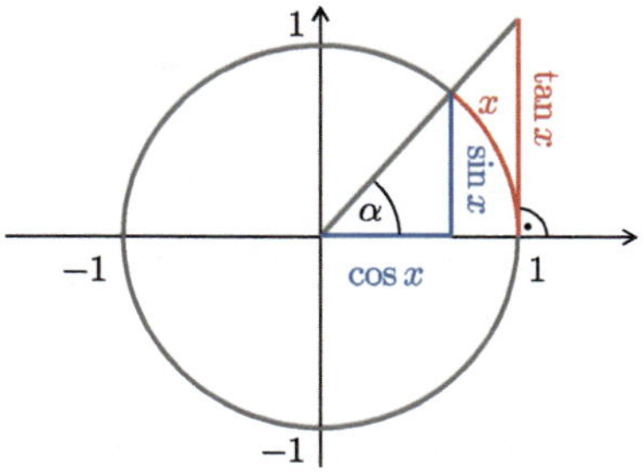

Der Kotangens wird oft bei technischen Anwendungen verwendet. Aus mathematischer Sicht ist diese Funktion jedoch nicht besonders interessant, da es sich beim Kotangens lediglich um den Kehrwert des Tangens handelt.

Definition 6.10 (Kotangens)

Die Funktion Kotangens ordnet einem Winkel x im Bogenmaß das Verhältnis aus Kosinus und Sinus zu:

$$\cot x = \frac{1}{\tan x} = \frac{\cos x}{\sin x}.$$

Der Kotangens ist für alle reellen Zahlen außer $\ldots, -2\pi, -\pi, 0, \pi, 2\pi, 3\pi, \ldots$ definiert.

6.3.2 Eigenschaften

Die meisten Eigenschaften der trigonometrischen Funktionen lassen sich direkt aus der Definition am Einheitskreis herleiten. In diesem Abschnitt fassen wir die wichtigsten Eigenschaften von Sinus, Kosinus, Tangens und Kotangens zusammen.

Merke 6.12 (Eigenschaften des Sinus)

- Bereiche: $D = \mathbb{R}$, $W = [-1, 1]$
- Periode: $p = 2\pi$, Symmetrie: ungerade
- Nullstellen: $x = k\pi$
- Extremstellen: $x_H = \frac{\pi}{2} + 2k\pi$, $x_T = \frac{3\pi}{2} + 2k\pi$

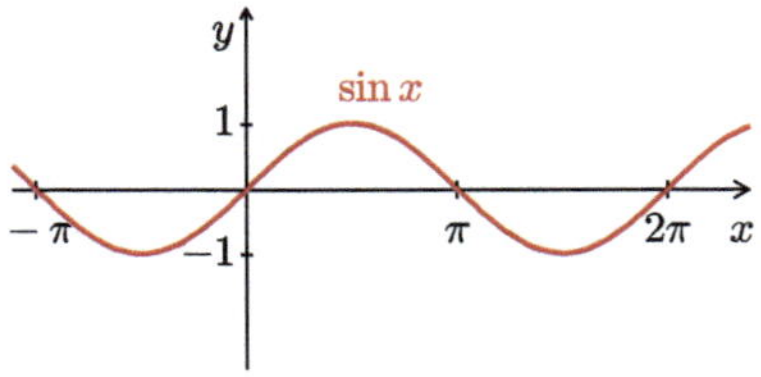

Die Eigenschaften des Kosinus sind sehr ähnlich zu denen des Sinus. Definitions- und Wertemengen sind identisch. Am auffälligsten sind die Verschiebung um eine viertel Periode und der Unterschied im Symmetrieverhalten.

Merke 6.13 (Eigenschaften des Kosinus)

- Bereiche: $D = \mathbb{R}$, $W = [-1, 1]$
- Periode: $p = 2\pi$, Symmetrie: gerade
- Nullstellen: $x = \dfrac{\pi}{2} + k\pi$
- Extremstellen: $x_H = 2k\pi$, $x_T = \pi + 2k\pi$

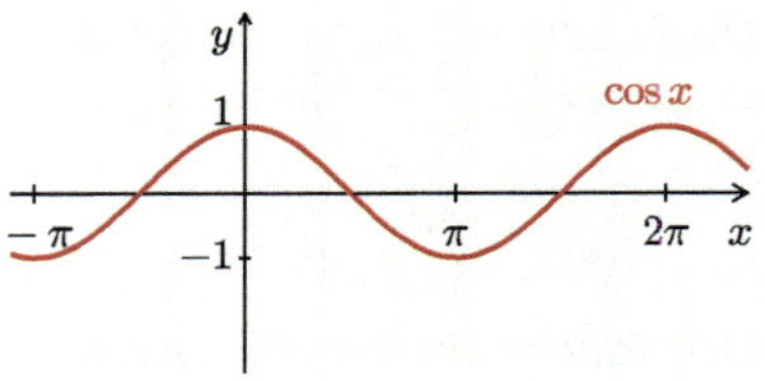

Die Sinus- und Kosinuswerte für 0, $\frac{\pi}{3}$, $\frac{\pi}{2}$, $\frac{2\pi}{3}$ und $\frac{\pi}{2}$ lassen sich mit den Wurzeln aus den Zahlen 0, 1, 2, 3 und 4 darstellen, siehe Abschnitt 1.4. Sinus und Kosinus lassen sich durch geeignete Verschiebungen ineinander überführen. Man sagt, der Kosinus eilt dem Sinus um $\frac{\pi}{2}$ voraus.

Satz 6.8 (Verschiebung von Sinus und Kosinus)

Für jede beliebige reelle Zahl x gelten folgende Formeln:

- $\sin\left(x + \frac{\pi}{2}\right) = \cos x$
- $\sin\left(x - \frac{\pi}{2}\right) = -\cos x$
- $\sin\left(\frac{\pi}{2} - x\right) = \cos x$
- $\sin\left(-\frac{\pi}{2} - x\right) = -\cos x$
- $\sin(x \pm \pi) = -\sin x$
- $\sin(\pm\pi - x) = \sin x$
- $\cos\left(x + \frac{\pi}{2}\right) = -\sin x$
- $\cos\left(x - \frac{\pi}{2}\right) = \sin x$
- $\cos\left(\frac{\pi}{2} - x\right) = \sin x$
- $\cos\left(-\frac{\pi}{2} - x\right) = -\sin x$
- $\cos(x \pm \pi) = -\cos x$
- $\cos(\pm\pi - x) = -\cos x$

Die Additionstheoreme geben Auskunft darüber, wie man den Sinus und Kosinus der Summe oder Differenz zweier Winkel mithilfe der einzelnen Sinus- und Kosinuswerte berechnet. Der Nachweis der Formel erfolgt recht elegant mithilfe der Multiplikation zweier Rotationsmatrizen, siehe Abschnitt 4.8.1.

Satz 6.9 (Additionstheoreme für Sinus und Kosinus)

Für beliebige reelle Zahlen x und y gelten die Additionstheoreme:

- $\sin(x \pm y) = \sin x \cos y \pm \cos x \sin y$
- $\cos(x \pm y) = \cos x \cos y \mp \sin x \sin y$

Setzt man in den Additionstheoremen $y = x$, so ergeben sich die Doppelwinkelformeln, die beschreiben, wie der Sinus oder Kosinus des doppelten Winkels aufgelöst werden kann. Die Doppelwinkelformeln sind also Spezialfälle der Additionstheoreme.

Satz 6.10 (Doppelwinkelformeln für Sinus und Kosinus)

Für jede beliebige reelle Zahl x gelten die Doppelwinkelformeln:

- $\sin(2x) = 2\sin x\cos x$
- $\cos(2x) = \cos^2 x - \sin^2 x$

Die Schreibweise mit dem Quadrat direkt bei Sinus und Kosinus ist in der Mathematik üblich. Die Kurzschreibweisen

$$\sin^2 x = (\sin x)^2,\quad \cos^2 x = (\cos x)^2 \quad \text{und} \quad \sin x^2 = \sin\left(x^2\right),\quad \cos x^2 = \cos\left(x^2\right)$$

sollte man auf keinen Fall verwechseln!

Merke 6.14 (Eigenschaften des Tangens)

- Definitionsmenge: $x \neq \frac{\pi}{2} + k\pi$
- Wertemenge: $W = \mathbb{R}$
- Periode: $p = \pi$
- Symmetrie: ungerade
- Nullstellen: $x = k\pi$

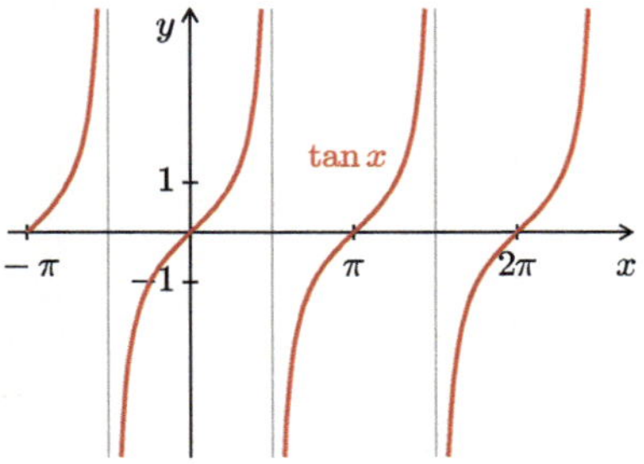

Wie schon beim Sinus und Kosinus stellt man beim Tangens und Kotangens eine Ähnlichkeit bei den Eigenschaften fest. Hier ist die Ähnlichkeit besonders stark, da Tangens und Kotangens durch Kehrwertbildung ineinander übergehen.

Merke 6.15 (Eigenschaften des Kotangens)

- Definitionsmenge: $x \neq k\pi$
- Wertemenge: $W = \mathbb{R}$
- Periode: $p = \pi$
- Symmetrie: ungerade
- Nullstellen: $x = \frac{\pi}{2} + k\pi$

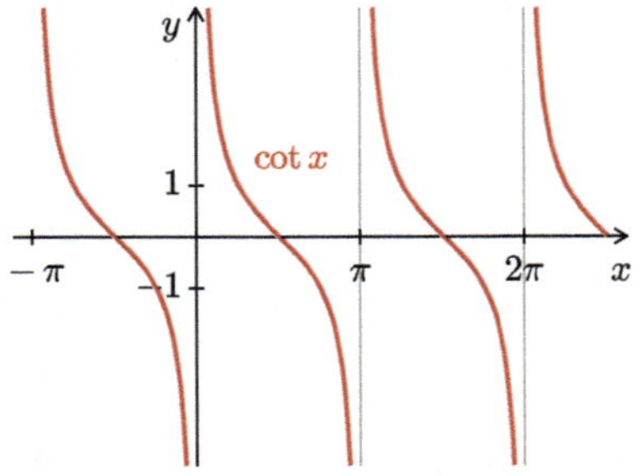

Aus den Additionstheoremen für den Sinus und Kosinus ergeben sich direkt die Additionstheoreme für den Tangens, denn

$$\tan(x \pm y) = \frac{\sin(x \pm y)}{\cos(x \pm y)} = \frac{\sin x\cos y \pm \cos x\sin y}{\cos x\cos y \mp \sin x\sin y} = \frac{\tan x \pm \tan y}{1 \mp \tan x\tan y}.$$

Bei der letzten Umformung haben wir den Bruch im Zähler und im Nenner durch den Faktor $\cos x\cos y$ geteilt.

Ganz analog ergeben sich direkt die Additionstheoreme für den Kotangens, denn

$$\cot(x \pm y) = \frac{\cos(x \pm y)}{\sin(x \pm y)} = \frac{\cos x\, \cos y \mp \sin x\, \sin y}{\sin x\, \cos y \pm \cos x\, \sin y} = \frac{\cot x \cot y \mp 1}{\cot y \pm \cot x}.$$

Diesmal haben wir den Bruch im Zähler und im Nenner durch den Faktor $\sin x\, \sin y$ geteilt.

Satz 6.11 (Additionstheoreme für Tangens und Kotangens)

Für beliebige reelle Zahlen x und y gelten die Additionstheoreme, sofern die Nenner nicht null sind:

- $\tan(x \pm y) = \dfrac{\tan x \pm \tan y}{1 \mp \tan x \tan y}$
- $\cot(x \pm y) = \dfrac{\cot x\, \cot y \mp 1}{\cot y \pm \cot x}$

6.3.3 Allgemeine Sinus- und Kosinusfunktion

In der Technik werden sogenannte allgemeine Sinus- und Kosinusfunktionen zur Beschreibung von Schwingungen verwendet. Wir konzentrieren uns hier auf allgemeine Kosinusfunktionen. Allgemeine Sinusfunktionen lassen sich durch eine entsprechende Verschiebung in allgemeine Kosinusfunktionen überführen, siehe Satz 6.8 und Beispiel 6.21. Deshalb verzichten wir auf eine detaillierte Untersuchung allgemeiner Sinusfunktionen. Die allgemeine Sinus- bzw. Kosinusfunktion wird auch als harmonische Schwingung bezeichnet.

Eine allgemeine Kosinusfunktion besteht aus einer skalierten und verschobenen Standard-Kosinusfunktion. Eine Skalierung der Funktionswerte bezeichnet man als Amplitude. Wir betrachten nur positive Amplituden $A > 0$. Eine Skalierung der unabhängigen Variablen erfolgt mithilfe einer Kreisfrequenz $\omega > 0$. Eine allgemeine Kosinusfunktion enthält außerdem einen sogenannten Phasenwinkel φ. Dieser Phasenwinkel bewirkt eine Verschiebung des Schaubildes der Funktion in Richtung der Achse der unabhängigen Variablen.

Definition 6.11 (Allgemeine Kosinusfunktion)

Eine allgemeine Kosinusfunktion wird durch

$$f(t) = A \cos(\omega t + \varphi)$$

beschrieben. Dabei bezeichnet $A > 0$ die Amplitude, $\omega > 0$ die Kreisfrequenz und φ den Phasenwinkel oder die Phasenverschiebung.

Häufig bezeichnet die unabhängige Variable der allgemeinen Kosinusfunktion die Zeit. Deshalb verwenden wir die Bezeichnung t mit der physikalischen Einheit Sekunde. Entsprechend besitzt die Kreisfrequenz ω die Einheit $\frac{1}{\mathrm{s}}$. Dadurch ergibt das Produkt aus Zeit und Kreisfrequenz eine Größe, die wir als Wert im Bogenmaß interpretieren.

Der Verlauf einer allgemeinen Kosinusfunktion hängt von den Parametern A, ω und φ ab. Die Amplitude A bewirkt lediglich eine Skalierung in Richtung der y-Achse. Sie hat keine Auswirkung auf die Periode der allgemeinen Kosinusfunktion. Wegen

$$f\left(t+\frac{2\pi}{\omega}\right) = A\cos(\omega t + 2\pi + \varphi) = A\cos(\omega t + \varphi)$$

ist $T = \frac{2\pi}{\omega}$ die kleinste positive Periode, die man auch als Schwingungsdauer bezeichnet. Insbesondere der Begriff Phasenverschiebung sorgt immer wieder für Verwirrung. Der Phasenwinkel φ bewirkt zwar eine Verschiebung des Schaubildes in Richtung der t-Achse, aber nicht um den Wert φ. Den tatsächlichen Wert t_0 der Verschiebung des Schaubildes erhalten wir, wenn wir die beiden folgenden Darstellungen der allgemeinen Kosinusfunktion miteinander vergleichen:

$$A\cos(\omega t + \varphi) = A\cos(\omega\,(t - t_0)) \quad \Longrightarrow \quad \varphi = -\omega t_0 .$$

Es ergibt sich also eine Verschiebung um $t_0 = -\frac{\varphi}{\omega}$. Diese Verschiebung liefert beim Kosinus eine Stelle, an der ein Hochpunkt vorliegt. Alle weiteren Hochpunkte liegen im Abstand von jeweils einer ganzen Periode T. Die Tiefpunkte liegen jeweils um eine halbe Periode versetzt und wiederholen sich auch im Abstand T. Zwischen einem Hoch- und einem Tiefpunkt liegt jeweils eine Nullstelle.

Merke 6.16 (Eigenschaften der allgemeinen Kosinusfunktion)

- Periode: $T = \dfrac{2\pi}{\omega}$
- Nullstellen: $t = -\dfrac{\varphi}{\omega} + \dfrac{T}{4} + \dfrac{kT}{2}$
- Hochpunktstellen: $t = -\dfrac{\varphi}{\omega} + kT$
- Tiefpunktstellen: $t = -\dfrac{\varphi}{\omega} + \dfrac{T}{2} + kT$

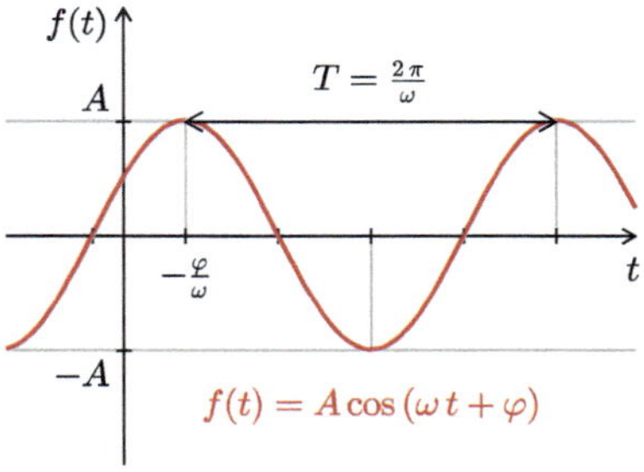

Beispiel 6.21 (Allgemeine Kosinusfunktion)

a) Die allgemeine Kosinusfunktion

$$f(t) = 3\cos\left(2t + \frac{\pi}{3}\right)$$

hat die Amplitude $A = 3$ und die Periode $T = \pi$. An der Stelle $t_0 = -\frac{\pi}{6}$ liegt ein Hochpunkt. Nach einer halben Periode, also bei $t = \frac{\pi}{3}$, hat die Funktion einen Tiefpunkt. Dazwischen, also bei $t = \frac{\pi}{12}$, befindet sich eine Nullstelle. Wir erhalten

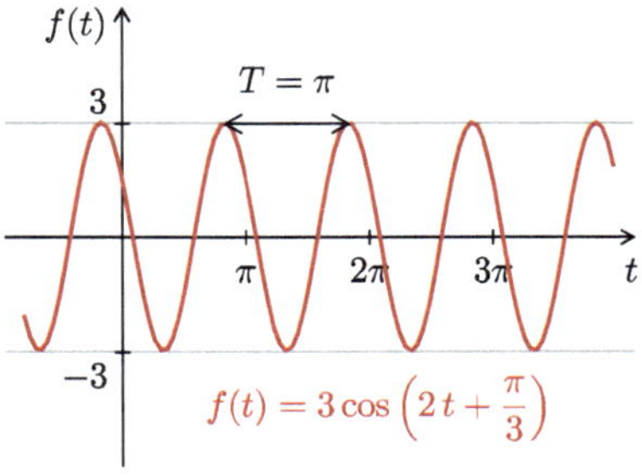

$$N\left(\frac{\pi}{12} + \frac{k\pi}{2}\,\middle|\,0\right), \quad H\left(-\frac{\pi}{6} + k\pi\,\middle|\,3\right), \quad T\left(\frac{\pi}{3} + k\pi\,\middle|\,-3\right), \quad k \in \mathbb{Z}$$

für die Koordinaten aller charakteristischen Punkte der Funktion f.

b) Die allgemeine Sinusfunktion

$$f(t) = -2\sin\left(\frac{2}{3}t - \frac{5\pi}{6}\right)$$

bringen wir mit der Beziehung

$$-\sin x = \cos\left(x + \frac{\pi}{2}\right),$$

siehe Satz 6.8, in die Form einer allgemeinen Kosinusfunktion:

$$f(t) = 2\cos\left(\frac{2}{3}t - \frac{\pi}{3}\right).$$

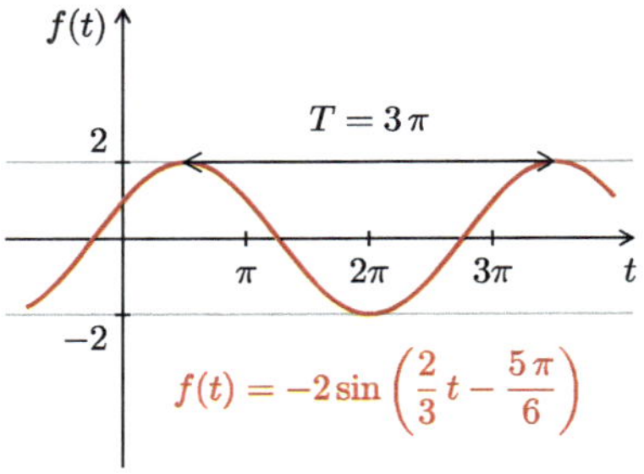

Aus dieser Form können wir die Amplitude $A = 2$, die Periode $T = 3\pi$ und die Verschiebung $t_0 = \frac{\pi}{2}$ ablesen.

$$N\left(\frac{5\pi}{4} + \frac{3k\pi}{2}\,\middle|\, 0\right), \quad H\left(\frac{\pi}{2} + 3k\pi\,\middle|\, 2\right), \quad T\left(2\pi + 3k\pi\,\middle|\, -2\right), \quad k \in \mathbb{Z}.$$

Dies sind die Koordinaten aller Nullstellen N, Hochpunkte H und Tiefpunkte T. ▪

6.3.4 Arkusfunktionen

Die Umkehrfunktionen der trigonometrischen Funktionen bezeichnet man als Arkusfunktionen. Aufgrund der Periodizität sind die trigonometrischen Funktionen auf der gesamten Menge der reellen Zahlen sicherlich nicht umkehrbar. Für die Umkehrfunktion muss man eine trigonometrische Funktion auf ein solches Teilintervall einschränken, in dem sie streng monoton ist.

Der Sinus ist zwischen $-\frac{\pi}{2}$ und $\frac{\pi}{2}$ streng monoton wachsend und somit auf diesem Intervall umkehrbar. Der Kosinus ist zwischen 0 und π streng monoton fallend und somit auf diesem Intervall umkehrbar.

Definition 6.12 (Arkussinus und Arkuskosinus)

Die Umkehrfunktion des Sinus auf dem Intervall $\left[-\frac{\pi}{2}, \frac{\pi}{2}\right]$ nennt man Arkussinus:

$$f(x) = \sin x \iff f^{-1}(x) = \arcsin x.$$

Die Umkehrfunktion des Kosinus auf dem Intervall $[0, \pi]$ nennt man Arkuskosinus:

$$f(x) = \cos x \iff f^{-1}(x) = \arccos x.$$

Grafisch erhält man den Arkussinus durch Spiegelung des Sinus an der ersten Winkelhalbierenden. Dementsprechend kann man auch die Eigenschaften des Sinus in die Eigenschaften des Arkussinus transformieren.

Merke 6.17 (Eigenschaften des Arkussinus)

- Definitionsmenge: $D = [-1, 1]$
- Wertemenge: $W = \left[-\frac{\pi}{2}, \frac{\pi}{2}\right]$
- Symmetrie: zum Ursprung
- Monotonie: streng monoton wachsend
- Nullstelle: $x = 0$

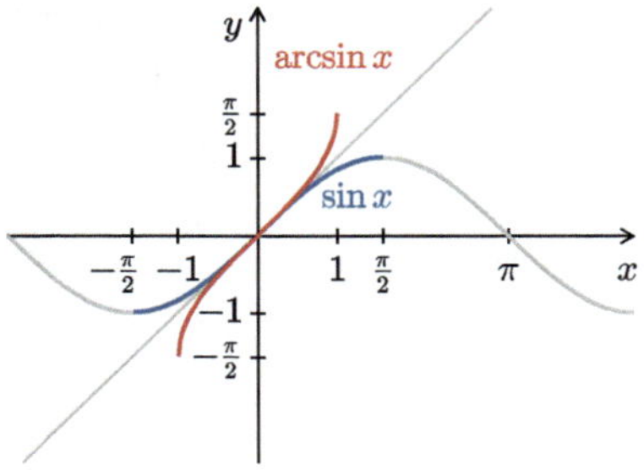

Beispiel 6.22 (Werte des Arkussinus)

a) Es ist $\arcsin\left(\frac{1}{2}\right) = \frac{\pi}{6}$, denn $\sin\left(\frac{\pi}{6}\right) = \frac{1}{2}$.

b) Es ist $\arcsin(-1) = -\frac{\pi}{2}$, denn $\sin\left(-\frac{\pi}{2}\right) = -1$.

c) Der Ausdruck $\arcsin(\pi)$ ist nicht definiert. Die Zahl π liegt nicht in der Definitionsmenge des Arkussinus. ■

Mithilfe des Arkussinus lassen sich Gleichungen auflösen, die den Sinus enthalten. Er wird meistens dann verwendet, wenn aus einem bekannten Sinuswert zugehörige Winkel bestimmt werden sollen.

Beispiel 6.23 (Arkussinus)

Wir suchen alle x-Werte, für die die Funktion

$$f(x) = 2\,\sin x$$

den Funktionswert 1 hat. Auf die Gleichung $\sin x = \frac{1}{2}$ wenden wir den Arkussinus an:

$$\underbrace{\arcsin(\sin x)}_{x} = \arcsin\left(\frac{1}{2}\right) = \frac{\pi}{6}.$$

Die erste Lösung ist somit $x_0 = \frac{\pi}{6}$. Wegen $\sin(\pi - x_0) = \sin x_0$ ist auch $x_1 = \pi - \frac{\pi}{6}$ ein gesuchter x-Wert. Alle Lösungen

$$x = \frac{\pi}{6} + 2\,\pi\,k, \quad x = \frac{5\,\pi}{6} + 2\,\pi\,k, \quad k \in \mathbb{Z}$$

erhalten wir aufgrund der Periode $2\,\pi$. ■

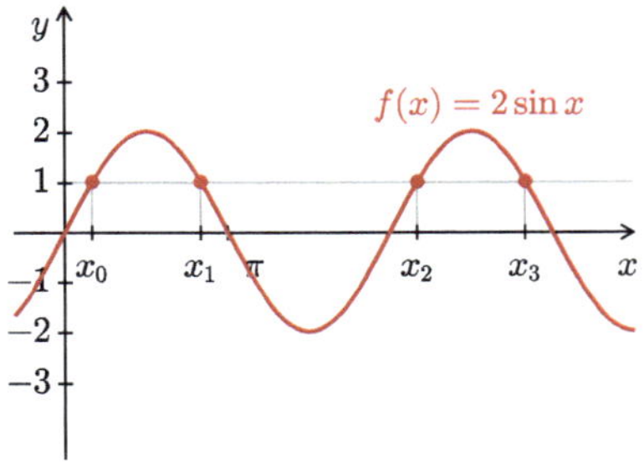

Beispiel 6.23 zeigt, dass man beim Lösen einer trigonometrischen Gleichung mit dem Arkussinus sehr sorgfältig vorgehen muss, damit man nicht einen Teil der Lösungen verliert. Die Umkehrfunktion selbst liefert nur eine einzige Lösung.

Merke 6.18 (Gleichungen lösen mit Arkussinus)

Der Sinus ist nur auf der halben Periode umkehrbar. Um alle Lösungen der Gleichung

$$\sin x = y$$

zu bestimmen, berechnet man die erste Lösung direkt mit dem Arkussinus, also $x_0 = \arcsin y$. Die zweite Lösung ergibt sich durch $x_1 = \pi - \arcsin y$. Alle Lösungen ergeben sich wegen der Periode 2π zu

$$x = \arcsin y + 2k\pi, \quad x = \pi - \arcsin y + 2k\pi, \quad k \in \mathbb{Z}.$$

Das Lösen trigonometrischer Gleichungen mit dem Arkuskosinus verläuft analog zum Vorgehen beim Arkussinus. Wichtig ist wiederum die Mehrdeutigkeit des gesuchten Winkels, sowohl innerhalb einer Periode, als auch durch die periodische Fortsetzung.

Merke 6.19 (Eigenschaften des Arkuskosinus)

- Definitionsmenge: $D = [-1, 1]$
- Wertemenge: $W = [0, \pi]$
- Symmetrie: zum Punkt $\left(0, \frac{\pi}{2}\right)$
- Monotonie: streng monoton fallend
- Nullstelle: $x = 1$

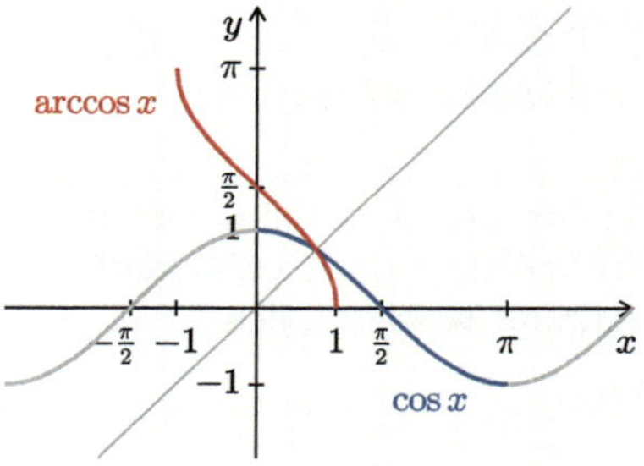

Beispiel 6.24 (Werte des Arkuskosinus)

a) Es ist $\arccos\left(-\frac{1}{2}\right) = \frac{2\pi}{3}$, denn $\cos\left(\frac{2\pi}{3}\right) = -\frac{1}{2}$.

b) Es ist $\arccos(1) = 0$, denn $\cos(0) = 1$.

c) Der Wert $\arccos\left(\frac{\pi}{2}\right)$ ist nicht definiert, da $\frac{\pi}{2}$ nicht in der Definitionsmenge des Arkuskosinus liegt. ■

Merke 6.20 (Gleichungen lösen mit Arkuskosinus)

Der Kosinus ist nur auf der halben Periode umkehrbar. Um alle Lösungen der Gleichung

$$\cos x = y$$

zu bestimmen, berechnet man die erste Lösung direkt mit dem Arkuskosinus, also $x_0 = \arccos y$. Die zweite Lösung ergibt sich durch $x_1 = -\arccos y$. Alle Lösungen ergeben sich wegen der Periode 2π zu

$$x = \arccos y + 2k\pi, \quad x = -\arccos y + 2k\pi, \quad k \in \mathbb{Z}.$$

Beispiel 6.25 (Arkuskosinus)

Wir suchen alle Nullstellen der Funktion

$$f(x) = 2 - 4\cos^2 x.$$

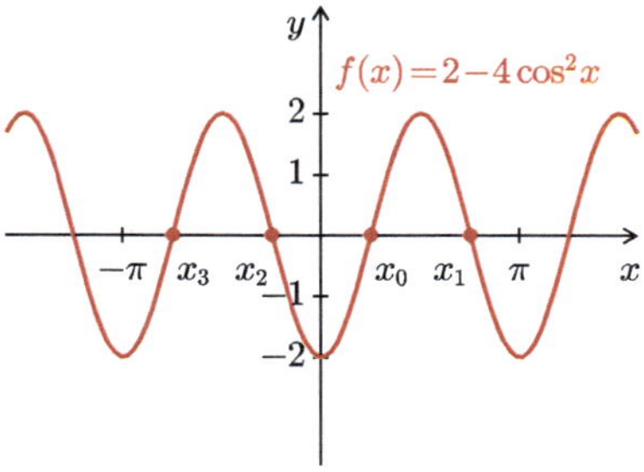

Diese Nullstellen erfüllen die Gleichung $\cos x = \pm \frac{1}{\sqrt{2}}$. Mit dem Arkuskosinus erhalten wir zunächst

$$x_0 = \arccos\left(\frac{1}{\sqrt{2}}\right) = \frac{\pi}{4},$$

$$x_1 = \arccos\left(-\frac{1}{\sqrt{2}}\right) = \frac{3\pi}{4}.$$

Die entsprechenden negativen Werte $x_2 = -\frac{\pi}{4}$ und $x_3 = -\frac{3\pi}{4}$ sind ebenfalls Nullstellen der Funktion. Wir erhalten insgesamt

$$x = \frac{\pi}{4} + 2\pi k, \quad x = \frac{3\pi}{4} + 2\pi k, \quad x = -\frac{\pi}{4} + 2\pi k, \quad x = -\frac{3\pi}{4} + 2\pi k, \quad k \in \mathbb{Z}.$$

Dies sind alle Lösungen aufgrund der Periode 2π. ∎

Im Gegensatz zum Sinus und zum Kosinus ist der Tangens auf der vollen Periode streng monoton wachsend und somit umkehrbar. Diese Eigenschaft wird bei der Definition des Arkustangens natürlich ausgenutzt. Entsprechendes gilt auch für den Kotangens.

Definition 6.13 (Arkustangens und Arkuskotangens)

Die Umkehrfunktion des Tangens auf dem Intervall $\left(-\frac{\pi}{2}, \frac{\pi}{2}\right)$ nennt man Arkustangens:

$$f(x) = \tan x \iff f^{-1}(x) = \arctan x.$$

Entsprechend bezeichnet man die Umkehrfunktion des Kotangens auf dem Intervall $(0, \pi)$ als Arkuskotangens:

$$f(x) = \cot x \iff f^{-1}(x) = \operatorname{arccot} x.$$

Wir betrachten nun zunächst den Arkustangens etwas genauer. Bei der Behandlung der komplexen Zahlen in Kapitel 13 werden wir sehen, dass der Arkustangens eine wichtige Funktion zur Bestimmung des Winkels einer komplexen Zahl darstellt. Neben dem Sinus und Kosinus ist er eigentlich die drittwichtigste Funktion in dieser Funktionsfamilie.

Beispiel 6.26 (Werte des Arkustangens)

a) Es ist $\arctan(1) = \frac{\pi}{4}$, denn $\tan\left(\frac{\pi}{4}\right) = 1$.

b) Es ist $\arctan(-1) = -\frac{\pi}{4}$, denn $\tan\left(-\frac{\pi}{4}\right) = -1$.

c) Es ist $\arctan(100) \approx \frac{\pi}{2}$, denn der Tangens strebt gegen ∞ für x gegen $\frac{\pi}{2}$. ∎

Merke 6.21 (Eigenschaften des Arkustangens)

- Definitionsmenge: $D = \mathbb{R}$
- Wertemenge: $W = \left(-\frac{\pi}{2}, \frac{\pi}{2}\right)$
- Symmetrie: zum Ursprung
- Monotonie: streng monoton wachsend
- Nullstelle: $x = 0$

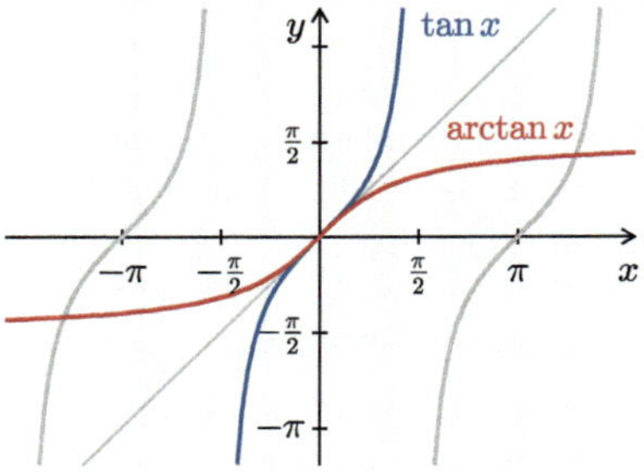

Ein Vorteil des Arkustangens ist, dass er auf der vollen Periode umkehrbar ist. Damit ist die Gefahr, Lösungen von trigonometrischen Gleichungen zu übersehen, geringer. Außerdem ist der Arkustangens auf ganz $\mathbb{R}$ definiert.

Merke 6.22 (Gleichungen lösen mit Arkustangens)

Der Tangens ist auf der vollen Periode umkehrbar. Alle Lösungen der Gleichung

$$\tan x = y$$

ergeben sich wegen der Periode π zu

$$x = \arctan y + k\,\pi, \quad k \in \mathbb{Z}.$$

Beispiel 6.27 (Arkustangens)

Die Nullstellen der Funktion $f(x) = \sin^2 x - 3\cos^2 x$ lassen sich durch geschicktes Umformen mithilfe des Tangens ermitteln:

$$\sin^2 x = 3\cos^2 x \implies \frac{\sin^2 x}{\cos^2 x} = 3 \implies \tan^2 x = 3 \implies \tan x = \pm\sqrt{3}.$$

Alle Lösungen ergeben sich zu

$$x = \arctan\left(\sqrt{3}\right) + \pi\,k = \frac{\pi}{3} + \pi\,k, \quad x = \arctan\left(-\sqrt{3}\right) + \pi\,k = -\frac{\pi}{3} + \pi\,k, \quad k \in \mathbb{Z}.$$

Dabei ist die Periode π berücksichtigt. ▪

Merke 6.23 (Eigenschaften des Arkuskotangens)

- Definitionsmenge: $D = \mathbb{R}$
- Wertemenge: $W = (0, \pi)$
- Symmetrie: zum Punkt $\left(0, \frac{\pi}{2}\right)$
- Monotonie: streng monoton fallend

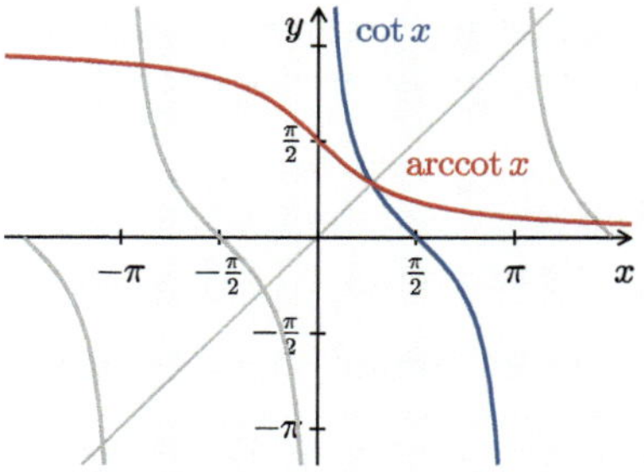

Beispiel 6.28 (Werte des Arkuskotangens)

a) Es ist $\operatorname{arccot}\left(\sqrt{3}\right) = \frac{\pi}{6}$, denn $\cot\left(\frac{\pi}{6}\right) = \sqrt{3}$.

b) Es ist $\operatorname{arccot}(-200) \approx \pi$, denn der Kotangens strebt gegen $-\infty$ für x gegen π. ■

Merke 6.24 (Spezielle Werte der Arkusfunktionen)

x	0	$\frac{1}{2}$	$\frac{\sqrt{2}}{2}$	$\frac{\sqrt{3}}{2}$	1
$\arcsin x$	0	$\frac{\pi}{6}$	$\frac{\pi}{4}$	$\frac{\pi}{3}$	$\frac{\pi}{2}$
$\arccos x$	$\frac{\pi}{2}$	$\frac{\pi}{3}$	$\frac{\pi}{4}$	$\frac{\pi}{6}$	0

x	0	$\frac{1}{\sqrt{3}}$	1	$\sqrt{3}$	∞
$\arctan x$	0	$\frac{\pi}{6}$	$\frac{\pi}{4}$	$\frac{\pi}{3}$	$\frac{\pi}{2}$
$\operatorname{arccot} x$	$\frac{\pi}{2}$	$\frac{\pi}{3}$	$\frac{\pi}{4}$	$\frac{\pi}{6}$	0

6.4 Exponential- und Logarithmusfunktionen

Die Wachstumsgeschwindigkeit von Mikroorganismen, wie beispielsweise Bakterien, Pilze oder Algen, die Reaktionsgeschwindigkeit chemischer Prozesse und die Verzinsung von Kapitalanlagen sind nur einige Beispiele, die zeigen, dass unser Alltagsleben von Wachstumsprozessen beherrscht wird. Mathematisch werden solche Wachstumsprozesse durch sogenannte Exponentialfunktionen beschrieben.

6.4.1 Exponentialfunktionen

Unter einer Exponentialfunktion versteht man eine Funktion, bei der die Variable x im Exponenten steht. Als Basis lassen wir beliebige positive reelle Zahlen $a \neq 1$ zu. Für $a = 1$ erhalten wir die konstante Funktion $f(x) = 1$ als Sonderfall. Diese triviale Funktion wollen wir im Folgenden ausschließen.

Definition 6.14 (Exponentialfunktion)

Eine Funktion f, die sich in der Form

$$f(x) = a^x, \quad a \in \mathbb{R}, \quad a > 0, \quad a \neq 1$$

darstellen lässt, bezeichnet man als Exponentialfunktion mit Basis a.

An dieser Stelle weisen wir nochmals auf den Unterschied zwischen Potenzfunktionen und Exponentialfunktionen hin. Potenzfunktionen haben die Form $a\,x^n$, die Variable x fungiert als Basis, siehe Definition 6.1. Bei Exponentialfunktionen der Form a^x ist die Variable x die Hochzahl. Streng genommen müssen wir erst noch klären, wie reelle Hochzahlen zu interpretieren sind. Dazu benötigen wir Kenntnisse über Grenzwerte und Stetigkeit, siehe Kapitel 7. Im Moment überlassen wir die Berechnung der Funktionswerte einer Exponentialfunktion einem Taschenrechner oder Computer. Viel wichtiger für uns sind die Eigenschaften der Exponentialfunktionen.

Merke 6.25 (Eigenschaften der Exponentialfunktionen)

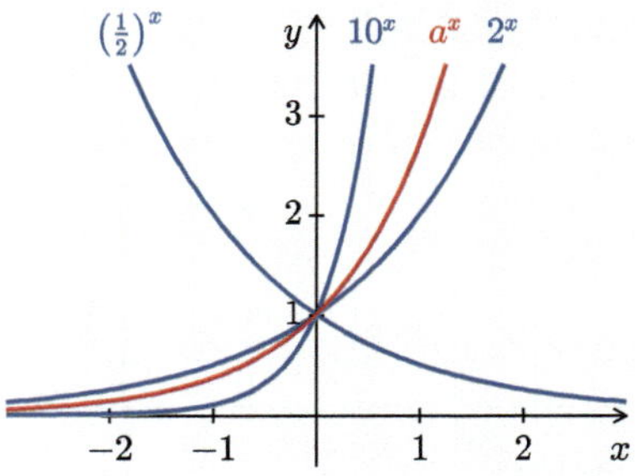

- Definitionsmenge: $D = \mathbb{R}$
- Wertemenge: $W = (0, \infty)$
- Monotonie:
  für $0 < a < 1$ streng monoton fallend auf $\mathbb{R}$,
  für $a > 1$ streng monoton wachsend auf $\mathbb{R}$
- Asymptoten:
  für $0 < a < 1$ x-Achse für $x \to \infty$,
  für $a > 1$ x-Achse für $x \to -\infty$
- Achsenabschnitt: $(0 \,|\, 1)$

Die Potenzgesetze, die wir in Abschnitt 1.3.2 ursprünglich nur für natürliche Hochzahlen betrachtet haben, behalten aufgrund der Stetigkeit auch für reelle Hochzahlen ihre Gültigkeit.

Merke 6.26 (Rechenregeln für Exponentialfunktionen)

Bei der Multiplikation oder Division von Exponentialfunktionen mit derselben Basis a kann man die Exponenten zusammenfassen:

- $a^{x_1} \cdot a^{x_2} = a^{x_1 + x_2}$
- $\dfrac{a^{x_1}}{a^{x_2}} = a^{x_1 - x_2}$

Bei Potenzen von Potenzen multiplizieren sich die Hochzahlen:

- $(a^{x_1})^{x_2} = a^{x_1 \cdot x_2}$

Diese Rechenregeln gelten für alle Zahlen x_1 und x_2 aus $\mathbb{R}$.

6.4.2 Die e-Funktion

Wir haben bereits einige reelle Zahlen kennengelernt, die man als mathematische Naturkonstanten bezeichnen könnte. Beispielsweise benötigt man die Kreiszahl π, um Umfang und Fläche beim Einheitskreis zu beschreiben. Die Zahl $\sqrt{2}$ beschreibt die Länge der Diagonale im Einheitsquadrat.

Nun werden wir eine Zahl kennenlernen, die das natürliche Wachstum beschreibt, nämlich die ganz spezielle, irrationale Zahl

$$\mathrm{e} \approx 2{,}71828182845904523536\,.$$

Mathematisch ist die Zahl e als Grenzwert einer Zahlenfolge definiert. Diesen Aspekt betrachten wir aber erst in Kapitel 7 genauer.

Definition 6.15 (Natürliche Exponentialfunktion, e-Funktion)

Die Exponentialfunktion zur Basis e

$$f(x) = \mathrm{e}^x$$

bezeichnet man als natürliche Exponentialfunktion oder kurz als e-Funktion.

Die e-Funktion ist eine der wichtigsten Funktionen in der Mathematik. In Abschnitt 6.4.3 werden wir sehen, dass man eine Exponentialfunktion mit beliebiger Basis a mithilfe der e-Funktion darstellen kann. Man kann also sämtliche Exponentialfunktionen auf die e-Funktion zurückführen. Das ist in der Praxis oft sehr angenehm. Die e-Funktion hat dieselben Eigenschaften wie alle anderen Exponentialfunktionen mit einer Basis $a > 1$. Da die e-Funktion in vielen Bereichen von extremer Bedeutung ist, fassen wir alle Eigenschaften nochmals zusammen.

Merke 6.27 (Eigenschaften der e-Funktion)

- Definitionsmenge: $D = \mathbb{R}$
- Wertemenge: $W = (0, \infty)$
- Monotonie: streng monoton wachsend
- Asymptoten: x-Achse für $x \to -\infty$
- Achsenabschnitt: $(0\,|\,1)$

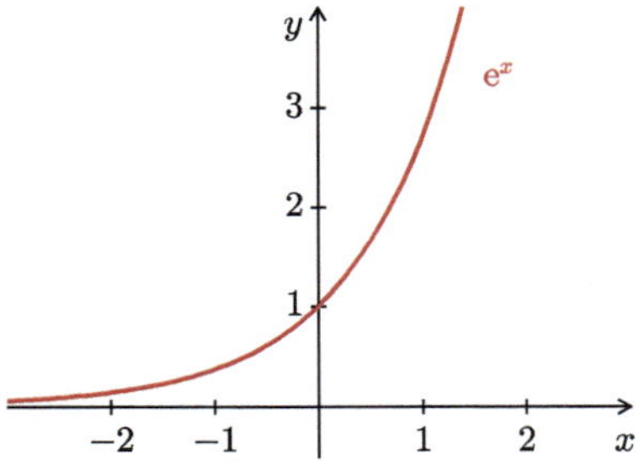

In Abschnitt 8.4.1 werden wir sehen, dass die e-Funktion eine weitere Besonderheit aufweist: Der Funktionswert e^x ist an jeder Stelle x identisch mit der Steigung der Funktion. Finanzmathematisch interpretiert entspricht dies dem Zinseszinseffekt. Auch diesen Effekt werden wir in Kapitel 7 nochmals aufgreifen. Die Rechenregeln der e-Funktion behalten auch dann noch ihre Gültigkeit, wenn man mit komplexen Werten rechnet, siehe dazu auch Definition 13.6.

Merke 6.28 (Rechenregeln für die e-Funktion)

Bei der Multiplikation oder Division von e-Funktionen kann man die Exponenten zusammenfassen:

- $\mathrm{e}^{x_1} \cdot \mathrm{e}^{x_2} = \mathrm{e}^{x_1+x_2}$
- $\dfrac{\mathrm{e}^{x_1}}{\mathrm{e}^{x_2}} = \mathrm{e}^{x_1-x_2}$

Bei Potenzen von Potenzen multiplizieren sich die Hochzahlen:

- $(\mathrm{e}^{x_1})^{x_2} = \mathrm{e}^{x_1 \cdot x_2}$

Diese Rechenregeln gelten für alle Zahlen x_1 und x_2 aus $\mathbb{R}$.

6.4.3 Logarithmusfunktionen

Die Umkehrfunktionen der Exponentialfunktionen werden als Logarithmusfunktionen bezeichnet. In ähnlicher Weise wie Wachstumsprozesse durch Exponentialfunktionen beschrieben werden, lassen sich unsere Sinneswahrnehmungen durch Logarithmusfunktionen beschreiben. Beispielsweise empfindet unser Auge ein objektiv doppelt so helles Licht subjektiv nicht als doppelt so hell. Ein ähnliches Phänomen zeigt sich auch bei der Wahrnehmung von Schall. Viele subjektive Wahrnehmungen unserer Sinne verlaufen nicht proportional zu den objektiven Größen, sondern entsprechend einer Logarithmusfunktion. Das progressive Wachstum von Exponentialfunktionen kehrt sich in ein sehr gedämpftes Wachstum von Logarithmusfunktionen um.

Die Exponentialfunktionen sind für $a > 1$ streng monoton wachsend und für $0 < a < 1$ streng monoton fallend auf ganz $\mathbb{R}$. Deshalb gibt es zu jeder Exponentialfunktion eine Umkehrfunktion.

Definition 6.16 (Logarithmusfunktion)

Die Umkehrfunktion der Exponentialfunktion zur Basis a bezeichnet man als Logarithmusfunktion zur Basis a:

$$f(x) = a^x \quad \Longleftrightarrow \quad f^{-1}(x) = \log_a x.$$

Die Logarithmusfunktion zur Basis e bezeichnet man als natürliche Logarithmusfunktion:

$$f(x) = \mathrm{e}^x \quad \Longleftrightarrow \quad f^{-1}(x) = \ln x.$$

Aus der Sichtweise der Mathematik genügt es vollkommen, den natürlichen Logarithmus zu betrachten. Wir werden noch sehen, dass sich der Logarithmus zu einer beliebigen Basis a durch den natürlichen Logarithmus ausdrücken lässt. Manchmal wird der natürliche Logarithmus auch mit $\log$ bezeichnet. Bei dieser Schreibweise entfällt die Angabe einer Basis.

Merke 6.29 (Eigenschaften der natürlichen Logarithmusfunktion)

- Definitionsmenge: $D = (0, \infty)$
- Wertemenge: $W = \mathbb{R}$
- Monotonie: streng monoton wachsend
- Asymptoten: y-Achse für $x \to 0$
- Nullstelle: $x = 1$

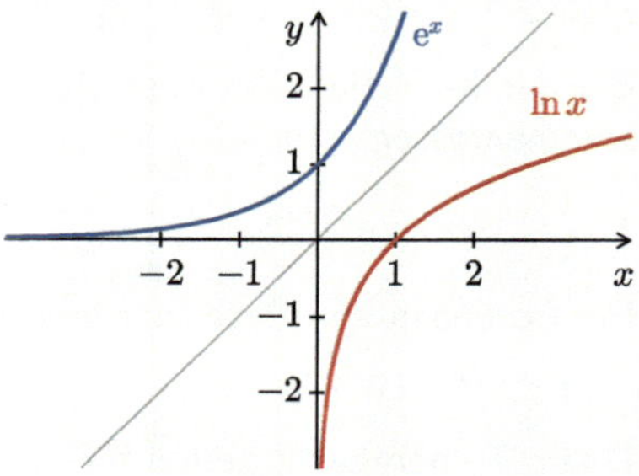

Beispiel 6.29 (Werte des Logarithmus)

a) Für den Logarithmus zur Basis 10 gilt $\log_{10} 100 = 2$, denn $10^2 = 100$.

b) Es ist $\log_2 16 = 4$, denn $2^4 = 16$.

c) Es ist $\log_{10} 0.1 = -1$, denn $10^{-1} = 0.1$.

d) Für den natürlichen Logarithmus gilt $\ln \frac{1}{\mathrm{e}} = -1$, denn $\mathrm{e}^{-1} = \frac{1}{\mathrm{e}}$. ■

Die Rechengesetze für die Logarithmen folgen direkt aus den bereits bekannten Rechenregeln für die Exponentialfunktionen. Laut Merke 6.26 gilt

$$\mathrm{e}^{x_1}\,\mathrm{e}^{x_2} = \mathrm{e}^{x_1+x_2}$$

und mit den Substitutionen $y_1 = \mathrm{e}^{x_1}$ und $y_2 = \mathrm{e}^{x_2}$ folgt die Gleichung

$$y_1\,y_2 = \mathrm{e}^{\ln y_1 + \ln y_2}.$$

Dabei haben wir $\ln y_1 = x_1$ und $\ln y_2 = x_2$ verwendet. Nun wenden wir auf beiden Seiten der Gleichung den natürlichen Logarithmus an und erhalten

$$\ln(y_1\,y_2) = \ln y_1 + \ln y_2.$$

Auf dieselbe Art lassen sich auch die weiteren Rechenregeln für Logarithmen beweisen.

Merke 6.30 (Rechenregeln für Logarithmusfunktionen)

Logarithmen von Produkten kann man in Summen einzelner Logarithmen zerlegen:

- $\log_a(x_1 \cdot x_2) = \log_a x_1 + \log_a x_2$
- $\ln(x_1 \cdot x_2) = \ln x_1 + \ln x_2$

Logarithmen von Quotienten kann man in Differenzen einzelner Logarithmen zerlegen:

- $\log_a\left(\dfrac{x_1}{x_2}\right) = \log_a x_1 - \log_a x_2$
- $\ln\left(\dfrac{x_1}{x_2}\right) = \ln x_1 - \ln x_2$

Logarithmen von Potenzen kann man in Produkte mit der Hochzahl zerlegen:

- $\log_a\left(x^b\right) = b \cdot \log_a x$
- $\ln\left(x^b\right) = b \cdot \ln x$

Beispiel 6.30 (Logarithmus)

a) Welche x-Werte erfüllen die Gleichung $\mathrm{e}^x = 2$? Die Lösungen dieser Gleichung bestimmen wir mit dem Logarithmus

$$\mathrm{e}^x = 2 \quad\Longrightarrow\quad \ln(\mathrm{e}^x) = \ln 2 \quad\Longrightarrow\quad x = \ln 2.$$

b) Die Lösungen der Gleichung $\ln\left(x^2 - 1\right) = \ln x + 1$ ermitteln wir mit der e-Funktion:

$$\mathrm{e}^{\ln(x^2-1)} = \mathrm{e}^{\ln x + 1} \quad\Longrightarrow\quad x^2 - 1 = \mathrm{e}^{\ln x}\,\mathrm{e}^1 \quad\Longrightarrow\quad x^2 - 1 = \mathrm{e}\,x.$$

Die quadratische Gleichung $x^2 - \mathrm{e}\,x - 1 = 0$ hat die beiden Lösungen

$$x_1 = \frac{\mathrm{e} + \sqrt{\mathrm{e}^2 + 4}}{2}, \qquad x_2 = \frac{\mathrm{e} - \sqrt{\mathrm{e}^2 + 4}}{2}.$$

Nur die erste Lösung x_1 liegt in der Definitionsmenge der Ausgangsgleichung. ■

Mithilfe von Funktion und Umkehrfunktion lässt sich die Exponentialfunktion mit Basis a trickreich umschreiben zu

$$a^x = \mathrm{e}^{\ln(a^x)} = \mathrm{e}^{x \ln a}.$$

Somit ist eine Exponentialfunktion mit beliebiger Basis a durch die e-Funktion darstellbar. Dabei tritt $\ln a$ gewissermaßen als Umrechnungsfaktor im Exponenten auf.

Merke 6.31 (Zusammenhang von a^x und e^x)

Eine Exponentialfunktion mit Basis a lässt sich als e-Funktion darstellen:

$$a^x = \mathrm{e}^{x \ln a}.$$

Beispiel 6.31 (Zusammenhang von 2^x und e^x)

Die Exponentialfunktion zur Basis 2

$$2^x = \mathrm{e}^{(\ln 2)\cdot x} \approx \mathrm{e}^{0.6931\cdot x}$$

lässt sich als e-Funktion darstellen. ■

Wenn wir auf die trickreiche Darstellung $x = a^{\log_a x}$ den natürlichen Logarithmus anwenden, ergibt sich der Zusammenhang

$$\ln x = \ln a^{\log_a x} = (\log_a x) \ln a.$$

Diese Gleichung lösen wir nach $\log_a x$ auf:

$$\log_a x = \frac{\ln x}{\ln a}.$$

Jede Logarithmusfunktion mit beliebiger Basis a lässt sich somit durch die natürliche Logarithmusfunktion darstellen. Genau wie bei der Exponentialfunktion tritt dabei wieder $\ln a$ als Faktor auf. Dieser Zusammenhang ist insbesondere bei der Erstellung von Software nützlich, wenn keine Bibliotheksfunktion für den Logarithmus mit beliebiger Basis zur Verfügung steht. In diesen Fällen kann man dann auf die natürliche Logarithmusfunktion zurückgreifen.

Merke 6.32 (Zusammenhang von $\log_a x$ und $\ln x$)

Eine Logarithmusfunktion zur Basis a lässt sich als ln-Funktion darstellen:

$$\log_a x = \frac{\ln x}{\ln a}.$$

Beispiel 6.32 (Zusammenhang von $\log_{10} x$ und $\ln x$)

Der Logarithmus zur Basis 10

$$\log_{10} x = \frac{\ln x}{\ln 10} \approx 0.4343 \ln x$$

lässt sich als natürlicher Logarithmus darstellen. ■

6.5 Hyperbel- und Areafunktionen

Durch statische Berechnungen lässt sich die Tragfähigkeit von Bauteilen in der Architektur beurteilen. Die Statik eines Gewölbes oder einer Hängebrücke sind Beispiele dafür. Schon seit dem 17. Jahrhundert ist bekannt, dass diese Berechnungen auf den sogenannten Hyperbel- und Areafunktionen basieren.

6.5.1 Hyperbelfunktionen

Hyperbelfunktionen werden aus den beiden Exponentialfunktionen e^x und e^{-x} zusammengesetzt. Der Sinus Hyperbolicus ist der Mittelwert aus e^x und $-e^{-x}$ und der Kosinus Hyperbolicus ist der Mittelwert aus e^x und e^{-x}.

Es stellt sich nun natürlich die Frage, warum man für aus bereits bekannten Funktionen zusammengesetzte Funktionen neue Namen vergibt. Wie der Bezeichnung schon zu entnehmen ist, haben diese Funktionen einen engen Bezug zu Hyperbeln. Dieselbe zentrale Rolle, die Sinus und Kosinus bei Kreisen und Ellipsen einnehmen, nehmen Sinus Hyperbolicus und Kosinus Hyperbolicus bei Hyperbeln ein. Einzelheiten dazu betrachten wir im Kapitel über Kurven im Abschnitt 11.2. Weitere Gemeinsamkeiten von Sinus und Kosinus mit Sinus Hyperbolicus und Kosinus Hyperbolicus bestehen bei den Potenzreihen, siehe Kapitel 10.

Definition 6.17 (Sinus Hyperbolicus)

Die Funktion Sinus Hyperbolicus ist definiert durch

$$\sinh x = \frac{e^x - e^{-x}}{2}.$$

Aufgrund seiner Definition über die e-Funktion sind die Eigenschaften des Sinus Hyperbolicus direkt aus den Eigenschaften der e-Funktion zu erkennen. Das Schaubild des Sinus Hyperbolicus verläuft exakt in der Mitte zwischen den Schaubildern von e^x und e^{-x}.

Merke 6.33 (Eigenschaften des Sinus Hyperbolicus)

- Definitionsmenge: $D = \mathbb{R}$
- Wertemenge: $W = \mathbb{R}$
- Symmetrie: ungerade
- Monotonie: streng monoton wachsend
- Nullstelle: $x = 0$

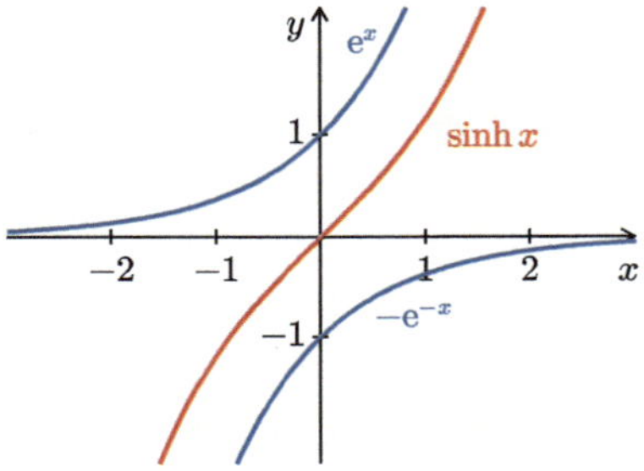

Der Kosinus Hyperbolicus entsteht dadurch, dass die beiden Funktionen e^x und e^{-x} addiert und dann durch 2 geteilt werden. Es wird also der arithmetische Mittelwert aus den beiden Funktionen e^x und e^{-x} gebildet.

Definition 6.18 (Kosinus Hyperbolicus)

Die Funktion Kosinus Hyperbolicus ist definiert durch

$$\cosh x = \frac{e^x + e^{-x}}{2}.$$

In der Technik wird der Kosinus Hyperbolicus auch als Kettenlinie oder Katenoide bezeichnet.

Der Begriff Kettenlinie wird in Abschnitt 6.6.1 näher erläutert. Auch die Eigenschaften des Kosinus Hyperbolicus sind sehr eng verwandt mit den Eigenschaften der Exponentialfunktion.

Merke 6.34 (Eigenschaften des Kosinus Hyperbolicus)

- Definitionsmenge: $D = \mathbb{R}$
- Wertemenge: $W = [1, \infty)$
- Symmetrie: gerade
- Monotonie:
  streng monoton fallend auf $(-\infty, 0]$,
  streng monoton wachsend auf $[0, \infty)$

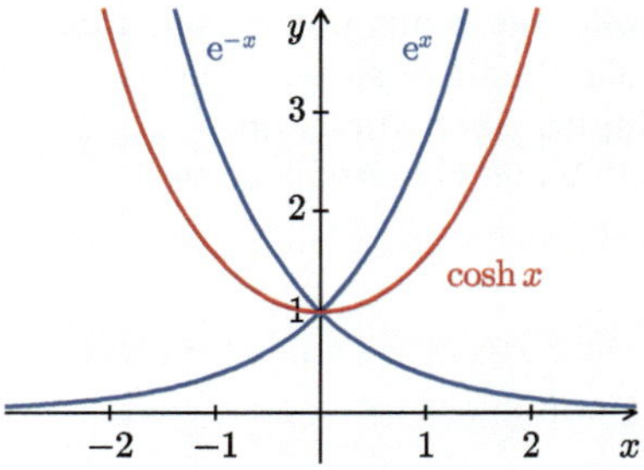

Zwischen Sinus Hyperbolicus und Kosinus Hyperbolicus besteht eine ähnliche Beziehung wie zwischen Sinus und Kosinus:

$$\begin{aligned}
\cosh^2 x - \sinh^2 x &= \left(\frac{e^x + e^{-x}}{2}\right)^2 - \left(\frac{e^x - e^{-x}}{2}\right)^2 \\
&= \frac{(e^x)^2 + 2\,e^x\,e^{-x} + (e^{-x})^2}{4} - \frac{(e^x)^2 - 2\,e^x\,e^{-x} + (e^{-x})^2}{4} \\
&= \frac{e^{2x} + 2 + e^{-2x}}{4} - \frac{e^{2x} - 2 + e^{-2x}}{4} = 1.
\end{aligned}$$

Während bei den trigonometrischen Funktionen die Beziehung eine Summe ist, haben wir bei den hyperbolischen Funktionen eine Differenz.

Satz 6.12 (Gleichung zwischen Sinus Hyperbolicus und Kosinus Hyperbolicus)

Es gilt folgende Gleichung:

$$\cosh^2 x - \sinh^2 x = 1.$$

Sinus Hyperbolicus und Kosinus Hyperbolicus haben noch weitere Eigenschaften, die eine gewisse Ähnlichkeit zu Sinus und Kosinus aufweisen. Dazu zählen Additionstheoreme für $\sinh(x \pm y)$ und $\cosh(x \pm y)$ sowie Formeln für das doppelte Argument $\sinh(2x)$ und $\cosh(2x)$. Details dazu findet man bei [Bartsch].

Definition 6.19 (Tangens Hyperbolicus)

Die Funktion Tangens Hyperbolicus ist definiert durch

$$\tanh x = \frac{\sinh x}{\cosh x} = \frac{e^x - e^{-x}}{e^x + e^{-x}}.$$

In Abschnitt 13.1.4 werden wir sehen, dass sich auch die nicht hyperbolischen Sinus- und Kosinusfunktionen über die e-Funktionen darstellen lassen. Dazu benötigt man allerdings die komplexe e-Funktion. Der Vollständigkeit halber erwähnen wir noch den Kotangens Hyperbolicus. Dieser ist, ganz analog zum Kotangens, als Kehrwert des Tangens Hyperbolicus definiert.

Definition 6.20 (Kotangens Hyperbolicus)

Die Funktion Kotangens Hyperbolicus ist definiert durch

$$\coth x = \frac{\cosh x}{\sinh x} = \frac{e^x + e^{-x}}{e^x - e^{-x}}.$$

6.5.2 Areafunktionen

Schließlich verschaffen wir uns noch einen kurzen Überblick über die Umkehrfunktionen der hyperbolischen Funktionen. Sie werden Areafunktionen genannt. Für jede der vier hyperbolischen Funktionen gibt es eine zugehörige Umkehrfunktion. Der Sinus Hyperbolicus ist auf seiner gesamten Definitionsmenge umkehrbar. Der Kosinus Hyperbolicus nimmt für x und $-x$ denselben Wert an, ist also nur auf $[0, \infty)$ umkehrbar.

Definition 6.21 (Areasinus Hyperbolicus und Areakosinus Hyperbolicus)

Der Sinus Hyperbolicus ist auf ganz $\mathbb{R}$ umkehrbar. Die Umkehrfunktion nennt man Areasinus Hyperbolicus:

$$f(x) = \sinh x \quad \Longleftrightarrow \quad f^{-1}(x) = \operatorname{arsinh} x.$$

Der Kosinus Hyperbolicus ist auf dem Intervall $[0, \infty)$ umkehrbar. Die Umkehrfunktion nennt man Areakosinus Hyperbolicus:

$$f(x) = \cosh x \quad \Longleftrightarrow \quad f^{-1}(x) = \operatorname{arcosh} x.$$

Der Tangens Hyperbolicus ist auf seiner gesamten Definitionsmenge umkehrbar. Ebenso ist der Kotangens Hyperbolicus auf seiner gesamten Definitionsmenge, also auf $\mathbb{R} \setminus \{0\}$ umkehrbar.

Definition 6.22 (Areatangens Hyperbolicus und Areakotangens Hyperbolicus)
Der Tangens Hyperbolicus ist auf ganz $\mathbb{R}$ umkehrbar. Die Umkehrfunktion nennt man Areatangens Hyperbolicus:

$$f(x) = \tanh x \quad \Longleftrightarrow \quad f^{-1}(x) = \operatorname{artanh} x.$$

Der Kotangens Hyperbolicus ist auf $\mathbb{R} \setminus \{0\}$ umkehrbar. Die Umkehrfunktion nennt man Areakotangens Hyperbolicus:

$$f(x) = \coth x \quad \Longleftrightarrow \quad f^{-1}(x) = \operatorname{arcoth} x.$$

6.6 Anwendungen

Elementare Funktionen sind in den Anwendungen allgegenwärtig. Der Zusammenhang zwischen zwei technischen Größen kann oftmals durch eine Funktion beschrieben werden. Die elementaren Funktionen dienen dabei als Bausteine. Sie werden durch Verkettung oder abschnittsweiser Definition zusammengesetzt.

6.6.1 Freileitungen

Eine an zwei Masten befestigte Stromleitung nimmt unter dem Einfluss der Schwerkraft eine bestimmte Form an. Durch das Eigengewicht der an den Isolatoren aufgehängten Leiterseile ergibt sich als Kurve eine Kettenlinie.

Beispiel 6.33 (Kettenlinie)
Eine frei hängende Kette nimmt eine Form an, bei der ihre potenzielle Energie kleinstmöglich ist. Mithilfe mathematischer Methoden, auf die wir hier nicht näher eingehen, erhält man mit diesem Ansatz für den Verlauf der Kette die Funktion

$$y(x) = a \cosh\left(\frac{x}{a}\right) + y_0\,.$$

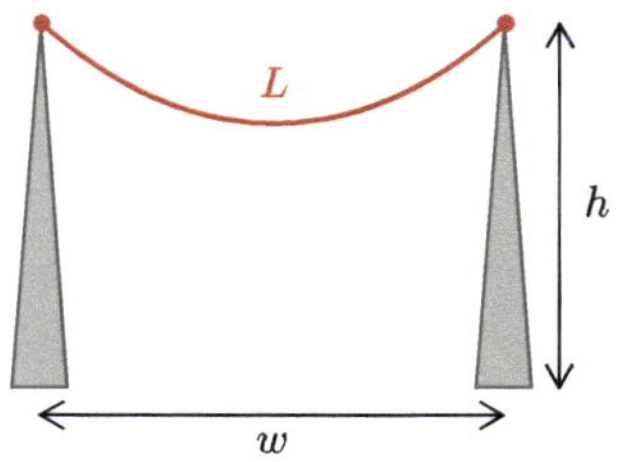

Den Parameter a kann man aus der Beziehung zur Kettenlänge L bestimmen, siehe Satz 9.15:

$$L = 2a \sinh\left(\frac{w}{2a}\right), \quad y_0 = h - a \cosh\left(\frac{w}{2a}\right).$$

Der Wert y_0 hängt von der Höhe der Pfosten h ab. Dabei bezeichnet w den Abstand zwischen den beiden Pfosten. ■

6.6.2 Industrieroboter

Die Bahnkurven von Industrierobotern lassen sich mathematisch über Funktionen darstellen. Diese Bahnkurven müssen so berechnet werden, dass der Greifarm mit keinem Teil der Produktionsanlage und keinem Werkstück unbeabsichtigt kollidiert. Diese Bedingungen legen in der Regel eine Bahnkurve noch nicht eindeutig fest. Deshalb nutzt man die verbleibenden Freiheitsgrade, um, je nach Anwendung, zeitoptimal, energieoptimal oder verschleißoptimal zu steuern.

Beispiel 6.34 (Zweiarmroboter)

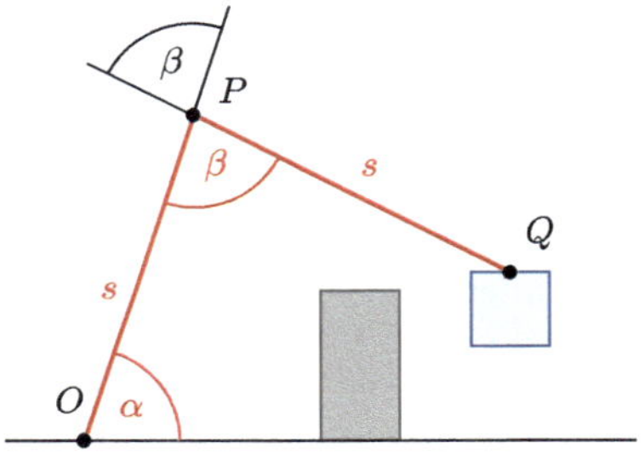

Wir betrachten einen Roboter in der Ebene mit zwei Armen gleicher Länge s. Der erste Arm ist im Ursprung $O(0\,|\,0)$ befestigt. Der Punkt P bewegt sich auf einem Kreis mit Radius s

$$P(s\cos\alpha\,|\,s\sin\alpha).$$

Der Punkt Q rotiert um den Punkt P ebenfalls im Abstand s. Die Richtung des Vektors $\boldsymbol{v}$ vom Punkt P zum Punkt Q wird durch den Winkel $\alpha+\beta-\pi$ bestimmt. Wir können die Verschiebung um $-\pi$ vereinfachen:

$$\boldsymbol{v} = s\begin{pmatrix}\cos(\alpha+\beta-\pi)\\ \sin(\alpha+\beta-\pi)\end{pmatrix} = -s\begin{pmatrix}\cos(\alpha+\beta)\\ \sin(\alpha+\beta)\end{pmatrix}.$$

Damit kennen wir die Greifposition Q in Abhängigkeit von s, α und β. Bei der Steuerung des Roboters stellt sich allerdings häufig das inverse Problem: Welche Gelenkwinkel α und β müssen eingestellt werden, damit ein gegebener Punkt $Q(x\,|\,y)$ auf einer vorgegebenen Bahnkurve, siehe dazu auch Abschnitt 11.1, erreicht wird? Da die beiden Arme gleich lang sind, bildet OQP ein gleichschenkliges Dreieck. Bezeichnet M den Mittelpunkt der Strecke $\overline{OQ}$, so sind die Dreiecke POM und PMQ rechtwinklig. Für die Winkel im rechtwinkligen Dreieck POM gilt

$$\alpha_1 = \angle(POM) = \arccos\left(\frac{a}{s}\right), \quad \frac{\beta}{2} = \angle(MPO) = \arcsin\left(\frac{a}{s}\right);$$

dabei bezeichnet $a = \frac{1}{2}\sqrt{x^2+y^2}$ die Länge der halben Strecke von O nach Q. Den Ergänzungswinkel α_2 von α_1 zu α erhält man durch $\alpha_2 = \arctan\left(\frac{y}{x}\right)$. Insgesamt folgt

$$\alpha = \alpha_1 + \alpha_2 = \arccos\left(\frac{a}{s}\right) + \arctan\left(\frac{y}{x}\right), \quad \beta = 2\arcsin\left(\frac{a}{s}\right).$$

Wir sehen, dass bei dieser inversen Kinematik gerade die inversen trigonometrischen Funktionen die zentrale Rolle einnehmen. Allerdings ist dabei generell auch etwas Vorsicht geboten. Obige Formeln gelten sicher für die Winkelbereiche

$$\alpha \in \left[0, \frac{\pi}{2}\right], \quad \beta \in [0,\pi]\,.$$

Da die Umkehrfunktionen begrenzte Definitions- und Wertemengen haben, muss man für größere Gelenkwinkel Fallunterscheidungen durchführen. ■

6.7 Aufgaben

6.7.1 Verständnis und Kompetenz

Aufgabe 6.1 (Potenzfunktionen) ★★★

Skizzieren Sie die Schaubilder der folgenden Potenzfunktionen:

a) $f(x) = (x-1)^5 + 2$ b) $f(x) = -(x+1)^6 + 4$

c) $f(x) = -(x-2)^{-5} + 1$ d) $f(x) = (x+2)^{-6} - 1$

Aufgabe 6.2 (Polynom aus Linearfaktoren) ★★

Wie lauten die Funktionsgleichungen der Polynome vom Grad 5, die für $x = -2$, $x = -1$, $x = 0$, $x = 1$ und $x = 2$ eine Nullstelle haben?

Aufgabe 6.3 (Linearfaktorzerlegung) ★★

Bestimmen Sie die Linearfaktorzerlegung des Polynoms $p(x) = 2\,x^3 - 8x$.

Aufgabe 6.4 (Spezieller Linearfaktor) ★★★

Für welche natürlichen Zahlen n enthält das Polynom p vom Grad n

$$p(x) = x^n + x^{n-1} + x^{n-2} + \ldots + x^5 + x^4 + x^3 + x^2 + x + 1$$

den Linearfaktor $(x+1)$?

Aufgabe 6.5 (Sinusfunktionen mit Beträgen) ★★★

Skizzieren Sie die Schaubilder der Funktionen. Wie lautet die betragsfreie Darstellung?

a) $f(x) = |2\sin(x)| + 1$ b) $f(x) = |2\sin(x) + 1|$

Aufgabe 6.6 (Parameter einer allgemeinen Kosinusfunktion) ★★★

Die Funktion $f(t) = m + A\cos(\omega\,t + \varphi)$ hat für $t > 0$ den ersten Hochpunkt $H(\pi\,|\,3)$ und den ersten Tiefpunkt $T(4\pi\,|\,-1)$. Ermitteln Sie die Werte von m, A, ω und φ.

Aufgabe 6.7 (Gedämpfte Sinusfunktion) ★★★

Bestimmen Sie alle Achsenschnittpunkte der Funktion $f(t) = 3\,\mathrm{e}^{-t}\sin\left(4\,t - \frac{\pi}{2}\right)$ für t-Werte im Intervall $[0, \infty)$. Skizzieren Sie die Schaubilder von $3\,\mathrm{e}^{-t}$, von $-3\,\mathrm{e}^{-t}$ und von f in einem gemeinsamen Koordinatensystem.

Aufgabe 6.8 (Amplitudenfunktionen) ★★★

Wo haben die Funktionen Nullstellen? Skizzieren Sie den Verlauf der Funktionen.

a) $f(t) = \dfrac{1}{4}\,t\,\sin t$ b) $f(t) = \dfrac{1}{4}\,t^2\cos(4\,t)$

Aufgabe 6.9 (Spiegelungen einer Exponentialfunktion) ★★★

Das Schaubild der Funktionen $f(x) = \mathrm{e}^{x-1}$ wird an folgenden Achsen gespiegelt. Skizzieren Sie die Schaubilder. Wie lauten die Funktionsgleichungen der gespiegelten Funktionen?

a) x-Achse b) y-Achse c) Gerade $y = x$

6.7.2 Rechnung und Training

Aufgabe 6.10 (Potenzfunktion durch zwei Punkte) ★★

Bestimmen Sie die reellen Zahlen $a > 0$ und c so, dass die Exponentialfunktion $f(x) = c\,a^x$ durch die beiden Punkte mit den Koordinaten $(0\,|\,2)$ und $(1\,|\,1)$ geht, und skizzieren Sie das Schaubild der Funktion.

Aufgabe 6.11 (Polynomdivision) ★★

Teilen Sie die folgenden gegebenen Polynome p mithilfe einer Polynomdivision durch das Polynom $q(x) = x^2 + x + 1$.

a) $p(x) = x^5 + x^4 + x^3 + x^2 + x + 1$ b) $p(x) = x^6 + x^5 + x^4 + x^3 + x^2 + x + 1$

Aufgabe 6.12 (Linearfaktorzerlegung von Polynomen mit höherem Grad) ★★★

Bestimmen Sie alle Nullstellen und geben Sie die Zerlegung in Linearfaktoren an:

a) $p(t) = t^6 + 6t^5 + 5t^4$ b) $f(u) = u^8 - 15u^4 - 16$

Aufgabe 6.13 (Nullstellen eines Polynoms in Summenschreibweise) ★★★

Bestimmen Sie alle Nullstellen des Polynoms

$$p(x) = \sum_{k=1}^{3} (-1)^k\, k^2\, x^k\,.$$

Aufgabe 6.14 (Definitionsmenge und Nullstellen) ★★★

Bestimmen Sie Definitionsmenge und Nullstellen der gebrochenrationalen Funktionen:

a) $f(x) = \dfrac{x^3 + x^2 - 4x - 4}{x^2 - 4x + 3}$ b) $f(x) = \dfrac{x^3 - 2\,x^2 - x + 2}{x^2 - 1}$

Aufgabe 6.15 (Unecht gebrochenrationale Funktionen) ★★★

Zerlegen Sie die folgenden unecht gebrochenrationalen Funktionen in eine Summe aus einem Polynom und einer echt gebrochenrationalen Funktion:

a) $f(x) = \dfrac{x^3 - 2\,x + 1}{x - 3}$ b) $f(x) = \dfrac{4x^5 - x^4 + 2\,x^3 + x^2 - 1}{x^2 + 1}$

Aufgabe 6.16 (Partialbruchzerlegung) ★★★★

Bestimmen Sie für die gebrochenrationalen Funktionen eine Partialbruchzerlegung:

a) $f(x) = \dfrac{x}{x^2 + 7\,x + 12}$ b) $f(x) = \dfrac{2\,x - 1}{x^2 - 2\,x + 1}$ c) $f(x) = \dfrac{5\,x^2 + 2\,x + 1}{x^3 + x}$

Aufgabe 6.17 (Allgemeine Sinus- und Kosinusfunktionen) ★★★

Bestimmen Sie für die folgenden trigonometrischen Funktionen zunächst die Periode. Wo liegen die Nullstellen dieser Funktionen und wo nehmen Sie die maximalen und minimalen Funktionswerte an? Skizzieren Sie den ungefähren Verlauf der Funktionen.

a) $f(x) = 3\,\sin\left(\dfrac{x}{2} + \dfrac{\pi}{8}\right)$ b) $f(x) = -\pi\cos\left(2\,x - \dfrac{\pi}{3}\right)$

Aufgabe 6.18 (Nullstellen trigonometrischer Funktionen) ★★★★

Berechnen Sie sämtliche Nullstellen der folgenden Funktionen:

a) $f(x) = \cos x + \cos(2x)$ b) $f(x) = \cos x + \sin x - 1$

Aufgabe 6.19 (Arkusfunktionen) ★★★★

Bestimmen Sie alle Schnittpunkte der folgenden Funktionen mit der Geraden $y = 1$.

a) $f(x) = 2\cos x$ b) $f(x) = \sqrt{2}\sin(2x)$ c) $f(x) = \tan(3x)$

Aufgabe 6.20 (Arkusfunktionen und Substitution) ★★★★★

Berechnen Sie die Schnittpunkte der folgenden Funktionen mit der Geraden $y = 1$. Ersetzen Sie dabei $\sin x$ durch $\pm\sqrt{1-\cos^2 x}$ und verwenden Sie die Substitution $u = \cos x$.

a) $f(x) = \sin x + \cos x$ b) $f(x) = \cos x + 2\cos^2 x$

Aufgabe 6.21 (Exponentialfunktionen) ★★

Skizzieren Sie die Schaubilder der beiden Funktionen $f(x) = \mathrm{e}^{x+1}$ und $g(x) = 2^x$. Bestimmen Sie alle Schnittpunkte der Schaubilder der beiden Funktionen.

Aufgabe 6.22 (Logarithmusfunktion) ★★★★

Für welche x-Werte sind die Funktionen $f(x) = \ln\sqrt{x^2 - a^2}$ mit positivem Parameter $a > 0$ definiert? Wo schneiden die Funktionen die x-Achse und wo die Gerade $y = 1$? Skizzieren Sie mithilfe der Schaubilder von $\ln(x-a)$ und $\ln(x+a)$ das Schaubild der Funktion f.

Aufgabe 6.23 (Umkehrfunktionen) ★★★

Skizzieren Sie den Verlauf der folgenden Funktionen und bestimmen Sie eine möglichst große Definitionsmenge, auf der eine Umkehrfunktion existiert. Geben Sie die Umkehrfunktionen an.

a) $f(x) = \dfrac{1}{1+x^4}$ b) $f(x) = \cos\left(x^2\right)$ c) $f(x) = \ln\left(\dfrac{x}{x+1}\right)$

6.7.3 Anwendung

Aufgabe 6.24 (Sicherheitsabstand) ★★★★★

Zwei Fahrzeuge fahren mit der Geschwindigkeit $30\ \frac{\mathrm{m}}{\mathrm{s}}$ hintereinander. Die Formel

$$s(t) = d + v\,t + \frac{1}{2}\,a\,t^2$$

beschreibt die zurückgelegte Strecke s in Abhängigkeit von der Zeit t, wobei d die Startposition, v die Ausgangsgeschwindigkeit und a die konstante Beschleunigung sind. Der Fahrer des nachfolgenden Fahrzeugs nimmt an, dass das vorausfahrende Fahrzeug maximal mit $a = -4\ \frac{\mathrm{m}}{\mathrm{s}^2}$ verzögern wird und er selbst $a = -8\ \frac{\mathrm{m}}{\mathrm{s}^2}$ nach einer Reaktionszeit von $1\ \mathrm{s}$ erreicht. In welchem Abstand kann er dem vorausfahrenden Fahrzeug folgen, sodass es in einer kritischen Situation gerade noch zu keiner Kollision kommt? Wie groß ist die Kollisionsgeschwindigkeit bei diesem Abstand, wenn das vorausfahrende Fahrzeug bei einer Notbremsung ebenfalls eine Verzögerung von $a = -8\ \frac{\mathrm{m}}{\mathrm{s}^2}$ erreichen würde?

7 Folgen, Grenzwerte und Stetigkeit

In diesem Kapitel beschäftigen wir uns mit Folgen von unendlich vielen Zahlen und deren Anwendungen auf Funktionen. Dabei ist der zentrale Begriff der Grenzwert. Unter einem Grenzwert versteht man grob gesprochen eine Zahl, die Schritt für Schritt durch Folgenglieder immer besser angenähert wird. Zahlen, die als Grenzwerte definiert sind, sind uns schon an einigen Stellen begegnet. Typische Beispiele sind die Zahlen $\sqrt{2}$, π und e. Bisher haben wir uns dabei keine großen Gedanken gemacht, wie diese Zahlen eigentlich mathematisch definiert sind. Das werden wir in diesem Kapitel nachholen.

Viele wichtige mathematische Begriffe, wie beispielsweise die Ableitung einer Funktion oder das Integral über eine Funktion, werden ebenfalls durch Grenzwerte definiert. Auch die sogenannte Stetigkeit einer Funktion hängt eng mit Grenzwerten zusammen. Auf den ersten Blick scheint es bei Grenzwerten um ein rein theoretisches Thema zu gehen. Doch dieser Eindruck täuscht kolossal. Ingenieure verwenden Grenzwerte, um das Verhalten von Modellen zu verifizieren. Ein typischer Modelltest beschäftigt sich beispielsweise mit der Frage nach dem Verhalten bei Vernachlässigung von Reibung. Mathematisch verbirgt sich dahinter eine Grenzwertbetrachtung.

7.1 Folgen

Eine Folge ist eine Aufzählung von Objekten, mit der Besonderheit, dass es sich bei einer Folge immer um unendlich viele Objekte handelt. Mathematisch wird man der Unendlichkeit dadurch gerecht, dass man jeder natürlichen Zahl ein Folgenglied zuordnet. Der Folgenbegriff ist in der Mathematik sehr allgemein gefasst. Neben den Zahlenfolgen, die wir hier ausschließlich untersuchen, sind Folgen von Mengen und Folgen von Funktionen zentrale Begriffe der modernen Mathematik.

7.1.1 Zahlenfolgen

Wie der Name schon sagt, bestehen Zahlenfolgen aus einer Folge von Zahlen. Bei umfangreichen Berechnungen mit Computern spielen Zahlenfolgen und Grenzwerte eine wichtige Rolle. Viele mathematische Verfahren beruhen in der Theorie auf unendlich vielen Rechenschritten. Andererseits können Computer nur endlich viele Berechnungsschritte in endlicher Zeit durchführen. Man muss durch geeignete Grenzwertbetrachtungen sicherstellen, dass die Berechnungen des Computers im Einklang mit der Theorie stehen.

Definition 7.1 (Zahlenfolge)

Bei einer Zahlenfolge oder kurz Folge $(a_k) = a_0, a_1, a_2, a_3, \ldots, a_k, \ldots$ wird jeder natürlichen Zahl k ein Folgenglied a_k aus der Menge der reellen Zahlen zugeordnet:

$$\begin{array}{cccccccc} 0, & 1, & 2, & 3, & \ldots & k, & \ldots \\ \downarrow & \downarrow & \downarrow & \downarrow & & \downarrow & \\ a_0, & a_1, & a_2, & a_3, & \ldots & a_k, & \ldots \end{array}$$

Zur Bezeichnung der kompletten Folge mit allen unendlich vielen Folgengliedern verwendet man die Notation mit den runden Klammern (a_k). Ohne die runde Klammer bezeichnet a_k ein einzelnes Folgenglied mit Index k.

Definition 7.2 (Explizite Definition einer Folge)

Bei der expliziten Definition einer Folge gibt man eine Formel an, mit der man jedes Folgenglied direkt und unabhängig von allen anderen Folgengliedern berechnen kann.

Die beiden mathematischen Begriffe Zahlenfolge und reelle Funktion sollte man sorgfältig auseinander halten. Die Betrachtungsweise, dass eine Zahlenfolge im Prinzip dasselbe wie eine reelle Funktion ist, nur dass man anstatt k ein x verwendet, wird den unterschiedlichen mathematischen Sachverhalten auf keinen Fall gerecht.

Beispiel 7.1 (Folgen)

a) Die Folge $a_k = (-1)^k$ liefert abwechselnd die Werte 1 und -1:

$$(a_k) = 1, -1, 1, -1, 1, -1, \ldots$$

Es gibt also keinen eindeutigen Wert, an den sich die Folge annähert.

b) Die Berechnungsvorschrift $a_k = \frac{2k+1}{k}$ ist für $k = 0$ nicht sinnvoll. Wir beginnen die Folge daher ausnahmsweise mit a_1:

$$(a_k) = \frac{2+1}{1}, \frac{4+1}{2}, \frac{6+1}{3}, \ldots, \frac{20+1}{10}, \ldots, \frac{200+1}{100}, \ldots$$

Es ist unschwer zu erkennen, dass sich die Folge dem Wert 2 annähert.

c) Die Berechnungsvorschrift für das allgemeine Folgenglied $a_k = \left(1 + \frac{1}{k}\right)^k$ ergibt die konkrete Folge

$$(a_k) = \underbrace{\left(1 + \frac{1}{1}\right)^1}_{=2}, \underbrace{\left(1 + \frac{1}{2}\right)^2}_{=2.25}, \underbrace{\left(1 + \frac{1}{3}\right)^3}_{\approx 2.3704}, \ldots, \underbrace{\left(1 + \frac{1}{10}\right)^{10}}_{\approx 2.5937}, \ldots, \underbrace{\left(1 + \frac{1}{100}\right)^{100}}_{\approx 2.7048}, \ldots$$

Auch hier haben wir mit $k = 1$ begonnen. Bei dieser Folge ist nicht offensichtlich, ob die Werte immer größer werden oder ob sie sich einem Wert annähern. Wir werden dieser Frage in Abschnitt 7.1.2 nachgehen. ■

Die Folgen aus Beispiel 7.1 werden durch Angabe von Berechnungsvorschriften für die Folgenglieder beschrieben. Dabei kann das Folgenglied a_k direkt berechnet werden. Es gibt noch weitere Möglichkeiten, Folgen zu definieren.

Definition 7.3 (Rekursive Definition einer Folge)

Bei der rekursiven Definition einer Folge gibt man ein paar Anfangsglieder an und legt fest, wie sich die restlichen Folgenglieder aus ihren Vorgängergliedern berechnen.

Viele numerische Näherungsverfahren, wie beispielsweise das Newton-Verfahren aus Abschnitt 8.5.2 und das Euler-Polygonzugverfahren aus Abschnitt 14.6.1 werden als rekursive Folgen definiert.

Beispiel 7.2 (Fibonacci-Folge)

Eine typische rekursiv definierte Folge ist die Fibonacci-Folge. Der Begriff stammt vom italienischen Mathematiker Leonardo Fibonacci. Die ersten beiden Folgenglieder werden durch $a_0 = 0$ und $a_1 = 1$ festgelegt. Alle anderen Folgenglieder ergeben sich aus dem Bildungsgesetz $a_k = a_{k-2} + a_{k-1}$. Ein Folgenglied besteht aus der Summe der Vorgänger

$$(a_k) = 0,\ 1,\ 1,\ 2,\ 3,\ 5,\ 8,\ 13,\ 21,\ \ldots$$

Es ist offensichtlich, dass die Werte der Folgenglieder über alle Grenzen anwachsen. ▪

Die rekursive Definition ist eine elegante Methode Folgen zu beschreiben. Sie hat allerdings auch einen gravierenden Nachteil. Man kann die einzelnen Folgenglieder nicht direkt berechnen, denn alle Berechnungen bauen Schritt für Schritt aufeinander auf. Für einfache rekursive Gleichungen kann man systematisch explizite Formeln finden. Einzelheiten dazu betrachten wir beim Thema Differenzengleichungen in Kapitel 15.

Schließlich gibt es auch Folgen, deren Folgenglieder weder explizit noch rekursiv definiert sind. Die Folgenglieder werden in Worten beschrieben und dadurch festgelegt, dass sie bestimmte Eigenschaften erfüllen. Dabei kann es vorkommen, dass für diese Folgen weder eine explizite noch eine rekursive Berechnungsvorschrift bekannt ist.

Beispiel 7.3 (Folge der Primzahlen)

Eine Primzahl ist eine natürliche Zahl, die genau zwei natürliche Zahlen als Teiler besitzt, nämlich die Zahl 1 und sich selbst. Es ist mathematisch bewiesen, dass es unendlich viele Primzahlen gibt. Allerdings kennt man für die Folge der Primzahlen

$$(a_k) = 2,\ 3,\ 5,\ 7,\ 11,\ 13,\ 17,\ 19,\ 23,\ \ldots$$

keine Formel für das allgemeine Folgenglied. Die Verteilung der Primzahlen wurde in der Geschichte der Mathematik oftmals untersucht. Der Mathematiker Adrien-Marie Legendre hat um 1798 eine asymptotische Formel für die Primzahlverteilung aufgestellt. ▪

Die erste Folge in Beispiel 7.1 hat die Eigenschaft, dass die Folgenglieder abwechselnd positiv und negativ sind. Dieses Verhalten nennt man alternierend. Benachbarte Folgenglieder haben dann immer unterschiedliches Vorzeichen.

Definition 7.4 (Alternierende Zahlenfolge)

Man nennt eine Zahlenfolge alternierend, falls aufeinander folgende Glieder immer verschiedene Vorzeichen haben.

Ein formales Kriterium für alternierende Folgen ist die Bedingung $a_k \, a_{k+1} < 0$ für alle natürlichen Zahlen k. Es besagt, dass das Produkt aufeinander folgender Folgenglieder immer negativ ist. Man kann den Begriff einer alternierenden Folge auch etwas allgemeiner definieren. Dann spricht man von einer alternierenden Folge, wenn die Folgenglieder abwechselnd zwei verschiedene Werten annehmen.

Beispiel 7.4 (Alternierende Folge)

Wir betrachten die alternierende Folge $a_k = (-1)^{k+1}\frac{1}{k}$ und beginnen dabei wegen des Nenners mit $k = 1$. Wir erhalten die Folgenglieder

$$(a_k) = 1,\ -\frac{1}{2},\ \frac{1}{3},\ -\frac{1}{4},\ \frac{1}{5},\ \ldots$$

Man erkennt leicht, dass die Folgenglieder abwechselnd positiv und negativ sind. ▪

In Abschnitt 5.3 haben wir die Monotonie von Funktionen untersucht. Diese Eigenschaft kann man auch für Folgen festlegen. Bei einer monotonen Folge bewegen sich die Werte der Folgenglieder immer nur in eine Richtung. Man unterscheidet zwischen fallenden und wachsenden Folgen. Außerdem kann die Monotonie auch streng sein.

Definition 7.5 (Monotone Zahlenfolge)

Man nennt eine Zahlenfolge (a_k)

- monoton fallend, falls $a_k \geq a_{k+1}$,
- streng monoton fallend, falls $a_k > a_{k+1}$,
- monoton wachsend, falls $a_k \leq a_{k+1}$,
- streng monoton wachsend, falls $a_k < a_{k+1}$,

für alle natürlichen Zahlen k.

Eine Folge kann nach unten oder nach oben beschränkt sein. Trifft beides zu, so spricht man einfach von einer beschränkten Folge. Gibt man eine Schranke an, so muss diese nicht zwingend die bestmögliche sein.

Definition 7.6 (Beschränkte Zahlenfolge)

Man nennt eine Zahlenfolge (a_k) beschränkt, falls der Betrag aller Folgenglieder unterhalb einer festen Schranke C liegt:

$$|a_k| \leq C \quad \text{für alle } k \in \mathbb{N}.$$

7.1.2 Grenzwert einer Folge

Bei den bisherigen Beispielen ist es uns nur zum Teil gelungen, das Verhalten der Folgenglieder a_k für große k vorherzusagen. Dies ist auch kein Wunder, denn das Grenzwertverhalten von Folgen ist kein einfaches Thema. Erst Anfang des 19. Jahrhunderts führte der französische Mathematiker Augustin-Louis Cauchy eine exakte mathematische Definition des Begriffs Grenzwert ein. Damit wurde in der Mathematik der Wandel vom intuitiven Umgang mit Funktionen zur streng methodischen Analysis vollzogen.

Definition 7.7 (Grenzwert einer Zahlenfolge)

Eine Zahlenfolge (a_k) besitzt den Grenzwert a, wenn es zu jedem $\varepsilon > 0$ einen Index n gibt, sodass $|a_k - a| < \varepsilon$ für alle natürlichen Zahlen $k > n$. Eine Zahlenfolge, die einen Grenzwert besitzt, nennt man konvergent und verwendet die Schreibweisen

$$(a_k) \to a \text{ für } k \to \infty \text{ oder } \lim_{k\to\infty} a_k = a.$$

Eine Zahlenfolge, die keinen Grenzwert besitzt, nennt man divergent.

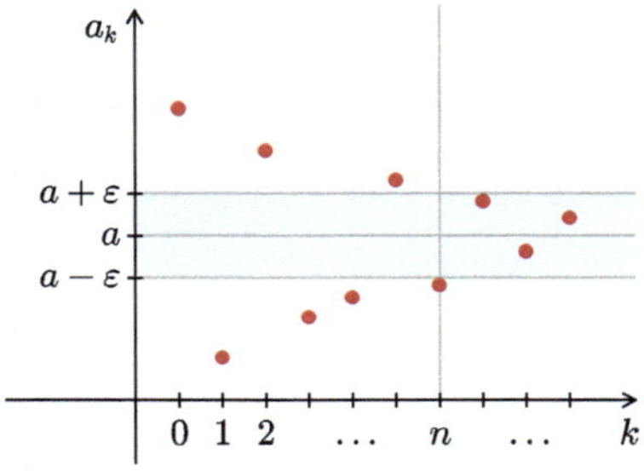

Anschaulich liegen bei einer konvergenten Folge alle Glieder über einem bestimmten Index n innerhalb einer sogenannten ε-Umgebung um den Grenzwert a. Außerhalb dieser ε-Umgebung dürfen also nur endlich viele Folgenglieder liegen. Konvergenzuntersuchungen mithilfe dieser Definition erfordern bereits für einfache Beispiele einen langen Atem und sind für praktische Zwecke ungeeignet. Wir werden uns im Folgenden mit einem intuitiven Verständnis begnügen. Details findet man in [Heuser:Analysis].

Definition 7.8 (Nullfolge)

Eine Zahlenfolgen mit dem Grenzwert 0 bezeichnet man als Nullfolge.

Eine monotone Folge muss noch lange nicht konvergent sein. Auch Beschränktheit reicht nicht aus, um Konvergenz zu garantieren. Beide Eigenschaften zusammen garantieren jedoch die Konvergenz einer Folge. So ist jede monoton wachsende und nach oben beschränkte Folge konvergent. Genauso ist jede monoton fallende und nach unten beschränkte Folge konvergent. Der folgende Satz hat Charme. Er ist kurz und prägnant und sein Inhalt ist dennoch weitreichend.

Satz 7.1 (Konvergenz monotoner und beschränkter Folgen)

Jede monotone und beschränkte Folge ist konvergent.

Satz 7.1 stellt ein hinreichendes Kriterium für Konvergenz dar, aber kein notwendiges. Eine konvergente Folge ist immer beschränkt, es gibt jedoch konvergente Folgen, die nicht monoton sind. Eine alternierende Folge kann konvergent sein, ist aber nicht monoton.

Die ersten Glieder der Folge

$$a_k = \left(1 + \frac{1}{k}\right)^k$$

haben wir bereits in Beispiel 7.1 betrachtet. Man kann zeigen, dass die Folge streng monoton wachsend und nach oben beschränkt ist. Details dazu findet man bei [Heuser:Analysis]. Somit konvergiert diese Folge nach Satz 7.1 und hat einen Grenzwert. Diesen Grenzwert nennt man die Eulersche Zahl e.

Definition 7.9 (Eulersche Zahl e)

Den Grenzwert der Zahlenfolge

$$\lim_{k\to\infty} \left(1 + \frac{1}{k}\right)^k = \mathrm{e} \approx 2{,}71828182845904523536$$

bezeichnet man als Eulersche Zahl e.

Beispiel 7.5 (Rekursiv definierte, konvergente Zahlenfolge)

Die rekursive Definition der Folge

$$a_k = \frac{a_{k-1}}{2} + \frac{1}{a_{k-1}}, \quad a_0 = 2$$

ergibt die konkreten Zahlenwerte

$$(a_k) = 2, \quad \frac{3}{2}, \quad \frac{17}{12}, \quad \frac{577}{408}, \quad \ldots .$$

Aus den Zahlenwerten entnimmt man, dass die Folge monoton fallend und sicher nach unten beschränkt und somit konvergent ist. Der Grenzwert a muss die Gleichung $a = \frac{a}{2} + \frac{1}{a}$ erfüllen, es kommen also nur die beiden Werte $a = \pm\sqrt{2}$ in Betracht. Da wir zusätzlich noch wissen, dass alle unsere Folgenglieder positiv sind, sind wir sicher, dass die Folge gegen den Grenzwert $a = \sqrt{2}$ konvergiert. ▪

Mit konvergenten Folgen darf man auf natürliche Art und Weise rechnen. Man darf die Rechenoperation und die Grenzwertbildung vertauschen, falls die auftretenden Teilgrenzwerte alle existieren.

Satz 7.2 (Rechnen mit konvergenten Folgen)

Wenn (a_k) und (b_k) konvergente Folgen sind mit den Grenzwerten $\lim\limits_{k\to\infty} a_k = a$ und $\lim\limits_{k\to\infty} b_k = b$, dann gilt:

- Die Folge $(c_k) = (a_k \pm b_k)$ konvergiert auch mit $\lim\limits_{k\to\infty} (a_k \pm b_k) = a \pm b$.
- Die Folge $(c_k) = (a_k \cdot b_k)$ konvergiert auch mit $\lim\limits_{k\to\infty} (a_k \cdot b_k) = a \cdot b$.
- Die Folge $(c_k) = \left(\frac{a_k}{b_k}\right)$ konvergiert auch mit $\lim\limits_{k\to\infty} \left(\frac{a_k}{b_k}\right) = \frac{a}{b}$. Das gilt nur, wenn alle Folgenglieder b_k und der Grenzwert b nicht null sind.

Wenn alle Folgenglieder einer Folge zwischen den Folgengliedern von zwei konvergenten Folgen eingeschlossen sind, so muss auch der Grenzwert zwischen den beiden Grenzwerten eingeschlossen sein.

Satz 7.3 (Einschließungsprinzip)

Wenn (a_k) und (b_k) konvergente Folgen sind mit $\lim\limits_{k\to\infty} a_k = a$ und $\lim\limits_{k\to\infty} b_k = b$, und (c_k) eine zwischen (a_k) und (b_k) eingeschlossene Folge ist mit $a_k \le c_k \le b_k$, dann gilt:

- Wenn die Folge (c_k) konvergiert, so liegt ihr Grenzwert zwischen den beiden Grenzwerten $a \le \lim\limits_{k\to\infty} c_k \le b$.
- Wenn (a_k) und (b_k) denselben Grenzwert $a = b$ haben, dann konvergiert auch die Folge (c_k) gegen diesen gemeinsamen Grenzwert $a = \lim\limits_{k\to\infty} c_k = b$.

Ein Grenzwert ist eine feste Zahl. Somit besitzen Folgen, die gegen ∞ oder $-\infty$ gehen, streng genommen keinen Grenzwert. Bei solchen Folgen bezeichnet man ∞ und $-\infty$ als uneigentliche Grenzwerte.

Definition 7.10 (Uneigentliche Grenzwerte)

Wenn die Glieder einer Folge jede noch so große Schranke ab einem bestimmten Index überschreiten und dann immer oberhalb dieser Schranke liegen, dann hat die Folge den uneigentlichen Grenzwert ∞. Entsprechend definiert man den uneigentlichen Grenzwert $-\infty$. Folgen mit einem uneigentlichen Grenzwert bezeichnet man als bestimmt divergent und ansonsten als unbestimmt divergent.

Beispiel 7.6 (Konvergente und divergente Folgen)

a) Mithilfe der Rechenregeln für konvergente Folgen

$$a_k = \underbrace{\frac{1}{k^2}}_{\to 0} + \underbrace{\left(1+\frac{1}{k}\right)^k}_{\to \mathrm{e}} \cdot \underbrace{\frac{2k+1}{k}}_{\to 2} \quad \to \quad 0 + \mathrm{e}\cdot 2 = 2\,\mathrm{e} \quad (k \to \infty).$$

kann man Teilausdrücke auf Konvergenz untersuchen:

b) Mittels Division durch die höchste auftretenden Potenz kann man vereinfachen:

$$a_k = \frac{k^2}{k+1} = \frac{1}{\frac{1}{k} + \frac{1}{k^2}} \quad \to \quad \infty \quad (k \to \infty).$$

Da der Zähler nach der Umformung konstant ist und der Nenner gegen null konvergiert, ist die gesamte Folge bestimmt divergent gegen unendlich.

c) Eine Folge, deren Folgenglieder zwischen mehreren Werten wechseln,

$$a_k = \sin\left(k\,\frac{\pi}{2}\right) = 0,\ 1,\ 0,\ -1,\ 0,\ 1\ldots$$

verhält sich unbestimmt divergent. ■

Oftmals reicht die Erkenntnis nicht aus, dass eine Folge einen uneigentlichen Grenzwert besitzt. Man möchte wissen, wie schnell eine Folge gegen $\pm\infty$ strebt. Beispielsweise strebt die Folge $b_k = k^2$ schneller gegen ∞ als die Folge $a_k = k$. Ein Vergleich der Geschwindigkeiten, mit denen zwei Folgen gegen $\pm\infty$ streben, ist mit dem sogenannten Landau-Symbol möglich.

Definition 7.11 (Landau-Symbol)

Man bezeichnet die Folge (b_k) als eine asymptotische obere Schranke der Folge (a_k), falls es eine Konstante C und eine natürliche Zahl n gibt, sodass

$$|a_k| \le C\,|b_k| \quad \text{für alle } k \ge n,$$

und verwendet die Schreibweise mit dem Landau-Symbol $a_k \in \mathcal{O}(b_k)$.

Die Sprechweise ist „a_k ist Element von groß O von b_k“. Den Nachweis, dass die Folge (b_k) eine asymptotische obere Schranke für die Folge (a_k) ist, kann man in vielen Fällen durch die Grenzwertbetrachtung $\lim\limits_{k\to\infty} \left|\frac{a_k}{b_k}\right| \le C$ führen. Wenn es eine Konstante $C > 0$ gibt, verhalten sich die beiden Folgen asymptotisch ähnlich. Für $C = 1$ verhalten sich die beiden Folgen asymptotisch gleich und für $C = 0$ wächst die Folge (b_k) schneller als (a_k).

Beispiel 7.7 (Landau-Symbol)

a) Die Folge mit den Gliedern $a_k = 3\,k^2 - 5\,k + 6$ verhält sich asymptotisch ähnlich wie die Folge mit den Gliedern $b_k = k^2$, denn

$$\lim_{k\to\infty} \left|\frac{3\,k^2 - 5\,k + 6}{k^2}\right| = \lim_{k\to\infty} \left|3 - \frac{5}{k} + \frac{6}{k^2}\right| = 3.$$

Wir schreiben deshalb $3\,k^2 - 5\,k + 6 \in \mathcal{O}(k^2)$.

b) Es gilt $\sqrt{2\,k^4 - k^3 + 4\,k^2 - 3\,k + 5} \in \mathcal{O}(k^2)$, denn

$$\lim_{k\to\infty} \left|\frac{\sqrt{2\,k^4 - k^3 + 4\,k^2 - 3\,k + 5}}{k^2}\right| = \lim_{k\to\infty} \left|\sqrt{2 - \frac{1}{k} + \frac{4}{k^2} - \frac{3}{k^3} + \frac{5}{k^4}}\right| = \sqrt{2}.$$

Der Wurzelausdruck ist also von der Größenordnung k^2. ■

Die Bezeichnung mit dem „großen $\mathcal{O}$“ geht auf die beiden deutschen Mathematiker Paul Bachmann und Edmund Landau zurück. Manchmal wird auch die Bezeichnung mit dem Gleichheitszeichen $a_k = \mathcal{O}(b_k)$ anstelle der Elementrelation verwendet. Streng genommen ist diese Bezeichnung nicht korrekt, denn viele unterschiedliche Folgen können dieselbe asymptotische obere Schranke besitzen, siehe Beispiel 7.7.

Das Landau-Symbol wird in der theoretischen Informatik verwendet und spielt bei der Komplexitätsanalyse von Algorithmen eine große Rolle. Es gibt auch noch ein Landau-Symbol mit dem „kleinen o“. Auf weitere Details dazu verzichten wir und verweisen auf [Heuser:Analysis] und [Höllig].

7.2 Funktionsgrenzwerte

An den Stellen, an denen eine Funktion eine Definitionslücke besitzt, kann man keinen Funktionswert berechnen. Mithilfe von Folgen können wir uns jedoch beliebig nahe an Definitionslücken herantasten. Bei diesem Herantasten an eine Definitionslücke entstehen unterschiedliche Effekte, die wir genauer analysieren werden.

Beispiel 7.8 (Grenzwert einer Funktion)

Die Funktion

$$f(x) = \frac{1 - x^3 - \cos(2x)}{x^2}$$

ist zwar für $x = 0$ nicht definiert, zu allen anderen x-Werten können wir die Funktionswerte jedoch berechnen. Die Folge mit den Gliedern $a_k = -\frac{1}{10^k}$ konvergiert gegen die Definitionslücke $x = 0$. Die Folgenglieder in die Funktion eingesetzt ergibt

a_k	-0.1000	-0.0100	-0.0010	-0.0001	$\ldots$	$\to$	0
$f(a_k)$	2.0933	2.0099	2.0010	2.0001	$\ldots$	$\to$	$2?$

Auch die Folge mit den Gliedern $b_k = \frac{1}{10^k}$ konvergiert gegen die Definitionslücke $x = 0$. Eingesetzt in die Funktionsgleichung ergibt sich

b_k	0.1000	0.0100	0.0010	0.0001	$\ldots$	$\to$	0
$f(b_k)$	1.8933	1.9899	1.9990	1.9999	$\ldots$	$\to$	$2?$

Alle Folgenglieder der Folge (a_k) sind negativ, sie nähern sich der Definitionslücke $x = 0$ von links. Entsprechend nähert sich die Folge (b_k) der Definitionslücke $x = 0$ von rechts. Aufgrund der Zahlenwerte vermuten wir, dass die Funktionswerte in beiden Fällen gegen den Grenzwert 2 konvergieren. ■

Die Vorgehensweise in Beispiel 7.8 zur Ermittlung des Grenzwerts einer Funktion ist zwar mithilfe von Taschenrechnern oder Computern möglich. Aus Sicht der Mathematik ist dies jedoch unbefriedigend. Wir werden in Abschnitt 8.3 eine Methode zur Grenzwertbestimmung kennenlernen, die unter dem Namen Bernoulli-de l'Hospital bekannt ist.

Definition 7.12 (Grenzwert einer Funktion)

Die Funktion f hat an der Stelle x_0 den Grenzwert G, wenn für jede gegen x_0 konvergente Zahlenfolge (x_n) die Folge der Funktionswerte $(f(x_n))$ gegen G konvergiert. Man verwendet die Schreibweise $f(x) \to G$ für $x \to x_0$ oder $\lim\limits_{x \to x_0} f(x) = G$.

Diese Definition ist für praktische Zwecke ungeeignet, denn sie fordert, dass man alle gegen x_0 konvergenten Zahlenfolgen betrachtet. Ähnlich wie bei der Definition des Grenzwerts einer Zahlenfolge, siehe Definition 7.7, kann man den Grenzwert einer Funktion auch mithilfe einer ε-Umgebung definieren.

Mithilfe von Grenzwerten von Funktionen kann man nun auch Exponentialfunktionen für beliebige reelle Hochzahlen definieren. Für rationale Hochzahlen lassen sich die Exponentialfunktionen durch Wurzelausdrücke darstellen:

$$a^{\frac{n}{m}} = \sqrt[m]{a^n}\,.$$

Die Idee besteht nun darin, eine beliebige Folge von rationalen Zahlen (x_k) zu betrachten, die gegen den Grenzwert x konvergiert, und dann

$$a^x = \lim_{k\to\infty} a^{x_k}$$

als Grenzwert zu definieren.

Beispiel 7.9 (Reelle Hochzahlen)

Den speziellen Grenzwert

$$3^{\sqrt{2}} = \lim_{k\to\infty} 3^{x_k}$$

bestimmen wir mithilfe einer Folge (x_k), die gegen $\sqrt{2}$ konvergiert, siehe Beispiel 7.5:

$$(x_k) = 2,\ \frac{3}{2},\ \frac{17}{12},\ \frac{577}{408},\ \ldots$$

Somit erhalten wir durch

$$3^{\frac{3}{2}} = \sqrt{27} \approx 5.1962, \quad 3^{\frac{17}{12}} = \sqrt[12]{3^{17}} \approx 4.7416\ldots, \quad 3^{\frac{577}{408}} = \sqrt[408]{3^{577}} \approx 4.7288\ldots$$

zunehmend bessere Näherungswerte für den gesuchten Grenzwert. ■

Für Grenzwerte von Funktionen gelten entsprechende Rechenregeln wie für Grenzwerte von Zahlenfolgen, siehe Satz 7.2. Funktionsgrenzwerte von Summen oder Produkten etwa können einzeln gebildet werden.

Satz 7.4 (Rechenregeln für Funktionsgrenzwerte)

Wenn f und g Funktionen sind mit $\lim\limits_{x\to x_0} f(x) = F$ und $\lim\limits_{x\to x_0} g(x) = G$, dann gilt:

- Es existiert auch der Funktionsgrenzwert von $f(x) \pm g(x)$ an der Stelle x_0, nämlich $\lim\limits_{x\to x_0} (f(x) \pm g(x)) = F \pm G$.
- Es existiert auch der Funktionsgrenzwert von $f(x) \cdot g(x)$ an der Stelle x_0, nämlich $\lim\limits_{x\to x_0} (f(x) \cdot g(x)) = F \cdot G$.
- Es existiert auch der Funktionsgrenzwert von $\dfrac{f(x)}{g(x)}$ an der Stelle x_0, nämlich $\lim\limits_{x\to x_0} \left(\dfrac{f(x)}{g(x)}\right) = \dfrac{F}{G}$. Das gilt nur, wenn die Funktion $g(x)$ in einer Umgebung von x_0 und der Grenzwert G nicht null sind.

Nicht immer liefert die Annäherung von links und die Annäherung von rechts dasselbe Ergebnis. Deshalb unterscheidet man zwischen linksseitigem und rechtsseitigem Grenzwert. Man kann also den Grenzwertprozess auch einseitig betrachten.

Definition 7.13 (Linksseitiger und rechtsseitiger Grenzwert)

Wenn man bei der Grenzwertberechnung einer Funktion f an der Stelle x_0 nur Zahlenfolgen (x_n) betrachtet, die kleinere Werte als x_0 enthalten, dann bezeichnet man den Grenzwert als linksseitigen Grenzwert G_L, Zahlenfolgen mit größeren Werten als x_0 erzeugen den rechtsseitigen Grenzwert G_R. Man verwendet die Schreibweisen

$$\lim_{x \to x_0-} f(x) = G_\mathrm{L}, \qquad \lim_{x \to x_0+} f(x) = G_\mathrm{R}.$$

Beispiel 7.10 (Links- und rechtsseitige Grenzwerte)

Die Funktion $f(x) = \frac{x}{|x|}$ hat eine Definitionslücke bei $x = 0$. Eine Folge, die von links gegen 0 konvergiert, hat nur negative Glieder. Folglich ist

$$G_\mathrm{L} = \lim_{x \to 0-} f(x) = \lim_{x \to 0-} \frac{x}{-x} = -1.$$

Andererseits hat eine Folge, die von rechts gegen 0 konvergiert, nur positive Glieder:

$$G_\mathrm{R} = \lim_{x \to 0+} f(x) = \lim_{x \to 0+} \frac{x}{x} = 1.$$

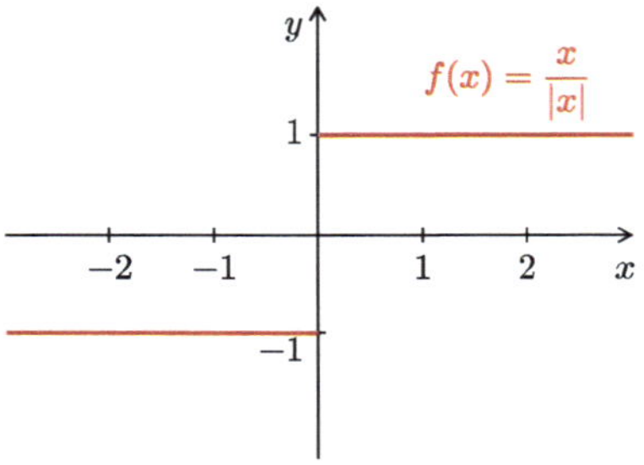

Die einseitigen Grenzwerte sind also verschieden. ▪

7.3 Stetigkeit

Anschaulich versteht man unter einer stetigen Funktion eine Funktion, deren Schaubild keine Sprungstellen hat. Demnach kann das Schaubild einer stetigen Funktion ohne Absetzen des Stiftes gezeichnet werden. Der Begriff der Stetigkeit ist jedoch von so zentraler Bedeutung, dass wir uns nicht mit einer anschaulichen Beschreibung begnügen wollen. Man kann Stetigkeit mithilfe von Grenzwerten von Funktionen definieren.

Definition 7.14 (Stetigkeit)

Eine Funktion f heißt stetig an der Stelle x_0, wenn der Grenzwert der Funktion für x gegen x_0 existiert und gleich dem Funktionswert an der Stelle x_0 ist, falls also gilt:

$$\lim_{x \to x_0} f(x) = f(x_0).$$

Man nennt eine Funktion stetig auf einem Intervall, wenn sie an allen Stellen des Intervalls stetig ist.

Fasst man x_0 als Grenzwert auf, also $x_0 = \lim\limits_{x \to x_0} x$, so lautet die Definition der Stetigkeit

$$\lim_{x \to x_0} f(x) = f\left(\lim_{x \to x_0} x\right).$$

Diese etwas umständliche Schreibweise erlaubt eine andere Interpretation der Stetigkeit.

Stetigkeit bedeutet demnach, dass man Grenzwertberechnung und Funktionsberechnung vertauschen darf. Diese Erlaubnis zum Vertauschen ist eine zentrale und wichtige Eigenschaft stetiger Funktionen. Deshalb sei dies hier nochmals ausdrücklich betont.

Die ursprüngliche Definition der Stetigkeit geht auf die Mathematiker Augustin-Louis Cauchy und Bernhard Placius Johann Nepomuk Bolzano zurück. Sie bezeichneten eine Funktion als stetig, wenn kleine Änderungen im Argument der Funktion nur kleine Änderungen im Funktionswert bewirken. Basierend auf dieser Idee hat der deutsche Mathematiker Karl Weierstraß das sogenannte ε-δ-Kriterium zur Beurteilung der Stetigkeit eingeführt. Danach ist eine Funktion genau dann stetig, wenn zu jedem $\varepsilon > 0$ ein $\delta > 0$ existiert, sodass für alle x mit $|x - x_0| < \delta$ die Abschätzung $|f(x) - f(x_0)| < \varepsilon$ gilt. Dieses ε-δ-Kriterium ist ein wichtiger Baustein der modernen Mathematik.

Merke 7.1 (Bedingungen für Stetigkeit)

Eine Funktion ist genau dann stetig an der Stelle x_0, wenn alle folgenden Bedingungen erfüllt sind:

(1) Die Funktion ist an der Stelle x_0 selbst und in einer Umgebung der Stelle x_0 definiert.

(2) Der Grenzwert der Funktion an der Stelle x_0 existiert. Insbesondere müssen der linksseitige Grenzwert G_{L} und der rechtsseitige Grenzwert G_{R} an der Stelle x_0 existieren und gleich sein.

(3) Grenzwert und Funktionswert stimmen an der Stelle x_0 überein.

Beispiel 7.11 (Untersuchung auf Stetigkeit)

a) Die Funktion $f(x) = \frac{1}{x-1}$ ist an der Stelle $x = 1$ nicht definiert und damit erst recht nicht stetig.

b) Bei der Funktion $f(x) = \operatorname{sgn}(x)$ stimmen linksseitiger und rechtsseitiger Grenzwert an der Stelle 0 nicht überein, denn es ist

$$G_{\mathrm{L}} = \lim_{x \to 0-} \operatorname{sgn}(x) = -1 \quad \text{und} \quad G_{\mathrm{R}} = \lim_{x \to 0+} \operatorname{sgn}(x) = 1 \,.$$

Somit ist die Funktion f an der Stelle $x = 0$ auch nicht stetig. ▪

Die Summe, die Differenz, das Produkt und der Quotient stetiger Funktionen ergibt wieder eine stetige Funktion. Somit sind alle Funktionen, die durch elementare Rechenoperationen aus stetigen Funktionen zusammengesetzt werden, auch stetig.

Satz 7.5 (Kombination stetiger Funktionen)

Wenn f und g stetige Funktionen an der Stelle x_0 sind, dann gilt:

- Die Funktion $f \pm g$ ist auch stetig in x_0.
- Die Funktion $f \cdot g$ ist auch stetig in x_0.
- Die Funktion $\dfrac{f}{g}$ ist auch stetig in x_0, falls $g(x_0) \neq 0$.

Auch für die Komposition von stetigen Funktionen gilt, dass das Resultat wieder eine stetige Funktion ergibt. Man darf also stetige Funktionen beliebig ineinander einsetzen und erhält wieder eine stetige Funktion.

Satz 7.6 (Komposition stetiger Funktionen)

Wenn g eine stetige Funktion an der Stelle x_0 ist und f eine stetige Funktionen an der Stelle $g(x_0)$ ist, dann gilt: Die Funktion $f \circ g$ ist auch stetig an der Stelle x_0.

Abgesehen von ihren Definitionslücken sind alle elementaren Funktionen überall stetig. Wir können alle elementaren Funktionen aus Kapitel 6 addieren, subtrahieren, multiplizieren und in einander einsetzen und erhalten wieder eine stetige Funktion. Lediglich bei der Division müssen wir vorsichtig sein, damit nicht durch null geteilt wird.

Merke 7.2 (Stetigkeit elementarer Funktionen)

Alle elementaren Funktionen sind auf ihrer Definitionsmenge überall stetig.

Unstetigkeitsstellen von Funktionen entstehen vor allem durch Definitionslücken. Je nachdem, welchen links- und rechtsseitigen Grenzwert die Funktion an einer Definitionslücke besitzt, unterscheidet man hebbare Definitionslücken, Sprungstellen und Polstellen.

Merke 7.3 (Unstetigkeitsstellen)

Man unterscheidet folgende Arten von Unstetigkeitsstellen:

- Hebbare Unstetigkeitsstelle,
- Unstetigkeitsstelle 1. Art oder Sprungstelle,
- Unstetigkeitsstelle 2. Art, etwa eine Polstelle oder eine Oszillationsstelle.

An einer hebbaren Unstetigkeitsstelle ist die Funktion eigentlich nur falsch definiert. Man kann eine solche Unstetigkeitsstelle beheben, indem man der Funktion an dieser Stelle den richtigen Wert zuweist.

Definition 7.15 (Hebbare Unstetigkeitsstelle)

Wenn bei einer Funktion f der linksseitige Grenzwert $G_{\mathrm{L}} = \lim\limits_{x \to x_0-} f(x)$ und der rechtsseitige Grenzwert $G_{\mathrm{R}} = \lim\limits_{x \to x_0+} f(x)$ an der Stelle x_0 existieren und gleich sind, also $G_{\mathrm{L}} = G = G_{\mathrm{R}}$, aber nicht mit Funktionswert $f(x_0)$ übereinstimmen oder die Funktion f an der Stelle x_0 nicht definiert ist, dann kann man durch

$$\tilde{f}(x) = \begin{cases} f(x) & \text{für } x \neq x_0, \\ G & \text{für } x = x_0, \end{cases}$$

eine neue Funktion definieren, die an der Stelle x_0 stetig ist. Die Stelle x_0 heißt hebbare Unstetigkeitsstelle.

Beispiel 7.12 (Hebbare Unstetigkeitsstelle)

Bei der Funktion

$$f(x) = \frac{1 - x^3 - \cos(2\,x)}{x^2}$$

aus Beispiel 7.8 hat der linksseitige und der rechtsseitige Grenzwert der Funktion an der Stelle $x = 0$ den Wert 2. Die neue Funktion

$$\tilde{f}(x) = \begin{cases} \dfrac{1 - x^3 - \cos(2\,x)}{x^2} & \text{für } x \neq 0 \\ 2 & \text{für } x = 0 \end{cases}$$

ist für alle reellen Zahlen definiert und stetig. ■

Im Gegensatz zu einer hebbaren Unstetigkeitsstelle stimmen an einer Sprungstelle der rechtsseitige und der linksseitige Grenzwert nicht überein. Die Unstetigkeit lässt sich deshalb nicht beseitigen.

Definition 7.16 (Sprungstelle)

Wenn bei einer Funktion f der linksseitige Grenzwert $G_{\mathrm{L}} = \lim\limits_{x \to x_0-} f(x)$ und der rechtsseitige Grenzwert $G_{\mathrm{R}} = \lim\limits_{x \to x_0+} f(x)$ an der Stelle x_0 existieren, aber nicht gleich sind, also $G_{\mathrm{L}} \neq G_{\mathrm{R}}$, dann bezeichnet man diese Unstetigkeitsstelle als Sprungstelle oder Unstetigkeitsstelle 1. Art.

Beispiel 7.13 (Sprungstellen)

Die Funktion

$$f(x) = x \text{ für } x \in [-1, 1), \quad f(x+2) = f(x)$$

besteht aus einem Funktionsprototyp über dem Intervall $[-1, 1)$, der mit der Periode 2 auf ganz $\mathbb{R}$ fortgesetzt wird. Sie hat unendlich viele Sprungstellen an den Stellen $x = 2\,k - 1$ für $k \in \mathbb{Z}$.

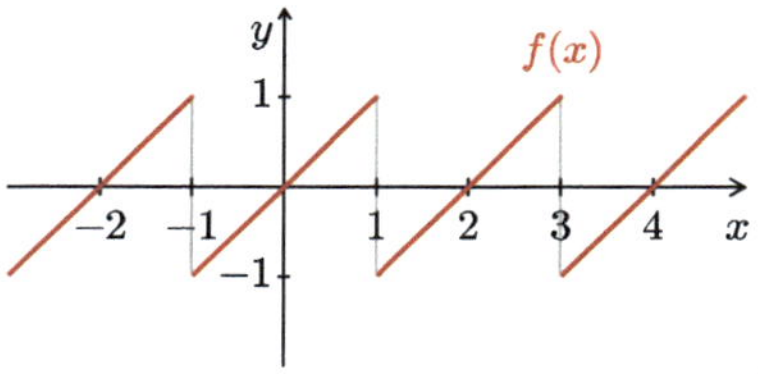

■

Definition 7.17 (Polstelle, senkrechte Asymptote)

Man nennt die Stelle x_0 eine Polstelle oder kurz Pol einer Funktion f, wenn der linksseitige und der rechtsseitige Grenzwert an der Stelle x_0 uneigentliche Grenzwerte $\pm\infty$ sind. Eine Polstelle ist eine Unstetigkeitsstelle 2. Art. Das Schaubild der Funktion besitzt an einer Polstelle eine senkrechte Asymptote. Bei Polstellen mit Vorzeichenwechsel findet ein Übergang der Funktionswerte von $-\infty$ nach ∞ oder von ∞ nach $-\infty$ statt. Bei Polstellen ohne Vorzeichenwechsel sind entweder beide uneigentliche Grenzwerte ∞ oder beide $-\infty$.

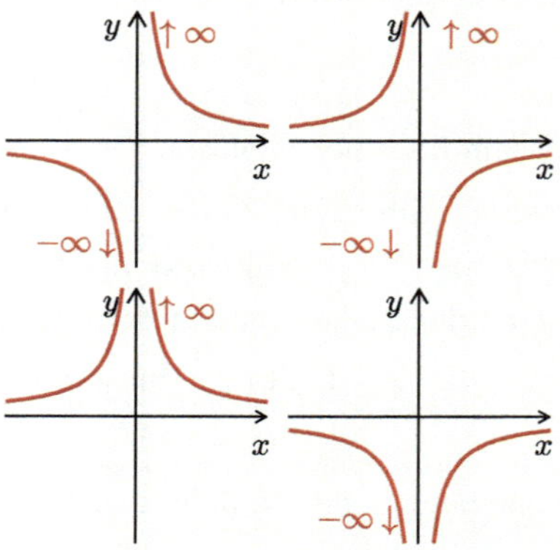

Beispiel 7.14 (Polstellen)

a) Die Funktion

$$f(x) = \frac{1}{x-1}$$

hat an der Stelle $x = 1$ eine Definitionslücke. Wenn wir uns von links an die Definitionslücke herantasten, dann erhalten wir

$$G_{\mathrm{L}} = \lim_{x\to 1-} \frac{1}{x-1} = -\infty.$$

Auch der rechtsseitige Grenzwert

$$G_{\mathrm{R}} = \lim_{x\to 1+} \frac{1}{x-1} = \infty$$

ist ein uneigentlicher Grenzwert. An der Stelle $x = 1$ liegt ein Pol mit Vorzeichenwechsel vor.

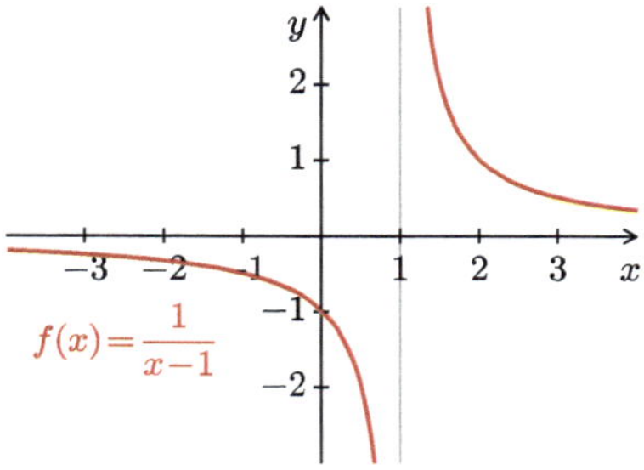

b) Die Funktion

$$f(x) = \frac{1}{x^2+x-2} = \frac{1}{(x-1)(x+2)}$$

hat an den beiden Stellen $x = 1$ und $x = -2$ Definitionslücken. Die linksseitigen und die rechtsseitigen Grenzwerte sind an beiden Stellen uneigentliche Grenzwerte und haben unterschiedliche Vorzeichen. An den Stellen $x = 1$ und $x = -2$ liegen Pole mit Vorzeichenwechsel vor.

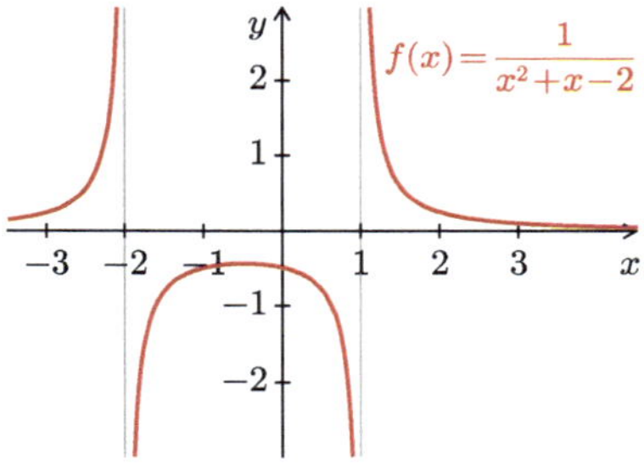

c) Bei der Funktion

$$f(x) = \frac{1}{x^2-2x+1} = \frac{1}{(x-1)^2}$$

ist die Definitionslücke $x = 1$ eine doppelte Nennernullstelle. Der linksseitige und der rechtsseitige Grenzwert ist ein uneigentlicher Grenzwert. Sie haben dasselbe Vorzeichen. An der Stelle $x = 1$ liegt ein Pol ohne Vorzeichenwechsel vor.

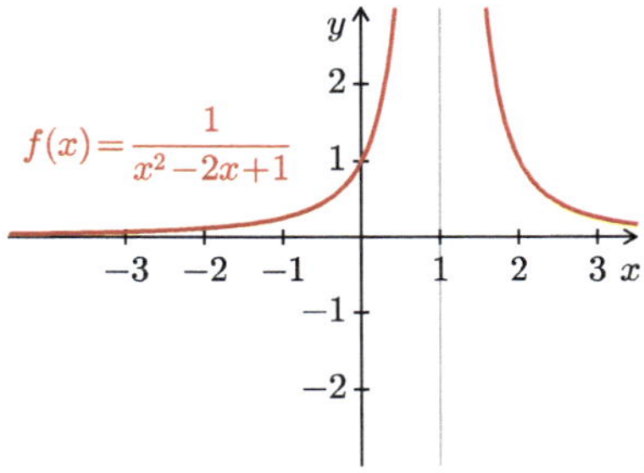

■

An der Vielfachheit einer Nennernullstelle einer gebrochenrationalen Funktion, die nicht gleichzeitig eine Zählernullstelle ist, kann man ablesen, ob der zugehörige Pol einen Vorzeichenwechsel hat oder nicht. Einfache Nennernullstellen erzeugen einen Pol mit Vorzeichenwechsel. Bei doppelten Nennernullstellen hat der Pol keinen Vorzeichenwechsel.

Dieses Prinzip lässt sich auf Nennernullstellen beliebiger Vielfachheit erweitern. Bei einer gemeinsamen Nullstelle von Zähler und Nennen können wir einen gemeinsamen Faktor kürzen, siehe Abschnitt 6.2.2.

Merke 7.4 (Polstellen gebrochenrationaler Funktionen)

Ist x_0 eine p-fache Nullstelle des Nennerpolynoms einer gebrochenrationalen Funktion und nicht gleichzeitig eine Nullstelle des Zählerpolynoms, so hat die Funktion bei x_0 einen Pol. Der Pol hat

- einen Vorzeichenwechsel, falls p ungerade ist,
- keinen Vorzeichenwechsel, falls p gerade ist.

Anschaulich verbirgt sich hinter der Stetigkeit, dass man das komplette Schaubild einer stetigen Funktion ohne Absetzen des Stiftes zeichnen kann. Also können stetige Funktionen keine Werte überspringen. Diese wichtige Eigenschaft stetiger Funktionen ist im Zwischenwertsatz beschrieben. Jeder Wert zwischen zwei Funktionswerten an zwei Stellen wird von einer stetigen Funktion auch angenommen.

Satz 7.7 (Zwischenwertsatz)

Kennt man zwei Funktionswerte $f(a)$ und $f(b)$ einer stetigen Funktion f, dann nimmt f auf dem Intervall $[a, b]$ auch jeden Wert zwischen $f(a)$ und $f(b)$ mindestens einmal an.

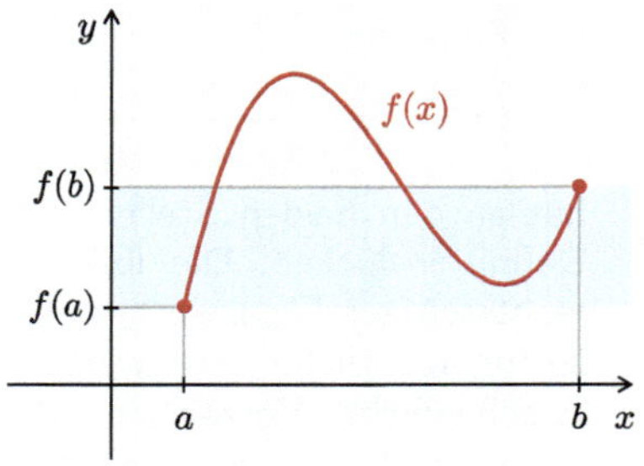

Eine direkte Folgerung aus dem Zwischenwertsatz ist der Nullstellensatz. Er garantiert die Existenz einer Nullstelle, falls eine stetige Funktion an einer Stelle negativ und an einer anderen positiv ist. Diese Garantie über das Vorhandensein einer Nullstelle wird beim Bisektionsverfahren in Abschnitt 7.5.2 ausgenutzt.

Satz 7.8 (Nullstellensatz)

Hat eine stetige Funktion f zwei Funktionswerte $f(a)$ und $f(b)$ mit unterschiedlichem Vorzeichen, dann hat die Funktion zwischen a und b mindestens eine Nullstelle.

7.4 Asymptotisches Verhalten

Welches Verhalten haben Funktionen, wenn man für x Werte einsetzt, die gegen ∞ oder $-\infty$ gehen? Dieser Frage werden wir in diesem Abschnitt nachgehen. Das Verhalten einer Funktion für x-Werte gegen ∞ oder $-\infty$ bezeichnet man als asymptotisches Verhalten. Bei zeitabhängigen Funktionen beschreibt die Asymptotik das Langzeitverhalten. Aussagen über das Langzeitverhalten von naturwissenschaftlichen und technischen Prozessen sind im Experiment oft schwer zu ermitteln. Deshalb versucht man, das Langzeitverhalten mithilfe mathematischer Modelle zu bestimmen.

Bei Folgen haben wir das Prinzip der asymptotischen oberen Schranke bereits kennengelernt. Ein ähnliches Prinzip beschreibt auch das asymptotische Verhalten von Polynomen. Grob formuliert verhält sich ein Polynom asymptotisch genau gleich wie das Glied mit der höchsten Potenz.

Merke 7.5 (Asymptotisches Verhalten von Polynomen)

Ein Polynom f vom Grad n

$$f(x) = a_0 + a_1\,x + a_2\,x^2 + a_3\,x^3 + \ldots + a_n\,x^n, \qquad a_n \neq 0$$

verhält sich asymptotisch gleich wie das Glied mit der höchsten Potenz. Wir verwenden die Schreibweise

$$a_0 + a_1\,x + a_2\,x^2 + a_3\,x^3 + \ldots + a_n\,x^n \approx a_n\,x^n \quad \text{für } x \to \pm\infty.$$

Asymptotische Gleichheit bedeutet, dass das Verhältnis des Polynoms zum Glied mit der höchsten Potenz im Grenzwert gegen eins geht.

$$\lim_{x\to\pm\infty} \frac{f(x)}{a_n\,x^n} = \lim_{x\to\pm\infty} \frac{a_0 + a_1\,x + a_2\,x^2 + a_3\,x^3 + \ldots + a_n\,x^n}{a_n\,x^n}$$

Die Berechnung des Grenzwerts

$$\lim_{x\to\pm\infty} \frac{f(x)}{a_n\,x^n} = \lim_{x\to\pm\infty} \underbrace{\frac{a_0}{a_n\,x^n}}_{\to 0} + \underbrace{\frac{a_1}{a_n\,x^{n-1}}}_{\to 0} + \underbrace{\frac{a_2}{a_n\,x^{n-2}}}_{\to 0} + \underbrace{\frac{a_3}{a_n\,x^{n-3}}}_{\to 0} + \ldots + 1 = 1.$$

lässt sich durch Division durch das Glied mit der höchsten Potenz direkt durchführen.

Beispiel 7.15 (Asymptotisches Verhalten eines Polynoms)

Das Polynom

$$f(x) = x^5 + 2\,x^4 + 7\,x^3 + 5\,x^2 + 6\,x + 3$$

verhält sich asymptotisch genau so wie die Funktion x^5. Für x gegen $\pm\infty$ ähnelt das Schaubild des Polynoms dem Schaubild von x^5. Für x gegen ∞ gehen die Funktionswerte des Polynoms gegen ∞ und für x gegen $-\infty$ gehen auch die Funktionswerte gegen $-\infty$. Das Polynom hat mindestens eine Nullstelle. Um die Existenz weiterer Nullstellen zu klären, ist eine aufwendige Untersuchung des Polynoms erforderlich, auf die wir an dieser Stelle verzichten. ■

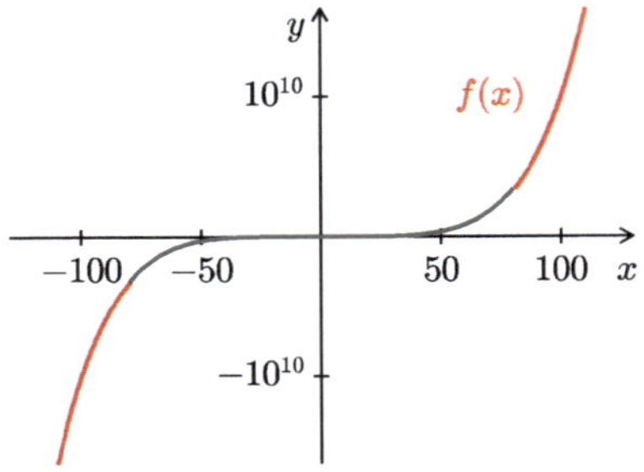

Das asymptotische Verhalten von Polynomen lässt sich gewinnbringend einsetzen. Bei geradem Grad haben die Grenzwerte für x gegen ∞ und $-\infty$ dasselbe Vorzeichen, hingegen haben diese Grenzwerte bei ungeradem Grad unterschiedliche Vorzeichen.

Ein Polynom von geradem Grad ist somit entweder nach oben oder nach unten beschränkt. Es ist aber nicht beidseitig beschränkt. Ein Polynom von ungeradem Grad ist weder nach oben noch nach unten beschränkt und muss aufgrund des Satzes 7.8 mindestens eine Nullstelle besitzen.

Merke 7.6 (Folgerungen aus dem asymptotischen Verhalten von Polynomen)

Aus dem asymptotischen Verhalten von Polynomen folgt, dass ein Polynom mit

- geradem Grad entweder nach unten oder nach oben beschränkt ist,
- ungeradem Grad weder nach unten noch nach oben beschränkt ist und mindestens eine Nullstelle besitzt.

Das asymptotische Verhalten von Polynomen lässt sich ohne großen Aufwand bestimmen. Deshalb versucht man für beliebige Funktionen Näherungsfunktionen in Form von Polynomen zu bestimmen. Eine Näherungsfunktion einer Funktion bezeichnet man als Asymptote, wenn sie sich im Grenzwert für x gegen ∞ oder $-\infty$ nicht von der Funktion unterscheidet.

Beispiel 7.16 (Waagrechte Asymptote)

Die gebrochenrationale Funktion

$$f(x) = \frac{x-2}{x} = 1 - \frac{2}{x}$$

nähert sich für x gegen $\pm\infty$ dem Wert $y = 1$. Die Näherungskurve $y = 1$ bezeichnen wir als waagrechte Asymptote. Im Grenzwert für x gegen $\pm\infty$ stimmt die Funktion mit der Asymptote überein, denn der Unterschied zwischen Funktion und Asymptote geht im Grenzwert gegen null,

$$\lim_{x\to\pm\infty} (f(x) - 1) = \lim_{x\to\pm\infty} -\frac{2}{x} = 0.$$

Für große Beträge von x-Werten ist $y = 1$ eine gute Näherung.

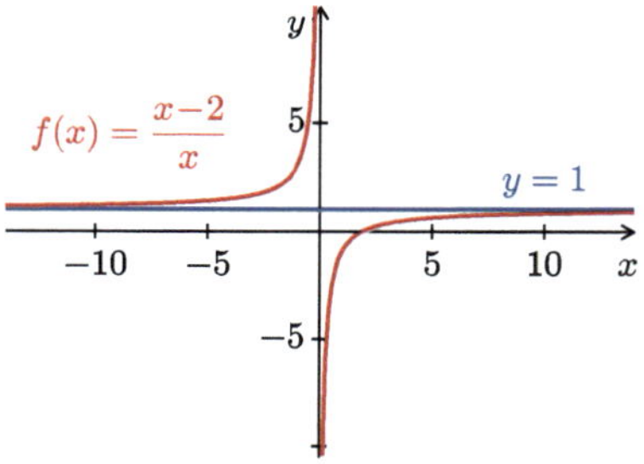

In Beispiel 7.16 nähert sich die Funktion für $x \to \pm\infty$ einem festen y-Wert. Im Schaubild entspricht dieser y-Wert einer Geraden, die parallel zur x-Achse verläuft. In solchen Fällen spricht man deshalb von einer waagrechten Asymptote.

Definition 7.18 (Waagrechte Asymptote)

Besitzt eine Funktion für x gegen ∞ den Grenzwert g, also

$$\lim_{x\to\infty} f(x) = g,$$

dann ist die horizontale Gerade $y = g$ eine waagrechte Asymptote für $x \to \infty$. Entsprechendes gilt für $x \to -\infty$.

Bei Funktionen, die sich für $x \to \pm\infty$ nicht einem festen Wert annähern, wird das asymptotische Verhalten durch kompliziertere Näherungsfunktionen beschrieben. In der Regel versucht man Näherungsfunktionen in Form von Polynomen, insbesondere in Form von Geraden, zu bestimmen. Im Prinzip sind jedoch auch andere Funktionen als Näherungsfunktionen möglich.

Definition 7.19 (Schiefe Asymptote)

Unterscheidet sich eine Funktion für x gegen ∞ nicht von einer Näherungskurve $g(x)$,

$$\lim_{x\to\infty} (f(x) - g(x)) = 0,$$

dann ist die Funktion $g(x)$ eine schiefe Asymptote für $x \to \infty$. Entsprechendes gilt für $x \to -\infty$.

Beispiel 7.17 (Schiefe Asymptote)

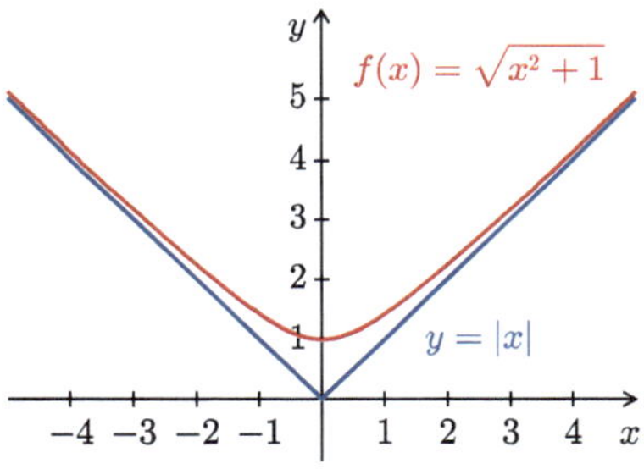

Wir vermuten, dass das asymptotische Verhalten der Funktion

$$f(x) = \sqrt{x^2+1}$$

für $x \to \infty$ durch die Gerade $y = x$ beschrieben wird. Zum Nachweis unserer Vermutung betrachten wir den Grenzwert

$$\lim_{x\to\infty} (f(x) - x) = \lim_{x\to\infty} \left(\sqrt{x^2+1} - x\right).$$

Die Berechnung des Grenzwertes erfordert ein trickreiches Vorgehen. Dazu erweitern wir den Term geeignet:

$$\lim_{x\to\infty} (f(x) - x) = \lim_{x\to\infty} \left(\sqrt{x^2+1} - x\right) = \lim_{x\to\infty} \frac{\left(\sqrt{x^2+1} - x\right)\left(\sqrt{x^2+1} + x\right)}{\sqrt{x^2+1} + x}.$$

Mithilfe der dritten binomischen Formel kann man den Zähler vereinfachen:

$$\lim_{x\to\infty} (f(x) - x) = \lim_{x\to\infty} \frac{x^2+1-x^2}{\sqrt{x^2+1}+x} = \lim_{x\to\infty} \frac{1}{\sqrt{x^2+1}+x} = 0.$$

Aus Symmetriegründen muss $y = -x$ eine Asymptote für $x \to -\infty$ sein. ■

Echt und unecht gebrochenrationale Funktionen besitzen unterschiedliches asymptotisches Verhalten. Bei einer echt gebrochenrationalen Funktion ist der Grad im Zähler n kleiner als der Grad im Nenner m. Deshalb gilt

$$\lim_{x\to\pm\infty} \frac{a_0 + a_1 x + \ldots + a_n x^n}{b_0 + b_1 x + \ldots + b_m x^m} = \lim_{x\to\pm\infty} \frac{\frac{a_0}{x^m} + \frac{a_1}{x^{m-1}} + \ldots + \frac{a_n}{x^{m-n}}}{\frac{b_0}{x^m} + \frac{b_1}{x^{m-1}} + \ldots + b_m} = 0.$$

Eine echt gebrochenrationale Funktion nähert sich demnach der x-Achse an. Somit ist die x-Achse eine waagrechte Asymptote.

Bei unecht gebrochenrationalen Funktionen entscheidet der Unterschied zwischen dem Grad im Zähler n und dem Grad im Nenner m über das asymptotische Verhalten. In Beispiel 7.16 stimmen Zähler- und Nennergrad überein, die Funktion hat deshalb eine waagrechte Asymptote. Bei einer unecht gebrochenrationalen Funktion ergibt sich durch Polynomdivision generell ein Polynom vom Grad $n - m$ und ein Rest, der für $x \to \pm\infty$ gegen null geht.

Merke 7.7 (Asymptotisches Verhalten gebrochenrationaler Funktionen)
Gebrochenrationale Funktionen haben das folgende asymptotische Verhalten:

- Echt gebrochenrationale Funktionen haben für $x \to \pm\infty$ die x-Achse als waagrechte Asymptote.
- Bei unecht gebrochenrationalen Funktionen findet man waagrechte und schiefe Asymptoten durch Polynomdivision.

Beispiel 7.18 (Asymptoten)
Die Funktion

$$f(x) = \frac{x^3 - x^2 + x}{x^2 + 1}$$

ist unecht gebrochenrational. Durch Polynomdivision ergibt sich

$$(x^3 - x^2 + x) : (x^2 + 1) = x - 1 + \frac{1}{x^2 + 1}.$$

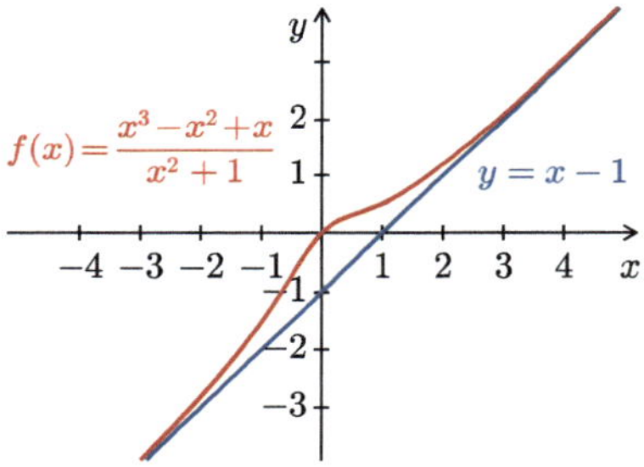

Die Funktion $g(x) = x - 1$ ist der ganzrationale Anteil der Polynomdivision. Aus dem Grenzwert

$$\lim_{x \to \pm\infty} (f(x) - (x - 1)) = \lim_{x \to \pm\infty} \left(x - 1 + \frac{1}{x^2 + 1} - (x - 1) \right) = \lim_{x \to \pm\infty} \frac{1}{x^2 + 1} = 0$$

erkennen wir, dass $y = x - 1$ eine Asymptote für $x \to \pm\infty$ ist. ▪

Kerngedanke bei der Ermittlung des asymptotischen Verhaltens ist immer, eine gegebene Funktion näherungsweise durch eine einfachere Funktion zu beschreiben. Häufig gelingt dies mit Polynomen als einfachere Funktionen.

7.5 Numerische Verfahren

Wir greifen zwei typische Problemstellungen für Funktionen auf, nämlich die Berechnung von Funktionswerten und die Bestimmung von Nullstellen. Für jede der beiden Problemstellungen gibt es sehr unterschiedliche Lösungsansätze. Ein Blick in die Literatur liefert eine unüberschaubare Vielzahl und Vielfalt an Verfahren für diese Problemstellungen. Wir beschreiben jeweils nur ein Verfahren.

7.5.1 Berechnung von Funktionswerten

Bisher haben wir uns wenig Gedanken darüber gemacht, wie der Taschenrechner oder der Computer Werte des Sinus, Kosinus oder Tangens oder Werte der Exponentialfunktionen oder Logarithmen berechnet. Das hat auch seine guten Gründe. Hinter der Berechnung von Funktionswerten verbergen sich teilweise ausgetüftelte Methoden, die in der Mathematik über Jahrhunderte hinweg aufgestellt und verfeinert wurden. Ein typisches Beispiel ist das Heron-Verfahren.

Beispiel 7.19 (Heron-Verfahren)

Mit dem nach dem Mathematiker Heron benannten Verfahren lassen sich Näherungswerte für Wurzeln mithilfe der vier Grundrechenarten bestimmen. Die Methode ist auch unter dem Namen babylonisches Wurzelziehen bekannt. Sie basiert auf einer rekursiv definierten Folge. Die Iterationsvorschrift zur Bestimmung der n-ten Wurzel aus einer positiven Zahl a lautet

$$\tilde{x}_{k+1} = \frac{(n-1)\tilde{x}_k^n + a}{n\,\tilde{x}_k^{n-1}}.$$

Je näher das erste Folgenglied bereits an dem gesuchten Wert liegt, um so schneller konvergiert das Verfahren. Beispielsweise kann man zur Bestimmung eines Näherungswerts für $x = \sqrt[3]{5}$ das erste Folgenglied $\tilde{x}_1 = 1$ wählen. Die weiteren Folgenglieder sind dann

$$\tilde{x}_2 = \frac{2 \cdot 1^3 + 5}{3 \cdot 1^2} = \frac{7}{3} \approx 2.3333, \qquad \tilde{x}_3 = \frac{2\left(\frac{7}{3}\right)^3 + 5}{3\left(\frac{7}{3}\right)^2} = \frac{821}{441} \approx 1.8617, \qquad \ldots$$

Falls die Folge einen Grenzwert hat, muss dieser die Gleichung

$$x = \frac{(n-1)x^n + a}{n\,x^{n-1}} \quad \Longleftrightarrow \quad nx^n = (n-1)x^n + a \quad \Longleftrightarrow \quad x^n = a$$

erfüllen. Somit kommt nur der Grenzwert

$$x = \sqrt[n]{a}$$

in Betracht. Sofern man die Iteration mit einem geeigneten Folgenglied startet, ist die Konvergenz der Folge gegen den gesuchten Grenzwert sichergestellt. Das Heron-Verfahren liefert eine Annäherung von Wurzeln durch Brüche. Brüche lassen sich allein mithilfe der vier Grundrechenarten Addition, Subtraktion, Multiplikation und Division berechnen. Deshalb kann man das Heron-Verfahren zur Berechnung von Wurzeln mit dem Taschenrechner oder Computer verwenden. ■

Neben Wurzeln benötigt man bei mathematischen Berechnungen häufig Werte trigonometrischer Funktionen oder Werte von Logarithmen. Diese Werte wurden in früheren Jahrhunderten in Form detaillierter Sinustafeln und Logarithmentafeln festgehalten.

Die Funktionswertberechnungen bei Taschenrechnern und Computern basieren jedoch nicht auf einer Sammlung bereits berechneter Werte. Stattdessen kommen für jede Funktion passende Näherungsformeln zum Einsatz. Auch diese Näherungsformeln benötigen ausschließlich die vier Grundrechenarten. In Kapitel 10 werden wir Methoden vorstellen, mit denen man solche Näherungsformeln entwickeln kann.

7.5.2 Bisektionsverfahren

Wie berechnet man die Nullstellen einer Funktion, wenn diese keine einfache elementare Gestalt hat? Gibt es für Polynome bis zum Grad 4 noch explizite Formeln zur Bestimmung der Nullstellen, so ist dies bei Polynomen von höherem Grad nicht mehr der Fall. Auch Gleichungen, die etwa sowohl x als auch $\sin x$ enthalten, lassen sich in der Regel nicht mehr explizit nach x auflösen. Abgesehen vom heuristischen Raten von Nullstellen kennen wir bisher keine Möglichkeiten zur Bestimmung von Nullstellen.

Ist von einer stetigen Funktion f bekannt, dass sie an einer Stelle a negativ und an einer anderen Stelle b positiv ist, dann hat sie auf dem Intervall $[a, b]$ mindestens einen Nulldurchgang, das garantiert der Zwischenwertsatz, siehe Satz 7.7. Eine solche Nullstelle kann man mithilfe der Bisektion bestimmen. Dabei betrachtet man den Intervallmittelpunkt

$$c = \frac{a+b}{2}$$

und den Funktionswert $f(c)$ an dieser Stelle. Ist $f(c)$ positiv, so setzt man c als neue obere Intervallgrenze b. Ist $f(c)$ negativ, so setzt man c als neue untere Intervallgrenze a. Das neue Intervall $[a, b]$ ist also halb so groß wie das ursprüngliche. Ist $f(c) = 0$, so hat man eine Nullstelle direkt gefunden. Den Prozess der Intervallhalbierung setzt man so lange fort, bis man sich genau genug an die Nullstelle angenähert hat. Entsprechend verfährt man, wenn zu Beginn $f(a) > 0$ und $f(b) < 0$ ist.

Definition 7.20 (Bisektionsverfahren)
Mit dem Bisektionsverfahren kann man eine Nullstelle der stetigen Funktion f näherungsweise berechnen:

(1) Finde ein Startintervall $[\tilde{a}_0, \tilde{b}_0]$, in dem f einen Vorzeichenwechsel hat: $f(\tilde{a}_0)\, f(\tilde{b}_0) < 0$.

(2) Halbiere für $k = 0, 1, 2, \ldots$ das Intervall $[\tilde{a}_k, \tilde{b}_k]$ mittels $c = \dfrac{\tilde{a}_k + \tilde{b}_k}{2}$ und nehme diejenige Hälfte als neues Intervall $[\tilde{a}_{k+1}, \tilde{b}_{k+1}]$, in der ein Vorzeichenwechsel von f stattfindet.

(3) Führe die Interation so lange durch, bis die gewünschte Genauigkeit erreicht ist.

Ein geeignetes Startintervall zu finden ist bei Problemstellungen aus der Praxis manchmal nicht einfach. Bei elementaren Funktionen findet man ein Startintervall typischerweise durch eine grobe Diskussion der Funktion f. Natürlich liefert das Verfahren um so schneller eine gute Näherung der Nullstelle, je kleiner das Startintervall ist.

Die Intervalle werden bei jedem Schritt halbiert. Dadurch ist sichergestellt, dass das Verfahren in jedem Fall gegen eine Nullstelle konvergiert. Der Preis für die garantierte Konvergenz ist die relativ langsame Geschwindigkeit, mit der sich die kleiner werdenden Intervalle um die Nullstelle herum legen.

Merke 7.8 (Eigenschaften des Bisektionsverfahrens)

Das Bisektionsverfahren hat folgende Eigenschaften:

- Das Verfahren konvergiert immer.
- In jedem Schritt wird die Länge des Intervalls halbiert. Dieses relativ langsame Konvergenzverhalten bezeichnet man als lineare Konvergenz.
- Hat die Funktion mehrere Nullstellen im Intervall, so findet das Verfahren nur eine davon.

Beispiel 7.20 (Bisektion)

Wir suchen Lösungen der Gleichung $2\,\mathrm{e}^{-x} = \frac{x}{8}$. Dazu bilden wir die stetige Funktion

$$f(x) = 2\,\mathrm{e}^{-x} - \frac{x}{8}$$

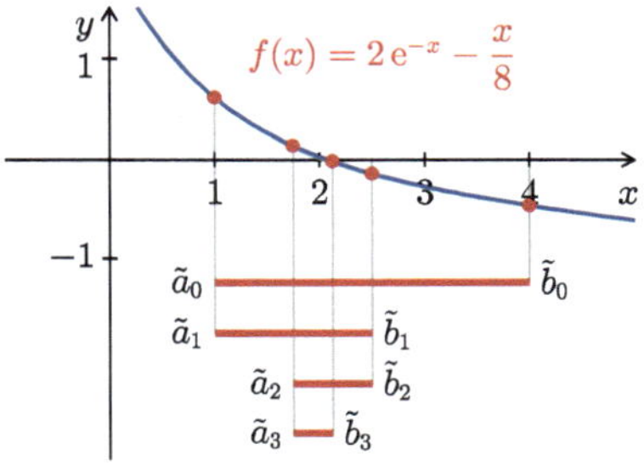

und suchen die Nullstellen dieser Funktion. Durch Abschätzen kann man feststellen, dass f für $x = 1$ positiv und für $x = 4$ negativ ist. Nach Satz 7.8 über die Nullstellen einer stetigen Funktion hat die Funktion f also mindestens eine Nullstelle im Intervall $[1, 4]$. Für das Startintervall $[1, 4]$ gilt also für die Intervallgrenzen und Funktionswerte

$$\tilde{a}_0 = 1, \quad \tilde{b}_0 = 4, \quad f(\tilde{a}_0) \approx 0.6108, \quad f(\tilde{b}_0) \approx -0.4634.$$

Nun ist $f\left(\frac{\tilde{a}_0+\tilde{b}_0}{2}\right) < 0$, also setzen wir

$$\tilde{a}_1 = \tilde{a}_0 = 1, \quad \tilde{b}_1 = \frac{\tilde{a}_0 + \tilde{b}_0}{2} = 2.5, \quad f(\tilde{a}_1) \approx 0.6108, \quad f(\tilde{b}_1) \approx -0.1483.$$

Ein zweiter Schritt liefert wegen $f\left(\frac{\tilde{a}_1+\tilde{b}_1}{2}\right) > 0$

$$\tilde{a}_2 = \frac{\tilde{a}_1 + \tilde{b}_1}{2} = 1.75, \quad \tilde{b}_2 = \tilde{b}_1 = 2.5, \quad f(\tilde{a}_2) \approx 0.1288, \quad f(\tilde{b}_2) \approx -0.1483.$$

Ein dritter Schritt liefert wegen $f\left(\frac{\tilde{a}_2+\tilde{b}_2}{2}\right) < 0$

$$\tilde{a}_3 = \tilde{b}_3 = 1.75, \quad \tilde{b}_3 = \frac{\tilde{a}_2 + \tilde{b}_2}{2} = 2.125, \quad f(\tilde{a}_3) \approx 0.1288, \quad f(\tilde{b}_3) \approx -0.0268.$$

Die Nullstelle liegt im Intervall $[1.75, 2.125]$. Führt man das Verfahren fort, kann man eine Konvergenz, wenn auch eine recht langsame, gegen die exakte Nullstelle beobachten. Für $n = 30$ etwa ist der Mittelpunkt

$$\tilde{x}_{30} = 2.053192717488855$$

des Intervalls $[\tilde{a}_{30}, \tilde{b}_{30}]$ ein recht guter Näherungswert für die Nullstelle. Die ersten 10 Nachkommastellen sind bereits korrekt. Grundsätzlich konvergiert das Bisektionsverfahren relativ langsam, dafür arbeitet es sehr zuverlässig. ∎

7.6 Anwendungen

Man könnte meinen, es gibt es keine unmittelbaren Anwendungen zu den eher abstrakten Themen über Folgen, Grenzwerte und Stetigkeit. Dies ist jedoch keineswegs der Fall. Lösungen zu angewandten Problemstellungen werden oftmals über Folgen von Näherungslösungen konstruiert. Ein Folgengrenzwert stellt dann häufig die gesuchte Lösung dar.

7.6.1 Kapital und Zinsen

Bei der Berechnung der Zinsen eines Kapitals werden in der Regel mehrere Zeitintervalle betrachtet. Durch den Zinseszinseffekt ändern sich die Kapitalwerte in jedem Zeitintervall. Moderne elektronische Finanzsysteme erlauben sehr kurze Zinsperioden.

Beispiel 7.21 (Zinseszins)
Ein Kapital von 100.00 € wird mit $6\,\%$ Jahreszins verzinst. Nach einem Jahr ergeben sich

$$100.00\,€ \cdot (1 + 0.06) = 106.00\,€.$$

Wir können den Betrag nun auch erst ein halbes Jahr verzinsen und dann die Zwischensumme inklusive bis dahin erzielter Zinsen nochmals ein halbes Jahr verzinsen. Bei der Rechnung gehen wir davon aus, dass wir für ein halbes Jahr auch den halben Zins erhalten:

$$100.00\,€ \cdot (1 + 0.03) = 103.00\,€, \qquad 103.00\,€ \cdot (1 + 0.03) = 106.09\,€.$$

Ähnliche Überlegungen ergeben für monatliche Verzinsung

$$100.00\,€ \cdot \left(1 + \frac{0.06}{12}\right)^{12} = 106.17\,€.$$

Allgemein gilt bei Verzinsung über k Zeitintervalle die Formel

$$100.00\,€ \cdot \left(1 + \frac{0.06}{k}\right)^{k}.$$

Zur Berechnung des maximal möglichen Betrags benötigen wir den Grenzwert

$$\lim_{k\to\infty} \left(1 + \frac{0.06}{k}\right)^{k}.$$

Mittels der Substitution

$$\frac{0.06}{k} = \frac{1}{n} \qquad \Longleftrightarrow \qquad k = 0.06 \cdot n$$

erhalten wir

$$\lim_{n\to\infty} \left(1 + \frac{1}{n}\right)^{0.06\,n} = \left(\lim_{n\to\infty} \left(1 + \frac{1}{n}\right)^{n}\right)^{0.06} = \mathrm{e}^{0.06} \approx 1.0618.$$

Dabei ist zu beachten, dass wenn k gegen unendlich strebt auch n gegen unendlich strebt und der Grenzwert nach Definition 7.9 die Zahl e ergibt. Der höchste Betrag, der zu erzielen ist, beträgt

$$100.00\,€ \cdot \mathrm{e}^{0.06} \approx 106.18\,€.$$

Dies entspricht einer stetigen Verzinsung. ∎

7.7 Aufgaben

7.7.1 Verständnis und Kompetenz

Aufgabe 7.1 (Folgenglieder) ★★

Berechnen Sie für die Folgen jeweils ein paar Folgenglieder, beginnen Sie mit $k = 1$. Sind die Folgen beschränkt, monoton oder alternierend? Haben die Folgen einen Grenzwert, wenn ja welchen?

a) $a_k = 1 + \dfrac{(-1)^k}{k^2}$ b) $b_k = \dfrac{2^{k+1}}{2^k - 10}$ c) $c_k = \dfrac{2^k}{k!}$

Aufgabe 7.2 (Rekursive Folgen) ★★★

Wir betrachten die rekursiv definierte Folge $a_{k+2} = a_k \cdot a_{k+1}$ mit unterschiedlichen Anfangsgliedern a_0 und a_1. Berechnen Sie jeweils die ersten Folgenglieder und untersuchen Sie die Folgen auf Beschränktheit, Monotonie, Konvergenz und alternierendes Vorzeichen.

a) $a_0 = 1,\ a_1 = -\dfrac{1}{2}$ b) $a_0 = 1,\ a_1 = 2$ c) $a_0 = 1,\ a_1 = 1$

Aufgabe 7.3 (Monotonie und Beschränktheit) ★★★★

Richtig oder falsch? Wenn die beiden Folgen (a_k) und (b_k) beide streng monoton fallend und beschränkt sind, dann sind auch die Folgen $(c_k) = (a_k) + (b_k)$ und $(d_k) = (a_k) - (b_k)$ streng monoton fallend und beschränkt.

Aufgabe 7.4 (Unstetigkeitsstellen) ★★

Wo besitzen die folgenden Funktionen Unstetigkeitsstellen? Skizzieren Sie die Schaubilder der Funktionen.

a) $f(x) = \operatorname{sgn}(x)$ b) $f(x) = x \operatorname{sgn}(x)$ c) $f(x) = |x| \operatorname{sgn}(x)$

Aufgabe 7.5 (Multiplikation von unstetigen Funktionen) ★★★

Richtig oder falsch? Wenn man eine Funktion f, die an der Stelle x_0 unstetig ist, mit einer Funktion g, die an der Stelle x_0 auch unstetig ist, multipliziert, dann ist die Produktfunktion $h = f \cdot g$ auch unstetig an der Stelle x_0.

Aufgabe 7.6 (Gebrochenrationale Funktionen) ★★

Skizzieren Sie die Schaubilder der Funktionen für die Werte $n = 1, 2, 3$:

$$f(x) = \frac{x^2}{(x+1)^n}\,.$$

Aufgabe 7.7 (Hebbare Unstetigkeitsstellen) ★★★

Wo besitzen die folgenden Funktionen Unstetigkeitsstellen? Um welche Art von Unstetigkeitsstellen handelt es sich? Geben Sie die stetigen Ergänzungen der Funktionen an und skizzieren Sie die Schaubilder der Funktionen.

a) $f(x) = \dfrac{x^2 + 2x + 1}{x + 1}$ b) $f(x) = \dfrac{x - 3}{x^2 - 2x - 3}$ c) $f(x) = \dfrac{-2x^2 + 2x + 12}{x^3 - x^2 - 6x}$

7.7.2 Rechnung und Training

Aufgabe 7.8 (Funktionsgrenzwerte) ★★★

Berechnen Sie die folgenden Funktionsgrenzwerte.

a) $\lim\limits_{x\to\infty} \dfrac{3x-1}{2x+2}$ b) $\lim\limits_{x\to 1} \dfrac{x^2-1}{x-1}$ c) $\lim\limits_{x\to\infty} \sqrt{x^2+2} - \sqrt{x^2+3x}$

Aufgabe 7.9 (Grenzwerte mithilfe der Eulerschen Zahl) ★★★★★

Berechnen Sie mithilfe des Grenzwerts für die Eulersche Zahl e den Grenzwert von

$$\lim_{k\to\infty}\left(1+\frac{1}{2k}\right)^{3k}.$$

Aufgabe 7.10 (Sinus und Parabelbogen) ★★

Der Sinus soll für x-Werte im Bereich zwischen $\frac{\pi}{6}$ und $\frac{5\pi}{6}$ so durch einen zur Achse $x = \frac{\pi}{2}$ symmetrischen Parabelbogen ersetzt werden, dass der Übergang eine stetige Funktion

$$f(x) = \begin{cases} a\,(x-x_0)^2 + b & \text{für } x \in \left[\dfrac{\pi}{6}, \dfrac{5\pi}{6}\right] \\ \sin x & \text{sonst} \end{cases}$$

ergibt. Der Funktionswert des Parabelbogens an der Stelle $x = \frac{\pi}{2}$ soll mit dem Sinuswert übereinstimmen. Bestimmen Sie die passenden Werte für x_0, a und b.

Aufgabe 7.11 (Diskussion gebrochenrationaler Funktionen) ★★★★

Bestimmen Sie alle Nullstellen, Pole und Asymptoten der gebrochenrationalen Funktionen. Besitzen die Funktionen Unstetigkeitsstellen, wenn ja welcher Art? Skizzieren Sie die Schaubilder.

a) $f(x) = \dfrac{3}{x+2}$ b) $f(x) = \dfrac{2\,x-3}{x-3}$ c) $f(x) = \dfrac{x^2-x}{x-1}$

d) $f(x) = \dfrac{-2}{x^2+2\,x+1}$ e) $f(x) = \dfrac{2+x-x^2}{2\,x^2+3}$ f) $f(x) = \dfrac{2\,x^3+2\,x^2-8x-8}{2\,x^2-2}$

Aufgabe 7.12 (Approximation von π) ★★★★

Berechnen Sie eine Näherung der Kreiszahl π:

a) Leiten Sie die Formeln für den Umfang eines n-Ecks her, das dem Einheitskreis einbeschrieben ist bzw. den Einheitskreis umschließt:

$$U_I(n) = 2n\,\sin\left(\frac{\pi}{n}\right),\quad U_A(n) = 2n\,\tan\left(\frac{\pi}{n}\right)$$

b) Berechnen Sie damit und mithilfe eines Taschenrechners die Umfänge speziell für $n = 3, 6, 10, 100$.

c) Zeigen Sie, dass der Grenzwert des Verhältnisses $\frac{U_I}{U_A}$ für $n \to \infty$ gegen 1 konvergiert.

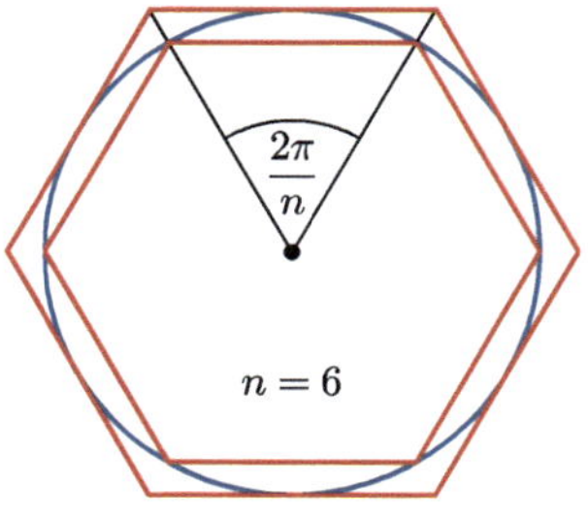

8 Differenzialrechnung

Die Differenzialrechnung beschäftigt sich mit dem Änderungsverhalten einer Funktion. Ausgehend von einem bestimmten Funktionswert kann man mit Mitteln der Differenzialrechnung über den weiteren Verlauf einer Funktion spekulieren. Differenzialrechnung könnte man böswillig als mathematische Wahrsagerei bezeichnen. Tatsächlich hat das Thema jedoch wenig mit Esoterik zu tun. Bei der Differenzialrechnung konzentriert man sich auf kleine Änderungen. Bei kleinen Änderungen in der Variablen lässt sich die Veränderung der Funktion sehr zuverlässig prognostizieren.

Wenn man beispielsweise von einem Fahrzeug, das mit hoher Geschwindigkeit auf der Autobahn fährt, die aktuelle Position und Geschwindigkeit kennt, dann kann man recht zuverlässig berechnen, an welcher Position sich das Fahrzeug Sekundenbruchteile später befinden wird.

Die Differenzialrechnung ist ein unverzichtbares Hilfsmittel bei der mathematischen Modellbildung. Dabei versucht man, die Wirklichkeit durch Funktionen zu beschreiben. Bei Differenzialgleichungen in Kapitel 14 werden wir das Thema Modellbildung noch genauer beleuchten.

8.1 Steigung und Ableitungsfunktion

Bei der Ableitung einer Funktion gibt es einen lokalen und einen globalen Aspekt. Der lokale Aspekt beschäftigt sich mit dem Steigungsverhalten der Funktion an einer bestimmten Stelle. Der globale Aspekt stellt den Zusammenhang zwischen der Funktion und ihrer Ableitungsfunktion her. Beide Aspekte werden in diesem Abschnitt betrachtet.

8.1.1 Tangente und Differenzierbarkeit

Lokal kann man eine Funktion durch eine Gerade annähern. Dazu greift man zwei Punkte auf dem Schaubild der Funktion heraus und verbindet diese Punkte durch eine Gerade. Diese Gerade, die sogenannte Sekante, hat eine konstante Steigung. Die Steigung der Sekante wird als Differenzenquotient bezeichnet und lässt sich mithilfe des Steigungsdreiecks ermitteln.

Definition 8.1 (Sekante, Differenzenquotient)

Eine Sekante einer Funktion f ist eine Gerade durch zwei Punkte des Schaubildes von f. Das Verhältnis der Differenzen der Funktionswerte und der x-Werte

$$m = \frac{f(x_1) - f(x_0)}{x_1 - x_0} = \frac{\Delta f}{\Delta x}$$

beschreibt die Steigung der Sekante

$$g(x) = f(x_0) + m(x - x_0)$$

und wird als Differenzenquotient bezeichnet.

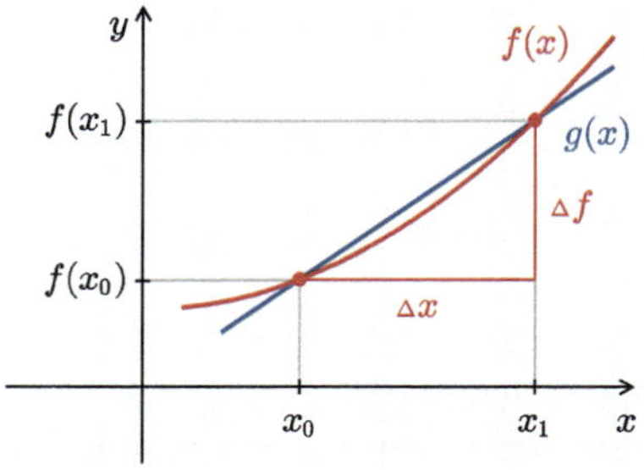

Beispiel 8.1 (Sekante)

Wir bestimmen die Sekante der Funktion

$$f(x) = 1 + 2x - \frac{1}{2}x^2$$

an den Stellen $x_0 = 3$ und $x_1 = 4$. Die Steigung m der Sekante ermitteln wir mit dem Steigungsdreieck

$$m = \frac{f(4) - f(3)}{4 - 3} = \frac{1 - \frac{5}{2}}{1} = -\frac{3}{2}.$$

Mit dieser Steigung ist

$$y = \frac{5}{2} - \frac{3}{2}(x - 3).$$

die Geradengleichung der Sekante. ■

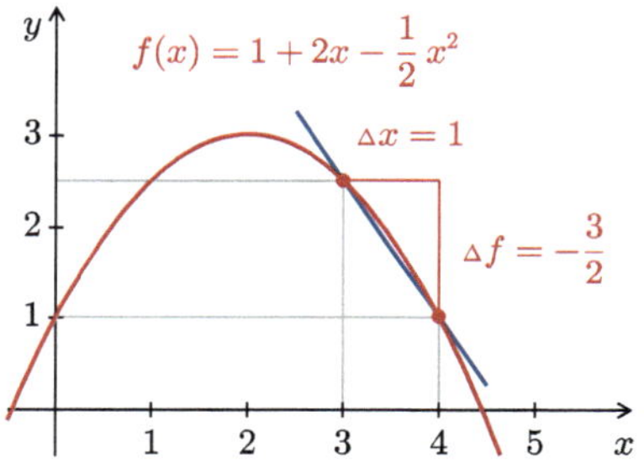

Wir stellen nun eine Grenzwertbetrachtung an: Wenn die beiden Punkte auf der Sekante nahe beieinanderliegen, dann unterscheidet sich die Sekante zwischen diesen beiden Punkten kaum von der Funktion. Deshalb definiert man die Steigung einer Funktion als Grenzwert der Sekantensteigung.

Definition 8.2 (Ableitung und Differenzierbarkeit an der Stelle x_0)

Der Grenzwert

$$f'(x_0) = \lim_{\Delta x \to 0} \frac{f(x_0 + \Delta x) - f(x_0)}{\Delta x}$$

heißt, falls er existiert, Ableitung der Funktion f an der Stelle x_0. Man nennt dann die Funktion f differenzierbar an der Stelle x_0. Es sind verschiedene Schreibweisen gebräuchlich:

$$f'(x_0) = \dot{f}(x_0) = \left.\frac{\mathrm{d}f}{\mathrm{d}x}\right|_{x_0} = \mathrm{D}\, f|_{x_0}\,.$$

Die Schreibweise für Ableitungen als Quotient der infinitesimal kleinen Größen $\mathrm{d}f$ und $\mathrm{d}x$ geht auf Gottfried Wilhelm Leibniz zurück. Der große Vorteil dieser Differenzialschreibweise liegt darin, dass man mit Differenzialen formal rechnen darf wie mit anderen Variablen. Im Folgenden werden wir einige Rechenregeln und mathematische Eigenschaften auf einfache Weise mittels Differenzialen herleiten. In Kapitel 9 werden wir genau diese Differenzialschreibweise bei Integralen wieder antreffen.

Etwa zeitgleich entwickelte Isaac Newton in England ebenfalls moderne Differenzialrechnung. Auf ihn geht die heute hauptsächlich für die Ableitung nach der Zeit verwendete Notation $\dot{f}$ zurück.

Einige Jahrzehnte später, Ende des 18. Jahrhunderts, führte Joseph-Louis Lagrange die heute weit verbreitete Standardschreibweise f' ein. Diese Schreibweise ist kurz und knapp und dennoch sehr universell verwendbar.

Den Buchstaben D in Definition 8.2 bezeichnet man als Differenzialoperator. Diese Operatorschreibweise wird gerne von Mathematikern verwendet und ist auch bei Computeralgebrasystemen üblich. Augustin-Louis Cauchy benutzte vorzugsweise die Operatorschreibweise $\mathrm{D}f$.

Die Gerade, die beim Grenzübergang aus der Sekante entsteht, bezeichnet man als Tangente. Dabei verschmelzen die beiden Sekantenschnittpunkte zu einem Tangentenpunkt. Die Tangente schmiegt sich gewissermaßen an die gegebene Funktion an und übernimmt deren Steigung.

Definition 8.3 (Tangente, Differenzialquotient)

Eine Tangente einer Funktion f ist eine Gerade durch einen Punkt des Schaubildes von f. Die Tangente berührt das Schaubild von f. Der Grenzwert des Differenzenquotienten

$$f'(x_0) = \lim_{\Delta x \to 0} \frac{\Delta f}{\Delta x} = \left.\frac{\mathrm{d}f}{\mathrm{d}x}\right|_{x_0}$$

beschreibt die Steigung der Tangente

$$g(x) = f(x_0) + f'(x_0)(x - x_0)$$

und wird als Differenzialquotient bezeichnet.

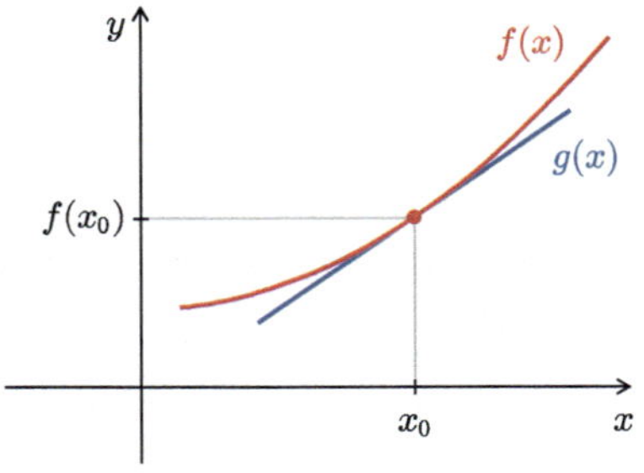

Funktionswert und Steigung von Funktion und Tangente stimmen also immer überein. Ganz allgemein spricht man bei Schaubildern von Funktionen, die an einer Stelle x_0 denselben Funktionswert und dieselbe Steigung haben, von sich berührenden Funktionen. Dabei handelt es sich jedoch stets um einen lokalen Sachverhalt. Eine Tangente berührt das Schaubild der Funktion an einer bestimmten Stelle x_0. Es ist damit aber nicht gesagt, dass diese Tangente das Schaubild der Funktion nicht auch noch an anderen Stellen schneidet.

Beispiel 8.2 (Tangente)

a) Für die Tangente der quadratischen Funktion

$$f(x) = 1 + 2\,x - \frac{1}{2}x^2$$

an der Stelle $x_0 = 3$ berechnen wir die Steigung mit dem Differenzialquotienten

$$f'(3) = \lim_{\Delta x \to 0} \frac{f(3+\Delta x) - f(3)}{\Delta x} = \lim_{\Delta x \to 0} \frac{1 + 2(3+\Delta x) - \frac{1}{2}(3+\Delta x)^2 - \frac{5}{2}}{\Delta x}.$$

Die meisten Terme kürzen sich weg und wir erhalten somit

$$f'(3) = \lim_{\Delta x \to 0} \frac{-\Delta x - \frac{1}{2}\,\Delta x^2}{\Delta x} = -1.$$

Bei diesem Bruch kürzen wir mit Δx. Der Grenzwert ergibt sich dann unmittelbar durch Einsetzen von $\Delta x = 0$. Die Tangente von f bei $x_0 = 3$ hat die Steigung $f'(3) = -1$ und lautet

$$y = \frac{5}{2} - (x - 3)\,.$$

Funktion und Tangente haben bei x_0 dieselbe Steigung.

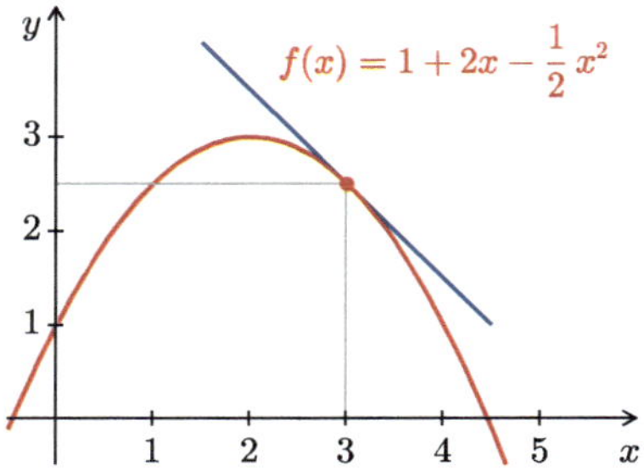

b) Die Funktion $f(x) = e^x$ hat an der Stelle $x_0 = 0$ den Funktionswert $f(0) = 1$. Die Steigung der Tangente an dieser Stelle

$$f'(0) = \lim_{\Delta x \to 0} \frac{e^{\Delta x} - e^0}{\Delta x},$$

ermitteln wir aus den Näherungswerten:

Δx	0.1	0.01	0.001
$\frac{e^{\Delta x} - 1}{\Delta x}$	1.05171	1.00502	1.00050

Der Grenzwert ist offensichtlich 1 und die Tangente somit $y = 1 + x$.

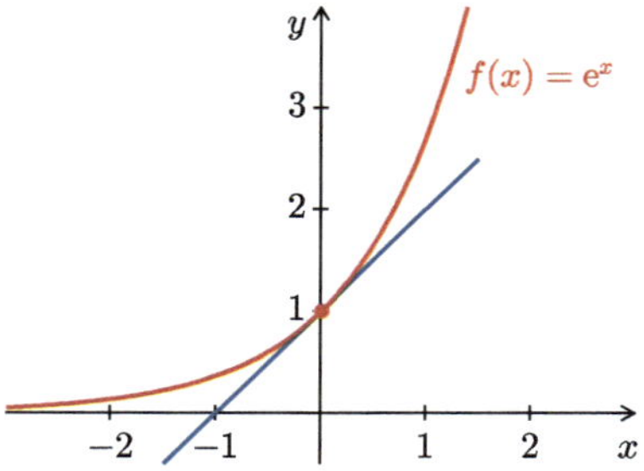

c) Die Steigung der Tangente der Sinusfunktion $f(x) = \sin x$ an der Stelle $x_0 = 0$ führt auf den Grenzwert

$$f'(0) = \lim_{\Delta x \to 0} \frac{\sin(\Delta x) - 0}{\Delta x}.$$

Aus den Näherungswerten

Δx	0.1	0.01	0.001
$\frac{\sin(\Delta x)}{\Delta x}$	0.99833	0.99998	0.99999

erkennen wir, dass dieser Grenzwert 1 ist. Somit lautet die Tangente $y = x$.

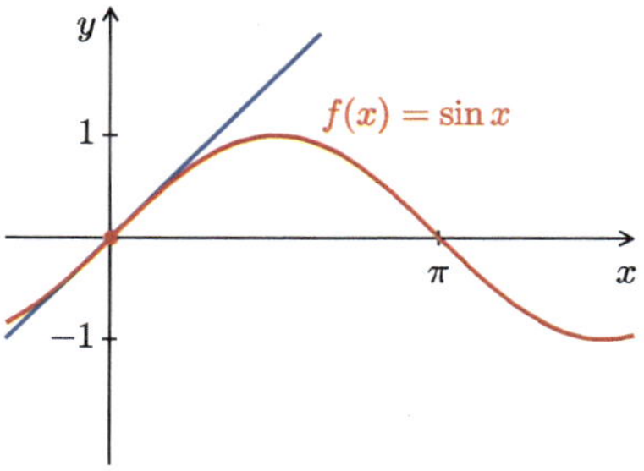

■

In Beispiel 8.2 haben wir die Steigung der Tangente etwas umständlich durch Grenzwerte berechnet. Ab Abschnitt 8.1.2 werden wir zur Berechnung der Steigung Ableitungsfunktionen verwenden, was die Sache wesentlich vereinfachen wird.

8.1.2 Differenzial

Mit der Tangente kann man das Änderungsverhalten einer Funktion näherungsweise bestimmen. Die Abschätzung ist um so besser, je näher man sich an der Stelle x_0 befindet, an der man die Tangente berechnet hat. Je weiter man sich von der Stelle x_0 entfernt, um so größer wird in der Regel der Unterschied zwischen Funktion und Tangente. Die Tangente hat eine konstante Steigung. Entlang der Tangente sind Änderungen in x-Richtung und in y-Richtung proportional zueinander. Wenn sich die x-Werte von x_0 nach x_1 um Δx verändern, dann ergibt sich entlang der Tangente eine Änderung um $f'(x_0)\Delta x$ in y-Richtung. Diese Veränderung bezeichnet man als Differenzial der Funktion f an der Stelle x_0.

Definition 8.4 (Differenzial)

Das Differenzial einer Funktion f an der Stelle x_0 ist definiert durch

$$\mathrm{d}f|_{x_0} = f'(x_0)\,\mathrm{d}x.$$

Es beschreibt die Veränderung des y-Wertes entlang der Tangente an der Stelle x_0, wenn sich die Variable x um den Wert $\mathrm{d}x$ ändert.

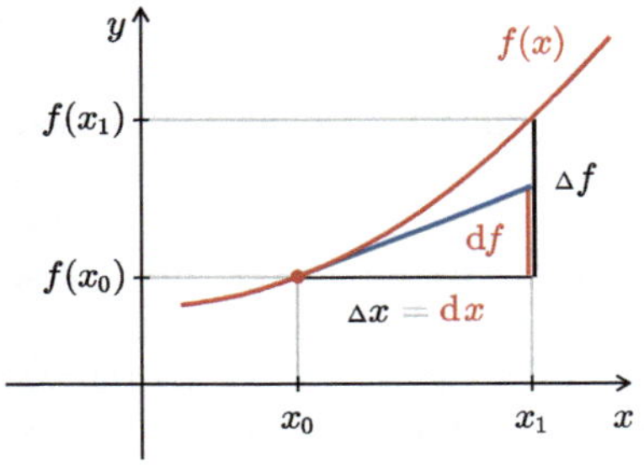

In Definition 8.4 fungiert $\mathrm{d}x$ als Platzhalter für die Veränderung der Variablen x. Es ist sowohl die Schreibweise mit $\mathrm{d}x$ als auch die mit Δx gebräuchlich. Im Gegensatz dazu haben die Bezeichnungen Δf und $\mathrm{d}f$ für die Veränderung der Funktion f unterschiedliche Bedeutung.

Das Differenzial wird oft dazu verwendet, die tatsächliche Änderung des Funktionswerts $\Delta f = f(x_0 + \Delta x) - f(x_0)$ näherungsweise zu berechnen. Dabei generiert man natürlich keine hundertprozentig exakte Aussage. Das Differenzial liefert lediglich einen Näherungswert für die tatsächliche Änderung des Funktionswerts. In der Praxis betrachtet man deshalb nur kleine Änderungen Δx und nimmt dabei einen Fehler in Kauf.

Merke 8.1 (Differenzial)

Das Differenzial der Funktion f an der Stelle x_0 liefert für kleine Änderungen Δx eine gute Näherung für die tatsächliche Änderung des Funktionswerts:

$$\mathrm{d}f|_{x_0} = f'(x_0)\Delta x \approx \Delta f = f(x_0 + \Delta x) - f(x_0).$$

8.1.3 Ableitungsfunktion

Die Ableitung einer Funktion an einer Stelle x_0 definieren wir als Grenzwert des Differenzenquotienten. Es kann vorkommen, dass bei einer Funktion an gewissen Stellen der Grenzwert des Differenzenquotienten nicht existiert. Solche Funktionen bezeichnet man als nicht differenzierbar. Umgekehrt bezeichnet man eine Funktion als differenzierbar, falls der Grenzwert existiert. Funktionen ohne Ableitungsfunktion sind im Gebrauch schwierig. Charles Hermite soll einmal gesagt haben: „Mit Furcht und Schrecken wende ich mich ab von diesem beklagenswerten Übel der Funktionen ohne Ableitungen."

Definition 8.5 (Differenzierbare Funktion)

Ist die Funktion f an jeder einzelnen Stelle eines Intervalls I differenzierbar, so heißt die Funktion f differenzierbar auf dem gesamten Intervall I.

Ähnlich wie bei der Stetigkeit werden wir sehen, dass die meisten Funktionen überall differenzierbar sind. Anhand von Beispielen betrachten wir nun ein paar Situationen, bei denen die Funktion tatsächlich an einzelnen Stellen nicht differenzierbar ist.

Beispiel 8.3 (Nicht überall differenzierbare Funktion)

Die Betragsfunktion $f(x) = |x|$ hat für negative x-Werte die Steigung -1 und für positive x-Werte die Steigung 1. Der linksseitige Grenzwert des Differenzenquotienten an der Stelle $x_0 = 0$ hat den Wert -1 und der rechtsseitige Grenzwert hat den Wert 1. Der Grenzwert des Differenzenquotienten an der Stelle $x_0 = 0$ existiert deshalb nicht. An der Stelle $x_0 = 0$ ist die Betragfunktion nicht differenzierbar. Für alle anderen x-Werte ist die Betragfunktion differenzierbar.

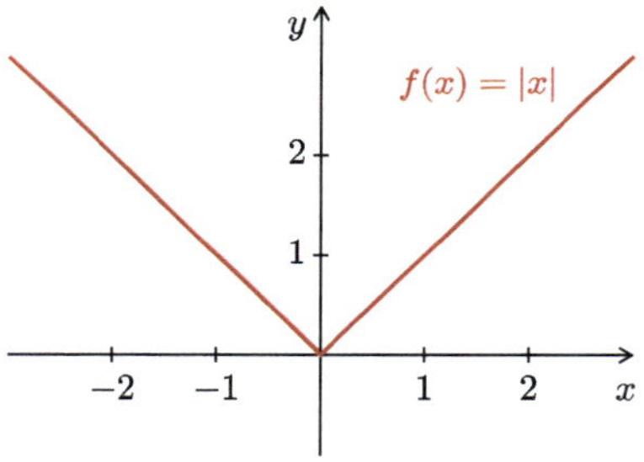

■

In Beispiel 8.3 verursacht die fehlende Differenzierbarkeit einen Knick im Schaubild der Funktion. Eine weitere Ursache für fehlende Differenzierbarkeit sind Stellen, an denen die Steigung über alle Grenzen wächst. Solche Stellen treten typischerweise am Rand der Definitionsmenge auf.

Beispiel 8.4 (Nicht differenzierbare Funktion am Rand)

Bei der Wurzelfunktion $f(x) = \sqrt{x}$ versuchen wir die Ableitung an der Stelle $x_0 = 0$ mithilfe des Grenzwertes des Differenzenquotienten zu berechnen:

$$f'(0) = \lim_{\Delta x \to 0} \frac{\sqrt{\Delta x} - \sqrt{0}}{\Delta x} = \lim_{\Delta x \to 0} \frac{1}{\sqrt{\Delta x}} = \infty.$$

Die Steigung geht für x gegen 0 also gegen unendlich. Die Funktion ist an dieser Stelle nicht differenzierbar. Das Schaubild der Funktion hat an der Stelle $x_0 = 0$ eine senkrechte Tangente.

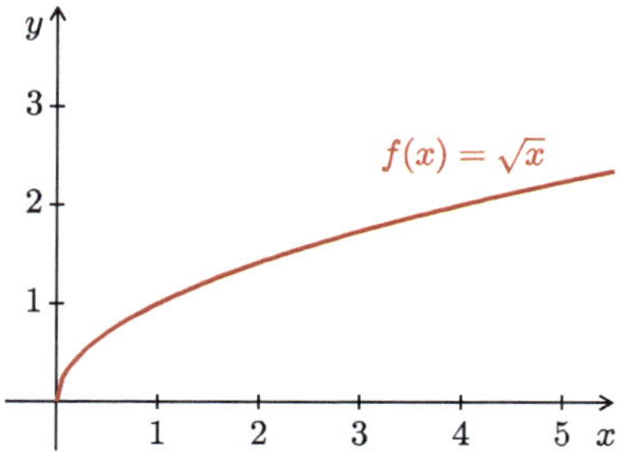

■

Durch einen kleinen Trick beweisen wir nun, dass jede differenzierbare Funktion stetig sein muss. Stetigkeit an der Stelle x_0 ist gegeben, falls der Grenzwert $\lim\limits_{x \to x_0} f(x)$ den Funktionswert $f(x_0)$ ergibt. Das erkennen wir, indem wir auf die geschickte Äquivalenz

$$f(x) = \frac{f(x) - f(x_0)}{x - x_0}(x - x_0) + f(x_0)$$

den Grenzwert loslassen:

$$\lim_{x \to x_0} f(x) = \lim_{x \to x_0} \underbrace{\frac{f(x) - f(x_0)}{x - x_0}}_{\to f'(x_0)} \underbrace{(x - x_0)}_{\to 0} + f(x_0) = f(x_0).$$

Man erkennt, dass aus der Differenzierbarkeit stets die Stetigkeit folgt.

Satz 8.1 (Differenzierbarkeit und Stetigkeit)

Jede differenzierbare Funktion ist auch stetig und hat an allen Stellen eine eindeutige Steigung. Das Schaubild einer differenzierbaren Funktion hat weder Sprünge noch Knicke.

Bei einer differenzierbaren Funktion kann man die Ableitung an jeder beliebigen Stelle berechnen. Unsere bisherige lokale Betrachtung, die sich auf die Ableitung an einzelnen Stellen beschränkt hat, können wir nun zu einer globalen Betrachtung der kompletten Funktion erweitern.

Definition 8.6 (Ableitungsfunktion)

Ist eine Funktion f differenzierbar, so kann man eine neue Funktion f', die sogenannte Ableitungsfunktion, dadurch definieren, dass man jedem Wert x die Steigung der Tangente an der Stelle x zuordnet:

$$x \mapsto f'(x).$$

Ableitungsfunktionen werden oft einfach auch als Ableitungen bezeichnet. In den folgenden Beispielen berechnen wir die Ableitungen ausgewählter Funktionen mithilfe der Grenzwertdefinition.

Beispiel 8.5 (Ableitungsfunktionen)

a) Wir berechnen die Ableitungsfunktion der Potenzfunktion $f(x) = x^n$ für natürliche Zahlen n mithilfe des Grenzwertes des Differenzenquotienten

$$f'(x) = \lim_{\Delta x \to 0} \frac{(x + \Delta x)^n - x^n}{\Delta x}.$$

Den Ausdruck in der Klammer können wir umformen:

$$f'(x) = \lim_{\Delta x \to 0} \frac{x^n + n\, x^{n-1}\, \Delta x + \ldots + (\Delta x)^n - x^n}{\Delta x}.$$

Dies geschieht mithilfe der binomischen Formel.

In dem verbleibenden Ausdruck

$$f'(x) = \lim_{\Delta x \to 0} \frac{n\,x^{n-1}\,\Delta x + \ldots + (\Delta x)^n}{\Delta x}$$

lässt sich Δx kürzen. Alle Ausdrücke, die dann noch Δx enthalten, fallen nach dem Grenzübergang weg und es ergibt sich

$$f'(x) = \lim_{\Delta x \to 0} \left(n\,x^{n-1} + \frac{n(n-1)}{2} x^{n-2}\,\Delta x + \ldots + (\Delta x)^{n-1} \right) = n\,x^{n-1}.$$

Die Ableitung der Potenzfunktion $f(x) = x^n$ existiert somit für alle x-Werte und ist $f'(x) = n\,x^{n-1}$. Somit ist die Potenzfunktion für alle reellen Zahlen differenzierbar. In Beispiel 8.15 werden wir sehen, dass auch die allgemeine Potenz x^a für beliebige reelle Zahlen a ableitbar ist und die Ableitung ax^{a-1} besitzt.

b) Wir berechnen die Ableitungsfunktion von $f(x) = \sin x$ nach der Grenzwertmethode

$$f'(x) = \lim_{\Delta x \to 0} \frac{\sin(x + \Delta x) - \sin x}{\Delta x}.$$

Der Ausdruck $\sin(x + \Delta x)$ lässt sich mit dem Additionstheorem in Satz 6.9 umformen:

$$f'(x) = \lim_{\Delta x \to 0} \frac{\sin x \cos(\Delta x) + \cos x \sin(\Delta x) - \sin x}{\Delta x}.$$

Für Δx gegen 0 geht $\cos(\Delta x)$ gegen 1 und es ergibt sich

$$f'(x) = \lim_{\Delta x \to 0} \frac{\sin(\Delta x)}{\Delta x} \cos x = \cos x.$$

Bei der letzten Umformung haben wir

$$\lim_{\Delta x \to 0} \frac{\sin(\Delta x)}{\Delta x} = 1$$

verwendet, siehe Beispiel 8.2. Somit existiert die Ableitung von $f(x) = \sin x$ für alle x-Werte und ist $f'(x) = \cos x$. Der Sinus ist für alle reellen Zahlen differenzierbar.

c) Der Kosinus $f(x) = \cos x$ ist für alle reellen Zahlen differenzierbar und die Ableitungsfunktion ist $f'(x) = -\sin x$:

$$\begin{aligned} f'(x) &= \lim_{\Delta x \to 0} \frac{\cos(x + \Delta x) - \cos x}{\Delta x} \\ &= \lim_{\Delta x \to 0} \frac{\cos x \cos(\Delta x) - \sin x \sin(\Delta x) - \cos x}{\Delta x} = -\sin x. \end{aligned}$$

Der Nachweis erfolgt mit dem Differenzenquotienten und einem Additionstheorem.

d) Die Grenzwertmethode angewandt auf die Funktion $f(x) = \mathrm{e}^x$ ergibt

$$f'(x) = \lim_{\Delta x \to 0} \frac{\mathrm{e}^{x+\Delta x} - \mathrm{e}^x}{\Delta x} = \lim_{\Delta x \to 0} \frac{\mathrm{e}^x\,\mathrm{e}^{\Delta x} - \mathrm{e}^x}{\Delta x} = \lim_{\Delta x \to 0} \mathrm{e}^x \frac{\mathrm{e}^{\Delta x} - 1}{\Delta x} = \mathrm{e}^x.$$

Nun setzen wir ein, dass die e-Funktion an der Stelle $x_0 = 0$ die Steigung 1 hat:

$$\lim_{\Delta x \to 0} \frac{\mathrm{e}^{\Delta x} - 1}{\Delta x} = 1,$$

siehe Beispiel 8.2. Die e-Funktion ist also für alle reellen Zahlen differenzierbar und die Ableitung der e-Funktion ist wieder die e-Funktion. ■

Die Bestimmung von Ableitungen mithilfe des Grenzwertes wie in Beispiel 8.5 dient der Illustration der Ableitungsdefinition. Die Berechnung von Ableitungen kann man einfacher mithilfe geeigneter Ableitungstechniken durchführen, siehe Abschnitt 8.2.

Beim Ableiten ändern sich die Symmetrieeigenschaften. Die Ableitung einer ungeraden Funktion ist immer eine gerade Funktion. Man kann sich diesen Sachverhalt anhand der Grenzwertdefinition der Ableitung klar machen. Bei einer ungeraden Funktion f gilt die Beziehung $f(-x) = -f(x)$. Für die Ableitung dieser ungeraden Funktion f erhalten wir

$$\begin{aligned} f'(-x) &= \lim_{\Delta x \to 0} \frac{f(-x+\Delta x) - f(-x)}{\Delta x} = \lim_{\Delta x \to 0} \frac{-f(x-\Delta x) + f(x)}{\Delta x} \\ &= \lim_{\Delta x \to 0} \frac{f(x-\Delta x) - f(x)}{-\Delta x} = \lim_{-\Delta x \to 0} \frac{f(x+\Delta x) - f(x)}{\Delta x} = f'(x). \end{aligned}$$

Aufgrund von $f'(-x) = f'(x)$ haben wir gezeigt, dass die Ableitung f' eine gerade Funktion ist. Entsprechend ist die Ableitung einer geraden Funktion ungerade.

Satz 8.2 (Ableitungen symmetrischer Funktionen)

Die Ableitungsfunktion einer geraden Funktion ist eine ungerade Funktion und die Ableitungsfunktion einer ungeraden Funktion ist eine gerade Funktion.

Beispiel 8.6 (Ableitungen symmetrischer Funktionen)

a) Bei der Funktion $f(x) = x^4$ handelt es sich um eine gerade Funktion. Die Ableitungsfunktion ist eine ungerade Funktion, sie lautet $f'(x) = 4\,x^3$.

b) Die ungerade Funktion $f(x) = \sin x$ besitzt die gerade Ableitungsfunktion $f'(x) = \cos x$. ▪

8.1.4 Mittelwertsatz der Differenzialrechnung

Wenn wir eine Funktion f über ein komplettes Intervall $[a, b]$ betrachten, dann legt die Sekante durch die Punkte $\big(a \,|\, f(a)\big)$ und $\big(b \,|\, f(b)\big)$ eine Art mittlere Steigung fest. Die Tangente beschreibt die Steigung in jedem einzelnen Punkt. Der sogenannte Mittelwertsatz der Differenzialrechnung garantiert, dass es mindestens eine Stelle zwischen a und b gibt, an dem die Tangente gerade diese mittlere Steigung besitzt.

Satz 8.3 (Mittelwertsatz der Differenzialrechnung)

Bei einer Funktion f, die auf dem Intervall $[a, b]$ differenzierbar ist, gibt es mindestens eine Stelle $x_0 \in (a, b)$ mit

$$f'(x_0) = \frac{f(b) - f(a)}{b - a}.$$

Die Steigung der Sekante durch die Punkte $\big(a \,|\, f(a)\big)$ und $\big(b \,|\, f(b)\big)$ stimmt mit der Steigung der Tangente an der Stelle x_0 überein.

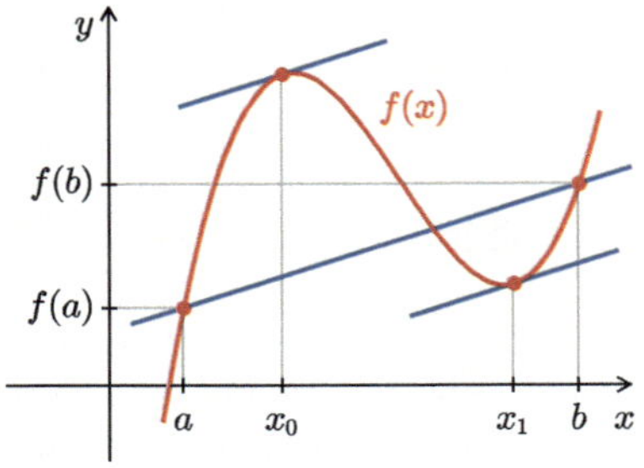

Ein nach dem französischen Mathematiker Michel Rolle benannter Spezialfall des Satzes 8.3 ergibt sich, falls die beiden Funktionswerte an den Endpunkten des Intervalls gleich sind. Dann gibt es eine Zwischenstelle mit waagrechter Tangente.

Satz 8.4 (Satz von Rolle)
Bei einer Funktion f, die auf dem Intervall $[a, b]$ differenzierbar ist und bei der die beiden Funktionswerte an den Intervallgrenzen gleich sind,

$$f(a) = f(b),$$

gibt es mindestens eine Stelle $x_0 \in (a, b)$, an der die Steigung null ist:

$$f'(x_0) = 0.$$

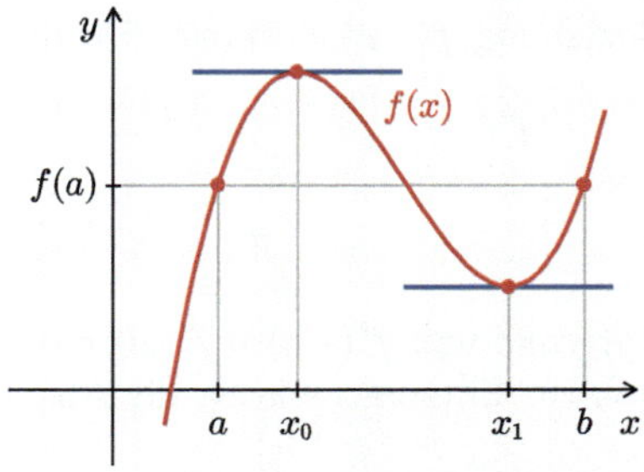

Beispiel 8.7 (Satz von Rolle)
Die Funktion

$$f(x) = \frac{x}{2^{x-1}}$$

besitzt für $x = 1$ und für $x = 2$ jeweils denselben Funktionswert, nämlich

$$f(1) = 1 \quad \text{und} \quad f(2) = 1\,.$$

Nach dem Satz von Rolle muss es also mindestens eine Stelle x_0 zwischen $x = 1$ und $x = 2$ geben, an der die Ableitung der Funktion null wird. Wir werden noch Methoden kennenlernen, mit denen man die Stelle x_0 bestimmen kann.

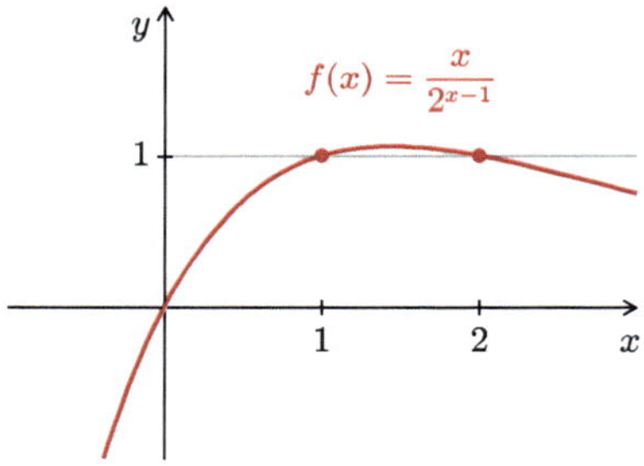

■

Die Denkweise beim Mittelwertsatz und beim Satz von Rolle ist typisch für die Mathematik. Es sind reine Existenzaussagen, ohne dass dabei ein konstruktiver Weg zur Bestimmung der Stellen x_0 aufgezeigt wird. Die Sätze geben auch keinerlei Aufschluss darüber, wie viele Stellen es gibt. Deshalb ist es auch nicht verwunderlich, wenn angehenden Ingenieuren diese Art des Denkens zunächst etwas befremdlich vorkommt.

8.1.5 Höhere Ableitungen

Wenn die Ableitungsfunktion wieder eine differenzierbare Funktion ist, dann kann man auch die Ableitungsfunktion ableiten. Dieses Prinzip lässt sich fortsetzen, so lange wie die neue Ableitungsfunktion wieder differenzierbar ist.

Definition 8.7 (Ableitungen höherer Ordnung)

Die Ableitung der Ableitung bezeichnet man als zweite Ableitung. Durch wiederholtes Differenzieren erhält man so Ableitungen höherer Ordnung:

- $f, \quad f', \quad f'', \quad \ldots, \quad f^{(n)}, \quad \ldots$
- $f, \quad \frac{\mathrm{d}f}{\mathrm{d}x}, \quad \frac{\mathrm{d}^2 f}{\mathrm{d}x^2}, \quad \ldots, \quad \frac{\mathrm{d}^n f}{\mathrm{d}x^n}, \quad \ldots$
- $f, \quad \mathrm{D}f, \quad \mathrm{D}^2 f, \quad \ldots, \quad \mathrm{D}^n f, \quad \ldots$

Beispiel 8.8 (Ableitungen höherer Ordnung)

a) Die Funktion $f(x) = x^2$ ist für alle reellen Zahlen differenzierbar und die erste Ableitung ist $f'(x) = 2\,x$, siehe Beispiel 8.5. Diese Funktion ist wieder differenzierbar und die zweite Ableitung ist $f''(x) = 2$. Eine konstante Funktion hat die Steigung 0, also ist die dritte Ableitung $f'''(x) = 0$. An dieser Stelle ist noch lange nicht Schluss:

$$f(x) = x^2, \quad f'(x) = 2x, \quad f''(x) = 2, \quad f'''(x) = 0, \quad \ldots, \quad f^{(n)} = 0, \quad \ldots$$

Man kann weiter ableiten und erhält immer wieder dieselbe Ableitungsfunktion.

b) Der Sinus $f(x) = \sin x$ ist für alle reellen Zahlen differenzierbar und die erste Ableitung ist $f'(x) = \cos x$, siehe Beispiel 8.5. Auch der Kosinus ist für alle reellen Zahlen differenzierbar mit $f''(x) = -\sin x$. Die nächsten Ableitungen sind dann $f'''(x) = -\cos x$ und $f^{(4)}(x) = \sin x$. Auch hier lässt sich das Prinzip beliebig oft anwenden:

$$f(x) = \sin x, \quad f'(x) = \cos x, \quad f''(x) = -\sin x, \quad f'''(x) = -\cos x, \quad \ldots$$

In einem Viererzyklus tauchen immer wieder dieselben Funktionen auf. ■

8.2 Ableitungstechnik

Die Bestimmung der Ableitung einer Funktion durch Grenzwertberechnung gestaltet sich bereits bei einfachen Beispielen sehr mühsam. Wir wollen deshalb Regeln aufstellen, die die Berechnung der Ableitung vereinfachen. Außerdem werden wir zeigen, welcher Zusammenhang zwischen der Ableitung einer Funktion und der Ableitung ihrer Umkehrfunktion besteht. Schließlich stellen wir eine Methode vor, mit der man Ableitungen auf Gleichungen anwenden kann.

8.2.1 Ableitungsregeln

Wie wir bereits mehrfach gesehen haben, sind viele Funktionen aus elementaren Funktionen, wie etwa Potenzfunktionen, Exponentialfunktionen, Logarithmus, Sinus und Kosinus, zusammengesetzt. Kennt man die Ableitungen dieser elementaren Funktionen, so kann man mithilfe von Ableitungsregeln für Summen, Produkte, Quotienten und zusammengesetzte Funktionen die Ableitung beliebiger Funktionen bestimmen.

Merke 8.2 (Ableitung einer konstanten Funktion)

Eine konstante Funktion hat überall die Steigung null:

$$f(x) = C \quad \Longrightarrow \quad f'(x) = 0.$$

Ein konstanter Faktor C vor einer Funktion skaliert die y-Werte, lässt aber die x-Werte unverändert. Im Steigungsdreieck ändert sich also nur der y-Wert um den Faktor C. Deshalb ändert sich die Steigung um den Faktor C.

Satz 8.5 (Faktorregel)

Beim Ableiten bleibt ein konstanter Faktor vor einer Funktion erhalten:

$$(C \cdot f(x))' = C \cdot f'(x).$$

Beispiel 8.9 (Faktorregel)

Bei der Berechnung der Ableitungsfunktion von $f(x) = 3 \sin x$

$$f(x) = 3 \sin x \quad \Longrightarrow \quad f'(x) = (3 \sin x)' = 3\ (\sin x)' = 3 \cos x.$$

ignorieren wir zunächst den konstanten Faktor 3 und bilden die Ableitung von $\sin x$. ■

Bei Summen und Differenzen darf man die Grenzwerte einzeln bilden. Somit darf man auch die Ableitungen von Summen und Differenzen einzeln berechnen. Diese besonders angenehme Eigenschaft wird in der Summenregel formuliert.

Satz 8.6 (Summenregel)

Beim Ableiten einer Summe oder Differenz von Funktionen darf man jede Funktion einzeln differenzieren:

$$(f(x) \pm g(x))' = f'(x) \ \pm \ g'(x).$$

Beispiel 8.10 (Summenregel)

Die Funktion $f(x) = x^2 + \cos x$ besteht aus der Summe zweier Funktionen:

$$f'(x) = \left(x^2 + \cos x\right)' = \left(x^2\right)' + (\cos x)' = 2\,x - \sin x.$$

Bei der Ableitung dürfen wir beide Teile getrennt ableiten. ■

Die Regel zur Ableitung eines Produktes aus zwei Funktionen f und g ist nicht so einfach, wie wir uns das auf den ersten Blick vielleicht vorstellen. Im Allgemeinen darf man nicht einfach das Produkt der beiden Ableitungen f' und g' bilden. Für die Ableitung eines Produktes betrachten wir den Grenzwert des Differenzenquotienten

$$(f(x) \cdot g(x))' = \lim_{\Delta x \to 0} \frac{f(x + \Delta x) \cdot g(x + \Delta x) - f(x) \cdot g(x)}{\Delta x}.$$

Damit können wir die Ableitungsregel bei einem Produkt herleiten.

Den Ausdruck im Zähler erweitern wir und teilen den Bruch in zwei Brüche auf:

$$\begin{aligned}(f(x)\cdot g(x))' &= \lim_{\Delta x\to 0}\frac{f(x+\Delta x)\cdot g(x+\Delta x)-f(x)\cdot g(x+\Delta x)}{\Delta x}\\ &+ \lim_{\Delta x\to 0}\frac{f(x)\cdot g(x+\Delta x)-f(x)\cdot g(x)}{\Delta x}.\end{aligned}$$

Durch weitere Umformungen erhalten wir

$$\lim_{\Delta x\to 0}\underbrace{\frac{f(x+\Delta x)-f(x)}{\Delta x}}_{\to f'(x)}\underbrace{g(x+\Delta x)}_{\to g(x)} + \lim_{\Delta x\to 0}\underbrace{\frac{g(x+\Delta x)-g(x)}{\Delta x}}_{\to g'(x)} f(x)$$

und damit die Regel für die Ableitung eines Produkts.

Satz 8.7 (Produktregel)

Beim Ableiten eines Produktes zweier Funktionen f und g summiert man das Produkt aus der Ableitung der ersten Funktion f' und der zweiten Funktion g und das Produkt aus der ersten Funktion f und der Ableitung der zweiten Funktion g':

$$(f(x)\cdot g(x))' = f'(x)\cdot g(x) + f(x)\cdot g'(x).$$

Beispiel 8.11 (Produktregel)

a) Die Ableitung der Funktion $f(x) = x\,\mathrm{e}^x$ berechnen wir mit der Produktregel

$$f'(x) = 1\cdot \mathrm{e}^x + x\cdot \mathrm{e}^x = (1+x)\,\mathrm{e}^x.$$

Die Ableitung ist auch ein Produkt und hat eine ähnliche Struktur wie die Funktion.

b) Bei der Funktion $f(x) = \left(2\,x^2 - 7\,x + 5\right)(\sin x + \cos x)$ könnte man zuerst die Klammern ausmultiplizieren und dann die Ableitung berechnen. Mit

$$f'(x) = (4\,x - 7)(\sin x + \cos x) + \left(2\,x^2 - 7\,x + 5\right)(\cos x - \sin x)$$

sieht man jedoch, dass es eleganter ist, die Produktregel direkt anzuwenden.

c) Auch die Ableitung der Funktion $f(x) = \sin^2 x$ kann man mit der Produktregel berechnen, indem man die Funktion in der Form $f(x) = \sin x\cdot \sin x$ darstellt:

$$f'(x) = \cos x\cdot \sin x + \sin x\cdot \cos x = 2\,\sin x\cos x.$$

Alternativ könnte man die Ableitung von $f(x) = \sin^2 x$ auch mithilfe der Potenzregel und der Kettenregel berechnen, siehe Beispiel 8.13. ▪

Die Ableitungsregel für einen Quotienten aus zwei Funktionen ergibt sich als unmittelbare Konsequenz aus der Produktregel. Wenn sich die Funktion h als Quotient der Zählerfunktion f und der Nennerfunktion g darstellen lässt,

$$h(x) = \frac{f(x)}{g(x)} \quad\Longrightarrow\quad h(x)\cdot g(x) = f(x).$$

dann kann man die Funktion f auch als Produkt von g und h darstellen. Damit ist ein Zusammenhang zwischen Quotient und Produkt hergestellt.

Die Ableitung von f kann man mit der Produktregel bestimmen. Es gilt

$$f'(x) = h'(x) \cdot g(x) \; + \; h(x) \cdot g'(x).$$

Diese Gleichung lösen wir nach h' auf:

$$h'(x) = \frac{f'(x)}{g(x)} - \frac{h(x) \cdot g'(x)}{g(x)}.$$

Schließlich ersetzen wir h durch den Quotienten aus f und g

$$h'(x) = \frac{f'(x) \cdot g(x)}{g(x) \cdot g(x)} - \frac{f(x) \cdot g'(x)}{g(x) \cdot g(x)} = \frac{f'(x) \cdot g(x) - f(x) \cdot g'(x)}{g(x)^2}$$

und bringen beide Brüche auf einen gemeinsamen Nenner.

Satz 8.8 (Quotientenregel)

Beim Ableiten eines Quotienten zweier Funktionen f und g benutzt man die Formel

$$\left(\frac{f(x)}{g(x)}\right)' = \frac{f'(x) \cdot g(x) - f(x) \cdot g'(x)}{g(x)^2}.$$

Beispiel 8.12 (Quotientenregel)

a) Die Ableitung der Funktion

$$f(x) = \frac{\mathrm{e}^x}{x+1} \qquad \Longrightarrow \qquad f'(x) = \frac{\mathrm{e}^x \cdot (x+1) - \mathrm{e}^x \cdot 1}{(x+1)^2} = \frac{x\,\mathrm{e}^x}{(x+1)^2}$$

bestimmt man mit der Quotientenregel.

b) Bei der Ableitung der gebrochenrationalen Funktion

$$f(x) = \frac{6\,x - 3}{2\,x^2 - 7\,x + 5}$$

verwendet man die Quotientenregel:

$$f'(x) = \frac{6(2\,x^2 - 7\,x + 5) - (6\,x - 3)(4\,x - 7)}{(2\,x^2 - 7\,x + 5)^2} = \frac{-12\,x^2 + 12\,x + 9}{(2\,x^2 - 7\,x + 5)^2}.$$

Der Term im Nenner wird dabei quadriert.

c) Auch wenn es auf den ersten Blick nicht so aussieht, der Tangens $f(x) = \tan x$ ist ein Kandidat für die Quotientenregel. Dazu schreiben wir den Tangens als Quotient aus Sinus und Kosinus:

$$f(x) = \frac{\sin x}{\cos x} \qquad \Longrightarrow \qquad f'(x) = \frac{\cos x \cdot \cos x - \sin x \cdot (-\sin x)}{\cos^2 x} = \frac{\cos^2 x + \sin^2 x}{\cos^2 x}.$$

Eine Möglichkeit wäre nun $\cos^2 x + \sin^2 x$ durch 1 zu ersetzen. Alternativ:

$$f'(x) = \frac{\cos^2 x + \sin^2 x}{\cos^2 x} = \frac{\cos^2 x}{\cos^2 x} + \frac{\sin^2 x}{\cos^2 x} = 1 + \tan^2 x.$$

Diese Alternative hat den Vorteil, dass sich das Ergebnis vollständig durch den Tangens ausdrücken lässt.

■

Die Ableitungsregel für verkettete Funktionen der Form $f(u(x))$, siehe Definition 5.13, leiten wir elegant mit der Differenzialschreibweise her:

$$\frac{\mathrm{d}f}{\mathrm{d}x} = \frac{\mathrm{d}f}{\mathrm{d}x} \cdot \frac{\mathrm{d}u}{\mathrm{d}u} = \frac{\mathrm{d}f}{\mathrm{d}u} \cdot \frac{\mathrm{d}u}{\mathrm{d}x}.$$

Bei verschachtelten Funktionen stellen wir uns vor, dass die äußere Funktion f die innere Funktion u als Variable besitzt und leiten die Funktion f nach der Variablen u ab. Dieses Ergebnis multiplizieren wir mit der sogenannten inneren Ableitung, also mit der Ableitung der inneren Funktion u nach der Variablen x. Dieses Prinzip der inneren Ableitung wird manchmal auch als Nachdifferenzieren bezeichnet.

Satz 8.9 (Kettenregel)

Beim Ableiten einer verketteten Funktion $f \circ u$ wird die Ableitung der äußeren Funktion f mit der Ableitung der inneren Funktion u multipliziert:

$$(f(u(x)))' = f'(u(x)) \cdot u'(x).$$

Beispiel 8.13 (Kettenregel)

a) Beim Ableiten der Funktion $f(x) = \mathrm{e}^{-x^2}$ müssen wir die Kettenregel anwenden:

$$f(x) = \mathrm{e}^{-x^2} \quad \Longrightarrow \quad f'(x) = \mathrm{e}^{-x^2} \cdot (-2\,x) = -2\,x\,\mathrm{e}^{-x^2}.$$

Die äußere Funktion $f(u) = \mathrm{e}^u$ besitzt die Ableitung $f'(u) = \mathrm{e}^u$ und die Ableitung der inneren Funktion $u(x) = -x^2$ ist $u'(x) = -2\,x$.

b) Die äußere Funktion von $f(x) = \sin\left(x^2\right)$ ist $f(u) = \sin u$ und die innere Funktion ist $u(x) = x^2$. Somit gilt nach der Kettenregel

$$f(x) = \sin\left(x^2\right) \quad \Longrightarrow \quad f'(x) = \cos\left(x^2\right) \cdot (2\,x) = 2\,x\,\cos\left(x^2\right)$$

für die Ableitung von f.

c) Bei der Funktion $f(x) = \sin^2 x$ ist die äußere Funktion $f(u) = u^2$ mit der äußeren Ableitung $f'(u) = 2\,u$ und die innere Funktion $u(x) = \sin x$ mit der inneren Ableitung $u'(x) = \cos x$. Insgesamt folgt

$$f(x) = \sin^2 x \quad \Longrightarrow \quad f'(x) = 2\,\sin x\,\cos x.$$

Vergleiche dazu die alternative Vorgehensweise mit der Produktregel in Beispiel 8.11.

d) Die Funktion $f(t) = A\,\sin(\omega\,t + \varphi)$ ist ein typischer Kandidat für die Kettenregel. Die äußere Funktion ist $f(u) = A\,\sin u$ und die innere Funktion ist $u(t) = \omega\,t + \varphi$:

$$f(t) = A\,\sin(\omega\,t + \varphi) \quad \Longrightarrow \quad f'(t) = A\,\cos(\omega\,t + \varphi) \cdot \omega = A\omega\,\cos(\omega\,t + \varphi).$$

Die Ableitung der äußeren Funktion nach u ergibt $f'(u) = A\,\cos u$. Die Ableitung der inneren Funktion nach t ist $u'(t) = \omega$.

e) Bei der Funktion $f(x) = (6\,x - 3)^3$ könnte man vor dem Ableiten die Klammer nach der binomischen Formel auflösen. Die Berechnung der Ableitung mit der Kettenregel

$$f(x) = (6\,x - 3)^3 \quad \Longrightarrow \quad f'(x) = 3\,(6\,x - 3)^2 \cdot 6 = 18\,(6\,x - 3)^2$$

mit $f(u) = u^3$ und $u(x) = 6x - 3$ ist jedoch weit weniger aufwendig.

f) Die Ableitung des Sinus Hyperbolicus, also $f(x) = \sinh x$,

$$f'(x) = (\sinh x)' = \left(\frac{e^x - e^{-x}}{2}\right)' = \frac{e^x - e^{-x} \cdot (-1)}{2} = \frac{e^x + e^{-x}}{2} = \cosh x$$

berechnen wir mithilfe der Faktor-, Summen- und Kettenregel.

g) Analog ergibt sich die Ableitung des Kosinus Hyperbolicus, also $f(x) = \cosh x$, zu

$$f'(x) = (\cosh x)' = \left(\frac{e^x + e^{-x}}{2}\right)' = \frac{e^x + e^{-x} \cdot (-1)}{2} = \frac{e^x - e^{-x}}{2} = \sinh x\,.$$

Auch hier haben wir wieder direkt mit der Definition der Funktion gearbeitet. ▪

Beispiel 8.14 (Ableitungsregeln)

Die Ableitung der Funktion

$$f(x) = \frac{3\,x\,e^x}{e^{2\,x} + 1}$$

berechnen wir nach der Quotientenregel

$$f'(x) = \frac{(3\,x\,e^x)'\left(e^{2\,x} + 1\right) - 3\,x\,e^x\left(e^{2\,x} + 1\right)'}{\left(e^{2\,x} + 1\right)^2}.$$

Die Berechnung der Ableitung der einzelnen Ausdrücke erfordert weitere Ableitungsregeln. Nach der Produktregel gilt

$$(3\,x\,e^x)' = 3\,e^x + 3\,x\,e^x = 3(1 + x)e^x.$$

Bei der Ableitung von $e^{2\,x}$ müssen wir die Kettenregel berücksichtigen:

$$\left(e^{2\,x}\right)' = e^{2\,x} \cdot 2 = 2\,e^{2\,x}.$$

Schließlich benötigen wir die Summenregel für

$$\left(e^{2\,x} + 1\right)' = 2\,e^{2\,x}.$$

Insgesamt ergibt sich

$$f'(x) = \frac{3(1 + x)e^x\left(e^{2\,x} + 1\right) - 6\,x\,e^x e^{2\,x}}{\left(e^{2\,x} + 1\right)^2} = \frac{3e^x\left(1 + x + e^{2\,x} - x\,e^{2\,x}\right)}{\left(e^{2\,x} + 1\right)^2}$$

für die Ableitung von f. ▪

8.2.2 Ableitung der Umkehrfunktion

Eine ganze Reihe wichtiger Funktionen, wie beispielsweise die Wurzelfunktionen, die Arkusfunktionen und die Logarithmusfunktionen basieren auf dem Prinzip der Umkehrfunktion. Wir werden sehen, dass zwischen der Ableitung einer Funktion und der Ableitung der Umkehrfunktion ein Zusammenhang besteht. Kennt man von einer Funktion die Ableitung, dann kann man durch diesen Zusammenhang die Ableitung der Umkehrfunktion ermitteln.

Die Umkehrfunktion entsteht aus der ursprünglichen Funktion durch Vertauschen von x mit y. Das Schaubild der Umkehrfunktion f^{-1} entsteht also durch Spiegeln des Schaubildes von f an der ersten Winkelhalbierenden. Spiegelt man den Punkt P mit den Koordinaten $P(x\,|\,y)$ an der ersten Winkelhalbierenden, so ergibt sich der Spiegelpunkt $\tilde{P}$ mit den Koordinaten $\tilde{P}(y\,|\,x)$. Das hat zur Folge, dass bei den Steigungsdreiecken Δx und Δy vertauscht sind:

$$f'(x) \approx \frac{\Delta y}{\Delta x} \quad \Longrightarrow \quad \left(f^{-1}(y)\right)' \approx \frac{\Delta x}{\Delta y}.$$

Dabei ist zu beachten, dass y der Funktionswert an der Stelle x ist und umgekehrt x der Funktionswert der Umkehrfunktion an der Stelle y:

$$y = f(x), \quad x = f^{-1}(y).$$

Durch Grenzwertbildung erhält man die Formel für die Ableitung der Umkehrfunktion. Damit kann man aus bekannten Ableitungen weitere Formeln generieren.

Satz 8.10 (Ableitung der Umkehrfunktion)

Die Ableitung der Umkehrfunktion f^{-1} an der Stelle y ist der Kehrwert der Ableitung der Funktion f an der Stelle x:

$$\left(f^{-1}(y)\right)' = \frac{1}{f'(x)}.$$

Dabei beschreibt

$$y = f(x), \quad x = f^{-1}(y)$$

den Zusammenhang zwischen x und y.

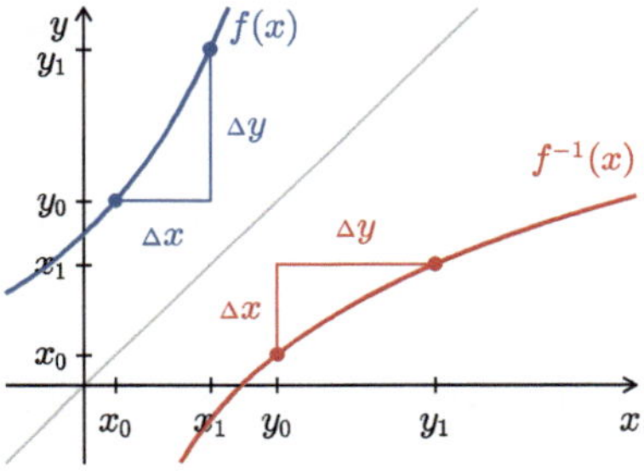

Beispiel 8.15 (Ableitung der Umkehrfunktion)

a) Unser Ziel ist es, die Ableitung des Logarithmus zu bestimmen. Die Umkehrfunktion von $f(x) = \mathrm{e}^x$ ist $f^{-1}(x) = \ln x$. Die Ableitung von $f(x) = \mathrm{e}^x$ ist $f'(x) = \mathrm{e}^x$. Nach der Formel für die Ableitung der Umkehrfunktion gilt

$$(\ln y)' = \left(f^{-1}(y)\right)' = \frac{1}{f'(x)} = \frac{1}{\mathrm{e}^x}.$$

Nun ersetzen wir e^x durch y und erhalten $(\ln y)' = \frac{1}{y}$ und damit schließlich

$$(\ln x)' = \frac{1}{x}.$$

Zum Schluss haben wir x und y vertauscht.

b) Die Umkehrfunktion von $f(x) = x^n$ für natürliche Zahlen n ist $f^{-1}(x) = \sqrt[n]{x}$. Die Ableitung $f'(x) = n\,x^{n-1}$ kennen wir bereits aus Beispiel 8.5.

$$(\sqrt[n]{y})' = \left(f^{-1}(y)\right)' = \frac{1}{f'(x)} = \frac{1}{n\,x^{n-1}}.$$

Dadurch können wir auch die Ableitung der Umkehrfunktion bestimmen.

Wenn wir diesen Ausdruck mit x erweitern, $x = \sqrt[n]{y}$ und $x^n = y$ ersetzen, erhalten wir

$$(\sqrt[n]{y})' = \frac{x}{n\,x^{n-1} \cdot x} = \frac{x}{n\,x^n} = \frac{\sqrt[n]{y}}{n\,y}.$$

Vertauschen von x und y liefert schließlich

$$(\sqrt[n]{x})' = \frac{\sqrt[n]{x}}{n\,x}.$$

Einprägsamer wird es, wenn wir mit gebrochenrationalen Hochzahlen arbeiten:

$$(x^{\frac{1}{n}})' = \frac{x^{\frac{1}{n}}}{n\,x} = \frac{1}{n}\,x^{\frac{1}{n}-1}.$$

Somit gilt die Potenzregel auch für rationale Hochzahlen. Aus Stetigkeitsgründen gilt die Potenzregel schließlich für alle reellen Exponenten, also für Funktionen der Form x^a mit $a \in \mathbb{R}$.

c) Der Arkustangens ist die Umkehrfunktion des Tangens. Die Ableitung des Tangens $f(x) = \tan x$ kennen wir bereits aus Beispiel 8.12. Sie lautet $f'(x) = \tan^2 x + 1$. Somit können wir mit der Formel für die Ableitung der Umkehrfunktion auch die Ableitung für den Arkustangens bestimmen:

$$(\arctan y)' = \left(f^{-1}(y)\right)' = \frac{1}{f'(x)} = \frac{1}{\tan^2 x + 1}.$$

Durch Ersetzen von $\tan x = y$ ergibt sich

$$(\arctan y)' = \frac{1}{y^2 + 1}.$$

und nach Vertauschen von x und y

$$(\arctan x)' = \frac{1}{1 + x^2}$$

die Ableitung des Arkustangens. ■

8.2.3 Logarithmisches Differenzieren

Das sogenannte logarithmische Ableiten ist weniger spektakulär als die Bezeichnung vermuten lässt. Letztendlich verbirgt sich dahinter eine Methode, mit der man Funktionen, bei denen die Variable im Exponenten auftaucht, ableiten kann. Der Trick besteht dabei darin, die ursprüngliche Funktion mithilfe der e-Funktion und der $\ln$-Funktion geschickt umzuformen und dann die Ableitung der umgeformten Funktion zu berechnen.

Merke 8.3 (Logarithmisches Differenzieren)

Wenn bei einer Funktion f die Variable x im Exponenten auftaucht, dann kann man die Ableitung oft mit der Ableitung der e-Funktion und der Ableitung der $\ln$-Funktion mithilfe der Darstellung

$$f'(x) = \left(\mathrm{e}^{\ln f(x)}\right)'$$

berechnen. Dabei spricht man vom logarithmischen Differenzieren.

Beispiel 8.16 (Logarithmische Ableitung)

a) Bei der Funktion $f(x) = a^x$ taucht die Variable x im Exponenten auf. Wir verwenden $f(x) = \mathrm{e}^{\ln a^x}$. Nach den Rechenregeln für den Logarithmus formen wir um:

$$\frac{\mathrm{d}}{\mathrm{d}x}\, a^x = \frac{\mathrm{d}}{\mathrm{d}x}\, \mathrm{e}^{\ln a^x} = \frac{\mathrm{d}}{\mathrm{d}x}\, \mathrm{e}^{x\cdot\ln a} = (\ln a)\, \mathrm{e}^{x\cdot\ln a} = (\ln a)\, \mathrm{e}^{\ln a^x} = (\ln a)\, a^x .$$

Dabei haben wir verwendet, dass die Ableitung der e-Funktion wieder die e-Funktion ergibt, wobei der Faktor $\ln a$ durch die Kettenregel entsteht.

b) Dieselbe Vorgehensweise wenden wir auch auf die Funktion $f(x) = x^x$ an:

$$\frac{\mathrm{d}}{\mathrm{d}x}\, x^x = \frac{\mathrm{d}}{\mathrm{d}x}\, \mathrm{e}^{\ln x^x} = \frac{\mathrm{d}}{\mathrm{d}x}\, \mathrm{e}^{x\cdot\ln x} = \mathrm{e}^{x\cdot\ln x}\, \frac{\mathrm{d}}{\mathrm{d}x}\, (x\cdot\ln x) = x^x\, (\ln x + 1) .$$

Dabei haben wir für die innere Ableitung

$$\frac{\mathrm{d}}{\mathrm{d}x}\, (x\cdot\ln x) = 1\cdot\ln x + x\cdot\frac{1}{x} = \ln x + 1$$

die Produktregel verwendet. ▪

8.2.4 Implizites Differenzieren

Wir haben bereits in Abschnitt 5.2.3 gesehen, dass man Funktionen auch durch implizite Gleichungen in x und y darstellen kann. Prinzipiell kann man versuchen, die Gleichung nach y aufzulösen und dann die Ableitung nach x zu berechnen. Diese Vorgehensweise ist im Vergleich zu der Methode des impliziten Differenzierens, die wir nun diskutieren, meistens aufwendiger. Mithilfe des impliziten Differenzierens kann man Ableitungen $y'(x)$ berechnen, ohne dass man die Funktionsgleichung $y(x)$ vorher explizit bestimmt hat.

Beispiel 8.17 (Implizite Ableitung)

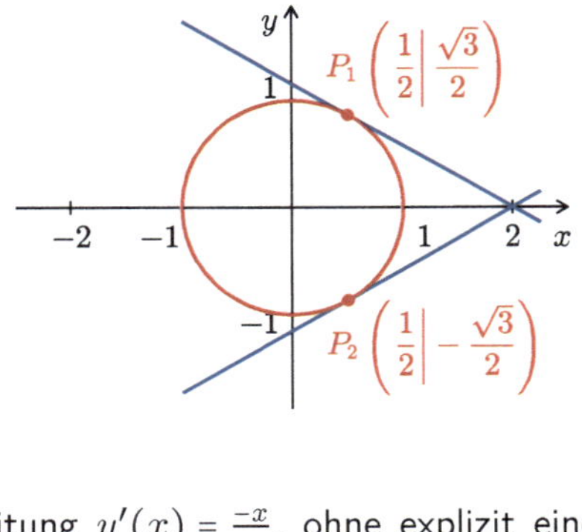

a) Der Einheitskreis wird durch die Gleichung $x^2 + y^2 = 1$ beschrieben. Wir bestimmen die Tangente an der Stelle $x = \frac{1}{2}$. Die zugehörigen y-Werte sind $y = \pm\frac{1}{2}\sqrt{3}$. Zur Bestimmung der Steigung der Tangente betrachten wir y als eine Funktion der Variablen x und leiten die implizite Gleichung nach x ab:

$$\begin{array}{rcrcl} x^2 & + & y(x)^2 & = & 1 \quad \left|\dfrac{\mathrm{d}}{\mathrm{d}x}\right. \\ 2x & + & 2y(x)\cdot y'(x) & = & 0 \end{array}$$

Dadurch erhalten wir eine Formel für die Ableitung $y'(x) = \frac{-x}{y}$, ohne explizit eine Formel für $y(x)$ bestimmt zu haben. Damit haben wir die Steigungen der Tangenten

$$y'\left(\frac{1}{2}\right) = \mp\frac{1}{\sqrt{3}}$$

in den Punkten $P_{1,2}\left(\frac{1}{2}\middle| \pm\frac{1}{2}\sqrt{3}\right)$ elegant bestimmt.

b) Die Ableitung von $f(x) = \arcsin x$ kann man ebenfalls durch implizites Differenzieren bestimmen. Wenn wir die Gleichung $\sin(f(x)) = x$ nach der Variablen x ableiten, ergibt sich nach der Kettenregel

$$\begin{aligned} \sin(f(x)) &= x \quad \Big| \frac{\mathrm{d}}{\mathrm{d}x}, \\ \cos(f(x))\, f'(x) &= 1. \end{aligned}$$

Die untere Gleichung können wir nach $f'(x)$ auflösen und umformen zu

$$f'(x) = \frac{1}{\cos(f(x))} = \frac{1}{\pm\sqrt{1 - \sin^2(f(x))}}.$$

Dabei haben wir wegen

$$\sin^2 x + \cos^2 x = 1 \quad \Longrightarrow \quad \cos x = \pm\sqrt{1 - \sin^2 x}$$

die Funktion $\cos x$ mithilfe von $\sin x$ ausgedrückt. Schließlich ergibt sich

$$f'(x) = \frac{1}{\pm\sqrt{1 - \sin^2(f(x))}} = \frac{1}{\pm\sqrt{1 - \sin^2(\arcsin x)}} = \frac{1}{\pm\sqrt{1 - x^2}}.$$

Nun müssen wir uns noch Gedanken über das Vorzeichen machen. Da der Arkussinus streng monoton wachsend ist, kommen nur positive Steigungen vor:

$$(\arcsin x)' = \frac{1}{\sqrt{1 - x^2}}.$$

Dieses Vorgehen ist eine Alternative zum Ableiten über die Umkehrfunktion. ■

Merke 8.4 (Implizites Differenzieren)

Beim Ableiten einer impliziten Gleichung mit x und y

$$F(x, y) = 0$$

nach x, betrachtet man y als Funktion der Variablen x, also $y(x)$. Beim Ableiten der Gleichung nach x muss man beachten, dass y von der Variablen x abhängt und man deshalb nach der Kettenregel die innere Ableitung $y'(x)$ berücksichtigen muss.

In Abschnitt 12.3.4 werden wir eine Formel für die implizite Ableitung aufstellen. Dazu sind Kenntnisse über Funktionen mit mehreren Variablen notwendig. Die Funktion $F(x, y)$ hat dabei die beiden Argumente x und y.

8.2.5 Zusammenfassung

In der folgenden Tabelle sind die wichtigsten Ableitungsregeln zusammengefasst. Dabei bezeichnen f, g und u differenzierbare Funktionen, und C ist eine beliebige Konstante. Es sind nur wenige Ableitungsregeln, aber diese sollte man im Schlaf beherrschen. Die Regel zur Ableitung der Umkehrfunktion wird bei praktischen Anwendungen eher selten eingesetzt.

Merke 8.5 (Ableitungsregeln)

Faktorregel	$(C \cdot f(x))'$	$=$	$C \cdot f'(x)$
Summenregel	$(f(x) \pm g(x))'$	$=$	$f'(x) \pm g'(x)$
Produktregel	$(f(x) \cdot g(x))'$	$=$	$f'(x) \cdot g(x) + f(x) \cdot g'(x)$
Quotientenregel	$\left(\dfrac{f(x)}{g(x)}\right)'$	$=$	$\dfrac{f'(x) \cdot g(x) - f(x) \cdot g'(x)}{g(x)^2}$
Kettenregel	$(f(u(x)))'$	$=$	$f'(u(x)) \cdot u'(x)$
Umkehrfunktion	$\left(f^{-1}(y)\right)'$	$=$	$\dfrac{1}{f'(x)}$

In zahlreichen Beispielen haben wir für die meisten elementaren Funktionen bereits Ableitungsfunktionen explizit hergeleitet. Die wichtigsten Ergebnisse halten wir in Form einer Tabelle fest.

Merke 8.6 (Ableitungen der wichtigsten Funktionen)

Funktion $f(x)$	Ableitung $f'(x)$	Funktion $f(x)$	Ableitung $f'(x)$
$x^a \quad (a \in \mathbb{R})$	$a\, x^{a-1}$	$\sin x$	$\cos x$
e^x	e^x	$\cos x$	$-\sin x$
$\ln x$	$\dfrac{1}{x}$	$\arctan x$	$\dfrac{1}{1+x^2}$

8.3 Regel von Bernoulli-de l'Hospital

Ableitungen sind durch Grenzwerte definiert. Umgekehrt kann man Grenzwerte auch mithilfe von Ableitungen berechnen. Diesen Sachverhalt hat der Schweizer Mathematiker Johann Bernoulli erkannt. Der französische Mathematiker Guillaume François Antoine Marquis de l'Hospital hat ihm diese Idee abgekauft und unter seinem Namen veröffentlicht. Ein Verfahren zur Berechnung von Grenzwerten ist heute unter dem Namen dieser beiden Mathematiker bekannt.

Bisher haben wir einige Grenzwerte durch Plausibilitätsbetrachtungen oder mithilfe von Computern näherungsweise bestimmt. Mithilfe der Regel von Bernoulli-de l'Hospital sind wir nun in der Lage, diese Grenzwerte mathematisch exakt zu berechnen.

Die Regel von Bernoulli-de l'Hospital lässt sich nur auf bestimmte Typen von Grenzwerten anwenden. Es werden nur Grenzwerte in Form von Quotienten betrachtet, bei denen sowohl der Zähler als auch der Nenner gegen null streben oder bei denen sowohl Zähler als auch Nenner gegen $\pm\infty$ streben.

Satz 8.11 (Regel von Bernoulli-de l'Hospital)
Falls die beiden Grenzwerte $\lim\limits_{x \to x_0} f(x)$ und $\lim\limits_{x \to x_0} g(x)$ entweder beide gegen 0 oder beide gegen $\pm\infty$ streben, dann gilt

$$\lim_{x \to x_0} \frac{f(x)}{g(x)} = \lim_{x \to x_0} \frac{f'(x)}{g'(x)},$$

sofern der Grenzwert auf der rechten Seite als eigentlicher oder uneigentlicher Grenzwert existiert und die Funktionen f und g an der Stelle x_0 differenzierbar sind. Die Regel gilt auch für $x \to \pm\infty$.

Dass die Regel von Bernoulli-de l'Hospital tatsächlich richtig ist, lässt sich plausibel erklären. Nähert man zwei Funktionen $f(x)$ und $g(x)$ mit $f(x_0) = 0$ und $g(x_0) = 0$ durch ihre Tangenten an der Stelle x_0 an, dann gilt

$$\lim_{x \to x_0} \frac{f(x)}{g(x)} \approx \lim_{x \to x_0} \frac{f(x_0) + f'(x_0)(x - x_0)}{g(x_0) + g'(x_0)(x - x_0)} = \lim_{x \to x_0} \frac{f'(x_0)}{g'(x_0)}.$$

Der Nachweis für den Fall, dass die Grenzwerte in Zähler und Nenner gegen ∞ gehen, lässt sich auf den Fall, dass beide Grenzwerte gegen null gehen, zurückführen. Auf weitere Details dazu verzichten wir jedoch hier.

Beispiel 8.18 (sinc-Funktion)
Um zu entscheiden, ob die Funktion

$$\operatorname{sinc} x = \begin{cases} \dfrac{\sin x}{x} & \text{für} \quad x \neq 0 \\ 1 & \text{für} \quad x = 0 \end{cases}$$

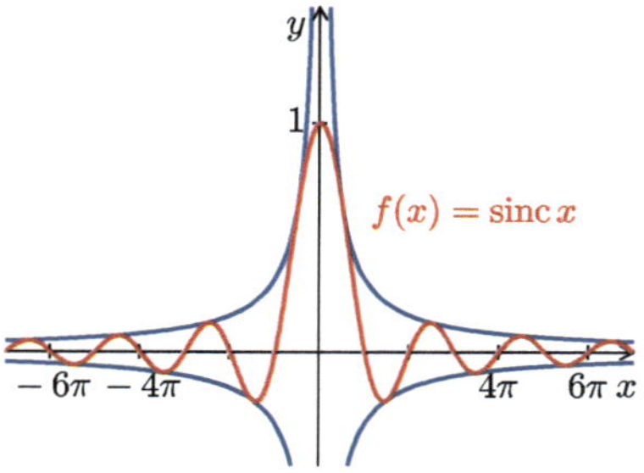

stetig ist, berechnen wir den Grenzwert für x gegen 0. Die Grenzwerte im Zähler und im Nenner sind beide null und der Grenzwert der Ableitungen existiert, nämlich

$$\lim_{x \to 0} \frac{\cos x}{1} = 1 \quad \Longrightarrow \quad \lim_{x \to 0} \frac{\sin x}{x} = 1.$$

Somit ist die sinc-Funktion auf ganz $\mathbb{R}$ stetig. ■

In Beispiel 8.18 haben wir herausgefunden, dass sich $\sin x$ für kleine x-Werte wie x verhält. Man kann die Sinusfunktion also für kleine x-Werte mithilfe der ersten Winkelhalbierenden näherungsweise beschreiben. Dieser Sachverhalt wird oft in der Physik verwendet, wenn es um kleine Winkelwerte geht.

Merke 8.7 (Verhalten des Sinus für kleine Werte)

Für kleine x-Werte verhält sich $\sin x$ wie x, mit anderen Worten:

$$\lim_{x\to 0} \frac{\sin x}{x} = 1.$$

Manchmal führt die Regel von Bernoulli-de l'Hospital nicht auf Anhieb zum Ziel. In vielen Fällen wird man aber durch Hartnäckigkeit belohnt, indem man die Regel einfach wiederholt anwendet. Trotzdem darf man nicht vergessen, dass die Regel von Bernoulli-de l'Hospital kein Allheilmittel ist. Es gibt durchaus Fälle, bei denen auch die mehrfache Anwendung der Regel nicht zum Erfolg führt. Vorhersehbar ist der Ausgang der mehrfachen Anwendung meist nicht.

Beispiel 8.19 (Regel von Bernoulli-de l'Hospital)

Bei dem folgenden Grenzwert und auch bei dem Grenzwert der Ableitungen

$$\lim_{x\to\infty} \frac{x^3}{e^x}, \quad \lim_{x\to\infty} \frac{3\,x^2}{e^x}$$

gehen sowohl Zähler als auch Nenner gegen ∞. Eine einmalige Anwendung der Regel von Bernoulli-de l'Hospital bringt zunächst also keinen Gewinn. Trotzdem können wir von der Regel von Bernoulli-de l'Hospital profitieren:

$$\lim_{x\to\infty} \frac{6}{e^x} = 0 \quad\Longrightarrow\quad \lim_{x\to\infty} \frac{6\,x}{e^x} = 0 \quad\Longrightarrow\quad \lim_{x\to\infty} \frac{3\,x^2}{e^x} = 0 \quad\Longrightarrow\quad \lim_{x\to\infty} \frac{x^3}{e^x} = 0.$$

Wir wenden die Regel so oft an, bis im Zähler kein x mehr vorhanden ist. ■

Den Sachverhalt aus Beispiel 8.19 können wir auf den Zusammenhang zwischen dem asymptotischen Verhalten der e-Funktion und dem von Polynomen von beliebigem Grad verallgemeinern.

Merke 8.8 (Asymptotisches Verhalten von e-Funktion und Potenzfunktionen)

Für große x-Werte wächst die e-Funktion schneller als jede Potenzfunktion und somit auch schneller als jedes Polynom. Als Grenzwert formuliert:

$$\lim_{x\to\infty} \frac{x^n}{e^x} = \lim_{x\to\infty} \frac{a_n\,x^n + a_{n-1}\,x^{n-1} + \ldots + a_2\,x^2 + a_1\,x + a_0}{e^x} = 0, \qquad n \in \mathbb{N}.$$

Nach Satz 8.11 darf man die Regel von Bernoulli-de l'Hospital nur auf Quotienten anwenden, bei denen sowohl Zähler als auch Nenner gegen null streben oder bei denen sowohl Zähler als auch Nenner gegen $\pm\infty$ streben. Solche Grenzwerte bezeichnet man als unbestimmte Ausdrücke vom Typ $\frac{0}{0}$ oder $\frac{\pm\infty}{\pm\infty}$. Bei anderen Typen von unbestimmten Ausdrücken lässt sich die Regel zwar nicht direkt, dafür aber nach geeigneten Umformungen, anwenden.

Merke 8.9 (Umformung unbestimmter Ausdrücke)

Unbestimmte Ausdrücke vom Typ

$$\infty - \infty, \quad 0 \cdot \infty, \quad 0^0, \quad 1^\infty, \quad \infty^0$$

formt man so um, dass man einen unbestimmten Ausdruck von folgendem Typ erhält:

$$\frac{0}{0} \quad \text{oder} \quad \frac{\infty}{\infty}.$$

Einige Umformungen sind relativ trickreich und verwenden teilweise die e-Funktion oder die ln-Funktion. Wir verzichten auf eine systematische Übersicht und erläutern das Prinzip lediglich anhand einzelner Beispiele.

Beispiel 8.20 (Unbestimmte Ausdrücke)

a) Der Grenzwert $\lim\limits_{x\to 0}\left(\frac{1}{x} - \frac{1}{\sin x}\right)$ ist ein unbestimmter Ausdruck vom Typ $\infty - \infty$:

$$\lim_{x\to 0}\left(\frac{1}{x} - \frac{1}{\sin x}\right) = \lim_{x\to 0}\frac{\sin x - x}{x \sin x}\,.$$

Er lässt sich in einen unbestimmten Ausdruck vom Typ $\frac{0}{0}$ umwandeln. Der Grenzwert

$$\lim_{x\to 0}\frac{\cos x - 1}{\sin x + x\cos x}$$

der Ableitungen ist nun wiederum ein unbestimmter Ausdruck vom Typ $\frac{0}{0}$. Wir versuchen, die Regel von Bernoulli-de l'Hospital ein zweites Mal anzuwenden:

$$\lim_{x\to 0}\frac{-\sin x}{\cos x + \cos x - x\sin x} = 0 \quad \Longrightarrow \quad \lim_{x\to 0}\left(\frac{1}{x} - \frac{1}{\sin x}\right) = 0$$

und erhalten damit den Grenzwert des ursprünglichen Ausdrucks.

b) Der Grenzwert $\lim\limits_{x\to 0}(x\ln x)$ ist vom Typ $0\cdot\infty$, wir können ihn aber durch

$$\lim_{x\to 0}(x\ln x) = \lim_{x\to 0}\frac{\ln x}{\frac{1}{x}}$$

in einen Grenzwert vom Typ $\frac{-\infty}{\infty}$ umformen. Der Grenzwert der Ableitungen

$$\lim_{x\to 0}\frac{\frac{1}{x}}{\frac{-1}{x^2}} = \lim_{x\to 0}(-x) = 0$$

existiert und somit ist $\lim\limits_{x\to 0}(x\ln x) = 0$. Der Logarithmus ist jedoch nur für $x > 0$ definiert, deshalb handelt es sich dabei nur um einen rechtsseitigen Grenzwert.

c) Der Grenzwert $\lim\limits_{x\to 0} x^x$ ist vom Typ 0^0. Durch Umformung erhalten wir

$$\lim_{x\to 0} x^x = \lim_{x\to 0} \mathrm{e}^{\ln x^x} = \lim_{x\to 0}\mathrm{e}^{x\ln x} = \mathrm{e}^{\lim\limits_{x\to 0}(x\ln x)} = \mathrm{e}^0 = 1.$$

Dabei haben wir die Stetigkeit der e-Funktion benutzt. Wegen des Logarithmus sind nur Werte $x > 0$ zugelassen. Auch hier ist der Grenzwert rechtsseitig. ▪

8.4 Geometrische Bedeutung der Ableitungen

Durch Untersuchung der Ableitungsfunktionen einer Funktion können wir Rückschlüsse auf den Verlauf einer Funktion ziehen. Wir werden sehen, dass die erste Ableitung einer Funktion es ermöglicht, das Steigungsverhalten zu analysieren und Hoch- und Tiefpunkte zu lokalisieren. Mit der zweiten Ableitung werden wir das Krümmungsverhalten einer Funktion untersuchen.

8.4.1 Neigungswinkel und Schnittwinkel

Die Ableitung beschreibt das Steigungsverhalten einer Funktion. Bei vielen technischen Anwendungen ist es üblich, die Steigung in Form von Winkeln auszudrücken. Der Neigungswinkel des Graphen einer Funktion wird bezüglich der positiven x-Achse gemessen. Dabei betrachtet man zur Festlegung des Winkels an der Stelle x_0 die Tangente an dieser Stelle. Die Gleichung

$$\tan\alpha = \frac{f'(x_0)}{1} = f'(x_0).$$

beschreibt die Neigung im rechtwinkligen Steigungsdreieck. Es ist jedoch zu beachten, dass sich bei einer Änderung der Achsenskalierung auch der Neigungswinkel ändert.

Definition 8.8 (Neigungswinkel)
Der Neigungswinkel des Graphen einer Funktion f im Punkt $(x_0 \,|\, f(x_0))$ ist der Winkel α, den die Tangente an der Stelle x_0 mit der x-Achse bildet. Zwischen dem Winkel α und der Ableitung besteht der Zusammenhang

$$\tan\alpha = f'(x_0),$$

dabei müssen die Achsen gleich skaliert sein.

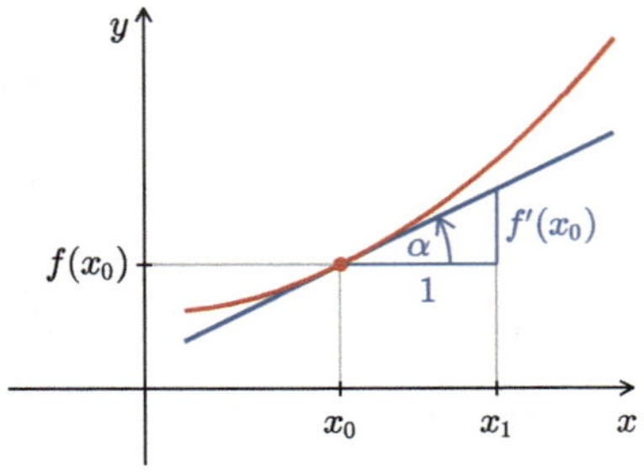

Den Neigungswinkel selbst berechnet man mit dem Arkustangens

$$\alpha = \arctan\big(f'(x_0)\big).$$

Der Neigungswinkel α besitzt somit Werte zwischen $-\frac{\pi}{2}$ und $\frac{\pi}{2}$. Teilweise wird die Steigung auch mittels Prozentangaben beschrieben. Prozentangaben entsprechen direkt dem Wert der Ableitung. Beispielsweise entspricht eine Steigung von $10\ \%$ dem Ableitungswert 0.1, ebenso entspricht eine Steigung von $100\ \%$ dem Ableitungswert 1. Somit sind Steigungen über $100\ \%$ gültige Angaben. $200\ \%$ Steigung entsprechen einer Steigung von 2, also einem Winkel von $\arctan(2) \approx 63°$. Für Neigungswinkel, die gegen $\frac{\pi}{2}$ streben, geht die Ableitung und somit auch die prozentuale Steigung gegen ∞.

Mithilfe von Tangenten kann man auch einen Winkel zwischen den Schaubildern von zwei Funktionen f und g definieren. Man definiert diesen Winkel als Winkel zwischen den beiden Tangenten. Der Schnittwinkel α ist demnach also die Differenz der beiden Neigungswinkel α_f und α_g:

$$\tan\alpha = \tan(\alpha_f - \alpha_g) = \frac{\tan\alpha_f - \tan\alpha_g}{1 + \tan\alpha_f\,\tan\alpha_g} = \frac{f'(x_0) - g'(x_0)}{1 + f'(x_0)\,g'(x_0)}.$$

Diese Formel entsteht durch Anwendung des Additionstheorems für den Tangens, siehe dazu auch Satz 6.11.

Definition 8.9 (Schnittwinkel)

Der Schnittwinkel α der Graphen von zwei Funktionen f und g, die sich an der Stelle x_0 in einem gemeinsamen Punkt schneiden, ist die Differenz der beiden Neigungswinkel α_f des Schaubildes der Funktion f an der Stelle x_0 und α_g des Schaubildes der Funktion g an der Stelle x_0:

$$\alpha = \alpha_f - \alpha_g.$$

Der Schnittwinkel lässt sich mit den Ableitungen berechnen:

$$\tan\alpha = \frac{f'(x_0) - g'(x_0)}{1 + f'(x_0)\,g'(x_0)}.$$

Beispiel 8.21 (Schnittwinkel)

Die Schaubilder der beiden Funktionen $f(x) = \sin x$ und $g(x) = \cos x$ schneiden sich an der Stelle $x_0 = \frac{\pi}{4}$. Die beiden Ableitungen sind

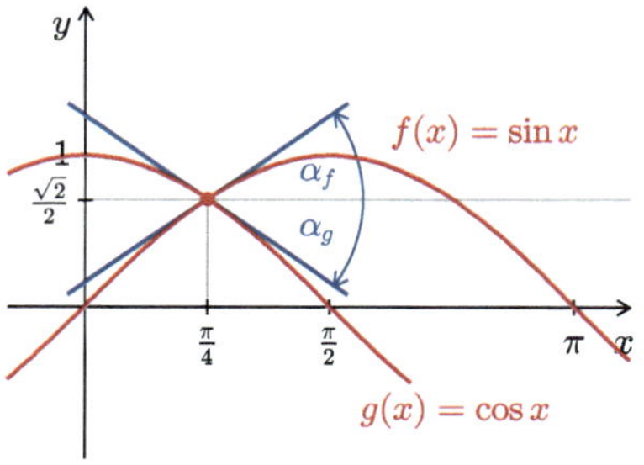

$$f'(x) = \cos x \implies f'\left(\frac{\pi}{4}\right) = \frac{\sqrt{2}}{2}$$

$$g'(x) = -\sin x \implies g'\left(\frac{\pi}{4}\right) = -\frac{\sqrt{2}}{2}$$

Somit gilt für den Schnittwinkel

$$\tan\alpha = \frac{\frac{1}{2}\sqrt{2} + \frac{1}{2}\sqrt{2}}{1 - \frac{1}{2}} = 2\sqrt{2},$$

was einem Winkel von ungefähr 70° entspricht. ■

An Stellen, an denen das Produkt der beiden Steigungen den Wert -1 ergibt, können wir mit der Formel aus Definition 8.9 den Schnittwinkel nicht berechnen. Dieser Sonderfall, bei dem der Nenner in der Formel null wird, kennzeichnet zwei Tangenten, die senkrecht zueinander sind.

Ein weiterer Spezialfall liegt vor, falls die Schaubilder zweier Funktionen in einem gemeinsamen Punkt dieselbe Steigung haben. Dann ist der Schnittwinkel null und man spricht von zwei Graphen, die sich berühren.

Merke 8.10 (Orthogonale und berührende Graphen)

Die Graphen der Funktionen f und g, die für x_0 denselben Funktionswert haben,

- sind genau dann senkrecht zueinander, wenn das Produkt der beiden Ableitungen an der Stelle x_0 den Wert -1 ergibt:

  $$f(x_0) = g(x_0) \quad \text{und} \quad f'(x_0) \cdot g'(x_0) = -1.$$

- berühren sich genau dann, wenn die Ableitungen an der Stelle x_0 übereinstimmen:

  $$f(x_0) = g(x_0) \quad \text{und} \quad f'(x_0) = g'(x_0).$$

8.4.2 Monotonie

Wir haben zwei unterschiedliche Begriffe kennengelernt, die das Wachstumsverhalten einer Funktion beschreiben. Zum einen die Monotonie aus Abschnitt 5.3.3 und zum anderen die Ableitung. Wir klären nun den Zusammenhang zwischen diesen beiden Begriffen.

Merke 8.11 (Geometrische Bedeutung der ersten Ableitung)

Die erste Ableitung an der Stelle x_0 beschreibt das Steigungsverhalten einer Funktion f in der unmittelbaren Umgebung der Stelle x_0:

$$f'(x_0) \begin{cases} < 0 \implies \text{Funktion fällt} \\ > 0 \implies \text{Funktion wächst.} \end{cases}$$

Dabei betrachtet man die Funktion stets in Richtung zunehmender x-Werte.

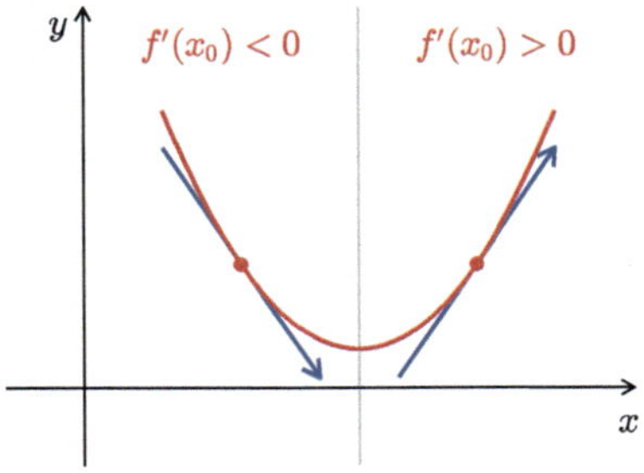

Streng monoton wachsende Funktionen sind somit durch positive Ableitungen und streng monoton fallende Funktionen durch negative Ableitungen charakterisiert. In der Regel erfolgt der Nachweis der Monotonie relativ einfach mithilfe der Ableitung.

Merke 8.12 (Erste Ableitung und Monotonie)

Falls die erste Ableitung einer Funktion f für alle x-Werte aus einem Intervall I

- positiv ist, dann ist die Funktion auf ganz I streng monoton wachsend:

  $$f'(x) > 0 \text{ für alle } x \in I \quad \implies \quad f(x) \text{ streng monoton wachsend.}$$

- negativ ist, dann ist die Funktion auf ganz I streng monoton fallend:

  $$f'(x) < 0 \text{ für alle } x \in I \quad \implies \quad f(x) \text{ streng monoton fallend.}$$

Beispiel 8.22 (Ableitung und Monotonie)

Wir untersuchen das Monotonieverhalten der Funktion

$$f(x) = \frac{4x}{1+x^2}.$$

Dazu berechnen wir die erste Ableitung mit der Quotientenregel

$$f'(x) = \frac{4(1+x^2) - 4x \cdot 2x}{(1+x^2)^2} = \frac{4(1-x^2)}{(1+x^2)^2}.$$

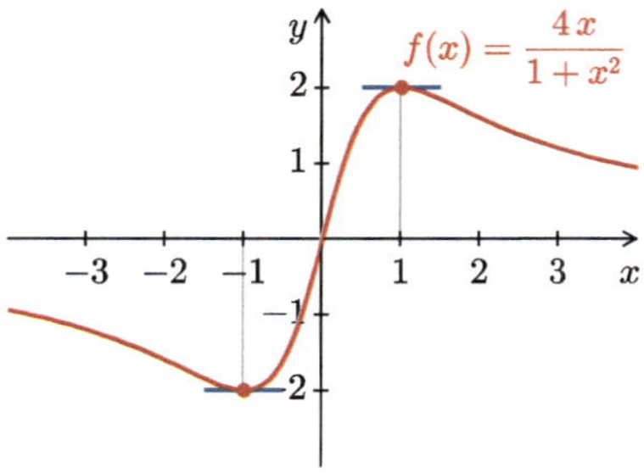

Das Vorzeichen der ersten Ableitung wird von $1 - x^2$ bestimmt, da alle anderen Terme stets positiv sind. Für x-Werte zwischen -1 und 1 ist die erste Ableitung positiv und somit ist die Funktion f in diesem Bereich streng monoton wachsend. Außerhalb dieses Bereichs ist die Funktion f streng monoton fallend. ■

Das Vorzeichen der Ableitung liefert lediglich ein hinreichendes Kriterium für Monotonie. Bei Funktionen, die an gewissen Stellen nicht differenzierbar sind, muss man deshalb bei der Untersuchung auf Monotonie sorgfältig vorgehen und auf die Definition 5.20 zurückgreifen.

Gilt für die erste Ableitung einer Funktion f die Bedingung $f'(x) \geq 0$ auf einem Intervall I, so ist die Funktion zumindest monoton wachsend auf I, allerdings nicht zwingend streng monoton. Gilt entsprechend für die erste Ableitung von f die Bedingung $f'(x) \leq 0$, so ist die Funktion monoton fallend auf I, wenn auch nicht zwangsläufig streng monoton.

8.4.3 Krümmung

Auch die zweite Ableitung einer Funktion hat eine anschauliche Bedeutung. Die erste Ableitung beschreibt die Veränderung der Funktion. Auf dieselbe Art beschreibt die zweite Ableitung die Veränderung der Steigung.

Merke 8.13 (Geometrische Bedeutung der zweiten Ableitung)

Die zweite Ableitung an der Stelle x_0 beschreibt das Krümmungsverhalten einer Funktion f in der unmittelbaren Umgebung der Stelle x_0:

$$f''(x_0) \begin{cases} < 0 \implies & \text{Rechtskrümmung, Steigung nimmt ab} \\ > 0 \implies & \text{Linkskrümmung, Steigung nimmt zu.} \end{cases}$$

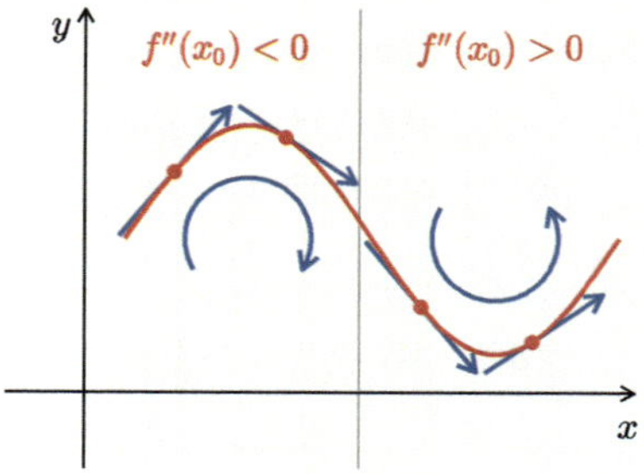

Auch bei der Beurteilung der Krümmung betrachtet man die Funktion stets in Richtung zunehmender x-Werte. Außerdem ist das Vorzeichen der Steigung zu berücksichtigen. Die Steigung nimmt also auch zu, wenn sie sich von negativen Werten zu positiven Werten verändert. Den Begriff der Krümmung kann man mathematisch noch exakter definieren. Im Zusammenhang mit Kurven geschieht dies in Abschnitt 11.4.

Beispiel 8.23 (Krümmung)

Das Krümmungsverhalten der Funktion

$$f(x) = 5\,\mathrm{e}^{-\frac{x^2}{2}}$$

bestimmt man anhand der zweiten Ableitung:

$$\begin{aligned} f'(x) &= -5\,x\,\mathrm{e}^{-\frac{x^2}{2}} \\ f''(x) &= -5\,\mathrm{e}^{-\frac{x^2}{2}} + 5\,x^2\,\mathrm{e}^{-\frac{x^2}{2}} \\ &= 5(x^2-1)\,\mathrm{e}^{-\frac{x^2}{2}} \\ &= 5(x-1)(x+1)\,\mathrm{e}^{-\frac{x^2}{2}}. \end{aligned}$$

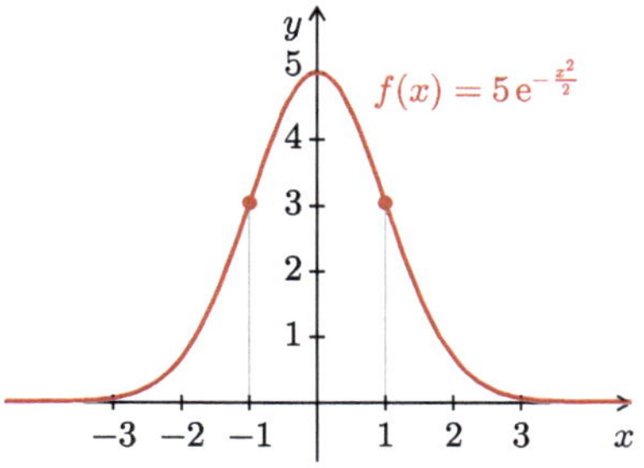

An den Stellen $x = \pm 1$ wechselt das Krümmungsverhalten. Die Funktion ist für $-1 < x < 1$ rechtsgekrümmt und für $x < -1$ oder für $x > 1$ linksgekrümmt. ■

8.4.4 Lokale Extrema

Technische Systeme verfügen meistens über eine Vielzahl von Stellgrößen. Mithilfe mathematischer Modelle versucht man, für diese Stellgrößen Werte zu ermitteln, die zu einem optimalen Ergebnis führen. Beispielsweise versucht man Verbrennungsprozesse so zu steuern, dass möglichst wenig Schadstoffe erzeugt werden. Optimierungsprobleme spielen auch in anderen Bereichen eine wichtige Rolle. In der Betriebswirtschaft geht man etwa der Frage nach, bei welcher Anzahl produzierter Teile man einen maximalen Gewinn erzielen kann. Solche Fragestellungen führen zu dem mathematischen Problem, Stellen zu bestimmen, an denen Funktionen ihren minimalen oder maximalen Wert annehmen.

Definition 8.10 (Lokales Minimum und Maximum)

Eine Funktion f besitzt an der Stelle x_0

- ein lokales Minimum, wenn alle anderen Funktionswerte in der Umgebung von x_0 nicht kleiner sind als der Funktionswert an der Stelle x_0:

  $$f(x_0) \leq f(x), \qquad x \neq x_0.$$

  Einen entsprechenden Punkt im Schaubild bezeichnet man als Tiefpunkt.
- ein lokales Maximum, wenn alle anderen Funktionswerte in der Umgebung von x_0 nicht größer sind als der Funktionswert an der Stelle x_0:

  $$f(x_0) \geq f(x), \qquad x \neq x_0.$$

  Einen entsprechenden Punkt im Schaubild bezeichnet man als Hochpunkt.

Ein lokales Minimum oder Maximum bezeichnet man auch als relatives Minimum oder Maximum. Minima und Maxima werden auch als Extrema bezeichnet. Manchmal spricht man von einem Hoch- oder Tiefpunkt nur dann, wenn in Definition 8.10 eine echte Ungleichung vorliegt. Ein Minimum oder Maximum finden wir in der Regel an einer Stelle, an der das Schaubild der Funktion eine waagrechte Tangente hat. Allerdings funktioniert Definition 8.10 auch an Stellen, an denen die Funktion gar nicht differenzierbar ist.

Beispiel 8.24 (Minimum der Betragsfunktion)

Die Funktion $f(x) = |x|$ besitzt die Ableitung

$$f'(x) = \begin{cases} -1 & \text{für} \quad x < 0 \\ 1 & \text{für} \quad x > 0. \end{cases}$$

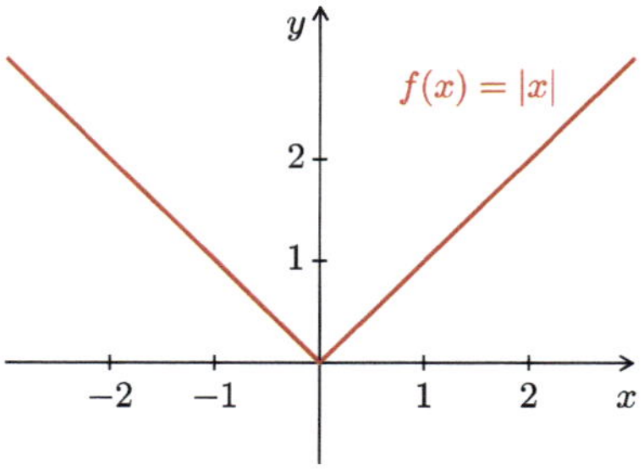

Die Ableitungsfunktion wird also niemals null. Trotzdem hat die Funktion an der Stelle $x_0 = 0$ ein lokales Minimum. An der Stelle $x_0 = 0$ ist die Funktion f nicht differenzierbar, deshalb findet man dieses Minimum nicht durch die Bedingung $f'(x) = 0$. ■

Definition 8.10 liefert uns kein Berechnungsverfahren für Extrema. Wir brauchen also weitere Bedingungen. In der Mathematik unterscheidet man drei Arten von Bedingungen. Notwendige Bedingungen sind Voraussetzungen, die auf jeden Fall erfüllt sein müssen, damit eine bestimmte Eigenschaft überhaupt möglich ist. Hinreichende Bedingungen garantieren, dass die Eigenschaft erfüllt ist. Bedingungen, die hinreichend und notwendig sind, bezeichnen wir als „genau-dann"-Bedingungen, siehe Abschnitt 1.1.

Satz 8.12 (Bedingungen für ein Minimum)

Wenn eine differenzierbare Funktion f an der Stelle x_0

- ein lokales Minimum hat, dann besitzt sie dort eine waagrechte Tangente. Die Bedingung $f'(x_0) = 0$ ist somit notwendig.
- eine waagrechte Tangente hat und zusätzlich zweimal differenzierbar und links gekrümmt ist, dann hat sie dort ein lokales Minimum. Die Bedingung $f'(x_0) = 0$ und $f''(x_0) > 0$ ist somit hinreichend.
- eine waagrechte Tangente hat und die Ableitung f' beim Durchgang durch x_0 das Vorzeichen von minus nach plus wechselt, so hat f an der Stelle x_0 ein lokales Minimum. Diese Bedingung ist somit ebenfalls hinreichend.

Nicht immer spüren die beiden hinreichenden Bedingungen in Satz 8.12 einen Extremwert auf. Der mathematisch ambitionierte Leser erkennt, dass die spezielle Funktion

$$f(x) = \mathrm{e}^{-\frac{1}{x^2}} \sin^2\left(\frac{1}{x^2}\right) \quad \text{für} \quad x \neq 0 \quad \text{und} \quad f(0) = 0$$

beliebig oft differenzierbar ist, alle Ableitungen für $x_0 = 0$ gleich null sind und f' bei $x_0 = 0$ keinen Vorzeichenwechsel hat. Die Funktion besitzt bei $x_0 = 0$ jedoch ein Minimum!

Von einem Vorzeichenwechsel sprechen wir, wenn es eine kleine Umgebung der Stelle x_0 gibt, in der f' links von x_0 ein einheitliches Vorzeichen und rechts von x_0 ebenfalls einheitlich das entgegengesetzte Vorzeichen besitzt.

Beispiel 8.25 (Minimum)

Die Extremwerte der Funktion

$$f(x) = 2\sqrt{x^2 - 4x + 8} - 6$$

bestimmen wir aus den Nullstellen der ersten Ableitung

$$f'(x) = \frac{2(2x-4)}{2\sqrt{x^2-4x+8}} = 2\,\frac{x-2}{\sqrt{x^2-4x+8}}.$$

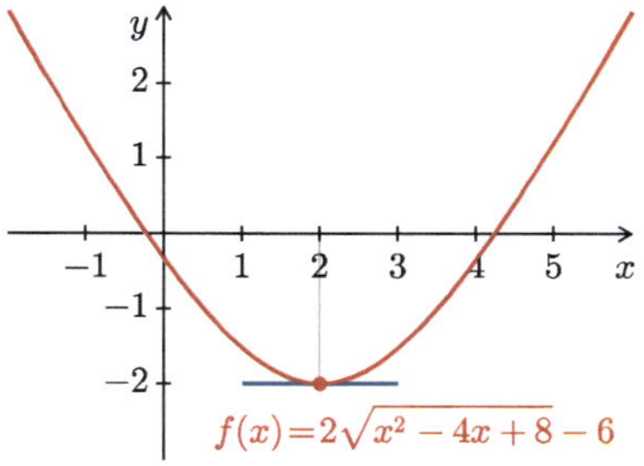

Der einzig mögliche Kandidat für einen Extremwert ist somit $x = 2$. Bei der ersten Ableitung wechselt an der Stelle $x = 2$ das Vorzeichen von minus nach plus.
Also besitzt die Funktion f an der Stelle $x = 2$ ein lokales Minimum. Der Tiefpunkt hat die Koordinaten $(2|-2)$. Wir können auch mit der zweiten Ableitung

$$\begin{aligned} f''(x) &= 2\,\frac{\sqrt{x^2-4x+8} - \frac{(x-2)(2x-4)}{2\sqrt{x^2-4x+8}}}{x^2-4x+8} = 2\,\frac{x^2-4x+8-(x-2)^2}{\sqrt{(x^2-4x+8)^3}} \\ &= 2\,\frac{x^2-4x+8-x^2+4x-4}{\sqrt{(x^2-4x+8)^3}} = \frac{8}{\sqrt{(x^2-4x+8)^3}} \end{aligned}$$

nachweisen, dass die Funktion f an der Stelle $x = 2$ ein Minimum hat, denn $f''(2) > 0$. Allerdings ist diese Methode aufwendiger. Wesentlich eleganter ist die folgende dritte Methode zum Nachweis eines Minimums: Die beiden Grenzwerte

$$\lim_{x\to\pm\infty} 2\sqrt{x^2-4x+8} - 6 = \infty$$

garantieren, dass die Funktion f mindestens ein lokales Minimum besitzt. Da wir aus der Betrachtung der ersten Ableitung bereits wissen, dass die Funktion f höchstens einen Extremwert besitzt, muss der Extremwert an der Stelle $x = 2$ ein Minimum sein. ∎

Satz 8.13 (Bedingungen für ein Maximum)

Wenn eine differenzierbare Funktion f an der Stelle x_0

- ein lokales Maximum hat, dann besitzt sie dort eine waagrechte Tangente. Die Bedingung $f'(x_0) = 0$ ist somit notwendig.
- eine waagrechte Tangente hat und zusätzlich zweimal differenzierbar und rechts gekrümmt ist, dann hat sie dort ein lokales Maximum. Die Bedingung $f'(x_0) = 0$ und $f''(x_0) < 0$ ist somit hinreichend.
- eine waagrechte Tangente hat und wenn die Ableitung f' beim Durchgang durch x_0 das Vorzeichen von plus nach minus wechselt, so hat f an der Stelle x_0 ein lokales Maximum. Diese Bedingung ist somit ebenfalls hinreichend.

Beispiel 8.26 (Minima und Maxima)

Die gebrochenrationale Funktion

$$f(x) = \frac{4\,x}{1+x^2}$$

besitzt die Ableitung

$$f'(x) = 4\,\frac{1-x^2}{(1+x^2)^2} = 4\,\frac{(1-x)(1+x)}{(1+x^2)^2},$$

siehe Beispiel 8.22. Damit sind $x = \pm 1$ die einzigen Stellen, an denen die Funktion f einen Extremwert haben kann.

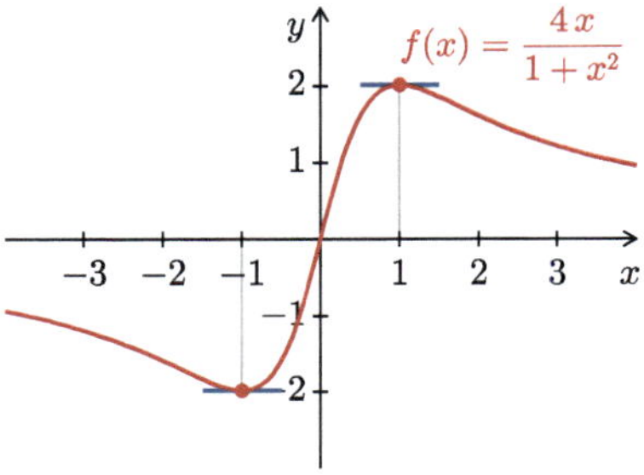

An der Stelle $x = -1$ wechselt f' das Vorzeichen von minus nach plus. Es liegt an dieser Stelle also ein Minimum vor. Für $x = 1$ wechselt f' das Vorzeichen von plus nach minus. Somit hat f für $x = 1$ ein Maximum. ■

Beispiel 8.25 zeigt einen typischen Sachverhalt. Der Nachweis eines Extremwertes mithilfe der zweiten Ableitung kann zu umfangreichen Berechnungen führen. Oft führen andere Überlegungen schneller zum Ziel.

Merke 8.14 (Nachweis eines Extremums)

Der Nachweis eines Extremums durch das Vorzeichen der zweiten Ableitung ist in manchen Fällen sehr aufwendig. Oftmals ist es einfacher, die erste Ableitung bezüglich eines Vorzeichenwechsels zu untersuchen oder den Nachweis durch Grenzwertbetrachtungen zu führen. Der Test auf einen Vorzeichenwechsel hat außerdem den Vorteil, dass auch an Stellen, an denen die zweite Ableitung null ist, ein Extremum nachgewiesen werden kann.

Sondersituationen treten am Rand der Definitionsmenge auf. Bei der Suche nach Extrema sind die Funktionswerte am Rand unbedingt auch zu berücksichtigen. Am Rand gilt die notwendige Bedingung einer waagrechten Tangente im Allgemeinen nicht.

Beispiel 8.27 (Extrema am Rand)

Um die Extremwerte der Funktion

$$f(x) = \sqrt{1-x^2}$$

zu bestimmen, betrachten wir die erste Ableitung

$$f'(x) = \frac{-2\,x}{2\sqrt{1-x^2}} = \frac{-x}{\sqrt{1-x^2}}.$$

Lediglich an der Stelle $x = 0$ ist die erste Ableitung null. An dieser Stelle hat f' einen Vorzeichenwechsel von plus nach minus. Somit handelt es sich um ein lokales Maximum.

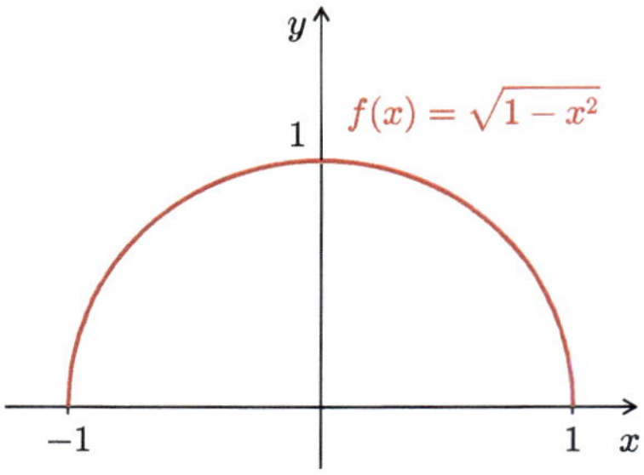

Die Definitionsmenge der Funktion liegt zwischen $x = -1$ und $x = 1$. An diesen beiden Randstellen hat die Funktion den Wert null: $f(\pm 1) = \sqrt{1-(\pm 1)^2} = 0$. In der Umgebung dieser beiden Stellen sind alle Funktionswerte positiv. Somit liegen laut Definition 8.10 an den Stellen $x = \pm 1$ lokale Minima vor. ■

8.4.5 Wendepunkte

Die zweite Ableitung charakterisiert das Krümmungsverhalten. Bei einer Funktion mit stetigem Verlauf der zweiten Ableitung, die sowohl Punkte mit negativer als auch mit positiver Krümmung besitzt, muss es auch Punkte geben, an denen die Krümmung ihr Verhalten ändert. Solche Punkte bezeichnet man als Wendepunkte. Wenn wir uns vorstellen, dass wir mit einem Fahrzeug an dem Schaubild der Funktion entlang fahren, dann sind Wendepunkte diejenigen Punkte, an denen wir beim Wechsel von einer Linkskurve in eine Rechtskurve oder umgekehrt das Lenkrad für einen Augenblick gerade halten.

Definition 8.11 (Wendepunkt)

Ein Wendepunkt ist ein Kurvenpunkt, an dem das Schaubild einer Funktion von einer Linkskrümmung auf eine Rechtskrümmung wechselt oder umgekehrt.

Wendepunkte lassen sich durch die Berechnung der Nullstellen der zweiten Ableitung lokalisieren. Allerdings ist eine Nullstelle der zweiten Ableitung noch nicht hinreichend für einen Wendepunkt. Wir müssen sicherstellen, dass tatsächlich ein Krümmungswechsel vorliegt. Dazu können wir die zweite Ableitung hinsichtlich eines Vorzeichenwechsels untersuchen oder uns an der dritten Ableitung orientieren.

Satz 8.14 (Bedingungen für einen Wendepunkt)

Wenn eine zweimal differenzierbare Funktion f an der Stelle x_0

- einen Wendepunkt hat, dann ist dort die zweite Ableitung null. Die Bedingung $f''(x_0) = 0$ ist somit notwendig.
- eine zweite Ableitung hat, die dort null ist, und die dritte Ableitung dort zusätzlich existiert und ungleich null ist, dann hat sie dort einen Wendepunkt. Die Bedingung $f''(x_0) = 0$ und $f'''(x_0) \neq 0$ ist somit hinreichend.
- eine zweite Ableitung hat, die dort null ist, und die Ableitung f'' beim Durchgang durch x_0 das Vorzeichen wechselt, so hat f an der Stelle x_0 einen Wendepunkt. Diese Bedingung ist somit ebenfalls hinreichend.

Beispiel 8.28 (Wendepunkte)

Die Exponentialfunktion

$$f(x) = 5\,\mathrm{e}^{-\frac{x^2}{2}}$$

hat an den Stellen $x = \pm 1$ jeweils einen Wendepunkt, siehe Beispiel 8.23. ■

Der Spezialfall, bei dem im Wendepunkt eine waagrechte Tangente vorliegt, wird als Sattelpunkt oder Terrassenpunkt bezeichnet. Warum diese Punkte Sattelpunkte genannt werden, wird bei Schaubildern von Funktionen mit zwei Variablen anschaulich klar, siehe Beispiel 12.22.

Definition 8.12 (Sattelpunkt, Terrassenpunkt)

Ein Sattelpunkt oder Terrassenpunkt ist ein Wendepunkt, an dem das Schaubild der Funktion zusätzlich eine waagrechte Tangente besitzt.

Beispiel 8.29 (Sattelpunkt)

Wendepunkte der Funktion

$$f(x) = x^3 - 6\,x^2 + 12\,x - 7$$

bestimmen wir mithilfe der Ableitungen

$$\begin{aligned} f'(x) &= 3\,x^2 - 12\,x + 12 \\ f''(x) &= 6\,x - 12 \end{aligned}$$

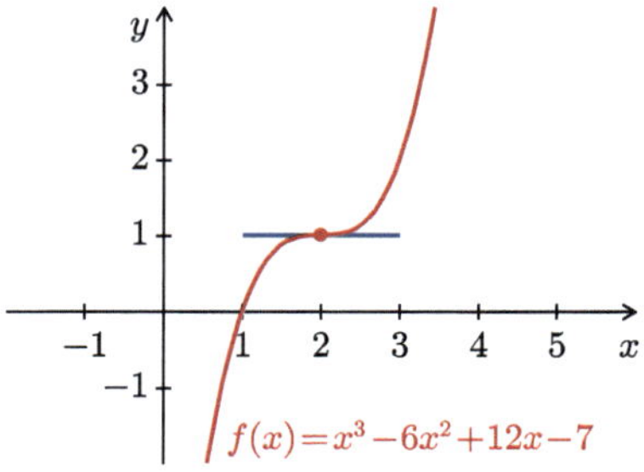

Nur die Stelle $x = 2$ kommt für einen Wendepunkt in Frage. Es ist $f'''(2) = 6$ und somit steht fest, dass an der Stelle $x = 2$ tatsächlich ein Wendepunkt vorliegt.
Bereits in Beispiel 5.24 haben wir gezeigt, dass der Wendepunkt auch ein Symmetriepunkt ist. Zusätzlich ist an dieser Stelle auch noch die erste Ableitung null. Also hat die Funktion an der Stelle $x = 2$ nicht nur einen Wendepunkt, sondern sogar einen sogenannten Sattelpunkt. ▪

8.4.6 Globale Extrema

Bei der Bestimmung lokaler Extremwerte betrachtet man die Funktion nur in Umgebungen bestimmter Stellen x_0. Bei vielen praktischen Problemen interessiert man sich jedoch für den tatsächlich kleinsten oder größten Funktionswert einer Funktion in der gesamten betrachteten Definitionsmenge.

Definition 8.13 (Globales Minimum und Maximum)

Eine auf einem Intervall I definierte Funktion f besitzt an der Stelle x_0

- ein globales Minimum, wenn alle anderen Funktionswerte im Intervall I nicht kleiner sind als der Funktionswert an der Stelle x_0:

  $$f(x) \geq f(x_0), \quad x \in I.$$

- ein globales Maximum, wenn alle anderen Funktionswerte im Intervall I nicht größer sind als der Funktionswert an der Stelle x_0:

  $$f(x) \leq f(x_0), \quad x \in I.$$

Globale Extrema werden auch als absolute Extrema bezeichnet. In der Regel bestimmt man globale Extremwerte, indem man alle lokalen Extremwerte, also einschließlich der Extremwerte am Rand der Definitionsmenge, berechnet. Dabei gibt es weitere Gesichtspunkte, die wir uns an ein paar Beispielen klar machen.

Beispiel 8.30 (Globale Extrema)

a) Die Funktion $f(x) = \cos x$ hat an den Stellen $x = k\pi$ für $k \in \mathbb{Z}$ jeweils ein lokales Extremum. Das globale Minimum und Maximum wird also nicht nur an einer einzigen Stelle, sondern an unendlich vielen Stellen angenommen.

b) Die Definitionsmenge der Funktion $f(x) = \frac{1}{\sqrt{1-x^2}}$ besteht aus dem offenen Intervall $I = (-1, 1)$. An der Stelle $x = 0$ besitzt die Funktion ein lokales Minimum, das zugleich das globale Minimum ist. Der Funktionswert ist $f(0) = 1$. Aus

$$\lim_{x \to \pm 1} \frac{1}{\sqrt{1-x^2}} = \infty$$

folgt, dass es kein globales Maximum gibt.

c) Auch ohne Berechnung von Ableitungen erkennt man, dass die Funktion $f(x) = \frac{1}{1+x^2}$ an der Stelle $x = 0$ ein lokales Maximum hat. Dieses lokale Maximum ist gleichzeitig auch das globale Maximum. Wegen

$$\lim_{x \to \pm\infty} \frac{1}{1+x^2} = 0$$

gibt es kein globales Minimum. ■

Sofern man sich auf abgeschlossene Intervalle beschränkt, ist die Existenz von globalem Minimum und Maximum bei stetigen Funktionen sichergestellt. Dabei ist nicht ausgeschlossen, dass es mehrere Stellen gibt, an denen das globale Minimum bzw. Maximum angenommen wird.

Satz 8.15 (Extrema stetiger Funktionen auf abgeschlossenen Intervallen)

Jede auf einem abgeschlossenen Intervall $I = [a, b]$ definierte stetige Funktion besitzt dort ein globales Minimum und ein globales Maximum. Es kann jedoch mehrere Stellen geben, an denen die Funktion den minimalen und den maximalen Funktionswert annimmt.

Satz 8.15 verdeutlicht die Bedeutung abgeschlossener Intervalle. Für die mathematische Theorie ist die Unterscheidung zwischen abgeschlossenen und offenen Intervallen an vielen Stellen von fundamentaler Bedeutung. Bei praktischen Problemen sind nicht abgeschlossene Intervalle eher selten. Deshalb verzichten wir an dieser Stelle auf weiterführende Untersuchungen.

8.5 Numerische Verfahren

Schon seit dem Mittelalter sind numerische Verfahren bekannt, die Methoden der Differenzialrechnung verwenden, um praktische Probleme zu lösen. Durch den Einsatz von Mikroprozessoren und Computern sind diese Verfahren fester Bestandteil unseres täglichen Lebens geworden. Beispiele dafür sind elektronische Steuerungen von Heizungs- und Klimaanlagen oder die Navigation mithilfe von Satelliten.

8.5.1 Numerische Differenziation

Die zentrale Idee bei der numerischen Differenziation besteht darin, verschiedene Differenzenquotienten als Näherung für die Ableitung einer Funktion f an bestimmten Stellen heranzuziehen. Es geht also um eine näherungsweise Berechnung von $f'(x_0)$ ohne Kenntnis der Ableitung f'. Natürlich stellt sich die Frage, warum wir uns mit einem Näherungswert begnügen sollten, schließlich kennen wir doch genügend Methoden zur exakten Bestimmung von Ableitungsfunktionen. In vielen Situationen steht die Funktion selbst jedoch nur indirekt zur Verfügung. Beispielsweise werden Funktionswerte experimentell durch Messungen oder mithilfe von Simulationen erzeugt. In solchen Fällen ist man auf numerische Näherungswerte angewiesen.

Im einfachsten Fall betrachten wir die Linearisierung der Funktion f an der Stelle x_0:

$$f(x_0 + h) \approx f(x_0) + hf'(x_0).$$

Dabei ist h eine kleine Abweichung von x_0. Hieraus ergibt sich unmittelbar der sogenannte Vorwärtsdifferenzenquotient

$$f'(x_0) \approx \frac{f(x_0 + h) - f(x_0)}{h}.$$

Alternativ kann man auf der x-Achse auch um h nach links gehen:

$$f(x_0 - h) \approx f(x_0) - hf'(x_0).$$

Daraus erhalten wir den Rückwärtsdifferenzenquotienten

$$f'(x_0) \approx \frac{f(x_0) - f(x_0 - h)}{h}.$$

Durch Mittelung der beiden einseitigen Differenzenquotienten kann man nun zum einen die Asymmetrie beheben und zum anderen die Genauigkeit der Formel erhöhen:

$$f'(x_0) \approx \frac{1}{2}\left(\frac{f(x_0 + h) - f(x_0)}{h} + \frac{f(x_0) - f(x_0 - h)}{h}\right) = \frac{f(x_0 + h) - f(x_0 - h)}{2h}.$$

Dies ist der zentrale Differenzenquotient. Man kann zeigen, dass er eine höhere Genauigkeit besitzt wie die einseitigen Differenzenquotienten.

Definition 8.14 (Differenzenquotienten)

Die Ableitung der Funktion f an der Stelle x_0 kann angenähert werden durch

- den Vorwärtsdifferenzenquotienten $$f'(x_0) \approx \frac{f(x_0 + h) - f(x_0)}{h},$$
- den Rückwärtsdifferenzenquotienten $$f'(x_0) \approx \frac{f(x_0) - f(x_0 - h)}{h},$$
- den zentralen Differenzenquotienten $$f'(x_0) \approx \frac{f(x_0 + h) - f(x_0 - h)}{2h}.$$

Dabei ist die Genauigkeit der Näherung abhängig von der Wahl von h.

Prinzipiell ist die Genauigkeit um so besser, je kleiner h gewählt wird. Allerdings gibt es bei der Anwendung auf Computern nach unten eine kritische Grenze für h. Wird h sehr klein gewählt, dann verfälschen Rundungsfehler das Ergebnis entscheidend.

Man spricht hier vom Dilemma zwischen dem sogenannten Diskretisierungsfehler und dem Rundungsfehler. Eine der zentralen Aufgaben der numerischen Mathematik besteht darin, möglichst optimale Werte für h zu bestimmen. Ein optimales h wird im Wesentlichen von der Genauigkeit des Rechners bestimmt. Als Faustregel für das kleinste sinnvolle h gilt $10^{-\frac{1}{2}s}$, wobei s die Anzahl der verfügbaren Dezimalstellen im Rechner ist.

Beispiel 8.31 (Numerische Differenziation)

a) Wir suchen die Ableitung der Funktion $f(x) = \mathrm{e}^{-x^2}$ an der Stelle $x_0 = 1$. Mit $h = 0.1$ ergibt sich für die Vorwärts- und Rückwärtsdifferenzenquotienten

$$f'(1) \approx \frac{\mathrm{e}^{-1.1^2} - \mathrm{e}^{-1}}{0.1} \approx -0.6968, \quad f'(1) \approx \frac{\mathrm{e}^{-1} - \mathrm{e}^{-0.9^2}}{0.1} \approx -0.7698,$$

und für den zentralen Differenzenquotienten

$$f'(1) \approx \frac{\mathrm{e}^{-1.1^2} - \mathrm{e}^{-0.9^2}}{0.2} \approx -0.7333.$$

Im Vergleich mit dem exakten Wert $f'(1) = -2\,\mathrm{e}^{-1} \approx -0.7358$ liefert der zentrale Differenzenquotient also bereits bei relativ großem h einen guten Näherungewert.

b) Für die Funktion $f(x) = \sin\left((x+1)^2\right)$ erhalten wir für $h = 0.1$ und $h = 0.01$

$$\begin{aligned} f'_{0.1}(0) &\approx \frac{\sin\left(1.1^2\right) - \sin\left(0.9^2\right)}{0.2} &&\approx 1.05664 \\ f'_{0.01}(0) &\approx \frac{\sin\left(1.01^2\right) - \sin\left(0.99^2\right)}{0.02} &&\approx 1.08036 \end{aligned}$$

als Näherungswerte für die Ableitung an der Stelle $x_0 = 0$. Der zweite Näherungswert stimmt bereits in 4 Dezimalstellen mit dem exakten Wert überein. ■

In Beispiel 8.31 liefert der zentrale Differenzenquotient ein besseres Ergebnis als die beiden anderen. Dieser Sachverhalt gilt allgemein. Die Genauigkeit des zentralen Differenzenquotienten ist in der Regel höher als die Genauigkeit der einseitigen Differenzenquotienten.

8.5.2 Newton-Verfahren

Bei naturwissenschaftlichen und technischen Anwendungen sind die Funktionen in der Regel so komplex, dass eine exakte Berechnung der Nullstellen durch Formeln nur in Ausnahmefällen möglich ist. Somit ist man bei vielen Problemstellungen aus der Praxis auf numerische Näherungsverfahren angewiesen.

Das bekannteste Näherungsverfahren zur Bestimmung von Nullstellen einer Funktion geht auf den englischen Mathematiker Isaac Newton zurück. Die Grundidee beruht darauf, die Funktion an geeigneten Punkten durch die Tangente zu linearisieren und dann die Nullstelle der Tangente zu bestimmen.

Merke 8.15 (Newtonsches Näherungsverfahren)

Zur näherungsweisen Berechnung einer Nullstelle einer Funktion f wählt man zunächst einen geeigneten Startpunkt. Dann wiederholt man die folgenden Schritte:

(1) Bestimme die Tangente der Funktion im Startpunkt.

(2) Der neue Startpunkt ist der Schnittpunkt der Tangente mit der x-Achse.

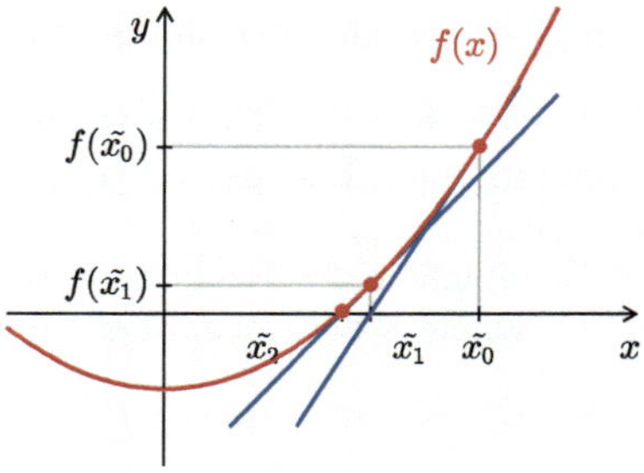

Aus dem grafischen Verfahren lassen sich entsprechende Formeln für die Iterationsvorschrift ableiten. Die Gleichung der Tangente im Startpunkt $\tilde{x}_0$ ist gegeben durch

$$y = f(\tilde{x}_0) + f'(\tilde{x}_0)(x - \tilde{x}_0).$$

Die Schnittbedingung mit der x-Achse lautet $y = 0$ und liefert mit

$$f(\tilde{x}_0) + f'(\tilde{x}_0)(x - \tilde{x}_0) = 0 \iff f'(\tilde{x}_0) \cdot x = f'(\tilde{x}_0) \cdot \tilde{x}_0 - f(\tilde{x}_0)$$

den gesuchten x-Wert:

$$x = \tilde{x}_0 - \frac{f(\tilde{x}_0)}{f'(\tilde{x}_0)}.$$

Diesen x-Wert wählen wir nun als neuen Startwert $\tilde{x}_1$ für den nächsten Schritt. Das Aufstellen der Tangentengleichung und die Bestimmung des Achsenschnittpunkts werden unter Verwendung des neuen Startwerts wiederholt. Wenn das Verfahren gut läuft, dann nähern wir uns so Schritt für Schritt einer Nullstelle.

Definition 8.15 (Newton-Verfahren)

Mit dem Newton-Verfahren kann man eine Nullstelle einer Funktion f näherungsweise berechnen:

(1) Finde einen geeigneten Startwert $\tilde{x}_0$.

(2) Berechne Näherungswerte $\tilde{x}_1$, $\tilde{x}_2$, ... mit der Iterationsvorschrift

$$\tilde{x}_{k+1} = \tilde{x}_k - \frac{f(\tilde{x}_k)}{f'(\tilde{x}_k)}, \quad k = 0, 1, 2, \ldots$$

(3) Führe die Iteration so lange durch, bis die gewünschte Genauigkeit erreicht ist.

Wie viele Schritte des Newton-Verfahrens soll man durchführen? Als Bedingung zum Abbruch der Iteration sind verschiedene Varianten denkbar. Liegen etwa zwei aufeinanderfolgende Näherungswerte $\tilde{x}_k$ und $\tilde{x}_{k+1}$ nah genug beieinander, so kann man die Iteration abbrechen. Alternativ dazu kann man das Verfahren beenden, wenn der Betrag des Funktionswerts $f(\tilde{x}_k)$ klein genug geworden ist. In der Praxis werden mehrere Abbruchbedingungen kombiniert.

Beispiel 8.32 (Newton-Verfahren)

Wir suchen die Schnittpunkte der beiden Funktionen

$$g(x) = e^x + 1, \quad h(x) = x + 3.$$

Die Suche nach den Schnittpunkten von g und h ist äquivalent mit der Suche der Nullstellen von

$$f(x) = g(x) - h(x) = e^x - x - 2.$$

Aus dem Schaubild ergeben sich als geeignete Startwerte für das Newton-Verfahren $\tilde{x}_0 = -2$ und $\tilde{x}_0 = 1$.

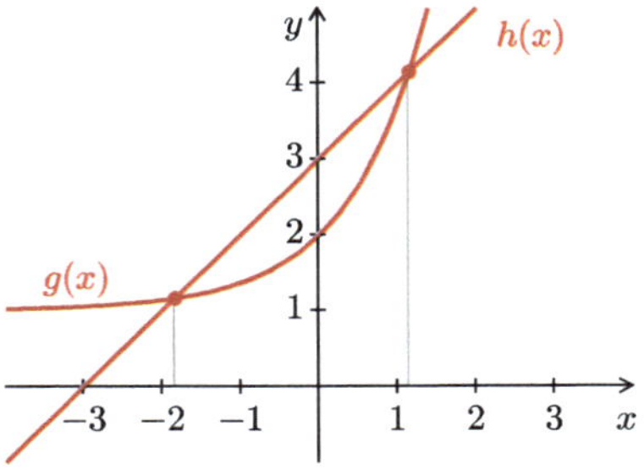

Die weiteren Näherungswerte berechnen wir mit der Formel

$$\tilde{x}_{k+1} = \tilde{x}_k - \frac{f(\tilde{x}_k)}{f'(\tilde{x}_k)} = \tilde{x}_k - \frac{e^{\tilde{x}_k} - \tilde{x}_k - 2}{e^{\tilde{x}_k} - 1}.$$

Der Tabelle kann man die einzelnen Zahlenwerte entnehmen. Die korrekten Ziffern sind jeweils rot dargestellt. Man sieht, dass das Verfahren rasch gegen die Lösungen konvergiert. Dies gilt für beide Nullstellen gleichermaßen.

k	$\tilde{x}_k$	$\tilde{x}_k$
0	−2.000000000	1.000000000
1	−1.843482357	1.163953413
2	−1.841406066	1.146421185
3	−1.841405660	1.146193258
4	−1.841405660	1.146193220

Ausgehend von beiden Startwerten konvergiert das Newton-Verfahren in Beispiel 8.32 sehr schnell gegen die beiden gesuchten Lösungen. Dabei scheint die Konvergenzgeschwindigkeit abhängig vom Steigungsverhalten zu sein. Die mathematische Analyse des Newton-Verfahrens ist sehr aufwendig. Einzelheiten findet man bei [Mohr:Numerik].

Merke 8.16 (Eigenschaften des Newton-Verfahrens)

In der Regel konvergiert das Newtonsche Näherungsverfahren sehr schnell gegen eine Lösung. Folgende Punkte sind allerdings zu beachten:

- Bei mehrfachen Nullstellen konvergiert das Verfahren langsam oder gar nicht.
- Ausgehend von einem bestimmten Startwert findet das Newton-Verfahren höchstens eine Nullstelle. Zur Bestimmung mehrerer Nullstellen kann man die Iteration mit unterschiedlichen Startwerten durchführen.
- In manchen Situationen konvergiert die Newton-Iteration nicht gegen eine Nullstelle.

8.5.3 Sekantenverfahren

Der kritische Punkt beim Newton-Verfahren ist die Berechnung der Ableitung. Man kann dazu natürlich auf Methoden zur numerischen Differenziation zurückgreifen, siehe Abschnitt 8.5.1. Eine weitere Alternative stellt das sogenannte Sekantenverfahren dar. Dabei handelt es sich um eine dem Newton-Verfahren ähnliche Methode, bei der anstelle der Steigung der Funktion die Steigung der Sekante verwendet wird.

Definition 8.16 (Sekantenverfahren)

Mit dem Sekantenverfahren kann man eine Nullstelle der Funktion f näherungsweise berechnen:

(1) Finde zwei geeignete Startwerte $\tilde{x}_0$ und $\tilde{x}_1$.

(2) Berechne Näherungswerte $\tilde{x}_2$, $\tilde{x}_3$, ... mit der Iterationsvorschrift

$$\tilde{x}_{k+1} = \tilde{x}_k - \frac{\tilde{x}_k - \tilde{x}_{k-1}}{f(\tilde{x}_k) - f(\tilde{x}_{k-1})} f(\tilde{x}_k), \quad k = 1, 2, 3, \ldots$$

(3) Führe die Iteration so lange durch, bis die gewünschte Genauigkeit erreicht ist.

Im Gegensatz zum Newton-Verfahren sind beim Sekantenverfahren keine Ableitungswerte erforderlich. Pro Iterationsschritt benötigt man lediglich einen neuen Funktionswert. Dafür konvergiert das Sekantenverfahren etwas langsamer als das Newton-Verfahren.

Beispiel 8.33 (Sekantenverfahren)

Wir betrachten nochmals die Berechnung der Schnittpunkte aus Beispiel 8.32. Als Startwerte für den linken Schnittpunkt wählen wir $\tilde{x}_0 = -1$ und $\tilde{x}_1 = -2$ und als Startwerte für den rechten Schnittpunkt $\tilde{x}_0 = 2$ und $\tilde{x}_1 = 1$. Die Iterationsvorschrift lautet nun

$$\tilde{x}_{k+1} = \tilde{x}_k - \frac{(\tilde{x}_k - \tilde{x}_{k-1})\left(e^{\tilde{x}_k} - \tilde{x}_k - 2\right)}{e^{\tilde{x}_k} - \tilde{x}_k - e^{\tilde{x}_{k-1}} + \tilde{x}_{k-1}}.$$

Die Tabelle enthält einige Zahlenwerte. Die korrekten Ziffern sind wieder rot dargestellt. Es ist zu erkennen, dass das Sekantenverfahren etwas langsamer konvergiert als das Newton-Verfahren.

k	$\tilde{x}_k$	$\tilde{x}_k$
0	−1.000000000	2.000000000
1	−2.000000000	1.000000000
2	−1.823657237	1.076746253
3	−1.841155501	1.154339800
4	−1.841406082	1.145768209
5	−1.841405660	1.146190690

■

8.6 Anwendungen

Die Differenzialrechnung besitzt zahlreiche Anwendungen in den Naturwissenschaften und der Technik. Wir greifen in diesem Abschnitt ein paar typische Beispiele heraus. Insbesondere Extremwertbestimmung und Optimierung spielen in den Anwendungen häufig eine wichtige Rolle.

8.6.1 Fehlerrechnung

Wir stellen uns nun die Frage, wie ein Eingangsfehler Δx einer Größe x sich durch eine Funktion f in einen Ausgangsfehler Δf fortpflanzt. Diese Frage spielt in der Praxis typischerweise dann eine Rolle, wenn Größen gemessen werden und durch die Messung mit Fehlern behaftet sind.

Dem sogenannten relativen Fehler, also dem Fehler bezogen auf die Messgröße, kommt in der Praxis eine wichtige Bedeutung zu. Eine Abweichung von einem Gramm ist bei einem Brief recht viel, bei einem mit Altpapier beladenen Lkw jedoch relativ wenig.

Definition 8.17 (Fehler)

Für eine Größe f mit einer Abweichung Δf definiert man

- den absoluten Fehler durch $E_a = |\Delta f|$,
- den relativen Fehler durch $E_r = \left|\frac{\Delta f}{f}\right|$,
- den prozentualen Fehler durch $E_p = \left|\frac{\Delta f}{f}\right| 100\,\%$.

Bei kleinen Abweichungen Δx können wir mittels des Differenzials Abschätzungen für den Ausgangsfehler einer Funktion in Abhängigkeit vom Eingangsfehler herleiten. Bereits in Abschnitt 8.1.2 haben wir gesehen, dass das Differenzial ein guter Näherungswert für den absoluten Fehler darstellt, also $\Delta f \approx \mathrm{d}f = f'\,\Delta x$. Es ist unser Ziel, möglichst einfache Abschätzungen herzuleiten. Wir nehmen also kleine Ungenauigkeiten zugunsten einfacher Anwendung an dieser Stelle in Kauf.

Satz 8.16 (Abschätzung des maximalen Fehlers)

Näherungsweise abschätzen lässt sich

- der maximale absolute Fehler durch $|\Delta f| \approx |f'|\,|\Delta x|$,
- der maximale relative Fehler durch $\left|\frac{\Delta f}{f}\right| \approx \left|\frac{f'}{f}\right| |\Delta x|$.

Beispiel 8.34 (Relativer Fehler einer Kugel)

Bei der Produktion von Kugeln sollen diejenigen Kugeln, deren Radien einen vorgegebenen Radius um mehr als $1\ \%$ über- oder unterschreiten, aussortiert werden. Die Messung des Radius erfordert ein aufwendiges Verfahren, im Gegensatz dazu lässt sich die Masse einfacher bestimmen. Wir wollen nun herausfinden, welchen relativen Fehler die Masse einer Kugel haben darf. Die Masse in Abhängigkeit des Radius r berechnet man mithilfe des Volumens V. Für das Volumen einer Kugel und deren Masse gelten die Formeln

$$V(r) = \frac{4}{3}\pi r^3, \quad m(r) = \rho V(r) = \rho \frac{4}{3}\pi r^3,$$

wobei ρ die Dichte bezeichnet. Näherungsweise gilt für den relativen Fehler

$$\left|\frac{\Delta m}{m}\right| \approx \left|\frac{m'(r)}{m(r)}\right| |\Delta r| = \left|\frac{\rho\, 4\,\pi\, r^2}{\rho\,\frac{4}{3}\,\pi\, r^3}\right| |\Delta r| = 3\left|\frac{\Delta r}{r}\right|.$$

Der relative Fehler der Masse ist näherungsweise also maximal 3 mal so groß wie der relative Fehler des Radius. ■

Beispiel 8.35 (Fehlerauswirkung)

a) Wir betrachten die Potenzfunktion

$$f(x) = x^a.$$

Dann gilt für den relativen Fehler näherungsweise

$$\left|\frac{\Delta f}{f}\right| \approx \left|\frac{f'(x)}{f(x)}\right| |\Delta x| = \left|\frac{a\,x^{a-1}}{x^a}\right| |\Delta x| = |a| \left|\frac{\Delta x}{x}\right|.$$

Der relative Eingangsfehler wird also mit dem Faktor $|a|$ gedämpft bzw. verstärkt.

b) Nun betrachten wir die e-Funktion

$$f(x) = \mathrm{e}^x.$$

Der relative Fehler lässt sich näherungsweise abschätzen durch

$$\left|\frac{\Delta f}{f}\right| \approx \left|\frac{f'(x)}{f(x)}\right| |\Delta x| = \left|\frac{\mathrm{e}^x}{\mathrm{e}^x}\right| |\Delta x| = |\Delta x|.$$

Hier kann also der relative Ausgangsfehler durch den absoluten Eingangsfehler abgeschätzt werden. ■

Wir werden die Fehlerrechnung im Zusammenhang mit Funktionen mit mehreren Variablen im Abschnitt 12.7.1 nochmals aufgreifen. In vielen Anwendungen hängt die Ausgangsgröße nicht nur von einer, sondern von mehreren Eingangsgrößen ab.

8.6.2 Extremwertaufgaben

Bei praktischen Problemstellungen ist man oft auf der Suche nach möglichst optimalen Ergebnissen. In der Regel gibt es eine Reihe von Parametern, die man nach Möglichkeit so festlegt, dass man das beste Ergebnis erzielt. Beispielsweise versucht man, die Stückzahl, mit der ein bestimmtes Produkt hergestellt wird, so zu bestimmen, dass der damit erzielte Gewinn maximal wird. In diesem Abschnitt werden wir einfache Optimierungsprobleme anhand von Beispielen betrachten. Die sogenannte mathematische Optimierung ist ein wichtiges Teilgebiet der angewandten Mathematik und Informatik.

Merke 8.17 (Extremwertaufgabe)

Die Bestimmung des größten oder des kleinsten Wertes einer Funktion f in einem Intervall I bezeichnet man als Extremwertaufgabe. In diesem Zusammenhang bezeichnet man f auch als Zielfunktion. Die Extremwerte sind entweder relative Extrema der Funktion, die man mithilfe der Differenzialrechnung bestimmt, oder Werte, die die Funktion an den Randpunkten des Intervalls I annimmt.

Bei manchen einfachen Optimierungsproblemen liegt die Lösung auf der Hand. Beispielsweise hat unter allen Rechtecken mit demselben Umfang das Quadrat die größte Fläche. Das lässt sich mithilfe der Differenzialrechnung einfach beweisen, siehe Beispiel 8.36.

Beispiel 8.36 (Fläche und Umfang eines Rechtecks)

Die Seiten x und y eines Rechtecks sollen so gewählt werden, dass die Fläche des Rechtecks bei festem Umfang U maximal wird. Die Formeln für Fläche und Umfang liefern die Zielfunktion

$$F(x,y) = xy, \quad U = 2x + 2y \quad \Longrightarrow \quad F(x) = x\frac{U - 2x}{2} = -x^2 + \frac{U}{2}x\,.$$

Setzt man die erste Ableitung gleich null, so ergibt sich

$$F'(x) = -2x + \frac{U}{2} = 0 \quad \Longrightarrow \quad x = \frac{U}{4} \quad \Longrightarrow \quad y = \frac{U}{4}\,.$$

Da die Zielfunktion eine nach unten geöffnete Parabel ist, liegt bei $x = \frac{U}{4}$ ein Maximum vor. Die Fläche wird also bei einem Quadrat maximal. ▪

Beispiel 8.37 (Tragfähigkeit eines Balkens)

Eine Zimmermannsweisheit sagt, dass optimale Balken ein Verhältnis von Höhe zu Breite wie 7 zu 5 haben. Tatsächlich können wir nachrechnen, dass solche Balken die Tragfähigkeit maximieren. Wir betrachten einen Balken der Breite b und Höhe h, der aus einem zylindrischen Baumstamm mit Durchmesser d herausgeschnitten wird. Aus der Statik ist bekannt, dass ein Balken doppelter Breite eine doppelte Tragfähigkeit und ein Balken doppelter Höhe eine vierfache Tragfähigkeit besitzt. Die Tragfähigkeit T hängt folgendermaßen von der Breite b und Höhe h ab:

$$T = C\,b\,h^2.$$

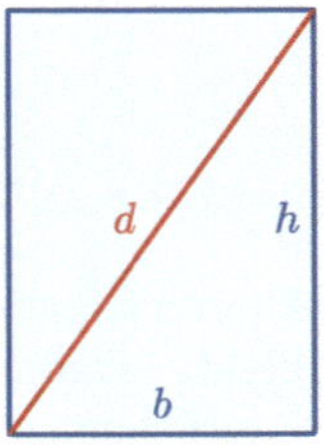

Die Konstante C bezeichnet dabei eine Materialkonstante, die hier aber nicht weiter interessiert. Nach dem Satz des Pythagoras gilt im rechtwinkligen Dreieck $b^2 + h^2 = d^2$. Zusammen erhalten wir somit

$$T(b) = C\,b\left(d^2 - b^2\right) = C\,d^2\,b - C\,b^3,$$

mit $b \in [0, d]$. Die Extremwerte ergeben sich aus

$$T'(b) = C\,d^2 - 3\,C\,b^2 = 0, \quad b_{1,2} = \pm\frac{1}{\sqrt{3}}\,d.$$

Die negative Lösung brauchen wir nicht weiter betrachten. Die Höhe bestimmen wir aus

$$h = \sqrt{d^2 - b^2} = \sqrt{d^2 - \frac{1}{3}\,d^2} = \frac{\sqrt{2}}{\sqrt{3}}\,d.$$

Aufgrund von $T''(b) = -6\,C\,b < 0$ ist der Extremwert ein Maximum. An den Randpunkten $b = 0$ und $b = \frac{d}{2}$ ist T null. Für das Verhältnis von Breite zu Höhe ergibt sich also ein Verhältnis von ungefähr 7 zu 5:

$$\frac{h}{b} = \sqrt{2} \approx 1.4142 \approx \frac{7}{5}.$$

Im Prinzip hätten wir auch alternativ eine Funktion $T(h)$ aufstellen können. Das Ergebnis ist dasselbe. Die dadurch auftretende Wurzel ist rechentechnisch jedoch ungünstiger. ▪

Beispiel 8.38 (Faltschachtel)

Ein Blatt DIN A4 Papier mit der Höhe $h = 297\,\text{mm}$ und der Breite $b = 210\,\text{mm}$ soll so zu einer Schachtel gefaltet werden, dass das Volumen der Schachtel maximal wird. Bei einer optimalen Lösung ist sicherlich der Rand an allen vier Seiten gleich hoch. Dann lässt sich das Volumen V als Funktion der Höhe des Randes a darstellen:

$$V(a) = (h-2a)(b-2a)a = 4a^3 - 2(b+h)a^2 + bha, \qquad a \in [0, 105].$$

Die notwendige Bedingung für ein Extremum

$$V'(a) = 12a^2 - 4(b+h)a + b\,h = 0$$

liefert zwei mögliche Werte

$$a_{1,2} = \frac{4(b+h) \pm \sqrt{16(b+h)^2 - 48\,b\,h}}{24}.$$

Die Zahlenwerte ergeben sich zu

$$a_1 \approx 40\,\text{mm}, \qquad a_2 \approx 128\,\text{mm}.$$

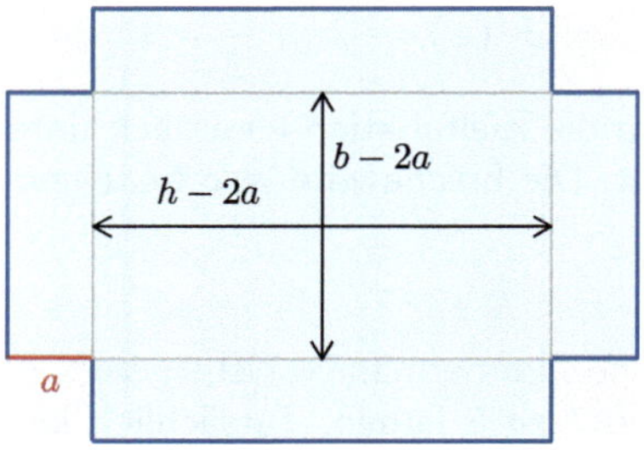

Der zweite Wert liegt außerhalb des betrachteten Intervalls. Somit scheidet das positive Vorzeichen vor der Wurzel aus.

Das Volumen ist für a im Bereich von $0\,\text{mm}$ bis $105\,\text{mm}$ positiv oder null. Aufgrund von

$$V(0) = 0 \quad \text{und} \quad V(105) = 0$$

kann man deshalb, auch ohne die zweite Ableitung zu betrachten, sicher sein, dass es sich um ein Maximum handelt. Die optimale Faltschachtel erhalten wir somit bei einem Rand mit einer Höhe von ungefähr $40\,\text{mm}$. ■

8.6.3 Momentan- und Durchschnittsgeschwindigkeit

Globale Satellitennavigationssysteme ermöglichen die automatische Positionsbestimmung bewegter Objekte. Dadurch kann man eine Funktion s definieren, die zu jedem Zeitpunkt t den zurückgelegten Weg $s(t)$ angibt. Diese Beziehung zwischen der Zeit und dem zurückgelegten Weg wird auch als Weg-Zeit-Gesetz bezeichnet. Die Ableitung des Weg-Zeit-Gesetzes ist das sogenannte Geschwindigkeits-Zeit-Gesetz:

$$v(t) = \frac{\mathrm{d}s}{\mathrm{d}t} = \dot{s}(t).$$

Die Geschwindigkeit zum Zeitpunkt t bezeichnet man als Momentangeschwindigkeit. Bei einem Bewegungsvorgang, der sich über das Zeitintervall $[t_1, t_2]$ erstreckt, nennt man

$$\overline{v} = \frac{s(t_2) - s(t_1)}{t_2 - t_1}$$

die Durchschnittsgeschwindigkeit. Der Mittelwertsatz der Differenzialrechnung, Satz 8.3, besagt, dass es mindestens einen Zeitpunkt $t_0 \in (t_1, t_2)$ gibt, in dem die Momentangeschwindigkeit $v(t_0)$ mit der Durchschnittsgeschwindigkeit $\overline{v}$ übereinstimmt. Dabei wird angenommen, dass sich die Geschwindigkeit nicht sprunghaft ändern kann.

8.7 Aufgaben

8.7.1 Verständnis und Kompetenz

Aufgabe 8.1 (Grafische Ableitung) ★★

Wo sind die Funktionen differenzierbar? Skizzieren Sie die Ableitungsfunktionen.

a)

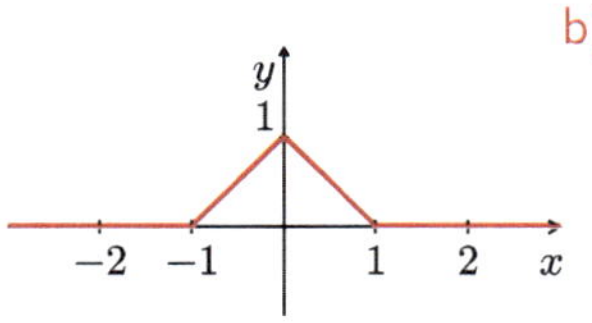

b)

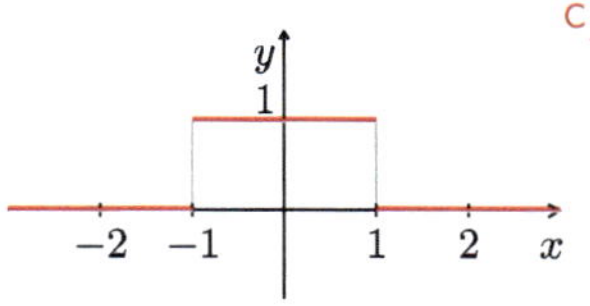

c)

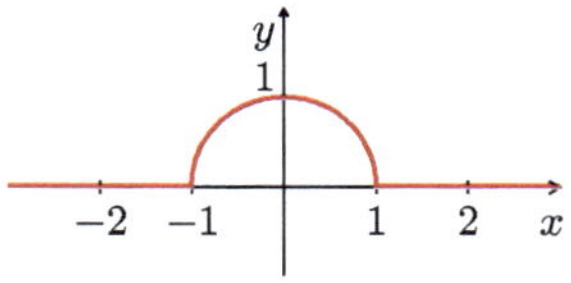

Aufgabe 8.2 (Stetigkeit und Differenzierbarkeit) ★★★

Gibt es Funktionen, die für alle reellen Zahlen definiert und überall stetig, aber an unendlich vielen Stellen nicht differenzierbar sind?

Aufgabe 8.3 (Potenzfunktionen und Tangenten) ★★★

Die Schaubilder der beiden Funktionen $f(x) = \sqrt{x^3}$ und $g(x) = \sqrt[3]{x^2}$ besitzen zwei gemeinsame Punkte. Bestimmen Sie die Tangentensteigungen in diesen beiden Punkten und skizzieren Sie damit die beiden Schaubilder in einem gemeinsamen Koordinatensystem.

Aufgabe 8.4 (Differenzialquotient) ★★★★

Die folgenden Grenzwerte haben alle die Form eines Differenzialquotienten. Bestimmen Sie die Grenzwerte mithilfe der Ableitung.

a) $\lim\limits_{\Delta x \to 0} \dfrac{\mathrm{e}^{-2\Delta x} - 1}{\Delta x}$ b) $\lim\limits_{\Delta x \to 0} \dfrac{(2 + \Delta x)^3 - 8}{\Delta x}$ c) $\lim\limits_{\Delta x \to 0} \dfrac{\sin(\frac{\pi}{6} + \Delta x) - \frac{1}{2}}{\Delta x}$

Aufgabe 8.5 (Höhere Ableitungen eines Polynoms) ★★

Wahr oder falsch? Ein Polynom vom Grad n ist genau n-mal differenzierbar.

Aufgabe 8.6 (Ableitungen von Polynomen) ★★

Bei den folgenden Polynomen sind $a_0, a_1, a_2, \ldots, a_{n-1}, a_n$ beliebige reelle Konstanten. Bestimmen Sie alle Ableitungen der Polynome.

a) $f(x) = a_n x^n + \ldots + a_1 x + a_0$ b) $f(x) = (a_1 x + a_0)^n$

Aufgabe 8.7 (Produktregel) ★★★

Für einen beliebigen reellen Parameter a betrachten wir die Funktion

$$f(x) = (a - x)(a + x) .$$

a) Berechnen Sie die Ableitung von f direkt mit der Produktregel.

b) Vereinfachen Sie die Funktion f zuerst mithilfe der dritten binomischen Formel und berechnen Sie dann die Ableitung.

Aufgabe 8.8 (Ableitung einer Exponentialfunktion) ★★★

An welcher Stelle hat die Funktion $f(x) = 2^x$ eine Tangente mit Steigung 1?

Aufgabe 8.9 (Ableitung des Arkuskosinus) ★★★

Leiten Sie mit der Regel für die Ableitung der Umkehrfunktion die Ableitung des Arkuskosinus her. Gehen Sie dabei wie bei der Ableitung für den Arkussinus vor:

$$(\arccos x)' = \frac{-1}{\sqrt{1-x^2}}$$

Warum ist die Ableitung des Arkuskosinus immer negativ?

Aufgabe 8.10 (Differenzierbarkeit) ★★★

Untersuchen Sie, ob folgende Funktionen differenzierbar sind: Skizzieren Sie die Schaubilder der Funktionen und der ersten Ableitungen.

a) $f(x) = |x+1|$

b) $f(x) = \begin{cases} |x-1| & \text{für} \quad x \le 0 \\ 1 + \cos\left(x + \frac{\pi}{2}\right) & \text{für} \quad x > 0 \end{cases}$

Aufgabe 8.11 (Waagrechte Tangenten) ★★

Wo hat das Schaubild der Funktion $f(x) = \cos\left(\frac{x}{2}\right) e^x$ waagrechte Tangenten?

8.7.2 Rechnung und Training

Aufgabe 8.12 (Einfache Ableitungen) ★★

Bestimmen Sie für die folgenden Funktionen die erste Ableitung.

a) $f(x) = \left(1 - x^2\right)^{10}$

b) $f(x) = \dfrac{x}{1+x^2}$

c) $f(x) = \dfrac{x^2 - 1}{\sqrt{x}}$

d) $f(x) = \cosh x$

e) $f(x) = \ln \sqrt{x}$

f) $f(x) = \tan(3x)$

Aufgabe 8.13 (Ableitungen spezieller Funktionen) ★★★

Bei den folgenden Funktionen sind C, δ, ω und φ beliebige reelle Konstanten. Bestimmen Sie für jede Funktion die erste und die zweite Ableitung.

a) $f(t) = 4\,e^{-t}$

b) $f(t) = 3\sin(2t)$

c) $f(t) = 3\,t^2\,e^{-2t}$

d) $f(t) = -t\cos(2t-3)$

e) $f(t) = C\cos(\omega t - \varphi)$

f) $f(t) = C\,e^{-\delta t}\sin(\omega t)$

Aufgabe 8.14 (Ableitungen von Funktionen mit einem Parameter) ★★★★

Bei den folgenden Funktionen ist a eine beliebige reelle Konstante. Bestimmen Sie jeweils die erste Ableitung.

a) $f(x) = \dfrac{1}{x+a}$

b) $f(x) = \dfrac{x}{x+a}$

c) $f(x) = \dfrac{x^2}{x^2+a}$

d) $f(x) = \sqrt{x+a}$

e) $f(x) = \ln(x+a)$

f) $f(x) = \dfrac{1}{a}\arctan\left(\dfrac{x}{a}\right)$

Aufgabe 8.15 (Ableitungen nach verschiedenen Variablen) ★★★

Bestimmen Sie für die folgenden Funktionen jeweils die erste Ableitung.

a) $r(\varphi) = \sqrt{1+\cos\varphi}$ b) $A(\omega) = \cos\left(\frac{1}{1-\omega}\right)$ c) $p(h) = p_0\,\mathrm{e}^{-\frac{h}{p_0}}$

Aufgabe 8.16 (Formeln für höhere Ableitungen) ★★★★

Bestimmen Sie für die folgenden Funktionen die ersten drei Ableitungen f', f'' und f''' und leiten Sie daraus eine Formel für die n-te Ableitung $f^{(n)}$ ab.

a) $f(x) = x^n$ b) $f(x) = \mathrm{e}^{-2x}$ c) $f(x) = \sin(3x)$

d) $f(x) = \ln x$ e) $f(x) = \dfrac{1}{1-x}$ f) $f(x) = 2^x$

Aufgabe 8.17 (Ableitungen von abschnittsweise definierten Funktionen) ★★★

Wie oft sind die folgenden abschnittsweise definierten Funktionen differenzierbar? Skizzieren Sie die Schaubilder von f, f' und f''.

a) $f(x) = \begin{cases} 1-x^3 & \text{für} \quad x<1 \\ 3(1-x^2) & \text{für} \quad x \geq 1 \end{cases}$ b) $f(x) = \begin{cases} \frac{5}{4}\sqrt{16-x^2} & \text{für} \quad -4 \leq x \leq 0 \\ 5-\frac{5}{32}x^2 & \text{für} \quad x>0 \end{cases}$

Aufgabe 8.18 (Abschnittsweise definierte Funktionen mit Parametern) ★★★★

Bestimmen Sie die Konstanten a_0, a_1 und a_2 jeweils so, dass bei den abschnittsweise definierten Funktionen die Funktion selbst sowie die Ableitungen f' und f'' stetig sind. Skizzieren Sie jeweils f, f' und f''.

a) $f(x) = \begin{cases} \mathrm{e}^x & \text{für} \quad x \leq 1 \\ a_0 + a_1 x + a_2 x^2 & \text{für} \quad x>1 \end{cases}$ b) $f(x) = \begin{cases} \ln x & \text{für} \quad x \leq 2 \\ a_0 + a_1 x + a_2 x^2 & \text{für} \quad x>2 \end{cases}$

Aufgabe 8.19 (Funktionsgrenzwerte) ★★★

Bestimmen Sie die folgenden Grenzwerte:

a) $\lim\limits_{x\to 0} \dfrac{\ln(2x+1)}{x}$ b) $\lim\limits_{x\to 0} \dfrac{\tan x}{x}$ c) $\lim\limits_{x\to 0} \dfrac{\arctan x}{x}$

Aufgabe 8.20 (Kurvendiskussion einer gebrochenrationalen Funktion) ★★★★

Gegeben ist die gebrochenrationale Funktion

$$f(x) = -\frac{(x-2)^2}{x+2}\,.$$

a) Welche maximale Definitionsmenge besitzt die Funktion f?

b) Welches asymptotische Verhalten hat f für $x \to \pm\infty$?

c) Bestimmen Sie alle Schnittpunkte mit der x-Achse und der y-Achse.

d) Besitzt die Funktion f Polstellen? Wenn ja, finden Vorzeichenwechsel statt?

e) Bestimmen Sie alle Extremwerte und Wendepunkte der Funktion f.

f) Skizzieren Sie die Funktion f mit allen bisher bestimmten Eigenschaften.

Aufgabe 8.21 (Kurvendiskussion eines Polynoms) ★★★

Wir betrachten das Polynom

$$f(x) = \frac{1}{5}x^3 - \frac{7}{10}x^2 - 2x + \frac{5}{2}.$$

a) Zeigen Sie: $x = 1$ ist eine Nullstelle von f. Bestimmen Sie die weiteren Nullstellen.

b) Berechnen Sie alle Hochpunkte, Tiefpunkte und Wendepunkte der Funktion f.

c) Ist die Funktion f beschränkt? Welche Monotonieeigenschaften hat die Funktion?

d) Skizzieren Sie das Schaubild der Funktion f und geben Sie die Wertemenge an.

Aufgabe 8.22 (Kurvendiskussion einer Sättigungsfunktion) ★★★

Wir betrachten die Sättigungsfunktion

$$f(t) = \frac{A\,t}{t + A} \quad \text{für } t \geq 0 \text{ mit dem Parameter } A > 0.$$

a) Wo ist die Funktion f stetig und wo ist sie differenzierbar?

b) Berechnen Sie alle Nullstellen, Hochpunkte, Tiefpunkte und Wendepunkte von f.

c) Ermitteln Sie den Sättigungswert $f(t)$ für $t \to \infty$.

d) Ist die Funktion f beschränkt? Welche Monotonieeigenschaften hat die Funktion?

e) Zu welchem Zeitpunkt wird der halbe Sättigungswert erreicht?

f) Bestimmen Sie die Tangente der Funktion f an der Stelle $t = 0$.

g) Skizzieren Sie das Schaubild der Funktion f und geben Sie die Wertemenge an.

Aufgabe 8.23 (Kurvendiskussion einer Wachstumsfunktion) ★★★

Wir betrachten die Wachstumsfunktion

$$f(t) = 4\,\frac{3 - 2\,\mathrm{e}^{-t}}{3 + 2\,\mathrm{e}^{-t}}.$$

a) Bestimmen Sie alle waagrechten Asymptoten der Funktion f.

b) Berechnen Sie alle Nullstellen, Hochpunkte, Tiefpunkte und Wendepunkte von f.

c) Ist die Funktion f beschränkt? Welche Monotonieeigenschaften hat die Funktion?

d) Skizzieren Sie das Schaubild der Funktion f und geben Sie die Wertemenge an.

Aufgabe 8.24 (Kurvendiskussion einer abschnittsweise definierten Funktion) ★★★★

Wir betrachten die abschnittsweise definierte Funktion

$$f(x) = \begin{cases} \sqrt{x} - x & \text{für } x \geq 0 \\ -\sqrt{-x} - x & \text{für } x < 0 \end{cases}.$$

a) Untersuchen Sie die Funktion f auf Symmetrie.

b) Ist f an der Stelle $x = 0$ stetig bzw. differenzierbar?

c) Bestimmen Sie alle Nullstellen, Extremwerte und Wendepunkte der Funktion f.

d) Skizzieren Sie die Funktion f mit allen bekannten Eigenschaften.

Aufgabe 8.25 (Kurvendiskussion einer Wurzelfunktion) ★★★★

Wir betrachten die Funktion

$$f(x) = \frac{x}{\sqrt{16 - x^2}} .$$

a) Welche maximale Definitionsmenge und welche Symmetrieeigenschaften besitzt die Funktion f? Wie verhält sich f am Rand der maximalen Definitionsmenge?

b) Wo ist die Funktion f stetig und wo ist sie differenzierbar?

c) Bestimmen Sie sämtliche Nullstellen, Hochpunkte, Tiefpunkte und Wendepunkte.

d) Ist die Funktion beschränkt? Welche Monotonieeigenschaften hat die Funktion?

e) Skizzieren Sie das Schaubild der Funktion und geben Sie die Wertemenge an.

Aufgabe 8.26 (Kurvendiskussion einer Funktionsschar) ★★★★★

Wir betrachten die Funktionsschar

$$f_t(x) = -\frac{1}{2t} x^4 + x^2 + \frac{3}{2} t \text{ für } t > 0 .$$

a) Untersuchen Sie die f_t auf Symmetrie und berechnen Sie alle Nullstellen.

b) Bestimmen Sie alle Extremwerte und Wendepunkte von f_t.

c) Auf welcher Kurve liegen die Wendepunkte aller Funktionen f_t?

d) Weisen Sie nach, dass zwei Funktionen f_{t_1} und f_{t_2} für verschiedene $t_1 \neq t_2$ keinen gemeinsamen Punkt besitzen.

8.7.3 Anwendung

Aufgabe 8.27 (Axiales Widerstandsmoment) ★★★

Das sogenannte axiale Widerstandsmoment ist ein Maß für den Widerstand, den ein Körper einer Biegung entgegensetzt. Ein Rohr mit kreisförmigem Querschnitt und Durchmesser d hat das axiale Widerstandsmoment $W(d) = \frac{\pi}{32} d^3$. Um wie viel Prozent darf der Durchmesser d höchstens abweichen, damit das Widerstandsmoment um höchstens $1\,\%$ vom geforderten Wert abweicht?

Aufgabe 8.28 (Wurzelberechnung mit dem Newton-Verfahren) ★★★

Taschenrechner und Computer verfügen nur über die Grundrechenarten Addition, Subtraktion, Multiplikation und Division. Alle anderen Berechnungen werden mithilfe numerischer Näherungsverfahren realisiert. Einen Näherungswert für $\sqrt{a}$ kann man berechnen, indem man das Newton-Verfahren auf die Gleichung $x^2 = a$ anwendet. Berechnen Sie mit zwei Schritten des Newton-Verfahrens einen Näherungswert für $\sqrt{3}$ in Form eines Bruchs.

Aufgabe 8.29 (Getränkedose) ★★★

Eine zylinderförmige Getränkedose soll so hergestellt werden, dass möglichst wenig Blech verbraucht wird. Welche Höhe und welchen Durchmesser hat eine optimale Getränkedose, die ein Fassungsvermögen von 0.5 Liter hat?

Aufgabe 8.30 (Fußballstadion) ★★★★

In einem Fußballstadion sollen vier Flutlichtanlagen, die sich an den Eckpunkten eines Rechtecks mit Länge $\ell = 120$ m und Breite $b = 80$ m befinden, durch Kabel verbunden werden. Die Kabelführung soll unterirdisch wie in der Abbildung eingezeichnet erfolgen. Wie muss man die Längen x und y wählen, damit die Gesamtlänge $L = 4y + x$ minimal wird? Um wie viele Meter kürzer ist diese Verbindung im Vergleich zu einer Kabelführung entlang der Kanten des Rechtecks bzw. im Vergleich zu einer Kabelführung entlang der Diagonalen im Rechteck?

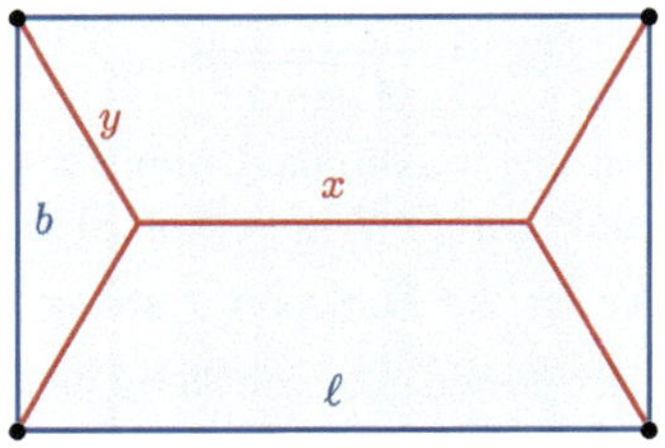

Aufgabe 8.31 (Fahrmanöver) ★★★★

Ein Fahrmanöver auf einer Teststrecke besteht aus drei Phasen:

1. Beschleunigen aus dem Stand von $0\ \frac{\text{m}}{\text{s}}$ auf $30\ \frac{\text{m}}{\text{s}}$ in 6 Sekunden.
2. Fahren mit konstanter Geschwindigkeit von $30\ \frac{\text{m}}{\text{s}}$ über eine Strecke von 150 m.
3. Bremsen aus $30\ \frac{\text{m}}{\text{s}}$ in den Stand mit einer Verzögerung von $-10\ \frac{\text{m}}{\text{s}^2}$.

Zur Beschreibung aller drei Phasen kann man folgende Bewegungsgleichung verwenden:

$$s(t) = s_0 + v_0\,t + \frac{1}{2}\,a_0\,t^2$$

a) Bestimmen Sie die ersten beiden Ableitungen $s'(t) = v(t)$ und $s''(t) = a(t)$.

b) Berechnen Sie $s(t)$, $v(t)$ und $a(t)$ für obige drei Phasen und skizzieren Sie die Kurven.

c) Bestimmen Sie die Gesamtzeit und den Gesamtweg des Fahrmanövers.

Aufgabe 8.32 (Motorkennlinie) ★★★

Die Kennlinie eines Motors wird durch Messpunkte charakterisiert.

a) Gegeben sind zunächst folgende Werte:

Drehzahl	$\left[\frac{1}{\text{min}}\right]$	x	0	3000	5000	6000
Drehmoment	[Nm]	$f(x)$	0	200	300	250

Durch die ersten beiden Messpunkte soll eine Gerade und durch den zweiten bis vierten Messpunkt soll eine Parabel gelegt werden. Es ergibt sich insgesamt eine stetige Kennlinie. Wie lauten die Funktionsgleichungen der Geraden und der Parabel?

b) Nun sind folgende Werte gegeben:

Drehzahl	$\left[\frac{1}{\text{min}}\right]$	x	0	3000	5000	6000
Drehmoment	[Nm]	$f(x)$	0	200	–	–
		$f'(x)$	$\frac{1}{15}$	0	–	–

Mit dem Ansatz aus Gerade und Parabel ergibt sich eine stetige und differenzierbare Kennlinie. Wie lauten nun die Funktionsgleichungen der Geraden und der Parabel?

9 Integralrechnung

Die Einstiegsfrage in die Integralrechnung betrifft das sogenannte Flächenproblem: Wie kann man den Flächeninhalt unter einer Funktion berechnen? Wie so oft in der Mathematik liegt der Schlüssel zur Lösung des Problems darin, den geeigneten Querbezug herzustellen. Die wesentliche Erkenntnis dieses Kapitels ist der Zusammenhang der Differenzialrechnung mit dem Flächenproblem. Wir werden sehen, dass die Integralrechnung eine Art Umkehrung der Differenzialrechnung darstellt.

9.1 Flächenproblem

Zunächst beschränken wir uns nur auf Funktionen, die keine negativen Funktionswerte haben und stetig sind. Das Schaubild einer solchen Funktion schließt im Intervall $[a, b]$ mit der x-Achse eine Fläche A ein. Wir suchen nach einer Methode, diesen Flächeninhalt zu berechnen.

9.1.1 Integralsymbol

Die Fläche ist erst durch Angabe von Untergrenze a und Obergrenze b eindeutig festgelegt. Wir benötigen deshalb eine geeignete Schreibweise, um unmissverständlich klar zu machen, in welchem Bereich wir die Funktion f betrachten.

Definition 9.1 (Integralsymbol)

Eine stetige und nicht negative Funktion f begrenzt für x-Werte zwischen a und b mit der x-Achse ein Flächenstück. Für den Inhalt A dieser Fläche verwendet man die Schreibweise mit dem Integralsymbol

$$A = \int_a^b f(x)\,\mathrm{d}x.$$

Die Funktion f unter dem Integral bezeichnet man als Integrand.

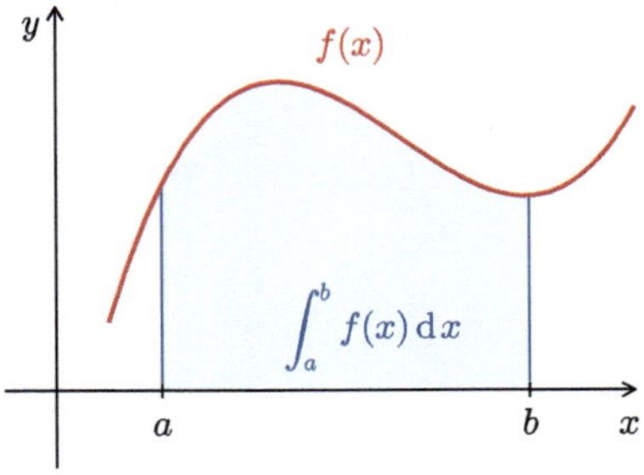

Wir verwenden die Sprechweise „Integral von a bis b über f von x $\mathrm{d}x$". Die Bezeichnung $\mathrm{d}x$ kennen wir bereits von der Ableitung $f'(x) = \frac{\mathrm{d}f}{\mathrm{d}x}$ in Differenzialschreibweise. Hier bei der Integration taucht sie wieder auf.

Beim Integral setzen wir zunächst $f \geq 0$ und $a \leq b$ voraus. Im weiteren Verlauf dieses Kapitels werden wir jedoch sehen, dass Integrale auch für $f < 0$ und $a > b$ sinnvoll definiert werden können. Integrale, bei denen ∞ oder $-\infty$ als Grenzen vorkommen, bezeichnet man als uneigentliche Integrale. Die Besonderheiten werden in Abschnitt 9.3.5 beleuchtet.

Das Integralsymbol $\int$ wurde in Anlehnung an ein langgezogenes „S" als Anfangsbuchstabe des lateinischen Worts „summa" bereits im 17. Jahrhundert von dem Mathematiker Gottfried Wilhelm Leibniz eingeführt. Bei der Definition des Integralsymbols ist die Variable x lediglich ein Platzhalter. Wir können anstatt x jede beliebige Variable verwenden, mit den Worten von Goethes Faust formuliert: „Name ist Schall und Rauch".

Merke 9.1 (Integrationsvariable)

Die Bezeichnung der Integrationsvariable spielt keine Rolle:

$$\int_a^b f(x)\,\mathrm{d}x = \int_a^b f(t)\,\mathrm{d}t = \int_a^b f(u)\,\mathrm{d}u = \ldots$$

9.1.2 Integral als Grenzwert von Summen

Eine nahe liegende Idee bei der Berechnung einer Fläche unter einer Funktion ist die Verwendung kleiner Rechtecke. Dazu unterteilt man das Intervall von a bis b in n gleich große Teilintervalle. Bei dieser sogenannten äquidistanten Unterteilung hat jedes Teilintervall die Länge $\Delta x = \frac{b-a}{n}$. Rechtecke, deren Höhen so gewählt werden, dass sie gerade noch unter die Funktion passen, erzeugen die sogenannte Untersumme. Bei der Obersumme entsprechen die Höhen der Rechtecke den maximalen Funktionswerten.

Merke 9.2 (Unter- und Obersumme)

Die Fläche unter einer stetigen und nicht negativen Funktion kann durch Untersumme und Obersumme angenähert werden. Der tatsächliche Wert der Fläche ist nicht kleiner als die Untersumme und auch nicht größer als die Obersumme.

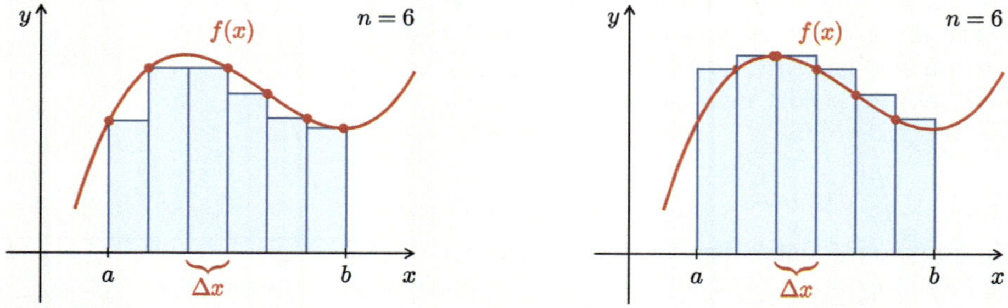

Je kleiner man die Grundseiten der Rechtecke Δx wählt, um so geringer ist der Unterschied zwischen Unter- und Obersumme. Wenn man n groß wählt, kann man die Fläche entsprechend genau berechnen.

Beispiel 9.1 (Unter- und Obersumme)

Die Fläche A unter der Funktion $f(x) = \ln x$ für x-Werte zwischen 2 und 6 soll mithilfe von Unter- und Obersumme näherungsweise berechnet werden.

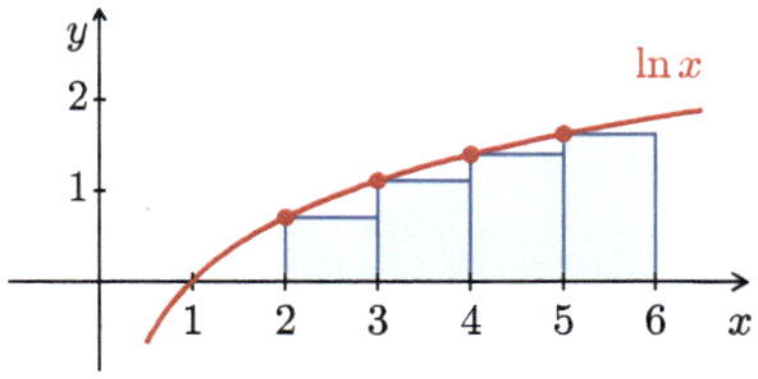

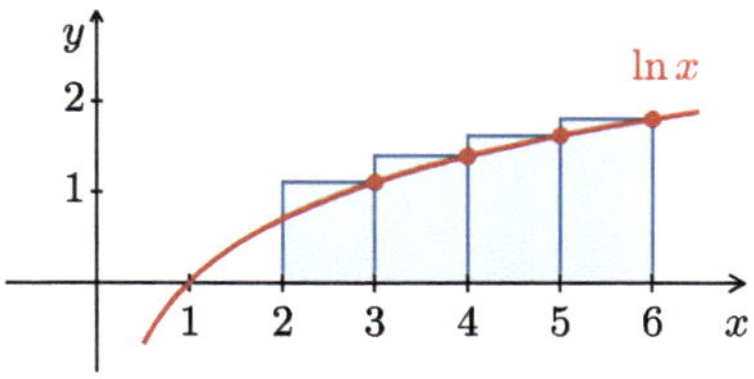

Eine grobe Abschätzung erhält man mit $n = 4$ Rechtecken, deren Grundseiten die Länge $\Delta x = 1$ haben. Die Untersumme S_U und die Obersumme S_O ergeben

$$\begin{aligned} S_U &= 1 \cdot \ln 2 + 1 \cdot \ln 3 + 1 \cdot \ln 4 + 1 \cdot \ln 5 = \ln(2 \cdot 3 \cdot 4 \cdot 5) = \ln 120 \approx 4.7875, \\ S_O &= 1 \cdot \ln 3 + 1 \cdot \ln 4 + 1 \cdot \ln 5 + 1 \cdot \ln 6 = \ln(3 \cdot 4 \cdot 5 \cdot 6) = \ln 360 \approx 5.8861. \end{aligned}$$

Der Wert des bestimmten Integrals muss zwischen den beiden berechneten Werten liegen:

$$4.7875 \approx \ln 120 \leq A \leq \ln 360 \approx 5.8861.$$

Mithilfe von Methoden, die wir in diesem Kapitel noch kennen lernen werden, kann man den exakten Wert der Fläche A für die Funktion f bei diesem Beispiel ermitteln:

$$A = 6 \ln 6 - 2 \ln 2 - 4 \approx 5.3643.$$

Untersumme und Obersumme liefern nur eine grobe Eingrenzung. Die generelle Vorgehensweise lässt sich zu einem praktikablen numerischen Verfahren erweitern, siehe Abschnitt 9.5.1. ■

Die Grundseiten der Rechtecke müssen keinesfalls alle gleich groß sein. Wir können Rechtecke mit beliebigen Grundseiten Δx_k verwenden. Anstelle von minimalen und maximalen Funktionswerten können wir die Höhe der Rechtecke durch Funktionswerte $f(x_k)$ an einer beliebigen Stelle x_k im Rechteck festlegen. Wenn wir die Grundseiten der Rechtecke nun immer kleiner werden lassen, dann wird der Näherungswert der Fläche immer genauer. Somit können wir die Fläche unter einer Funktion mathematisch exakt als einen Grenzwert von Summen definieren.

Merke 9.3 (Fläche als Grenzwert von Summen)

Die Fläche unter einer stetigen und nicht negativen Funktion f entspricht dem Grenzwert von Summen

$$\int_a^b f(x)\,\mathrm{d}x = \lim_{n\to\infty} \sum_{k=1}^{n} f(x_k)\Delta x_k,$$

falls die Grundseiten der Rechtecke Δx_k gegen null streben und der Grenzwert der Rechtecksummen existiert. Dabei ist x_k eine Stelle innerhalb des Rechtecks mit Grundseite Δx_k.

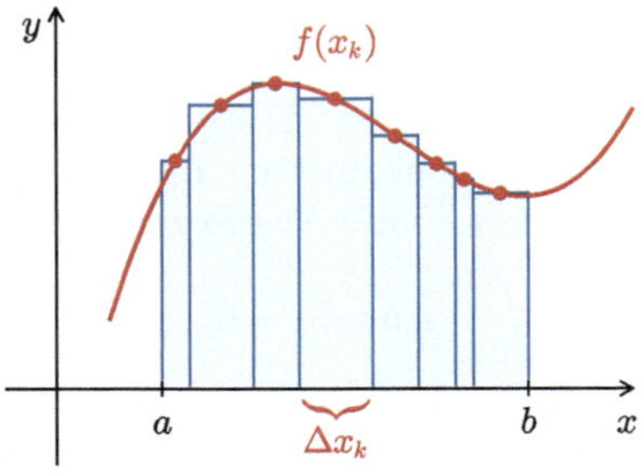

9.1.3 Bestimmtes Integral

Bei den bisherigen Betrachtungen sind wir stets davon ausgegangen, dass die Funktion stetig ist und keine negativen Funktionswerte hat. Die Grenzwertformel ist jedoch auch für unstetige Funktionen oder Funktionen mit negativen Funktionswerten gültig. Somit können wir mithilfe der Grenzwertdarstellung das Integral für beliebige Funktionen definieren.

Definition 9.2 (Bestimmtes Integral)

Das bestimmte Integral einer Funktion f zwischen den Grenzen a und b ist definiert durch den Grenzwert der Summen

$$\int_a^b f(x)\,\mathrm{d}x = \lim_{n\to\infty} \sum_{k=1}^{n} f(x_k)\Delta x_k,$$

wobei Δx_k die Grundseiten der Rechtecke und x_k jeweils eine Stelle innerhalb der Rechtecke bezeichnet.

Für beliebige Funktionen ist nicht sichergestellt, dass der Grenzwert existiert. Man kann jedoch zeigen, dass der Grenzwert für stetige und sogar für stückweise stetige Funktionen immer existiert. Integrale über Funktionen, die zwischen a und b Definitionslücken haben, werden wir in Abschnitt 9.3.5 noch genauer untersuchen.

Bei negativen Funktionswerten ist das Produkt aus Grundseite Δx_k und Funktionswert $f(x_k)$ negativ. Somit erzeugen negative Funktionswerte Flächenanteile, die negativ gezählt werden. Bei einer nicht negativen Funktion stimmt die Fläche A, die die Funktion zwischen a und b mit der x-Achse einschließt, mit dem bestimmten Integral überein. Die Flächenberechnung im Fall von negativen Funktionswerten werden wir in Abschnitt 9.4.1 genauer beleuchten.

Für viele praktische Zwecke ist die Definition eines Integrals als Grenzwert von Summen völlig ausreichend. Diese Definition geht im Wesentlichen auf Georg Friedrich Bernhard Riemann zurück. Man bezeichnet dieses Integral daher auch als Riemann-Integral. Henri Lebesgue ist es gelungen, die hier vorgestellte Definition zu verallgemeinern. Das Lebesgue-Integral wird mithilfe des sogenannten Lebesgue-Maßes definiert. Die Maßtheorie bildet einen wichtigen Grundpfeiler der Mathematik.

Beispiel 9.2 (Bestimmtes Integral des Sinus)

Für das bestimmte Integral der Funktion $f(x) = \sin x$ für x-Werte zwischen 0 und 2π gilt

$$\int_0^{2\pi} \sin x\,\mathrm{d}x = 0.$$

Die positiven Anteile zwischen 0 und π werden durch die negativen Anteile zwischen π und 2π kompensiert.

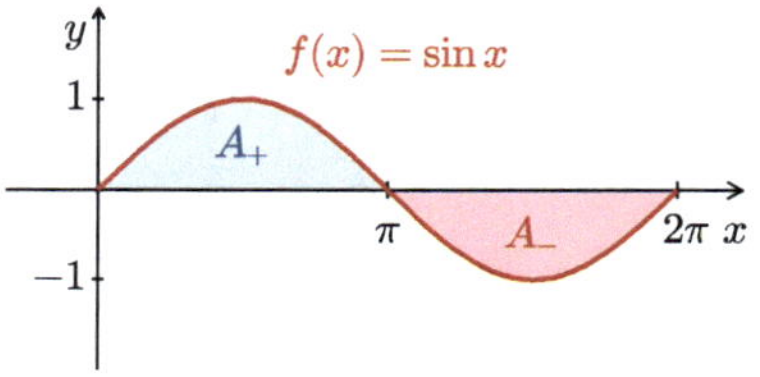

■

9.2 Zusammenhang von Ableitung und Integral

Die Berechnung eines bestimmten Integrals mithilfe von Grenzwerten ist meistens ein mühsames Unterfangen. Wir suchen deshalb nach Methoden, mit denen sich Integrale einfacher berechnen lassen. Es stellt sich heraus, dass zwischen dem Integral und der Ableitung einer Funktion ein fundamentaler Zusammenhang besteht. Diesen Zusammenhang bezeichnet man als Hauptsatz der Differenzial- und Integralrechnung.

9.2.1 Integralfunktion

Den Schlüssel für den Zusammenhang zwischen Differenzial- und Integralrechnung bildet die sogenannte Integralfunktion. Bei der Integralfunktion betrachtet man den Flächeninhalt unter einer Funktion f mit fester Untergrenze a und variabler Obergrenze t. Dadurch ergibt sich eine Flächenfunktion A in Abhängigkeit der Variablen t.

Definition 9.3 (Integralfunktion)

Die Integralfunktion

$$A(t) = \int_a^t f(x)\,\mathrm{d}x$$

ist definiert durch den Wert des bestimmten Integrals der Funktion f über dem Intervall $[a, t]$. Dabei wird A als Funktion der variablen Obergrenze t interpretiert.

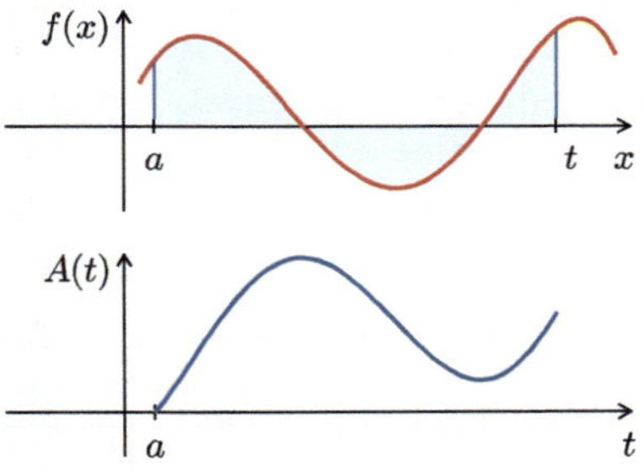

Die Integralfunktion hat an der Stelle $t = a$ immer den Wert 0. Positive Werte der Funktion f lassen die Integralfunktion A anwachsen und negative Werte führen zu Verringerung der Funktionswerte von A. Ein Nulldurchgang der Funktion f von positiven zu negativen Werten erzeugt bei der Integralfunktion A an der entsprechenden Stelle ein Maximum. Analog erzeugt der Übergang von negativen zu positiven Werten ein Minimum.

Beispiel 9.3 (Integralfunktion)

Die Integralfunktion der Funktion

$$f(x) = \frac{1}{2}x$$

soll für $a = 1$ bestimmt werden. Dazu betrachten wir die Fläche unter der Funktion f zwischen der festen Untergrenze $a = 1$ und der variablen Obergrenze t. Der Flächeninhalt besteht aus einem Trapez mit einer Grundseite der Länge $t - 1$. Die linke Seite des Trapezes hat die Höhe $\frac{1}{2}$ und die rechte Seite $\frac{t}{2}$.

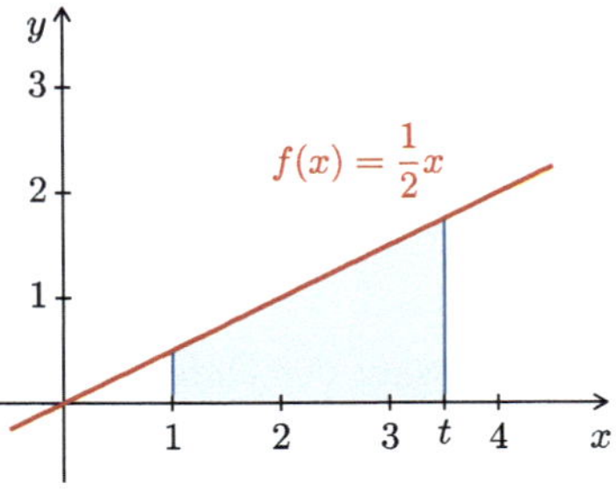

Die Trapezfläche können wir aus dem Produkt der Länge der Grundseite und der mittleren Höhe berechnen, siehe Abschnitt 9.5.1. Wir erhalten

$$A(t) = (t-1)\frac{1}{2}\left(\frac{1}{2}+\frac{t}{2}\right) = \frac{1}{4}\left(t^2-1\right).$$

Damit gilt

$$A(t) = \int_1^t \frac{1}{2}x\,\mathrm{d}x = \frac{1}{4}\left(t^2-1\right)$$

für die Integralfunktion.

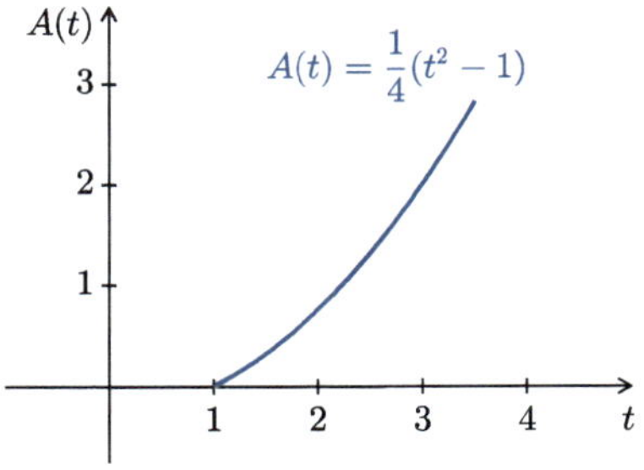

Die Ableitung der Integralfunktion stellt die Verbindung zwischen Differenzial- und Integralrechnung her. Die Berechnung der Ableitung erfolgt mittels Definition über den Grenzwert

$$A'(t) = \lim_{\Delta t\to 0}\frac{A(t+\Delta t)-A(t)}{\Delta t}.$$

Die Differenz der beiden Integralfunktionswerte besteht aus einem Flächenstück, das bei t startet und bei $t+\Delta t$ endet. Diese Differenz kann man für kleine Δt-Werte durch ein Rechteck mit Grundseite Δt und Höhe $f(t)$ annähern:

$$A(t+\Delta t)-A(t) \approx \Delta t\, f(t).$$

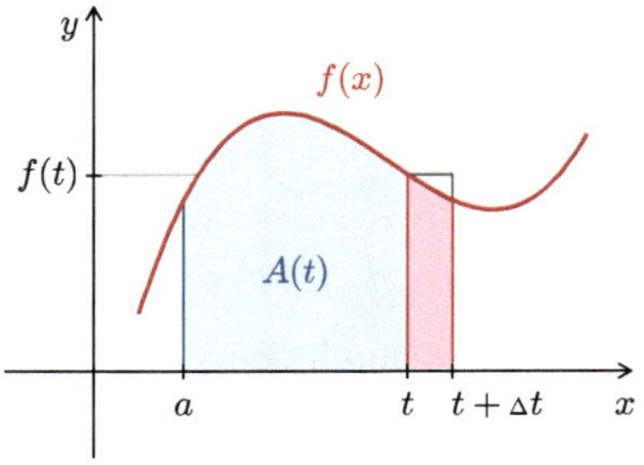

Insgesamt erhalten wir dann als Grenzwert

$$A'(t) = \lim_{\Delta t\to 0}\frac{A(t+\Delta t)-A(t)}{\Delta t} = \lim_{\Delta t\to 0}\frac{\Delta t\, f(t)}{\Delta t} = f(t).$$

Die Ableitung der Integralfunktion ist also gerade die Funktion f selbst. Dieser wichtige Zusammenhang ist im ersten Teil des Hauptsatzes der Differenzial- und Integralrechnung formuliert.

Satz 9.1 (Hauptsatz der Differenzial- und Integralrechnung I)

Die Ableitung der Integralfunktion

$$A(t) = \int_a^t f(x)\,\mathrm{d}x$$

ist die Ausgangsfunktion f. Es gilt also

$$A'(t) = \frac{\mathrm{d}}{\mathrm{d}t}\int_a^t f(x)\,\mathrm{d}x = f(t).$$

Der Hauptsatz der Differenzial- und Integralrechnung besteht aus zwei Teilen. Der erste Teil beschreibt den Zusammenhang zwischen der Ableitung der Integralfunktion und der Ausgangsfunktion. Der zweite Teil, den wir in Abschnitt 9.2.3 behandeln, liefert eine Formel zur Berechnung von bestimmten Integralen.

Beispiel 9.4 (Ableitung der Integralfunktion)

In Beispiel 9.3 haben wir die Integralfunktion der Funktion $f(x) = \frac{1}{2}x$ für $a = 1$ bestimmt:

$$A(t) = \int_1^t \frac{1}{2}x\,\mathrm{d}x = \frac{1}{4}\left(t^2 - 1\right).$$

Die Ableitung der Integralfunktion ergibt dann

$$A'(t) = \frac{1}{2}t = f(t).$$

Das Beispiel bestätigt also den ersten Teil des Hauptsatzes der Differenzialrechnung. ▪

9.2.2 Stammfunktion

Die Ableitung der Integralfunktion ist die Ausgangsfunktion. Wenn wir also umgekehrt zu einer gegebenen Funktion die Integralfunktion berechnen wollen, müssen wir die Ableitung umkehren. Die Umkehrung der Differenziation bezeichnet man als Integration.

Definition 9.4 (Unbestimmtes Integral, Stammfunktion)

Eine Funktion F, deren Ableitung die Funktion f ergibt, für die also $F' = f$ gilt, bezeichnet man als unbestimmtes Integral oder Stammfunktion von f. Die Bestimmung einer Stammfunktion bezeichnet man als Integration. Sie ist gewissermaßen die Umkehrung der Differenziation:

$$f(x) \xrightarrow{\text{Integration}} F(x), \qquad F(x) \xrightarrow{\text{Differenziation}} f(x).$$

Für ein unbestimmtes Integral verwendet man die Notation $\int f(x)\,\mathrm{d}x$.

Für bestimmte und unbestimmte Integrale verwendet man dasselbe Integralsymbol. Der einzige Unterschied besteht darin, dass man zur Bezeichnung einer Stammfunktion keine Ober- und Untergrenze verwendet. Den Zusammenhang zwischen bestimmtem Integral und Stammfunktion klären wir in Abschnitt 9.2.3.

Manchmal wird anstelle der Sprechweise „integrieren" auch „aufleiten" gebraucht. Obwohl dieser Begriff sprachlich enger mit „ableiten" verwandt ist, ist diese Sprechweise mit Vorsicht zu genießen. Während die Bestimmung der Ableitung ein rein handwerkliches Unterfangen mit festen Regeln ist, stellt die Integration eher eine Kunst dar, bei der ein gewisses Maß Intuition für den richtigen Ansatz notwendig ist.

Beispiel 9.5 (Integrationskonstante)

a) Eine Stammfunktion von $f(x) = x^3$ ist $F(x) = \frac{1}{4}x^4$, da die Ableitung von F gerade wieder f ergibt.

b) Auch $F(x) = \frac{1}{4}x^4 + 1$ ist eine Stammfunktion von $f(x) = x^3$, da die Ableitung von F ebenfalls f ergibt. ▪

Merke 9.4 (Integrationskonstante)

Eine Funktion f hat keine eindeutig bestimmte Stammfunktion F. Da die Ableitung einer Konstanten null ist, kann man zu jeder Stammfunktion F eine beliebige Konstante C addieren und erhält wieder eine Stammfunktion:

$$\int f(x)\,\mathrm{d}x = F(x) + C.$$

Die Bestimmung einer Stammfunktion ist die Umkehrung der Ableitung. Somit können wir für alle Funktionen, die sich als Ableitung einer anderen Funktion ergeben haben, Stammfunktionen angeben. Bei den folgenden Beispielen beziehen wir uns auf Ergebnisse aus Kapitel 8.

Beispiel 9.6 (Stammfunktionen)

a) Die Ableitung von $F(x) = \mathrm{e}^x$ ist $F'(x) = \mathrm{e}^x$, somit gilt

$$\int \mathrm{e}^x\,\mathrm{d}x = \mathrm{e}^x + C$$

für die Stammfunktionen der e-Funktion.

b) Da wir die Ableitungen von $\sin x$ und $\cos x$ kennen, folgt

$$\int \cos x\,\mathrm{d}x = \sin x + C, \qquad \int \sin x\,\mathrm{d}x = -\cos x + C$$

für die entsprechenden Integrale.

c) Die Ableitung von $F(x) = x^n$ ist $F'(x) = n\,x^{n-1}$. Dadurch erhalten wir

$$\int x^{n-1}\,\mathrm{d}x = \frac{1}{n}\,x^n + C.$$

Dies gilt nicht nur für natürliche Hochzahlen n, sondern für alle reellen Zahlen $n \neq 0$.

d) Die Ableitung von $F(x) = \ln x$ ist $F'(x) = \frac{1}{x}$, also ist

$$\int \frac{1}{x}\,\mathrm{d}x = \ln x + C.$$

Allerdings ist $\ln x$ nur für positive x-Werte definiert. Für negative x-Werte gilt

$$(\ln|x|)' = (\ln(-x))' = \frac{1}{-x}\,(-1) = \frac{1}{x}.$$

Insgesamt erhalten wir also die Formel

$$\int \frac{1}{x}\,\mathrm{d}x = \ln|x| + C$$

für $x \neq 0$.

e) Die Ableitung von $F(x) = \arctan x$ ist $F'(x) = \frac{1}{1+x^2}$. Somit erhalten wir

$$\int \frac{1}{1+x^2}\,\mathrm{d}x = \arctan x + C$$

für die Stammfunktionen. ▪

Merke 9.5 (Stammfunktionen der wichtigsten Funktionen)

Funktion	Stammfunktion	Funktion	Stammfunktion
$\int e^x \, dx$	$= e^x + C$	$\int \sin x \, dx$	$= -\cos x + C$
$\int x^a \, dx$	$= \frac{1}{a+1} x^{a+1} + C, a \neq -1$	$\int \cos x \, dx$	$= \sin x + C$
$\int \frac{1}{x} \, dx$	$= \ln\lvert x\rvert + C$	$\int \frac{1}{1+x^2} \, dx$	$= \arctan x + C$

9.2.3 Bestimmtes Integral und Stammfunktion

Der erste Teil des Hauptsatzes der Differenzial- und Integralrechnung besagt, dass die Integralfunktion A eine Stammfunktion von f ist. Da es zu einer Funktion f keine eindeutig bestimmte Stammfunktion F gibt, müssen wir noch klären, welche Stammfunktion F für die Flächenberechnung die passende Stammfunktion ist. Wegen

$$A(a) = \int_a^a f(x) \, dx = 0$$

brauchen wir genau die Stammfunktion, die an der Stelle a den Wert 0 hat. Das können wir dadurch erreichen, dass wir eine beliebige Stammfunktion F wählen und dann einfach den Funktionswert an der Stelle a abziehen:

$$A(t) = \int_a^t f(x) \, dx = F(t) - F(a).$$

Somit verfügen wir über eine einfache Strategie, um bestimmte Integrale mithilfe von Stammfunktionen zu ermitteln.

Satz 9.2 (Hauptsatz der Differenzial- und Integralrechnung II)

Das bestimmte Integral einer Funktion f kann man mithilfe einer beliebigen Stammfunktion F von f bestimmen:

$$\int_a^b f(x) \, dx = F(x)\Big|_a^b = F(b) - F(a).$$

Man setzt die Obergrenze b in die Stammfunktion F ein und zieht davon den Wert der Stammfunktion an der Untergrenze a ab.

Die Notation mit dem senkrechten Strich bedeutet, dass bei der Stammfunktion F der Funktionswert an der Stelle b ermittelt wird und davon der Funktionswert an der Stelle a abgezogen wird:

$$F(x)\Big|_a^b = \Big[F(x)\Big]_a^b = F(b) - F(a).$$

Anstelle eines senkrechten Strichs kann man auch zwei eckige Klammern schreiben.

Beispiel 9.7 (Bestimmtes Integral und Stammfunktion)

a) Zur Berechnung des bestimmten Integrals $\int_1^2 x\,\mathrm{d}x$ kann man eine beliebige Stammfunktion von $f(x) = x$ verwenden. Die einfachste Wahl ist $F(x) = \frac{1}{2}x^2$. Damit ist

$$\int_1^2 x\,\mathrm{d}x = \frac{1}{2}x^2\Big|_1^2 = 2 - \frac{1}{2} = \frac{3}{2}.$$

Dasselbe Ergebnis erhalten wir mit der Stammfunktion $F(x) = \frac{1}{2}x^2 + 47.11$:

$$\int_1^2 x\,\mathrm{d}x = \left(\frac{1}{2}x^2 + 47.11\right)\Big|_1^2 = 2 + 47.11 - \left(\frac{1}{2} + 47.11\right) = \frac{3}{2}.$$

Bei bestimmten Integralen kommt es also nicht auf die Integrationskonstante an.

b) Wenn wir das bestimmte Integral

$$\int_0^{\frac{\pi}{2}} \cos x\,\mathrm{d}x$$

berechnen wollen, benötigen wir eine Stammfunktion. Wir wissen bereits, dass die Ableitung von $F(x) = \sin x$ die Funktion $f(x) = \cos x$ ist:

$$\int_0^{\frac{\pi}{2}} \cos x\,\mathrm{d}x = \sin x\Big|_0^{\frac{\pi}{2}} = \sin\left(\frac{\pi}{2}\right) - \sin(0) = 1.$$

Also ist umgekehrt $F(x) = \sin x$ eine Stammfunktion von $f(x) = \cos x$. ■

9.2.4 Mittelwertsatz der Integralrechnung

Mittelwerte von Funktionen haben vielfältige praktische Anwendungen. Man benötigt sie in der Elektrotechnik, um sogenannte Effektivwerte und Wirkleistungen zu berechnen, siehe Abschnitt 9.6.1.

Definition 9.5 (Arithmetisches und quadratisches Mittel)

Bei einer über dem Intervall $[a, b]$ stetigen Funktion f bezeichnet man

- als Mittelwert oder arithmetisches Mittel den Wert

$$m = \frac{1}{b-a}\int_a^b f(x)\,\mathrm{d}x,$$

- als quadratisches Mittel den Wert

$$\overline{f} = \sqrt{\frac{1}{b-a}\int_a^b f(x)^2\,\mathrm{d}x}.$$

Die Sprechweise ist nicht einheitlich. Manchmal spricht man vom Mittelwert, manchmal auch nur kurz vom Mittel. Beide Begriffe beschreiben denselben Sachverhalt. Beim Begriff Mittelwert meint man in der Regel das arithmetische Mittel.

Mittelwerte eignen sich, um aus einer Vielzahl von Informationen eine Kennzahl zu generieren. Beim arithmetischen Mittelwert von Zahlen addiert man alle Zahlen und teilt dann durch die Anzahl der Zahlen. Beispielsweise werden Notendurchschnitte durch arithmetische Mittelwerte berechnet. Bei Funktionen übernimmt das Integral die Rolle der Summation und geteilt wird durch die Länge des Integrationsintervalls.

Satz 9.3 (Mittelwertsatz der Integralrechnung)

Bei einer Funktion f, die auf dem Intervall $[a,b]$ stetig ist, gibt es mindestens eine Stelle $x_0 \in [a,b]$ mit

$$f(x_0) = m = \frac{1}{b-a}\int_a^b f(x)\,\mathrm{d}x.$$

An der Stelle x_0 stimmt somit der Funktionswert $f(x_0)$ mit dem Mittelwert m überein.

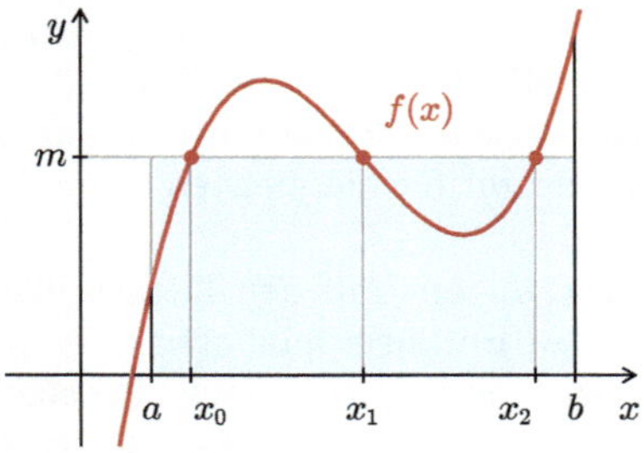

Der Mittelwertsatz der Integralrechnung garantiert, dass es mindestens eine Stelle x_0 gibt, an der der Funktionswert mit dem Mittelwert übereinstimmt. Wie viele Stellen es tatsächlich gibt, verrät uns der Mittelwertsatz nicht. Mittelwerte sind in der Regel nicht eindeutig bestimmt. Beispielsweise besitzt die Funktion in der Abbildung von Satz 9.3 genau drei Stellen, nämlich x_0, x_1 und x_2. Außerdem besteht die Möglichkeit, dass es Stellen x_0 außerhalb des Intervalls $[a,b]$ gibt, an denen der Funktionswert $f(x_0)$ mit dem Mittelwert m übereinstimmt. Durch die Umformung

$$(b-a)f(x_0) = \int_a^b f(x)\,\mathrm{d}x$$

erkennen wir die anschauliche Bedeutung des Mittelwertsatzes der Integralrechnung für positive Funktionen. Die Fläche unterhalb der Funktion f zwischen den x-Werten a und b ist genau gleich groß wie die Fläche des Rechtecks mit der Grundseite $b-a$ und der Höhe $f(x_0)$.

Beispiel 9.8 (Mittelwert)

Der Funktionsprototyp $f(x) = |x|$, bezogen auf das Intervall $(-\pi,\pi]$, erzeugt durch die periodische Fortsetzung $f(x+2\pi) = f(x)$ eine periodische Funktion mit Periode $T = 2\pi$. Der Mittelwert über eine ganze Periode ergibt sich als Verhältnis von Fläche zu Periode:

$$m = \frac{1}{2\pi}\int_{-\pi}^{\pi} f(x)\,\mathrm{d}x = \frac{1}{2\pi}\pi^2 = \frac{\pi}{2}.$$

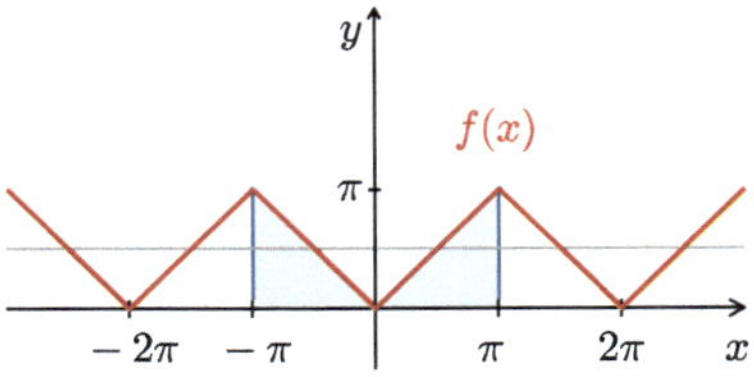

Bei der Fläche unter der Funktion handelt es sich um zwei Dreiecke, deren Flächeninhalt zusammen $A = \pi^2$ beträgt. Die Funktion verläuft im Mittel auf dem Niveau $m = \frac{\pi}{2}$. ■

9.3 Integrationstechnik

In Beispiel 9.6 konnten wir für einige elementare Funktionen direkt eine Stammfunktion angeben. Das funktioniert nur bei Funktionen, welche die Ableitung einer anderen Funktion darstellen. Leider bringt die Bestimmung einer Stammfunktion noch einige Probleme mit sich. Manche elementare Funktionen, wie beispielsweise $f(x) = \ln x$, sind bisher nicht als Ableitung einer anderen Funktion in Erscheinung getreten. Außerdem müssen wir noch klären, wie wir eine Stammfunktion bestimmen, falls die Funktion aus mehreren elementaren Funktionen zusammengesetzt ist. Zur Lösung dieser Probleme werden wir ein paar Integrationsregeln aufstellen und zwei wichtige Techniken, nämlich die Integration durch Substitution und die partielle Integration, betrachten. Unter Zuhilfenahme dieser Regeln können wir für die meisten elementaren Funktionen eine Stammfunktion angeben.

Bevor wir uns mit den Details dieser Regeln und Techniken auseinandersetzen, müssen wir den Enthusiasmus etwas dämpfen. Im Gegensatz zur Differenziation gibt es bei der Integration bereits einfache Probleme, die wir nicht mithilfe elementarer Funktionen lösen können. Beispielsweise gibt es keine elementaren Funktionen, die Stammfunktionen für

$$\int \mathrm{e}^{-x^2}\,\mathrm{d}x = ? \quad \text{oder} \quad \int \frac{\sin x}{x}\,\mathrm{d}x = ? \quad \text{oder} \quad \int \sin(x^2)\,\mathrm{d}x = ?$$

darstellen. Diesen Sachverhalt hat der französische Mathematiker Joseph Liouville bereits vor über 150 Jahren bewiesen. Ähnlich ist die Situation bei sogenannten elliptischen Integralen. Für weitere Details verweisen wir an dieser Stelle auf die Literatur, siehe beispielsweise [Heuser:Analysis]. Wie bereits erwähnt, ist die Bestimmung der Ableitung einer aus elementaren Funktionen zusammengesetzten Funktion mithilfe der entsprechenden Ableitungsregeln immer möglich. Im Gegensatz dazu ist das Finden einer Stammfunktion eine Kunst, die nicht bei allen Funktionen gelingt.

Merke 9.6 (Stammfunktionen elementarer Funktionen)

Es gibt einfache Funktionen, die aus elementaren Funktionen zusammengesetzt sind, für die man aber keine Stammfunktion in Form elementarer Funktionen angeben kann.

9.3.1 Integrationsregeln

Die Integration ist gewissermaßen die Umkehrung der Differenziation. Dadurch lassen sich aus den Regeln der Differenzialrechnung direkt Integrationsregeln herleiten.

Satz 9.4 (Faktorregel)

Bei der Integration darf man einen konstanten Faktor aus dem Integral herausziehen:

$$\int C\,f(x)\,\mathrm{d}x = C \int f(x)\,\mathrm{d}x.$$

Die Gültigkeit der Faktorregel lässt sich einfach begründen. Beim Differenzieren bleibt ein konstanter Faktor unverändert, deshalb bleibt er auch bei der Integration erhalten. Konstante Faktoren können wir also stets vor das Integral ziehen.

Beispiel 9.9 (Faktorregel)

Ein typisches Beispiel für die Faktorregel ist die Stammfunktion $\int 3x\,\mathrm{d}x$. Wir ziehen den konstanten Faktor 3 vor das Integral und verwenden $\frac{1}{2}x^2 + C$ als Stammfunktion von x:

$$\int 3x\,\mathrm{d}x = 3\int x\,\mathrm{d}x = 3\left(\frac{1}{2}x^2 + C\right) = \frac{3}{2}x^2 + 3C.$$

In der Mathematik ist es üblich, anstatt $3C$ eine neue konstante $\tilde{C} = 3C$ zu verwenden:

$$\int 3x\,\mathrm{d}x = \frac{3}{2}x^2 + \tilde{C}.$$

Oft geht man sogar noch einen Schritt weiter und ersetzt $\tilde{C}$ wieder durch C, denn beides sind ja nur Platzhalter für eine beliebige Konstante. ▪

Satz 9.5 (Summenregel)

Bei der Integration einer Summe oder Differenz von Funktionen darf man jede Funktion einzeln integrieren:

$$\int f(x) \pm g(x)\,\mathrm{d}x = \int f(x)\,\mathrm{d}x \pm \int g(x)\,\mathrm{d}x.$$

Die Summenregel der Integration folgt unmittelbar aus der Summenregel der Differenziation. Sie besagt, dass die Reihenfolge von Summation und Integration vertauscht werden kann. Im Zusammenhang mit der partiellen Integration in Abschnitt 9.3.3 werden wir sehen, dass eine entsprechende einfache Aussage für die Integration eines Produktes nicht gilt. Die Faktorregel und Summenregel zusammen bezeichnet man in der Mathematik als Linearität des Integrals.

Beispiel 9.10 (Summenregel)

Mithilfe der Summenregel kann man Stammfunktionen von $f(x) = \cosh x$ bestimmen. Dazu stellen wir den Kosinus Hyperbolicus als Summe von e-Funktionen dar, also

$$\int \cosh x\,\mathrm{d}x = \int \frac{\mathrm{e}^x + \mathrm{e}^{-x}}{2}\,\mathrm{d}x,$$

zerlegen das Integral in zwei Teile und ziehen die konstanten Faktoren vor die Integrale:

$$\int \cosh x\,\mathrm{d}x = \frac{1}{2}\int \mathrm{e}^x\,\mathrm{d}x + \frac{1}{2}\int \mathrm{e}^{-x}\,\mathrm{d}x = \frac{1}{2}\mathrm{e}^x + C_1 - \frac{1}{2}\mathrm{e}^{-x} + C_2.$$

Üblicherweise fasst man die beiden Konstanten C_1 und C_2 zu einer einzigen Konstante $C = C_1 + C_2$ zusammen und erhält somit

$$\int \cosh x\,\mathrm{d}x = \frac{\mathrm{e}^x - \mathrm{e}^{-x}}{2} + C = \sinh x + C.$$

Das Minuszeichen bei der Stammfunktion von e^{-x} können wir durch die Substitutionsregel, die wir in Abschnitt 9.3.2 vorstellen, rechtfertigen. ▪

Nach dem zweiten Teil des Hauptsatzes der Differenzial- und Integralrechnung, Satz 9.2, gilt der Zusammenhang

$$\int_b^a f(x)\,\mathrm{d}x = F(a) - F(b) = -(F(b) - F(a)) = -\int_a^b f(x)\,\mathrm{d}x.$$

Das Vertauschen der Grenzen bewirkt also lediglich den Faktor -1.

Satz 9.6 (Vertauschen der Grenzen)

Vertauscht man bei einem bestimmten Integral Ober- und Untergrenze, so ändert sich das Vorzeichen:

$$\int_a^b f(x)\,\mathrm{d}x = -\int_b^a f(x)\,\mathrm{d}x.$$

Auch das Aufspalten eines Integrals über einem Intervall $[a,b]$ in Teilintervalle ist ohne Probleme möglich:

$$\begin{aligned}\int_a^c f(x)\,\mathrm{d}x + \int_c^b f(x)\,\mathrm{d}x &= (F(c) - F(a)) + (F(b) - F(c)) \\ &= F(b) - F(a) = \int_a^b f(x)\,\mathrm{d}x.\end{aligned}$$

Mit anderen Worten: Die beiden einzelnen Flächen zwischen a und c und c und b ergeben zusammen die Fläche zwischen a und b. Das ist nicht weiter verwunderlich. Abgesehen von dieser anschaulichen Interpretation behält die Rechnung auch dann noch ihre Gültigkeit, wenn c nicht zwischen a und b liegt.

Satz 9.7 (Aufspalten)

Ein bestimmtes Integral über dem Intervall $[a,b]$ lässt sich in Teilintegrale aufspalten:

$$\int_a^b f(x)\,\mathrm{d}x = \int_a^c f(x)\,\mathrm{d}x + \int_c^b f(x)\,\mathrm{d}x.$$

Das Aufspalten ist selbst dann noch möglich, wenn c nicht im Intervall $[a,b]$ liegt.

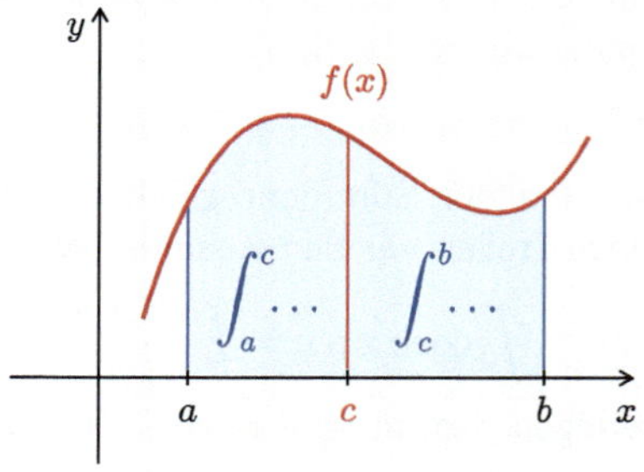

Die Ableitung einer geraden Funktion ist eine ungerade Funktion und die Ableitung einer ungeraden Funktion ist eine gerade Funktion. Ein entsprechendes Verhalten haben auch die Stammfunktionen gerader und ungerader Funktionen. Eine Stammfunktion einer ungeraden Funktion ist somit sicherlich eine gerade Funktion, daran ändert auch die Integrationskonstante nichts. Eine Stammfunktion einer geraden Funktion ist aufgrund der Integrationskonstanten nicht unbedingt eine ungerade Funktion. Sie ist jedoch immer eine Funktion, die punktsymmetrisch zu einem Punkt auf der y-Achse ist.

Satz 9.8 (Stammfunktionen symmetrischer Funktionen)

Eine Funktion, die

- ungerade ist, besitzt gerade Stammfunktionen:

$$\int f_u(x)\,\mathrm{d}x = F_g(x) + C.$$

- gerade ist, besitzt, abgesehen von einer Konstanten, ungerade Stammfunktionen:

$$\int f_g(x)\,\mathrm{d}x = F_u(x) + C.$$

Bei bestimmten Integralen, bei denen der Integrand eine gerade Funktion ist, stellt die Integrationskonstante kein Problem dar. Nach Satz 9.2 können wir eine beliebige Stammfunktion wählen. Also wählen wir die Integrationskonstante C so, dass die Stammfunktion durch den Ursprung geht. Damit haben wir erreicht, dass die Stammfunktion eine ungerade Funktion ist.

Beispiel 9.11 (Stammfunktionen symmetrischer Funktionen)

a) Die ungerade Funktion $\sin x$ besitzt ausschließlich gerade Stammfunktionen:

$$\int \sin x\,\mathrm{d}x = -\cos x + C.$$

Bei der Integration ändert sich also die Symmetrieeigenschaft.

b) Die Stammfunktionen des geraden Polynoms

$$\int 1 + 3x^2 + 5x^4 + 7x^6\,\mathrm{d}x = x + x^3 + x^5 + x^7 + C$$

bestehen, abgesehen von der Konstanten C, aus ungeraden Polynomen. ▪

Beim Integral einer ungeraden Funktion über ein zum Ursprung symmetrisches Integrationsintervall kann man sich die Rechnung sparen. Der Integralwert ist immer null. Beim Integral einer geraden Funktion über ein zum Ursprung symmetrisches Integrationsintervall kann man die Rechnung zumindest etwas vereinfachen, indem man von null bis zum rechten Intervallrand integriert und diesen Integralwert verdoppelt.

Satz 9.9 (Bestimmte Integrale symmetrischer Funktionen)

Das bestimmte Integral über ein zum Ursprung symmetrisches Intervall $[-a, a]$ einer

- ungeraden Funktion f_u ist immer null:

$$\int_{-a}^{a} f_u(x)\,\mathrm{d}x = 0.$$

- geraden Funktion f_g hat genau den doppelten Wert wie das Integral über dem entsprechenden halben Intervall $[0, a]$:

$$\int_{-a}^{a} f_g(x)\,\mathrm{d}x = 2\int_{0}^{a} f_g(x)\mathrm{d}x.$$

Beispiel 9.12 (Bestimmtes Integral symmetrischer Funktionen)

a) Der Wert des bestimmten Integrals

$$\int_{-1}^{1} \sin\left(x + x^3\right) \mathrm{d}x$$

ist sicherlich null. Der Integrand ist nämlich wegen

$$\sin\left(-x + (-x)^3\right) = \sin\left(-x - x^3\right) = \sin\left(-(x + x^3)\right) = -\sin\left(x + x^3\right)$$

eine ungerade Funktion und das Integrationsintervall ist symmetrisch zum Wert 0.

b) Bei dem bestimmten Integral

$$\int_{-\frac{\pi}{2}}^{\frac{\pi}{2}} \cos x \, \mathrm{d}x$$

handelt es sich um eine gerade Funktion. Es gilt

$$\int_{-\frac{\pi}{2}}^{\frac{\pi}{2}} \cos x \, \mathrm{d}x = 2 \int_{0}^{\frac{\pi}{2}} \cos x \, \mathrm{d}x = 2 \left[\sin x\right]_0^{\frac{\pi}{2}} = 2 \sin \frac{\pi}{2} - 2 \sin 0 = 2,$$

da über ein zum Ursprung symmetrisches Intervall integriert wird. ▪

9.3.2 Integration durch Substitution

Beim Differenzieren verketteter Funktionen ist eine innere Ableitung zu berücksichtigen. Entsprechend sorgfältig müssen wir deshalb bei der Integration verketteter Funktionen vorgehen. Bevor wir uns mit dem allgemeinen Sachverhalt vertraut machen, betrachten wir zunächst ein paar einfache Beispiele.

Beispiel 9.13 (Substitutionen)

a) Wir suchen eine Stammfunktion von $\cos(3x)$. Die Funktion $\sin(3x)$ ist keine Stammfunktion von $\cos(3x)$, denn bei der Ableitung von $\sin(3x)$ müssen wir die Kettenregel für die innere Funktion $u(x) = 3\,x$ berücksichtigen:

$$\left(\sin(3x)\right)' = 3\cos(3x).$$

Mit dem konstanten Faktor $\frac{1}{3}$ können wir die innere Ableitung $u'(x) = 3$ eliminieren:

$$\int \cos(3x) \, \mathrm{d}x = \frac{1}{3} \sin(3x) + C.$$

Damit erhalten wir die Stammfunktion von $\cos(3x)$.

b) Um eine Stammfunktion von $-2\,x\,\mathrm{e}^{-x^2}$ zu berechnen, betrachten wir die innere Funktion $u(x) = -x^2$. Die Ableitung dieser inneren Funktion ist $u'(x) = -2\,x$. Der Faktor $-2\,x$ vor der Funktion e^{-x^2} ermöglicht unmittelbar eine einfache Berechnung aller Stammfunktionen:

$$\left(\mathrm{e}^{-x^2}\right)' = -2x\,\mathrm{e}^{-x^2} \quad \Longrightarrow \quad \int -2\,x\,\mathrm{e}^{-x^2} \, \mathrm{d}x = \mathrm{e}^{-x^2} + C$$

Hier ist die Ableitung der inneren Funktion ein Teil des Integranden. ▪

Bei den gerade betrachteten Beispielen spielt die innere Ableitung, die die Kettenregel beim Ableiten erzeugt, eine entscheidende Rolle. Verkettete Funktionen, die in geeigneter Weise die innere Ableitung enthalten, lassen sich durch die sogenannte Substitutionsregel integrieren:

$$\int f(u(x)) \cdot \underbrace{u'(x)\,\mathrm{d}x}_{\mathrm{d}u} = \int f(u)\,\mathrm{d}u.$$

Dabei verwenden wir die Beziehung $u' = \frac{\mathrm{d}u}{\mathrm{d}x}$ für die Ableitung von u nach x. Aus der Kettenregel für die Differenziation haben wir somit die Substitutionsregel für die Integration hergeleitet.

Satz 9.10 (Substitutionsregel)

Wenn man die Funktion unter dem Integral als ein Produkt aus einer verketteten Funktion $f \circ u$ und der inneren Ableitung u' darstellt, dann kann man alternativ auch einfach über die Funktion u integrieren:

$$\int f(u(x)) \cdot u'(x)\,\mathrm{d}x = \int f(u)\,\mathrm{d}u.$$

In der Praxis legt man zunächst eine geeignete innere Funktion u fest. Für diese Funktion wird dann das Differenzial $\mathrm{d}u$ bestimmt. Anschließend ersetzt man im Integral alle Ausdrücke in x durch solche in u.

Merke 9.7 (Integration durch Substitution)

Eine Stammfunktion kann man durch eine geeignete Substitutionsfunktion u mit folgenden Schritten bestimmen:

(1) Berechne das Verhältnis der Differenziale $\dfrac{\mathrm{d}u}{\mathrm{d}x} = u'(x)$.

(2) Ersetze im Integral Ausdrücke mit x durch Ausdrücke mit u und ersetze $\mathrm{d}x = \dfrac{\mathrm{d}u}{u'(x)}$ so, dass im neuen Integral nur noch u und $\mathrm{d}u$ vorkommen.

(3) Führe, falls möglich, die Integration mit der Variablen u durch.

(4) Durch Rücksubstitution erhält man Stammfunktionen, die wieder von x abhängen.

Leider ist die Substitutionsregel kein Allheilmittel. Bereits die Bestimmung einer geeigneten Substitutionsfunktion erfordert oftmals eine trickreiche Vorgehensweise. Nach Anwendung der Substitution ist noch lange nicht gesagt, dass die Integration durchführbar ist. Grundsätzlich gilt: Die Substitution ist erfolgreich, falls das neu entstehende Integral einfacher als das ursprüngliche Integral ist. Ob das tatsächlich der Fall ist, kann allerdings meist nicht vorhergesagt werden.

Es gibt jedoch ein paar Funktionstypen, bei denen man mithilfe der Substitutionsregel die Integrale relativ einfach berechnen kann. Ein paar dieser speziellen Typen betrachten wir im Folgenden genauer.

Der einfachste Substitutionstyp ist die sogenannte lineare Substitution. Dabei hängt die Substitutionsvariable u lediglich linear von x ab, also

$$u(x) = a\,x + b,$$

wobei $a \neq 0$ und b beliebige Konstanten sind. Die beiden Differenziale $\mathrm{d}x$ und $\mathrm{d}u$ unterscheiden sich durch den konstanten Faktor a.

Satz 9.11 (Lineare Substitution)

Bei Integralen der Form $\int f(a\,x + b)\,\mathrm{d}x$ erhält man durch die lineare Substitution

$$u(x) = a\,x + b, \quad \mathrm{d}x = \frac{\mathrm{d}u}{a}$$

das neue Integral $\frac{1}{a}\int f(u)\,\mathrm{d}u$. Dabei sind $a \neq 0$ und b beliebige Konstanten.

Die lineare Substitution ist lediglich eine Transformationsregel. Sie ist nur dann zielführend, wenn man nach der Substitution für das neue Integral eine Stammfunktion angeben kann. Dennoch vereinfacht sie in vielen Fällen nach ihrer Anwendung die auftretenden Integrale und ist damit ein Schritt in die richtige Richtung.

Beispiel 9.14 (Lineare Substitutionen)

a) Bei der Stammfunktion

$$\int \sqrt{2\,x + 1}\,\mathrm{d}x$$

bietet sich die lineare Substitution $u(x) = 2\,x + 1$ an. Die Ableitung der inneren Funktion ist $u'(x) = 2$ und mit $\mathrm{d}x = \frac{\mathrm{d}u}{2}$ ergibt sich

$$\int \sqrt{2\,x + 1}\,\mathrm{d}x = \int \sqrt{u}\,\frac{\mathrm{d}u}{2} = \frac{1}{2}\int u^{\frac{1}{2}}\,\mathrm{d}u.$$

Eine Stammfunktion von $u^{\frac{1}{2}}$ erhalten wir aufgrund von

$$\left(\frac{2}{3}u^{\frac{3}{2}}\right)' = \frac{2}{3}\cdot\frac{3}{2}u^{\frac{1}{2}} = u^{\frac{1}{2}}.$$

Somit gilt

$$\int \sqrt{2\,x + 1}\,\mathrm{d}x = \frac{1}{2}\int u^{\frac{1}{2}}\,\mathrm{d}u = \frac{1}{2}\cdot\frac{2}{3}u^{\frac{3}{2}} + C.$$

Die Rücksubstitution $u = 2\,x + 1$ liefert

$$\int \sqrt{2\,x + 1}\,\mathrm{d}x = \frac{1}{3}\sqrt{(2\,x + 1)^3} + C$$

und damit die gesuchten Stammfunktionen.

b) Auch das Integral

$$\int \frac{1}{a^2 + x^2}\,\mathrm{d}x$$

lässt sich durch eine lineare Substitution knacken. Dazu formen wir zunächst um:

$$\int \frac{1}{a^2 + x^2}\,\mathrm{d}x = \frac{1}{a^2}\int \frac{1}{1 + \frac{x^2}{a^2}}\,\mathrm{d}x.$$

Nun ergibt die lineare Substitution $u(x) = \frac{x}{a}$ mit der inneren Ableitung $u'(x) = \frac{1}{a}$ das neue Integral

$$\frac{1}{a^2}\int \frac{1}{1 + u^2}\,a\,\mathrm{d}u = \frac{1}{a}\int \frac{1}{1 + u^2}\,\mathrm{d}u.$$

Ein Ausdruck dieser Art ist uns bei der Ableitung des Arkustangens bereits begegnet:

$$(\arctan u)' = \frac{1}{1 + u^2}.$$

Somit gilt

$$\frac{1}{a}\int \frac{1}{1 + u^2}\,\mathrm{d}u = \frac{1}{a}\arctan u + C.$$

Durch Rücksubstitution

$$\int \frac{1}{a^2 + x^2}\,\mathrm{d}x = \frac{1}{a}\arctan\left(\frac{x}{a}\right) + C$$

erhalten wir unser gesuchtes Ergebnis. ■

Aufgrund der Kettenregel der Differenziation, siehe Satz 8.9, gilt für das Quadrat einer Funktion f der Zusammenhang

$$\left(f(x)^2\right)' = 2\,f(x)\,f'(x).$$

Wir integrieren diese Gleichung auf beiden Seiten nach der Variablen x:

$$\int \left(f(x)^2\right)'\,\mathrm{d}x = 2\int f(x)\,f'(x)\mathrm{d}x \implies f(x)^2 + C = 2\int f(x)\,f'(x)\mathrm{d}x.$$

Dadurch erhalten wir eine Integrationsregel für Integranden, die aus einem Produkt einer Funktion mit ihrer Ableitung zusammengesetzt sind. Für derartige Integranden ist die Integration dann recht einfach.

Satz 9.12 (Substitution bei Produkt aus Funktion und Ableitung)

Stammfunktionen, bei denen unter dem Integral das Produkt aus einer Funktion f und ihrer Ableitung f' steht, kann man durch Substitution berechnen:

$$u(x) = f(x), \quad \mathrm{d}x = \frac{\mathrm{d}u}{f'(x)},$$

$$\int f(x)\,f'(x)\,\mathrm{d}x = \int u\,\mathrm{d}u = \frac{1}{2}u^2 + C = \frac{1}{2}f(x)^2 + C.$$

Beispiel 9.15 (Substitution bei Produkt aus Funktion und Ableitung)

Das Integral

$$\int \frac{\ln x}{x}\,\mathrm{d}x$$

soll berechnet werden. Bei geeigneter Betrachtung steht unter dem Integral ein Produkt aus Funktion und Ableitung:

$$\int \underbrace{\ln x}_{f(x)} \cdot \underbrace{\frac{1}{x}}_{f'(x)}\,\mathrm{d}x.$$

Die Substitution $u(x) = \ln x$ ergibt mit $\frac{\mathrm{d}u}{\mathrm{d}x} = \frac{1}{x}$ bzw. $\mathrm{d}x = x\,\mathrm{d}u$ das Integral

$$\int u\,\frac{1}{x}\,x\,\mathrm{d}u = \int u\,\mathrm{d}u = \frac{1}{2}u^2 + C.$$

Die Rücksubstitution

$$\int \frac{\ln x}{x}\,\mathrm{d}x = \frac{1}{2}\ln^2 x + C$$

liefert die Stammfunktionen. ■

Auch bei Integranden, die aus dem Quotient einer Funktion f und ihrer Ableitung f' bestehen, führt eine geeignete Substitution zum Ziel. Aus Beispiel 9.6 ergibt sich zusammen mit der Kettenregel der Differenziation, siehe Satz 8.9,

$$(\ln|f(x)|)' = \frac{1}{f(x)}\,f'(x).$$

Wieder integrieren wir diese Gleichung auf beiden Seiten nach der Variablen x und erhalten den Zusammenhang

$$\int (\ln|f(x)|)'\,\mathrm{d}x = \int \frac{f'(x)}{f(x)}\mathrm{d}x \quad\Longrightarrow\quad \ln|f(x)| + C = \int \frac{f'(x)}{f(x)}\mathrm{d}x.$$

Auf der linken Seite haben wir ausgenutzt, dass sich Differenziation und Integration aufheben. Dadurch erhalten wir eine Integrationsregel für Integranden, die aus einem Quotienten einer Ableitung und ihrer Funktion zusammengesetzt sind. Auch hier gilt: Für derartige Integranden ist die Integration schließlich recht einfach.

Satz 9.13 (Substitution bei Quotient aus Ableitung und Funktion)

Stammfunktionen, bei denen unter dem Integral der Quotient aus einer Ableitung f' und ihrer Funktion f steht, kann man durch Substitution berechnen:

$$u(x) = f(x), \quad \mathrm{d}x = \frac{\mathrm{d}u}{f'(x)},$$

$$\int \frac{f'(x)}{f(x)}\,\mathrm{d}x = \int \frac{1}{u}\,\mathrm{d}u = \ln|u| + C = \ln|f(x)| + C.$$

Beispiel 9.16 (Substitution bei Quotient aus Ableitung und Funktion)

Obwohl es auf den ersten Blick nicht danach aussieht, steht bei der Stammfunktion

$$\int \tan x \, \mathrm{d}x$$

unter dem Integral ein Quotient aus Ableitung $f'(x) = -\sin x$ und Funktion $f(x) = \cos x$:

$$\int \tan x \, \mathrm{d}x = -\int \frac{-\sin x}{\cos x} \, \mathrm{d}x.$$

Die Substitution $u(x) = \cos x$ mit $\frac{\mathrm{d}u}{\mathrm{d}x} = -\sin x$ ergibt:

$$\int \tan x \, \mathrm{d}x = -\int \frac{-\sin x}{u} \frac{\mathrm{d}u}{-\sin x} = -\int \frac{1}{u} \, \mathrm{d}u = -\ln|u| + C.$$

Da die Integrationskonstante C eine beliebige reelle Zahl darstellt, ist es gleichgültig, ob im letzten Ausdruck $-C$ oder $+C$ geschrieben wird:

$$\int \tan x \, \mathrm{d}x = -\ln|\cos x| + C.$$

Die Rücksubstitution liefert das Ergebnis. ▪

Auch wenn sich der Integrand als Produkt einer verketteten Funktion und ihrer inneren Ableitung darstellen lässt, ist noch lange nicht gesagt, dass man nach der Substitution für das neue Integral immer eine Stammfunktion angeben kann. Wir betrachten im Folgenden Beispiele, bei denen die Substitution tatsächlich zum Ziel führt, erinnern aber daran, dass auch die Substitution kein Allheilmittel zur Bestimmung von Stammfunktionen ist.

Beispiel 9.17 (Substitution bei verketteten Funktionen)

Das unbestimmte Integral

$$\int \frac{x^2}{\sqrt{5 - 2x^3}} \, \mathrm{d}x$$

soll berechnet werden. Wenn wir die Substitution $u(x) = 5 - 2x^3$ wählen, ergibt sich die innere Ableitung $u'(x) = -6x^2$. Durch die Umformung

$$\int \frac{x^2}{\sqrt{5 - 2x^3}} \, \mathrm{d}x = -\frac{1}{6} \int \frac{-6x^2}{\sqrt{5 - 2x^3}} \, \mathrm{d}x$$

erhalten wir die gesuchte Form mit

$$g(x) = 5 - 2x^3, \quad g'(x) = -6x^2, \quad f(u) = \frac{1}{\sqrt{u}}.$$

Das neue Integral lautet somit

$$\int \frac{x^2}{\sqrt{5 - 2x^3}} \, \mathrm{d}x = -\frac{1}{6} \int \frac{1}{\sqrt{u}} \, \mathrm{d}u = -\frac{1}{6} \int u^{-\frac{1}{2}} \, \mathrm{d}u = -\frac{1}{3} u^{\frac{1}{2}} + C.$$

Die Rücksubstitution

$$\int \frac{x^2}{\sqrt{5 - 2x^3}} \, \mathrm{d}x = -\frac{1}{3}\sqrt{5 - 2x^3} + C$$

liefert die gesuchten Stammfunktionen. ▪

Bisher haben wir Substitutionen nur zum Ermitteln von Stammfunktionen verwendet. Eine Substitution ist natürlich auch zur Berechnung bestimmter Integrale ein probates Hilfsmittel. Dabei ist es oft geschickt, die Integrationsgrenzen zu substituieren und dafür auf eine Rücksubstitution zu verzichten.

Beispiel 9.18 (Substitution der Grenzen)

Der Wert des bestimmten Integrals

$$\int_0^3 \sqrt{9-x^2}\,\mathrm{d}x$$

lässt sich mithilfe der Substitution $x = 3\sin u$ bestimmen. Diese Wahl der Substitution erfordert ein etwas geübteres Auge. Wir könnten die übliche Form der Substitution zwar mithilfe der Umkehrfunktion

$$x = 3\sin u \quad \Longleftrightarrow \quad u = \arcsin\frac{x}{3},$$

erzeugen, das Verhältnis der Differenziale kann man jedoch einfacher durch die Ableitung $\frac{\mathrm{d}x}{\mathrm{d}u} = 3\cos u$ bestimmen. Das Einsetzen der substituierten Größen ergibt

$$\int_0^3 \sqrt{9-x^2}\,\mathrm{d}x = \int_a^b \sqrt{9-9\sin^2 u}\;3\cos u\,\mathrm{d}u.$$

Die neuen Grenzen a und b stellen nun u-Werte dar, die wir aus den entsprechenden x-Werten ermitteln

$$x = 0 \quad\Longrightarrow\quad u = 0, \qquad x = 3 \quad\Longrightarrow\quad u = \frac{\pi}{2}.$$

Mit der Beziehung $\sqrt{1-\sin^2 u} = \cos u$ erhalten wir insgesamt

$$\int_0^3 \sqrt{9-x^2}\,\mathrm{d}x = \int_0^{\frac{\pi}{2}} 3\sqrt{1-\sin^2 u}\;3\cos u\,\mathrm{d}u = 9\int_0^{\frac{\pi}{2}} \cos^2 u\,\mathrm{d}u.$$

Auch ohne Stammfunktion von $\cos^2 u$ können wir unser Problem lösen. Aufgrund der Symmetrie von $\cos x$ und $\sin x$ gilt

$$\int_0^{\frac{\pi}{2}} \cos^2 u\,\mathrm{d}u = \int_0^{\frac{\pi}{2}} \sin^2 u\,\mathrm{d}u.$$

Deshalb kann man das Integral trickreich durch

$$9\int_0^{\frac{\pi}{2}} \cos^2 u\,\mathrm{d}u = \frac{9}{2}\int_0^{\frac{\pi}{2}} \cos^2 u\,\mathrm{d}u + \frac{9}{2}\int_0^{\frac{\pi}{2}} \sin^2 u\,\mathrm{d}u = \frac{9}{2}\int_0^{\frac{\pi}{2}} \underbrace{\sin^2 u + \cos^2 u}_{1}\,\mathrm{d}u = \frac{9\pi}{4}$$

berechnen und erhält somit das gewünschte Ergebnis. ■

Merke 9.8 (Substitution der Grenzen)

Bei bestimmten Integralen ist es oft einfacher, anstatt der Rücksubstitution eine Substitution der Integrationsgrenzen durchzuführen:

$$\int_{x=a}^{x=b} f(x)\,\mathrm{d}x = \int_{u=u(a)}^{u=u(b)} g(u)\,\mathrm{d}u.$$

9.3.3 Partielle Integration

Die Produktregel der Differenziation

$$(f(x) \cdot g(x))' = f'(x) \cdot g(x) + f(x) \cdot g'(x),$$

siehe Satz 8.7, erzeugt unmittelbar eine Regel zur Integration von Produkten. Dazu integrieren wir die Gleichung auf beiden Seiten und verwenden die Summenregel:

$$\int (f(x) \cdot g(x))' \,\mathrm{d}x = \int f'(x) \cdot g(x) \,\mathrm{d}x + \int f(x) \cdot g'(x) \,\mathrm{d}x.$$

Durch die Umformung

$$\int f(x) \cdot g'(x) \,\mathrm{d}x = \underbrace{\int (f(x) \cdot g(x))' \,\mathrm{d}x}_{f(x) \cdot g(x)} - \int f'(x) \cdot g(x) \,\mathrm{d}x$$

erhalten wir die sogenannte Regel zur partiellen Integration. An dieser Stelle sehen wir nochmals, dass die Integration von Produkten etwas aufwendiger ist als die Integration von Summen. Bei Summen können wir einfach Integration und Summation vertauschen, bei Produkten geht das nicht.

Satz 9.14 (Partielle Integration)

Wenn man die Funktion im Integral als ein Produkt einer Funktion f und der Ableitung g' einer Funktion g in der Form

$$\int f(x) \cdot g'(x) \,\mathrm{d}x$$

darstellt, dann kann man die Funktion teilweise integrieren:

$$\int f(x) \cdot g'(x) \,\mathrm{d}x = f(x) \cdot g(x) - \int f'(x) \cdot g(x) \,\mathrm{d}x.$$

Auf den ersten Blick erzeugt diese Regel Skepsis, denn auf der rechten Seite steht ja wieder ein Integral. Es stellt sich die Frage, was wir mit dieser Regel gewinnen. Bei geschickter Anwendung der Produktregel ist die Stammfunktion auf der rechten Seite einfacher zu berechnen als die ursprüngliche Stammfunktion.

Merke 9.9 (Partielle Integration)

Partielle Integration ist sinnvoll, falls

- man eine Stammfunktion g zu g' angeben kann und
- das neue Integral

  $$\int f'(x) \cdot g(x) \,\mathrm{d}x$$

  die Berechnung des ursprünglichen Integrals vereinfacht.

Eine typische Situation, bei der die partielle Integration zur Vereinfachung führt, liegt vor, wenn man Stammfunktionen von Funktionen, die mit der Variablen x multipliziert werden, bestimmen möchte. Partielle Integration funktioniert in ähnlicher Weise auch für Produkte mit Polynomen. Allerdings müssen wir dann die partielle Integration mehrfach anwenden.

Beispiel 9.19 (Einfache partielle Integration)
Wir suchen eine Stammfunktion von $x \cdot \mathrm{e}^x$:

$$\int \underbrace{x}_{f(x)} \cdot \underbrace{\mathrm{e}^x}_{g'(x)} \,\mathrm{d}x = \underbrace{x}_{f(x)} \cdot \underbrace{\mathrm{e}^x}_{g(x)} - \int \underbrace{1}_{f'(x)} \cdot \underbrace{\mathrm{e}^x}_{g(x)} \,\mathrm{d}x = x\,\mathrm{e}^x - \mathrm{e}^x + C = \mathrm{e}^x(x-1) + C.$$

Auf das Produkt können wir partielle Integration anwenden. ▪

Beispiel 9.20 (Doppelte partielle Integration)
Zur Bestimmung einer Stammfunktion von $x^2 \sin x$ wenden wir partielle Integration an:

$$\begin{aligned}\int \underbrace{x^2}_{f(x)} \cdot \underbrace{\sin x}_{g'(x)} \,\mathrm{d}x &= \underbrace{x^2}_{f(x)} \cdot \underbrace{(-\cos x)}_{g(x)} - \int \underbrace{2x}_{f'(x)} \cdot \underbrace{(-\cos x)}_{g(x)} \,\mathrm{d}x \\ &= -x^2 \cos x + 2 \int x \cdot \cos x \,\mathrm{d}x.\end{aligned}$$

Die einmalige Anwendung partieller Integration liefert noch kein endgültiges Ergebnis. Allerdings ist die Potenz von x im neuen Integral durch Ableiten um eins niedriger. Dadurch ist das neue Integral einfacher und wir können eine Stammfunktion bestimmen, indem wir partielle Integration auf das neue Integral nochmals anwenden:

$$\int \underbrace{x}_{f(x)} \cdot \underbrace{\cos x}_{g'(x)} \,\mathrm{d}x = \underbrace{x}_{f(x)} \cdot \underbrace{\sin x}_{g(x)} - \int \underbrace{1}_{f'(x)} \cdot \underbrace{\sin x}_{g(x)} \,\mathrm{d}x = x \sin x + \cos x + C.$$

Insgesamt erhalten wir somit

$$\int x^2 \sin x \,\mathrm{d}x = -x^2 \cos x + 2\,x \sin x + 2 \cos x + C$$

für die Stammfunktionen von $x^2 \sin x$. ▪

Eine raffinierte Anwendung der partiellen Integration basiert auf der künstlichen Erweiterung der Funktion im Integral durch den Faktor 1. Damit entsteht ein Produkt und die Produktregel kann angewendet werden.

Beispiel 9.21 (Partielle Integration mit Faktor 1)
Bisher kennen wir noch keine Stammfunktion von $\ln x$. Wenn wir beim Integranden künstlich den Faktor 1 einfügen,

$$\int \underbrace{\ln x}_{f(x)} \cdot \underbrace{1}_{g'(x)} \,\mathrm{d}x = \underbrace{\ln x}_{f(x)} \cdot \underbrace{x}_{g(x)} - \int \underbrace{\frac{1}{x}}_{f'(x)} \cdot \underbrace{x}_{g(x)} \,\mathrm{d}x = x \cdot \ln x - x + C$$

dann können wir auf das Produkt die partielle Integration anwenden. ▪

Es gibt Situationen, bei denen das gesuchte Integral nach Anwendung von partieller Integration erneut auftaucht. Dann kann man beide Integralausdrücke zusammenfassen und die Gleichung nach dem gesuchten Ausdruck auflösen. Dies ist eine weitere kreative Idee, um die hohe Kunst der Integration zu perfektionieren.

Beispiel 9.22 (Partielle Integration)

Partielle Integration in Kombination mit einem kleinen Trick führt auch bei der Suche nach einer Stammfunktion von $\sin^2 x$ zum Erfolg:

$$\begin{aligned}\int \underbrace{\sin x}_{f(x)} \cdot \underbrace{\sin x}_{g'(x)} \,\mathrm{d}x &= \underbrace{\sin x}_{f(x)} \cdot \underbrace{(-\cos x)}_{g(x)} - \int \underbrace{\cos x}_{f'(x)} \cdot \underbrace{(-\cos x)}_{g(x)} \,\mathrm{d}x \\ &= -\sin x \cos x + \int \cos^2 x \,\mathrm{d}x.\end{aligned}$$

Auf den ersten Blick entsteht der Eindruck, dass wir noch nicht weiter gekommen sind, denn das neue Integral scheint uns vor dasselbe Problem wie das Ausgangsintegral zu stellen. Wir gehen jetzt jedoch trickreich vor und ersetzen $\cos^2 x = 1 - \sin^2 x$. Dadurch ergibt sich

$$\underbrace{\int \sin^2 x \,\mathrm{d}x}_{I} = -\sin x \cos x + \int \left(1 - \sin^2 x\right) \mathrm{d}x = -\sin x \cos x + x - \underbrace{\int \sin^2 x \,\mathrm{d}x}_{I}.$$

Auf der rechten Seite kommt nun dasselbe Integral I wie auf der linken Seite vor. Wir lösen die Gleichung deshalb nach dem Integral I auf:

$$2 \int \sin^2 x \,\mathrm{d}x = -\sin x \cos x + x + C.$$

Dabei dürfen wir nicht vergessen, dass wir noch eine Integrationskonstante C addieren müssen. Nach einer Division mit 2 erhalten wir das Ergebnis

$$\int \sin^2 x \,\mathrm{d}x = -\frac{1}{2}\left(\sin x \cos x - x\right) + C.$$

Dabei ersetzt man die eigentlich entstandene Konstante $\frac{C}{2}$ durch eine neue Konstante, die man der Einfachheit halber gleich wieder C nennt. Da C eine beliebige reelle Zahl ist, spielt der Vorfaktor vor dem C keine Rolle. ■

9.3.4 Gebrochenrationale Funktionen

Integrale mit gebrochenrationalen Funktionen spielen bei technischen Anwendungen eine wichtige Rolle. Sie werden beispielsweise verwendet, um gewöhnliche Differenzialgleichungen mithilfe der Laplace-Transformation zu lösen. Erfreulicherweise gibt es ein systematisches Verfahren zur Integration gebrochenrationaler Funktionen. Die Grundlage für die systematische Lösung bildet die Partialbruchzerlegung, die wir bereits in Abschnitt 6.2.2 kennengelernt haben. Man schreibt die ursprüngliche gebrochenrationale Funktion als Summe einfacherer Bruchfunktionen. Dies erleichtert die anschließende Integration.

Merke 9.10 (Stammfunktionen gebrochenrationaler Funktionen)

Stammfunktionen einer gebrochenrationalen Funktion der Form

$$\int \frac{a_0 + a_1x + a_2x^2 + a_3x^3 + \ldots + a_nx^n}{b_0 + b_1x + b_2x^2 + b_3x^3 + \ldots + b_mx^m}\,\mathrm{d}x$$

bestimmt man, indem man

- eine unecht gebrochenrationale Funktion durch Polynomdivision in ein Polynom und eine echt gebrochenrationale Funktion zerlegt und
- eine echt gebrochenrationale Funktion mithilfe einer Partialbruchzerlegung in Summen unterteilt.

Beispiel 9.23 (Stammfunktion bei einfachen Nennernullstellen)

Wir suchen Stammfunktionen für die gebrochenrationale Funktion

$$f(x) = \frac{x-1}{x^2+5x+6}.$$

Mithilfe der Partialbruchzerlegung

$$\frac{x-1}{x^2+5x+6} = \frac{4}{x+3} - \frac{3}{x+2},$$

die wir bereits in Beispiel 6.18 bestimmt haben, ergeben sich mit

$$\begin{aligned}\int \frac{x-1}{x^2+5x+6}\,\mathrm{d}x &= \int \frac{4}{x+3}\,\mathrm{d}x - \int \frac{3}{x+2}\,\mathrm{d}x \\ &= 4\ln|x+3| - 3\ln|x+2| + C\end{aligned}$$

die gesuchten Stammfunktionen. ∎

Beispiel 9.24 (Stammfunktion bei doppelter Nennernullstelle)

Stammfunktionen für die gebrochenrationale Funktion

$$f(x) = \frac{x-1}{x^2+4x+4}$$

bestimmen wir durch die Partialbruchzerlegung

$$\frac{x-1}{x^2+4x+4} = \frac{1}{x+2} - \frac{3}{(x+2)^2},$$

siehe Beispiel 6.19. Integration der einzelnen Summanden liefert

$$\begin{aligned}\int \frac{x-1}{x^2+4x+4}\,\mathrm{d}x &= \int \frac{1}{x+2}\,\mathrm{d}x - \int \frac{3}{(x+2)^2}\,\mathrm{d}x \\ &= \ln|x+2| + \frac{3}{x+2} + C\end{aligned}$$

und damit die gesuchten Stammfunktionen. ∎

Wenn sich das Nennerpolynom einer gebrochenrationalen Funktion vollständig in Linearfaktoren zerlegen lässt, treten bei der Partialbruchzerlegung nur zwei Integraltypen auf. Diese Situation ist relativ einfach handzuhaben.

Merke 9.11 (Stammfunktionen bei der Partialbruchzerlegung I)

Partialbrüche mit einfachen oder mehrfachen reellen Nennernullstellen x_0 lassen sich mit Stammfunktionen folgender Form integrieren:

- $\int \frac{1}{x - x_0} \,\mathrm{d}x = \ln|x - x_0| + C$
- $\int \frac{1}{(x - x_0)^n} \,\mathrm{d}x = \frac{-1}{(n-1)(x - x_0)^{n-1}} + C, \quad n = 2, 3, 4, \ldots$

Beispiel 9.25 (Stammfunktion einer gebrochenrationalen Funktion)

Bei der Partialbruchzerlegung der Funktion

$$f(x) = \frac{3 - x}{x^3 + 2\,x^2 + 2\,x + 1} = \frac{4}{x+1} + \frac{-1 - 4x}{x^2 + x + 1}$$

aus Beispiel 6.20 besteht das Nennerpolynom aus dem Linearfaktor $x + 1$ und einem quadratischen Faktor $x^2 + x + 1$, der nicht weiter zerlegt werden kann. Zur Bestimmung von Stammfunktionen von f können wir den ersten Summanden sofort integrieren:

$$\int \frac{4}{x+1} \,\mathrm{d}x = 4 \ln|x + 1| + C_0.$$

Den zweiten Teil zerlegen wir trickreich in eine Summe aus zwei Teilen:

$$\int \frac{-1 - 4x}{x^2 + x + 1} \,\mathrm{d}x = \underbrace{-2 \int \frac{2\,x + 1}{x^2 + x + 1} \,\mathrm{d}x}_{I_1} + \underbrace{\int \frac{1}{x^2 + x + 1} \,\mathrm{d}x.}_{I_2}$$

Der erste Ausdruck I_1 hat die Bauart „Ableitung durch Funktion". Wir können die Integration somit nach Satz 9.13 durchführen und erhalten

$$I_1 = -2 \int \frac{2\,x + 1}{x^2 + x + 1} \,\mathrm{d}x = -2 \ln|x^2 + x + 1| + C_1.$$

Den zweiten Ausdruck I_2 bringen wir durch quadratisches Ergänzen auf die Form

$$I_2 = \int \frac{1}{x^2 + x + 1} \,\mathrm{d}x = \int \frac{1}{\left(x + \frac{1}{2}\right)^2 + \frac{3}{4}} \,\mathrm{d}x.$$

Mithilfe von

$$\int \frac{1}{x^2 + a^2} \,\mathrm{d}x = \frac{1}{a} \arctan\left(\frac{x}{a}\right) + C,$$

siehe Beispiel 9.14, ergibt sich mit $a = \frac{\sqrt{3}}{2}$ und mit einer einfachen linearen Substitution

$$I_2 = \int \frac{1}{\left(x + \frac{1}{2}\right)^2 + \frac{3}{4}} \,\mathrm{d}x = \frac{2}{\sqrt{3}} \arctan\left(\frac{2\,x + 1}{\sqrt{3}}\right) + C_2.$$

Insgesamt erhalten wir

$$\int \frac{3 - x}{x^3 + 2\,x^2 + 2\,x + 1} \,\mathrm{d}x = 4 \ln|x+1| - 2 \ln|x^2 + x + 1| + \frac{2}{\sqrt{3}} \arctan\left(\frac{2\,x + 1}{\sqrt{3}}\right) + C,$$

wobei wir die Konstanten C_0, C_1 und C_2 zu einer Konstanten C zusammenfassen. ▪

Bei der Partialbruchzerlegung kann es vorkommen, dass sich das Nennerpolynom nicht vollständig in Linearfaktoren zerlegen lässt, siehe Abschnitt 6.2.2. Es gibt zwei Methoden, diesem Problem Herr zu werden.

Die elegante Methode verwendet komplexe Zahlen, wodurch sich das Nennerpolynom immer vollständig in komplexe Linearfaktoren zerlegen lässt. Allerdings müssten wir dazu den Begriff des Integrals auf komplexe Zahlen erweitern, was wir an dieser Stelle aber nicht tun.

Bei der zweiten Methode arbeiten wir, wie gewohnt, mit reellen Zahlen und lösen das Problem durch eine Reihe trickreicher algebraischer Umformungen. Auf eine detaillierte Ausarbeitung aller Fälle verzichten wir hier und verweisen auf Beispiel 9.25, das die wesentlichen Ideen illustriert.

Merke 9.12 (Stammfunktionen bei der Partialbruchzerlegung II)

Partialbrüche, bei denen sich der Nenner nicht vollständig in Linearfaktoren zerlegen lässt und somit quadratische Faktoren enthält, führt man auf folgende Integrale zurück:

- $\displaystyle\int \frac{2ax+b}{ax^2+bx+c}\,\mathrm{d}x = \ln|ax^2+bx+c| + C, \qquad a \neq 0$
- $\displaystyle\int \frac{1}{x^2+a^2}\,\mathrm{d}x = \frac{1}{a}\arctan\left(\frac{x}{a}\right) + C, \qquad a \neq 0$

9.3.5 Uneigentliche Integrale

Unter einem uneigentlichen Integral versteht man ein bestimmtes Integral, bei dem entweder die x-Werte oder die Funktionswerte unbeschränkt sind. Uneigentliche Integrale werden unter anderem zur Definition von Integraltransformationen verwendet, siehe Kapitel 18 und Kapitel 19. In der Wahrscheinlichkeitsrechnung und Statistik spielen uneigentliche Integrale eine wichtige Rolle.

Definition 9.6 (Uneigentliches Integral)

Ein bestimmtes Integral $\displaystyle\int_a^b f(x)\,\mathrm{d}x$ nennt man ein uneigentliches Integral, wenn mindestens eine der folgenden Bedingungen erfüllt ist:

- Die Untergrenze ist $a = -\infty$ oder die Obergrenze ist $b = \infty$.
- Die Funktionswerte sind im Integrationsintervall nicht nach oben oder nicht nach unten beschränkt.

Anschaulich beschreibt ein uneigentliches Integral eine Fläche, bei der mindestens eine Seite unendlich lang ist. Auf den ersten Blick vermutet man deshalb, dass uneigentliche Integrale zu Flächen mit unendlich großem Flächeninhalt führen. Dieser Anschein kann jedoch trügen, wie folgendes Beispiel zeigt.

Beispiel 9.26 (Uneigentliches Integral der e-Funktion)

Wir betrachten das uneigentliche Integral $\int_{-\infty}^{0} \mathrm{e}^x \,\mathrm{d}x$. Dazu wählen wir eine feste Untergrenze $a < 0$ und berechnen das Integral mit einer Stammfunktion:

$$\int_a^0 \mathrm{e}^x \,\mathrm{d}x = \mathrm{e}^x \big|_a^0 = 1 - \mathrm{e}^a.$$

Der Grenzwert für a gegen $-\infty$

$$\int_{-\infty}^0 \mathrm{e}^x \,\mathrm{d}x = \lim_{a\to-\infty} (1 - \mathrm{e}^a) = 1$$

liefert den Wert des uneigentlichen Integrals.

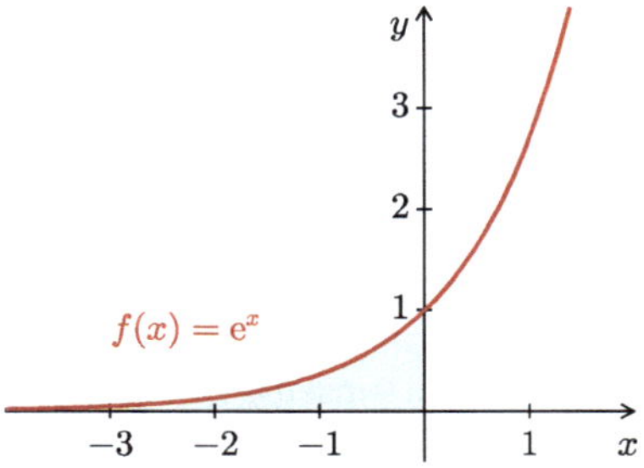

In Beispiel 9.26 ist zwar eine Seite der Fläche unendlich lang, dafür werden die Funktionswerte für a gegen $-\infty$ sehr schnell klein. Dieses Zusammenspiel führt bei dem Beispiel zu einem endlichen Flächeninhalt.

Merke 9.13 (Uneigentliche Integrale)

Uneigentliche Integrale berechnet man mithilfe von Grenzwerten:

- $\displaystyle\int_{-\infty}^b f(x)\,\mathrm{d}x = \lim_{a\to-\infty} \int_a^b f(x)\,\mathrm{d}x$
- $\displaystyle\int_a^{\infty} f(x)\,\mathrm{d}x = \lim_{b\to\infty} \int_a^b f(x)\,\mathrm{d}x$
- Wenn die Funktion f an einer Stelle x_0 im Integrationsintervall nicht beschränkt ist, dann zerlegt man das Integral in zwei Teile:

$$\int_a^b f(x)\,\mathrm{d}x = \lim_{t\to x_0-} \int_a^t f(x)\,\mathrm{d}x + \lim_{t\to x_0+} \int_t^b f(x)\,\mathrm{d}x.$$

Falls die jeweiligen Grenzwerte existieren, bezeichnet man das uneigentliche Integral als konvergent, andernfalls als divergent.

Beispiel 9.27 (Konvergentes uneigentliches Integral)

Wir betrachten das bestimmte Integral $\int_0^2 \frac{1}{\sqrt{x}}\,\mathrm{d}x$. Da $f(x) = \frac{1}{\sqrt{x}}$ für x gegen 0 nicht beschränkt ist, ist das Integral uneigentlich. Wir wählen also zunächst eine feste Untergrenze $a > 0$ und berechnen das Integral mit einer Stammfunktion:

$$\int_a^2 \frac{1}{\sqrt{x}}\,\mathrm{d}x = 2\sqrt{x}\,\Big|_a^2 = 2\sqrt{2} - 2\sqrt{a}.$$

Nun betrachten wir den Grenzwert $a \to 0+$

$$\int_0^2 \frac{1}{\sqrt{x}}\,\mathrm{d}x = \lim_{a\to 0+} \left(2\sqrt{2} - 2\sqrt{a}\right) = 2\sqrt{2}$$

und erhalten den Wert des gesuchten Integrals.

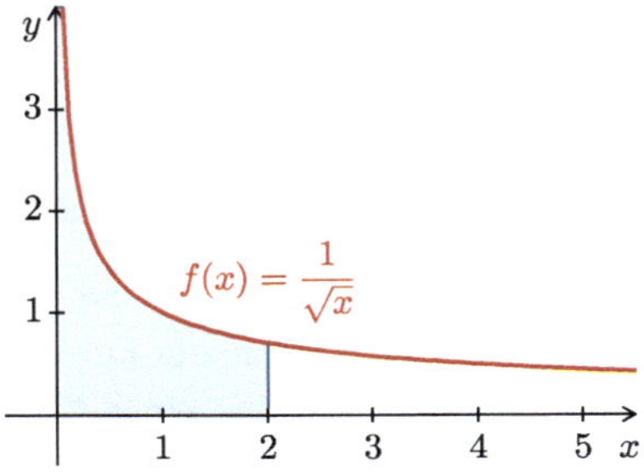

Bei zweiseitigen uneigentlichen Integralen

$$\int_{-\infty}^{\infty} f(x)\,\mathrm{d}x$$

fügt man irgendwo einen Punkt c ein und spaltet das Integral dadurch in zwei einseitige uneigentliche Integrale auf.

Des Weiteren entstehen uneigentliche Integrale oft dadurch, dass die Funktion am Rand des Integrationsintervalls nicht beschränkt ist. In solchen Situationen genügt es dann, einen einzigen einseitigen Grenzwert zu betrachten.

Die Tücken der Grenzwerte kennen wir bereits, nicht jeder Grenzwert existiert. Auch uneigentliche Integrale zeigen demnach ein entsprechendes Konvergenz- oder Divergenzverhalten. Bis ins Unendliche ausgedehnte Flächenstücke können sowohl einen endlichen als auch einen unendlichen Flächeninhalt haben.

Beispiel 9.28 (Konvergente und divergente uneigentliche Integrale)

a) Aufgrund von

$$\int_{1}^{\infty} \frac{1}{x}\,\mathrm{d}x = \lim_{b\to\infty} \ln x\Big|_1^b = \lim_{b\to\infty} \ln b = \infty$$

ist dieses uneigentliche Integral divergent.

b) Bei dem bestimmten Integral $\int_0^1 \frac{1}{x}\,\mathrm{d}x$ handelt es sich um ein uneigentliches Integral, denn die Funktion $f(x) = \frac{1}{x}$ ist für x gegen 0 nicht beschränkt. Die Berechnung mithilfe eines Grenzwertes ergibt

$$\int_{0}^{1} \frac{1}{x}\,\mathrm{d}x = \lim_{a\to 0+} \ln x\Big|_a^1 = \lim_{a\to 0+} (-\ln a) = \infty.$$

Dieses uneigentliche Integral ist divergent.

c) Für $n \neq 1$ gilt

$$\int_{1}^{\infty} \frac{1}{x^n}\,\mathrm{d}x = \lim_{b\to\infty} \frac{x^{1-n}}{1-n}\Bigg|_1^b = \lim_{b\to\infty} \frac{b^{1-n}-1}{1-n}.$$

Für den Grenzwert unterscheiden wir die beiden Fälle $n < 1$ und $n > 1$:

$$\lim_{b\to\infty} \frac{b^{1-n}-1}{1-n} = \begin{cases} \infty & \text{für} \quad n < 1, \\ \frac{1}{n-1} & \text{für} \quad n > 1. \end{cases}$$

Für $n < 1$ ist dieses uneigentliche Integral divergent und für $n > 1$ konvergent.

d) Bei dem bestimmten Integral $\int_0^1 \frac{1}{x^n}\,\mathrm{d}x$ handelt es sich für $n > 0$ um ein uneigentliches Integral, denn die Funktion $f(x) = \frac{1}{x^n}$ ist für x gegen 0 nicht beschränkt. Die Berechnung mithilfe eines Grenzwertes ergibt

$$\int_{0}^{1} \frac{1}{x^n}\,\mathrm{d}x = \lim_{a\to 0+} \frac{x^{1-n}}{1-n}\Bigg|_a^1 = \lim_{a\to 0+} \frac{1-a^{1-n}}{1-n}.$$

Dieses uneigentliche Integral ist also nur für $n < 1$ konvergent. ■

9.4 Länge, Flächeninhalt und Volumen

Integrale sind uns im Zusammenhang mit der Berechnung von Flächeninhalten bereits begegnet. In diesem Abschnitt werden wir sehen, dass sich Integrale auch zur Bestimmung von Längen und Volumina eigenen.

9.4.1 Flächeninhalte

Aufgrund des Hauptsatzes der Differenzial- und Integralrechnung wissen wir, dass man Flächeninhalte mithilfe von bestimmten Integralen berechnet. Dabei treten veschiedene Aspekte auf, die wir in diesem Abschnitt genauer betrachten. Dazu gehört etwa die Berechnung von Flächeninhalten bei Funktionen mit negativen Funktionswerten und die Berechnung von Flächeninhalten von Flächen, die durch das Schaubild von zwei Funktionen begrenzt werden.

Merke 9.14 (Flächenberechnung)

Die Fläche A, die das Schaubild einer nicht negativen Funktion f für x-Werte zwischen a und b mit der x-Achse einschließt, entspricht genau dem bestimmten Integral der Funktion f zwischen a und b:

$$A = \int_a^b f(x)\,\mathrm{d}x = F(x)\Big|_a^b = F(b) - F(a).$$

Beispiel 9.29 (Fläche zwischen x^2 und der x-Achse)

Die Fläche, die die Funktion $f(x) = x^2$ für x-Werte zwischen -2 und 2 mit der x-Achse einschließt, soll berechnet werden. Die Funktion $f(x) = x^2$ hat keine negativen Funktionswerte. Außerdem können wir die Symmetrie der Funktion ausnutzen und die Berechnung auf das halbe Intervall beschränken. Mit der Stammfunktion $F(x) = \frac{1}{3}x^3$ ist

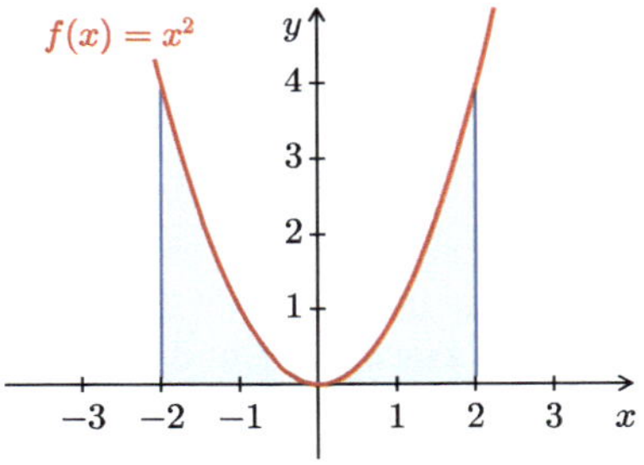

$$A = 2\int_0^2 x^2\,\mathrm{d}x = 2\,\frac{1}{3}x^3\Big|_0^2 = \frac{16}{3}$$

der gesuchte Flächeninhalt. ■

In Beispiel 9.2 haben wir bereits gesehen, dass das bestimmte Integral bei einer Funktion mit negativen Funktionswerten nicht zwingend die Fläche berechnet, die die Funktion mit der x-Achse einschließt. Die Ursache liegt darin, dass das bestimmte Integral bei negativen Funktionswerten einen negativen Wert ergibt. Trotzdem ist die Lösung des Problems offensichtlich. Wir bestimmen die Nullstellen der Funktion und zerlegen die gesamte Fläche in Bereiche, in denen die Funktion das Vorzeichen nicht wechselt.

Beispiel 9.30 (Fläche zwischen $\sin x$ und der x-Achse)

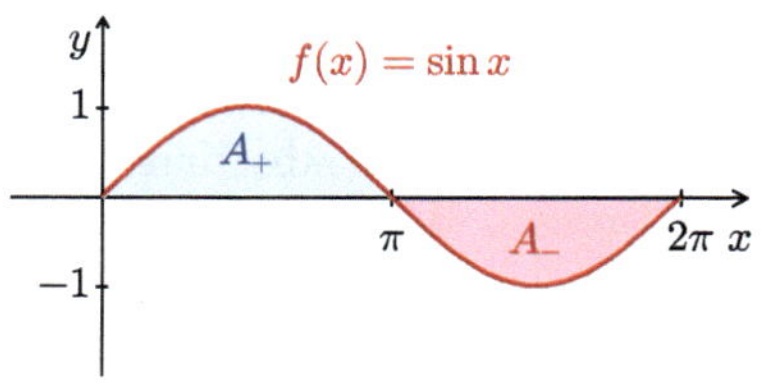

Die Fläche, die der Graph der Funktion $f(x) = \sin x$ für x-Werte zwischen 0 und 2π mit der x-Achse einschließt, soll berechnet werden. In dem betrachteten Bereich hat die Funktion die Nullstellen $x_0 = 0$, $x_1 = \pi$ und $x_2 = 2\pi$. Für x-Werte zwischen π und 2π ist die Funktion negativ. Deshalb integrieren wir in diesem Bereich über $-\sin x$. Insgesamt ergibt sich

$$A = \int_0^{\pi} \sin x \, \mathrm{d}x + \int_{\pi}^{2\pi} (-\sin x) \, \mathrm{d}x = -\cos x \Big|_0^{\pi} + \cos x \Big|_{\pi}^{2\pi} = 4$$

für die gesuchte Fläche zwischen $f(x) = \sin x$ und der x-Achse. ■

Merke 9.15 (Flächenberechnung bei negativen Funktionswerten)

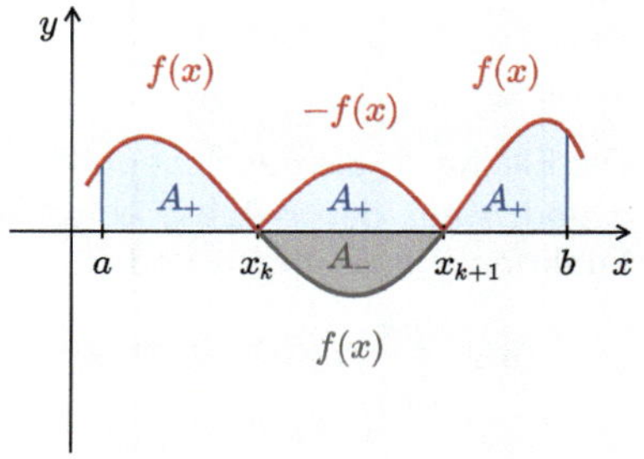

Bei der Berechnung des Flächeninhaltes, den das Schaubild einer Funktion f mit der x-Achse bildet, benötigt man alle Nullstellen x_0, x_1, … der Funktion im Intervall $[a, b]$. Auf Teilintervallen $[x_k, x_{k+1}]$, in denen die Funktion negative Werte annimmt, integriert man über die negative Funktion

$$A_+ = \int_{x_k}^{x_{k+1}} (-f(x)) \, \mathrm{d}x.$$

Wir betrachten nun Flächen, die durch das Schaubild von zwei Funktionen begrenzt werden. Auch in diesem Fall können wir die Berechnung des Flächeninhalts mithilfe von Integralen durchführen.

Merke 9.16 (Fläche zwischen zwei Funktionen)

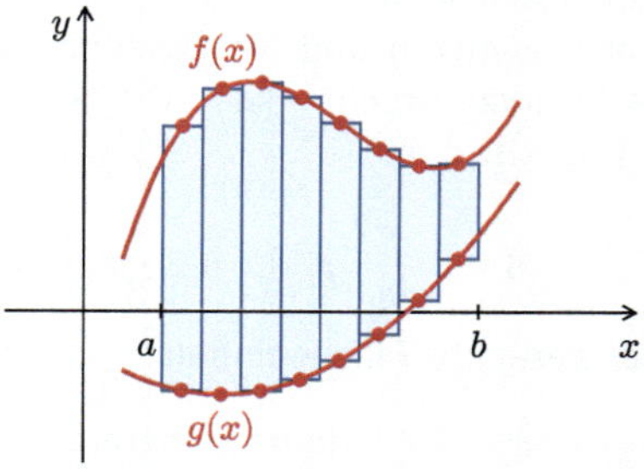

Den Flächeninhalt A der Fläche, die durch das Schaubild der beiden Funktionen f und g für x-Werte zwischen a und b begrenzt wird, kann man durch

$$A = \int_a^b (f(x) - g(x)) \, \mathrm{d}x$$

berechnen. Dabei darf die Funktion f für alle x-Werte zwischen a und b nicht unterhalb der Funktion g verlaufen.

Die Gültigkeit dieser Formel machen wir uns durch eine Annäherung mit Rechtecksummen plausibel. Die Höhe der Rechtecke entspricht gerade der Differenz der Funktionswerte. Also müssen wir über die Differenz der beiden Funktionen integrieren. Die Nullstellen der beiden Funktionen spielen dabei keine Rolle.

Das Berechnungsprinzip lässt sich auch anwenden, wenn die beiden Funktionen abwechselnd oberhalb oder unterhalb voneinander verlaufen. Man zerlegt dann die Fläche in Teilflächen zwischen den Schnittpunkten.

Beispiel 9.31 (Fläche zwischen zwei Funktionen)

a) Die Schaubilder der beiden Funktionen

$$f(x) = x^2 - 6x + 7, \quad g(x) = 3 - x$$

begrenzen eine Fläche. Zur Bestimmung des Flächeninhalts A berechnen wir zunächst die x-Werte der Schnittpunkte der beiden Schaubilder. Dazu setzen wir f und g gleich. Die x-Werte $x_1 = 1$ und $x_2 = 4$ sind die beiden Lösungen der quadratischen Gleichung

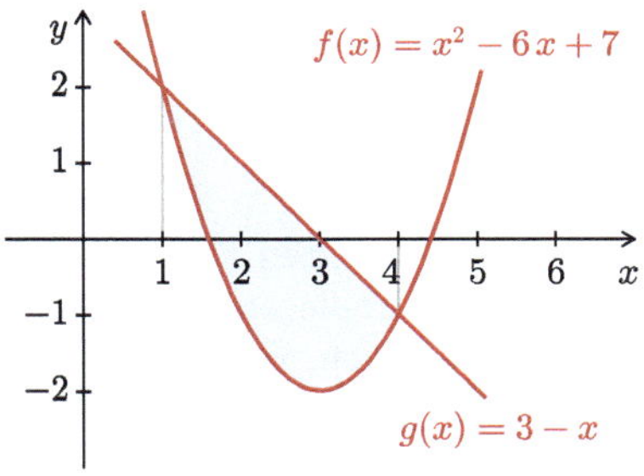

$$x^2 - 6x + 7 = 3 - x.$$

Aus der Abbildung erkennen wir, dass im Bereich von 1 bis 4 die Funktion g oberhalb von f verläuft. Somit berechnen wir

$$\begin{aligned} A &= \int_1^4 \left((3-x) - (x^2 - 6x + 7)\right) \mathrm{d}x = \int_1^4 \left(-x^2 + 5x - 4\right) \mathrm{d}x \\ &= -\frac{1}{3}x^3 + \frac{5}{2}x^2 - 4x \Big|_1^4 = \frac{9}{2} \end{aligned}$$

und erhalten schließlich den gesuchten Flächeninhalt.

b) Wir betrachten die beiden Funktionen

$$f(x) = \sin x, \quad g(x) = \cos x.$$

Die Schaubilder dieser Funktionen haben zwar unendlich viele Schnittpunkte, aus Symmetriegründen haben aber alle Teilflächen zwischen diesen beiden Funktionen denselben Flächeninhalt. Sinus und Kosinus haben für

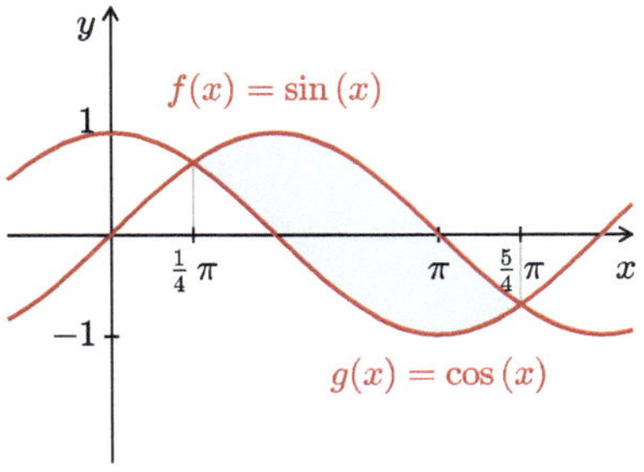

$$x_1 = \frac{\pi}{4}, \quad x_2 = \frac{5\pi}{4}$$

jeweils dieselben Werte, nämlich $\pm\frac{1}{2}\sqrt{2}$. Im Bereich von x_1 bis x_2 verläuft der Sinus oberhalb vom Kosinus. Es gilt

$$A = \int_{\frac{\pi}{4}}^{\frac{5\pi}{4}} (\sin x - \cos x)\, \mathrm{d}x = (-\cos x - \sin x)\Big|_{\frac{\pi}{4}}^{\frac{5\pi}{4}} = 2\sqrt{2}.$$

Dies ist der Flächeninhalt A einer einzigen Teilfläche. ▪

9.4.2 Bogenlänge

Unter der Bogenlänge versteht man die Länge, die das Schaubild einer Funktion hat. Wir können uns vorstellen, dass wir einen Faden entlang des Schaubildes legen, Anfang und Ende markieren und dann die Länge dieses Fadens mithilfe eines Lineals abmessen.

Satz 9.15 (Bogenlänge)
Das Schaubild einer differenzierbaren Funktion f für x-Werte zwischen a und b hat die Bogenlänge

$$L = \int_a^b \sqrt{1 + f'(x)^2}\, \mathrm{d}x.$$

Die Formel aus Satz 9.15 ist ein Spezialfall der allgemeinen Formel für die Bogenlänge einer parametrisierten Kurve, die wir in Kapitel 11 herleiten werden. Deshalb verzichten wir an dieser Stelle auf eine Herleitung. Allerdings führen wir ein paar Plausibilitätsbetrachtungen durch. Bei einer konstanten Funktion ist die Ableitung überall null und die Formel vereinfacht sich zu

$$L = \int_a^b \sqrt{1+0}\, \mathrm{d}x = b - a.$$

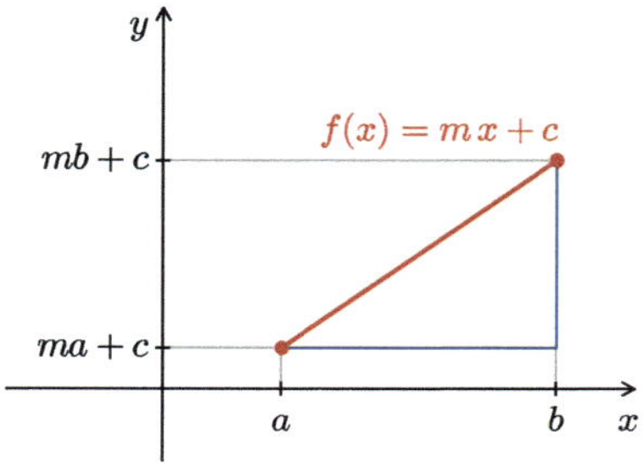

Bei einer linearen Funktion $f(x) = m\,x + c$ gilt

$$\begin{aligned} L &= \int_a^b \sqrt{1+m^2}\, \mathrm{d}x \\ &= \sqrt{1+m^2}\,(b-a). \end{aligned}$$

Das ist gerade der Abstand der beiden Punkte mit den Koordinaten

$$\big(a \,|\, f(a)\big) \quad \text{und} \quad \big(b \,|\, f(b)\big),$$

denn es gilt

$$L = \sqrt{(b-a)^2 + (m\,b - m\,a)^2} = \sqrt{1+m^2}\,(b-a).$$

Damit passt die Formel auch für lineare Funktionen.

Beispiel 9.32 (Bogenlänge)
Die Bogenlänge des Schaubildes der Funktion

$$f(x) = \cosh x, \quad -2 \le x \le 2,$$

berechnet man mit

$$L = \int_{-2}^{2} \sqrt{1 + \sinh^2 x}\, \mathrm{d}x.$$

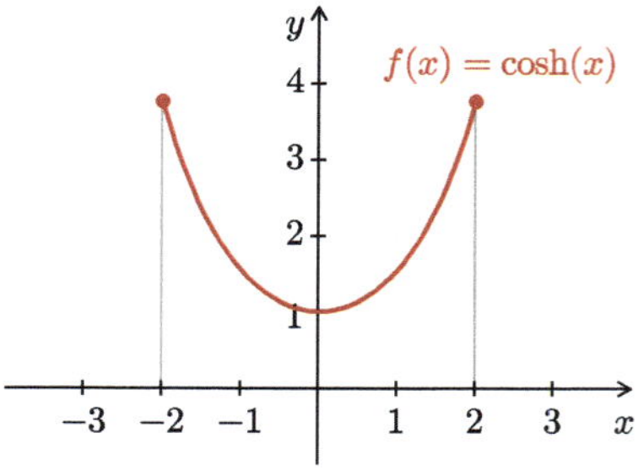

Aufgrund der Symmetrie und des Zusammenhangs

$$\cosh^2 x - \sinh^2 x = 1$$

zwischen den hyperbolischen Funktionen gilt

$$L = 2 \int_0^2 \cosh x\, \mathrm{d}x = 2 \sinh x\,\Big|_0^2 = 2 \sinh 2 = \mathrm{e}^2 - \mathrm{e}^{-2} \approx 7.2537$$

für die Bogenlänge des Schaubilds der Funktion $\cosh x$ für $-2 \le x \le 2$. ■

9.4.3 Rotationskörper

Einige Werkzeugmaschinen in der Zerspantechnik, wie beispielsweise die Drehmaschine, erzeugen Werkstücke in Form von Rotationskörpern. Mathematisch kann man solche Körper durch Rotation einer Kurve um eine Achse beschreiben. Wir gehen dabei davon aus, dass die Profilkurve und die Rotationsachse in derselben Ebene liegen. Zur Vereinfachung der Formeln legen wir uns dabei auf die x-y-Ebene fest. Außerdem betrachten wir nur Rotation um volle $360°$, sodass ein geschlossener Körper entsteht. In diesem Abschnitt ist es unser Ziel, Formeln zur Berechnung des Volumens und der Oberfläche eines Rotationskörpers zu bestimmen.

Der einfachste Rotationskörper ist ein senkrechter Kreiszylinder. Er entsteht durch Rotation einer zur x-Achse parallelen Geraden. Der Begriff „senkrecht" bezieht sich dabei auf den rechten Winkel zwischen der Rotationsachse und dem Boden und Deckel des Kreiszylinders und nicht etwa auf die Orientierung in der x-y-Ebene. Sein Volumen berechnet man aus dem Produkt des Flächeninhalts der Grundfläche und der Höhe. Die Grundfläche besteht aus einer Kreisscheibe mit Radius r und hat den Flächeninhalt $A = \pi r^2$. Die Mantelfläche des senkrechten Kreiszylinders wird aus einem Rechteck mit den Seitenlängen $b - a$ und $2\pi r$ gebildet. Dies können wir uns klar machen, indem wir uns vorstellen, den Kreiszylinder entlang einer Geraden parallel zur Rotationsachse aufzuschneiden. Die Schnittkante hat die Länge $b - a$, der Umfang der Kreise beträgt $2\pi r$.

Satz 9.16 (Senkrechter Kreiszylinder)
Durch Rotation des Schaubildes der konstanten Funktion $f(x) = r$ für x-Werte zwischen a und b um die x-Achse, entsteht ein senkrechter Kreiszylinder. Dieser Kreiszylinder hat das Volumen und die Mantelfläche

$$V = \pi r^2(b - a), \quad M = 2\pi r\,(b - a).$$

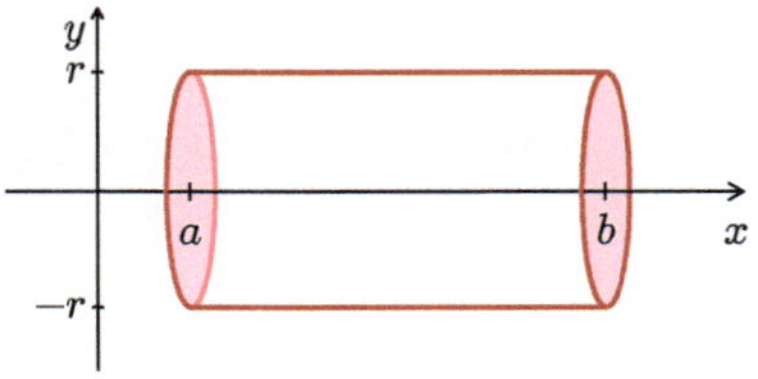

Ausgehend von der Volumenformel für den senkrechten Kreiszylinder können wir uns eine Formel für das Volumen eines allgemeinen Rotationskörpers herleiten. Dazu zerlegen wir den Körper in eine Summe von n Kreiszylindern. Alle Zylinder haben dieselbe Höhe

$$\Delta x = \frac{b - a}{n},$$

nur die Radien f_k der Kreisscheiben sind abhängig vom Funktionswert. Als Radius

$$f_k = f\left(a + k\,\Delta x - \frac{1}{2}\,\Delta x\right), \quad k = 1, 2, \ldots, n$$

wählen wir den Funktionswert in der Mitte des jeweiligen Teilintervalls.

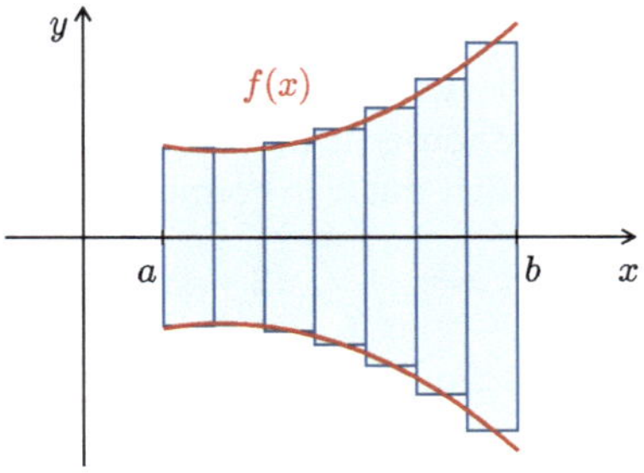

Für das Volumen V_x des Rotationskörpers erhalten wir somit die Näherungsformel

$$V_x \approx \pi\, f_1^2\, \Delta x + \pi\, f_2^2\, \Delta x + \ldots + \pi\, f_n^2\, \Delta x = \pi \sum_{k=1}^{n} f_k^2\, \Delta x.$$

Aus dieser Näherungsformel ergibt sich beim Grenzübergang für n gegen unendlich die gesuchte Formel.

Satz 9.17 (Volumen bei Rotation um die x-Achse)

Durch Rotation des Schaubildes einer stetigen Funktion f für x-Werte zwischen a und b um die x-Achse entsteht ein Rotationskörper. Das Volumen dieses Rotationskörpers kann man mit der Formel

$$V_x = \pi \int_a^b f(x)^2\, \mathrm{d}x$$

berechnen.

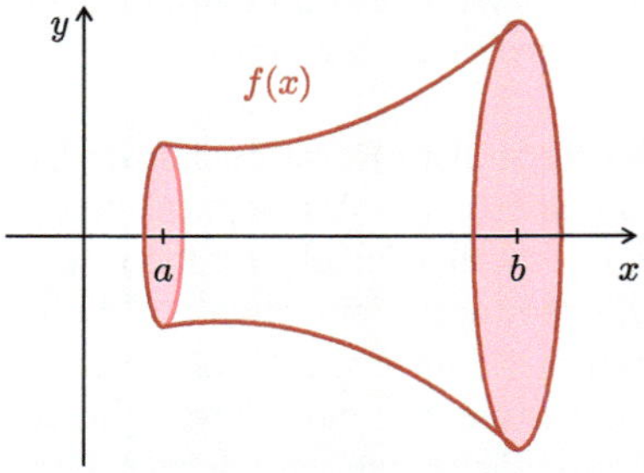

Die Formel für das Volumen einer Rotationsfläche kann man sich einfach merken. Eine Rotationsfläche besteht aus lauter Kreisscheiben. Jede Kreisscheibe hat die Fläche $\pi\, r^2$, wobei der Radius r bei einer Rotationsfläche durch den Funktionswert gegeben ist. Das Aufsummieren erfolgt durch das Integral.

Man darf die Formel auch dann verwenden, wenn das Schaubild der Funktion f die Rotationsachse schneidet. Bei einer Rotation um volle $360°$ sind nämlich die Körper, die durch Rotation des Schaubildes der Funktion f und durch Rotation des Schaubildes der Funktion $|f|$ entstehen, gleich.

Beispiel 9.33 (Volumen bei Rotation um die x-Achse)

Durch Rotation des Schaubildes der Funktion

$$f(x) = 2 - \cos x, \qquad \frac{\pi}{2} \le x \le \frac{5\pi}{2}$$

um die x-Achse entsteht ein amphorenähnlicher Rotationskörper. Das Volumen dieses Körpers berechnet sich mit der Formel

$$V_x = \pi \int_{\frac{\pi}{2}}^{\frac{5\pi}{2}} (2 - \cos x)^2\, \mathrm{d}x.$$

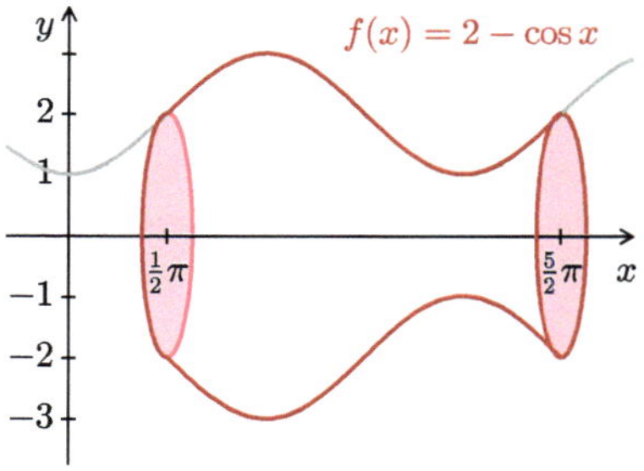

Zur Berechnung des Integrals

$$V_x = \pi \underbrace{\int_{\frac{\pi}{2}}^{\frac{5\pi}{2}} 4\, \mathrm{d}x}_{I_1} - 4\pi \underbrace{\int_{\frac{\pi}{2}}^{\frac{5\pi}{2}} \cos x\, \mathrm{d}x}_{I_2} + \pi \underbrace{\int_{\frac{\pi}{2}}^{\frac{5\pi}{2}} \cos^2 x\, \mathrm{d}x}_{I_3}$$

multiplizieren wir die Klammer aus und berechnen die Teilintegrale einzeln.

Das erste Teilintegral entspricht der Fläche eines Rechtecks mit Grundseite 2π und Höhe 4, der Wert ergibt also $I_1 = 8\pi$. Beim zweiten Integral wird der Kosinus über eine komplette Periode integriert. Daraus folgt $I_2 = 0$. Beim dritten Teilintegral nutzen wir die Symmetrie zwischen Sinus und Kosinus aus. Es gilt nämlich

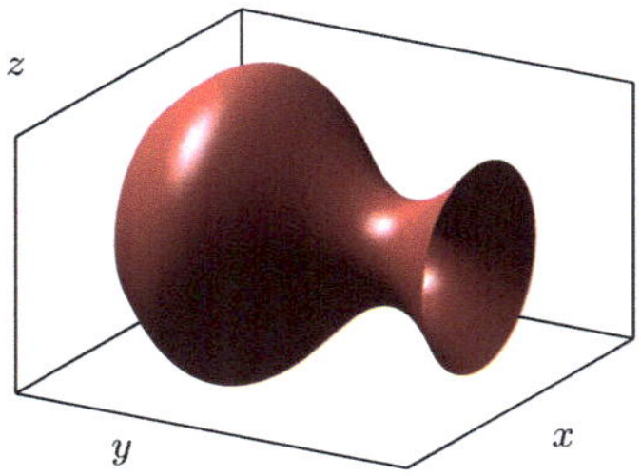

$$\int_{\frac{\pi}{2}}^{\frac{5\pi}{2}} \cos^2 x \,\mathrm{d}x = \int_{\frac{\pi}{2}}^{\frac{5\pi}{2}} \sin^2 x \,\mathrm{d}x$$

und somit

$$I_3 = \int_{\frac{\pi}{2}}^{\frac{5\pi}{2}} \cos^2 x \,\mathrm{d}x = \frac{1}{2}\int_{\frac{\pi}{2}}^{\frac{5\pi}{2}} \left(\cos^2 x + \sin^2 x\right) \mathrm{d}x = \frac{1}{2}\int_{\frac{\pi}{2}}^{\frac{5\pi}{2}} 1 \,\mathrm{d}x = \pi .$$

Insgesamt erhalten wir $V_x = 8\pi^2 + \pi^2 = 9\pi^2$. ■

Unsere Überlegungen lassen sich auf Rotationen um die y-Achse übertragen. Allerdings müssen wir sicherstellen, dass ein und derselbe y-Wert nicht als Funktionswert von zwei unterschiedlichen x-Werten im Intervall $[a,b]$ vorkommt. Funktionen, die diese Eigenschaften erfüllen, kennen wir bereits. Es sind die umkehrbaren Funktionen, siehe Definition 5.22. Die Radien der Kreisscheiben sind nun die Funktionswerte der Umkehrfunktion f^{-1}. Die Summation läuft nun im Bereich zwischen $f(a)$ und $f(b)$. Allerdings könnte nun auch $f(b)$ kleiner als $f(a)$ sein. In diesem Fall wäre die Untergrenze des Integrals $f(b)$ und die Obergrenze $f(a)$. Beide Fälle lassen sich mithilfe des Betrags zu einer Formel zusammenfassen.

Satz 9.18 (Volumen bei Rotation um die y-Achse)

Durch Rotation des Schaubildes einer stetigen Funktion f für x-Werte zwischen a und b um die y-Achse entsteht ein Rotationskörper. Wenn die Funktion f auf dem Intervall $[a,b]$ umkehrbar ist, dann kann man das Volumen dieses Rotationskörpers mit der Formel

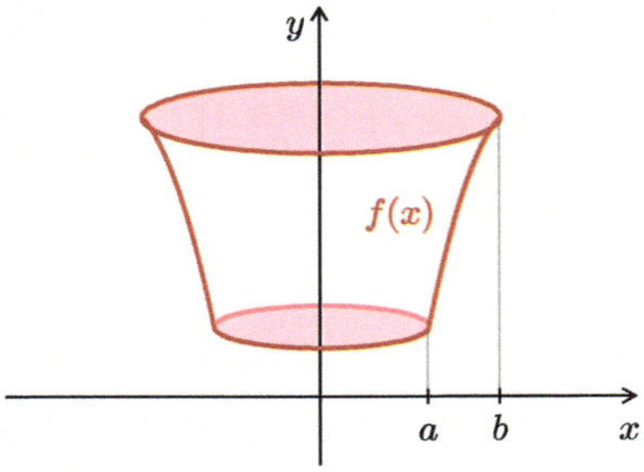

$$V_y = \pi \left| \int_{f(a)}^{f(b)} \left(f^{-1}(x)\right)^2 \mathrm{d}x \right|$$

berechnen.

Bei der Rotation um die y-Achse lässt sich das Volumen auch ohne die Bestimmung der Umkehrfunktion berechnen. Dazu verwendet man die Substitution $u = f^{-1}(x)$ bzw. $f(u) = x$. Mit dem Verhältnis der Differenziale $f'(u) = \frac{\mathrm{d}x}{\mathrm{d}u}$ folgt

$$V_y = \pi \left| \int_{f(a)}^{f(b)} \left(f^{-1}(x)\right)^2 \mathrm{d}x \right| = \pi \left| \int_a^b u^2 f'(u) \,\mathrm{d}u \right| = \pi \int_a^b u^2 \left|f'(u)\right| \mathrm{d} \, .$$

Wir erhalten eine Formel für das Rotationsvolumen bzgl. der y-Achse.

Beispiel 9.34 (Volumen bei Rotation um die y-Achse)

Das Schaubild der um 1 in Richtung der positiven y-Achse verschobenen Normalparabel

$$f(x) = x^2 + 1$$

mit x-Werten zwischen 0 und 1 wird um die y-Achse rotiert. Das Volumen können wir mit folgender Formel berechnen:

$$V_y = \pi \int_{f(a)}^{f(b)} \left(f^{-1}(x)\right)^2 \, \mathrm{d}x.$$

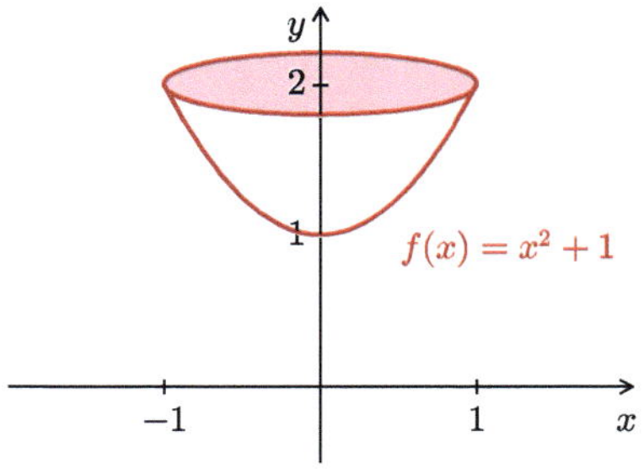

Dazu benötigen wir die Funktionsgleichung der Umkehrfunktion f^{-1}. Diese bestimmen wir durch Auflösen der Funktionsgleichung von f nach y:

$$y = x^2 + 1 \iff x^2 = y - 1 \iff x = \sqrt{y-1}.$$

Wir vertauschen x und y und erhalten

$$f^{-1}(x) = \sqrt{x-1}\,.$$

Mit den Grenzen $f(a) = 1$ und $f(b) = 2$ ergibt sich

$$\begin{aligned} V_y &= \pi \int_1^2 \left(\sqrt{x-1}\right)^2 \mathrm{d}x \\ &= \pi \int_1^2 (x-1) \, \mathrm{d}x \\ &= \pi \left(\frac{x^2}{2} - x\right)\Bigg|_1^2 = \frac{\pi}{2}. \end{aligned}$$

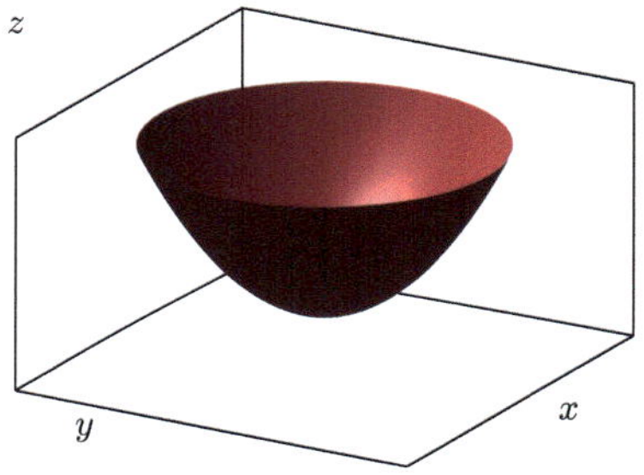

Alternativ dazu können wir die Lösung auch mit der Formel

$$V_y = \pi \int_0^1 x^2 \, |f'(x)| \, \mathrm{d}x = \pi \int_0^1 x^2 \, |2\,x| \, \mathrm{d}x = \pi \int_0^1 2\,x^3 \, \mathrm{d}x = \pi \left.\frac{x^4}{2}\right|_0^1 = \frac{\pi}{2}$$

berechnen. ∎

Satz 9.19 (Mantelfläche)

Durch Rotation des Schaubildes einer differenzierbaren Funktion f für x-Werte zwischen a und b um

- die x-Achse entsteht ein Rotationskörper mit Mantelfläche

$$M_x = 2\,\pi \int_a^b f(x) \sqrt{1 + f'(x)^2} \, \mathrm{d}x.$$

- die y-Achse entsteht ein Rotationskörper mit Mantelfläche

$$M_y = 2\,\pi \left| \int_{f(a)}^{f(b)} f^{-1}(x) \sqrt{1 + \left(\left(f^{-1}(x)\right)'\right)^2} \, \mathrm{d}x \right|.$$

Die Mantelfläche ist die Außenfläche eines Rotationskörpers. Bei der Mantelfläche werden die beiden Kreisscheiben, die den Boden und den Deckel des Körpers bilden, nicht berücksichtigt. Die komplette Oberfläche eines Rotationskörpers besteht also aus der Mantelfläche zusammen mit diesen beiden Kreisscheiben. Auf eine Herleitung der Formeln verzichten wir. Dafür führen wir eine Plausibilitätsbetrachtung durch: Den Ausdruck

$$L = \sqrt{1 + f'(x)^2}$$

kennen wir bereits aus der Formel zur Berechnung der Bogenlänge, siehe Satz 9.15. Diese Länge L wird mit dem Kreisumfang $U = 2\pi f(x)$ multipliziert. Die Funktionswerte $f(x)$ fungieren hier als Radien der einzelnen Kreise. Insgesamt werden also Ausdrücke der Form

„Umfang des Kreises mit Radius $f(x)$“·„Länge des Kurvensegments“

aufsummiert. Im Spezialfall $f(x) = r$ ist die Ableitung für alle x-Werte null, es gilt also $f'(x) = 0$. Wir erhalten dann

$$M_x = 2\pi \int_a^b r \, \mathrm{d}x = 2\pi r \, (b - a)$$

für die Mantelfläche eines senkrechten Kreiszylinders.

9.5 Numerische Verfahren

Es gibt verschiedene Gründe, die eine Annäherung von bestimmten Integralen durch numerische Näherungswerte erfordern. Beispielsweise gibt es elementare Funktionen, bei denen die Stammfunktionen nicht durch elementare Funktionen darstellbar sind. Bei Problemen aus der Praxis ist man oftmals schon deshalb auf numerische Integrationsmethoden angewiesen, weil man keine analytische Darstellung der Funktion selbst kennt. In diesen Fällen kann man lediglich Funktionswerte zu bestimmten Parameterwerten berechnen und daraus versuchen, einen möglichst guten Näherungswert für das Integral zu erzeugen.

Das Ziel bei der numerischen Integration sind Formeln, mit denen man Näherungswerte für den Wert eines bestimmten Integrals berechnen kann. Dabei wählt man nicht den Weg über Stammfunktionen, sondern man sucht nach Methoden, mit denen sich Flächeninhalte approximieren lassen. In den vergangenen Jahrhunderten haben sich zahlreiche Mathematiker mit dieser Problemstellung beschäftigt, wodurch eine ganze Reihe sogenannter Quadraturformeln entstanden sind. In der damaligen Zeit wurde die Integration als Quadratur bezeichnet.

Bei der numerischen Berechnung mithilfe von Computern setzt man Verfahren ein, die gute Näherungswerte mit möglichst wenig Rechenaufwand liefern. Gleichzeitig benötigt man verlässliche Abschätzungen für den maximalen Fehler zwischen dem Näherungswert und dem exakten Wert. Das Romberg-Verfahren, das wir in diesem Abschnitt vorstellen, erfüllt diese Anforderungen und wird bei der Lösung praktischer Probleme deshalb häufig eingesetzt.

9.5.1 Trapezregel

In erster Näherung kann man den Flächeninhalt durch Rechtecksummen annähern. Diesen Aspekt haben wir in Abschnitt 9.1.2 bereits ausführlich betrachtet. Eine deutliche Verbesserung bei der numerischen Berechnung eines bestimmten Integrals erzielt man, indem man anstelle von Rechtecken Trapeze verwendet. Dies entspricht im Prinzip den Rechtecksummen, wobei allerdings jeweils der Mittelwert von linkem und rechtem Funktionswert als Höhe des Rechtecks genommen wird.

Merke 9.17 (Trapez)
Ein Viereck, das zumindest zwei parallele Seiten hat, bezeichnet man als Trapez. Die Fläche eines Trapezes ist genau gleich groß wie die Fläche des Rechtecks, das dieselbe Grundseite hat und dessen Höhe gerade dem Mittelwert y_m der beiden Höhen y_0 und y_1 des Trapezes entspricht:

$$A = (x_1 - x_0)\,\frac{y_0 + y_1}{2}.$$

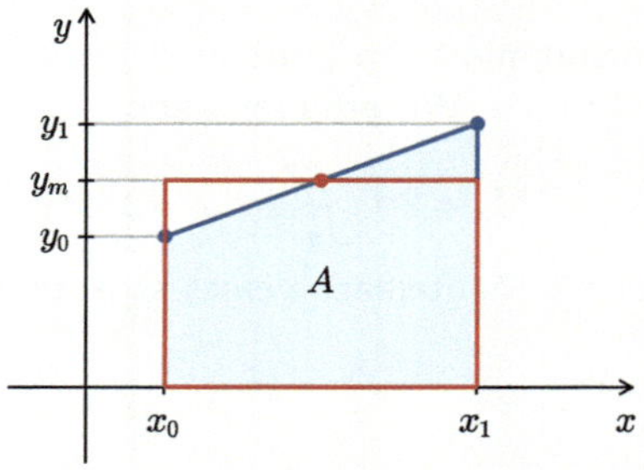

Um eine Näherungsformel für das bestimmte Integral

$$I = \int_a^b f(x)\,\mathrm{d}x$$

zu bestimmen, zerlegen wir das Intervall $[a, b]$ in n gleichlange Teilintervalle mit der einheitlichen Länge

$$h = \frac{b-a}{n}$$

und werten die Funktion an insgesamt $n+1$ Stellen aus:

$$f(a),\ f(a+h),\ f(a+2\,h),\ \ldots,\ f(b-2\,h),\ f(b-h),\ f(b)$$

Dadurch entstehen Sehnentrapeze, deren Grundseiten alle dieselbe Länge h haben. Die Summe aller n Trapezflächen ergibt dann

$$\begin{aligned}\tilde{A} &= h\,\frac{f(a)+f(a+h)}{2} + h\,\frac{f(a+h)+f(a+2h)}{2} + \ldots \\ &+ h\,\frac{f(b-2h)+f(b-h)}{2} + h\,\frac{f(b-h)+f(b)}{2}.\end{aligned}$$

Alle Funktionswerte außer dem ersten und letzten liefern einen Beitrag zu zwei Trapezen:

$$\tilde{A} = \frac{h}{2}\,f(a) + \underbrace{\frac{h}{2}\,f(a+h) + \frac{h}{2}\,f(a+h)}_{h\,f(a+h)} + \ldots + \underbrace{\frac{h}{2}\,f(b-h) + \frac{h}{2}\,f(b-h)}_{h\,f(b-h)} + \frac{h}{2}\,f(b).$$

Damit lässt sich die Formel etwas vereinfachen.

Merke 9.18 (Trapezregel)

Das bestimmte Integral einer Funktion f über dem Intervall $[a, b]$

$$\int_a^b f(x)\,\mathrm{d}x$$

kann man durch eine Summe von n Trapezflächen annähern. Die Trapeze haben eine Grundseite der Länge $h = \dfrac{b-a}{n}$.

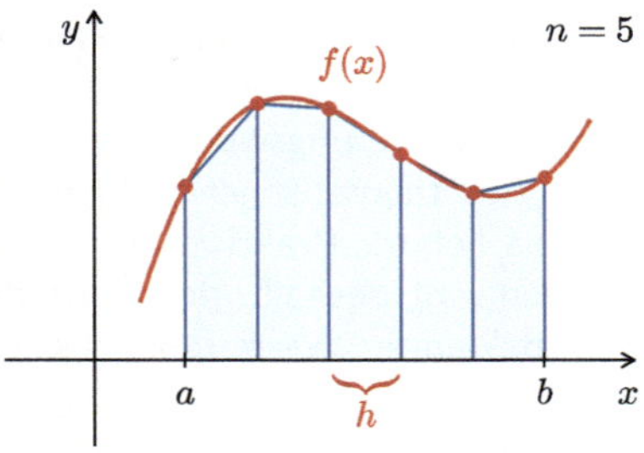

Die Funktionswerte müssen an $n+1$ Stellen berechnet werden. Die Formel zur Berechnung der Summe der Trapezflächen lautet

$$\tilde{A} = h\left(\frac{1}{2}f(a) + f(a+h) + f(a+2h) + \ldots + f(b-2h) + f(b-h) + \frac{1}{2}f(b)\right).$$

Beispiel 9.35 (Trapezregel)

Für $n = 1$ erhalten wir einen Näherungswert der Fläche unter der Funktion $f(x) = \ln x$ durch

$$h = \frac{b-a}{1} = \frac{6-2}{1} = 4$$

für x-Werte zwischen 2 und 6. Die Formel liefert

$$\tilde{A}_4 = 4\left(\frac{1}{2}\ln 2 + \frac{1}{2}\ln 6\right) \approx 4.9698.$$

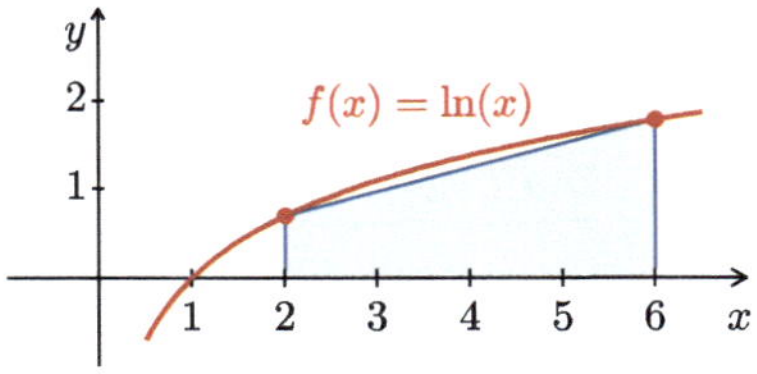

Bei $n = 2$ liefert die Schrittweite

$$h = \frac{b-a}{2} = \frac{6-2}{2} = 2$$

den Näherungswert

$$\tilde{A}_2 = 2\left(\frac{1}{2}\ln 2 + \ln 4 + \frac{1}{2}\ln 6\right) \approx 5.2575.$$

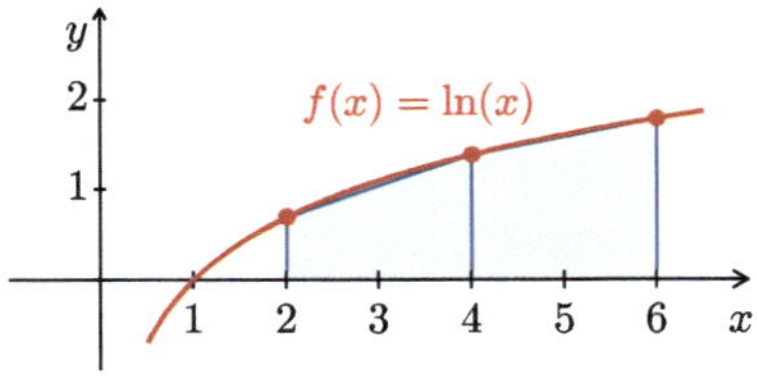

Für $n = 4$ ist aus der Grafik kaum noch ein Unterschied zwischen der Originalfläche und den Trapezen zu erkennen. Die Grundseiten der Trapeze haben alle die Länge

$$h = \frac{b-a}{4} = \frac{6-2}{4} = 1.$$

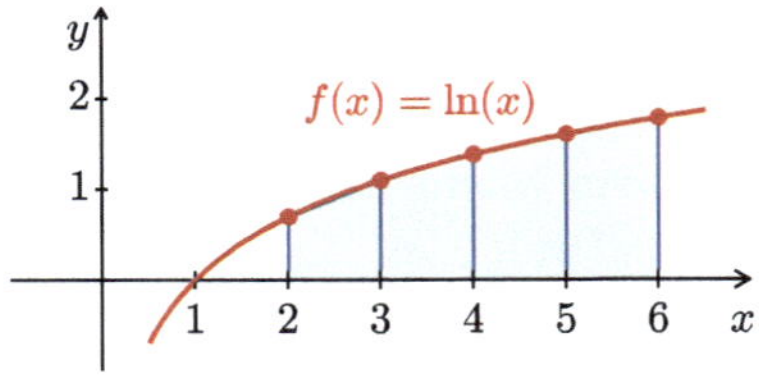

Die Formel ergibt

$$\tilde{A}_1 = 1 \cdot \left(\frac{1}{2}\ln 2 + \ln 3 + \ln 4 + \ln 5 + \frac{1}{2}\ln 6\right) \approx 5.3368.$$

Die Trapezregel ergibt eine deutlich bessere Annäherung des exakten Wertes $A \approx 5.3643$ als die Annäherung durch Unter- und Obersumme, siehe Beispiel 9.1. Dieser Vorteil der Trapezregel lässt sich mit theoretischen Überlegungen ganz allgemein zeigen. ■

9.5.2 Romberg-Verfahren

Mit dem Romberg-Verfahren kann man aus Näherungswerten, die man mit der Trapezregel berechnet hat, einen noch besseren Näherungswert erzeugen. Die Idee besteht dabei darin, die Näherungswerte der Trapezregel als Funktion der Schrittweite h zu interpretieren. Aus theoretischer Sicht würde die Trapezregel mit Schrittweite $h = 0$ ein exaktes Ergebnis liefern. Praktisch kann man die Schrittweite $h = 0$ natürlich nicht verwenden. Man versucht deshalb, den Wert der Trapezregel mit Schrittweite $h = 0$ durch Extrapolation bekannter Werte möglichst gut zu schätzen. Eine genaue Beschreibung findet man bei [Mohr:Numerik].

Beispiel 9.36 (Romberg-Verfahren)

Wir verwenden die Näherungswerte aus Beispiel 9.35

$$T(4) \approx 4.9698, \quad T(2) \approx 5.2575$$

und bestimmen eine Parabel $T(h) = a\,h^2 + c$, die durch diese Punkte verläuft. Aus den Gleichungen

$$T(4) = 16\,a + c, \quad T(2) = 4\,a + c$$

lässt sich c ermitteln:

$$c = \frac{4\,T(2) - T(4)}{3} \approx 5.3534.$$

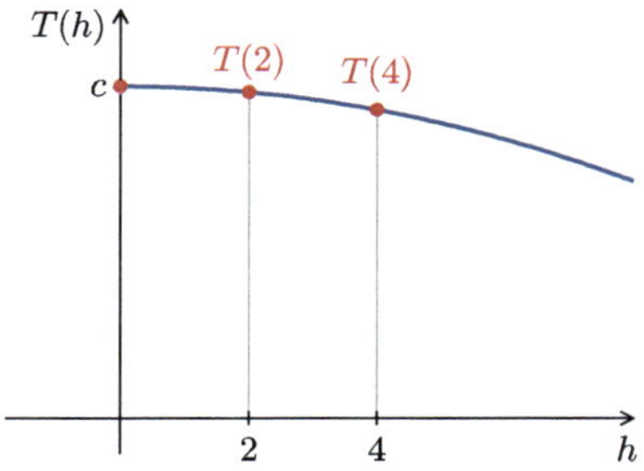

Dieser Wert ist der Funktionswert der Parabel an der Stelle $h = 0$. Verglichen mit dem exakten Wert $A \approx 5.3643$ aus Beispiel 9.1, ist c ein wesentlich besserer Näherungswert als die beiden Ausgangswerte $T(4)$ und $T(2)$. ■

9.6 Anwendungen

Wenn es bei Anwendungen darum geht, Funktionswerte über einen bestimmten Bereich zu summieren, kommen oft Integrale zum Einsatz. Wir betrachten zwei typische Beispiele, eines aus der Elektrotechnik und eines aus der Mechanik. Beim Effektivwert in der Elektrotechnik wird der zeitliche Verlauf eines Signals integriert. Bei Schwerpunkten und statischen Momenten in der Mechanik werden Funktionen über eine räumliche Distanz integriert.

9.6.1 Effektivwert

Energie, die wir über die Steckdose aus dem Stromnetz beziehen, ist in der Regel kein Gleichstrom, sondern Wechselstrom. In den meistern Ländern erfolgt die Spannungsversorgung durch sinusförmige Wechselspannungen mit einer Frequenz von 50 Hz oder 60 Hz. In Deutschland findet man auf Steckdosen und Geräten oft die Bezeichnung 230 V.

Diese Angabe bezeichnet aber nicht, wie oft behauptet wird, die Amplitude der sinusförmigen Wechselspannung. Tatsächlich liegt die Amplitude bei etwa $325\,\mathrm{V}$. In der Elektrotechnik bezeichnet man diesen Wert als Scheitelwert. Den Zusammenhang zwischen diesen beiden Angaben, also $230\,\mathrm{V}$ einerseits und Scheitelwert $325\,\mathrm{V}$ andererseits, werden wir im Folgenden klären.

Für den Verbraucher ist letztendlich entscheidend, welche Energie bzw. Leistung zur Verfügung gestellt wird. Zu diesem Zweck betrachtet man den sogenannten Effektivwert. Der Effektivwert ist folgendermaßen definiert: Bei einer Wechselspannung wird an einem ohmschen Widerstand über einen gewissen Zeitraum dieselbe Leistung umgesetzt wie bei einer Gleichspannung, deren Spannung dem Effektivwert entspricht. Aus der Elektrotechnik kennt man die Formel zur Berechnung des Effektivwerts, siehe [Küpfmüller],

$$U_{\text{eff}} = \sqrt{\frac{1}{T}\int_0^T u^2(t)\,\mathrm{d}t}.$$

Dabei bezeichnet T die Periodendauer. Bei einer sinusförmigen Wechselspannung mit Kreisfrequenz $\omega = \frac{2\pi}{T}$ und Scheitelwert $\hat{U}$ erhalten wir

$$U_{\text{eff}} = \sqrt{\frac{1}{T}\int_0^T \hat{U}^2 \sin^2(\omega\,t)\,\mathrm{d}t}.$$

Mit der Substitution $x = \omega\,t$ ergibt sich

$$U_{\text{eff}} = \hat{U}\sqrt{\frac{1}{2\pi}\int_0^{2\pi} \sin^2 x\,\mathrm{d}x}.$$

Der Effektivwert ist also unabhängig von der Periode T und der Kreisfrequenz ω. Das Integral berechnen wir mithilfe einer Stammfunktion, siehe Beispiel 9.22,

$$U_{\text{eff}} = \hat{U}\sqrt{\frac{1}{2\pi}\left(-\frac{1}{2}(\sin x\cos x - x)\right)\Big|_0^{2\pi}} = \hat{U}\sqrt{\frac{1}{2\pi}\,\pi} = \hat{U}\,\frac{1}{\sqrt{2}}.$$

Bei einem sinusförmigen Verlauf ist der Scheitelwert also immer um den Faktor $\sqrt{2}$ größer als der Effektivwert. Speziell erhalten wir den Effektivwert

$$U_{\text{eff}} = \frac{1}{\sqrt{2}}\,325\,\mathrm{V} \approx 230\,\mathrm{V}$$

bei einem Scheitelwert von $\hat{U} = 325\,\mathrm{V}$.

9.6.2 Schwerpunkte und statische Momente ebener Flächen

Der Schwerpunkt eines Objekts ist in der technischen Mechanik von zentraler Bedeutung. Kräfte, die im Schwerpunkt angreifen, verändern das Rotationsverhalten nicht, sie verhalten sich bezüglich einer Rotation neutral. Oder anders formuliert, wirkt eine Kraft in einer gewissen Entfernung vom Schwerpunkt auf ein Objekt, so entsteht ein Drehmoment, siehe Abschnitt 3.5.3.

Unser Ziel ist, den Schwerpunkt einer ebenen Fläche, die durch das Schaubild einer nicht negativen, stetigen Funktion f für x-Werte zwischen a und b mit der x-Achse begrenzt wird, zu bestimmen. Ein Schwerpunkt ist ein Gleichgewichtspunkt von Drehmomenten. Wir müssen also zuerst klären, welche Drehmomente auf unsere Flächen wirken. Dazu betrachten wir einen Körper mit sehr kleiner konstanter Dicke $\varepsilon > 0$, dessen Grundfläche gerade unsere Fläche ist. Den Körper könnten wir auf einer Bleistiftspitze balancieren, sofern wir die Spitze genau im Schwerpunkt ansetzen.

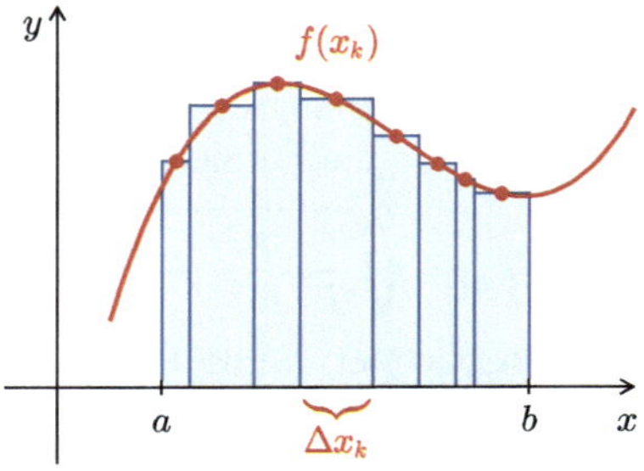

Wir zerlegen den Körper in n Körper mit rechteckiger Grundfläche. Alle Rechtecke haben eine Grundseite der Länge Δx. Die Höhe der Rechtecke $f(x_k)$ hängt vom Verlauf der Funktion f ab. Das Volumen V_k eines rechteckigen Körpers ergibt sich aus dem Flächeninhalt A_k des Rechtecks und der Dicke ε. Bei einem homogenen Körper, also bei einem Körper, der überall die konstante Dichte ϱ hat, besitzen diese rechteckigen Körper die Masse

$$m_k = \varrho V_k = \varrho A_k \varepsilon = \varrho \Delta x f(x_k) \varepsilon.$$

Mit der Erdbeschleunigung g wirkt auf diese Masse die Gewichtskraft $\boldsymbol{F}_k$ vom Betrag

$$F_k = |\boldsymbol{F}_k| = m_k g = \varrho \Delta x f(x_k) \varepsilon g.$$

Der Schwerpunkt einer Rechteckfläche hat die Koordinaten

$$S_k\left(x_k \,\middle|\, \tfrac{1}{2} f(x_k)\right) .$$

Wenn die Gewichtskraft $\boldsymbol{F}_k$ senkrecht zur x-y-Ebene wirkt und wir die x-Achse als Drehachse betrachten, dann ergibt sich ein Drehmoment $\boldsymbol{M}_{x,k}$ mit

$$M_{x,k} = |\boldsymbol{M}_{x,k}| = F_k \frac{1}{2} f(x_k) = \frac{1}{2} g \varrho \varepsilon f(x_k)^2 \Delta x.$$

Dabei hängt das Drehmoment von der Länge des Hebels, also vom Abstand $\frac{1}{2} f(x_k)$ des Schwerpunkts von der x-Achse ab. Das Gesamtdrehmoment M_x erhalten wir durch Grenzübergang der Summe aller Einzeldrehmomente

$$M_x \approx \sum_{k=1}^{n} M_{x,k} = \frac{1}{2} g \varrho \varepsilon \sum_{k=1}^{n} f(x_k)^2 \Delta x \quad \xrightarrow{n \to \infty} \quad M_x = \frac{1}{2} g \varrho \varepsilon \int_a^b f^2(x) \, \mathrm{d}x.$$

Bezüglich der y-Achse erhalten wir das Drehmoment $\boldsymbol{M}_{y,k}$ mit

$$M_{y,k} = |\boldsymbol{M}_{y,k}| = F_k x_k = g \varrho \varepsilon x_k f(x_k) \Delta x.$$

Hier geht der Abstand zur y-Achse x_k ein. Bezogen auf die y-Achse erhalten wir das Gesamtdrehmoment

$$M_y \approx \sum_{k=1}^{n} M_{y,k} = g \varrho \varepsilon \sum_{k=1}^{n} x_k f(x_k) \Delta x \quad \xrightarrow{n \to \infty} \quad M_y = g \varrho \varepsilon \int_a^b x f(x) \, \mathrm{d}x.$$

Ohne Berücksichtigung der physikalischen Größen g, ϱ und ε bezeichnet man diese Drehmomente als statische Momente einer ebenen Fläche.

Definition 9.7 (Statische Momente)

Das Flächenstück, das durch das Schaubild einer nicht negativen, stetigen Funktion f für x-Werte zwischen a und b und der x-Achse begrenzt wird, besitzt das

- statische Moment bezüglich der x-Achse $\quad M_x = \frac{1}{2} \int_a^b f^2(x)\,\mathrm{d}x$,
- statische Moment bezüglich der y-Achse $\quad M_y = \int_a^b x\, f(x)\,\mathrm{d}x$.

Die Koordinaten des Schwerpunkts $S(x_S \,|\, y_S)$ der Fläche ergeben sich durch den Vergleich der Momente. Dazu stellen wir uns vor, dass die gesamte Masse m des Körpers im Schwerpunkt konzentriert ist. Die Gewichtskraft des gesamten Körpers können wir angeben mithilfe der Formel

$$F = |\boldsymbol{F}| = m\,g = \varrho\, A\, \varepsilon\, g,$$

wobei A der Flächeninhalt der Fläche ist. Für die Gesamtdrehmomente gilt dann

$$M_x = F\, y_S = \varrho\, A\, \varepsilon\, g\, y_S, \quad M_y = F\, x_S = \varrho\, A\, \varepsilon\, g\, x_S.$$

Der Vergleich der Drehmomente ergibt einerseits

$$\varrho\, A\, \varepsilon\, g\, y_S = \frac{1}{2}\, g\, \varrho\, \varepsilon \int_a^b f^2(x)\mathrm{d}x \quad \Longrightarrow \quad y_S = \frac{1}{2\,A} \int_a^b f^2(x)\mathrm{d}x$$

und andererseits

$$\varrho\, A\, \varepsilon\, g\, x_S = g\, \varrho\, \varepsilon \int_a^b x\, f(x)\mathrm{d}x \quad \Longrightarrow \quad x_S = \frac{1}{A} \int_a^b x\, f(x)\mathrm{d}x.$$

Wie erwartet hängen die Schwerpunktskoordinaten nicht von den physikalischen Größen g, ϱ und ε ab.

Satz 9.20 (Schwerpunkt einer ebenen Fläche)

Die Koordinaten des Schwerpunkts $S(x_S \,|\, y_S)$, des Flächenstücks, das durch das Schaubild einer nicht negativen, stetigen Funktion f für x-Werte zwischen a und b und der x-Achse begrenzt wird, kann man durch

$$x_S = \frac{M_y}{A} = \frac{1}{A} \int_a^b x\, f(x)\,\mathrm{d}x, \qquad y_S = \frac{M_x}{A} = \frac{1}{2\,A} \int_a^b f^2(x)\,\mathrm{d}x$$

berechnen. Dabei sind M_x und M_y die statischen Momente bezüglich der x-Achse bzw. y-Achse und A der Flächeninhalt des Flächenstücks.

Bei den Formeln in Satz 9.20 könnte man denken, es liegt ein Tippfehler vor und x und y wären teilweise vertauscht. Wenn man die Herleitung der Formel jedoch aufmerksam verfolgt hat, dann ist völlig klar, dass die x-Koordinate des Schwerpunkts tatsächlich in Bezug zum Moment bezüglich der y-Achse steht und die y-Koordinate tatsächlich in Bezug zum Moment bezüglich der x-Achse.

Beispiel 9.37 (Schwerpunkt einer ebenen Fläche)

Wir berechnen den Schwerpunkt der Fläche, die durch das Schaubild der Funktion

$$f(x) = \sqrt{x}$$

für x-Werte zwischen 0 und 4 und der x-Achse gebildet wird. Der Flächeninhalt beträgt

$$A = \int_0^4 \sqrt{x}\,\mathrm{d}x = \frac{2}{3}\,x^{\frac{3}{2}}\Big|_0^4 = \frac{16}{3}$$

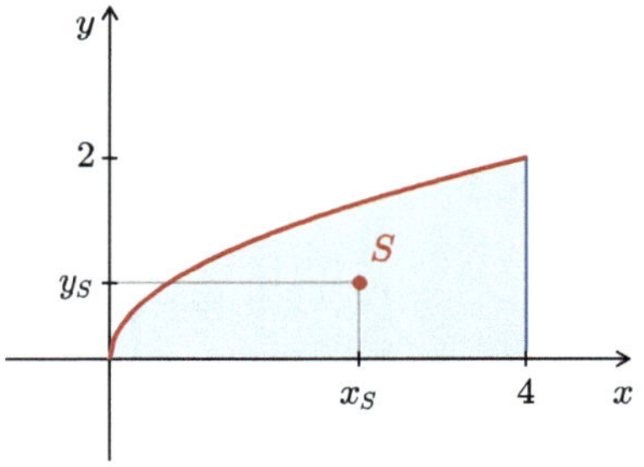

und die Koordinaten des Schwerpunkts lauten

$$x_S = \frac{3}{16}\int_0^4 x\,\sqrt{x}\,\mathrm{d}x = \frac{3}{16}\,\frac{2}{5}\,x^{\frac{5}{2}}\Big|_0^4 = \frac{12}{5}, \quad y_S = \frac{3}{32}\int_0^4 x\,\mathrm{d}x = \frac{3}{64}\,x^2\Big|_0^4 = \frac{3}{4}$$

für das gegebene Flächenstück. ■

Die Formel für das Rotationsvolumen aus Satz 9.17 und die Formel für die y-Koordinate des Schwerpunkts aus Satz 9.20 enthalten beide das Integral über das Quadrat der Funktion. Dadurch ergibt sich ein Zusammenhang zwischen Rotationsvolumen, Schwerpunktkoordinaten und Flächeninhalt:

$$V_x = \pi \int_a^b f(x)^2\,\mathrm{d}x, \quad y_S = \frac{1}{2\,A}\int_a^b f^2(x)\,\mathrm{d}x \quad \Longrightarrow \quad \frac{V_x}{\pi} = 2\,A\,y_S.$$

Ein ähnlicher Zusammenhang gilt auch für die x-Koordinate des Schwerpunkts.

Satz 9.21 (2. Guldinsche Regel)

Das Flächenstück F, das durch das Schaubild einer nicht negativen, stetigen Funktion f für x-Werte zwischen a und b und der x-Achse begrenzt wird, besitzt den Flächeninhalt A und den Schwerpunkt mit den Koordinaten $S(x_S\,|\,y_S)$.

- Für das Volumen V_x^F, das durch Rotation des Flächenstücks F um die x-Achse entsteht, gilt $V_x^F = 2\,\pi\,y_S\,A$.
- Für das Volumen V_y^F, das durch Rotation des Flächenstücks F um die y-Achse entsteht, gilt $V_y^F = 2\,\pi\,x_S\,A$.

In Satz 9.17 und in Satz 9.21 betrachten wir bei der Rotation um die x-Achse für V_x und für V_x^F dasselbe Flächenstück. Es gilt also stets $V_x = V_x^F$. Vorsicht ist allerdings bei V_y und V_y^F geboten. Während bei V_y das Flächenstück durch die Funktion f und durch die y-Achse begrenzt wird, wird bei V_y^F das Flächenstück durch die Funktion f und durch die x-Achse begrenzt. Im Allgemeinen gilt also $V_y \neq V_y^F$.

Die 2. Guldinsche Regel lässt sich noch allgemeiner formulieren. Zwischen Flächeninhalt A, Rotationsvolumen V und Abstand r des Flächenschwerpunkts von der Rotationsachse gilt $V = 2\,\pi\,r\,A$. Die 1. Guldinsche Regel stellt einen Zusammenhang zwischen Mantelfläche und Bogenlänge her. Weitere Einzelheiten dazu findet man bei [Bartsch].

9.7 Aufgaben

9.7.1 Verständnis und Kompetenz

Aufgabe 9.1 (Ableitung nach der Integrationsgrenze) ★★

An welchen Stellen hat die Ableitung der Integralfunktion

$$A(t) = \int_0^t \mathrm{e}^{-x^2}\,\mathrm{d}x$$

den Wert $\frac{1}{\mathrm{e}}$? Für welche Werte von t gilt also $A'(t) = \frac{1}{\mathrm{e}}$?

Aufgabe 9.2 (Integralfunktion) ★★

Gegeben ist die Funktion

$$f(x) = \begin{cases} 1 & \text{für} \quad x \in [2k, 2k+1) \\ 0 & \text{für} \quad x \in [2k+1, 2k+2) \end{cases} \qquad k = 0, \pm 1, \pm 2, \ldots,$$

die auf Intervallen der Länge 1 abwechselnd die Werte 0 und 1 annimmt. Skizzieren Sie das Schaubild von $f(x)$ und den Verlauf der Integralfunktion $A(t) = \int_0^t f(x)\,\mathrm{d}x$.

Aufgabe 9.3 (Integrationskonstante) ★

Bestimmen Sie die Stammfunktion $F(x)$ von $f(x) = \mathrm{e}^{4x}$, die für $x = \frac{1}{4}$ den Wert e hat.

Aufgabe 9.4 (Integrationsgrenze) ★★

Bestimmen Sie die obere Integrationsgrenze b so, dass gilt: $\int_0^b \sqrt{x}\,\mathrm{d}x = 1$.

Aufgabe 9.5 (Bestimmtes Integral und Symmetrie) ★★

Welchen Wert hat das folgende Integral? Sind dazu Rechnungen notwendig?

$$\int_{-1}^1 \tan\left(3x^5 - x^3 + 7x\right)\mathrm{d}x$$

Aufgabe 9.6 (Mittelwertsatz der Integralrechnung) ★★★

Falls f eine stetige Funktion auf dem Intervall $[a, b]$ ist, so gibt es nach dem Mittelwertsatz der Integralrechnung mindestens eine Zwischenstelle $u \in [a, b]$, für die gilt:

$$\int_a^b f(x)\,\mathrm{d}x = f(u)(b-a).$$

Der Funktionswert $f(u)$ an der Zwischenstelle u heißt Mittelwert von f auf $[a, b]$. Bestimmen Sie eine Zwischenstelle u für $f(x) = \cos(x) - 2$ im Intervall $[0, \pi]$.

Aufgabe 9.7 (Torus) ★★★★

Ein Torus entsteht dadurch, dass man einen Basiskreis um eine Achse rotieren lässt. Wir wählen das Koordinatensystem so, dass der Mittelpunkt des Basiskreises die Koordinaten $M(0\,|\,a)$ hat und die Rotationsachse die x-Achse ist. Leiten Sie mithilfe der Integralformel für das Rotationsvolumen V_x eine möglichst einfache Formel für das Volumen eines Torus her. Sie brauchen dabei nur Basiskreise zu betrachten, deren Radius r kleiner als a ist.

9.7.2 Rechnung und Training

Aufgabe 9.8 (Einfache Stammfunktionen) ★★

Bestimmen Sie die Stammfunktionen. Kontrollieren Sie das Ergebnis durch Ableiten.

a) $\int 1 + x + x^2 \,\mathrm{d}x$ b) $\int \sin(\pi x) \,\mathrm{d}x$ c) $\int \frac{1}{2x - 1} \,\mathrm{d}x$

d) $\int \mathrm{e}^{3x+2} \,\mathrm{d}x$ e) $\int \sqrt{1 - x} \,\mathrm{d}x$ f) $\int \frac{1}{1 + 4x^2} \,\mathrm{d}x$

Aufgabe 9.9 (Lineare Substitutionen) ★★★

Berechnen Sie die Werte der folgenden Integrale mithilfe einer linearen Substitution.

a) $\int_1^2 \sqrt{2t + 1} \,\mathrm{d}t$ b) $\int_2^3 \frac{1}{\sqrt{2x + 1}} \,\mathrm{d}x$ c) $\int_0^1 \ln\sqrt{2u + 1} \,\mathrm{d}u$

Aufgabe 9.10 (Integration durch Substitution des Logarithmus) ★★★

Berechnen Sie den Wert des Integrals $\int_2^3 \frac{1}{x \ln x} \,\mathrm{d}x$ mithilfe der Substitution $u = \ln x$.

Aufgabe 9.11 (Integration durch Substitutionen) ★★★★

Berechnen Sie die Werte der folgenden Integrale mithilfe der Substitutionen $u = 1 - \sin\omega$ bzw. $u = 1 + \cos\alpha$.

a) $\int_0^{\frac{\pi}{2}} \cos\omega \sqrt{1 - \sin\omega} \,\mathrm{d}\omega$ b) $\int_0^{\pi} (1 + \cos\alpha) \sin\alpha \,\mathrm{d}\alpha$

Aufgabe 9.12 (Mehrfache partielle Integration) ★★★

Berechnen Sie den Wert des Integrals durch zweifache partielle Integration:

$$\int_0^1 (1 + t + t^2)\, \mathrm{e}^{-t} \,\mathrm{d}t\,.$$

Aufgabe 9.13 (Integration durch Partialbruchzerlegungen) ★★★★

Integrieren Sie die gebrochenrationalen Funktionen mithilfe von Partialbruchzerlegungen. Der Aufgabenteil f) ist für Experten!

a) $\int \frac{2x}{x^2 - 1} \,\mathrm{d}x$ b) $\int \frac{1}{x^2 - 1} \,\mathrm{d}x$ c) $\int \frac{x^4}{x^2 + 3} \,\mathrm{d}x$

d) $\int \frac{6}{x^3 - 1} \,\mathrm{d}x$ e) $\int \frac{x + 1}{x^4 + x^2} \,\mathrm{d}x$ f) $\int \frac{2x^3 + x^2 + 2x + 2}{x^4 + 2x^2 + 1} \,\mathrm{d}x$

Aufgabe 9.14 (Integration durch Substitution und Partialbruchzerlegung) ★★★★★

Bestimmen Sie den Wert des Integrals indem Sie zuerst die Substitution $u = \mathrm{e}^x$ anwenden und dann eine Partialbruchzerlegung durchführen:

$$\int_1^2 \frac{\mathrm{e}^{3x}}{\mathrm{e}^{2x} - 2\mathrm{e}^x + 1} \,\mathrm{d}x\,.$$

Aufgabe 9.15 (Uneigentliche Integrale) ★★★★

Berechnen Sie folgende uneigentliche Integrale. Bei Teilaufgabe c) ergibt die Substitution $u = \sqrt{x}$ eine unecht gebrochenrationale Funktion in u.

a) $\displaystyle\int_{-\infty}^{0} \frac{3}{3+x^2}\,\mathrm{d}x$ b) $\displaystyle\int_{0}^{1} \frac{1}{x^2-1}\,\mathrm{d}x$ c) $\displaystyle\int_{0}^{1} \frac{1}{\sqrt{x}-1}\,\mathrm{d}x$

Aufgabe 9.16 (Fläche zwischen Funktionen) ★★★

Skizzieren Sie die Schaubilder der beiden Funktionen $f(x) = \mathrm{e}^{\frac{1}{2}x-1}$ und $g(x) = \mathrm{e}^{1-\frac{1}{2}x}$. Berechnen Sie den Schnittpunkt der beiden Schaubilder. Wie groß ist der Flächeninhalt, der von den beiden Schaubildern und der y-Achse eingeschlossen wird?

Aufgabe 9.17 (Flächenberechnung) ★★★

Die x-Achse und die y-Achse begrenzen mit dem Schaubild der Funktion $f(x) = 2\cos x$ im Intervall $\left[0, \frac{\pi}{2}\right]$ ein Flächenstück A. In welchem Abstand von der y-Achse ist eine Gerade parallel zur y-Achse zu ziehen, damit der Flächeninhalt von A dadurch halbiert wird?

Aufgabe 9.18 (Rotationsvolumen) ★★★

Welches Volumen $V(a)$ hat der Körper, der durch Rotation der Kurve $y = \sqrt{x}\,\mathrm{e}^{-\frac{1}{2}x^2}$ für $x \in [0, a]$ und $a > 0$ um die x-Achse entsteht?

Aufgabe 9.19 (Flächeninhalt und Rotationsvolumen um x-Achse) ★★★★

Das Schaubild der Funktion $f(x) = \frac{1}{x}$ schließt für $x \geq 1$ mit der x-Achse eine Fläche A ein. Wie groß ist der Flächeninhalt von A und welches Volumen hat der Rotationskörper, der durch Rotation der Fläche A um die x-Achse entsteht?

Aufgabe 9.20 (Flächeninhalt und Rotationsvolumen um y-Achse) ★★★★★

Das Schaubild von $f(x) = \ln\left(10 - x^2\right)$ schneidet die positive x-Achse im Punkt S und schließt mit den positiven Koordinatenachsen eine Fläche A ein. Welche Koordinaten hat der Schnittpunkt S? Wie groß ist der Flächeninhalt von A und wie groß ist das Volumen des Rotationskörpers, der durch Rotation der Fläche A um die y-Achse entsteht?

Aufgabe 9.21 (Fläche, Rotationsvolumen und Schwerpunkt) ★★★★

Die beiden Kurven $y^2 = x$ und $3y^2 = 4(x-1)$ begrenzen ein Flächenstück A.

a) Skizzieren Sie die Kurven und berechnen Sie den Flächeninhalt von A.

b) Durch Rotation um die x-Achse bzw. y-Achse entstehen Drehkörper. Berechnen Sie deren Volumen V_x bzw. V_y.

c) Welche Koordinaten hat der Schwerpunkt $S(x_S \,|\, y_S)$ der Fläche A?

Aufgabe 9.22 (Volumen und Schwerpunkt bei exponentieller Fläche) ★★★★

Die Kurven $y = \mathrm{e}^x - 1$, $x = 1$ und $y = 0$ begrenzen eine Fläche A in der x-y-Ebene.

a) Berechnen Sie den Flächeninhalt von A.

b) Welche Koordinaten hat der Schwerpunkt $S(x_S \,|\, y_S)$ von A?

c) A erzeugt durch Rotation um die x-Achse bzw. y-Achse einen Körper. Berechnen Sie die Volumen V_x bzw. V_y dieser Körper.

9.7.3 Anwendung

Aufgabe 9.23 (Normalverteilung) ★★★

Die Fläche unter der Funktion $f(x) = \mathrm{e}^{-x^2}$ spielt in der Wahrscheinlichkeitsrechnung eine wichtige Rolle. Die Funktion besitzt jedoch keine elementare Stammfunktion. Deshalb soll ein numerischer Näherungswert des folgenden Integrals mithilfe der Trapezregel für $n = 1, 2, 4$ äquidistante Unterteilungen des Intervalls $[0, 1]$ berechnet werden:

$$\int_0^1 \mathrm{e}^{-x^2}\,\mathrm{d}x\,.$$

Aufgabe 9.24 (Fass) ★★★

Ein elliptisch gekrümmtes Fass hat eine Höhe von $h = 60\ \mathrm{cm}$. Der größte Durchmesser in der Mitte des Fasses beträgt $d_1 = 50\ \mathrm{cm}$ und der kleinste Durchmesser am Boden und am Deckel des Fasses beträgt jeweils $d_2 = 40\ \mathrm{cm}$. Berechnen Sie das Volumen des Fasses durch Integration einer geeigneten erzeugenden Funktion der Fasskontur.

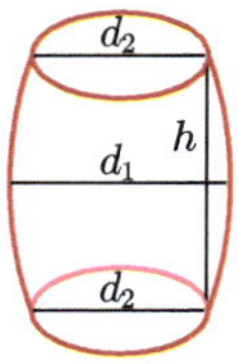

Aufgabe 9.25 (Halbkreisring) ★★★★

Aus einer Halbkreisscheibe mit Radius R wird konzentrisch eine kleinere Halbkreisscheibe mit Radius r entfernt. Dadurch entsteht ein Halbkreisring. Berechnen Sie unter Zuhilfenahme der Integralrechnung den Flächenschwerpunkt $S(x_S\,|\,y_S)$ des entstandenen Halbkreisringes.

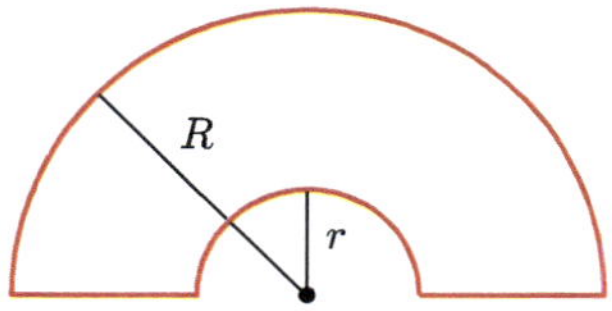

Aufgabe 9.26 (Kühlturm) ★★★

Die Wand eines Kühlturmes hat die Form eines Drehhyperboloids. Ein Drehhyperboloid entsteht durch Rotation einer Hyperbel um eine Achse. Der Grundkreis besitzt einen Radius von $r_1 = 20\ \mathrm{m}$ und der Deckenkreis von $r_2 = 16\ \mathrm{m}$. Der Turm hat eine Höhe von $h = 18\ \mathrm{m}$. Der Deckenkreis ist der Kreis der Rotationsfigur mit kleinstem Durchmesser. Bestimmen Sie die Funktionsgleichung der Hyperbel und damit das Volumen des Kühlturms.

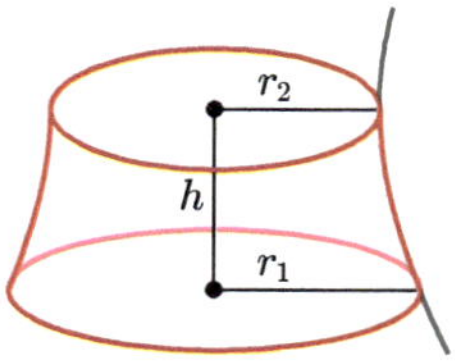

Aufgabe 9.27 (Partikelrückstände) ★★★★

Die Konstante G bezeichnet den zulässigen Grenzwert für die Partikelrückstande pro Fahrt in einem Abgasreinigungssystem. Dieses System ist bei Fahrtbeginn wenig wirkungsvoll, erhöht seinen Wirkungsgrad jedoch mit der Fahrtdauer. In der k-ten Minute beträgt der Partikelrückstand $p(k) = \frac{G}{2k^2}$. Stellen Sie eine Summe für die während einer Fahrt insgesamt angelagerten Partikelrückstände auf und schätzen Sie diese nach oben mit einem uneigentlichen Integral ab. Wird bei sehr langer Fahrt der Grenzwert G überschritten?

10 Potenzreihen

Die Funktionen, die uns bisher wenig Probleme bereitet haben, sind Polynome. Polynome lassen sich problemlos ableiten, integrieren und mit den vier Grundrechenarten berechnen. Potenzreihen beruhen auf der Idee, Funktionen durch Polynome anzunähern.

10.1 Einführung

Wir wollen komplizierte Funktionen durch einfache Polynome näherungsweise beschreiben. Zumindest lokal sollte dies durch Geraden, Parabeln oder kubische Polynome gut gelingen. Detaillierter betrachten wir diese sogenannten Taylor-Polynome in Abschnitt 10.4.

Beispiel 10.1 (Näherung der e-Funktion durch Polynome)

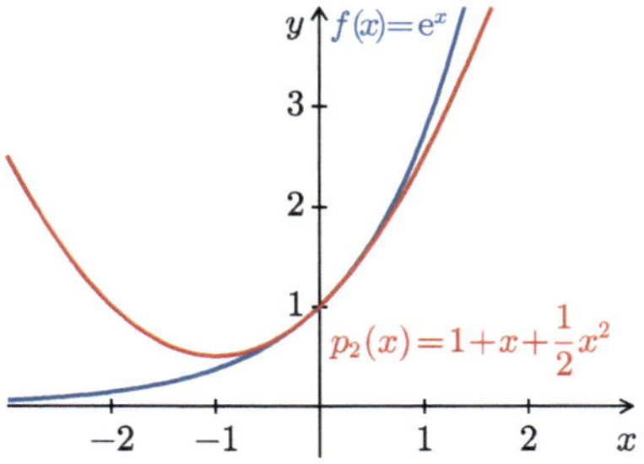

Wir nähern die Funktion $f(x) = \mathrm{e}^x$ durch Polynome an. Wir starten mit dem Polynom p_1 vom Grad 1, das an der Stelle $x_0 = 0$ denselben Funktionswert und dieselbe Ableitung wie f besitzt:

$$f'(x) = \mathrm{e}^x, \quad f(0) = 1, \quad f'(0) = 1.$$

Das Polynom lautet $p_1(x) = 1 + x$. Bei der Funktion $f(x) = \mathrm{e}^x$ haben alle Ableitungen an der Stelle $x_0 = 0$ den Wert 1. Wir können leicht ein Polynom p_2 vom Grad 2 konstruieren, bei dem die zweite Ableitung mit der zweiten Ableitung der Funktion f übereinstimmt:

$$p_2(x) = 1 + x + a_2\,x^2, \quad p_2'(x) = 1 + 2\,a_2\,x, \quad p_2''(x) = 2\,a_2, \quad p_2(0) = 1, \quad p_2'(0) = 1\,.$$

Aus der Bedingung $p_2''(0) = 1$ ergibt sich der Koeffizient $a_2 = \frac{1}{2}$. Dieses Prinzip lässt sich auf Polynome mit beliebigem Grad n erweitern:

$$p_n(x) = 1 + \frac{1}{1!}\,x + \frac{1}{2!}\,x^2 + \frac{1}{3!}\,x^3 + \ldots + \frac{1}{n!}\,x^n.$$

Mit diesen Polynomen können wir Näherungswerte für die Funktionswerte berechnen:

$$f(1) = \mathrm{e} \approx p_3(1) = 1 + 1 + \frac{1}{2} + \frac{1}{6} = \frac{8}{3}.$$

Allerdings wissen wir nicht, welche Genauigkeit der Näherungswert hat. ■

Merke 10.1 (Annäherung durch Polynome)

Funktionen lassen sich durch Polynome annähern. Dabei stellen sich folgende Fragen:

- Wie bestimmt man zu einer Funktion ein geeignetes Näherungspolynom?
- Für welche x-Werte kann man das Näherungspolynom verwenden?
- Wie groß ist die Abweichung zwischen Näherungspolynom und Funktion?

10.2 Unendliche Reihen

Unendliche Reihen sind nichts anderes als eine Summe von unendlich vielen Zahlen. Auf den ersten Blick scheint das eine völlig praxisferne Problemstellung zu sein. Dieser Eindruck täuscht jedoch total. Mit Computern lassen sich in endlicher Zeit sicher nicht unendlich viele Zahlen addieren. Trotzdem benötigt man die mathematische Theorie unendlicher Reihen, um sicherzustellen, dass der durch endlich viele Berechnungen erzielte Näherungswert nicht zu stark vom tatsächlichen Ergebnis abweicht.

Definition 10.1 (Unendliche Reihe)

Das Aufsummieren von unendlich vielen Zahlen bezeichnet man als unendliche Reihe:

$$\sum_{k=0}^{\infty} a_k = a_0 + a_1 + a_2 + \ldots + a_n + \ldots$$

Dabei muss der Summationsindex k nicht unbedingt bei $k = 0$ beginnen.

Beispiel 10.2 (Harmonische Reihe)

Bei der harmonischen Reihe

$$\sum_{k=1}^{\infty} \frac{1}{k} = 1 + \frac{1}{2} + \frac{1}{3} + \ldots + \frac{1}{n} + \ldots$$

werden die einzelnen Summanden immer kleiner. Trotzdem stellt sich die Frage, ob die Summe nicht doch über alle Grenzen wächst. Aus der Ungleichung

$$1 + \frac{1}{2} + \frac{1}{3} + \ldots + \frac{1}{2^n} \geq 1 + \frac{n}{2}$$

aus Abschnitt 1.6.4 folgt, dass die harmonische Reihe keinen endlichen Wert hat. ■

Beispiel 10.3 (Alternierende harmonische Reihe)

Die Reihe aus Beispiel 10.2, bei der die Vorzeichen abwechselnd positiv und negativ sind,

$$\sum_{k=1}^{\infty} \frac{(-1)^{k+1}}{k} = 1 - \frac{1}{2} + \frac{1}{3} \mp \ldots \pm \frac{(-1)^{n+1}}{n} + \ldots,$$

bezeichnet man als alternierende harmonische Reihe. Die Beträge der Reihenglieder entsprechen den Reihengliedern der harmonischen Reihe. Wegen des alternierenden Vorzeichens scheint die Summe jedoch nicht über alle Grenzen zu wachsen, sondern sich einem Wert zu nähern. In Beispiel 10.8 zeigen wir, dass die alternierende harmonische Reihe den Wert $\ln 2$ hat. ■

Aus Beispiel 10.2 und Beispiel 10.3 wird klar, dass wir uns intensiver mit der Frage beschäftigen müssen, ob eine Reihe einen endlichen Wert hat oder nicht. Dabei erfinden wir das Rad nicht nochmals neu, sondern beantworten diese Konvergenzfragen mit den bereits aus Abschnitt 7.1.1 bekannten Begriffen und Methoden über Zahlenfolgen. Letztendlich ist eine unendliche Reihe eine Zahlenfolge, bei der die Folgenglieder sogenannte Partialsummen sind.

Definition 10.2 (Partialsumme und Konvergenz von Reihen)

Bei einer unendlichen Reihe bezeichnet man die Summe der ersten $n+1$ Reihenglieder

$$S_n = \sum_{k=0}^{n} a_k = a_0 + a_1 + a_2 + \ldots + a_n$$

als n-te Partialsumme. Eine unendliche Reihe konvergiert gegen den Grenzwert S, wenn die Zahlenfolge der Partialsummen (S_n) gegen S konvergiert.

Beispiel 10.4 (Geometrische Reihe)

Bei der geometrischen Reihe summiert man die Potenzen einer Zahl q:

$$\sum_{k=0}^{\infty} q^k = 1 + q + q^2 + \ldots + q^n + \ldots$$

Zur Konvergenzuntersuchung betrachten wir die Folge der Partialsummen (S_n). Wir bilden trickreich die Differenz von S_n und von S_n multipliziert mit dem Faktor q:

$$\begin{array}{rcl} S_n &=& 1 + q + q^2 + q^3 + \ldots + q^{n-1} + q^n \\ q\,S_n &=& \phantom{1 +{}} q + q^2 + q^3 + \ldots + q^{n-1} + q^n + q^{n+1} \\ \hline (1-q)S_n &=& 1 \qquad\qquad\qquad\qquad\qquad\qquad - q^{n+1}. \end{array}$$

Dadurch erhalten wir eine explizite Formel für S_n. Falls der Grenzwert

$$\lim_{n\to\infty} S_n = \lim_{n\to\infty} \frac{1-q^{n+1}}{1-q}$$

existiert, ist die Summe konvergent. Dies ist für $|q| < 1$ der Fall. Für $|q| > 1$ existiert der Grenzwert nicht. Für $q = 1$ ergibt die Summe auch keinen endlichen Wert:

$$\sum_{k=0}^{\infty} 1^k = 1 + 1 + 1 + \ldots + 1 + \ldots \quad \to \infty.$$

Für $q = -1$ nimmt die Folge der Partialsummen

$$\sum_{k=0}^{n} (-1)^k = 1 - 1 + 1 - \ldots + (-1)^n = \begin{cases} 1 & \text{für } n \text{ gerade} \\ 0 & \text{für } n \text{ ungerade} \end{cases}$$

abwechselnd die Werte 1 und 0 an. ■

Merke 10.2 (Geometrische Reihe)

Die geometrische Reihe konvergiert nur für $|q| < 1$:

$$\sum_{k=0}^{\infty} q^k = 1 + q + q^2 + \ldots + q^n + \ldots = \frac{1}{1-q}, \qquad |q| < 1.$$

Die Folge der Partialsummen konvergiert sicherlich nicht, falls die einzelnen Reihenglieder nicht gegen null gehen. Auch wenn die Folgenglieder abwechselndes Vorzeichen haben wie beispielsweise bei der geometrischen Reihe aus Beispiel 10.4 für $q = -1$, konvergiert die Reihe nur dann, wenn die Reihenglieder gegen null gehen.

Satz 10.1 (Notwendiges Konvergenzkriterium)

Die Reihenglieder einer konvergenten Reihe müssen eine Nullfolge bilden.

Die Umkehrung der Aussage ist jedoch falsch: Nicht jede Reihe, bei der die Reihenglieder gegen null gehen, konvergiert jedoch. Das haben wir bereits bei der harmonischen Reihe in Beispiel 10.2 gesehen.

Definition 10.3 (Alternierende Reihe)

Eine Reihe, deren Glieder abwechselnd positives und negatives Vorzeichen haben, nennt man alternierend.

Gottfried Wilhelm Leibniz hat erkannt, dass sich die Frage nach der Konvergenz bei alternierenden Reihen einfacher beantworten lässt als bei nicht alternierenden. Aus dieser Erkenntnis entstand ein recht brauchbares Konvergenzkriterium.

Satz 10.2 (Leibniz-Kriterium für alternierende Reihen)

Falls die Beträge der Reihenglieder $|a_k|$ eine monotone Nullfolge bilden, konvergiert die alternierende Reihe gegen einen Grenzwert S. Die Abweichung der n-ten Partialsumme vom Grenzwert S ist nicht größer als der Betrag des $(n+1)$-ten Reihengliedes:

$$\left|\sum_{k=0}^{n} a_k - S\right| \leq |a_{n+1}|.$$

Das Leibniz-Kriterium garantiert, dass sich die Partialsumme vom Grenzwert um weniger als das erste Reihenglied, das nicht mehr berücksichtigt wurde, unterscheidet. Dadurch ist das Leibniz-Kriterium für praktische Problemstellungen hervorragend geeignet.

Beispiel 10.5 (Leibniz-Kriterium)

Aus Beispiel 10.1 kennen wir ein Näherungspolynom für die e-Funktion. Für $x = -1$ gilt

$$\mathrm{e}^{-1} \approx 1 - 1 + \frac{1}{2} - \frac{1}{6} + \frac{1}{24} - \ldots + \frac{1}{n!}(-1)^n.$$

Die Summe ist alternierend und die einzelnen Summanden bilden eine monotone Nullfolge. Wenn wir die Zahl e^{-1} mit einer maximalen Abweichung von $0.5 \cdot 10^{-4}$ bestimmen möchten, dann können wir mit dem Leibniz-Kriterium entscheiden, nach wie vielen Stellen wir die Summe abbrechen:

$$|a_{n+1}| = \frac{1}{(n+1)!} < 0.5 \cdot 10^{-4}.$$

Für $n = 6$ ergibt sich

$$\left|\left(\frac{1}{2} - \frac{1}{6} + \frac{1}{24} - \frac{1}{120} + \frac{1}{720}\right) - \frac{1}{\mathrm{e}}\right| = \left|\frac{265}{720} - \frac{1}{\mathrm{e}}\right| < \frac{1}{7!} = \frac{1}{5040} < 0.5 \cdot 10^{-4}$$

als Abschätzung für die Abweichung. ■

Die Konvergenzuntersuchung bei nicht alternierenden Reihen ist deutlich aufwendiger als bei alternierenden Reihen. Trotzdem gibt es eine Reihe von Kriterien, die einem bei der Frage nach der Konvergenz helfen.

Definition 10.4 (Absolut konvergente Reihe)

Man nennt eine Reihe $\sum_{k=0}^{\infty} a_k$ absolut konvergent, falls die Summe der Beträge der Reihenglieder $\sum_{k=0}^{\infty} |a_k|$ konvergiert.

Jede absolut konvergente Reihe ist konvergent. Umgekehrt ist nicht jede konvergente Reihe auch absolut konvergent, siehe Beispiel 10.3 und Beispiel 10.2. Der Vergleich von Reihen liefert manchmal Aussagen über Konvergenz oder Divergenz.

Satz 10.3 (Majoranten- und Minorantenkriterium)

Wenn die Reihenglieder a_k ab einem gewissen Index k_0

- nicht größer sind als die Reihenglieder b_k der konvergenten Majorante $\sum_{k=0}^{\infty} b_k$, also $|a_k| \leq b_k$ für $k \geq k_0$, dann konvergiert auch die Reihe $\sum_{k=0}^{\infty} a_k$,
- nicht kleiner sind als die Reihenglieder c_k der divergenten Minorante $\sum_{k=0}^{\infty} c_k$, also $0 \leq c_k \leq a_k$ für $k \geq k_0$, dann divergiert auch die Reihe $\sum_{k=0}^{\infty} a_k$.

Es gibt zwei Kriterien, mit denen man die Konvergenz oder Divergenz von Reihen anhand der Reihenglieder untersuchen kann. Das Quotientenkriterien geht auf Jean-Baptiste le Rond d'Alembert zurück, das Wurzelkriterium auf Augustin-Louis Cauchy.

Satz 10.4 (Quotienten- und Wurzelkriterium)

Zur Konvergenzuntersuchung der Reihe $\sum_{k=0}^{\infty} a_k$ betrachtet man

- beim Quotientenkriterium den Grenzwert $q = \lim\limits_{k\to\infty} \left|\dfrac{a_{k+1}}{a_k}\right|$,
- beim Wurzelkriterium den Grenzwert $q = \lim\limits_{k\to\infty} \sqrt[k]{|a_k|}$.

Für $q < 1$ ist die Reihe absolut konvergent, für $q > 1$ ist die Reihe divergent und für $q = 1$ liefern die Kriterien keine Aussage.

Beispiel 10.6 (Quotientenkriterium)

Aus Beispiel 10.1 kennen wir ein Näherungspolynom für die e-Funktion. Wir betrachten nun für einen festen x-Wert die entsprechende unendliche Reihe

$$\sum_{k=0}^{\infty} \frac{x^k}{k!} = 1 + x + \frac{1}{2}x^2 + \frac{1}{6}x^3 + \ldots + \frac{1}{n!}x^n + \ldots$$

Nach dem Quotientenkriterium gilt

$$q = \lim_{k\to\infty} \left|\frac{a_{k+1}}{a_k}\right| = \lim_{k\to\infty} \left|\frac{x^{k+1}}{(k+1)!}\,\frac{k!}{x^k}\right| = \lim_{k\to\infty} \frac{|x|}{k+1} = 0.$$

Die Reihe konvergiert also für jeden beliebigen x-Wert. ■

10.3 Potenzreihen und Konvergenz

Potenzreihen sind einerseits Funktionen und andererseits unendliche Reihen. Funktionen sind sie, weil sie von einer Veränderlichen x abhängen. Reihen sind sie, weil jeder einzelne Funktionswert aus einer Summe von unendlich vielen Zahlen besteht.

Definition 10.5 (Potenzreihe)

Eine Funktion p in Form einer unendlichen Reihe mit Koeffizienten a_k

$$p(x) = \sum_{k=0}^{\infty} a_k(x - x_0)^k = a_0 + a_1(x - x_0) + a_2(x - x_0)^2 + \ldots + a_n(x - x_0)^n + \ldots$$

nennt man Potenzreihe mit Entwicklungspunkt x_0. Im Spezialfall $x_0 = 0$ ergibt sich

$$p(x) = \sum_{k=0}^{\infty} a_k\, x^k = a_0 + a_1\, x + a_2\, x^2 + \ldots + a_n\, x^n + \ldots$$

Potenzreihen sind bei Weitem nicht so dramatisch, wie sie auf den ersten Blick wirken. Sie besitzen ähnlich angenehme Eigenschaften wie Polynome. Allerdings sind manche Potenzreihen im Gegensatz zu Polynomen nicht für alle reellen Zahlen definiert. Die maximale Definitionsmenge einer Potenzreihe ist stets ein Intervall, das symmetrisch zur Entwicklungsstelle liegt. Die Größe dieses Intervalls gibt der Konvergenzradius an. Der Begriff Radius kommt dabei aus der Betrachtung von Potenzreihen mit komplexen Zahlen. In der komplexen Ebene konvergieren Potenzreihen innerhalb einer Kreisscheibe. Wir betrachten hier aber nur Potenzreihen mit reellen Zahlen.

Definition 10.6 (Konvergenzradius)

Der Konvergenzradius $r \geq 0$ einer Potenzreihe ist eine nicht negative Zahl mit der Eigenschaft, dass die Potenzreihe für alle x mit $|x - x_0| < r$ konvergiert und für alle x mit $|x - x_0| > r$ divergiert. Eine Potenzreihe, die für alle reellen Zahlen x konvergiert, hat einen unendlichen Konvergenzradius $r = \infty$.

Beispiel 10.7 (Potenzreihe)

Die Potenzreihe p mit Entwicklungsstelle $x_0 = 0$, und Koeffizienten $a_k = 1$ für alle k, ist

$$p(x) = \sum_{k=0}^{\infty} x^k = 1 + x + x^2 + \ldots + x^n + \ldots$$

Zwei Fragen müssen wir dabei beantworten. Für welche x-Werte konvergiert die Reihe und können wir p als elementare Funktion darstellen? Die Antwort auf beide Fragen liefert die geometrische Reihe, siehe Beispiel 10.4, denn es ist

$$1 + x + x^2 + x^3 + x^4 + \ldots + x^n + \ldots = \frac{1}{1-x}.$$

Dies gilt nur für x-Werte mit $|x| < 1$. Die Reihe hat also den Konvergenzradius $r = 1$. ■

Der Konvergenzradius lässt sich aus den Koeffizienten der Potenzreihe bestimmen. Die Formeln zur Berechnung des Konvergenzradius leiten sich aus dem Quotienten- und dem Wurzelkriterium aus Satz 10.4 ab.

Satz 10.5 (Konvergenzradius)

Der Konvergenzradius r einer Potenzreihe $\sum_{k=0}^{\infty} a_k(x-x_0)^k$ lässt sich ermitteln durch

- $r = \lim_{k\to\infty} \left|\frac{a_k}{a_{k+1}}\right|$
- $r = \lim_{k\to\infty} \frac{1}{\sqrt[k]{|a_k|}}$

Im schlimmsten Fall ist der Konvergenzradius null. Dann konvergiert die Potenzreihe nur für $x = x_0$. In diesem Fall besteht die Summe nur aus einem einzigen Wert, nämlich aus a_0. Ein heikle Frage ist das Konvergenzverhalten am Rande des Konvergenzbereichs. Hat der Konvergenzradius einen endlichen Wert, dann ist es oft sehr mühsam zu ermitteln, ob die Reihe für $x = x_0 \pm r$ konvergiert oder divergiert. Für praktische Problemstellungen ist diese Frage aber in der Regel nicht interessant. Die Konvergenzgeschwindigkeit nimmt mit zunehmender Entfernung von der Entwicklungsstelle ab. Selbst wenn Konvergenz in einem Randpunkt vorliegt, konvergiert die Reihe dort nur sehr langsam.

10.4 Taylor-Reihen

Unser Ziel ist, eine Potenzreihe zu konstruieren, die mit einer gegebenen Funktion f übereinstimmt. Das sogenannte Taylor-Polynom wird aus den Ableitungswerten der Funktion f bis zur Ordnung n an der Entwicklungsstelle x_0, also aus $f(x_0)$, $f'(x_0)$, $f''(x_0)$, ..., $f^{(n)}(x_0)$ gebildet. Die Ableitungen der Potenzreihe

$$p(x) = \sum_{k=0}^{\infty} a_k(x-x_0)^k = a_0 + a_1(x-x_0) + a_2(x-x_0)^2 + \ldots + a_n(x-x_0)^n + \ldots$$

an der Stelle x_0 sind $p(x_0) = a_0$, $p'(x_0) = a_1$, $p''(x_0) = 2\,a_2$, ..., $p^{(n)}(x_0) = n!\,a_n$. Daraus ergeben sich die Formeln für die Koeffizienten der Potenzreihe:

$$a_0 = f(x_0), \quad a_1 = f'(x_0), \quad a_2 = \frac{f''(x_0)}{2}, \ldots, a_n = \frac{f^{(n)}(x_0)}{n!}.$$

Das Ganze funktioniert nur, wenn die Funktion f genügend oft differenzierbar ist.

Definition 10.7 (Taylor-Polynom)

Das Polynom T_n vom Grad n, bei dem an der Stelle x_0 der Funktionswert und alle Ableitungen bis zur Ordnung n mit einer Funktion f übereinstimmen

$$T_n(x) = f(x_0) + \frac{f'(x_0)}{1!}(x-x_0) + \frac{f''(x_0)}{2!}(x-x_0)^2 + \ldots + \frac{f^{(n)}(x_0)}{n!}(x-x_0)^n,$$

nennt man Taylor-Polynom der Ordnung n. Dabei muss die Funktion f in der Umgebung der Entwicklungsstelle x_0 mindestens n-mal differenzierbar sein.

Die Bezeichnung Taylor-Polynom geht auf den englischen Mathematiker Brook Taylor zurück. Die Näherung einer Funktion durch ihr Taylor-Polynom hat gute Approximationseigenschaften in der Nähe des Entwicklungspunkts x_0. Die Differenz zwischen der Funktion f und ihrem Taylor-Polynom T_n hängt im Wesentlichen von der Ordnung n und dem Abstand, den ein Punkt x von der Entwicklungsstelle x_0 hat, ab.

Satz 10.6 (Taylor-Restglied)

Die Differenz zwischen einer Funktion f und dem Taylor-Polynom T_n bezeichnet man als Taylor-Restglied R_n. Das Restglied lässt sich durch

$$R_n(x) = f(x) - T_n(x) = \frac{f^{(n+1)}(\xi)}{(n+1)!}(x - x_0)^{n+1}$$

darstellen, dabei ist ξ eine Stelle zwischen x und x_0. Die Funktion f muss in der Umgebung der Entwicklungsstelle x_0 mindestens $(n+1)$-mal differenzierbar sein.

Das Taylor-Restglied legt nahe, dass man die Differenz zwischen der Funktion f und dem Taylor-Polynom leicht berechnen kann. Leider ist die Sache nicht ganz so einfach. Das Problem ist die Zwischenstelle ξ. Von der Zwischenstelle ξ weiß man nur, dass sie zwischen x und x_0 liegt. An allen Stellen x, an denen das Taylor-Restglied für $n \to \infty$ gegen null geht, entsteht beim Grenzübergang aus dem Taylor-Polynom die Taylor-Reihe.

Definition 10.8 (Taylor-Reihe)

Die Potenzreihe mit Entwicklungstelle x_0

$$T(x) = f(x_0) + \frac{f'(x_0)}{1!}(x - x_0) + \frac{f''(x_0)}{2!}(x - x_0)^2 + \ldots + \frac{f^{(n)}(x_0)}{n!}(x - x_0)^n + \ldots$$

nennt man Taylor-Reihe der Funktion f. Dabei muss die Funktion f in der Umgebung der Entwicklungsstelle x_0 beliebig oft differenzierbar sein. An allen Stellen x, an denen das Taylor-Restglied den Grenzwert null hat, also $\lim\limits_{n\to\infty} R_n(x) = 0$ gilt, sind Funktion und Taylor-Reihe identisch, also $f(x) = T(x)$.

Auf den ersten Blick vermutet man, dass das Taylor-Restglied genau an allen Stellen x aus dem Konvergenzbereich der Taylor-Reihe gegen null geht. Es gibt jedoch Situationen, in denen die Taylor-Reihe zwar konvergiert, aber der Grenzwert nicht mit dem Funktionswert übereinstimmt. Auf diesen Aspekt gehen wir hier jedoch nicht weiter ein.

Beispiel 10.8 (Taylor-Reihe des Logarithmus)

An der Stelle $x = 0$ ist $f(x) = \ln x$ nicht definiert. Wir bestimmen deshalb die Taylor-Reihe von f an der Entwicklungsstelle $x_0 = 1$. Dazu benötigen wir die Ableitungsfunktionen

$$f'(x) = x^{-1},\ f''(x) = -x^{-2},\ f'''(x) = 2\,x^{-3},\ \ldots,\ f^{(n)}(x) = (-1)^{n+1}(n-1)!\,x^{-n}$$

und den Funktionswert und die Ableitungswerte

$$f(1) = 0,\ \ f'(1) = 1,\ \ f''(1) = -1,\ \ f'''(1) = 2,\ \ \ldots,\ \ f^{(n)}(1) = (-1)^{n+1}(n-1)!$$

an der Entwicklungstelle $x_0 = 1$.

Daraus ergibt sich die Potenzreihe

$$\ln x = \sum_{k=1}^{\infty} \frac{(-1)^{k+1}}{k}(x-1)^k = (x-1) - \frac{1}{2}(x-1)^2 + \frac{1}{3}(x-1)^3 - \frac{1}{4}(x-1)^4 + \ldots$$

Diese Potenzreihe besitzt den Konvergenzradius

$$r = \lim_{k\to\infty}\left|\frac{a_k}{a_{k+1}}\right| = \lim_{k\to\infty}\frac{k+1}{k} = 1.$$

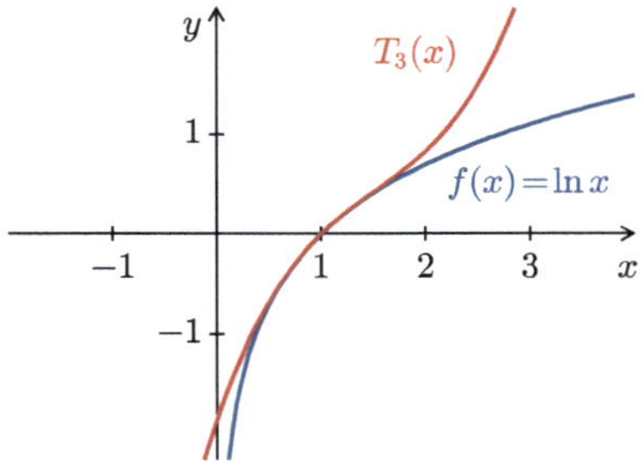

Obwohl die Funktion $f(x) = \ln x$ für alle $x > 0$ definiert ist, konvergiert die Potenzreihe nur für x-Werte zwischen 0 und 2. Für $x = 2$ ergibt sich die alternierende harmonische Reihe

$$\ln 2 = 1 - \frac{1}{2} + \frac{1}{3} - \frac{1}{4} + \frac{1}{5} - \frac{1}{6} + \frac{1}{7} - \frac{1}{8} + \ldots,$$

siehe Beispiel 10.3. Für $x = 0$ ergibt sich die harmonische Reihe, siehe Beispiel 10.2. ▪

10.5 Eigenschaften

Es ist prinzipiell möglich, Potenzreihen von Funktionen mithilfe von Taylor-Reihen aus den Werten der Ableitungen an der Entwicklungsstelle herzuleiten. Allerdings ist diese Vorgehensweise ziemlich aufwendig. Es gibt wesentlich elegantere Methoden, mit denen man neue Potenzreihen aus bereits bekannten Potenzreihen herleiten kann. Die Potenzreihen der wichtigsten Funktionen sind in Tabellen festgehalten, siehe Anhang A.6. Methoden, mit denen man aus diesen tabellierten Reihen neue Reihen entwickeln kann, stellen wir in diesem Abschnitt vor. Das folgende Beispiel betrachtet Potenzreihen mit komplexen Zahlen. Wer bisher nicht mit komplexen Zahlen vertraut ist, sollte dieses Beispiel einfach überspringen. Abgesehen von diesem Beispiel werden wir uns bei Potenzreihen ausschließlich auf reelle Zahlen beschränken.

Beispiel 10.9 (Potenzreihen von Sinus und Kosinus)

Potenzreihen lassen sich auch mit komplexen Zahlen definieren. Wir betrachten die Potenzreihe der e-Funktion aus Beispiel 10.1 und ersetzen x durch $\mathrm{i}\,x$:

$$\mathrm{e}^{\mathrm{i}\,x} = 1 + \frac{1}{1!}\mathrm{i}\,x + \frac{1}{2!}(\mathrm{i}\,x)^2 + \frac{1}{3!}(\mathrm{i}\,x)^3 + \frac{1}{4!}(\mathrm{i}\,x)^4 + \frac{1}{5!}(\mathrm{i}\,x)^5 + \frac{1}{6!}(\mathrm{i}\,x)^6 + \frac{1}{7!}(\mathrm{i}\,x)^7 + \ldots$$

Die Potenzen der imaginären Einheit i ergeben nur die Werte 1, i, -1 und $-\mathrm{i}$:

$$\mathrm{e}^{\mathrm{i}\,x} = 1 + \frac{1}{1!}\mathrm{i}\,x - \frac{1}{2!}x^2 - \mathrm{i}\,\frac{1}{3!}x^3 + \frac{1}{4!}x^4 + \mathrm{i}\,\frac{1}{5!}x^5 - \frac{1}{6!}x^6 - \mathrm{i}\,\frac{1}{7!}x^7 + \ldots$$

Real- und Imaginärteil zusammengefasst, liefert die Euler-Formel, siehe Satz 13.1

$$\mathrm{e}^{\mathrm{i}\,x} = \underbrace{1 - \frac{1}{2!}x^2 + \frac{1}{4!}x^4 - \frac{1}{6!}x^6 + \ldots}_{\cos x} + \mathrm{i}\underbrace{\left(\frac{1}{1!}x - \frac{1}{3!}x^3 + \frac{1}{5!}x^5 - \frac{1}{7!}x^7 + \ldots\right)}_{\sin x}.$$

Aus der Potenzreihe der e-Funktion ergeben sich die Potenzreihen des Sinus und Kosinus. Beide Reihen konvergieren für alle reellen Zahlen. ▪

Die Addition und Subtraktion von Potenzreihen ist problemlos möglich, vorausgesetzt, alle Reihen besitzen dieselbe Entwicklungsstelle. Der Konvergenzradius der neuen Reihe ist in der Regel gleich dem Minimum der Konvergenzradien der einzelnen Reihen. In Sonderfällen kann der Konvergenzradius der neuen Reihe jedoch auch größer sein.

Satz 10.7 (Addition und Subtraktion von Potenzreihen)

Zwei Potenzreihen mit den Konvergenzradien r_1, r_2 und derselben Entwicklungsstelle x_0 dürfen gliedweise addiert oder subtrahiert werden:

$$\sum_{k=0}^{\infty} a_k (x - x_0)^k \pm \sum_{k=0}^{\infty} b_k (x - x_0)^k = \sum_{k=0}^{\infty} (a_k \pm b_k)(x - x_0)^k.$$

Der Konvergenzradius r der neuen Potenzreihe ist mindestens so groß wie das Minimum der beiden Konvergenzradien der Ausgangsreihen: $r \geq \min\{r_1, r_2\}$.

Die Differenziation und Integration lässt sich bei Potenzreihen, wie auch bei Polynomen, gliedweise durchführen. Darunter versteht man, dass man jedes Glied der Summe einzeln ableiten und integrieren darf. Sowohl Differenziation und Integration als auch die Bildung einer unendlichen Summe sind Grenzwertprozesse. Letztendlich handelt es sich bei der gliedweisen Vorgehensweise um das Vertauschen von zwei Grenzübergängen. Die mathematische Rechtfertigung für das Vertauschen von Grenzprozessen erfordert einen tieferen Einstieg in die Materie.

Satz 10.8 (Differenziation und Integration von Potenzreihen)

Jede Potenzreihe ist beliebig oft differenzierbar und integrierbar. Die Ableitung bzw. die Stammfunktion kann man ermitteln, indem man die Glieder der Reihe einzeln differenziert bzw. integriert. Der Konvergenzradius r bleibt dabei unverändert.

Beispiel 10.10 (Differenziation und Integration von Potenzreihen)

Aus Beispiel 10.7 kennen wir bereits die Potenzreihe

$$f(x) = \frac{1}{1-x} = \sum_{k=0}^{\infty} x^k = 1 + x + x^2 + x^3 + x^4 + x^5 + \ldots$$

mit der Entwicklungsstelle $x_0 = 0$ und dem Konvergenzradius $r = 1$. Für die Ableitung erhalten wir dann

$$f'(x) = \frac{1}{(1-x)^2} = \sum_{k=1}^{\infty} k\, x^{k-1} = 1 + 2x + 3x^2 + 4x^3 + 5x^4 + \ldots$$

In entsprechender Weise können wir auch die Stammfunktionen betrachten:

$$\int f(x)\,\mathrm{d}x = -\ln(1-x) + C = \sum_{k=0}^{\infty} \frac{1}{k+1} x^{k+1} + C = x + \frac{1}{2}x^2 + \frac{1}{3}x^3 + \frac{1}{4}x^4 + \ldots + C.$$

Die Potenzreihe für die Ableitung und die Potenzreihe für die Stammfunktionen haben ebenfalls die Entwicklungsstelle $x_0 = 0$ und den Konvergenzradius $r = 1$. ▪

Merke 10.3 (Substitution bei Potenzreihen)

Mithilfe von Substitutionen kann man aus der Potenzreihendarstellung einer Funktion Potenzreihendarstellungen anderer Funktionen erzeugen. Dabei können die neuen Potenzreihen andere Entwicklungsstellen und andere Konvergenzradien besitzen.

Beispiel 10.11 (Substitution bei Potenzreihen)

a) Wir suchen die Potenzreihe der Funktion

$$f(x) = \frac{x^2}{9 - x^2}$$

mit der Entwicklungsstelle $x_0 = 0$. Der Ausgangspunkt für unsere Betrachtungen hier ist die Potenzreihe

$$g(u) = \frac{1}{1-u} = \sum_{k=0}^{\infty} u^k = 1 + u + u^2 + u^3 + u^4 + \ldots, \qquad |u| < 1.$$

Das Problem besteht nun darin, einen geeigneten Bezug zwischen f und g herzustellen. Dies gelingt mit der Umformung

$$f(x) = \frac{1}{9} x^2 \frac{1}{1 - \frac{x^2}{9}},$$

denn dann können wir in der Potenzreihe von g die Substitution $u = \frac{x^2}{9}$ verwenden:

$$f(x) = \frac{1}{9} x^2 \sum_{k=0}^{\infty} \left(\frac{x^2}{9}\right)^k = \frac{1}{9} x^2 \left(1 + \frac{x^2}{9} + \frac{x^4}{9^2} + \frac{x^6}{9^3} + \ldots\right) = \frac{x^2}{9} + \frac{x^4}{9^2} + \frac{x^6}{9^3} + \frac{x^8}{9^4} + \ldots$$

Die Bedingung $|u| < 1$ ist bei der Substitution $u = \frac{x^2}{9}$ für $|x| < 3$ erfüllt. Die Potenzreihe von f hat den Konvergenzradius $r = 3$.

b) Die Potenzreihe aus Beispiel 10.8

$$\ln x = \sum_{k=1}^{\infty} \frac{(-1)^{k+1}}{k} (x-1)^k = (x-1) - \frac{1}{2}(x-1)^2 + \frac{1}{3}(x-1)^3 - \frac{1}{4}(x-1)^4 + \ldots$$

hat den Konvergenzradius $r = 1$ und die Entwicklungsstelle $x_0 = 1$. Durch die Substitution $u = x - 1$ ergibt sich

$$\ln(u+1) = \sum_{k=1}^{\infty} \frac{(-1)^{k+1}}{k} u^k = u - \frac{1}{2} u^2 + \frac{1}{3} u^3 - \frac{1}{4} u^4 + \ldots$$

Diese Reihe hat den Konvergenzradius $r = 1$ und die Entwicklungsstelle $u_0 = 0$. ■

Bei der Multiplikation von Polynomen müssen in Klammern stehende Summen ausmultipliziert werden, siehe Satz 6.2. Die Multiplikation von Potenzreihen erfolgt nach demselben Prinzip. Um die Formeln einigermaßen übersichtlich zu gestalten, betrachten wir die Multiplikation und Division nur für Potenzreihen mit der Entwicklungsstelle $x_0 = 0$. Alle Ergebnisse lassen sich aber unmittelbar auch auf Potenzreihen mit beliebiger Entwicklungstelle x_0 übertragen.

Satz 10.9 (Multiplikation von Potenzreihen)

Die Multiplikation zweier Potenzreihen mit den Konvergenzradien r_1 und r_2

$$\left(\sum_{k=0}^{\infty} a_k\, x^k\right)\cdot\left(\sum_{k=0}^{\infty} b_k\, x^k\right) = \sum_{k=0}^{\infty} c_k\, x^k = a_0\, b_0 + (a_0\, b_1 + a_1\, b_0)\, x + \ldots$$

ergibt eine Potenzreihe mit Konvergenzradius $r \geq \min\{r_1, r_2\}$. Jeder einzelne Koeffizient c_k der Produktreihe kann aus dem Cauchy-Produkt ermittelt werden:

$$c_k = \sum_{\ell=0}^{k} a_\ell\, b_{k-\ell} = a_0\, b_k + a_1\, b_{k-1} + a_2\, b_{k-2} + \ldots + a_{k-1}\, b_1 + a_k\, b_0.$$

Das Cauchy-Produkt ist nach dem französischen Mathematiker Augustin-Louis Cauchy benannt. Bei der Berechnung des Koeffizienten c_k mit dem Cauchy-Produkt ergibt die Summe der Indizes immer k. Das ist leicht einzusehen, denn die Produkte mit x müssen zusammen x^k ergeben:

$$a_0\, x^0\, b_k\, x^k + a_1\, x^1\, b_{k-1}\, x^{k-1} + a_2\, x^2\, b_{k-2}\, x^{k-2} + \ldots + a_{k-1}\, x^{k-1}\, b_1\, x^1 + a_k\, x^k\, b_0\, x^0.$$

Beispiel 10.12 (Multiplikation von Potenzreihen)

Da wir die Potenzreihen von $f(x) = \cos x$, siehe Beispiel 10.9, und von $g(x) = \frac{1}{1-x}$ siehe Beispiel 10.7 bereits kennen, lässt sich daraus die neue Potenzreihe

$$h(x) = \frac{\cos x}{1-x} = f(x)\, g(x) = \left(\sum_{k=0}^{\infty} (-1)^k \frac{x^{2k}}{(2k)!}\right)\left(\sum_{k=0}^{\infty} x^k\right) = \left(\sum_{k=0}^{\infty} c_k\, x^k\right)$$

erzeugen. Die ersten Koeffizienten c_k der neuen Reihe ermitteln wir wie bei der Polynommultiplikation durch Ausmultiplizieren:

$$\left(1 - \frac{1}{2!}x^2 + \frac{1}{4!}x^4 - \ldots\right)\left(1 + x + x^2 + x^3 + \ldots\right) = 1 + x + \left(1 - \frac{1}{2}\right)x^2 + \left(1 - \frac{1}{2}\right)x^3 + \ldots$$

Formal bestimmt man die Koeffizienten c_k mit der Summenformel für das Cauchy-Produkt. Beispielsweise erhalten wir für $k = 4$:

$$c_4 = a_0\, b_4 + a_1\, b_3 + a_2\, b_2 + a_3\, b_1 + a_4\, b_0 = 1\cdot 1 + 0\cdot 1 - \frac{1}{2}\cdot 1 + 0\cdot 1 + \frac{1}{24}\cdot 1 = \frac{13}{24}.$$

Die Potenzreihe von f hat den Konvergenzradius $r_1 = \infty$ und die von g den Konvergenzradius $r_2 = 1$. Somit ist der Konvergenzradius der Potenzreihe von h auch $r = 1$. ■

Merke 10.4 (Division von Potenzreihen)

Die Koeffizienten c_k des Quotienten zweier Potenzreihen

$$\frac{a_0 + a_1\, x + a_2\, x^2 + a_3\, x^3 + a_4\, x^4 + \ldots}{b_0 + b_1\, x + b_2\, x^2 + b_3\, x^3 + b_4\, x^4 + \ldots} = c_0 + c_1\, x + c_2\, x^2 + c_3\, x^3 + c_4\, x^4 + \ldots$$

ermittelt man durch Koeffizientenvergleich des Produktes

$$a_0 + a_1\, x + a_2\, x^2 + \ldots = \left(b_0 + b_1\, x + b_2\, x^2 + \ldots\right)\left(c_0 + c_1\, x + c_2\, x^2 + \ldots\right).$$

Beispiel 10.13 (Division von Potenzreihen)

Die Funktion $f(x) = \tan x$ ist der Quotient aus Sinus und Kosinus. Für diese beiden Funktionen kennen wir die Potenzreihen mit Entwicklungsstelle $x_0 = 0$, siehe Beispiel 10.9. Bei der Potenzreihe von f beschränken wir uns auf die Berechnung der Glieder bis zur Ordnung 5. Wir setzen an mit

$$\tan x = c_0 + c_1 x + c_2 x^2 + c_3 x^3 + c_4 x^4 + c_5 x^5 + \ldots$$

Entsprechend müssen wir bei den Potenzreihen des Sinus und Kosinus auch nur Glieder bis zur Ordnung 5 berücksichtigen:

$$x - \frac{x^3}{6} + \frac{x^5}{120} - \ldots = \left(1 - \frac{x^2}{2} + \frac{x^4}{24} - \ldots\right)\left(c_0 + c_1 x + c_2 x^2 + c_3 x^3 + c_4 x^4 + c_5 x^5 + \ldots\right).$$

Ausmultiplizieren der Klammern auf der rechten Seite ergibt

$$c_0 + c_1\,x + \left(c_2 - \frac{c_0}{2}\right)x^2 + \left(c_3 - \frac{c_1}{2}\right)x^3 + \left(c_4 - \frac{c_2}{2} + \frac{c_0}{24}\right)x^4 + \left(c_5 - \frac{c_3}{2} + \frac{c_1}{24}\right)x^5 + \ldots$$

Aus dem Koeffizientenvergleich folgt $c_0 = 0$, $c_1 = 1$, $c_2 = 0$ und

$$c_3 - \frac{1}{2} = -\frac{1}{6} \implies c_3 = \frac{1}{3}, \quad c_4 = 0, \quad c_5 - \frac{1}{6} + \frac{1}{24} = \frac{1}{120} \implies c_5 = \frac{2}{15}.$$

Dadurch erhalten wir die Potenzreihe des Tangens

$$\tan x = x + \frac{1}{3}x^3 + \frac{2}{15}x^5 + \ldots$$

Obwohl die Potenzreihen des Sinus und Kosinus den Konvergenzradius $r = \infty$ besitzen, gilt diese Reihenentwicklung nur für $|x| < \frac{\pi}{2}$, denn bei $|x| = \pm\frac{\pi}{2}$ besitzt der Tangens Definitionslücken. ■

Durch Symmetrieüberlegungen hätten wir uns in Beispiel 10.13 die Arbeit erleichtern können. Der Sinus ist eine ungerade und der Kosinus eine gerade Funktion. Somit ist der Tangens als Quotient beider Funktion ungerade. Bei der Reihenentwicklung des Tangens hätte man also von vornherein berücksichtigen können, dass die Koeffizienten mit geradem Index, die ja bei Potenzen mit geraden Hochzahlen stehen, alle null sind.

Merke 10.5 (Potenzreihen symmetrischer Funktionen)

Die Potenzreihe mit Entwicklungsstelle $x_0 = 0$ einer

- geraden Funktion besitzt nur gerade Potenzen.
- ungeraden Funktion besitzt nur ungerade Potenzen.

Die Symmetrieüberlegungen lassen sich auf Funktionen, die achsensymmetrisch zur Achse $x = x_0$ oder punktsymmetrisch zum Punkt mit den Koordinaten $(x_0 \,|\, y_0)$ sind, verallgemeinern. Diese verallgemeinerte Symmetrie ist in Definition 5.15 und Definition 5.17 beschrieben. Dazu betrachtet man Potenzreihen mit der entsprechenden Entwicklungsstelle x_0. In diesen Reihen treten dann die Glieder $(x - x_0)^k$ nur mit geraden oder nur mit ungeraden Hochzahlen auf.

Unser schlagkräftigstes Hilfsmittel zur Berechnung von Grenzwerten, das wir bisher kennen, ist die Regel von Bernoulli de l'Hospital, siehe Satz 8.11. Grenzwerte lassen sich auch mit Potenzreihen bestimmen. Manchmal ist dieser Weg sogar noch eleganter als die Regel von Bernoulli de l'Hospital.

Merke 10.6 (Bestimmung von Grenzwerten mit Potenzreihen)

Grenzwerte von Funktionen lassen sich mithilfe von Potenzreihen bestimmen. Zur Berechnung des Grenzwertes für $x \to x_0$ verwendet man Potenzreihen mit der Entwicklungsstelle x_0.

Beispiel 10.14 (Grenzwertbestimmung mit Potenzreihen)

a) Den Grenzwert

$$\lim_{x\to 0} \frac{\sin x}{x}$$

bestimmen wir mithilfe einer Potenzreihe für den Sinus

$$\lim_{x\to 0} \frac{\sin x}{x} = \lim_{x\to 0} \frac{x - \frac{x^3}{3!} + \frac{x^5}{5!} - \frac{x^7}{7!} + \ldots}{x} = \lim_{x\to 0} \left(1 - \frac{x^2}{3!} + \frac{x^4}{5!} - \frac{x^6}{7!} + \ldots\right) = 1$$

mit der Entwicklungsstelle $x_0 = 0$.

b) Für die e-Funktion und für den Kosinus kennen wir Potenzreihen mit der Entwicklungsstelle $x_0 = 0$. Dadurch lässt sich der Grenzwert

$$\lim_{x\to 0} \frac{e^{x^2} - 1}{1 - \cos x} = \lim_{x\to 0} \frac{\left(1 + x^2 + \frac{x^4}{2!} + \frac{x^6}{3!} + \ldots\right) - 1}{1 - \left(1 - \frac{x^2}{2!} + \frac{x^4}{4!} - \frac{x^6}{6!} + \ldots\right)} = \lim_{x\to 0} \frac{1 + \frac{x^2}{2!} + \frac{x^4}{3!} + \ldots}{\frac{1}{2!} - \frac{x^2}{4!} + \frac{x^4}{6!} + \ldots} = 2$$

bestimmen, wobei wir Zähler und Nenner mit x^2 gekürzt haben. ■

Die Methode zur Bestimmung von Grenzwerten mit Potenzreihen rechtfertigt im Nachhinein die Gültigkeit der Regel von Bernoulli-de l'Hospital. Bei der Regel von Bernoulli-de l'Hospital betrachtet man bei einem Quotienten die Ableitung des Zählers und des Nenners. In Beispiel 10.14 wurden die Reihen mit x gekürzt. Dasselbe Ergebnis hätten wir durch gliedweises Differenzieren der Reihen in Zähler und Nenner erhalten.

Merke 10.7 (Die wichtigsten Potenzreihen)

- $\frac{1}{1-x} = \sum_{k=0}^{\infty} x^k = 1 + x + x^2 + x^3 + x^4 + x^5 + \ldots, \quad r = 1$
- $e^x = \sum_{k=0}^{\infty} \frac{x^k}{k!} = 1 + \frac{x}{1!} + \frac{x^2}{2!} + \frac{x^3}{3!} + \frac{x^4}{4!} + \frac{x^5}{5!} + \ldots, \quad r = \infty$
- $\sin x = \sum_{k=0}^{\infty} (-1)^k \frac{x^{2k+1}}{(2k+1)!} = \frac{x}{1!} - \frac{x^3}{3!} + \frac{x^5}{5!} \pm \ldots, \quad r = \infty$
- $\cos x = \sum_{k=0}^{\infty} (-1)^k \frac{x^{2k}}{(2k)!} = 1 - \frac{x^2}{2!} + \frac{x^4}{4!} \mp \ldots, \quad r = \infty$

10.6 Numerische Verfahren

Werte von Potenzfunktionen, Polynomen und gebrochenrationalen Funktionen lassen sich mithilfe der elementaren Rechenoperationen Addition, Subtraktion, Multiplikation und Division berechnen. Diese Funktionen gehören zur Menge der algebraischen Funktionen. Funktionen, die nicht algebraisch sind, nennt man transzendent. Vertreter der transzendenten Funktionen sind die e-Funktion, der Logarithmus und die Sinusfunktion.

10.6.1 Berechnung von Funktionswerten

Berechnungsverfahren für Funktionswerte transzendenter Funktionen ergeben sich aus der Darstellung dieser Funktionen durch Potenzreihen. Tatsächlich werden zur Berechnung von Funktionswerten in Computern oft nicht die hier vorgestellte Potenzreihenmethode sondern andere Verfahren, wie beispielsweise der CORDIC-Algorithmus, verwendet. Dabei spielt neben der Genauigkeit die Berechnungseffizienz eine wesentliche Rolle.

Beispiel 10.15 (Berechnung von Sinuswerten)

Unser Ziel ist, ein Berechnungsverfahren anzugeben, das mithilfe der vier Grundrechenarten einen Näherungswert für $\sin x$ berechnet. Wir fordern, dass der Näherungswert $\tilde{y}$ vom exakten Wert $y = \sin x$ um weniger als $5 \cdot 10^{-8}$ abweicht. Aufgrund der Periodizität genügt es, x-Werte im Bereich zwischen 0 und 2π zu betrachten. Soll der Sinus für einen x-Wert, der außerhalb dieses Bereichs liegt, berechnet werden, so addieren wir ein geeignetes ganzzahliges Vielfaches von 2π zu x und erhalten einen entsprechenden Wert zwischen 0 und 2π. Alle x-Werte größer als π können wir aufgrund der Symmetrie $\sin(x-\pi) = -\sin x$ auf Werte zwischen 0 und π zurückführen. Mit der Symmetriebeziehung

$$\sin\left(\frac{\pi}{2} - x\right) = \sin\left(\frac{\pi}{2} + x\right)$$

können wir unsere Berechnung auf das Intervall zwischen 0 und $\frac{\pi}{2}$ beschränken. Berücksichtigt man nun noch die Doppelwinkelformel

$$\sin(2x) = 2\sin x\cos x = 2\sin x\sin\left(x + \frac{\pi}{2}\right),$$

so können wir mit einer Formel für $0 \le x \le \frac{\pi}{4}$ die Sinuswerte für alle reellen Zahlen bestimmen. Insgesamt haben wir folgende Reduktion im Argument x erreicht:

$$\mathbb{R} \longrightarrow [0,2\pi] \longrightarrow [0,\pi] \longrightarrow [0,\tfrac{\pi}{2}] \longrightarrow [0,\tfrac{\pi}{4}]\,.$$

Die Potenzreihe des Sinus mit Entwicklungsstelle $x_0 = 0$ lautet:

$$\sin x \approx x - \frac{x^3}{3!} + \frac{x^5}{5!} - \frac{x^7}{7!} + \frac{x^9}{9!} - \frac{x^{11}}{11!} \pm \ldots$$

Brechen wir die Reihe nach dem Glied mit x^9 ab, so lässt sich die maximale Abweichung zwischen dem Näherungswert $\tilde{y}$ und dem exaktem Wert y nach dem Leibniz-Kriterium aus Satz 10.2 abschätzen durch den Betrag des ersten vernachlässigten Reihenglieds:

$$|y - \tilde{y}| \le \left|\frac{x^{11}}{11!}\right| \le \left|\frac{1}{11!}\right| \le 5 \cdot 10^{-8}.$$

Dabei haben wir die Abschätzung $|x| \le \frac{\pi}{4} < 1$ verwendet. ▪

10.7 Anwendungen

Der französische Mathematiker Joseph Liouville hat im 19. Jahrhundert bewiesen, dass die Funktion e^{-x^2} keine elementare Stammfunktion besitzt. Diese auf den ersten Blick überraschende Tatsache hat große Auswirkung auf die Wahrscheinlichkeitsrechnung und auf die Statistik.

10.7.1 Normalverteilung in der Statistik

Die sogenannte Verteilungsfunktion F der Normalverteilung ist gegeben durch

$$F(x) = \frac{1}{\sigma\sqrt{2\pi}} \int_{-\infty}^{x} \mathrm{e}^{-\frac{1}{2}\left(\frac{t-\mu}{\sigma}\right)^2} \mathrm{d}t.$$

Dabei ist μ der sogenannte Erwartungswert und σ die sogenannte Standardabweichung. Die Verteilungsfunktion der Normalverteilung wird auch oft als Gaußsche Glockenkurve bezeichnet. Eine ausführliche Darstellung dieser Begriffe findet man beispielsweise bei [Mohr-Plappert]. Da die Funktion e^{-x^2} keine elementare Stammfunktion besitzt, müssen wir andere Wege finden, die Werte der Normalverteilung zu berechnen. Eine mögliche Alternative sind numerische Integrationsverfahren, siehe Abschnitt 9.5.

Wir wählen hier einen Ansatz mithilfe von Potenzreihen. Dazu betrachten wir nicht die ursprüngliche Verteilungsfunktion, sondern die sogenannte Gaußsche Fehlerfunktion. Diese ist gegeben durch

$$\operatorname{erf}(x) = \frac{2}{\sqrt{\pi}} \int_{0}^{x} \mathrm{e}^{-t^2} \mathrm{d}t.$$

Für diese Funktion können wir mithilfe der Potenzreihe der e-Funktion

$$\mathrm{e}^x = \sum_{k=0}^{\infty} \frac{x^k}{k!} = 1 + \frac{1}{1!}x + \frac{1}{2!}x^2 + \frac{1}{3!}x^3 + \frac{1}{4!}x^4 + \ldots$$

durch die Substitution $x = -t^2$ auch eine Potenzreihe angeben:

$$\operatorname{erf}(x) = \frac{2}{\sqrt{\pi}} \int_{0}^{x} \sum_{k=0}^{\infty} \frac{(-t^2)^k}{k!} \mathrm{d}t = \frac{2}{\sqrt{\pi}} \int_{0}^{x} \sum_{k=0}^{\infty} \frac{(-1)^k\, t^{2k}}{k!} \mathrm{d}t = \frac{2}{\sqrt{\pi}} \sum_{k=0}^{\infty} \frac{(-1)^k\, t^{2k+1}}{(2k+1)k!}\bigg|_{0}^{x}.$$

Dabei haben wir die gliedweise Integration der Potenzreihe nach Satz 10.8 verwendet. Durch Einsetzen der Grenzen ergibt sich

$$\operatorname{erf}(x) = \frac{2}{\sqrt{\pi}} \sum_{k=0}^{\infty} \frac{(-1)^k\, x^{2k+1}}{(2k+1)k!} = \frac{2}{\sqrt{\pi}} \left(x - \frac{x^3}{3\cdot 1!} + \frac{x^5}{5\cdot 2!} - \frac{x^7}{7\cdot 3!} + \frac{x^9}{9\cdot 4!} \mp \ldots \right).$$

Substitution und Integration lassen den Konvergenzradius $r = \infty$ der Potenzreihe der e-Funktion unverändert. Die Potenzreihe der Gaußschen Fehlerfunktion gilt somit für alle reellen Zahlen.

10.8 Aufgaben

10.8.1 Verständnis und Kompetenz

Aufgabe 10.1 (Potenzreihen mit positiven Koeffizienten) ★★

Die Potenzreihe der e-Funktion mit Entwicklungsstelle $x_0 = 0$ besitzt nur positive Koeffizienten, die Potenzreihen von Sinus und Kosinus mit Entwicklungsstelle $x_0 = 0$ positive und negative Koeffizienten. Kann man daraus verallgemeinern, dass die Potenzreihe einer Funktion, die nur positive Funktionswerte hat, nur positive Koeffizienten hat?

Aufgabe 10.2 (Potenzreihen mit Koeffizienten gleich null) ★★

In den beiden Formeln zur Bestimmung des Konvergenzradius mit dem Quotienten- oder dem Wurzelkriterium wird durch den Koeffizienten a_k bzw. a_{k+1} dividiert. Wenn also bei einer Potenzreihe irgendein Koeffizient a_k null ist, dann ist für diese Reihe kein Konvergenzradius definiert. Was halten Sie von dieser Aussage?

Aufgabe 10.3 (Taylor-Reihe für Exponentialfunktion) ★★★

Welche Besonderheit hat die Taylor-Reihe der Funktion mit Entwicklungsstelle $x_0 = 0$:

$$f(x) = \begin{cases} e^{-\frac{1}{x^2}} & \text{für } x \neq 0 \\ 0 & \text{sonst?} \end{cases}$$

10.8.2 Rechnung und Training

Aufgabe 10.4 (Taylor-Polynome) ★★★

Bestimmen Sie die Taylor-Polynome vom Grad 3 zur Entwicklungsstelle $x_0 = 0$:

a) $f(x) = \dfrac{\sin x}{1-x}$ b) $g(x) = \dfrac{\cos x}{e^x}$ c) $h(x) = \dfrac{\ln(1+x)}{1-x^2}$

Aufgabe 10.5 (Konvergenzradius) ★★★

Für welche reellen Zahlen x konvergieren die folgenden Potenzreihen?

a) $\sum\limits_{k=0}^{\infty} k\,x^k$ b) $\sum\limits_{k=0}^{\infty} \dfrac{x^{2k}}{3^k}$ c) $\sum\limits_{k=1}^{\infty} \left(\dfrac{x}{k}\right)^k$

d) $\sum\limits_{k=1}^{\infty} \dfrac{x^{2k}}{k!}$ e) $\sum\limits_{k=1}^{\infty} k! \cdot x^k$ f) $\sum\limits_{k=1}^{\infty} (-1)^k \cdot \dfrac{2^k}{k}(x-1)^k$

Aufgabe 10.6 (Entwicklung von Potenzreihen) ★★★★

Stellen Sie die folgenden Funktionen mittels Potenzreihen dar und geben Sie den zugehörigen Konvergenzbereich an. Die Potenzreihen der Funktionen $\sin x$ und $\frac{1}{1-x}$ können als bekannt vorausgesetzt werden.

a) $f_1(x) = \sin\left(x^2\right)$ b) $f_2(x) = \ln\left(1 - x^2\right)$ c) $f_3(x) = x \arctan x$

Aufgabe 10.7 (Potenzreihen und geometrische Reihe) ★★★★

Stellen Sie die folgenden Potenzreihen mithilfe der Reihenentwicklung von $\frac{1}{1-x}$ durch elementare Funktionen dar:

a) $\sum_{k=1}^{\infty} x^{2k-1}$ b) $\sum_{k=0}^{\infty} (-4)^k x^{2k}$ c) $\sum_{k=1}^{\infty} \frac{x^{k+1}}{k(k+1)}$

Aufgabe 10.8 (Potenzreihenentwicklung) ★★★★★

Stellen Sie die folgende Funktion als Potenzreihe mit der Entwicklungsstelle $x_0 = 0$ dar. Für welche x konvergiert die Reihe? Bestimmen Sie $f^{(8)}(0)$ und $f^{(111)}(0)$:

$$f(x) = 2\left(\frac{x^4}{1-x^2} + e^{x^2}\right).$$

Aufgabe 10.9 (Grenzwerte durch Potenzreihenentwicklung) ★★★

Bestimmen Sie durch Potenzreihenentwicklung die folgenden Grenzwerte:

a) $\lim\limits_{x\to 0} \frac{\ln(1-3x)}{x}$ b) $\lim\limits_{x\to 0} \frac{\sin(x^2)}{\ln(1+x^2)}$ c) $\lim\limits_{x\to 0} \left(1+x^2\right)^{\frac{1}{x}}$

Aufgabe 10.10 (Grenzwert und Integralwert) ★★★★

Berechnen Sie durch Potenzreihenentwicklung den Grenzwert und eine Näherung für den Integralwert mit einer Genauigkeit von mindestens $5 \cdot 10^{-4}$:

$$\lim_{x\to 0} \frac{1-\cos(x^2)}{x^2}, \quad \int_0^1 \frac{1-\cos(x^2)}{x^2}\,dx.$$

10.8.3 Anwendung

Aufgabe 10.11 (Normalverteilung) ★★★★

Die Verteilungsfunktion der Normalverteilung aus der Statistik

$$\Phi(x) = \frac{1}{\sqrt{2\pi}} \cdot \int_{-1}^{x-1} e^{-\frac{1}{2}(1+t)^2}\,dt$$

soll für $x = 0.35$ mit einer Genauigkeit von mindestens $5 \cdot 10^{-4}$ bestimmt werden. Wie viele Glieder der Reihenentwicklung benötigt man dazu? Wie lautet dieser Näherungswert?

Aufgabe 10.12 (Masse eines Elektrons) ★★★

Nach der Relativitätstheorie nimmt die Masse m eines Elektrons mit seiner Geschwindigkeit v zu. Es besteht der Zusammenhang

$$m(v) = \frac{m_0}{\sqrt{1-\left(\frac{v}{c}\right)^2}}.$$

Dabei bezeichnet m_0 die Ruhemasse des Elektrons und c die Lichtgeschwindigkeit. Wie lautet eine Näherungsformel für die Funktion m unter der Annahme, dass die Geschwindigkeit v viel kleiner als c ist?

11 Kurven

Die Steuerung von Industrierobotern ist ein typisches Anwendungsbeispiel für Kurven. Ein anderes Beispiel sind Spiralkurven, mit denen Daten auf CDs geschrieben oder von CDs gelesen werden. Bahnkurven von Satelliten werden ebenfalls durch Kurven beschrieben. Ganz allgemein erzeugen eindimensional bewegte Objekte eine Bahnkurve. Der Begriff „eindimensional" bedeutet dabei, dass sich das Objekt auf einer gekrümmten Kurve nur in eine Richtung bewegt. Bereits vor einigen Jahrhunderten beschäftigten sich Mathematiker mit der Beschreibung der Bahnkurven von Himmelskörpern. Nach Angaben von Daniel Kehlmann hat sich Carl Friedrich Gauß selbst in seiner Hochzeitsnacht mit solchen Fragen beschäftigt.

In diesem Kapitel betrachten wir unterschiedliche Darstellungsformen von ebenen Kurven und Raumkurven. Wir werden mit Mitteln der Differenzial- und Integralrechnung Formeln zur Berechnung von Tangenten, Krümmungen und Bogenlängen angeben. Die elementaren ebenen Kurven wie Kreise, Ellipsen und Hyperbeln betrachten wir ausführlich.

11.1 Parameterdarstellung

Das Schaubild einer Funktion stellt eine ebene Kurve dar. Solche Kurven nennt man Kurven in expliziter Form. Der Begriff Kurve ist jedoch viel allgemeiner. In Abschnitt 5.2.3 haben wir bereits gesehen, dass ein Vollkreis nicht als Schaubild einer Funktion dargestellt werden kann. Der Vollkreis kann jedoch durch eine implizite Gleichung dargestellt werden. Man spricht dann von einer Kurve in impliziter Form. Doch selbst manche einfache Kurve, wie beispielsweise eine Spirale, lässt sich weder als Kurve in expliziter Form noch als Kurve in impliziter Form vernünftig darstellen. Zur mathematischen Beschreibung von Kurven verwendet man deshalb die sogenannte Parameterdarstellung. Kurven bezeichnen wir, genau wie Vektoren, mit fettgedruckten Kleinbuchstaben. Die Koordinaten beziehen sich auf ein kartesisches Koordinatensystem, siehe Definition 3.19.

Definition 11.1 (Parameterdarstellung einer Kurve)

Bei der Parameterdarstellung einer Kurve hängen die Koordinaten der Kurvenpunkte als Funktionen von einem reellen Parameter t ab:

$$\boldsymbol{c}(t) = \begin{pmatrix} x(t) \\ y(t) \end{pmatrix}, \quad t \in I, \qquad \boldsymbol{c}(t) = \begin{pmatrix} x(t) \\ y(t) \\ z(t) \end{pmatrix}, \quad t \in I.$$

Ebene Kurven haben zwei Koordinatenfunktionen $x(t)$ und $y(t)$. Raumkurven werden durch drei Koordinatenfunktionen $x(t)$, $y(t)$ und $z(t)$ beschrieben.

Eine Kurve ist erst durch Angabe der Koordinatenfunktionen und des Parameterintervalls festgelegt. Der Parameter durchläuft das komplette Intervall und erzeugt so die Punkte der Kurve. In der Regel fordert man, dass alle Koordinatenfunktionen stetig sind. Dadurch entstehen lückenlose Kurven. Die Welt der Parameterwerte und die Welt der Koordinaten ist vollkommen getrennt. Man kann sich vorstellen, dass sich die Parameterwerte auf einer Art Zeitskala bewegen und zu jedem Zeitpunkt einen Kurvenpunkt erzeugen.

Beispiel 11.1 (Einheitskreis)

a) Durch die Parameterdarstellung

$$\boldsymbol{c}(t) = \begin{pmatrix} \cos t \\ \sin t \end{pmatrix}, \quad t \in \left[0, \frac{3}{2}\pi\right]$$

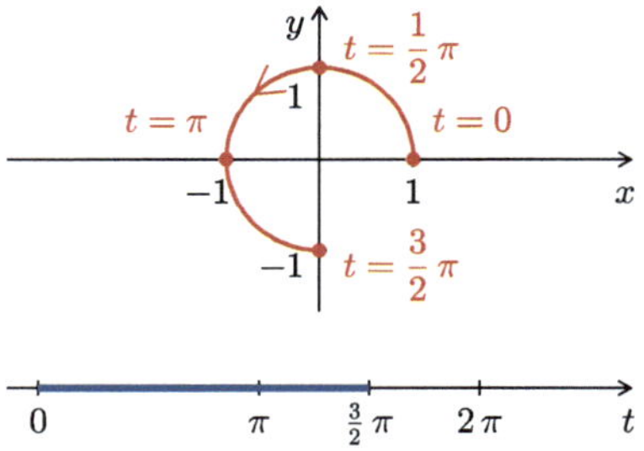

wird eine ebene Kurve dargestellt. Die Kurve startet für $t = 0$ im Punkt $(1\,|\,0)$ und endet für $t = \frac{3}{2}\pi$ im Punkt $(0\,|-1)$. Alle Punkte liegen auf dem Einheitskreis, denn

$$x(t)^2 + y(t)^2 = \cos^2 t + \sin^2 t = 1.$$

Die implizite Gleichung $x^2 + y^2 = 1$ reicht nicht aus, um den Dreiviertelkreis genau festzulegen. Man benötigt eine mathematische Beschreibung, aus der hervorgeht, dass nur ein Teil des Vollkreises gemeint ist. Den Dreiviertelkreis kann man nicht als Schaubild einer einzigen Funktion darstellen. Bei einer Funktion darf jeder y-Wert höchstens zu einem x-Wert gehören. Man kann sich folgendermaßen behelfen:

$$f_1(x) = +\sqrt{1 - x^2}, \quad x \in [-1, 1], \qquad f_2(x) = -\sqrt{1 - x^2}, \quad x \in [-1, 0].$$

Oberer und unterer Halbkreis werden jeweils durch eine eigene Funktion beschrieben.

b) Alternativ kann man für den Dreiviertelkreis die Parameterdarstellung

$$\boldsymbol{c}(t) = \begin{pmatrix} \sin t \\ \cos t \end{pmatrix}, \quad t \in \left[\pi, \frac{5}{2}\pi\right]$$

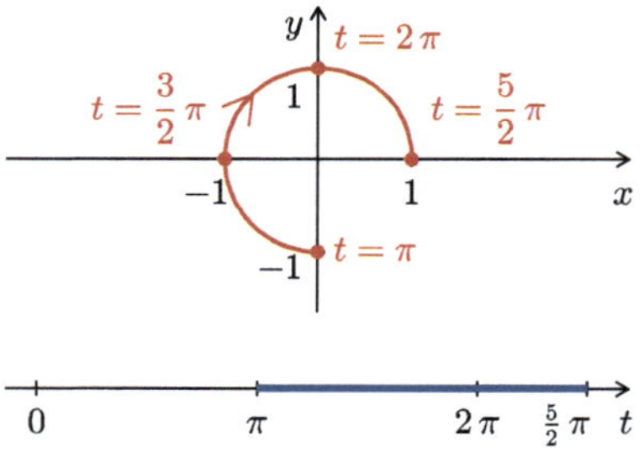

wählen. Die Kurve startet für $t = \pi$ im Punkt $(0\,|-1)$ und endet für $t = \frac{5}{2}\pi$ im Punkt $(1\,|\,0)$. Dadurch ändern sich der Durchlaufsinn und der Anfangs- und Endpunkt. Nach wie vor wird jedoch derselbe Ausschnitt des Einheitskreises dargestellt.

c) Der Einheitskreis lässt sich auch durch die Parameterdarstellung

$$\boldsymbol{c}(t) = \frac{1}{1+t^2}\begin{pmatrix} -2t \\ 1 - t^2 \end{pmatrix}, \quad t \in \mathbb{R}$$

mithilfe gebrochenrationaler Funktionen repräsentieren. Die Koordinatenfunktionen

$$x(t)^2 + y(t)^2 = \frac{4t^2}{(1+t^2)^2} + \frac{(1-t^2)^2}{(1+t^2)^2} = \frac{4t^2 + 1 - 2t^2 + t^4}{(1+t^2)^2} = \frac{(1+t^2)^2}{(1+t^2)^2} = 1$$

erfüllen die Kreisgleichung für alle Parameterwerte t. ■

Merke 11.1 (Parameterdarstellung)

Unterschiedliche Parameterdarstellungen können ein und dieselbe Kurve erzeugen. Eine Kurve besitzt keine eindeutige Parameterdarstellung.

Beispiel 11.2 (Archimedische Spirale)

Bei der nach dem griechischen Mathematiker Archimedes benannten Spirale verändert sich der Radius proportional zum Winkel. Dadurch haben die einzelnen Windungen immer denselben Abstand zueinander. Die Kurve wird durch die Parameterdarstellung

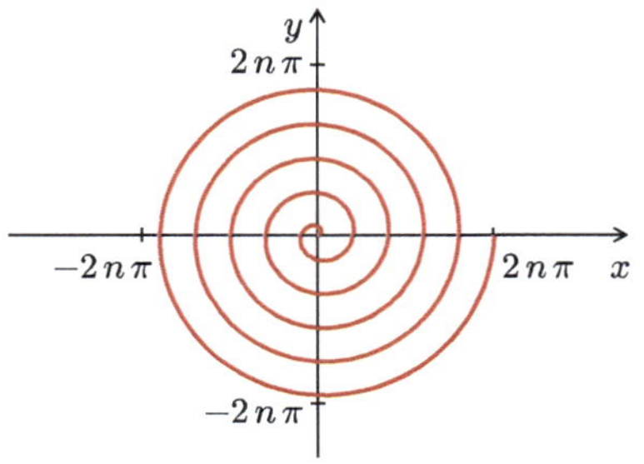

$$\boldsymbol{c}(t) = t \begin{pmatrix} \cos t \\ \sin t \end{pmatrix}, \quad t \in [0, 2n\pi],$$

beschrieben. Jedes Mal, wenn der Parameter t ein Intervall der Länge 2π durchläuft, bewirken $\cos t$ und $\sin t$ eine volle Umdrehung. Dabei wird der Vorfaktor t um den Wert 2π vergrößert. Mithilfe der Tangente, siehe Abschnitt 11.3, kann man zeigen, dass die Spirale den Ursprung in Richtung der positiven x-Achse verlässt. ■

Archimedische Spiralen finden in Verdichtern ihre Anwendung. In zwei gegenläufigen Spiralen wird durch Rotation das eingeschlossene Volumen verkleinert und so der Druck erhöht. Dieses Prinzip wird etwa in Turboladern, Kompressoren und Wärmepumpen eingesetzt.

Die Kurve aus Beispiel 11.2 ist typisch für Kurven in sogenannten Polarkoordinaten. Eine ebene Kurve definiert man in Polarkoordinaten dadurch, dass man jedem Kurvenpunkt einen Rotationswinkel φ und einen entsprechenden Radius r zuordnet. Polarkoordinaten sind insbesondere im Zusammenhang mit komplexen Zahlen von Bedeutung, siehe Definition 13.5.

Definition 11.2 (Ebene Kurve in Polarkoordinaten)

In der Darstellung einer ebenen Kurve

$$\boldsymbol{c}(t) = r(t) \begin{pmatrix} \cos \varphi(t) \\ \sin \varphi(t) \end{pmatrix}, \quad t \in I$$

bezeichnet man $\varphi(t)$ und $r(t)$ als Polarkoordinaten. Dabei ist φ eine Funktion, die jedem Parameterwert t aus dem Intervall I einen Winkel $\varphi(t)$ zuordnet, und $r(t)$ eine Funktion, die jedem t aus I einen nicht negativen Radius $r(t)$ zuordnet.

Die Darstellung einer Kurve in Definition 11.2 basiert auf einem kartesischen Koordinatensystem, siehe Definition 3.19. Man kann jedoch die Polarkoordinaten auch direkt in einem Polarkoordinatensystem einsetzen. Dann sind $\varphi(t)$ und $r(t)$ die beiden Koordinatenfunktionen.

Beispiel 11.3 (Schraubenlinie)

Wir suchen eine Parameterdarstellung der Schraubenlinie mit Grundkreisradius r und Ganghöhe h. Ausgangspunkt für unsere Überlegungen ist eine Parameterdarstellung des Kreises mit Mittelpunkt $(0|0|0)$ und Radius r in der x-y-Ebene

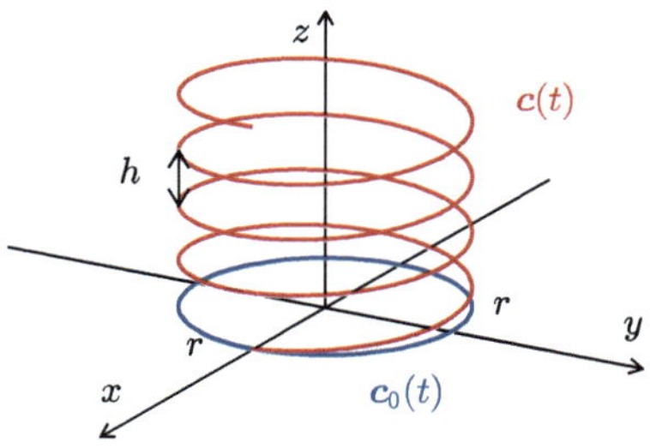

$$\boldsymbol{c}_0(t) = \begin{pmatrix} r\cos t \\ r\sin t \\ 0 \end{pmatrix}.$$

In der z-Koordinate müssen wir dafür sorgen, dass wir pro Umdrehung die Höhe h gewinnen.

Bei linearem Anwachsen gelingt dies durch $z(t) = \frac{h}{2\pi}\,t$. Insgesamt erhalten wir für n volle Umdrehungen

$$\boldsymbol{c}(t) = \begin{pmatrix} r\cos t \\ r\sin t \\ \frac{h}{2\pi}\,t \end{pmatrix}, \quad t \in [0, 2\,n\,\pi].$$

Das Parameterintervall bestimmt die Anzahl der Umdrehungen. Mit der Wahl des Faktors $\frac{h}{2\pi}$ haben wir die Ganghöhe h eingestellt. ∎

Das Schaubild einer Funktion f für x-Werte im Intervall I kann man als Spezialfall einer ebenen Kurve interpretieren. Dazu interpretiert man die x-Werte als Parameterwerte und die Funktionswerte als y-Werte der Kurve. Alle Formeln für parametrisierte Kurven lassen sich dadurch auf Schaubilder von Funktionen übertragen. Der Begriff einer Kurve verallgemeinert in diesem Sinn den Begriff einer Funktion.

Merke 11.2 (Schaubild einer Funktion als ebene Kurve)

Das Schaubild einer Funktion f für x-Werte in einem Intervall I lässt sich als ebene parametrisierte Kurve $\boldsymbol{c}(t)$ darstellen:

$$\boldsymbol{c}(t) = \begin{pmatrix} t \\ f(t) \end{pmatrix}, \quad t \in I.$$

11.2 Kegelschnitte

Die einfachsten echt gekrümmten ebenen Kurven sind die sogenannten Kegelschnitte. Sie umfassen Kreise, Ellipsen, Hyperbeln und Parabeln. Anschaulich definiert man einen Kegelschnitt als Schnittkurve zwischen einer Ebene und einem Kegel. Im Zusammenhang mit Kegelschnitten verstehen wir hier unter einem Kegel eine Fläche, die man umgangssprachlich als unendlich ausgedehnten Doppelkegel bezeichnen würde. Der Typ der Kurve ist abhängig vom Schnittwinkel zwischen der Ebene und den Mantellinien.

Definition 11.3 (Kegelschnitt)

Eine Schnittkurve zwischen einer Ebene und einem Kegel bezeichnet man als Kegelschnitt. Insbesondere sind Kreise, Ellipsen, Hyperbeln und Parabeln Kegelschnitte. In Spezialfällen bestehen die Schnittkurven aus Geraden oder entarten zu einem Punkt. Der Typ des Kegelschnitts ist vom Winkel zwischen Ebene und Mantellinien abhängig.

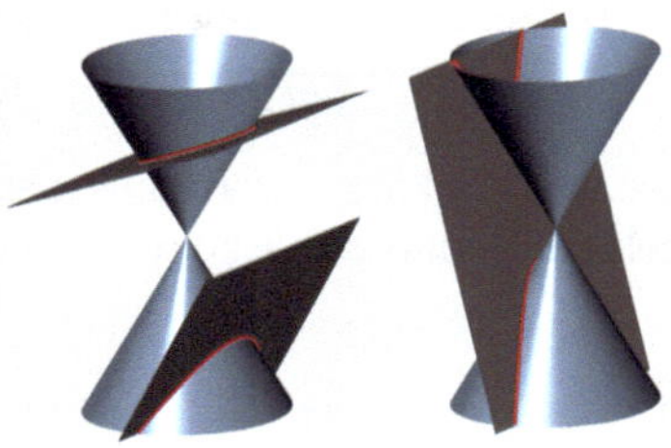

Kegelschnitte lassen sich aber auch über geometrische Eigenschaften definieren. Beispielsweise besagt die geometrische Definition des Kreises, dass ein Kreis aus allen Punkten besteht, die denselben Abstand von einem Mittelpunkt haben. Schließlich kann man Kegelschnitte auch noch durch quadratische Gleichungen definieren. Der Einheitskreis besteht beispielsweise aus allen Punkten, die die Gleichung $x^2 + y^2 = 1$ erfüllen. Wir werden bei der Darstellung der Kegelschnitte alle diese Aspekte aufgreifen.

Definition 11.4 (Kreis)

Ein Kreis mit Radius $r > 0$ besteht aus allen Punkten $P(x \,|\, y)$, die denselben Abstand r vom Mittelpunkt $M(x_0 \,|\, y_0)$ haben. Die Punkte erfüllen die Gleichung

$$(x - x_0)^2 + (y - y_0)^2 = r^2.$$

Eine Parameterdarstellung lautet

$$\boldsymbol{c}(t) = \begin{pmatrix} x_0 + r\,\cos t \\ y_0 + r\,\sin t \end{pmatrix}, \quad t \in [0, 2\pi).$$

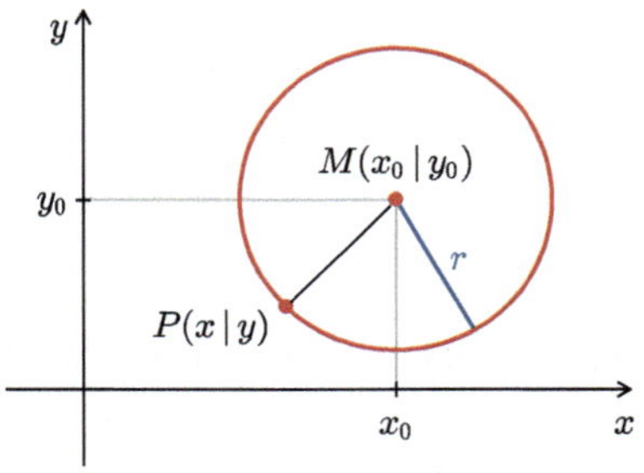

Die Gleichung in Definition 11.4 kann man direkt aus der Abstandsformel aus Satz 3.18 herleiten. Der Punkt $P(x \,|\, y)$ hat vom Mittelpunkt $M(x_0 \,|\, y_0)$ den Abstand

$$r = \sqrt{(x - x_0)^2 + (y - y_0)^2}.$$

Die Gültigkeit der Parameterdarstellung in Definition 11.4 kann man durch Einsetzen in die Gleichung nachweisen:

$$(x_0 + r\,\cos t - x_0)^2 + (y_0 + r\,\sin t - y_0)^2 = r^2(\cos^2 t + \sin^2 t) = r^2.$$

Wählt man für den Parameter t nicht ein komplettes Intervall der Länge 2π, so kann man auf einfache Weise Teile des Vollkreises darstellen. Intervalle mit einer Länge größer als 2π führen dazu, dass Teile des Kreises mehrfach durchlaufen werden. Auch der Durchlaufsinn der Kurve kann leicht verändert werden, indem man beispielsweise t durch $-t$ ersetzt.

Beispiel 11.4 (Kreis)

Wir bestimmen die Gleichung des Kreises mit Mittelpunkt $M(1\,|\,2)$, der durch den Punkt $P(-1\,|\,0)$ geht. Die beiden Punkte P und M haben den Abstand

$$r = \sqrt{(-1-1)^2 + (-2)^2} = \sqrt{8} = 2\sqrt{2}.$$

Dieser Abstand ist der Radius des gesuchten Kreises. Setzt man die Koordinaten des Mittelpunkts und den Radius in die Kreisgleichung ein,

$$(x-1)^2 + (y-2)^2 = 8\,,$$

so erhalten wir die gesuchte Gleichung des Kreises. ▪

Definition 11.5 (Ellipse)

Eine achsenparallele Ellipse mit den Halbachsen $a > 0$ und $b > 0$ besteht aus allen Punkten $P(x\,|\,y)$, bei denen die Summe der Abstände zu den Brennpunkten F_1 und F_2 den konstanten Wert $2a$ hat. Die Punkte erfüllen die Gleichung

$$\frac{(x-x_0)^2}{a^2} + \frac{(y-y_0)^2}{b^2} = 1.$$

Eine Parameterdarstellung lautet

$$\boldsymbol{c}(t) = \begin{pmatrix} x_0 + a\cos t \\ y_0 + b\sin t \end{pmatrix}, \quad t \in [0, 2\pi)\,.$$

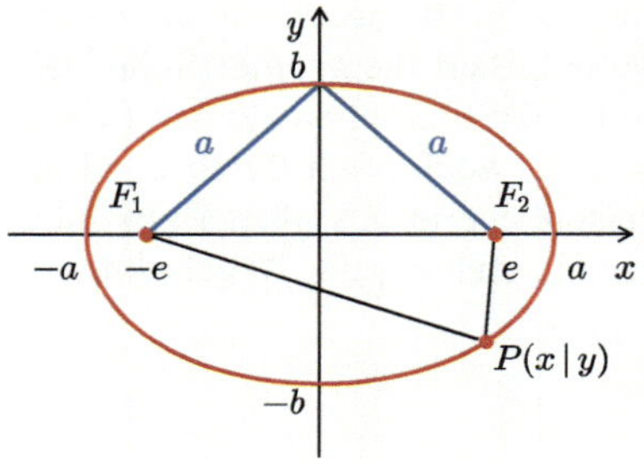

Die Herleitung der Gleichung aus Definition 11.5 erfolgt durch Aufsummieren der Abstände, die ein Punkt von den beiden Brennpunkten hat. Den konstanten Wert $2a$ erkennt man an der Gleichung speziell im Punkt $P(0\,|\,b)$. Die Gültigkeit der Parameterdarstellung erfolgt wie beim Kreis durch Einsetzen in die Gleichung. Nach wenigen Umformungen ergibt sich dann wieder die Kreisgleichung. Wir verzichten jedoch auf die einzelnen algebraischen Schritte.

Bei einer Ellipse bezeichnet man den Abstand der beiden Brennpunkte zum Mittelpunkt als Exzentrizität e. Die Exzentrizität ist ein Maß dafür, wie stark eine Ellipse von einem Kreis abweicht. Eine Ellipse mit Exzentrizität $e = 0$ ist ein Kreis. Dabei verschmelzen die beiden Brennpunkte zu einem einzigen Punkt, nämlich dem Mittelpunkt. Zwischen den beiden Halbachsen a, b und der Exzentrizität e besteht nach dem Satz des Pythagoras der Zusammenhang $e = \sqrt{a^2 - b^2}$. Damit kann die Exzentrizität aus den beiden Halbachsen bestimmt werden.

Landschaftsgärtner erzeugen Ellipsen, indem sie an den Positionen der Brennpunkte zwei Pflöcke einschlagen und eine Schnur der Länge $2a$ daran befestigen. Bewegt man nun eine Markierung entlang der stets gespannten Schnur, so erhält man eine Ellipse. Diese einfache, handwerkliche Methode hat eine lange Tradition.

Beispiel 11.5 (Ellipse)

Die Parameterdarstellung

$$c(t) = \begin{pmatrix} 8 + 6\cos t \\ 6 + 4\sin t \end{pmatrix}, \qquad t \in [0, 2\pi)$$

beschreibt eine Ellipse mit dem Mittelpunkt $M(8\,|\,6)$ und den Halbachsen $a = 6$ und $b = 4$. Wir möchten nun entscheiden, ob der Punkt $P(12\,|\,3)$ innerhalb, außerhalb oder genau auf der Ellipse liegt. Dazu betrachten wir die Mittelpunktsgleichung

$$\frac{(x-8)^2}{6^2} + \frac{(y-6)^2}{4^2} = 1$$

und setzen die Koordinaten des Punkts P ein:

$$\frac{(12-8)^2}{6^2} + \frac{(3-6)^2}{4^2} = \frac{16}{36} + \frac{9}{16} = \frac{145}{144} > 1.$$

Der Punkt P liegt also außerhalb der Ellipse. ∎

Definition 11.6 (Hyperbel)

Eine achsenparallele Hyperbel mit den Parametern $a > 0$ und $b > 0$ besteht aus allen Punkten $P(x\,|\,y)$, bei denen die Differenz der Abstände von den beiden Brennpunkten F_1 und F_2 den konstanten Wert $2a$ hat. Die Punkte erfüllen die Gleichung

$$\frac{(x-x_0)^2}{a^2} - \frac{(y-y_0)^2}{b^2} = \pm 1.$$

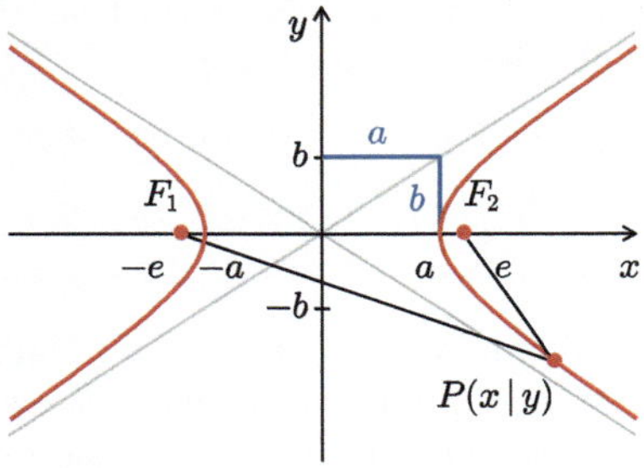

Eine Parameterdarstellung lautet

$$c(t) = \begin{pmatrix} x_0 \pm a\cosh t \\ y_0 \pm b\sinh t \end{pmatrix} \quad \text{oder} \quad c(t) = \begin{pmatrix} x_0 \pm a\sinh t \\ y_0 \pm b\cosh t \end{pmatrix}, \qquad t \in \mathbb{R}.$$

Die unterschiedlichen Parameterdarstellungen und Vorzeichen in den Formeln gehören zu den unterschiedlichen Hyperbelästen. Ein Hyperbelast kann nach links, rechts, nach oben oder unten geöffnet sein. Die Herleitung der Gleichung aus Definition 11.6 erfolgt aus der Differenz der Abstände, die ein Punkt von den beiden Brennpunkten hat. Auch hier verzichten wir auf die algebraischen Umformungen und Details. Die Gültigkeit etwa der ersten Parameterdarstellung erfolgt durch Einsetzen in die Gleichung und mithilfe von Satz 6.12:

$$\frac{(x_0 \pm a\cosh t - x_0)^2}{a^2} - \frac{(y_0 \pm b\sinh t - y_0)^2}{b^2} = \cosh^2 t - \sinh^2 t = 1\,.$$

Die zweite Parameterdarstellung erhält man ganz analog. Charakteristisch für Hyperbeln sind ihre Asymptoten. Die beiden Asymptoten schneiden sich im Mittelpunkt $M(x_0\,|\,y_0)$ mit den Steigungen $\pm\frac{b}{a}$. Für die Exzentrizität gilt $e = \sqrt{a^2+b^2}$.

Beispiel 11.6 (Hyperbel)

Die Parameterdarstellung

$$c(t) = \begin{pmatrix} 3 + 2\cosh t \\ -1 + 4\sinh t \end{pmatrix}, \quad t \in \mathbb{R}$$

beschreibt eine Hyperbel. Die x-Werte werden nicht kleiner als 5. Es wird also nur der rechte Ast definiert. Die Asymptoten haben die Steigungen ± 2 und schneiden sich im Punkt $M(3 \mid -1)$. Mit

$$\frac{(x-3)^2}{2^2} - \frac{(y+1)^2}{4^2} = 1$$

erhalten wir die Gleichung der Hyperbel. ▪

Definition 11.7 (Parabel)

Eine achsenparallele Parabel besteht aus allen Punkten $P(x \mid y)$, bei denen der Abstand zum Brennpunkt F und zur Leitlinie ℓ gleich groß ist, wobei der Parameter $p > 0$ den Abstand zwischen F und ℓ beschreibt. Die Punkte erfüllen eine Gleichung der Form

$$\begin{aligned} (y - y_0)^2 &= \pm 2p\,(x - x_0) \\ (x - x_0)^2 &= \pm 2p\,(y - y_0) \end{aligned}$$

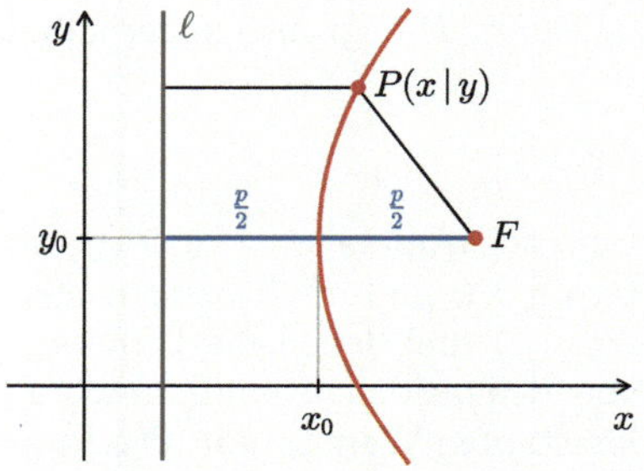

Der Parameter p wird auch als Halbparameter bezeichnet, da in der Parabelgleichung $2p$ steht. Die unterschiedlichen Vorzeichen in den Formeln gehören zu den unterschiedlichen Parabelästen. Ein Parabelast kann nach links, rechts, oben oder unten geöffnet sein. Für die Herleitung der Gleichung aus Definition 11.7 betrachten wir den Fall einer nach rechts geöffneten Parabel. Der Punkt $P(x \mid y)$ hat den Abstand $d_1 = x - x_0 + \frac{p}{2}$ von der Leitlinie ℓ. Der Abstand zwischen dem Punkt $P(x \mid y)$ und dem Brennpunkt beträgt

$$d_2 = \sqrt{\left(x - \left(x_0 + \frac{p}{2}\right)\right)^2 + (y - y_0)^2}.$$

Da die beiden Abstände d_1 und d_2 gleich sind, folgt

$$\left(x - x_0 + \frac{p}{2}\right)^2 = \left(x - x_0 - \frac{p}{2}\right)^2 + (y - y_0)^2 \quad \Longrightarrow \quad 2p\,(x - x_0) = (y - y_0)^2.$$

Die anderen Fälle ergeben sich durch ähnliche Betrachtungen. Die Eigenschaften von Parabeln werden in der Technik für Parabolspiegel ausgenutzt. Bei einem Parabolspiegel werden parallel einfallende Strahlen im Brennpunkt gebündelt. Umgekehrt erzeugt eine punktförmige Lichtquelle durch einen Parabolspiegel paralleles Licht in eine Richtung.

Kreise, Ellipsen, Hyperbeln und Parabeln werden alle durch quadratische Gleichungen in x und y beschrieben. Man kann zeigen, dass auch umgekehrt jede quadratische Gleichung in x und y einen Kegelschnitt beschreibt. In entarteten Fällen können, zusätzlich zu Kreisen, Ellipsen, Hyperbeln und Parabeln, auch Geraden oder Punkte entstehen.

Satz 11.1 (Kegelschnittgleichung)

Jeder Kegelschnitt kann durch eine quadratische Gleichung der Form

$$a_{20}\,x^2 + 2\,a_{11}\,x\,y + a_{02}\,y^2 + 2\,a_{10}\,x + 2\,a_{01}\,y + a_{00} = 0$$

beschrieben werden. Umgekehrt beschreibt jede quadratische Gleichung einen Kegelschnitt. Für $a_{11} = 0$ verlaufen die Achsen parallel zu den Koordinatenachsen und man kann den Typ des Kegelschnitts aus den Vorzeichen der Koeffizienten bestimmen:

- Kreis $a_{20} = a_{02} \neq 0$
- Parabel $a_{20} = 0, a_{02}, a_{10} \neq 0$ oder $a_{02} = 0, a_{20}, a_{01} \neq 0$
- Ellipse $a_{20}\,a_{02} > 0$
- Hyperbel $a_{20}\,a_{02} < 0$

Die Kegelschnittgleichung enthält an mehreren Stellen den Faktor 2. Durch diese Schreibweise werden weitere Formeln für Kegelschnitte einfacher. Für $a_{11} \neq 0$ ist die Typbestimmung von Kegelschnitten etwas aufwendiger. Das liegt daran, dass die Hauptachsen für $a_{11} \neq 0$ nicht parallel zu den Koordinatenachsen verlaufen. Man kann zeigen, dass die Achsen um einen Winkel α mit

$$\tan(2\,\alpha) = \frac{2a_{11}}{a_{20} - a_{02}}$$

gegenüber den Koordinatenachsen gedreht sind.

Beispiel 11.7 (Kegelschnittgleichungen)

a) Ein Kegelschnitt wird beschrieben durch:

$$x^2 + 4y^2 + 2x - 8y - 3 = 0$$

Durch quadratische Ergänzung der Terme in x und y erhalten wir

$$\frac{(x+1)^2}{8} + \frac{(y-1)^2}{2} = 1.$$

Der Kegelschnitt ist also eine Ellipse mit dem Mittelpunkt $M(-1\,|\,1)$ und den beiden Halbachsen $a = 2\sqrt{2}$ und $b = \sqrt{2}$.

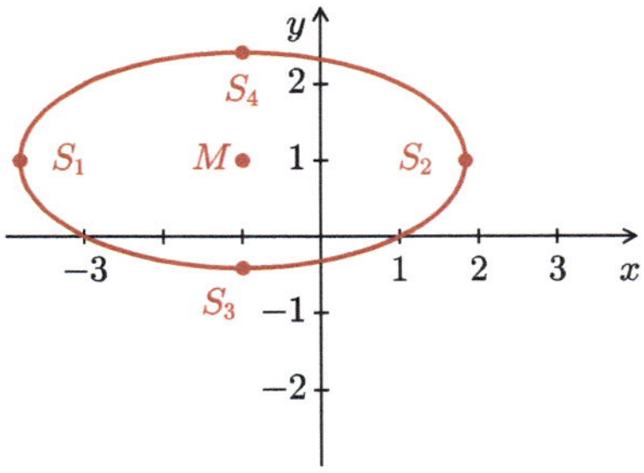

b) Zur Bestimmung des Typs der Gleichung

$$3x^2 - 4y^2 - 6x - 8y - 13 = 0$$

ergänzen wir die Terme in x und y jeweils zu vollständigen Quadraten:

$$\frac{(x-1)^2}{4} - \frac{(y+1)^2}{3} = 1.$$

Damit ist der Kegelschnitt eine Hyperbel mit dem Mittelpunkt $M(1\,|\,-1)$ und den beiden Parametern $a = 2$ und $b = \sqrt{3}$. Die Hyperbel ist nach rechts und links geöffnet.

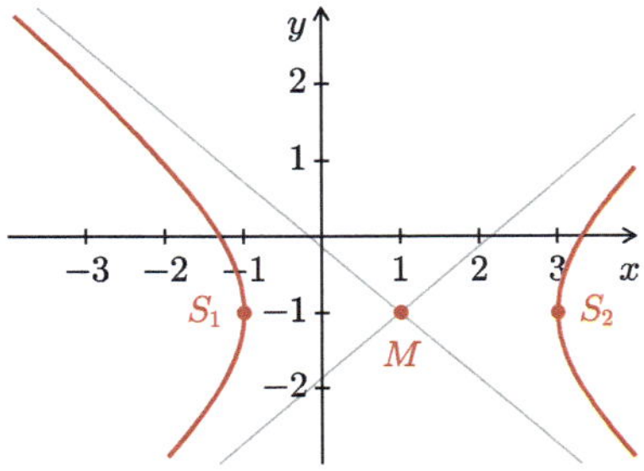

c) Wir betrachten die Kegelschnittgleichung

$$y^2 + 3x + 2y - 5 = 0.$$

Der Term x^2 ist nicht enthalten. Die Ergänzung von y zum vollständigen Quadrat führt auf die Gleichung

$$(y+1)^2 = -3(x-2).$$

Damit ist der Kegelschnitt eine Parabel mit dem Scheitelpunkt $M(2\,|-1)$. Die Parabel ist nach links geöffnet.

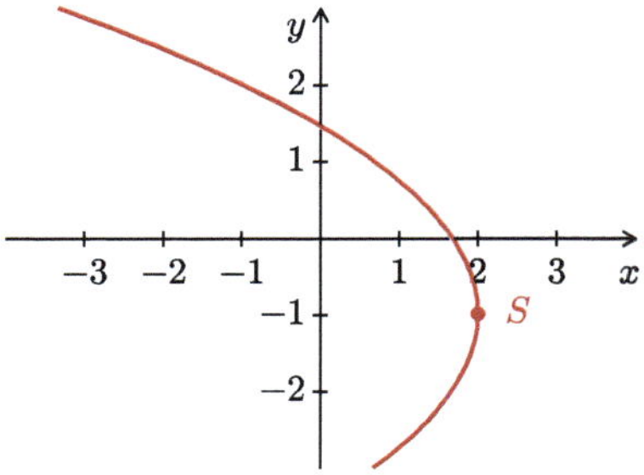

11.3 Tangente

Ein wichtiges Prinzip in der Mathematik besteht darin, komplizierte Objekte durch einfachere Objekte anzunähern. Man verwendet dieses Prinzip etwa, um eine Funktion durch eine Tangente an einer bestimmten Stelle zu approximieren. Solange man sich in einer kleinen Umgebung der Stelle befindet, macht sich der Unterschied zwischen Funktion und Tangente kaum bemerkbar. Dasselbe Prinzip lässt sich auf Kurven übertragen. Die Tangente einer Kurve wird als Grenzwert definiert.

Definition 11.8 (Tangentenvektor und Tangente)
Der Tangentenvektor einer Kurve mit der Parameterdarstellung $\boldsymbol{c}(t)$ im Kurvenpunkt mit dem Parameterwert t_0 ist definiert durch

$$\boldsymbol{c}'(t_0) = \lim_{\Delta t \to 0} \frac{1}{\Delta t}\left(\boldsymbol{c}(t_0 + \Delta t) - \boldsymbol{c}(t_0)\right).$$

Die Gerade durch den Kurvenpunkt $\boldsymbol{c}(t_0)$ mit dem Richtungsvektor $\boldsymbol{c}'(t_0)$ nennt man die Tangente der Kurve zum Parameterwert t_0.

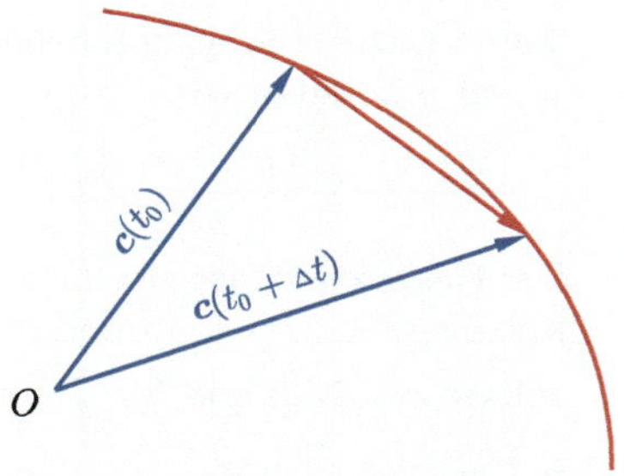

Der Grenzwert für den Tangentenvektor ist koordinatenweise zu verstehen. Auf den ersten Blick fragt man sich vielleicht in Definition 11.8, warum man den Tangentenvektor nicht als Grenzwert der Differenz der beiden Ortsvektoren ohne den Vorfaktor $\frac{1}{\Delta t}$, also durch den Ausdruck

$$\lim_{\Delta t \to 0} \left(\boldsymbol{c}(t_0 + \Delta t) - \boldsymbol{c}(t_0)\right)$$

definiert hat. Die Antwort auf diese Frage ist nahe liegend. Ohne den Faktor $\frac{1}{\Delta t}$ würde sich im Grenzwert der Nullvektor ergeben. Auch hier führt also wieder ein Differenzenquotient zur Ableitung.

Zur Bezeichnung des Tangentenvektors verwenden wir bei Kurven den Ableitungsstrich. Das deutet an, dass man den Tangentenvektor durch die erste Ableitung berechnet. Interpretiert man den Grenzwert für den Tangentenvektor koordinatenweise, so ergibt sich der Tangentenvektor gerade aus den ersten Ableitungen der Koordinatenfunktionen.

Satz 11.2 (Tangentenvektor und Ableitung)
Die Ableitung der Parameterdarstellung einer Kurve $\boldsymbol{c}(t)$ nach dem Parameter t ergibt den Tangentenvektor der Kurve:

$$\boldsymbol{c}'(t) = \begin{pmatrix} x'(t) \\ y'(t) \end{pmatrix}, \quad t \in I, \qquad \boldsymbol{c}'(t) = \begin{pmatrix} x'(t) \\ y'(t) \\ z'(t) \end{pmatrix}, \quad t \in I.$$

Für eine sinnvolle Definition des Tangentenvektors müssen wir natürlich voraussetzen, dass die erste Ableitung jeder einzelnen Koordinatenfunktion existiert. Mit anderen Worten: Wir betrachten nur Kurven mit differenzierbaren Koordinatenfunktionen.

Beispiel 11.8 (Tangentenvektoren ebener Kurven)

a) Die Kurve mit der Parameterdarstellung

$$\boldsymbol{c}(t) = \begin{pmatrix} \cos t \\ \sin t \end{pmatrix}, \quad t \in [0, 2\pi]$$

hat den Tangentenvektor

$$\boldsymbol{c}'(t) = \begin{pmatrix} -\sin t \\ \cos t \end{pmatrix}.$$

Die Richtung des Tangentenvektors variiert,

$$|\boldsymbol{c}'(t)| = \sin^2 t + \cos^2 t = 1$$

die Länge ist immer gleich.

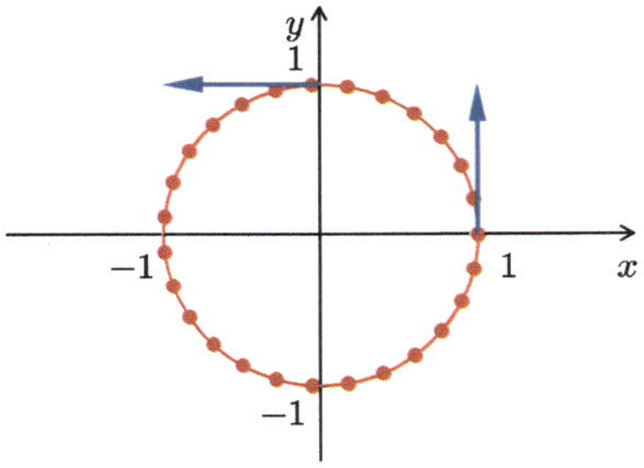

b) Die Parameterdarstellung

$$\boldsymbol{c}(t) = \frac{1}{1+t^2} \begin{pmatrix} -2t \\ 1-t^2 \end{pmatrix}, \quad t \in \mathbb{R}$$

beschreibt ebenfalls den Einheitskreis, siehe Beispiel 11.1. Sie hat den Tangentenvektor

$$\boldsymbol{c}'(t) = \frac{1}{(1+t^2)^2} \begin{pmatrix} 2t^2 - 2 \\ -4t \end{pmatrix}.$$

Die Längen der Tangentenvektoren an den Parameterwerten $t = 0$ und $t = -1$

$$|\boldsymbol{c}'(0)| = 2, \quad |\boldsymbol{c}'(-1)| = 1$$

sind unterschiedlich. Es ändert sich also nicht nur die Richtung des Tangentenvektors, sondern auch die Länge. ▪

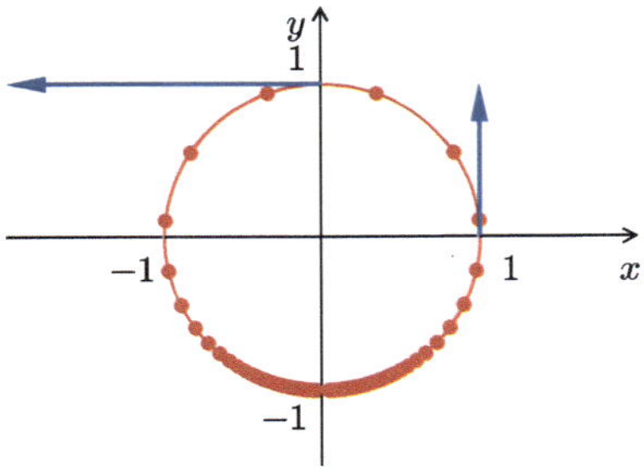

In Beispiel 11.8 wird ein und dieselbe Kurve durch unterschiedliche Parametrisierungen beschrieben. Die Richtung der Tangentenvektoren ist unabhängig von der gewählten Parametrisierung. Die Wahl der Parametrisierung hat jedoch Einfluss auf die Länge der Tangentenvektoren. Man bezeichnet deshalb die Richtung der Tangente als eine geometrische Eigenschaft der Kurve. Die Länge der Tangente ist keine geometrische Eigenschaft, denn sie hängt von der gewählten Parametrisierung ab. Die Länge des Tangentenvektors entspricht in der Physik der Geschwindigkeit, mit der die Kurve durchlaufen wird.

Definition 11.9 (Singulärer Punkt einer Kurve)

Ein Kurvenpunkt einer Kurve mit der Parameterdarstellung $\boldsymbol{c}(t)$, an dem der Tangentenvektor die Länge null hat, heißt singulärer Punkt. An einem singulären Punkt hält man beim Durchlaufen der Kurve kurz an. Besitzt der Tangentenvektor an einem singulären Punkt einen Vorzeichenwechsel, so spricht man von einem Umkehrpunkt.

Ändert sich die Länge des Tangentenvektors nicht, so wird die Kurve mit konstanter Geschwindigkeit durchlaufen. Für den Einsatz in Produktionsprozessen sind Parameterdarstellungen mit konstanter Geschwindigkeit besonders gut geeignet. Eine Parameterdarstellung mit der Eigenschaft $|\boldsymbol{c}'(t)| = 1$ nennt man Bogenlängenparametrisierung einer Kurve, siehe Definition 11.14. Diese Parametrisierung ist eindeutig. Bei praktischen Problemen ist es oft schwierig, die Bogenlängenparametrisierung zu bestimmen.

Beispiel 11.9 (Tangenten der Schraubenlinie)

Für die Schraubenlinie mit der Parameterdarstellung aus Beispiel 11.3 berechnen wir den Tangentenvektor durch Ableiten der Koordinatenfunktionen:

$$\boldsymbol{c}(t) = \begin{pmatrix} r\cos t \\ r\sin t \\ \frac{h}{2\pi}\,t \end{pmatrix}, \quad t \in [0, 2\pi\, n] \quad \Longrightarrow \quad \boldsymbol{c}'(t) = \begin{pmatrix} -r\sin t \\ r\cos t \\ \frac{h}{2\pi} \end{pmatrix}.$$

Eine Parameterdarstellung der Tangente im Startpunkt der Kurve erhalten wir aus

$$g: \quad \boldsymbol{x} = \boldsymbol{c}(0) + \lambda\,\boldsymbol{c}'(0) = \begin{pmatrix} r \\ 0 \\ 0 \end{pmatrix} + \lambda \begin{pmatrix} 0 \\ r \\ \frac{h}{2\pi} \end{pmatrix}, \quad \lambda \in \mathbb{R}.$$

Dabei ist λ der Parameter in der Punktrichtungsform der Geraden g. Die Punktrichtungsform ist in Definition 3.21 beschrieben. ■

11.4 Krümmung

Die Krümmung einer Kurve ist ein Maß dafür, wie stark eine Kurve von der Geraden abweicht. Eine Gerade hat überall die Krümmung null. Krümmungswerte sind auf den Kreis normiert. Einem Kreis mit Radius r ordnet man den konstanten Krümmungswert $\kappa = \frac{1}{r}$ zu. Kreise mit kleinen Radien r haben große Krümmungen κ, Kreise mit großen Radien r haben kleine Krümmungen κ.

Definition 11.10 (Krümmung einer Raumkurve)

Die Krümmung $\kappa(t)$ einer Raumkurve mit der Parameterdarstellung $\boldsymbol{c}(t)$ ist definiert durch

$$\kappa(t) = \frac{\left|\boldsymbol{c}'(t) \times \boldsymbol{c}''(t)\right|}{\left|\boldsymbol{c}'(t)\right|^3}.$$

Für die Krümmung benötigen wir also die erste und die zweite Ableitung der Parameterdarstellung. Aus diesen beiden Vektoren wird das Kreuzprodukt gebildet. Außerdem benötigt man noch die Länge dieses Kreuzproduktvektors und die Länge des Tangentenvektors. Die Krümmung ist eine geometrische Eigenschaft der Kurve. Man kann unterschiedliche Parametrisierungen derselben Kurve betrachten. Es ergibt sich in ein und demselben Kurvenpunkt bei unterschiedlichen Parameterdarstellungen stets derselbe Krümmungswert.

Beispiel 11.10 (Krümmung der Schraubenlinie)

Die Schraubenlinie mit der Parameterdarstellung aus Beispiel 11.3 hat folgende Ableitungen der Koordinatenfunktionen:

$$\boldsymbol{c}(t) = \begin{pmatrix} r\cos t \\ r\sin t \\ \frac{h}{2\pi}\,t \end{pmatrix} \implies \boldsymbol{c}'(t) = \begin{pmatrix} -r\sin t \\ r\cos t \\ \frac{h}{2\pi} \end{pmatrix}, \quad \boldsymbol{c}''(t) = \begin{pmatrix} -r\cos t \\ -r\sin t \\ 0 \end{pmatrix}.$$

Für den Betrag des Vektorproduktes aus $\boldsymbol{c}'(t)$ und $\boldsymbol{c}''(t)$ erhalten wir

$$\left|\boldsymbol{c}'(t) \times \boldsymbol{c}''(t)\right| = \left|\begin{pmatrix} \frac{rh}{2\pi}\sin t \\ -\frac{rh}{2\pi}\cos t \\ r^2 \end{pmatrix}\right| = r\sqrt{\frac{h^2}{4\pi^2} + r^2},$$

und für den Betrag von $\boldsymbol{c}'(t)$ ergibt sich

$$\left|\boldsymbol{c}'(t)\right| = \sqrt{r^2\sin^2 t + r^2\cos^2 t + \frac{h^2}{4\pi^2}} = \sqrt{r^2 + \frac{h^2}{4\pi^2}}.$$

Laut Definition 11.10 erhalten wir

$$\kappa(t) = \frac{\left|\boldsymbol{c}'(t) \times \boldsymbol{c}''(t)\right|}{\left|\boldsymbol{c}'(t)\right|^3} = \frac{r}{\frac{h^2}{4\pi^2} + r^2} = \frac{4\pi^2\, r}{h^2 + 4\pi^2\, r^2}$$

für die Krümmung der Schraubenlinie. ∎

Eine ebene Kurve kann man als Raumkurve interpretieren, die in der Ebene $z = 0$ liegt. Dadurch kann man Definition 11.10 verwenden, um eine Formel für die Krümmung einer ebenen Kurve herzuleiten. Die Kurve und die Ableitungen

$$\boldsymbol{c}(t) = \begin{pmatrix} x(t) \\ y(t) \\ 0 \end{pmatrix}, \quad \boldsymbol{c}'(t) = \begin{pmatrix} x'(t) \\ y'(t) \\ 0 \end{pmatrix}, \quad \boldsymbol{c}''(t) = \begin{pmatrix} x''(t) \\ y''(t) \\ 0 \end{pmatrix}$$

sind in der dritten Komponente jeweils null.

Der Tangentenvektor hat die Länge

$$|\boldsymbol{c}'(t)| = \sqrt{x'(t)^2 + y'(t)^2}$$

und das Kreuzprodukt der ersten und zweiten Ableitung berechnen wir nach Satz 3.16 zu

$$\boldsymbol{c}'(t) \times \boldsymbol{c}''(t) = \begin{pmatrix} x'(t) \\ y'(t) \\ 0 \end{pmatrix} \times \begin{pmatrix} x''(t) \\ y''(t) \\ 0 \end{pmatrix} = \begin{pmatrix} 0 \\ 0 \\ x'(t)\, y''(t) - x''(t)\, y'(t) \end{pmatrix}.$$

Somit erhalten wir

$$\kappa(t) = \frac{\left| x'(t)\, y''(t) - x''(t)\, y'(t) \right|}{\sqrt{\left(x'(t)^2 + y'(t)^2\right)^3}}$$

als Formel für die Krümmung einer ebenen Kurve.

Definition 11.11 (Krümmung einer ebenen Kurve)

Die Krümmung $\kappa(t)$ einer ebenen Kurve mit der Parameterdarstellung $\boldsymbol{c}(t)$ und den Koordinatenfunktionen $x(t)$ und $y(t)$ ist definiert durch

$$\kappa(t) = \frac{\left| x'(t)\, y''(t) - x''(t)\, y'(t) \right|}{\sqrt{\left(x'(t)^2 + y'(t)^2\right)^3}}.$$

Manchmal wird in der Literatur die Krümmung in der Ebene auch vorzeichenbehaftet definiert. Dazu lässt man den Betrag im Zähler der Definition der Krümmung weg. Das Vorzeichen der Krümmung beschreibt dann, ob die Kurve eine Links- oder eine Rechtskrümmung hat.

Beispiel 11.11 (Krümmung eines Kreises)

Wir überprüfen die Formel für die Krümmung einer ebenen Kurve anhand einer Parameterdarstellung eines Kreises mit Radius r. Dazu benötigen wir die erste und die zweite Ableitung

$$\boldsymbol{c}(t) = \begin{pmatrix} x_0 + r\,\cos t \\ y_0 + r\,\sin t \end{pmatrix} \implies \boldsymbol{c}'(t) = \begin{pmatrix} -r\,\sin t \\ r\,\cos t \end{pmatrix}, \quad \boldsymbol{c}''(t) = \begin{pmatrix} -r\,\cos t \\ -r\,\sin t \end{pmatrix}.$$

Für die Krümmung gilt dann

$$\kappa(t) = \frac{\left| r^2\,\sin^2 t + r^2\,\cos^2 t \right|}{\sqrt{\left(r^2\,\sin^2 t + r^2\,\cos^2 t\right)^3}} = \frac{r^2}{r^3} = \frac{1}{r}.$$

Wie erwartet ist die Krümmung konstant und entspricht dem Kehrwert des Radius. ▪

Die Krümmung des Schaubilds einer Funktion f erhält man mit

$$\boldsymbol{c}(t) = \begin{pmatrix} x(t) \\ y(t) \end{pmatrix} = \begin{pmatrix} t \\ f(t) \end{pmatrix}, \quad \boldsymbol{c}'(t) = \begin{pmatrix} 1 \\ f'(t) \end{pmatrix}, \quad \boldsymbol{c}''(t) = \begin{pmatrix} 0 \\ f''(t) \end{pmatrix}.$$

ganz einfach als Spezialfall einer ebenen Kurve.

Merke 11.3 (Krümmung des Schaubilds einer Funktion)

Die Krümmung $\kappa(t)$ des Schaubilds einer Funktion $f(t)$ ist gegeben durch

$$\kappa(t) = \frac{|f''(t)|}{\sqrt{\left(1+f'(t)^2\right)^3}}.$$

Beispiel 11.12 (Krümmung der Normalparabel)

Die Krümmung der Normalparabel

$$f(t) = t^2, \quad f'(t) = 2t, \quad f''(t) = 2$$

lautet

$$\kappa(t) = \frac{2}{\sqrt{\left(1+(2t)^2\right)^3}} = \frac{2}{\sqrt{\left(1+4t^2\right)^3}}.$$

Zwei spezielle Werte sind etwa

$$\kappa(0) = 2, \quad \kappa(1) = \frac{2}{\sqrt{5^3}} \approx 0.179,$$

und es ist $\kappa(t) \to 0$ für $t \to \pm\infty$.

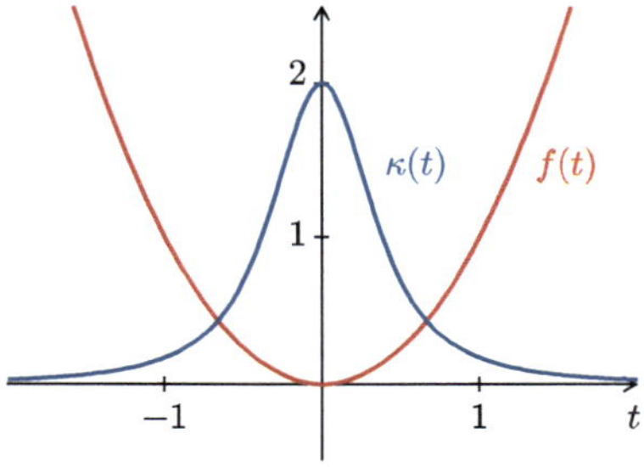

Beispiel 11.13 (Krümmung eines Kreises als Funktion)

Einen Kreis mit Radius r um den Ursprung können wir aus zwei Hälften zusammensetzen und diese mit den beiden Funktionen

$$f(t) = \pm\sqrt{r^2-t^2}, \quad -r \le t \le r$$

beschreiben. Die erste Ableitung ist einfach zu bestimmen:

$$f'(t) = \pm\frac{-t}{\sqrt{r^2-t^2}}.$$

Für die zweite Ableitung wenden wir die Quotientenregel an, erweitern den Ausdruck mit

$$\sqrt{r^2-t^2}$$

und fassen schließlich zusammen:

$$f''(t) = \pm\frac{-\sqrt{r^2-t^2}+t\frac{-t}{\sqrt{r^2-t^2}}}{r^2-t^2} = \pm\frac{-(r^2-t^2)-t^2}{\sqrt{(r^2-t^2)^3}} = \pm\frac{-r^2}{\sqrt{(r^2-t^2)^3}}.$$

Für die Krümmung gilt dann

$$\kappa(t) = \frac{\frac{r^2}{\sqrt{(r^2-t^2)^3}}}{\sqrt{\left(1+\frac{t^2}{r^2-t^2}\right)^3}} = \frac{\frac{r^2}{\sqrt{(r^2-t^2)^3}}}{\frac{r^3}{\sqrt{(r^2-t^2)^3}}} = \frac{r^2}{r^3} = \frac{1}{r}.$$

Dabei haben wir die Summe im Nenner auf einen Hauptnenner gebracht. Wie erwartet entspricht die Krümmung dem Kehrwert des Radius, siehe auch Beispiel 11.11.

Die Krümmung einer ebenen Kurve in Polarkoordinaten erhält man ebenfalls als Spezialfall aus Definition 11.11:

$$\boldsymbol{c}(t) = \begin{pmatrix} x(t) \\ y(t) \end{pmatrix} = \begin{pmatrix} r(t)\cos t \\ r(t)\sin t \end{pmatrix}.$$

Dabei haben wir im Unterschied zu Definition 11.2 bei der Winkelkoordinate vereinfachend $\varphi(t) = t$ gesetzt. Für die erste Ableitung erhalten wir

$$\boldsymbol{c}'(t) = \begin{pmatrix} r'(t)\cos t - r(t)\sin t \\ r'(t)\sin t + r(t)\cos t \end{pmatrix}$$

und nach einer kurzen Rechnung für die zweite Ableitung

$$\boldsymbol{c}''(t) = \begin{pmatrix} r''(t)\cos t - 2r'(t)\sin t - r(t)\cos t \\ r''(t)\sin t + 2r'(t)\cos t - r(t)\sin t \end{pmatrix}.$$

Durch Einsetzen der Ableitungen in Definition 11.11 und mehrfachem Anwenden der Kreisgleichung erhält man die gesuchte Formel. Auf einen ausführlichen Rechenweg verzichten wir an dieser Stelle.

Merke 11.4 (Krümmung einer ebenen Kurve in Polarkoordinaten)

Die Krümmung $\kappa(t)$ einer ebenen Kurve mit den Koordinatenfunktionen $x(t) = r(t)\cos t$ und $y(t) = r(t)\sin t$ ist definiert durch

$$\kappa(t) = \frac{\left|r(t)^2 + 2r'(t)^2 - r(t)r''(t)\right|}{\sqrt{\left(r(t)^2 + r'(t)^2\right)^3}}.$$

Beispiel 11.14 (Krümmung eines Kreises in Polarform)

Bei der Verwendung von Polarkoordinaten zur Beschreibung eines Kreis mit Radius r um den Ursprung ist die Radiusfunktion konstant:

$$r(t) = r, \quad r'(t) = 0, \quad r''(t) = 0\,.$$

Sehr einfach lässt sich damit die Krümmung bestimmen:

$$\kappa(t) = \frac{r^2 + 2\cdot 0^2 - r\cdot 0}{\sqrt{(r^2+0^2)^3}} = \frac{r^2}{r^3} = \frac{1}{r}.$$

Dieses Ergebnis entspricht den Resultaten aus Beispiel 11.11 und Beispiel 11.13. ▪

Definition 11.12 (Krümmungskreis einer ebenen Kurve)

Der Mittelpunkt des Krümmungskreises einer ebenen Kurve im Punkt $\boldsymbol{c}(t_0)$ liegt auf der Geraden, die senkrecht zur Tangente durch den Punkt $\boldsymbol{c}(t_0)$ verläuft. Zum Kurvenpunkt hat er den Abstand

$$r(t_0) = \frac{1}{\kappa(t_0)}.$$

Der Krümmungskreisradius entspricht dem Kehrwert der Krümmung.

Beispiel 11.15 (Krümmungskreis einer ebenen Kurve)

Die Parameterdarstellung

$$c(t) = \begin{pmatrix} t \\ t^2 \end{pmatrix}, \quad t \in \mathbb{R}$$

stellt die Normalparabel als parametrisierte ebene Kurve dar. Zur Berechnung der Krümmung benötigen wir die beiden Ableitungen

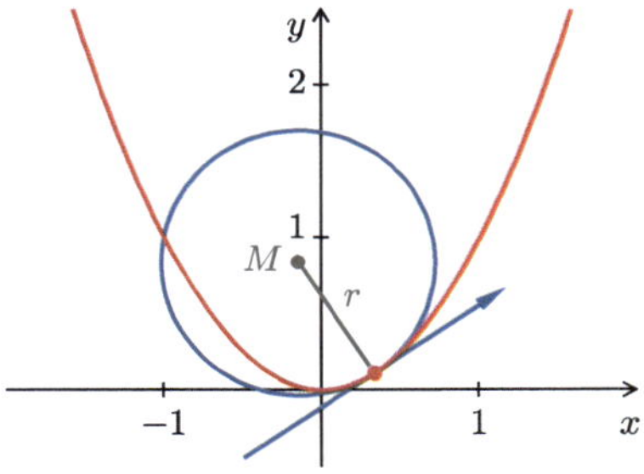

$$c'(t) = \begin{pmatrix} 1 \\ 2t \end{pmatrix}, \quad c''(t) = \begin{pmatrix} 0 \\ 2 \end{pmatrix}.$$

Daraus erhalten wir die Krümmung

$$\kappa(t) = \frac{1 \cdot 2 - 0 \cdot 2t}{\sqrt{(1^2 + (2t)^2)^3}} = \frac{2}{\sqrt{(1 + 4t^2)^3}},$$

vergleiche auch Beispiel 11.12. Beispielsweise erhalten wir für den Parameterwert $t = \frac{1}{3}$

$$c\left(\frac{1}{3}\right) = \frac{1}{9}\begin{pmatrix} 3 \\ 1 \end{pmatrix}, \quad c'\left(\frac{1}{3}\right) = \frac{1}{3}\begin{pmatrix} 3 \\ 2 \end{pmatrix}, \quad \kappa\left(\frac{1}{3}\right) = \frac{2}{\sqrt{\left(1 + \frac{4}{9}\right)^3}} = \frac{54}{13\sqrt{13}}.$$

Die Koordinaten des Krümmungskreismittelpunkts M zum Parameterwert $t = \frac{1}{3}$ ergeben sich aus dem Einheitsvektor $n\left(\frac{1}{3}\right)$, der senkrecht auf dem Tangentenvektor steht

$$c'\left(\frac{1}{3}\right) = \frac{1}{3}\begin{pmatrix} 3 \\ 2 \end{pmatrix} \implies n\left(\frac{1}{3}\right) = \frac{1}{\sqrt{13}}\begin{pmatrix} -2 \\ 3 \end{pmatrix}.$$

Den Ortsvektor des Krümmungskreismittelpunkts

$$m\left(\frac{1}{3}\right) = c\left(\frac{1}{3}\right) + \frac{1}{\kappa\left(\frac{1}{3}\right)} n\left(\frac{1}{3}\right) = \frac{1}{9}\begin{pmatrix} 3 \\ 1 \end{pmatrix} + \frac{13\sqrt{13}}{54} \cdot \frac{1}{\sqrt{13}}\begin{pmatrix} -2 \\ 3 \end{pmatrix} = \frac{1}{54}\begin{pmatrix} -8 \\ 45 \end{pmatrix}$$

liefert schließlich die Lage des Krümmungskreises. ■

Auch für Raumkurven kann man Krümmungskreise definieren. Allerdings benötigt man dazu Begriffe aus der Differenzialgeometrie wie beispielsweise die Schmiegebene oder das begleitende Dreibein, die weit über unsere einfachen Betrachtungen von Kurven hinausführen. Eine komplette Einführung in die Differenzialgeometrie findet man beispielsweise bei [DoCarmo].

11.5 Bogenlänge

Unter der Bogenlänge einer Kurve versteht man die tatsächliche Länge einer ebenen oder räumlichen Kurve. Zieht man die Kurve gedanklich gerade, so entspricht die Bogenlänge der Länge dieser Strecke. Durchläuft man eine Kurve mit konstanter Geschwindigkeit, dann wird die Durchlaufzeit durch die Bogenlänge der Kurve bestimmt.

Nähert man eine Kurve durch viele kleine Strecken an, dann bekommt man aus der Summe der einzelnen Streckenlängen einen guten Näherungswert für die Bogenlänge. Die Bogenlänge definiert man als Grenzwert dieser Summen, also als Integral.

Definition 11.13 (Bogenlänge)
Die Bogenlänge L einer Kurve mit der Parameterdarstellung $\boldsymbol{c}(t)$ über dem Intervall $I = [a, b]$ ist definiert durch

$$L = \int_a^b |\boldsymbol{c}'(t)| \,\mathrm{d}t.$$

Man integriert die Länge des Tangentenvektors über das komplette Parameterintervall.

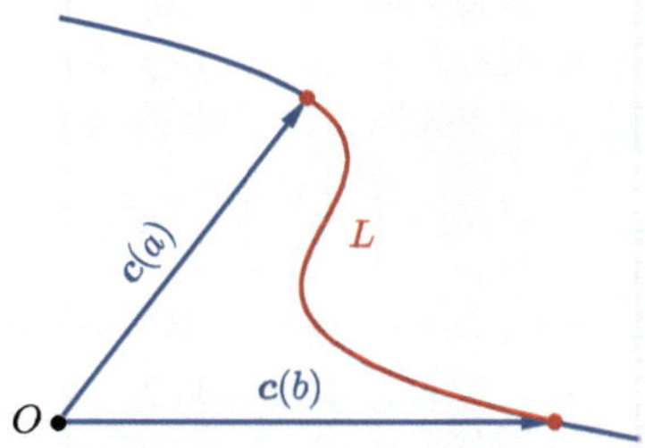

Zur Herleitung der Formel aus Definition 11.13 betrachten wir ein kleines Kurvenstück zwischen den Kurvenpunkten, die zu den beiden Parameterwerten t_0 und $t_0 + \Delta t$ gehören. Die Länge dieses Teilbogens können wir durch die geradlinige Verbindung der beiden Punkte annähern. Für die Länge dieser Teilstrecke gilt

$$\Delta L \approx \left|\boldsymbol{c}(t_0 + \Delta t) - \boldsymbol{c}(t_0)\right|$$

und nach Definition 11.8

$$\Delta L \approx |\Delta t\, \boldsymbol{c}'(t_0)| = \Delta t\, |\boldsymbol{c}'(t_0)|.$$

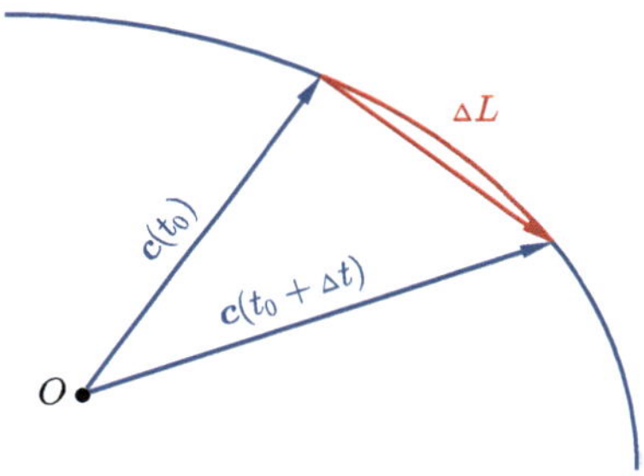

Die Formel für die komplette Bogenlänge ergibt sich durch Aufsummieren der Teilstrecken. Dies führt im Grenzwert zur Integration über das komplette Parameterintervall.

Satz 11.3 (Bogenlänge und Koordinatenfunktionen)
Für die Bogenlänge L einer ebenen Kurve mit den Koordinatenfunktionen $x(t)$ und $y(t)$ bzw. einer Raumkurve mit den Koordinatenfunktionen $x(t)$, $y(t)$ und $z(t)$ über dem Intervall $I = [a, b]$ gelten die Formeln

$$L = \int_a^b \sqrt{x'(t)^2 + y'(t)^2}\,\mathrm{d}t, \qquad L = \int_a^b \sqrt{x'(t)^2 + y'(t)^2 + z'(t)^2}\,\mathrm{d}t.$$

Eine Kurve kann etwa bezüglich der Zeit parametrisiert werden. Dann entspricht der Kurvenparameter gerade der Zeit. Eine andere Möglichkeit ist die Parametrisierung der Kurve nach der Bogenlänge. Diese Variante hat die spezielle Eigenschaft, dass der Tangentenvektor stets die Länge 1 besitzt. Eine Kurve in Bogenlängenparametrisierung kann somit keine singulären Punkte enthalten. Bei der Parametrisierung nach der Bogenlänge verwendet man für die Ableitungen der Koordinatenfunktionen gern den Punkt anstelle des Ableitungsstrichs.

Definition 11.14 (Parametrisierung einer Kurve nach der Bogenlänge)
Bei der Parametrisierung nach der Bogenlänge einer Kurve $\boldsymbol{c}(t)$ mit $t \in [t_0, t_1]$ entspricht der Kurvenparameter t gerade der Bogenlänge der Kurve vom Anfangspunkt $\boldsymbol{c}(t_0)$ bis zum Punkt $\boldsymbol{c}(t)$. Bei dieser Parametrisierung hat der Tangentenvektor $\boldsymbol{c}'(t)$ stets die Länge 1.

Beispiel 11.16 (Kurven und Bogenlängen)

a) Wir bestimmen die Bogenlänge eines allgemeinen Kreises

$$\boldsymbol{c}(t) = \begin{pmatrix} x_0 + r\cos t \\ y_0 + r\sin t \end{pmatrix}, \quad t \in [0, 2\pi] \quad \Longrightarrow \quad \boldsymbol{c}'(t) = \begin{pmatrix} -r\sin t \\ r\cos t \end{pmatrix}.$$

Für die Bogenlänge vom Anfangspunkt $\boldsymbol{c}(0)$ bis zum Punkt $\boldsymbol{c}(t)$ gilt

$$L(t) = \int_0^t \sqrt{x'(\tau)^2 + y'(\tau)^2}\,\mathrm{d}\tau = \int_0^t r\,\mathrm{d}\tau = r\,\tau\Big|_0^t = r\,t.$$

Insbesondere ergibt der volle Kreisumfang für $t = 2\pi$ erwartungsgemäß $2\pi r$.

b) Wir betrachten nun einen allgemeinen Kreis in der Parametrisierung

$$\boldsymbol{c}(t) = \begin{pmatrix} x_0 + r\cos\left(\frac{t}{r}\right) \\ y_0 + r\sin\left(\frac{t}{r}\right) \end{pmatrix}, \quad t \in [0, 2\pi r] \quad \Longrightarrow \quad \boldsymbol{c}'(t) = \begin{pmatrix} -\sin\left(\frac{t}{r}\right) \\ \cos\left(\frac{t}{r}\right) \end{pmatrix}.$$

In dieser Darstellung des Kreises gilt für die Bogenlänge vom Anfangspunkt $\boldsymbol{c}(0)$ bis zum Punkt $\boldsymbol{c}(t)$

$$L(t) = \int_0^t \sqrt{x'(\tau)^2 + y'(\tau)^2}\,\mathrm{d}\tau = \int_0^t 1\,\mathrm{d}\tau = \tau\Big|_0^t = t.$$

Diese Kurve ist also nach der Bogenlänge parametrisiert. Insbesondere gilt $|\boldsymbol{c}'(t)| = 1$ für alle Parameterwerte t. ■

11.6 Numerische Verfahren

Die meisten CAD-Systeme verwenden Non-Uniform-Rational-B-Spline-Surfaces, kurz auch NURBS genannt, zur mathematischen Beschreibung von Kurven und Flächen. Ein Spezialfall davon sind Bézier-Kurven, die wir in diesem Abschnitt genauer betrachten. Freihandkurven werden häufig durch Bézier-Kurven repräsentiert.

11.6.1 Bézier-Kurve

Bernstein-Polynome wurden von dem russischen Mathematiker Sergei Natanowitsch Bernstein verwendet, um den Approximationssatz von Weierstraß zu beweisen. Rund 50 Jahre später verwendeten Paul de Faget de Casteljau bei Citroen und Pierre Étienne Bézier bei Renault unabhängig voneinander Bernstein-Polynome zum Design von Kurven und Flächen.

Definition 11.15 (Bernstein-Polynome)

Die $n+1$ Bernstein-Polynome vom Grad n sind definiert durch

$$B_k^n(t) = \binom{n}{k} t^k (1-t)^{n-k}, k = 0, 1, \dots, n.$$

Die Bernstein-Polynome sind zwar für alle reellen Zahlen t definiert, man betrachtet sie aber in der Regel nur für $t \in [0,1]$.

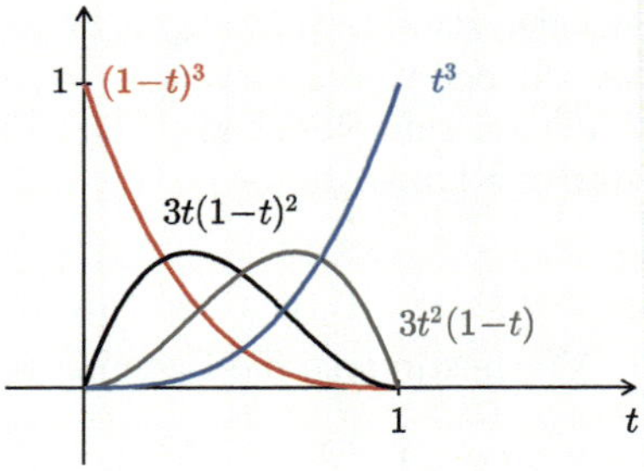

Unter theoretischen Aspekten sind Bernstein-Polynome eigentlich gar nicht so aufregend. Betrachtet man jedoch die vielfältigen industriellen Anwendungen, dann ist die Idee, Polynome anstatt in der Monomform

$$1,\ t,\ t^2,\ t^3,\ \dots$$

in einer auf das Intervall $[0,1]$ zentrierten Form zu verwenden, bahnbrechend. Diese Idee bildet die Grundlagen für das heutige Verständnis von Freiformkurven und Flächen.

Alle herkömmlichen Polynome vom Grad n lassen sich durch Bernstein-Polynome vom Grad n darstellen. Mathematisch formuliert bedeutet das, dass die Bernstein-Polynome vom Grad n eine Basis der Polynome vom Grad n bilden. Einen Überblick über die weiteren Eigenschaften von Bernstein-Polynomen findet man beispielsweise bei [Hoschek]. Bernstein-Polynome kann man auch wie herkömmliche Polynome zur Definition von Kurven verwenden. Der entscheidende Vorteil dabei besteht in der geometrischen Bedeutung der Kontrollpunkte.

Definition 11.16 (Bézier-Kurve)

Eine Bézier-Kurve vom Grad n mit $n+1$ Kontrollpunkten $\boldsymbol{b}_0, \boldsymbol{b}_1, \dots, \boldsymbol{b}_n$, ist definiert durch

$$\boldsymbol{c}(t) = \sum_{k=0}^{n} \boldsymbol{b}_k B_k^n(t), \quad t \in [0,1].$$

Das Polygon der Kontrollpunkte bestimmt den Verlauf der Kurve.

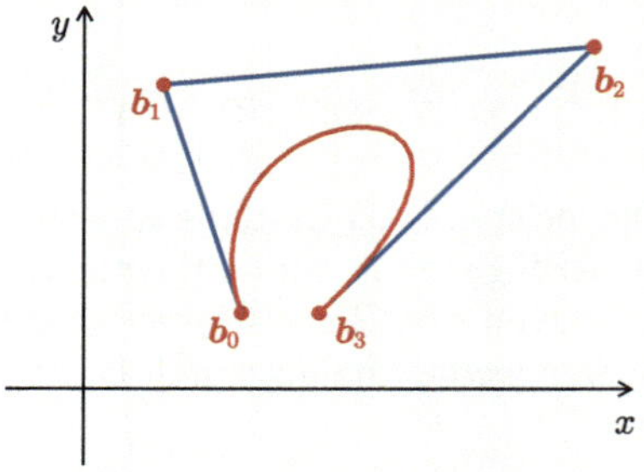

Aus den Eigenschaften der Bernstein-Polynome gehen die Eigenschaften der Bézier-Kurven hervor. Beispielsweise startet eine Bézier-Kurve für $t = 0$ im ersten Kontrollpunkt $\boldsymbol{b}_0$ und endet für $t = 1$ im letzten Kontrollpunkt $\boldsymbol{b}_n$. Das Polygon, das aus der Verbindung der Kontrollpunkte $\boldsymbol{b}_0, \boldsymbol{b}_1, \dots, \boldsymbol{b}_n$ in dieser Reihenfolge entsteht, bezeichnet man als Kontrollpolygon der Kurve. Der Verlauf einer Bézier-Kurve wird, insbesondere bei niedrigem Grad n, sehr gut durch den Verlauf des Kontrollpolygons angenähert.

Bézier-Kurven sind für die Verwendung mit Computerprogrammen bestens geeignet. Beispielsweise lassen sich Kurvenpunkte mit dem Algorithmus von de Casteljau effizient und stabil berechnen. Dieser Algorithmus basiert auf der Rekursionsformel für Bernstein-Polynome. Die grundlegende Idee besteht dabei in der gewichteten Mittelung zweier benachbarter Kontrollpunkte. Zur Berechnung des Kurvenpunkts für den Parameterwert t_0 wird die Kante des Kontrollpolygons zwischen den Kontrollpunkten $\boldsymbol{b}_k$ und $\boldsymbol{b}_{k+1}$ im Verhältnis t_0 zu $1-t_0$ geteilt. Der einfachste Fall ergibt sich für $t_0 = \frac{1}{2}$. Dann sind benachbarte Kontrollpunkte im Verhältnis $1:1$ zu mitteln, siehe Beispiel 11.17.

Beispiel 11.17 (De Casteljau-Algorithmus)

Durch die vier Kontrollpunkte

$$\boldsymbol{b}_0 = \begin{pmatrix} 5 \\ 1 \end{pmatrix}, \ \boldsymbol{b}_1 = \begin{pmatrix} 1 \\ 3 \end{pmatrix}, \ \boldsymbol{b}_2 = \begin{pmatrix} 3 \\ 5 \end{pmatrix}, \ \boldsymbol{b}_3 = \begin{pmatrix} 7 \\ 3 \end{pmatrix}$$

wird eine Bézier-Kurve $\boldsymbol{c}(t)$ vom Grad 3 definiert. Den Kurvenpunkt zum Parameterwert $t = \frac{1}{2}$ kann man konstruktiv ermitteln. Dazu bestimmt man die Mittelpunkte der Kanten des Kontrollpolygons $\boldsymbol{b}_{01}$, $\boldsymbol{b}_{12}$ und $\boldsymbol{b}_{23}$. Bei den beiden Verbindungskanten dieser Mittelpunkte bestimmt man wieder die Mittelpunkte $\boldsymbol{b}_{012}$ und $\boldsymbol{b}_{123}$. Der Mittelpunkt zwischen den Punkten $\boldsymbol{b}_{012}$ und $\boldsymbol{b}_{123}$ ist der Kurvenpunkt $\boldsymbol{c}\left(\frac{1}{2}\right)$.

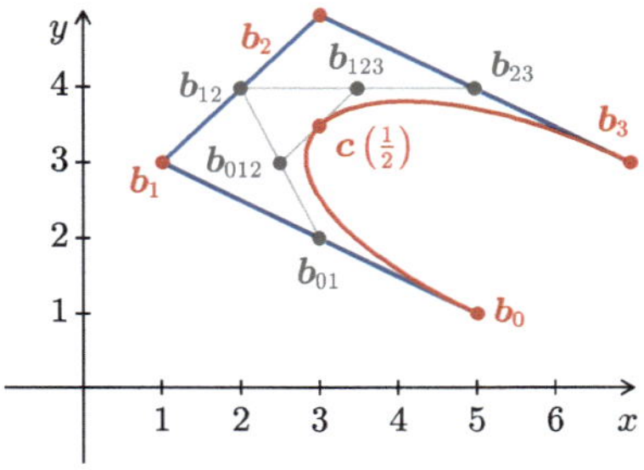

■

11.7 Anwendungen

Kurven sind in der Anwendung sehr vielseitig. Im Grunde ist bei allen Dingen, die nicht ausschließlich geradlinig sind, in irgendeiner Form die Kurventheorie mit im Spiel. Ein klassisches Beispiel ist etwa die Bahnkurve eines Roboters. Die Kurve kann so festgelegt werden, dass sie zeitoptimal, energieoptimal oder weglängenoptimal ist. Wir greifen hier exemplarisch ein paar Anwendungen aus der Mechanik und dem Straßenbau heraus.

11.7.1 Mechanik

In der klassischen Mechanik treten Kurven häufig auf. Insbesondere lassen sich Bahnkurven von bewegten Objekten sehr gut mit Kurven beschreiben. Diese Kurven verlaufen sowohl in Ebenen als auch dreidimensional im Raum.

Beispiel 11.18 (Wurfparabel)

Ein Körper wird aus der Höhe h über dem Boden gemessen unter dem Winkel α geworfen. Die Geschwindigkeit hat den Betrag v_0. Der Winkel α wird gegen die Horizontale gemessen. Wir bestimmen die Flugbahn in Abhängigkeit der Zeit. Dazu wählen wir das Koordinatensystem so, dass der Abwurfpunkt den x-Wert 0 und den y-Wert h hat.

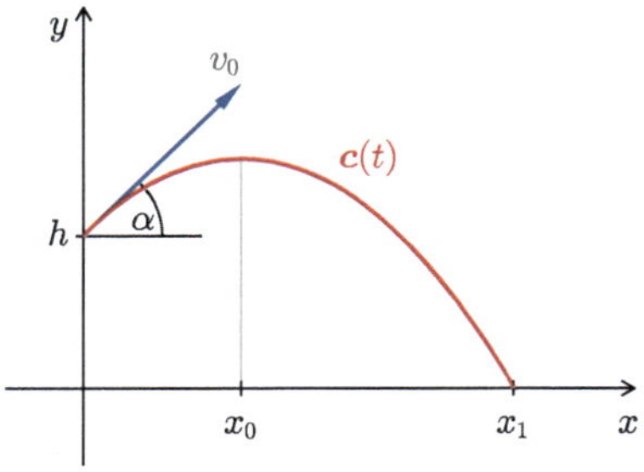

Wir erhalten für $t \in [0, t_1]$ die Darstellung

$$\boldsymbol{c}(t) = \begin{pmatrix} x(t) \\ y(t) \end{pmatrix} = \begin{pmatrix} t\, v_0 \, \cos\alpha \\ t\, v_0 \, \sin\alpha - \frac{1}{2}\, g\, t^2 + h \end{pmatrix}.$$

Die Konstante $g \approx 9.81 \, \frac{\text{m}}{\text{s}^2}$ ist die Erdbeschleunigung. Der Parameterwert t_1 bezeichnet die Flugdauer, er berechnet sich aus der Gleichung

$$t_1\, v_0 \, \sin\alpha - \frac{1}{2}\, g\, t_1^2 + h = 0.$$

Mithilfe der Parameterelimination

$$t = \frac{x}{v_0 \, \cos\alpha} \quad \Longrightarrow \quad y = h + (\tan\alpha)\, x - \frac{g}{2 v_0^2 \cos^2\alpha}\, x^2$$

lässt sich die Kurve auch in Form einer Parabel darstellen. ▪

Beispiel 11.19 (Zykloide)

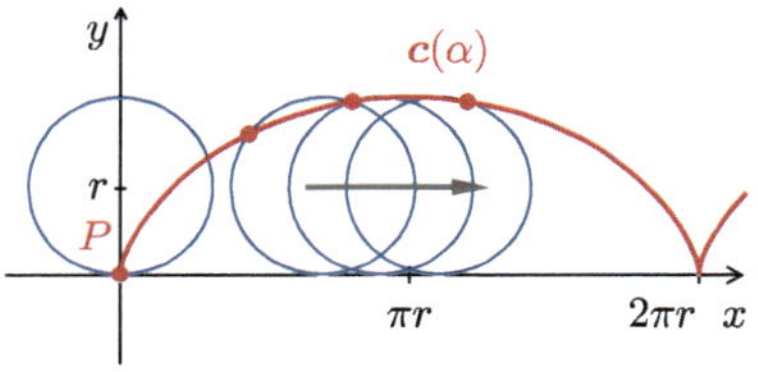

Auf einer Kreisscheibe mit Radius r befindet sich im Abstand a vom Mittelpunkt ein exzentrischer Punkt P. Welche Bahnkurve beschreibt P, wenn wir die Scheibe horizontal abrollen? Als Parameter der Bahnkurve wählen wir den Drehwinkel α:

$$\boldsymbol{c}(\alpha) = \begin{pmatrix} x(\alpha) \\ y(\alpha) \end{pmatrix} = \begin{pmatrix} r\,\alpha - a\, \sin\alpha \\ r \quad - a\, \cos\alpha \end{pmatrix}.$$

Man kann die Gesamtbewegung von P in die Bewegung des Mittelpunkts der Scheibe und die Bewegung des exzentrischen Punkts relativ zum Mittelpunkt zerlegen. Die Koordinatenfunktionen $x(\alpha)$ und $y(\alpha)$ enthalten eine translatorische und eine rotatorische Komponente. Ist $a = r$, liegt der exzentrische Punkt P also auf dem Kreisscheibenrand, so heißt die Zykloide gewöhnlich. Ist $a < r$, so nennt man die Zykloide gestreckt, ist $a > r$, so nennt man die Zykloide verschlungen. Eine gewöhnliche Zykloide hat wegen

$$x'(2\pi\, n) = r - r = 0, \quad y'(2\pi\, n) = 0, \quad n \in \mathbb{N}_0$$

an den Stellen $\alpha = 2\pi n$ einen singulären Punkt, genauer einen Umkehrpunkt. Wegen

$$\lim_{\alpha \to 2\pi n} m(\alpha) = \lim_{\alpha \to 2\pi n} \frac{y'(\alpha)}{x'(\alpha)} = \lim_{\alpha \to 2\pi n} \frac{a\, \sin\alpha}{r - a\, \cos\alpha} = \lim_{\alpha \to 2\pi n} \frac{\cos\alpha}{\sin\alpha} = \pm\infty$$

hat die Kurve an diesen Stellen eine senkrechte Tangente. ▪

11.7.2 Straßenbau

Keine Straße verläuft ewig geradeaus. So spielen Kurven bei der Trassierung von Straßen eine wichtige Rolle. Früher hat man bei der Straßenplanung viele Kurvenlineale mit unterschiedlichen Krümmungen für die Zeichnung der Pläne eingesetzt. Diese Utensilien sind heutzutage nicht mehr notwendig. Mit dem Computer lassen sich für den Anwender auf einfache Weise verschiedene Fahrbahnsegmente zusammensetzen. Hinter den Benutzeroberflächen verbirgt sich jedoch jede Menge interessante Mathematik.

Straßen werden, soweit es die baulichen Gegebenheiten erlauben, so angelegt, dass sie möglichst sicher und komfortabel befahren werden können. Dazu fordert man insbesondere, dass der Lenkwinkel nicht sprunghaft geändert werden muss, um dem Straßenverlauf zu folgen. Dies hat auch einen Komfortaspekt, denn der Lenkwinkel und die Querbeschleunigung sind fahrdynamisch näherungsweise proportional. Man möchte also Unstetigkeiten in der Querbeschleunigung vermeiden.

Beispiel 11.20 (Klothoide)

Zwei Geradenstücke im $90°$-Winkel sollen miteinander verbunden werden. Eine Lösung mit einem Kreisbogen mit Radius r hat den Nachteil, dass die Kurve an den Nahtstellen zwischen Geraden und Kreisbogen einen Krümmungssprung besitzt. Besser ist der Ansatz mit einer Klothoide:

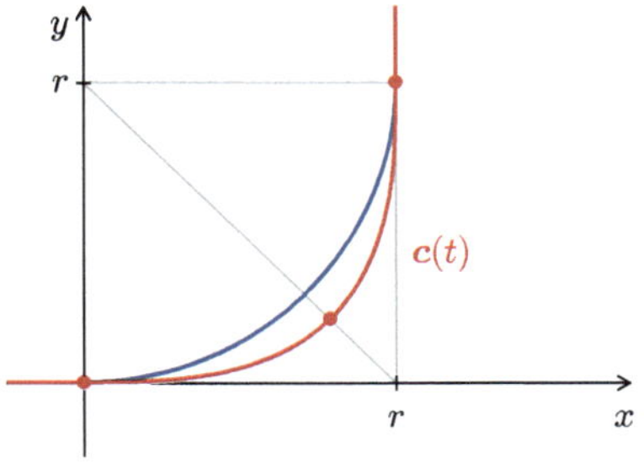

$$\boldsymbol{c}(t) = \begin{pmatrix} x(t) \\ y(t) \end{pmatrix} = \begin{pmatrix} a\sqrt{\pi} \displaystyle\int_0^t \cos\left(\frac{\pi\,\tau^2}{2}\right) \mathrm{d}\tau \\ a\sqrt{\pi} \displaystyle\int_0^t \sin\left(\frac{\pi\,\tau^2}{2}\right) \mathrm{d}\tau \end{pmatrix}.$$

Dabei ist a ein Parameter, der die Stärke der Krümmungsänderung beschreibt. Die Integranden besitzen zwar Stammfunktionen, diese sind aber nicht elementar darstellbar, siehe Abschnitt 9.3. Setzt man für die Klothoide die Formel für die Krümmung aus Definition 11.11 und die Formel für die Bogenlänge aus Definition 11.13 an, so folgt

$$\kappa = \frac{\sqrt{\pi}}{a}\,t, \quad s = a\sqrt{\pi}\,t \quad \Longrightarrow \quad \kappa = \frac{1}{a^2}\,s.$$

Die Krümmung κ ist proportional zur Bogenlänge s. Durchfährt man eine Klothoide mit konstanter Geschwindigkeit, so muss man den Lenkwinkel proportional zur Zeit ändern. Für das gesuchte Verbindungsstück zwischen den Geraden setzen wir also zwei Klothoidenbögen ein. Diese beiden Bögen sind symmetrisch zur Geraden $r - x$. Wir betrachten nun nur den einen Bogen, der am Anfang eine waagrechte Tangente hat. Wir bestimmen den Parameterendwert t_1 und der Kurvenparameter a so, dass die Kurve insgesamt ansatzfrei ist. Dazu bilden wir mithilfe des Hauptsatzes der Differenzial- und Integralrechnung, siehe Satz 9.1, den Tangentenvektor

$$\boldsymbol{c}'(t) = \begin{pmatrix} x'(t) \\ y'(t) \end{pmatrix} = \begin{pmatrix} a\sqrt{\pi}\cos\left(\dfrac{\pi t^2}{2}\right) \\ a\sqrt{\pi}\sin\left(\dfrac{\pi t^2}{2}\right) \end{pmatrix}$$

und fordern, dass dieser am Endpunkt t_1 den Winkel $45°$ besitzt. Dazu muss der Sinuswert mit dem Kosinuswert übereinstimmen. Wir erhalten $t_1 = \frac{1}{2}\sqrt{2}$. Weiterhin besteht die Bedingung, dass am Endpunkt des Kurvenbogens die Summe aus x-Wert und y-Wert gerade r ergeben muss:

$$x(t_1) + y(t_1) = r \quad \Longrightarrow \quad a = \frac{r}{\sqrt{\pi}\,I} \text{ mit } I = \int_0^{t_1} \left(\cos\left(\frac{\pi\,\tau^2}{2}\right) + \sin\left(\frac{\pi\,\tau^2}{2}\right)\right) \mathrm{d}\tau.$$

Damit sind also sowohl t_1 als auch a bestimmt. ■

11.8 Aufgaben

11.8.1 Verständnis und Kompetenz

Aufgabe 11.1 (Geraden) ★★

Geben Sie eine Gleichung der Geraden g an, die durch die beiden Punkte $P(1|1)$ und $Q(2|3)$ geht? Unter welchem Winkel schneidet g die x-Achse? Welche Gleichung hat die Gerade, die auf g senkrecht steht und durch den Ursprung geht? Berechnen Sie den Abstand der Geraden g zum Ursprung.

Aufgabe 11.2 (Kreis) ★★

Wie lautet die Gleichung des Kreises mit dem Mittelpunkt $(-2|1)$, der durch den Punkt $(1|-1)$ geht? Geben Sie eine Parameterdarstellung an.

Aufgabe 11.3 (Ellipse) ★★

Eine Ellipse soll die vier Geraden $x = -2$, $x = 4$, $y = 1$ und $y = 3$ berühren. Wie lautet ihre Gleichung? Geben Sie eine Parameterdarstellung an.

Aufgabe 11.4 (Hyperbel) ★★★

Von einer Hyperbel kennt man die Asymptoten $y = \pm\frac{2}{3}x$ und den Punkt $P(2|1)$. Wie lautet ihre Gleichung? Geben Sie eine Parameterdarstellung an.

Aufgabe 11.5 (Schaubilder von Kurven) ★★★

Welche Parameterdarstellung passt zu der abgebildeten Kurve? Bestimmen Sie den Parameter t_1 für den Endpunkt und skizzieren Sie die restlichen Kurven.

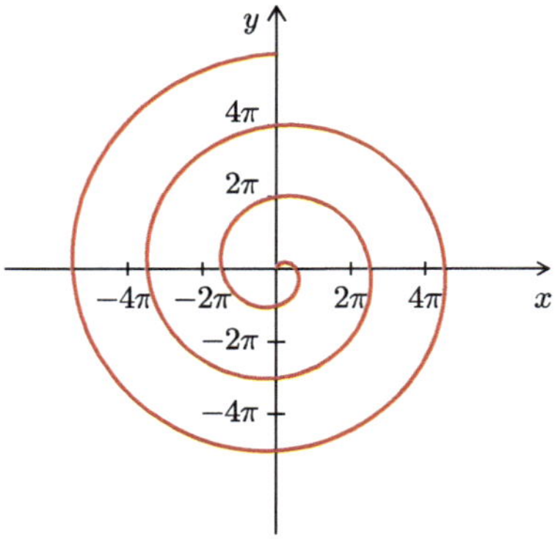

a) $\boldsymbol{c_1}(t) = \begin{pmatrix} t\cos t \\ t\sin t \end{pmatrix}, \quad t \in [0, t_1]$

b) $\boldsymbol{c_2}(t) = \begin{pmatrix} t\sin t \\ t\cos t \end{pmatrix}, \quad t \in [0, t_1]$

c) $\boldsymbol{c_3}(t) = \begin{pmatrix} t^2\sin t \\ t^2\cos t \end{pmatrix}, \quad t \in [0, t_1]$

d) $\boldsymbol{c_4}(t) = \begin{pmatrix} t\sin t \\ t^2\cos t \end{pmatrix}, \quad t \in [0, t_1]$

Aufgabe 11.6 (Darstellung mit Bernstein-Polynomen) ★★★★

Stellen Sie das Polynom $p(t) = -1 + t + t^2$ als Summe von Bernstein-Polynomen dar.

Aufgabe 11.7 (Maximum der Bernstein-Polynome) ★★★★★

Zeigen Sie, dass das k-te Bernstein-Polynom vom Grad n ein Maximum für $t = \frac{k}{n}$ hat:

$$B_k^n(t) = \binom{n}{k}\, t^k\,(1-t)^{n-k}\,.$$

11.8.2 Rechnung und Training

Aufgabe 11.8 (Skizzen von Kurven) ★★★

Skizzieren Sie die folgenden Kurven. Um welchen Kurventyp handelt es sich jeweils?

a) $\boldsymbol{c_1}(t) = \begin{pmatrix} 1-t \\ t^2-1 \end{pmatrix}, \quad t \in \mathbb{R}$

b) $\boldsymbol{c_2}(t) = \begin{pmatrix} t^2 \\ -t^2 \end{pmatrix}, \quad t \in \mathbb{R}$

c) $\boldsymbol{c_3}(t) = \begin{pmatrix} 4\sqrt{t} \\ 4\sqrt{1-t} \end{pmatrix}, \quad t \in [0,1]$

d) $\boldsymbol{c_4}(t) = \begin{pmatrix} 1+2\cos t \\ -2+\sin t \end{pmatrix}, \quad t \in [0,2\pi]$

Aufgabe 11.9 (Krümmungskreis einer Kurve) ★★★★

Die Kurve mit der Parameterdarstellung

$$\boldsymbol{c}(t) = \begin{pmatrix} t \\ t^2 \end{pmatrix}$$

geht für den Parameterwert $t = 1$ durch den Punkt $(1\,|\,1)$. Bestimmen Sie die Tangente im Kurvenpunkt $(1\,|\,1)$. Welche Krümmung hat die Kurve im Kurvenpunkt $(1\,|\,1)$? Bestimmen Sie den Mittelpunkt des Krümmungskreises zu diesem Kurvenpunkt.

Aufgabe 11.10 (Implizite Kurven) ★★★

Die Kurven seien als Schnittkurven der Fläche $z = f(x,y) = x^2 - y^2 + 2$ mit folgenden Ebenen definiert. Bestimmen Sie die Kurventypen und skizzieren Sie die Schnittkurven.

a) $E_1 : x = 1$ b) $E_2 : y = 1$ c) $E_3 : z = 2$ d) $E_4 : x + y + z = 1$

Aufgabe 11.11 (Bézier-Kurve vom Grad 2) ★★★

Eine ebene Kurve $\boldsymbol{c}$ besitzt die Parameterdarstellung

$$\boldsymbol{c}(t) = (1-t)^2 \begin{pmatrix} 1 \\ 0 \end{pmatrix} + 2(1-t)\,t \begin{pmatrix} 3 \\ 3 \end{pmatrix} + t^2 \begin{pmatrix} 5 \\ 1 \end{pmatrix}, \quad t \in [0,1].$$

a) Wo liegen Anfangs- und Endpunkt der Kurve?

b) Bestimmen Sie den Tangentenvektor im Anfangs- und Endpunkt der Kurve.

c) Skizzieren Sie die Kurve.

d) Wo schneidet die Kurve die Gerade durch die Punkte $P(0\,|\,2)$ und $Q(2\,|\,0)$?

Aufgabe 11.12 (Bézier-Kurve vom Grad 3) ★★★★

Eine Bezier-Kurve $\boldsymbol{c}$ vom Grad 3 hat die Kontrollpunkte

$$\boldsymbol{b}_0 = \begin{pmatrix} 0 \\ 0 \end{pmatrix}, \quad \boldsymbol{b}_1 = \begin{pmatrix} 3 \\ 8 \end{pmatrix}, \quad \boldsymbol{b}_2 = \begin{pmatrix} 6 \\ 8 \end{pmatrix}, \quad \boldsymbol{b}_3 = \begin{pmatrix} 9 \\ 0 \end{pmatrix}.$$

a) Skizzieren Sie das Kontrollpolygon.

b) Bestimmen Sie $\boldsymbol{c}\left(\frac{1}{2}\right)$ mithilfe des de Casteljau-Algorithmus zeichnerisch.

c) Bestimmen Sie die Tangentenvektoren im Anfangs- und Endpunkt der Kurve.

d) Skizzieren Sie den Verlauf der Kurve.

Aufgabe 11.13 (Kegelschnitte) ★★★

Bestimmen Sie die Art der Kurve (Kreis, Ellipse, Hyperbel, Parabel) und ihre charakteristischen Kenngrößen (Mittelpunkt, Radius, Halbachsen, Scheitel, Asymptoten). Geben Sie für jede Kurve eine Parameterdarstellung an.

a) $9x^2 - 16\,y^2 - 36\,x - 128\,y - 364 = 0$

b) $x^2 - 3\,y^2 + 2\,x + 18\,y - 14 = 0$

c) $2\,x^2 + 5\,y^2 - 12\,x + 10\,y + 13 = 0$

d) $x^2 + 2\,x - 10\,y + 6 = 0$

e) $4\,x^2 - y^2 - 8\,x + 6\,y - 5 = 0$

f) $x^2 + y^2 - 2\,x + 4\,y + 5 = 0$

11.8.3 Anwendung

Aufgabe 11.14 (Kerze) ★★

Eine Kerze steht mittig auf dem Boden eines Bechers. Welche Art von Kurve berandet den Schatten, der an einer senkrechten Wand entsteht? Ändert sich die Kurvenart des Schattenrands bei schrägen Wänden?

Aufgabe 11.15 (Teststrecke) ★★★

Eine Hochgeschwindigkeitsteststrecke hat eine elliptische Form mit den Halbachsen $a = 150\ \mathrm{m}$ und $b = 100\ \mathrm{m}$. Zur drahtlosen Messdatenübertragung werden in den Brennpunkten der Ellipse Funkstationen vorgesehen. Wie groß muss die Reichweite des Funksystems sein, damit ein Testfahrzeug stets Funkkontakt zu beiden Stationen hat?

Aufgabe 11.16 (Scheinwerfer) ★★★

Der Scheinwerfer eines Sportwagens hat die Form eines Rotationsparaboloids mit einem Durchmesser von $8\ \mathrm{cm}$ und einer Tiefe von $6\ \mathrm{cm}$. Wie lautet die Gleichung der Schnittparabel, wenn die Rotationsachse die x-Achse ist, der Brennpunkt im Ursprung liegt und die Parabel nach rechts geöffnet ist?

Aufgabe 11.17 (Gierrate und Testfahrt) ★★★★

Ein Gierratensensor im Fahrzeug misst die Rotationsbewegung des Fahrzeugs um seine vertikale Achse, also die Drehbewegung des Fahrzeugs. Die Messdaten einer Testfahrt enthalten eine konstante Gierrate $\varphi'(t) = c = 0.3\ \frac{1}{\mathrm{s}}$ und eine konstante Fahrzeuggeschwindigkeit $w = 15\ \frac{\mathrm{m}}{\mathrm{s}}$. Das Fahrzeug befindet sich zu Beginn der Messung im Ursprung des x-y-Koordinatensystems mit Fahrtrichtung in Richtung der y-Achse. Ermitteln Sie aus der Gierrate und der Fahrzeuggeschwindigkeit die Bewegung des Fahrzeugs in der x-y-Ebene in folgenden Schritten:

a) Bestimmen Sie den Gierwinkel $\varphi(t)$ des Fahrzeugs in der x-y-Ebene.

b) Bestimmen Sie die Geschwindigkeit $\boldsymbol{v}(t) = \begin{pmatrix} v_x(t) \\ v_y(t) \end{pmatrix} = \begin{pmatrix} w\cos\varphi(t) \\ w\sin\varphi(t) \end{pmatrix}$.

c) Bestimmen Sie die Position $\boldsymbol{s}(t) = \begin{pmatrix} s_x(t) \\ s_y(t) \end{pmatrix} = \begin{pmatrix} \int_0^t v_x(\tau)d\tau \\ \int_0^t v_y(\tau)d\tau \end{pmatrix}$.

d) Skizzieren Sie $\boldsymbol{s}(t)$ in der x-y-Ebene.

12 Funktionen mit mehreren Variablen

Bislang haben wir ausschließlich Funktionen betrachtet, die von einer unabhängigen Variablen abhängen. In Anwendungen treten aber häufig Funktionszusammenhänge auf, bei denen der Funktionswert etwa von der Zeit und vom Ort abhängt. Deshalb erweitern wir den Funktionsbegriff auf mehrere unabhängige Variable. Je nach Art der Problemstellung hat man so zwei, drei oder noch mehr unabhängige Variable. Wir werden in diesem Kapitel im Wesentlichen Funktionen mit zwei Variablen untersuchen. Die Verallgemeinerung von zwei auf drei und mehr Variable ist an den meisten Stellen ohne neue Gedanken durchführbar.

12.1 Definition und Darstellung

In diesem Abschnitt klären wir, wie man Funktionen mit mehreren Variablen formal definiert. Außerdem erläutern wir Methoden zur grafischen Darstellung. Dazu betrachten wir einfache Beispiele von Funktionen mit zwei Variablen.

12.1.1 Definition einer Funktion mit mehreren Variablen

Bei Funktionen mit mehreren Variablen ist die Definitionsmenge eine Teilmenge des entsprechenden Raumes. So liegt die Definitionsmenge einer Funktion mit zwei Variablen in der Ebene. Jedem Punkt dieser Definitionsmenge in der Ebene wird dann durch die Funktion ein Funktionswert zugeordnet.

Definition 12.1 (Funktion mit zwei Variablen)
Unter einer Funktion f mit zwei Variablen versteht man eine Abbildung, die jedem Zahlenpaar (x, y) aus einer Definitionsmenge $D \subseteq \mathbb{R}^2$ genau eine reelle Zahl z aus einer Zielmenge W zuordnet:

$$(x, y) \mapsto z = f(x, y), \quad (x, y) \in D.$$

Für drei und mehr unabhängige Variable sind die Schreibweisen

$$f(x, y, z), \quad f(x_1, x_2, x_3, \dots, x_n), \quad f(\boldsymbol{x})$$

gebräuchlich. Dabei bezeichnet $\boldsymbol{x} = (x_1, x_2, x_3, \dots, x_n)$ einen Vektor.

12.1.2 Schaubild einer Funktion mit mehreren Variablen

Das Schaubild von Funktionen mit einer Variablen kann man in der Ebene darstellen. Zur Visualisierung von Funktionen mit zwei Variablen benötigt man eine weitere Dimension. Funktionsschaubilder sind nun Flächen im dreidimensionalen Raum. Hier wird deutlich, dass die grafische Darstellung von Funktionen mit drei und mehr Variablen mindestens einen vierdimensionalen Raum erfordert, was jedoch die menschliche Vorstellungskraft vor große Herausforderungen stellt.

Merke 12.1 (Schaubild)

Das Schaubild einer Funktion

$$z = f(x, y)$$

ist eine Fläche im Raum. Dabei gibt es zu jedem Punkt (x_0, y_0) der Definitionsmenge D genau einen Punkt $z_0 = f(x_0, y_0)$ auf der Fläche.

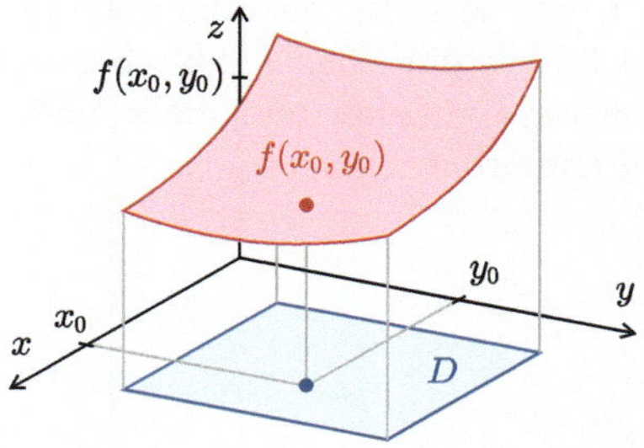

Durch Visualisierungssoftware lassen sich selbst komplexe Funktionen mit zwei Veränderlichen ansprechend darstellen. Zur Erzeugung möglichst realistischer Bilder verwendet man dabei unterschiedliche Methoden der Computergrafik.

Beispiel 12.1 (Peaks)

Die Funktion

$$\begin{aligned} f(x,y) &= (1+x)^2\,\mathrm{e}^{-x^2-(1-y)^2} \\ &- 3(x^3+y^5-x)\,\mathrm{e}^{-x^2-y^2} \\ &- \mathrm{e}^{-(1-x)^2-y^2} \end{aligned}$$

beschreibt eine Fläche im Raum, die aus mehreren e-Funktionen zusammengesetzt ist. Alle beteiligten e-Funktionen haben negative Exponenten, sodass die Funktionswerte mit zunehmender Entfernung der x-Werte und y-Werte vom Ursprung schnell gegen null gehen.

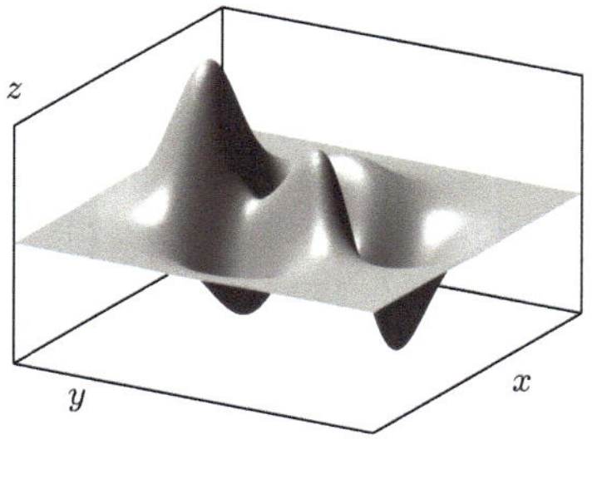

12.1.3 Schnittkurven mit Ebenen und Höhenlinien

Um einen Eindruck vom Verlauf einer Fläche zu bekommen, kann man Schnitte durch das Funktionsschaubild legen. In einer Schnittebene wird die Fläche auf eine Kurve reduziert. Man erhält also ein zweidimensionales Schaubild, wie wir es bereits von Funktionen mit einer Variablen kennen.

Am einfachsten sind vertikale und horizontale Schnitte zu realisieren. Durch Festhalten der Größen $x = x_0$, $y = y_0$ oder $z = z_0$ erhält man Schnittkurven, die parallel zur y-z-Ebene, zur x-z-Ebene oder zur x-y-Ebene verlaufen. Spezielle Schnittkurven erhält man für $x_0 = 0$, $y_0 = 0$ oder $z_0 = 0$. Dann gehen die Schnittebenen durch den Ursprung.

Merke 12.2 (Schnitte mit Ebenen parallel zur y-z-Ebene)

Schneidet man das Schaubild einer Funktion mit zwei Variablen $z = f(x, y)$ mit der Ebene $x = x_0$, so erhält man die Funktionsgleichung der Schnittkurve

$$z = g(y) = f(x_0, y)$$

durch Einsetzen des festen Wertes $x = x_0$ in die Funktion f. Dabei liegt die Schnittkurve in einer Ebene, die parallel zur y-z-Ebene verläuft.

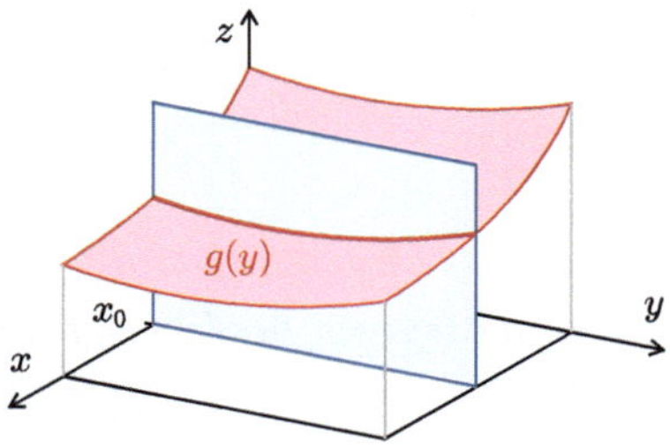

Beispiel 12.2 (Peaks geschnitten mit y-z-Ebene)

Die Schnittkurve der Funktion aus Beispiel 12.1 mit der y-z-Ebene erhalten wir durch Einsetzen von $x = 0$ in die Funktionsgleichung

$$g(y) = \mathrm{e}^{-(1-y)^2} - 3y^5\,\mathrm{e}^{-y^2} - \mathrm{e}^{-1-y^2}.$$

Dadurch ergibt sich eine Funktion $g(y)$, die nur von der Variablen y abhängt. Die Schnittkurve ist also eine Funktion mit nur einer Variablen. So, wie wir sie in Kapitel 6 kennen gelernt haben.

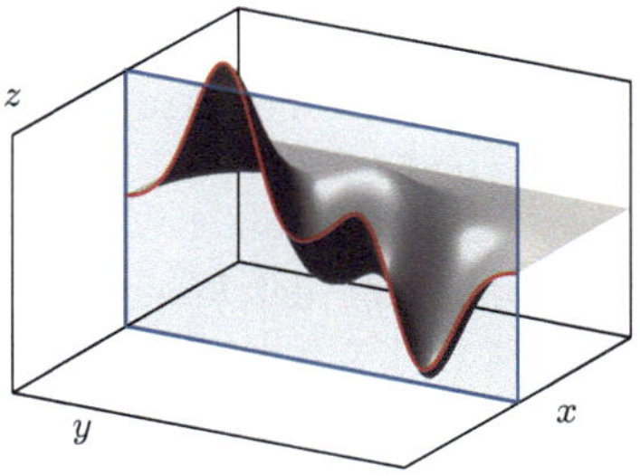

■

Schnittkurven mit Ebenen parallel zur y-z-Ebene oder zur x-z-Ebene einer Funktion mit zwei Variablen lassen sich problemlos durch Einsetzen entsprechender Werte ermitteln. Die Schnittkurven sind Schaubilder von Funktionen in der jeweiligen Schnittebene.

Merke 12.3 (Schnitte mit Ebenen parallel zur x-z-Ebene)

Schneidet man das Schaubild einer Funktion mit zwei Variablen $z = f(x, y)$ mit der Ebene $y = y_0$, so erhält man die Funktionsgleichung der Schnittkurve

$$z = g(x) = f(x, y_0)$$

durch Einsetzen des festen Wertes $y = y_0$ in die Funktion f. Dabei liegt die Schnittkurve in einer Ebene, die parallel zur x-z-Ebene verläuft.

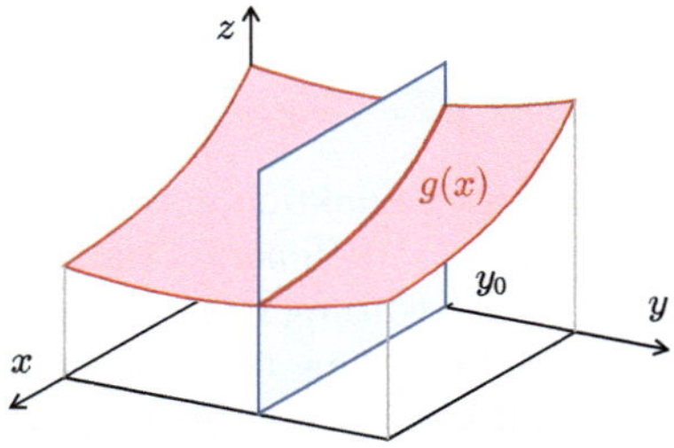

Beispiel 12.3 (Peaks geschnitten mit x-z-Ebene)

Die Schnittkurve der Funktion aus Beispiel 12.1 mit der x-z-Ebene erhalten wir durch Einsetzen von $y = 0$ in die Funktionsgleichung

$$g(x) = (1+x)^2 e^{-x^2-1} - 3(x^3-x)e^{-x^2} - e^{-(1-x)^2}.$$

Die entstehende Funktion $g(x)$ hängt nur von der Variablen x ab. Auch diese Schnittkurve ist eine Funktion mit nur einer Variablen.

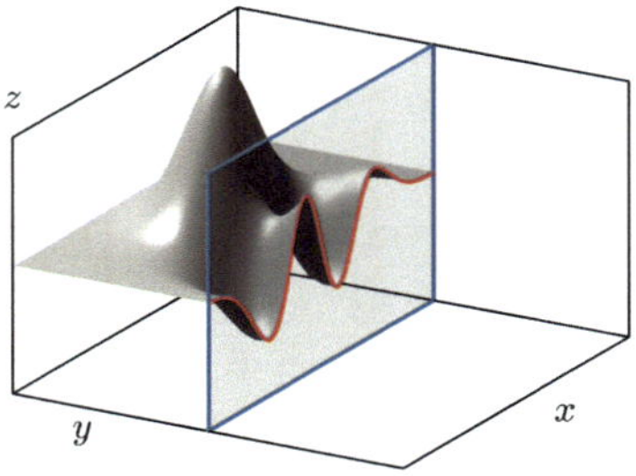

Definition 12.2 (Höhenlinien)

Die Schnittkurven der Ebenen $z = z_0$, die parallel zur x-y-Ebene verlaufen, mit dem Schaubild der Funktion $z = f(x, y)$ nennt man Höhenlinien, Konturlinien oder Niveaulinien.

Während die Schnittkurven für $x = x_0$ und $y = y_0$ Kurven in expliziter Form ergeben, ist die Situation bei Schnittkurven für $z = z_0$ anders. Hier entstehen Kurven in impliziter Darstellung. Dies erschwert in der Regel das Erstellen einer Grafik mit x-y-Schnittkurven. Anschaulich kann man sich die Niveaulinien als Höhenlinien eines Gebirges vorstellen. Bei Landkarten bezeichnet man Höhenlinien als Isohypsen.

Merke 12.4 (Höhenlinien)

Die Höhenlinien der Funktion $z = f(x, y)$ zum Niveau $z = z_0$, erfüllen die implizite Gleichung

$$z_0 = f(x, y).$$

Entlang einer Höhenlinie hat die Funktion f den konstanten Wert z_0. Höhenlinien zu unterschiedlichen Niveauwerten z_0 schneiden sich nicht.

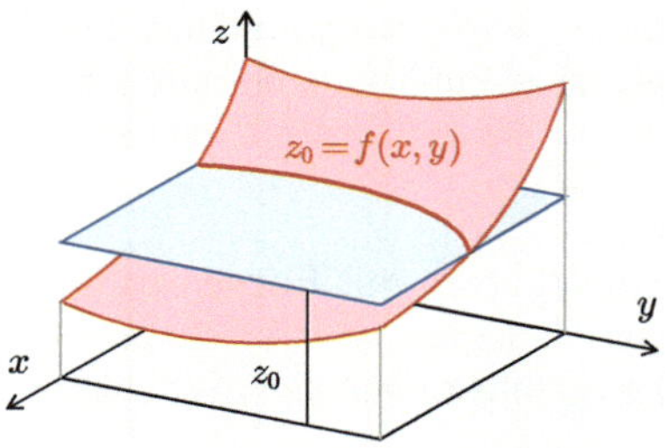

Beispiel 12.4 (Ebene)

Die Funktion

$$f(x, y) = -\frac{1}{5}x + \frac{1}{3}y$$

ist eine lineare Funktion in x und y. Die Funktion ist auf ganz $\mathbb{R}^2$ definiert. Das Schaubild ist eine Ebene. In x-Richtung nehmen die Funktionswerte ab und in y-Richtung nehmen sie zu. Alle Schnittkurven mit Ebenen sind Geraden. Die Höhenlinien sind ebenfalls Geraden.

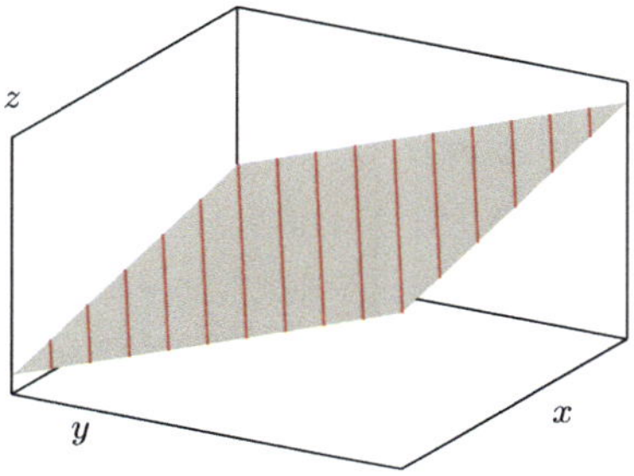

Beispiel 12.5 (Hyperbolisches Paraboloid)

Das Schaubild der Funktion

$$f(x,y) = -\frac{1}{4}\,x\,y$$

besteht aus einem sogenannten hyperbolischen Paraboloid. Die Schnittkurven für $x = x_0$ und $y = y_0$ sind Geraden. Höhenlinien haben die Form $z_0 = -\frac{1}{4}\,x\,y$, sie sind also rechtwinklige Hyperbeln.

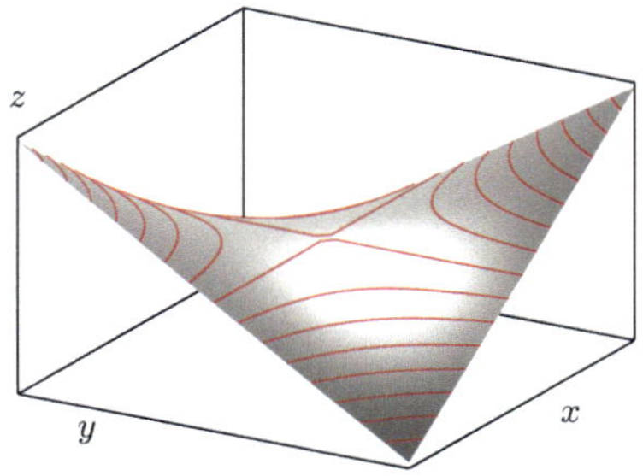

Beispiel 12.6 (Zusammengesetzte Exponentialfunktion)

Die Funktion

$$f(x,y) = -4\,x\,\mathrm{e}^{-(x^2+y^2)}$$

entsteht im Wesentlichen durch Multiplikation der Variablen x mit einer Exponentialfunktion. Je weiter man sich vom Ursprung entfernt, desto kleiner werden die Funktionswerte. Für betraglich große x-Werte und y-Werte strebt die Funktion gegen null.

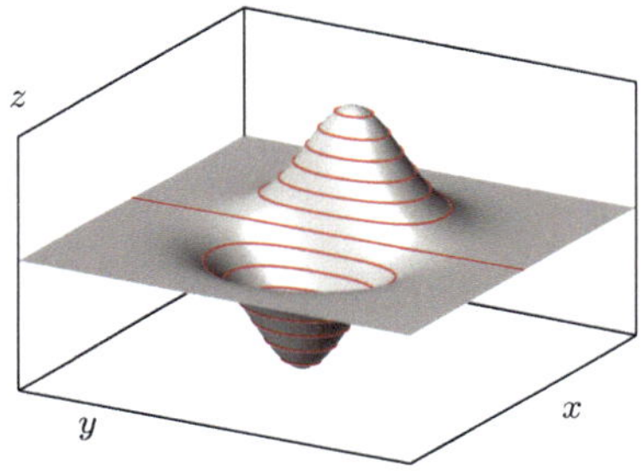

Rotationssymmetrische Funktionen sind Funktionen, bei denen der Funktionswert $f(x,y)$ nur vom Radius $r = \sqrt{x^2 + y^2}$ abhängt. Die unabhängigen Variablen treten also nur in der Form $x^2 + y^2$ auf. Die Schaubilder solcher Funktionen sind rotationssymmetrisch bezüglich der z-Achse. Die Höhenlinien von Rotationsflächen sind konzentrische Kreise.

Beispiel 12.7 (Halbkugel)

Das Schaubild der Funktion

$$f(x,y) = \sqrt{16 - x^2 - y^2}$$

stellt die obere Hälfte der Kugel mit Radius 4 und Mittelpunkt im Ursprung dar, f ist rotationssymmetrisch. Definitions- und Wertemenge sind

$$D = \{(x,y)\,|\,x^2 + y^2 \leq 16\}, \quad W = [0,4].$$

Die Schnittkurven für $x_0 = 0$ und $y_0 = 0$ sind

$$g_1(y) = \sqrt{16 - y^2}, \quad g_2(x) = \sqrt{16 - x^2},$$

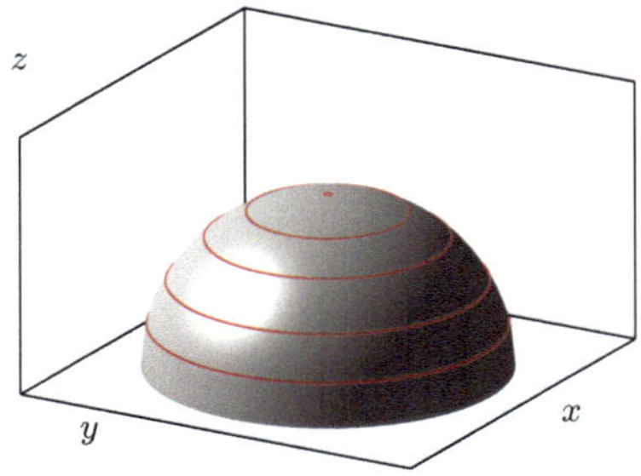

also Halbkreise um den Ursprung mit Radius 4. Die Höhenlinien sind durch die Gleichung

$$x^2 + y^2 = 16 - z_0^2\,, \quad 0 \leq z_0 \leq 4$$

festgelegt. Dies sind konzentrische Kreise mit Radius $r = \sqrt{16 - z_0^2}$, deren Mittelpunkte im Abstand z_0 zum Ursprung auf der z-Achse liegen. Für $z_0 = 4$ entartet der Kreis zu einem Punkt.

Merke 12.5 (Höhenlinien von Rotationsflächen)
Die Höhenlinien von Rotationsflächen sind konzentrische Kreise um den Ursprung.

Beispiel 12.8 (Sombrero)
Die Funktion

$$f(x, y) = \frac{\sin\left(x^2 + y^2\right)}{x^2 + y^2}$$

besteht aus einem rotationssymmetrischen Sinus, dessen Amplitude mit dem Radius abnimmt. Das Schaubild hat die Gestalt eines Sombreros. Die Funktion kann mit dem Wert 1 stetig in den Ursprung fortgesetzt werden.

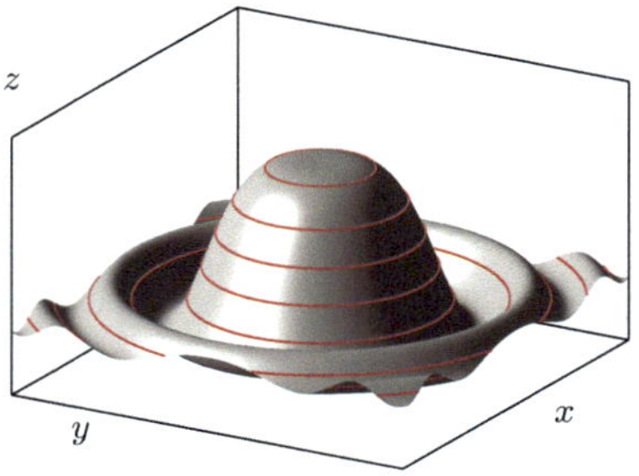

12.2 Grenzwert und Stetigkeit

Analog zu Funktionen mit einer Variablen gibt es auch bei Funktionen mit mehreren Variablen den Begriff der Stetigkeit. Man muss allerdings gleich erwähnen, dass die Situation hier etwas komplizierter ist. Im Eindimensionalen lautet die anschauliche Definition der Stetigkeit: Eine Funktion ist stetig, wenn man ihr Schaubild ohne abzusetzen zeichnen kann. Diese anschauliche Definition lässt sich nicht ohne Weiteres auf zwei Variablen erweitern.

12.2.1 Grenzwert einer Funktion mit mehreren Variablen

Wir werden im zweidimensionalen Raum keine exakten Definitionen für Folgen und Grenzwerte einführen. Stattdessen beschreiben wir anschaulich, was der Grenzwert

$$\lim_{(x,y)\to(x_0,y_0)} f(x, y)$$

bedeutet. Der Grenzwert existiert genau dann, wenn bei jeder beliebigen Annäherung an die Stelle (x_0, y_0) die Folge der Funktionswerte gegen denselben Grenzwert konvergiert. Dabei müssen wir beachten, dass die Annäherung aus jeder Richtung der x-y-Ebene geschehen kann. Es müssen also viel mehr Möglichkeiten als im Fall einer Variablen geprüft werden.

Ist eine Funktion mit drei Variablen gegeben, so definiert man den Funktionsgrenzwert entsprechend mithilfe des Ausdrucks

$$\lim_{(x,y,z)\to(x_0,y_0,z_0)} f(x, y, z) \; .$$

Bei mehr als drei Variablen erfolgt die Definition ganz analog.

Merke 12.6 (Grenzwert einer Funktion)

Die Funktion $f(x, y)$ hat an der Stelle (x_0, y_0) den Grenzwert G, wenn für jede Annäherung von (x, y) an (x_0, y_0) in einer Umgebung von (x_0, y_0) die Funktionswerte $f(x, y)$ gegen G konvergieren. Man verwendet die Schreibweise

$$\lim_{(x,y)\to(x_0,y_0)} f(x, y) = G.$$

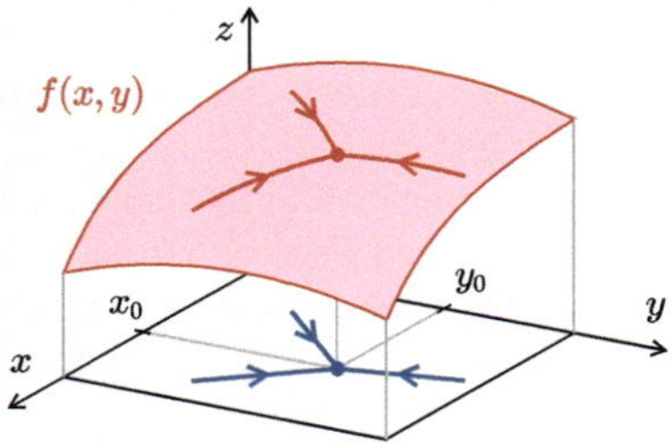

12.2.2 Stetigkeit

Der Begriff der Stetigkeit lässt sich formal analog zum eindimensionalen Fall formulieren. Allerdings ist die Interpretation und auch der Nachweis bei Funktionen mit zwei Variablen erheblich schwieriger.

Definition 12.3 (Stetigkeit)

Eine Funktion $f(x, y)$ heißt stetig an der Stelle (x_0, y_0), falls gilt:

$$\lim_{(x,y)\to(x_0,y_0)} f(x, y) = f(x_0, y_0).$$

Beispiel 12.9 (Nicht überall stetige Funktion)

Die Funktion

$$f(x, y) = \begin{cases} \dfrac{-4\,x^3\,y}{(x^2 + y^2)^2} & \text{für } (x, y) \neq (0, 0) \\ 0 & \text{für } (x, y) = (0, 0) \end{cases}$$

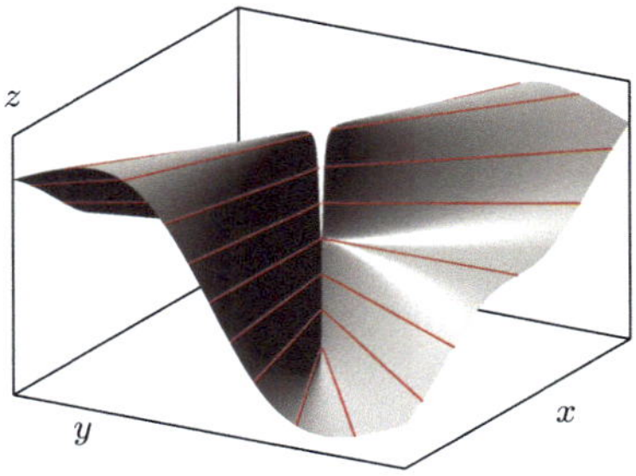

ist an allen Stellen $(x, y) \neq (0, 0)$ stetig, denn dort ist sie eine Verkettung von elementaren, stetigen Funktionen. An der Stelle $(0, 0)$ untersuchen wir die Annäherung aus den Achsenrichtungen:

$$\lim_{x=0,y\to 0} \frac{0}{y^4} = 0 = \lim_{y=0,x\to 0} \frac{0}{x^4}.$$

Man könnte nun vermuten, f wäre stetig im Ursprung. Dazu müssen aber auch alle anderen Annäherungen an den Ursprung denselben Grenzwert haben. Wir betrachen die Annäherungen entlang der Winkelhalbierenden $y = \pm x$:

$$\lim_{y=x\to 0} \frac{-4\,x^4}{4\,x^4} = -1 \neq 1 = \lim_{y=-x\to 0} \frac{4\,x^4}{4\,x^4}.$$

Es ergeben sich also mindestens die drei verschiedenen Grenzwerte 0, -1 und 1. Der Grenzwert ist nicht eindeutig, also ist f im Ursprung nicht stetig. ▪

Bei drei Variablen definiert man die Stetigkeit durch

$$\lim_{(x,y,z)\to(x_0,y_0,z_0)} f(x,y,z) = f(x_0,y_0,z_0)$$

und bei mehr als drei Variablen entsprechend.

Üblicherweise sind Funktionen, die bei praktischen Problemstellungen auftauchen, stetig. Alle elementaren Funktionen sind auch in mehreren Veränderlichen stetig. Der Nachweis der Stetigkeit einer Funktion geschieht in der Regel durch die Argumentation, dass die Funktion aus einfachen, elementaren Funktionstermen, die ihrerseits stetig sind, zusammengesetzt ist.

Unstetigkeitsstellen entstehen typischerweise bei zusammengesetzen Funktionen. Zum Nachweis der Unstetigkeit einer Funktion gibt man eine Stelle an, an der es zwei Richtungen gibt, aus denen die Annäherungen an diese Stelle zu verschiedenen Grenzwerten führen, siehe Beispiel 12.9.

12.3 Differenziation

Wie im Fall von Funktionen einer Variablen behandeln wir nach der Stetigkeit nun die Differenzierbarkeit. Was ist, anschaulich gesprochen, die Ableitung einer Funktion mit zwei Variablen an einer Stelle (x_0, y_0)?

12.3.1 Partielle Ableitungen und partielle Differenzierbarkeit

Um die Ableitung einer Funktion mit mehreren Variablen mathematisch zu definieren, müssen wir zunächst die partielle Ableitung einführen. Wir haben in Abschnitt 12.1 gesehen, dass es für das Verständnis einer Funktion mit mehreren Variablen günstig ist, zunächst eine Variable festzuhalten. Auf diese Weise sind wir zu Schnittkurven gekommen. Auch hier machen wir uns die Situation zunächst etwas einfacher und halten eine Variable fest.

Definition 12.4 (Partielle Ableitung)

Die partielle Ableitung der Funktion $f(x,y)$ nach x bzw. nach y an der Stelle (x_0, y_0) ist folgendermaßen definiert:

- $f_x(x_0,y_0) = \lim\limits_{\Delta x\to 0} \dfrac{f(x_0+\Delta x, y_0) - f(x_0,y_0)}{\Delta x}$
- $f_y(x_0,y_0) = \lim\limits_{\Delta y\to 0} \dfrac{f(x_0, y_0+\Delta y) - f(x_0,y_0)}{\Delta y}$

Dazu müssen die entsprechenden Grenzwerte existieren.

Beispiel 12.10 (Partielle Ableitung)

Die Funktion

$$f(x,y) = x^2 + y^2$$

hat an der Stelle $(1,2)$ die partiellen Ableitungen

$$\begin{aligned} f_x(1,2) &= \lim_{\Delta x \to 0} \frac{\left((1+\Delta x)^2 + 4\right) - (1+4)}{\Delta x} &= \lim_{\Delta x \to 0} (2 + \Delta x) &= 2 \\ f_y(1,2) &= \lim_{\Delta y \to 0} \frac{\left(1 + (2+\Delta y)^2\right) - (1+4)}{\Delta y} &= \lim_{\Delta y \to 0} (4 + \Delta y) &= 4 \end{aligned}$$

Die beiden partiellen Ableitungen an dieser Stelle beschreiben die Steigungen in x-Richtung und y-Richtung. ■

Merke 12.7 (Partielle Ableitungen)

Die partielle Ableitung

- $f_x(x_0, y_0)$ entspricht gerade der Steigung der Schnittkurve parallel zur x-z-Ebene an der Stelle (x_0, y_0),
- $f_y(x_0, y_0)$ entspricht gerade der Steigung der Schnittkurve parallel zur y-z-Ebene an der Stelle (x_0, y_0).

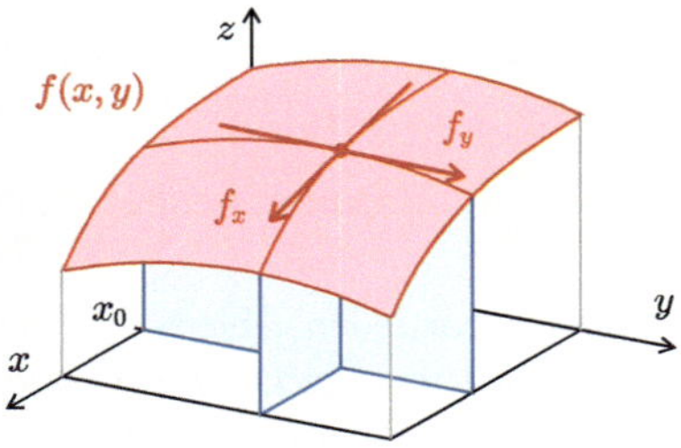

Für die partiellen Ableitungen gibt es verschiedene Notationen. Je nach Kontext ist eher die Indexschreibweise oder eher die Differenzialschreibweise günstig. Um deutlich zu machen, dass es sich um partielle Ableitungen handelt, verwendet man in der Differenzialschreibweise die Notation ∂ anstelle von d. Wie im Eindimensionalen ist der Grenzwert des Differenzenquotienten also ein Differenzialquotient.

Definition 12.5 (Differenzialquotient)

Für die partiellen Ableitungen sind verschiedene Schreibweisen gebräuchlich:

- $f_x(x_0, y_0) = \left.\dfrac{\partial f}{\partial x}\right|_{(x_0,y_0)} = D_x f|_{(x_0,y_0)}$
- $f_y(x_0, y_0) = \left.\dfrac{\partial f}{\partial y}\right|_{(x_0,y_0)} = D_y f|_{(x_0,y_0)}$

Die jeweils zweite Form heißt Differenzialquotient.

Hieraus können wir unmittelbar den Begriff der partiellen Differenzierbarkeit gewinnen. Ist der Grenzwert der partiellen Ableitungen an einer Stelle (x_0, y_0) vorhanden, so ist die Funktion an dieser Stelle partiell differenzierbar.

Definition 12.6 (Partielle Differenzierbarkeit)

Die Funktion f heißt partiell differenzierbar nach x bzw. y

- an der Stelle (x_0, y_0), falls die partielle Ableitung f_x bzw. f_y an der Stelle (x_0, y_0) existiert.
- auf der Menge $M \subseteq \mathbb{R}^2$, falls die partielle Ableitung f_x bzw. f_y auf der Menge $M \subseteq \mathbb{R}^2$ existiert.

Ist eine Funktion auf einer Menge partiell differenzierbar, so entsteht durch die partielle Ableitung an allen Punkten dieser Menge eine neue Funktion. Dies gilt für jede Variable, nach der partiell abgeleitet wird.

Definition 12.7 (Partielle Ableitungsfunktion)

Bei einer partiell differenzierbaren Funktion $f(x,y)$ kann man neue Funktionen $f_x(x,y)$ bzw. $f_y(x,y)$ dadurch definieren, dass man jeder Stelle (x,y) die Steigung der Tangente in x-Richtung bzw. y-Richtung zuordnet:

$$(x,y) \mapsto f_x(x,y), \quad (x,y) \mapsto f_y(x,y).$$

Diese Funktionen bezeichnet man als partielle Ableitungsfunktion in x bzw. in y.

Durch die partiellen Ableitungen entstehen also zwei neue Funktionen $f_x, f_y : \mathbb{R}^2 \to \mathbb{R}$. Schauen wir uns die Definition der partiellen Ableitung an, so wird deutlich, dass wir für die praktische Berechnung der partiellen Ableitung keine neuen Rechenregeln benötigen. Es ist lediglich etwas Konzentration nötig, um nach der gewünschten Variablen abzuleiten und die andere dabei festzuhalten.

Merke 12.8 (Berechnung der partiellen Ableitungen)

Bei der Berechnung der partiellen Ableitungen geht man folgendermaßen vor:

- Zur Bestimmung von $f_x(x,y)$ stellt man sich y als Konstante vor und berechnet die Ableitung der Funktion mit der Variablen x.
- Zur Bestimmung von $f_y(x,y)$ stellt man sich x als Konstante vor und berechnet die Ableitung der Funktion mit der Variablen y.

Beispiel 12.11 (Berechnung der partiellen Ableitungen)

a) Die Funktion $f(x,y) = \mathrm{e}^{-x} \cos y$ hat die partiellen Ableitungen

$$f_x(x,y) = -\mathrm{e}^{-x} \cos y, \quad f_y(x,y) = -\mathrm{e}^{-x} \sin y.$$

Diese partiellen Ableitungen haben eine ähnliche Struktur wie die Funktion selbst.

b) Die Funktion $f(x,y) = \arctan\left(\frac{y}{x}\right)$ hat die partiellen Ableitungen

$$f_x(x,y) = \frac{-y}{x^2 + y^2}, \quad f_y(x,y) = \frac{x}{x^2 + y^2}.$$

Hier erkennt man die Ableitung des Arkustangens aus dem Eindimensionalen.

c) Die Funktion $f(x,y) = \sqrt{1-x^2-y^2}$ hat die partiellen Ableitungen

$$f_x(x,y) = \frac{-x}{\sqrt{1-x^2-y^2}}, \quad f_y(x,y) = \frac{-y}{\sqrt{1-x^2-y^2}}.$$

Die Wurzel taucht dabei im Nenner wieder auf. ▪

Merke 12.9 (Ableitung der Schnittkurven)

Die Schnittkurven einer Funktion $z = f(x,y)$ haben folgende Ableitungen:

- $x = x_0 \quad : \quad g_1(y) = f(x_0, y), \quad g_1'(y) = f_y(x_0, y)$
- $y = y_0 \quad : \quad g_2(x) = f(x, y_0), \quad g_2'(x) = f_x(x, y_0)$

12.3.2 Differenzierbarkeit und Tangentialebene

Nachdem wir die partielle Differenzierbarkeit, also die Differenzierbarkeit in Richtung der Achsen, untersucht haben, betrachten wir nun die sogenannte totale Differenzierbarkeit. Dazu wählen wir eine anschauliche Definition.

Definition 12.8 (Differenzierbarkeit)

Eine Funktion $f(x,y)$ heißt differenzierbar an einer Stelle (x_0, y_0), wenn sie dort eine eindeutige Tangentialebene besitzt.

Für den Test, ob eine Funktion differenzierbar ist, gibt es ein gut nachprüfbares und hinreichendes Kriterium. Dieses Kriterium bezieht sich auf die partiellen Ableitungen und deren Stetigkeit.

Satz 12.1 (Differenzierbarkeit)

Eine Funktion $f(x,y)$ ist differenzierbar auf einer Menge $M \subseteq \mathbb{R}^2$, wenn beide partiellen Ableitungen auf M existieren und stetig sind.

Beispiel 12.12 (Rotationsparaboloid)

Wir betrachten das Rotationsparaboloid

$$f(x,y) = x^2 + y^2.$$

Die partiellen Ableitungen

$$f_x(x,y) = 2x, \quad f_y(x,y) = 2y$$

existieren überall und sind stetig. Damit ist die Funktion auf ganz $\mathbb{R}^2$ differenzierbar und insbesondere stetig. Die Funktion f besitzt an jeder Stelle $(x_0, y_0) \in \mathbb{R}^2$ eine Tangentialebene.

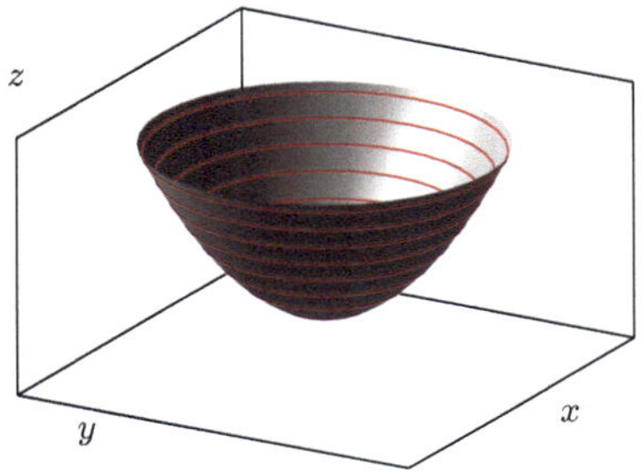

▪

Beispiel 12.13 (Kegel)

Wir betrachten die auf $\mathbb{R}^2$ definierte Funktion

$$f(x,y)=\sqrt{x^2+y^2}.$$

Die partiellen Ableitungen

$$f_x(x,y)=\frac{x}{\sqrt{x^2+y^2}},\quad f_y(x,y)=\frac{y}{\sqrt{x^2+y^2}}$$

existieren an der Stelle $(0,0)$ nicht, denn die einseitigen Grenzwerte der Steigungen sind ± 1. Die Funktion f ist differenzierbar für $(x,y)\neq(0,0)$.

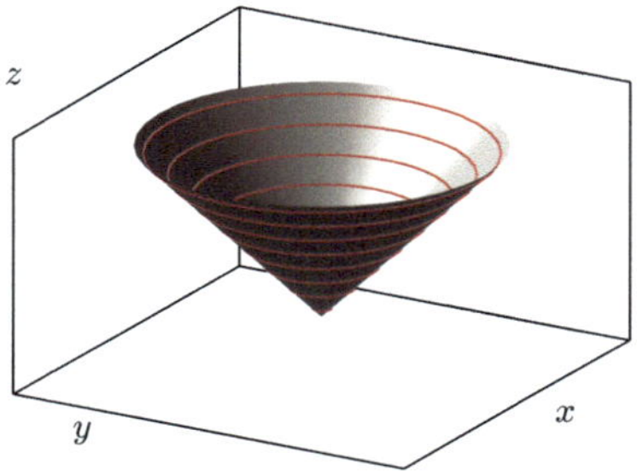

Beispiel 12.14 (Funktion mit unstetigen partiellen Ableitungen)

Wir betrachten die Funktion

$$f(x,y)=\begin{cases}\dfrac{-2\,x\,y^2}{x^2+y^2} & \text{für } (x,y)\neq(0,0)\\ 0 & \text{für } (x,y)=(0,0).\end{cases}$$

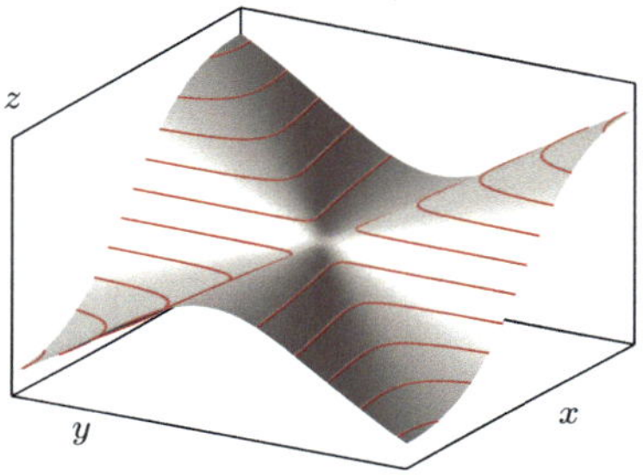

Sie ist überall stetig und für $(x,y)\neq(0,0)$ differenzierbar. Die partiellen Ableitungen

$$f_x(x,y)=\begin{cases}\dfrac{2y^2(x^2-y^2)}{(x^2+y^2)^2} & \text{für } (x,y)\neq(0,0)\\ 0 & \text{für } (x,y)=(0,0)\end{cases}$$

$$f_y(x,y)=\begin{cases}\dfrac{-4\,x^3\,y}{(x^2+y^2)^2} & \text{für } (x,y)\neq(0,0)\\ 0 & \text{für } (x,y)=(0,0)\end{cases}$$

existieren an der kritischen Stelle $(0,0)$. In Beispiel 12.9 haben wir gesehen, dass zumindest f_y an der Stelle $(0,0)$ nicht stetig ist. Die Funktion f besitzt an der Stelle $(0,0)$ keine Tangentialebene, ist also nicht differenzierbar. Dies wird auch deutlich, wenn man das Schaubild der Funktion betrachtet.

Wir diskutieren die Frage, wie man eine Ebene an einen Punkt (x_0,y_0) einer Fläche $z=f(x,y)$ so anlegt, dass die Steigungen von Funktion und Ebene zumindest in den Achsenrichtungen gleich sind.

Existieren die partiellen Ableitungen $f_x(x_0,y_0)$ und $f_y(x_0,y_0)$, so bezeichnen sie die Steigungen von f in x-Richtung und in y-Richtung an der Stelle (x_0,y_0). Steigungsvektoren in x-Richtung und in y-Richtung an der Stelle (x_0,y_0) sind

$$\boldsymbol{v_x}=\begin{pmatrix}1\\0\\f_x(x_0,y_0)\end{pmatrix},\ \boldsymbol{v_y}=\begin{pmatrix}0\\1\\f_y(x_0,y_0)\end{pmatrix}\implies \boldsymbol{n}=\boldsymbol{v_x}\times\boldsymbol{v_y}=\begin{pmatrix}-f_x(x_0,y_0)\\-f_y(x_0,y_0)\\1\end{pmatrix}.$$

Der Normalenvektor $\boldsymbol{n}$ steht senkrecht auf beiden Steigungsvektoren und ergibt sich deshalb aus dem Vektorprodukt, siehe Definition 3.8.

Die Tangentialebene der Fläche $f(x, y)$ im Punkt $(x_0 \,|\, y_0 \,|\, f(x_0, y_0))$ hat die Gleichung

$$\begin{pmatrix} x - x_0 \\ y - y_0 \\ z - z_0 \end{pmatrix} \cdot \boldsymbol{n} = 0.$$

Durch Einsetzen des Normalenvektors und Ausmultiplizieren des Skalarprodukts erhalten wir die Tangentialebene:

$$z = f(x_0, y_0) + f_x(x_0, y_0)(x - x_0) + f_y(x_0, y_0)(y - y_0)\,.$$

Diese Gleichung der Tangentialebene ist gewissermaßen die Verallgemeinerung der Tangentengleichung aus Definition 8.3.

Definition 12.9 (Tangentialebene)

Die Ebene durch den Punkt $(x_0 \,|\, y_0 \,|\, f(x_0, y_0))$ mit den Steigungen

$$f_x(x_0, y_0), \quad f_y(x_0, y_0)$$

in Richtung x und y nennt man die Tangentialebene der Funktion $f(x, y)$ an der Stelle (x_0, y_0). Sie existiert, falls f_x und f_y an der Stelle (x_0, y_0) stetig sind. Die Tangentialebene hat die Gleichung

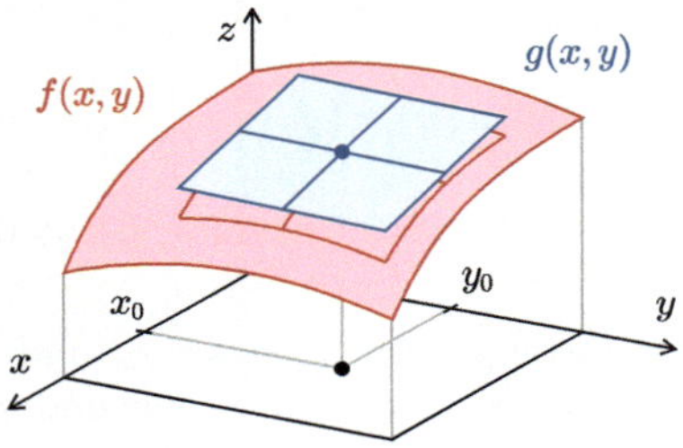

$$g(x, y) = f(x_0, y_0) + f_x(x_0, y_0)(x - x_0) + f_y(x_0, y_0)(y - y_0).$$

Beispiel 12.15 (Tangentialebene)

Die Funktion $f(x, y) = x^2 + y^2$ hat die partiellen Ableitungen

$$f_x(x, y) = 2\,x, \quad f_y(x, y) = 2y.$$

An der Stelle $(1, 2)$ bestehen die Steigungen $f_x(1, 2) = 2$ und $f_y(1, 2) = 4$, siehe Beispiel 12.10. Somit lautet die Tangentialebene

$$z = 5 + 2(x - 1) + 4(y - 2) = 2\,x + 4y - 5.$$

Ganz offensichtlich ist dies eine Ebenengleichung, wie wir sie aus Kapitel 3 kennen. ▪

12.3.3 Gradient und Richtungsableitung

Wir haben uns bislang mit den partiellen Ableitungen beschäftigt und diskutiert, wann eine Funktion differenzierbar ist. Wir haben noch nicht untersucht, ob man im Fall der Differenzierbarkeit die Ableitung auch konkret formulieren kann. Setzt man alle partiellen Ableitungen zu einem Zeilenvektor zusammen, kommt man zur Ableitung oder zum sogenannten Gradienten einer Funktion.

Definition 12.10 (Gradient)

Der Gradient einer Funktion f ist ein Zeilenvektor, der aus allen partiellen Ableitungen von f besteht:

$$\nabla f(x,y) = \big(f_x(x,y), f_y(x,y)\big).$$

Manchmal schreibt man für den Gradienten auch $\nabla f = \operatorname{grad} f$.

Die Schreibweise des Gradienten mit dem Nabla-Operator ∇ wird bevorzugt in physikalischen Anwendungen eingesetzt. Auch im Ingenieurbereich kommt diese Schreibweise bevorzugt zum Einsatz.

Beispiel 12.16 (Gradient)

Für die Funktion $f(x,y) = \sqrt{x^2+y^2}$ haben wir in Beispiel 12.13 die partiellen Ableitungen berechnet. Der Gradient

$$\nabla f(x,y) = \big(f_x(x,y), f_y(x,y)\big) = \left(\frac{x}{\sqrt{x^2+y^2}}, \frac{y}{\sqrt{x^2+y^2}}\right)$$

ist ein Zeilenvektor bestehend aus den partiellen Ableitungen. ■

Die partiellen Ableitungen f_x und f_y beschreiben die Steigungen der Schnittkurven in Ebenen parallel zur x-z-Ebene und y-z-Ebene. Nun sind aber auch Schnittebenen denkbar, die parallel zur z-Achse, aber nicht parallel zur x-Achse oder y-Achse verlaufen. Ganz allgemein kann man Schnittebenen in Richtungen betrachten, die in der x-y-Ebene um einen Winkel α von der x-Achse verdreht sind. Die zugehörigen Schnittfunktionen besitzen in der Regel auch Ableitungen. Diese werden Richtungsableitungen genannt.

Definition 12.11 (Richtungsableitung)

Die Richtungsableitung einer Funktion f an der Stelle (x_0, y_0) in Richtung

$$\boldsymbol{r} = \begin{pmatrix} \cos\alpha \\ \sin\alpha \end{pmatrix}$$

ist das Skalarprodukt aus Gradient und Richtungsvektor:

$$f_{\boldsymbol{r}}(x_0,y_0) = \nabla f(x_0,y_0)\cdot\boldsymbol{r}.$$

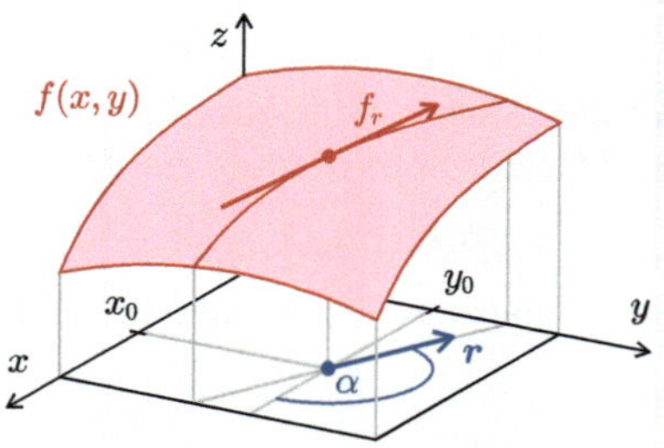

Wichtig bei der Bestimmung der Richtungsableitung ist, dass die Richtung in normierter Form, also mit $|\boldsymbol{r}| = 1$, vorliegt. Auch für die Richtungsableitung

$$f_{\boldsymbol{r}}(x_0,y_0) = \left.\frac{\partial f}{\partial \boldsymbol{r}}\right|_{(x_0,y_0)} = D_{\boldsymbol{r}} f|_{(x_0,y_0)}$$

gibt es alternative Schreibweisen.

Man kann die Richtungsableitung auch direkt durch die Grenzwertbildung

$$f_{\boldsymbol{r}}(x,y) = \lim_{h\to 0} \frac{f\left((x,y)+h\boldsymbol{r}\right) - f(x,y)}{h}$$

bestimmen. Wählt man als Richtungen den Einheitsvektor in Richtung der positiven x-Achse $\boldsymbol{e}_x$ und den Einheitsvektor in Richtung der positiven y-Achse $\boldsymbol{e}_y$,

$$f_{\boldsymbol{e}_x}(x,y) = \nabla f(x,y)\cdot\begin{pmatrix}1\\0\end{pmatrix} = \left(f_x(x,y), f_y(x,y)\right)\cdot\begin{pmatrix}1\\0\end{pmatrix} = f_x(x,y)$$

$$f_{\boldsymbol{e}_y}(x,y) = \nabla f(x,y)\cdot\begin{pmatrix}0\\1\end{pmatrix} = \left(f_x(x,y), f_y(x,y)\right)\cdot\begin{pmatrix}0\\1\end{pmatrix} = f_y(x,y),$$

so ergeben sich als Spezialfall die bekannten partiellen Ableitungen.

Beispiel 12.17 (Richtungsableitung)

Die Funktion $f(x,y) = \sqrt{x^2+y^2}$ hat laut Beispiel 12.16 bei $(1,2)$ den Gradienten

$$\nabla f(1,2) = \left(\frac{1}{\sqrt{5}}, \frac{2}{\sqrt{5}}\right).$$

Wir bestimmen die Richtungsableitung für den Winkel $\alpha = \frac{\pi}{4}$. Der normierte Richtungsvektor ist $\boldsymbol{r} = \frac{1}{\sqrt{2}}(1,1)^T$. Damit können wir

$$f_{\boldsymbol{r}}(1,2) = \frac{1}{\sqrt{5}}\,(1,2)\cdot\frac{1}{\sqrt{2}}\begin{pmatrix}1\\1\end{pmatrix} = \frac{1}{\sqrt{10}}\,(1\cdot 1 + 2\cdot 1) = \frac{3}{\sqrt{10}}$$

als Richtungsableitung in Richtung $\boldsymbol{r}$ angeben. ▪

Geometrisch hat der Gradient eine wichtige Bedeutung. Fasst man den Gradienten einer Funktion als Richtung auf, so zeigt der Gradient gerade in die Richtung des steilsten Anstiegs der Funktion an dieser Stelle. Das heißt, die Richtungsableitung in Richtung des Gradienten $\nabla f = (f_x, f_y)$ ist größer als alle anderen Richtungsableitungen.

Satz 12.2 (Geometrische Bedeutung des Gradienten)

Der Gradient einer Funktion f an der Stelle (x_0, y_0) zeigt, als Richtung interpretiert, in die Richtung des steilsten Anstiegs der Funktion f an der Stelle (x_0, y_0).

Zum Nachweis von Satz 12.2 bestimmen wir die Richtungsableitung der Funktion f an der Stelle (x_0, y_0) in Richtung des Gradienten. Dazu verwenden wir den normierten Vektor

$$\boldsymbol{s} = \frac{1}{|\nabla f(x_0,y_0)|}\nabla f(x_0,y_0),$$

wobei wir voraussetzen, dass der Gradient nicht der Nullvektor ist. Es gilt

$$f_{\boldsymbol{s}}(x_0,y_0) = \nabla f(x_0,y_0)\cdot\boldsymbol{s} = \nabla f(x_0,y_0)\cdot\frac{1}{|\nabla f(x_0,y_0)|}\nabla f(x_0,y_0) = |\nabla f(x_0,y_0)|$$

nach Definition 12.11 und Definition 3.7.

Nun betrachten wir einen beliebigen Richtungungsvektor $\boldsymbol{r}$ mit $|\boldsymbol{r}| = 1$. Für die Richtungsableitung der Funktion f an der Stelle (x_0, y_0) in Richtung von $\boldsymbol{r}$ gilt nach Definition 12.11 und Definition 3.7

$$f_{\boldsymbol{r}}(x_0, y_0) = \nabla f(x_0, y_0) \cdot \boldsymbol{r} = |\nabla f(x_0, y_0)| \underbrace{|\boldsymbol{r}|}_{=1} \underbrace{\cos\varphi}_{\leq 1} \leq |\nabla f(x_0, y_0)| = f_{\boldsymbol{s}}(x_0, y_0).$$

Dabei ist φ der Winkel zwischen dem Gradient und dem Richtungsvektor $\boldsymbol{r}$. Somit ist die Richtungsableitung in eine beliebige Richtung $\boldsymbol{r}$ niemals größer als die Richtungsableitung in Richtung des Gradienten.

12.3.4 Differenzial

Wir betrachten eine Funktion $f(x, y)$ an der Stelle (x_0, y_0). Wenn sich die Variablen x und y um die Werte Δx und Δy ändern, wird die Veränderung des Funktionswerts durch

$$\Delta f(x_0, y_0) = f(x_0 + \Delta x, y_0 + \Delta y) - f(x_0, y_0)$$

beschrieben. Für kleine Änderungen $\mathrm{d}x = \Delta x$ und $\mathrm{d}y = \Delta y$ gilt

$$\Delta f(x, y) \approx \mathrm{d}f(x, y).$$

Die Veränderung des Funktionswerts $\Delta f(x, y)$ entspricht also ungefähr dem sogenannten totalen Differenzial $\mathrm{d}f(x, y)$.

Definition 12.12 (Differenzial)

Das totale Differenzial einer Funktion f an der Stelle (x_0, y_0) ist definiert durch

$$\mathrm{d}f|_{(x_0, y_0)} = f_x(x_0, y_0)\mathrm{d}x + f_y(x_0, y_0)\mathrm{d}y.$$

Es beschreibt die Veränderung des z-Wertes an der Stelle (x_0, y_0) entlang der Tangentialebene, wenn sich die Variablen x und y um die Werte $\mathrm{d}x$ und $\mathrm{d}y$ ändern.

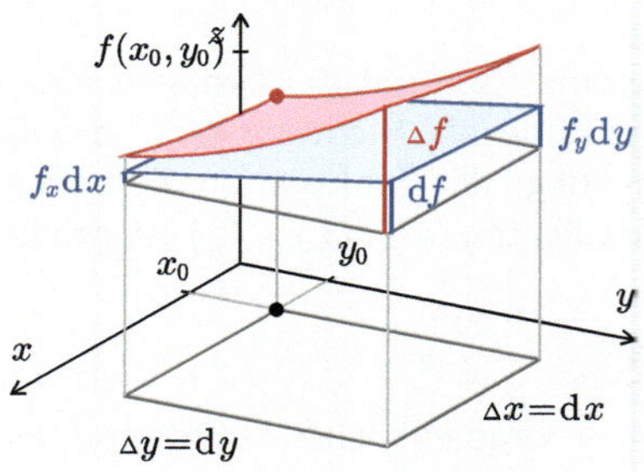

Analog zum eindimensionalen Fall sind sowohl Schreibweisen mit $\mathrm{d}x$ und $\mathrm{d}y$ als auch mit Δx und Δy gebräuchlich. Ebenso analog zu Funktionen mit einer Variablen wird das Differenzial zur Näherung der Änderung des Funktionswertes benutzt. Dabei ist die Genauigkeit natürlich um so besser, je kleiner die Änderungen Δx und Δy sind.

Merke 12.10 (Totales Differenzial)

Das Differenzial der Funktion f an der Stelle (x_0, y_0) liefert für kleine Änderungen Δx und Δy eine gute Näherung für die tatsächliche Änderung des Funktionswerts:

$$\mathrm{d}f|_{(x_0, y_0)} = f_x(x_0, y_0)\Delta x + f_y(x_0, y_0)\Delta y \approx \Delta f = f(x_0 + \Delta x, y_0 + \Delta y) - f(x_0, y_0).$$

Beispiel 12.18 (Totales Differenzial)

Wir möchten eine gute Näherung des Werts

$$c = \sqrt{2.98^2 + 4.01^2}$$

ohne Taschenrechner berechnen. Dazu schreiben wir

$$c = \sqrt{(3 - 0.02)^2 + (4 + 0.01)^2}, \quad 5 = \sqrt{3^2 + 4^2}.$$

Wir betrachten die Funktion $f(x, y) = \sqrt{x^2 + y^2}$ und bilden die partiellen Ableitungen

$$f_x(x, y) = \frac{x}{\sqrt{x^2 + y^2}}, \quad f_y(x, y) = \frac{y}{\sqrt{x^2 + y^2}}.$$

Hierbei interessant ist die Stelle $(x_0, y_0) = (3, 4)$. Mithilfe des Differenzials können wir die Abweichung Δf vom Wert $f(3, 4) = 5$ durch das Differenzial $\mathrm{d}f$ annähern:

$$\Delta f \approx \mathrm{d}f = f_x \,\mathrm{d}x + f_y \,\mathrm{d}y\,.$$

Mit Zahlwerten bedeutet dies

$$\Delta f \approx \frac{3}{5}\,(-0.02) + \frac{4}{5}\,(0.01) = -0.004.$$

Bei dieser einfachen Approximation liefert der Näherungswert $\tilde{c} = 5 - 0.004 = 4.996$ also einen recht guten Näherungswert des tatsächlichen Werts $c = 4.996048439\ldots$. ▪

Mithilfe des Differenzials können einige Regeln der Differenzialrechnung leicht hergeleitet werden. Besonders eindrucksvoll ist die Anwendung bei der sogenannten allgemeinen Kettenregel. Wir betrachten eine verkettete Funktion

$$g(t) = f\,(x(t), y(t))\,.$$

Die beiden Funktionen $x(t)$ und $y(t)$ sind jeweils Funktionen von $\mathbb{R}$ nach $\mathbb{R}$. Die Funktion f ist eine Funktion mit zwei Variablen und bildet von $\mathbb{R}^2$ nach $\mathbb{R}$ ab. Mithilfe des Differenzials $\mathrm{d}f = f_x \,\mathrm{d}x + f_y \,\mathrm{d}y$ folgt nach der Division durch $\mathrm{d}t$

$$\frac{\mathrm{d}f}{\mathrm{d}t} = f_x \frac{\mathrm{d}x}{\mathrm{d}t} + f_y \frac{\mathrm{d}y}{\mathrm{d}t}$$

und daraus unmittelbar

$$g'(t) = f_x\,(x(t), y(t))\; x'(t) + f_y\,(x(t), y(t))\; y'(t).$$

Man kann diese Formel sogar sehr elegant mittels des Skalarprodukts zwischen den partiellen Ableitungen f_x und f_y und den inneren Ableitungen x' und y' schreiben:

$$g'(t) = (f_x, f_y)\begin{pmatrix} x' \\ y' \end{pmatrix}.$$

Wenn das keine schöne Anwendung des Skalarprodukts ist!

Satz 12.3 (Allgemeine Kettenregel)

Die verkettete Funktion $g(t) = f\,(x(t), y(t))$ mit der Variablen t hat die Ableitung

$$g'(t) = f_x\,(x(t), y(t))\; x'(t) + f_y\,(x(t), y(t))\; y'(t).$$

Beispiel 12.19 (Allgemeine Kettenregel)

Wir betrachten eine Ellipse in Parameterform

$$\begin{pmatrix} x(t) \\ y(t) \end{pmatrix} = \begin{pmatrix} a \cos t \\ b \sin t \end{pmatrix}$$

mit den Halbmessern a und b, siehe Definition 11.5. Der Abstand zum Ursprung

$$r(t) = \sqrt{x^2(t) + y^2(t)}$$

ist von t abhängig. Nach der allgemeinen Kettenregel ist

$$r'(t) = \frac{x}{\sqrt{x^2 + y^2}} (-a \sin t) + \frac{y}{\sqrt{x^2 + y^2}} (b \cos t).$$

Durch Einsetzen von $x(t)$ und $y(t)$ und nach Zusammenfassen der Terme erhalten wir

$$r'(t) = \frac{(b^2 - a^2) \sin t \cos t}{\sqrt{a^2 \cos^2 t + b^2 \sin^2 t}}.$$

In diesem Beispiel wäre mit der Form

$$r(t) = \sqrt{a^2 \cos^2 t + b^2 \sin^2 t}$$

auch die direkte Berechnung der Ableitung möglich gewesen. ■

Betrachten wir nun eine Funktion $y(x)$ in einer Variablen, allerdings in impliziter Form:

$$F(x, y(x)) = 0.$$

Ist die Ableitung $y'(x)$ gesucht, so haben wir in Abschnitt 8.2.4 die Methode des impliziten Differenzierens kennengelernt. Mit der allgemeinen Kettenregel können wir nun eine Formel dafür herleiten:

$$\frac{\mathrm{d}F}{\mathrm{d}x} = F_x \cdot 1 + F_y\, y'.$$

Nun soll ja die Funktion F konstant null sein, also ist auch die Ableitung überall null:

$$\frac{\mathrm{d}F}{\mathrm{d}x} = 0.$$

Wir erhalten die Ableitung

$$y'(x) = -\frac{F_x(x, y(x))}{F_y(x, y(x))}$$

durch einfaches Auflösen der Gleichung nach y'.

Merke 12.11 (Implizites Differenzieren)

Beim Ableiten einer impliziten Gleichung $F(x, y) = 0$ in den Variablen x und y nach x erhält man $y'(x)$ mit der allgemeinen Kettenregel in der Form

$$y'(x) = -\frac{F_x(x, y(x))}{F_y(x, y(x))}.$$

Beispiel 12.20 (Implizite Differenziation)
Wir betrachten nochmals das Beispiel 8.17, in dem die Tangente an den Einheitskreis

$$x^2 + y^2 = 1$$

zu bestimmen war. Die Gleichung in impliziter Form lautet

$$F(x,y) = x^2 + y^2 - 1 = 0.$$

Die partiellen Ableitungen sind $F_x(x,y) = 2x$ und $F_y(x,y) = 2y$ und wir erhalten

$$y'(x) = -\frac{F_x(x,y(x)))}{F_y(x,y(x))} = -\frac{x}{y}$$

mit der allgemeinen Kettenregel. ■

Eine weitere Anwendung des Differenzials ist, wie schon bei Funktionen mit einer Variablen, die Fehlerrechung. Bei Funktionen mit mehreren Variablen ist diese Anwendung noch viel interessanter. Man kann untersuchen, welche Variable welchen Einfluss auf das Ergebnis hat. Wir werden diese in Abschnitt 12.7.1 kennenlernen.

12.3.5 Höhere partielle Ableitungen

Wir haben gesehen, dass die partiellen Ableitungen f_x und f_y einer Funktion $f(x,y)$ ihrerseits wiederum Funktionen desselben Typs wie die Ausgangsfunktion f sind. Nun kann etwa f_x seinerseits auch wieder partiell nach x und y abgeleitet werden. Es entsteht also $(f_x)_x = f_{xx}$ und $(f_x)_y = f_{xy}$. Dasselbe gilt für f_y.

Beispiel 12.21 (Höhere partielle Ableitungen)
Die Funktion

$$f(x,y) = \mathrm{e}^{-x} \cos y$$

hat die partiellen Ableitungen 1. Ordnung

$$f_x(x,y) = -\mathrm{e}^{-x} \cos y, \quad f_y(x,y) = -\mathrm{e}^{-x} \sin y,$$

die partiellen Ableitungen 2. Ordnung

$$\begin{aligned} f_{xx}(x,y) &= \mathrm{e}^{-x} \cos y, & f_{yy}(x,y) &= -\mathrm{e}^{-x} \cos y, \\ f_{xy}(x,y) &= \mathrm{e}^{-x} \sin y, & f_{yx}(x,y) &= \mathrm{e}^{-x} \sin y \end{aligned}$$

und die partiellen Ableitungen 3. Ordnung

$$\begin{aligned} f_{xxx}(x,y) &= -\mathrm{e}^{-x} \cos y, & & & f_{yyy}(x,y) &= \mathrm{e}^{-x} \sin y, \\ f_{xxy}(x,y) &= -\mathrm{e}^{-x} \sin y, & f_{xyx}(x,y) &= -\mathrm{e}^{-x} \sin y, & f_{xxy}(x,y) &= -\mathrm{e}^{-x} \sin y, \\ f_{xyy}(x,y) &= \mathrm{e}^{-x} \cos y, & f_{yxy}(x,y) &= \mathrm{e}^{-x} \cos y, & f_{yyx}(x,y) &= \mathrm{e}^{-x} \cos y. \end{aligned}$$

Bei den Ableitungen 2. Ordnung und 3. Ordnung

$$f_{xy} = f_{yx}, \quad f_{xxy} = f_{xyx} = f_{yxx}, \quad f_{xyy} = f_{yxy} = f_{yyx}$$

sehen wir, dass es auf die Reihenfolge der partiellen Ableitungen nicht ankommt. ■

Definition 12.13 (Höhere partielle Ableitungen)

Wenn die partielle Ableitungsfunktion wieder eine partiell differenzierbare Funktion ist, dann kann man auch die Ableitungsfunktion ableiten. Die partielle Ableitung der partiellen Ableitung bezeichnet man als zweite partielle Ableitung. Durch wiederholtes Differenzieren erhält man so partielle Ableitungen höherer Ordnung

$$f \;\rightarrow\; f_x\,,\, f_y \;\rightarrow\; f_{xx}\,,\, f_{xy}\,,\, f_{yx}\,,\, f_{yy} \;\rightarrow\; \ldots$$

$$f \;\rightarrow\; \frac{\partial f}{\partial x}, \frac{\partial f}{\partial y} \;\rightarrow\; \frac{\partial^2 f}{\partial x^2}, \frac{\partial^2 f}{\partial x \partial y}, \frac{\partial^2 f}{\partial y \partial x}, \frac{\partial^2 f}{\partial y^2} \;\rightarrow\; \ldots$$

Wird bei einer partiellen Ableitung höherer Ordnung sowohl nach x als auch nach y differenziert, so heißt diese partielle Ableitung auch gemischte partielle Ableitung.

In Beispiel 12.21 sind einige gemischte partielle Ableitungen gleich. Dabei spielt offensichtlich die Reihenfolge der Variablen, nach denen differenziert wird, keine Rolle. Es stellt sich grundsätzlich die Frage, ob dies ein Zufall ist, oder ob dahinter eine allgemeingültige Regel steckt.

Satz 12.4 (Satz von Schwarz)

Die gemischten partiellen Ableitungen höherer Ordnung einer Funktion $f(x, y)$ sind von der Reihenfolge der Differenziationsvariablen unabhängig, falls sie stetig sind. Dann gilt also insbesondere

$$f_{xy} = f_{yx}$$

$$f_{xxy} = f_{xyx} = f_{yxx} \quad , \quad f_{xyy} = f_{yxy} = f_{yyx}$$

Ist der Satz von Schwarz anwendbar auf eine Funktion $f(x, y)$, so reduziert sich die Anzahl der verschiedenen partiellen Ableitungen der Ordnung k von 2^k auf $k + 1$. Die Reihenfolge der Differenziation spielt also keine Rolle. Es ist gleichgültig, ob zuerst nach x und dann nach y differenziert wird oder umgekehrt. Dies bedeutet insbesondere bei höheren Ordnungen eine erhebliche Reduktion der tatsächlich unterschiedlichen partiellen Ableitungen.

Merke 12.12 (Höhere Ableitungen)

Sind alle partiellen Ableitungen einer Funktion $f(x,y)$ stetig, so entstehen die verschiedenen partiellen Ableitungen durch die unterschiedliche Anzahl von Ableitungsschritten nach x und nach y. Dann gibt es genau $n+1$ verschiedene partielle Ableitungen der Ordnung n.

$$\begin{array}{ccccccccc} & & & & f & & & & \\ & & & f_x & & f_y & & & \\ & & f_{xx} & & f_{xy} & & f_{yy} & & \\ & f_{xxx} & & f_{xxy} & & f_{xyy} & & f_{yyy} & \\ \ldots & & \ldots & & \ldots & & \ldots & & \ldots \end{array}$$

Im Gradienten sind alle partiellen Ableitungen erster Ordnung in einem Vektor zusammengefasst. Ganz analog kann man nun alle partiellen Ableitungen zweiter Ordnung in einer Matrix anordnen.

Wir werden in Abschnitt 12.3.6 sehen, dass die zweiten partiellen Ableitungen, analog zur zweiten Ableitung im Eindimensionalen, eine besondere Bedeutung bei der Bestimmung von Extremwerten besitzen. Die sogenannte Hesse-Matrix ist benannt nach dem Mathematiker Ludwig Otto Hesse.

Definition 12.14 (Hesse-Matrix)

Die Hesse-Matrix einer Funktion f ist eine Matrix, die aus allen zweiten partiellen Ableitungen von f besteht:

$$\boldsymbol{H}(x,y) = \begin{pmatrix} f_{xx}(x,y) & f_{xy}(x,y) \\ f_{yx}(x,y) & f_{yy}(x,y) \end{pmatrix}.$$

12.3.6 Extremwerte

Bei Problemstellungen aus der Praxis untersucht man Funktionen mit mehreren Variablen, um möglichst optimale Parameter eines komplexen Systems zu bestimmen. Optimal bedeutet dabei, dass die Funktion einen minimalen oder maximalen Wert besitzt.

Definition 12.15 (Lokaler Extremwert)

Eine Funktion f mit zwei Variablen besitzt an der Stelle (x_0, y_0)

- ein lokales Minimum, wenn alle Funktionswerte in der Umgebung von (x_0, y_0) nicht kleiner sind als der Funktionswert an der Stelle (x_0, y_0).
- ein lokales Maximum, wenn alle Funktionswerte in der Umgebung von (x_0, y_0) nicht größer sind als der Funktionswert an der Stelle (x_0, y_0).

Bei einer Funktion mit einer Veränderlichen muss das Schaubild in einem Hochpunkt oder Tiefpunkt eine waagrechte Tangente besitzen. Notwendigerweise muss das Schaubild bei einer Funktion mit mehreren Variablen in einem Extrempunkt eine horizontale Tangentialebene besitzen.

Satz 12.5 (Notwendige Bedingungen für einen Extremwert)

Wenn eine Funktion f mit zwei Variablen an der Stelle (x_0, y_0) einen Extremwert besitzt, dann sind beide partiellen Ableitungen erster Ordnung an dieser Stelle null:

$$f_x(x_0, y_0) = 0, \quad f_y(x_0, y_0) = 0.$$

Hinreichende Bedingungen für Extremwerte erhält man, wie bei Funktionen mit einer Veränderlichen, aus den zweiten Ableitungen. Man kann zeigen, dass die sogenannte Definitheit der Matrix mit den partiellen Ableitungen zweiter Ordnung hinreichend für eine Extremstelle ist. Bei Funktionen mit zwei Veränderlichen kann man die Definitheit der Hesse-Matrix mit der Determinante bestimmen.

Satz 12.6 (Hinreichende Bedingungen für einen Extremwert)

Eine Funktion f mit zwei Variablen besitzt an der Stelle (x_0, y_0) einen Extremwert, wenn die folgenden Bedingungen erfüllt sind:

- Beide partiellen Ableitungen erster Ordnung an der Stelle (x_0, y_0) sind null:

$$f_x(x_0, y_0) = 0, \quad f_y(x_0, y_0) = 0.$$

- Die Determinante der Hesse-Matrix mit den partiellen Ableitungen zweiter Ordnung an der Stelle (x_0, y_0) ist positiv:

$$\begin{vmatrix} f_{xx}(x_0, y_0) & f_{xy}(x_0, y_0) \\ f_{xy}(x_0, y_0) & f_{yy}(x_0, y_0) \end{vmatrix} > 0.$$

Ein lokales Maximum ergibt sich, falls $f_{xx}(x_0, y_0) < 0$ und ein lokales Minimum, falls $f_{xx}(x_0, y_0) > 0$.

Falls die Determinante negativ ist, liegt ein sogenannter Sattelpunkt vor. In einem Sattelpunkt ähnelt das Schaubild tatsächlich einem Pferdesattel. Von der Seite betrachtet ist der Sattelpunkt der tiefste Punkt der Mulde, von Steigbügel zu Steigbügel betrachtet ist er der höchste Punkt. Für den Fall, dass die Determinante null ist, kann man allein mithilfe der Werte der ersten und zweiten Ableitungen noch keine verlässliche Aussage über einen Extremwert treffen.

Beispiel 12.22 (Extrema und Sattelpunkte)

Wir betrachten die Funktion

$$f(x, y) = 2x^2 - 8x - y^3 + 9y^2 - 15y,$$

die aus Polynomen in x und in y zusammengesetzt ist. Zur Untersuchung auf Extrema bilden wir zunächst die partiellen Ableitungen erster Ordnung

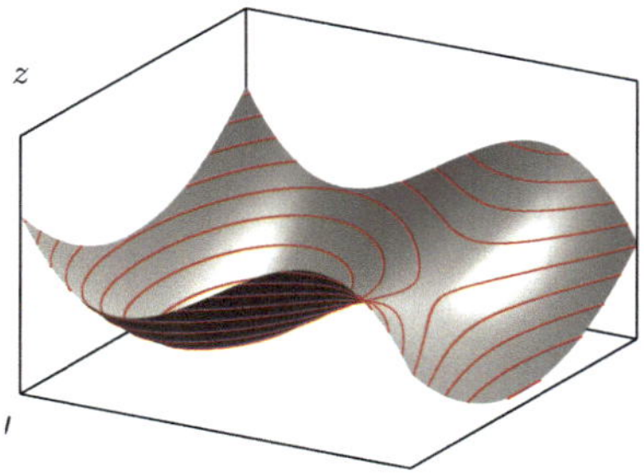

$$\begin{aligned} f_x(x, y) &= 4x - 8 \\ f_y(x, y) &= -3y^2 + 18y - 15\,. \end{aligned}$$

Wegen der polynomialen Struktur von f können diese sehr einfach bestimmt werden.

Anschließend erstellen wir die Hesse-Matrix, bestehend aus den partiellen Ableitungen zweiter Ordnung

$$\boldsymbol{H}(x, y) = \begin{pmatrix} 4 & 0 \\ 0 & -6y + 18 \end{pmatrix}.$$

Setzen wir f_x und f_y gleich null, so folgen die Lösungen

$$(x_1, y_1) = (2, 1), \qquad (x_2, y_2) = (2, 5).$$

An der Stelle (x_1, y_1) sind die partielle Ableitung f_{xx} und die Determinante der Hesse-Matrix positiv. Somit liegt dort ein Minimum vor. An der Stelle (x_2, y_2) ist die Determinante der Hesse-Matrix negativ. Damit hat f an der zweiten Stelle einen Sattelpunkt. Minimum und Sattelpunkt sind im Schaubild erkennbar. ■

12.4 Ausgleichsrechnung

Bei der Ausgleichsrechnung besteht die Aufgabe darin, eine Anzahl von Messpunkten durch eine Modellfunktion anzunähern. Dabei sollen die Abweichungen zwischen den Messpunkten und dem Modell ausgeglichen werden. Gute Verfahren minimieren diese Abweichungen.

Wir nehmen an, es liegen n Messpunkte $(x_1, y_1), \dots, (x_n, y_n)$ vor. Eine geeignete Modellfunktion f soll diese Punkte möglichst gut annähern. Hat die Modellfunktion genügend freie Parameter, so kann man die Messpunkte exakt durchlaufen. Dann spricht man von Interpolation. Eine einfache Variante der Interpolation haben wir in Abschnitt 5.5.1 kennengelernt. Hat die Modellfunktion jedoch weniger freie Parameter als Messpunkte vorliegen, so kann man die Messpunkte in der Regel nur näherungsweise erreichen. In diesem Fall spricht man von Approximation oder Ausgleichsrechnung.

12.4.1 Methode der kleinsten Fehlerquadrate

Wir machen für diesen Abschnitt einen gedanklichen Sprung. Waren bislang die Funktionen mit mehreren Variablen mit $f(x_1, \dots, x_n)$ bezeichnet, so betrachten wir nun Funktionen $f(x, c_1, \dots, c_m)$. Zu gegebenen Messpunkten $(x_1, y_1), \dots, (x_n, y_n)$ und einer ausgewählten Modellfunktion f bestehen die Abweichungen

$$d_k = f(x_k) - y_k, \quad k = 1, \dots, n.$$

Es stellt sich die Frage, wie alle diese Abweichungen möglichst klein werden können. Ein möglicher Ansatz ist, zunächst alle Abweichungen aufzusummieren:

$$d = \sum_{k=1}^{n} d_k = \sum_{k=1}^{n} (f(x_k) - y_k).$$

Ein wesentlicher Nachteil dieses Ansatzes ist, dass sich positive und negative Abweichungen gegenseitig aufheben. Dadurch ist keine hohe Approximationsgüte zu erwarten. In einem zweiten Ansatz könnte man die Beträge der Abweichungen aufsummieren und über die Modellparameter minimieren:

$$d = \sum_{k=1}^{n} |d_k| = \sum_{k=1}^{n} |f(x_k) - y_k| \to \min.$$

Dadurch werden alle Abweichungen berücksichtigt. Allerdings ist die Minimierung dieser Summe nicht ganz einfach, da sie Beträge enthält. Terme mit Beträgen ziehen in der Regel Fallunterscheidungen nach sich. Dieses Vorgehen ist also nicht elegant. In einem dritten Ansatz nehmen wir die Quadrate der Abweichungen:

$$d = \sum_{k=1}^{n} d_k^2 = \sum_{k=1}^{n} (f(x_k) - y_k)^2 \to \min.$$

Dadurch werden wieder alle Abweichungen gleichermaßen berücksichtigt, und die Summe enthält keine störenden Beträge mehr. Dieses Vorgehen nennt man die Methode der kleinsten Fehlerquadrate. Sie geht auf Johann Carl Friedrich Gauß zurück.

Definition 12.16 (Methode der kleinsten Fehlerquadrate)

Bei der Gaußschen Methode der kleinsten Fehlerquadrate minimiert man die Summe der Quadrate der Differenzen zwischen den Messwerten y_k und den Funktionswerten an den Messstellen $f(x_k)$ für $k = 1, 2, \ldots, n$:

$$d = \sum_{k=1}^{n} d_k^2 = \sum_{k=1}^{n} (f(x_k) - y_k)^2 \to \min.$$

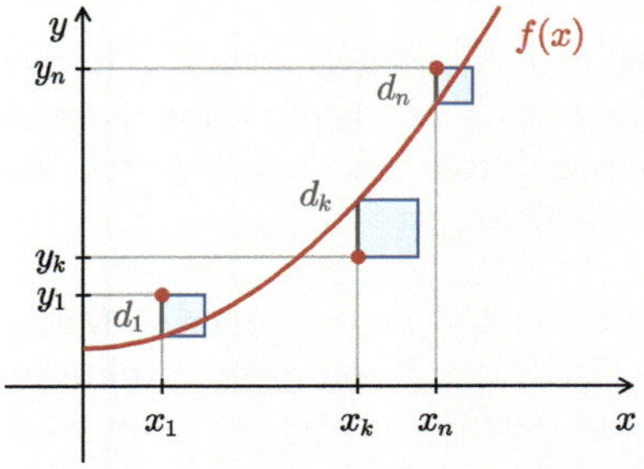

Die Minimierung bei der Methode der kleinsten Fehlerquadrate läuft dabei über die Modellparameter $c_1, \ldots, c_m$ der Funktion $f(x) = f(x, c_1, \ldots, c_m)$. Wir werden in den folgenden Abschnitten unterschiedliche Typen von Modellfunktionen im Detail betrachten.

12.4.2 Ausgleichsrechnung mit Polynomen

Wir lösen in diesem Abschnitt Ausgleichsprobleme durch einen polynomialen Ansatz. Wir nehmen an, es liegen n Messpunkte $(x_1, y_1), \ldots, (x_n, y_n)$ vor. Oftmals ist es aus der Erfahrung heraus möglich, einen groben Zusammenhang zwischen den Messwerten y_k und den Messstellen x_k anzugeben. Meist ist dieser Zusammenhang linear oder quadratisch, aber auch ein Zusammenhang in Form eines Polynoms höheren Grades ist möglich.

Definition 12.17 (Ausgleichspolynom, Ausgleichsgerade)

Ein Ausgleichspolynom ist ein Polynom vom Grad m, welches die Modellparameter c_0 bis c_m enthält:

$$f(x, c_0, c_1, \ldots, c_m) = c_0 + c_1\, x + c_2\, x^2 + \ldots + c_m x^m.$$

Der Spezialfall $m = 1$ beschreibt eine Ausgleichsgerade.

Beispiel 12.23 (Ausgleichsgerade)

Wir suchen eine Gerade $f(x) = c_0 + c_1\, x$, die möglichst gut zu den Punkten

$$(0\,|\,0), \quad (1\,|\,1), \quad (2\,|\,4)$$

passt. Zunächst müssen wir einen Weg finden, das Problem mathematisch zu formulieren. Dazu betrachten wir die Abweichungen zwischen der Geraden und den gewünschten Funktionswerten

$$d_0 = f(0) - 0, \; d_1 = f(1) - 1, \; d_2 = f(2) - 4.$$

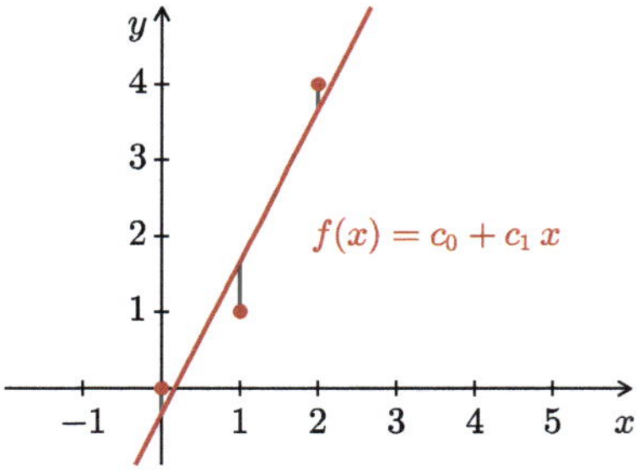

Wir könnten die Gerade so bestimmen, dass jeweils zwei dieser Fehler null werden, allerdings wird dadurch der Fehler am dritten Punkt groß.

Bei der Methode der kleinsten Fehlerquadrate bestimmt man die Gerade so, dass die Summe der Fehlerquadrate

$$d = d_0^2 + d_1^2 + d_2^2 \to \min$$

minimal wird. Die Gesamtabweichung d ist schließlich eine Funktion, die dann nur noch von c_0 und c_1 abhängt:

$$d(c_0, c_1) = c_0^2 + (c_0 + c_1 - 1)^2 + (c_0 + 2\,c_1 - 4)^2.$$

Mit den partiellen Ableitungen nach c_0 und c_1 ergeben sich die Bedingungen

$$\begin{array}{rcrcl} d_{c_0}(c_0, c_1) & = & 2\,c_0 + 2(c_0 + c_1 - 1) + 2(c_0 + 2\,c_1 - 4) & = & 0 \\ d_{c_1}(c_0, c_1) & = & 2(c_0 + c_1 - 1) + 4(c_0 + 2\,c_1 - 4) & = & 0 \end{array}$$

Diese notwendigen Bedingungen für ein Minimum bilden das lineares Gleichungssystem

$$\begin{array}{rcrcl} 6\,c_0 & + & 6\,c_1 & = & 10 \\ 6\,c_0 & + & 10\,c_1 & = & 18 \end{array}$$

das die Lösung $c_0 = -\frac{1}{3}$ und $c_1 = 2$ hat. Die gesuchte Gerade ist $f(x) = -\frac{1}{3} + 2x$. ■

Die Vorgehensweise aus Beispiel 12.23 lässt sich auf Polynome vom Grad m

$$f(x) = c_0 + c_1\,x + c_2\,x^2 + \ldots + c_m\,x^m$$

verallgemeinern. Zu den Daten

$$(x_1, y_1), \quad (x_2, y_2), \quad \ldots, \quad (x_n, y_n)$$

bestimmen wir das Polynom so, dass die Summe der Fehlerquadrate

$$d(c_0, c_1, \ldots, c_m) = (f(x_1) - y_1)^2 + (f(x_2) - y_2)^2 + \ldots + (f(x_n) - y_n)^2$$

minimal wird. Die einzelnen Abweichungen lassen sich in einem Gleichungssystem sehr elegant darstellen:

$$\underbrace{\begin{pmatrix} d_1 \\ d_2 \\ \vdots \\ d_n \end{pmatrix}}_{\boldsymbol{d}} = \underbrace{\begin{pmatrix} 1 & x_1 & \ldots & x_1^m \\ 1 & x_2 & \ldots & x_2^m \\ \vdots & \vdots & \ddots & \vdots \\ 1 & x_n & \ldots & x_n^m \end{pmatrix}}_{\boldsymbol{A}} \underbrace{\begin{pmatrix} c_0 \\ c_1 \\ \vdots \\ c_m \end{pmatrix}}_{\boldsymbol{c}} - \underbrace{\begin{pmatrix} y_1 \\ y_2 \\ \vdots \\ y_n \end{pmatrix}}_{\boldsymbol{y}}.$$

Die dabei auftretende Matrix A ist die sogenannte Vandermondesche Matrix, benannt nach Alexandre-Théophile Vandermonde.

Definition 12.18 (Vandermondesche Matrix)

Die Vandermondesche Matrix zu gegebenen Werten $x_1, \ldots, x_n$ und zu gegebenem Grad m besteht aus Potenzen dieser Werte:

$$\begin{pmatrix} 1 & x_1 & x_1^2 & \cdots & x_1^m \\ 1 & x_2 & x_2^2 & \cdots & x_2^m \\ \vdots & \vdots & \vdots & \ddots & \vdots \\ 1 & x_n & x_n^2 & \cdots & x_n^m \end{pmatrix}$$

Die Summe der Fehlerquadrate lässt sich auch in Form eines Skalarproduktes darstellen:

$$d_1^2 + d_2^2 + \ldots + d_n^2 = \boldsymbol{d}^{\mathrm{T}} \boldsymbol{d}.$$

Dabei bezeichnet $\boldsymbol{d}^{\mathrm{T}}$ den transponierten Vektor von $\boldsymbol{d}$. Die freien Parameter c_0 bis c_m können wir in einem Vektor $\boldsymbol{c}$ zusammenfassen. Es ergibt sich

$$d(\boldsymbol{c}) = \boldsymbol{d}^{\mathrm{T}} \boldsymbol{d} = (\boldsymbol{A}\,\boldsymbol{c} - \boldsymbol{y})^{\mathrm{T}} \, (\boldsymbol{A}\,\boldsymbol{c} - \boldsymbol{y}) \, .$$

Wir ziehen die Transposition in die erste Klammer und beachten dabei, dass sich dann bei einem Produkt die Reihenfolge der Faktoren umkehrt:

$$d(\boldsymbol{c}) = \left(\boldsymbol{c}^{\mathrm{T}} \boldsymbol{A}^{\mathrm{T}} - \boldsymbol{y}^{\mathrm{T}}\right) (\boldsymbol{A}\,\boldsymbol{c} - \boldsymbol{y}) \, .$$

Durch Ausmultiplizieren der Klammern erhalten wir

$$d(\boldsymbol{c}) = \boldsymbol{c}^{\mathrm{T}} \boldsymbol{A}^{\mathrm{T}} \boldsymbol{A}\,\boldsymbol{c} - \boldsymbol{c}^{\mathrm{T}} \boldsymbol{A}^{\mathrm{T}} \boldsymbol{y} - \boldsymbol{y}^{\mathrm{T}} \boldsymbol{A}\,\boldsymbol{c} + \boldsymbol{y}^{\mathrm{T}} \boldsymbol{y} \, .$$

Wir nutzen geschickt aus, dass der Term $\boldsymbol{c}^{\mathrm{T}} \boldsymbol{A}^{\mathrm{T}} \boldsymbol{y}$ ein Skalar ist, denn dann gilt

$$\boldsymbol{c}^{\mathrm{T}} \boldsymbol{A}^{\mathrm{T}} \boldsymbol{y} = (\boldsymbol{c}^{\mathrm{T}} \boldsymbol{A}^{\mathrm{T}} \boldsymbol{y})^{T} = \boldsymbol{y}^{\mathrm{T}} \boldsymbol{A}\,\boldsymbol{c}$$

und wir können die beiden mittleren Terme zusammenfassen:

$$d(\boldsymbol{c}) = \boldsymbol{c}^{\mathrm{T}} \boldsymbol{A}^{\mathrm{T}} \boldsymbol{A}\,\boldsymbol{c} - 2\,\boldsymbol{y}^{\mathrm{T}} \boldsymbol{A}\,\boldsymbol{c} + \boldsymbol{y}^{\mathrm{T}} \boldsymbol{y}.$$

In dieser Form lassen sich die partiellen Ableitungen berechnen:

$$\nabla d(\boldsymbol{c}) = 2\,\boldsymbol{c}^{\mathrm{T}} \boldsymbol{A}^{\mathrm{T}} \boldsymbol{A} - 2\,\boldsymbol{y}^{\mathrm{T}} \boldsymbol{A}.$$

Ohne weiter auf die Details einzugehen, haben wir dabei Differenziationsregeln für vektorwertige Funktionen verwendet. Nach den notwendigen Bedingungen für ein Minimum müssen die partiellen Ableitungen null sein. Das führt nach Bildung der Transponierten auf die sogenannten Normalengleichungen

$$\nabla d(\boldsymbol{c}) = \boldsymbol{0} \quad \Longrightarrow \quad 2\,\boldsymbol{c}^{\mathrm{T}} \boldsymbol{A}^{\mathrm{T}} \boldsymbol{A} = 2\,\boldsymbol{y}^{\mathrm{T}} \boldsymbol{A} \quad \Longrightarrow \quad \boldsymbol{A}^{\mathrm{T}} \boldsymbol{A}\,\boldsymbol{c} = \boldsymbol{A}^{\mathrm{T}} \boldsymbol{y}.$$

Man erkennt, dass die Matrix $\boldsymbol{A}^{\mathrm{T}} \boldsymbol{A}$ quadratisch und symmetrisch ist. In der Praxis werden die Normalengleichungen oft mit dem Algorithmus von Gauß gelöst. Allerdings ist bei größeren Systemen oder ungünstigen Messdaten Vorsicht geboten. Numerisch stabilere Ergebnisse erhält man mit der sogenannten QR-Zerlegung, siehe [Golub].

Definition 12.19 (Normalengleichungen für Ausgleichspolynome)

Die Normalengleichungen der Methode der kleinsten Fehlerquadrate zu den Messpunkten (x_k, y_k) mit $k = 1, 2, \ldots, n$ für ein Ausgleichspolynom mit Koeffizientenvektor $\boldsymbol{c}$ lauten

$$\boldsymbol{A}^{\mathrm{T}} \boldsymbol{A}\,\boldsymbol{c} = \boldsymbol{A}^{\mathrm{T}} \boldsymbol{y}.$$

Dabei ist $\boldsymbol{A}$ die Vandermondesche Matrix der Messstellen x_k und $\boldsymbol{y}$ der Vektor mit den Messwerten y_k.

Bei oberflächlicher Betrachtung der Normalengleichungen könnte man in Versuchung geraten, mit der Matrix $\boldsymbol{A}^{\mathrm{T}}$ kürzen zu wollen. Dies ist in aller Regel jedoch nicht möglich, denn bei Matrizen kann aus $\boldsymbol{A}\,\boldsymbol{B}_1 = \boldsymbol{A}\,\boldsymbol{B}_2$ nicht auf $\boldsymbol{B}_1 = \boldsymbol{B}_2$ geschlossen werden. In der Praxis ist für die Berechnung einer Ausgleichsgeraden oder einer Ausgleichsparabel auch folgendes Schema hilfreich:

Merke 12.13 (Bestimmung der Normalengleichungen für Ausgleichspolynome)

Zur Bestimmung der Normalengleichungen trägt man die Messpunkte (x_k, y_k) für $k = 1, 2, \ldots, n$ spaltenweise in die Tabelle ein und ergänzt die restlichen Einträge:

		x_k	y_k	x_k^2	$x_k y_k$	$\cdots$
	1	x_1	y_1	x_1^2	$x_1 y_1$	$\cdots$
	$\vdots$	$\vdots$	$\vdots$	$\vdots$	$\vdots$	$\vdots$
	1	x_n	y_n	x_n^2	$x_n y_n$	$\cdots$
$\sum$	n	$\sum x_k$	$\sum y_k$	$\sum x_k^2$	$\sum x_k y_k$	$\cdots$

Die letzte Zeile der Tabelle enthält dann die Elemente von $\boldsymbol{A}^{\mathrm{T}}\boldsymbol{A}$ und $\boldsymbol{A}^{\mathrm{T}}\boldsymbol{y}$:

$$\boldsymbol{A}^{\mathrm{T}}\boldsymbol{A} = \begin{pmatrix} n & \sum x_k & \sum x_k^2 & \cdots \\ \sum x_k & \sum x_k^2 & \sum x_k^3 & \cdots \\ \sum x_k^2 & \sum x_k^3 & \sum x_k^4 & \cdots \\ \vdots & \vdots & \vdots & \ddots \end{pmatrix}, \qquad \boldsymbol{A}^{\mathrm{T}}\boldsymbol{y} = \begin{pmatrix} \sum y_k \\ \sum x_k y_k \\ \sum x_k^2 y_k \\ \vdots \end{pmatrix}.$$

Beispiel 12.24 (Normalengleichgungen einer Ausgleichsgerade)

Wir betrachten nochmals die Problemstellung aus Beispiel 12.23. Das überbestimmte lineare Gleichungssystem der Ausgleichsgerade

$$f(x) = c_0 + c_1\, x\,,$$

die möglichst gut zu den Punkten

$$(0\,|\,0), \quad (1\,|\,1), \quad (2\,|\,4)$$

passt, lautet in Matrix-Vektor-Schreibweise

$$\underbrace{\begin{pmatrix} 1 & 0 \\ 1 & 1 \\ 1 & 2 \end{pmatrix}}_{\boldsymbol{A}} \underbrace{\begin{pmatrix} c_0 \\ c_1 \end{pmatrix}}_{\boldsymbol{c}} = \underbrace{\begin{pmatrix} 0 \\ 1 \\ 4 \end{pmatrix}}_{\boldsymbol{y}}.$$

Wir multiplizieren dieses System mit $\boldsymbol{A}^{\mathrm{T}}$ von links

$$\underbrace{\begin{pmatrix} 1 & 1 & 1 \\ 0 & 1 & 2 \end{pmatrix}}_{\boldsymbol{A}^{\mathrm{T}}} \underbrace{\begin{pmatrix} 1 & 0 \\ 1 & 1 \\ 1 & 2 \end{pmatrix}}_{\boldsymbol{A}} \underbrace{\begin{pmatrix} c_0 \\ c_1 \end{pmatrix}}_{\boldsymbol{c}} = \underbrace{\begin{pmatrix} 1 & 1 & 1 \\ 0 & 1 & 2 \end{pmatrix}}_{\boldsymbol{A}^{\mathrm{T}}} \underbrace{\begin{pmatrix} 0 \\ 1 \\ 4 \end{pmatrix}}_{\boldsymbol{y}}$$

und erhalten exakt dasselbe lineare Gleichungssystem

$$\underbrace{\begin{pmatrix} 3 & 3 \\ 3 & 5 \end{pmatrix}}_{\boldsymbol{A}^{\mathrm{T}}\boldsymbol{A}} \underbrace{\begin{pmatrix} c_0 \\ c_1 \end{pmatrix}}_{\boldsymbol{c}} = \underbrace{\begin{pmatrix} 5 \\ 9 \end{pmatrix}}_{\boldsymbol{A}^{\mathrm{T}}\boldsymbol{y}}$$

wie in Beispiel 12.23 mit entsprechend derselben Lösung. ■

12.4.3 Lineare Ausgleichsrechnung

Wir betrachten nun den Fall, bei dem das Ausgleichsproblem nicht durch ein Ausgleichspolynom gelöst werden soll, dennoch aber ein in den Koeffizienten c_1, c_2, ..., c_m lineares Problem ist. Somit ist die lineare Ausgleichsrechung eine Verallgemeinerung der Ausgleichsrechnung mit Polynomen. Die Eigenschaft der Linearität bezieht sich dabei auf die zu optimierenden Parameter c_1 bis c_m im Modell, nicht auf die Messpunkte oder die Modellfunktion selbst.

Definition 12.20 (Lineare Ausgleichsfunktion)
Eine lineare Ausgleichsfunktion ist eine Funktion, die linear in den Modellparametern c_1, c_2, ..., c_m ist:

$$f(x, c_1, c_2, \ldots, c_m) = c_1\, g_1(x) + c_2\, g_2(x) + \ldots + c_m\, g_m(x).$$

Die Methode der kleinsten Fehlerquadrate führt auch im linearen Fall auf die Normalengleichungen als notwendige Bedingung. Im Unterschied zu Ausgleichspolynomen ist die Matrix $\boldsymbol{A}$ in der Regel jedoch keine Vandermondesche Matrix.

Definition 12.21 (Normalengleichungen für lineare Ausgleichsprobleme)
Die Normalengleichungen der Methode der kleinsten Fehlerquadrate zu den Messpunkten (x_k, y_k) mit $k = 1, 2, \ldots, n$ für ein lineares Ausgleichsproblem mit Komponenten $g_1(x)$, $g_2(x)$, ..., $g_m(x)$ und Koeffizienten c_1, c_2, ..., c_m lauten

$$\boldsymbol{A}^{\mathrm{T}}\boldsymbol{A}\boldsymbol{c} = \boldsymbol{A}^{\mathrm{T}}\boldsymbol{y} \quad \text{mit} \quad \boldsymbol{A} = \begin{pmatrix} g_1(x_1) & g_2(x_1) & \cdots & g_m(x_1) \\ g_1(x_2) & g_2(x_2) & \cdots & g_m(x_2) \\ \vdots & \vdots & \ddots & \vdots \\ g_1(x_n) & g_2(x_n) & \cdots & g_m(x_n) \end{pmatrix}.$$

Beispiel 12.25 (Lineare Ausgleichsrechnung)
Durch die Messpunkte

$$\left(\frac{1}{4}\,\middle|\,\frac{1}{2}\right), \quad \left(\frac{1}{3}\,\middle|\,\frac{1}{4}\right), \quad \left(\frac{1}{2}\,\middle|\,\frac{1}{8}\right)$$

wollen wir eine verschobene Hyperbel der Form

$$f(x) = c_1 + \frac{c_2}{x}$$

legen. An dieser Stelle sei betont, dass hier ein lineares Ausgleichsproblem vorliegt, obwohl der Term $\frac{1}{x}$ in der Ansatzfunktion enthalten ist. Maßgebend für die Linearität der Ausgleichsaufgabe ist das Auftreten der Koeffizienten c_1 und c_2.

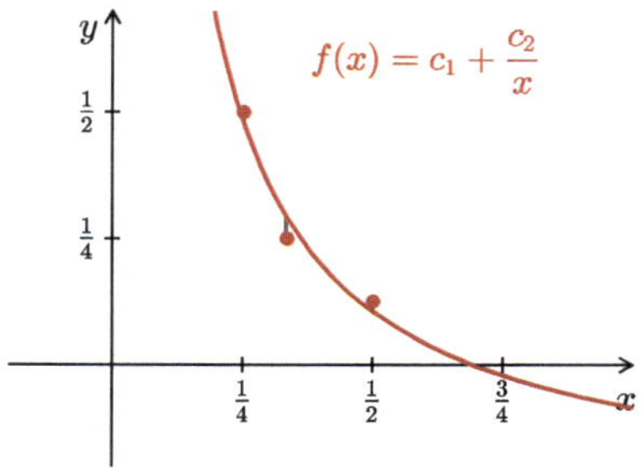

Zur Formulierung der Normalengleichungen bilden wir

$$\boldsymbol{A} = \begin{pmatrix} 1 & 4 \\ 1 & 3 \\ 1 & 2 \end{pmatrix}, \quad \boldsymbol{A}^{\mathrm{T}} = \begin{pmatrix} 1 & 1 & 1 \\ 4 & 3 & 2 \end{pmatrix}, \quad \boldsymbol{A}^{\mathrm{T}}\boldsymbol{A} = \begin{pmatrix} 3 & 9 \\ 9 & 29 \end{pmatrix}, \quad \boldsymbol{A}^{\mathrm{T}}\boldsymbol{y} = \begin{pmatrix} \frac{7}{8} \\ 3 \end{pmatrix}.$$

Nach kurzer Rechnung mit dem Gauß-Algorithmus erhalten wir als Lösung der Normalengleichungen $\boldsymbol{A}^{\mathrm{T}}\boldsymbol{A}\,\boldsymbol{c} = \boldsymbol{A}^{\mathrm{T}}\boldsymbol{y}$ die Koeffizienten

$$c_1 = -\frac{13}{48}, \quad c_2 = \frac{3}{16} \quad \Longrightarrow \quad f(x) = -\frac{13}{48} + \frac{3}{16x}$$

und damit die gesuchte hyperbolische Näherungskurve. ■

Beispiel 12.26 (Nichtlineare Ausgleichsrechnung)

Wir suchen zu den Messpunkten $(0\,|\,1)$, $(1\,|\,2)$ und $(3\,|\,4)$ eine Ausgleichskurve der Form $y(x) = c_1\,\mathrm{e}^{c_2 x}$. Dies ist ein nichtlineares Ausgleichsproblem. In diesem speziellen Fall können wir aber durch Logarithmieren eine lineare Form herstellen:

$$\ln y(x) = \ln c_1 + c_2 x = \tilde{c}_1 + \tilde{c}_2 x.$$

Für die Normalengleichungen stellen wir die Tabelle mit den dazu notwendigen Elementen auf:

		x_k	$\ln y_k$	x_k^2	$x_k \ln y_k$
	1	0	0	0	0
	1	1	$\ln 2$	1	$\ln 2$
	1	3	$2\ln 2$	9	$6\ln 2$
$\sum$	3	4	$3\ln 2$	10	$7\ln 2$

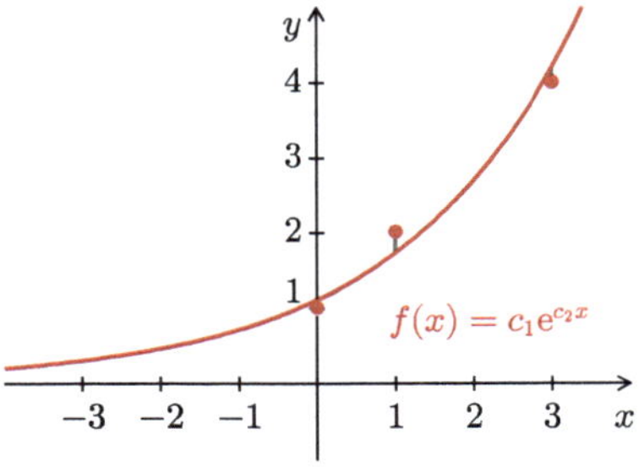

Die Normalengleichungen lauten damit

$$\begin{pmatrix} 3 & 4 \\ 4 & 10 \end{pmatrix}\begin{pmatrix} \tilde{c}_1 \\ \tilde{c}_2 \end{pmatrix} = \begin{pmatrix} 3\ln 2 \\ 7\ln 2 \end{pmatrix}.$$

Aus der eindeutigen Lösung des linearen Gleichungssystems erhält man zunächst die Koeffizienten

$$\tilde{c}_1 = \frac{2\ln 2}{14}, \quad \tilde{c}_2 = \frac{9\ln 2}{14}.$$

Zwischen den ursprünglichen und den neuen Koeffizienten besteht der folgende Zusammenhang:

$$c_1 = \mathrm{e}^{\tilde{c}_1}, \quad c_2 = \tilde{c}_2.$$

Man kann also durch Anwenden der Exponentialfunktion auf $\tilde{c}_1$ die Koeffizienten c_1 und c_2 bestimmen:

$$c_1 = \mathrm{e}^{\frac{2\ln 2}{14}} = \left(\mathrm{e}^{\ln 2}\right)^{\frac{1}{7}} = 2^{\frac{1}{7}} \approx 1.104, \quad c_2 = \frac{9\ln 2}{14} \approx 0.446.$$

Durch Logarithmieren haben wir also trickreich das ursprünglich nichtlineare Ausgleichsproblem in ein lineares transformiert. Anschließend haben wir dann dieses mit den Normalengleichungen gelöst. ■

12.5 Vektorwertige Funktionen

In diesem Abschnitt werden wir die Funktionen mit mehreren Variablen nochmals etwas verallgemeinern. Bislang haben wir Funktionen betrachtet, bei denen der Funktionswert ein Skalar ist, bei denen also die Wertemenge in den reellen Zahlen $\mathbb{R}$ liegt. Etwas allgemeiner kann man aber auch Funktionen betrachten, deren Funktionswerte Vektoren sind. Die Verallgemeinerung auf vektorwertige Funktionswerte ist nicht dramatisch. Man kann sich die Erweiterung so vorstellen, dass man zwei oder mehr bislang benutzte Funktionen einfach untereinander schreibt und zu einem Vektor zusammenfasst.

Definition 12.22 (Vektorwertige Funktion mit zwei Variablen)

Unter einer vektorwertigen Funktion $\boldsymbol{f}$ mit zwei Variablen versteht man eine Abbildung, die jedem Zahlenpaar (x, y) aus einer Definitionsmenge $D \subseteq \mathbb{R}^2$ genau einen Vektor $\begin{pmatrix} u \\ v \end{pmatrix}$ aus einer Zielmenge $W \subseteq \mathbb{R}^2$ zuordnet:

$$(x, y) \mapsto \begin{pmatrix} u \\ v \end{pmatrix} = \begin{pmatrix} f_1(x, y) \\ f_2(x, y) \end{pmatrix} = \boldsymbol{f}(x, y), \quad (x, y) \in D.$$

Die Veranschaulichung in einem Graphen ist allerdings nicht ohne Weiteres möglich. Um sowohl Definitions- als auch Wertemenge darzustellen, müsste man einen vierdimensionalen Raum zeichnen. Hier wird die Grenze des menschlichen Vorstellungsvermögens überschritten. Ersatzweise kann man die Komponenten f_1 und f_2 jeweils als reellwertige Funktion mit zwei Variablen auffassen und dafür zwei separate Schaubilder erstellen.

Beispiel 12.27 (Vektorwertige Funktionen)

a) Lineare Abbildungen der Form

$$\boldsymbol{f}(x, y) = \begin{pmatrix} a_{11} & a_{12} \\ a_{21} & a_{22} \end{pmatrix} \begin{pmatrix} x \\ y \end{pmatrix},$$

wie wir sie in Abschnitt 4.5 kennengelernt haben, können als vektorwertige Funktionen mit zwei Variablen aufgefasst werden.

b) Die vektorwertige Funktion

$$\boldsymbol{f}(x, y) = \begin{pmatrix} x^2 + 2y^2 - 8 \\ x^3 - 4y \end{pmatrix}$$

mit zwei Komponentenfunktionen ist auf ganz $\mathbb{R}^2$ definiert. ■

Eine vektorwertige Funktion $\boldsymbol{f}$ hat an der Stelle (x_0, y_0) eine Nullstelle, falls beide Komponenten dort eine Nullstelle haben. Auch die Ableitung einer vektorwertigen Funktion enthält nichts substantiell Neues. Es werden einfach alle partiellen Ableitungen in einer Matrix zusammengefasst. Diese Matrix ist nach nach Carl Gustav Jacob Jacobi benannt und ist nicht zu verwechseln mit der Hesse-Matrix, bestehend aus den zweiten partiellen Ableitungen einer nicht vektorwertigen Funktion.

Definition 12.23 (Ableitung vektorwertiger Funktionen, Jacobi-Matrix)

Unter der Ableitung einer vektorwertigen Funktion $\boldsymbol{f}$ versteht man die von x und y abhängige Matrix

$$\boldsymbol{J}(x,y) = \begin{pmatrix} \nabla f_1(x,y) \\ \nabla f_2(x,y) \end{pmatrix} = \begin{pmatrix} f_{1,x}(x,y) & f_{1,y}(x,y) \\ f_{2,x}(x,y) & f_{2,y}(x,y) \end{pmatrix}.$$

Sie enthält alle partiellen Ableitungen der Komponenten f_1 und f_2 von $\boldsymbol{f}$. Diese Matrix nennt man auch Jacobi-Matrix.

12.6 Numerische Verfahren

Die numerischen Verfahren für Funktionen mit mehreren Variaben sind sehr vielfältig, ihre Bedeutung für Anwendungen ist immens. Moderne Systeme hängen in aller Regel von mehr als einem Parameter oder einem Systemzustand ab. Schon ist man mittendrin im Anwendungsbereich von Funktionen mit mehreren Variaben.

12.6.1 Mehrdimensionales Newton-Verfahren

Das Newton-Verfahren hat große Bedeutung bei der numerischen Lösung von nichtlinearen Gleichungen. So liegt es nahe, dass auch für mehrdimensionale Probleme eine Variante entwickelt worden ist. Wir betrachten die vektorwertige Funktion

$$\boldsymbol{f}(x,y) = \begin{pmatrix} f_1(x,y) \\ f_2(x,y) \end{pmatrix},$$

von der wir eine Nullstelle suchen. Wie im Eindimensionalen benötigt man einen Startwert $(\tilde{x}_0, \tilde{y}_0)$ für die Nullstelle. Die Rolle der Tangente nimmt die Tangentialebene ein. An der Stelle $(\tilde{x}_0, \tilde{y}_0)$ legt man die Tangentialebene an f_1 und auch an f_2 an:

$$\begin{aligned} g_1(x,y) &= f_1(\tilde{x}_0,\tilde{y}_0) + \nabla f_1(\tilde{x}_0,\tilde{y}_0)\begin{pmatrix} x-\tilde{x}_0 \\ y-\tilde{y}_0 \end{pmatrix} \\ g_2(x,y) &= f_2(\tilde{x}_0,\tilde{y}_0) + \nabla f_2(\tilde{x}_0,\tilde{y}_0)\begin{pmatrix} x-\tilde{x}_0 \\ y-\tilde{y}_0 \end{pmatrix} \end{aligned}$$

Die Schnitte der beiden Tangentialebenen mit der c ergeben zwei Geraden:

$$\begin{aligned} \nabla f_1(\tilde{x}_0,\tilde{y}_0)\begin{pmatrix} x \\ y \end{pmatrix} &= \nabla f_1(\tilde{x}_0,\tilde{y}_0)\begin{pmatrix} \tilde{x}_0 \\ \tilde{y}_0 \end{pmatrix} - f_1(\tilde{x}_0,\tilde{y}_0) \\ \nabla f_2(\tilde{x}_0,\tilde{y}_0)\begin{pmatrix} x \\ y \end{pmatrix} &= \nabla f_2(\tilde{x}_0,\tilde{y}_0)\begin{pmatrix} \tilde{x}_0 \\ \tilde{y}_0 \end{pmatrix} - f_2(\tilde{x}_0,\tilde{y}_0) \end{aligned}$$

Im Allgemeinen liegen diese beiden Geraden schief zueinander in der x-y-Ebene.

Die beiden Geradengleichungen kann man mithilfe der Jacobi-Matrix in einer Gleichung zusammenfassen:

$$\boldsymbol{J}(\tilde{x}_0,\tilde{y}_0)\begin{pmatrix} x \\ y \end{pmatrix} = \boldsymbol{J}(\tilde{x}_0,\tilde{y}_0)\begin{pmatrix} \tilde{x}_0 \\ \tilde{y}_0 \end{pmatrix} - \begin{pmatrix} f_1(\tilde{x}_0,\tilde{y}_0) \\ f_2(\tilde{x}_0,\tilde{y}_0) \end{pmatrix}.$$

Der Schnittpunkt der beiden Schnittgeraden ist der neue Näherungswert $(\tilde{x}_1,\tilde{y}_1)$. Wir lösen also, sofern die Inverse der Jacobi-Matrix existiert, nach x und y auf:

$$\begin{pmatrix} x \\ y \end{pmatrix} = \begin{pmatrix} \tilde{x}_0 \\ \tilde{y}_0 \end{pmatrix} - \boldsymbol{J}^{-1}(\tilde{x}_0,\tilde{y}_0)\,\boldsymbol{f}(\tilde{x}_0,\tilde{y}_0).$$

Diese Stelle nennen wir $(\tilde{x}_1,\tilde{y}_1)$. Sie dient als Startwert für die nächste Iteration. In dieser Formel wird die starke Analogie zum eindimensionalen Newton-Verfahren deutlich. Ein Schritt des Newton-Verfahrens ist nur durchführbar, falls die Jacobi-Matrix regulär ist, also eine Determinante ungleich null besitzt.

Definition 12.24 (Mehrdimensionales Newton-Verfahren)

Mit dem mehrdimensionalen Newton-Verfahren kann man eine Nullstelle einer vektorwertigen Funktion $\boldsymbol{f}$ näherungsweise berechnen:

(1) Finde einen geeigneten Startwert $(\tilde{x}_0,\tilde{y}_0)$.

(2) Berechne Näherungswerte $(\tilde{x}_1,\tilde{y}_1)$, $(\tilde{x}_2,\tilde{y}_2)$, ... mit der Iterationsvorschrift

$$\begin{pmatrix} \tilde{x}_{k+1} \\ \tilde{y}_{k+1} \end{pmatrix} = \begin{pmatrix} \tilde{x}_k \\ \tilde{y}_k \end{pmatrix} - \boldsymbol{J}^{-1}(\tilde{x}_k,\tilde{y}_k)\,\boldsymbol{f}(\tilde{x}_k,\tilde{y}_k), \qquad k = 0,1,2,\ldots$$

(3) Führe die Iteration so lange durch, bis die gewünschte Genauigkeit erreicht ist.

Beispiel 12.28 (Mehrdimensionales Newton-Verfahren)

Wir suchen die Nullstellen der vektorwertigen Funktion

$$\boldsymbol{f}(x,y) = \begin{pmatrix} -e^x - y + 2 \\ x^2 + 2y^2 - 6 \end{pmatrix}.$$

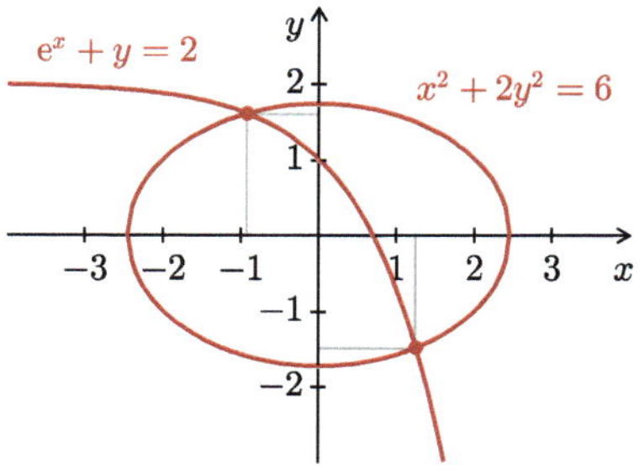

Setzt man die beiden Funktionskomponenten null, so ergeben sich zwei Schnittkurven. Die Schnittpunkte dieser Schnittkurven wiederum sind die gesuchten Lösungen. Aus dem Schaubild ergeben sich als geeignete Startwerte für das Newton-Verfahren

$$(\tilde{x}_0,\tilde{y}_0) = (-2,2), \qquad (\tilde{x}_0,\tilde{y}_0) = (2,-2).$$

Die weiteren Näherungswerte berechnen wir mit der Formel

$$\begin{pmatrix} \tilde{x}_{k+1} \\ \tilde{y}_{k+1} \end{pmatrix} = \begin{pmatrix} \tilde{x}_k \\ \tilde{y}_k \end{pmatrix} - \begin{pmatrix} -e^{\tilde{x}_k} & -1 \\ 2\tilde{x}_k & 4\tilde{y}_k \end{pmatrix}^{-1} \begin{pmatrix} -e^{\tilde{x}_k} - \tilde{y}_k + 2 \\ \tilde{x}_k^2 + 2\tilde{y}_k^2 - 6 \end{pmatrix}.$$

Diese Formel wird iterativ für $k = 0,1,2,3,\ldots$ angewendet.

Die Tabelle enthält die einzelnen Zahlenwerte. Korrekte Ziffern sind rot dargestellt.

k	$\tilde{x}_k$	$\tilde{y}_k$	$\tilde{x}_k$	$\tilde{y}_k$
0	−2.0000000000	2.0000000000	2.0000000000	−2.0000000000
1	−1.0325348945	1.7337325527	1.4753420374	−1.5123289812
2	−0.9322439726	1.6081829570	1.2728168227	−1.4869832894
3	−0.9254963413	1.6036743291	1.2005405988	−1.4896135114
4	−0.9254898387	1.6036627698	1.2497964156	−1.4896323349

Das Verfahren konvergiert auch im Zweidimensionalen rasch gegen die Lösungen. ■

12.6.2 Gradientenverfahren

In diesem Abschnitt betrachten wir Minimierungsprobleme, also Fragestellungen der Art

$$f(x,y) \to \min, \quad (x,y) \in D.$$

Man spricht hierbei auch von einer Optimierung ohne Nebenbedingungen. Dies bedeutet, dass die Lösung ohne jegliche Einschränkungen in der gesamten Definitionsmenge D gesucht werden kann.

Eine Möglichkeit dazu ist, die notwendigen Bedingungen auszunutzen. Dies führt auf eine Nullstellensuche in der Ableitung. Wir kennen dieses Vorgehen bereits von Funktionen mit nur einer Variablen.

Eine andere Möglichkeit wird im Folgenden dargestellt. Dabei wird ausgenutzt, dass der Gradient einer Funktion als Richtungsvektor interpretiert in Richtung des steilsten Anstieges zeigt. Der negative Gradient ist also immer eine Abstiegsrichtung. Wir beginnen mit einem Startwert $(\tilde{x}_0, \tilde{y}_0)$ und bewegen uns ein Stück in Richtung des negativen Gradienten:

$$\begin{pmatrix} x \\ y \end{pmatrix} = \begin{pmatrix} \tilde{x}_0 \\ \tilde{y}_0 \end{pmatrix} - t\,\nabla f(\tilde{x}_0, \tilde{y}_0), \quad t > 0.$$

Nun ist noch die Frage, wie weit genau in diese Richtung zu gehen ist. Dazu kann man etwa die Folge

$$t = 1,\ \frac{1}{2},\ \frac{1}{4},\ \frac{1}{8},\ \ldots$$

heranziehen und für jeden Wert t testen, ob der Funktionswert an der neuen Stelle kleiner ist als an der alten:

$$f(x,y) < f(\tilde{x}_0, \tilde{y}_0).$$

Sobald diese Bedingung erfüllt ist, hat man ein geeigneten Wert t gefunden. Diesen Vorgang wiederholt man, bis keine wesentliche Änderung der Minimalstelle mehr eintritt.

Definition 12.25 (Gradientenverfahren)

Mit dem Gradientenverfahren kann man ein Minimum einer Funktion f in mehreren Variablen näherungsweise berechnen:

(1) Finde einen geeigneten Startwert $(\tilde{x}_0, \tilde{y}_0)$.

(2) Berechne Näherungswerte $(\tilde{x}_1, \tilde{y}_1)$, $(\tilde{x}_2, \tilde{y}_2)$, ... mit der Iterationsvorschrift

$$\begin{pmatrix} \tilde{x}_{k+1} \\ \tilde{y}_{k+1} \end{pmatrix} = \begin{pmatrix} \tilde{x}_k \\ \tilde{y}_k \end{pmatrix} - t\, \nabla f(\tilde{x}_k, \tilde{y}_k), \quad k = 0, 1, 2, \ldots$$

Halbiere dabei ausgehend von $t = 1$ den Parameter t in jedem Schritt so lange, bis $f(\tilde{x}_{k+1}, \tilde{y}_{k+1}) < f(\tilde{x}_k, \tilde{y}_k)$.

(3) Führe die Iteration so lange durch, bis die gewünschte Genauigkeit erreicht ist.

Beispiel 12.29 (Gradientenverfahren)

Wir betrachten die Funktion

$$f(x, y) = \frac{8}{5} + \frac{2}{5}\, y - \frac{1}{5}\, x - \frac{3}{2} \mathrm{e}^{-(x^2+2y^2)}$$

und suchen ein Minimum mithilfe des Gradientenverfahrens. Das Schaubild zeigt einige Höhenlinien der Funktion in grau. Ohne Anhaltspunkt für die Lage des Minimums wählen wir als Startwert die Stelle

$$(\tilde{x}_0, \tilde{y}_0) = (1, 1).$$

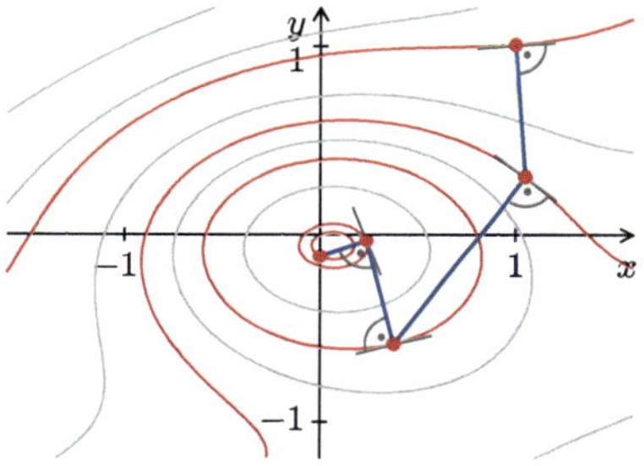

Für die partiellen Ableitungen und damit für den Gradienten ergibt sich

$$f_x(x, y) = -\frac{1}{5} + 3\, x\, \mathrm{e}^{-(x^2+2y^2)}$$

$$f_y(x, y) = \frac{2}{5} + 6\, y\, \mathrm{e}^{-(x^2+2y^2)}$$

Die weiteren Näherungswerte berechnen wir mit der Formel für das Gradientenverfahren. Der skalierte Gradient liefert die Korrektur:

$$\begin{pmatrix} \tilde{x}_{k+1} \\ \tilde{y}_{k+1} \end{pmatrix} = \begin{pmatrix} \tilde{x}_k \\ \tilde{y}_k \end{pmatrix} - t_k\, \nabla f(\tilde{x}_k, \tilde{y}_k).$$

Die Tabelle enthält die einzelnen Zahlenwerte. Es ist erkennbar, dass die Schrittweite t von Iteration zu Iteration variiert. Die Höhenlinien in rot verlaufen durch die Näherungswerte des Gradientenverfahrens. Man sieht deutlich, dass die Gradienten senkrecht auf den Höhenlinien stehen. Das Verfahren konvergiert, wenn auch nicht allzu schnell, gegen die Minimumstelle.

k	$\tilde{x}_k$	$\tilde{y}_k$	t_k
0	1.00000	1.00000	–
1	1.05063	0.30127	1.000
2	0.37898	−0.59862	1.000
3	0.23850	−0.03893	0.500
4	0.00155	−0.12892	0.500
5	0.05042	−0.04186	0.250
6	0.06283	−0.07944	0.250
7	0.06648	−0.06223	0.250
8	0.06722	−0.07001	...

12.7 Anwendungen

Bisher haben wir die wichtigsten Begriffe und Eigenschaften von Funktionen mit mehreren Variablen nur für den einfachsten Spezialfall mit zwei Variablen betrachtet. In Anwendungen, insbesondere bei Optimierungsproblemen, betrachtet man Funktionen, die von einer Vielzahl von Variablen abhängen. Solche Funktionen lassen sich in der Regel nicht durch Schaubilder visuell erfassen. Die analytischen Methoden, die wir in diesem Kapitel kennengelernt haben, lassen sich auf Funktionen mit mehr als zwei Variablen übertragen. Auch die Fehlerrechnung, die wir formal nur für Funktionen mit zwei Veränderlichen betrachten, lässt sich problemlos auf Funktionen mit mehr als zwei Veränderlichen anwenden.

12.7.1 Fehlerrechnung

Die Fehlerrechnung spielt in der Praxis eine wichtige Rolle. Prinzipiell ist jeder Messwert mit einem Messfehler behaftet. Die Frage ist nun, wie sich dieser Eingangsfehler in einer weiteren Rechnung auswirkt. Im ungünstigen Fall können selbst kleinste Fehler in den Eingangsgrößen zu großen Abweichungen im Ergebnis führen. Es gibt jedoch auch Situationen, bei denen Eingangsfehler kaum Auswirkung auf das Ergebnis haben.

An dieser Stelle verwenden wir die Notation für den Fehler aus Definition 8.17. Wir bezeichnen mit $f(x, y)$ eine Funktion, die von zwei Messgrößen x und y abhängt. Für eine relativ grobe und dafür einfache Abschätzung des Ausgangsfehlers Δf in Abhängigkeit von den Eingangsfehlern Δx und Δy erinnern wir uns an das totale Differenzial

$$\Delta f \approx \mathrm{d}f = f_x \,\mathrm{d}x + f_y \mathrm{d}y.$$

Hieraus lässt sich leicht eine Abschätzung des Fehlers herleiten. Wohlgemerkt: Wir bekommen durch den Differenzialansatz nur eine Abschätzung des maximalen Fehlers. Der Fehler kann bei einer einzelnen Messung kleiner oder auch etwas größer als diese Abschätzung sein. Dennoch bekommen wir mit dieser Abschätzung eine gute Größenordnung der zu erwartenden Abweichung in der Ausgangsgröße.

Satz 12.7 (Abschätzung des maximalen Fehlers)

Näherungsweise abschätzen lässt sich

- der maximale absolute Fehler durch $|\Delta f| \approx |f_x|\,|\Delta x| + |f_y|\,|\Delta y|$,
- der maximale relative Fehler durch $\left|\dfrac{\Delta f}{f}\right| \approx \left|\dfrac{f_x}{f}\right| |\Delta x| + \left|\dfrac{f_y}{f}\right| |\Delta y|$.

Um einen groben Eindruck zu bekommen, wie eine Funktion $f(x, y)$ einen Eingangsfehler dämpft oder verstärkt, betrachten wir die vier elementaren Grundoperationen zwischen den beiden Eingangsgrößen x und y. Es ergibt sich ein einfacher Zusammenhang für den absoluten oder relativen Fehler.

Für die Summe bzw. Differenz gilt

$$f(x,y) = x \pm y, \quad f_x(x,y) = 1, \quad f_y(x,y) = \pm 1.$$

Damit erhalten wir für den absoluten Fehler

$$|\Delta f| \approx |\Delta x| + |\Delta y|.$$

Da wir Beträge abschätzen, gilt diese Formel auch für die Subtraktion. Natürlich können wir auch bei der Multiplikation oder Division den absoluten Fehler betrachten. Es stellt sich bei analoger Rechnung heraus, dass dieser von den Absolutwerten der Messgrößen abhängt. Somit entsteht in diesem Fall keine angenehme, einfache Formel. Stattdessen leiten wir nun den relativen Fehler her. Für das Produkt gilt

$$f(x,y) = xy, \quad f_x(x,y) = y, \quad f_y(x,y) = x.$$

Damit erhalten wir für den relativen Fehler

$$\left|\frac{\Delta f}{f}\right| \approx \left|\frac{y}{xy}\right| |\Delta x| + \left|\frac{x}{xy}\right| |\Delta y| = \left|\frac{\Delta x}{x}\right| + \left|\frac{\Delta y}{y}\right|.$$

Für den Quotienten gilt ganz entsprechend

$$f(x,y) = \frac{x}{y}, \quad f_x(x,y) = \frac{1}{y}, \quad f_y(x,y) = \frac{-x}{y^2}.$$

Wir erhalten für den relativen Fehler

$$\left|\frac{\Delta f}{f}\right| \approx \left|\frac{\frac{1}{y}}{\frac{x}{y}}\right| |\Delta x| + \left|\frac{\frac{-x}{y^2}}{\frac{x}{y}}\right| |\Delta y| = \left|\frac{\Delta x}{x}\right| + \left|\frac{\Delta y}{y}\right|.$$

Merke 12.14 (Fehlerauswirkung)

Werden zwei Größen x und y

- addiert oder subtrahiert, so addieren sich die absoluten Fehler.
- multipliziert oder dividiert, so addieren sich die relativen Fehler.

Beispiel 12.30 (Quadervolumen)

Das Volumen eines Quaders mit quadratischer Grundfläche ist gegeben durch

$$V(a,c) = a^2 c.$$

Die Kantenlängen betragen $a = 5$ und $c = 10$ mit einem relativen Fehler von $1\ \%$ und $2\ \%$. Um den relativen Fehler des Volumens abzuschätzen, berechnen wir zunächst die partiellen Ableitungen der Funktion $V(a,c)$ zu

$$V_a(a,c) = 2ac, \quad V_c(a,c) = a^2.$$

Damit erhalten wir die Abschätzung

$$\left|\frac{\Delta V}{V}\right| \approx \left|\frac{\mathrm{d}V}{V}\right| \le \left|\frac{V_a}{V}\right| |\Delta a| + \left|\frac{V_c}{V}\right| |\Delta c| = \frac{2}{a}\,\frac{a}{100} + \frac{1}{c}\,\frac{2c}{100} = \frac{2}{100} + \frac{2}{100} = \frac{4}{100}.$$

Der relative Fehler im Volumen beträgt also näherungsweise $4\ \%$. ■

12.8 Aufgaben

12.8.1 Verständnis und Kompetenz

Aufgabe 12.1 (Maximale Definitionsmengen) ★★

Bestimmen Sie die maximale Definitionsmenge der folgenden Funktionen und erstellen Sie eine Skizze der Definitionsmenge in der x-y-Ebene.

a) $f(x,y) = \sqrt{(x^2-1)(9-y^2)}$ b) $f(x,y) = \dfrac{\sqrt{x+y}}{x-y}$

Aufgabe 12.2 (Partielle Ableitungen des Arkustangens) ★★★

Berechnen Sie für die Funktion

$$f(x,y) = \arctan\left(\frac{x}{y}\right)$$

die partiellen Ableitungen f_x und f_y sowie den Ausdruck $f_{xx}\, f_{yy} - f_{xy}^2$.

12.8.2 Rechnung und Training

Aufgabe 12.3 (Partielle Ableitungen) ★★★

Bestimmen Sie die partiellen Ableitungen erster und zweiter Ordnung für die Funktionen

a) $f(x,y) = x + y$ b) $f(x,y) = (3x-5y)^2$ c) $f(r,\varphi) = 3\,r\,e^{\varphi}$

d) $f(x,y) = \ln\sqrt{x^2+y^2}$ e) $f(t,\omega,\varphi) = \sin(\omega\,t + \varphi)$ f) $f(x,y,z) = x^2\sin(y-z)$

Aufgabe 12.4 (Totales Differenzial) ★★★

Berechnen Sie für die Funktion $f(x,y,z) = x\,y + y\,z + z\,x$ das totale Differenzial $\mathrm{d}f$ an der Stelle $(x_0,y_0,z_0) = (2,3,1)$ und schätzen Sie damit die Funktionsänderung Δf für die maximalen Zuwächse $\Delta x = 0.1$, $\Delta y = 0.2$ und $\Delta z = 0.2$.

Aufgabe 12.5 (Rotationssymmetrische Funktion) ★★★★

Gegeben ist die Funktion von zwei Veränderlichen $f(x,y) = \dfrac{1}{1+x^2+y^2}$.

a) Bestimmen Sie die maximale Definitionsmenge von f.

b) Berechnen und skizzieren Sie die Schnittkurven mit den Ebenen parallel zur x-z-Ebene und zur y-z-Ebene. Welche Höhenlinien besitzt f?

c) Bestimmen Sie die partiellen Ableitungen f_x und f_y. Wo ist die Tangentialebene an die Funktion f parallel zur x-y-Ebene?

d) Wie lautet das totale Differenzial von f an der Stelle $(x_0,y_0) = (1,1)$? Geben Sie mithilfe des totalen Differenzials näherungsweise die Änderung des Funktionswertes an, wenn sich an der Stelle (x_0,y_0) die unabhängigen Variablen um maximal $\Delta x = \pm 0.1$ und $\Delta y = \pm 0.2$ ändern.

Aufgabe 12.6 (Wurzelfunktion) ★★★

Gegeben ist die Funktion $f(x, y) = \sqrt{16 - x^2 - 4y^2}$ und die Stelle $(x_0, y_0) = (\sqrt{3}, -1)$.

a) Bestimmen Sie die maximale Definitionsmenge der Funktion f.

b) Skizzieren Sie die Höhenlinien der Funktion f für die z-Werte $z_1 = 1$, $z_2 = 2$, $z_3 = 3$.

c) Wie lautet die Tangentialebene an das Schaubild der Funktion f an der Stelle (x_0, y_0)?

d) Berechne die Richtungsableitung für den Winkel $\alpha = 60°$ an der Stelle (x_0, y_0).

e) In welcher Richtung wird die Richtungsableitung an der Stelle (x_0, y_0) maximal?

Aufgabe 12.7 (Ausgleichsparabel) ★★★

Bestimmen Sie zu den Punkten $(-1\,|\,1)$, $(0\,|\,0)$, $(1\,|\,1)$ und $(2\,|\,3)$ die Ausgleichsparabel $f(x) = a_0 + a_1\,x + a_2\,x^2$, welche die Summe der Fehlerquadrate minimiert:

a) Bestimmen Sie die Funktion der Fehlerquadrate

$$e(a_0, a_1, a_2) = (f(-1) - 1)^2 + (f(0))^2 + (f(1) - 1)^2 + (f(2) - 3)^2 .$$

b) Berechnen Sie die partiellen Ableitungen der Fehlerfunktion $e(a_0, a_1, a_2)$ und bestimmen Sie damit alle Extremwerte von $e(a_0, a_1, a_2)$.

c) Wie lautet die Funktionsgleichung der Ausgleichsparabel?

12.8.3 Anwendung

Aufgabe 12.8 (Zylindervolumen) ★★★

Das Volumen eines Kreiszylinders mit Radius r und Höhe h lässt sich durch die Formel $V = \pi\,r^2\,h$ berechnen. Der Durchmesser $d = 100$ mm und die Höhe $h = 50$ mm wurden mit einem Messschieber mit der Genauigkeit $\pm 10^{-2}$ mm ermittelt. Schätzen Sie den maximalen relativen Fehler des Volumens mithilfe des Differenzials.

Aufgabe 12.9 (Zylinderoberfläche) ★★★★

Schätzen Sie mithilfe des totalen Differenzials $\mathrm{d}O$ die Oberflächenänderung ΔO eines Zylinders mit Boden und Deckel ab, dessen Radius $r = 10$ cm um maximal 5 % und dessen Höhe $h = 25$ cm um maximal 2 % verändert wurde. Vergleichen Sie diese Abschätzung mit dem exakten Wert.

Aufgabe 12.10 (Kreissegment) ★★★★

Das Gewicht eines Bleches von der Gestalt eines Kreissegments mit Radius r und Mittelpunktswinkel α berechnet sich nach der Formel $G = \frac{1}{2}\,\gamma\,D\,r^2\,(\alpha - \sin\alpha)$. Dabei bezeichnet γ das spezifische Gewicht und D die Blechdicke. Messungen haben ergeben: $\gamma = 8.75 \pm 0.02\ \frac{\mathrm{g}}{\mathrm{cm}^3}$, $r = 10.0 \pm 0.01$ cm, $D = 0.10 \pm 0.005$ cm und $\alpha = 60.0° \pm 0.05°$.

a) Wie viel Prozent beträgt näherungsweise der maximale relative Fehler von G?

b) Bei welcher Größe lohnt es sich am meisten, die Messgenauigkeit zu steigern?

13 Komplexe Zahlen und Funktionen

Obwohl bereits Leonhard Euler und Johann Carl Friedrich Gauß das Zeichen i für imaginäre Einheit eingeführt haben, wurde die Bedeutung der komplexen Zahlen für die Mathematik erst Anfang des 19. Jahrhunderts erkannt. Etwa zeitgleich fand durch die Erfindung der elektrischen Telegrafie der Einstieg in die elektronische Nachrichtenübermittlung statt. Dadurch sind wir heute in der Lage, Informationen mit Telefon, Fernsehen und Computer in Echtzeit zu übermitteln. Trotzdem gibt es nach wie vor gute Gründe dafür, dass viele Informationen in nicht elektronischer Form, etwa durch Briefe, Bücher oder Zeitschriften übermittelt werden. Mit den reellen und komplexen Zahlen verhält es sich ganz ähnlich. Viele Problemstellungen lassen sich durch komplexe Zahlen einfacher beschreiben und mithilfe komplexer Zahlen schneller und einfacher lösen. Trotzdem kommt man bei einer ganzen Reihe von Problemstellungen in der Mathematik auch ganz gut ohne komplexe Zahlen zurecht.

Im Zusammenhang mit komplexen Zahlen treten Begriffe wie imaginäre Einheit und Imaginärteil auf. Dadurch gewinnt man leicht den Eindruck, dass komplexe Zahlen fiktive Gebilde sind, die keine Bedeutung für die reale Welt haben. Genau das Gegenteil ist jedoch der Fall. Komplexe Zahlen sind genau so real wie die reellen Zahlen. An die reellen Zahlen haben wir uns nur schon gewöhnt. Die Liebe zu den komplexen Zahlen ist meistens keine Liebe auf den ersten Blick. Wer jedoch das Prinzip einmal durchschaut hat, möchte die komplexen Zahlen nie mehr missen.

13.1 Definition und Darstellung

Wenn in der Mathematik eine neue Zahlenmenge eingeführt wird, muss es dafür einen plausiblen Grund geben, siehe Abschnitt 1.2. Es stellt sich also die Frage, welche mathematischen Probleme nicht mit reellen Zahlen gelöst werden können. Beim Rechnen mit reellen Zahlen sind wir immer wieder auf das Problem gestoßen, dass unter der Wurzel keine negative Zahl stehen darf. Oder anders formuliert: Es gibt keine reelle Zahl, deren Quadrat eine negative Zahl ergibt. Die grundlegende Idee der komplexen Zahlen besteht darin, die reellen Zahlen so zu erweitern, dass dieses Manko behoben wird.

13.1.1 Komplexe Zahlen

Die Basis für die komplexen Zahlen wird durch die Definition einer imaginären Einheit gelegt. Die imaginäre Einheit ist dadurch festgelegt, dass das Quadrat von ihr -1 ergibt. Die imaginäre Einheit ist somit keine reelle Zahl, sondern etwas Neues.

In der Mathematik ist es üblich, die komplexe Einheit mit i zu bezeichnen. Um Verwechslungen mit der Abkürzung für die Stromstärke zu vermeiden, verwendet man in der Elektrotechnik manchmal die Schreibweise j.

Definition 13.1 (Imaginäre Einheit)

Die imaginäre Einheit i ist definiert durch

$$\mathrm{i}^2 = -1.$$

In Definition 13.1 haben wir bewusst nicht die Formulierung $\mathrm{i} = \sqrt{-1}$ gewählt. In Abschnitt 13.3.2 werden wir klären, wie das Wurzelsymbol im Zusammenhang mit komplexen Zahlen zu verstehen ist.

Ausgehend von der komplexen Einheit i definiert man die Menge der komplexen Zahlen. Dabei geht man so ähnlich wie bei Koordinaten von Punkten oder Vektoren vor. Jede komplexe Zahl besitzt eine reelle und eine imaginäre Komponente.

Definition 13.2 (Komplexe Zahlen)

Die Menge der komplexen Zahlen ist definiert durch

$$\mathbb{C} = \left\{ z = x + \mathrm{i}\, y \mid x, y \in \mathbb{R}, \quad \mathrm{i}^2 = -1 \right\}.$$

Dabei bezeichnet die reelle Zahl x den Realteil $\operatorname{Re}(z)$ und die reelle Zahl y den Imaginärteil $\operatorname{Im}(z)$ der komplexen Zahl $z = x + \mathrm{i}\, y$.

Die Menge der reellen Zahlen ist eine echte Teilmenge der komplexen Zahlen. Sie besteht aus allen komplexen Zahlen mit Imaginärteil null. Alle komplexen Zahlen mit $z = \mathrm{i}y$, also alle komplexen Zahlen mit Realteil null, bezeichnet man als rein imaginäre Zahlen.

Beispiel 13.1 (Komplexe Zahlen)

a) Die komplexe Zahl $z_1 = 1 - \mathrm{i}$ hat den Realteil 1 und den Imaginärteil -1.

b) Die komplexe Zahl $z_2 = 2\,\mathrm{i}$ hat den Realteil 0 und den Imaginärteil 2.

c) Durch $z_3 = 1$ wird eine komplexe Zahl mit Realteil 1 und Imaginärteil 0 festgelegt. Alle reellen Zahlen können auch als komplexe Zahlen gesehen werden. ■

13.1.2 Gaußsche Zahlenebene

Eine komplexe Zahl hat zwei reelle Anteile, den Realteil und den Imaginärteil. Dabei ist unbedingt zu beachten, dass der Imaginärteil eine reelle Zahl ist und die imaginäre Einheit i nicht enthält. Eine komplexe Zahl besitzt zwei unabhängige Komponenten. Deshalb reicht zur Darstellung komplexer Zahlen ein Zahlenstrahl, wie wir es von den reellen Zahlen gewohnt sind, nicht aus.

Merke 13.1 (Gaußsche Zahlenebene)

Die grafische Darstellung der Menge der komplexen Zahlen in einem kartesischen Koordinatensystem bezeichnet man als Gaußsche Zahlenebene. Die horizontale Achse ist die reelle Achse und die vertikale Achse die imaginäre Achse. Die Darstellung durch

$$z = x + \mathrm{i}\, y$$

bezeichnet man als kartesische Form.

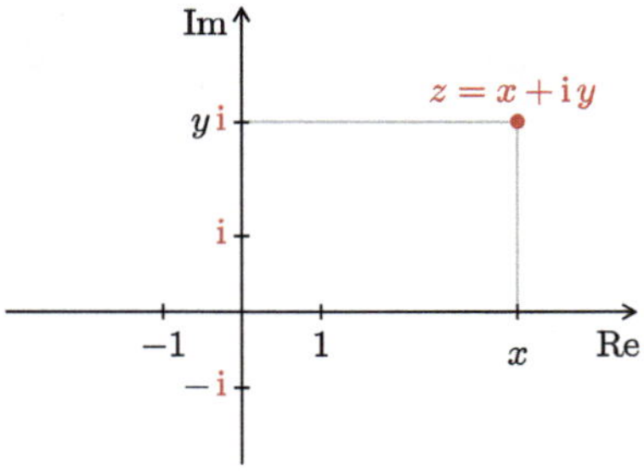

Korrekterweise muss die Einheit i bei der Beschriftung der imaginären Achse angegeben werden. An vielen Stellen wird jedoch diese mathematische Feinheit ignoriert und die imaginäre Achse ohne die imaginäre Einheit beschriftet. Oftmals werden komplexe Zahlen in der Gaußschen Zahlenebene nicht nur durch Punkte, sondern durch Pfeile, die im Ursprung starten, dargestellt.

13.1.3 Polarkoordinaten

Für komplexe Zahlen haben sich mehrere Darstellungsformen etabliert. In kartesischen Koordinaten verwendet man den Realteil und den Imaginärteil, um eine komplexe Zahl zu beschreiben. In Polarkoordinaten betrachtet man den Abstand einer komplexen Zahl vom Ursprung und den Winkel, den eine komplexe Zahl mit der positiven reellen Achse bildet. Beim Arbeiten mit komplexen Zahlen muss man mit beiden Darstellungen vertraut sein. Es gibt Problemstellungen, die sich in kartesischer Form leichter lösen lassen als in Polarkoordinaten. Andere Probleme wiederum lassen sich eleganter in Polarkoordinaten lösen. Wir müssen beide Varianten beherrschen.

Definition 13.3 (Betrag einer komplexen Zahl)

Der Betrag der komplexen Zahl z ist der Abstand von z zum Ursprung. In kartesischer Form

$$z = x + \mathrm{i}\, y$$

gilt somit die Gleichung

$$|z| = \sqrt{x^2 + y^2}.$$

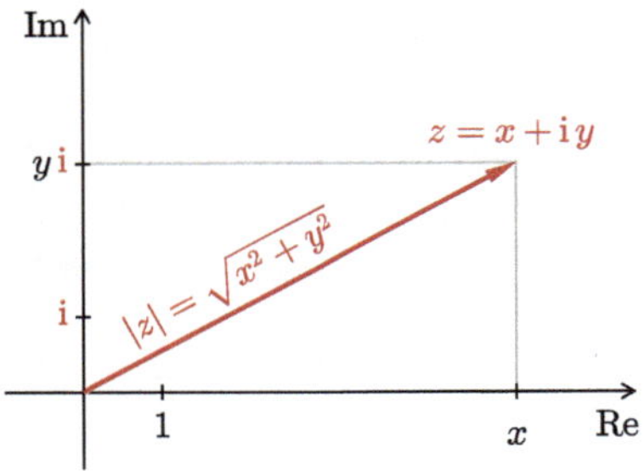

Wenn man zusätzlich zum Betrag auch noch einen Winkel für eine komplexe Zahl festlegt, dann ist die Zahl dadurch eindeutig beschrieben. Bei komplexen Zahlen wird der Winkel bezüglich der positiven reellen Achse gemessen.

Definition 13.4 (Argument einer komplexen Zahl)

Das Argument der komplexen Zahl $z = x + \mathrm{i}\,y$ mit $z \neq 0$ ist der Winkel von z. Es gilt:

$$\arg(z) = \begin{cases} \arctan\left(\dfrac{y}{x}\right) & \text{für } x > 0, y \text{ bel.} \\ \arctan\left(\dfrac{y}{x}\right) + \pi & \text{für } x < 0, y \geq 0 \\ \arctan\left(\dfrac{y}{x}\right) - \pi & \text{für } x < 0, y < 0 \\ \dfrac{\pi}{2} & \text{für } x = 0, y > 0 \\ -\dfrac{\pi}{2} & \text{für } x = 0, y < 0\,. \end{cases}$$

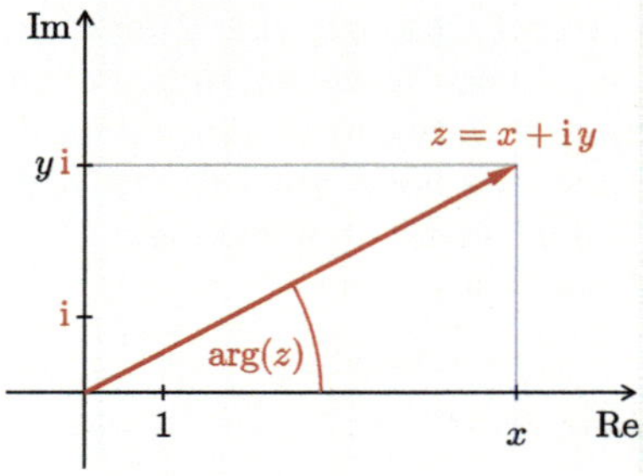

Der Arkustangens liefert Werte zwischen $-\frac{\pi}{2}$ und $\frac{\pi}{2}$. Abhängig vom Quadranten, indem die komplexe Zahl liegt, muss man deshalb bei der Winkelberechnung π addieren oder subtrahieren. Die Formel zur Berechnung des Winkels in Definition 13.4 liefert dadurch Werte im Intervall von $(-\pi, \pi]$. Zahlen auf der positiven reellen Achse haben das Argument 0, auf der positiven imaginären Achse das Argument $\frac{\pi}{2}$, auf der negativen reellen Achse das Argument π und auf der negativen imaginären Achse das Argument $-\frac{\pi}{2}$. Bei der komplexen Zahl Null liegt eine Ausnahmesituation vor. Der Zahl Null ist kein eindeutiger Winkel zugeordnet.

Bei praktischen Problemstellungen wird man oft mit Winkelberechnungen konfrontiert. In vielen Programmiersprachen gibt es deshalb eine erweiterte Arkustangensfunktion, die in der Regel mit atan2 bezeichnet wird:

$$\arg(x + \mathrm{i}\,y) = \text{atan2}(y, x).$$

Die Winkelzuordnung bei den komplexen Zahlen hat einen Schönheitsfehler. Beim Wechsel über die negative reelle Achse springen die Winkelwerte um 2π. Die Winkelzuordnung ist an dieser Stelle gewissermaßen unstetig. Dieser Schönheitsfehler lässt sich genau so wenig beseitigen wie die Datumsgrenze entlang des 180. Längengrads.

Definition 13.5 (Polarform, Polarkoordinaten)

Die Darstellung einer komplexen Zahl z mit Betrag r und Winkel φ in der Form

$$z = \underbrace{r\,\cos\varphi}_{\mathrm{Re}(z)} + \mathrm{i}\,\underbrace{r\,\sin\varphi}_{\mathrm{Im}(z)}$$

nennt man Polarform. Man bezeichnet r und φ als Polarkoordinaten von z.

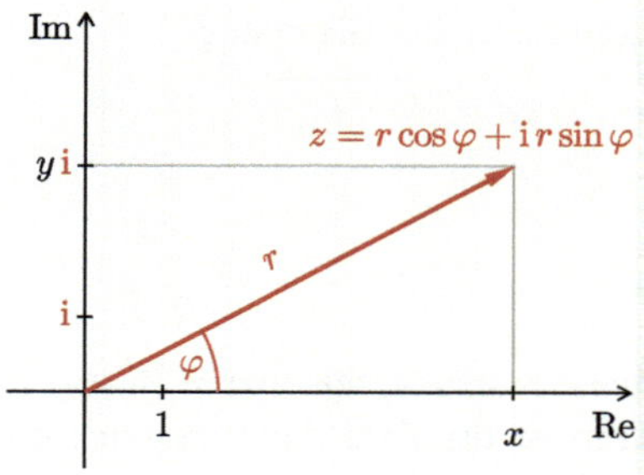

In Polarkoordinaten sind auch Winkel außerhalb des Intervalls $(-\pi, \pi]$ zulässig. Dabei ist zu beachten, dass Winkel, die sich um ein ganzzahliges Vielfaches von 2π unterscheiden, bei gleichem Radius dieselbe komplexe Zahl darstellen.

13.1.4 Exponentialform

Mitte des 18. Jahrhunderts hat Leonhard Euler einen verblüffenden Zusammenhang zwischen der Kreiszahl π, der Eulerschen Zahl e und der imaginären Einheit i entdeckt:

$$\mathrm{e}^{\mathrm{i}\,\pi} = -1.$$

Durch die imaginäre Einheit i entsteht also eine mathematische Verbindung zwischen der Wachstumskonstante e und der trigonometrischen Konstante π. Dieser Zusammenhang lässt sich auf die e-Funktion und die trigonometrischen Funktionen Sinus und Kosinus erweitern.

Satz 13.1 (Eulersche Identität)
Für jede reelle Zahl φ gilt die Eulersche Identität

$$\mathrm{e}^{\mathrm{i}\,\varphi} = \cos\varphi + \mathrm{i}\,\sin\varphi.$$

Diese Beziehung wird auch als Satz von Euler oder Euler-Formel bezeichnet. Außerdem gilt stets $\left|\mathrm{e}^{\mathrm{i}\,\varphi}\right| = 1$.

Die Eulersche Identität ist ein Zusammenhang von fundamentaler Bedeutung. Diese Identität lässt sich etwa mithilfe von Potenzreihen beweisen, siehe Kapitel 10. Durch die Eulersche Identität und durch Polarkoordinaten ergibt sich die sogenannte Exponentialform einer komplexen Zahl.

Definition 13.6 (Exponentialform)
Die Darstellung einer komplexen Zahl z mithilfe der Eulerschen Zahl e

$$z = r\,\mathrm{e}^{\mathrm{i}\,\varphi}$$

nennt man Exponentialform. Dabei sind der Betrag $|z| = r$ und das Argument $\arg(z) = \varphi$ die Polarkoordinaten der komplexen Zahl z.

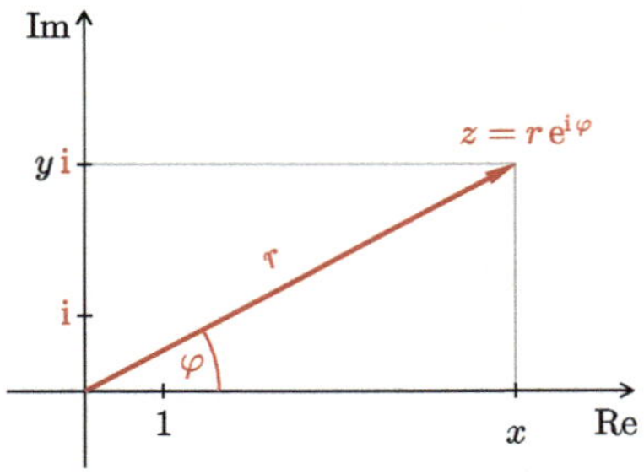

Die Exponentialform ist beim Arbeiten mit komplexen Zahlen sehr hilfreich. Insbesondere werden wir die Potenzgesetze aus Satz 1.4 verwenden, um Potenzen und Wurzeln von komplexen Zahlen zu berechnen.

Beispiel 13.2 (Komplexe Zahlen)

Die komplexe Zahl $z_1 = 1 + \mathrm{i}$ lässt sich von der kartesischen Form in die Exponentialform umrechnen:

$$|z_1| = \sqrt{2}, \quad \arg(z_1) = \arctan\left(\frac{1}{1}\right) = \frac{\pi}{4}.$$

Die Zahl $z_2 = 2\,\mathrm{e}^{\mathrm{i}\frac{5\pi}{6}}$ lautet in kartesischer Form

$$z_2 = 2\,\cos\left(\frac{5\pi}{6}\right) + 2\,\mathrm{i}\,\sin\left(\frac{5\pi}{6}\right) = -\sqrt{3} + \mathrm{i}.$$

Daraus folgt schnell: Die Zahl $z_3 = 2\,\mathrm{e}^{-\mathrm{i}\frac{5\pi}{6}}$ liegt im dritten Quadranten.

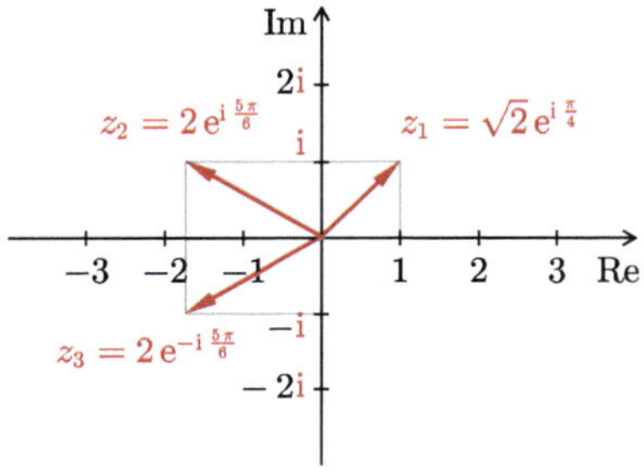

■

Definition 13.7 (Konjugiert komplexe Zahl)

Die konjugiert komplexe Zahl $\overline{z}$ einer komplexen Zahl z erhält man durch Spiegeln an der reellen Achse:

- $z = x + \mathrm{i}\,y \quad \Longrightarrow \quad \overline{z} = x - \mathrm{i}\,y$
- $z = r\,\mathrm{e}^{\mathrm{i}\,\varphi} \quad \Longrightarrow \quad \overline{z} = r\,\mathrm{e}^{-\mathrm{i}\,\varphi}$

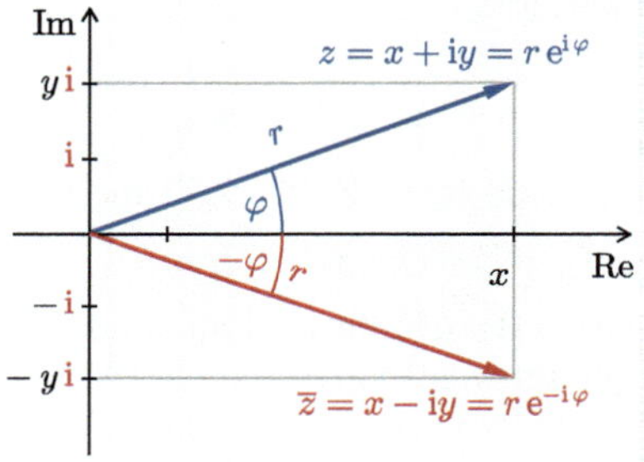

Manchmal verwendet man auch die Bezeichnung z^* für die konjugiert komplexe Zahl von z. Die Eulersche Identität besagt, dass man eine e-Funktion mit imaginärem Exponenten mithilfe von Sinus und Kosinus ausdrücken kann.

Umgekehrt lassen sich Sinus und Kosinus auch mit e-Funktionen mit imaginären Exponenten darstellen. Dazu betrachten wir die Eulersche Identität einmal für den Winkel φ und einmal für den Winkel $-\varphi$:

$$\begin{array}{rcl} \mathrm{e}^{\mathrm{i}\,\varphi} &=& \cos\varphi + \mathrm{i}\,\sin\varphi \\ \mathrm{e}^{-\mathrm{i}\,\varphi} &=& \cos\varphi - \mathrm{i}\,\sin\varphi \\ \hline \mathrm{e}^{\mathrm{i}\,\varphi} + \mathrm{e}^{-\mathrm{i}\,\varphi} &=& 2\,\cos\varphi \end{array} \qquad \begin{array}{rcl} \mathrm{e}^{\mathrm{i}\,\varphi} &=& \cos\varphi + \mathrm{i}\,\sin\varphi \\ \mathrm{e}^{-\mathrm{i}\,\varphi} &=& \cos\varphi - \mathrm{i}\,\sin\varphi \\ \hline \mathrm{e}^{\mathrm{i}\,\varphi} - \mathrm{e}^{-\mathrm{i}\,\varphi} &=& 2\,\mathrm{i}\,\sin\varphi \end{array}$$

Durch Addition bzw. Subtraktion ergeben sich Formeln für den Kosinus bzw. Sinus.

Satz 13.2 (Darstellung von Sinus und Kosinus durch komplexe e-Funktionen)

Der Sinus und der Kosinus lassen sich für jede reelle Zahl φ mithilfe von e-Funktionen mit imaginären Exponenten darstellen:

- $\cos\varphi = \dfrac{\mathrm{e}^{\mathrm{i}\,\varphi} + \mathrm{e}^{-\mathrm{i}\,\varphi}}{2}$
- $\sin\varphi = \dfrac{\mathrm{e}^{\mathrm{i}\,\varphi} - \mathrm{e}^{-\mathrm{i}\,\varphi}}{2\,\mathrm{i}}$

13.2 Rechenregeln

Bei Problemstellungen aus der Praxis sind Berechnungen mit komplexen Zahlen Mittel zum Zweck. Ist die Darstellung oder Berechnung mit reellen Zahlen ungeschickt oder kompliziert, dann helfen oft komplexe Zahlen. Komplexe Zahlen verwendet man als Hilfsmittel, um reale Problem zu lösen. Der wesentliche Vorteil beim Rechnen mit komplexen Zahlen liegt in der Exponentialform. Berechnungen in kartesischen Koordinaten könnten wir letztendlich genau so gut mit Vektoren durchführen, siehe Abschnitt 3.3.

13.2.1 Gleichheit

Beim Vergleich von komplexen Zahlen in Exponentialform ist Vorsicht geboten. Zwei komplexe Zahlen in Exponentialform sind auch dann gleich, wenn sich ihre Winkel um ein Vielfaches von 2π unterscheiden. Man muss unbedingt den nicht eindeutigen Winkel und das eindeutige Argument einer komplexen Zahl unterscheiden.

Satz 13.3 (Gleichheit komplexer Zahlen)

Zwei komplexe Zahlen z_1 und z_2

- in kartesischer Form sind genau dann gleich, wenn die Realteile und die Imaginärteile übereinstimmen:

$$x_1 + \mathrm{i}\, y_1 = x_2 + \mathrm{i}\, y_2 \quad \Longleftrightarrow \quad x_1 = x_2 \text{ und } y_1 = y_2.$$

- in Exponentialform sind genau dann gleich, wenn die Radien übereinstimmen und sich die Winkel um ein ganzzahliges Vielfaches von 2π unterscheiden:

$$r_1\, \mathrm{e}^{\mathrm{i}\,\varphi_1} = r_2\, \mathrm{e}^{\mathrm{i}\,\varphi_2} \quad \Longleftrightarrow \quad r_1 = r_2 \text{ und } \varphi_1 = \varphi_2 + 2\,k\,\pi, \quad k \in \mathbb{Z}.$$

Komplexe Zahlen lassen sich nicht anordnen. Man kann zwar entscheiden, ob eine komplexe Zahl einen größeren Betrag oder einen größeren Winkel als eine andere komplexe Zahl hat. Auch der separate Größenvergleich von Realteilen oder Imaginärteilen ist möglich. Aber die Aussage, dass eine komplexe Zahl größer als eine andere komplexe Zahl ist, ist prinzipiell nicht definiert.

13.2.2 Addition und Subtraktion

Die Addition und Subtraktion komplexer Zahlen erfolgt koordinatenweise. Dadurch entspricht die Addition von komplexen Zahlen in kartesischer Form der Addition und Subtraktion von Vektoren, siehe Definition 3.5. Auch die Rechenregeln für Vektoren aus Satz 3.1 gelten analog für komplexe Zahlen.

Satz 13.4 (Addition und Subtraktion)

Zwei komplexe Zahlen in kartesischer Form werden addiert bzw. subtrahiert, indem man die Realteile und die Imaginärteile addiert bzw. subtrahiert:

$$\begin{aligned} z_1 \pm z_2 &= (x_1 + \mathrm{i}\, y_1) \pm (x_2 + \mathrm{i}\, y_2) \\ &= (x_1 \pm x_2) + \mathrm{i}(y_1 \pm y_2). \end{aligned}$$

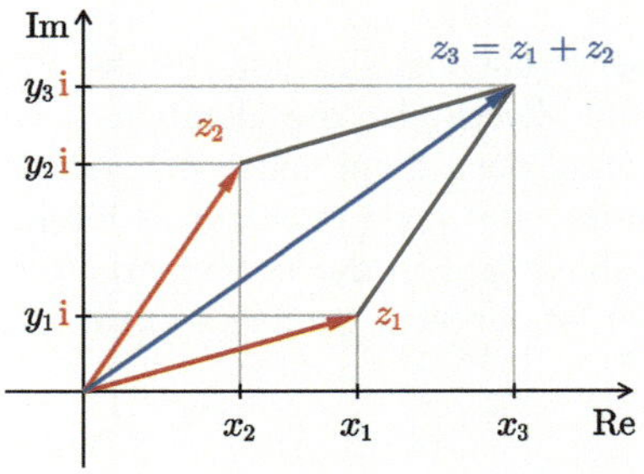

Beispiel 13.3 (Addition komplexer Zahlen in Exponentialform)

Zur Addition der beiden komplexen Zahlen in Exponentialform

$$z_1 = \left(\sqrt{3} + 1\right) \mathrm{e}^{\mathrm{i}\frac{\pi}{6}}, \quad z_2 = \left(\sqrt{3} - 1\right) \mathrm{e}^{\mathrm{i}\frac{2\pi}{3}}$$

rechnen wir zunächst beide Zahlen in die kartesische Form um:

$$z_1 = \left(\sqrt{3}+1\right)\left(\cos\left(\frac{\pi}{6}\right) + \mathrm{i}\sin\left(\frac{\pi}{6}\right)\right) = \left(\sqrt{3}+1\right)\left(\frac{\sqrt{3}}{2} + \mathrm{i}\frac{1}{2}\right) = \frac{3+\sqrt{3}}{2} + \mathrm{i}\frac{1+\sqrt{3}}{2}$$

$$z_2 = \left(\sqrt{3}-1\right)\left(\cos\left(\frac{2\pi}{3}\right) + \mathrm{i}\sin\left(\frac{2\pi}{3}\right)\right) = \left(\sqrt{3}-1\right)\left(-\frac{1}{2} + \mathrm{i}\frac{\sqrt{3}}{2}\right) = \frac{1-\sqrt{3}}{2} + \mathrm{i}\frac{3-\sqrt{3}}{2}$$

Nun erfolgt die Addition koordinatenweise:

$$z_1 + z_2 = \frac{3+\sqrt{3}}{2} + \mathrm{i}\frac{1+\sqrt{3}}{2} + \frac{1-\sqrt{3}}{2} + \mathrm{i}\frac{3-\sqrt{3}}{2} = 2 + 2\,\mathrm{i}.$$

Das Ergebnis lässt sich wieder in Exponentialform darstellen:

$$r = \sqrt{2^2 + 2^2} = 2\sqrt{2}, \quad \varphi = \arctan\frac{2}{2} = \frac{\pi}{4} \quad \Longrightarrow \quad z_1 + z_2 = 2\sqrt{2}\,\mathrm{e}^{\mathrm{i}\frac{\pi}{4}}.$$

Wir halten fest: Komplexe Zahlen kann man nur in der kartesischen Form addieren. ■

Merke 13.2 (Addition und Subtraktion in Exponentialform)

Komplexe Zahlen in Exponentialform rechnet man zur Addition und Subtraktion in die kartesische Form um. Soll das Ergebnis wieder in der Exponentialform dargestellt werden, so muss es von kartesischen Koordinaten in die Exponentialform umgerechnet werden.

13.2.3 Multiplikation und Division

Durch Ausmultiplizieren der Klammern unter Berücksichtigung von $\mathrm{i}^2 = -1$ lässt sich mit

$$(x_1 + \mathrm{i}\, y_1) \cdot (x_2 + \mathrm{i}\, y_2) = x_1 x_2 + \mathrm{i}\, x_1 y_2 + \mathrm{i}\, y_1 x_2 + \mathrm{i}^2\, y_1 y_2$$

eine Formel zur Multiplikation von komplexen Zahlen in kartesischer Form herleiten.

Satz 13.5 (Multiplikation in kartesischer Form)

Zwei komplexe Zahlen z_1 und z_2 werden multipliziert, indem man die Klammern nach den üblichen Rechenregeln ausmultipliziert:

$$z_1 \cdot z_2 = (x_1 + \mathrm{i}\, y_1) \cdot (x_2 + \mathrm{i}\, y_2) = (x_1 x_2 - y_1 y_2) + \mathrm{i}(x_1 y_2 + y_1 x_2).$$

Bei der Division mit komplexen Zahlen tritt die imaginäre Einheit i im Nenner auf. Dieses Problem lässt sich beseitigen, in dem man den Nenner mit der konjugiert komplexen Zahl erweitert.

Satz 13.6 (Division in kartesischer Form)

Zwei komplexe Zahlen z_1 und z_2 werden dividiert, indem man den Nenner durch konjugiert komplexes Erweitern reell macht:

$$\frac{z_1}{z_2} = \frac{x_1 + \mathrm{i}\, y_1}{x_2 + \mathrm{i}\, y_2} = \frac{(x_1 + \mathrm{i}\, y_1)(x_2 - \mathrm{i}\, y_2)}{(x_2 + \mathrm{i}\, y_2)(x_2 - \mathrm{i}\, y_2)} = \frac{x_1 x_2 + y_1 y_2}{x_2^2 + y_2^2} + \mathrm{i}\, \frac{x_2 y_1 - x_1 y_2}{x_2^2 + y_2^2}.$$

Beispiel 13.4 (Multiplikation und Division komplexer Zahlen in kartesischer Form)

a) Das Produkt der beiden komplexen Zahlen $-3 + 2\,\mathrm{i}$ und $2 - \mathrm{i}$ ergibt

$$(-3 + 2\,\mathrm{i})\,(2 - \mathrm{i}) = -6 + 3\,\mathrm{i} + 4\,\mathrm{i} - 2\,\mathrm{i}^2 = -6 + 7\,\mathrm{i} + 2 = -4 + 7\,\mathrm{i}.$$

Dabei haben wir einfach die Klammern ausmultipliziert.

b) Die Division der Zahl $2 + \mathrm{i}$ durch die komplexe Zahl $1 - \mathrm{i}$ erfolgt durch Erweitern mit der konjugiert komplexen Zahl $1 + \mathrm{i}$:

$$\frac{2 + \mathrm{i}}{1 - \mathrm{i}} = \frac{(2 + \mathrm{i})(1 + \mathrm{i})}{(1 - \mathrm{i})(1 + \mathrm{i})} = \frac{2 + 3\,\mathrm{i} + \mathrm{i}^2}{1 - \mathrm{i}^2} = \frac{1}{2} + \frac{3}{2}\,\mathrm{i}.$$

Dabei haben wir den Nenner reell gemacht. ■

Zur Multiplikation und Division komplexer Zahlen in Exponentialform verwenden wir die Potenzgesetze aus Satz 1.4. Diese Rechenregeln behalten auch für imaginäre Hochzahlen ihre Gültigkeit.

Satz 13.7 (Multiplikation und Division in Exponentialform)

Zwei komplexe Zahlen z_1 und z_2 werden

- multipliziert, indem man die Beträge multipliziert und die Argumente addiert:

$$z_1 \cdot z_2 = r_1\, \mathrm{e}^{\mathrm{i}\,\varphi_1} \cdot r_2\, \mathrm{e}^{\mathrm{i}\,\varphi_2} = (r_1 \cdot r_2)\, \mathrm{e}^{\mathrm{i}\,(\varphi_1 + \varphi_2)},$$

- dividiert, indem man die Beträge dividiert und die Argumente subtrahiert:

$$\frac{z_1}{z_2} = \frac{r_1\, \mathrm{e}^{\mathrm{i}\,\varphi_1}}{r_2\, \mathrm{e}^{\mathrm{i}\,\varphi_2}} = \frac{r_1}{r_2}\, \mathrm{e}^{\mathrm{i}\,(\varphi_1 - \varphi_2)}.$$

Beispiel 13.5 (Multiplikation und Division komplexer Zahlen in Exponentialform)

a) Das Produkt der beiden komplexen Zahlen $2\,\mathrm{e}^{\mathrm{i}\frac{\pi}{3}}$ und $3\,\mathrm{e}^{-\mathrm{i}\frac{\pi}{4}}$ ergibt

$$2\,\mathrm{e}^{\mathrm{i}\frac{\pi}{3}} \cdot 3\,\mathrm{e}^{-\mathrm{i}\frac{\pi}{4}} = 6\,\mathrm{e}^{\mathrm{i}\left(\frac{\pi}{3}-\frac{\pi}{4}\right)} = 6\,\mathrm{e}^{\mathrm{i}\frac{\pi}{12}}.$$

Wir haben die Beträge multipliziert und die Argumente addiert.

b) Die Division der Zahl $4\,\mathrm{e}^{\mathrm{i}\frac{\pi}{5}}$ durch die komplexe Zahl $2\,\mathrm{e}^{\mathrm{i}\frac{\pi}{10}}$ ergibt

$$\frac{4\,\mathrm{e}^{\mathrm{i}\frac{\pi}{5}}}{2\,\mathrm{e}^{\mathrm{i}\frac{\pi}{10}}} = 2\,\mathrm{e}^{\mathrm{i}\left(\frac{\pi}{5}-\frac{\pi}{10}\right)} = 2\,\mathrm{e}^{\mathrm{i}\frac{\pi}{10}}.$$

Hier haben wir die Beträge dividiert und die Argumente subtrahiert. ■

13.2.4 Rechnen mit der konjugiert komplexen Zahl

Durch Addition, Subtraktion und Multiplikation der komplexen Zahl $z = x + \mathrm{i}\,y$ und ihrer konjugiert komplexen Zahl $\overline{z} = x - \mathrm{i}\,y$ ergeben sich folgende Rechenregeln:

$$\begin{aligned} z + \overline{z} &= (x + \mathrm{i}\,y) + (x - \mathrm{i}\,y) &&= 2\,x = 2\,\mathrm{Re}(z) \\ z - \overline{z} &= (x + \mathrm{i}\,y) - (x - \mathrm{i}\,y) &&= 2\,\mathrm{i}\,y = 2\,\mathrm{i}\,\mathrm{Im}(z) \\ z\,\overline{z} &= (x + \mathrm{i}\,y)\;(x - \mathrm{i}\,y) &&= x^2 - \mathrm{i}^2 y^2 = x^2 + y^2 = |z|^2 \end{aligned}$$

Das Produkt einer komplexen Zahl z mit ihrer konjugiert komplexen Zahl $\overline{z}$ ist also immer eine nicht negative reelle Zahl, nämlich das Quadrat des Betrags von z.

Satz 13.8 (Rechenregeln für konjugiert komplexe Zahlen)

Für komplexe Zahlen z_1, z_2 und z gelten folgende Rechenregeln:

- $\mathrm{Re}(z) = \dfrac{1}{2}(z + \overline{z})$
- $\mathrm{Im}(z) = \dfrac{1}{2\,\mathrm{i}}(z - \overline{z})$
- $\overline{z_1 \pm z_2} = \overline{z_1} \pm \overline{z_2}$
- $\overline{z_1 \cdot z_2} = \overline{z_1} \cdot \overline{z_2}$
- $\overline{\left(\dfrac{z_1}{z_2}\right)} = \dfrac{\overline{z_1}}{\overline{z_2}}$
- $|z| = \sqrt{z\,\overline{z}}$

13.2.5 Rechnen mit dem Betrag einer komplexen Zahl

Bei komplexen Zahlen hat der Betrag ein weitaus größere Bedeutung als bei reellen Zahlen. Die Menge aller reellen Zahlen, die den Betrag 1 haben, besteht aus den beiden Zahlen 1 und -1. Im Gegensatz dazu enthält die Menge aller komplexen Zahlen, die den Betrag 1 haben, unendlich viele Zahlen, nämlich alle komplexen Zahlen auf dem Einheitskreis in der komplexen Ebene. Bei reellen Zahlen kann man Beträge durch Fallunterscheidungen auflösen, siehe Abschnitt 5.2.4. Bei Beträgen komplexer Zahlen ist diese Vorgehensweise nicht möglich.

Die Rechenregeln für Beträge reeller Zahlen lassen sich auf komplexe Zahlen übertragen. Formeln für das Produkt und den Quotienten komplexer Zahlen ergeben sich am einfachsten in Exponentialform. Für das Produkt zweier komplexen Zahlen z_1 und z_2 gilt:

$$|z_1\, z_2| = \left|r_1\, \mathrm{e}^{\mathrm{i}\,\varphi_1}\, r_2\, \mathrm{e}^{\mathrm{i}\,\varphi_2}\right| = r_1\, r_2\, \underbrace{\left|\mathrm{e}^{\mathrm{i}\,\varphi_1}\right|}_{1}\, \underbrace{\left|\mathrm{e}^{\mathrm{i}\,\varphi_2}\right|}_{1} = |z_1|\,|z_2|\,.$$

Eine Formel für den Quotienten zweier komplexer Zahlen lässt sich analog herleiten.

Satz 13.9 (Rechenregeln für den Betrag komplexer Zahlen)

Für komplexe Zahlen z_1 und z_2 gelten folgende Rechenregeln für den Betrag:

- $|z_1\, z_2| = |z_1|\,|z_2|$
- $\left|\dfrac{z_1}{z_2}\right| = \dfrac{|z_1|}{|z_2|}$

Der Betrag komplexer Zahlen hat eine anschauliche Bedeutung in der komplexen Ebene. Er entspricht dem Abstand zum Ursprung. Somit gibt der Betrag der Differenz zweier komplexer Zahlen den Abstand dieser beiden Zahlen an.

Merke 13.3 (Abstand komplexer Zahlen)

Der Abstand der beiden komplexen Zahlen $z_1 = x_1 + \mathrm{i}\,y_1$ und $z_2 = x_2 + \mathrm{i}\,y_2$ zueinander ist gegeben durch

$$|z_1 - z_2| = \sqrt{(x_1 - x_2)^2 + (y_1 - y_2)^2}.$$

Bei komplexen Zahlen bekommt der Begriff Dreiecksungleichung, den wir für reelle Zahlen bereits aus Satz 1.3 kennen, eine anschauliche Bedeutung. Das Dreieck wird aus den Zahlen z_1, z_2 und $z_1 + z_2$ in der komplexen Ebene gebildet. Die erste Dreiecksungleichung besagt anschaulich, dass die Länge der Hypotenuse nicht länger als die Summe der Längen der beiden Katheten ist. Anschaulich bedeutet die zweite Dreiecksungleichung, dass die Länge der Diagonale in einem Parallelogramm immer größer ist als die Differenz der Längen der beiden Seiten.

Satz 13.10 (Dreiecksungleichungen für den Betrag komplexer Zahlen)

Für beliebige komplexe Zahlen z_1 und z_2 gelten die Dreiecksungleichungen für den Betrag:

- $|z_1 \pm z_2| \le |z_1| + |z_2|$
- $|z_1 \pm z_2| \ge \big||z_1| - |z_2|\big|$

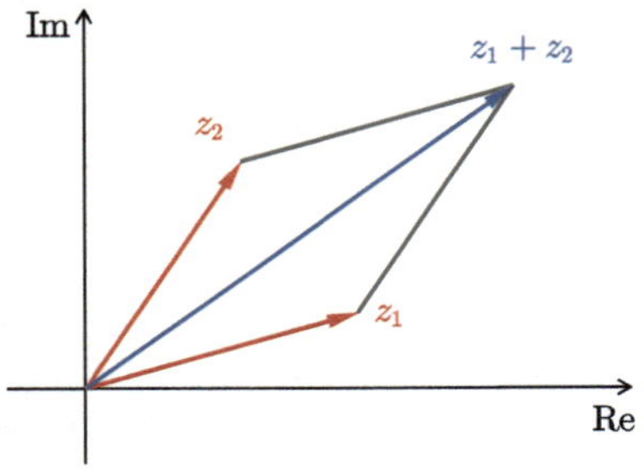

Beispiel 13.6 (Beträge komplexer Zahlen)

a) Gesucht sind alle komplexen Zahlen z mit

$$1 \leq |z - 4 - 3\,\mathrm{i}| < 2.$$

Aus der Darstellung

$$1 \leq |z - (4 + 3\,\mathrm{i})| < 2$$

erkennen wir, dass es sich um alle komplexen Zahlen z handelt, die von $z_0 = 4 + 3\,\mathrm{i}$ einen Abstand größer gleich 1 und echt kleiner 2 haben.

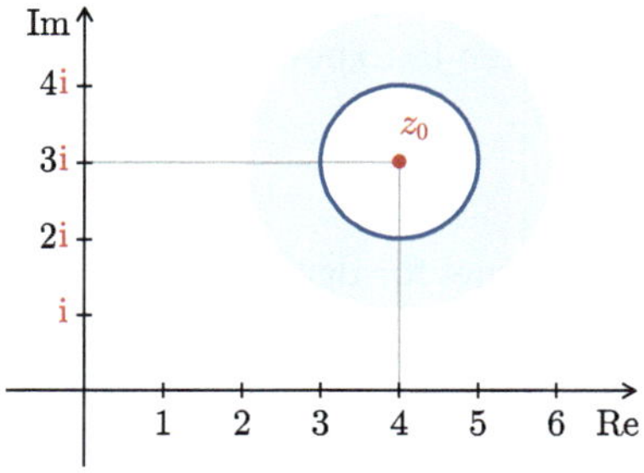

b) Bei der Menge aller Zahlen z mit

$$|z - (1 + \mathrm{i})| \geq |z - (5 + 3\,\mathrm{i})|$$

ist der Abstand der Zahlen z zur festen Zahl $z_1 = 1 + \mathrm{i}$ größer oder gleich dem Abstand zur Zahl $z_2 = 5 + 3\,\mathrm{i}$. Alle Zahlen z auf der Mittelsenkrechten durch

$$z_0 = \frac{1}{2}(z_1 + z_2) = 3 + 2\,\mathrm{i}$$

haben denselben Abstand zu z_1 und z_2. Somit liegen die Zahlen z alle in einer Halbebene.

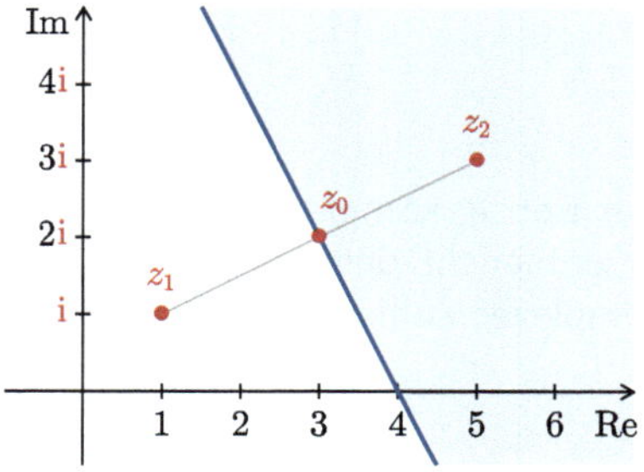

c) Bei allen Zahlen z mit der Eigenschaft

$$|z - (2 + 2\,\mathrm{i})| + |z - (6 + 2\,\mathrm{i})| = 6$$

hat die Summe der Abstände zu

$$z_1 = 2 + 2\,\mathrm{i} \quad \text{und} \quad z_2 = 6 + 2\,\mathrm{i}$$

den Wert 6. Es ist eine Ellipse mit Halbachse $a = \frac{6}{2}$, siehe Definition 11.5. Die Exzentrizität $e = 2$ entspricht dem halben Abstand der Brennpunkte. Daraus kann man durch

$$b = \sqrt{a^2 - e^2} = \sqrt{9 - 4} = \sqrt{5}$$

die Länge der zweiten Halbachse bestimmen. ■

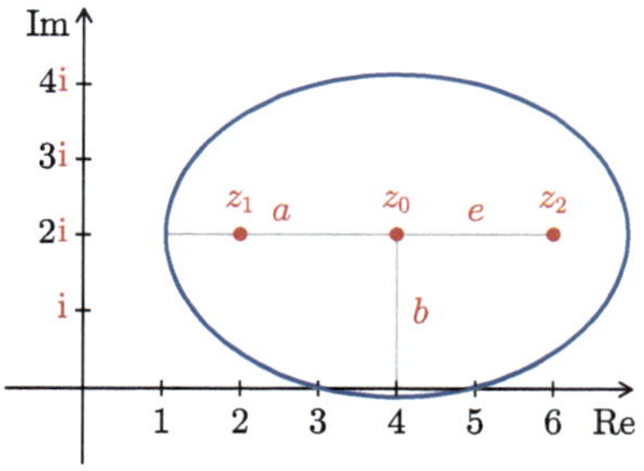

13.3 Potenzen, Wurzeln und Polynome

Motiviert wurde die Einführung der komplexen Zahlen durch die Gleichung $z^2 = -1$. Wir verallgemeinern diese Fragestellung auf die Bestimmung aller komplexen Nullstellen eines Polynoms. Dazu führen wir zunächst Potenzen komplexer Zahlen ein und beschäftigen uns dann mit Wurzeln aus komplexen Zahlen.

13.3.1 Potenzen

Für natürliche Hochzahlen n ist die n-te Potenz einer komplexen Zahl z genau wie bei reellen Zahlen durch

$$z^n = \underbrace{z \cdot z \cdot z \cdot \ldots \cdot z}_{n \text{ Faktoren}}$$

definiert, siehe Definition 1.22. Negative Potenzen entsprechen dem Kehrwert

$$z^{-n} = \frac{1}{z^n}.$$

Zur Berechnung von Potenzen eignet sich die Darstellung in Exponentialform.

Satz 13.11 (Potenzen mit ganzzahligen Hochzahlen)

Für jede beliebige ganze Zahl n kann man die n-te Potenz einer komplexen Zahl in Exponentialform $z = r\,\mathrm{e}^{\mathrm{i}\,\varphi}$ durch Potenzieren der Beträge und Vervielfachen des Argumentes berechnen:

$$z^n = \left(r\,\mathrm{e}^{\mathrm{i}\,\varphi}\right)^n = r^n\,\mathrm{e}^{\mathrm{i}\,n\,\varphi}.$$

Beispiel 13.7 (Potenz einer komplexen Zahl)

Die 8-te Potenz der komplexen Zahl $z = 1 + \mathrm{i}$ bestimmen wir nicht in kartesischer Form, sondern in Exponentialform:

$$z^8 = (1 + \mathrm{i})^8 = \left(\sqrt{2}\mathrm{e}^{\mathrm{i}\,\frac{\pi}{4}}\right)^8 = 2^4\,\mathrm{e}^{\mathrm{i}\,2\pi} = 16.$$

Man kann dieses Ergebnis auch mit vertretbarem Aufwand in kartesischer Form berechnen, indem man zuerst z^2, dann $z^4 = z^2 \cdot z^2$ und schließlich $z^8 = z^4 \cdot z^4$ berechnet. ■

13.3.2 Wurzeln

Bei Wurzeln komplexer Zahlen stellt man sich dieselbe Frage wie bei Wurzeln reeller Zahlen. Für welche komplexen Zahlen z ergibt z^n den Wert a? Mit anderen Worten: Wir suchen Lösungen z der Gleichung $z^n = a$, wobei a eine beliebige komplexe Zahl ist.

Definition 13.8 (Wurzeln und Einheitswurzeln)

Alle komplexen Zahlen z, die die Gleichung $z^n = a$ erfüllen, bezeichnet man als n-te Wurzeln der komplexen Zahl a. Die Lösungen der Gleichung $z^n = 1$ nennt man die n-ten Einheitswurzeln.

Zur Bestimmung der Einheitswurzeln stellen wir z in Exponentialform dar:

$$z = r\,\mathrm{e}^{\mathrm{i}\,\varphi} \quad \Longrightarrow \quad z^n = \left(r\,\mathrm{e}^{\mathrm{i}\,\varphi}\right)^n = r^n\,\mathrm{e}^{\mathrm{i}\,n\,\varphi}.$$

Die n-te Potenz kann ebenfalls in Exponentialform angegeben werden.

Aus der Gleichung $z^n = 1$ ergibt sich damit:

$$r^n \mathrm{e}^{\mathrm{i}\, n\, \varphi} = 1 \quad\Longrightarrow\quad r^n = 1, \quad n\,\varphi = 0 + 2\,k\,\pi \quad\Longrightarrow\quad r = 1, \quad \varphi = \frac{2\,k\,\pi}{n}.$$

Beim Vergleich der beiden Zahlen müssen die Radien übereinstimmen. Bei den Winkeln haben wir jedoch die Freiheit, ganzzahlige Vielfache von 2π zu addieren. Für k erhält man dieselbe komplexe Zahl wie für $k + n$. Dadurch ergeben sich genau n verschiedene Einheitswurzeln.

Satz 13.12 (Komplexe Einheitswurzeln)
Es gibt genau n komplexe Zahlen

$$\omega_k = \mathrm{e}^{\mathrm{i}\,\frac{2\,k\,\pi}{n}}, \quad k = 0, 1, 2, \ldots, n-1,$$

die die Gleichung $z^n = 1$ erfüllen. Die n-ten Einheitswurzeln ω_k liegen, beginnend bei $\omega_0 = 1$, gleichmäßig verteilt auf dem Einheitskreis in der komplexen Zahlenebene.

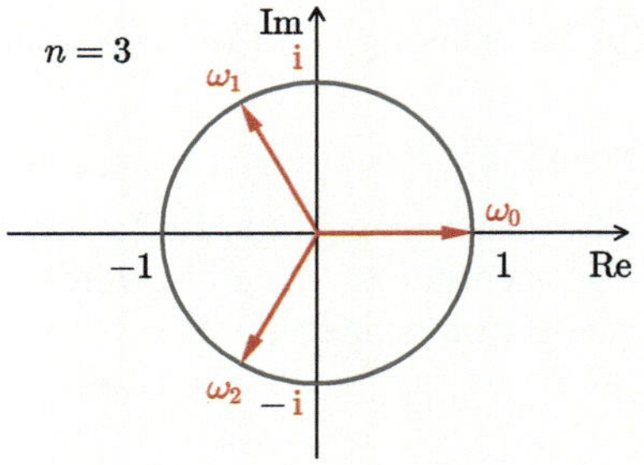

Zur Lösung der Gleichung $z^n = a$ gehen wir wie bei der Bestimmung der Einheitswurzeln vor. Wir stellen z und a in Exponentialform dar:

$$z = r\,\mathrm{e}^{\mathrm{i}\,\varphi}, \quad a = \varrho\,\mathrm{e}^{\mathrm{i}\,\alpha} \quad\Longrightarrow\quad r^n\,\mathrm{e}^{\mathrm{i}\,n\,\varphi} = \varrho\,\mathrm{e}^{\mathrm{i}\,\alpha}.$$

Der Vergleich von Radien und Winkeln ergibt

$$r^n = \varrho, \quad n\,\varphi = \alpha + 2\,k\,\pi \quad\Longrightarrow\quad r = \sqrt[n]{\varrho}, \quad \varphi = \frac{\alpha + 2\,k\,\pi}{n}.$$

Damit können wir alle n-ten Wurzeln von a angeben.

Satz 13.13 (Komplexe Wurzeln)
Es gibt genau n komplexe Zahlen

$$z_k = \sqrt[n]{\varrho}\,\mathrm{e}^{\mathrm{i}\,\frac{\alpha+2\,k\,\pi}{n}}, \quad k = 0, 1, 2, \ldots, n-1,$$

die die Gleichung $z^n = a$ erfüllen. Dabei ist a eine beliebige komplexe Zahl mit Betrag ϱ und Winkel α. Die n-ten Wurzeln liegen, beginnend bei z_0, gleichmäßig verteilt auf einem Ursprungskreis mit Radius $r = \sqrt[n]{\varrho}$ in der komplexen Zahlenebene.

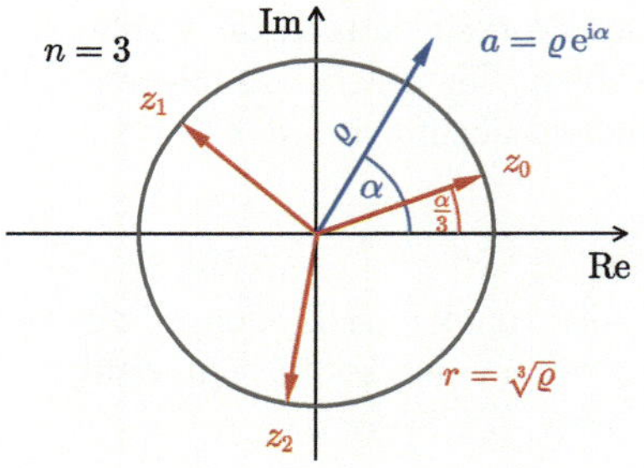

Man spricht von der Wurzel einer reellen Zahl. Im Komplexen muss man von den Wurzeln einer komplexen Zahl sprechen. Dabei versteht man unter den n-ten Wurzeln einer komplexen Zahl immer n Zahlen.

Wir haben schon am Anfang dieses Kapitels erwähnt, dass wir im Zusammenhang mit komplexen Zahlen das Wurzelsymbol nicht verwenden. Würde man mit komplexen Zahlen und dem Wurzelzeichen rechnen, wie wir es von den reellen Zahlen gewohnt sind, dann würden wir auf Widersprüche der folgenden Art treffen:

$$-1 = \mathrm{i}^2 = \mathrm{i}\cdot\mathrm{i} = \sqrt{-1}\,\sqrt{-1} = \sqrt{(-1)(-1)} = \sqrt{1} = 1.$$

Wir bleiben deshalb ausschließlich bei der indirekten Definition von i durch $\mathrm{i}^2 = -1$.

Beispiel 13.8 (Wurzeln einer komplexen Zahl)

Wir bestimmen die 3-ten Wurzeln der komplexen Zahl $a = -\sqrt{3} + \mathrm{i}$. Dazu berechnen wir den Betrag

$$\varrho = \sqrt{3+1} = 2$$

und den Winkel von a:

$$\alpha = \arctan\left(\frac{1}{-\sqrt{3}}\right) + \pi = \frac{5\,\pi}{6}.$$

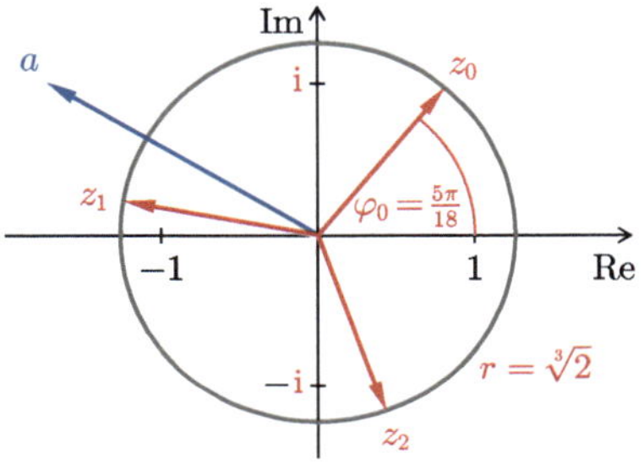

Alle Wurzeln liegen auf einem Ursprungskreis mit Radius $r = \sqrt[3]{2}$. Sie haben die Winkel

$$\varphi_0 = \frac{5\pi}{18},\quad \varphi_1 = \frac{5\pi}{18} + \frac{2\pi}{3},\quad \varphi_2 = \frac{5\pi}{18} + 2\,\frac{2\pi}{3}.$$

Die dritten Wurzeln der komplexen Zahl $a = -\sqrt{3} + \mathrm{i}$ lassen sich daraus bestimmen:

$$z_0 = \sqrt[3]{2}\,\mathrm{e}^{\mathrm{i}\,\frac{5\,\pi}{18}},\qquad z_1 = \sqrt[3]{2}\,\mathrm{e}^{\mathrm{i}\,\frac{17\,\pi}{18}},\qquad z_2 = \sqrt[3]{2}\,\mathrm{e}^{\mathrm{i}\,\frac{29\,\pi}{18}}$$

Zielführend war vor allem das Umschreiben von a in die Exponentialform. ∎

Beim komplexen Wurzelziehen sind dieselben Dinge wie bei einem Kindergeburtstag zu beachten. Zunächst muss man die Torte an der richtigen Stelle anschneiden. Dann ist es wichtig, dass jeder ein gleich großes Stück bekommt.

Merke 13.4 (Bestimmung komplexer Wurzeln)

Die n-ten Wurzeln einer komplexen Zahl a lassen sich wie folgt ermitteln:

(1) Stelle die komplexe Zahl a in Exponentialform dar: $a = \varrho\,\mathrm{e}^{\mathrm{i}\,\alpha}$.

(2) Die erste Lösung z_0 hat den Abstand $\sqrt[n]{\varrho}$ vom Ursprung und den Winkel $\frac{\alpha}{n}$:

$$z_0 = \sqrt[n]{\varrho}\,\mathrm{e}^{\mathrm{i}\,\frac{\alpha}{n}}.$$

(3) Die Lösungen liegen gleichmäßig verteilt auf dem Ursprungskreis mit Radius $\sqrt[n]{\varrho}$:

$$z_k = \sqrt[n]{\varrho}\,\mathrm{e}^{\mathrm{i}\,\frac{\alpha+2\,k\,\pi}{n}},\qquad k = 0, 1, 2, \ldots, n-1.$$

Man kann die Formel zur Bestimmung der Lösungen der Gleichung $z^n = a$ aus Satz 13.13

$$z_k = \sqrt[n]{\varrho}\,\mathrm{e}^{\mathrm{i}\,\frac{\alpha+2\,k\,\pi}{n}} = \sqrt[n]{\varrho}\,\mathrm{e}^{\mathrm{i}\,\frac{\alpha}{n}}\,\mathrm{e}^{\mathrm{i}\,\frac{2\,k\,\pi}{n}} = z_0\,\omega_k$$

auch auf die Einheitswurzeln ω_k aus Satz 13.12 zurückführen.

Die Lösung z_k entsteht also aus der ersten Lösung z_0 durch Multiplikation mit der entsprechenden Einheitswurzel ω_k. Anschaulich bewirkt die Multiplikation mit ω_k eine Rotation um den Winkel $\frac{2k\pi}{n}$. Die erste Lösung z_0 wird also wiederholt mit einem festen Winkel gegen den Uhrzeigersinn weitergedreht.

13.3.3 Fundamentalsatz der Algebra

In diesem Abschnitt betrachten wir Polynome vom Grad n, siehe Definition 6.3. Als Veränderliche lassen wir dabei nun auch komplexe Zahlen z zu:

$$p_n(z) = a_0 + a_1 z + a_2 z^2 + \ldots + a_n z^n, \qquad a_n \neq 0.$$

Auch die Koeffizienten a_k dürfen komplexe Zahlen sein. Die Funktionseigenschaften dieser Polynome als Abbildungen von der Menge der komplexen Zahlen in die Menge der komplexen Zahlen sind nicht Gegenstand unserer Betrachtungen. Hier interessieren wir uns nur für die Nullstellen der Polynome und auch nur für den Fall, wenn alle Koeffizienten a_k reell sind.

Die zentrale Aussage besagt, dass jedes nicht konstante Polynom mindestens eine komplexe Nullstelle hat. Durch schrittweises Abspalten von Linearfaktoren, siehe Definition 6.4, kann man bei einem Polynom vom Grad n somit n komplexe Nullstellen garantieren, wobei Nullstellen auch mehrfach auftreten können.

Satz 13.14 (Fundamentalsatz der Algebra)
Jedes Polynom vom Grad n

$$p_n(z) = a_0 + a_1 z + a_2 z^2 + \ldots + a_n z^n, \qquad a_n \neq 0$$

besitzt im Komplexen genau n Nullstellen. Sind die Koeffizienten a_k alle reell, dann gibt es zu jeder komplexen Nullstelle $a + \mathrm{i}b$ stets eine konjugiert komplexe Nullstelle $a - \mathrm{i}b$.

Der Fundamentalsatz der Algebra klingt zwar einfach, er ist jedoch nicht einfach zu beweisen. Selbst der Beweis, den Johann Carl Friedrich Gauß im Rahmen seiner Dissertation angegeben hat, ist nach heutigem Stand der Mathematik als nicht hundertprozentig vollständig zu bezeichnen. In der Zwischenzeit gibt es eine ganze Reihe unterschiedlicher, vollständig korrekter Beweise des Fundamentalsatzes, siehe [Heuser:Analysis].

Die Aussage über die konjugiert komplexen Nullstellen bei reellen Koeffizienten a_k lässt sich mit den Rechenregeln für konjugiert komplexe Zahlen beweisen. Wenn z eine Nullstelle des Polynoms p_n ist, dann gilt:

$$p_n(\overline{z}) = \sum_{k=0}^{n} a_k\, \overline{z}^k = \sum_{k=0}^{n} a_k\, \overline{(z^k)} = \sum_{k=0}^{n} \overline{(a_k\, z^k)} = \overline{\sum_{k=0}^{n} a_k\, z^k} = \overline{p_n(z)} = 0.$$

Also ist auch $\overline{z}$ eine Nullstelle des Polynoms p_n. Eine unmittelbare Konsequenz des Fundamentalsatzes ist die Zerlegbarkeit eines Polynoms in Linearfaktoren.

Satz 13.15 (Zerlegung von Polynomen in Linearfaktoren)

Ein Polynom vom Grad n lässt sich im Komplexen komplett in Linearfaktoren zerlegen:

$$p_n(z) = a_0 + a_1 z + \ldots + a_n z^n = a_n(z - z_1)(z - z_2)\ldots(z - z_n), \qquad a_n \neq 0.$$

Dabei können die Nullstellen z_1, z_2, ..., z_n reell oder komplex sein. Unter Umständen sind Nullstellen mehrfach in der Zerlegung vorhanden.

Der Fundamentalsatz der Algebra ist eine reine Existenzaussage. Er gibt kein Konstruktionsverfahren an, mit dem man die Nullstellen bestimmen kann. Für Polynome vom Grad $n = 2$ gibt es Formeln zur Berechnung aller Nullstellen, auch der komplexen.

Satz 13.16 (Komplexe Lösungen einer quadratischen Gleichung)

Die quadratische Gleichung $a_0 + a_1 z + a_2 z^2 = 0$ mit reellen Koeffizienten a_0, a_1 und $a_2 \neq 0$ hat abhängig vom Vorzeichen der Diskriminante $D = a_1^2 - 4\,a_0\,a_2$

- für $D > 0$ zwei reelle Lösungen $\quad z_{1,2} = \dfrac{-a_1 \pm \sqrt{a_1^2 - 4\,a_0\,a_2}}{2\,a_2}$,
- für $D = 0$ eine doppelte reelle Lösung $\quad z_{1,2} = \dfrac{-a_1}{2\,a_2}$,
- für $D < 0$ zwei konjugiert komplexe Lösungen $\quad z_{1,2} = \dfrac{-a_1 \pm \mathrm{i}\sqrt{4\,a_0\,a_2 - a_1^2}}{2\,a_2}$.

Für $n = 3$ gibt es Formeln, die nach dem italienischen Mathematiker Gerolamo Cardano benannt sind. Auch für $n = 4$ existieren entsprechende Formeln. Diese sind jedoch recht umfangreich und erfordern teilweise aufwendige Fallunterscheidungen.

Bei der Lösung praktischer Probleme verwendet man zur Bestimmung von Nullstellen von Polynomen vom Grad $n > 2$ allerdings in der Regel numerische Näherungsverfahren. Da das Berechnen von Polynomnullstellen in vielen Anwendungen wichtig ist, gibts es zahlreiche und variantenreiche Algorithmen zum Aufspüren dieser Nullstellen.

Zum Nachweis der Formeln für $n = 2$ teilt man die Gleichung durch $a_2 \neq 0$:

$$a_0 + a_1 z + a_2\,z^2 = 0 \quad \Longrightarrow \quad \frac{a_0}{a_2} + \frac{a_1}{a_2}\,z + z^2 = 0.$$

Durch quadratisches Ergänzen ergibt sich

$$\left(z + \frac{a_1}{2\,a_2}\right)^2 = -\,\frac{4\,a_0\,a_2 - a_1^2}{4\,a_2^2}\,.$$

Falls die Diskriminante negativ ist, hat diese Gleichung die beiden Lösungen

$$z + \frac{a_1}{2\,a_2} = \pm\,\mathrm{i}\,\frac{\sqrt{4\,a_0\,a_2 - a_1^2}}{2\,a_2}\,.$$

Falls die Diskriminante positiv ist, entstehen die bekannten reellen Lösungen.

Beispiel 13.9 (Zerlegung in komplexe Linearfaktoren)

a) Wir suchen alle Lösungen der Gleichung

$$z^3 + z^2 + 8z - 10 = 0.$$

Eine Lösung ist $z_1 = 1$. Dadurch kann man den Linearfaktor $z - 1$ abspalten:

$$\begin{array}{llll} (\;z^3 & +z^2 & +8z-10) : (z-1) = z^2+2z+10 & \\ -z^3 & +z^2 & & \\ \hline & 2z^2 & +8z & \\ & -2z^2 & +2z & \\ \hline & & 10z-10 & \\ & & -10z+10 & \\ \hline & & 0 & \end{array}$$

Die beiden restlichen Lösungen bilden ein konjugiert komplexes Paar:

$$z_{2,3} = \frac{-2 \pm \mathrm{i}\sqrt{40-4}}{2} = -1 \pm 3\,\mathrm{i}\,.$$

Insgesamt haben wir also eine reelle und zwei konjugiert komplexe Lösungen.

b) Wir suchen eine Gleichung, die die komplexe Lösung $z_1 = -1 + \mathrm{i}$ hat. Damit die Koeffizienten der Gleichung alle reell sind, muss auch die konjugiert komplexe Zahl $z_2 = -1 - \mathrm{i}$ eine Lösung sein. Dadurch ergibt sich die Darstellung mit Linearfaktoren:

$$\big(z-(-1+\mathrm{i})\big)\big(z-(-1-\mathrm{i})\big) = (\underbrace{z+1}_{a} - \underbrace{\mathrm{i}}_{b})(\underbrace{z+1}_{a} + \underbrace{\mathrm{i}}_{b}) = \underbrace{(z+1)^2}_{a^2} - \underbrace{\mathrm{i}^2}_{b^2} = z^2+2z+2.$$

Die gesuchte Gleichung lautet $z^2 + 2z + 2 = 0$ und ist quadratisch. ▪

13.4 Komplexe Funktionen

Die Untersuchung komplexer Funktionen ist im Rahmen der sogenannten Funktionentheorie ein großes Gebiet der Mathematik mit entsprechend weitreichendem Anwendungsspektrum. Wesentlich beeinflusst haben die Funktionentheorie die Mathematiker Augustin-Louis Cauchy und Karl Theodor Wilhelm Weierstraß, aber auch Felix Klein und Félix Édouard Justin Émile Borel.

Im Grunde lassen sich mit komplexen Zahlen genau wie mit reellen Zahlen Funktionen definieren. Eine komplexwertige Funktion mit einer komplexen Variablen ist eine Abbildung, die jeder komplexen Zahl aus der Definitionsmenge eine komplexe Zahl zuordnet. Bereits die grafische Darstellung von komplexen Funktionen stellt eine Herausforderung dar. Komplexwertige Funktionen von komplexen Veränderlichen erfordern die Visualisierung von vier Dimensionen. Wir betrachten deshalb in diesem Abschnitt nur einfache komplexwertige Funktionen. Das sind zum einen Funktionen, die einer reellen Zahl eine komplexe Zahl zuordnen, und zum anderen Transformationen der komplexen Ebene, wie etwa Verschiebungen, Skalierungen und Rotationen. Außerdem verwenden wir die Darstellung harmonischer Schwingungen mithilfe komplexer Zeiger zur Überlagerung gleichfrequenter Schwingungen.

13.4.1 Ortskurven

Insbesondere in der Elektrotechnik betrachtet man komplexe Größen, die von reellen Parametern abhängen. Eine Kurve, die durch komplexe Zahlen in der Gaußschen Zahlenebene beschrieben wird, nennt man Ortskurve. Durchläuft der Parameter ein Intervall der reellen Zahlen, so ergibt sich für jeden Parameter eine komplexe Zahl.

Definition 13.9 (Komplexwertige Funktion einer reellen Variablen, Ortskurve)

Bei einer komplexwertigen Funktion einer reellen Variablen hängen die komplexen Zahlen z von einem reellen Parameter t im Intervall I ab:

$$z = z(t), \quad t \in I.$$

Die zugehörige Bahnkurve aller komplexen Zahlen z in der Gaußschen Zahlenebene nennt man Ortskurve.

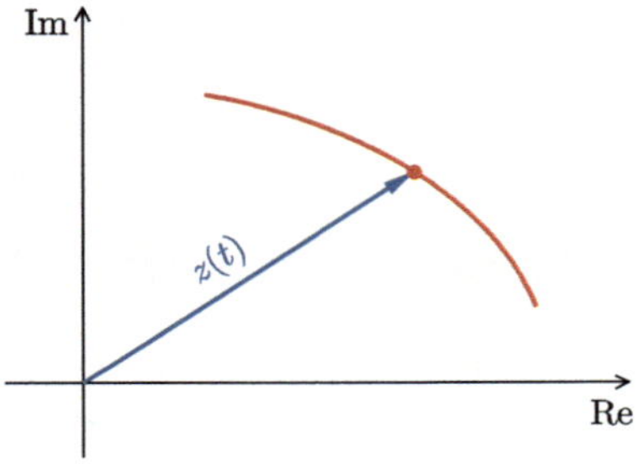

Beispiel 13.10 (Ortskurven)

a) Die komplexwertige Funktion

$$z(t) = (1-t)(-2-\mathrm{i}) + t(2+3\,\mathrm{i}), \quad t \in \mathbb{R}$$

besitzt als Ortskurve eine Gerade in der komplexen Ebene durch die beiden Zahlen

$$z(0) = -2-\mathrm{i} \quad \text{und} \quad z(1) = 2+3\,\mathrm{i}.$$

Man kann die Funktion alternativ auch mit der Darstellung

$$z(t) = -2-\mathrm{i} + 4t(1+\mathrm{i}), \quad t \in \mathbb{R}$$

beschreiben.

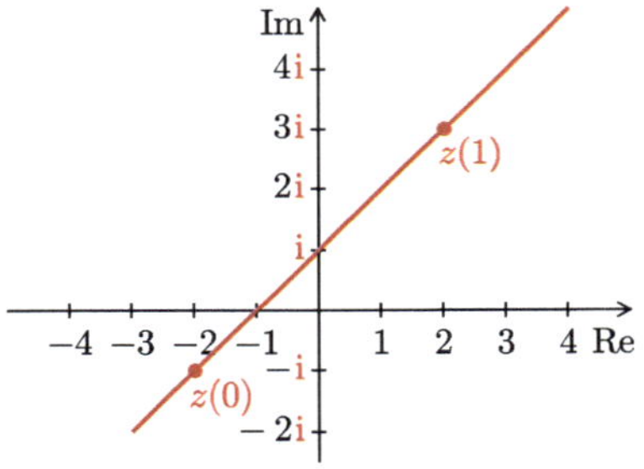

b) Die Ortskurve der komplexwertigen Funktion

$$z(t) = 3 + 2\,\mathrm{i} + \frac{3}{2}\,\mathrm{e}^{\mathrm{i}\,t}, \quad t \in [0, 2\pi]$$

beschreibt gegen den Uhrzeigersinn einen Kreis mit Mittelpunkt z_0 und Radius r:

$$z_0 = 3 + 2\,\mathrm{i}\,, \quad r = \frac{3}{2}\,.$$

Das kann man überprüfen durch

$$|z(t) - z_0| = \left|\frac{3}{2}\,\mathrm{e}^{\mathrm{i}\,t}\right| = \frac{3}{2}\,\left|\mathrm{e}^{\mathrm{i}\,t}\right| = \frac{3}{2}.$$

Die Ortskurve liegt im ersten Quadranten.

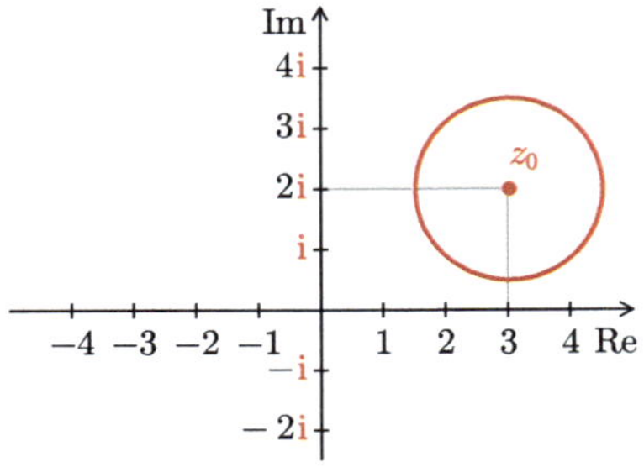

c) Bei der Ortskurve der komplexwertigen Funktion

$$z(t) = \frac{4}{1 + 4\,\mathrm{i}\,t}, \qquad t \in \mathbb{R}$$

erkennt man den Kurventyp nicht auf den ersten Blick. Man kann jedoch zeigen, dass gilt:

$$|z(t) - 2| = 2.$$

Die Ortskurve ist also ein Kreis mit Mittelpunkt bei $z_0 = 2$ und Radius 2.

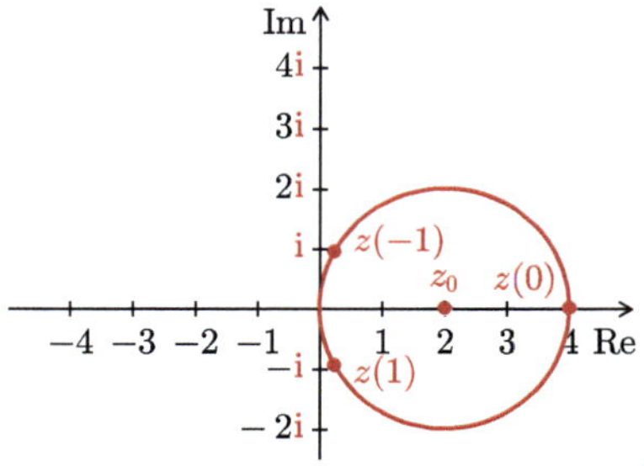

Ortskurven lassen sich in kartesischer Form oder in Exponentialform darstellen:

$$z(t) = x(t) + \mathrm{i}\,y(t) = r(t)\,\mathrm{e}^{\mathrm{i}\,\varphi(t)}, \qquad t \in I.$$

Die kartesische Form entspricht der Parameterdarstellung ebener Kurven, siehe Definition 11.1. Die Exponentialform entspricht der Darstellung ebener Kurven in Polarkoordinaten, siehe Definition 11.2. Beide Formen haben ihre Berechtigung und werden in den Anwendungen gleichermaßen verwendet.

13.4.2 Harmonische Schwingungen

Die mathematische Beschreibung von Schwingungsvorgängen ist Bestandteil vieler Problemstellungen in Naturwissenschaft und Technik. Unter einer harmonischen Schwingung versteht man eine Oszillation, die sich in Form einer Sinus- oder Kosinusfunktion darstellen lässt, siehe Definition 6.11.

Technische Vorgänge lassen sich nur bei idealisierten Annahmen durch reine harmonische Schwingungen beschreiben. Trotzdem bilden harmonische Schwingungen die Grundlage jeder Schwingungsanalyse. Dabei betrachtet man harmonische Schwingungen meistens nicht in Form von Sinus- oder Kosinusfunktionen, sondern in Form komplexer Funktionen mit einer reellen Veränderlichen, siehe Kapitel 16 und Kapitel 14. Diese Form erleichtert den Umgang mit Ausdrücken und Gleichungen.

Satz 13.17 (Harmonische Schwingung)

Jede harmonische Schwingung mit Kreisfrequenz ω lässt sich sowohl durch eine Amplitude $A > 0$ und einen Phasenwinkel φ mit dem Kosinus als Grundfunktion als auch durch Überlagerung phasenwinkelfreier Sinus- und Kosinusfunktionen darstellen:

$$A\,\cos(\omega\,t + \varphi) = C_1\,\cos(\omega\,t) + C_2\,\sin(\omega\,t).$$

Zur Umrechnung zwischen den beiden Darstellungen gelten die Formeln:

- $C_1 = A\,\cos\varphi$
- $C_2 = -A\,\sin\varphi$
- $A = \sqrt{C_1^2 + C_2^2}$
- $\varphi = \arg(C_1 - \mathrm{i}\,C_2)$

Die Formeln aus Satz 13.17 kann man mit den Darstellungen von Sinus und Kosinus durch komplexe e-Funktionen aus Satz 13.2 herleiten:

$$A\,\frac{e^{i(\omega t+\varphi)}+e^{-i(\omega t+\varphi)}}{2}=C_1\,\frac{e^{i\omega t}+e^{-i\omega t}}{2}+C_2\,\frac{e^{i\omega t}-e^{-i\omega t}}{2\,i}.$$

Daraus ergibt sich

$$e^{i\omega t}\big(\underbrace{A e^{i\varphi}-C_1+i\,C_2}_{A e^{i\varphi}=C_1-i\,C_2}\big)+e^{-i\omega t}\big(\underbrace{A e^{-i\varphi}-C_1-i\,C_2}_{A e^{-i\varphi}=C_1+i\,C_2}\big)=0.$$

Die Gleichung ist sicher erfüllt, wenn $A e^{i\varphi}=C_1-i\,C_2$. Die Darstellung in Satz 13.17 verwendet den Kosinus als Grundfunktion. Genau so gut könnten wir auch den Sinus verwenden. Mit $C_1=0$ und $C_2=1$ ergibt sich

$$A=1,\quad \varphi=\arg(-i)=-\frac{\pi}{2}\quad\Longrightarrow\quad \sin(\omega t)=\cos\left(\omega t-\frac{\pi}{2}\right).$$

Man sagt, der Kosinus eilt dem Sinus um den Phasenwinkel $\frac{\pi}{2}$ voraus. Sinus und Kosinus unterscheiden sich um diesen Phasenwinkel.

Beispiel 13.11 (Harmonische Schwingungen)

a) Die harmonische Schwingung

$$x(t)=-\cos t+\sin t$$

können wir durch

$$A=\sqrt{2},\quad \varphi=\arg(-1-i)=-\frac{3\pi}{4}$$

auch als phasenverschobene Kosinusfunktion darstellen:

$$x(t)=\sqrt{2}\,\cos\left(t-\frac{3\pi}{4}\right).$$

Es entsteht dabei auch eine neue Amplitude.

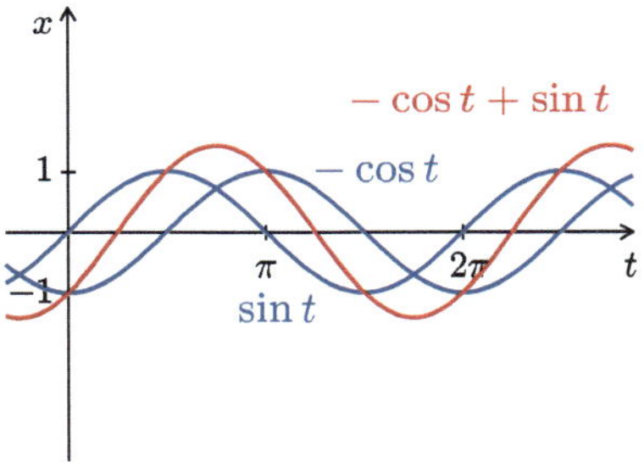

b) Aus der Darstellung der Schwingung

$$x(t)=2\,\cos\left(t-\frac{\pi}{3}\right)$$

ergibt sich mit einem ersten Koeffizienten

$$C_1=2\,\cos\left(\frac{\pi}{3}\right)=1$$

und einem zweiten Koeffizienten

$$C_2=2\,\sin\left(\frac{\pi}{3}\right)=\sqrt{3}$$

die phasenwinkelfreie Darstellung

$$x(t)=\cos t+\sqrt{3}\,\sin t$$

mit einer reinen Kosinus- und Sinusfunktion. ■

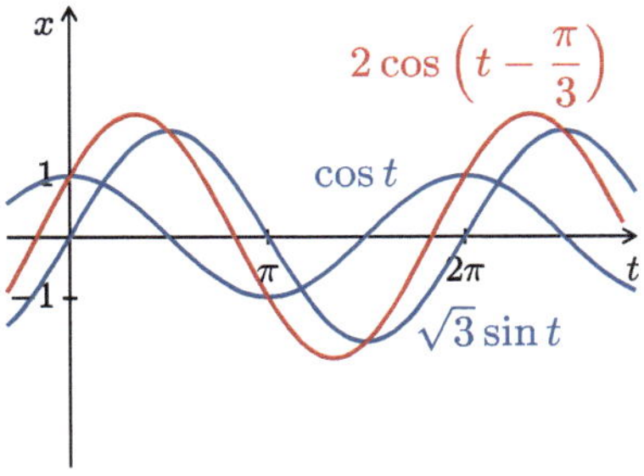

Sinus und Kosinus sind am Einheitskreis definiert, siehe Definition 6.8. Wir übertragen diese Definition nun auf die Gaußsche Zahlenebene. Zu einer gegebenen harmonischen Schwingung x betrachten wir eine komplexwertige Funktion z, die von einem reellen Parameter abhängt:

$$x(t) = A\cos(\omega t + \varphi) \quad\longrightarrow\quad z(t) = A\cos(\omega t + \varphi) + \mathrm{i}A\sin(\omega t + \varphi).$$

Die Ortskurve der Funktion z beschreibt einen Ursprungskreis mit Radius A in der komplexen Ebene. Man nennt z eine komplexe Ersatzgröße für x. Diese Vorgehensweise erweckt den Eindruck, dass man aus einer einfachen reellen Funktion x eine komplizierte komplexe Funktion z erzeugt. Das Gegenteil ist der Fall. Nach dem Satz von Euler, Satz 13.1, gilt zunächst die Umformung:

$$z(t) = A\cos(\omega t + \varphi) + \mathrm{i}A\sin(\omega t + \varphi) = A\,\mathrm{e}^{\mathrm{i}(\omega t+\varphi)}.$$

Wir werden sehen, dass sich in der Darstellung mit der e-Funktion viele Berechnungen weitaus einfacher durchführen lassen als in der ursprünglichen reellen Darstellung mit der Kosinusfunktion.

Definition 13.10 (Zeiger einer harmonischen Schwingung)

Einer harmonischen Schwingung kann man eine Schwingung im Komplexen zuordnen:

$$A\cos(\omega t + \varphi) \quad\longrightarrow\quad A\,\mathrm{e}^{\mathrm{i}(\omega t+\varphi)}$$

Bei dieser Zeigerdarstellung nennt man

$$z_0 = A\,\mathrm{e}^{\mathrm{i}\varphi}$$

den Zeiger der harmonischen Schwingung.

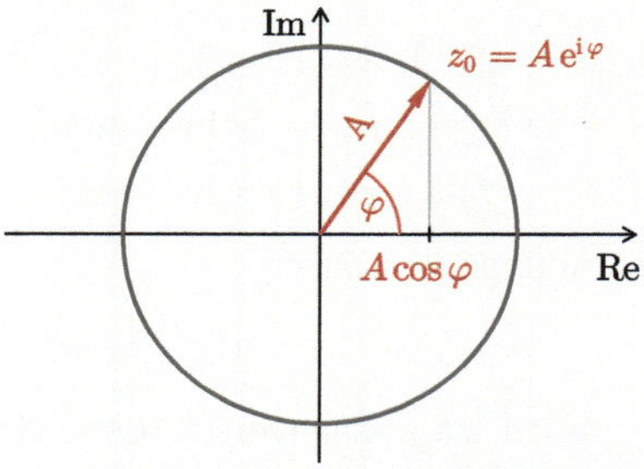

Wenn der Parameter t die reellen Zahlen durchläuft, dann durchläuft die Ortskurve der Schwingung im Komplexen z den Kreis unendlich oft. Der Zeiger z_0 ist aber eine feste komplexe Zahl

$$z_0 = z(0) = A\,\mathrm{e}^{\mathrm{i}(\omega\cdot 0+\varphi)} = A\,\mathrm{e}^{\mathrm{i}\varphi}.$$

Er gibt den Phasenwinkel zum Parameterwert $t = 0$ an. Deshalb bezeichnet man φ auch als Nullphasenwinkel. Durch komplexe Zeiger lässt sich die Überlagerung harmonischer Schwingungen elegant berechnen. Nach Satz 13.17 lässt sich jede harmonische Schwingung mit Kosinus als Grundfunktion darstellen. Somit betrachten wir zwei harmonische Schwingungen x_1 und x_2 in der Form

$$x_1(t) = A_1\cos(\omega t + \varphi_1), \quad x_2(t) = A_2\cos(\omega t + \varphi_2).$$

Dabei setzen wir voraus, dass beide Schwingungen dieselbe Kreisfrequenz ω besitzen. Anstelle der Überlagerung der reellen Funktionen x_1 und x_2 betrachten wir die Addition der Schwingungen im Komplexen z_1 und z_2:

$$x_1(t) + x_2(t) \quad\longrightarrow\quad z_1(t) + z_2(t) = A_1\,\mathrm{e}^{\mathrm{i}(\omega t+\varphi_1)} + A_2\,\mathrm{e}^{\mathrm{i}(\omega t+\varphi_2)} = A\,\mathrm{e}^{\mathrm{i}(\omega t+\varphi)}.$$

Es ergibt sich eine neue Amplitude A und ein neuer Phasenwinkel φ.

Unser Ziel ist es, A und φ in Abhängigkeit von A_1, A_2, φ_1 und φ_2 darzustellen. Aufgrund der gemeinsamen Kreisfrequenz lässt sich die Gleichung durch $e^{i\omega t}$ teilen:

$$A_1\,e^{i(\omega t+\varphi_1)} + A_2\,e^{i(\omega t+\varphi_2)} = A\,e^{i(\omega t+\varphi)} \quad\Longrightarrow\quad A_1\,e^{i\varphi_1} + A_2\,e^{i\varphi_2} = A\,e^{i\varphi}.$$

Diese Gleichung stellt eine gewaltige Vereinfachung dar. Sie ist unabhängig vom Parameter t. Wir ermitteln unsere gesuchten Größen A und φ durch Addition der Zeiger.

Merke 13.5 (Überlagerung harmonischer Schwingungen durch Zeigeraddition)

Die Überlagerung x der beiden harmonischen Schwingungen x_1 und x_2 mit gleicher Kreisfrequenz ω kann folgendermaßen durchgeführt werden:

(1) Stelle beide harmonischen Schwingungen als phasenverschobenen Kosinus dar:

$$x_1(t) = A_1\cos(\omega t+\varphi_1), \quad x_2(t) = A_2\cos(\omega t+\varphi_2).$$

(2) Ordne jeder Schwingung den entsprechenden komplexen Zeiger zu:

$$x_1(t) \longrightarrow z_1 = A_1\,e^{i\varphi_1}, \qquad x_2(t) \longrightarrow z_2 = A_2\,e^{i\varphi_2}.$$

(3) Stelle die Addition der beiden Zeiger in Exponentialform dar:

$$z = z_1 + z_2 = A_1\,e^{i\varphi_1} + A_2\,e^{i\varphi_2} = A\,e^{i\varphi}.$$

(4) Die überlagerte Schwingung x hat die Amplitude A und den Phasenwinkel φ:

$$x(t) = x_1(t) + x_2(t) = A\cos(\omega t+\varphi).$$

Die Überlagerung harmonischer Schwingungen durch Zeigeraddition erfordert die Addition zweier komplexer Zahlen in Exponentialform. Dazu müssen die beiden Zahlen zunächst in kartesische Form umgerechnet werden. Dann addiert man die beiden Realteile und die beiden Imaginärteile. Schließlich wird das Ergebnis in Exponentialform umgerechnet.

Beispiel 13.12 (Überlagerung harmonischer Schwingungen durch Zeigeraddition)

a) Zur Addition der beiden Schwingungen

$$x_1(t) = \cos\left(2t + \frac{\pi}{4}\right)$$

und

$$x_2(t) = \cos\left(2t + \frac{3\pi}{4}\right)$$

addieren wir die beiden zugehörigen Zeiger

$$z_1 + z_2 = e^{i\frac{\pi}{4}} + e^{i\frac{3\pi}{4}} = \sqrt{2}e^{i\frac{\pi}{2}}.$$

Dadurch ergibt sich

$$x(t) = x_1(t) + x_2(t) = \sqrt{2}\cos\left(2t + \frac{\pi}{2}\right)$$

für die resultierende Schwingung.

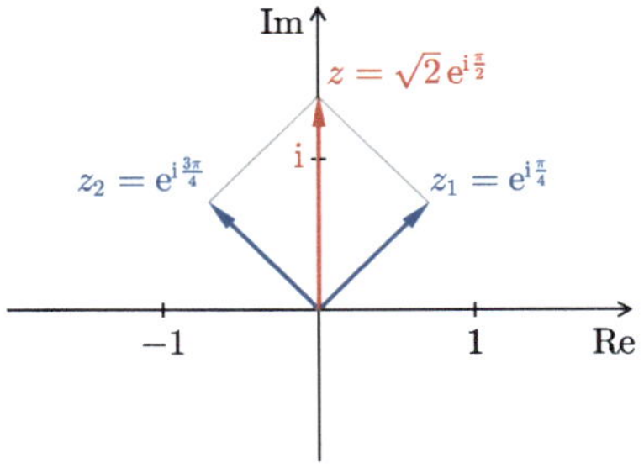

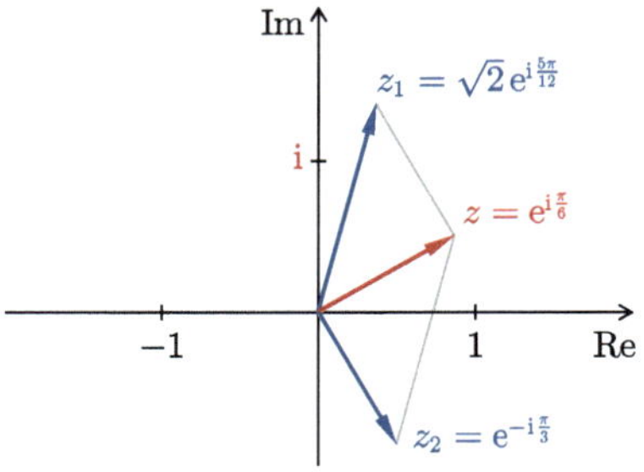

b) Die Überlagerung der beiden Schwingungen

$$x_1(t) = \sqrt{2}\cos\left(t + \frac{5\pi}{12}\right)$$

und

$$x_2(t) = \sin\left(t + \frac{\pi}{6}\right)$$

berechnen wir durch Zeigeraddition. Dazu muss der Sinus durch einen Kosinus dargestellt werden:

$$\sin\left(t+\frac{\pi}{6}\right) = \cos\left(t+\frac{\pi}{6}-\frac{\pi}{2}\right) = \cos\left(t-\frac{\pi}{3}\right).$$

Die Addition der Zeiger ergibt

$$z_1 + z_2 = \sqrt{2}e^{i\frac{5\pi}{12}} + e^{-i\frac{\pi}{3}} = \sqrt{2}\left(\cos\left(\frac{5\pi}{12}\right) + i\sin\left(\frac{5\pi}{12}\right)\right) + \left(\cos\left(\frac{\pi}{3}\right) - i\sin\left(\frac{\pi}{3}\right)\right)$$

und weiter mit der Eulerschen Formel

$$z_1 + z_2 == \frac{\sqrt{3}}{2} + \frac{1}{2}i = e^{i\frac{\pi}{6}}.$$

Also lässt sich die Überlagerung darstellen durch

$$x(t) = x_1(t) + x_2(t) = \sqrt{2}\cos\left(t + \frac{5\pi}{12}\right) + \sin\left(t + \frac{\pi}{6}\right) = \cos\left(t + \frac{\pi}{6}\right).$$

Es entsteht eine verschobene Kosinusfunktion mit Amplitude 1. ■

13.4.3 Transformationen

Additionen und Multiplikationen mit komplexen Zahlen haben einfache geometrische Bedeutungen in der Gaußschen Zahlenebene. Sie erzeugen Verschiebungen, Drehungen und Streckungen. Dadurch lassen sich Ortskurven einfach transformieren. Diese Transformationen sind spezielle komplexe Funktionen.

Satz 13.18 (Translation, Rotation und Skalierung)

Für beliebige komplexe Zahlen a bewirkt

- die Addition eine Translation $f(z) = z + a$ und
- die Multiplikation eine Drehstreckung $f(z) = a\,z$, also eine Rotation um den Winkel $\varphi = \arg(a)$ und eine Skalierung um den Faktor $|a|$

in der Gaußschen Zahlenebene.

Es ist offensichtlich, dass durch die Addition einer komplexen Zahl eine Translation entsteht. Die Eigenschaft der Drehstreckung erkennt man am besten in der Exponentialform

$$z = |z|\,e^{i\varphi}, \quad a = |a|\,e^{i\alpha} \quad \Longrightarrow \quad f(z) = a\,z = |a|\,e^{i\alpha}\,|z|\,e^{i\varphi} = |a|\,|z|\,e^{i(\alpha+\varphi)}.$$

Sowohl das Zentrum der Rotation als auch das der Skalierung ist der Ursprung.

Beispiel 13.13 (Transformation von Ortskurven)

Die Ortskurve der komplexwertigen Funktion

$$z(t) = 3 + 2\,\mathrm{i} + \frac{3}{2}\,\mathrm{e}^{\mathrm{i}\,t}, \quad t \in [0, 2\,\pi],$$

ist ein Kreis, siehe Beispiel 13.10. Durch Multiplikation mit der komplexen Zahl $a = \frac{2}{3}\,\mathrm{i}$ ergibt sich eine Rotation um den Winkel φ und eine Skalierung mit dem Faktor r:

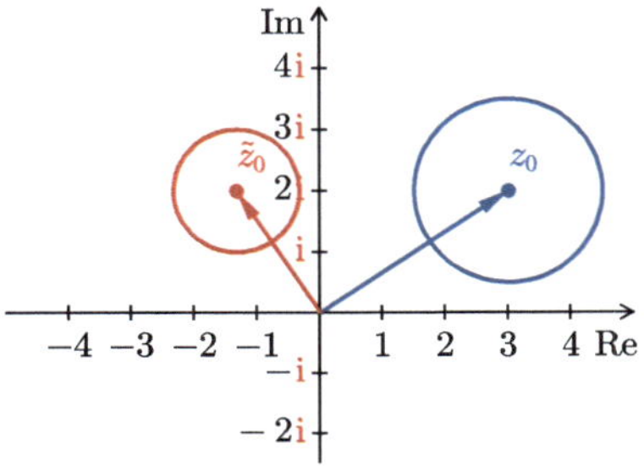

$$\varphi = \frac{\pi}{2}, \quad r = \frac{2}{3}.$$

Die transformierte Ortskurve lautet

$$\tilde{z}(t) = \frac{2}{3}\,\mathrm{i}\,z(t) = -\frac{4}{3} + 2\,\mathrm{i} + \mathrm{e}^{\mathrm{i}\left(t + \frac{\pi}{2}\right)},$$

und ist ebenfalls wieder ein Kreis. ■

Insbesondere bei Wechselspannungen und Wechselströmen in der Elektrotechnik benötigt man den Kehrwert von komplexen Zahlen. Die komplexwertige Stromstärke entspricht der komplexwertigen Spannung multipliziert mit dem Kehrwert der Impedanz.

Definition 13.11 (Inversion)

Die komplexe Funktion f, die einer komplexen Zahl z ihren Kehrwert zuordnet

$$f(z) = \frac{1}{z}$$

bezeichnet man als Inversion.

Für $z = 0$ ist die Inversion streng genommen nicht definiert. Man kann diesen Sachverhalt jedoch auch anders interpretieren. Die Zahl $z = 0$ wird ins Unendliche transformiert. Wenn also eine Ortskurve durch den Ursprung der Gaußschen Zahlenebene verläuft, dann ist die invertierte Ortskurve bis ins Unendliche ausgedehnt. Die Inversion wird manchmal auch über eine Spiegelung am Einheitskreis und der reellen Achse beschrieben.

Beispiel 13.14 (Inversion)

a) Die Inversion des Kreises um den Ursprung mit dem Radius r

$$z(t) = r\,\mathrm{e}^{\mathrm{i}\,t}, \quad t \in [0, 2\,\pi]$$

ergibt einen Ursprungskreis mit Radius $\frac{1}{r}$:

$$\tilde{z}(t) = \frac{1}{z(t)} = \frac{1}{r}\,\mathrm{e}^{-\mathrm{i}\,t}, \quad t \in [0, 2\,\pi].$$

Durch die Inversion hat sich der Durchlaufsinn der Ortskurve geändert.

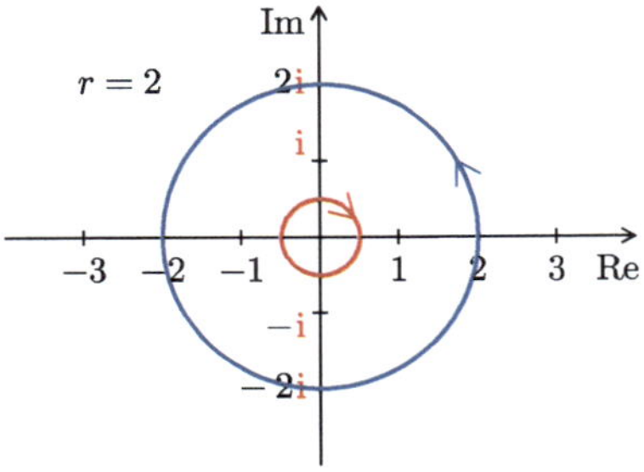

b) Die Inversion des Kreises aus Beispiel 13.10

$$z(t) = \frac{4}{1+4\,\mathrm{i}\,t}, \quad t \in \mathbb{R}$$

ergibt eine Gerade:

$$\tilde{z}(t) = \frac{1}{z(t)} = \frac{1}{4} + \mathrm{i}\,t, \quad t \in \mathbb{R}.$$

Diese Gerade verläuft parallel zur imaginären Achse und geht durch den Punkt $z_0 = \frac{1}{4}$.

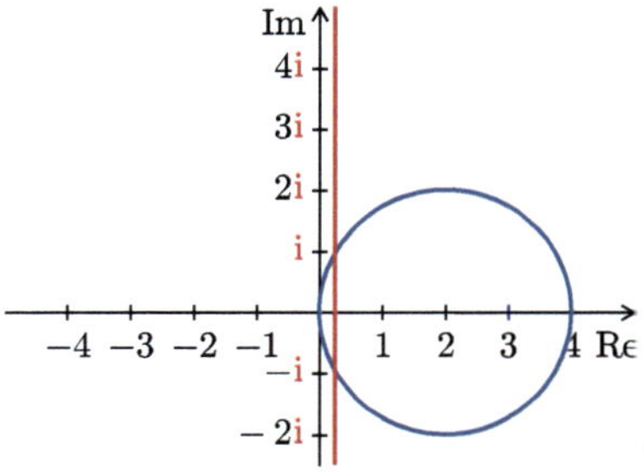

■

Enge Verwandte von Translation, Rotation, Skalierung und Inversion sind Möbius-Transformationen. Sie sind nach dem deutschen Mathematiker und Astronomen August Ferdinand Möbius benannt.

Definition 13.12 (Möbius-Transformation)

Für komplexe Zahlen a, b, c und d mit $a\,d - b\,c \neq 0$ bezeichnet man die komplexe Funktion

$$f(z) = \frac{a\,z+b}{c\,z+d}$$

als Möbius-Transformation.

Die inverse Transformation einer Möbius-Transformation ist

$$f^{-1}(z) = \frac{d\,z-b}{-c\,z+a},$$

denn es gilt der Zusammenhang

$$f^{-1}(f(z)) = \frac{d\,\frac{a\,z+b}{c\,z+d} - b}{-c\,\frac{a\,z+b}{c\,z+d} + a} = \frac{d(a\,z+b) - b(c\,z+d)}{-c(a\,z+b) + a(c\,z+d)} = \frac{a\,d\,z - b\,c\,z}{a\,d - b\,c} = z.$$

Die Transformation f^{-1} ist selbst wieder eine Möbius-Transformation, denn die Bedingung $d\,a - b\,c \neq 0$ ist genau dann erfüllt, wenn $a\,d - b\,c \neq 0$ gilt.

Eine Möbius-Transformation lässt sich aus einfachen Transformationen zusammensetzen. Die Zerlegung einer Möbius-Transformation in Einzeltransformationen ergibt sich durch Polynomdivision:

$$f(z) = \frac{a\,z+b}{c\,z+d} = \frac{a}{c} + \frac{b\,c-a\,d}{c} \cdot \frac{1}{c\,z+d}.$$

Dadurch ist eine Möbius-Transformation durch eine Verknüpfung von zwei Translationen T, zwei Drehstreckungen D und einer Inversion I darstellbar:

$$z \overset{D}{\longrightarrow} c\,z \overset{T}{\longrightarrow} c\,z+d \overset{I}{\longrightarrow} \frac{1}{c\,z+d} \overset{D}{\longrightarrow} \frac{b\,c-a\,d}{c}\,\frac{1}{c\,z+d} \overset{T}{\longrightarrow} \frac{a}{c} + \frac{b\,c-a\,d}{c}\,\frac{1}{c\,z+d}.$$

Eine Möbius-Transformation kann also als fünffach verkettete Abbildung von elementaren Transformationen interpretiert werden.

Satz 13.19 (Möbius-Transformation)

Jede Möbius-Transformation lässt sich aus Translationen, Drehstreckungen und Inversionen zusammensetzen.

Translationen, Skalierungen und Rotationen sind offensichtlich kreistreue und winkeltreue Transformationen. Damit eine Möbius-Transformation auch kreistreu und winkeltreu ist, bleibt nur noch zu zeigen, dass die Inversion eine kreistreue und winkeltreue Abbildung ist. Das ist durch elementare algebraische Umformungen möglich, erfordert jedoch die Betrachtung einiger Spezialfälle. Deshalb verzichten wir auf einen Nachweis.

Satz 13.20 (Kreistreue und Winkeltreue)

Jede Möbius-Transformation f ist

- eine kreistreue Abbildung: Wenn die Ortskurve von $z(t)$ ein Kreis ist, dann ist auch die Ortskurve von $f(z(t))$ ein Kreis. Dabei sind Geraden als Kreise mit unendlich großem Radius zu betrachten.
- eine winkeltreue Abbildung: Durch die Abbildung bleiben Schnittwinkel zwischen Ortskurven unverändert.

Die Möbius-Transformation hat ein rein reelles Analogon. Ersetzt man in der Definition der Möbius-Transformation z durch x, so werden damit Hyperbeln mit achsenparallelen Asymptoten definiert, siehe Abschnitt 6.2.2.

Beispiel 13.15 (Möbius-Transformation)

Wir betrachten die Möbius-Transformation

$$f(z) = \frac{\mathrm{i}\, z - 2}{(1 + \mathrm{i})z - (2 + \mathrm{i})}.$$

In der Abbildung ist zu erkennen, dass das Gitter in der z-Ebene auf Kreise und zwei Geraden in der w-Ebene abgebildet wird. Im weiteren Sinn werden also Kreise auf Kreise abgebildet.

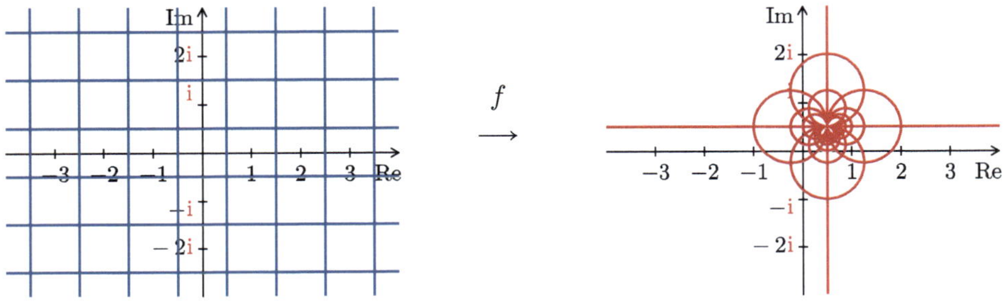

Man erkennt die Eigenschaften der Kreistreue und der Winkeltreue. ■

13.5 Anwendungen

Zahlreiche Anwendungen in der Elektrotechnik, vor allem beim Wechselstrom, basieren auf komplexen Zahlen. Wir betrachten in diesem Abschnitt die komplexe Wechselstromrechnung. Bei der Analyse von Netzwerken werden wir in Abschnitt 14.7.6 ähnliche Themen nochmals im Zusammenhang mit Differenzialgleichungen aufgreifen.

13.5.1 Komplexe Wechselstromrechnung

Die Idee bei der komplexen Wechselstromrechnung besteht darin, kosinusförmige Wechselspannungen und Wechselströme durch komplexe Ersatzgrößen u und i darzustellen:

$$\begin{aligned} \hat{U}\cos(\omega t + \varphi_u) \quad &\longrightarrow \quad u(t) = \hat{U}\,\mathrm{e}^{\mathrm{i}(\omega t + \varphi_u)} \\ \hat{I}\cos(\omega t + \varphi_i) \quad &\longrightarrow \quad i(t) = \hat{I}\,\mathrm{e}^{\mathrm{i}(\omega t + \varphi_i)} \end{aligned}$$

Dieses Prinzip kennen wir bereits aus Abschnitt 13.4.2. Man kann zeigen, dass sich das Ohmsche Gesetz auf Wechselströme übertragen lässt, siehe [Küpfmüller].

Merke 13.6 (Impedanz)

Bei Wechselspannungen und Wechselströmen in komplexer Darstellung

$$u(t) = \hat{U}\,\mathrm{e}^{\mathrm{i}(\omega t + \varphi_u)}, \quad i(t) = \hat{I}\,\mathrm{e}^{\mathrm{i}(\omega t + \varphi_i)}$$

gilt das Ohmsche Gesetz $u(t) = Z\,i(t)$ mit der Impedanz

- am Ohmschen Widerstand R: $Z_R = R$,
- an der Kapazität C: $Z_C = \dfrac{1}{\mathrm{i}\omega C}$ und
- an der Induktivität L: $Z_L = \mathrm{i}\omega L$.

Außerdem gelten für Impedanzen auch die aus der Gleichstromlehre bekannten Regeln für Widerstände bei Reihen- oder Parallelschaltung. Dabei werden die Impedanzen oder deren Kehrwerte addiert.

Merke 13.7 (Reihen- und Parallelschaltung)

Werden die beiden Impedanzen Z_1 und Z_2

- in Reihe geschaltet, dann addieren sich die Impedanzen: $Z = Z_1 + Z_2$,
- parallel geschaltet, dann addieren sich die Leitwerte: $\dfrac{1}{Z} = \dfrac{1}{Z_1} + \dfrac{1}{Z_2}$.

Beispiel 13.16 (Reihenschaltung von Widerstand, Kondensator und Spule)

Wir betrachten die Reihenschaltung eines Ohmschen Widerstands R, eines Kondensators mit Kapazität C und einer Spule mit Induktivität L. Dann beschreibt

$$Z = Z_R + Z_C + Z_L = R + \frac{1}{\mathrm{i}\omega C} + \mathrm{i}\omega L = R + \mathrm{i}\left(\omega L - \frac{1}{\omega C}\right)$$

die Impedanz Z der Reihenschaltung. ■

13.6 Aufgaben

13.6.1 Verständnis und Kompetenz

Aufgabe 13.1 (Exponentialform) ★

Stellen Sie die folgenden komplexen Zahlen in Exponentialform dar:

a) $z = -1 - \mathrm{i}$ b) $z = -3$ c) $z = 2\,\mathrm{i}$

Aufgabe 13.2 (Gaußsche Zahlenebene) ★★

Gegeben sind die komplexen Zahlen $z_1 = 1 + \mathrm{i}$ und $z_2 = -\sqrt{3} + \mathrm{i}$.

a) Skizzieren Sie z_1 und z_2 in der Gaußschen Ebene.

b) Bestimmen Sie $z_1 + z_2$, $z_1 - z_2$, $\overline{z}_1$ und $\overline{z}_2$ grafisch und rechnerisch.

c) Berechnen Sie Real- und Imaginärteil von $z_1\,z_2$, $\frac{z_1}{z_2}$ und $\frac{z_2}{z_1}$.

d) Bestimmen Sie $\arg(z_1)$, $\arg(z_2)$, $|z_1|$, $|z_2|$. Stellen Sie z_1, z_2 in Exponentialform dar.

e) Stellen Sie z_1^2, z_1^3, z_1^4, z_2^2, z_2^3 und z_2^4 in Exponentialform und kartesischer Form dar.

f) Für welche natürlichen Zahlen n und m sind z_1^n und z_2^m reelle Zahlen?

Aufgabe 13.3 (Wurzeln und Quadranten) ★★

Wie viele Lösungen besitzt die Gleichung $z^3 = 0.815 + 0.4711\,\mathrm{i}$ und in welchen Quadranten der komplexen Ebene liegen sie?

Aufgabe 13.4 (Nullstellen und Polynom) ★★

Wie lautet das Polynom $p(z) = a_0 + a_1\,z + a_2\,z^2 + z^3$ mit den Nullstellen 1 und $-2 \pm \mathrm{i}$?

Aufgabe 13.5 (Mengen in der komplexen Zahlenebene) ★★★

Skizzieren Sie folgende Mengen der komplexen Zahlen z in der Gaußschen Zahlenebene:

a) $|z - 1 - \mathrm{i}| < |z + 1 + \mathrm{i}|$ b) $|z - \mathrm{i}| + |z + \mathrm{i}| \leq 4$ c) $|z + 1| = |\mathrm{Re}(z)|$

13.6.2 Rechnung und Training

Aufgabe 13.6 (Komplexe Ausdrücke) ★★★

Welche Darstellung in kartesischer Form und in Exponentialform besitzen die Zahlen?

a) $z = 3\,\mathrm{e}^{\mathrm{i}\,\frac{5\pi}{6}}$ b) $z = -5\,\mathrm{e}^{-\mathrm{i}\,\frac{\pi}{2}}$ c) $z = 7\,\mathrm{e}^{\mathrm{i}\,\pi}$

d) $z = \dfrac{1 + \mathrm{i}}{1 - \mathrm{i}}$ e) $z = \dfrac{2\,\mathrm{e}^{\mathrm{i}\,\frac{\pi}{4}}}{(1 + \mathrm{i})(2 + \mathrm{i})}$ f) $z = \dfrac{1 - \mathrm{i}}{1 + 2\,\mathrm{i}} - \dfrac{1 + 3\,\mathrm{i}}{1 - 2\,\mathrm{i}}$

Aufgabe 13.7 (Komplexe Potenzen) ★★★

Stellen Sie die komplexe Zahlen in kartesischer Form und in Exponentialform dar:

a) $z = \left(\dfrac{3 + 4\,\mathrm{i}}{5}\right)^{10}$ b) $z = \left(\mathrm{i} + \dfrac{1}{1 + \mathrm{i}}\right)^{6}$ c) $z = \left((1 + \mathrm{i})\,\mathrm{e}^{-\mathrm{i}\frac{\pi}{6}}\right)^{9}$

Aufgabe 13.8 (Komplexe Gleichung) ★★★

Bestimmen Sie die reellen Werte A und φ aus der Gleichung

$$4\,\mathrm{e}^{\mathrm{i}\,\varphi} = A\left(\frac{1+3\,\mathrm{i}}{1-2\,\mathrm{i}}\right)^2.$$

Aufgabe 13.9 (Komplexe Wurzeln) ★★★

Berechnen Sie alle Lösungen der Gleichungen und skizzieren Sie die komplexen Zahlen in der Gaußschen Zahlenebene:

a) $z^2 = \sqrt{3} - \mathrm{i}$ b) $z^3 + \dfrac{4}{1+\mathrm{i}} = 0$ c) $z^4 = \dfrac{1+2\mathrm{e}^{\mathrm{i}\frac{\pi}{2}}}{2+\mathrm{e}^{-\mathrm{i}\frac{\pi}{2}}}$

Aufgabe 13.10 (Nullstellen eines Polynoms) ★★★

Bestimmen Sie sämtliche Nullstellen des Polynoms $p(z) = z^4 - 2\,z^3 - 2\,z^2 + 8\,z - 8$.

Aufgabe 13.11 (Harmonische Schwingungen) ★★★★

Stellen Sie die harmonischen Schwingungen mit Kosinus als Grundfunktion dar:

a) $z(t) = \cos(2\,t) - \sin(2\,t)$ b) $z(t) = 3\,\cos t + 4\,\sin t$

c) $z(t) = 2\,\cos\left(\dfrac{t}{2} - \dfrac{\pi}{4}\right) - \cos\left(\dfrac{t}{2}\right)$ d) $z(t) = \cos\left(\dfrac{\pi}{2}\,t + \dfrac{\pi}{4}\right) - 2\sin\left(\dfrac{\pi}{2}\,t - \dfrac{5\pi}{6}\right)$

Aufgabe 13.12 (Ortskurven) ★★★★★

Um welche Art von Kurven handelt es sich bei den folgenden Ortskurven? Skizzieren Sie den Verlauf der Ortskurven in der komplexen Ebene.

a) $z(t) = t + \mathrm{i}(t-3)$ b) $z(t) = -2 + \mathrm{i} + 3\cos t + 3\,\mathrm{i}\sin t$

c) $z(t) = \dfrac{\mathrm{i}\,t}{2 - \mathrm{i}\,t}$ d) $z(t) = \dfrac{\mathrm{i}+2}{2-\mathrm{i}\,t}$

13.6.3 Anwendung

Aufgabe 13.13 (Transformation eines Polygonzugs) ★★★

Skizzieren Sie den Polygonzug in der Gaußschen Ebene, der die sechs komplexen Zahlen 0, 2, $2+2\,\mathrm{i}$, $1+3\,\mathrm{i}$, $2\,\mathrm{i}$, 0 in dieser Reihenfolge verbindet. Welche Figur entsteht, wenn man alle sechs Zahlen mit $-\frac{1}{2}\sqrt{2} + \frac{1}{2}\sqrt{2}\mathrm{i}$ multipliziert und das Ergebnis wieder in derselben Reihenfolge verbindet?

Aufgabe 13.14 (Impedanzen) ★★★

Wir betrachten einen Widerstand mit Impedanz Z_R, einen Kondensator mit Impedanz Z_C und eine Spule mit Impedanz Z_L. Berechnen Sie Realteil, Imaginärteil und Betrag von $Z(\omega)$ und skizzieren Sie die Ortskurve von $Z(\omega)$ in der komplexen Zahlenebene:

$$Z(\omega) = Z_R + \frac{Z_C\,Z_L}{Z_C + Z_L}, \quad Z_R = R, \quad Z_C = \frac{1}{\mathrm{i}\,\omega\,C}, \quad Z_L = \mathrm{i}\,\omega\,L\,.$$

14 Gewöhnliche Differenzialgleichungen

Dynamische Vorgänge in der Natur, der Technik oder Wirtschaft lassen sich oftmals mathematisch durch Differenzialgleichungen beschreiben. Wesentlich dabei ist, dass nicht nur eine gesuchte Größe in Abhängigkeit der Zeit oder des Ortes, sondern auch ihr Änderungsverhalten in die Modellierung eingeht. Das Kapitel Differenzialgleichungen hat also starken Anwendungsbezug. Wir betrachten die mathematischen Begriffe und Methoden unabhängig von speziellen Anwendungen. Abschnitt 14.7 stellt eine Sammlung von Anwendungsbeispielen aus unterschiedlichen Gebieten bereit. Zum besseren Verständnis empfehlen wir dem Leser, die mathematische Theorie Schritt für Schritt mit diesen Anwendungen abzugleichen. An einigen Stellen beziehen wir uns auf mathematische Sachverhalte, die wir im Detail nicht beweisen. Wer tiefer in die Theorie der Differenzialgleichungen einsteigen möchte, dem sei etwa [Heuser:DGL] oder [Forst] empfohlen.

14.1 Einführung

Zunächst machen wir uns mit den wesentlichen Begriffen und den einfachsten Lösungsmethoden für Differenzialgleichungen vertraut. Mit der systematischen Lösung spezieller Typen von Differenzialgleichungen beschäftigen wir uns erst später.

14.1.1 Grundbegriffe

Eine Differenzialgleichung ist eine Gleichung, bei der die Lösungsmenge nicht aus Zahlen, sondern aus Funktionen besteht. In einer Differenzialgleichung kommt außer der gesuchten Funktion selbst auch mindestens eine Ableitung der gesuchten Funktion vor.

Definition 14.1 (Gewöhnliche Differenzialgleichung)

Eine Gleichung, in der mindestens eine Ableitung einer unbekannten Funktion vorkommt, nennt man eine gewöhnliche Differenzialgleichung (DGL).

Die Bezeichnung „gewöhnlich" wird verwendet, wenn die gesuchte Funktion in der Differenzialgleichung nur von einer Veränderlichen abhängt. Hängt die gesuchte Lösungsfunktion von mehreren Veränderlichen ab, so spricht man von einer „partiellen" Differenzialgleichung. Neben gewöhnlichen und partiellen Differenzialgleichungen kommen in Anwendungen noch weitere Typen von Differenzialgleichungen vor. Beispiele dafür sind sogenannte Algebro-, Integro- und Delay-Differenzialgleichungen.

In diesem Buch betrachten wir jedoch nur gewöhnliche Differenzialgleichungen. Bei vielen gewöhnlichen Differenzialgleichungen entspricht die unabhängige Variable der Zeit. Lösungen solcher Differenzialgleichungen sind zeitabhängige Funktionen. Diese beschreiben dynamische Prozesse.

Beispiel 14.1 (Einfache Differenzialgleichung)

Ein einfaches Beispiel für eine Differenzialgleichung ist $y' = -2y$. Die Problemstellung lautet folgendermaßen: „Wir suchen Funktionen y, deren Ableitung sich von der ursprünglichen Funktion um den Faktor -2 unterscheidet.“

Ein Kandidat für die Lösung ist die Exponentialfunktion $y(x) = e^{-2x}$, denn für die Ableitung gilt

$$y'(x) = -2\,e^{-2x} = -2\,y(x).$$

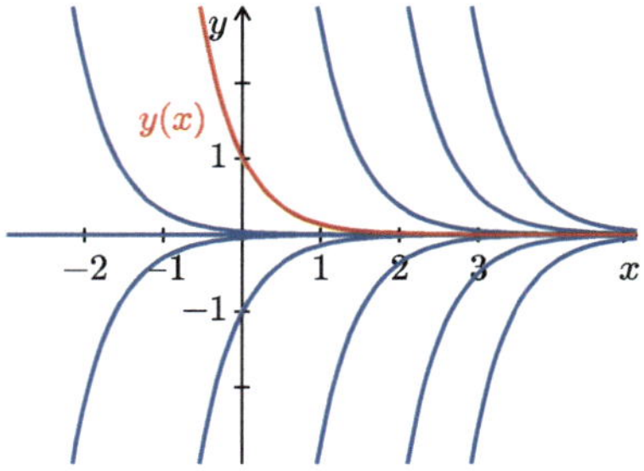

Es gibt jedoch noch weitere Lösungen. Da ein konstanter Faktor beim Ableiten erhalten bleibt, darf man die Exponentialfunktion mit einer beliebigen Konstante C multiplizieren, also $y(x) = C\,e^{-2x}$. Somit besitzt die Differenzialgleichung unendlich viele Lösungen. Darunter ist auch die sogenannte triviale Lösung $y(x) = 0$. ■

In Beispiel 14.1 können wir eine typische Eigenschaft von Differenzialgleichungen erkennen: Differenzialgleichungen besitzen in der Regel keine eindeutige Funktion als Lösung, sondern unendlich viele verschiedene Lösungsfunktionen. Die Gesamtheit aller Lösungsfunktionen bezeichnet man als allgemeine Lösung einer Differenzialgleichung.

Definition 14.2 (Lösung und allgemeine Lösung, Trajektorie)

Eine Funktion ist eine Lösung der Differenzialgleichung, falls die Gleichung durch Einsetzen der Funktion und ihrer Ableitungen für alle Werte aus der Definitionsmenge der Funktion erfüllt ist. Die Menge aller Lösungsfunktionen bildet die allgemeine Lösung. Die grafische Darstellung einer Lösung bezeichnet man als Trajektorie.

Streng genommen ist bei der Angabe einer Lösung auch die Definitionsmenge einer Lösung mit anzugeben. Um zu entscheiden, ob eine Funktion eine Lösung einer Differenzialgleichung ist, kann man alle Ableitungen bis zur Ordnung der Differenzialgleichung bestimmen und dann in die Differenzialgleichung einsetzen, siehe Beispiel 14.2. Die Differenzialgleichung muss dann für alle Werte aus der Definitionsmenge erfüllt sein.

Es ist nicht immer garantiert, dass eine Differenzialgleichung überhaupt Lösungen besitzt. Der Nachweis der Existenz von Lösungen ist mathematisch anspruchsvoll. Ein wichtiger Existenzsatz geht auf den italienischen Mathematiker Giuseppe Peano zurück, siehe [Heuser:DGL]. Bei den bisherigen Beispielen haben wir durch Raten Lösungsfunktionen gefunden. Unser Ziel ist jedoch, mithilfe systematischer Verfahren alle Lösungen und somit die allgemeine Lösung zu bestimmen.

Beispiel 14.2 (Lösung einer Differenzialgleichung)

Welche der beiden Funktionen

$$y_1(x) = \sqrt{1-x^2}, \qquad y_2(x) = x$$

ist eine Lösung der Differenzialgleichung $y'\,y = -x$? Wegen

$$y_1'(x) = \frac{-2\,x}{2\sqrt{1-x^2}} = \frac{-x}{\sqrt{1-x^2}}$$

gilt $y_1'(x)\,y_1(x) = -x$. Es ist zu beachten, dass die Ableitung $y_1'(x)$ für $x = \pm 1$ nicht definiert ist. Die Funktion $y_1(x)$ erfüllt die Differenzialgleichung für alle x aus dem Intervall $(-1, 1)$ und ist eine Lösung der Differenzialgleichung. Außerdem ist $y_2'(x) = 1$ und somit $y_2'(x)\,y_2(x) = x$. Durch Einsetzen in die Differenzialgleichung ergibt sich die Bedingung $x = -x$. Diese Bedingung ist nur für $x = 0$ erfüllt. Daher ist $y_2(x)$ keine Lösung. ■

Bei der Differenzialgleichung aus Beispiel 14.1 bleibt noch eine spannende Frage offen: Gibt es außer den Exponentialfunktionen noch weitere Lösungen oder haben wir bereits alle Lösungen gefunden? Diese Frage werden wir erst später klären. Wir werden feststellen, dass es tatsächlich keine anderen Lösungen gibt.

Zur Bezeichnung von Ableitungen haben wir bereits in Definition 8.2 unterschiedliche Notationen kennengelernt. Diese unterschiedlichen Schreibweisen werden auch bei Differenzialgleichungen verwendet.

Beispiel 14.3 (Schreibweisen bei Differenzialgleichungen)

Bei der Differenzialgleichung $y'(x) = -2\,y(x)$ kann man für die gesuchte Funktion und für die Variable beliebige Bezeichnungen verwenden, beispielsweise $f'(u) = -2\,f(u)$. Üblicherweise wird sogar ganz auf die Bezeichnung der Variablen verzichtet: $y' = -2\,y$. Wenn man zum Ausdruck bringen möchte, dass es sich um einen zeitabhängigen Prozess handelt, dann verwendet man die Variable t und bezeichnet die Ableitung mit einem Punkt anstelle eines Striches: $\dot{x}(t) = -2\,x(t)$. Unter Physikern ist die Bezeichnung $\frac{\mathrm{d}y}{\mathrm{d}x} = -2\,y$ üblich und Mathematiker verwenden gerne die Operatorschreibweise $D\,y = -2\,y$. ■

Merke 14.1 (Bezeichnungen bei Differenzialgleichungen)

Bei Differenzialgleichungen kann man für die gesuchte Funktion und für die Variable beliebige Bezeichnungen verwenden. Es ist auch üblich, ganz auf die Bezeichnung der Variable zu verzichten. Für die Ableitungen verwendet man die Notationen mit Strich oder mit Punkt. Auch die Schreibweise mit $\frac{\mathrm{d}}{\mathrm{d}x}$, $\frac{\mathrm{d}^2}{\mathrm{d}x^2}$, ... und die Operatorschreibweise mit D, D^2, ... sind gebräuchlich.

Beim Lösen einer Differenzialgleichung spielt die höchste auftretende Ableitung eine wichtige Rolle. Sie bestimmt die sogenannte Ordnung einer Differenzialgleichung. Je nach Ordnung werden unterschiedliche Lösungsstrategien angewendet.

Definition 14.3 (Ordnung)

Man bezeichnet die höchste auftretende Ableitung in einer Differenzialgleichung als Ordnung der Differenzialgleichung.

Beispiel 14.4 (Einfache Differenzialgleichung zweiter Ordung)

Die Differenzialgleichung $y'' = -9\,y$ hat die Ordnung 2. Wenn wir uns in Worten klar machen, was die Differenzialgleichung bedeutet, dann können wir Lösungen erraten: „Wir suchen alle Funktionen, bei den sich die zweite Ableitung von der ursprünglichen Funktion nur um den Faktor -9 unterscheidet.“ Sinus und Kosinus besitzen die Eigenschaft, dass sich die zweiten Ableitungen nur durch das Vorzeichen von der Ausgangsfunktion unterscheiden:

$$(\sin x)'' = (\cos x)' = -\sin x, \qquad (\cos x)'' = (-\sin x)' = -\cos x.$$

Ein konstanter Faktor bleibt beim Ableiten erhalten. Durch Nachrechnen erkennt man somit, dass alle Funktionen der Art

$$y(x) = C_1 \sin(3x) + C_2 \cos(3x)$$

Lösungen der Differenzialgleichung sind. In Abschnitt 14.3.3 werden wir diese Vorgehensweise bei der Lösungsfindung genauer untersuchen und werden zeigen, dass diese Differenzialgleichung keine weiteren Lösungen besitzt und wir somit die allgemeine Lösung bestimmt haben. ▪

Definition 14.4 (Explizite und implizite Form)

Eine Differenzialgleichung, die nach der höchsten Ableitung aufgelöst ist, nennt man eine Differenzialgleichung in expliziter Form und ansonsten eine Differenzialgleichung in impliziter Form.

Beispiel 14.5 (Differenzialgleichgungen in expliziter und impliziter Form)

a) Die Differenzialgleichung $y^2 = -7 + y'$ lautet in expliziter Form $y' = y^2 + 7$.

b) Da die Differenzialgleichung $y' = \sin y + \cos y'$ nicht nach y' aufgelöst werden kann existiert für diese Differenzialgleichung keine explizite Form. ▪

14.1.2 Anfangswert- und Randwertproblem

Die allgemeine Lösung einer Differenzialgleichung besteht nicht nur aus einer einzigen Lösung, sondern aus einer ganzen Schar von Lösungen. Diese Schar kann durch zusätzliche Bedingungen an die Lösungsfunktion reduziert werden. So gelangt man zu Anfangswert- und Randwertproblemen. Wichtig ist dabei, dass die Anzahl der zusätzlichen Bedingungen mit der Ordnung der Differenzialgleichung übereinstimmt.

Definition 14.5 (Anfangswertproblem)

Ein Anfangswertproblem (AWP) besteht aus einer Differenzialgleichung der Ordnung n und genau n Anfangsbedingungen in Form von Funktionswert und Ableitungen an einer einzigen Stelle x_0:

$$y(x_0) = y_0, \quad y'(x_0) = y_1, \quad y''(x_0) = y_2, \quad \ldots, \quad y^{(n-1)}(x_0) = y_{n-1}.$$

Beispiel 14.6 (Anfangswertproblem)

Das Anfangswertproblem

$$y'' + 9\,y = 0, \quad y(0) = 1, \quad y'(0) = -6$$

besteht aus einer Differenzialgleichung zweiter Ordnung und zwei Anfangswerten für $x = 0$. Unter allen Lösungsfunktionen der Differenzialgleichung suchen wir diejenige Funktion, die an der Stelle $x = 0$ den Funktionswert 1 und die Ableitung -6 hat. In Beispiel 14.4 haben wir bereits festgestellt, dass die allgemeine Lösung aus Funktionen der Art

$$y(x) = C_1 \sin(3x) + C_2 \cos(3x)$$

besteht. Aus dem Anfangswert $y(0) = 1$ erhalten wir $1 = C_2$. Für die erste Ableitung

$$y'(x) = 3\,C_1 \cos(3x) - 3\,C_2 \sin(3x)$$

liefert der Anfangswert $y'(0) = -6$ die Bedingung $-6 = 3\,C_1$ und wir erhalten

$$y(x) = -2\,\sin(3x) + \cos(3x)$$

als eindeutige Lösung des Anfangswertproblems. ■

Definition 14.6 (Randwertproblem)

Ein Randwertproblem (RWP) besteht aus einer Differenzialgleichung der Ordnung n und genau n Randbedingungen in Form von Funktionswerten und Ableitungen an mindestens zwei verschiedenen Stellen.

Beispiel 14.7 (Randwertproblem)

Beim Randwertproblem

$$y'' + 9y = 0, \quad y(0) = 1, \quad y\left(\frac{\pi}{2}\right) = 1$$

sucht man die Lösung der Differenzialgleichung, die an den beiden Stellen $x = 0$ und $x = \frac{\pi}{2}$ den Wert 1 hat. Aus der allgemeinen Lösung

$$y(x) = C_1 \sin(3x) + C_2 \cos(3x)$$

erhält man mit $y(0) = 1$ den Wert $C_2 = 1$ und mit $y(\frac{\pi}{2}) = 1$ den Wert $C_1 = -1$. Somit ist

$$y(x) = -\sin(3x) + \cos(3x)$$

die eindeutige Lösung des Randwertproblems. ■

In Beispiel 14.6 und Beispiel 14.7 haben wir dasselbe Lösungsprinzip verwendet. Dieses Prinzip lässt sich immer dann anwenden, wenn die allgemeine Lösung der Differenzialgleichung einfach zu bestimmen ist.

Merke 14.2 (Lösungsstrategie für Anfangs- und Randwertprobleme)

Zur Lösung eines Anfangs- oder Randwertproblems kann man zuerst die allgemeine Lösung der Differenzialgleichung bestimmen und dann unter allen diesen Lösungen diejenige Lösung herausfinden, die alle Anfangs- oder Randwerte erfüllt.

In manchen Fällen ist es kompliziert oder sogar unmöglich, die allgemeine Lösung einer Differenzialgleichung zu bestimmen. Man ist auf andere Lösungsmethoden für Anfangs- und Randwertprobleme angewiesen. Oft verwendet man dann numerische Verfahren zur Bestimmung einer Näherungslösung. Diese Verfahren betrachten wir in Abschnitt 14.6. Während eine Differenzialgleichung der Ordnung n zusammen mit n Anfangswerten in aller Regel eindeutig lösbar ist, ist dies bei n Randwerten oftmals nicht der Fall.

Beispiel 14.8 (Randwertprobleme ohne eindeutige Lösung)

a) Die Differenzialgleichung des Randwertproblems

$$y'' + 9y = 0, \quad y(0) = 1, \quad y(\pi) = 0$$

hat die allgemeine Lösung

$$y(x) = C_1 \sin(3x) + C_2 \cos(3x).$$

Der erste Randwert liefert $C_2 = 1$. Damit ist $y(\pi) = -1$, unabhängig von C_2. Die zweite Randbedingung ist nicht erfüllbar, das Randwertproblem besitzt keine Lösung.

b) Betrachtet man dagegen das Randwertproblem

$$y'' + 9y = 0, \quad y(0) = 1, \quad y(\pi) = -1,$$

so sind alle Funktionen der Form

$$y(x) = C_1 \sin(3x) + \cos(3x)$$

Lösungen. Dieses Randwertproblem besitzt also unendlich viele Lösungen. ■

Definition 14.7 (Partikuläre Lösung)

Eine einzelne Lösungsfunktion einer gewöhnlichen Differenzialgleichung nennt man spezielle Lösung oder partikuläre Lösung.

In der Theorie der Differenzialgleichungen gibt es Sätze, die darüber Auskunft geben, unter welchen Bedingungen ein Anfangswert- oder Randwertproblem überhaupt lösbar ist und ob es im Falle der Lösbarkeit eine eindeutige Lösung gibt. Dazu wird neben der üblichen Stetigkeit von Funktionen die nach Rudolf Otto Sigismund Lipschitz benannte Lipschitz-Stetigkeit verwendet, siehe [Heuser:DGL].

14.1.3 Richtungsfeld und Orthogonaltrajektorie

Wir betrachten nun Differenzialgleichungen erster Ordnung in expliziter Form

$$y' = f(x, y).$$

An jeder Stelle (x, y), an der die rechte Seite der Differenzialgleichung definiert ist, wird durch die Differenzialgleichung eine Steigung festgelegt. Wenn wir nun in entsprechend vielen Punkten diese Tangentenrichtungen grafisch veranschaulichen, dann lässt sich der Verlauf der Lösungen erkennen. Lösungsfunktionen verlaufen nämlich immer tangential zu diesen Richtungen. Besonders elegant kann man diese sogenannten Richtungsfelder mit Computerprogrammen erzeugen.

Definition 14.8 (Linienelement und Richtungsfeld)

Eine Differenzialgleichung erster Ordnung in expliziter Form

$$y' = f(x, y)$$

ordnet jedem Punkt in der Ebene eine Steigung zu. Den zu einer Steigung gehörenden Richtungsvektor nennt man auch Linienelement. Die Menge aller Linienelemente heißt Richtungsfeld der Differenzialgleichung.

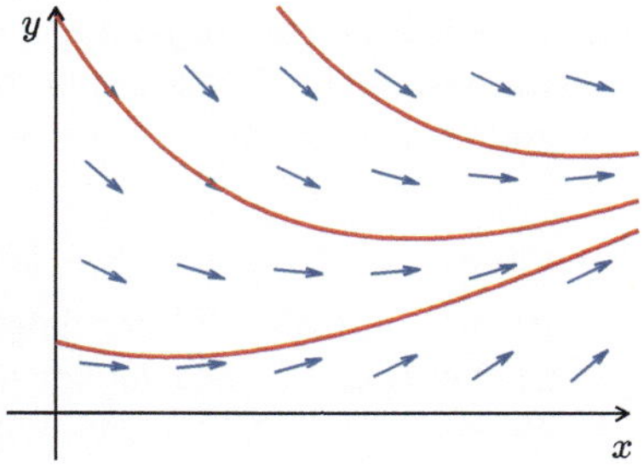

Beispiel 14.9 (Richtungsfeld)

a) Das Richtungsfeld der Differenzialgleichung

$$y' = y$$

ist für alle Punkte in der (x, y)-Ebene definiert. Es ist symmetrisch zur x-Achse. Alle Linienelemente durch Punkte mit demselben y-Wert haben dieselbe Steigung. Die Lösungsfunktionen $y(x) = C\,\mathrm{e}^x$ verlaufen tangential zum Richtungsfeld.

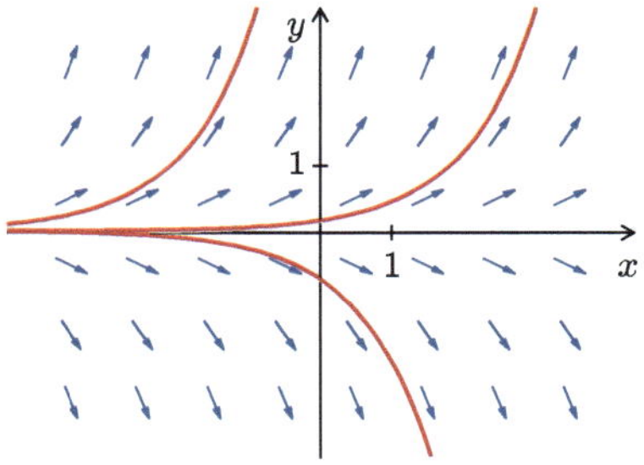

b) Das Richtungsfeld der Differenzialgleichung

$$y' = \frac{y}{x}$$

besteht aus Linienelementen, die in Richtung der Ursprungsgeraden verlaufen. Auf der y-Achse, also für $x = 0$, sind formal keine Linienelemente definiert. Abgesehen vom Ursprung besitzen die Linienelemente auf der y-Achse im Grenzwert die Steigung $\pm\infty$. Im Ursprung ist keine Steigung definiert. Man bezeichnet diesen Punkt als Singularität der Differenzialgleichung. Dem Richtungsfeld kann man entnehmen, dass die Lösungsfunktionen Halbgeraden bis zum Ursprung sind. ■

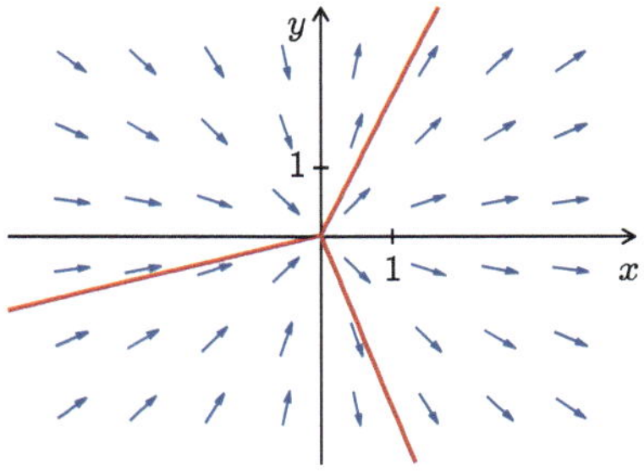

Merke 14.3 (Lösungen im Richtungsfeld, Singularitäten)

Die Lösungen einer Differenzialgleichung verlaufen tangential zum Richtungsfeld. Durch Punkte, in denen das Richtungsfeld eindeutig definiert ist, verläuft genau eine Lösung. Verschiedene Lösungen der Differenzialgleichung können sich nur in Punkten schneiden, in denen das Richtungsfeld nicht eindeutig definiert ist. Solche Punkte bezeichnet man als Singularitäten oder Gleichgewichtspunkte.

Bei Stabilitätsuntersuchungen in Abschnitt 14.5.5 werden wir Gleichgewichtspunkte nochmals genauer betrachten. An Gleichgewichtspunkten können sich Lösungen qualitativ sehr unterschiedlich verhalten. Nun kann man an jeder Stelle die zur Steigung der Differenzialgleichung senkrechte Steigung betrachten. So gelangt man zur Differenzialgleichung der Orthogonaltrajektorien.

Definition 14.9 (Differenzialgleichung der Orthogonaltrajektorien)

Ersetzt man in einer Differenzialgleichung erster Ordnung die Steigung durch den negativen Kehrwert, so bezeichnet man diese neue Differenzialgleichung als Differenzialgleichung der Orthogonaltrajektorien.

Beispiel 14.10 (Orthogonaltrajektorie)

Die Linienelemente der Differenzialgleichung

$$y' = -\frac{x}{y}$$

stehen senkrecht auf den Linienelementen der Differenzialgleichung $y' = \frac{y}{x}$. Das Richtungsfeld besteht aus Linienelementen, die orthogonal zu den Ursprungsgeraden verlaufen. Auf der x-Achse, also für $y = 0$, sind keine Linienelemente definiert. Dem Richtungsfeld entnimmt man, dass die Lösungen Halbkreise um den Ursprung sind.

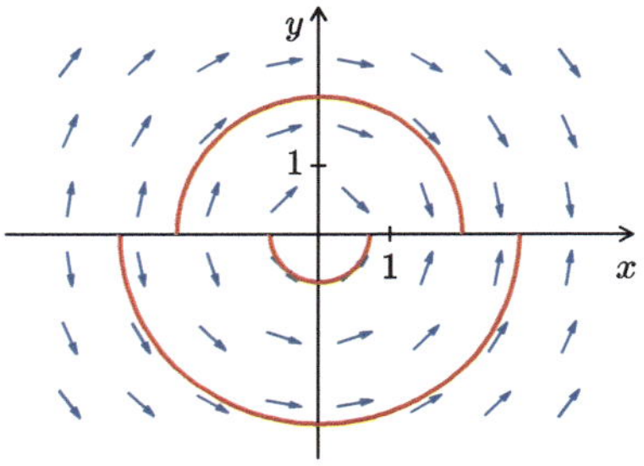

■

Merke 14.4 (Orthogonaltrajektorien)

Alle Lösungsfunktionen der ursprünglichen Differenzialgleichung und der zugehörigen Differenzialgleichung der Orthogonaltrajektorien sind überall senkrecht zueinander.

14.1.4 Differenzialgleichung und Funktionsschar

Die allgemeine Lösung einer Differenzialgleichung besteht in der Regel aus unendlich vielen Lösungsfunktionen, die mehr oder weniger ähnliches Verhalten aufweisen. Solche Funktionen lassen sich oftmals als Funktionsschar beschreiben. Nun kann man sich umgekehrt die Frage stellen, wie man zu einer gegebenen Funktionsschar eine Differenzialgleichung herleiten kann, die diese Funktionsschar als Lösung hat.

Beispiel 14.11 (Differenzialgleichung der Exponentialfunktion)

Die Exponentialfunktionen

$$y(x) = C\,\mathrm{e}^{-2x}, \quad C \in \mathbb{R}$$

beschreiben eine Funktionsschar mit dem Scharparameter C. Wir suchen eine Differenzialgleichung, die genau diese Funktionen als allgemeine Lösung besitzt.

Die Ableitung der Exponentialfunktionen

$$y'(x) = -2\,C\,\mathrm{e}^{-2\,x}$$

ist noch nicht unsere gesuchte Differenzialgleichung. Denn diese Gleichung enthält immer noch den Parameter C. Diese Gleichung stellt eine Schar von Differenzialgleichungen dar und nicht eine einzige Differenzialgleichung. Wenn wir jedoch die Gleichung von $y(x)$ und von $y'(x)$ nach C auflösen und gleichsetzen

$$C = y(x)\,\mathrm{e}^{2\,x}, \quad C = -\frac{1}{2}\,y'(x)\,\mathrm{e}^{2\,x} \quad \Longrightarrow \quad y(x)\,\mathrm{e}^{2\,x} = -\frac{1}{2}\,y'(x)\,\mathrm{e}^{2\,x},$$

dann ergibt sich die gesuchte Differenzialgleichung $y' = -2\,y$. ▪

Mit der Vorgehensweise aus Beispiel 14.11 lässt sich in der Regel zu einer gegebenen Funktionsschar eine Differenzialgleichung bestimmen, die genau diese Funktionsschar als allgemeine Lösung besitzt.

Merke 14.5 (Differenzialgleichung einer Funktionsschar)

Wenn man diejenige Differenzialgleichung bestimmen möchte, die eine bestimmte Funktionsschar als Lösung hat, dann kann man folgendermaßen vorgehen:

(1) Bestimme die Ableitung der Funktionsgleichung der Funktionsschar.

(2) Eliminiere den Scharparameter.

Beispiel 14.12 (Differenzialgleichung der Ursprungskreise)

Die Ursprungskreise

$$x^2 + y^2 = r^2, \quad r > 0$$

beschreiben eine Funktionsschar mit dem Scharparameter r. Mithilfe der Methode des impliziten Differenzierens, siehe Abschnitt 8.2.4,

$$2\,x + 2\,y\,y' = 0 \quad \Longrightarrow \quad y' = -\frac{x}{y}$$

erhalten wir eine Differenzialgleichung, deren allgemeine Lösung aus den Ursprungskreisen besteht, vergleiche Beispiel 14.10. ▪

14.2 Differenzialgleichungen erster Ordnung

Bei den meisten Differenzialgleichungen erster Ordnung kann man die allgemeine Lösung durch Separation ermitteln. Separation der Variablen ist ein Lösungsverfahren, das sich direkt anwenden lässt oder manchmal nach einer geeigneten Substitution zum Erfolg führt. Wir werden zwei unterschiedliche Substitutionen, nämlich die lineare Substitution und die Ähnlichkeitssubstitution, in Betracht ziehen. Es gibt noch zahlreiche weitere Verfahren zur Lösung spezieller Typen von Differenzialgleichungen, die alleine ein Buch füllen würden. Trotzdem sei an dieser Stelle ausdrücklich darauf hingewiesen, dass bis heute für viele Differenzialgleichungen keine expliziten Lösungen bekannt sind.

14.2.1 Separation der Variablen

Eine systematische Methode zur Lösung von Differenzialgleichungen erster Ordnung geht auf den Schweizer Mathematiker Johann Bernoulli zurück. Allerdings lässt sich die sogenannte Separation der Variablen nicht bei allen Differenzialgleichungen erster Ordnung durchführen. Voraussetzung zur Anwendung dieser Methode ist, dass die Differenzialgleichung in expliziter Form vorliegt und sich auf der rechten Seite der Differenzialgleichung Terme, die nur x enthalten und Terme, die nur y enthalten, trennen lassen.

Definition 14.10 (Separierbare Differenzialgleichung)
Eine Differenzialgleichung erster Ordnung, die man in der Form

$$y' = \frac{f(x)}{g(y)}$$

schreiben kann, bezeichnet man als separierbar.

Beispiel 14.13 (Separierbare Differenzialgleichung)
Bei der Differenzialgleichung $y' = -\frac{x}{y}$ ersetzen wir y' formal durch den Differenzialquotienten $\frac{\mathrm{d}y}{\mathrm{d}x}$. Dann formen wir die Gleichung so um, dass auf der linken Seite nur noch Ausdrücke mit y und $\mathrm{d}y$ und auf der rechten Seite nur noch Ausdrücke mit x und $\mathrm{d}x$ stehen und integrieren auf beiden Seiten:

$$y\,\mathrm{d}y = -x\,\mathrm{d}x \quad \Longrightarrow \quad \int y\,\mathrm{d}y = -\int x\,\mathrm{d}x \quad \Longrightarrow \quad \frac{1}{2}y^2 + C_1 = -\frac{1}{2}x^2 + C_2.$$

Bringt man C_1 auf die rechte Seite, so erkennt man, dass $C_2 - C_1 > 0$ gelten muss. Jetzt ist es geschickt, anstatt der beiden Integrationskonstanten C_1 und C_2 eine neue Konstante $C > 0$ mit $C^2 = 2(C_2 - C_1)$ zu verwenden. Wir lösen nach y auf und erhalten

$$y(x) = \pm\sqrt{C^2 - x^2}, \quad x \in (-C, C), \quad C > 0.$$

Die Lösungskurven sind also Kreise um den Ursprung mit Ausnahme der x-Achse, siehe Beispiel 14.10. ■

Liegt eine Differenzialgleichung erst einmal in separierter Form vor, so führt der Lösungsansatz aus Beispiel 14.13 zum Ziel. Integriert man die separierbare Differenzialgleichung formal nach x, also

$$y' = \frac{f(x)}{g(y)} \quad \Longrightarrow \quad g(y)\,y' = f(x) \quad \Longrightarrow \quad \int g(y)\,y'\,\mathrm{d}x = \int f(x)\,\mathrm{d}x,$$

so erhält man durch Einsetzen des Differenzialquotienten $y' = \frac{\mathrm{d}y}{\mathrm{d}x}$ und Kürzen von $\mathrm{d}x$

$$\int g(y)\,\frac{\mathrm{d}y}{\mathrm{d}x}\,\mathrm{d}x = \int f(x)\,\mathrm{d}x \quad \Longrightarrow \quad \int g(y)\,\mathrm{d}y = \int f(x)\,\mathrm{d}x.$$

Hinter der formalen Umformung mit den Differenzialen $\mathrm{d}x$ und $\mathrm{d}y$ steht die Anwendung der Substitutionsregel für Integrale, siehe Satz 9.10.

Merke 14.6 (Separation der Variablen)

Die allgemeine Lösung einer separierbaren Differenzialgleichung kann man durch folgende Schritte bestimmen:

(1) Ersetze y' formal durch $\dfrac{\mathrm{d}y}{\mathrm{d}x}$.

(2) Separiere alle Terme in x und alle Terme in y und bringe die Differenzialgleichung damit in die Form $g(y)\,\mathrm{d}y = f(x)\,\mathrm{d}x$.

(3) Integriere symbolisch $\int g(y)\,\mathrm{d}y = \int f(x)\,\mathrm{d}x$ separat auf beiden Seiten.

(4) Löse die integrierte Gleichung nach der gesuchten Funktion $y(x)$ auf.

Beim Integrieren der Gleichung ist zu beachten, dass die unbestimmten Integrale formal auf beiden Seiten jeweils eine Integrationskonstante erzeugen. Zur Vereinfachung kann man diese beiden additiven Konstanten zu einer einzigen Konstante zusammenfassen; siehe dazu Beispiel 14.13 und Beispiel 14.14. Beim letzten Schritt der Separation ist zu beachten, dass das Auflösen der integrierten Gleichung nach der gesuchten Funktion nicht immer möglich ist.

Beispiel 14.14 (Separation der Variablen)

a) Die Differenzialgleichung $y' = y$ ist separierbar, denn sie kann in der Form

$$y' = \frac{1}{\frac{1}{y}} = \frac{f(x)}{g(y)}, \qquad f(x) = 1, \qquad g(y) = \frac{1}{y}$$

geschrieben werden. Die Integration von $f(x)$ nach x und von $g(y)$ nach y liefert

$$\int \frac{1}{y}\,\mathrm{d}y = \int 1\,\mathrm{d}x \quad\Longrightarrow\quad \ln|y| = x + C \quad\Longrightarrow\quad |y| = \mathrm{e}^{x+C}.$$

Wir lösen nach y auf und erhalten $y(x) = \pm\mathrm{e}^x\mathrm{e}^C$. Mit einer neuen Konstanten $\tilde{C} = \pm\mathrm{e}^C$ lautet die allgemeine Lösung $y(x) = \tilde{C}\mathrm{e}^x$. Die Lösungskurven sind also Exponentialfunktionen, siehe Beispiel 14.9.

b) Die Differenzialgleichung $y' = \frac{y}{x}$ kann in der Form

$$y'(x) = \frac{\frac{1}{x}}{\frac{1}{y}} = \frac{f(x)}{g(y)}, \qquad f(x) = \frac{1}{x}, \qquad g(y) = \frac{1}{y}$$

geschrieben werden, sie ist also separierbar. Integration auf beiden Seiten ergibt

$$\int \frac{1}{y}\,\mathrm{d}y = \int \frac{1}{x}\,\mathrm{d}x \quad\Longrightarrow\quad \ln|y| = \ln|x| + C.$$

Die Anwendung der Exponentialfunktion ergibt $|y| = |x|\,\mathrm{e}^C$. Durch Auflösen der Beträge erhält man die allgemeine Lösung $y(x) = \tilde{C}\,x$. Die Lösungskurven bestehen aus allen Ursprungsgeraden mit Ausnahme der y-Achse, siehe Beispiel 14.9. ■

14.2.2 Lineare Substitution

Differenzialgleichungen mit einer ganz bestimmten Struktur können unter Umständen durch eine Substitution gelöst werden. Die Idee dabei ist, dass durch eine Variablentransformation eine einfachere Differenzialgleichung entsteht. Bei einer Differenzialgleichung der Form

$$y' = f(a\,x + b\,y + c)$$

bietet sich die lineare Substitution $u = a\,x + b\,y + c$ an. Mithilfe von $u' = a + b\,y'$ können wir x und y vollständig eliminieren und erhalten die transformierte Differenzialgleichung

$$\frac{u' - a}{b} = f(u) \quad\Longrightarrow\quad u' = a + bf(u)\,.$$

Diese neue Differenzialgleichung in u können wir durch Separation lösen:

$$\frac{\mathrm{d}u}{\mathrm{d}x} = a + bf(u) \quad\Longrightarrow\quad \int \frac{1}{a + bf(u)}\,\mathrm{d}u = \int \mathrm{d}x.$$

Die weiteren Lösungsschritte hängen nun natürlich von der Funktion f ab.

Satz 14.1 (Lineare Substitution)
Eine Differenzialgleichung vom Typ

$$y' = f(ax + by + c)$$

lässt sich mit der linearen Substitution $u = a\,x + b\,y + c$ und $u' = a + b\,y'$ in eine separierbare Differenzialgleichung transformieren.

Beispiel 14.15 (Lineare Substitution)
Bei der Differenzialgleichung

$$y' = \frac{1}{1 + x - y}$$

bietet sich die lineare Substitution $u = 1 + x - y$ an. Unter Berücksichtigung von $u' = 1 - y'$ ergibt sich eine neue Differenzialgleichung:

$$1 - u' = \frac{1}{u} \quad\Longrightarrow\quad u' = 1 - \frac{1}{u} \quad\Longrightarrow\quad u' = \frac{u-1}{u} \quad\Longrightarrow\quad \frac{\mathrm{d}u}{\mathrm{d}x} = \frac{u-1}{u}\,.$$

Diese neue Differenzialgleichung lässt sich durch Separation lösen

$$\int \frac{u}{u-1}\,\mathrm{d}u = \int \mathrm{d}x.$$

Mithilfe der Polynomdivision für den Integranden erhalten wir

$$\frac{u}{u-1} = 1 + \frac{1}{u-1}$$

und damit die Gleichung

$$u + \ln|u-1| = x + C\,.$$

Aus der Rücksubstitution $u = 1 + x - y$ ergibt sich die Beziehung $1 - y + \ln|x - y| = C$, die sich leider nicht nach y auflösen lässt. ∎

14.2.3 Ähnlichkeitsdifferenzialgleichungen

Ähnlichkeitsdifferenzialgleichungen sind Differenzialgleichungen, die man in der Form

$$y' = f\left(\frac{y}{x}\right)$$

darstellen kann. Zur Vereinfachung verwenden wir die Substitution $u = \frac{y}{x}$. Wie bei der linearen Substitution drücken wir y' durch u und u' aus. Dazu lösen wir die Substitutionsgleichung nach y auf und berechnen die Ableitung:

$$y = u\,x \quad \Longrightarrow \quad y' = u'\,x + u.$$

Durch Einsetzen erhält man folgende transformierte Differenzialgleichung:

$$u'\,x + u = f(u) \quad \Longrightarrow \quad u' = \frac{f(u) - u}{x}.$$

Trennt man x und u mittels $u' = \frac{\mathrm{d}u}{\mathrm{d}x}$, so ergibt sich

$$\int \frac{1}{f(u) - u}\,\mathrm{d}u = \int \frac{1}{x}\,\mathrm{d}x.$$

Auch hier hängen die weiteren Lösungsschritte von der Funktion f ab.

Satz 14.2 (Substitution bei einer Ähnlichkeitsdifferenzialgleichung)
Eine Ähnlichkeitsdifferenzialgleichung

$$y' = f\left(\frac{y}{x}\right)$$

lässt sich mit der Substitution $u = \dfrac{y}{x}$ und $u' = \dfrac{y' - u}{x}$ in eine separierbare Differenzialgleichung transformieren.

Beispiel 14.16 (Substitution einer Ähnlichkeitsdifferenzialgleichung)
Die Differenzialgleichung

$$y' = \frac{y^2}{x^2} + \frac{y}{x}$$

ist ein typisches Beispiel für eine Ähnlichkeitsdifferenzialgleichung. Mit der Substitution $u = \frac{y}{x}$ und $y' = u'\,x + u$ ergibt sich die transformierte Gleichung

$$u'\,x + u = u^2 + u \quad \Longrightarrow \quad u'\,x = u^2.$$

Diese Differenzialgleichung ist separierbar, denn

$$\int \frac{1}{u^2}\,\mathrm{d}u = \int \frac{1}{x}\,\mathrm{d}x \quad \Longrightarrow \quad -\frac{1}{u} = \ln|x| + C \quad \Longrightarrow \quad u = \frac{-1}{\ln|x| + C}.$$

Aus der Rücksubstitution $u = \frac{y}{x}$ folgt die allgemeine Lösung

$$\frac{y}{x} = \frac{-1}{\ln|x| + C} \quad \Longrightarrow \quad y(x) = \frac{-x}{\ln|x| + C}.$$

Bei diesem Beispiel hat die Substitution eine enorme Vereinfachung gebracht. ▪

14.3 Lineare Differenzialgleichungen

Im letzten Abschnitt haben wir einige Methoden zur Lösung gewöhnlicher Differenzialgleichungen kennengelernt. Allerdings sind wir mit diesen Methoden nur in der Lage, ein paar ganz spezielle Typen von Differenzialgleichungen zu lösen. Nun stellt sich die Frage, ob es nicht ein allgemeines Lösungsprinzip für beliebige Differenzialgleichungen gibt. Leider ist bisher kein solches universelles Lösungsprinzip bekannt. Wenn wir uns aber auf sogenannte lineare Differenzialgleichungen beschränken, dann können wir für solche Differenzialgleichungen mit beliebiger Ordnung ein allgemeines Lösungsprinzip angeben. Eine Differenzialgleichung bezeichnet man als linear, wenn die gesuchte Funktion und die Ableitungen nur linear vorkommen.

Definition 14.11 (Lineare Differenzialgleichung)

Eine Differenzialgleichung, die man in der Form

$$a_n(x)\,y^{(n)} + a_{n-1}(x)\,y^{(n-1)} + \ldots + a_1(x)\,y' + a_0(x)\,y = r(x)$$

schreiben kann, nennt man eine lineare Differenzialgleichung n-ter Ordnung. Die Koeffizienten $a_0(x)$, $a_1(x)$, …, $a_n(x)$ und die Störfunktion $r(x)$ sind dabei beliebige Funktionen, die von x abhängen.

14.3.1 Homogene und inhomogene lineare Differenzialgleichungen

Lineare Differenzialgleichungen besitzen an vielen Stellen Querverbindungen zu linearen Gleichungssystemen. In der Theorie linearer Gleichungssysteme spielen die homogenen Systeme eine zentrale Rolle. Entsprechend nehmen in der Theorie der linearen Differenzialgleichungen die Gleichungen ohne Störfunktion eine Sonderrolle ein.

Definition 14.12 (Homogene und inhomogene lineare Differenzialgleichung)

Eine lineare Differenzialgleichung mit Störfunktion r nennt man eine inhomogene lineare Differenzialgleichung. Ist die Störfunktion r die Nullfunktion, dann bezeichnet man die Differenzialgleichung als eine homogene lineare Differenzialgleichung.

Die beiden Begriffe homogen und inhomogen sind nur im Zusammenhang mit linearen Differenzialgleichungen sinnvoll. Für nichtlineare Differenzialgleichungen sind diese Begriffe nicht definiert. Offensichtlich besitzt jede homogene lineare Differenzialgleichung die Nullfunktion als Lösung.

Definition 14.13 (Triviale Lösung)

Jede homogene lineare Differenzialgleichung hat die triviale Lösung $y(x) = 0$.

Beispiel 14.17 (Lineare Differenzialgleichungen)

a) Die Differenzialgleichung $\dot{N} = -\lambda N$ ist linear und homogen, denn sie kann in der Form

$$\underbrace{1}_{a_1(x)} \dot{N} + \underbrace{\lambda}_{a_0(x)} N = 0$$

geschrieben werden.

b) Die Differenzialgleichung $y' = y + 1$ ist linear und inhomogen, wie die Darstellung

$$\underbrace{1}_{a_1(x)} y' + \underbrace{(-1)}_{a_0(x)} y = \underbrace{1}_{r(x)}$$

in der Standardform zeigt.

c) Bei der Differenzialgleichung $y' = -\frac{x}{y}$ handelt es sich um kein lineares Problem.

d) Die Differenzialgleichung $y' = \frac{y}{x}$ ist linear und homogen, denn

$$\underbrace{1}_{a_1(x)} y' - \underbrace{\frac{1}{x}}_{a_0(x)} y = 0.$$

Auch hier fällt die Klassifikation leicht, wenn die Ausdrücke sortiert links stehen.

e) Die Gleichung $\ddot{x} = \frac{D}{m} x + \cos t$ kann in die Form

$$\underbrace{1}_{a_2(t)} \ddot{x} + \underbrace{0}_{a_1(t)} \dot{x} \underbrace{- \frac{D}{m}}_{a_0(t)} x = \underbrace{\cos t}_{r(t)}$$

gebracht werden. Es ist eine inhomogene lineare Differenzialgleichung.

f) Die Differenzialgleichung $\ddot{x} = \cos x$ ist eine nichtlineare Differenzialgleichung. ▪

Die triviale Lösung ist bei praktischen Problemen in der Regel nicht weiter interessant, da sie den Ruhezustand beschreibt. Neben der trivialen Lösung hat eine homogene Differenzialgleichung noch andere Lösungen, die wir später alle systematisch berechnen werden. Zu jeder inhomogenen linearen Differenzialgleichung erhalten wir durch Weglassen der Störfunktion eine entsprechende homogene Differenzialgleichung. Zur besseren Unterscheidung bezeichnen wir eine Lösung der entsprechenden homogenen Differenzialgleichung als homogene Lösung y_h. Eine Lösung der inhomogenen linearen Differenzialgleichung bezeichnen wir als partikuläre Lösung y_p.

Lineare Differenzialgleichungen besitzen die schöne Eigenschaft, dass sich durch Addition einer partikulären und einer homogenen Lösung wieder eine Lösung ergibt. Dies wird deutlich, wenn wir $y_h + y_p$ in die Differenzialgleichung aus Definition 14.11 einsetzen:

$$a_n(x)\left(y_h^{(n)} + y_p^{(n)}\right) + \ldots + a_1(x)\left(y_h' + y_p'\right) + a_0(x)\left(y_h + y_p\right) = r(x)\,.$$

Dabei haben wir auch die auftretenden Ableitungen von $y_h + y_p$ eingesetzt. Wir können nun die Klammern ausmultiplizieren.

Durch Umordnen erhält man die Gleichung

$$\underbrace{a_n(x)y_h^{(n)}+\ldots+a_1(x)y_h'+a_0(x)y_h}_{0}+\underbrace{a_n(x)y_p^{(n)}+\ldots+a_1(x)y_p'+a_0(x)y_p}_{r(x)}=r(x).$$

Der erste Teil ergibt null, da y_h eine Lösung der homogenen Differenzialgleichung ist und der zweite Teil ergibt gerade die Störfunktion, da y_p eine partikuläre Lösung ist.

Satz 14.3 (Addition von homogener und partikulärer Lösung)

Addiert man zu einer partikulären Lösung y_p einer linearen Differenzialgleichung eine Lösung y_h der entsprechenden homogenen linearen Differenzialgleichung, dann ergibt

$$y(x) = y_h(x) + y_p(x)$$

wieder eine Lösung der linearen Differenzialgleichung.

Eine weitere Eigenschaft linearer Differenzialgleichungen besteht darin, dass sich die allgemeine Lösung einer inhomogenen Differenzialgleichung aus einer einzigen partikulären Lösung und der allgemeinen Lösung der entsprechenden homogenen Differenzialgleichung zusammensetzt. Ein ähnliches Verhalten kennen wir bereits von der Lösungsmenge eines linearen Gleichungssystems. Der Nachweis dieser Eigenschaft beruht darauf, dass die Differenz zweier partikulärer Lösungen $y_{p1} - y_{p2}$ eine Lösung der homogenen Differenzialgleichung ergibt. Somit unterscheiden sich partikuläre Lösungen nur durch homogene Lösungen. Diesen Sachverhalt beweisen wir durch Einsetzen in die Differenzialgleichung aus Definition 14.11:

$$\begin{array}{lcl}
a_n(x)\,y_{p1}^{(n)} + \ldots + a_1(x)\,y_{p1}' + a_0(x)\,y_{p1} &=& r(x)\\
a_n(x)\,y_{p2}^{(n)} + \ldots + a_1(x)\,y_{p2}' + a_0(x)\,y_{p2} &=& r(x)\\
\hline
a_n(x)\left(y_{p1}^{(n)} - y_{p2}^{(n)}\right) + \ldots + a_1(x)\left(y_{p1}' - y_{p2}'\right) + a_0(x)\left(y_{p1} - y_{p2}\right) &=& 0
\end{array}$$

Die Differenz der Störfunktionen auf der rechten Seite der Gleichung ergibt null. Somit ist $y_{p1} - y_{p2}$ tatsächlich eine Lösung der homogenen Differenzialgleichung.

Satz 14.4 (Differenz partikulärer Lösungen)

Bei einer linearen Differenzialgleichung ergibt die Differenz zweier partikulärer Lösungen

$$y_{p1}(x) - y_{p2}(x) = y_h(x)$$

eine Lösung y_h der entsprechenden homogenen linearen Differenzialgleichung.

Aus Satz 14.3 und Satz 14.4 ergibt sich eine generelle Lösungsstrategie für lineare Differenzialgleichungen. Diese Strategie umfasst im Allgemeinen drei Schritte. Das systematische Vorgehen bei der Bestimmung der Lösungen ist ein großer Vorteil bei linearen Differenzialgleichungen.

Merke 14.7 (Lösungsstrategie für lineare Differenzialgleichungen)

Die allgemeine Lösung y einer linearen Differenzialgleichung bestimmt man durch:

(1) Berechne die allgemeine Lösung y_h der homogenen Differenzialgleichung.

(2) Berechne eine partikuläre Lösung y_p der inhomogenen Differenzialgleichung.

(3) Die allgemeine Lösung y setzt sich aus der allgemeinen Lösung der homogenen Differenzialgleichung y_h und der partikulären Lösung y_p zusammen:

$$y(x) = y_h(x) + y_p(x).$$

Die Lösungsstrategie lässt sich natürlich auch auf homogene lineare Differenzialgleichungen anwenden. Dann entfallen die Schritte zwei und drei. Ein homogenes Problem hat stets die triviale Lösung. Auf die Bestimmung einer partikulären Lösung kann man in diesem Fall verzichten.

14.3.2 Lineare Differenzialgleichungen erster Ordnung

Bevor wir uns mit linearen Differenzialgleichungen beliebiger Ordnung beschäftigen, betrachten wir zunächst Differenzialgleichungen erster Ordnung etwas genauer. Homogene lineare Differenzialgleichungen erster Ordnung lassen sich in der Form

$$a_1(x)\, y' + a_0(x)\, y = 0$$

darstellen. Durch Separation ergibt sich

$$a_1(x)\,\frac{\mathrm{d}y}{\mathrm{d}x} = -a_0(x)\, y \quad \Longrightarrow \quad \int \frac{1}{y}\,\mathrm{d}y = -\int \frac{a_0(x)}{a_1(x)}\,\mathrm{d}x.$$

Die allgemeine Lösung der homogenen linearen Differenzialgleichung kann durch Integration bestimmt werden:

$$\ln|y(x)| = -\int \frac{a_0(x)}{a_1(x)}\,\mathrm{d}x \quad \Longrightarrow \quad y(x) = C\,\mathrm{e}^{-\int \frac{a_0(x)}{a_1(x)}\,\mathrm{d}x}.$$

Damit haben wir eine explizite Formel für die allgemeine Lösung der homogenen linearen Differenzialgleichung hergeleitet.

Satz 14.5 (Lösung homogener linearer Differenzialgleichungen erster Ordnung)

Die allgemeine Lösung y_h einer homogenen linearen Differenzialgleichung

$$a_1(x)\, y' + a_0(x)\, y = 0$$

erster Ordnung lässt sich durch Separation bestimmen und lautet

$$y_h(x) = C\,\mathrm{e}^{-\int \frac{a_0(x)}{a_1(x)}\,\mathrm{d}x}.$$

Dividiert man die Differenzialgleichung

$$a_1(x)\, y' + a_0(x)\, y = 0$$

durch $a_1(x)$, so erhält man die ebenfalls gebräuchliche homogene Form

$$y' + g(x)\, y = 0.$$

In diesem alternativen Fall lautet die allgemeine Lösung

$$y_h(x) = C\, \mathrm{e}^{-\int g(x)\,\mathrm{d}x}.$$

Eine spezielle homogene Lösung erhält man, wenn man $C = 1$ setzt. Diese Lösung y_1 nennt man auch Fundamentallösung. Fundamentallösungen sind für das Verständnis linearer Differenzialgleichungen von zentraler Bedeutung. Wir werden auf diesen Begriff in Abschnitt 14.3.4 nochmals eingehen.

Definition 14.14 (Fundamentallösung)

Die spezielle Lösung

$$y_1(x) = \mathrm{e}^{-\int \frac{a_0(x)}{a_1(x)}\,\mathrm{d}x}$$

einer homogenen linearen Differenzialgleichung erster Ordnung

$$a_1(x)\, y' + a_0(x)\, y = 0$$

bezeichnet man als Fundamentallösung.

Beispiel 14.18 (Homogene Differenzialgleichung erster Ordung)

Die Differenzialgleichung

$$y' + \frac{1}{x}\, y = 0$$

ist eine lineare Differenzialgleichung erster Ordnung. Mit

$$a_1(x) = 1 \quad \text{und} \quad a_0(x) = \frac{1}{x}$$

ergibt sich die allgemeine Lösung

$$y_h(x) = C\, \mathrm{e}^{-\int \frac{1}{x}\,\mathrm{d}x} = C\, \mathrm{e}^{-\ln x} = C\, \mathrm{e}^{\ln x^{-1}} = \frac{C}{x}.$$

Die Differenzialgleichung besitzt die Fundamentallösung

$$y_1(x) = \frac{1}{x}.$$

Maßgeblich für den Erfolg der Formel aus Satz 14.5 ist, ob das auftretende Integral im Exponenten bestimmt werden kann. ■

Im inhomogenen Fall führt ein kleiner Trick im Ansatz zu einer partikulären Lösung. Bei der sogenannten Variation der Konstanten wird die Größe C in der allgemeinen Lösung der homogenen Differenzialgleichung nicht als Konstante, sondern als Funktion $C(x)$ aufgefasst. Diese Funktion $C(x)$ wird dann durch Ableiten und Einsetzen in die Differenzialgleichung bestimmt.

Beispiel 14.19 (Inhomogene Differenzialgleichung erster Ordung)

Die lineare Differenzialgleichung

$$y' + \frac{1}{x}\,y = \frac{2}{1+x^2}$$

hat die homogene Lösung $y_h(x) = \frac{C}{x}$, siehe Beispiel 14.18. Zur Bestimmung einer partikulären Lösung wählen wir den Ansatz $y_p(x) = \frac{C(x)}{x}$. Einsetzen ergibt

$$\frac{C'(x)\,x - C(x)}{x^2} + \frac{1}{x}\,\frac{C(x)}{x} = \frac{2}{1+x^2}.$$

Da sich nun alle Ausdrücke, die $C(x)$ enthalten, herauskürzen, können wir direkt nach $C'(x)$ auflösen und $C(x)$ durch Integration bestimmen:

$$C'(x) = \frac{2\,x}{1+x^2} \quad\Longrightarrow\quad C(x) = \int \frac{2\,x}{1+x^2}\,\mathrm{d}x = \ln(1+x^2).$$

Dadurch erhalten wir mit

$$y_p(x) = \frac{\ln(1+x^2)}{x}$$

die gesuchte partikuläre Lösung. ■

Merke 14.8 (Variation der Konstanten)

Eine partikuläre Lösung einer linearen Differenzialgleichung erster Ordnung

$$a_1(x)\,y' + a_0(x)\,y = r(x)$$

lässt sich durch Variation der Konstanten bestimmen:

(1) Berechne die allgemeine Lösung der homogenen Differenzialgleichung.

(2) Ersetze die Konstante C in der homogenen Lösung durch eine Funktion $C(x)$. Daraus ergibt sich ein Ansatz y_p für eine partikuläre Lösung.

(3) Bestimme die Funktion $C(x)$ durch Einsetzen von y_p in die Differenzialgleichung.

Die Vorgehensweise zur Bestimmung einer partikulären Lösung aus Beispiel 14.19 funktioniert bei allen linearen Differenzialgleichungen erster Ordnung. Man setzt an:

$$y_p(x) = C(x)\,y_1(x)\,.$$

Setzt man y_p und die Ableitung y_p' in die Differenzialgleichung ein, so ergibt sich

$$a_1(x)\,\underbrace{\big(C'(x)\,y_1(x) + C(x)\,y_1'(x)\big)}_{y_p'} + a_0(x)\,\underbrace{C(x)\,y_1(x)}_{y_p} = r(x)\,.$$

Wir wissen, dass y_1 eine Lösung der homogenen Gleichung ist. Somit gilt

$$C(x)\,\underbrace{\big(a_1(x)\,y_1'(x) + a_0(x)\,y_1(x)\big)}_{0} + C'(x)\,a_1(x)\,y_1(x) = r(x)\,.$$

Der Ausdruck mit $C(x)$ fällt also komplett weg.

Die verbleibende Gleichung lässt sich direkt nach $C'(x)$ auflösen:

$$C'(x) = \frac{r(x)}{a_1(x)\, y_1(x)} \quad\Longrightarrow\quad C(x) = \int \frac{r(x)}{a_1(x)\, y_1(x)}\, \mathrm{d}x\,.$$

Wir erhalten somit die Funktion $C(x)$ für unseren Ansatz von y_p.

Satz 14.6 (Partikuläre Lösung linearer Differenzialgleichungen erster Ordnung)
Eine partikuläre Lösung y_p einer linearen Differenzialgleichung erster Ordnung

$$a_1(x)\, y' + a_0(x)\, y = r(x)$$

erhält man durch Variation der Konstanten mit der Formel

$$y_p(x) = y_1(x) \int \frac{r(x)}{a_1(x)\, y_1(x)}\, \mathrm{d}x\,.$$

Dabei ist y_1 eine Fundamentallösung der zugehörigen homogenen Differenzialgleichung.

Dividiert man die Differenzialgleichung

$$a_1(x)\, y' + a_0(x)\, y = r(x)$$

durch $a_1(x)$, so erhält man die ebenfalls gebräuchliche inhomogene Form

$$y' + g(x)\, y = h(x)$$

mit der Lösung

$$y_p(x) = y_1(x) \int \frac{h(x)}{y_1(x)}\, \mathrm{d}x.$$

Auf den ersten Blick scheint man diese Formel und die Formel aus Satz 14.6 durch Kürzen von y_1 weiter vereinfachen zu können. Dies ist natürlich nicht der Fall, denn einmal steht y_1 vor dem Integral und einmal unter dem Integral.

Beispiel 14.20 (Differenzialgleichung erster Ordung)
Zur Lösung der linearen Differenzialgleichung

$$y' - \tan(x)\, y = 2\,\sin x$$

bestimmen wir zunächst die allgemeine Lösung der homogenen Gleichung durch Separation. Mit der Formel aus Satz 14.5 ergibt sich:

$$y_h(x) = C\mathrm{e}^{-\int -\tan x\, \mathrm{d}x} = C\mathrm{e}^{-\int \frac{-\sin x}{\cos x}\, \mathrm{d}x} = C\mathrm{e}^{-\ln(\cos x)} = C\mathrm{e}^{\ln(\cos x)^{-1}} = \frac{C}{\cos x}.$$

Eine partikuläre Lösung erhalten wir mit $y_1(x) = \frac{1}{\cos x}$ und mit der Formel aus Satz 14.6:

$$y_p(x) = \frac{1}{\cos x} \int 2\,(\sin x)\,(\cos x)\, \mathrm{d}x = \frac{\sin^2 x}{\cos x} = \frac{1 - \cos^2 x}{\cos x} = \frac{1}{\cos x} - \cos x.$$

Durch Addition von y_h und y_p erhalten wir

$$y(x) = y_h(x) + y_p(x) = \frac{C}{\cos x} - \cos x$$

und damit die allgemeine Lösung der inhomogenen linearen Differenzialgleichung. ▪

14.3.3 Allgemeine Eigenschaften

Lineare Differenzialgleichungen besitzen besonders schöne Eigenschaften. In diesem Abschnitt zeigen wir, dass bei homogenen Differenzialgleichungen Linearkombinationen von Lösungen wieder Lösungen ergeben. Außerdem werden wir sehen, dass die allgemeine Lösung einer homogenen Differenzialgleichung aus elementaren Lösungsbausteinen, den sogenannten Fundamentallösungen, zusammengesetzt wird. Schließlich stellen wir das sogenannte Superpositionsprinzip für inhomogene Differenzialgleichungen vor. Kennt man bereits zwei Lösungen y_1 und y_2 einer homogenen linearen Differenzialgleichung, so kann man diese beiden Lösungen mit beliebigen Konstanten multiplizieren und addieren und erhält wieder eine Lösung.

Satz 14.7 (Linearkombination von Lösungen)

Sind y_1 und y_2 Lösungen einer homogenen linearen Differenzialgleichung, dann ist auch

$$y(x) = C_1\, y_1(x) + C_2\, y_2(x)$$

mit beliebigen Konstanten C_1 und C_2 eine Lösung dieser Differenzialgleichung.

Zum Nachweis dieser Eigenschaft setzt man

$$y(x) = C_1\, y_1(x) + C_2\, y_2(x)$$

in die Differenzialgleichung aus Definition 14.11 ein:

$$a_n(x)\left(C_1\, y_1^{(n)} + C_2\, y_2^{(n)}\right) + \ldots + a_1(x)\left(C_1\, y_1' + C_2\, y_2'\right) + a_0(x)\left(C_1\, y_1 + C_2\, y_2\right) = 0.$$

Fasst man die Terme mit y_1 und mit y_2 jeweils zusammen, so entsteht

$$C_1 \underbrace{\left(a_n(x) y_1^{(n)} + \ldots + a_0(x) y_1\right)}_{0} + C_2 \underbrace{\left(a_n(x) y_2^{(n)} + \ldots + a_0(x) y_2\right)}_{0} = 0.$$

Die beiden Ausdrücke in den Klammern sind jeweils null, denn y_1 und y_2 sind ja Lösungen der homogenen Gleichung. Also löst y als Linearkombination von y_1 und y_2 ebenfalls die homogene Differenzialgleichung.

Beispiel 14.21 (Linearkombination von Lösungen)

Die homogene Differenzialgleichung

$$y'' + 9\, y = 0$$

hat die beiden Lösungen $y_1(x) = \sin(3\, x)$ und $y_2(x) = \cos(3\, x)$. Also ist auch

$$y(x) = C_1 \sin(3\, x) + C_2 \cos(3\, x)$$

eine Lösung. Dies gilt für beliebige Konstanten C_1 und C_2. ▪

Die allgemeine Lösung einer homogenen linearen Differenzialgleichung ist ähnlich strukturiert wie die Lösungsmenge eines homogenen linearen Gleichungssystems. An die Stelle der Basisvektoren treten bei Differenzialgleichungen die sogenannten Fundamentallösungen. Ein Fundamentalsystem setzt sich dann aus Fundamentallösungen zusammen.

Definition 14.15 (Fundamentalsystem)

Die n Lösungen $y_1, y_2, \ldots, y_n$ einer linearen Differenzialgleichung n-ter Ordnung bilden ein Fundamentalsystem, wenn aus

$$C_1\, y_1(x) + C_2\, y_2(x) + \ldots + C_n\, y_n(x) = 0 \quad \text{für alle } x \in \mathbb{R}$$

folgt, dass $C_1 = 0$, $C_2 = 0$, ..., $C_n = 0$. Man nennt dann $y_1, y_2, \ldots, y_n$ Fundamentallösungen der Differenzialgleichung.

Bei linearen Differenzialgleichungen besteht der zentrale Sachverhalt darin, die allgemeine Lösung mithilfe von Fundamentallösungen zu ermitteln. Auf die theoretischen Details gehen wir jedoch nicht ein.

Satz 14.8 (Allgemeine Lösung und Fundamentallösung)

Die allgemeine Lösung einer homogenen linearen Differenzialgleichung n-ter Ordnung erhält man als Linearkombination von n Fundamentallösungen

$$y(x) = C_1\, y_1(x) + C_2\, y_2(x) + \ldots + C_n\, y_n(x).$$

Dabei bilden die n Fundamentallösungen $y_1, y_2, \ldots, y_n$ ein Fundamentalsystem und $C_1, C_2, \ldots, C_n$ sind beliebige Konstanten.

Es stellt sich nun die Frage, wann n Funktionen ein Fundamentalsystem bilden. Diese Fragestellung ist ähnlich zu der Frage nach n linear unabhängigen Vektoren und wird deshalb auch mithilfe einer Determinanten beantwortet. Diese Determinante ist nach dem polnischen Mathematiker und Philosophen Joseph Marie Wronski benannt.

Satz 14.9 (Wronski-Kriterium)

Die n Funktionen $y_1, y_2, \ldots, y_n$ bilden genau dann ein Fundamentalsystem, wenn die Wronski-Determinante für alle reellen Zahlen x nicht null ist, also

$$\begin{vmatrix} y_1(x) & y_2(x) & \ldots & y_n(x) \\ y_1'(x) & y_2'(x) & \ldots & y_n'(x) \\ \vdots & \vdots & & \vdots \\ y_1^{(n-1)}(x) & y_2^{(n-1)}(x) & \ldots & y_n^{(n-1)}(x) \end{vmatrix} \neq 0 \quad \text{für alle } x \in \mathbb{R}.$$

Beispiel 14.22 (Wronski-Kriterium)

a) Wir untersuchen, ob die beiden Funktionen

$$y_1(x) = \cos(\omega\, x), \quad y_2(x) = \sin(\omega\, x)$$

für $\omega \neq 0$ ein Fundamentalsystem bilden. Die Wronski-Determinante lautet

$$\begin{vmatrix} \cos(\omega\, x) & \sin(\omega\, x) \\ -\omega \sin(\omega\, x) & \omega \cos(\omega\, x) \end{vmatrix} = \omega \cos^2(\omega x) + \omega \sin^2(\omega x) = \omega.$$

Die Wronski-Determinante ist für alle reellen Zahlen x ungleich null. Somit bilden die beiden Funktionen ein Fundamentalsystem.

b) Die drei Polynome

$$y_1(x) = 1, \quad y_2(x) = x, \quad y_3(x) = x^2$$

bilden ein Fundamentalsystem. Denn die Wronski-Determinante

$$\begin{vmatrix} 1 & x & x^2 \\ 0 & 1 & 2x \\ 0 & 0 & 2 \end{vmatrix} = 2$$

ist für alle reellen Zahlen x ungleich null.

c) Die beiden Funktionen

$$y_1(x) = \mathrm{e}^{a\,x}, \quad y_2(x) = \mathrm{e}^{b\,x}$$

bilden für $a \neq b$ ein Fundamentalsystem. Die Wronski-Determinante

$$\begin{vmatrix} \mathrm{e}^{a\,x} & \mathrm{e}^{b\,x} \\ a\mathrm{e}^{a\,x} & b\mathrm{e}^{b\,x} \end{vmatrix} = (b-a)\mathrm{e}^{(a+b)\,x}$$

ist für alle reellen Zahlen x ungleich null, falls a und b verschieden sind. ■

Eine weitere Eigenschaft linearer Differenzialgleichungen betrifft die Störfunktionen. Ist eine Störfunktion die Summe von Teilstörfunktionen, so kann zunächst für jede Teilstörfunktion separat eine partikuläre Lösung bestimmt werden. Diese einzelnen partikulären Teillösungen überlagern sich bei linearen Differenzialgleichungen zur gesuchten partikulären Lösung.

Satz 14.10 (Superposition)

Wenn bei einer linearen Differenzialgleichung die Störfunktion r durch Addition oder Subtraktion einzelner Störfunktionen zusammengesetzt ist

$$r(x) = r_1(x) \pm r_2(x) \pm r_3(x) \pm \ldots,$$

kann man die partikuläre Lösung für jede einzelne Störfunktion r_i getrennt ermitteln.

Das Prinzip der Superposition basiert auf der Linearität der hier betrachteten Differenzialgleichungen. Ist y_1 eine partikuläre Lösung für die Störfunktion r_1 und y_2 eine partikuläre Lösung für r_2, so gilt für die Summe $y = y_1 + y_2$ durch Einsetzen in die Differenzialgleichung aus Definition 14.11

$$a_n(x)\left(y_1^{(n)} + y_2^{(n)}\right) + \ldots + a_1(x)\,(y_1' + y_2') + a_0(x)\,(y_1 + y_2) = r(x).$$

Durch entsprechendes Zusammenfassen

$$\underbrace{\left(a_n(x)\,y_1^{(n)} + \ldots + a_0(x)\,y_1\right)}_{r_1(x)} + \underbrace{\left(a_n(x)\,y_2^{(n)} + \ldots + a_0(x)\,y_2\right)}_{r_2(x)} = r(x)$$

erkennt man, dass $y = y_1 + y_2$ eine partikuläre Lösung für die Störfunktion $r_1 + r_2$ ist. Man kann Summen von Störfunktionen getrennt voneinander behandeln.

Beispiel 14.23 (Superposition)

Wir betrachten eine Differenzialgleichung, bei der die Störfunktion durch Addition dreier Störfunktionen zusammengesetzt ist:

$$y' + 2y = \underbrace{5\,\mathrm{e}^{3\,x}}_{r_1(x)} + \underbrace{4\,x}_{r_2(x)} + \underbrace{4\,\cos(2\,x)}_{r_3(x)}.$$

Die Differenzialgleichung hat die homogene Lösung $y_h(x) = C\,\mathrm{e}^{-2\,x}$ und die Fundamentallösung $y_1(x) = \mathrm{e}^{-2\,x}$. Mit der Formel aus Satz 14.6 können wir zu jeder einzelnen Störfunktion eine partikuläre Lösung berechnen:

$$\begin{aligned}
y_{p1}(x) &= \mathrm{e}^{-2\,x}\int \frac{5\,\mathrm{e}^{3\,x}}{\mathrm{e}^{-2\,x}}\,\mathrm{d}x &&= \mathrm{e}^{-2\,x}\int 5\,\mathrm{e}^{5\,x}\,\mathrm{d}x &&= \mathrm{e}^{3\,x}\\
y_{p2}(x) &= \mathrm{e}^{-2\,x}\int \frac{4\,x}{\mathrm{e}^{-2\,x}}\,\mathrm{d}x &&= \mathrm{e}^{-2\,x}\int 4\,x\,\mathrm{e}^{2\,x}\,\mathrm{d}x &&= 2\,x - 1\\
y_{p3}(x) &= \mathrm{e}^{-2\,x}\int \frac{4\,\cos(2\,x)}{\mathrm{e}^{-2\,x}}\,\mathrm{d}x &&= \mathrm{e}^{-2\,x}\int 4\,\cos(2\,x)\,\mathrm{e}^{2\,x}\,\mathrm{d}x &&= \cos(2\,x) + \sin(2\,x)
\end{aligned}$$

Dabei haben wir zur Berechnung der Stammfunktionen Formeln aus Anhang A.4 verwendet. Alles in allem ergibt sich durch Zusammensetzen der Lösungsanteile zu

$$y(x) = y_h(x) + y_{p1}(x) + y_{p2}(x) + y_{p3}(x)$$

die allgemeine Lösung

$$y(x) = C\,\mathrm{e}^{-2\,x} + \mathrm{e}^{3\,x} + 2\,x - 1 + \cos(2\,x) + \sin(2\,x)$$

für die gesamte Ausgangsdifferenzialgleichung. ■

Das Superpositionsprinzip funktioniert nicht nur für Störfunktionen, die aus endlich vielen Teilfunktionen zusammengesetzt sind, sondern auch für die Überlagerung von unendlich vielen Teilfunktionen. Man kann Superposition deshalb auch auf Funktionen, die in Form von Potenzreihen oder Fourier-Reihen dargestellt werden, anwenden.

In Beispiel 14.23 erkennt man, dass sich Störfunktionen und partikuläre Lösungen entsprechen. Wenn die Störfunktion ein Polynom vom Grad n ist, dann ist auch die zugeordnete partikuläre Lösung ein Polynom vom Grad n. Entsprechendes gilt für die Exponentialfunktion, Störfunktion und partikuläre Lösung haben denselben Exponenten. Auch eine Störfunktion in Form eines Kosinus erzeugt eine partikuläre Lösung in Form einer harmonischen Schwingung, wobei die Kreisfrequenz erhalten bleibt. Eine Störfunktion erzeugt also eine partikuläre Lösung vom selben Typ. Dieses Prinzip werden wir in Abschnitt 14.3.4 verwenden, um partikuläre Lösungen mithilfe geeigneter Störansätze zu ermitteln.

14.3.4 Differenzialgleichungen mit konstanten Koeffizienten

Lineare Differenzialgleichungen, bei denen die Koeffizienten keine echte Funktionen $a_i(x)$, sondern nur konstante Zahlen a_i sind, lassen sich systematisch lösen. Sie stellen bei vielen Anwendungen eine wichtige Klasse von Differenzialgleichungen dar.

Definition 14.16 (Lineare Differenzialgleichung mit konstanten Koeffizienten)

Eine lineare Differenzialgleichung, bei der die Faktoren vor den Ableitungen keine echten Funktionen, sondern nur Konstanten a_0, a_1, ..., a_n sind

$$a_n\,y^{(n)} + a_{n-1}\,y^{(n-1)} + \ldots + a_2\,y'' + a_1\,y' + a_0\,y = r(x),$$

nennt man eine lineare Differenzialgleichung mit konstanten Koeffizienten.

Entsprechend unserer Lösungsstrategie für lineare Differenzialgleichungen betrachten wir zunächst nur homogene Differenzialgleichungen. Die allgemeine Lösung einer homogenen linearen Differenzialgleichung erster Ordnung mit konstanten Koeffizienten besteht aus Exponentialfunktionen. Dies legt die Vermutung nahe, dass die allgemeine Lösung auch bei linearen Differenzialgleichungen mit konstanten Koeffizienten höherer Ordnung aus Exponentialfunktionen bestehen.

Merke 14.9 (Exponentialansatz)

Bei linearen homogenen Differenzialgleichungen mit konstanten Koeffizienten versucht man, ein Fundamentalsystem aus Exponentialfunktionen zu bestimmen:

$$y(x) = \mathrm{e}^{\lambda x}$$

Wenn wir eine homogene lineare Differenzialgleichung der Ordnung n mit konstanten Koeffizienten mit dem Exponentialansatz $y(x) = \mathrm{e}^{\lambda x}$ versuchen zu lösen, dann erhalten wir aus der homogenen Gleichung in Definition 14.16

$$a_n \underbrace{\lambda^n \mathrm{e}^{\lambda x}}_{y^{(n)}} + a_{n-1} \underbrace{\lambda^{n-1} \mathrm{e}^{\lambda x}}_{y^{(n-1)}} + \ldots + a_2 \underbrace{\lambda^2 \mathrm{e}^{\lambda x}}_{y''} + a_1 \underbrace{\lambda \mathrm{e}^{\lambda x}}_{y'} + a_0 \underbrace{\mathrm{e}^{\lambda x}}_{y} = 0.$$

Diese Gleichung können wir durch $\mathrm{e}^{\lambda x}$ teilen. Damit haben wir x vollständig aus der Gleichung eliminiert:

$$a_n\,\lambda^n + a_{n-1}\,\lambda^{n-1} + \ldots + a_2\,\lambda^2 + a_1\,\lambda + a_0 = 0.$$

Es ergibt sich eine Gleichung mit Potenzen von λ.

Definition 14.17 (Charakteristische Gleichung)

Zur homogenen linearen Differenzialgleichung

$$a_n\,y^{(n)} + a_{n-1}\,y^{(n-1)} + \ldots + a_2\,y'' + a_1\,y' + a_0\,y = 0$$

gehört die charakteristische Gleichung

$$a_n\lambda^n + a_{n-1}\lambda^{n-1} + \ldots + a_2\lambda^2 + a_1\lambda + a_0 = 0.$$

Sie entsteht aus der Differenzialgleichung durch den Exponentialansatz $y(x) = \mathrm{e}^{\lambda x}$.

Die charakteristische Gleichung entsteht also aus der Differenzialgleichung dadurch, dass man die Ableitungen $y^{(k)}$ der gesuchten Funktion y durch Potenzen λ^k ersetzt. Dabei ist zu beachten, dass insbesondere y' der Variablen $\lambda^1 = \lambda$ und y dem Wert $\lambda^0 = 1$ entspricht. Hat die Differenzialgleichung die Ordnung n, so besteht die charakteristische Gleichung auf der linken Seite aus einem Polynom vom Grad n mit der Variablen λ. Dieses Polynom nennt man auch charakteristisches Polynom. Die Lösung einer linearen Differenzialgleichung mithilfe der charakteristischen Gleichung stellt eine gewaltige Vereinfachung dar. Das Problem wird durch den Exponentialansatz soweit reduziert, dass man nur noch die Nullstellen eines Polynoms berechnen muss.

Beispiel 14.24 (Charakteristische Gleichung)

Die folgende homogene lineare Differenzialgleichung hat eine charakteristische Gleichung:

$$y^{(5)} - 3\,y''' + 52\,y'' = 0 \quad \Longrightarrow \quad \lambda^5 - 3\,\lambda^3 + 52\,\lambda^2 = 0\,.$$

Den Faktor λ^2 kann man ausklammern. Dadurch sind $\lambda_{1,2} = 0$ Lösungen der charakteristischen Gleichung. Außerdem ist $\lambda_3 = -4$ eine Lösung. Eine Polynomdivision mit $\lambda + 4$ ergibt die Faktorisierung

$$\lambda^5 - 3\,\lambda^3 + 52\,\lambda^2 = \lambda^2\,(\lambda + 4)\left(\lambda^2 - 4\,\lambda + 13\right).$$

Die beiden letzten Lösungen erhält man aus der quadratischen Gleichung:

$$\lambda_{4,5} = \frac{4 \pm \sqrt{16 - 52}}{2} = 2 \pm 3\,\mathrm{i}\,.$$

Wir erhalten insgesamt 5 Lösungen der charakteristischen Gleichung. ▪

Definition 14.18 (Eigenwerte und Eigenfunktionen)

Die Lösungen der charakteristischen Gleichung

$$a_n\lambda^n + a_{n-1}\lambda^{n-1} + \ldots + a_2\lambda^2 + a_1\lambda + a_0 = 0$$

bezeichnet man als Eigenwerte λ_1, λ_2, ..., λ_n. Die Lösungsfunktionen, die sich daraus durch den Exponentialansatz ergeben, nennt man Eigenfunktionen

$$y_1(x) = \mathrm{e}^{\lambda_1 x}, \quad y_2(x) = \mathrm{e}^{\lambda_2 x}, \quad \ldots, \quad y_n(x) = \mathrm{e}^{\lambda_n x}.$$

Eigenwerte und Eigenfunktionen können reell oder komplex sein.

Die Bezeichnung Eigenwert wird klar, wenn wir den Zusammenhang zwischen einer linearen Differenzialgleichung und einem System von Differenzialgleichungen erster Ordnung betrachten, siehe Abschnitt 14.5.3. Lineare Systeme können in Matrixschreibweise formuliert werden. Die Eigenwerte der Systemmatrix, siehe Definition 4.20, entsprechen dann den Nullstellen des charakteristischen Polynoms.

Wenn alle Eigenwerte reell und paarweise verschieden sind, dann sind die Eigenfunktionen genau unsere gesuchten Fundamentallösungen. In Beispiel 14.24 haben wir jedoch bereits gesehen, dass die charakteristische Gleichung unter Umständen auch Paare konjugiert komplexer Zahlen als Lösungen haben kann. Außerdem können Lösungen, also Nullstellen des charakteristischen Polynoms, mehrfach vorkommen.

Merke 14.10 (Fälle bei Eigenwerten)

Bei den Eigenwerten einer linearen Differenzialgleichung mit konstanten Koeffizienten sind folgende Fälle zu beachten:

(A) Einfache reelle Eigenwerte

(B) Mehrfache reelle Eigenwerte

(C) Einfache komplexe Eigenwerte

(D) Mehrfache komplexe Eigenwerte

Komplexe Eigenwerte und Eigenfunktionen sind natürlich nicht unser Ziel, sondern nur Mittel zum Zweck. Wir werden Methoden aufzeigen, mit denen wir aus komplexen Eigenwerten und Eigenfunktionen reelle Lösungen bestimmen.

Merke 14.11 ((A) Einfache reelle Eigenwerte)

Jeder einfache reelle Eigenwert λ einer linearen Differenzialgleichung mit konstanten Koeffizienten erzeugt genau eine reelle Fundamentallösung

$$y(x) = \mathrm{e}^{\lambda x}.$$

Beispiel 14.25 (Einfache reelle Eigenwerte)

a) Die Differenzialgleichung mit der charakteristischen Gleichung

$$y'' - 7y' + 12y = 0 \quad \Longrightarrow \quad \lambda^2 - 7\lambda + 12 = 0$$

besitzt die Eigenwerte

$$\lambda_1 = 3, \quad \lambda_2 = 4.$$

Daraus ergeben sich die Eigenfunktionen

$$y_1(x) = \mathrm{e}^{3x}, \quad y_2(x) = \mathrm{e}^{4x}.$$

In Beispiel 14.22 haben wir bereits gesehen, dass zwei Exponentialfunktionen mit unterschiedlichem Exponenten ein Fundamentalsystem bilden:

$$y(x) = C_1\mathrm{e}^{3x} + C_2\mathrm{e}^{4x}.$$

Damit haben wir die allgemeine Lösung der Differenzialgleichung.

b) Die charakteristische Gleichung der Differenzialgleichung

$$y'' + 3y' = 0 \quad \Longrightarrow \quad \lambda^2 + 3\lambda = 0$$

liefert die Eigenwerte

$$\lambda_1 = 0, \quad \lambda_2 = -3.$$

Die entsprechenden Eigenfunktionen sind

$$y_1(x) = \mathrm{e}^{0x} = 1, \quad y_2(x) = \mathrm{e}^{-3x}.$$

Exponentialfunktionen mit unterschiedlichen Exponenten bilden ein Fundamentalsystem, siehe Beispiel 14.22. Somit ist

$$y(x) = C_1 + C_2\mathrm{e}^{-3x}$$

die allgemeine Lösung der Differenzialgleichung. ■

Bei linearen Differenzialgleichungen mit konstanten Koeffizienten stellen die Eigenwerte eine direkte Verbindung zwischen der allgemeinen Lösung der homogenen Gleichung und der Differenzialgleichung selbst her. Man kann dadurch Differenzialgleichungen konstruieren, die vorgegebene Lösungen haben. Dazu geht man in umgekehrter Reihenfolge wie bei der Lösung einer Differenzialgleichung vor. Aus der allgemeinen Lösung bestimmt man die Fundamentallösungen und daraus die Eigenwerte. Mit den Eigenwerten bildet man die charakteristische Gleichung, woraus sich die Differenzialgleichung ergibt.

Beispiel 14.26 (Konstruktion einer Differenzialgleichung aus Eigenwerten)
Wir suchen eine Differenzialgleichung mit der allgemeinen Lösung

$$y(x) = C_1\,\mathrm{e}^{-2\,x} + C_2\,\mathrm{e}^{5\,x}.$$

Die Fundamentallösungen sind

$$y_1(x) = \mathrm{e}^{-2\,x} \quad \text{und} \quad y_2(x) = \mathrm{e}^{5\,x}\,.$$

Die Eigenwerte müssen $\lambda_1 = -2$ und $\lambda_2 = 5$ sein und die charakteristische Gleichung dann

$$(\lambda + 2)\,(\lambda - 5) = \lambda^2 - 3\,\lambda - 10\,.$$

Daraus kann man die gesuchte Differenzialgleichung ablesen:

$$y'' - 3\,y' - 10\,y = 0.$$

Es ist eine homogene lineare Differenzialgleichung zweiter Ordnung. ▪

Bei mehrfachen reellen Eigenwerten behilft man sich damit, dass man die erste Fundamentallösung entsprechend oft mit x multipliziert. Dieser Trick funktioniert natürlich nur unter den Voraussetzungen, dass das Wronski-Kriterium erfüllt ist und dass durch die Multiplikation mit x wieder eine Lösung der homogenen Differenzialgleichung entsteht. Im Fall eines doppelten reellen Eigenwerts werden wir diese beiden Bedingungen nachrechnen. Bei einem n-fachen reellen Eigenwert verläuft der Nachweis analog.

Merke 14.12 ((B) Mehrfache reelle Eigenwerte)
Jeder doppelte reelle Eigenwert λ einer linearen Differenzialgleichung mit konstanten Koeffizienten erzeugt genau zwei reelle Fundamentallösungen

$$y_1(x) = \mathrm{e}^{\lambda\,x}, \quad y_2(x) = x\,\mathrm{e}^{\lambda\,x}.$$

Falls die Vielfachheit des reellen Eigenwerts größer als zwei ist, entstehen jeweils durch Multiplikation mit x neue Fundamentallösungen

$$y_3(x) = x^2\,\mathrm{e}^{\lambda\,x}, \quad y_4(x) = x^3\,\mathrm{e}^{\lambda\,x}, \ldots$$

Das Wronski-Kriterium für die beiden Funktionen $y_1(x) = \mathrm{e}^{\lambda\,x}$ und $y_2(x) = x\,\mathrm{e}^{\lambda\,x}$ ist erfüllt, denn die Wronski-Determinante

$$\begin{vmatrix} \mathrm{e}^{\lambda\,x} & x\,\mathrm{e}^{\lambda\,x} \\ \lambda\,\mathrm{e}^{\lambda\,x} & (1 + \lambda\,x)\,\mathrm{e}^{\lambda\,x} \end{vmatrix} = \mathrm{e}^{2\,\lambda\,x} \begin{vmatrix} 1 & x \\ \lambda & 1 + \lambda\,x \end{vmatrix} = \mathrm{e}^{2\,\lambda\,x}$$

ist für alle reellen Zahlen x ungleich null.

Die Funktion y_2 ist tatsächlich auch eine Lösung. Zum Nachweis betrachten wir die homogene lineare Differenzialgleichung zweiter Ordnung und ihre charakteristische Gleichung:

$$a_2\, y'' + a_1\, y' + a_0\, y = 0 \quad \Longrightarrow \quad a_2\lambda^2 + a_1\lambda + a_0 = 0\,.$$

Die charakteristische Gleichung hat genau dann eine doppelte reelle Lösung, wenn auch die Ableitung nach λ null ergibt, also $2\,a_2\,\lambda + a_1 = 0$. Wir berechnen die erste und die zweite Ableitung von y_2 und setzen alles in die Differenzialgleichung ein:

$$a_2\,\underbrace{\left(2\,\lambda + \lambda^2\,x\right)e^{\lambda\,x}}_{y_2''(x)} + a_1\,\underbrace{(1 + \lambda\,x)\,e^{\lambda\,x}}_{y_2'(x)} + a_0\,\underbrace{x\,e^{\lambda\,x}}_{y_2(x)} = 0\,.$$

Diese Gleichung können wir durch $e^{\lambda\,x}$ teilen und anders zusammenfassen:

$$\underbrace{x\left(a_2\lambda^2 + a_1\lambda + a_0\right)}_{0} + \underbrace{2\,a_2\,\lambda + a_1}_{0} = 0.$$

Somit ist auch y_2 eine Lösung der linearen homogenen Differenzialgleichung.

Beispiel 14.27 (Mehrfache reelle Eigenwerte)

a) Die Lösung der homogenen linearen Differenzialgleichung bestimmen wir aus der charakteristischen Gleichung:

$$y'' + 2y' + y = 0 \quad \Longrightarrow \quad \lambda^2 + 2\lambda + 1 = 0\,.$$

Der doppelte reelle Eigenwert $\lambda_{1,2} = -1$ ergibt die erste Fundamentallösung $y_1(x) = e^{-x}$. Diese multiplizieren wir mit x und erhalten die zweite Fundamentallösung $y_2(x) = x\,e^{-x}$. Die Linearkombination der Fundamentallösungen

$$y(x) = C_1\,e^{-x} + C_2\,x\,e^{-x}$$

liefert schließlich die allgemeine Lösung.

b) Aus der charakteristischen Gleichung der Differenzialgleichung

$$y''' + 3y'' + 3y' + y = 0 \quad \Longrightarrow \quad \lambda^3 + 3\lambda^2 + 3\lambda + 1 = (\lambda + 1)^3 = 0$$

erhalten wir einen dreifachen reellen Eigenwert $\lambda_{1,2,3} = -1$. Somit ist

$$y(x) = C_1\,e^{-x} + C_2\,x\,e^{-x} + C_3\,x^2\,e^{-x}$$

die allgemeine Lösung der Differenzialgleichung. ■

Merke 14.13 ((C) Einfache komplexe Eigenwerte)

Jedes einfache konjugiert komplexe Paar Eigenwerte $\lambda_{1,2} = a \pm \mathrm{i}\,b$ einer linearen Differenzialgleichung mit konstanten Koeffizienten erzeugt genau zwei reelle Fundamentallösungen

$$y_1(x) = e^{a\,x}\cos(b\,x), \quad y_2(x) = e^{a\,x}\sin(b\,x).$$

Der Realteil erzeugt Lösungsanteile in Form von Exponentialfunktionen und die Imaginärteile erzeugen Sinus- und Kosinusanteile.

Die Lösungen der charakteristischen Gleichung sind die Nullstellen eines reellen Polynoms. Aus Satz 13.14 wissen wir, dass komplexe Nullstellen eines reellen Polynoms immer als konjugiert komplexes Paar

$$\lambda = a \pm \mathrm{i}\, b$$

auftreten. Die beiden Funktionen

$$z_{1,2}(x) = \mathrm{e}^{(a \pm \mathrm{i}\, b)x} = \mathrm{e}^{a\,x}\big(\cos(b\,x) \pm \mathrm{i}\sin(b\,x)\big)$$

lassen sich nach dem Satz von Euler in Real- und Imaginärteil zerlegen. Sie sind zwar Lösungen der Differenzialgleichung, allerdings sind diese beiden Funktionen komplex und nicht rein reell. Durch einen Trick kann man aus diesen beiden komplexen Lösungen zwei reelle Lösungen erzeugen: Aufgrund der Linearität wissen wir, dass die Linearkombination aus zwei Lösungen wieder eine Lösung ergibt. Als Linearfaktoren können dabei auch komplexe Zahlen gewählt werden. Deshalb sind die beiden Funktionen

$$\begin{aligned} y_1(x) &= \frac{1}{2}\, z_1(x) + \frac{1}{2}\, z_2(x) = \mathrm{e}^{a\,x}\cos(b\,x) \\ y_2(x) &= \frac{1}{2\,\mathrm{i}}\, z_1(x) - \frac{1}{2\,\mathrm{i}}\, z_2(x) = \mathrm{e}^{a\,x}\sin(b\,x) \end{aligned}$$

ebenfalls Lösungen, und zwar zwei reelle Lösungen.

Die Berechnung der Wronski-Determinante

$$\begin{vmatrix} \mathrm{e}^{a\,x}\cos(b\,x) & \mathrm{e}^{a\,x}\sin(b\,x) \\ a\,\mathrm{e}^{a\,x}\cos(b\,x) - b\,\mathrm{e}^{a\,x}\sin(b\,x) & a\,\mathrm{e}^{a\,x}\sin(b\,x) + b\,\mathrm{e}^{a\,x}\cos(b\,x) \end{vmatrix} = b\,\mathrm{e}^{2\,a\,x}$$

verläuft ähnlich zu den Berechnungen in Beispiel 14.22. Mit ein paar Umformungen erkennt man, dass die Wronski-Determinante den Wert $b\,\mathrm{e}^{2\,a\,x}$ hat. Der Imaginärteil b ist bei einer echt komplexen Zahl immer ungleich null. Somit sind y_1 und y_2 tatsächlich zwei reelle Fundamentallösungen.

Beispiel 14.28 (Einfache komplexe Eigenwerte)

a) Bei der Differenzialgleichung

$$y'' + 9y = 0 \quad\Longrightarrow\quad \lambda^2 + 9 = 0$$

sind die Eigenwerte $\lambda_{1,2} = \pm 3\,\mathrm{i}$ rein imaginär. Die allgemeine Lösung der Differenzialgleichung

$$y(x) = C_1\cos(3x) + C_2\sin(3x)$$

besteht aus harmonischen Schwingungen.

b) Die charakteristische Gleichung der Differenzialgleichung

$$y'' - 4y' + 20y = 0 \quad\Longrightarrow\quad \lambda^2 - 4\lambda + 20 = 0$$

hat die Nullstellen $\lambda_{1,2} = 2 \pm 4\,\mathrm{i}$. Der Realteil der Eigenwerte steht bei der allgemeinen Lösung

$$y(x) = \mathrm{e}^{2\,x}\big(C_1\cos(4x) + C_2\sin(4x)\big)$$

in der e-Funktion. Die Imaginärteile erzeugen Sinus- und Kosinusschwingungen. ∎

Merke 14.14 ((D) Mehrfache komplexe Eigenwerte)

Jedes doppelte konjugiert komplexe Paar Eigenwerte $\lambda = a \pm \mathrm{i}\, b$ einer linearen Differenzialgleichung mit konstanten Koeffizienten erzeugt genau vier reelle Fundamentallösungen

$$y_1(x) = \mathrm{e}^{a\,x}\cos(b\,x), \quad y_2(x) = \mathrm{e}^{a\,x}\sin(b\,x),$$
$$y_3(x) = x\mathrm{e}^{a\,x}\cos(b\,x), \quad y_4(x) = x\mathrm{e}^{a\,x}\sin(b\,x).$$

Falls die Vielfachheit des komplexen Eigenwerts größer als zwei ist, entstehen jeweils durch Multiplikation mit x neue Fundamentallösungen

$$y_5(x) = x^2\mathrm{e}^{a\,x}\cos(b\,x), \quad y_6(x) = x^2\mathrm{e}^{a\,x}\sin(b\,x), \quad \ldots$$

Beispiel 14.29 (Doppelte komplexe Eigenwerte)

Die Differenzialgleichung

$$y^{(4)} - 4\,y''' + 8\,y'' - 8\,y' + 4\,y = 0$$

hat die charakteristische Gleichung

$$\lambda^4 - 4\,\lambda^3 + 8\,\lambda^2 - 8\,\lambda + 4 = 0.$$

Durch Probieren gelangt man auf die Faktorisierung

$$\lambda^2 - 2\lambda + 2)^2 = 0$$

und damit auf die doppelten Eigenwerte

$$\lambda_{1,2} = 1 + \mathrm{i}, \quad \lambda_{3,4} = 1 - \mathrm{i}.$$

Erwartungsgemäß hat die charakteristische Gleichung vier Lösungen. Die beiden Eigenwerte sind jeweils doppelt, wir erhalten daher eine spezielle Lösungsstruktur. Es ist

$$y(x) = \mathrm{e}^x\,(C_1\cos x + C_2\sin x + C_3 x\cos x + C_4 x\sin x)$$

die allgemeine Lösung der Differenzialgleichung. ■

Merke 14.15 (Lösung einer homogenen linearen Differenzialgleichung)

Die allgemeine Lösung einer homogenen linearen Differenzialgleichung der Ordnung n mit konstanten Koeffizienten kann man durch folgende Schritte bestimmen:

(1) Berechne alle Eigenwerte aus der charakteristischen Gleichung

$$a_n\lambda^n + a_{n-1}\lambda^{n-1} + \ldots + a_1\lambda + a_0 = 0.$$

(2) Bestimme zu jedem Eigenwert λ_i die Eigenfunktionen y_i. Dabei sind Spezialfälle bei mehrfachen und komplexen Eigenwerten zu beachten.

(3) Die allgemeine Lösung besteht aus einer Linearkombination der Eigenfunktionen:

$$y_h(x) = C_1 y_1(x) + C_2 y_2(x) + \ldots + C_n y_n(x).$$

Beispiel 14.30 (Eigenwerte)

Die Eigenwerte der Differenzialgleichung

$$y^{(5)} - 3\,y''' + 52\,y'' = 0$$

sind $\lambda_{1,2} = 0$, $\lambda_3 = -4$ und $\lambda_{4,5} = 2 \pm 3\,\mathrm{i}$, siehe Beispiel 14.24. Es kommen sowohl eine doppelte reelle Lösung als auch ein komplex konjugiertes Paar als Eigenwerte vor. Also ist

$$y(x) = C_1 + C_2\,x + C_3\,\mathrm{e}^{-4\,x} + \mathrm{e}^{2\,x}\big(C_4\,\cos(3\,x) + C_5\,\sin(3\,x)\big)$$

die allgemeine Lösung dieser homogenen Differenzialgleichung. ∎

Aufgrund der einfachen Struktur von linearen Differenzialgleichungen erzeugen Störfunktionen in Form eines Polynoms in der Regel partikuläre Lösungen, die auch Polynome sind. Dasselbe Prinzip gilt auch für Exponentialfunktionen und gedämpfte und ungedämpfte harmonische Schwingungen, siehe Beispiel 14.23. Deshalb wählt man als Ansatz für eine partikuläre Lösung einfach die Störfunktion in einer etwas allgemeineren Form mit zunächst freien Koeffizienten. Die folgende Übersicht zeigt die Ansätze für einige Typen von Störfunktionen.

Merke 14.16 (Störansatztabelle)

Störfunktion	Ansatz für partikuläre Lösung
Polynom vom Grad n $r(x) = a_0 + a_1 x + \ldots + a_n x^n$	Polynom vom Grad n $y_p(x) = A_0 + A_1 x + \ldots + A_n x^n$
Exponentialfunktion $r(x) = a\,\mathrm{e}^{k\,x}$	Exponentialfunktion $y_p(x) = A\,\mathrm{e}^{k\,x}$
Harmonische Schwingung $r(x) = a_1 \cos(\omega\,x) + a_2 \sin(\omega\,x)$	Harmonische Schwingung $y_p(x) = A_1 \cos(\omega\,x) + A_2 \sin(\omega\,x)$
Gedämpfte harmonische Schwingung $r(x) = \mathrm{e}^{k\,x}\big(a_1 \cos(\omega\,x) + a_2 \sin(\omega x)\big)$	Gedämpfte harmonische Schwingung $y_p(x) = \mathrm{e}^{k\,x}\big(A_1 \cos(\omega\,x) + A_2 \sin(\omega x)\big)$

Falls die Störfunktion ein Polynom vom Grad n ist, dann verwendet man für die partikuläre Lösung ein Polynom vom selben Grad. Auch der Exponent k der e-Funktion und die Kreisfrequenz ω von Sinus und Kosinus sind bei der Störfunktion und dem entsprechenden Ansatz für eine partikuläre Lösung identisch.

Beim Störansatz muss stets der vollständige Term angesetzt werden. Besteht die Störfunktion nur aus $a_n\,x^n$, so benötigt man für die partikuläre Lösung trotzdem einen Ansatz mit einem kompletten Polynom vom Grad n. Auch wenn die Störfunktion nur aus einem Sinus besteht, so braucht man für die partikuläre Lösung trotzdem einen Ansatz mit einer Sinus- und einer Kosinusfunktion. Entsprechendes gilt auch für gedämpfte Schwingungen.

Für inhomogene Differenzialgleichungen gilt das Superpositionsprinzip. Besteht also die Störfunktion aus einer Summe von mehreren Termen, so kann zunächst für jeden Term separat eine partikuläre Lösung mittels Störansatz bestimmt werden. Anschließend werden die einzelnen partikulären Lösungen zu einer gesamten partikulären Lösung für die vollständige Störfunktion addiert.

Die Koeffizienten im Störansatz versucht man, durch Einsetzen des Ansatzes in die Differenzialgleichung zu bestimmen. Dadurch erhält man ein lineares Gleichungssystem für die Koeffizienten. Lassen sich die Koeffizienten bestimmen, so war der Ansatz zielführend. Falls sich die Koeffizienten nicht bestimmen lassen, so liegt in der Regel Resonanz vor. Bevor wir uns mit dem Erkennen und Behandeln von Resonanz beschäftigen, betrachten wir zunächst ein paar Beispiele ohne Resonanz.

Beispiel 14.31 (Störansatz)

a) Die Störfunktion der Differenzialgleichung

$$y'' - 3\,y' + 2\,y = 4 - 8\,x + 4\,x^2$$

besteht aus einem Polynom vom Grad 2. Laut Tabelle ist der Störansatz für eine partikuläre Lösung $y_p(x) = A_0 + A_1\,x + A_2\,x^2$. Das Einsetzen der Funktion mit ihren Ableitungen in die Differenzialgleichung kann mithilfe des Tableaus

$$\begin{array}{lcccccl} y_p(x) & = & A_0 & + & A_1\,x & + & A_2\,x^2 \quad |\cdot 2 \\ y_p'(x) & = & A_1 & + & 2A_2\,x & & \quad |\cdot(-3) \\ y_p''(x) & = & 2A_2 & & & & \quad |\cdot 1 \\ \hline 4 - 8\,x + 4\,x^2 & = & 2A_0 - 3A_1 + 2A_2 & + & (2A_1 - 6A_2)\,x & + & 2A_2\,x^2 \end{array}$$

erfolgen. In der letzten Gleichung steht sowohl auf der linken als auch auf der rechten Seite ein Polynom. Da die Gleichung für alle x erfüllt sein soll, müssen die Koeffizienten der Polynome links und rechts übereinstimmen. Dadurch erhalten wir ein lineares Gleichungssystem mit drei Gleichungen für unsere gesuchten Größen A_0, A_1 und A_2

$$\begin{array}{rcrcrcr} 2A_2 & & & & & = & 4 \\ -6A_2 & + & 2A_1 & & & = & -8 \\ 2A_2 & - & 3A_1 & + & 2A_0 & = & 4 \end{array}$$

Es hat die eindeutige Lösung $A_2 = 2$, $A_1 = 2$ und $A_0 = 3$. Eine partikuläre Lösung ist

$$y_p(x) = 3 + 2\,x + 2\,x^2.$$

b) Bei der Differenzialgleichung

$$y'' - 3\,y' + 2\,y = \mathrm{e}^{3\,x}$$

lautet der Störansatz für eine partikuläre Lösung

$$y_p(x) = A\mathrm{e}^{3\,x}, \quad y_p'(x) = 3A\mathrm{e}^{3\,x}, \quad y_p''(x) = 9A\mathrm{e}^{3\,x}.$$

Diesen Ansatz setzt man in die Differenzialgleichung ein

$$9A\,\mathrm{e}^{3\,x} - 3\cdot 3A\,\mathrm{e}^{3\,x} + 2A\,\mathrm{e}^{3\,x} = \mathrm{e}^{3\,x}$$

und erhält $A = \frac{1}{2}$. Damit ist $y_p(x) = \frac{1}{2}\,\mathrm{e}^{3\,x}$ eine partikuläre Lösung. ■

Bei inhomogenen Differenzialgleichungen kann folgendes Phänomen auftreten: Ist die Störfunktion eine spezielle Lösung der homogenen Differenzialgleichung, so verstärkt die Anregung durch diese Störfunktion die spezielle Lösung. Dieses Phänomen nennt man Resonanz. In der Praxis sind solche Situation gefürchtet. Störfunktionen können die Eigendynamik einer Lösung verstärken.

Merke 14.17 (Resonanz)

Bei einer linearen Differenzialgleichung mit konstanten Koeffizienten spricht man von Resonanz, falls die Störfunktion in der allgemeinen Lösung der homogenen Differenzialgleichung enthalten ist.

Beispiel 14.32 (Störansatz bei Resonanz)

Wir betrachten die Differenzialgleichung aus Beispiel 14.31 mit einer anderen Störfunktion

$$y'' - 3\,y' + 2\,y = \mathrm{e}^{2\,x}\,.$$

Der Ansatz für eine partikuläre Lösung laut Störansatztabelle

$$y_p(x) = A\,\mathrm{e}^{2\,x}, \quad y_p'(x) = 2\,A\,\mathrm{e}^{2\,x}, \quad y_p''(x) = 4\,A\,\mathrm{e}^{2\,x}$$

ergibt beim Einsetzen in die Differenzialgleichung

$$\underbrace{4\,A\,\mathrm{e}^{2\,x} - 3\cdot 2\,A\,\mathrm{e}^{2\,x} + 2\,A\,\mathrm{e}^{2\,x}}_{0} = \mathrm{e}^{2\,x}.$$

Diese Gleichung ist für kein A erfüllbar. Somit führt dieser Ansatz nicht auf eine partikuläre Lösung. Es stellt sich die Frage, ob dieses Verhalten vorhersehbar ist. Bei der Störfunktion $r(x) = \mathrm{e}^{3\,x}$ in Beispiel 14.31 ist dieses Problem nicht aufgetreten. Die Beantwortung der Frage ist mithilfe der homogenen Lösung möglich. Die charakteristische Gleichung der Differenzialgleichung

$$\lambda^2 - 3\,\lambda + 2 = 0$$

liefert die Eigenwerte

$$\lambda_1 = 1\,, \quad \lambda_2 = 2\,.$$

Die Störfunktion $r(x) = \mathrm{e}^{2\,x}$ ist in der homogenen Lösung

$$y_h(x) = C_1\,\mathrm{e}^{x} + C_2\,\mathrm{e}^{2\,x}$$

enthalten. Es liegt Resonanz vor. In diesem Fall multipliziert man den Ansatz mit x:

$$y_p(x) = Ax\,\mathrm{e}^{2\,x}, \quad y_p'(x) = A(1 + 2\,x)\mathrm{e}^{2\,x}, \quad y_p''(x) = A(4 + 4\,x)\mathrm{e}^{2\,x}.$$

Eingesetzt in die Differenzialgleichung erhält man

$$A(4 + 4\,x)\mathrm{e}^{2\,x} - 3\,A(1 + 2\,x)\mathrm{e}^{2\,x} + 2Ax\mathrm{e}^{2\,x} = \mathrm{e}^{2\,x}.$$

Nach der Division durch $\mathrm{e}^{2\,x}$ vereinfacht sich die Gleichung zu

$$4A - 3A = 1\,.$$

Bemerkenswert hierbei ist, dass auf der linken Seite die Terme in x verschwinden. Die Gleichung ist also für $A = 1$ lösbar und $y_p(x) = x\,\mathrm{e}^{2\,x}$ ist eine partikuläre Lösung. ▪

Merke 14.18 (Resonanztest)

Bevor man eine partikuläre Lösung einer linearen Differenzialgleichung mit konstanten Koeffizienten berechnet, muss man unbedingt überprüfen, ob Resonanz vorliegt. Eine lineare Differenzialgleichung mit konstanten Koeffizienten kann man auf Resonanz überprüfen, indem man der Störfunktion einen Eigenwert zuordnet und diesen Eigenwert mit den Eigenwerten der homogenen Differenzialgleichung vergleicht. Ist der zugeordnete Eigenwert der Störfunktion auch ein Eigenwert der homogenen Differenzialgleichung, so liegt Resonanz vor.

Beispiel 14.33 (Resonanztest)

Die Differenzialgleichung

$$y'' - 3\,y' + 2\,y = \mathrm{e}^{2\,x}$$

besitzt die charakteristische Gleichung

$$\lambda^2 - 3\,\lambda + 2 = 0.$$

Daraus bestimmen wir die Eigenwerte $\lambda_1 = 2$ und $\lambda_2 = 1$. Der Störfunktion können wir den Eigenwert $\lambda = 2$ zuordnen. Somit liegt Resonanz vor. ▪

Merke 14.19 (Zuordnung von Eigenwerten bei Störfunktionen)

Störfunktion	Zugeordneter Eigenwert
Polynom vom Grad n $r(x) = a_0 + a_1 x + \ldots + a_n x^n$	$\lambda = 0$
Exponentialfunktion $r(x) = a\,\mathrm{e}^{k\,x}$	$\lambda = k$
Harmonische Schwingung $r(x) = a_1 \cos(\omega\,x) + a_2 \sin(\omega\,x)$	$\lambda = \pm\,\omega\,\mathrm{i}$
Gedämpfte harmonische Schwingung $r(x) = \mathrm{e}^{k\,x}\,(a_1 \cos(\omega\,x) + a_2 \sin(\omega x))$	$\lambda = k \pm \omega\,\mathrm{i}$

Auch im Resonanzfall lässt sich eine partikuläre Lösung finden. Man multipliziert den Ansatz laut Störansatztabelle mit dem Faktor x^s. Dabei ist s die Vielfachheit des resonanten Eigenwerts.

Merke 14.20 (Resonanzansatz)

Wenn bei einer linearen Differenzialgleichung mit konstanten Koeffizienten einfache Resonanz vorliegt, multipliziert man den Störansatz mit x. Allgemein wird bei Resonanz mit einem Eigenwert der Vielfachheit s der Störansatz mit der entsprechenden Potenz x^s multipliziert.

Beispiel 14.34 (Ansätze bei Störfunktionen)

Die folgende Tabelle gibt eine Übersicht über die bisherigen Beispiele zu linearen Differenzialgleichungen mit konstanten Koeffizienten. Bei jeder homogenen Differenzialgleichung werden zu unterschiedlichen Störfunktionen jeweils der entsprechende Ansatz für eine partikuläre Lösung angegeben.

Differenzialgleichung Charakteristische Gleichung Eigenwerte	Störfunktion	Ansatz für partikuläre Lösung (Resonanzfälle sind rot markiert)
$y' + 2y = 0$	e^{-2x}	$x\,A\,e^{-2x}$
$\lambda + 2 = 0$	e^{2x}	$A\,e^{2x}$
$\lambda_1 = -2$	$e^{-2x}\cos x$	$(A_1 \cos x + A_2 \sin x)\,e^{-2x}$
$y'' + 9y = 0$	$\cos(3x)$	$x\,(A_1 \cos(3x) + A_2 \sin(3x))$
$\lambda^2 + 9 = 0$	$\sin(3x)$	$x\,(A_1 \cos(3x) + A_2 \sin(3x))$
$\lambda_{1,2} = \pm 3\,\mathrm{i}$	$e^{3x}\cos(3x)$	$(A_1 \cos(3x) + A_2 \sin(3x))\,e^{3x}$
$y'' - 7y' + 12y = 0$	e^{3x}	$x\,A\,e^{3x}$
$\lambda^2 - 7\lambda + 12 = 0$	e^{4x}	$x\,A\,e^{4x}$
$\lambda_1 = 3,\ \lambda_2 = 4$	e^{-3x}	$A\,e^{-3x}$
$y'' - 3y' + 2y = 0$	e^{-x}	$A\,e^{-x}$
$\lambda^2 - 3\lambda + 2 = 0$	e^{-2x}	$A\,e^{-2x}$
$\lambda_1 = 1,\ \lambda_2 = 2$	e^{x}	$x\,A\,e^{x}$
$y'' + 3y' = 0$	e^{-3x}	$x\ A\,e^{-3x}$
$\lambda^2 + 3\lambda = 0$	e^{3x}	$A\,e^{3x}$
$\lambda_1 = 0,\ \lambda_2 = -3$	x^2	$x\left(A_0 + A_1 x + A_2 x^2\right)$
$y'' + 2y' + y = 0$	e^{-x}	$x^2\,A\,e^{-x}$
$\lambda^2 + 2\lambda + 1 = 0$	e^{x}	$A\,e^{x}$
$\lambda_{1,2} = -1$	x	$A_0 + A_1 x$
$y'' - 4y' + 20y = 0$	$e^{2x}\cos(4x)$	$x\,(A_1 \cos(4x) + A_2 \sin(4x))\,e^{2x}$
$\lambda^2 - 4\lambda + 20 = 0$	e^{2x}	$A\,e^{2x}$
$\lambda_{1,2} = 2 \pm 4\,\mathrm{i}$	$\sin(4x)$	$A_1 \cos(4x) + A_2 \sin(4x)$

■

Beispiel 14.35 (Allgemeine Lösung bei Resonanz)
Die Differenzialgleichung

$$y'' + 9\,y = 6\sin(3x)$$

besitzt die Eigenwerte $\lambda_{1,2} = \pm\,3\,\mathrm{i}$ und die allgemeine Lösung der homogenen Gleichung

$$y_h(x) = C_1\cos(3x) + C_2\sin(3x).$$

Der Störfunktion $r(x) = 6\sin(3x)$ sind ebenfalls die Eigenwerte $\lambda = \pm\,3\,\mathrm{i}$ zugeordnet. Es liegt also Resonanz vor. Der Ansatz für eine partikuläre Lösung laut Störansatztabelle wird mit dem Faktor x multipliziert:

$$y_p(x) = A_1\,x\,\cos(3x) + A_2\,x\,\sin(3x).$$

Zum Einsetzen in die Differenzialgleichung verwenden wir das Tableau

$$\begin{array}{rcccccccl}
y_p(x) &=& & & A_1\,x\,\cos(3x) & & & + & A_2\,x\,\sin(3x) \;|\cdot 9\\
y_p'(x) &=& A_1\cos(3x) &+& 3\,A_2\,x\,\cos(3x) &+& A_2\sin(3x) &-& 3\,A_1\,x\,\sin(3x) \;|\cdot 0\\
y_p''(x) &=& 6\,A_2\cos(3x) &-& 9\,A_1\,x\,\cos(3x) &-& 6\,A_1\sin(3x) &-& 9\,A_2\,x\,\sin(3x) \;|\cdot 1\\
\hline
6\sin(3x) &=& 6\,A_2\cos(3x) & & &-& 6\,A_1\sin(3x) & &
\end{array}$$

In der Gleichung für A_1 und A_2 kommen keine Terme mit $x\,\sin(3x)$ und $x\,\cos(3x)$ vor. Es folgt $A_1 = -1$ und $A_2 = 0$. Eine partikuläre Lösung lautet also

$$y_p(x) = -x\,\cos(3x)\,.$$

Setzt man homogene und partikuläre Lösung zusammen

$$y(x) = C_1\,\cos(3x) + C_2\,\sin(3x) - x\,\cos(3x),$$

so erhält man die allgemeine Lösung der Ausgangsdifferenzialgleichung. ■

14.4 Schwingungsdifferenzialgleichungen

Schwingungsdifferenzialgleichungen sind lineare Differenzialgleichungen zweiter Ordnung mit konstanten Koeffizienten. Ihr Verhalten ist trotz ihrer Einfachheit vielfältig, sodass man verschiedene Phänomene, die bei Differenzialgleichungen auftreten können, studieren kann. In Anwendungen treten Schwingungsdifferenzialgleichungen an vielen Stellen auf. So kann ein mechanischer Schwinger ebenso wie ein elektrischer Schaltkreis als Schwingungsdifferenzialgleichung modelliert werden, siehe Abschnitt 14.7.

14.4.1 Allgemeine Form

Die allgemeine Form einer Schwingungsdifferenzialgleichung enthält zwei verschiedene Parameter. Der sogenannte Dämpfungsfaktor berücksichtigt Phänomene, die Einfluss auf die Dämpfung des Schwingungsverhaltens haben. Beispiele dafür sind die Reibung bei mechanischen Schwingungen oder der Widerstände bei elektrischen Schaltkreisen.

Größen, die Auswirkungen auf die Schwingungsdauer bei periodischen Vorgängen haben, werden durch die sogenannte Kreisfrequenz berücksichtigt. Beispiele dafür sind Federkonstanten oder Massen bei mechanischen Schwingungen und Induktivitäten oder Kapazitäten in elektrischen Schaltkreisen.

Definition 14.19 (Schwingungsdifferenzialgleichung)
Eine Differenzialgleichung, die man in der Form

$$\ddot{x} + 2\,\delta\,\dot{x} + \omega_0^2\,x = r(t)$$

schreiben kann, nennt man eine Schwingungsdifferenzialgleichung mit der Dämpfung $\delta \geq 0$ und der Kreisfrequenz $\omega_0 > 0$.

Der Faktor 2 vor dem δ und das Quadrat bei ω_0 sind so gewählt, dass die Formeln für die Lösungsfunktionen möglichst einfach werden. Für δ wird auch die Bezeichnung Abklingkonstante verwendet. Bei ω_0 handelt es sich genau genommen um die Kreisfrequenz der ungedämpften Schwingung. Bei gedämpften Schwingungen hängt die Schwingungsdauer sowohl von der Kreisfrequenz ω_0 als auch von der Dämpfung δ ab.

In den Beispielen in Abschnitt 14.7.4 und Abschnitt 14.7.6 entstehen die Störfunktion durch Einwirkung von außen. Ein Feder-Masse-Schwinger ohne Erregerkraft und ein elektrischer Schwingkreis ohne eine angelegte Spannungsquelle werden durch eine homogene Differenzialgleichung beschrieben. Auch ohne Anregung von außen sind die Systeme schwingungsfähig. Beispielsweise kann man beim Feder-Masse-Schwinger die Masse aus der Ruhelage heraus auslenken. Die so erzeugte Spannungsenergie bringt das System zum Schwingen. Einen ähnlichen Effekt hat ein geladener Kondensator im elektrischen Schwingkreis.

Im homogenen Fall überlässt man das System sich selbst. Man spricht dabei auch von einer freien Schwingung. Im inhomogenen Fall erfolgt eine äußere Anregung. Diese Anregung hat maßgeblichen Einfluss auf das Verhalten des Systems. Deshalb bezeichnet man diesen Fall auch als erzwungene Schwingung.

Definition 14.20 (Freie und erzwungene Schwingung)
Eine homogene Schwingungsdifferenzialgleichung bezeichnet man als freie Schwingung, eine inhomogene als angeregte oder erzwungene Schwingung.

14.4.2 Freie Schwingung

Die Schwingungsdifferenzialgleichung aus Definition 14.19 ist eine lineare Differenzialgleichung mit konstanten Koeffizienten. Aus der charakteristischen Gleichung

$$\lambda^2 + 2\,\delta\lambda + \omega_0^2 = 0$$

können wir die allgemeine Lösung der homogenen Gleichung berechnen. In Abhängigkeit von der Dämpfung δ und der Kreisfrequenz ω_0 betrachten wir vier verschiedene Fälle.

Merke 14.21 (Eigenwerte der Schwingungsdifferenzialgleichung)
Die Schwingungsdifferenzialgleichung hat die beiden Eigenwerte

$$\lambda_{1,2} = -\delta \pm \sqrt{\delta^2 - \omega_0^2}.$$

Deshalb unterscheidet man vier Fälle:

(A) Keine Dämpfung: $\delta = 0$

(B) Schwache Dämpfung: $0 < \delta < \omega_0$

(C) Grenzfall: $\delta = \omega_0$

(D) Sehr starke Dämpfung: $\delta > \omega_0$

Wir untersuchen die vier Fälle der Reihe nach. Dazu greifen wir einfach auf die Lösungsstrategie bei homogenen linearen Differenzialgleichungen zweiter Ordnung mit konstanten Koeffizienten zurück.

(A) Keine Dämpfung: $\delta = 0$

Für $\delta = 0$, also ohne Dämpfung, sind beide Eigenwerte

$$\lambda_{1,2} = \pm \mathrm{i}\,\omega_0$$

rein imaginär und die allgemeine Lösung der homogenen Differenzialgleichung

$$x(t) = C_1 \cos\omega_0 t + C_2 \sin\omega_0 t$$

besteht aus harmonischen Schwingungen mit der Kreisfrequenz ω_0.

(B) Schwache Dämpfung: $0 < \delta < \omega_0$

Bei schwacher Dämpfung, also für $0 < \delta < \omega_0$, bilden die Eigenwerte

$$\lambda_{1,2} = -\delta \pm \mathrm{i}\sqrt{\omega_0^2 - \delta^2}$$

ein konjugiert komplexes Paar. Die allgemeine Lösung

$$x(t) = \mathrm{e}^{-\delta t}\left(C_1 \cos\omega_\delta t + C_2 \sin\omega_\delta t\right)$$

besteht nun aus gedämpften harmonischen Schwingungen mit der Kreisfrequenz

$$\omega_\delta = \sqrt{\omega_0^2 - \delta^2}.$$

Die Kreisfrequenz ω_δ der gedämpften harmonischen Schwingung hängt also sowohl von der Dämpfung δ als auch von der Kreisfrequenz ω_0 ab. In der Literatur werden leider unterschiedliche Bezeichnungen verwendet. Manchmal spricht man nur dann von schwacher Dämpfung, wenn δ deutlich kleiner als ω_0 ist. Ist δ nur unwesentlich kleiner als ω_0 wählt man die Bezeichnung starke Dämpfung.

(C) Grenzfall: $\delta = \omega_0$

Für $\delta = \omega_0$ hat die Differenzialgleichung einen doppelten reellen Eigenwert

$$\lambda_{1,2} = -\delta$$

und die allgemeine Lösung lautet

$$x(t) = \mathrm{e}^{-\delta t}\left(C_1 + C_2 t\right).$$

Das System ist nicht mehr in der Lage zu schwingen.

(D) Sehr starke Dämpfung: $\delta > \omega_0$

Für $\delta > \omega_0$ hat die Differenzialgleichung zwei verschiedene negative reelle Eigenwerte

$$\lambda_{1,2} = -\delta \pm \sqrt{\delta^2 - \omega_0^2}$$

und die Lösungen

$$x(t) = C_1\,\mathrm{e}^{\lambda_1 t} + C_2\,\mathrm{e}^{\lambda_2 t}$$

bestehen aus der Überlagerung von zwei abklingenden Exponentialfunktionen. Aus

$$\lambda_1 = -\delta + \sqrt{\delta^2 - \omega_0^2} < -\delta + \delta = 0$$

erkennt man, dass tatsächlich beide Eigenwerte negativ sind. Dieser Fall wird in der Literatur manchmal auch als starke Dämpfung bezeichnet.

Merke 14.22 (Freie Schwingungen)

(A) Keine Dämpfung: $\delta = 0$

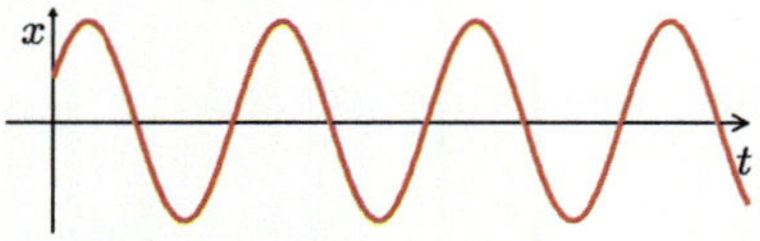

$$x(t) = C_1\,\cos\omega_0\,t + C_2\,\sin\omega_0\,t$$

(B) Schwache Dämpfung: $0 < \delta < \omega_0$

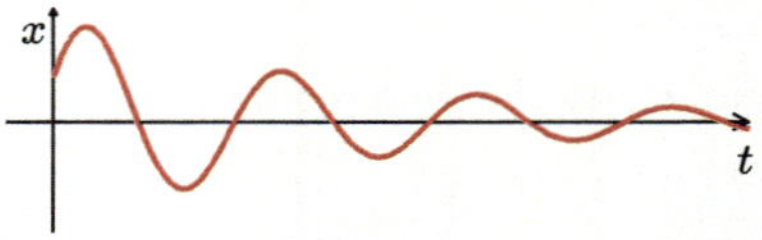

$$x(t) = \mathrm{e}^{-\delta t}\,(C_1\,\cos\omega_\delta\,t + C_2\,\sin\omega_\delta\,t)$$

(C) Grenzfall: $\delta = \omega_0$

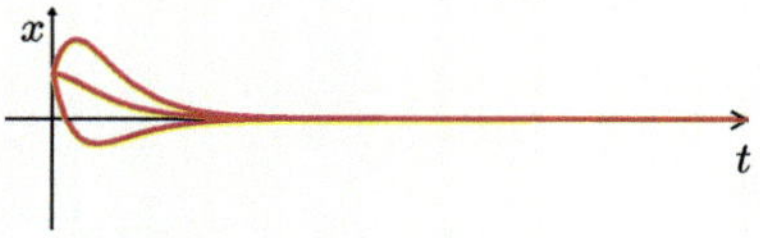

$$x(t) = \mathrm{e}^{-\delta t}\,(C_1 + C_2\,t)$$

(D) Sehr starke Dämpfung: $\delta > \omega_0$

$$x(t) = C_1\,\mathrm{e}^{\lambda_1 t} + C_2\,\mathrm{e}^{\lambda_2 t}$$

Der qualitative Verlauf der Lösungsfunktionen ist im Grenzfall und im Fall sehr starker Dämpfung ähnlich. Abhängig von den Konstanten C_1 und C_2 haben die Funktionen höchstens eine Nullstelle und höchstens eine Extremstelle.

14.4.3 Harmonisch angeregte Schwingung

Bei praktischen Problemstellungen treten Schwingungen typischerweise dann auf, wenn ein schwingungsfähiges System eine Anregung von außen erfährt. Bewegungen am Aufhängepunkt der Feder beim Feder-Masse-Schwinger aus Abschnitt 14.7.4 stellen eine äußere Anregung dar. Bei einer Maschine erzeugt beispielsweise ein Elektroantrieb eine Anregung von außen. Beim elektrischen Schwingkreis aus Beispiel 14.7.6 ist die Spannungsquelle Ursache für eine äußere Anregung. Im mathematischen Modell erzeugen diese äußeren Anregungen eine inhomogene Differenzialgleichung mit einer Störfunktion r. Bei Schwingungsproblemen in der Praxis treten ganz unterschiedliche Störfunktionen r auf.

Oft findet die Anregung in Form einer harmonischen Schwingung statt. Deshalb untersuchen wir Schwingungsdifferenzialgleichungen mit Störfunktionen in Form harmonischer Schwingungen ausführlich. Auch wenn die Anregung in Wirklichkeit nicht in Form einer harmonischen Schwingung stattfindet, lässt sich durch Fourier-Reihen, siehe Kapitel 16, eine Annäherung durch harmonische Schwingungen realisieren. Das Problem kann dann nach dem Superpositionsprinzip gelöst werden.

Definition 14.21 (Harmonisch angeregte Schwingung)

Eine Differenzialgleichung der Form

$$\ddot{x} + 2\,\delta\,\dot{x} + \omega_0^2\,x = \omega_0^2\,x_E\,\cos(\omega_E\,t)$$

bezeichnet man als harmonisch angeregte Schwingung. Dabei bezeichnet $x_E > 0$ die Erregeramplitude und $\omega_E > 0$ die Erregerkreisfrequenz.

Der Faktor ω_0^2 wird in die Störfunktion aufgenommen, um einfachere Lösungsformeln für die partikuläre Lösung x_p zu erzeugen. Laut Störansatztabelle ist

$$x_p(t) = A_1\cos(\omega_E\,t) + A_2\sin(\omega_E\,t)$$

ein geeigneter Ansatz für eine partikuläre Lösung. In der Schwingungslehre verwendet man jedoch typischerweise den Ansatz

$$x_p(t) = A\,\cos(\omega_E\,t - \varphi), \qquad \varphi \geq 0.$$

Beide Ansätze sind aus mathematischer Sicht gleichwertig. Der Ansatz aus der Schwingungslehre berücksichtigt, dass die partikuläre Lösung der Erregerfunktion mit derselben Frequenz, aber mit einer Phasenverschiebung, nachläuft. Dieses Nachlaufen ist auch der Grund für den Ansatz $(\omega_E\,t - \varphi)$ im Gegensatz zu unserer bisherigen Schreibweise $(\omega_E\,t + \varphi)$, siehe Definition 6.11 und Satz 13.17. Unser Ziel ist es, Formeln herzuleiten, die die Amplitude A und den Phasenwinkel φ in Abhängigkeit von δ, ω_0, ω_E und x_E darstellen.

Der Fall $\delta = 0$, also der ungedämpfte Fall, hat für praktische Problemstellungen wenig Bedeutung. In der Mechanik wird immer Reibung auftreten und in elektrischen Schwingkreisen sind die Widerstände nicht zu vernachlässigen. Trotzdem hilft diese idealisierte Annahme, um Rückschlüsse über ein schwingungsfähiges System zu erhalten.

Satz 14.11 (Harmonisch angeregte, ungedämpfte Schwingung)

Eine harmonisch angeregte Schwingung mit $\delta = 0$ besitzt die partikuläre Lösung

$$x_p(t) = \begin{cases} \dfrac{\omega_0^2}{\omega_0^2 - \omega_E^2} & x_E\,\cos(\omega_E\,t) & \text{für} \quad \omega_E < \omega_0 \\ \frac{1}{2}\,\omega_0\,t & x_E\,\cos(\omega_E\,t - \frac{\pi}{2}) & \text{für} \quad \omega_E = \omega_0 \\ \dfrac{\omega_0^2}{\omega_E^2 - \omega_0^2} & x_E\,\cos(\omega_E\,t - \pi) & \text{für} \quad \omega_E > \omega_0\,. \end{cases}$$

Diese Formel lässt sich herleiten, indem man den Schwingungslehreansatz zusammen m t

$$\dot{x}_p(t) = -\omega_E\, A\, \sin(\omega_E\, t - \varphi), \quad \ddot{x}_p(t) = -\omega_E^2\, A\, \cos(\omega_E\, t - \varphi)$$

in die Differenzialgleichung der harmonisch angeregten Schwingung einsetzt:

$$-\omega_E^2\, A\, \cos(\omega_E\, t - \varphi) + \omega_0^2\, A\, \cos(\omega_E\, t - \varphi) = \omega_0^2\, x_E\, \cos(\omega_E\, t).$$

Für $\omega_E < \omega_0$ löst $\varphi = 0$ diese Gleichung, indem man durch $\cos(\omega_E\, t)$ teilt:

$$(\omega_0^2 - \omega_E^2)A = \omega_0^2\, x_E \quad \Longrightarrow \quad A = \frac{\omega_0^2}{\omega_0^2 - \omega_E^2}\, x_E.$$

Im Fall von $\omega_E > \omega_0$ liefert $\varphi = \pi$ mit $\cos(\omega_E\, t - \pi) = -\cos(\omega_E\, t)$ die Lösung:

$$(\omega_E^2 - \omega_o^2)A = \omega_0^2\, x_E \quad \Longrightarrow \quad A = \frac{\omega_0^2}{\omega_E^2 - \omega_0^2}\, x_E.$$

Für $\omega_E = \omega_0$ liegt Resonanz vor. In diesem Fall führt unser Ansatz nicht zum Ziel. Die Lösung ergibt sich durch einen Resonanzansatz, bei dem der bisherige Ansatz mit t multiplizert wird. Dadurch ergibt sich eine partikuläre Lösung x_p mit Phasenwinkel $\varphi = \frac{\pi}{2}$, bei der die Amplitude mit wachsender Zeit über alle Grenzen anwächst. Die Details führen wir hier jedoch nicht durch.

Satz 14.12 (Harmonisch angeregte, gedämpfte Schwingung)
Eine harmonisch angeregte Schwingung mit $\delta > 0$ besitzt die partikuläre Lösung

$$x_p(t) = \frac{\omega_0^2\, x_E}{\sqrt{(\omega_0^2 - \omega_E^2)^2 + 4\,\delta^2\,\omega_E^2}}\, \cos(\omega_E\, t - \varphi), \quad \tan\varphi = \frac{2\,\delta\,\omega_E}{\omega_0^2 - \omega_E^2}.$$

Ein Weg zur Bestimmung einer partikulären Lösung führt über die sogenannte Komplexifizierung der Differenzialgleichung. Dabei fassen wir die ursprüngliche Differenzialgleichung als Realteil einer komplexen Differenzialgleichung auf. Wir ergänzen die Störfunktion durch einen entsprechenden Imaginärteil und bezeichnen die komplexe Lösung mit z. Damit erhalten wir die Gleichung

$$\ddot{z} + 2\,\delta\,\dot{z} + \omega_0^2\, z = \omega_0^2\, x_E\,\big(\cos(\omega_E\, t) + \mathrm{i}\,\sin(\omega_E\, t)\big) = \omega_0^2\, x_E\, \mathrm{e}^{\mathrm{i}\,\omega_E\, t}.$$

In dieser komplexen Form kann man

$$z_p(t) = A\,\mathrm{e}^{\mathrm{i}\,(\omega_E\, t - \varphi)}, \quad \dot{z}_p(t) = \mathrm{i}\,A\,\omega_E\,\mathrm{e}^{\mathrm{i}\,(\omega_E\, t - \varphi)}, \quad \ddot{z}_p(t) = -A\,\omega_E^2\,\mathrm{e}^{\mathrm{i}\,(\omega_E\, t - \varphi)}$$

als partikuläre Lösung ansetzen. Nach dem Einsetzen dieses Ansatzes in die Schwingungsdifferenzialgleichung kann man den Term $\mathrm{e}^{\mathrm{i}\,\omega_E\, t}$ kürzen und erhält

$$-A\,\omega_E^2\,\mathrm{e}^{-\mathrm{i}\,\varphi} + 2\,\delta\,\mathrm{i}\,A\,\omega_E\,\mathrm{e}^{-\mathrm{i}\,\varphi} + \omega_0^2\,A\,\mathrm{e}^{-\mathrm{i}\,\varphi} = \omega_0^2\, x_E.$$

Diese Gleichung kann man umstellen:

$$(\omega_0^2 - \omega_E^2) + \mathrm{i}\,(2\,\delta\,\omega_E) = \frac{\omega_0^2\, x_E}{A}\,\mathrm{e}^{\mathrm{i}\,\varphi}.$$

Auf der linken Seite steht eine komplexer Ausdruck in kartesischer Form und auf der rechten Seite in Exponentialform.

Aus einem Vergleich von linker mit rechter Seite folgt $\varphi \in [0,\pi]$. Außerdem ergibt sich für die Amplitude A und den Winkel φ

$$\sqrt{(\omega_0^2-\omega_E^2)^2+4\,\delta^2\,\omega_E^2}=\frac{\omega_0^2\,x_E}{A},\qquad \tan\varphi=\frac{2\,\delta\,\omega_E}{\omega_0^2-\omega_E^2}.$$

Im Spezialfall $\omega_E=\omega_0$ ist $\varphi=\frac{\pi}{2}$ und es liegt Resonanzfähigkeit vor. Die Stärke der Resonanz hängt von der Dämpfung ab. Deshalb spricht man hier auch im Unterschied zum ungedämpften Fall nicht von Resonanz, sondern lediglich von Resonanzfähigkeit.

Definition 14.22 (Unterkritische und überkritische Anregung)

Eine harmonisch angeregte, gedämpfte Schwingung bezeichnet man als

- unterkritisch, falls die Erregerfrequenz ω_E kleiner als die Kreisfrequenz ω_0 ist. In diesem Fall liegt die Phasenverschiebung φ zwischen 0 und $\dfrac{\pi}{2}$.
- überkritisch, falls die Erregerfrequenz ω_E größer als die Kreisfrequenz ω_0 ist. In diesem Fall liegt die Phasenverschiebung φ zwischen $\dfrac{\pi}{2}$ und π.

Beispiel 14.36 (Harmonisch angeregte, gedämpfte Schwingung)

Die Lösung der Schwingungsdifferenzialgleichung

$$\ddot{x}+\dot{x}+4\,x=8\,\cos(3\,t)$$

ist schwach gedämpft mit Dämpfung $\delta=\frac{1}{2}$ und Kreisfrequenz $\omega_0=2$. Die Erregerkreisfrequenz ist $\omega_E=3$ und die Erregeramplitude $x_E=2$.
Die homogene Lösung lautet

$$x_h(t)=\mathrm{e}^{-\frac{1}{2}\,t}\big(C_1\cos(\omega_\delta\,t)+C_2\sin(\omega_\delta\,t)\big)$$

mit der Kreisfrequenz

$$\omega_\delta=\sqrt{\omega_0^2-\delta^2}=\frac{1}{2}\sqrt{15}.$$

Die partikuläre Lösung

$$x_p(t)=A\,\cos(3\,t-\varphi)$$

hat die Amplitude

$$A=\frac{8}{\sqrt{(2^2-3^2)^2+3^2}}=\frac{8}{\sqrt{34}}.$$

Bei überkritischer Anregung liegt die Phasenverschiebung $\varphi=\arctan\left(\frac{3}{-5}\right)+\pi$ zwischen $\frac{\pi}{2}$ und π.
Bei der allgemeinen Lösung tritt nach einer gewissen Zeit ein sogenannter eingeschwungener Zustand ein. Die homogene Lösung spielt nur zu Beginn der Schwingung eine Rolle.

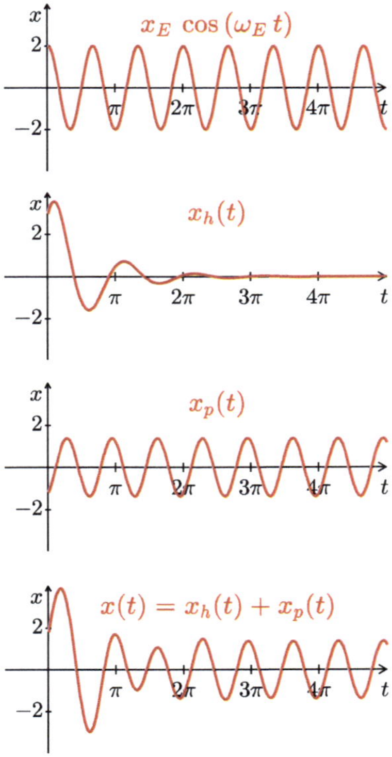

■

14.4.4 Frequenzgänge

Bei festgehaltener Dämpfung δ, Kreisfrequenz ω_0 und Erregeramplitude x_E hängen die Amplitude A und der Phasenwinkel φ der partikulären Lösung

$$x_p(t) = A\cos(\omega_E\, t - \varphi)$$

nur noch von der Erregerfrequenz ω_E ab. Diese Abhängigkeit wird durch die sogenannten Frequenzgänge ausgedrückt. Der Amplitudenfrequenzgang beschreibt die Abhängigkeit der Amplitude von der Erregerfrequenz und der Phasenfrequenzgang ganz entsprechend die Abhängigkeit des Phasenwinkels von der Erregerfrequenz.

Definition 14.23 (Amplituden- und Phasenfrequenzgang)

Bei einer harmonisch angeregten, gedämpften Schwingung bezeichnet man die Abhängigkeit der Amplitude A und des Phasenwinkels φ von der Erregerfrequenz ω_E als

- Amplitudenfrequenzgang $\quad A(\omega_E) = \dfrac{\omega_0^2\, x_E}{\sqrt{(\omega_0^2 - \omega_E^2)^2 + 4\,\delta^2\omega_E^2}}$ und
- Phasenfrequenzgang $\quad \tan\big(\varphi(\omega_E)\big) = \dfrac{2\,\delta\,\omega_E}{\omega_0^2 - \omega_E^2}$.

Zur genauen Untersuchung der Frequenzgänge ist es sinnvoll, dimensionslose Größen einzuführen. Dadurch werden die Frequenzgänge unterschiedlicher Systeme vergleichbar. Eine wichtige Kenngröße ist der Verstärkungsfaktor, also das Verhältnis der Amplitude A der partikulären Lösung zur Erregeramplitude x_E:

$$\frac{A}{x_E} = \frac{\omega_0^2}{\sqrt{(\omega_0^2 - \omega_E^2)^2 + 4\,\delta^2\,\omega_E^2}} = \frac{1}{\sqrt{\left(1 - \frac{\omega_E^2}{\omega_0^2}\right)^2 + 4\,\frac{\delta^2}{\omega_0^2}\,\frac{\omega_E^2}{\omega_0^2}}}.$$

Der Verstärkungsfaktor hängt von zwei dimensionslosen Größen ab, nämlich dem Verhältnis der Dämpfung δ zur Kreisfrequenz ω_0 und dem Verhältnis der Erregerkreisfrequenz ω_E zur Kreisfrequenz ω_0.

Definition 14.24 (Verstärkungsfaktor, Frequenz und Dämpfungsgrad)

Bei einer harmonisch angeregten, gedämpften Schwingung spricht man

- vom Verstärkungsfaktor $\quad V = \dfrac{A}{x_E}$,
- von der dimensionslosen Frequenz $\quad u = \dfrac{\omega_E}{\omega_0}$ und
- vom Dämpfungsgrad $\quad \vartheta = \dfrac{\delta}{\omega_0}$.

Der Verstärkungsfaktor V_ϑ wird als Funktion der dimensionslosen Frequenz u interpretiert. Der Dämpfungsgrad ϑ ist ein Scharparameter dieser Funktionen. Mit V_ϑ wird beschrieben, wie sich die Amplitude relativ zur Erregeramplitude in Abhängigkeit von der normierten Frequenz u ändert. Alle Funktionen V_ϑ haben folgende Eigenschaften:

$$V_\vartheta(0) = 1\,, \quad \lim_{u\to\infty} V_\vartheta(u) = 0\,.$$

Für $\vartheta = \frac{1}{2}\sqrt{2}$ hat das Schaubild bei $u = 0$ eine waagrechte Tangente. Das System ist resonanzfähig, wenn $V_\vartheta > 1$ werden kann, also für $\vartheta < \frac{1}{2}\sqrt{2}$. Im Fall $\vartheta = 0$ besitzt das Schaubild von V_0 bei $u = 1$ einen Pol.

Definition 14.25 (Dimensionsloser Amplitudenfrequenzgang)

Bei einer harmonisch angeregten, gedämpften Schwingung lautet der dimensionslose Amplitudenfrequenzgang

$$V_\vartheta(u) = \frac{1}{\sqrt{(1-u^2)^2 + 4\,\vartheta^2\,u^2}}.$$

Dabei ist u die dimensionslose Frequenz und ϑ der Dämpfungsgrad.

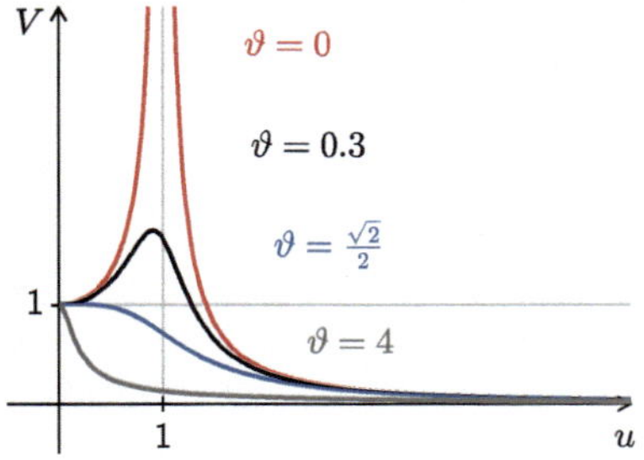

Auch der Phasenfrequenzgang lässt sich in Abhängigkeit der dimensionslosen Frequenz u und des Dämpfungsgrades ϑ darstellen:

$$\tan(\varphi) = \frac{2\,\delta\,\omega_E}{\omega_0^2 - \omega_E^2} = \frac{2\,\frac{\delta}{\omega_0}\,\frac{\omega_E}{\omega_0}}{\frac{\omega_0^2-\omega_E^2}{\omega_0^2}} = \frac{2\,\frac{\delta}{\omega_0}\,\frac{\omega_E}{\omega_0}}{1-\frac{\omega_E^2}{\omega_0^2}} = \frac{2\,\vartheta\,u}{1-u^2}\,.$$

Der Phasenfrequenzgang φ_ϑ beschriebt, wie sich der Phasenwinkel in Abhängigkeit von der normierten Frequenz u ändert. Auch dabei ist der Dämpfungsgrad ϑ ein Scharparameter dieser Funktionen. Alle Funktionen $\tan(\varphi_\vartheta)$ haben an der Stelle $u = 1$ den Wert $\frac{\pi}{2}$. Für $\vartheta = 0$ tritt bei $u = 1$ ein Phasensprung von 0 nach π auf.

Definition 14.26 (Dimensionsloser Phasenfrequenzgang)

Bei einer harmonisch angeregten, gedämpften Schwingung lautet der dimensionslose Phasenfrequenzgang

$$\tan\big(\varphi_\vartheta(u)\big) = \frac{2\,\vartheta\,u}{1-u^2}.$$

Dabei ist u die dimensionslose Frequenz und ϑ der Dämpfungsgrad.

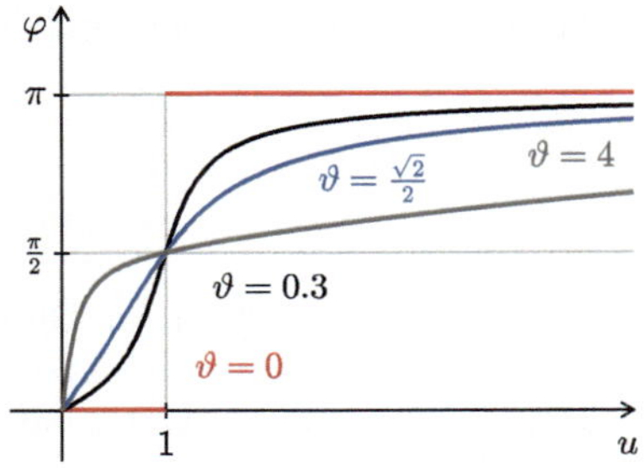

14.5 Differenzialgleichungssysteme

Unsere bisherigen Problemstellungen lassen sich jeweils durch eine einzige Differenzialgleichung beschreiben. Viele praktische Probleme sind jedoch so komplex, dass sie sich nicht in Form einer einzigen Gleichung darstellen lassen. Deshalb erweitern wir den Begriff einer Differenzialgleichung auf ein Differenzialgleichungssystem. Im Unterschied zu einer Differenzialgleichung besteht ein Differenzialgleichungssystem aus mehreren Gleichungen, die mehrere unbekannte Funktionen mit ihren Ableitungen enthalten.

Definition 14.27 (System gewöhnlicher Differenzialgleichungen)

Ein System von Gleichungen, in dem die Ableitungen mehrerer unbekannter Funktionen vorkommen, nennt man ein System gewöhnlicher Differenzialgleichungen oder Differenzialgleichungssystem.

Beispiel 14.37 (Differenzialgleichungssystem)

Die drei Gleichungen

$$\begin{array}{lllllllll} \dot{x_1} & + & x_1 & - & x_2 & & & = & 0 \\ \dot{x_2} & - & x_1 & + & x_2 & + & x_1\,x_3 & = & 0 \\ \dot{x_3} & + & x_3 & & & - & x_1\,x_2 & = & 0 \end{array}$$

stellen ein Differenzialgleichungssystem für die gesuchten Funktionen x_1, x_2 und x_3 dar. Alle drei Funktionen hängen von der Variable t ab. Das Differenzialgleichungssystem ist ein Spezialfall eines nach dem amerikanischen Meteorologen und Mathematiker Edward Norton Lorenz benannten Systems, das als Lösung einen sogenannten Lorenz-Attraktor besitzt. ■

Merke 14.23 (Differenzialgleichungssystem)

In der Regel sind bei einem Differenzialgleichungssystem die gesuchten Funktionen so untereinander gekoppelt, dass man die Funktionen nicht einzeln, sondern nur gemeinsam berechnen kann.

Auch bei Differenzialgleichungssystemen lassen sich Anfangswert- und Randwertprobleme formulieren. Die bekannte Definition lässt sich direkt auf Systeme übertragen. Bei Anfangswertproblemen beziehen sich alle Angaben auf einen einzigen Variablenwert, bei Randwertproblemen auf mindestens zwei verschiedene Variablenwerte.

14.5.1 Eliminationsverfahren

Das Eliminationsverfahren für Differenzialgleichungssysteme verfolgt eine ähnliche Idee wie das Gaußsche Eliminationsverfahren für lineare Gleichungssysteme. Aus allen Differenzialgleichungen des Systems wird eine einzige Gleichung hergeleitet, die nur noch eine der gesuchten Funktionen und ihre Ableitungen enthält.

Beispiel 14.38 (Eliminationsverfahren)

Beim Differenzialgleichungssystem

$$\begin{aligned}\dot{x}_1 \qquad\qquad\quad + \tfrac{1}{t}\,x_2 &= 0\\ \dot{x}_1 + \dot{x}_2 - t\,x_1 + 2\,x_2 &= t\,\mathrm{e}^t\end{aligned}$$

bietet es sich an, die erste Gleichung nach x_2 aufzulösen, abzuleiten

$$x_2 = -t\,\dot{x}_1 \quad\Longrightarrow\quad \dot{x}_2 = -\dot{x}_1 - t\ddot{x}_1$$

und diese Beziehungen in die zweite Gleichung einzusetzen:

$$\dot{x}_1 - \dot{x}_1 - t\ddot{x}_1 - t\,x_1 - 2\,t\,\dot{x}_1 = t\,\mathrm{e}^t \quad\Longrightarrow\quad \ddot{x}_1 + 2\,\dot{x}_1 + x_1 = -\mathrm{e}^t.$$

Dadurch haben wir das Problem auf eine einzige Differenzialgleichung für x_1 zurückgeführt. Die Lösung dieser linearen Differenzialgleichung mit konstanten Koeffizienten der Ordnung 2 berechnen wir mit den Methoden aus Abschnitt 14.3.4. Die homogene Lösung $x_{1,h}$ folgt aus der charakteristischen Gleichung

$$\lambda^2 + 2\,\lambda + 1 = 0 \quad\Longrightarrow\quad \lambda_{1,2} = -1 \quad\Longrightarrow\quad x_{1,h}(t) = C_1\,\mathrm{e}^{-t} + C_2\,t\,\mathrm{e}^{-t}.$$

Eine partikuläre Lösung erhalten wir durch den Störansatz

$$x_1(t) = A\,\mathrm{e}^t, \quad \dot{x}_1(t) = A\,\mathrm{e}^t, \quad \ddot{x}_1(t) = A\,\mathrm{e}^t$$

mit dem gesuchten Koeffizienten

$$A\,\mathrm{e}^t + 2\,A\,\mathrm{e}^t + A\,\mathrm{e}^t = -\mathrm{e}^t \quad\Longrightarrow\quad A = -\frac{1}{4}.$$

Insgesamt ergibt sich die allgemeine Lösung

$$x_1(t) = C_1\,\mathrm{e}^{-t} + C_2\,t\,\mathrm{e}^{-t} - \frac{1}{4}\,\mathrm{e}^t$$

für die erste Lösungsfunktion. Die zweite gesuchte Lösungsfunktion

$$x_2(t) = -t\,\dot{x}_1 = t\left(C_1\,\mathrm{e}^{-t} + C_2\,\mathrm{e}^{-t}(t-1) + \frac{1}{4}\,\mathrm{e}^t\right)$$

erhalten wir aus der Beziehung von oben. ■

Nicht alle Differenzialgleichungssysteme sind so einfach strukturiert wie das System aus Beispiel 14.38. Man kann die Idee des Eliminationsverfahrens zwar auf jede Art von Differenzialgleichungssystem anwenden, eine Garantie, dass sich das System auf eine einzige Gleichung reduzieren lässt, hat man allerdings nicht. Maßgeblich dabei ist, wie stark die einzelnen Differenzialgleichungen miteinander gekoppelt sind.

Merke 14.24 (Eliminationsverfahren)

Beim Eliminationsverfahren versucht man ein System gewöhnlicher Differenzialgleichungen durch sukzessive Elimination einzelner Funktionen und ihrer Ableitungen auf eine einzige Differenzialgleichung zurückzuführen. Das Eliminationsverfahren eignet sich für einfache Differenzialgleichungssysteme mit wenig Gleichungen und mit wenig Funktionen.

14.5.2 Zustandsvariablen

Mit dem Eliminationsverfahren versucht man, ein Differenzialgleichungssystem auf eine einzige Gleichung zu reduzieren. Insbesondere bei numerischen Näherungsverfahren geht man genau den umgekehrten Weg. Ausgehend von einer einzigen Differenzialgleichung erzeugt man durch Einführung von sogenannten Zustandsgrößen ein äquivalentes Differenzialgleichungssystem.

Definition 14.28 (Zustandsvariablen)

Eine beliebige Differenzialgleichung n-ter Ordnung

$$f(x,\,\dot{x},\,\ddot{x},\,\ldots,\,x^{(n-1)},\,x^{(n)},\,t)=0$$

kann man mithilfe von n Zustandsvariablen oder Zustandsgrößen

$$z_1(t)=x(t),\quad z_2(t)=\dot{x}(t),\quad z_3(t)=\ddot{x}(t),\quad \ldots,\quad z_n(t)=x^{(n-1)}(t)$$

durch ein äquivalentes Differenzialgleichungssystem erster Ordnung darstellen:

$$\begin{array}{rcl}\dot{z}_1 & = & z_2\\ \dot{z}_2 & = & z_3\\ \vdots & \vdots & \vdots\\ f(z_1,\,z_2,\,z_3,\,\ldots,\,z_n,\,\dot{z}_n,\,t) & = & 0\,.\end{array}$$

Beispiel 14.39 (Zustandsvariablen)

Das Pendel aus Abschnitt 14.7.5 wird durch die nichtlineare Differenzialgleichung zweiter Ordnung

$$m\,\ell\,\ddot{x}+k\,\ell\,\dot{x}+m\,g\,\sin x=0$$

beschrieben. Wir führen die beiden Zustandsgrößen

$$z_1=x\quad\text{und}\quad z_2=\dot{x}$$

ein. Für $\ddot{x}$ wählen wir nun nicht eine dritte Zustandsgröße, sondern verwenden $\ddot{x}=\dot{z}_2$. Dabei müssen wir unbedingt beachten, dass die beiden Zustände z_1 und z_2 durch die Gleichung $\dot{z}_1=z_2$ gekoppelt sind. Insgesamt ergibt sich ein System mit zwei Differenzialgleichungen erster Ordnung:

$$\begin{aligned}\dot{z}_1&=z_2\\ m\,\ell\,\dot{z}_2+k\,\ell\,z_2+m\,g\,\sin z_1&=0\,.\end{aligned}$$

Die Zustandsgrößen haben physikalische Bedeutung. Der Zustand z_1 entspricht der Auslenkung und der zweite Zustand der Geschwindigkeit des Pendels. ▪

Zustandsgrößen haben bei technischen und naturwissenschaftlichen Anwendungen meistens einen physikalischen Bezug, siehe Beispiel 14.39. Im Zusammenhang mit Zustandsvariablen spricht man auch vom Zustandsraum oder vom Phasenraum und speziell bei zwei Zustandsgrößen von der Zustandsebene oder Phasenebene.

Definition 14.29 (Phasenkurven, Phasenebene und Trajektorie)

Werden zwei von der Zeit t abhängige Zustandsgrößen $z_1(t)$ und $z_2(t)$ einer Differenzialgleichung im z_1-z_2-Koordinatensystem dargestellt, so spricht man von einer Phasenkurve, einer Zustandskurve oder einer Trajektorie. Die z_1-z_2-Ebene bezeichnet man als Phasenebene oder Zustandsebene.

Beispiel 14.40 (Freie Schwingungen in der Phasenebene)

Die Differenzialgleichung einer freien Schwingung kann man mit den Zustandsgrößen $z_1 = x$ und $z_2 = \dot{x}$ als System mit zwei Gleichungen erster Ordnung darstellen:

$$\ddot{x} + 2\,\delta\,\dot{x} + \omega_0^2\,x = 0 \quad \Longrightarrow \quad \begin{aligned} \dot{z}_1 &= z_2 \\ \dot{z}_2 &= -2\,\delta\,z_2 - \omega_0^2\,z_1 \end{aligned}$$

Für $\delta = 0$ bestehen die Lösungen aus ungedämpften harmonischen Schwingungen:

$$\begin{aligned} z_1(t) &= \quad C_1\cos(\omega_0 t) + \quad C_2\sin(\omega_0 t) \\ z_2(t) &= -\omega_0 C_1\sin(\omega_0 t) + \omega_0 C_2\cos(\omega_0 t) \end{aligned}$$

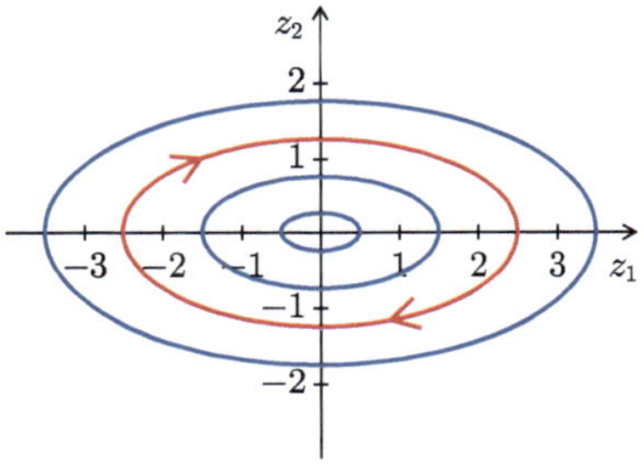

Die Phasenkurven sind Ellipsen. Das Verhältnis der Halbachsen ist durch die Kreisfrequenz ω_0 festgelegt. Den Gleichgewichtspunkt $(0\,|\,0)$ bezeichnet man als Wirbelpunkt. Die Abbildung zeigt den Fall $\omega_0 = \frac{1}{2}$.

Im Fall von schwacher Dämpfung, also für $0 < \delta < \omega_0$, bestehen die Lösungen aus gedämpften harmonischen Schwingungen:

$$\begin{aligned} z_1(t) &= \quad \mathrm{e}^{-\delta\,t}\big(C_1\cos(\omega_\delta t) + C_2\sin(\omega_\delta t)\big) \\ z_2(t) &= -\delta\,\mathrm{e}^{-\delta\,t}\big(C_1\cos(\omega_\delta t) + C_2\sin(\omega_\delta t)\big) \\ &\quad + \omega_\delta\,\mathrm{e}^{-\delta\,t}\big(C_2\cos(\omega_\delta t) - C_1\sin(\omega_\delta t)\big). \end{aligned}$$

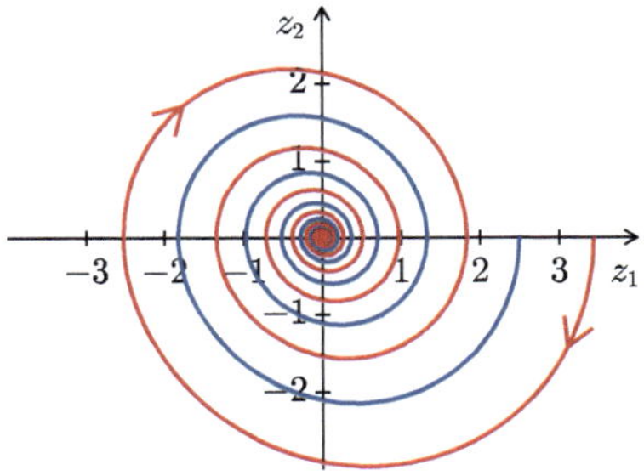

Die Phasenkurven sind Spiralen, die sich alle im Strudelpunkt $(0\,|\,0)$ treffen. Die Orientierung ist Richtung Ursprung.

Bei sehr starker Dämpfung, also für $\delta > \omega_0$, bestehen die Lösungen aus zwei e-Funktionen mit negativem Exponenten:

$$\begin{aligned} z_1(t) &= \quad C_1\,\mathrm{e}^{\lambda_1 t} + \quad C_2\,\mathrm{e}^{\lambda_2 t} \\ z_2(t) &= \lambda_1\,C_1\,\mathrm{e}^{\lambda_1 t} + \lambda_2\,C_2\,\mathrm{e}^{\lambda_2 t}. \end{aligned}$$

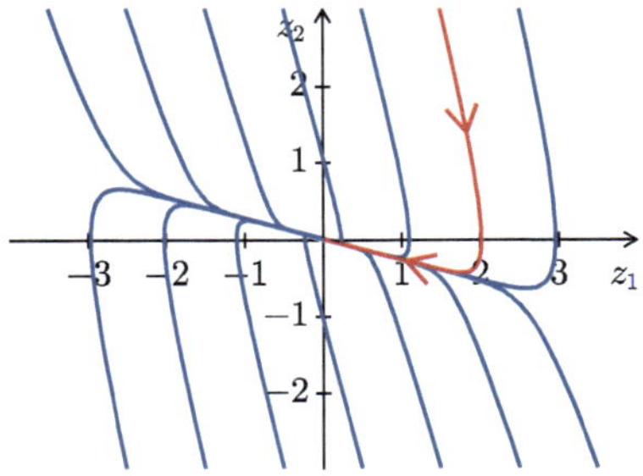

Der größere der beiden negativen Eigenwerte

$$\lambda_{1,2} = -\delta \pm \sqrt{\delta^2 - \omega_0^2}$$

bestimmt die Steigung der Ursprungsgeraden durch den Knotenpunkt, an den sich die Phasenkurven annähern. ■

Differenzialgleichungen, die nicht explizit von t abhängen, bezeichnet man als autonome Differenzialgleichungen. Bei autonomen Differenzialgleichungen ist das Richtungsfeld mit Ausnahme singulärer Punkte in allen Punkten der Phasenebene eindeutig definiert. Dadurch verläuft, mit Ausnahme singulärer Punkte, durch jeden Punkt der Phasenebene genau eine Phasenkurve. Weitere Eigenschaften ergeben sich aus dem Zusammenspiel der Zustandsvariablen x und $\dot{x}$.

Merke 14.25 (Eigenschaften von Phasenkurven)

Sind $z_1(t) = x(t)$ und $z_2(t) = \dot{x}(t)$ Zustandsvariablen einer autonomen gewöhnlichen Differenzialgleichung zweiter Ordnung $f(x, \dot{x}, \ddot{x}) = 0$, die also nicht explizit von t abhängt, dann haben die Phasenkurven folgende Eigenschaften:

- In der oberen Halbebene ist $\dot{x}(t) > 0$. Die Kurven verlaufen von links nach rechts.
- In der unteren Halbebene ist $\dot{x}(t) < 0$. Die Kurven verlaufen von rechts nach links.
- Geschlossene Phasenkurven entsprechen periodischen Lösungen.
- Die Phasenkurven schneiden die z_1-Achse senkrecht.

Das Einführen von Zustandsvariablen erfolgt durch rein symbolisches Ersetzen, was bei jeder Differenzialgleichung möglich ist. Selbst Systeme mit Differenzialgleichungen höherer Ordnung können damit durch äquivalente Systeme erster Ordnung dargestellt werden.

Beispiel 14.41 (Zustandsvariablen bei Systemen)

Das Differenzialgleichungssystem

$$\begin{aligned} \ddot{x}_1 &= -2\,x_1 + x_2 \\ \ddot{x}_2 &= -2\,x_2 + x_1 \end{aligned}$$

besteht aus zwei Differenzialgleichungen zweiter Ordnung. Mit den Zustandsgrößen

$$z_1 = x_1\,, \quad z_2 = x_2\,, \quad z_3 = \dot{x}_1\,, \quad z_4 = \dot{x}_2$$

erhalten wir daraus ein größere Differenzialgleichungssystem

$$\begin{aligned} \dot{z}_1 &= z_3 \\ \dot{z}_2 &= z_4 \\ \dot{z}_3 &= -2\,z_1 + z_2 \\ \dot{z}_4 &= -2\,z_2 + z_1 \end{aligned}$$

erster Ordnung. Beide Differenzialgleichungssysteme sind linear. ▪

14.5.3 Lineare Systeme mit konstanten Koeffizienten

Die Berechnung der Lösung eines Differenzialgleichungssystems ist aufwendig und kann in manchen Fällen nur durch numerische Werte angenähert werden. Mit dem Prinzip der Zustandsvariablen genügt es, Differenzialgleichungssysteme erster Ordnung zu betrachten. In diesem Abschnitt werden wir sehen, dass man Systeme, die eine ähnliche Struktur wie lineare Gleichungssysteme aufweisen, systematisch lösen kann.

Definition 14.30 (Lineares System mit konstanten Koeffizienten)

Ein Differenzialgleichungssystem, das man in der expliziten Form

$$\begin{array}{ccccccccccc} \dot{x}_1 & = & a_{11}\,x_1 & + & a_{12}\,x_2 & + & \dots & + & a_{1n}\,x_n & + & r_1(t) \\ \dot{x}_2 & = & a_{21}\,x_1 & + & a_{22}\,x_2 & + & \dots & + & a_{2n}\,x_n & + & r_2(t) \\ \vdots & & \vdots & & \vdots & & \ddots & & \vdots & & \vdots \\ \dot{x}_n & = & a_{n1}\,x_1 & + & a_{n2}\,x_2 & + & \dots & + & a_{nn}\,x_n & + & r_n(t) \end{array}$$

schreiben kann, nennt man ein lineares Differenzialgleichungssystem erster Ordnung mit konstanten Koeffizienten und Störfunktionen $r_1(t)$, $r_2(t)$, …, $r_n(t)$.

Lineare Differenzialgleichungen erster Ordnung mit konstanten Koeffizienten sind von großer Bedeutung für Problemstellungen aus der Praxis. Differenzialgleichungssysteme, die sich nicht als System mit konstanten Koeffizienten darstellen lassen, kann man auf einem kleinen Variablenintervall durch ein System mit konstanten Koeffizienten annähern. Dieses Prinzip ist so ähnlich wie die Annäherung einer Funktion mit mehreren Variablen durch ihre Tangentialebene, siehe Abschnitt 12.3.2. Einzelheiten dazu findet man beispielsweise bei [Heuser:DGL].

Merke 14.26 (Differenzialgleichungssystem in Matrixform)

Ein lineares Differenzialgleichungssystem erster Ordnung mit konstanten Koeffizienten lässt sich in Matrixform darstellen:

$$\underbrace{\begin{pmatrix} \dot{x}_1 \\ \dot{x}_2 \\ \vdots \\ \dot{x}_n \end{pmatrix}}_{\dot{\boldsymbol{x}}} = \underbrace{\begin{pmatrix} a_{11} & a_{12} & \dots & a_{1n} \\ a_{21} & a_{22} & \dots & a_{2n} \\ \vdots & \vdots & \ddots & \vdots \\ a_{n1} & a_{n2} & \dots & a_{nn} \end{pmatrix}}_{\boldsymbol{A}} \cdot \underbrace{\begin{pmatrix} x_1 \\ x_2 \\ \vdots \\ x_n \end{pmatrix}}_{\boldsymbol{x}} + \underbrace{\begin{pmatrix} r_1(t) \\ r_2(t) \\ \vdots \\ r_n(t) \end{pmatrix}}_{\boldsymbol{r}(t)}.$$

Beispiel 14.42 (System in Matrixform)

Das lineare Differenzialgleichungssystem erster Ordung mit konstanten Koeffizienten

$$\begin{array}{ccccc} \dot{x}_1 & = & 3\,x_1 & + & 3\,x_2 \\ \dot{x}_2 & = & 3\,x_1 & - & 5\,x_2 \end{array} \quad\Longrightarrow\quad \dot{\boldsymbol{x}} = \begin{pmatrix} 3 & 3 \\ 3 & -5 \end{pmatrix} \boldsymbol{x}$$

lässt sich in Matrixform darstellen. ▪

Die Darstellung linearer Differenzialgleichungssysteme durch Matrizen ist der Schlüssel zum Erfolg. Wir werden in diesem Abschnitt erläutern, wie man die Lösung eines Differenzialgleichungssystems durch Matrizenrechung bestimmt. Satz 14.3 und Satz 14.4 gelten in entsprechender Form auch für lineare Differenzialgleichungssysteme. Ohne die Details genauer zu betrachten, übertragen wir die Lösungsstrategie für lineare Differenzialgleichungen auf Systeme. Das wichtigste Prinzip bei linearen Differenzialgleichungen ist die separate Untersuchung des homogenen Systems. Man nennt ein Differenzialgleichungssystem homogen, falls alle Störfunktionen identisch null sind.

Merke 14.27 (Strategie für lineare Differenzialgleichungssysteme erster Ordnung)

Die allgemeine Lösung $\boldsymbol{x}$ eines linearen Differenzialgleichungssystems erster Ordnung mit konstanten Koeffizienten $\dot{\boldsymbol{x}} = \boldsymbol{A}\,\boldsymbol{x} + \boldsymbol{r}(t)$ kann man folgendermaßen bestimmen:

(1) Berechne die allgemeine Lösung $\boldsymbol{x}_h$ des homogenen Systems $\dot{\boldsymbol{x}} = \boldsymbol{A}\,\boldsymbol{x}$.

(2) Berechne eine partikuläre Lösung $\boldsymbol{x}_p$ des inhomogenen Systems.

(3) Addiere die homogene Lösung und die partikuläre Lösung:

$$\boldsymbol{x}(t) = \boldsymbol{x}_h(t) + \boldsymbol{x}_p(t).$$

Bei linearen Differenzialgleichungen n-ter Ordnung mit konstanten Koeffizienten setzt sich die allgemeine Lösung der homogenen Gleichung aus Linearkombinationen von n Fundamentallösungen zusammen, siehe Satz 14.7 und Satz 14.8. Auch dieses Prinzip lässt sich auf Systeme übertragen.

Merke 14.28 (Fundamentallösungsvektoren)

Bei homogenen linearen Differenzialgleichungssystemen erster Ordnung mit konstanten Koeffizienten versucht man, Fundamentallösungsvektoren mit einem Exponentialansatz zu bestimmen:

$$\boldsymbol{x}(t) = \mathrm{e}^{\lambda\, t}\,\boldsymbol{v}\,.$$

Beim Ansatz für den Fundamentallösungsvektor ist zu beachten, dass der Vektor $\boldsymbol{v}$ nicht von t abhängt. Für den Exponentialansatz

$$\boldsymbol{x}(t) = \mathrm{e}^{\lambda\, t}\,\boldsymbol{v}$$

bestimmen wir die erste Ableitung

$$\dot{\boldsymbol{x}}(t) = \lambda\,\mathrm{e}^{\lambda\, t}\,\boldsymbol{v}$$

und setzen $\boldsymbol{x}$ und $\dot{\boldsymbol{x}}$ in das homogene Differenzialgleichungssystem ein:

$$\underbrace{\lambda\,\mathrm{e}^{\lambda\, t}\,\boldsymbol{v}}_{\dot{\boldsymbol{x}}(t)} = \boldsymbol{A}\,\underbrace{\mathrm{e}^{\lambda\, t}\,\boldsymbol{v}}_{\boldsymbol{x}(t)}\,.$$

Diese Gleichung können wir mit dem Faktor $\mathrm{e}^{\lambda\, t}$ kürzen und erhalten

$$\lambda\,\boldsymbol{v} = \boldsymbol{A}\,\boldsymbol{v}.$$

Dieser Typ von Gleichung ist unter dem Namen Eigenwertgleichung bekannt, siehe Definition 4.20. Die Eigenwertgleichung hängt nicht mehr von t ab und stellt deshalb eine gewaltige Vereinfachung der Ausgangsproblemstellung dar.

Die Vorgehensweise zur Lösung der Eigenwertgleichung besteht aus zwei Schritten. Zunächst berechnet man die Eigenwerte und dann zu jedem Eigenwert einen passenden Eigenvektor, siehe Abschnitt 4.6.

Merke 14.29 (Lösung eines homogenen linearen Systems)

Die allgemeine Lösung des homogenen linearen Differenzialgleichungssystems erster Ordnung $\dot{\boldsymbol{x}} = \boldsymbol{A}\,\boldsymbol{x}$ mit einfachen Eigenwerten kann man durch folgende Schritte bestimmen:

(1) Berechne alle Eigenwerte λ_k aus der charakteristischen Gleichung

$$|\boldsymbol{A} - \lambda \boldsymbol{E}| = 0.$$

(2) Bestimme zu jedem Eigenwert λ_k einen Eigenvektor $\boldsymbol{v}_k$:

$$(\boldsymbol{A} - \lambda_k \boldsymbol{E})\,\boldsymbol{v}_k = \boldsymbol{0}.$$

(3) Die allgemeine Lösung besteht aus einer Linearkombination von Fundamentallösungsvektoren $\boldsymbol{x}_k(t)$:

$$\boldsymbol{x}(t) = C_1\,\boldsymbol{x}_1(t) + C_2\,\boldsymbol{x}_2(t) + \ldots + C_n\,\boldsymbol{x}_n(t).$$

Die Fundamentallösungsvektoren bestimmt man aus den Eigenwerten und Eigenvektoren. Die Vorgehensweise ist im reellen und komplexen Fall unterschiedlich.

Wir haben das Lösen eines linearen Differenzialgleichungssystems mit konstanten Koeffizienten durch den Exponentialansatz aus dem Bereich der Funktionen in den Bereich der Algebra verlagert und damit stark vereinfacht. Wir können Eigenwerte und Eigenvektoren von Matrizen hier gewinnbringend einsetzen. Außerdem gilt, dass wir beim Lösen von linearen Differenzialgleichungssystemen sehr konsequent stets der gleichen Lösungsstrategie folgen können.

Lösungen der charakteristischen Gleichung erhalten wir auch bei Systemen aus den Nullstellen eines Polynoms. Dabei treten wieder die üblichen Spezialfälle mehrfacher Eigenwerte und komplexer Eigenwerte auf.

Wenn alle Eigenwerte reell und paarweise verschieden sind, dann werden die Fundamentallösungsvektoren aus den Eigenwerten und Eigenvektoren gebildet. Im Fall eines einfachen komplexen Eigenwerts werden wir auch eine Strategie angeben. Mehrfache reelle und komplexe Eigenwerte erfordern einen erheblich tieferen Einstieg in die lineare Algebra, als wir ihn in Kapitel 4 präsentiert haben. Deshalb verzichten wir auf die vollständige Betrachtung aller Fälle.

Satz 14.13 (Einfache reelle Eigenwerte)

Falls alle Eigenwerte $\lambda_1, \lambda_2, \ldots, \lambda_n$ der Matrix $\boldsymbol{A}$ reell und paarweise verschieden sind, dann besteht die allgemeine Lösung des homogenen Differenzialgleichungssystems $\dot{\boldsymbol{x}} = \boldsymbol{A}\,\boldsymbol{x}$ aus folgenden Fundamentallösungsvektoren:

$$\boldsymbol{x}_1(t) = \mathrm{e}^{\lambda_1 t}\boldsymbol{v}_1, \quad \boldsymbol{x}_2(t) = \mathrm{e}^{\lambda_2 t}\boldsymbol{v}_2, \quad \ldots, \quad \boldsymbol{x}_n(t) = \mathrm{e}^{\lambda_n t}\boldsymbol{v}_n.$$

Dabei ist $\boldsymbol{v}_k$ ein Eigenvektor zum Eigenwert λ_k.

Beispiel 14.43 (Eigenwerte und Eigenvektoren)

Wir betrachten das lineare Differenzialgleichungssystem erster Ordung in Matrixform

$$\dot{\boldsymbol{x}} = \begin{pmatrix} 3 & 3 \\ 3 & -5 \end{pmatrix} \boldsymbol{x}.$$

Zur Bestimmung der Eigenwerte benötigen wir die charakteristische Gleichung

$$\begin{vmatrix} 3-\lambda & 3 \\ 3 & -5-\lambda \end{vmatrix} = \lambda^2 + 2\lambda - 24 = 0.$$

Die beiden Eigenwerte sind somit $\lambda_1 = 4$ und $\lambda_2 = -6$. Einen Eigenvektor zum Eigenwert $\lambda_1 = 4$ erhält man aus dem linearen Gleichungssystem

$$\begin{pmatrix} -1 & 3 \\ 3 & -9 \end{pmatrix} \boldsymbol{v_1} = \boldsymbol{0} \quad \Longrightarrow \quad \boldsymbol{v_1} = \begin{pmatrix} 3 \\ 1 \end{pmatrix}.$$

Eigenvektoren sind nicht eindeutig bestimmt. Deshalb kann man eine Komponente des Eigenvektors frei wählen und die andere daraus berechnen. Einen Eigenvektor zum Eigenwert $\lambda_2 = -6$ erhält man aus dem homogenen linearen Gleichungssystem

$$\begin{pmatrix} 9 & 3 \\ 3 & 1 \end{pmatrix} \boldsymbol{v_2} = \boldsymbol{0} \quad \Longrightarrow \quad \boldsymbol{v_2} = \begin{pmatrix} 1 \\ -3 \end{pmatrix}.$$

Für das homogene Differenzialgleichungssystem benötigen wir keine partikuläre Lösung. Die allgemeine Lösung

$$\boldsymbol{x}(t) = C_1 \mathrm{e}^{4\,t} \begin{pmatrix} 3 \\ 1 \end{pmatrix} + C_2 \mathrm{e}^{-6\,t} \begin{pmatrix} 1 \\ -3 \end{pmatrix}$$

setzt sich aus zwei Fundamentallösungen zusammen. ■

Bei der Matrix in Beispiel 14.43 handelt es sich um eine symmetrische Matrix, siehe Definition 4.8. Bei symmetrischen Matrizen sind alle Eigenwerte reell und Eigenvektoren zu verschiedenen Eigenwerten sind senkrecht zueinander, siehe Satz 4.21. Außerdem kann man immer ein vollständiges System orthogonaler Eigenvektoren angeben. Somit ist die Existenz eines Fundamentalsystems bei symmetrischen Matrizen auch im Fall mehrfacher Eigenwerte garantiert. Komplexe Nullstellen treten bei Polynomen mit reellen Koeffizienten immer als konjugiert komplexes Paar auf, siehe Satz 13.14. Die Eigenvektoren komplexer Eigenwerte sind stets komplex. Reelle Fundamentallösungen ergeben sich aus dem Realteil und dem Imaginärteil komplexer Fundamentallösungen. Dieses Prinzip kennen wir bereits von linearen Differenzialgleichungen mit konstanten Koeffizienten.

Satz 14.14 (Einfacher komplexer Eigenwert)

Falls das homogene Differenzialgleichungssystem $\dot{\boldsymbol{x}} = \boldsymbol{A}\,\boldsymbol{x}$ ein Paar konjugiert komplexer Eigenwerte $\lambda_{1,2} = a \pm \mathrm{i}\, b$ besitzt, genügt es, einen komplexen Eigenvektor $\boldsymbol{v}_1$ zum Eigenwert λ_1 zu berechnen. Realteil und Imaginärteil des komplexen Fundamentallösungsvektors $\boldsymbol{z}_1(t) = \mathrm{e}^{\lambda_1 t} \boldsymbol{v}_1$ erzeugen zwei reelle Fundamentallösungsvektoren:

$$\boldsymbol{x}_1(t) = \mathrm{Re}\left(\mathrm{e}^{\lambda_1 t} \boldsymbol{v}_1\right), \quad \boldsymbol{x}_2(t) = \mathrm{Im}\left(\mathrm{e}^{\lambda_1 t} \boldsymbol{v}_1\right).$$

Merke 14.30 (Reelle Fundamentallösungsvektoren bei komplexen Eigenwerten)

Falls das homogene Differenzialgleichungssystem $\dot{\boldsymbol{x}} = \boldsymbol{A}\,\boldsymbol{x}$ ein Paar komplexe Eigenwerte $\lambda_{1,2} = a \pm \mathrm{i}\, b$ mit komplexen Eigenvektoren $\boldsymbol{v}_{1,2} = \boldsymbol{u} \pm \mathrm{i}\,\boldsymbol{w}$ besitzt, so lauten zwei reelle Fundamentallösungsvektoren:

$$\begin{aligned} \boldsymbol{x}_1(t) &= \mathrm{e}^{a\,t}\big(\cos(bt)\,\boldsymbol{u} - \sin(bt)\,\boldsymbol{w}\big)\,, \\ \boldsymbol{x}_2(t) &= \mathrm{e}^{a\,t}\big(\sin(bt)\,\boldsymbol{u} + \cos(bt)\,\boldsymbol{w}\big)\,. \end{aligned}$$

Beispiel 14.44 (Komplexe Eigenwerte und Eigenvektoren)

Die Eigenwerte des linearen Differenzialgleichungssystems mit konstanten Koeffizienten

$$\dot{\boldsymbol{x}} = \begin{pmatrix} 1 & 4 \\ -1 & 1 \end{pmatrix} \boldsymbol{x}$$

bestimmen wir durch

$$\begin{vmatrix} 1-\lambda & 4 \\ -1 & 1-\lambda \end{vmatrix} = \lambda^2 - 2\lambda + 5 = 0 \quad \Longrightarrow \quad \lambda_{1,2} = 1 \pm 2\,\mathrm{i} = a \pm \mathrm{i}\,b.$$

Einen Eigenvektor zu $\lambda_1 = 1 + 2\,\mathrm{i}$ erhält man aus dem linearen Gleichungssystem

$$\begin{pmatrix} -2\,\mathrm{i} & 4 \\ -1 & -2\,\mathrm{i} \end{pmatrix} \boldsymbol{v_1} = \boldsymbol{0} \quad \Longrightarrow \quad \boldsymbol{v_1} = \begin{pmatrix} -2\,\mathrm{i} \\ 1 \end{pmatrix}, \quad \boldsymbol{v_{1,2}} = \begin{pmatrix} 0 \\ 1 \end{pmatrix} \pm \mathrm{i} \begin{pmatrix} -2 \\ 0 \end{pmatrix} = \boldsymbol{u} \pm \mathrm{i}\,\boldsymbol{w}.$$

Einen Eigenvektor zu $\lambda_2 = 1 - 2\,\mathrm{i}$ erhalten wir einfach durch komplexes Konjugieren des Eigenvektors $\boldsymbol{v}_1$. Wir benötigen $\boldsymbol{v}_2$ aber nicht explizit. Mithilfe der Zerlegungenen $a \pm \mathrm{i}\,b$ und $\boldsymbol{u} \pm \mathrm{i}\,\boldsymbol{w}$ ergeben sich zwei reelle Fundamentallösungsvektoren:

$$\boldsymbol{x}_1(t) = \mathrm{e}^t \begin{pmatrix} 2\sin(2\,t) \\ \cos(2\,t) \end{pmatrix}, \quad \boldsymbol{x}_2(t) = \mathrm{e}^t \begin{pmatrix} -2\cos(2\,t) \\ \sin(2\,t) \end{pmatrix}.$$

Die allgemeine Lösung

$$\boldsymbol{x}(t) = C_1\,\mathrm{e}^t \begin{pmatrix} 2\sin(2\,t) \\ \cos(2\,t) \end{pmatrix} + C_2\,\mathrm{e}^t \begin{pmatrix} -2\cos(2\,t) \\ \sin(2\,t) \end{pmatrix}$$

erhalten wir aus den beiden Fundamentallösungen. ■

Bei linearen Differezialgleichungssystemen mit konstanten Koeffizienten kann man im Prinzip dieselben Methoden zur Bestimmung einer partikulären Lösung anwenden, wie bei linearen Differenzialgleichungen mit konstanten Koeffizienten. Wir gehen nicht auf weitere Details ein, sondern begnügen uns mit einem charakteristischen Beispiel.

Merke 14.31 (Partikuläre Lösung bei linearen Systemen erster Ordnung)

Eine partikuläre Lösung $\boldsymbol{x}_p$ eines linearen Differenzialgleichungssystems erster Ordnung mit konstanten Koeffizienten $\dot{\boldsymbol{x}} = \boldsymbol{A}\,\boldsymbol{x} + \boldsymbol{r}(t)$, lässt sich in der Regel durch einen entsprechenden Störansatz berechnen. Dabei ist unter Umständen ein Resonanzansatz zu berücksichtigen. Nach dem Superpositionsprinzip kann man partikuläre Lösungen für additiv zusammengesetzte Störfunktionen getrennt ermitteln.

Beispiel 14.45 (Partikuläre Lösung)

Für das inhomogene lineare Differenzialgleichungssystem erster Ordung mit konstanten Koeffizienten

$$\dot{\boldsymbol{x}} = \begin{pmatrix} 2 & 1 \\ 3 & 4 \end{pmatrix} \boldsymbol{x} + \mathrm{e}^{-2t} \begin{pmatrix} 0 \\ 21 \end{pmatrix},$$

bestimmen wir zunächst mithilfe der charakteristischen Gleichung die allgemeine Lösung des homogenen Systems:

$$\begin{vmatrix} 2-\lambda & 1 \\ 3 & 4-\lambda \end{vmatrix} = \lambda^2 - 6\lambda + 5 = 0 \implies \lambda_{1,2} = \frac{6 \pm \sqrt{36-20}}{2}.$$

Aus dem Eigenwert $\lambda_1 = 5$ ergibt sich ein Eigenvektor $\boldsymbol{v_1}$ mit

$$\begin{pmatrix} -3 & 1 \\ 3 & -1 \end{pmatrix} \boldsymbol{v_1} = \boldsymbol{0} \implies \boldsymbol{v_1} = \begin{pmatrix} 1 \\ 3 \end{pmatrix}$$

und aus dem Eigenwert $\lambda_2 = 1$ ein Eigenvektor $\boldsymbol{v_2}$ mit

$$\begin{pmatrix} 1 & 1 \\ 3 & 3 \end{pmatrix} \boldsymbol{v_2} = \boldsymbol{0} \implies \boldsymbol{v_2} = \begin{pmatrix} 1 \\ -1 \end{pmatrix}.$$

Die Lösung der homogenen Gleichung setzt sich aus den Fundamentallösungen zusammen:

$$\boldsymbol{x}_h(t) = C_1 \mathrm{e}^{5t} \begin{pmatrix} 1 \\ 3 \end{pmatrix} + C_2 \mathrm{e}^{t} \begin{pmatrix} 1 \\ -1 \end{pmatrix}.$$

Für eine partikuläre Lösung verwenden wir einen entsprechenden Störansatz

$$\boldsymbol{x}_p(t) = \mathrm{e}^{-2t} \begin{pmatrix} A \\ B \end{pmatrix}$$

mit der Ableitung

$$\dot{\boldsymbol{x}}_p(t) = -2\mathrm{e}^{-2t} \begin{pmatrix} A \\ B \end{pmatrix}.$$

Obwohl die Störfunktion nur in der zweiten Koordinate vorhanden ist, benötigen wir in beiden Koordinaten einen entsprechenden Ansatz. Störansatz und Ableitung werden in das Differenzialgleichungssystem eingesetzt:

$$-2\mathrm{e}^{-2t} \begin{pmatrix} A \\ B \end{pmatrix} = \begin{pmatrix} 2 & 1 \\ 3 & 4 \end{pmatrix} \mathrm{e}^{-2t} \begin{pmatrix} A \\ B \end{pmatrix} + \mathrm{e}^{-2t} \begin{pmatrix} 0 \\ 21 \end{pmatrix}.$$

Nach Kürzen mit e^{-2t} ergibt sich das lineare Gleichungssystem

$$\begin{pmatrix} -4 & -1 \\ -3 & -6 \end{pmatrix} \begin{pmatrix} A \\ B \end{pmatrix} = \begin{pmatrix} 0 \\ 21 \end{pmatrix},$$

das die eindeutige Lösung $A = 1$ und $B = -4$ besitzt. Somit ist

$$\boldsymbol{x}(t) = C_1 \mathrm{e}^{5t} \begin{pmatrix} 1 \\ 3 \end{pmatrix} + C_2 \mathrm{e}^{t} \begin{pmatrix} 1 \\ -1 \end{pmatrix} + \mathrm{e}^{-2t} \begin{pmatrix} 1 \\ -4 \end{pmatrix}$$

die allgemeine Lösung des inhomogenen Differenzialgleichungssystems. Auch hier haben wir wieder die homogene und die partikuläre Lösung zur Gesamtlösung addiert. ■

14.5.4 Lineare Differenzialgleichung als System

Wir wollen die inhomogene lineare Differenzialgleichung mit konstanten Koeffizienten der Ordnung n

$$a_n\,y^{(n)} + a_{n-1}\,y^{(n-1)} + \ldots + a_2\,y'' + a_1\,y' + a_0\,y = r(t)$$

in ein lineares Differenzialgleichungssystem erster Ordnung transformieren. Wir führen die n Zustandsvariablen

$$z_1 = y, \quad z_2 = y', \quad z_3 = y'', \quad \ldots, \quad z_n = y^{(n-1)}$$

ein. Aus der ursprünglichen Differenzialgleichung ergibt sich

$$a_n\,\dot{z}_n + a_{n-1}\,z_n + \ldots + a_2\,z_3 + a_1\,z_2 + a_0\,z_1 = r(t).$$

Diese Gleichung lösen wir nach $\dot{z}_n$ auf:

$$\dot{z}_n = -\frac{a_{n-1}}{a_n}\,z_n - \ldots - \frac{a_2}{a_n}\,z_3 - \frac{a_1}{a_n}\,z_2 - \frac{a_0}{a_n}\,z_1 + \frac{r(t)}{a_n}.$$

Die restlichen Differenzialgleichungen ergeben sich aus der Kopplung der Zustandsgrößen:

$$\dot{z}_1 = z_2, \quad \dot{z}_2 = z_3, \quad \ldots, \quad \dot{z}_{n-1} = z_n.$$

Die ursprüngliche Differenzialgleichung und das Differenzialgleichungssystem beschreiben ein und dasselbe Problem. Die Lösungen des Problems sind durch die Eigenwerte festgelegt und die Eigenwerte ergeben sich aus den charakteristischen Gleichungen. Deshalb besitzen beide Darstellungen dieselbe charakteristische Gleichung.

Satz 14.15 (Lineare Differenzialgleichung als Differenzialgleichungssystem)

Jede lineare Differenzialgleichung der Ordnung n mit konstanten Koeffizienten

$$a_n\,y^{(n)} + a_{n-1}\,y^{(n-1)} + \ldots + a_2\,y'' + a_1\,y' + a_0\,y = r(t),$$

kann man mithilfe von n Zustandsvariablen $z_1 = y$, $z_2 = y'$, $z_3 = y''$, …, $z_n = y^{(n-1)}$ als lineares System mit konstanten Koeffizienten darstellen:

$$\dot{\boldsymbol{z}} = \begin{pmatrix} 0 & 1 & 0 & \cdots & 0 \\ 0 & 0 & 1 & \cdots & 0 \\ \vdots & \vdots & \vdots & \ddots & \vdots \\ 0 & 0 & 0 & \cdots & 1 \\ -\frac{a_0}{a_n} & -\frac{a_1}{a_n} & -\frac{a_2}{a_n} & \cdots & -\frac{a_{n-1}}{a_n} \end{pmatrix} \boldsymbol{z} + \begin{pmatrix} 0 \\ 0 \\ 0 \\ \vdots \\ \frac{r(t)}{a_n} \end{pmatrix}.$$

Beide Darstellungen besitzen dieselbe charakteristische Gleichung

$$a_n\lambda^n + a_{n-1}\lambda^{n-1} + \ldots + a_2\lambda^2 + a_1\lambda + a_0 = 0.$$

Die Matrix aus Satz 14.15 bezeichnet man als Begleitmatrix. Bei numerischen Berechnungen verwendet man diese Begleitmatrix, um mithilfe von Verfahren zur Berechnung von Eigenwerten die Nullstellen eines Polynoms zu berechnen. Das klingt paradox, ist aber oft ein sehr praktikabler Weg.

Beispiel 14.46 (Lineare Differenzialgleichung als System)

Die lineare Differenzialgleichung mit konstanten Koeffizienten

$$y''' - 4\,y'' + 7\,y' + 11\,y = \sin t$$

besitzt die charakteristische Gleichung

$$\lambda^3 - 4\,\lambda^2 + 7\,\lambda + 11 = 0.$$

Mit den Zustandsvariablen $z_1 = y$, $z_2 = y'$ und $z_3 = y''$ erhalten wir

$$\dot{\boldsymbol{z}} = \begin{pmatrix} 0 & 1 & 0 \\ 0 & 0 & 1 \\ -11 & -7 & 4 \end{pmatrix} \boldsymbol{z}.$$

Dieses System hat die charakteristische Gleichung

$$\begin{vmatrix} -\lambda & 1 & 0 \\ 0 & -\lambda & 1 \\ -11 & -7 & 4-\lambda \end{vmatrix} = -\lambda \begin{vmatrix} -\lambda & 1 \\ -7 & 4-\lambda \end{vmatrix} - \begin{vmatrix} 0 & 1 \\ -11 & 4-\lambda \end{vmatrix} = -\lambda(\lambda^2 - 4\,\lambda + 7) - 11 = 0.$$

Abgesehen vom Vorzeichen sind also beide charakteristischen Gleichungen gleich. Somit haben die Differenzialgleichung und das äquivalente System dieselben Eigenwerte. ■

14.5.5 Stabilität

Bei technischen und naturwissenschaftlichen Anwendungen stehen Differenzialgleichungen und Differenzialgleichungssysteme in Bezug zu realen Problemstellungen. Beispielsweise werden sie verwendet, um Wettervorhersagen oder die Eigenschaften von neuen Flugzeugkonzepten zu berechnen. Alle diese Prognosen sind mit gewissen Unsicherheiten behaftet. In der Praxis stellt sich die Frage, wie sich gewisse Störungen auf das Verhalten des Systems auswirken. Dabei spielen Stabilitätsfragen eine wichtige Rolle.

Eine Kugel, die in einer Schüssel liegt, wird nach einer Erschütterung wieder in den tiefsten Punkt zurückkehren. Der tiefste Punkt stellt einen stabilen Gleichgewichtspunkt dar. Liegt die Kugel aber auf einer umgedrehten Schüssel, so wird die Kugel selbst nach einer leichten Erschütterung wegrollen und nicht mehr in den Gleichgewichtspunkt zurückkehren. Das Gleichgewicht im höchsten Punkt ist nicht stabil.

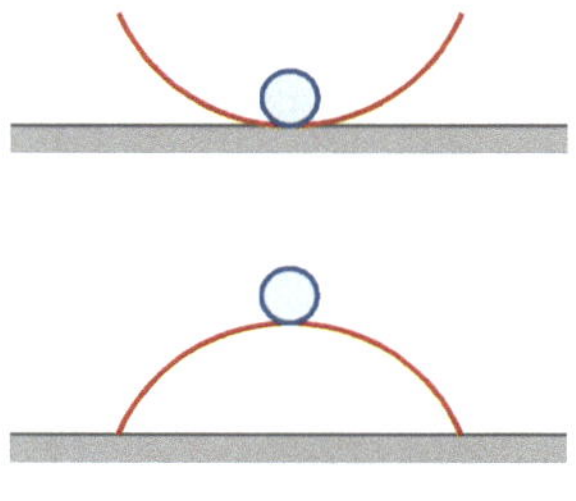

Wir betrachten eine gewöhnliche Differenzialgleichung erster Ordnung $\dot{x} = f(x)$. Eine Stelle $x(t_0) = x_0$ bezeichnen wir als Gleichgewichtspunkt, falls $f(x_0) = 0$ gilt. Nun betrachten wir eine Störung $\delta(t) = x(t) - x_0$. Für die Ableitung dieser Störung

$$\dot{\delta}(t) = \dot{x}(t) = f(x(t)) \approx f(x_0) + f'(x_0)(x(t) - x_0) = f'(x_0)\,\delta(t)$$

können wir eine Näherung angeben.

Dabei haben wir die Funktion f an der Stelle x_0 linearisiert. Die Störung erfüllt also eine homogene lineare Differenzialgleichung erster Ordnung mit konstanten Koeffizienten:

$$\dot{\delta}(t) = f'(x_0)\,\delta(t) \quad\Longrightarrow\quad \delta(t) = C\,\mathrm{e}^{f'(x_0)\,t}.$$

Falls $f'(x_0)$ negativ ist, dann nimmt die Störung mit wachsender Zeit t ab. Dieses Verhalten bezeichnet man als stabil. Falls $f'(x_0)$ positiv ist, dann wird die Störung mit wachsender Zeit t immer größer. Selbst kleinste Störungen können fatale Auswirkungen haben. Dieses Verhalten bezeichnet man als instabil.

Man spricht hier vom Schmetterlingseffekt. Edward Norton Lorenz hat es etwa so formuliert: Letztendlich kann die Entstehung eines Wirbelsturms allein durch den Flügelschlag eines Schmetterlings beeinflusst werden. Das Verhalten des Systems hängt sensitiv von den Anfangswerten ab.

Die Stabilitätseigenschaften lassen sich auf Differenzialgleichungssysteme übertragen. Dazu müssen homogene lineare Systeme erster Ordnung mit konstanten Koeffizienten betrachtet werden. An die Stelle von $f'(x_0)$ tritt nun eine Matrix $\boldsymbol{A}$. Die wesentlichen Ideen gehen auf den russischen Mathematiker Alexander Michailowitsch Ljapunow zurück.

Definition 14.31 (Stabilität)

Ein homogenes lineares Differenzialgleichungssystem erster Ordnung mit konstanten Koeffizienten $\dot{\boldsymbol{x}} = \boldsymbol{A}\,\boldsymbol{x}$ bezeichnet man als

- asymptotisch stabil, wenn alle Lösungsfunktionen für $t \to \infty$ abklingen, also $\lim\limits_{t\to\infty} |\boldsymbol{x}(t)| = 0$.
- stabil, wenn alle Lösungsfunktionen für $t \to \infty$ beschränkt sind,
- instabil, wenn es für $t \to \infty$ eine unbeschränkte Lösungsfunktion gibt.

Jedes asymptotisch stabile System ist natürlich stabil. Die Lösungen eines homogenen linearen Differenzialgleichungssystems erster Ordnung mit konstanten Koeffizienten werden wesentlich durch die Eigenwerte bestimmt. Alle Fundamentallösungsvektoren haben ausschließlich die Form

$$\mathrm{e}^{\lambda\,t}\,\boldsymbol{v} = \mathrm{e}^{(a+\mathrm{i}\,b)t}\,\boldsymbol{v} = \mathrm{e}^{a\,t}\big(\cos(b\,t) + \mathrm{i}\sin(b\,t)\big)\boldsymbol{v}, \qquad \lambda = a + \mathrm{i}\,b.$$

Kosinus und Sinus sind beschränkte Funktionen. Somit entscheidet der Realteil a des Eigenwerts λ über die Stabilität.

Satz 14.16 (Stabilitätskriterium)

Ein homogenes lineares Differenzialgleichungssystem erster Ordnung mit konstanten Koeffizienten $\dot{\boldsymbol{x}} = \boldsymbol{A}\,\boldsymbol{x}$, bei dem

- die Realteile aller Eigenwerte der Matrix $\boldsymbol{A}$ negativ sind, ist asymptotisch stabil.
- mindestens ein Eigenwert der Matrix $\boldsymbol{A}$ einen positiven Realteil hat, ist instabil.

Beispiel 14.47 (Stabilität)

Gesucht sind die Werte des reellen Parameters a, sodass das homogene lineare Differenzialgleichungssystem erster Ordung mit konstanten Koeffizienten

$$\dot{\boldsymbol{x}} = \begin{pmatrix} a & 1 \\ 1 & -a \end{pmatrix} \boldsymbol{x}$$

asymptotisch stabil ist. Die Eigenwerte ergeben sich aus der charakteristischen Gleichung

$$\begin{vmatrix} a-\lambda & 1 \\ 1 & -a-\lambda \end{vmatrix} = \lambda^2 - a^2 - 1 = 0\,.$$

Die beiden Eigenwerte sind $\lambda_{1,2} = \pm\sqrt{a^2+1}$. Unabhängig von der Wahl des Parameters a ist ein Eigenwert immer positiv. Für alle Parameterwerte a ist das System instabil. ■

Bei Eigenwerten mit Realteil null lassen sich nicht sofort Aussagen über die Stabilität treffen. Solche Systeme bezeichnet man als grenzstabile Systeme. Die Stabilität muss dann individuell untersucht werden.

Definition 14.32 (Grenzstabilität)

Ein homogenes lineares Differenzialgleichungssystem erster Ordnung mit konstanten Koeffizienten $\dot{\boldsymbol{x}} = \boldsymbol{A}\,\boldsymbol{x}$ bezeichnet man als grenzstabil, wenn mindestens ein Eigenwert der Matrix $\boldsymbol{A}$ den Realteil null hat.

Beispiel 14.48 (Grenzstabilität)

a) Das homogene lineare System erster Ordung mit konstanten Koeffizienten

$$\dot{\boldsymbol{x}} = \begin{pmatrix} 0 & 1 \\ -1 & 0 \end{pmatrix} \boldsymbol{x} \quad \Longrightarrow \quad \begin{vmatrix} -\lambda & 1 \\ -1 & -\lambda \end{vmatrix} = \lambda^2 + 1 = 0$$

hat die beiden Eigenwerte $\lambda_{1,2} = \pm\mathrm{i}$. Die allgemeine Lösung lässt sich darstellen durch

$$\boldsymbol{x}(t) = C_1 \cos(t)\, \boldsymbol{v}_1 + C_2 \sin(t)\, \boldsymbol{v}_2.$$

Beide Eigenwerte liegen auf der imaginären Achse. Das System ist somit grenzstabil. Da alle Lösungen aus Sinus- und Kosinusfunktionen bestehen, ist das System stabil.

b) Die lineare Differenzialgleichung mit konstanten Koeffizienten $\ddot{x} = 0$ hat aufgrund der charakteristischen Gleichung $\lambda^2 = 0$ die Eigenwerte $\lambda_{1,2} = 0$ und die allgemeine Lösung

$$x(t) = C_1 + C_2 t.$$

Mithilfe der beiden Zustandsvariablen $z_1 = x$ und $z_2 = \dot{x}$ können wir die Differenzialgleichung als lineares Differenzialgleichungssystem erster Ordung mit konstanten Koeffizienten

$$\dot{\boldsymbol{z}} = \begin{pmatrix} 0 & 1 \\ 0 & 0 \end{pmatrix} \boldsymbol{z}$$

formulieren. Beide Eigenwerte sind null und liegen damit auf der imaginären Achse. Das System ist grenzstabil. Die Lösungen sind für $t \to \infty$ nicht beschränkt. Somit ist das System instabil. ■

Merke 14.32 (Grenzstabilität und Stabilität)

Grenzstabile Systeme liegen zwischen stabilen und instabilen Systemen. Es gibt grenzstabile Systeme, die stabil sind. Es gibt auch grenzstabile Systeme, die instabil sind.

Beispiel 14.49 (Stabilitätsuntersuchung am Pendel)

Ein Pendel wird durch das nichtlineare Differenzialgleichungssystem erster Ordnung

$$\begin{aligned} \dot{z}_1 &= z_2, \\ \dot{z}_2 &= -\frac{g}{\ell}\sin z_1 - \frac{k}{m} z_2 \end{aligned}$$

beschrieben, siehe Beispiel 14.39. Die Gleichgewichtspunkte erhalten wir unmittelbar aus den Bedingungen

$$\begin{aligned} \dot{z}_1 &= 0 \implies z_2 = 0 \\ \dot{z}_2 &= 0 \implies z_1 = n\pi, \quad n \in \mathbb{Z} \end{aligned}$$

Zur Linearisierung an der Stelle $z_1 = 0$ ersetzen wir $\sin z_1$ durch z_1. Dadurch erhalten wir ein lineares homogenes Differenzialgleichungssystem mit konstanten Koeffizienten:

$$\dot{\boldsymbol{z}} = \begin{pmatrix} 0 & 1 \\ -\frac{g}{\ell} & -\frac{k}{m} \end{pmatrix} \boldsymbol{z}\,.$$

Die Eigenwerte dieses Systems sind

$$\begin{vmatrix} -\lambda & 1 \\ -\frac{g}{\ell} & -\frac{k}{m} - \lambda \end{vmatrix} = \lambda^2 + \frac{k}{m}\lambda + \frac{g}{\ell} = 0 \implies \lambda_{1,2} = \frac{-k \pm \sqrt{k^2 - 4\,\frac{m^2 g}{\ell}}}{2m}\,.$$

Sofern m, ℓ und g positiv sind, haben wir für $k > 0$ zwei Eigenwerte mit negativem Realteil. Das System ist im Gleichgewichtspunkt

$$z_1 = 0\,, \quad z_2 = 0$$

asymptotisch stabil. Für $k = 0$ ist der Realteil der Eigenwerte null. Dann ist das System nur noch grenzstabil. An der Stelle $z_1 = \pi$ ersetzen wir $\sin(z_1 - \pi)$ durch $-z_1$. Die Eigenwerte dieses Systems sind

$$\begin{vmatrix} -\lambda & 1 \\ +\frac{g}{\ell} & -\frac{k}{m} - \lambda \end{vmatrix} = \lambda^2 + \frac{k}{m}\lambda - \frac{g}{\ell} = 0 \implies \lambda_{1,2} = \frac{-k \pm \sqrt{k^2 + 4\,\frac{m^2 g}{\ell}}}{2m}\,.$$

Ein Eigenwert hat positiven Realteil. Das System ist im Gleichgewichtspunkt

$$z_1 = \pi\,, \quad z_2 = 0$$

instabil. Die Stabilität ist also an den Gleichgewichtspunkten unterschiedlich. ■

Die Menge der Eigenwerte einer Matrix bezeichnet man als Spektrum. Um schnell einen Überblick über das qualitative Verhalten eines Differenzialgleichungssystems zu erhalten, verwendet man die grafische Darstellung des Spektrums in der komplexen Zahlenebene. Weitere Aspekte der Stabilitätsanalyse von dynamischen Systemen findet man etwa bei [Seydel]. Im Zusammenhang mit der Stabilität treten häufig auch Fragen auf, wie die Lösungen von Differenzialgleichungen ihr prinzipielles Verhalten ändern, wenn man einen oder mehrere Systemparameter verändert.

14.6 Numerische Verfahren

Man spricht zwar von numerischen Lösungsverfahren für gewöhnliche Differenzialgleichungen, genau genommen meint man aber numerische Verfahren zur Lösung von Anfangswertproblemen. Man sucht die Lösung einer Differenzialgleichung oder eines Differenzialgleichungssystems, die zu einem bestimmten Anfangszeitpunkt einen vorgegebenen Anfangswert hat. Außerdem benötigen numerische Verfahren für alle Größen in der Differenzialgleichung konkrete Werte. Abhängigkeiten der Lösung von Parameterwerten lassen sich mit numerischen Verfahren nicht unmittelbar erkennen. Ein numerisches Verfahren liefert als Lösung eines Anfangswertproblems eine Folge von Näherungswerten. In der Praxis fordert man, dass diese Näherungswerte bis auf eine vorgegebene Toleranz mit der mathematisch exakten Lösung übereinstimmen.

14.6.1 Polygonzugverfahren von Euler

Die von Leonhard Euler bereits im Jahre 1768 veröffentlichte Methode ist das einfachste Verfahren zur numerischen Lösung von Anfangswertproblemen. Trotzdem oder gerade deshalb wird es heute zur numerischen Lösung praktischer Probleme an vielen Stellen eingesetzt. Wir betrachten zunächst eine gewöhnliche Differenzialgleichung erster Ordnung mit einem Anfangswert zur Zeit t_0:

$$\dot{x} = f(x,t), \quad x(t_0) = x_0.$$

Die Kernidee des Verfahrens ist, einen Näherungswert für die gesuchte Lösung zum Zeitpunkt $t_1 = t_0 + h$ zu bestimmen. Dabei ist h die sogenannte Schrittweite des Verfahrens. Die Kunst in der Numerik besteht darin, einen möglichst optimalen Wert für die Schrittweite zu wählen. Je größer man die Schrittweite wählt, um so größer wird der Unterschied zwischen Näherungswert und exakter Lösung. Wählt man die Schrittweite sehr klein, dann sind sehr viele Schritte erforderlich, um die Lösung über einem bestimmten Intervall anzunähern. Außerdem kommt es bei sehr kleinen Schrittweiten zu Problemen mit der Rechengenauigkeit. Es liegt hier dieselbe Problematik wie beim numerischen Differenzieren vor, siehe Abschnitt 8.5.1.

Wenn wir die Ableitung von x an der Stelle t_0 durch den Vorwärtsdifferenzenquotienten annähern, ergibt sich

$$\dot{x}(t_0) \approx \frac{x(t_0 + h) - x(t_0)}{h}.$$

Diese Beziehung in die Differenzialgleichung eingesetzt liefert:

$$\frac{x(t_0 + h) - x(t_0)}{h} \approx f(x_0, t_0) \quad \Longrightarrow \quad x(t_0 + h) \approx x(t_0) + h\, f(x_0, t_0).$$

Damit können wir einen Näherungswert $\tilde{x}_1$ für die exakte Lösung $x(t_1)$ berechnen:

$$x(t_0 + h) = x(t_1) \approx \tilde{x}_1 = x_0 + h\, f(x_0, t_0).$$

Dieser Zusammenhang beschreibt einen Schritt des Polygonzugverfahrens von Euler.

Im Folgenden verwenden wir für Näherungswerte stets das Symbol $\tilde{}$. Das Verfahren kann man nun mehrmals wiederholen. Dabei verwenden wir in jedem Schritt dieselbe Schrittweite h. Bei der Lösung praktischer Probleme wird üblicherweise die Schrittweite h in jedem Schritt angepasst. Weitere Einzelheiten dazu findet man bei [Höllig].

Definition 14.33 (Polygonzugverfahren von Euler)

Mit dem Polygonzugverfahren von Euler kann man für das Anfangswertproblem

$$\dot{x} = f(x,t), \quad x(t_0) = x_0$$

mit der Iterationsvorschrift

$$\tilde{x}_0 = x_0, \quad \tilde{x}_{k+1} = \tilde{x}_k + h\, f(\tilde{x}_k, t_k), \quad t_{k+1} = t_k + h, \quad k = 0, 1, 2, \ldots$$

Schritt für Schritt Näherungswerte $\tilde{x}_k$ für die exakte Lösung $x(t_0 + k\,h)$ berechnen. Dabei beeinflusst die gewählte Schrittweite h den Fehler der Näherungswerte.

Beispiel 14.50 (Polygonzugverfahren von Euler)

Wir betrachten das Polygonzugverfahren von Euler für das Anfangswertproblem

$$\dot{x} = x, \quad x(0) = 1, \quad t \in [0, 1].$$

Da wir bei dieser Differenzialgleichung die exakte Lösung $x(t) = \mathrm{e}^t$ kennen, können wir die Qualität unserer Näherungslösungen beurteilen. Die Näherungslösungen berechnen sich iterativ aus

$$\tilde{x}_{k+1} = \tilde{x}_k + h\,\tilde{x}_k, \quad k = 0, 1, 2, \ldots$$

Für $h = 0.2$ ergeben sich folgende Werte:

k	t_k	$\tilde{x}_k$	$x(t_k)$
0	0.0	1.0000	1.0000
1	0.2	1.2000	1.2214
2	0.4	1.4400	1.4918
3	0.6	1.7280	1.8221
4	0.8	2.0736	2.2255
5	1.0	2.4883	2.7183

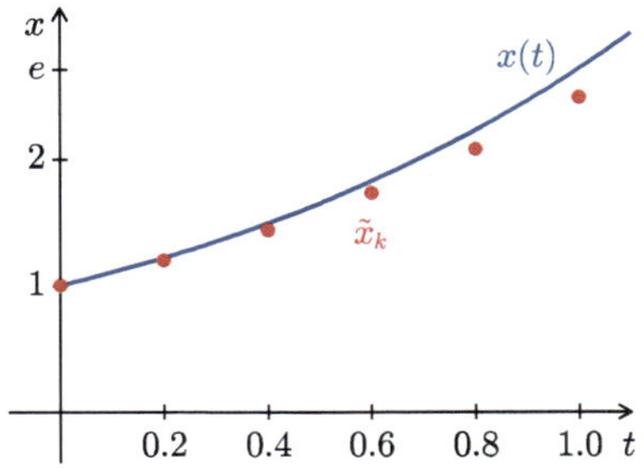

Diese entfernen sich von der exakten Lösung. ■

In Beispiel 14.50 erkennt man ein typisches Verhalten von numerischen Näherungsverfahren für Anfangswertprobleme. Die Abweichung der Näherungslösung von der exakten Lösung nach dem ersten Schritt, der sogenannte lokale Fehler, ist noch verhältnismäßig gering. Der globale Fehler, also die maximale Abweichung, die sich über das gesamte Intervall im Lauf der Iterationsschritte ergibt, ist in der Regel deutlich größer als der lokale Fehler. In diesem Zusammenhang spricht man auch von der Stabilität des numerischen Lösungsverfahrens.

14.6.2 Euler-Verfahren für Differenzialgleichungssysteme

Das Polygonzugverfahren von Euler lässt sich auch auf Anfangswertprobleme mit Differenzialgleichungssystemen übertragen, allerdings nur auf Systeme erster Ordnung. Das stellt jedoch keine wesentliche Einschränkung dar, denn Differenzialgleichungen oder Differenzialgleichungssysteme höherer Ordnung können wir durch Zustandsvariablen immer in äquivalente Systeme erster Ordnung überführen, siehe Abschnitt 14.5.2. Die Methode zeigen wir anhand eines Beispiels.

Beispiel 14.51 (Euler-Verfahren für das Pendel)

Ein Pendel wird durch das nichtlineare Differenzialgleichungssystem erster Ordnung

$$\begin{aligned} \dot{x} &= y \\ \dot{y} &= -\frac{g}{\ell}\sin x - \frac{k}{m}\,y \end{aligned}$$

beschrieben, siehe Abschnitt 14.7.5 und Beispiel 14.39. Dabei verwenden wir für die beiden Zustandsgrößen die Bezeichnungen x und y und für die Dämpfungskonstante die Bezeichnung k. Wir wenden das Polygonzugverfahren von Euler auf beide Zustände an. Um Verwechslungen mit der Dämpfungskonstanten k zu vermeiden, bezeichnen wir den Laufindex hier mit $j = 0, 1, 2, \ldots$:

$$\begin{aligned} \tilde{x}_{j+1} &= \tilde{x}_j + h\,\tilde{y}_j \\ \tilde{y}_{j+1} &= \tilde{y}_j + h\left(-\frac{g}{\ell}\sin\tilde{x}_j - \frac{k}{m}\,\tilde{y}_j\right) \end{aligned}$$

Mit den konkreten Werten für die Parameter, $m = 1\ \mathrm{kg}$, $l = 1\ \mathrm{m}$, $g = 10\ \frac{\mathrm{m}}{\mathrm{s}^2}$, $k = \frac{1}{2}\ \frac{\mathrm{kg}}{\mathrm{s}}$, $t_0 = 0\ \mathrm{s}$, $x(0) = \frac{\pi}{2}$, $y(0) = 0\ \frac{1}{\mathrm{s}}$ und der Schrittweite $h = 0.1\ \mathrm{s}$ erhalten wir die Näherungswerte:

j	t_j	$\tilde{x}_j$	$\tilde{y}_j$
0	0.0	1.57	0.00
1	0.1	1.57	-1.00
2	0.2	1.47	-1.95
...	...	...	...

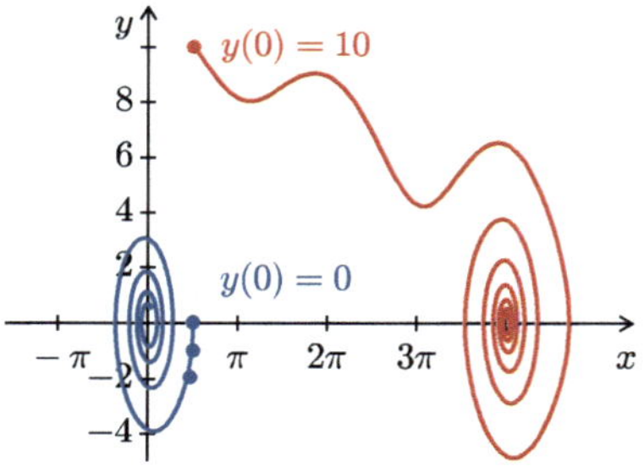

Weitere Untersuchungen zeigen, dass die Schrittweite $h = 0.1\ \mathrm{s}$ zu groß ist, um das Problem mit angemessener Genauigkeit zu lösen. Ein anderes Verhalten zeigt sich, wenn wir den Anfangswert für y auf $y(0) = 10\ \frac{1}{\mathrm{s}}$ setzen. Das Pendel bekommt eine Anfangsgeschwindigkeit und überschlägt sich mehrmals, bevor es wegen der Dämpfung gegen die stabile Nulllage strebt. ■

Das Polygonzugverfahren von Euler ist ein sehr einfaches Verfahren zur Integration von Differenzialgleichungen. In der Literatur gibt es aufwendigere Einschritt- oder Mehrschrittverfahren, siehe [Freund-Hoppe], [Mohr:Numerik] oder auch [Schwarz-Köckler]. Diese Verfahren haben alle das Ziel, mit möglichst wenigen Rechenschritten ein möglichst genaues Ergebnis zu liefern.

Ein populäres und oft eingesetztes Einschrittverfahren ist das sogenannte Runge-Kutta-Verfahren, benannt nach Carl Runge und Martin Wilhelm Kutta. Eine weitere Idee zur numerischen Lösung von Differenzialgleichungen ist die auf den norwegischen Mathematiker Marius Sophus Lie zurückgehende Nutzung kontinuierlicher Symmetrien bei der Integration.

14.7 Anwendungen

Differenzialgleichungen werden in vielen Bereichen der Naturwissenschaften und der Technik angewendet. In diesem Abschnitt haben wir eine kleine Auswahl von Anwendungen zusammengestellt, die jeweils typische Aspekte beinhalten und gleichzeitig nur ein überschaubares Wissen in den einzelnen Fachgebieten erfordern.

14.7.1 Temperaturverlauf

Ein Körper mit einer Anfangstemperatur T_0 befindet sich in einem umgebenden Medium mit konstanter Temperatur T^*. Aus der Physik ist bekannt, dass die Temperaturänderung des Körpers proportional zur Temperaturdifferenz ist. Beschreibt $T(t)$ die Temperatur des Körpers zur Zeit t, und ist $k > 0$ die Proportionalitätskonstante, so gilt die Differenzialgleichung erster Ordnung

$$\frac{\mathrm{d}T}{\mathrm{d}t} = -k(T - T^*).$$

Diese lineare Differenzialgleichung mit konstanten Koeffizienten hat die homogene Lösung

$$T_h(t) = C\mathrm{e}^{-k\,t}.$$

Eine partikuläre Lösung erhält man durch Variation der Konstanten:

$$T_p(t) = \mathrm{e}^{-k\,t} \int \frac{k\,T^*}{\mathrm{e}^{-k\,t}}\,\mathrm{d}t = T^*\,.$$

Damit ergibt sich die allgemeine Lösung:

$$T(t) = T_h(t) + T_p(t) = T^* + C\mathrm{e}^{-k\,t}.$$

Durch Einsetzen der Anfangsbedingung $T(0) = T_0$ lässt sich die Konstante C der allgemeinen Lösung $T(t)$ bestimmen:

$$C = T_0 - T^*\,.$$

Somit ist die Lösung des Problems gegeben durch

$$T(t) = T^* + (T_0 - T^*)\,\mathrm{e}^{-k\,t}$$

Dabei spielt es keine Rolle, ob T_0 größer oder kleiner als T^* ist.

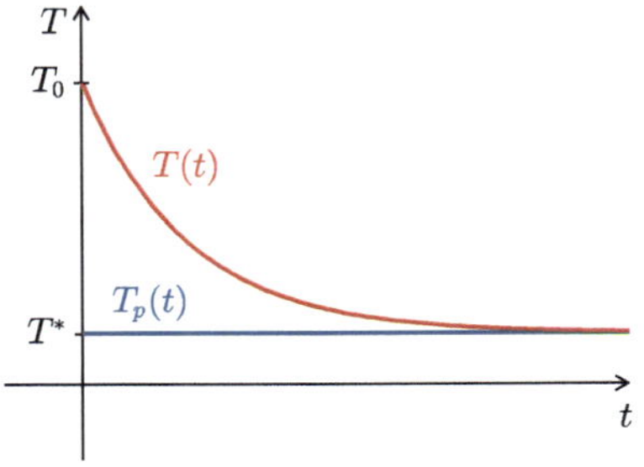

14.7.2 Radioaktiver Zerfall

Wir betrachten ein radioaktives Präparat, das zur Zeit $t = 0$ die Anzahl $N(0) = N_0$ radioaktive Kerne hat. Einzelne radioaktive Atomkerne zerfallen völlig zufällig. Da es sich aber um eine sehr große Anzahl von Kernen handelt, betrachtet man eine Zerfallswahrscheinlichkeit pro Zeiteinheit. Diese Zerfallswahrscheinlichkeit wird üblicherweise durch die Halbwertszeit ausgedrückt. Die Halbwertszeit gibt an, nach welcher Zeit durchschnittlich die Hälfte der ursprünglichen radioaktiven Kerne zerfallen sind. Abhängig von der Substanz kann die Halbwertszeit Sekundenbruchteile oder Milliarden Jahre betragen. Die Zerfallsgeschwindigkeit $\dot{N}$ ist immer proportional zur Anzahl der radioaktiven Teilchen. Es gilt also die lineare Differenzialgleichung erster Ordnung mit konstanten Koeffizienten

$$\frac{\mathrm{d}N}{\mathrm{d}t} = -\lambda N.$$

Zur Bestimmung der Anzahl der radioaktiven Teilchen zur Zeit t müssen wir eine Funktion N bestimmen, die diese Gleichung erfüllt und zur Zeit $t = 0$ den Wert $N(0) = N_0$ hat. Die Lösung dieses Anfangswertproblems ist gegeben durch

$$N(t) = N_0 \,\mathrm{e}^{-\lambda t}.$$

Die Halbwertszeit t^* bestimmt man aus

$$N(t^*) = \frac{1}{2} N_0 \quad \Longrightarrow \quad N_0 \,\mathrm{e}^{-\lambda t^*} = \frac{1}{2} N_0 \quad \Longrightarrow \quad -\lambda t^* = \ln \frac{1}{2} \quad \Longrightarrow \quad t^* = \frac{\ln 2}{\lambda}.$$

In unserem Modell ist die Halbwertszeit t^* unabhängig von der Anzahl N_0.

14.7.3 Freier Fall mit Luftwiderstand

Einen freien Fall mit Luftwiderstand erlebt man beispielsweise beim Fallschirm- oder Bungee-Springen. Aber auch das Eindringen eines Meteoriten in die Erdatmosphäre fällt in diese Kategorie der Bewegungsbeschreibung. Durch die Erdanziehungskraft mit Erdbeschleunigung g wird die Masse m beschleunigt. Andererseits bremst der Luftwiderstand den Fall. Wir betrachten die Luftreibung nicht proportional zur Geschwindigkeit v, sondern proportional zum Quadrat der Geschwindigkeit. In der Physik spricht man dabei von Viskose-Reibung. Aus dem Kräftegleichgewicht ergibt sich die Bewegungsgleichung:

$$m \dot{v} + k v^2 - m g = 0.$$

Dabei wird die Bewegung nach unten durch negative Geschwindigkeitswerte v angegeben. Die Konstante k hängt von der Querschnittsfläche A und dem Widerstandsbeiwert c_w des Körpers, aber auch von der Dichte ρ der Luft ab:

$$k = \frac{1}{2} c_w A \rho.$$

Wenn alle Parameter zeitunabhängig sind, wird das Problem durch eine nichtlineare, separierbare Differenzialgleichung erster Ordnung beschrieben:

$$m \frac{\mathrm{d}v}{\mathrm{d}t} = m g - k v^2 \quad \Longrightarrow \quad \int \frac{m}{m g - k v^2} \,\mathrm{d}v = \int \mathrm{d}t.$$

Eine explizite Formel für v lässt sich mithilfe einer Partialbruchzerlegung durch elementare Stammfunktionen berechnen.

14.7.4 Feder-Masse-Schwinger

Unter einem Feder-Masse-Schwinger, auch Federschwinger oder Federpendel genannt, versteht man eine Versuchsanordnung mit einer Feder mit Federkonstante c. Die Masse m des Systems stellt man sich idealisierter Weise konzentriert in einem einzigen Punkt vor. Reibungseinflüsse werden nur proportional zur Geschwindigkeit berücksichtigt und durch eine Dämpfungskonstante k angegeben. In der Physik spricht man dabei von Stokes-Reibung. Das System kann an der Aufhängung der Feder von außen angeregt werden.

Das Verhalten des Feder-Masse-Schwingers wird durch den zeitlichen Verlauf der Auslenkung x der Masse beschrieben. In Ruhelage definieren wir den Nullpunkt der Auslenkung, Positionen oberhalb der Ruhelage haben eine Auslenkung $x > 0$ und Auslenkungen unterhalb der Ruhelage haben eine Auslenkung $x < 0$. Zum Zeitpunkt $t = 0$ erzwingen wir die Auslenkung $x(0) = x_0$. Wenn sich die Masse in Bewegung setzt, dann haben wir die Anfangsgeschwindigkeit $\dot{x}(0) = v_0$.

Nach dem Hookeschen Gesetz ist die Auslenkung einer Feder annähernd proportional zur einwirkenden Kraft:

$$F_F = -c\,x.$$

Reibung berücksichtigen wir proportional zur Geschwindigkeit

$$F_R = -k\,\dot{x}.$$

Außerdem kann eine Kraft F von außen wirken.

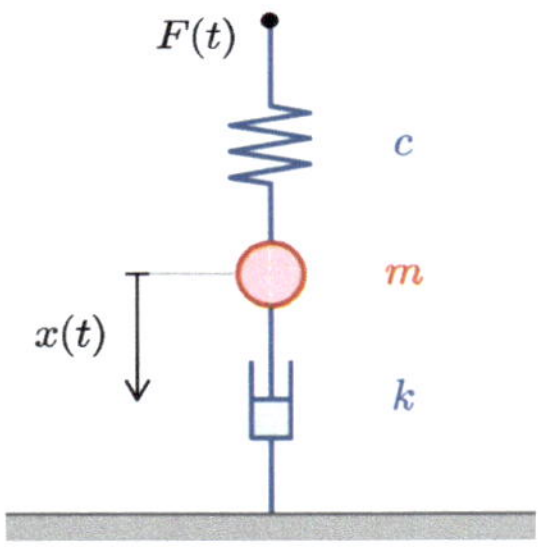

Nach dem Newtonschen Gesetz werden diese Kräfte durch das Produkt aus Masse m und Beschleunigung $\ddot{x}$ kompensiert:

$$F = m\,\ddot{x} \quad\Longrightarrow\quad m\ddot{x} + k\dot{x} + cx = F(t).$$

Wenn es uns also gelingt, eine Funktion x zu bestimmen, die diese Gleichung erfüllt und zum Zeitpunkt $t = 0$ den Wert $x(0) = x_0$ sowie die Anfangsgeschwindigkeit $\dot{x}(0) = v_0$ besitzt, dann können wir damit die Schwingung mathematisch beschreiben. Aus mathematischer Sicht ist der Feder-Masse-Schwinger eine Schwingungsdifferenzialgleichung:

$$\ddot{x} + \underbrace{\frac{k}{m}}_{2\,\delta}\dot{x} + \underbrace{\frac{c}{m}}_{\omega_0^2}x = \underbrace{\frac{F(t)}{m}}_{r(t)}.$$

Sofern es sich bei der Anregung um eine harmonische Anregung handelt, können wir die Methoden aus Abschnitt 14.4 anwenden und die Lösung mathematisch beschreiben. Das mathematische Modell des Feder-Masse-Schwingers hat vielfältige Anwendungsgebiete. In der Automobilindustrie wird das Schwingungsverhalten am sogenannten Viertelfahrzeug untersucht. In der Computergrafik verwendet man den Feder-Masse-Schwinger, um realitätsnahe Bewegungsabläufe zu simulieren. In der Medizin werden Feder-Masse-Systeme zur Simulation operativer Eingriffe eingesetzt.

14.7.5 Pendel

Wir betrachten eine Masse m, die sich im Abstand l von einem Drehpunkt befindet. Auf die Masse wirkt die Erdanziehungskraft mit Erdbeschleunigung g. Oft spricht man in diesem Zusammenhang von einem Fadenpendel. Für unsere Betrachtungen ist es jedoch zweckmäßiger, wenn die Masse durch eine starre Stange mit dem Drehpunkt verbunden ist. Dadurch können wir auch Bewegungen mit Überschlägen, wie bei einer Schiffschaukel, berücksichtigen. Wir lassen nur Bewegungen innerhalb einer Ebene zu. Außerdem gehen wir davon aus, dass die Masse in einem Punkt konzentriert ist.

Unter diesen idealisierten Annahmen erhalten wir die Gleichung des mathematischen Pendels

$$m\,\ell\,\ddot{x} = -m\,g\,\sin x\,.$$

Berücksichtigt man Stokes-Reibung mit dem Faktor k proportional zur Geschwindigkeit ergibt sich

$$m\,\ell\,\ddot{x} + k\,\ell\,\dot{x} + m\,g\,\sin x = 0.$$

In beiden Fällen handelt es sich um eine nichtlineare Differenzialgleichung zweiter Ordnung.

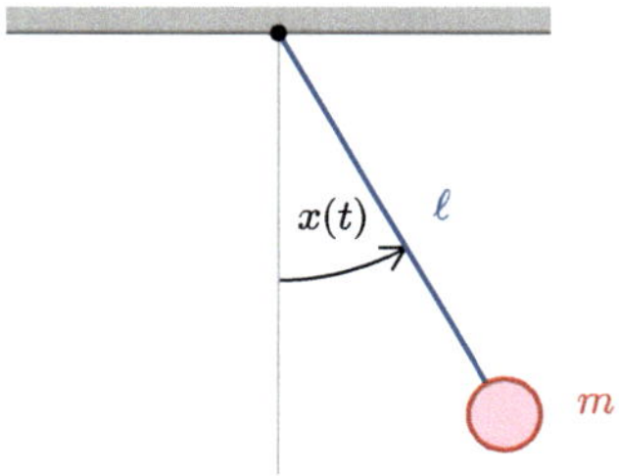

Ohne Berücksichtigung von Reibung kann man das Prinzip der Energieerhaltung anwenden und Gleichungen für die Phasenkurven in der x-$\dot{x}$-Ebene herleiten. Unter Berücksichtigung von Reibung ist das Problem nicht mehr elementar lösbar. Man kann sich dann auf sehr kleine Auslenkungen beschränken. Die Linearisierung $\sin x \approx x$ ergibt dann eine Schwingungsdifferenzialgleichung

$$m\,\ell\,\ddot{x} + k\,\ell\,\dot{x} + m\,g\,x = 0,$$

die wir mit den Methoden aus Abschnitt 14.4 analysieren können. Falls man sich nicht auf kleine Auslenkungen beschränken kann, ist man auf numerische Näherungslösungen angewiesen, siehe Abschnitt 14.6.2. Der Verlauf der Lösungskurven in der Phasenebene orientiert sich an den Gleichgewichtspunkten, siehe Abschnitt 14.5.5.

14.7.6 Wechselstromkreise

Aus Sicht der Mathematik muss man zwischen zwei Arten elektrischer Stromkreise unterscheiden. Bei Gleichstromkreisen bleibt die Stärke und die Richtung der Spannungen und Ströme zeitlich konstant. Die einzelnen Spannungen und Ströme in einem Gleichstromkreis lassen sich durch lineare Gleichungssysteme berechnen, siehe Abschnitt 2.5.2.

In Wechselstromkreisen verändert sich die Stärke und die Richtung der Spannungen und Ströme mit der Zeit. Spannungen und Ströme sind in diesem Fall also Funktionen der Zeit. Auch in Wechselstromkreisen gelten, unter bestimmten Einschränkungen, die Kirchhoffschen Gesetze, siehe Abschnitt 2.5.2. Für unsere Betrachtung genügt das 2. Kirchhoffsche Gesetz. Nach diesem Gesetz, der sogenannten Maschenregel, ist die Summe aller Teilspannungen in einer Masche null. In einem Wechselstromkreis betrachtet man neben Widerständen auch Spulen und Kondensatoren.

Merke 14.33 (Wechselstromkreis)

Im Wechselstromkreis gilt zwischen Wechselspannung $u(t)$ und Wechselstrom $i(t)$

- an einem Widerstand mit Ohmschem Widerstand R: $u(t) = R\,i(t)$,
- an einer Spule mit Induktivität L: $u(t) = L\,\frac{\mathrm{d}i(t)}{\mathrm{d}t}$,
- an einem Kondensator mit Kapizität C: $u(t) = \frac{1}{C}\,q(t)$.

Zwischen der Ladung $q(t)$ und dem Strom $i(t)$ gilt die Beziehung $\frac{\mathrm{d}q(t)}{\mathrm{d}t} = i(t)$.

Durch die Zusammenhänge zwischen Wechselspannung und Wechselstrom ergeben sich aus den Kirchhoffschen Gesetzen Differenzialgleichungen. In der Regel sind diese Differenzialgleichungen oder Differenzialgleichungssysteme linear. Weitere Einzelheiten zu Themen aus der Elektrotechnik findet man beispielsweise bei [Küpfmüller].

Beispiel 14.52 (RL-Schaltkreis)

Wir betrachten den abgebildeten Schaltkreis mit einem Ohmschen Widerstand R, einer Spule mit Induktivität L und einer angelegten Spannung $u(t)$. Der Schaltkreis besteht aus einer einzigen Masche, in der nach dem 2. Kirchhoffschen Gesetz die Summe der Spannungen null ist:

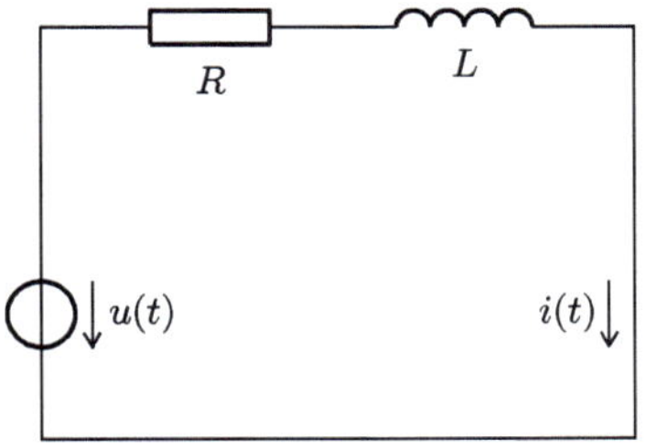

$$L\frac{\mathrm{d}i}{\mathrm{d}t} + R\,i = u(t).$$

Dies ist eine lineare Differenzialgleichung erster Ordnung mit konstanten Koeffizienten.

Die allgemeine Lösung der homogenen Gleichung können wir sofort angeben, denn sie lautet: $i_h(t) = K\,\mathrm{e}^{-\frac{R}{L}t}$. Bei konstanter Spannung $u(t) = U_0$ erhalten wir mit $i_p(t) = I_0$:

$$R\,I_0 = U_0 \quad\Longrightarrow\quad i_p(t) = \frac{U_0}{R}.$$

Die Konstante K können wir aus dem Anfangswert $i(0) = 0$ ermitteln:

$$i(t) = i_h(t) + i_p(t) = K\,\mathrm{e}^{-\frac{R}{L}t} + \frac{U_0}{R} \quad\Longrightarrow\quad i(0) = K + \frac{U_0}{R} \quad\Longrightarrow\quad K = -\frac{U_0}{R}.$$

Somit lautet die Lösung

$$i(t) = \frac{U_0}{R}\left(1 - \mathrm{e}^{-\frac{R}{L}t}\right).$$

Für $t \to \infty$ strebt der Strom i gegen den Grenzwert $\frac{U_0}{R}$. Es ist

$$\frac{\mathrm{d}i(t)}{\mathrm{d}t} = \frac{U_0}{L}\,\mathrm{e}^{-\frac{R}{L}t} \Longrightarrow \frac{\mathrm{d}i(0)}{\mathrm{d}t} = \frac{U_0}{L}$$

die Anfangssteigung der Stromstärke i für $t = 0$.

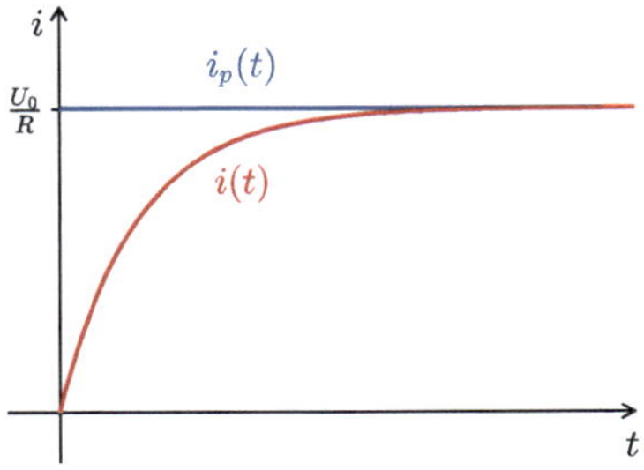

■

Beispiel 14.53 (RCL-Schwingkreis)

Im abgebildeten Schaltkreis befindet sich ein Ohmscher Widerstand R, ein Kondensator mit Kapazität C und eine Spule mit Induktivität L in Reihe. Außerdem ist eine Spannung $u(t)$ angelegt. Nach dem 2. Kirchhoffschen Gesetz ist die Summe der Spannungen in der Masche null:

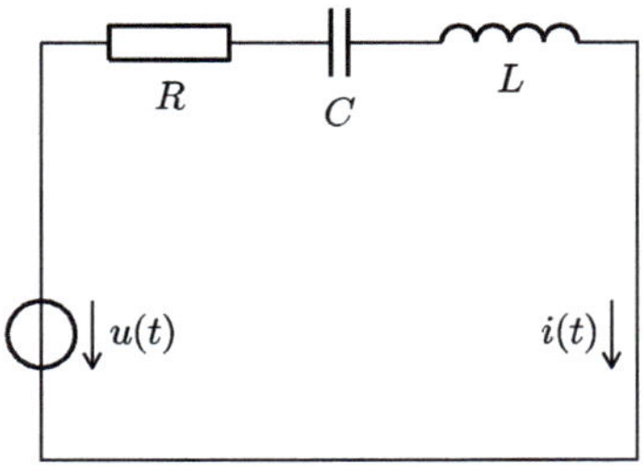

$$L\frac{\mathrm{d}\,i}{\mathrm{d}t} + R\,i + \frac{1}{C}\,q = u(t).$$

Diese Gleichung enthält neben der Stromstärke und deren Ableitung auch noch die Ladung. Deshalb leiten wir die Gleichung nach t ab und ersetzen die Ableitung der Ladung durch die Stromstärke. Nach Division mit L erhalten wir eine Schwingungsdifferenzialgleichung:

$$L\frac{\mathrm{d}^2 i}{\mathrm{d}t^2} + R\frac{\mathrm{d}i}{\mathrm{d}t} + \frac{1}{C}\,i = \frac{\mathrm{d}u(t)}{\mathrm{d}t} \quad\Longrightarrow\quad \frac{\mathrm{d}^2 i}{\mathrm{d}t^2} + \underbrace{\frac{R}{L}}_{2\delta}\frac{\mathrm{d}i}{\mathrm{d}t} + \underbrace{\frac{1}{L\,C}}_{\omega_0^2}\,i = \underbrace{\frac{\mathrm{d}u(t)}{L\,\mathrm{d}t}}_{r(t)}.$$

Es handelt sich also um ein schwingungsfähiges System, bei dem die Frequenz maßgeblich durch das Produkt aus L und C bestimmt wird. In der Elektrotechnik spricht man deshalb von einem LC-Glied. Unter Vernachlässigung des Ohmschen Widerstands R kann Resonanz auftreten. ■

Beispiel 14.54 (Kettenleiter)

Ein Schaltkreis mit zwei Maschen enthält zwei Ohmsche Widerstände R_1, R_2 und zwei Spulen mit Induktivitäten L_1 und L_2. In der ersten Masche ist eine Spannung $u(t)$ angelegt. In den beiden Maschen fließen die Ströme $i_1(t)$ und $i_2(t)$. Die Pfeile in der Abbildung zeigen die Orientierung der Ströme. Der Widerstand R_1 gehört zu beiden Maschen, und nur die Differenz der beiden Maschenströme erzeugt eine Spannung an diesem Widerstand.

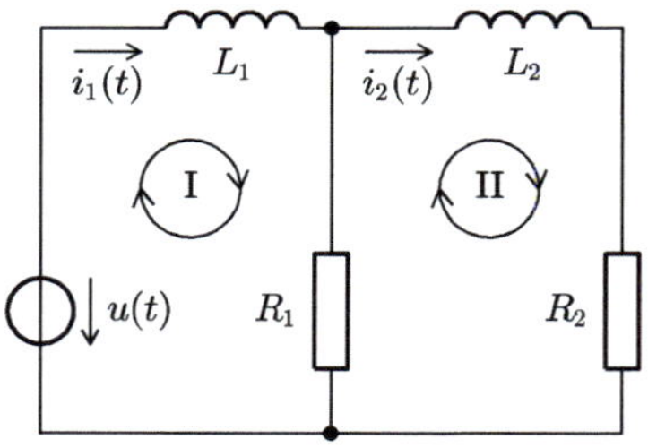

Nach dem 2. Kirchhoffschen Gesetz ist die Summe der Spannungen in jeder Masche null:

$$\begin{aligned} L_1\,\frac{\mathrm{d}i_1(t)}{\mathrm{d}t} &+ R_1\,(i_1(t)-i_2(t)) & &= u(t) \quad &\text{(I)}\\ L_2\,\frac{\mathrm{d}i_2(t)}{\mathrm{d}t} &+ R_1\,(i_2(t)-i_1(t)) &+ R_2\,i_2(t) &= 0 \quad &\text{(II)}\end{aligned}$$

Der Kettenleiter lässt sich also durch ein lineares Differenzialgleichungssystem mit konstanten Koeffizienten beschreiben, das wir in Matrixform darstellen können:

$$\frac{\mathrm{d}\boldsymbol{i}}{\mathrm{d}t} = \begin{pmatrix} -\frac{R_1}{L_1} & \frac{R_1}{L_1} \\ \frac{R_1}{L_2} & -\frac{R_1+R_2}{L_2} \end{pmatrix}\boldsymbol{i} + \begin{pmatrix} \frac{u(t)}{L_1} \\ 0 \end{pmatrix}.$$

Dieses Systems lässt sich mit den Methoden aus Abschnitt 14.5.3 lösen. ■

14.8 Aufgaben

14.8.1 Verständnis und Kompetenz

Aufgabe 14.1 (Erraten von Lösungen von Differenzialgleichungen) ★

Bestimmen Sie Lösungen der gewöhnlicher Differenzialgleichungen durch Raten:

a) $y' = -\frac{1}{2}\,y$ b) $\ddot{x} = -2\,x$ c) $f'' = 7\,x - 3$

Aufgabe 14.2 (Differenzialgleichungen aus Kurvenscharen) ★★

Wie lauten die Differenzialgleichungen zu folgenden Kurvenscharen? Skizzieren Sie jeweils den Verlauf der Kurvenschar und des entsprechenden Richtungsfeldes.

a) $y(x) = (x - C)^2$ b) $y(x) = C(1 + \cos x)$ c) $y(x) = \ln\left(C(x-1)\right)$

Aufgabe 14.3 (Einfache Differenzialgleichungen zweiter Ordnung) ★

Gegeben sind die folgenden einfachen linearen Differenzialgleichungen zweiter Ordnung. Geben Sie jeweils an, ob die Differenzialgleichung homogen oder inhomogen ist. Untersuchen Sie bei inhomogenen Differenzialgleichungen außerdem, ob Resonanz vorliegt. Bestimmen Sie die allgemeine Lösung unter Verwendung des charakteristischen Polynoms.

a) $y'' = 0$ b) $y'' = 1$ c) $y'' = -1$
d) $y'' = x$ e) $y'' = y$ f) $y'' = -y$

Aufgabe 14.4 (Differenzialgleichung aus Fundamentallösungen) ★★★

Wie müssen die Konstanten a_0 und a_1 in der Differenzialgleichung der Form

$$y'' + a_1\,y' + a_0\,y = 0$$

gewählt werden, damit die Fundamentallösungen aus diesen Funktionen bestehen?

a) $\mathrm{e}^{2\,x},\ \mathrm{e}^{-4\,x}$ b) $\cos(4x),\ \sin(4x)$ c) $\mathrm{e}^{2\,x},\ x\,\mathrm{e}^{2\,x}$
d) $\mathrm{e}^{-x}\cos(3x),\ \mathrm{e}^{-x}\sin(3x)$ e) $1,\ \mathrm{e}^{-3\,x}$ f) $1,\ x$

Aufgabe 14.5 (Ansätze für partikuläre Lösungen) ★★

Geben Sie für die Differenzialgleichung $y'' + 16y = r(x)$ jeweils die Ansätze für die partikulären Lösungen an. Achten Sie dabei auf Resonanz.

a) $r(x) = \sin(4x)$ b) $r(x) = \cos(4x)$ c) $r(x) = \mathrm{e}^{4x}\,\cos(4x)$

Aufgabe 14.6 (Lösungsansätze) ★★

Gegeben ist die Differenzialgleichung $y'' + 5yy' + 6y = 0$.

a) Welches Problem ergibt sich, wenn man versucht, die Differenzialgleichung mit dem Exponentialansatz $y(x) = \mathrm{e}^{\lambda x}$ zu lösen?

b) Kann man die Differenzialgleichung mithilfe von Separation lösen?

Aufgabe 14.7 (Homogene Normalform) ★★

Transformieren Sie die lineare Differenzialgleichung mit konstanten Koeffizienten

$$y''' - 2\,y'' + 3\,y' - y = 0$$

auf die Normalform $\dot{\boldsymbol{x}} = \boldsymbol{A}\,\boldsymbol{x}$ und bestimmen Sie die charakteristische Gleichung.

Aufgabe 14.8 (Inhomogene Normalform) ★★★

Transformieren Sie das Differenzialgleichungssystem

$$\begin{aligned}\ddot{x}_1 + 2\,a\,x_1 + a\,x_2 + b\,\dot{x}_1 &= \cos\omega\,t\\ \ddot{x}_2 + 2\,a\,x_2 + a\,x_1 + b\,\dot{x}_2 &= 0\end{aligned}$$

durch Einführen der Zustandsvariablen $z_1 = x_1$, $z_2 = x_2$, $z_3 = \dot{x}_1$ und $z_4 = \dot{x}_2$ in ein System der Form $\dot{\boldsymbol{z}} = \boldsymbol{A}\,\boldsymbol{z} + \boldsymbol{r}$.

Aufgabe 14.9 (Stabilität) ★★★

Für welche Parameterwerte a ist das Differenzialgleichungssystem asymptotisch stabil?

$$\dot{\boldsymbol{x}} = \begin{pmatrix} 1 & -1 \\ a & -3 \end{pmatrix} \boldsymbol{x}\,.$$

Aufgabe 14.10 (Eigenwerte und Stabilität) ★★★

Gegeben ist das Differenzialgleichungssystem mit einem reellen Parameter $c \geq 0$:

$$\dot{\boldsymbol{x}} = \begin{pmatrix} -2 & 4 & 0 \\ 0 & -2 & -c \\ 0 & c & -2 \end{pmatrix} \boldsymbol{x}\,.$$

a) Bestimmen Sie die Eigenwerte des Systems in Abhängigkeit des Parameters c.

b) Welche Stabilitätseigenschaft besitzt das System? Begründen Sie Ihre Antwort.

Aufgabe 14.11 (Lineare Unabhängigkeit) ★★★

Entscheiden Sie, ob folgende Funktionen linear unabhängig sind:

a) $y_1(x) = \sin x\,,\; y_2(x) = \sin\left(x + \dfrac{\pi}{2}\right)$ b) $y_1(x) = \sin x\,,\; y_2(x) = \sin\left(x + \pi\right)$

Aufgabe 14.12 (Schwingungen und Stabilität) ★★★★

Gegeben ist das lineare Differenzialgleichungssystem mit einem reellen Parameter a:

$$\begin{aligned}\dot{z}_1 &= a\,z_2\\ \dot{z}_2 &= -a\,z_1 - 2z_2\end{aligned}$$

a) Stellen Sie die Systemmatrix $\boldsymbol{A}$ auf.

b) Berechnen Sie die Eigenwerte von $\boldsymbol{A}$ in Abhängigkeit von a.

c) Für welche Werte von a treten Lösungen in Form von Schwingungen auf?

d) Für welche Werte von a verhält sich das System stabil, für welche asymptotisch stabil?

e) Geben Sie eine Differenzialgleichung mit den gleichen Eigenwerten wie das System an.

14.8.2 Rechnung und Training

Aufgabe 14.13 (Separation und Variation der Konstanten) ★★★

Gegeben ist die lineare Differenzialgleichung erster Ordnung $y' - \frac{y}{x} = x$.

a) Berechnen Sie die allgemeine Lösung der homogenen Differenzialgleichung durch Separation.

b) Bestimmen Sie eine partikuläre Lösung durch Variation der Konstanten und skizzieren Sie einige Lösungskurven.

c) Jede Kurve der Lösungsschar besitzt genau einen Extremwert. Bestimmen Sie die Ortskurve aller Extrempunkte direkt aus der Differenzialgleichung.

Aufgabe 14.14 (Separationsansatz) ★★★

Lösen Sie die Differenzialgleichungen erster Ordnung durch Separation:

a) $y\,y' - \mathrm{e}^{2x} = 0$

b) $y' \tan x - 2\sqrt{y} = 0$

c) $x^3 \mathrm{d}x + (y+1)^2 \mathrm{d}y = 0$

d) $\mathrm{e}^{y\,y'} - x = 0$

Aufgabe 14.15 (Lineare Differenzialgleichung mit Parameter) ★★

Wie lautet die allgemeine Lösung der Differenzialgleichung $y'' + 6\,y' + c\,y = 0$ in Abhängigkeit des Parameters c?

a) $c = 5$

b) $c = 9$

c) $c = 13$

Aufgabe 14.16 (Spezielle Lösungen) ★★★

Zeigen Sie, dass $y(x) = \mathrm{e}^{-x}\cos(2x)$ eine spezielle Lösung der Differenzialgleichung ist und bestimmen Sie die allgemeine Lösung:

$$y''' + y' - 10\,y = 0\,.$$

Aufgabe 14.17 (Anfangswertprobleme) ★★★

Lösen Sie die folgenden Anfangswertprobleme:

a) $\frac{\mathrm{d}^2 s}{\mathrm{d}t^2} + 2\frac{\mathrm{d}s}{\mathrm{d}t} + 2\,s = 0, \quad s(0) = 1, \quad s'(0) = 1$

b) $y'' + 4\,y' + (4+\omega^2)y = 0, \quad y(0) = 1, \quad y'(0) = \omega - 2$

c) $y'' - 2\,k\,y' + k^2\,y = 0, \quad y(0) = \sqrt{2}, \quad y'(0) = k\sqrt{2}$

Aufgabe 14.18 (Lineare Differenzialgleichungen erster Ordnung) ★★★★

Lösen Sie die folgenden Anfangswertprobleme exakt und berechnen Sie jeweils einen numerischen Näherungswert mit dem Euler-Verfahren mit der Schrittweite $h = 0.1$. Wie groß ist der Fehler des Näherungswertes?

a) $y' + \frac{y}{1+x} + 6\,x = 0, \quad y(0) = 3$

b) $y' \sin x = y \cos x, \quad y(\frac{\pi}{6}) = 1$

c) $y' + 2\,x\,y = 2\,x, \quad y(0) = 2$

d) $y'\,x \ln x = y, \quad y(\mathrm{e}^2) = 2$

Aufgabe 14.19 (Inhomogene lineare Differenzialgleichungen) ★★★★

Berechnen Sie die allgemeine Lösung der folgenden Differenzialgleichungen:

a) $y'' + 2y' + 5y = 50x + 8e^{-x}$

b) $y'' + 2y' + 5y = \cos(2x)$

c) $y''' + y = 12\cosh x$

d) $y^{(4)} - 3y'' - 4y = x^2 + e^{-x}$

Aufgabe 14.20 (Spezielle Anfangsbedingungen) ★★★

Welche Lösungskurve der Differenzialgleichung

a) $y'' + 2y' - 3y = 2\sin x$ geht mit der Steigung 1 durch den Nullpunkt?

b) $y'' + 6y' + 25y = 50x - 13$ hat im Punkt $(0\,|\,1)$ eine waagrechte Tangente?

Aufgabe 14.21 (Richtungsfeld und Euler-Verfahren) ★★★

Gegeben ist folgende Differenzialgleichung erster Ordnung und ein Anfangswert:

$$t\,\dot{x} = (1-t)\,x\,, \quad x(1) = 1\,.$$

a) Berechnen Sie die Lösung $x(t)$ des Anfangswertproblems.

b) Skizzieren Sie das Richtungsfeld der Differenzialgleichung an den neun Punkten für $t \in \{1,2,3\}$ und $x \in \{1,2,3\}$.

c) Bestimmen Sie rechnerisch und grafisch einen Näherungswert des Anfangswertproblems für $x(3)$ mithilfe des Euler-Verfahrens mit der Schrittweite $h = 1$.

Aufgabe 14.22 (Allgemeine Lösung und Euler-Verfahren) ★★★

Gegeben ist das folgende Anfangswertsproblem:

$$y' = y - x^2 + 1\,, \quad y(0) = \frac{1}{2}\,.$$

a) Berechnen Sie die allgemeine Lösung der Differenzialgleichung.

b) Bestimmen Sie die Lösung des Anfangswertsproblems.

c) Fertigen Sie eine Skizze des Richtungsfelds der Differenzialgleichung an den 20 Punkten für $x \in \{0,1,2,3,4\}$ und $y \in \{0,2,4,6\}$ an. Tragen Sie einige Lösungskurven ein.

d) Bestimmen Sie mithilfe des Euler-Verfahrens mit der Schrittweite $h = 0.6$ einen Näherungswert des Anfangswertproblems für $y(3)$. Benutzen Sie einen Taschenrechner.

Aufgabe 14.23 (Substitution) ★★★★

Lösen Sie die Differenzialgleichungen erster Ordnung durch geeignete Substitutionen:

a) $y' = (x+y)^2$

b) $(2x - y + 3)\,y' = 1$

c) $2xyy' + x^2 - y^2 = 0$

d) $x\,y' + \sqrt{x^2+y^2} = y$

Aufgabe 14.24 (Einfache Differenzialgleichungssysteme) ★★

Bestimmen Sie die reelle Lösung der folgenden Differenzialgleichungssysteme:

a) $\dot{\boldsymbol{x}} = \begin{pmatrix} 1 & 0 \\ 8 & 2 \end{pmatrix} \boldsymbol{x}$

b) $\dot{\boldsymbol{x}} = \begin{pmatrix} 2 & 1 \\ -4 & 2 \end{pmatrix} \boldsymbol{x}$

Aufgabe 14.25 (Differenzialgleichungssystem mit Anfangswerten) ★★★★

Lösen Sie das Anfangswertproblem

$$\begin{aligned} \dot{x} + x - y &= 0, \quad x(0) = 1 \\ \dot{y} + 2x - y &= 0, \quad y(0) = 0 \end{aligned}$$

a) mithilfe des Eliminationsverfahrens,

b) in der Normalform mithilfe der Matrizenrechnung.

Aufgabe 14.26 (Differenzialgleichungssysteme) ★★★

Bestimmen Sie die allgemeine Lösung der folgenden Differenzialgleichungssysteme:

a) $$\begin{aligned} \dot{x}_1 &= -x_1 + x_2 + x_3 \\ \dot{x}_2 &= x_1 - x_2 + x_3 \\ \dot{x}_3 &= x_1 + x_2 + x_3 \end{aligned}$$

b) $$\begin{aligned} \dot{x}_1 &= x_2 \\ \dot{x}_2 &= x_3 \\ \dot{x}_3 &= -x_1 - x_2 - x_3 \end{aligned}$$

Aufgabe 14.27 (Inhomogenes Differenzialgleichungssystem) ★★★★

Bestimmen Sie die Lösung des Anfangswertproblems

$$\begin{aligned} \dot{x} + y &= \sin(2t), \quad x(0) = 1 \\ \dot{y} - x &= \cos(2t), \quad y(0) = 0. \end{aligned}$$

Aufgabe 14.28 (Differenzialgleichungssystem mit Anfangswerten) ★★★★

Gegeben ist das folgende Anfangswertproblem:

$$\dot{\boldsymbol{x}} = \begin{pmatrix} -2 & 4 & 0 \\ 0 & -2 & -1 \\ 0 & 1 & -2 \end{pmatrix} \boldsymbol{x}\,, \quad \boldsymbol{x}(0) = \begin{pmatrix} -3 \\ 4 \\ -2 \end{pmatrix}$$

a) Berechnen Sie die allgemeine Lösung des Differenzialgleichungssystems.

b) Bestimmen Sie die Lösung des Anfangswertproblems.

Aufgabe 14.29 (Anfangswertproblem mit Zusatzbedingungen) ★★★★★

Gegeben ist das folgende Anfangswertproblem:

$$\begin{aligned} \dot{x} &= -2x \;, & x(0) &= 1 \\ \dot{y} &= 2x - y \;, & y(0) &= 0 \\ \dot{z} &= y \;, & z(0) &= 0 \end{aligned}$$

a) Bestimmen Sie die Lösung des Anfangswertproblems.

b) Für welchen Zeitpunkt t_1 ist $x(t_1) = z(t_1)$?

c) Gibt es einen Zeitpunkt t_2 mit $x(t_2) = y(t_2) = z(t_2)$?

Aufgabe 14.30 (Euler-Verfahren für Differenzialgleichungssystem) ★★★★★

Gegeben ist das Anfangswertproblem

$$\ddot{x} + 2(1 + x^2)\dot{x} + 4x = \cos(3t)\,, \quad x(0) = 0\,, \quad \dot{x}(0) = 1\,.$$

a) Transformieren Sie das Anfangswertproblem in ein System erster Ordnung.

b) Führen Sie einen Schritt des Euler-Verfahrens mit der Schrittweite $h = 0.1$ durch.

14.8.3 Anwendung

Aufgabe 14.31 (Flüssigkeit in einem Behälter) ★★★★

Ein zylinderförmiger Behälter ist mit Flüssigkeit bis zur Höhe $h_0 = 64\ \mathrm{cm}$ gefüllt. Zum Zeitpunkt $t = 0$ wird eine Abflussöffnung am Boden des Behälters geöffnet, über die die Flüssigkeit abfließt. Für die Füllhöhe $h(t)$ gilt vereinfacht die Differenzialgleichung

$$\dot{h} = -K\sqrt{h} \quad \text{mit} \quad K = \frac{A_2}{A_1}\sqrt{2g}\,.$$

Dabei bezeichnet K eine positive Konstante, die aus der Erdbeschleunigung g und dem Verhältnis der Behälterbodenfläche A_1 zur Fläche der Abflussöffnung A_2 gebildet wird.

a) Bestimmen Sie die Füllhöhe h als Lösung des Anfangswertproblems, abhängig von K.

b) Wie lautet die Lösung speziell für $\frac{A_2}{A_1} = 0.1$, wenn man näherungsweise $\sqrt{2g} \approx 5$ setzt?

c) Für welchen Zeitraum $[0, T]$ ist die Lösungsfunktion h gültig?

d) Skizzieren Sie das Schaubild der Füllhöhe h als Funktion der Zeit.

Aufgabe 14.32 (Sinkende Kugel) ★★★

Eine Kugel befindet sich in einer zähen Flüssigkeit und sinkt durch ihr Gewicht nach unten. Die Sinkgeschwindigkeit der Kugel ist proportional zur Widerstandskraft der viskosen Flüssigkeit. Gemäß der Bewegungsgleichung nach Newton erhält man

$$m\,\dot{v} = m\,g - k\,v.$$

Dabei bezeichnet g die Erdbeschleunigung und k die Viskositätskonstante.

a) Berechnen Sie die allgemeine homogene Lösung durch Separation.

b) Bestimmen Sie eine partikuläre Lösung durch Variation der Konstanten.

c) Bestimmen Sie die allgemeine Lösung der Differenzialgleichung.

d) Welche Lösung erhält man, wenn man als Anfangswert $v(0) = 0$ wählt?

Aufgabe 14.33 (Fallschirmspringer) ★★★★

Ein Fallschirmspringer öffnet zur Zeit $t = 0$ bei einer Fallgeschwindigkeit von $21\ \frac{\mathrm{m}}{\mathrm{s}}$ seinen Fallschirm. Die Fallgeschwindigkeit wird durch ein Anfangswertproblem modelliert:

$$\dot{v} = 10 - \frac{10}{49}v^2, \quad v(0) = 21, \quad t \geq 0\,.$$

a) Bestimmen Sie v, indem Sie die Differenzialgleichung durch Separation lösen. Verwenden Sie dabei zur Berechnung einer Stammfunktion die Formel

$$\int \frac{1}{v^2 - a^2}\,\mathrm{d}v = \frac{1}{2a}\ln\left|\frac{v-a}{v+a}\right| + C.$$

b) Welche Grenzgeschwindigkeit ergibt sich für $t \to \infty$?

c) Wie lange dauert es, bis der Fallschirm auf $8\ \frac{\mathrm{m}}{\mathrm{s}}$ gebremst ist?

d) Berechnen Sie einen numerischen Näherungswert mit dem Euler-Verfahren mit der Schrittweite $h = 0.01$. Wie groß ist der Fehler des Näherungswertes?

15 Differenzengleichungen

Differenzengleichungen sind uns bereits an verschiedenen Stellen begegnet. Viele numerische Näherungsverfahren, wie beispielsweise das Newton-Verfahren aus Definition 8.15 und das Euler-Polygonzugverfahren aus Definition 14.33, stellen Differenzengleichungen dar. Dabei entstehen die Differenzengleichungen durch Diskretisierung der Ableitung mithilfe von finiten Differenzen. Daher kommt auch der Name Differenzengleichung. Differenzengleichungen stellen ein zeitdiskretes Pendant zu Differenzialgleichungen dar.

Man bezeichnet eine Differenzengleichung auch als Rekursionsgleichung, denn eine Differenzengleichung ist nur eine andere Bezeichnung für eine rekursiv definierte Folge, siehe Definition 7.3.

Differenzengleichungen finden ihre Anwendung in der digitalen Signalverarbeitung. Börsenkurse oder Wetterbeobachtungen kann man auch als rekursiv definierte Zeitreihen interpretieren. Die Analyse solcher Zeitreihen erfolgt dann durch Differenzengleichungen.

In diesem Kapitel stellen wir Methoden vor, mit denen man Differenzengleichungen systematisch lösen kann. Die Methoden zur Lösung von Differenzengleichungen ähneln oft den Methoden zur Lösung von Differenzialgleichungen. Ein Grundverständnis der Theorie linearer Differenzialgleichungen und Differenzialgleichungssysteme ist hilfreich, um die Vorgehensweise bei der Lösung von Differenzengleichungen zu verstehen. Wir setzen aber keinerlei Kenntnisse oder Fertigkeiten über Differenzialgleichungen zwingend voraus.

Eine weitere Methode zur Lösung von Differenzengleichungen bietet die z-Transformation, siehe Kapitel 20. Hierbei wird eine Differenzengleichung nicht direkt, sondern durch Transformation in den Bildbereich gelöst.

15.1 Lineare Differenzengleichungen

Bei einer Differenzengleichung der Ordnung n berechnet man ein neues Folgenglied x_k aus den letzten n Folgengliedern $x_{k-1}, x_{k-2}, \ldots, x_{k-n}$. Die Berechnung kann außerdem noch vom Index k abhängen. Bei Differenzengleichungen übernimmt der Index k eine ähnliche Rolle wie der Parameter t bei Differenzialgleichungen.

Ausgehend von den n Anfangswerten $x_0, x_1, \ldots, x_{n-1}$ kann man bei einer Rekursionsgleichung Schritt für Schritt alle weiteren Folgenglieder berechnen. Dabei bauen alle Berechnungen aufeinander auf. Um beispielsweise das tausendunderste Folgenglied zu berechnen, müssen alle tausend vorherigen Folgenglieder nacheinander berechnet werden.

Definition 15.1 (Differenzengleichung, Rekursionsgleichung)
Eine Gleichung der Form

$$x_{k+n} = f\left(k, x_{k+n-1}, x_{k+n-2}, \ldots, x_k\right), \quad k = 0, 1, 2, \ldots$$

bezeichnet man als Differenzengleichung oder Rekursionsgleichung der Ordnung n. Die ersten n Folgenglieder $x_0, x_1, \ldots, x_{n-1}$ bezeichnet man als Anfangswerte.

Unser Ziel ist es, eine Berechnungsformel anzugeben, mit der man das k-te Folgenglied einer Differenzengleichung direkt berechnen kann. Unter direkt berechnen verstehen wir, dass man das k-te Folgenglied berechnet, ohne dass die vorherigen Folgenglieder $x_{k-1}, x_{k-2}, \ldots$ berechnet werden.

Es gibt zwar keine generelle Methode, mit der man beliebige Differenzialgleichungen lösen kann. Jedoch existiert, genau wie bei linearen Differenzialgleichungen mit konstanten Koeffizienten, für lineare Differenzengleichungen eine systematische Lösungsstrategie. Auch bei linearen Differenzengleichungen unterscheidet man zwischen homogenen und inhomogenen Gleichungen.

Definition 15.2 (Lineare Differenzengleichung)
Eine Differenzengleichung, die man in der Form

$$a_n\, x_{k+n} + a_{n-1}\, x_{k+n-1} + \ldots + a_1\, x_{k+1} + a_0\, x_k = r_k, \quad k = 0, 1, 2, \ldots, \quad a_n \neq 0$$

schreiben kann, nennt man eine lineare Differenzengleichung der Ordnung n. Eine lineare Differenzengleichung, bei der auf der rechten Seite null steht, also $r_k = 0$, nennt man homogen, sonst inhomogen.

In Analogie zu linearen Differenzialgleichungen müsste man die Differenzengleichung in Definition 15.2 genau genommen als lineare Differenzengleichung mit konstanten Koeffizienten bezeichnen. Im Fall von nicht konstanten Koeffizienten können die Koeffizienten a_n, a_{n-1}, $\ldots$, a_1, a_0, genau wie die rechte Seite r_k, auch vom Index k abhängen. Sind die Koeffizienten nicht konstant, wird die Berechnung der Lösungen aufwendiger.

Beispiel 15.1 (Differenzengleichungen)

a) Die Differenzengleichung

$$x_{k+1} = x_k + k + 1, \quad k = 0, 1, 2, \ldots$$

ist linear und hat die Ordnung 1. Sie ist jedoch nicht homogen. Mit dem Anfangswert $x_0 = 1$ ergeben sich die Folgenglieder

$$x_0 = 1, \quad x_1 = 2, \quad x_2 = 4, \quad x_3 = 7, \quad \ldots$$

Für Differenzengleichungen dieser Art werden wir im nächsten Abschnitt Lösungsformeln herleiten.

b) Eine weitere Differenzengleichung der Ordnung 1 ist durch

$$x_{k+1} = \frac{x_k^2 + 2}{2\,x_k}, \qquad k = 0, 1, 2, \ldots$$

gegeben. Diese Differenzengleichung ist nicht linear und stellt einen Spezialfall des Heron-Verfahrens dar, siehe Beispiel 7.19. Mit dem Anfangswert $x_0 = 1$ entsteht

$$x_0 = 1, \quad x_1 = \frac{3}{2}, \quad x_2 = \frac{17}{12}, \quad x_3 = \frac{577}{408}, \quad \ldots$$

Um einen möglichen Grenzwert dieser Folge zu ermitteln, lösen wir die Gleichung

$$x = \frac{x^2 + 2}{2\,x} \quad \Longrightarrow \quad 2\,x^2 = x^2 + 2 \quad \Longrightarrow \quad x^2 = 2 \quad \Longrightarrow \quad x = \pm\sqrt{2}.$$

Da alle Folgenglieder positiv sind, kommt als Grenzwert nur $\sqrt{2}$ in Frage.

c) Die Fibonacci-Folge, benannt nach Leonardo Fibonacci, besteht aus den Zahlen

$$0,\ 1,\ 1,\ 2,\ 3,\ 5,\ 8,\ \ldots$$

wird durch die homogene lineare Differenzengleichung der Ordnung 2

$$x_{k+2} = x_{k+1} + x_k, \qquad k = 0, 1, 2, \ldots$$

mit den Anfangswerten $x_0 = 0$ und $x_1 = 1$ beschrieben. Bei dieser Folge entstehen die Folgenglieder aus der Summe der beiden Vorgängerfolgenglieder. ■

15.1.1 Differenzengleichungen erster Ordnung

Eine homogene lineare Differenzengleichung der Ordnung 1 mit der Darstellung

$$a_1\,x_{k+1} + a_0\,x_k = 0, \qquad k = 0, 1, 2, \ldots$$

kann man mit $\lambda = -\dfrac{a_0}{a_1}$ umformen in

$$x_{k+1} = \lambda\,x_k\,.$$

Wenn man diese Beziehung rekursiv immer wieder in sich selbst einsetzt, also

$$x_{k+1} = \lambda\,x_k = \lambda^2\,x_{k-1} = \ldots = \lambda^k\,x_1 = \lambda^{k+1}\,x_0\,,$$

erhält man die Formel für das k-te Folgenglied.

Satz 15.1 (Homogene lineare Differenzengleichung erster Ordnung)

Die Folgenglieder einer homogenen linearen Differenzengleichung erster Ordnung

$$x_{k+1} = \lambda\,x_k, \qquad k = 0, 1, 2, \ldots$$

mit dem Anfangswert x_0 können direkt mit der Formel

$$x_k = \lambda^k\,x_0$$

berechnet werden.

Beispiel 15.2 (Schachbrett und Reiskörner)

Angeblich wollte ein König dem Erfinder des Schachspiels als Belohnung einen Wunsch erfüllen. Der Erfinder wünschte sich, dass der König ein Schachbrett nach folgendem Prinzip mit Reiskörnern füllt. Auf das erste Feld wird ein Reiskorn gelegt, auf das zweite Feld werden doppelt so viele wie auf das erste Feld gelegt, also zwei, auf das dritte Feld werden doppelt so viele wie auf das zweite Feld gelegt, also vier, usw. Die Anzahl der Reiskörner x_k kann durch die lineare Differenzengleichung der Ordnung 1

$$x_{k+1} = 2\,x_k, \qquad k = 0, 1, 2, \ldots$$

mit dem Anfangswert $x_0 = 1$ berechnet werden. Mit der Lösungsformel aus Satz 15.1 ergibt sich der Zusammenhang

$$x_k = 2^k \cdot 1.$$

Demnach müsste der König das letzte Feld mit

$$x_{63} = 2^{63} = 9\,223\,372\,036\,854\,775\,808$$

Reiskörnern füllen. Das sind jedoch so viele, dass man damit die gesamte Erdoberfläche überdecken könnte. ▪

Auch für inhomogene lineare Differenzengleichungen der Ordnung 1 in der Form

$$x_{k+1} = \lambda\,x_k + r_k$$

ist die Herleitung einer Formel für das k-te Folgenglied möglich. Die Folgenglieder

$$\begin{array}{rcl} x_1 &=& \lambda\,x_0 + r_0 \\ x_2 &=& \lambda^2\,x_0 + \lambda\,r_0 + r_1 \\ x_3 &=& \lambda^3\,x_0 + \lambda^2\,r_0 + \lambda\,r_1 + r_2 \\ &\vdots& \\ x_k &=& \lambda^k\,x_0 + \lambda^{k-1}\,r_0 + \ldots + \lambda^2\,r_{k-3} + \lambda\,r_{k-2} + r_{k-1} \end{array}$$

beschreiben die Entwicklung der Folge im inhomogenen Fall.

Satz 15.2 (Inhomogene lineare Differenzengleichung erster Ordnung)

Die Folgenglieder einer inhomogenen linearen Differenzengleichung erster Ordnung

$$x_{k+1} = \lambda\,x_k + r_k, \qquad k = 0, 1, 2, \ldots$$

mit dem Anfangswert x_0 können direkt mit der Formel

$$x_k = \lambda^k\,x_0 + \lambda^{k-1}\,r_0 + \ldots + \lambda^2\,r_{k-3} + \lambda\,r_{k-2} + r_{k-1} = \lambda^k\,x_0 + \sum_{\ell=0}^{k-1} \lambda^{k-1-\ell}\,r_\ell$$

berechnet werden.

Die Lösung der homogenen Differenzengleichung $x_k = \lambda^k\,x_0$ ist also auch Bestandteil der Lösung der inhomogenen Differenzengleichung. Dieses Verhalten kennen wir bereits von linearen Differenzialgleichungen. Das Prinzip von Homogenität und Inhomogenität ist an die Linearität gekoppelt, ganz unabhängig vom jeweiligen Teilgebiet der Mathematik.

Beispiel 15.3 (Inhomogene lineare Differenzengleichung erster Ordnung)
Die Differenzengleichung

$$x_{k+1} = x_k + k + 1, \qquad k = 0, 1, 2, \ldots$$

ist linear, inhomogen und hat die Ordnung 1. Nach Satz 15.2 kann man die Folgenglieder mit der Formel

$$x_k = 1^k\, x_0 + \sum_{\ell=0}^{k-1} 1^{k-1-\ell}\,(\ell + 1) = x_0 + 1 + 2 + 3 + \ldots + k$$

berechnen. Die Summe der Zahlen von 1 bis k lässt sich zusammenfassen zu

$$x_k = x_0 + \frac{k(k+1)}{2}\,.$$

Damit haben wir jetzt eine geschlossene Formel für die Folgenglieder. ■

15.1.2 Differenzengleichungen höherer Ordnung

Die Lösungsstrategie, die bereits bei linearen Differenzialgleichungen zum Erfolg geführt hat, lässt sich auch auf lineare Differenzengleichungen anwenden. Dabei geht man immer in drei Schritten vor.

Merke 15.1 (Lösungsstrategie für lineare Differenzengleichungen)
Die Lösung x_k einer linearen Differenzengleichung bestimmt man durch:

(1) Berechne die allgemeine Lösung x_k^h der homogenen Differenzengleichung.

(2) Berechne eine partikuläre Lösung x_k^p der inhomogenen Differenzengleichung.

(3) Die Lösung x_k setzt sich aus der allgemeinen Lösung der homogenen Differenzengleichung x_k^h und der partikulären Lösung x_k^p zusammen:

$$x_k = x_k^h + x_k^p\,.$$

Ähnlich wie beim Exponentialansatz für Differenzialgleichungen, versuchen wir Lösungen der homogenen Differenzengleichung

$$a_n\, x_{k+n} + a_{n-1}\, x_{k+n-1} + \ldots + a_2\, x_{k+2} + a_1\, x_{k+1} + a_0\, x_k = 0$$

mit einem geeigneten Ansatz zu bestimmen. Die Lösung einer homogenen linearen Differenzengleichung erster Ordnung hat nach Satz 15.1 die Form $x_k = \lambda^k$. Wenn wir diesen Ansatz in die Differenzengleichung einsetzen, ergibt sich

$$a_n\, \lambda^{k+n} + a_{n-1}\, \lambda^{k+n-1} + \ldots + a_2\, \lambda^{k+2} + a_1\, \lambda^{k+1} + a_0\, \lambda^k = 0\,.$$

Nach Division mit λ^k erhalten wir die sogenannte charakteristische Gleichung

$$a_n\, \lambda^n + a_{n-1}\, \lambda^{n-1} + \ldots + a_2\, \lambda^2 + a_1\, \lambda^1 + a_0 = 0\,.$$

Bei der charakteristischen Gleichung sind unterschiedliche Fälle möglich. Die Eigenwerte können reell oder komplex sein, auch mehrfache Nullstellen sind möglich.

Satz 15.3 (Homogene lineare Differenzengleichung)

Die Lösung einer homogenen linearen Differenzengleichung in der Form

$$a_n\, x_{k+n} + a_{n-1}\, x_{k+n-1} + \ldots + a_1\, x_{k+1} + a_0\, x_k = 0, \quad k = 0, 1, 2, \ldots, \quad a_n \neq 0$$

berechnet man aus den Eigenwerten λ der charakteristischen Gleichung

$$a_n\, \lambda^n + a_{n-1}\, \lambda^{n-1} + \ldots + a_2\, \lambda^2 + a_1\, \lambda + a_0 = 0\,.$$

Wenn alle Eigenwerte λ_1, λ_2, ..., λ_n verschieden sind, lässt sich die Lösung durch

$$x_k = C_1\, \lambda_1^k + C_2\, \lambda_2^k + \ldots + C_n\, \lambda_n^k$$

darstellen. Dabei sind C_1, C_2, ..., C_n beliebige reelle Konstanten. Kommen Eigenwerte mehrfach vor, dann multipliziert man λ^k mit den entsprechenden Potenzen von k.

Beispiel 15.4 (Homogene lineare Differenzengleichungen)

a) Wir betrachten die homogene lineare Differenzengleichung zweiter Ordnung mit konstanten Koeffizienten

$$x_{k+2} - 3\, x_{k+1} + 2\, x_k = 0, \quad k = 0, 1, 2, \ldots$$

und die Anfangswerte $x_0 = 0$ und $x_1 = 1$. Die charakteristische Gleichung

$$\lambda^2 - 3\,\lambda + 2 = 0 \quad \Longrightarrow \quad \lambda_{1,2} = \frac{3 \pm \sqrt{9-8}}{2}$$

hat die Eigenwerte $\lambda_1 = 1$ und $\lambda_2 = 2$. Somit lässt sich die Lösung in der Form

$$x_k = C_1\, 1^k + C_2\, 2^k$$

darstellen. Die Konstanten C_1 und C_2 ermitteln wir aus den Anfangswerten. Für $k = 0$ ergibt sich

$$x_0 = 0 = C_1 + C_2 \quad \Longrightarrow \quad C_2 = -C_1$$

und für $k = 1$ ganz entsprechend

$$x_1 = 1 = C_1 + 2\, C_2 \quad \Longrightarrow \quad C_1 = -1,\; C_2 = 1.$$

Somit lassen sich die Folgenglieder mit der Formel

$$x_k = 2^k - 1$$

bestimmen.

b) Die homogene lineare Differenzengleichung der Ordnung 2

$$x_{k+2} + 2\, x_{k+1} + x_k = 0, \quad k = 0, 1, 2, \ldots$$

hat die charakteristische Gleichung

$$\lambda^2 + 2\,\lambda + 1 = 0$$

und den doppelten Eigenwert $\lambda_{1,2} = -1$. Die Lösung kann in der Form

$$x_k = C_1\, (-1)^k + C_2\, k\, (-1)^k$$

dargestellt werden. Die Konstanten C_1 und C_2 ermitteln wir wieder aus den Anfangswerten $x_0 = 1$ und $x_1 = 2$.

Für $k = 0$ ergibt sich die Gleichung

$$x_0 = 1 = C_1$$

und für $k = 1$ ganz entsprechend

$$x_1 = 2 = -C_1 - C_2 = -1 - C_2 \quad\Longrightarrow\quad C_2 = -3.$$

Die Folgenglieder lassen sich mit der Formel

$$x_k = (-1)^k - 3\,k\,(-1)^k$$

bestimmen.

c) Zu der homogenen linearen Differenzengleichung der Ordnung 2

$$x_{k+2} - 2\,x_{k+1} + 5\,x_k = 0, \qquad k = 0, 1, 2, \ldots$$

mit den Anfangswerten $x_0 = 0$ und $x_1 = 4$ gehört die charakteristische Gleichung

$$\lambda^2 - 2\,\lambda + 5 = 0$$

mit den komplexen Eigenwerten $\lambda_{1,2} = 1 \pm 2\mathrm{i}$. Die Lösung kann in der Form

$$x_k = C_1\,(1 + 2\mathrm{i})^k + C_2\,(1 - 2\mathrm{i})^k$$

dargestellt werden. Die Konstanten C_1 und C_2 ermitteln wir erneut aus den Anfangswerten. Für $k = 0$ ergibt sich

$$x_0 = 0 = C_1 + C_2$$

und für $k = 1$ ganz entsprechend

$$x_1 = 4 = C_1 + 2\mathrm{i}\,C_1 - C_1 + 2\mathrm{i}\,C_1 = 4\mathrm{i}\,C_1 \quad\Longrightarrow\quad C_1 = -\mathrm{i},\; C_2 = \mathrm{i}.$$

Die Folgenglieder lassen sich mit der Formel

$$x_k = -\mathrm{i}\,(1 + 2\mathrm{i})^k + \mathrm{i}\,(1 - 2\mathrm{i})^k$$

bestimmen. ■

Bei einer inhomogenen Differenzengleichung in der Form

$$a_n\,x_{k+n} + a_{n-1}\,x_{k+n-1} + \ldots + a_2\,x_{k+2} + a_1\,x_{k+1} + a_0\,x_k = r_k$$

führt dieselbe Strategie wie bei Differenzialgleichungen zum Erfolg. Eine partikuläre Lösung bestimmen wir mit einem Störansatz. Die wichtigsten Typen von Störgliedern sind Polynome und Potenzfunktionen. Dabei ist die Variable der Laufindex k.

Merke 15.2 (Störansatztabelle)

Störglied	Ansatz für partikuläre Lösung
Polynom vom Grad n $r_k = r_0 + r_1 k + \ldots + r_n k^n$	Polynom vom Grad n $x_k = R_0 + R_1 k + \ldots + R_n k^n$
Potenzfunktion $r_k = a\,b^k$	Potenzfunktion $x_k = A\,b^k$

Bei Polynomen verwenden wir beim Ansatz für eine partikuläre Lösung denselben Grad n wie bei den Störgliedern. Wichtig hierbei ist, dass bei einem Polynom vom Grad n immer alle Unbekannten R_0, R_1, ..., R_n im Ansatz berücksichtigt werden, ansonsten kann ein Widerspruch auftreten. Bei einer Potenzfunktion haben Störglieder und Ansatz für eine partikuläre Lösung immer dieselbe Basis b.

Konstante Störglieder kann man als Polynom von Grad null oder als Potenzfunktion mit Basis 1 interpretieren. Unabhängig von der Interpretation wählen wir für ein konstantes Störglied eine Konstante als Ansatz für eine partikuläre Lösung.

Auch bei Differenzengleichungen kann es zu einer Art Resonanz kommen. Außerdem gilt das Superpositionsprinzip in analoger Weise zu linearen Differenzialgleichungen. Weitere Einzelheiten dazu betrachten wir hier jedoch nicht.

Beispiel 15.5 (Inhomogene lineare Differenzengleichung)

Bei der inhomogenen linearen Differenzengleichung zweiter Ordnung

$$x_{k+2} - 5\,x_{k+1} + 6\,x_k = 2\,k, \qquad k = 0, 1, 2, \ldots$$

mit den Anfangswerten $x_0 = 0$ und $x_1 = 1$ bestimmen wir zunächst die Lösung der homogenen Gleichung. Die charakteristische Gleichung

$$\lambda^2 - 5\,\lambda + 6 = 0 \quad \Longrightarrow \quad \lambda_{1,2} = \frac{5 \pm \sqrt{25 - 24}}{2}$$

hat die Eigenwerte $\lambda_1 = 2$ und $\lambda_2 = 3$. Somit lässt sich die homogene Lösung in der Form

$$x_k^h = C_1\,2^k + C_2\,3^k$$

darstellen. Den Ansatz für eine partikuläre Lösung

$$x_k^p = A + B\,k \quad \Longrightarrow \quad x_{k+1}^p = A + B\,(k+1), \quad x_{k+2}^p = A + B\,(k+2)$$

eingesetzt in die Differenzengleichung ergibt

$$2\,A - 3\,B + 2\,B\,k = 2\,k.$$

Durch Koeffizientenvergleich erhalten wir $B = 1$ und $A = \frac{3}{2}$ und damit

$$x_k = x_k^h + x_k^p = C_1\,2^k + C_2\,3^k + \frac{3}{2} + k\,.$$

Die Konstanten C_1 und C_2 ermitteln wir aus den Anfangswerten. Für $k = 0$ ergibt sich

$$x_0 = 0 = C_1 + C_2 + \frac{3}{2} \quad \Longrightarrow \quad C_2 = -C_1 - \frac{3}{2}$$

und für $k = 1$ erhalten wir

$$x_1 = 1 = 2\,C_1 + 3\,C_2 + \frac{5}{2} = 2\,C_1 + 3\left(-C_1 - \frac{3}{2}\right) + \frac{5}{2} = -C_1 - 2 \Longrightarrow C_1 = -3,\; C_2 = \frac{3}{2}\,.$$

Somit entsteht die Formel

$$x_k = -3 \cdot 2^k + \frac{3}{2} \cdot 3^k + \frac{3}{2} + k\,,$$

mit der man die Folgenglieder bestimmen kann. ■

15.2 Systeme linearer Differenzengleichungen

Systeme von Differenzengleichungen bestehen aus mehreren rekursiv definierten Folgen, die untereinander gekoppelt sind. Die einzelnen Folgenglieder können bei einem gekoppelten System nicht getrennt voneinander berechnet werden.

Zur übersichtlichen Darstellung von Systemen linearer Differenzengleichungen verwendet man am besten die Vektor-Matrix-Schreibweise. Diese ist uns vom Umgang mit linearen Gleichungssystemen bereits gut vertraut.

Definition 15.3 (System linearer Differenzengleichungen erster Ordnung)
Ein System linearer Differenzengleichungen erster Ordnung wird in Vektor-Matrix-Notation dargestellt durch

$$\boldsymbol{x}_{k+1} = \boldsymbol{A}\,\boldsymbol{x}_k + \boldsymbol{r}_k, \qquad k = 0, 1, 2, \ldots$$

Falls $\boldsymbol{r}_k$ der Nullvektor ist, nennt man das System homogen, sonst inhomogen.

Beispiel 15.6 (System linearer Differenzengleichungen)
Durch die beiden Gleichungen

$$\begin{array}{lclcl} x_{k+1} & = & 4\,x_k & + & y_k \\ y_{k+1} & = & 3\,x_k & + & 2\,y_k \end{array} \qquad k = 0, 1, 2, \ldots$$

wird ein System linearer Differenzengleichungen der Ordnung 1 beschrieben. Mit den Anfangswerten $x_0 = 1$ und $y_0 = 0$ ergeben sich die Folgenglieder

$$x_0 = 1, \quad y_0 = 0, \quad x_1 = 4, \quad y_1 = 3, \quad x_2 = 19, \quad y_2 = 18, \quad \ldots$$

In Vektor-Matrix-Schreibweise erhalten wir die Darstellung

$$\underbrace{\begin{pmatrix} x_{k+1} \\ y_{k+1} \end{pmatrix}}_{\boldsymbol{x}_{k+1}} = \underbrace{\begin{pmatrix} 4 & 1 \\ 3 & 2 \end{pmatrix}}_{\boldsymbol{A}} \underbrace{\begin{pmatrix} x_k \\ y_k \end{pmatrix}}_{\boldsymbol{x}_k} \qquad \Longrightarrow \qquad \boldsymbol{x}_{k+1} = \boldsymbol{A}\,\boldsymbol{x}_k\,.$$

Der Vektor $\boldsymbol{x}_{k+1}$ mit den einzelnen Folgengliedern berechnet sich aus dem Produkt der Matrix $\boldsymbol{A}$ mit dem Vektor der vorhergehenden Folgenglieder $\boldsymbol{x}_k$. Für $k = 0$ erhalten wir

$$\underbrace{\begin{pmatrix} x_1 \\ y_1 \end{pmatrix}}_{\boldsymbol{x}_1} = \underbrace{\begin{pmatrix} 4 & 1 \\ 3 & 2 \end{pmatrix}}_{\boldsymbol{A}} \underbrace{\begin{pmatrix} 1 \\ 0 \end{pmatrix}}_{\boldsymbol{x}_0} = \underbrace{\begin{pmatrix} 4 \\ 3 \end{pmatrix}}_{\boldsymbol{x}_1}.$$

Im zweiten Schritt wird das Ergebnis nochmals mit der Matrix $\boldsymbol{A}$ multipliziert:

$$\boldsymbol{x}_2 = \boldsymbol{A}\,\boldsymbol{x}_1 = \boldsymbol{A}\,\boldsymbol{A}\,\boldsymbol{x}_0 = \boldsymbol{A}^2\,\boldsymbol{x}_0\,.$$

Mit der Matrix $\boldsymbol{A}^2$ kann man $\boldsymbol{x}_2$ also direkt aus $\boldsymbol{x}_0$ bestimmen. Das Verhalten des Systems wird durch die Potenzen der Matrix $\boldsymbol{A}$ festgelegt. ■

Systeme höherer Ordnung lassen sich in Systeme erster Ordnung überführen. Dabei verwendet man das Prinzip der Zustandsvariablen, das wir bereits bei Differenzialgleichungen kennengelernt haben. Wir konzentrieren uns deshalb auf Systeme erster Ordnung.

15.2.1 Homogene Systeme erster Ordnung

Die Lösungsstrategie für Systeme linearer Differenzengleichungen liegt auf der Hand. Wir berechnen zuerst die Lösungen des homogenen Systems und dann eine Lösung des inhomogenen Systems. Schließlich addieren wir diese Lösungen.

Zur Bestimmung der allgemeinen Lösung des homogenen Systems linearer Differenzengleichungen

$$\boldsymbol{x}_{k+1} = \boldsymbol{A}\,\boldsymbol{x}_k, \qquad k = 0, 1, 2, \ldots$$

verwenden wir den Potenzansatz, der schon bei einfachen linearen Differenzengleichungen zum Erfolg geführt hat:

$$\boldsymbol{x}_k = \lambda^k \boldsymbol{v}\,.$$

Dieser Ansatz gilt für jeden Index, also nicht nur für k sondern auch für $k+1$:

$$\boldsymbol{x}_{k+1} = \lambda^{k+1} \boldsymbol{v}\,.$$

Unser Ziel ist es, Zahlen λ und Vektoren $\boldsymbol{v}$ so zu bestimmen, dass der Ansatz zu Lösungen des Systems führt. Eingesetzt in die Differenzengleichung liefert dieser Ansatz

$$\lambda^{k+1} \boldsymbol{v} = \boldsymbol{A}\,\lambda^k \boldsymbol{v}\,.$$

Wir können mit λ^k kürzen und erhalten

$$\lambda\,\boldsymbol{v} = \boldsymbol{A}\,\boldsymbol{v}\,.$$

Mit anderen Worten: Unsere gesuchten Zahlen λ sind Eigenwerte der Matrix $\boldsymbol{A}$ und die Vektoren $\boldsymbol{v}$ sind Eigenvektoren zum jeweiligen Eigenwert λ.

Satz 15.4 (System homogener linearer Differenzengleichungen)

Die Lösung eines Systems homogener linearer Differenzengleichungen in der Form

$$\boldsymbol{x}_{k+1} = \boldsymbol{A}\,\boldsymbol{x}_k, \qquad k = 0, 1, 2, \ldots$$

berechnet man aus den Eigenwerten λ der charakteristischen Gleichung

$$|\boldsymbol{A} - \lambda \boldsymbol{E}| = 0$$

und den Eigenvektoren $\boldsymbol{v}$ zu den Eigenwerten λ aus der Gleichung

$$(\boldsymbol{A} - \lambda \boldsymbol{E})\,\boldsymbol{v} = \boldsymbol{0}\,.$$

Wenn alle Eigenwerte λ_1, λ_2, …, λ_n verschieden sind, lässt sich die Lösung durch

$$\boldsymbol{x}_k = C_1\,\lambda_1^k\,\boldsymbol{v}_1 + C_2\,\lambda_2^k\,\boldsymbol{v}_2 + \ldots + C_n\,\lambda_n^k\,\boldsymbol{v}_n$$

darstellen.

Beispiel 15.7 (Homogenes System linearer Differenzengleichungen)

Die charakteristische Gleichung des linearen Differenzengleichungssystems, das wir aus Beispiel 15.6 kennen,

$$\begin{vmatrix} 4-\lambda & 1 \\ 3 & 2-\lambda \end{vmatrix} = \lambda^2 - 6\,\lambda + 5 = 0 \quad \Longrightarrow \quad \lambda_{1,2} = \frac{6 \pm \sqrt{36-20}}{2}$$

liefert die beiden Eigenwerte $\lambda_1 = 1$ und $\lambda_2 = 5$. Die Eigenvektoren berechnet man aus

$$\begin{array}{cc|c} 3 & 1 & 0 \\ 3 & 1 & 0 \end{array} \;\longrightarrow\; \boldsymbol{v_1} = \begin{pmatrix} -1 \\ 3 \end{pmatrix}, \qquad \begin{array}{cc|c} -1 & 1 & 0 \\ 3 & -3 & 0 \end{array} \;\longrightarrow\; \boldsymbol{v_2} = \begin{pmatrix} 1 \\ 1 \end{pmatrix}.$$

Die Konstanten C_1 und C_2 der homogenen Lösung

$$\begin{pmatrix} x_k \\ y_k \end{pmatrix} = C_1 \cdot 1^k \begin{pmatrix} -1 \\ 3 \end{pmatrix} + C_2 \cdot 5^k \begin{pmatrix} 1 \\ 1 \end{pmatrix}$$

müssen so gewählt werden, dass die Anfangswerte $x_0 = 1$ und $y_0 = 0$ passen:

$$\begin{pmatrix} x_0 \\ y_0 \end{pmatrix} = C_1 \begin{pmatrix} -1 \\ 3 \end{pmatrix} + C_2 \begin{pmatrix} 1 \\ 1 \end{pmatrix} = \begin{pmatrix} 1 \\ 0 \end{pmatrix} \quad \Longrightarrow \quad C_1 = -\frac{1}{4},\; C_2 = \frac{3}{4}.$$

Mit der Formel

$$\begin{pmatrix} x_k \\ y_k \end{pmatrix} = -\frac{1}{4} \begin{pmatrix} -1 \\ 3 \end{pmatrix} + \frac{3}{4} \cdot 5^k \begin{pmatrix} 1 \\ 1 \end{pmatrix}$$

können die Folgenglieder direkt berechnet werden. ▪

Satz 15.4 sagt nichts darüber aus, wie man vorgehen soll, wenn Eigenwerte mehrfach vorkommen. Bei mehrfachen Eigenwerten besteht das Problem darin, passende Vektoren zu bestimmen. Diese Vektoren werden als Hauptvektoren bezeichnet. Hauptvektoren lassen sich mithilfe der Jordanschen Normalform, benannt nach dem französischen Mathematiker Marie Ennemond Camille Jordan, oder mithilfe von Minimalpolynomen bestimmen. Einzelheiten dazu findet man in der Literatur. Im folgenden Beispiel illustrieren wir die Vorgehensweise für einen doppelten Eigenwert.

Beispiel 15.8 (System linearer Differenzengleichungen mit doppeltem Eigenwert)

Das System linearer Differenzengleichungen

$$\begin{pmatrix} x_{k+1} \\ y_{k+1} \end{pmatrix} = \begin{pmatrix} 2 & 1 \\ -1 & 0 \end{pmatrix} \begin{pmatrix} x_k \\ y_k \end{pmatrix}, \qquad k = 0, 1, 2, \ldots$$

hat die charakteristische Gleichung

$$\begin{vmatrix} 2-\lambda & 1 \\ -1 & -\lambda \end{vmatrix} = \lambda^2 - 2\,\lambda + 1 = (\lambda - 1)^2 = 0$$

mit dem doppelten Eigenwert $\lambda = 1$. Einen Eigenvektor berechnet man aus

$$(\boldsymbol{A} - \lambda \boldsymbol{E})\,\boldsymbol{v} = \boldsymbol{0} \quad \Longrightarrow \quad \begin{array}{cc|c} 1 & 1 & 0 \\ -1 & -1 & 0 \end{array} \;\longrightarrow\; \boldsymbol{v} = \begin{pmatrix} 1 \\ -1 \end{pmatrix}.$$

Für die Lösung benötigen wir noch einen zweiten Vektor, den wir mit $\boldsymbol{w}$ bezeichnen.

Der Trick besteht nun darin, diesen Vektor $\boldsymbol{w}$ aus der Beziehung

$$(\boldsymbol{A}-\lambda\boldsymbol{E})\,\boldsymbol{w}=\boldsymbol{v} \quad\Longrightarrow\quad \begin{array}{rr|r} 1 & 1 & 1 \\ -1 & -1 & -1 \end{array} \quad\longrightarrow\quad \boldsymbol{w}=\begin{pmatrix} 1 \\ 0 \end{pmatrix}$$

zu ermitteln. Auch die Lösung dieses linearen Gleichungssystems ist nicht eindeutig bestimmt. Uns genügt jedoch ein beliebiger Vektor $\boldsymbol{w}$, der das lineare Gleichungssystem löst. Die Lösungen des homogenen Systems setzen sich aus $\boldsymbol{v}$ und $\boldsymbol{w}$ zusammen:

$$\boldsymbol{x}_k = C_1\cdot\lambda^k\,\boldsymbol{v}+C_2\cdot\lambda^k\,(\boldsymbol{w}+k\,\boldsymbol{v})\,.$$

In unserem Beispiel ergibt das

$$\begin{pmatrix} x_k \\ y_k \end{pmatrix} = C_1\begin{pmatrix} 1 \\ -1 \end{pmatrix}+C_2\begin{pmatrix} 1+k \\ -k \end{pmatrix}.$$

Da die beiden Vektoren $\boldsymbol{v}$ und $\boldsymbol{w}$ linear unabhängig sind, kann man für $k=0$ beliebige Anfangswerte vorgeben. ▪

15.2.2 Inhomogene Systeme erster Ordnung

Bei einem inhomogenen System benötigen wir zusätzlich zu den Lösungen des homogenen Systems noch eine Lösung des inhomogenen Systems. Diese Lösung erhalten wir durch einen geeigneten Störansatz. Dabei gelten dieselben Prinzipien wie bei inhomogenen linearen Differenzengleichungen.

Beispiel 15.9 (Inhomogenes System linearer Differenzengleichungen)

Das inhomogene System linearer Differenzengleichungen der Ordnung 1

$$\begin{pmatrix} x_{k+1} \\ y_{k+1} \end{pmatrix} = \begin{pmatrix} 2 & \frac{1}{3} \\ 5 & \frac{4}{3} \end{pmatrix}\begin{pmatrix} x_k \\ y_k \end{pmatrix}+\begin{pmatrix} 2 \\ -2 \end{pmatrix}, \qquad k=0,1,2,\ldots$$

hat die charakteristische Gleichung

$$\begin{vmatrix} 2-\lambda & \frac{1}{3} \\ 5 & \frac{4}{3}-\lambda \end{vmatrix} = \lambda^2-\frac{10}{3}\lambda+1=0$$

mit den Eigenwerten

$$\lambda_{1,2}=\frac{\frac{10}{3}\pm\sqrt{\frac{100}{9}-4}}{2}=\frac{\frac{10}{3}\pm\frac{8}{3}}{2}=\frac{5}{3}\pm\frac{4}{3}\,.$$

Die Eigenvektoren zu den Eigenwerten $\lambda_1=3$ und $\lambda_2=\frac{1}{3}$ ergeben sich aus

$$\begin{array}{rr|r} -1 & \frac{1}{3} & 0 \\ 5 & -\frac{5}{3} & 0 \end{array} \quad\longrightarrow\quad \boldsymbol{v_1}=\begin{pmatrix} 1 \\ 3 \end{pmatrix}, \qquad \begin{array}{rr|r} \frac{5}{3} & \frac{1}{3} & 0 \\ 5 & 1 & 0 \end{array} \quad\longrightarrow\quad \boldsymbol{v_2}=\begin{pmatrix} -1 \\ 5 \end{pmatrix}.$$

Die Störglieder hängen nicht vom Laufindex k ab. Deshalb verwenden wir den Ansatz

$$\begin{pmatrix} x_k^p \\ y_k^p \end{pmatrix} = \begin{pmatrix} A \\ B \end{pmatrix} \quad\Longrightarrow\quad \begin{pmatrix} x_{k+1}^p \\ y_{k+1}^p \end{pmatrix} = \begin{pmatrix} A \\ B \end{pmatrix}$$

mit konstanten Folgegliedern.

Die Konstanten A und B berechnen wir durch Einsetzen in die Differenzengleichung

$$\begin{pmatrix} A \\ B \end{pmatrix} = \begin{pmatrix} 2 & \frac{1}{3} \\ 5 & \frac{4}{3} \end{pmatrix} \begin{pmatrix} A \\ B \end{pmatrix} + \begin{pmatrix} 2 \\ -2 \end{pmatrix}.$$

Dieses lineare Gleichungssystem für A und B

$$\begin{array}{cc|c} 1 & \frac{1}{3} & -2 \\ 5 & \frac{1}{3} & 2 \end{array} \sim \begin{array}{cc|c} 1 & \frac{1}{3} & -2 \\ 0 & -\frac{4}{3} & 12 \end{array}$$

hat die eindeutige Lösung $A = 1$ und $B = -9$. Somit lassen sich alle Lösungen

$$\begin{pmatrix} x_k \\ y_k \end{pmatrix} = C_1 \cdot 3^k \begin{pmatrix} 1 \\ 3 \end{pmatrix} + C_2 \cdot \left(\frac{1}{3}\right)^k \begin{pmatrix} -1 \\ 5 \end{pmatrix} + \begin{pmatrix} 1 \\ -9 \end{pmatrix}$$

in expliziter Form darstellen. ■

15.2.3 Asymptotisches Verhalten

Wir untersuchen nun das asymptotische Verhalten eines Systems. Darunter versteht man das Verhalten von $\boldsymbol{x}_k$ für große Werte von k, mathematisch formuliert, den Grenzwert für $k \to \infty$. Da wir mehrere untereinander gekoppelte Folgen betrachten, erhalten wir nur dann einen Grenzwert, wenn jede einzelne Folge gegen einen Grenzwert konvergiert. Wir betrachten in diesem Abschnitt nur Systeme der Form

$$\boldsymbol{x}_{k+1} = \boldsymbol{A}\,\boldsymbol{x}_k + \boldsymbol{r}\,,$$

also Gleichungen, bei denen die Inhomogenität nicht vom Index k abhängt. Falls zwei aufeinander folgende Glieder $\boldsymbol{x}_k$ und $\boldsymbol{x}_{k+1}$ den gleichen Wert $\boldsymbol{x} = \boldsymbol{x}_k = \boldsymbol{x}_{k+1}$ haben, gilt

$$\boldsymbol{x}_{k+2} = \boldsymbol{A}\,\boldsymbol{x}_{k+1} + r = \boldsymbol{A}\,\boldsymbol{x}_k + r = \boldsymbol{x}_{k+1} \quad \Longrightarrow \quad \boldsymbol{x} = \boldsymbol{x}_k = \boldsymbol{x}_{k+1} = \boldsymbol{x}_{k+2} = \ldots$$

Somit haben auch alle weiteren Folgenglieder den Wert $\boldsymbol{x}$:

$$\boldsymbol{x} = \boldsymbol{A}\,\boldsymbol{x} + \boldsymbol{r}$$

Diesen Fixpunkt $\boldsymbol{x}$ kann man aus einem linearen Gleichungssystem ermitteln.

Definition 15.4 (Fixpunkt eines Systems linearer Differenzengleichungen)
Bei einem System linearer Differenzengleichungen erster Ordnung

$$\boldsymbol{x}_{k+1} = \boldsymbol{A}\,\boldsymbol{x}_k + \boldsymbol{r}, \qquad k = 0, 1, 2, \ldots$$

bezeichnet man die Lösungen $\boldsymbol{x}$ des linearen Gleichungssystems

$$\boldsymbol{x} = \boldsymbol{A}\,\boldsymbol{x} + \boldsymbol{r}$$

als Fixpunkte oder Gleichgewichtspunkte.

Ein inhomogenes lineares Gleichungssystem kann eine eindeutige Lösung, gar keine Lösung oder unendlich viele Lösungen haben. Folglich kann ein System linearer Differenzengleichungen einen eindeutigen Fixpunkt, keinen Fixpunkt oder unendlich viele Fixpunkte besitzen.

Ein homogenes lineares Gleichungssystem hat immer die triviale Lösung. Der Nullvektor ist folglich immer ein Fixpunkt eines homogenen Systems linearer Differenzengleichungen. Ein homogenes System, bei dem alle Lösungen, unabhängig von den Anfangswerten, gegen den Nullvektor konvergieren, bezeichnet man als asymptotisch stabil.

Definition 15.5 (Asymptotische Stabilität)

Ein homogenes System linearer Differenzengleichungen erster Ordnung

$$\boldsymbol{x}_{k+1} = \boldsymbol{A}\,\boldsymbol{x}_k, \quad k = 0, 1, 2, \ldots$$

bezeichnet man als asymptotisch stabil, wenn alle Lösungen gegen null gehen:

$$\lim_{k\to\infty} \boldsymbol{x}_k = \boldsymbol{0}.$$

Dies ist genau dann der Fall, wenn der Betrag aller Eigenwerte λ_k kleiner als eins ist:

$$|\lambda_k| < 1, \quad k = 1, 2, \ldots, n.$$

Beispiel 15.10 (Asymptotisches Verhalten eines Systems linearer Differenzengleichungen)

Bei dem System linearer Differenzengleichungen in Beispiel 15.9 haben alle Lösungen die explizite Form

$$\begin{pmatrix} x_k \\ y_k \end{pmatrix} = C_1 \cdot 3^k \begin{pmatrix} 1 \\ 3 \end{pmatrix} + C_2 \cdot \left(\frac{1}{3}\right)^k \begin{pmatrix} -1 \\ 5 \end{pmatrix} + \begin{pmatrix} 1 \\ -9 \end{pmatrix}.$$

Der Fixpunkt, definiert durch die Gleichung

$$\boldsymbol{x} = \boldsymbol{A}\,\boldsymbol{x} + \boldsymbol{r},$$

entspricht der Lösung, die wir durch einen Störansatz ermittelt haben:

$$\begin{pmatrix} x \\ y \end{pmatrix} = \begin{pmatrix} 2 & \frac{1}{3} \\ 5 & \frac{4}{3} \end{pmatrix} \begin{pmatrix} x \\ y \end{pmatrix} + \begin{pmatrix} 2 \\ -2 \end{pmatrix} \quad \Longrightarrow \quad \boldsymbol{x} = \begin{pmatrix} 1 \\ -9 \end{pmatrix}.$$

Da der Betrag von $\lambda_1 = 3$ nicht kleiner als 1 ist, ist das homogene System nicht asymptotisch stabil. Wenn wir die Anfangswerte so wählen, dass $C_1 = 0$ ist, dann konvergiert die Folge gegen den Fixpunkt, denn

$$\lim_{k\to\infty} \left(\tfrac{1}{3}\right)^k = 0.$$

Somit konvergiert die Folge für alle Anfangswerte in der Form

$$\begin{pmatrix} x_0 \\ y_0 \end{pmatrix} = C \begin{pmatrix} -1 \\ 5 \end{pmatrix} + \begin{pmatrix} 1 \\ -9 \end{pmatrix}$$

gegen den Fixpunkt $\boldsymbol{x}$. Für alle anderen Anfangswerte wächst der Betrag der Folgenglieder wegen des Grenzwerts

$$\lim_{k\to\infty} 3^k = \infty$$

mit fortlaufendem Index unbeschränkt. ■

15.3 Anwendungen

In diesem Abschnitt betrachten wir eine Anwendung von Differenzengleichungen in den Wirtschaftswissenschaften. Eine Anwendung aus der Informatik findet man im Kapitel über die z-Transformation in Abschnitt 20.4.

15.3.1 Darlehen

Ein Darlehen mit konstanten Rückzahlungsbeträgen bezeichnet man als Annuitätendarlehen. Wir betrachten ein Darlehen mit einer Kreditsumme S_0, das mit jährlichen Raten R zurückbezahlt wird. Außerdem gehen wir davon aus, dass über die gesamte Laufzeit des Kredits ein fester jährlicher Zinssatz i vereinbart ist. Die Kreditsumme S_k nach k Jahren erfüllt die Differenzengleichung

$$S_{k+1} = q\,S_k - R, \quad k = 0, 1, 2, \ldots, \quad q = 1 + i\,.$$

Für die Restschuld nach k Jahren fallen Zinsen an, deshalb wird S_k mit dem Faktor q multipliziert. Die jährliche Rate wird abgezogen. Die Lösungsformel aus Satz 15.2 liefert

$$S_k = q^k\,S_0 - q^{k-1}\,R - \ldots - q^2\,R - q\,R - R = q^k\,S_0 - \left(q^{k-1} + \ldots + q^2 + q + 1\right)R\,.$$

Für den Ausdruck in der Klammer ergibt sich aus der geometrischen Reihe

$$S_k = q^k\,S_0 - \frac{q^k - 1}{q - 1}R = q^k\,S_0 - \frac{q^k - 1}{i}R\,.$$

Möchte man die Laufzeit n des Darlehens berechnen, so muss man die Gleichung

$$0 = q^n\,S_0 - \frac{q^n - 1}{i}R \quad \Longrightarrow \quad q^n\left(\frac{R}{i} - S_0\right) = \frac{R}{i}$$

nach n auflösen. Es ergibt sich mit

$$q^n\left(\frac{R - i\,S_0}{i}\right) = \frac{R}{i} \quad \Longrightarrow \quad q^n = \frac{R}{R - i\,S_0} \quad \Longrightarrow \quad n = \frac{\ln(R) - \ln(R - i\,S_0)}{\ln(q)}$$

die Laufzeit des Darlehens.

Beispiel 15.11 (Annuitätendarlehen)

Eine Kreditsumme $S_0 = 100\,000$ € wird in jährlichen Raten zu $R = 10\,000$ € abbezahlt. Im Kreditvertrag ist ein fester jährlicher Zinssatz von $5\,\%$ vereinbart. Dann beträgt die Restschuld nach $k = 10$ Jahren

$$S_{10} = q^{10}\,S_0 - \frac{q^{10} - 1}{i}R = 1.05^{10} \cdot 100\,000 - \frac{1.05^{10} - 1}{0.05} \cdot 10\,000 = 37\,110.54\,€\,.$$

Die Laufzeit n des Darlehens ergibt sich zu

$$n = \frac{\ln(R) - \ln(R - i\,S_0)}{\ln(q)} = \frac{\ln(10\,000) - \ln(5\,000)}{\ln(1.05)} = \frac{\ln(2)}{\ln(1.05)} \approx 14.2\,.$$

Nach 14 Jahren bleibt also noch eine Restschuld, die kleiner als eine Rate R ist, um den Kredit vollständig zu tilgen. ■

15.4 Aufgaben

15.4.1 Rechnung und Training

Aufgabe 15.1 (Inhomogene Differenzengleichung der Ordnung 1) ★★

Geben Sie die Folgenglieder x_1, x_2, x_3, x_4 der Differenzengleichung

$$x_{k+1} = 2\,x_k + 4, \qquad k = 0, 1, 2, \ldots$$

zum Anfangswert $x_0 = 3$ an. Bestimmen Sie eine Formel, mit der man x_k direkt für jeden Index k berechnen kann.

Aufgabe 15.2 (Homogene Differenzengleichung der Ordnung 2) ★★★

Geben Sie für die Differenzengleichung

$$x_{k+2} = \frac{3}{2}\,x_{k+1} - \frac{1}{2}\,x_k, \qquad k = 0, 1, 2, \ldots$$

die Folgenglieder x_2, x_3, x_4 zu den Anfangswerten $x_0 = 1$ und $x_1 = 2$ an. Bestimmen Sie eine Formel, mit der man x_k direkt für jeden Index k berechnen kann.

Aufgabe 15.3 (Differenzengleichungssystem der Ordnung 2) ★★★★

Gegeben ist das lineare Differenzengleichungssystem

$$\begin{aligned} x_{k+1} &= x_k + 3\,y_k - 6 \\ y_{k+1} &= x_k + \frac{3}{2}\,y_k + 5 \end{aligned} \qquad k = 0, 1, 2, \ldots$$

a) Berechnen Sie die allgemeine Lösung des homogenen Differenzengleichungssystems.

b) Bestimmen Sie den Fixpunkt des Systems.

c) Für welche Anfangswerte x_0 und y_0 konvergiert die Lösung des Differenzengleichungssystems gegen den Fixpunkt?

15.4.2 Anwendung

Aufgabe 15.4 (Heron-Verfahren) ★★★

Geben Sie die Folgenglieder x_1 und x_2 der Differenzengleichung

$$x_{k+1} = \frac{2\,x_k^3 + 5}{3\,x_k^2}, \qquad k = 0, 1, 2, \ldots$$

zum Anfangswert $x_0 = 1$ an. Gegen welchen Wert konvergiert die Folge?

Aufgabe 15.5 (Darlehen) ★★★

Eine Kreditsumme $S_0 = 100\,000$ € wird in jährlich konstanten Raten abbezahlt. Der jährliche Zinssatz beträgt $5\ \%$. Wie hoch muss man die jährliche Rate R ansetzen, damit der Kredit nach genau 10 Jahren vollständig zurückbezahlt ist?

16 Fourier-Reihen

In diesem Kapitel beschäftigen wir uns intensiv mit periodischen Funktionen. Periodische Funktionen haben eine immense Bedeutung in den Naturwissenschaften und in der Technik. Die Analyse von Schwingungsvorgängen ist grundlegend für die Signalverarbeitung. Elektrische und mechanische Antriebe führen zu Schwingungen und damit zu periodischen Funktionen. Außerdem basieren viele Methoden in der digitalen Bild- und Tonbearbeitung auf dem Verhalten periodischer Funktionen. Der Schlüssel für das Verständnis periodischer Funktionen liegt in der Darstellung mithilfe von Fourier-Reihen.

Bei der Darstellung einer Funktion durch Potenzreihen greift man eine einzige Entwicklungsstelle heraus. Potenzreihen liegt eine Annäherung von Funktionen durch Polynome zugrunde. Die Approximationsgüte dieser Polynome ist somit um so besser, je näher man sich an der gewählten Entwicklungsstelle befindet.

Für periodische Funktionen hat sich eine grundlegend andere Strategie bewährt. Die Annäherung erfolgt hier durch geeignete Kombinationen von Sinus- und Kosinusfunktionen. Dabei findet die Annäherung gleichmäßig über eine volle Periode der Funktion statt. Die grundlegenden Ideen hat der französische Mathematiker Jean Baptiste Joseph Fourier Anfang des 19. Jahrhunderts veröffentlicht. Zu den wichtigsten Erkenntnissen der Mathematik des 19. Jahrhunderts gehört, Funktionen nicht nur punktweise, sondern gleichmäßig über einem ganzen Bereich zu betrachten.

16.1 Fourier-Analyse

Die Zerlegung einer periodischen Funktion in eine Summe von Sinus- und Kosinustermen bezeichnet man als Fourier-Analyse. Im Rahmen einer solchen Analyse wird sichtbar, welche Schwingungsanteile die periodische Funktion besitzt.

16.1.1 Periodische Funktionen

Periodische Funktionen haben wir bereits in Abschnitt 5.3.2 betrachtet. Im Zusammenhang mit Fourier-Reihen werden oft zeitabhängige Vorgänge betrachtet. Deshalb verwenden wir in diesem Kapitel für die unabhängige Variable die Notation t. Dabei wird die Periode T oft auch als Schwingungsdauer bezeichnet. Die für Anwendungen in Naturwissenschaften und Technik wichtigen Begriffe Periode T und Kreisfrequenz ω wollen wir uns an ein paar einfachen Beispielen veranschaulichen.

Beispiel 16.1 (Rechteckfunktion)

Der Prototyp einer periodischen Funktion, die auf dem Intervall $(-1, 0]$ den Wert -1 und auf dem Intervall $(0, 1]$ den Wert 1 hat, ist definiert durch die Darstellung

$$f(t) = \begin{cases} -1 & \text{für} \quad -1 < t \leq 0 \\ 1 & \text{für} \quad 0 < t \leq 1 \,. \end{cases}$$

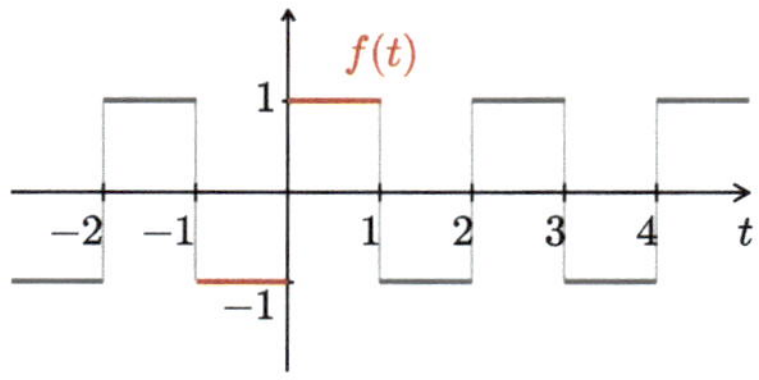

Die periodische Fortsetzung $f(t+2) = f(t)$ erzeugt eine periodische Funktion mit Periode $T = 2$ und Kreisfrequenz $\omega = \pi$, die für alle reellen Zahlen definiert ist. Rechteckfunktionen sind vor allem in der Signalverarbeitung von großer Bedeutung. ▪

Beispiel 16.2 (Sägezahnfunktion)

Wir betrachten den Funktionsprototyp $f(t) = t$ auf dem Intervall $(-\pi, \pi]$. Durch die periodische Fortsetzung $f(t + 2\pi) = f(t)$ entsteht eine periodische Funktion mit Periode $T = 2\pi$ und Kreisfrequenz $\omega = 1$, die für alle reellen Zahlen definiert ist. In der Elektrotechnik bezeichnet man Sägezahnfunktionen als Kippschwingungen. Sie treten bei Ladevorgängen auf, bei denen auf eine langsame Aufladung eine schnelle Entladung folgt. ▪

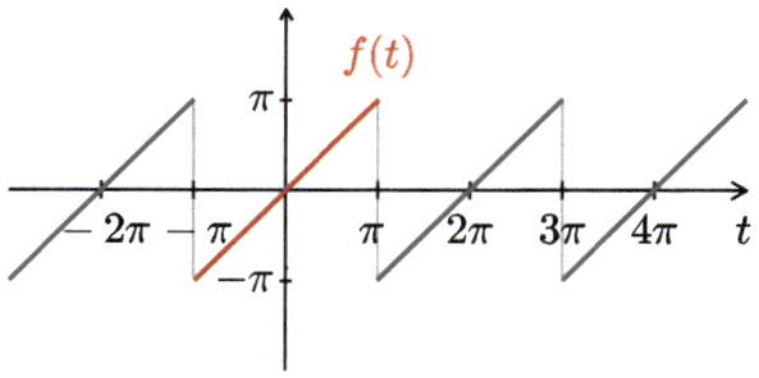

Die Rechteckfunktion aus Beispiel 16.1 und die Sägezahnfunktion aus Beispiel 16.2 verlaufen über die Zeit gemittelt gleich lange oberhalb und unterhalb der t-Achse. Dabei sind die Flächenstücke, die die Funktion oberhalb der t-Achse und unterhalb der t-Achse jeweils mit der t-Achse einschließen, gleich groß.

Nicht alle periodischen Funktionen verlaufen auf diese Art symmetrisch zur t-Achse. Eine Verschiebung der Funktion kann mithilfe des Mittelwerts m aus Definition 9.5 bestimmt werden. Dazu definiert man bei einer periodischen Funktion das Verhältnis aus vorzeichenbehaftetem Flächeninhalt über eine volle Periode und der Periode selbst als Mittelwert.

Definition 16.1 (Mittelwert einer periodischen Funktion)

Bei einer Funktion f mit Periode T bezeichnet man das Verhältnis aus dem Integral über eine volle Periode und der Periode selbst

$$m = \frac{\text{Integral über eine Periode}}{\text{Periode}} = \frac{1}{T} \int_{-\frac{T}{2}}^{\frac{T}{2}} f(t)\, \mathrm{d}t$$

als Mittelwert oder Gleichanteil.

Da die Funktion periodisch ist, kann man das Integrationsintervall in Definition 16.1 beliebig wählen, sofern es sich über eine komplette Periode erstreckt. Möglich ist also auch eine Integration von 0 bis T.

Beispiel 16.3 (Dreieckfunktion)

Der Funktionsprototyp $f(t) = |t|$ auf dem Intervall $(-\pi, \pi]$ erzeugt durch die periodische Fortsetzung $f(t + 2\pi) = f(t)$ eine Funktion mit Periode $T = 2\pi$ und Kreisfrequenz $\omega = 1$. Der Mittelwert ergibt sich aus dem Verhältnis von Fläche zu Periode und beträgt

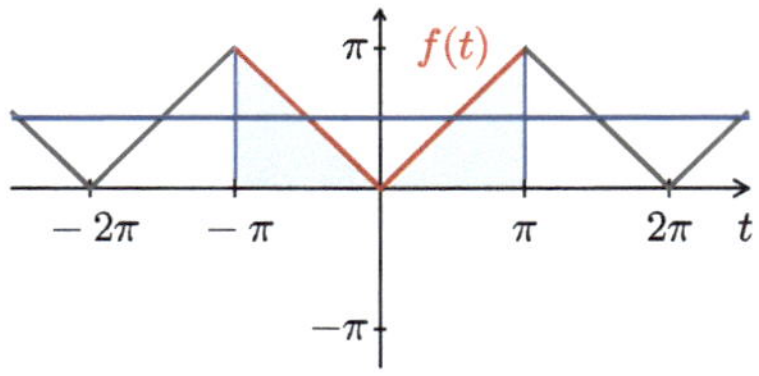

$$m = \frac{1}{2\pi} \int_{-\pi}^{\pi} f(t)\,\mathrm{d}t = \frac{1}{2\pi}\pi^2 = \frac{\pi}{2}.$$

Die Dreieckfunktion wird in der Signalverarbeitung zur Darstellung von Signalverläufen verwendet. In der Technik verwendet man Dreieckfunktionen für Filter. ▪

16.1.2 Trigonometrische Polynome

Die Funktionen $\cos(\omega t)$ und $\sin(\omega t)$ haben die kleinste Periode $T = \frac{2\pi}{\omega}$. Die kleinste Periode der Funktionen $\cos(2\omega t)$ und $\sin(2\omega t)$ ist zwar $\frac{T}{2}$, trotzdem sind auch diese Funktionen periodisch mit der Periode T. Auch die Funktionen $\cos(3\omega t)$ und $\sin(3\omega t)$ sind periodisch mit der Periode T.

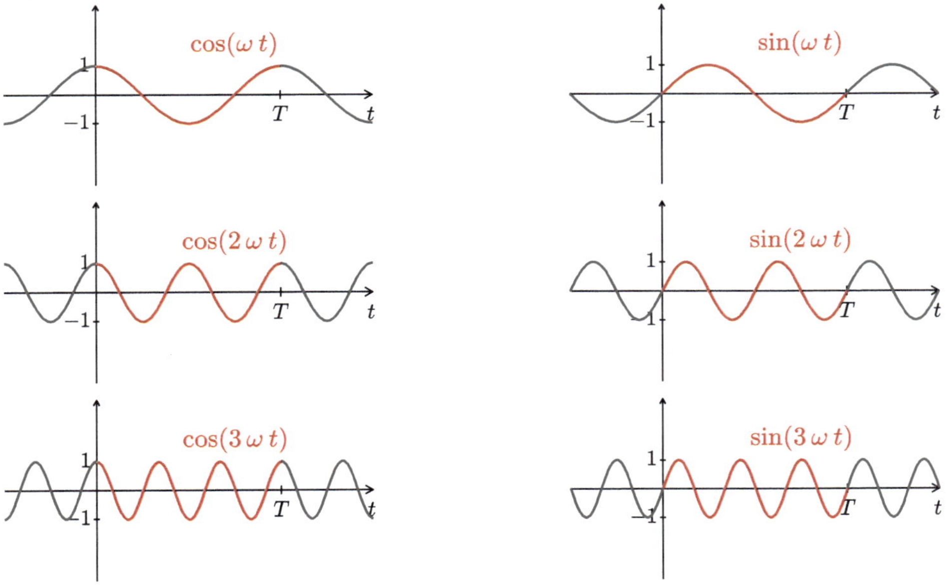

Merke 16.1 (Periode von $\sin(k\omega t)$ und $\cos(k\omega t)$)

Die Funktionen $\sin(k\omega t)$ und $\cos(k\omega t)$ sind für jede natürliche Zahl k periodisch mit der Periode $T = \dfrac{2\pi}{\omega}$.

Die Überlagerung von Funktionen mit derselben Periode T erzeugt eine neue Funktion ebenfalls mit der Periode T. Dieses Prinzip wendet man auf die Funktionen $\cos(k\,\omega\,t)$ und $\sin(k\,\omega\,t)$ an.

Definition 16.2 (Trigonometrisches Polynom)

Eine Funktion p_n mit Periode T, die man in der Form

$$p_n(t) = \frac{a_0}{2} + \sum_{k=1}^{n} \left(a_k \cos\left(k\,\omega\,t\right) + b_k \sin\left(k\,\omega\,t\right)\right), \quad \omega = \frac{2\,\pi}{T},$$

darstellen kann, nennt man ein trigonometrisches Polynom vom Grad n. Die Koeffizienten a_0, a_1, a_2, ..., a_n und b_1, b_2, ..., b_n sind dabei beliebige Zahlen, wobei allerdings einer der beiden höchsten Koeffizienten a_n oder b_n nicht null sein darf.

Die Definition hat auf den ersten Blick einen kleinen Schönheitsfehler. Warum gibt es einen Koeffizienten a_0 und keinen Koeffizienten b_0? Der Grund dafür ist nahe liegend. Für $k = 0$ ergibt $\cos(0 \cdot \omega\,t)$ den konstanten Wert 1, hingegen ist $\sin(0 \cdot \omega\,t)$ null.

Für den Mittelwert eines trigonometrischen Polynoms gilt $m = \frac{a_0}{2}$, denn die Integrale der Funktionen $\cos(k\,\omega\,t)$ und $\sin(k\,\omega\,t)$ über eine komplette Periode ergeben jeweils null. Die Skalierung des Koeffizienten a_0 mit dem Faktor $\frac{1}{2}$ scheint an dieser Stelle willkürlich zu sein. In Abschnitt 16.2.2 werden wir zur komplexen Schreibweise übergehen. Dabei wird genau diese Skalierung zu einfacheren Formeln führen.

Beispiel 16.4 (Trigonometrisches Polynom)

Die Funktion

$$p_3(t) = 2 + 3\cos(t) - 2\sin(3t)$$

stellt ein trigonometrisches Polynom vom Grad $n = 3$ dar. Der Mittelwert ist

$$m = \frac{a_0}{2} = 2.$$

Bei den Kosinusgliedern ist

$$a_1 = 3,\ a_2 = 0,\ a_3 = 0$$

und bei den Sinusgliedern ist

$$b_1 = 0,\ b_2 = 0,\ b_3 = -2.$$

Diese Koeffizienten kann man direkt ablesen.

Aus der Überlagerung der beiden Schwingungen $3\cos(t)$ und $-2\sin(3t)$ entsteht unter Berücksichtigung einer Verschiebung um den Mittelwert $m = 2$ parallel zur t-Achse die Funktion p_3. Sie besitzt die Periode $T = 2\pi$. Die Funktion p_3 ist keine harmonische Schwingung, der Kosinusfunktion ist eine schnelle Sinusfunktion überlagert.

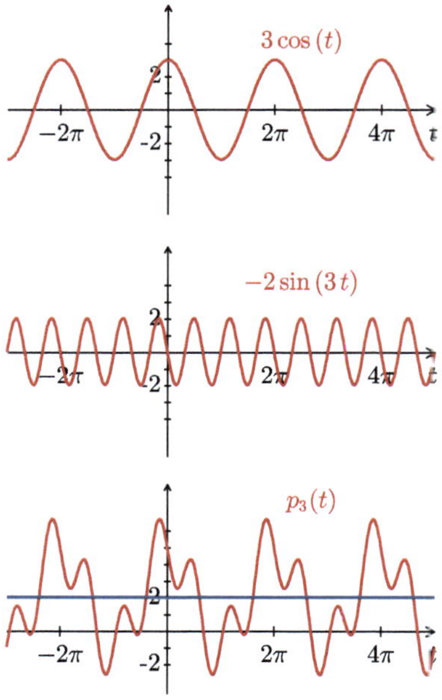

■

Bei trigonometrischen Polynomen wird der Begriff Grad anders verwendet, als wir das bisher gewohnt sind. Im Gegensatz zu herkömmlichen Polynomen bezieht sich der Begriff Grad nicht auf die höchste Potenz, sondern auf das höchste ganzzahlige Vielfache der Kreisfrequenz ω. Trotzdem ist der Begriff Grad gerechtfertigt. Man kann zeigen, dass sich die Funktionen $\sin^n(\omega t)$ und $\cos^n(\omega t)$ als trigonometrische Polynome vom Grad n darstellen lassen.

16.1.3 Fourier-Reihe

In ähnlicher Weise wie beim Übergang von Polynomen zu Potenzreihen bilden wir nun statt einer endlichen eine unendliche Summe. Dadurch entsteht aus einem trigonometrischen Polynom eine sogenannte Fourier-Reihe.

Definition 16.3 (Fourier-Reihe)

Die Darstellung einer Funktion f mit Periode T in Form einer unendlichen Summe von Sinus- und Kosinusgliedern

$$f(t) = \frac{a_0}{2} + \sum_{k=1}^{\infty} \left(a_k \cos(k\,\omega\,t) + b_k \sin(k\,\omega\,t)\right), \qquad \omega = \frac{2\,\pi}{T}$$

nennt man eine Fourier-Reihe. Die reellen Zahlen a_k und b_k bezeichnet man als reelle Fourier-Koeffizienten.

Trigonometrische Polynome sind Spezialfälle von Fourier-Reihen. Eine Fourier-Reihe, die man nach endlich vielen Gliedern abschneidet, ist ein trigonometrisches Polynom. Eine Fourier-Reihe ist nur dann sinnvoll definiert, wenn die unendliche Reihe konvergiert. Diese Forderung stellt eine Einschränkung für die Fourier-Koeffizienten dar. Von praktischer Bedeutung sind Fourier-Reihen, die man nach endlich vielen Gliedern abschneiden kann, ohne dass die restlichen Glieder einen wesentlichen Einfluss auf die Funktion f haben. Wir fordern deshalb, dass die Koeffizienten a_k und b_k mit wachsendem k schnell genug gegen null gehen.

Beispiel 16.5 (Fourier-Reihe)

Wir betrachten eine Fourier-Reihe mit $\omega = 1$, bei der a_0 und alle Sinusglieder b_k null sind. Die Kosinusglieder a_k sind definiert durch:

$$a_k = \begin{cases} \dfrac{1}{k^2} & \text{für } k \text{ ungerade} \\ 0 & \text{für } k \text{ gerade}. \end{cases}$$

Dadurch ergibt sich die Fourier-Reihe

$$f(t) = \cos(t) + \frac{1}{9}\cos(3t) + \frac{1}{25}\cos(5t) + \ldots$$

Die Koeffizienten der Fourier-Reihe gehen schnell gegen null. Die trigonometrischen Polynome vom Grad 3 und 5 stellen eine gute Näherung dar.

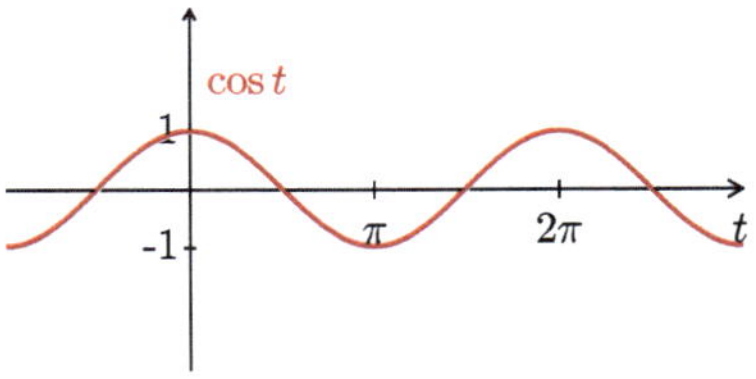

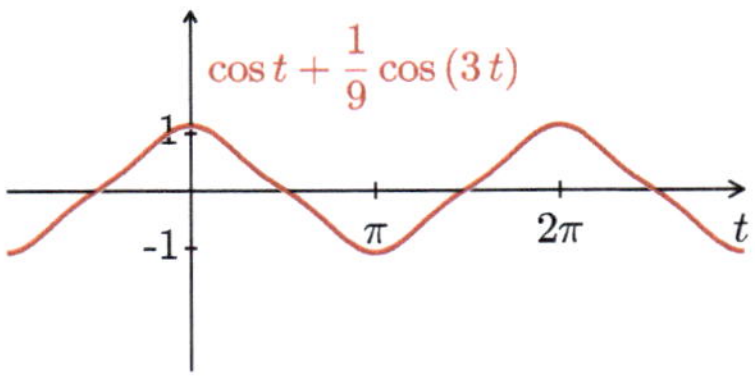

Die Fourier-Reihe konvergiert gegen eine Dreieckfunktion mit Periode 2π. Bemerkenswert ist dabei, dass bei der Überlagerung von unendlich vielen differenzierbaren Sinus- und Kosinusfunktionen im Grenzwert eine Funktion entsteht, die zwar stetig ist aber Knicke besitzt und damit nicht überall differenzierbar ist.

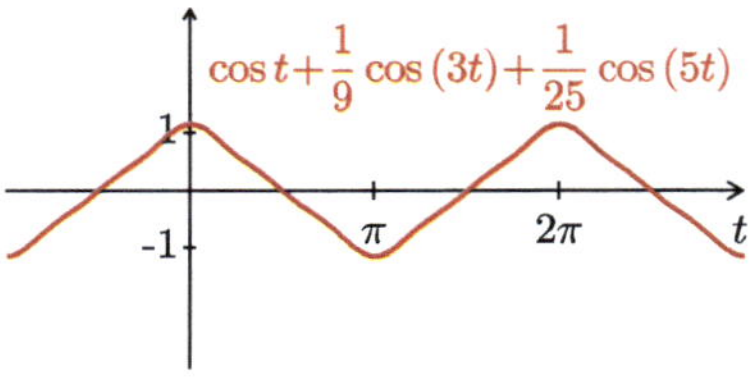

16.1.4 Satz von Fourier

Der französische Mathematiker Jean Baptiste Joseph Fourier hat erkannt, dass man im Prinzip alle periodischen Funktionen mithilfe von den nach ihm benannten Reihen darstellen kann.

Satz 16.1 (Satz von Fourier)

Fast alle Funktionen f mit Periode T lassen sich als Fourier-Reihe

$$f(t) = \frac{a_0}{2} + \sum_{k=1}^{\infty} \left(a_k \cos(k\,\omega\,t) + b_k \sin(k\,\omega\,t)\right), \qquad \omega = \frac{2\,\pi}{T}$$

mit den Fourier-Koeffizienten a_k und b_k darstellen.

Die Formulierung „fast alle Funktionen" in Satz 16.1 ist für Mathematiker natürlich unbefriedigend. Die Frage, welche periodischen Funktionen sich als Fourier-Reihe darstellen lassen und welche nicht, war in der Mathematik lange Zeit ungeklärt. Letztendlich wurde dieses Problem erst im 20. Jahrhundert endgültig gelöst. Funktionen lassen sich genau dann durch Fourier-Reihen darstellen, wenn sie die sogenannten Dirichlet-Bedingungen erfüllen. Diese Bedingungen gehen auf den Mathematiker Johann Peter Gustav Lejeune Dirichlet zurück. Dazu muss der hier verwendete Konvergenzbegriff geeignet abgeschwächt werden. Weitere Einzelheiten dazu findet man beispielsweise bei [Heuser:Analysis].

Wir wollen uns damit begnügen, dass sich jede periodische Funktion von praktischer Bedeutung als Fourier-Reihe darstellen lässt. Bei stetigen Funktionen konvergiert die zugehörige unendliche Reihe an jeder Stelle gegen den entsprechenden Funktionswert. Die Besonderheiten, die bei Fourier-Reihen von periodischen Funktionen mit Unstetigkeitsstellen auftreten, betrachten wir in Abschnitt 16.1.5.

Satz 16.2 (Fourier-Koeffizienten)

Die Fourier-Koeffizienten a_k und b_k einer Funktion f mit Periode T und Kreisfrequenz $\omega = \frac{2\,\pi}{T}$ kann man mit den folgenden Formeln berechnen:

- $a_k = \frac{2}{T} \int_{-\frac{T}{2}}^{\frac{T}{2}} f(t)\, \cos(k\,\omega\,t)\,\mathrm{d}t, \quad k = 0, 1, 2, \ldots$
- $b_k = \frac{2}{T} \int_{-\frac{T}{2}}^{\frac{T}{2}} f(t)\, \sin(k\,\omega\,t)\,\mathrm{d}t, \quad k = 1, 2, \ldots$

Fourier-Koeffizienten lassen sich durch Integralformeln berechnen. Diese Formeln basieren auf der sogenannten Minimaleigenschaft der trigonometrischen Polynome, siehe Abschnitt 16.2.4. Grob formuliert sind Fourier-Koeffizienten nichts anderes als Mittelwerte periodischer Funktionen. Der Koeffizient a_0 ist bis auf den Faktor 2 genau der Mittelwert der periodischen Funktion f. Die übrigen Koeffizienten ergeben sich aus den Mittelwerten der Funktion f multipliziert mit den entsprechenden Sinus- und Kosinusfunktionen.

Beispiel 16.6 (Fourier-Reihe einer Dreieckfunktion)

Wir berechnen die Fourier-Reihe der Dreieckfunktion aus Beispiel 16.3. Den Mittelwert $m = \frac{a_0}{2}$ kann man aus der Fläche unter der Funktion f im Bereich zwischen $-\pi$ und π berechnen:

$$a_0 = \frac{2}{2\pi} \int_{-\pi}^{\pi} f(t)\,\mathrm{d}t = \pi.$$

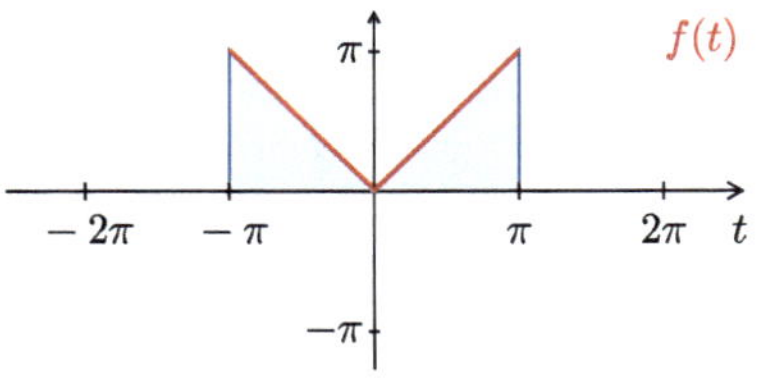

Den Fourier-Koeffizienten a_1 berechnet man aus dem Integral über die Funktion $f(t)\cos(t)$ für t-Werte zwischen $-\pi$ und π:

$$a_1 = \frac{2}{2\pi} \int_{-\pi}^{\pi} f(t)\,\cos(t)\,\mathrm{d}t.$$

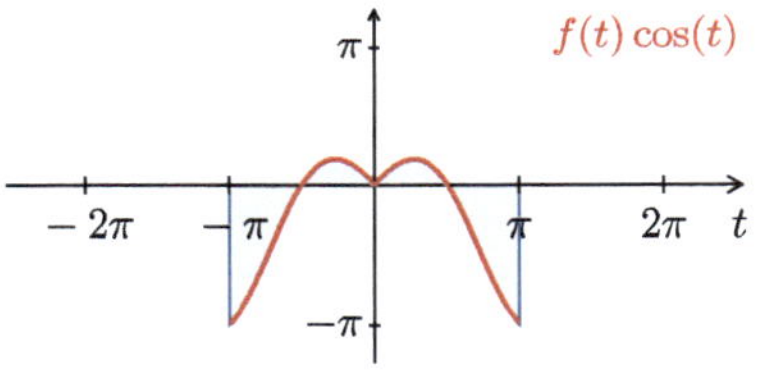

Den Fourier-Koeffizienten b_1 berechnet man aus dem Integral über die Funktion $f(t)\sin(t)$ für t-Werte zwischen $-\pi$ und π:

$$b_1 = \frac{2}{2\pi} \int_{-\pi}^{\pi} f(t)\,\sin(t)\,\mathrm{d}t = 0.$$

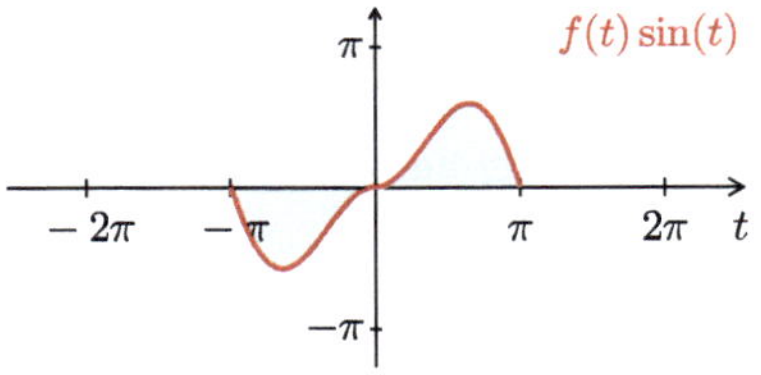

Den Fourier-Koeffizienten a_2 berechnet man aus dem Integral über die Funktion $f(t)\cos(2t)$ für t-Werte zwischen $-\pi$ und π:

$$a_2 = \frac{2}{2\pi} \int_{-\pi}^{\pi} f(t)\,\cos(2t)\,\mathrm{d}t.$$

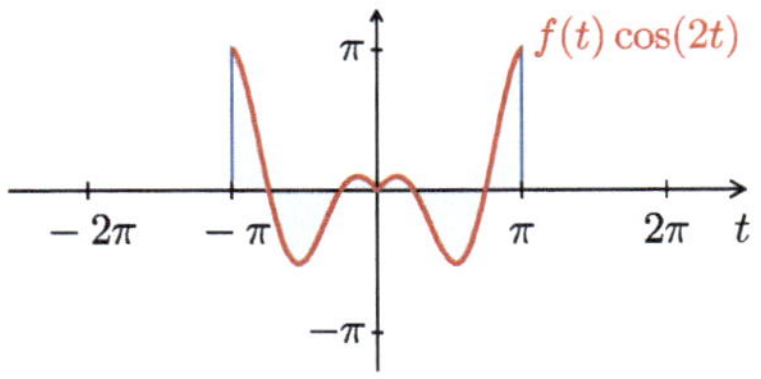

Für wachsendes k wird die Funktion f durch die hochfrequenten Kosinusfunktionen immer besser abgetastet. Dadurch ergeben sich in etwa gleich viele positive und negative Flächenanteile unter den Funktionen $f(t)\,\cos(k\,t)$. In Summe kompensieren sich die positiven und negativen Flächenanteile mit wachsendem k immer mehr. Die Fourier-Koeffizienten gehen deshalb für wachsendes k gegen null.

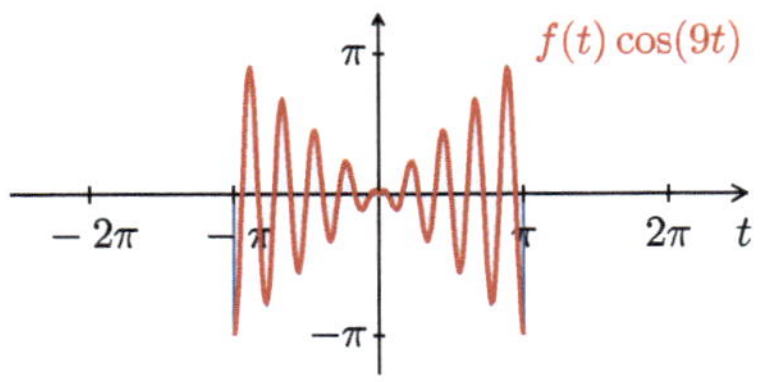

Da $f(t)\sin(k\,t)$ für alle k ungerade Funktionen sind, sind offensichtlich alle b_k null. Die Funktionen $f(t)$ und $\cos(k\,t)$ sind beide gerade Funktionen, somit ist das Produkt aus beiden Funktionen wieder eine gerade Funktion. Daher berechnen wir vereinfachend

$$a_k = \frac{2}{2\,\pi}\cdot 2\int_0^{\pi} t\,\cos(k\,t)\,\mathrm{d}t = \frac{2}{\pi}\left(\frac{\cos(k\,t)+k\,t\,\sin(k\,t)}{k^2}\right)\Bigg|_0^{\pi} = \frac{2}{k^2\,\pi}\left((-1)^k-1\right),$$

siehe Satz 9.9. Dabei haben wir

$$\int x\,\cos(a\,x)\,\mathrm{d}x = \frac{\cos(a\,x)+a\,x\,\sin(a\,x)}{a^2}+C$$

verwendet und erhalten

$$f(t) = \frac{\pi}{2}-\frac{4}{\pi}\left(\cos(t)+\frac{1}{9}\cos(3t)+\frac{1}{25}\cos(5t)+\frac{1}{49}\cos(7t)+\frac{1}{81}\cos(9t)+\ldots\right).$$

Bei $n=1$, also mit

$$f(t)\approx p_1(t) = \frac{\pi}{2}-\frac{4}{\pi}\cos(t),$$

erhalten wir ein gutes Ergebnis. Die Annäherung durch die Fourier-Reihe verläuft recht eng an der Funktion.

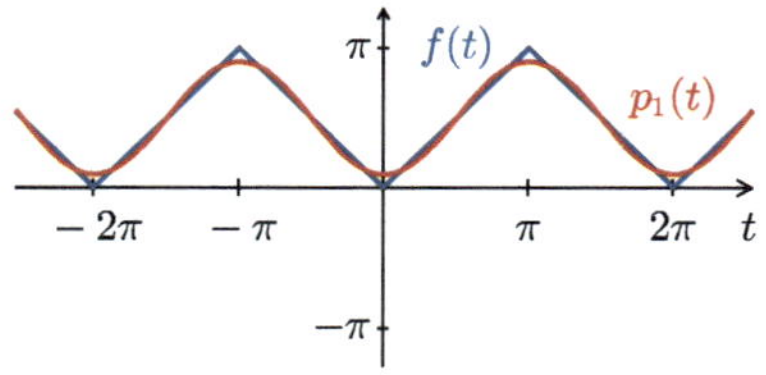

Bei $n=3$, also mit

$$f(t)\approx p_3(t)=\frac{\pi}{2}-\frac{4}{\pi}\left(\cos(t)+\frac{1}{9}\cos(3t)\right),$$

ist grafisch kaum ein Unterschied zwischen der Funktion und der Annäherung durch die Fourier-Reihe zu erkennen.

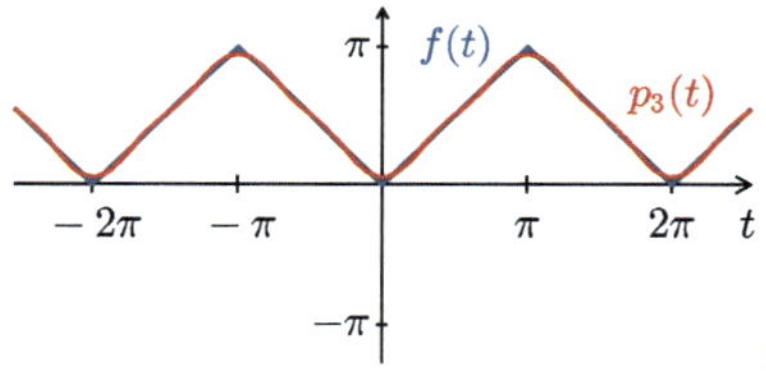

■

Die Fourier-Reihe aus Beispiel 16.6 konvergiert sehr schnell gegen die Funktion. Ein paar Reihenglieder genügen, um die Funktion fast fehlerfrei durch die Fourier-Reihe anzunähern. Sichtbar wird die schnelle Konvergenz an der Formel für die Koeffizienten. Die Fourier-Koeffizienten a_k und b_k sind in diesem Beispiel proportional zu $\frac{1}{k^2}$. Dieses Verhalten ist typisch für stetige Funktionen.

Merke 16.2 (Konvergenz der Fourier-Reihe bei stetigen Funktionen)

Bei stetigen periodischen Funktionen konvergiert die Fourier-Reihe schnell. Die Fourier-Koeffizienten a_k und b_k klingen proportional zu $\dfrac{1}{k^2}$ ab:

$$a_k,\,b_k \approx \frac{1}{k^2}.$$

Die Zerlegung einer periodischen Funktion in Kosinus- und Sinusschwingungen bezeichnet man als harmonische Analyse. Die harmonische Analyse spielt in der Akustik eine wichtige Rolle. Dabei verwendet man die Begriffe Grundschwingung und Oberschwingungen. Diese zusammen werden auch als Harmonische bezeichnet.

Definition 16.4 (Grundschwingung und Oberschwingungen)

Die Funktion f mit Periode T und der Fourier-Reihe

$$f(t) = \frac{a_0}{2} + \sum_{k=1}^{\infty} \left(a_k \cos(k\,\omega\,t) + b_k \sin(k\,\omega\,t)\right) \qquad \omega = \frac{2\,\pi}{T},$$

besitzt folgende Schwingungsanteile:

- die 1. Harmonische (Grundschwingung) $\quad a_1 \cos(\ \omega\,t) + b_1 \sin(\ \omega\,t)$
- die 2. Harmonische (1. Oberschwingung) $\quad a_2 \cos(2\,\omega\,t) + b_2 \sin(2\,\omega\,t)$
- ...

16.1.5 Gibbssches Phänomen

Fourier-Reihen sind aufgrund ihrer Definition von Haus aus stetig. Eine spannende Frage lautet nun: Wie verhalten sich Fourier-Reihen an Unstetigkeitsstellen? Dazu betrachten wir zunächst ein einfaches Beispiel.

Beispiel 16.7 (Rechteckfunktion)

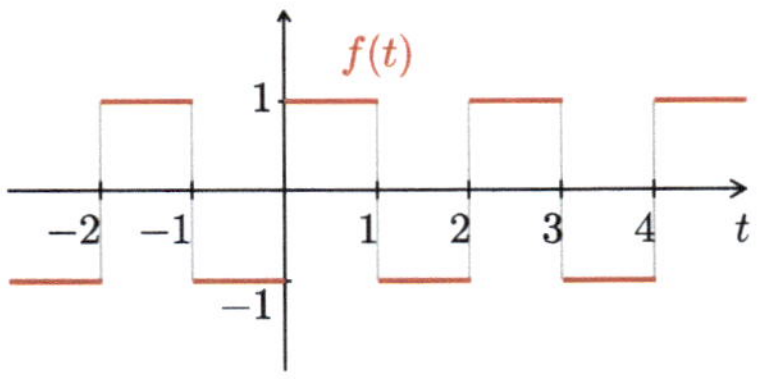

Die Rechteckfunktion in Beispiel 16.1 hat die Periode $T = 2$. Somit verwenden wir eine Fourier-Reihe mit Kreisfrequenz $\omega = \pi$. Das Integral über f im Bereich zwischen -1 und 1 ist null, deshalb ist $a_0 = 0$ und somit auch der Mittelwert $m = 0$. Die Berechnung von a_k erfolgt über

$$a_k = \frac{2}{2} \int_{-1}^{1} f(t)\, \cos(k\,\pi\,t)\, \mathrm{d}t.$$

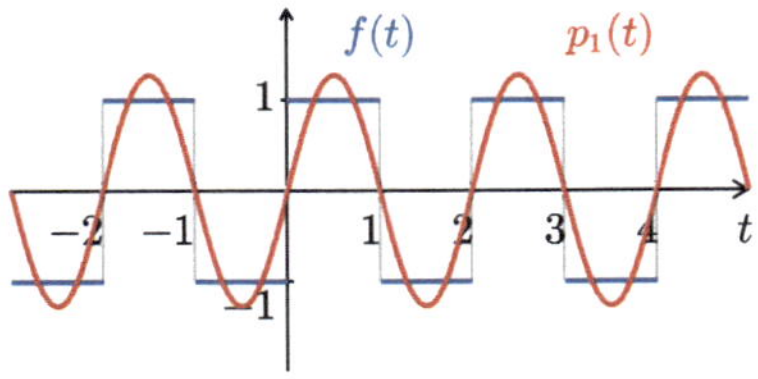

Die Rechteckfunktion ist ungerade, und die Funktionen $\cos(k\,\pi\,t)$ sind alle gerade. Das Produkt einer ungeraden mit einer geraden Funktion ist eine ungerade Funktion. Das bestimmte Integral ist hier dann null. Es gilt $a_k = 0$ für alle k. Die Berechnung von b_k erfolgt über

$$b_k = \frac{2}{2} \int_{-1}^{1} f(t)\, \sin(k\,\pi\,t)\, \mathrm{d}t.$$

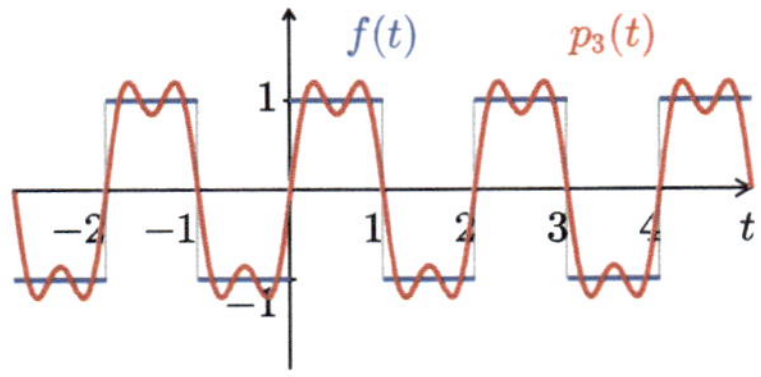

Die Rechteckfunktion ist ungerade, und die Funktionen $\sin(k\pi t)$ sind auch alle ungerade. Das Produkt einer ungeraden mit einer ungeraden Funktion ist eine gerade Funktion. Der Wert des bestimmten Integrals über dem Intervall $[-1, 0]$ ist gleich dem Wert des bestimmten Integrals über dem Intervall $[0, 1]$.

Somit brauchen wir nur von 0 bis 1 zu integrieren. In diesem Bereich hat die Funktion f den konstanten Wert 1. Also gilt für die Koeffizienten

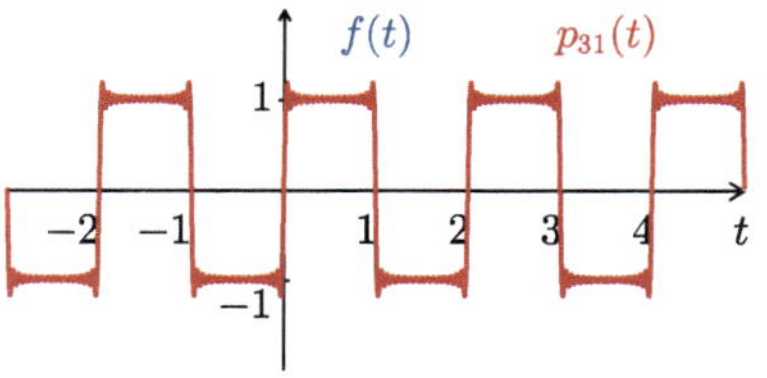

$$b_k = 2\int_0^1 f(t)\sin(k\,\pi\,t)\,\mathrm{d}t$$

und nach dem Einsetzen von $f(t) = 1$ weiter

$$b_k = 2\int_0^1 \sin(k\,\pi\,t)\,\mathrm{d}t = -\frac{2}{k\,\pi}\cos(k\,\pi\,t)\Big|_0^1 = -\frac{2}{k\,\pi}\left((-1)^k - 1\right).$$

Das Ergebnis lässt sich folgendermaßen zusammenfassen:

$$a_k = 0, \quad \text{für alle } k, \quad b_k = \begin{cases} 0 & \text{für } k \text{ gerade} \\ \dfrac{4}{k\,\pi} & \text{für } k \text{ ungerade} \end{cases}.$$

Dadurch ergibt sich die Fourier-Reihe

$$f(t) = \frac{4}{\pi}\left(\sin(\pi\,t) + \frac{1}{3}\sin(3\,\pi\,t) + \frac{1}{5}\sin(5\,\pi\,t) + \frac{1}{7}\sin(7\,\pi\,t) + \ldots\right)$$

passend zur gegebenen Rechteckfunktion. ■

Das Konvergenzverhalten der Fourier-Reihe der Rechteckfunktion ist typisch für unstetige Funktionen mit Sprungstellen. Im Vergleich zu Fourier-Reihen stetiger Funktionen ist die Konvergenzgeschwindigkeit bei unstetigen Funktionen deutlich geringer.

Merke 16.3 (Konvergenz der Fourier-Reihe bei unstetigen Funktionen)

Bei unstetigen periodischen Funktionen konvergiert die Fourier-Reihe langsamer als bei stetigen Funktionen. Die Fourier-Koeffizienten a_k und b_k klingen proportional zu $\frac{1}{k}$ ab:

$$a_k,\, b_k \approx \frac{1}{k}.$$

An Sprungstellen treten bei Fourier-Reihen generell Über- und Unterschwinger auf. Dieser Effekt ist nach seinem Entdecker, dem amerikanischen Physiker Josiah Willard Gibbs benannt.

Satz 16.3 (Gibbssches Phänomen)

Die Fourier-Reihe einer unstetigen Funktion hat in der Nähe einer Sprungstelle Überschwinger. Die Höhe der Überschwinger beträgt im Grenzwert ungefähr 18 % der Sprunghöhe. An der Sprungstelle selbst konvergiert die Fourier-Reihe gegen den Mittelwert aus linksseitigem und rechtsseitigem Funktionsgrenzwert.

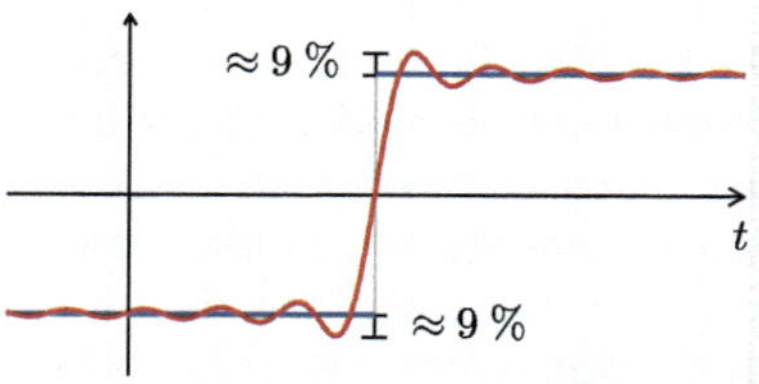

Der exakte Wert für das Überschwingverhalten beträgt

$$\frac{2}{\pi}\int_0^{\pi}\frac{\sin t}{t}\,\mathrm{d}t - 1 \approx 0.1790.$$

An der Sprungstelle t_0 konvergiert die Fourier-Reihe einer unstetigen Funktion f gegen den Mittelwert aus linksseitigem und rechtsseitigem Grenzwert. In einer Formel ausgedrückt bedeutet das

$$\frac{a_0}{2} + \sum_{k=1}^{\infty}\big(a_k \cos(k\,\omega\,t_0) + b_k \sin(k\,\omega\,t_0)\big) = \frac{\lim\limits_{t\to t_0+} f(t) + \lim\limits_{t\to t_0-} f(t)}{2}.$$

Auch wenn wir noch so viele Sinus- und Kosinusglieder bei der Fourier-Reihe berücksichtigen, in der Nähe von Sprungstellen wird es immer eine gewisse Abweichung zwischen der Funktion und ihrer Fourier-Reihe geben. Das Gibbssche Phänomen hat somit auch Auswirkungen auf praktische Problemstellungen. Beispielsweise sind Artefakte, die bei der Bildkompression bei harten Farbübergängen auftreten, darauf zurückzuführen.

16.2 Komplexe Darstellung

Unter Zuhilfenahme der komplexen Zahlen lassen sich Fourier-Reihen kompakter darstellen. Auch die Formeln zur Berechnung der Fourier-Koeffizienten gestalten sich mit komplexen Zahlen übersichtlicher. Reelle und komplexe Fourier-Reihen unterscheiden sich lediglich in der Art der Darstellung, inhaltlich unterscheiden sie sich nicht. Wir werden Formeln angeben, die den Zusammenhang zwischen der reellen und der komplexen Darstellung beschreiben. Das Verständnis der komplexen Darstellung von Fourier-Reihen ist grundlegend für die Fourier-Transformation in Kapitel 18.

16.2.1 Komplexe Fourier-Reihe

Mithilfe des Satzes von Euler, siehe Satz 13.1, kann man den Sinus und Kosinus mittels der komplexen e-Funktionen darstellen. Die entsprechenden Formeln stehen in Satz 13.2. Somit lässt sich eine Fourier-Reihe anstatt mit Sinus und Kosinus auch mittels komplexer e-Funktionen repräsentieren:

$$\begin{aligned} f(t) &= \frac{a_0}{2} + \sum_{k=1}^{\infty}\left(a_k \cos(k\,\omega\,t) + b_k \sin(k\,\omega\,t)\right) \\ &= \frac{a_0}{2} + \sum_{k=1}^{\infty}\left(a_k\,\frac{\mathrm{e}^{\mathrm{i}\,k\,\omega\,t} + \mathrm{e}^{-\mathrm{i}\,k\,\omega\,t}}{2} + b_k\,\frac{\mathrm{e}^{\mathrm{i}\,k\,\omega\,t} - \mathrm{e}^{-\mathrm{i}\,k\,\omega\,t}}{2\,\mathrm{i}}\right). \end{aligned}$$

Nun fassen wir die e-Funktionen mit positivem und negativem Exponenten zusammen:

$$f(t) = \frac{a_0}{2} + \sum_{k=1}^{\infty}\left(\frac{a_k - \mathrm{i}\,b_k}{2}\,\mathrm{e}^{\mathrm{i}\,k\,\omega\,t} + \frac{a_k + \mathrm{i}\,b_k}{2}\,\mathrm{e}^{-\mathrm{i}\,k\,\omega\,t}\right).$$

Wir erhalten ein Zwischenergebnis mit komplexen Funktionsanteilen.

Um die Schreibweise weiter zu verkürzen, verwenden wir die Bezeichnungen

$$c_0 = \frac{a_0}{2}, \quad c_k = \frac{a_k - \mathrm{i}\, b_k}{2}, \quad c_{-k} = \frac{a_k + \mathrm{i}\, b_k}{2}, \quad k = 1, 2, 3, \ldots$$

Wir arbeiten jetzt also mit komplexen Koeffizienten c_k, bei denen der Index k auch negative Werte annehmen kann: $\ldots$, c_{-3}, c_{-2}, c_{-1}, c_0, c_1, c_2, c_3, $\ldots$. Damit erhalten wir

$$f(t) = c_0 + \sum_{k=1}^{\infty} \left(c_k \, \mathrm{e}^{\mathrm{i}\, k\, \omega\, t} + c_{-k} \, \mathrm{e}^{-\mathrm{i}\, k\, \omega\, t} \right).$$

Nun zerlegen wir die gesamte Summe in zwei einzelne Summen

$$f(t) = \sum_{k=0}^{\infty} c_k \, \mathrm{e}^{\mathrm{i}\, k\, \omega\, t} + \sum_{k=1}^{\infty} c_{-k} \, \mathrm{e}^{-\mathrm{i}\, k\, \omega\, t} = \sum_{k=0}^{\infty} c_k \, \mathrm{e}^{\mathrm{i}\, k\, \omega\, t} + \sum_{k=-1}^{-\infty} c_k \, \mathrm{e}^{\mathrm{i}\, k\, \omega\, t} = \sum_{k=-\infty}^{\infty} c_k \, \mathrm{e}^{\mathrm{i}\, k\, \omega\, t}$$

und beachten die negativen Indizes in der zweiten Summe.

Definition 16.5 (Komplexe Fourier-Reihe)

Die Darstellung einer Funktion f mit Periode T in Form einer unendlichen Summe

$$f(t) = \sum_{k=-\infty}^{\infty} c_k \, \mathrm{e}^{\mathrm{i}\, k\, \omega\, t}, \quad \omega = \frac{2\,\pi}{T}$$

nennt man eine komplexe Fourier-Reihe mit Kreisfrequenz ω. Die komplexen Zahlen c_k bezeichnet man als komplexe Fourier-Koeffizienten.

Zwischen den reellen und den komplexen Fourier-Koeffizienten besteht ein einfacher Zusammenhang. Es ist jederzeit möglich, die komplexen Fourier-Koeffizienten aus den reellen Fourier-Koeffizienten zu bestimmen und umgekehrt.

Merke 16.4 (Komplexe und reelle Fourier-Koeffizienten)

Zwischen den reellen Fourier-Koeffizienten a_k, b_k und den komplexen Fourier-Koeffizienten c_k besteht folgender Zusammenhang:

$$\begin{aligned} a_0 &= 2\,\mathrm{Re}(c_0), & c_0 &= \frac{a_0}{2}, & & \\ a_k &= 2\,\mathrm{Re}(c_k), & c_k &= \frac{a_k - \mathrm{i}\, b_k}{2}, & k &= 1, 2, 3, \ldots \\ b_k &= -2\,\mathrm{Im}(c_k), & c_{-k} &= \frac{a_k + \mathrm{i}\, b_k}{2}, & k &= 1, 2, 3, \ldots \end{aligned}$$

Für negative Indizes werden die komplexen Fourier-Koeffizienten in der Regel gar nicht explizit betrachtet. Der komplexe Fourier-Koeffizient mit dem Index $-k$

$$c_{-k} = \frac{a_k + \mathrm{i}\, b_k}{2} = \overline{\frac{a_k - \mathrm{i}\, b_k}{2}} = \overline{c_k}$$

ist ja gerade die konjugiert komplexe Zahl zum Fourier-Koeffizienten mit dem Index k.

Trotzdem darf man die Fourier-Koeffizienten mit negativen Indizes in der Summendarstellung in Definition 16.5 nicht unter den Tisch fallen lassen. Gerade das Zusammenspiel der komplexen Zahlen c_k und c_{-k} garantiert, dass in der Summe wieder eine reelle Funktion f entsteht. Nochmals: Die Funktion f ist nach wie vor eine reelle Funktion, auch in der Darstellung mit den komplexen Fourier-Koeffizienten.

16.2.2 Berechnung komplexer Fourier-Koeffizienten

Mit unserer bisherigen Vorgehensweise können wir die komplexen Fourier-Koeffizienten nicht direkt aus einer periodischen Funktion bestimmen. Wir müssen zunächst die reellen Fourier-Koeffizienten mit den entsprechenden Formeln berechnen und können daraus dann die komplexen Koeffizienten erzeugen. Unser Ziel ist es nun, eine Formel herzuleiten, mit der man die komplexen Fourier-Koeffizienten c_k direkt aus einer Funktion f mit Periode T berechnen kann. Dazu verwenden wir die Integralformeln für a_k und b_k aus Satz 16.2:

$$c_k = \frac{a_k - \mathrm{i}\, b_k}{2} = \frac{1}{T}\int_{-\frac{T}{2}}^{\frac{T}{2}} f(t)\,\cos(k\,\omega\,t)\,\mathrm{d}t - \frac{\mathrm{i}}{T}\int_{-\frac{T}{2}}^{\frac{T}{2}} f(t)\,\sin(k\,\omega\,t)\,\mathrm{d}t,$$

Diese Formel gilt für $k = 1, 2, 3, \ldots$ Beide Integrale erstrecken sich über dasselbe Integrationsintervall und lassen sich deshalb zu einem einzigen Integral zusammenfassen:

$$c_k = \frac{1}{T}\int_{-\frac{T}{2}}^{\frac{T}{2}} f(t)\,\big(\cos(k\,\omega\,t) - \mathrm{i}\sin(k\,\omega\,t)\big)\,\mathrm{d}t.$$

Unter Berücksichtigung der Symmetrieeigenschaften von Kosinus und Sinus fassen wir mit dem Satz von Euler beide Funktionen zu einer komplexen e-Funktion zusammen:

$$c_k = \frac{1}{T}\int_{-\frac{T}{2}}^{\frac{T}{2}} f(t)\,\left(\cos(-k\,\omega\,t) + \mathrm{i}\sin(-k\,\omega\,t)\right)\,\mathrm{d}t = \frac{1}{T}\int_{-\frac{T}{2}}^{\frac{T}{2}} f(t)\,\mathrm{e}^{-\mathrm{i}\,k\,\omega\,t}\,\mathrm{d}t.$$

Eine ähnliche Herleitung ergibt für $k = -1, -2, -3\ldots$ genau dieselbe Formel. Auch der Spezialfall $c_0 = \frac{a_0}{2}$ ist in dieser Formel enthalten. Denn für $k = 0$ vereinfacht sich der Integrand aufgrund von $\mathrm{e}^0 = 1$ zu $f(t)$.

Satz 16.4 (Komplexe Fourier-Koeffizienten)

Die komplexen Fourier-Koeffizienten c_k einer Funktion f mit Periode T und Kreisfrequenz $\omega = \dfrac{2\,\pi}{T}$ kann man mit den folgenden Formeln berechnen:

$$c_k = \frac{1}{T}\int_{-\frac{T}{2}}^{\frac{T}{2}} f(t)\,\mathrm{e}^{-\mathrm{i}\,k\,\omega\,t}\,\mathrm{d}t, \qquad k = 0,\ \pm1,\ \pm2,\ \ldots$$

Streng genommen erfolgt die Berechnung der komplexen Fourier-Koeffizienten durch Integration einer Funktion mit komplexen Werten. Dieses Problem könnten wir umgehen, indem wir die komplexe Exponentialfunktion in Real- und Imaginärteil zerlegen und beide Integrale getrennt berechnen. Allerdings ist es wesentlich eleganter, die imaginäre Einheit i bei der Integration wie eine reelle Konstante zu behandeln, siehe Beispiel 16.8.

Beispiel 16.8 (Komplexe Fourier-Koeffizienten)

Der Prototyp einer 2π-periodischen Funktion f ist definiert durch

$$f(t) = \begin{cases} 0 & \text{für} \quad -\pi < t \leq 0 \\ t & \text{für} \quad 0 < t \leq \pi \,. \end{cases}$$

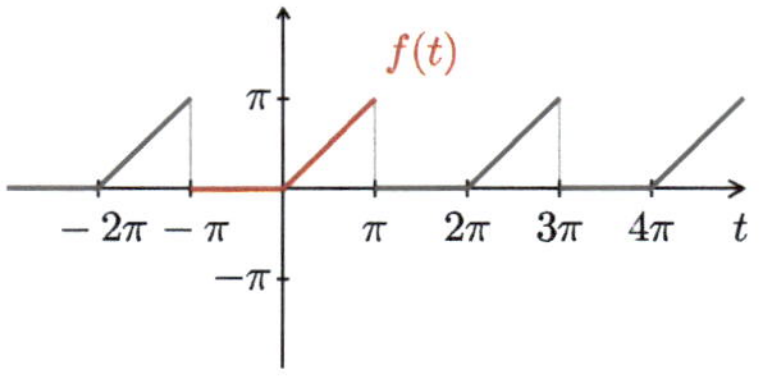

Die komplexen Fourier-Koeffizienten c_k bestimmen wir mithilfe der Periode $T = 2\pi$ und der Kreisfrequenz $\omega = \frac{2\pi}{T} = 1$ zu

$$c_k = \frac{1}{2\pi} \int_{-\pi}^{\pi} f(t)\,\mathrm{e}^{-\mathrm{i}\,k\,t}\,\mathrm{d}t = \frac{1}{2\pi} \int_{0}^{\pi} t\,\mathrm{e}^{-\mathrm{i}\,k\,t}\,\mathrm{d}t.$$

Die Funktion f ist zwischen $-\pi$ und 0 null. Somit können wir im Integral die Untergrenze 0 wählen. Das Integral können wir mithilfe der Stammfunktion

$$\int x\,\mathrm{e}^{a\,x}\mathrm{d}x = \frac{\mathrm{e}^{a\,x}}{a^2}\,(a\,x-1)\,,$$

berechnen, siehe Anhang A.4. Bisher haben wir solche Formeln nur mit reellen Parametern a betrachtet. Wir vertrauen an dieser Stelle darauf, dass diese Formel auch für komplexe Zahlen a richtig ist. Somit ergibt sich

$$c_k = \left.\frac{\mathrm{e}^{-\mathrm{i}\,k\,t}}{2\,\pi(-\mathrm{i}\,k)^2}\,(-\mathrm{i}\,k\,t-1)\right|_0^{\pi} = \left.\frac{\mathrm{e}^{-\mathrm{i}\,k\,t}}{2\,k^2\,\pi}\,(\mathrm{i}\,k\,t+1)\right|_0^{\pi} = \frac{\mathrm{e}^{-\mathrm{i}\,k\,\pi}}{2\,k^2\,\pi}\,(\mathrm{i}\,k\,\pi+1) - \frac{1}{2\,k^2\,\pi}.$$

Der Ausdruck $\mathrm{e}^{-\mathrm{i}\,k\,\pi}$ liefert für die verschiedenen Werte von k abwechselnd die Werte 1 und -1. Mit einer Formel ausgedrückt bedeutet das $\mathrm{e}^{-\mathrm{i}\,k\,\pi} = (-1)^k$. Insgesamt erhalten wir damit

$$c_k = \frac{(-1)^k}{2\,k^2\,\pi}\,(\mathrm{i}\,k\,\pi+1) - \frac{1}{2\,k^2\,\pi} = \frac{(-1)^k-1}{2\,k^2\,\pi} + \frac{(-1)^k}{2\,k}\,\mathrm{i}.$$

Diese Formel gilt für alle ganzen Zahlen k außer für $k = 0$. Den Fourier-Koeffizienten c_0 erhalten wir aus dem Mittelwert m, der sich aus dem Flächeninhalt unter der Funktion über eine volle Periode bezogen auf die Länge der Periode ergibt:

$$m = c_0 = \frac{\frac{1}{2}\pi^2}{2\,\pi} = \frac{\pi}{4}.$$

Die reellen Fourier-Koeffizienten a_k und b_k lassen sich direkt aus den komplexen Fourier-Koeffizienten c_k ermitteln:

$$\begin{aligned} a_0 &= 2\,c_0 = \frac{\pi}{2} \\ a_k &= 2\,\mathrm{Re}\,(c_k) = \frac{(-1)^k-1}{k^2\,\pi} \\ b_k &= -2\,\mathrm{Im}\,(c_k) = \frac{(-1)^{k+1}}{k} \end{aligned}$$

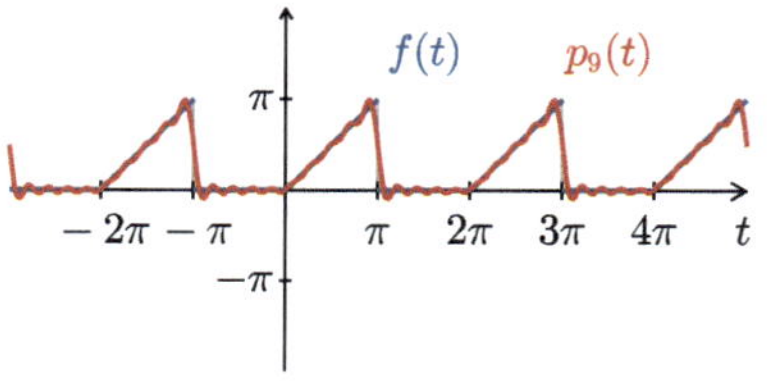

Setzen wir alle Koeffizienten ein, so erhalten wir

$$f(t) = \frac{\pi}{4} - \frac{2}{\pi}\left(\cos(t) + \frac{1}{9}\cos(3t) + \frac{1}{25}\cos(5t) + \ldots\right) + \sin(t) - \frac{1}{2}\sin(2t) + \frac{1}{3}\sin(3t) \mp \ldots$$

als reelle Fourier-Reihe der ursprünglichen Funktion. ■

16.2.3 Spektrum

Der Begriff Spektrum taucht in unterschiedlichen Zusammenhängen auf. Beispielsweise spricht man bei einem Regenbogen von einer Zerlegung des Lichts in Spektralfarben. In der Chemie bezeichnet das Spektrum die einzelnen Bestandteile eines Gemisches. Spektren verwendet man ganz allgemein, um Bestandteile zu beschreiben. Das Spektrum einer Fourier-Reihe macht das Schwingungsverhalten einer periodischen Funktion sichtbar.

Die komplexen Fourier-Koeffizienten c_k lassen sich, wie alle komplexen Zahlen, nicht nur mit Real- und Imaginärteil, sondern auch mithilfe der Beträge $|c_k|$ und der Winkel $\varphi_k = \arg(c_k)$, also durch $c_k = |c_k|\,\mathrm{e}^{\mathrm{i}\,\varphi_k}$, darstellen. Wie üblich betrachten wir dabei Winkel im Intervall von $(-\pi, \pi]$. Die Beträge und Winkel der komplexen Fourier-Koeffizienten bilden das sogenannte komplexe Spektrum.

Definition 16.6 (Betrags- und Phasenspektrum)
Bei der Darstellung einer Funktion f mit Periode T in Form einer komplexen Fourier-Reihe

$$f(t) = \sum_{k=-\infty}^{\infty} c_k\,\mathrm{e}^{\mathrm{i}\,k\,\omega\,t}, \qquad \omega = \frac{2\pi}{T}$$

nennt man die grafische Darstellung

- der Beträge $|c_k|$ das Betragsspektrum,
- der Winkel $\arg(c_k)$ das Phasenspektrum.

Die Darstellung erfolgt über den ganzzahligen Vielfachen der Kreisfrequenz $k\,\omega$.

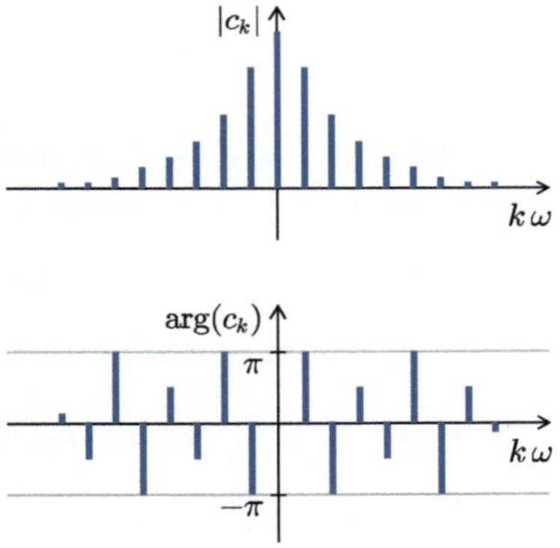

Eine Fourier-Reihe besitzt ein zweiseitiges diskretes Linienspektrum. Aus Symmetriegründen gilt $|c_{-k}| = |c_k|$ und $\arg(c_{-k}) = -\arg(c_k)$. Deshalb verzichtet man oft auf die Darstellung der Spektrallinien für negative Indizes.

Aus dem komplexen Betrags- und Phasenspektrum kann man wichtige Eigenschaften der reellen Fourier-Reihe gewinnen. Dazu zerlegen wir die komplexe Fourier-Reihe

$$f(t) = \sum_{k=-\infty}^{\infty} c_k\,\mathrm{e}^{\mathrm{i}\,k\,\omega\,t} = \sum_{k=-\infty}^{\infty} |c_k|\,\mathrm{e}^{\mathrm{i}\,\varphi_k}\,\mathrm{e}^{\mathrm{i}\,k\,\omega\,t} = \sum_{k=-\infty}^{\infty} |c_k|\,\mathrm{e}^{\mathrm{i}(k\,\omega\,t+\varphi_k)},$$

mit $\varphi_k = \arg(c_k)$, in Teilsummen

$$f(t) = \sum_{k=-\infty}^{-1} |c_k|\,\mathrm{e}^{\mathrm{i}(k\,\omega\,t+\varphi_k)} + |c_0| + \sum_{k=1}^{\infty} |c_k|\,\mathrm{e}^{\mathrm{i}(k\,\omega\,t+\varphi_k)}.$$

Die erste Teilsumme erstreckt sich über die negativen Indizes und die zweite Teilsumme erstreckt sich über die positiven Indizes.

Da die komplexen Fourier-Koeffizienten mit negativen Indizes gerade die konjugiert komplexen Werte der Koeffizienten mit positiven Indizes sind, gilt

$$\varphi_{-k} = -\varphi_k \quad \text{und} \quad |c_{-k}| = |c_k|\,.$$

Daraus ergibt sich für die erste Teilsumme durch Transformation des Laufindexes k

$$\sum_{k=-\infty}^{-1} |c_k|\,\mathrm{e}^{\mathrm{i}(k\,\omega\,t+\varphi_k)} = \sum_{k=1}^{\infty} |c_{-k}|\,\mathrm{e}^{\mathrm{i}((-k)\,\omega\,t+\varphi_{-k})} = \sum_{k=1}^{\infty} |c_k|\,\mathrm{e}^{-(\mathrm{i}\,k\,\omega\,t+\varphi_k)}\,.$$

Wir ersetzen dieses Zwischenergebnis ein und erhalten damit

$$f(t) = |c_0| + \sum_{k=1}^{\infty} |c_k| \left(\mathrm{e}^{\mathrm{i}(k\,\omega\,t+\varphi_k)} + \mathrm{e}^{-\mathrm{i}(k\,\omega\,t+\varphi_k)}\right)\,.$$

Nun fassen wir noch die beiden Exponentialausdrücke zusammen:

$$f(t) = |c_0| + \sum_{k=1}^{\infty} \underbrace{2\,|c_k|}_{A_k}\,\cos\left(k\,\omega\,t + \varphi_k\right)\,.$$

Dabei haben wir die Formel zur Darstellung des Kosinus durch komplexe e-Funktionen verwendet, siehe Satz 13.2.

Merke 16.5 (Darstellung mit Amplituden und Phasenwinkeln)

Die Fourier-Reihe einer Funktion f mit Periode $T = \dfrac{2\,\pi}{\omega}$ lässt sich durch phasenverschobene Kosinusschwingungen darstellen:

$$f(t) = \frac{a_0}{2} + \sum_{k=1}^{\infty} A_k \cos\left(k\,\omega\,t + \varphi_k\right).$$

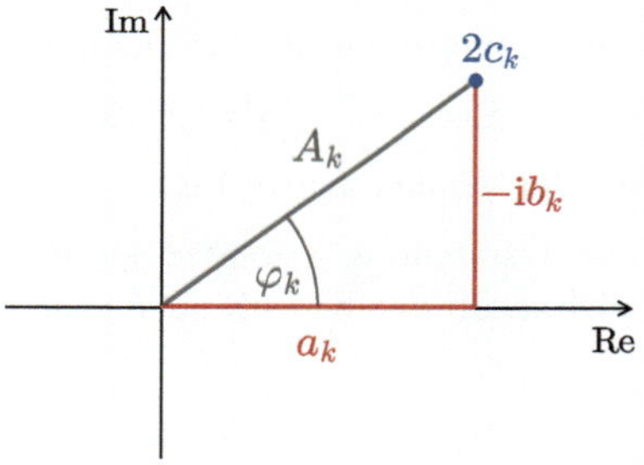

Aus den reellen bzw. komplexen Fourier-Koeffizienten a_k, b_k bzw. c_k kann man die

- Amplituden $A_k = 2\,|c_k| = \sqrt{a_k^2 + b_k^2}$ und
- Phasenwinkel $\varphi_k = \arg(c_k) = \arg(a_k - \mathrm{i}\,b_k)$

für $k = 1, 2, 3, \ldots$ berechnen.

Somit gibt es zwei unterschiedliche reelle Darstellungen für Fourier-Reihen. Die Fourier-Koeffizienten a_k und b_k beschreiben die Kosinus- und Sinusanteile der Schwingung. Bei vielen Anwendungen hat es sich jedoch bewährt, mit Kosinus als Grundfunktion zu arbeiten und die Schwingung durch Amplituden A_k und Phasenwinkel φ_k zu beschreiben.

Eine grafische Darstellung, bei der man anstelle der Beträge $|c_k|$ die Amplituden A_k verwendet, bezeichnet man als Amplitudenspektrum. Im Gegensatz zum Betragsspektrum ist das Amplitudenspektrum ein einseitiges Spektrum. Beim Betragsspektrum durchlaufen die Indizes k die Werte von $-\infty$ bis ∞, beim Amplitudenspektrum starten die Indizes bei 0. Abgesehen davon unterscheiden sich die beiden Spektren nur um den Faktor 2.

Beispiel 16.9 (Spektrum)

Die 2π-periodische Funktion aus Beispiel 16.8 hat die komplexen Fourier-Koeffizienten

$$c_k = \frac{(-1)^k - 1}{2\,k^2\,\pi} + \frac{(-1)^k}{2\,k}\,\mathrm{i}, \quad k = 1, 2, 3, \ldots$$

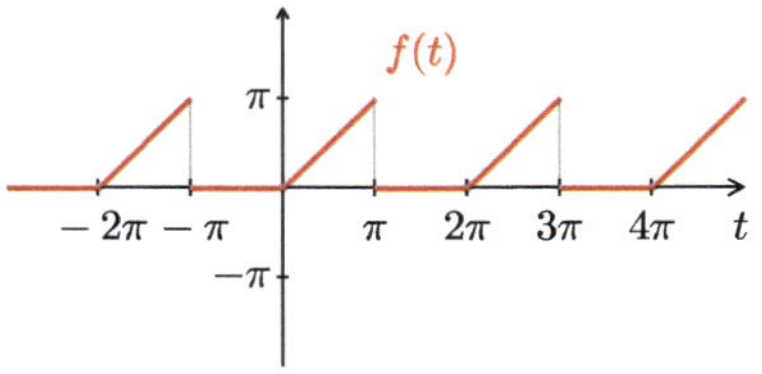

Die Koeffizienten c_k streben gegen null für $k \to \infty$. Der Gleichanteil beträgt $c_0 = \frac{\pi}{4}$. Somit ist $|c_0| = \frac{\pi}{4}$ und $\varphi_0 = 0$. Das Betragsspektrum der Koeffizienten c_k ergibt sich zu

$$|c_k| = \frac{1}{2\,k}\sqrt{\frac{((-1)^k - 1)^2}{k^2\,\pi^2} + 1}.$$

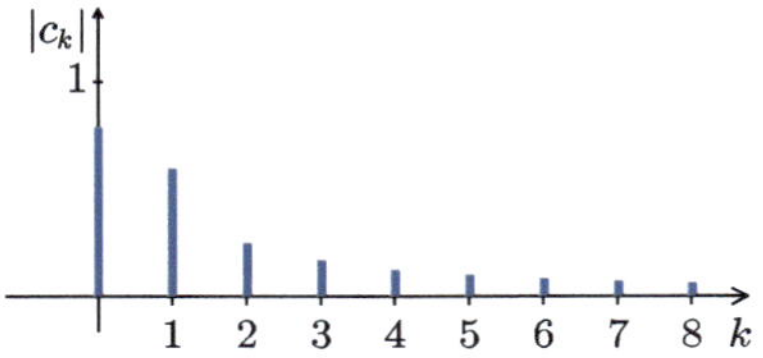

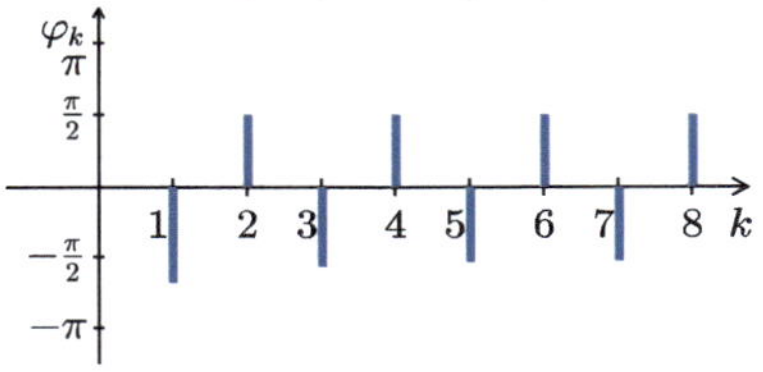

Für gerade Indizes k sind die Fourier-Koeffizienten rein imaginär und positiv. Somit gilt für die Phasenwinkel

$$\varphi_k = \frac{\pi}{2} \text{ für } k = 2, 4, 6, \ldots$$

Für ungerade Indizes k sind der Realteil und der Imaginärteil der Fourier-Koeffizienten negativ. Die Phasenwinkel

$$\varphi_k = \arctan\left(\frac{k\,\pi}{2}\right) - \pi \text{ für } k = 1, 3, 5, \ldots$$

haben Werte zwischen $-\pi$ und $-\frac{\pi}{2}$. Wegen $\omega = 1$ kann man die $k\,\omega$-Achse auch einfach mit k beschriften. ■

Beispiel 16.10 (Amplitudenspektrum)

a) Die Fourier-Reihe der Dreieckfunktion aus Beispiel 16.6 besteht nur aus Kosinusanteilen a_k. Alle Sinusanteile b_k sind null. Es ist $A_0 = \pi$ und

$$A_k = \frac{2}{k^2\,\pi}\left|(-1)^k - 1\right|, \quad k = 1, 2, 3, \ldots$$

Alle Phasenwinkel φ_k sind null.

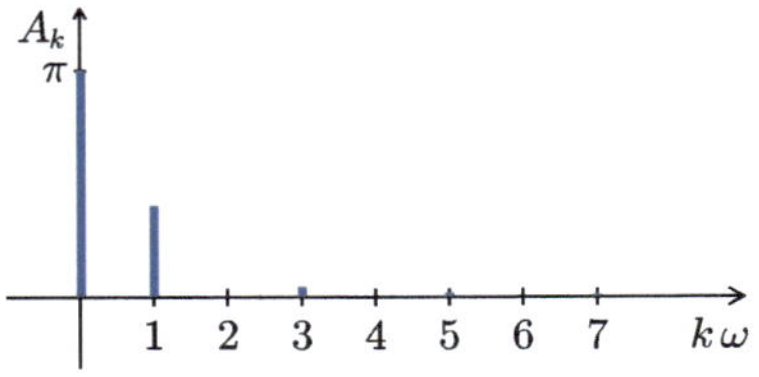

b) Die Fourier-Reihe der Rechteckfunktion aus Beispiel 16.7 besteht nur aus Sinusanteilen b_k. Alle Kosinusanteile a_k sind null. Es ist $A_0 = 0$ und

$$A_k = \frac{2}{k\,\pi}\left|(-1)^k - 1\right|, \quad k = 1, 2, 3, \ldots$$

Alle Phasenwinkel φ_k haben den Wert $-\frac{\pi}{2}$.

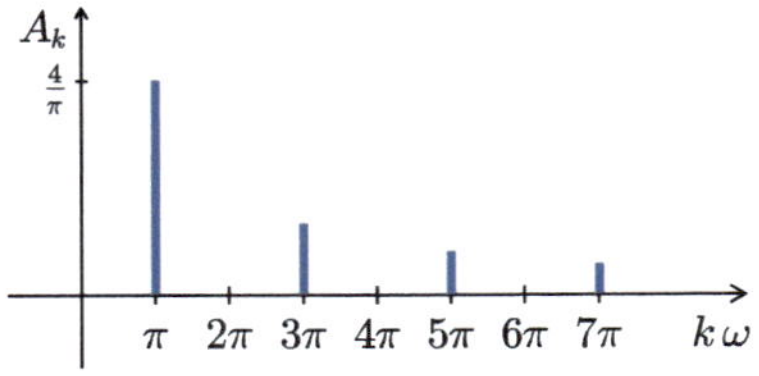

■

16.2.4 Minimaleigenschaft

Es stellt sich die Frage, warum man die Fourier-Koeffizienten ausgerechnet mit den Formeln aus Satz 16.2 bzw. Satz 16.4 berechnet. Als Antwort wollen wir uns nicht damit begnügen, dass Jean Baptiste Joseph Fourier ein genialer Mathematiker war und schon wusste was er tut. Zur Herleitung der Formeln betrachten wir die Fourier-Reihe einer Funktion f mit Periode T

$$f(t) = \sum_{k=-\infty}^{\infty} c_k \, \mathrm{e}^{\mathrm{i}\, k\, \omega\, t}, \quad \omega = \frac{2\pi}{T}$$

in komplexer Darstellung.

Wenn wir die Summe nach n Gliedern abbrechen

$$p_n(t) = \sum_{k=-n}^{n} c_k \, \mathrm{e}^{\mathrm{i}\, k\, \omega\, t},$$

dann erhalten wir ein trigonometrisches Polynom p_n vom Grad n. Zwischen der Funktion f und dem trigonometrischen Polynom p_n entsteht an jeder Stelle t eine Abweichung $d(t)$. Die Koeffizienten c_k werden nun so bestimmt, dass diese Abweichungen möglichst klein werden.

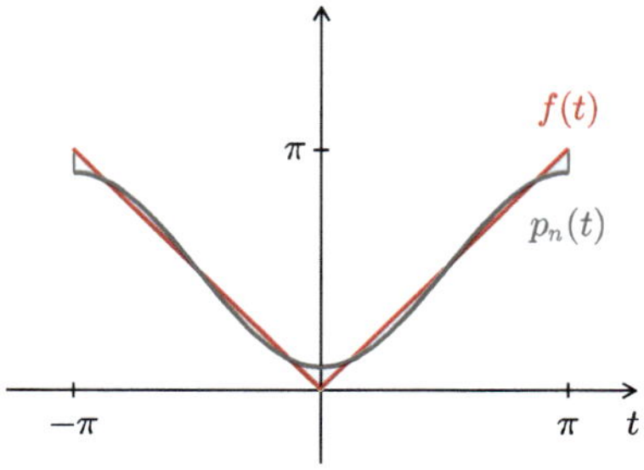

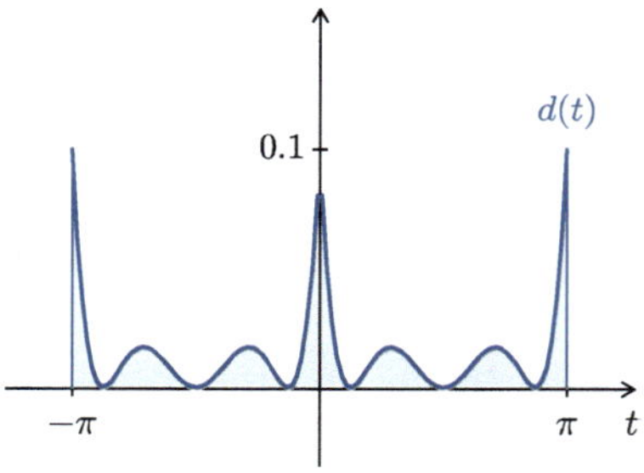

Wir müssen nun klären, welches mathematische Kriterium zu einer möglichst kleinen Abweichung führt. Ein guter Ansatz hierzu ist, die Abweichung d zwischen der Funktion f und dem trigonometrischen Polynom p_n zu quadrieren und über die gesamte Periode T zu integrieren. Damit erhält man für die Abweichung

$$d = \int_{-\frac{T}{2}}^{\frac{T}{2}} \underbrace{\big(f(t) - p_n(t)\big)^2}_{d(t)} \mathrm{d}t$$

eine entsprechende Integralformel.

Somit hängt die Gesamtabweichung d nun nicht mehr von t, sondern nur noch von den Fourier-Koeffizienten ab:

$$d = d(c_{-n}, \ldots, c_{-1}, c_0, c_1, \ldots, c_n).$$

Die Fourier-Koeffizienten werden so bestimmt, dass diese Gesamtabweichung d minimal wird. An einer Stelle, an der der Gesamtfehler ein Minimum hat, müssen notwendigerweise die partiellen Ableitungen von d

$$\frac{\partial d(c_{-n}, \ldots, c_{-1}, c_0, c_1, \ldots, c_n)}{\partial c_\ell} = 0, \quad \ell = 0, \pm 1, \pm 2, \ldots, \pm n$$

nach allen Fourier-Koeffizienten null werden. Wir müssen nun also alle $2n + 1$ partiellen Ableitungen bilden.

Die Berechnung der partiellen Ableitungen ist einfacher, als dies auf den ersten Blick scheint. Die Variablen c_ℓ kommen in der Summe nur in linearer Form vor. Wir setzen die partiellen Ableitungen an:

$$\frac{\partial d}{\partial c_\ell} = \frac{\partial}{\partial c_\ell}\left(\int_{-\frac{T}{2}}^{\frac{T}{2}}\left(f(t) - \sum_{k=-n}^{n} c_k\, \mathrm{e}^{\mathrm{i}\,k\,\omega\,t}\right)^2 \mathrm{d}t\right).$$

Wir vertauschen Ableitung und Integration und leiten ab:

$$\frac{\partial d}{\partial c_\ell} = -2\int_{-\frac{T}{2}}^{\frac{T}{2}}\left(f(t) - \sum_{k=-n}^{n} c_k\, \mathrm{e}^{\mathrm{i}\,k\,\omega\,t}\right)\mathrm{e}^{\mathrm{i}\,\ell\,\omega\,t}\mathrm{d}t.$$

Der Faktor $\mathrm{e}^{\mathrm{i}\,\ell\,\omega\,t}$ steht bei c_ℓ und ist als innere Ableitung zu berücksichtigen. Wir setzen die Ableitungen gleich null

$$\frac{\partial d}{\partial c_\ell} = 0$$

und teilen die resultierende Gleichung durch (-2). Durch Vertauschen von Summe und Integral erhalten wir die Gleichung

$$\sum_{k=-n}^{n} c_k \int_{-\frac{T}{2}}^{\frac{T}{2}} \mathrm{e}^{\mathrm{i}\,(k+\ell)\,\omega\,t}\mathrm{d}t = \int_{-\frac{T}{2}}^{\frac{T}{2}} f(t)\mathrm{e}^{\mathrm{i}\,\ell\,\omega\,t}\mathrm{d}t.$$

Sofern $k \neq -\ell$ ist, können wir das Integral auf der linken Seite mithilfe einer Stammfunktion berechnen:

$$\begin{aligned}\int_{-\frac{T}{2}}^{\frac{T}{2}} \mathrm{e}^{\mathrm{i}\,(k+\ell)\,\omega\,t}\mathrm{d}t &= \left.\frac{\mathrm{e}^{\mathrm{i}\,(k+\ell)\,\omega\,t}}{\mathrm{i}\,(k+\ell)\,\omega}\right|_{-\frac{T}{2}}^{\frac{T}{2}} = \frac{\mathrm{e}^{\mathrm{i}\,(k+\ell)\,\frac{\omega T}{2}} - \mathrm{e}^{-\mathrm{i}\,(k+\ell)\,\frac{\omega T}{2}}}{\mathrm{i}\,(k+\ell)\,\omega}\\ &= \frac{\mathrm{e}^{\mathrm{i}\,(k+\ell)\,\pi} - \mathrm{e}^{-\mathrm{i}\,(k+\ell)\,\pi}}{\mathrm{i}\,(k+\ell)\,\omega} = \frac{2\sin\left((k+\ell)\,\pi\right)}{(k+\ell)\,\omega} = 0.\end{aligned}$$

Im Fall $k = -\ell$ ergibt sich

$$\int_{-\frac{T}{2}}^{\frac{T}{2}} \mathrm{e}^{\mathrm{i}\,(k+\ell)\,\omega\,t}\mathrm{d}t = \int_{-\frac{T}{2}}^{\frac{T}{2}} 1\,\mathrm{d}t = T.$$

Somit fallen in obiger Gleichung mit der Summe auf der linken Seite alle Summenglieder bis auf $k = -\ell$ weg, und es ergibt sich

$$c_{-\ell}\,T = \int_{-\frac{T}{2}}^{\frac{T}{2}} f(t)\,\mathrm{e}^{\mathrm{i}\,\ell\,\omega\,t}\mathrm{d}t.$$

Schließlich können wir $-\ell$ durch k ersetzen und erhalten die gesuchte Formel:

$$c_k = \frac{1}{T}\int_{-\frac{T}{2}}^{\frac{T}{2}} f(t)\,\mathrm{e}^{-\mathrm{i}\,k\,\omega\,t}\mathrm{d}t.$$

Die partiellen Ableitungen null zu setzen, ist in der Regel nur ein notwendiges Kriterium für ein Minimum. In unserem Fall ist es jedoch auch eine hinreichende Bedingung, denn in der Gesamtabweichung kommen die Fourier-Koeffizienten c_k lediglich quadratisch vor. Die Gesamtabweichung ist niemals negativ und kann bei ungeschickter Wahl der Fourier-Koeffizienten beliebig groß werden. Somit handelt es sich bei dem Extremwert sicherlich um ein Minimum.

Die Formeln für die Fourier-Koeffizienten lassen sich auch rein reell, also ohne die komplexe Darstellung, herleiten. Die Grundlage dafür bilden die sogenannten Orthogonalitätseigenschaften der trigonometrischen Funktionen, siehe [Heuser:FA]. Funktionen mit Orthogonalitätseigenschaften sind in der Funktionalanalysis, einem wichtigen Teilgebiet der Mathematik, von zentraler Bedeutung.

Im Zusammenhang mit der Minimaleigenschaft der Fourier-Koeffizienten steht eine interessante, nach Marc-Antoine Parseval benannte Gleichung, die eine enge Beziehung zwischen dem Integral über eine Funktion und der Summe ihrer Fourier-Koeffizienten beschreibt. Eine analoge Gleichung gilt auch für die Fourier-Transformation, siehe Satz 18.17.

Satz 16.5 (Parsevalsche Gleichung für Fourier-Reihen)
Das Integral über dem Quadrat einer Funktion f entspricht der Summe der Quadrate ihrer Fourier-Koeffizienten:

$$\frac{2}{T}\int_{-\frac{T}{2}}^{\frac{T}{2}} f^2(t)\,\mathrm{d}t = 2\sum_{k=-\infty}^{\infty}|c_k|^2 = \frac{1}{2}a_0^2 + \sum_{k=1}^{\infty}\left(a_k^2 + b_k^2\right).$$

16.3 Eigenschaften

Mit den Formeln aus Satz 16.2 bzw. Satz 16.4 sind wir im Prinzip in der Lage, zu jeder periodischen Funktion eine Fourier-Reihe zu bestimmen. Die Bestimmung von Fourier-Reihen führt über die Integralrechnung. Wir können also Eigenschaften der Integralrechnung bei der Berechnung der Fourier-Koeffizienten ausnutzen.

Außerdem müssen wir das Rad nicht jedes Mal neu erfinden, sondern können Fourier-Reihen aus bereits bekannten Fourier-Reihen ermitteln. Eine Zusammenstellung von Fourier-Reihen wichtiger Funktionen findet sich im Anhang A.7.

16.3.1 Symmetrie

Die Berechnung von Fourier-Reihen beruht in der Standardnotation ohne Verschiebung auf Integralen, deren Integrationsbereich symmetrisch zum Ursprung sind. Bei geraden bzw. ungeraden Funktionen ist auch der Integrand symmetrisch zum Ursprung. Dadurch lassen sich die Berechnungen vereinfachen, siehe Satz 9.9.

Ein typisches Beispiel für eine gerade Funktion ist die Dreieckfunktion aus Beispiel 16.3. Das Schaubild ist achsensymmetrisch zur y-Achse. Die Funktionsgleichung erfüllt die Bedingung $f(-t) = f(t)$, siehe Definition 5.14. Die Vorgehensweise aus Beispiel 16.6 lässt sich auf alle geraden Funktionen verallgemeinern.

Satz 16.6 (Fourier-Reihe einer geraden Funktion)

Die Fourier-Reihe einer geraden Funktion mit Periode T ist eine reine Kosinusreihe:

- Alle Sinuskoeffizienten b_k sind null.
- Die Kosinuskoeffizienten a_k kann man durch folgende Formel berechnen:

$$a_k = \frac{4}{T}\int_0^{\frac{T}{2}} f(t)\,\cos(k\,\omega\,t)\,\mathrm{d}t, \quad \omega = \frac{2\,\pi}{T}, \quad k = 0, 1, 2, \ldots$$

- Alle Koeffizienten c_k sind rein reell.

Die Rechteckfunktion aus Beispiel 16.7 ist eine ungerade Funktion. Das Schaubild ist punktsymmetrisch zum Ursprung. Die Funktionsgleichung erfüllt die Symmetriebedingung $f(-t) = -f(t)$, siehe Definition 5.16. Auf alle geraden Funktionen kann man die Vereinfachungen aus Beispiel 16.7 anwenden.

Satz 16.7 (Fourier-Reihe einer ungeraden Funktion)

Die Fourier-Reihe einer ungeraden Funktion mit Periode T ist eine reine Sinusreihe:

- Alle Kosinuskoeffizienten a_k sind null.
- Die Sinuskoeffizienten b_k kann man durch folgende Formel berechnen:

$$b_k = \frac{4}{T}\int_0^{\frac{T}{2}} f(t)\,\sin(k\,\omega\,t)\,\mathrm{d}t, \quad \omega = \frac{2\,\pi}{T}, \quad k = 1, 2, \ldots$$

- Alle Koeffizienten c_k sind rein imaginär.

16.3.2 Integrationsintervall

Bei den Formeln aus Satz 16.2 und Satz 16.4 haben bisher stets das Integrationsintervall von $-\frac{T}{2}$ bis $\frac{T}{2}$ verwendet. Aufgrund der Periodizität können wir jedoch über ein beliebiges Intervall integrieren, das sich genau über eine volle Periode erstreckt.

Merke 16.6 (Integrationsintervall)

Bei der Berechnung der reellen und komplexen Fourier-Koeffizienten einer Fourier-Reihe darf man das Integrationsintervall um einen beliebigen Wert t_0 verschieben:

- $a_k = \frac{2}{T}\int_{-\frac{T}{2}}^{\frac{T}{2}} f(t)\,\cos(k\,\omega\,t)\,\mathrm{d}t = \frac{2}{T}\int_{-\frac{T}{2}+t_0}^{\frac{T}{2}+t_0} f(t)\,\cos(k\,\omega\,t)\,\mathrm{d}t,$
- $b_k = \frac{2}{T}\int_{-\frac{T}{2}}^{\frac{T}{2}} f(t)\,\sin(k\,\omega\,t)\,\mathrm{d}t = \frac{2}{T}\int_{-\frac{T}{2}+t_0}^{\frac{T}{2}+t_0} f(t)\,\sin(k\,\omega\,t)\,\mathrm{d}t,$
- $c_k = \frac{1}{T}\int_{-\frac{T}{2}}^{\frac{T}{2}} f(t)\,\mathrm{e}^{-\mathrm{i}\,k\,\omega\,t}\,\mathrm{d}t = \frac{1}{T}\int_{-\frac{T}{2}+t_0}^{\frac{T}{2}+t_0} f(t)\,\mathrm{e}^{-\mathrm{i}\,k\,\omega\,t}\,\mathrm{d}t.$

16.3.3 Mittelwert

Wenn wir zu einer periodischen Funktion f einen konstanten Wert addieren, dann hat diese Änderung keine Auswirkung auf das eigentliche Schwingungsverhalten. Lediglich der Gleichanteil ändert sich. Wenn m der Mittelwert der Funktion f ist, dann hat die Funktion $\tilde{f}(t) = f(t) + C$ den Mittelwert $\tilde{m} = m + C$. Somit gilt die Beziehung

$$\frac{\tilde{a}_0}{2} = \frac{a_0}{2} + C \quad \Longrightarrow \quad \tilde{a}_0 = a_0 + 2\,C$$

zwischen dem Koeffizienten a_0 und dem Koeffizienten $\tilde{a}_0$.

Merke 16.7 (Mittelwert)

Die Fourier-Reihe der Funktion $\tilde{f}(t) = f(t) + C$ hat, abgesehen vom Gleichanteil, dieselben Fourier-Koeffizienten a_k, b_k und c_k wie die Funktion f mit Periode T. Für den Gleichanteil von $\tilde{f}$ gilt

$$\tilde{a}_0 = a_0 + 2\,C, \quad \tilde{c}_0 = c_0 + C.$$

Beispiel 16.11 (Mittelwert)

Die Rechteckfunktion aus Beispiel 16.7 hat die Fourier-Reihe

$$f(t) = \frac{4}{\pi}\left(\sin(\pi t) + \frac{1}{3}\sin(3\pi t) + \ldots\right).$$

Die Addition der Konstante $C = 1$ verändert lediglich den Gleichanteil. Dadurch ergibt sich die Fourier-Reihe zu

$$\tilde{f}(t) = 1 + \frac{4}{\pi}\left(\sin(\pi t) + \frac{1}{3}\sin(3\pi t) + \ldots\right).$$

Die Funktion $\tilde{f}$ hat den Fourier-Koeffizienten

$$\tilde{a}_0 = 2.$$

Alle anderen Fourier-Koeffizienten von $\tilde{f}$ stimmen mit den entsprechenden Fourier-Koeffizienten von f überein.

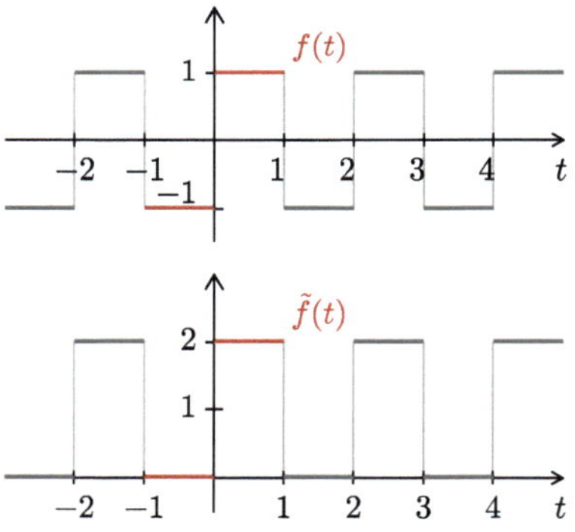

16.3.4 Linearität

Die Linearität von Fourier-Reihen beantwortet zwei Fragen: Welche Fourier-Reihe hat die Überlagerung von zwei Funktionen mit derselben Periode und welche Auswirkung hat die Skalierung der Funktionswerte einer Funktion? Aus mathematischer Sicht sind diese beiden Fragen einfach zu beantworten, denn Integrale sind linear. Steht unter dem Integral eine Summe von Funktionen, so kann man das Integral in eine Summe von Integralen zerlegen. Einen konstanten Faktor kann man vor das Integral ziehen.

Merke 16.8 (Skalierung)

Bei der Fourier-Reihe der Funktion $\tilde{f}(t) = C\,f(t)$ werden die Fourier-Koeffizienten der Funktion f mit Periode T mit dem Faktor C multipliziert:

$$\tilde{a}_k = C\,a_k, \quad \tilde{b}_k = C\,b_k, \quad \tilde{c}_k = C\,c_k.$$

Beispiel 16.12 (Skalierung)

Die Rechteckfunktion aus Beispiel 16.11 hat die Fourier-Reihe

$$f(t) = 1 + \frac{4}{\pi}\left(\sin(\pi t) + \frac{1}{3}\sin(3\pi t) + \dots\right).$$

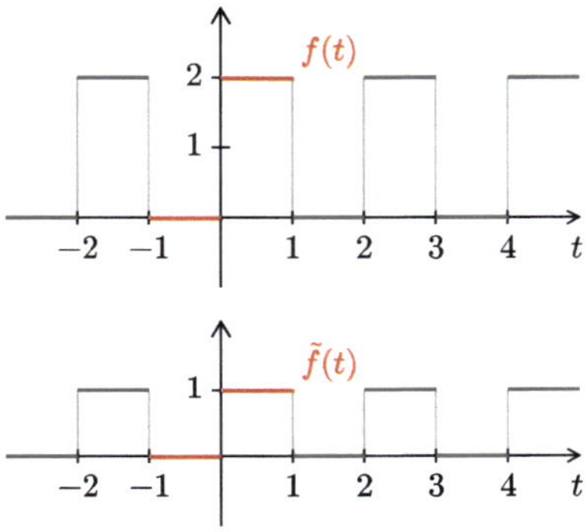

Die Skalierung mit dem Faktor $C = \frac{1}{2}$ skaliert alle Fourier-Koeffizienten gleichermaßen. Dadurch ergibt sich die Fourier-Reihe

$$\tilde{f}(t) = \frac{1}{2} + \frac{2}{\pi}\left(\sin(\pi t) + \frac{1}{3}\sin(3\pi t) + \dots\right)$$

für die skalierte Funktion. Hier kann man den Skalierungsfaktor vor die Klammer setzen. ▪

Merke 16.9 (Addition)

Wenn die Funktion f_3 aus der Überlagerung zweier Funktionen f_1 und f_2 mit derselben Periode T entsteht, also $f_3(t) = f_1(t) + f_2(t)$, dann bestimmt man die Fourier-Koeffizienten der Funktion f_3 durch Addition der Koeffizienten der beiden Funktionen f_1 und f_2.

Beispiel 16.13 (Addition)

Die Dreieckfunktion aus Beispiel 16.6 besitzt die Fourier-Reihe

$$f_1(t) = \frac{\pi}{2} - \frac{4}{\pi}\left(\cos(t) + \frac{1}{9}\cos(3t) + \dots\right).$$

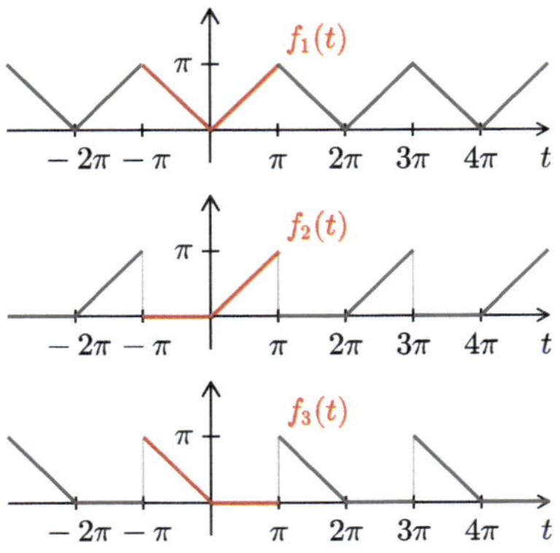

Die spezielle Funktion aus Beispiel 16.8 besitzt die Fourier-Reihe

$$f_2(t) = \frac{\pi}{4} - \frac{2}{\pi}\left(\cos(t) + \frac{1}{9}\cos(3t) + \dots\right)$$
$$+ \sin(t) - \frac{1}{2}\sin(2t) + \frac{1}{3}\sin(3t) \mp \dots$$

Die Funktion $f_3(t) = f_1(t) - f_2(t)$ hat damit die Fourier-Reihe

$$f_3(t) = \frac{\pi}{4} - \frac{2}{\pi}\left(\cos(t) + \frac{1}{9}\cos(3t) + \dots\right) - \sin(t) + \frac{1}{2}\sin(2t) - \frac{1}{3}\sin(3t) \pm \dots$$

mit sowohl Sinus- als auch Kosinusanteilen. ▪

16.3.5 Ähnlichkeit und Zeitumkehr

Ersetzt man bei einer Funktion die unabhängige Variable t durch $a\,t$, so spricht man von Ähnlichkeit. Für den Parameter a sind alle reellen Werte außer null zugelassen. Wir wollen nun klären, wie sich eine Ähnlichkeit auf die Fourier-Reihe auswirkt. Wenn die Funktion f mit Periode T die Fourier-Reihe

$$f(t) = \frac{a_0}{2} + \sum_{k=1}^{\infty} \left(a_k \cos\left(k\,\omega\,t\right) + b_k \sin\left(k\,\omega\,t\right)\right), \qquad \omega = \frac{2\,\pi}{T}$$

besitzt, dann erhalten wir die Fourier-Reihe der Funktion $\tilde{f}$ zu

$$\tilde{f}(t) = f(a\,t) = \frac{a_0}{2} + \sum_{k=1}^{\infty} (a_k \cos(k\,\underbrace{\omega\,a}_{\tilde{\omega}}\,t) + b_k \sin(k\,\underbrace{\omega\,a}_{\tilde{\omega}}\,t)).$$

Sofern der Parameter a positiv ist, hat sich also lediglich die Kreisfrequenz geändert. Die Fourier-Koeffizienten bleiben unverändert.

Merke 16.10 (Ähnlichkeit)

Wenn die Funktion f die Periode T und die Kreisfrequenz ω besitzt, dann ist die Funktion $\tilde{f}(t) = f(a\,t)$ für $a > 0$ periodisch mit der Periode $\tilde{T} = \frac{T}{a}$ und der Kreisfrequenz $\tilde{\omega} = a\,\omega$. Beide Funktionen haben dieselben Fourier-Koeffizienten. Die Fourier-Reihen der beiden Funktionen unterscheiden sich lediglich in den Perioden und den Kreisfrequenzen.

Beispiel 16.14 (Ähnlichkeit)

Die Rechteckfunktion aus Beispiel 16.12 hat die Fourier-Reihe mit Kreisfrequenz $\omega = \pi$

$$f(t) = \frac{1}{2} + \frac{2}{\pi}\left(\sin\left(\pi t\right) + \frac{1}{3}\sin\left(3\pi t\right) + \ldots\right).$$

Die Ähnlichkeit mit dem Faktor $a = \frac{1}{2}$ ergibt die Fourier-Reihe

$$\tilde{f}(t) = \frac{1}{2} + \frac{2}{\pi}\left(\sin\left(\frac{\pi}{2}\,t\right) + \frac{1}{3}\sin\left(\frac{3\,\pi}{2}\,t\right) + \ldots\right)$$

mit der Kreisfrequenz $\tilde{\omega} = \frac{\pi}{2}$. ∎

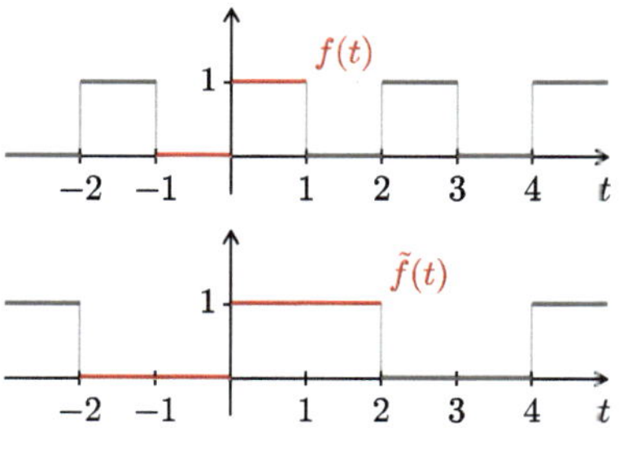

Wir haben gesehen, dass positive Werte von a bei der Ähnlichkeit zwischen $f(t)$ und $f(a\,t)$ keine Auswirkung auf die Fourier-Koeffizienten haben. Es genügt also, noch den Fall $a = -1$ zu betrachten. In diesem Fall spricht man von einer Zeitumkehr. Für die Fourier-Reihe ergibt sich

$$\tilde{f}(t) = f(-t) = \frac{a_0}{2} + \sum_{k=1}^{\infty} \left(a_k \cos\left(k\,\omega\,t\right) - b_k \sin\left(k\,\omega\,t\right)\right).$$

Lediglich das Vorzeichen der Sinusanteile ändert sich. Die Amplituden bleiben also gleich, und bei den Phasenwinkeln ändert sich das Vorzeichen.

Merke 16.11 (Zeitumkehr)

Wenn die Funktion f die Periode T und die Kreisfrequenz ω besitzt, dann ist die Funktion $\tilde{f}(t) = f(-t)$ periodisch mit derselben Periode T und derselben Kreisfrequenz ω. Zwischen den Fourier-Koeffizienten der beiden Funktionen besteht der Zusammenhang

$$\tilde{a}_k = a_k, \quad \tilde{b}_k = -b_k, \quad \tilde{c}_k = \overline{c_k}, \qquad \tilde{A}_k = A_k, \quad \tilde{\varphi}_k = -\varphi_k.$$

Beispiel 16.15 (Zeitumkehr)

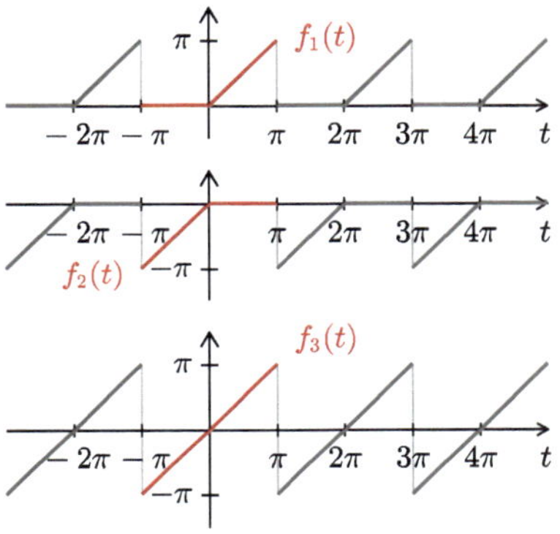

Die Funktion aus Beispiel 16.8 hat die Fourier-Reihe

$$f_1(t) = \frac{\pi}{4} - \frac{2}{\pi}\left(\cos(t) + \frac{1}{9}\cos(3t) + \ldots\right)$$
$$+ \sin(t) - \frac{1}{2}\sin(2t) + \frac{1}{3}\sin(3t) \mp \ldots$$

Eine Zeitumkehr und eine Skalierung mit dem Faktor $C = -1$ ergibt für die Funktion $f_2(t) = -f_1(-t)$ die Darstellung

$$f_2(t) = -\frac{\pi}{4} + \frac{2}{\pi}\left(\cos(-t) + \frac{1}{9}\cos(-3t) + \ldots\right)$$
$$- \sin(-t) + \frac{1}{2}\sin(-2t) \mp \ldots$$

Durch die Überlagerung $f_3(t) = f_1(t) + f_2(t)$ erhalten wir die Fourier-Reihe

$$f_3(t) = 2\left(\sin t - \frac{1}{2}\sin(2t) + \frac{1}{3}\sin(3t) - \frac{1}{4}\sin(4t) + \frac{1}{5}\sin(5t) \mp \ldots\right),$$

die ausschließlich aus Sinusanteilen besteht. ▪

16.3.6 Zeitverschiebung

Verschiebungen in der Zeit verändern die Sinus- und Kosinusanteile einer Schwingung. Die Amplituden bleiben aber unverändert. Deshalb betrachten wir bei einer Zeitverschiebung der Funktion f mit Periode T die Fourier-Reihe am besten in der Darstellung

$$f(t) = \frac{a_0}{2} + \sum_{k=1}^{\infty} A_k \cos(k\,\omega\,t + \varphi_k), \qquad \omega = \frac{2\,\pi}{T}.$$

Eine Verschiebung der Zeit um t_0 ergibt für die verschobene Funktion $\tilde{f}(t) = f(t - t_0)$:

$$\tilde{f}(t) = \frac{a_0}{2} + \sum_{k=1}^{\infty} A_k \cos(k\,\omega\,(t - t_0) + \varphi_k) = \frac{a_0}{2} + \sum_{k=1}^{\infty} A_k \cos(k\,\omega\,t \underbrace{-k\,\omega\,t_0 + \varphi_k}_{\tilde{\varphi}_k}).$$

Dabei gehen die Phasenwinkel φ_k in die Phasenwinkel $\tilde{\varphi}_k = -k\,\omega\,t_0 + \varphi_k$ über.

Merke 16.12 (Zeitverschiebung)

Wenn die Fourier-Reihe der Funktion f mit Periode T die Amplituden A_k und Phasenwinkel φ_k besitzt, dann besitzt die Fourier-Reihe der um t_0 in der Zeit verschobenen Funktion $\tilde{f}(t) = f(t - t_0)$ dieselben Amplituden $\tilde{A}_k = A_k$ und die Phasenwinkel $\tilde{\varphi}_k = -k\,\omega\,t_0 + \varphi_k$.

Verschiebungen um eine halbe oder viertel Periode lassen sich besonders elegant durchführen. In diesen Spezialfällen kann man die Berechnung auch mit den Kosinusanteilen a_k und den Sinusanteilen b_k durchführen, siehe Beispiel 16.16.

Beispiel 16.16 (Zeitverschiebung)

Die Dreieckfunktion aus Beispiel 16.6 hat die Fourier-Reihe

$$f(t) = \frac{\pi}{2} - \frac{4}{\pi}\left(\cos(t) + \frac{1}{9}\cos(3t) + \ldots\right).$$

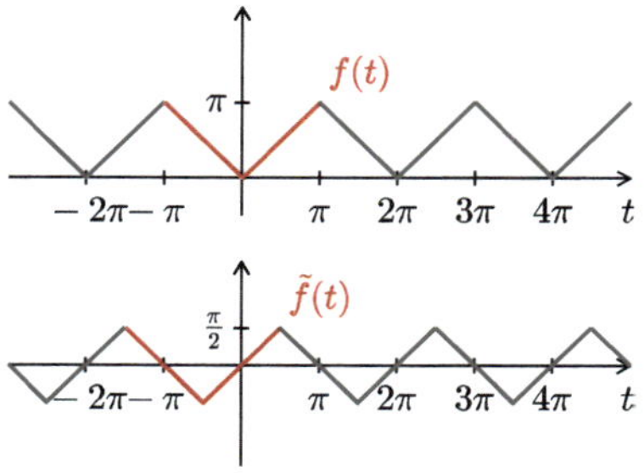

Das Schaubild der Funktion $\tilde{f}$ entsteht aus dem Schaubild der Funktion f durch eine Verschiebung in der Zeit und durch eine Verschiebung nach unten:

$$\tilde{f}(t) = f\left(t + \frac{\pi}{2}\right) - \frac{\pi}{2}.$$

Die Funktion $\tilde{f}$ hat die Fourier-Reihe

$$\tilde{f}(t) = -\frac{4}{\pi}\left(\cos\left(t + \frac{\pi}{2}\right) + \frac{1}{9}\cos 3\left(t + \frac{\pi}{2}\right) + \frac{1}{25}\cos 5\left(t + \frac{\pi}{2}\right) + \ldots\right)$$

Wir können die Faktoren bei den Kosinusausdrücken zusammenfassen:

$$\tilde{f}(t) = -\frac{4}{\pi}\left(\cos\left(t + \frac{\pi}{2}\right) + \frac{1}{9}\cos\left(3t + \frac{3\,\pi}{2}\right) + \frac{1}{25}\cos\left(5t + \frac{5\,\pi}{2}\right) + \ldots\right).$$

Das Additionstheorem für den Kosinus in Satz 6.9

$$\cos(x + y) = \cos x\,\cos y - \sin x\,\sin y$$

angewendet auf

$$x = k\,t \quad \text{und} \quad y = \frac{k\,\pi}{2}$$

mit ungeradem k ergibt

$$\begin{aligned}\cos\left(k\,t + \frac{k\,\pi}{2}\right) &= \cos(k\,t)\,\cos\left(\frac{k\,\pi}{2}\right) - \sin(k\,t)\,\sin\left(\frac{k\,\pi}{2}\right)\\ &= \cos(k\,t)\cdot 0 - \sin(k\,t)\cdot(\pm 1) = \mp\sin(k\,t).\end{aligned}$$

Mit diesem Zusammenhang kann man die Verschiebungen der Kosinusfunktionen durch Sinusfunktionen ausdrücken:

$$\tilde{f}(t) = \frac{4}{\pi}\left(\sin(t) - \frac{1}{9}\sin(3t) + \frac{1}{25}\sin(5t) - \frac{1}{49}\sin(7t) \pm \ldots\right).$$

Diese Darstellung ist viel übersichtlicher. ■

16.4 Aufgaben

16.4.1 Verständnis und Kompetenz

Aufgabe 16.1 (Fourier-Reihen von trigonometrischen Funktionen) ★★★

Welche Fourier-Reihen haben die Funktionen?

$$f(t) = \sin^2(t)\,, \quad g(t) = \cos^2(t)\,, \quad h(t) = \sin^3(t)\,.$$

Aufgabe 16.2 (Fourier-Koeffizienten und Reihenwert) ★★

Eine 2π-periodische Funktion f hat die komplexen Fourier-Koeffizienten

$$c_0 = 0, \quad c_k = (-1)^k\,\frac{\mathrm{i}}{k}, \quad k = \pm1, \pm2, \pm3, \ldots$$

a) Geben Sie die reelle Darstellung der Fourier-Reihe an.

b) Welche Eigenschaften der Funktion f kann man aus den Koeffizienten ablesen?

c) Berechnen Sie mithilfe der Parsevalschen Gleichung den Reihenwert $\sum\limits_{k=0}^{\infty} |c_k|^2$, wenn bekannt ist, dass $f(t) = t$ für $-\pi \le t < \pi$ und $f(t+2\pi) = f(t)$.

Aufgabe 16.3 (Komplexe und reelle Fourier-Koeffizienten) ★★★

Die komplexen Fourier-Koeffizienten einer 2π-periodische Funktion f sind

$$c_k = \begin{cases} (-1)^{\frac{1}{2}(k+1)}\,\dfrac{\mathrm{i}}{2\,k^2}, & k = \pm1, \pm3, \pm5, \ldots \\ 0, & k = \;\; 0, \pm2, \pm4, \ldots \end{cases}$$

Wie lautet die reelle Darstellung der Fourier-Reihe von f? Ist die Funktion f stetig? Welche Symmetrieeigenschaften hat die Funktion f?

Aufgabe 16.4 (Periodische Funktionen) ★★

Wodurch unterscheiden sich die Fourier-Reihen der 2-periodischen Funktion

$$f(t) = -t(t-2) \quad \text{für} \quad 0 \le t < 2\,, \quad f(t+2) = f(t)$$

und der π-periodischen Funktion

$$g(x) = -x(x-\pi) \quad \text{für} \quad 0 \le x < \pi\,, \quad g(x+\pi) = g(x)?$$

16.4.2 Rechnung und Training

Aufgabe 16.5 (Fourier-Reihe einer quadratischen Funktion) ★★

Bestimmen Sie die Fourier-Reihe der Funktion f mit quadratischen Prototyp:

$$f(t) = -t(t-2) \quad \text{für} \quad 0 \le t < 2\,, \quad f(t+2) = f(t).$$

Aufgabe 16.6 (Fourier-Reihe einer Sinusfunktion) ★★★

Bestimmen Sie die Fourier-Reihe der Funktion

$$f(t) = \begin{cases} \sin t & \text{für} \quad 0 \le t \le \pi \\ 0 & \text{für} \quad \pi < t < 2\pi \end{cases}, \quad f(t+2\pi) = f(t).$$

Aufgabe 16.7 (Fourier-Reihe einer Rechteckfunktion) ★★★★

Bestimmen Sie die Fourier-Reihe der Funktion

$$f(t) = \begin{cases} 1 & \text{für} \quad 0 \le t < \pi \\ 2 & \text{für} \quad \pi \le t < 2\pi \end{cases}, \quad f(t+2\pi) = f(t)$$

a) mithilfe der bekannten Fourier-Reihe des Standardrechtecks,

b) mithilfe der Definition und ohne Verwendung weiterer bekannter Fourier-Reihen.

Aufgabe 16.8 (Fourier-Reihe einer Dreieckfunktion) ★★★★

Bestimmen Sie die Fourier-Reihe der Funktion

$$f(t) = \begin{cases} t & \text{für} \quad 0 \le t < \frac{T}{2} \\ T - t & \text{für} \quad \frac{T}{2} \le t < T \end{cases}, \quad f(t+T) = f(t).$$

a) mithilfe der bekannten Fourier-Reihe des Standarddreiecks,

b) mithilfe der Definition und ohne Verwendung weiterer bekannter Fourier-Reihen.

Aufgabe 16.9 (Fourier-Reihe einer Exponentialfunktion) ★★★

Bestimmen Sie die Fourier-Reihe der 2π-periodischen Funktion

$$f(t) = \mathrm{e}^{-|t|} \text{ für } -\pi \le t < \pi, \quad f(t+2\pi) = f(t).$$

Aufgabe 16.10 (Fourier-Reihe einer zusammengesetzten Kosinusfunktion) ★★★★

Bestimmen Sie die Fourier-Reihe der Funktion

$$f(t) = \begin{cases} 0 & \text{für} \quad -\pi \le t < -\frac{\pi}{2} \\ 1 + \cos(2t) & \text{für} \quad -\frac{\pi}{2} \le t \le \frac{\pi}{2} \\ 0 & \text{für} \quad \frac{\pi}{2} < t < \pi \end{cases}, \quad f(t+2\pi) = f(t).$$

Aufgabe 16.11 (Fourier-Reihe einer zusammengesetzten Sinusfunktion) ★★

Bestimen Sie die Fourier-Reihe der 2π-periodischen Funktion

$$f(t) = \begin{cases} 0 & \text{für} \quad -\pi \le t < -\frac{\pi}{2} \\ \sin(2t) & \text{für} \quad -\frac{\pi}{2} \le t \le \frac{\pi}{2} \\ 0 & \text{für} \quad \frac{\pi}{2} < t < \pi \end{cases}, \quad f(t+2\pi) = f(t)$$

mithilfe des Ergebnisses aus Aufgabe 16.10.

17 Verallgemeinerte Funktionen

Die Steuerung technischer Geräte basiert oftmals auf sehr einfachen Prinzipien. Beipielsweise wird eine Heizung oder ein elektrischer Fensterheber zu einem gewissen Zeitpunkt t_0 eingeschaltet und dann zu einem späteren Zeitpunkt t_1 wieder ausgeschaltet. Aus mathematischer Sicht handelt es sich dabei um eine Funktion, die im Intervall $[t_0, t_1]$ den Wert 1 hat und sonst überall null ist. Verblüffenderweise bereiten solche Funktionen den Mathematikern mehr Kopfzerbrechen, als man auf den ersten Blick vermutet. Die Hauptproblematik ist die fehlende Differenzierbarkeit bei Funktionen mit Sprungstellen. In diesem Kapitel werden wir Darstellungsformen für derartige Funktionen kennenlernen. Wir werden den klassischen Ableitungsbegriff so erweitern, dass wir in Zukunft auch Funktionen mit Sprungstellen differenzieren können. Außerdem werden wir das Prinzip der Faltung kennenlernen. Die Inhalte dieses Kapitels sind grundlegend für das Verständnis der Fourier-Transformation in Kapitel 18 und der Laplace-Transformation in Kapitel 19.

17.1 Heaviside-Funktion

Die Heaviside-Funktion beschreibt einen Sprung der Höhe 1 an der Stelle $t = 0$. Man bezeichnet die Heaviside-Funktion σ auch als Einheitssprungfunktion. Für negative t-Werte sind die Funktionswerte null und für positive t-Werte konstant 1. An der Stelle $t = 0$ ist die Heaviside-Funktion unstetig, das Schaubild hat eine Sprungstelle.

Definition 17.1 (Heaviside-Funktion)

Die abschnittsweise definierte Funktion

$$\sigma(t) = \begin{cases} 0 & \text{für} \quad t < 0 \\ 1 & \text{für} \quad t \geq 0 \end{cases}$$

bezeichnet man als Heaviside-Funktion oder Einheitssprungfunktion.

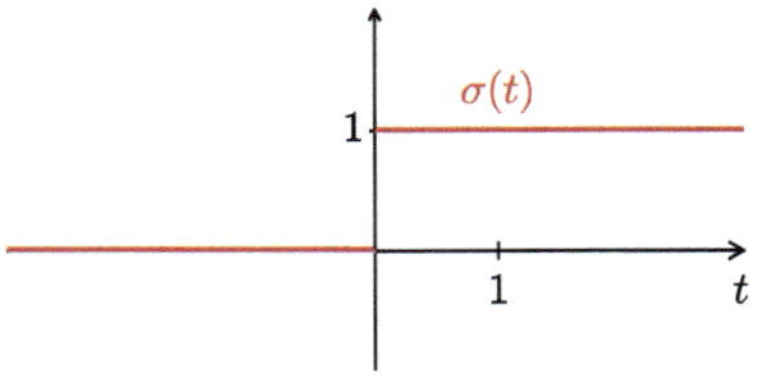

Beispiel 17.1 (Heaviside-Funktion)

a) Eine Verschiebung der Heaviside-Funktion

$$\sigma(t - t_0)$$

erzeugt einen Sprung an der Stelle t_0. Positive t_0-Werte bewirken eine Verschiebung nach rechts und negative t_0-Werte eine Verschiebung nach links.

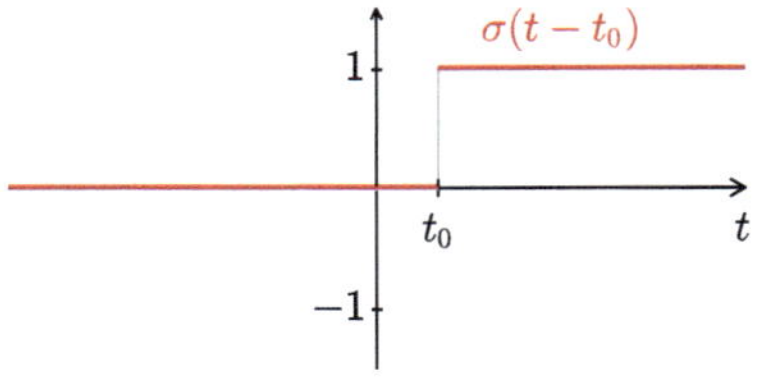

b) Die Heaviside-Funktion

$$-\sigma(t-t_1)$$

hat eine Sprungstelle bei t_1. Für alle t-Werte kleiner als t_1 ist sie null und für alle t-Werte größer als t_1 oder gleich t_1 hat sie den Funktionswert -1.

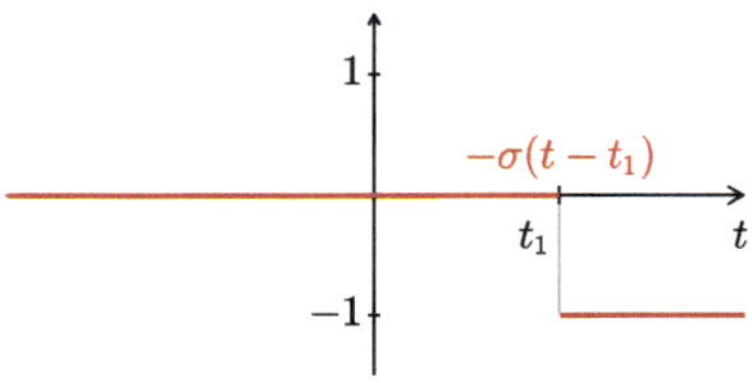

Der Funktionswert der Heaviside-Funktion an der Stelle $t = 0$ ist für unsere Betrachtungen unerheblich. In der Literatur findet man die Varianten $\sigma(0) = 0$, $\sigma(0) = 1$ und $\sigma(0) = \frac{1}{2}$. Die Heaviside-Funktion kann man sich als einen Einschaltvorgang zum Zeitpunkt $t = 0$ vorstellen.

Durch Kombination der beiden Funktionen aus Beispiel 17.1 kann man eine Rechteckfunktion erzeugen. In Anlehnung an die Physik bezeichnet man diese Funktion auch als Rechteckimpuls. Sie ist für alle t-Werte kleiner als t_0 und größer als t_1 null. Zwischen diesen beiden Werten hat sie den konstanten Funktionswert 1. Der Rechteckimpuls beschreibt einen Vorgang, der zum Zeitpunkt t_0 startet und zum Zeitpunt t_1 endet.

Definition 17.2 (Rechteckimpuls)

Die Funktion

$$r(t) = \sigma(t-t_0) - \sigma(t-t_1)$$

beschreibt einen Rechteckimpuls, der zur Zeit t_0 beginnt und zur Zeit t_1 endet.

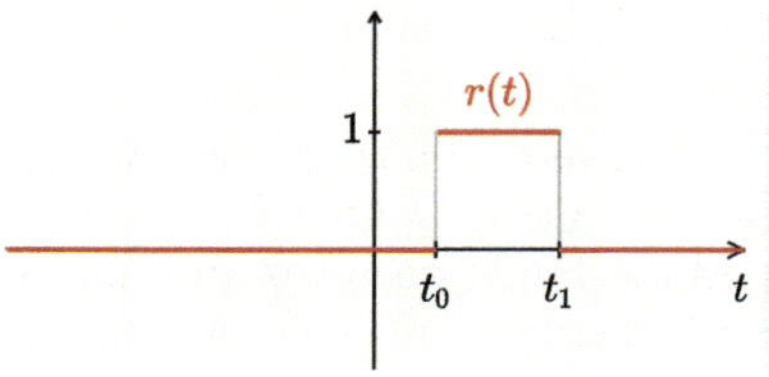

Beispiel 17.2 (Dreieckfunktion)

Die abgebildete Dreieckfunktion lässt sich mithilfe von zwei Rechteckfunktionen darstellen. Das erste Rechteck startet bei $t = -1$, endet bei $t = 0$ und wird mit der Geraden $g_1(t) = 1 + t$ multipliziert. Das zweite Rechteck startet bei $t = 0$, endet bei $t = 1$ und wird mit der Geraden $g_2(t) = 1 - t$ multipliziert. Zusammengesetzt ergibt sich

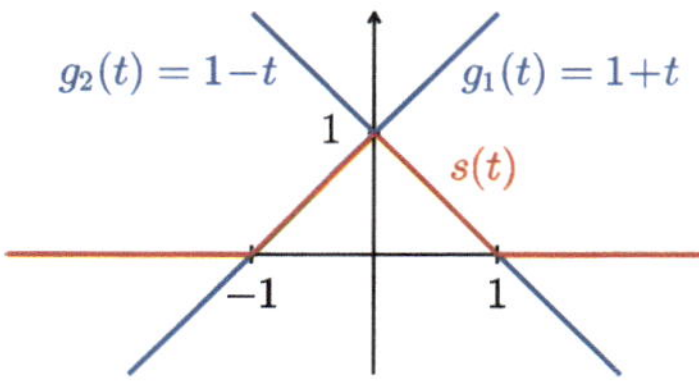

$$s(t) = (1+t)\big(\sigma(t+1) - \sigma(t)\big) + (1-t)\big(\sigma(t) - \sigma(t-1)\big)$$

für die Dreieckfunktion, bestehend aus zwei Rechteckfunktionen und zwei Geraden.

Durch Rechteckfunktionen lassen sich beliebige Funktionen f auf genau festgelegten Intervallen $[t_0, t_1]$ aktivieren. Wir sind also in Zukunft nicht mehr auf die umständliche Darstellung mithilfe von abschnittsweise definierten Funktionen mit geschweiften Klammern angewiesen.

Satz 17.1 (Ausblendeigenschaft des Rechteckimpulses)

Durch den Rechteckimpuls

$$r(t) = \sigma(t - t_0) - \sigma(t - t_1)$$

lässt sich die Funktion f außerhalb des Intervalls $[t_0, t_1]$ ausblenden:

$$f(t)\,r(t) = \begin{cases} 0 & \text{für} \quad t < t_0 \\ f(t) & \text{für} \quad t_0 \le t \le t_1 \\ 0 & \text{für} \quad t_1 < t\,. \end{cases}$$

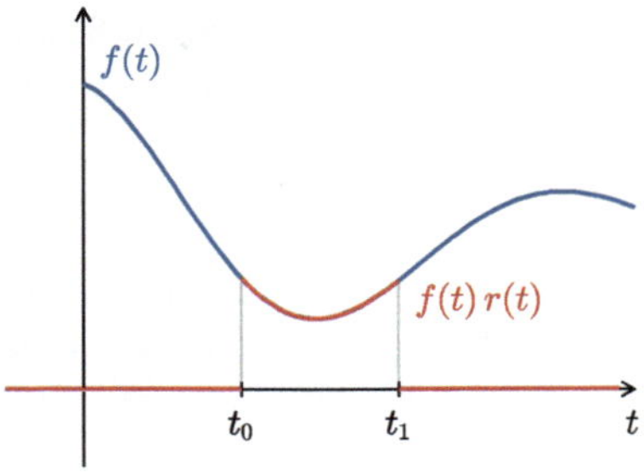

17.2 Dirac-Distribution

Distributionen sind aus mathematischer Sicht schwere Geschütze. Der Begriff wurde erst im 20. Jahrhundert von dem französischen Mathematiker Laurent Schwartz geprägt. Eine fundierte Betrachtung von Distributionen erfordert Hilfsmittel aus der Funktionalanalysis, die den Rahmen dieses Buches bei Weitem sprengen. Wir präsentieren hier einen leichter verständlichen pragmatischen Zugang und beschränken uns auf die sogenannte Dirac-Distribution, benannt nach dem Physiker Paul Adrien Maurice Dirac.

Definition 17.3 (Dirac-Distribution)

Die Rechteckfunktionen d_ε mit konstantem Flächeninhalt 1 erzeugen im Grenzwert für ε gegen null die Dirac-Distribution δ.

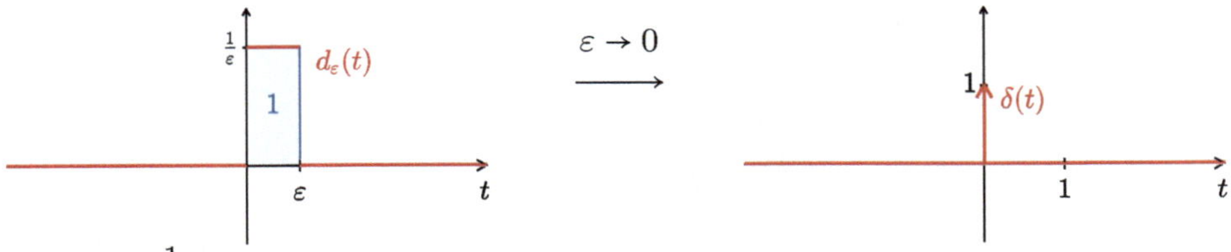

$$d_\varepsilon(t) = \frac{1}{\varepsilon}\big(\sigma(t) - \sigma(t-\varepsilon)\big) \qquad \delta(t) = \lim_{\varepsilon \to 0} d_\varepsilon(t)$$

Ursprünglich wurde die Theorie der Distributionen in der theoretischen Physik verwendet, um Begriffe wie Punktladung oder Massenpunkt mathematisch zu beschreiben. In der Physik ist für die Dirac-Distribution auch die Bezeichnung Einheitsimpuls gebräuchlich. Der Grenzwert der Rechteckfunktion ist keine mathematische Funktion im klassischen Sinne. Trotzdem können wir uns die Dirac-Distribution als eine Art Funktion vorstellen, die an der Stelle $t = 0$ den Funktionswert ∞ hat und sonst überall null ist. An vielen Stellen werden wir mit der Dirac-Distribution genau wie mit einer echten Funktion rechnen. Dabei werden wir von den Eigenschaften der Dirac-Distribution aus Satz 17.2 und Satz 17.3 regen Gebrauch machen.

Die Dirac-Distribution besitzt eine ähnliche Ausblendeigenschaft wie der Rechteckimpuls. Allerdings findet das Ausblenden bei der Dirac-Distribution nicht über einem Intervall, sondern nur an einer einzigen Stelle t_0 statt. Genau wie bei echten Funktionen verwenden wir für eine Verschiebung der Dirac-Distribution die Schreibweise $\delta(t - t_0)$.

Satz 17.2 (Multiplikation mit der Dirac-Distribution)
Multipliziert man eine Funktion f mit der Dirac-Distribution $\delta(t - t_0)$, dann werden alle Funktionswerte außerhalb der Stelle t_0 ausgeblendet:

$$f(t)\,\delta(t - t_0) = f(t_0)\,\delta(t - t_0).$$

Speziell für $t_0 = 0$ gilt:

$$f(t)\,\delta(t) = f(0)\,\delta(t).$$

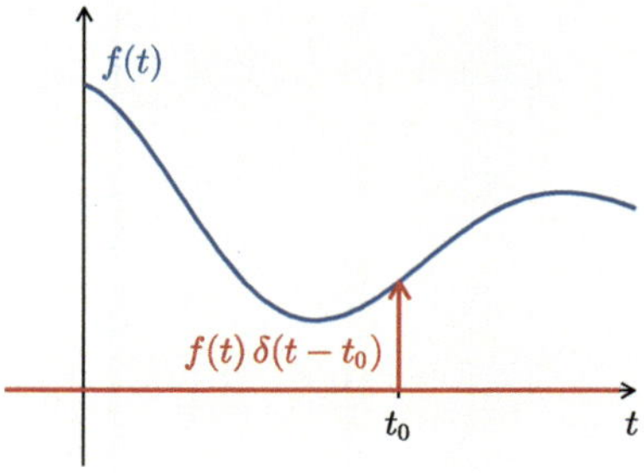

Bei der Definition der Dirac-Distribution sind die Rechteckfunktionen so gewählt, dass die Flächen unter den Funktionen für alle Werte von ε gleich 1 sind:

$$\int_{-\infty}^{\infty} d_\varepsilon(t)\,\mathrm{d}t = \int_0^{\varepsilon} \frac{1}{\varepsilon}\,\mathrm{d}t = \frac{1}{\varepsilon}\,(\varepsilon - 0) = 1.$$

Dadurch erreicht man eine Art Normierung der Dirac-Distribution.

Bei der grafischen Darstellung der Dirac-Distribution $\delta(t - t_0)$ verwendet man an der Stelle $t = t_0$ einen Pfeil der Länge 1. Skalierte Dirac-Distributionen werden wir mit Pfeilen der entsprechenden Länge darstellen. Negative Skalierungsfaktoren erzeugen Pfeile mit entgegengesetzter Orientierung.

Die Integraleigenschaft bleibt im Grenzwert erhalten.

$$\int_{-\infty}^{\infty} \delta(t)\,\mathrm{d}t = 1, \qquad \int_{-\infty}^{\infty} \delta(t - t_0)\,\mathrm{d}t = 1.$$

Auch eine Verschiebung der Dirac-Distribution ändert an dieser Eigenschaft nichts.

Satz 17.3 (Ausblendeigenschaft der Dirac-Distribution)
Integriert man über das Produkt einer Funktion f und der Dirac-Distribution $\delta(t - t_0)$, dann ergibt sich der Funktionswert an der Stelle t_0:

$$\int_{-\infty}^{\infty} f(t)\,\delta(t - t_0)\,\mathrm{d}t = f(t_0).$$

Insbesondere gilt für $f(t) = 1$ die Beziehung

$$\int_{-\infty}^{\infty} \delta(t - t_0)\,\mathrm{d}t = 1.$$

Die Ausblendeigenschaft ergibt sich aus Satz 17.2

$$\int_{-\infty}^{\infty} f(t)\,\delta(t-t_0)\,\mathrm{d}t = \int_{-\infty}^{\infty} f(t_0)\,\delta(t-t_0)\,\mathrm{d}t = f(t_0)\int_{-\infty}^{\infty} \delta(t-t_0)\,\mathrm{d}t = f(t_0).$$

Auf den ersten Blick kommen uns die Formeln aus Satz 17.3 nicht spektakulär vor. Jedoch ist gerade die Ausblendeigenschaft der Dirac-Distribution von großer Bedeutung für die Fourier-Transformation und die Laplace-Transformation.

Beispiel 17.3 (Ausblendeigenschaft der Dirac-Distribution)

Die Ausblendeigenschaft der Dirac-Distribution an der Stelle $t_0 = 0$ ergibt

$$\int_{-\infty}^{\infty} \mathrm{e}^{-at}\,\delta(t)\,\mathrm{d}t = \mathrm{e}^{-a\cdot 0} = 1.$$

Der Integralwert entspricht also dem Funktionswert an der Stelle $t_0 = 0$. ■

17.3 Verallgemeinerte Ableitung

Mithilfe der Heaviside-Funktion und der Dirac-Distribution besitzen wir die geeigneten Hilfsmittel, um die Frage nach der Ableitung einer Funktion mit Sprungstellen klären zu können. Der Prototyp für eine Funktion mit Sprungstelle ist die Heaviside-Funktion.

Merke 17.1 (Grenzwert und Ableitung bei Heaviside-Funktion und Dirac-Distribution)

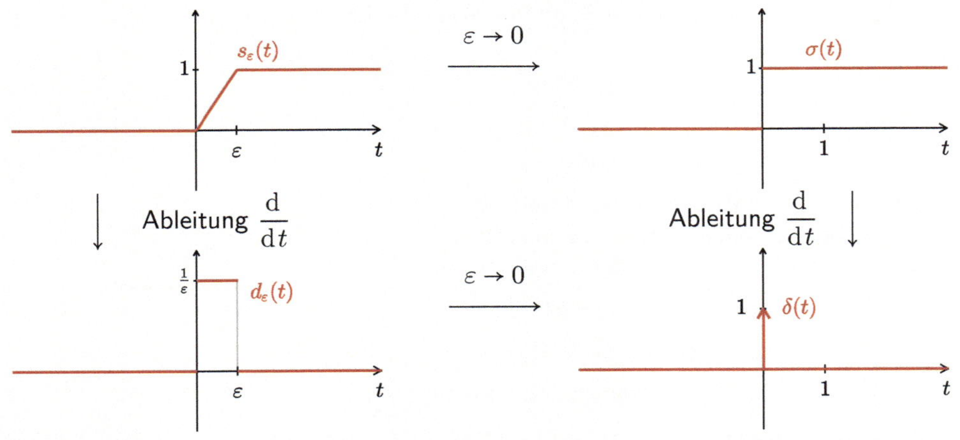

Die unstetige Heaviside-Funktion σ kann man sich als Grenzwert stetiger Rampenfunktionen für ε gegen null vorstellen. Die Ableitung von s_ε ist eine Rechteckfunktion d_ε:

$$s_\varepsilon(t) = \begin{cases} 0 & \text{für} \quad t < 0 \\ \frac{1}{\varepsilon}t & \text{für} \quad 0 \le t < \varepsilon \\ 1 & \text{für} \quad \varepsilon \le t \end{cases} \quad\Longrightarrow\quad d_\varepsilon(t) = \begin{cases} 0 & \text{für} \quad t < 0 \\ \frac{1}{\varepsilon} & \text{für} \quad 0 \le t < \varepsilon \\ 0 & \text{für} \quad \varepsilon \le t\,. \end{cases}$$

Der Grenzwert dieser Rechteckfunktionen d_ε für ε gegen null ergibt die Dirac-Distribution δ. Wir definieren die Dirac-Distribution als Ableitung der Heaviside-Funktion.

Definition 17.4 (Verallgemeinerte Ableitung)

Die verallgemeinerte Ableitung der Heaviside-Funktion ist die Dirac-Distribution:

$$\dot{\sigma}(t) = \delta(t).$$

Durch die Festlegung $\dot{\sigma}(t) = \delta(t)$ erweitern wir den klassischen Ableitungsbegriff auf Funktionen mit Sprungstellen. Diese Erweiterung bezeichnet man als verallgemeinerte Ableitung. Wir können dadurch Funktionen, die im klassischen Sinne nicht differenzierbar sind, sich aber mithilfe der Einheitssprungfunktion darstellen lassen, eine sinnvolle Ableitungsfunktion zuordnen. Im Sinne der Distributionentheorie besitzt auch die Dirac-Distribution eine Ableitung. Allerdings erfordert eine sinnvolle Definition dieser sogenannten distributiven Ableitung einen tieferen Einstieg in die Materie. Eine ausführliche Darstellung findet man beispielsweise bei [Heuser:FA]. Aus der Beziehung

$$\int_{-\infty}^{t} \delta(\tau)\,\mathrm{d}\tau = \left\{ \begin{array}{ll} 0 & \text{für } t < 0 \\ 1 & \text{für } t \geq 0 \end{array} \right\} = \sigma(t)$$

erkennen wir, dass es sinnvoll ist, die Heaviside-Funktion als Stammfunktion der Dirac-Distribution zu bezeichnen.

Satz 17.4 (Stammfunktion der Dirac-Distribution)

Die Heaviside-Funktion ist eine Stammfunktion der Dirac-Distribution:

$$\int \delta(t)\,\mathrm{d}t = \sigma(t) + C.$$

Beispiel 17.4 (Verallgemeinerte Ableitung)

Gesucht sind die verallgemeinerten Ableitungen $\dot{u}$ und $\ddot{u}$ der abgebildeten Funktion u. Zunächst stellen wir u mithilfe der Einheitssprungfunktion dar:

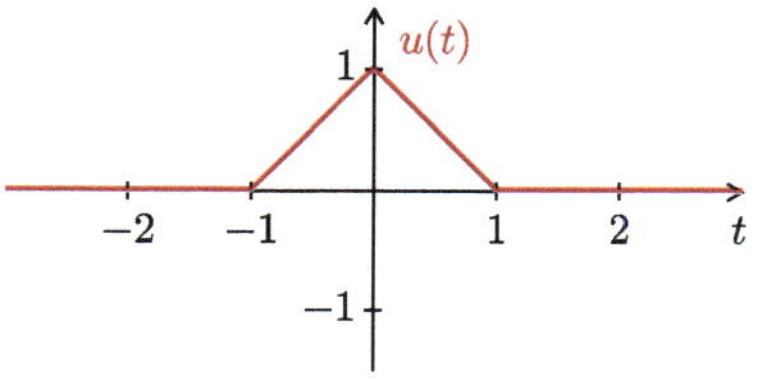

$$\begin{aligned} u(t) &= (1+t)\big(\sigma(t+1) - \sigma(t)\big) \\ &+ (1-t)\big(\sigma(t) - \sigma(t-1)\big). \end{aligned}$$

Mit der Produktregel für Ableitungen erhält man

$$\begin{aligned} \dot{u}(t) &= \big(\sigma(t+1) - \sigma(t)\big) + (1+t)\big(\delta(t+1) - \delta(t)\big) \\ &- \big(\sigma(t) - \sigma(t-1)\big) + (1-t)\big(\delta(t) - \delta(t-1)\big). \end{aligned}$$

Die erste Ableitung enthält eine Rechteckfunktion mit positivem und eine mit negativem Vorzeichen. Die Ausdrücke mit den Dirac-Distributionen schauen wir uns näher an:

$$\underbrace{(1+t)\delta(t+1)}_{(1-1)\delta(t+1)} - \underbrace{2t\,\delta(t)}_{0\cdot\delta(t)} - \underbrace{(1-t)\delta(t-1)}_{(1-1)\delta(t-1)} = 0\,.$$

Bei den Faktoren vor den Dirac-Distributionen setzen wir die Stellen $t_0 = -1$, $t_0 = 0$ und $t_0 = 1$ ein. Diese werden dadurch alle zu null.

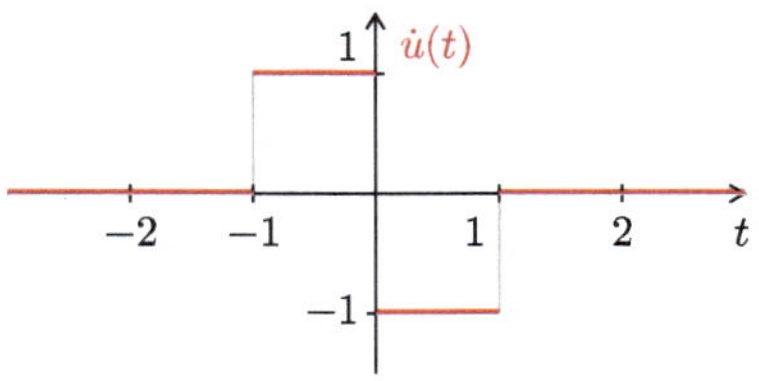

Aufgrund von Satz 17.2 lassen sich die Ausdrücke mit den Dirac-Distributionen soweit vereinfachen, dass sie alle wegfallen:

$$\dot{u}(t) = \big(\sigma(t+1) - \sigma(t)\big) - \big(\sigma(t) - \sigma(t-1)\big).$$

Die erste verallgemeinerte Ableitung besteht also aus zwei Rechtecken. Die zweite verallgemeinerte Ableitung ist

$$\ddot{u}(t) = \delta(t+1) - 2\delta(t) + \delta(t-1).$$

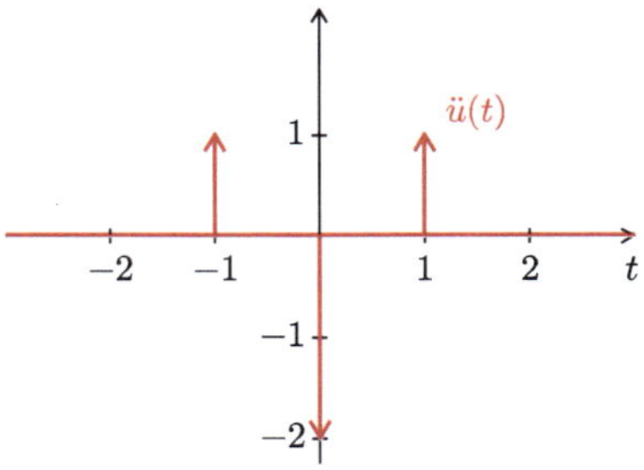

Sie besteht aus Dirac-Impulsen, wobei der Impuls an der Stelle $t = 0$ nach unten gerichtet ist und die doppelte Intensität besitzt.
Die rechnerischen Ergebnisse stimmen mit der anschaulichen Interpretation der Ableitung als Steigung in den Schaubildern überein. Die Funktion u hat zwischen -1 und 0 die Steigung 1 und zwischen 0 und 1 die Steigung -1. Die erste Ableitung $\dot{u}$ hat überall die Steigung 0.
Die beiden Sprünge der Höhe 1 nach oben an den Stellen -1 und 1 erzeugen Dirac-Impulse der Intensität 1. Der Sprung nach unten an der Stelle 0 hat die Höhe 2 und bewirkt einen Dirac-Impuls der Intensität -2. ■

17.4 Faltung

Durch die sogenannte Faltung wird zwei Funktionen eine neue Funktion zugeordnet. Es können sowohl klassische als auch verallgemeinerte Funktionen gefaltet werden. Die Faltung spielt eine wichtige Rolle bei der Fourier-Transformation und bei der Laplace-Transformation. Sie wird auch zur Analyse von Übertragungsfunktionen verwendet.

Definition 17.5 (Faltung)

Die Faltung der beiden Funktionen f und g ergibt eine Funktion h. Der Funktionswert der Funktion h an der Stelle t ist definiert durch

$$h(t) = f(t) \star g(t) = \int_{-\infty}^{\infty} f(\tau)\, g(t-\tau)\, \mathrm{d}\tau.$$

Man verwendet den Operator $\star$ für die Faltung zweier Funktionen.

Formal muss man nach der Formel aus Definition 17.5 für jeden t-Wert den Wert eines uneigentlichen Integrals bestimmen. Die Variable der Faltungsfunktion ist dabei t, die Variable τ ist lediglich eine Integrationsvariable. Bei vielen praktischen Problemstellungen führt die Faltung jedoch auf Integrale mit endlichem Integrationsbereich, sodass die Konvergenz der uneigentlichen Integrale kein Kopfzerbrechen bereitet.

Der Begriff Faltung resultiert aus der anschaulichen Interpretation der Faltung am Schaubild der Funktionen. Dazu betrachtet man für einen festen t-Wert die Schaubilder der beiden Funktionen $f(\tau)$ und $g(t-\tau)$. Im Vergleich zum Schaubild von $g(\tau)$ ist das Schaubild der Funktion $g(t-\tau)$ um den Wert t verschoben und an der Achse $\tau = t$ gespiegelt. Die Faltung der Funktionen resultiert aus der Überlappung von $f(\tau)$ und $g(t-\tau)$. Dadurch entsteht eine Art gleitender Durchschnitt der beiden Funktionen.

Beispiel 17.5 (Faltung)

Wir bestimmen die Faltung der Rechteckfunktion

$$r(t) = \begin{cases} 0 & \text{für} \quad t < -1 \\ 1 & \text{für} \ -1 \leq t \leq 1 \\ 0 & \text{für} \quad t > 1 \end{cases}$$

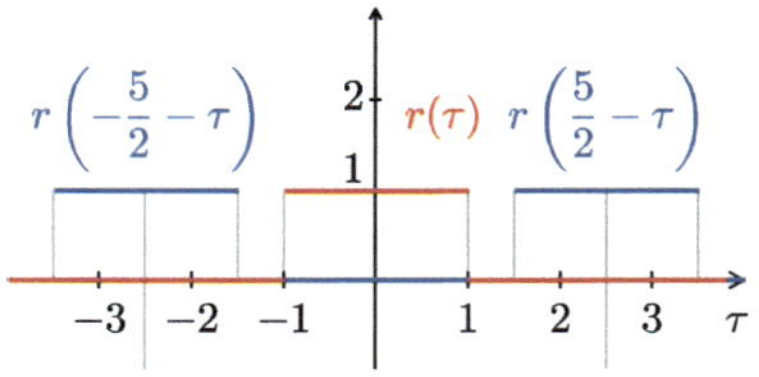

mit sich selbst:

$$f(t) = r(t) \star r(t) = \int_{-\infty}^{\infty} r(\tau)\, r(t-\tau)\, \mathrm{d}\tau.$$

Wenn t kleiner als -2 oder größer als 2 ist, dann überdecken sich die Funktionen $r(\tau)$ und $r(t-\tau)$ nicht. Folglich ist $f(t)$ in diesem Bereich 0.

Für t-Werte zwischen -2 und 0 kommt es zur Überdeckung der beiden Funktionen $r(\tau)$ und $r(t-\tau)$. Der gemeinsame Bereich startet bei $\tau = -1$ und endet bei $\tau = t+1$. Somit gilt

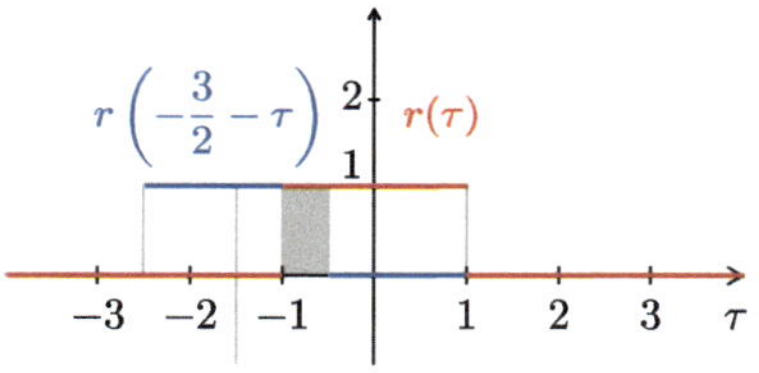

$$f(t) = \int_{-1}^{t+1} 1 \cdot 1\, \mathrm{d}\tau = t+2, \qquad -2 \leq t \leq 0.$$

Die beiden Funktionen $r(\tau)$ und $r(t-\tau)$ überdecken sich auch für t-Werte zwischen 0 und 2. Dabei startet der gemeinsame Bereich bei $\tau = t-1$ und endet bei $\tau = 1$. In diesem Fall folgt

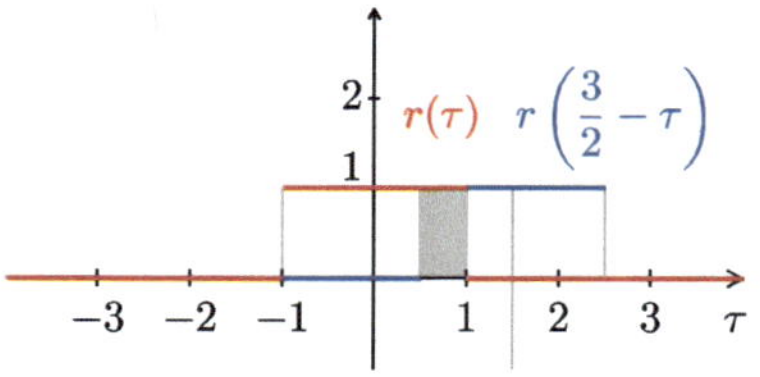

$$f(t) = \int_{t-1}^{1} 1 \cdot 1\, \mathrm{d}\tau = 2-t, \qquad 0 \leq t \leq 2.$$

Die Faltung der Rechtecke

$$f(t) = \begin{cases} 0 & \text{für} \quad t < -2 \\ t+2 & \text{für} \ -2 \leq t < 0 \\ 2-t & \text{für} \quad 0 \leq t \leq 2 \\ 0 & \text{für} \quad 2 < t\ . \end{cases}$$

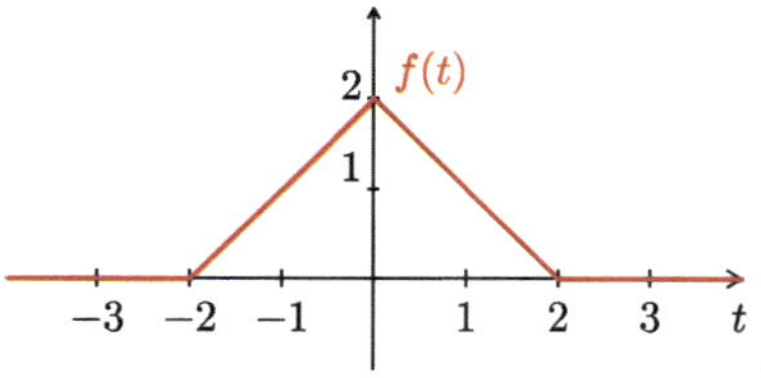

ergibt die Dreieckfunktion. ∎

In Beispiel 17.5 ist das Glättungsverhalten der Faltung zu erkennen. Die Rechteckfunktion hat Sprünge, ist also unstetig. Die Faltung ergibt die Dreieckfunktion, und damit eine stetige Funktion.

Die Definition der Faltung der beiden Funktionen f und g mit der Formel aus Definition 17.5 erweckt den Eindruck, dass die beiden Funktionen f und g nicht denselben Einfluss auf das Ergebnis der Faltung haben. Dieser Eindruck täuscht.

Die Faltung ist kommutativ. Diese Eigenschaft lässt sich nachweisen mithilfe der Substitution $u = t - \tau$ und $\mathrm{d}u = -\mathrm{d}\tau$:

$$g(t) \star f(t) = \int_{-\infty}^{\infty} g(\tau)\, f(t-\tau)\,\mathrm{d}\tau = -\int_{\infty}^{-\infty} g(t-u)\, f(u)\,\mathrm{d}u = f(t) \star g(t).$$

Weitere Rechenregeln für die Faltung, wie etwa die Assoziativität oder die Distributivität, ergeben sich aus der Linearität des Integrals.

Satz 17.5 (Kommutativ-, Assoziativ- und Distributivgesetz der Faltung)

Bei der Faltung der Funktionen f, g und h gilt für beliebige Konstanten C:

- $f \star g = g \star f$
- $C(f \star g) = (C\,f) \star g = f \star (C\,g)$
- $f \star (g \star h) = (f \star g) \star h$
- $f \star (g + h) = (f \star g) + (f \star h)$

Bezüglich der Faltung nimmt die Dirac-Distribution eine Sonderrolle ein. Die Faltung einer beliebigen Funktion f mit der Dirac-Distribution ergibt

$$f(t) \star \delta(t) = \int_{-\infty}^{\infty} f(\tau)\,\delta(t-\tau)\,\mathrm{d}\tau = \int_{-\infty}^{\infty} f(\tau)\,\delta(\tau - t)\,\mathrm{d}\tau = f(t).$$

Dabei haben wir die Symmetrie der Dirac-Distribution $\delta(-t) = \delta(t)$ und die Ausblendeigenschaft aus Satz 17.3 verwendet.

Satz 17.6 (Faltung mit der Dirac-Distribution)

Die Faltung der Funktionen f mit der Dirac-Distribution δ lässt f unverändert:

$$f(t) \star \delta(t) = f(t) = \delta(t) \star f(t).$$

Insbesondere bei der Laplace-Transformation betrachtet man Funktionen, die für negative Argumente null sind. Bei der Formel zur Berechnung der Faltung in Definition 17.5 verändern sich dann die Grenzen:

$$f(t) \star g(t) = \int_{-\infty}^{\infty} f(\tau)\, g(t-\tau)\,\mathrm{d}\tau = \int_{0}^{t} f(\tau)\, g(t-\tau)\,\mathrm{d}\tau.$$

Da die Funktion f für negative τ-Werte null ist, startet die Integration bei null. Andererseits wird $g(t-\tau)$ für τ-Werte, die größer als t sind, auch null. Somit ergibt sich im Integral die Obergrenze t.

Satz 17.7 (Einseitige Faltung)

Sind die beiden Funktionen f und g für negative Argumente null, dann berechnet sich die einseitige Faltung durch:

$$f(t) \star g(t) = \int_{0}^{t} f(\tau)\, g(t-\tau)\,\mathrm{d}\,\tau.$$

Beispiel 17.6 (Einseitige Faltung)

Die beiden abgebildeten Funktionen f und g sind für negative t-Werte null. Bei der Faltung $f \star g$ handelt es sich deshalb um eine einseitige Faltung. Die Funktion g wird durch einen Abschnitt der Geraden mit der Gleichung $y = 6 - 3t$ dargestellt.

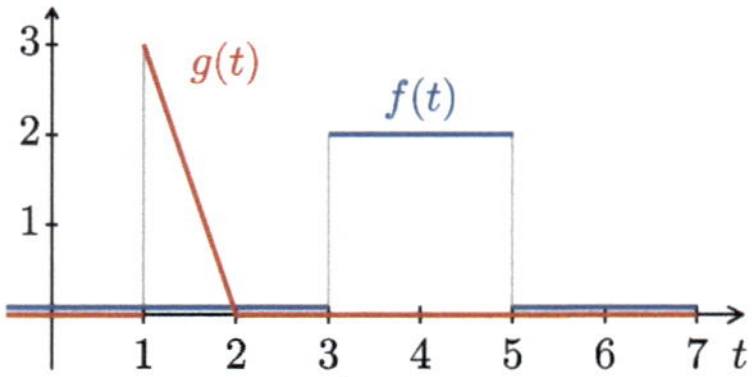

Mit der Formel

$$f(t) \star g(t) = \int_a^b 2 \cdot (6 - 3(t - \tau))\,\mathrm{d}\,\tau$$

können wir die Faltung berechnen. Dabei hängen die beiden Grenzen a und b vom t-Wert ab. Für $t < 4$ ist $f(t) \star g(t) = 0$. In diesem Fall ist nämlich für alle τ-Werte entweder $f(\tau)$ oder $g(t-\tau)$ null. Für $4 \le t \le 5$ entsteht eine Parabel

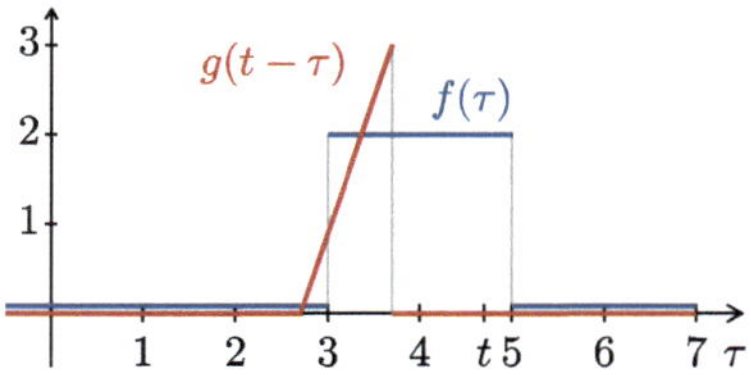

$$\begin{aligned} f(t) \star g(t) &= \int_3^{t-1} 12 - 6(t - \tau)\,\mathrm{d}\,\tau \\ &= \left[12\tau + 3(t - \tau)^2\right]_3^{t-1} \\ &= -3(t-4)(t-6)\,, \end{aligned}$$

nach unten geöffnet mit Scheitelpunkt $S(5 \mid 3)$. Für t-Werte zwischen 5 und 6 ändern sich lediglich die Grenzen des Integrals:

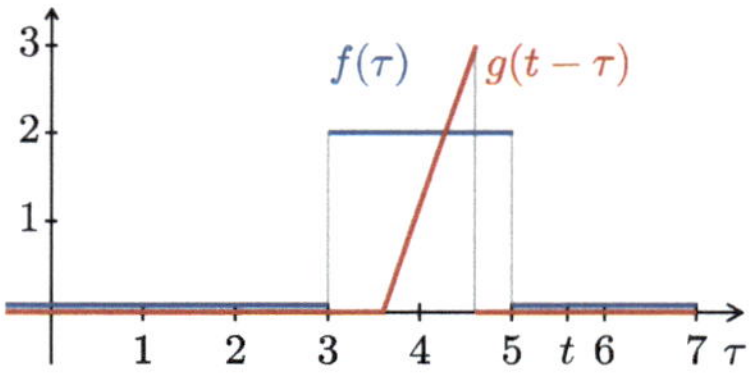

$$f(t) \star g(t) = \int_{t-2}^{t-1} 12 - 6(t - \tau)\,\mathrm{d}\,\tau = 3\,.$$

Der Wert des Integrals entspricht gerade dem doppelten Flächeninhalt des Dreiecks und ergibt somit den Wert 3.

Bei t-Werten zwischen 6 und 7 ergibt sich

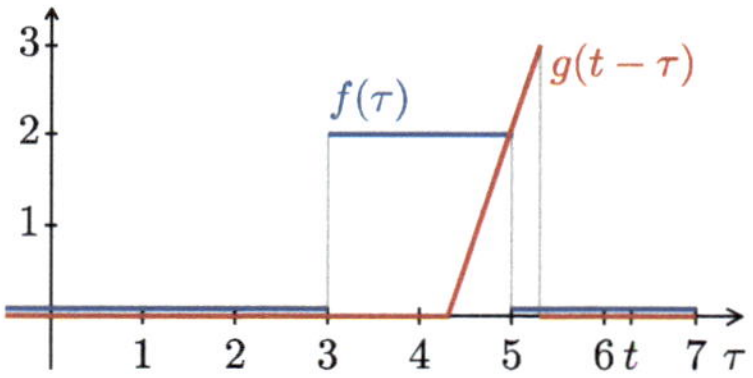

$$\begin{aligned} f(t) \star g(t) &= \int_{t-2}^{5} 12 - 6(t - \tau)\,\mathrm{d}\,\tau \\ &= \left[12\tau + 3(t - \tau)^2\right]_{t-2}^{5} \\ &= 3(t-7)^2\,, \end{aligned}$$

also eine Parabel mit dem Scheitelpunkt $S(7 \mid 0)$. Insgesamt erhalten wir die abschnittsweise definierte Funktion

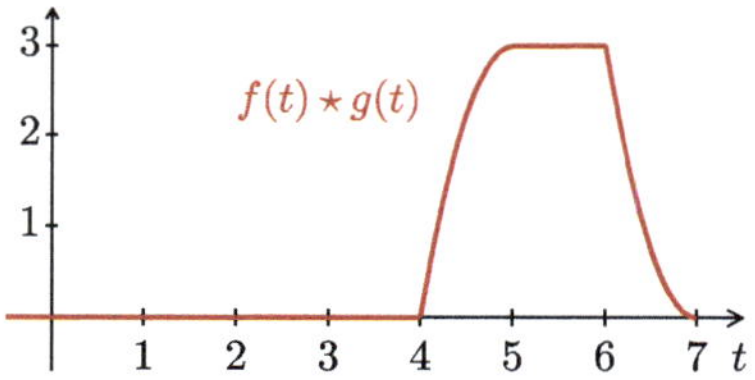

$$f(t) \star g(t) = \begin{cases} 0 & t < 4, \\ -3(t-4)(t-6) & t \in [4,5), \\ 3 & t \in [5,6), \\ 3(t-7)^2 & t \in [6,7), \\ 0 & t \ge 7. \end{cases}$$

Das Ergebnis der Faltung können wir auch mit der Einheitssprungfunktion darstellen

$$\begin{aligned} f(t) \star g(t) &= -3(t-4)(t-6)(\sigma(t-4) - \sigma(t-5)) + 3(\sigma(t-5) - \sigma(t-6)) \\ &\quad +3(t-7)^2(\sigma(t-6) - \sigma(t-7))\,. \end{aligned}$$

Die Faltung $f \star g$ ist stetig, obwohl f und g Sprungstellen aufweisen. ■

17.5 Anwendungen

Bei vielen technischen Anwendungen, insbesondere in der Regelungstechnik und Signalverarbeitung, kommen Funktionen mit Sprungstellen vor. Diesen Aspekt werden wir bei der Fourier-Transformation in Kapitel 18 und bei der Laplace-Transformation in Kapitel 19 nochmals aufgreifen. In diesem Abschnitt betrachten wir einen weiteren Anwendungsbereich für verallgemeinerte Funktionen: CAD-Systeme.

17.5.1 B-Splines

Die mathematische Darstellung von Kurven und Flächen beruht in CAD-Systemen auf sogenannten NURBS, also auf Non-Uniform-Rational-B-Spline-Surfaces. Bézier-Kurven, die einen Spezialfall der B-Splines bilden, haben wir bereits in Abschnitt 11.6.1 betrachtet. Isaac Jacob Schoenberg und Carl de Boor haben den Begriff B-Spline geprägt. Das „B" steht dabei für Basis. Diese Basisfunktionen kann man durch Faltungen definieren.

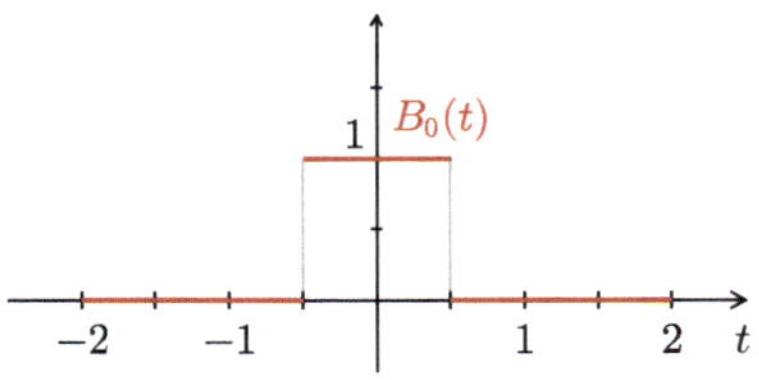

Die Basisfunktion vom Grad 0 ist ein Rechteck der Höhe 1, das sich auf der t-Achse im Bereich von $t = -\frac{1}{2}$ bis $t = \frac{1}{2}$ erstreckt. Dieser B-Spline wird mit B_0 bezeichnet. Aus diesem B-Spline werden durch Faltung alle B-Splines höherer Ordnung erzeugt. Der B-Spline B_1 ist definiert durch $B_1(t) = B_0(t) \star B_0(t)$.

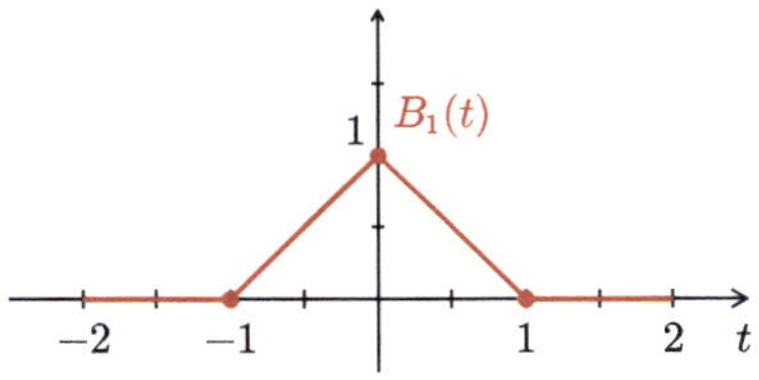

Die Faltung des Rechtecks mit sich selbst verläuft analog zu Beispiel 17.5 und ergibt

$$B_1(t) = \begin{cases} 0 & \text{für} \quad t < -1, \\ 1+t & \text{für} \quad -1 \le t < 0, \\ 1-t & \text{für} \quad 0 \le t < 1, \\ 0 & \text{für} \quad t \ge 1. \end{cases}$$

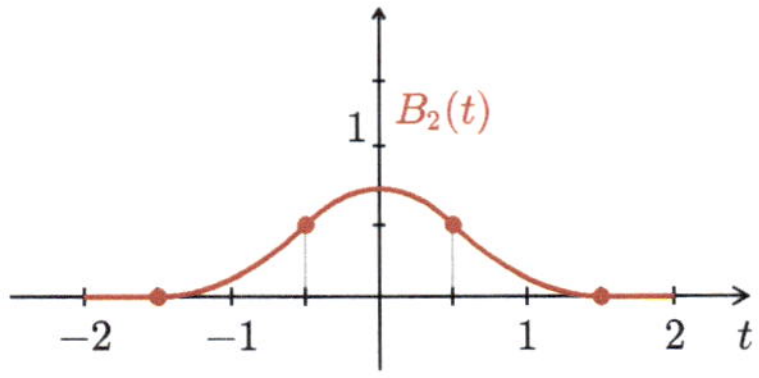

Durch die Faltung $B_2(t) = B_1(t) \star B_0(t)$ erhöht sich der Grad wieder um eins. Für t-Werte zwischen $-\frac{3}{2}$ und $-\frac{1}{2}$ erhalten wir

$$B_2(t) = \int_{-1}^{t+\frac{1}{2}} (\tau + 1)\,\mathrm{d}\tau = \frac{1}{8}(2t+3)^2$$

und damit eine quadratische Funktion.
Aufgrund der Symmetrie ergibt sich

$$B_2(t) = \frac{1}{8}(3-2t)^2 \text{ für } t \in \left[\frac{1}{2}, \frac{3}{2}\right], \qquad B_2(t) = \frac{3}{4} - t^2 \text{ für } t \in \left[-\frac{1}{2}, \frac{1}{2}\right].$$

Für t-Werte zwischen $-\frac{1}{2}$ und $\frac{1}{2}$ hat die Parabel den Scheitel in $S\left(0 \,\middle|\, \frac{3}{4}\right)$ und verläuft durch die beiden Punkte mit den Koordinaten $\left(-\frac{1}{2} \,\middle|\, \frac{1}{2}\right)$ und $\left(\frac{1}{2} \,\middle|\, \frac{1}{2}\right)$. Die Nahtstellen der einzelnen Funktionsabschnitte $-\frac{3}{2}$, $-\frac{1}{2}$, $\frac{1}{2}$ und $\frac{3}{2}$ bezeichnet man als Knoten.

17.6 Aufgaben

17.6.1 Verständnis und Kompetenz

Aufgabe 17.1 (Rampenfunktion) ★★★

Gegeben ist die skizzierte Funktion f.

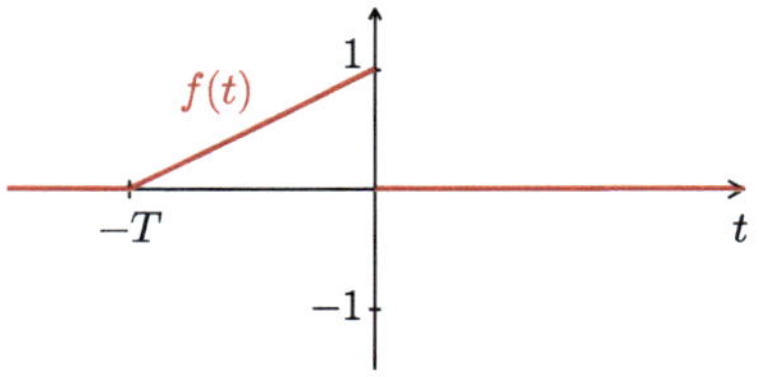

a) An welchen Stellen ist f unstetig und an welchen Stellen ist f nicht differenzierbar?

b) Wie lautet f mithilfe der Heaviside-Funktion?

c) Drücken Sie die verallgemeinerte Ableitung $\dot{f}$ von f mithilfe der Heaviside-Funktion und der Dirac-Distribution aus und skizzieren Sie $\dot{f}$.

Aufgabe 17.2 (Exponentialfunktion) ★★★★

Gegeben ist die Funktion

$$f(t) = \begin{cases} 1 & \text{für} \quad t \leq 0 \\ \mathrm{e}^{-t} & \text{für} \quad 0 < t \leq 1 \\ 0 & \text{für} \quad t > 1\,. \end{cases}$$

a) Skizzieren Sie den Verlauf von f. Wo ist f unstetig oder nicht differenzierbar?

b) Stellen Sie f mithilfe der Heaviside-Funktion dar.

c) Drücken Sie die verallgemeinerte Ableitung $\dot{f}$ von f mithilfe der Heaviside-Funktion und der Dirac-Distribution aus und skizzieren Sie $\dot{f}$.

17.6.2 Rechnung und Training

Aufgabe 17.3 (Integral) ★★

Welchen Wert hat das Integral $\int_{-\infty}^{\infty} \delta(\tau - 1)\, \mathrm{e}^{-|\tau|}\, \mathrm{d}\tau$?

Aufgabe 17.4 (Faltung Exponentialfunktion mit Rechteck) ★★★

Gegeben sind die beiden Funktionen $g(t) = \mathrm{e}^{-|t|}$ und $r(t) = \sigma(t+1) - \sigma(t-1)$.

a) Skizzieren Sie die beiden Funktionen.

b) Berechnen Sie die Faltung $f(t) = g(t) \star r(t)$ und skizzieren Sie f.

Aufgabe 17.5 (Faltung Sinusfunktion mit Rechteck) ★★★★★

Gegeben sind die beiden Funktionen $g(t) = \sigma(t)\, \sin t$ und $h(t) = 4\, t\, \sigma(t)\, \sin t$.

a) Skizzieren Sie die beiden Funktionen.

b) Berechnen Sie die Faltung $f(t) = g(t) \star h(t)$ und skizzieren Sie f.

Aufgabe 17.6 (Faltung und B-Splines) ★★★★

Berechnen und skizzieren Sie den B-Spline B_3 vom Grad 3, der durch die Faltung der beiden B-Splines B_0 vom Grad 0 und B_2 vom Grad 2 entsteht. Welche Knoten hat B_3?

18 Fourier-Transformation

Die Fourier-Transformation ist ein mächtiges mathematisches Werkzeug, das vor allem dann eingesetzt wird, wenn das Schwingungsverhalten von Funktionen analysiert werden soll. Sie wird in vielen Bereichen der Physik, wie beispielsweise der Akustik, der Optik und der Astrophysik, verwendet. In der Signalverarbeitung und der Kryptographie ist die Fourier-Transformation von zentraler Bedeutung. Auch in nicht technischen Bereichen spielt sie eine wichtige Rolle. Mit der Fourier-Transformation werden in den Wirtschaftswissenschaften Aktienkurse analysiert und in der Meereskunde Strömungen untersucht.

Die Fourier-Analyse, die wir in Kapitel 16 bereits kennengelernt haben, zerlegt eine periodische Funktion in eine Summe von Sinus- und Kosinusfunktionen. Dadurch werden die Frequenzanteile der periodischen Funktion sichtbar. Der französische Mathematiker Jean Baptiste Joseph Fourier hat 1822 eine Methode veröffentlicht, mit der man Frequenzanteile auch von nicht periodischen Funktionen bestimmen kann. In diesem Kapitel stellen wir die grundlegenden Ideen dieser Methode vor.

18.1 Integraltransformation

Bei der Fourier-Transformation wird einer Funktion eine neue Funktion zugeordnet. Abbildungen, die Funktionen wieder Funktionen zuordnen, nennt man in der Mathematik Transformationen. Die Fourier-Transformation und die Laplace-Transformation in Kapitel 19 sind mithilfe von Integralen definiert. Man bezeichnet sie deshalb als Integraltransformationen.

Allgemein spricht man bei Abbildungen, die als Argument Funktionen besitzen, auch von Operatoren oder Funktionalen. Das Teilgebiet der Mathematik, das sich mit solchen Abbildungen beschäftigt, wird als Funktionalanalysis bezeichnet. Wir wählen in diesem Buch einen Zugang zu den Integraltransformationen, der sich auf anwendungsnahe Aspekte beschränkt und kein tieferes Verständnis der Funktionalanalysis erfordert.

18.1.1 Definition

Welchen Sinn und Zweck hat die Fourier-Transformation? Letztendlich verfolgen alle Integraltransformationen dasselbe Ziel. Durch die Transformation bleibt der Informationsgehalt der Ausgangsfunktion erhalten. In der transformierten Funktion steckt dieselbe Information wie in der Ausgangsfunktion. Es handelt sich also nur um eine andere Darstellung der Funktion.

Oftmals hat diese neue Art der Darstellung Vorteile gegenüber der ursprünglichen Darstellung. In der neuen Darstellung kann man bestimmte Eigenschaften der Funktion schneller erfassen oder bestimmte Veränderungen besser vornehmen.

Definition 18.1 (Fourier-Transformation)

Die Fourier-Transformation ordnet einer Funktion s im Zeitbereich eine Funktion S im Frequenzbereich zu. Die Fourier-Transformation von s ist definiert durch

$$s(t) \quad \circ\!\!-\!\!\bullet \quad S(f) = \int_{-\infty}^{\infty} s(t)\,\mathrm{e}^{-\mathrm{i}\,2\,\pi\,f\,t}\,\mathrm{d}t.$$

Die Funktion S wird als Fourier-Transformierte oder als Spektralfunktion bezeichnet. Man verwendet das Korrespondenzsymbol $\circ\!\!-\!\!\bullet$ für die Fourier-Transformation.

In diesem Abschnitt bezeichnen wir Funktionen, die transformiert werden, mit Kleinbuchstaben. Für das Ergebnis der Transformation verwenden wir Großbuchstaben. In Anlehnung an die Anwendung in der Signalverarbeitung bezeichnen wir die Funktion, die transformiert wird, als Zeitfunktion und das Ergebnis der Transformation als Frequenzfunktion. Entsprechend verwenden wir die Begriffe Zeitbereich und Frequenzbereich. Diese Begriffe sollen uns dabei helfen, zwischen der Funktion, die transformiert wird, und dem Ergebnis der Transformation klar zu trennen. Man sollte jedoch nicht vergessen, dass die Fourier-Transformation auch in vielen Bereichen eingesetzt wird, in denen die Funktionen weder von der Zeit noch von der Frequenz abhängen.

Beim Korrespondenzsymbol $\circ\!\!-\!\!\bullet$ ist zu beachten, dass üblicherweise der Kreis auf der Seite der Funktion im Zeitbereich nicht ausgefüllt und auf der Seite der Funktion im Frequenzbereich ausgefüllt dargestellt wird.

Die Formel für die Fourier-Transformation hat gewisse Ähnlichkeit mit den Formeln für Fourier-Reihen aus Kapitel 16. Wir werden den Zusammenhang dieser Formeln in Abschnitt 18.5 genauer untersuchen.

Die Definition der Fourier-Transformation basiert auf einem uneigentlichen Integral. Bei uneigentlichen Integralen sind grundsätzlich Grenzwertbetrachtungen erforderlich. Es stellt sich also die Frage, welche Eigenschaften die Funktion s haben muss, damit die Fourier-Transformierte auch tatsächlich existiert. Die Beantwortung dieser Frage erfordert ein tiefer gehendes mathematisches Verständnis, sodass wir dieser Frage hier nicht weiter nachgehen. Weitere Informationen zu diesem Thema findet man beispielsweise bei [Heuser:Analysis].

In der Literatur existieren verschiedene Varianten für die Fourier-Transformation, die sich im Wesentlichen durch einen konstanten Faktor vor dem Integral und der Verwendung der Variablen $\omega = 2\,\pi\,f$ unterscheiden. Deshalb ist äußerste Sorgfalt geboten, wenn man bei der Fourier-Transformation Formeln oder Korrespondenzen aus unterschiedlichen Quellen verwendet.

Beispiel 18.1 (Fourier-Transformation einer Rechteckfunktion)

Die Fourier-Transformierte der Rechteckfunktion

$$s(t) = r(t) = \sigma(t+1) - \sigma(t-1)$$

berechnen wir mit der Integralformel:

$$S(f) = \int_{-\infty}^{\infty} r(t)\, e^{-i\,2\,\pi\,f\,t}\, dt.$$

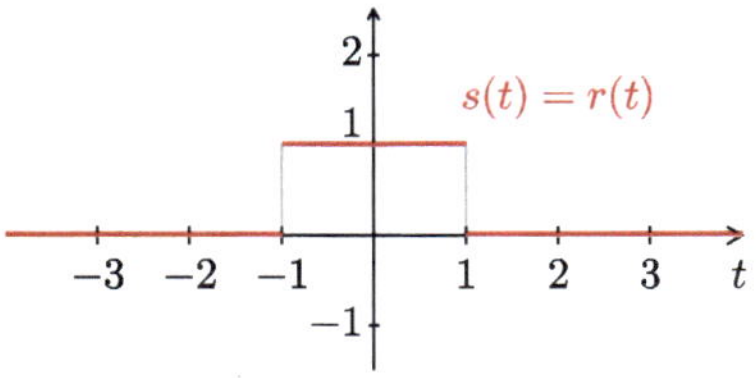

Zunächst ist dies ein uneigentliches Integral.
Da die Funktion außerhalb $[-1,1]$ nur den Wert 0 hat, erstreckt sich das Integral lediglich von -1 bis 1. In diesem Bereich gilt $r(t) = 1$. Somit vereinfacht sich die Berechnung zu

$$S(f) = \int_{-1}^{1} 1 \cdot e^{-i\,2\,\pi\,f\,t}\, dt = \int_{-1}^{1} e^{-i\,2\,\pi\,f\,t}\, dt.$$

Eine Stammfunktion der Exponentialfunktion kann leicht gefunden werden. Wir erhalten

$$S(f) = \left.\frac{e^{-i\,2\,\pi\,f\,t}}{-i\,2\,\pi\,f}\right|_{-1}^{1} = \frac{e^{i\,2\,\pi\,f} - e^{-i\,2\,\pi\,f}}{i\,2\,\pi\,f} = \frac{\sin(2\,\pi\,f)}{\pi\,f}.$$

Die imaginäre Einheit i haben wir dabei wie eine Konstante behandelt. Die letzte Umformung verdanken wir der Formel aus Satz 13.2.
Die Fourier-Transformierte der Rechteckfunktion ist somit eine rein reelle Funktion

$$r(t) \quad \circ\!\!-\!\!\bullet \quad S(f) = \frac{\sin(2\,\pi\,f)}{\pi\,f}.$$

Die Fourier-Transformierte lässt sich auch durch $S(f) = 2\,\mathrm{sinc}(2\,\pi\,f)$ darstellen, siehe Beispiel 8.18.

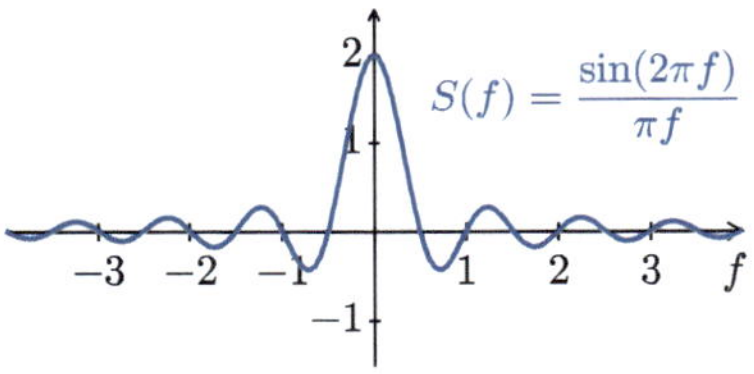

■

Beispiel 18.2 (Fourier-Transformation des Dirac-Impulses)

Die Fourier-Transformierte des Einheitsimpulses δ kann man nach der Integralformel aus Definition 18.1 berechnen:

$$\delta(t) \quad \circ\!\!-\!\!\bullet \quad \int_{-\infty}^{\infty} \delta(t)\, e^{-i\,2\,\pi\,f\,t}\, dt.$$

Aufgrund der Eigenschaften der Dirac-Distribution aus Satz 17.3 gilt

$$\delta(t) \quad \circ\!\!-\!\!\bullet \quad \int_{-\infty}^{\infty} \delta(t)\, e^{0}\, dt = 1$$

für die Fourier-Transformierte von δ.

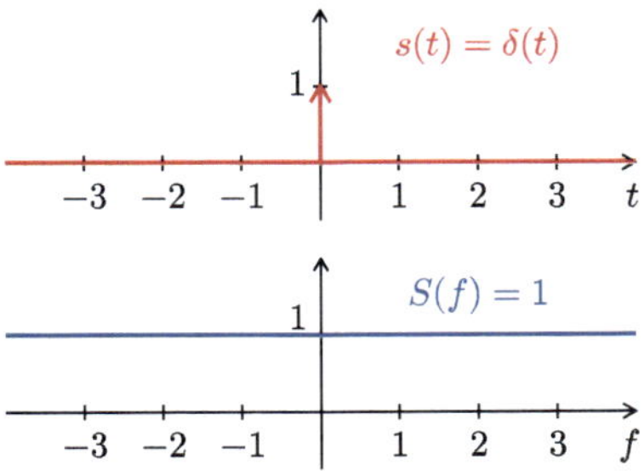

■

18.1.2 Darstellung mit Real- und Imaginärteil

Bei den bisherigen Beispielen hat die Fourier-Transformation einer reellen Zeitfunktion s eine rein reelle Fourier-Transformierte S ergeben. Im Allgemeinen ist jedoch die Fourier-Transformierte einer reellen Zeitfunktion s nicht unbedingt rein reell.

Beispiel 18.3 (Fourier-Transformation mit Real- und Imaginärteil)

Für die Fourier-Transformierte der Funktion

$$s(t) = \mathrm{e}^{-t}\sigma(t)$$

gilt mit der Formel aus Definition 18.1

$$s(t) \circ\!\!-\!\!\bullet\, S(f) = \int_{-\infty}^{\infty} \mathrm{e}^{-t}\sigma(t)\,\mathrm{e}^{-\mathrm{i}\,2\pi f t}\,\mathrm{d}t.$$

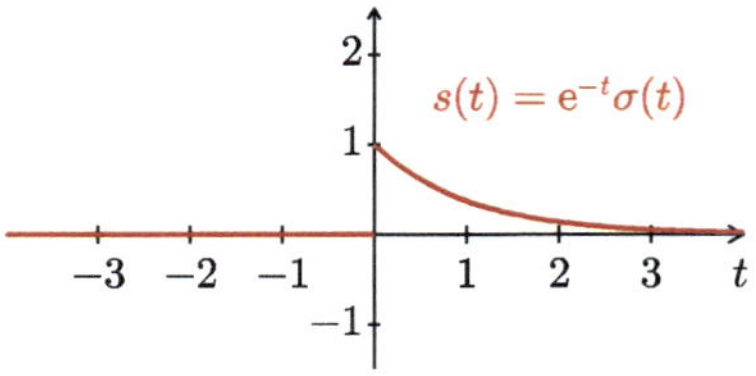

Da $\sigma(t)$ für negative t-Werte null ist, gilt

$$S(f) = \int_{0}^{\infty} \mathrm{e}^{-t}\mathrm{e}^{-\mathrm{i}\,2\pi f t}\mathrm{d}t = \int_{0}^{\infty} \mathrm{e}^{-(1+\mathrm{i}\,2\pi f)t}\mathrm{d}t$$

und mithilfe einer passenden Stammfunktion für die Exponentialfunktion erhalten wir weiter für die Fourier-Transformierte

$$S(f) = \left.\frac{\mathrm{e}^{-(1+\mathrm{i}\,2\pi f)t}}{-(1+\mathrm{i}\,2\pi f)}\right|_{0}^{\infty} = \lim_{t\to\infty}\left(\frac{\mathrm{e}^{-(1+\mathrm{i}\,2\pi f)t}}{-(1+\mathrm{i}\,2\pi f)}\right) + \frac{1}{1+\mathrm{i}\,2\pi f}.$$

Wir können den Grenzwertausdruck in zwei Faktoren aufteilen. Der Grenzwert ist null, denn

$$\lim_{t\to\infty} \underbrace{\mathrm{e}^{-t}}_{\to 0}\ \underbrace{\frac{\mathrm{e}^{-\mathrm{i}\,2\pi f t}}{-(1+\mathrm{i}\,2\pi f)}}_{\text{beschränkt}} = 0.$$

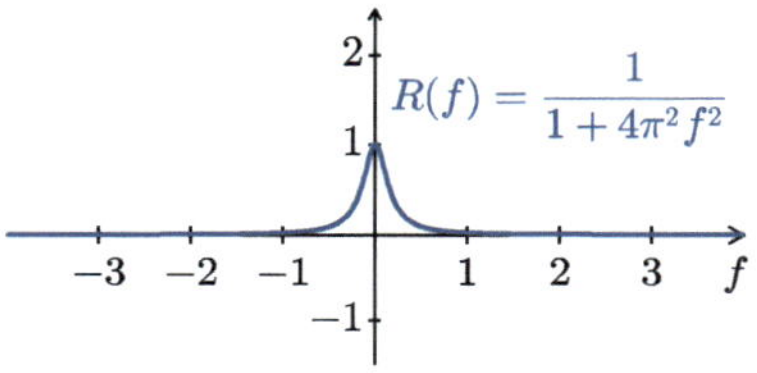

Somit ist die Fourier-Transformation S der reellen Zeitfunktion s nicht rein reell:

$$s(t) = \mathrm{e}^{-t}\sigma(t) \ \circ\!\!-\!\!\bullet\ S(f) = \frac{1}{1+\mathrm{i}\,2\pi f}.$$

Durch konjugiert komplexes Erweitern

$$S(f) = \frac{1-\mathrm{i}\,2\pi f}{(1+\mathrm{i}\,2\pi f)(1-\mathrm{i}\,2\pi f)}$$

können wir die Fourier-Transformierte

$$S(f) = \underbrace{\frac{1}{1+4\pi^2 f^2}}_{R(f)} + \mathrm{i}\,\underbrace{\frac{-2\pi f}{1+4\pi^2 f^2}}_{I(f)}$$

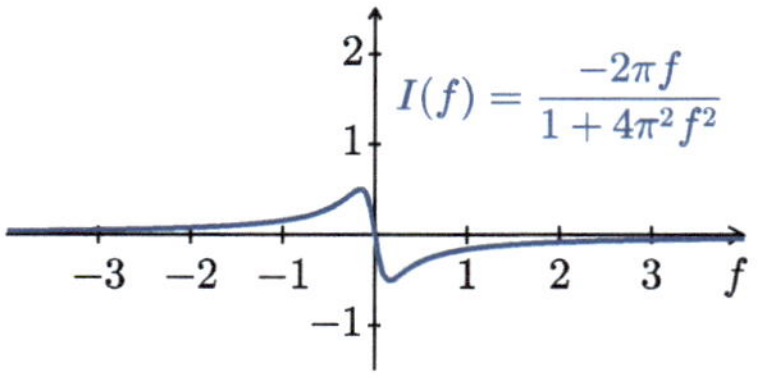

in den Realteil R und den Imaginärteil I zerlegen. ■

Merke 18.1 (Zerlegung in Real- und Imaginärteil)

Die Fourier-Transformierte einer reellen Funktion s ist in der Regel eine komplexwertige Funktion S, die von der reellen Variablen f abhängt. Man kann S durch Aufspalten in Realteil R und Imaginärteil I darstellen:

$$S(f) = R(f) + \mathrm{i}\,I(f)$$

Die Funktionen R und I sind rein reelle Funktionen.

Wir werden noch klären, unter welchen Umständen die Fourier-Transformierte einer reellen Zeitfunktion s tatsächlich rein reell oder rein imaginär ist.

18.1.3 Sinus- und Kosinustransformation

Der Realteil R und der Imaginärteil I der Fourier-Transformierten S lassen sich auch mithilfe rein reeller Formeln direkt berechnen. Zur Herleitung dieser Formeln zerlegen wir die Exponentialfunktion nach dem Satz von Euler, siehe Satz 13.1, in eine Kosinus- und eine Sinusfunktion:

$$\begin{aligned} S(f) &= \int_{-\infty}^{\infty} s(t) \mathrm{e}^{-\mathrm{i}\, 2\pi f t} \mathrm{d}t \\ &= \int_{-\infty}^{\infty} s(t) \big(\cos(2\pi f t) - \mathrm{i} \sin(2\pi f t) \big) \mathrm{d}t \\ &= \underbrace{\int_{-\infty}^{\infty} s(t) \cos(2\pi f t) \,\mathrm{d}t}_{R(f)} + \mathrm{i}\, \underbrace{(-1) \int_{-\infty}^{\infty} s(t) \sin(2\pi f t) \,\mathrm{d}t}_{I(f)} . \end{aligned}$$

Dabei haben wir das Integral gleich in zwei Teilintegrale zerlegt. Auch für komplexe Integranden gilt die Linearität des Integralbegriffs.

Definition 18.2 (Sinus- und Kosinus-Fourier-Transformation)

Für den Realteil R und den Imaginärteil I der Fourier-Transformierten gilt:

- Man kann R mithilfe der Kosinus-Fourier-Transformation berechnen:

  $$R(f) = \int_{-\infty}^{\infty} s(t) \cos(2\pi f t) \,\mathrm{d}t.$$

  Die Funktion R ist eine rein reelle und gerade Funktion.
- Man kann I mithilfe der Sinus-Fourier-Transformation berechnen:

  $$I(f) = -\int_{-\infty}^{\infty} s(t) \sin(2\pi f t) \,\mathrm{d}t.$$

  Die Funktion I ist eine rein reelle und ungerade Funktion.

Die Kosinus-Fourier-Transformierte R ist eine gerade Funktion, denn

$$R(-f) = \int_{-\infty}^{\infty} s(t) \cos\big(2\pi (-f) t\big) \,\mathrm{d}t = \int_{-\infty}^{\infty} s(t) \cos(2\pi f t) \,\mathrm{d}t = R(f).$$

Auf dieselbe Weise kann man zeigen, dass die Sinus-Fourier-Transformierte I eine ungerade Funktion ist:

$$I(-f) = -\int_{-\infty}^{\infty} s(t) \sin\big(2\pi (-f) t\big) \,\mathrm{d}t = \int_{-\infty}^{\infty} s(t) \sin(2\pi f t) \,\mathrm{d}t = -I(f).$$

Die Symmetrien der reellen Kosinus- und Sinusfunktionen übertragen sich also auf die Kosinus- und Sinus-Fourier-Transformierten.

18.1.4 Transformation gerader und ungerader Funktionen

Für gerade und ungerade Funktionen lässt sich die Formel aus Definition 18.1 vereinfachen. Im Fall einer geraden Funktion s gilt für alle t-Werte $s(-t) = s(t)$. Das Produkt aus zwei geraden Funktionen ist wieder eine gerade Funktion. Andererseits ist das Produkt aus einer geraden und einer ungeraden Funktion eine ungerade Funktion, siehe Abschnitt 5.3.1. Somit gilt

$$S(f) = \int_{-\infty}^{\infty} \underbrace{s(t)\cos(2\pi f t)}_{\text{gerade Funktion}}\,\mathrm{d}t - \mathrm{i}\int_{-\infty}^{\infty} \underbrace{s(t)\sin(2\pi f t)}_{\text{ungerade Funktion}}\,\mathrm{d}t.$$

Das Integral von $-\infty$ bis ∞ über eine ungerade Funktion ist aus Symmetriegründen immer null. Außerdem hat das Integral von $-\infty$ bis ∞ über eine gerade Funktion den doppelten Wert des Integrals von 0 bis ∞, siehe Satz 9.8. Deshalb folgt in diesem Fall

$$S(f) = R(f) = 2\int_{0}^{\infty} s(t)\cos(2\pi f t)\,\mathrm{d}t.$$

Da R eine gerade Funktion ist, ist in diesem Fall auch S eine gerade Funktion.

Satz 18.1 (Fourier-Transformation einer geraden Funktion)

Wenn die Zeitfunktion s eine gerade Funktion ist, dann ist die Fourier-Transformierte S eine rein reelle und gerade Funktion und wird durch eine Kosinus-Fourier-Transformation erzeugt:

$$S(f) = R(f) = 2\int_{0}^{\infty} s(t)\cos(2\pi f t)\,\mathrm{d}t.$$

Wenn umgekehrt die Fourier-Transformierte S eine rein reelle und gerade Funktion ist, dann ist die zugehörige Zeitfunktion s eine gerade Funktion.

Beispiel 18.4 (Fourier-Transformation einer Dreieckfunktion)

Die Fourier-Transformierte der Funktion

$$\begin{aligned} s(t) &= (1+t)\big(\sigma(t+1) - \sigma(t)\big) \\ &+ (1-t)\big(\sigma(t) - \sigma(t-1)\big) \end{aligned}$$

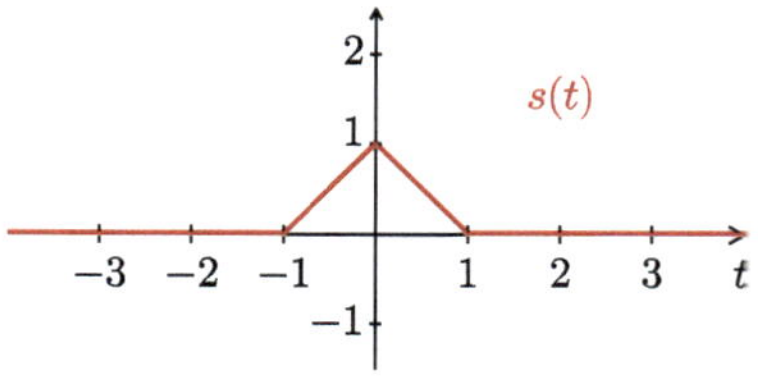

berechnen wir mit der Kosinus-Fourier-Transformation, da die Funktion s gerade ist:

$$S(f) = R(f) = 2\int_{0}^{\infty} s(t)\cos(2\pi f t)\,\mathrm{d}t.$$

Im Bereich zwischen 0 und 1 gilt die Funktionsgleichung $s(t) = 1 - t$ und für Werte größer als 1 ist die Funktion s null. Damit folgt

$$S(f) = 2\int_{0}^{1} (1-t)\cos(2\pi f t)\,\mathrm{d}t = 2\int_{0}^{1} \cos(2\pi f t)\,\mathrm{d}t - 2\int_{0}^{1} t\cos(2\pi f t)\,\mathrm{d}t.$$

Wir können hier das ursprünglich zweiseitige uneigentliche Integral auf ein einseitiges uneigentliches Integral und weiter auf ein bestimmtes Integral von 0 bis 1 reduzieren.

Die Integrale berechnen wir durch Stammfunktionen mithilfe der Formeln aus Anhang A.4:

$$\int \cos(ax)\,\mathrm{d}x = \frac{\sin(ax)}{a} + C, \quad \int x\cos(ax)\,\mathrm{d}x = \frac{\cos(ax) + a\,x\,\sin(ax)}{a^2} + C.$$

Dadurch ergibt sich

$$\begin{aligned} S(f) &= 2\left(\frac{\sin(2\pi f t)}{2\pi f}\right)\Bigg|_0^1 - 2\left(\frac{\cos(2\pi f t) + 2\pi f t\sin(2\pi f t)}{4\pi^2 f^2}\right)\Bigg|_0^1 \\ &= \frac{\sin(2\pi f)}{\pi f} - \frac{\cos(2\pi f) + 2\pi f\sin(2\pi f) - 1}{2\pi^2 f^2}. \end{aligned}$$

Mit den Doppelwinkelformeln, siehe Satz 6.10, und dem Satz des Pythagoras, siehe Satz 1.6, folgt

$$S(f) = \frac{1 - \cos(2\pi f)}{2\pi^2 f^2} = \frac{\sin^2(\pi f)}{\pi^2 f^2}.$$

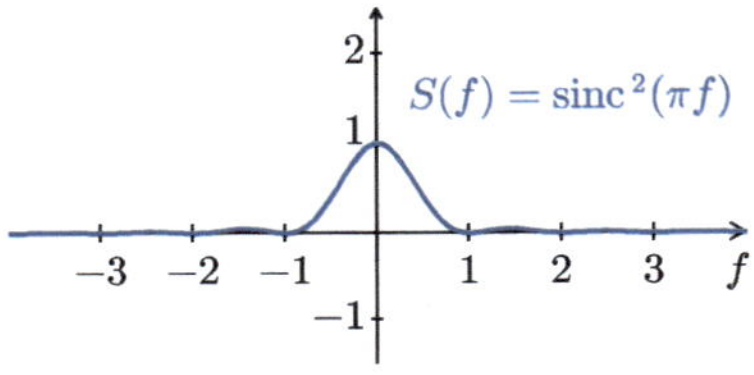

Die Fourier-Transformierte der Dreieckfunktion ist somit eine rein reelle Funktion

$$s(t) \circ\!\!-\!\!\bullet\ S(f) = \frac{\sin^2(\pi f)}{\pi^2 f^2} = \mathrm{sinc}^2(\pi f).$$

Die sinc-Funktion findet man in Beispiel 8.18. ■

Bei einer ungeraden Funktion s können wir ähnliche Symmetrieüberlegungen wie bei einer geraden Funktion anstellen und erhalten

$$S(f) = \int_{-\infty}^{\infty} \underbrace{s(t)\cos(2\pi f t)}_{\text{ungerade Funktion}}\,\mathrm{d}t - \mathrm{i}\int_{-\infty}^{\infty} \underbrace{s(t)\sin(2\pi f t)}_{\text{gerade Funktion}}\,\mathrm{d}t.$$

Deshalb folgt in diesem Fall

$$S(f) = \mathrm{i}\,I(f) = -2\,\mathrm{i}\int_0^{\infty} s(t)\sin(2\pi f t)\,\mathrm{d}t,$$

wobei wegen $S(-f) = -S(f)$ die Fourier-Transformierte S eine ungerade Funktion ist.

Satz 18.2 (Fourier-Transformation einer ungeraden Funktion)

Wenn die Zeitfunktion s eine ungerade Funktion ist, dann ist die Fourier-Transformierte S eine rein imaginäre und ungerade Funktion und wird durch eine Sinus-Fourier-Transformation erzeugt:

$$S(f) = \mathrm{i}\,I(f) = -2\,\mathrm{i}\int_0^{\infty} s(t)\sin(2\pi f t)\,\mathrm{d}t.$$

Wenn umgekehrt die Fourier-Transformierte S eine rein imaginäre und ungerade Funktion ist, dann ist die zugehörige Zeitfunktion s eine ungerade Funktion.

Eine beliebige Funktion s lässt sich sehr einfach in eine Summe aus einer geraden Funktion s_g und einer ungeraden Funktion s_u zerlegen, siehe Satz 5.2. Dazu bildet man einmal die Summe von $s(t)$ und $s(-t)$ und einmal die Differenz.

Satz 18.3 (Zerlegung in geraden und ungeraden Anteil)

Jede Funktion s lässt sich in einen geraden und einen ungeraden Anteil zerlegen:

$$\begin{array}{ccccc} s(t) & = & \underbrace{\frac{1}{2}\big(s(t)+s(-t)\big)}_{s_g(t)} & + & \underbrace{\frac{1}{2}\big(s(t)-s(-t)\big)}_{s_u(t)} \\ \circ\!\!-\!\!\bullet & & \circ\!\!-\!\!\bullet & & \circ\!\!-\!\!\bullet \\ S(f) & = & R(f) & + & \mathrm{i}\,I(f) \end{array}$$

Der Realteil R der Fourier-Transformierten S ergibt sich aus dem geraden Anteil s_g und der Imaginärteil I aus dem ungeraden Anteil s_u.

Beispiel 18.5 (Zerlegung in geraden und ungeraden Anteil)

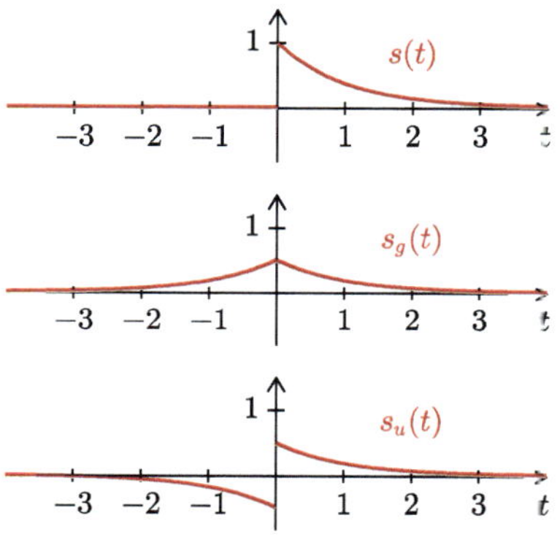

Die Fourier-Transformation der Funktion

$$s(t) = \mathrm{e}^{-t}\sigma(t) \circ\!\!-\!\!\bullet \frac{1}{1+\mathrm{i}\,2\pi f} = S(f)$$

haben wir bereits in Beispiel 18.3 durchgeführt. Die Fourier-Transformierte des geraden Anteils s_g der Funktion s erhalten wir aus dem Realteil der Fourier-Transformierten S:

$$s_g(t) = \frac{\mathrm{e}^{-t}\sigma(t)+\mathrm{e}^{t}\sigma(-t)}{2} \circ\!\!-\!\!\bullet \frac{1}{1+4\pi^2 f^2}.$$

Der ungerade Anteil s_u der Funktion s erzeugt bei der Transformation den Imaginärteil der Fourier-Transformierten S:

$$s_u(t) = \frac{\mathrm{e}^{-t}\sigma(t)-\mathrm{e}^{t}\sigma(-t)}{2} \circ\!\!-\!\!\bullet \mathrm{i}\,\frac{-2\pi f}{1+4\pi^2 f^2}.$$

Durch Zusammensetzen des Real- und Imaginärteils der Fourier-Transformierten gelangt man wieder zur Fourier-Transformierten selbst. ▪

18.1.5 Darstellung mit Amplitude und Phase

Bei komplexen Zahlen hat man immer die Wahlmöglichkeit zwischen verschiedenen Darstellungen. Bisher haben wir die Fourier-Transformation einer Funktion mithilfe von Real- und Imaginärteil dargestellt. Insbesondere bei Anwendungen in der Technik ist jedoch die Darstellung mithilfe von Betrag und Phasenwinkel gebräuchlich. Diese Art der Darstellung ändert nichts am mathematischen Informationsgehalt.

Für welche Darstellung man sich auch entscheidet, die Fourier-Transformation einer Funktion ist eindeutig festgelegt. Man kann mit den üblichen Formeln zwischen der Darstellung mit Real- und Imaginärteil und der Darstellung mit Betrag und Phasenwinkel hin- und herschalten.

Merke 18.2 (Darstellung mit Amplitude und Phase)

Die Fourier-Transformierte einer reellen Funktion s ist in der Regel eine komplexwertige Funktion S, die von der reellen Variablen f abhängt. Man kann S in Exponentialform

$$S(f) = |S(f)|\, \mathrm{e}^{\mathrm{i}\,\phi(f)}$$

darstellen. Dabei ist

- die Amplitude $|S(f)| = \sqrt{R(f)^2 + I(f)^2}$ eine gerade reelle Funktion und
- die Phase $\phi(f) = \arg(S(f)) = \arg(R(f) + \mathrm{i}\, I(f))$ eine ungerade reelle Funktion.

Beispiel 18.6 (Darstellung mit Amplitude und Phase)

Aus der Fourier-Transformierten

$$S(f) = \frac{1}{1 + 4\pi^2 f^2} + \mathrm{i}\,\frac{-2\pi f}{1 + 4\pi^2 f^2}$$

der auf der positiven t-Achse einseitig abklingenden Exponentialfunktion

$$s(t) = \mathrm{e}^{-t}\sigma(t)$$

aus Beispiel 18.3 erhalten wir die Amplitude

$$|S(f)| = \frac{\sqrt{1 + 4\pi^2 f^2}}{1 + 4\pi^2 f^2} = \frac{1}{\sqrt{1 + 4\pi^2 f^2}}$$

und die Phase

$$\phi(f) = -\arctan(2\pi f).$$

Damit gelingt die Zerlegung von S in die zugehörige Amplitude $|S(f)|$ und Phase $\phi(f)$. Umgekehrt kann man mithilfe von $|S(f)|$ und $\phi(f)$ die Fourier-Transformierte auch wieder zusammensetzen.

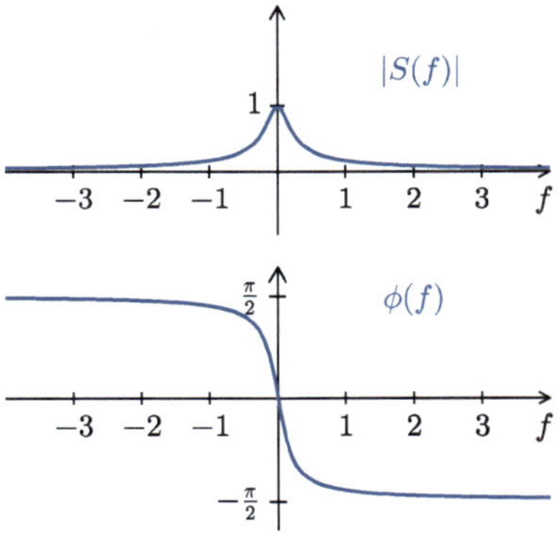

■

18.2 Eigenschaften

Die Fourier-Transformationen einfacher Funktionen sind in Tabellen festgehalten, siehe Anhang A.8. Für viele Funktionen kann man deshalb die Fourier-Transformierte berechnen ohne dabei auf die Integralformel aus Definition 18.1 zurückzugreifen. Dazu kombiniert man die Korrespondenzen aus den Tabellen und die Rechenregeln der Fourier-Transformation geschickt miteinander.

Die Rechenregeln der Fourier-Transformation haben alle eine ähnliche Struktur. Sie geben Aufschluss darüber, wie sich Veränderungen an der Funktion im Zeitbereich auf die Funktion im Frequenzbereich auswirken oder umgekehrt. Typische Veränderungen, die wir betrachten, sind Addition, Multiplikation, Verschiebung, Ableitung und Integration.

18.2.1 Linearität

Die Linearität der Fourier-Transformation beinhaltet zwei Aspekte. Zum einen besagt sie, dass der Addition von Funktionen im Zeitbereich die Addition der entsprechenden Fourier-Transformierten im Frequenzbereich entspricht. Zum andern entspricht der Multiplikation mit einem konstanten Faktor im Zeitbereich die Multiplikation mit demselben Faktor im Frequenzbereich.

Satz 18.4 (Linearität)

Die Addition von Funktionen im Zeitbereich entspricht der Addition der zugehörigen Fourier-Transformierten im Frequenzbereich. Die Multiplikation mit einem konstanten Faktor im Zeitbereich entspricht der Multiplikation mit demselben Faktor im Frequenzbereich.

$$\begin{array}{ccc} s_1(t), s_2(t) & \circ\!\!-\!\!\bullet & S_1(f), S_2(f) \\ \downarrow & & \downarrow \\ C_1\, s_1(t) + C_2\, s_2(t) & \circ\!\!-\!\!\bullet & C_1\, S_1(f) + C_2\, S_2(f) \end{array}$$

Dabei sind C_1 und C_2 beliebige Konstanten.

Der Nachweis der Linearität ist offensichtlich: Die Linearität der Fourier-Transformation geht aus der Linearität des Integrals hervor.

Beispiel 18.7 (Linearität der Fourier-Transformation)

Die Fourier-Transformation der Rechteckfunktion kennen wir bereits aus Beispiel 18.1:

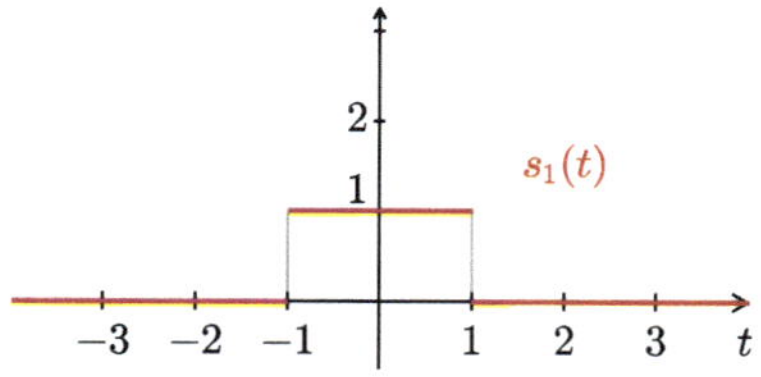

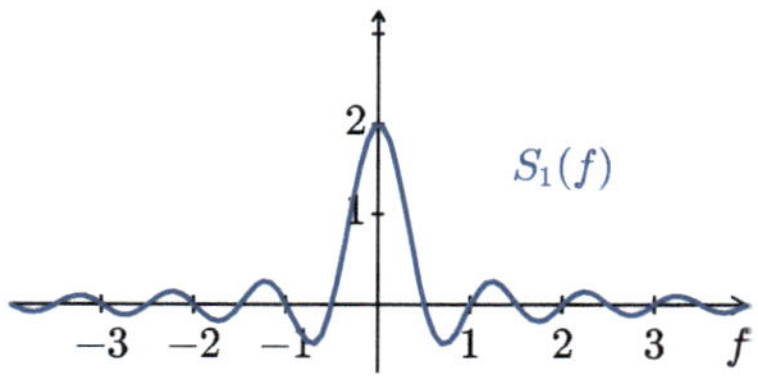

$$s_1(t) \quad \circ\!\!-\!\!\bullet \quad S_1(f) = \frac{\sin(2\,\pi\, f)}{\pi\, f}$$

Die Fourier-Transformation der Dreieckfunktion kann man Beispiel 18.4 entnehmen:

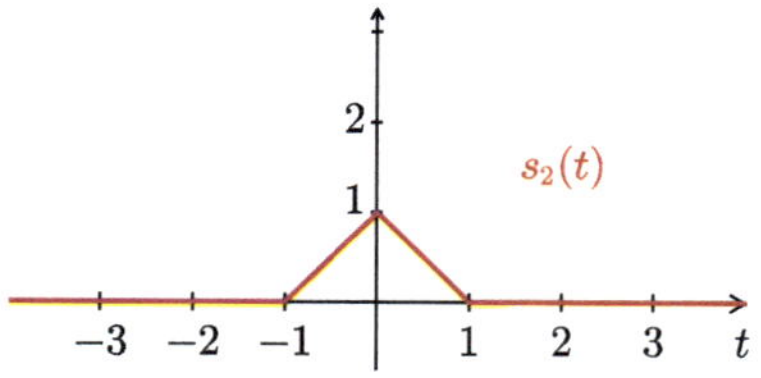

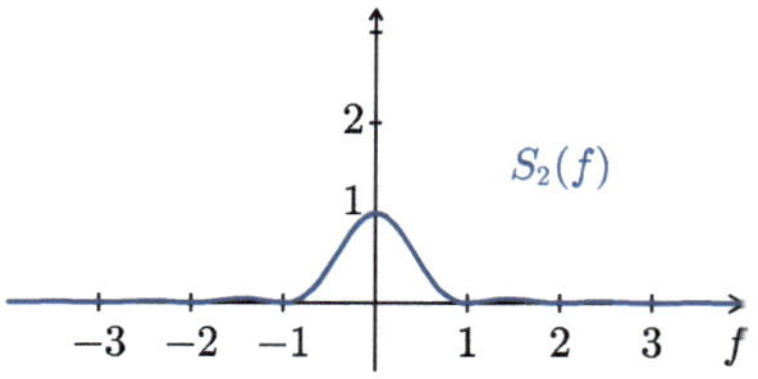

$$s_2(t) \quad \circ\!\!-\!\!\bullet \quad S_2(f) = \frac{\sin^2(\pi\, f)}{\pi^2\, f^2}$$

Wir kombinieren nun die beiden Funktionen und ihre Fourier-Transformationen.

Wir berechnen die Fourier-Transformierte von $s_1(t) + s_2(t)$ mittels Linearkombination:

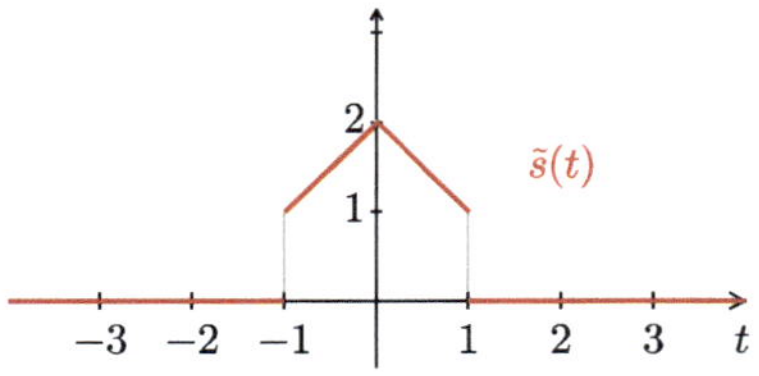

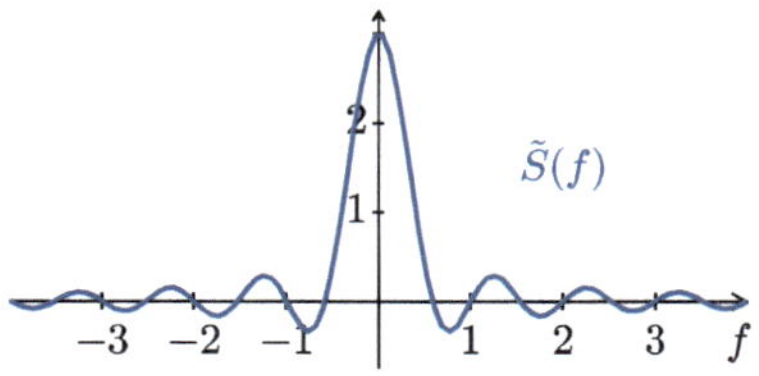

$$\tilde{s}(t) = s_1(t) + s_2(t) \quad \circ\!\!-\!\!\bullet \quad \tilde{S}(f) = \frac{\sin(2\pi f)}{\pi f} + \frac{\sin^2(\pi f)}{\pi^2 f^2}$$

Ebenso lässt sich auch die Fourier-Transformierte von $s_1(t) - s_2(t)$ ermitteln:

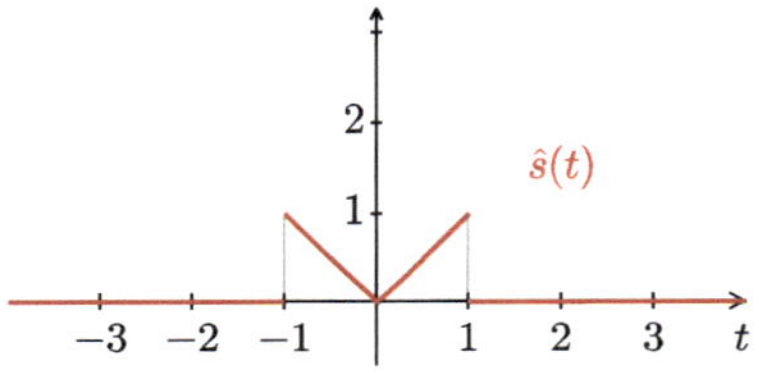

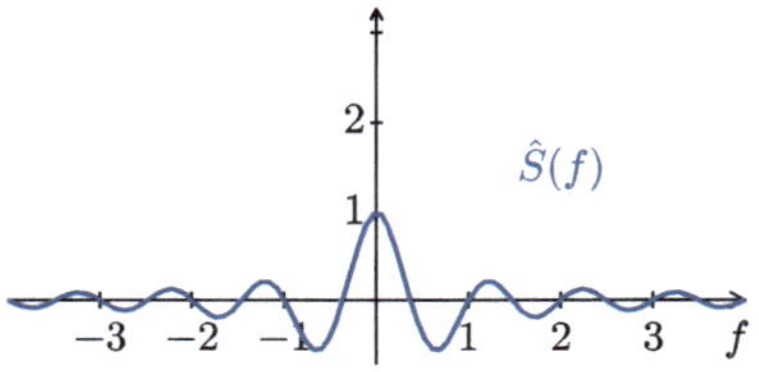

$$\hat{s}(t) = s_1(t) - s_2(t) \quad \circ\!\!-\!\!\bullet \quad \hat{S}(f) = \frac{\sin(2\pi f)}{\pi f} - \frac{\sin^2(\pi f)}{\pi^2 f^2}$$

Damit haben wir auf einfache Weise die Fourier-Transformierten der Summe und der Differenz von $s_1(t)$ und $s_2(t)$ gebildet. ▪

18.2.2 Zeitverschiebung

Als nächstes klären wir die Frage, wie sich eine Verschiebung im Zeitbereich auf die Fourier-Transformation auswirkt. Dazu betrachten wir die um t_0 verschobene Funktion

$$\tilde{s}(t) = s(t - t_0).$$

Es sei nochmals darauf hingewiesen, dass $t_0 > 0$ eine Verschiebung in Richtung der positiven Zeitachse bewirkt. Entsprechend verschiebt $t_0 < 0$ in Richtung der negativen Zeitachse. Die Transformation von $\tilde{s}$ kann man mit der Integralformel aus Definition 18.1 berechnen. Mithilfe der Substitution $u = t - t_0$ und $\mathrm{d}u = \mathrm{d}t$ ergibt sich

$$\tilde{s}(t) \quad \circ\!\!-\!\!\bullet \quad \tilde{S}(f) = \int_{-\infty}^{\infty} s(t - t_0)\, \mathrm{e}^{-\mathrm{i}\,2\pi f t} \mathrm{d}t = \int_{-\infty}^{\infty} s(u)\, \mathrm{e}^{-\mathrm{i}\,2\pi f (u + t_0)} \mathrm{d}u.$$

An den Grenzen $\pm\infty$ verändert die Verschiebung um t_0 nichts. Da der Faktor $\mathrm{e}^{-\mathrm{i}\,2\pi f t_0}$ nicht von der Integrationsvariablen u abhängt, können wir diesen Faktor vor das Integral ziehen:

$$\tilde{S}(f) = \mathrm{e}^{-\mathrm{i}\,2\pi f t_0} \underbrace{\int_{-\infty}^{\infty} s(u)\, \mathrm{e}^{-\mathrm{i}\,2\pi f u} \mathrm{d}u}_{S(f)}.$$

Wir erkennen, dass es sich bei dem verbleibenden Integral gerade um die Fourier-Transformation der Ausgangsfunktion $s(t)$ handelt.

Satz 18.5 (Zeitverschiebung)

Die Verschiebung der Funktion s um t_0 im Zeitbereich entspricht der Multiplikation der Fourier-Transformierten S mit dem Faktor $\mathrm{e}^{-\mathrm{i}\,2\pi f t_0}$ im Frequenzbereich.

$$s(t) \;\circ\!\!-\!\!\bullet\; S(f)$$
$$\downarrow \qquad\qquad \downarrow$$
$$s(t-t_0) \;\circ\!\!-\!\!\bullet\; \mathrm{e}^{-\mathrm{i}\,2\pi f t_0}\, S(f)$$

Beispiel 18.8 (Zeitverschiebung bei der Fourier-Transformation)

Die Rechteckfunktion aus Beispiel 18.1 ist gerade, die Fourier-Transformierte ist reell:

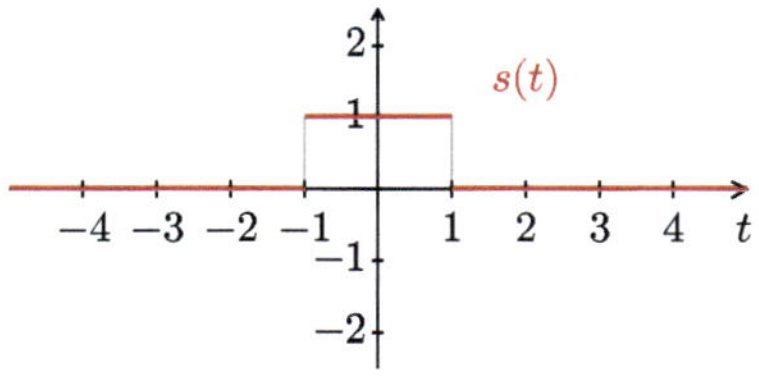

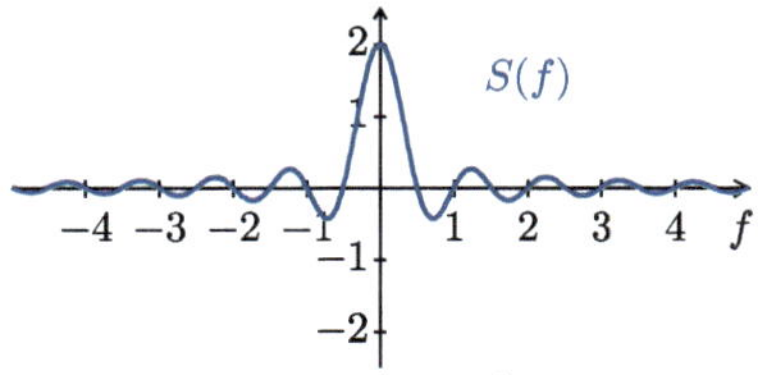

$$s(t) \;\circ\!\!-\!\!\bullet\; S(f) = \frac{\sin(2\pi f)}{\pi f}$$

Eine Verschiebung in der Zeit um $t_0 = 1$ bewirkt eine Multiplikation der Fourier-Transformierten mit dem Faktor $\mathrm{e}^{-\mathrm{i}\,2\pi f}$ im Frequenzbereich:

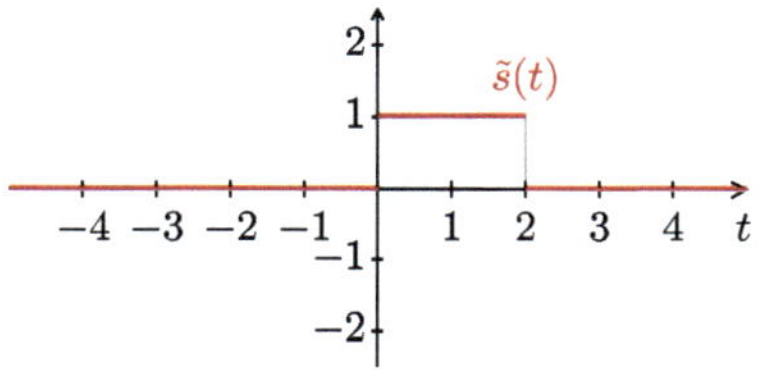

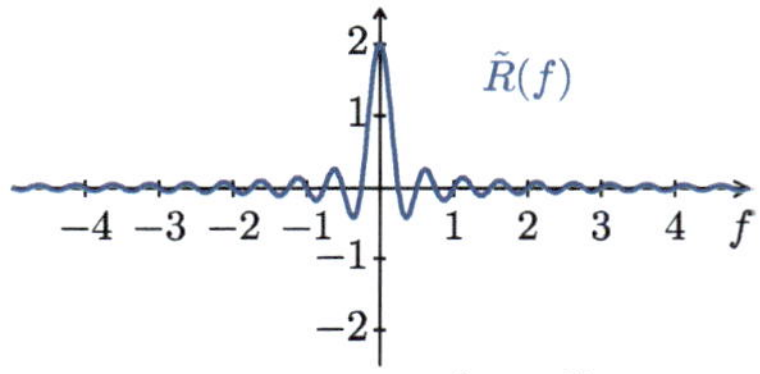

$$\tilde{s}(t) = s(t-1) \;\circ\!\!-\!\!\bullet\; \tilde{S}(f) = \mathrm{e}^{-\mathrm{i}\,2\pi f}\,\frac{\sin(2\pi f)}{\pi f}$$

Eine Verschiebung um $t_0 = 2$ bewirkt eine Multiplikation mit dem Faktor $\mathrm{e}^{-\mathrm{i}\,4\pi f}$:

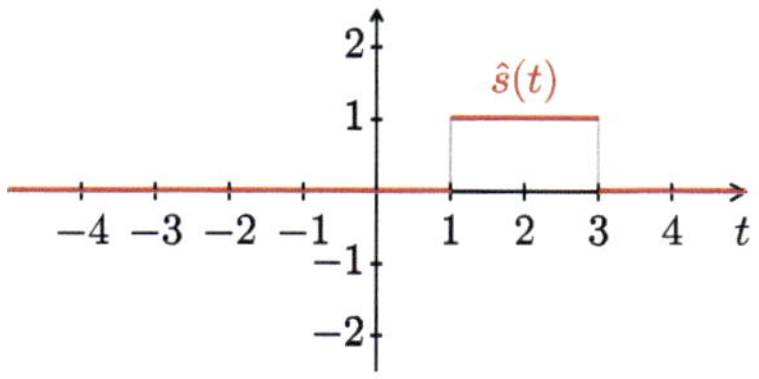

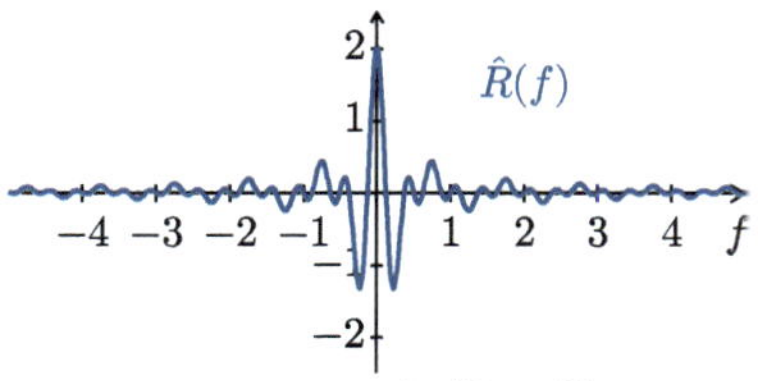

$$\hat{s}(t) = s(t-2) \;\circ\!\!-\!\!\bullet\; \hat{S}(f) = \mathrm{e}^{-\mathrm{i}\,4\pi f}\,\frac{\sin(2\pi f)}{\pi f}$$

Durch die Verschiebung ist die Funktion im Zeitbereich nun nicht mehr gerade und die Fourier-Transformierte der Funktion enthält auch imaginäre Anteile. Hier abgebildet ist nur der Imaginärteil $\hat{I}(f)$ bei der Verschiebung um $t_0 = 2$. Der Imaginärteil $\tilde{I}(f)$ für $t_0 = 1$ verläuft ähnlich.

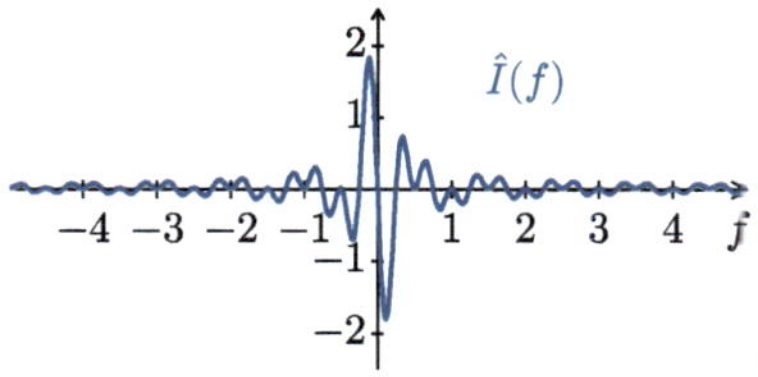

■

18.2.3 Amplitudenmodulation

Nun gehen wir der Frage nach, wie wir die Funktion im Zeitbereich verändern müssen, damit sich im Frequenzbereich eine Verschiebung um f_0 ergibt. Mit der Integralformel aus Definition 18.1 erhalten wir

$$S(f - f_0) = \int_{-\infty}^{\infty} s(t)\mathrm{e}^{-\mathrm{i}\,2\pi\,(f-f_0)\,t}\,\mathrm{d}t = \int_{-\infty}^{\infty} \underbrace{\mathrm{e}^{\mathrm{i}\,2\pi\,f_0\,t}s(t)}_{\tilde{s}(t)}\,\mathrm{e}^{-\mathrm{i}\,2\pi\,f\,t}\,\mathrm{d}t.$$

Somit entspricht der Verschiebung im Frequenzbereich um f_0 eine Multiplikation im Zeitbereich mit dem Faktor $\mathrm{e}^{\mathrm{i}\,2\pi\,f_0\,t}$.

Satz 18.6 (Frequenzverschiebung)

Die Verschiebung der Fourier-Transformierten S um f_0 im Frequenzbereich entspricht der Multiplikation mit dem Faktor $\mathrm{e}^{\mathrm{i}\,2\pi\,f_0\,t}$ der Funktion s im Zeitbereich.

$$\begin{array}{ccc} S(f) & \bullet\!\!-\!\!\circ & s(t) \\ \downarrow & & \downarrow \\ S(f-f_0) & \bullet\!\!-\!\!\circ & \mathrm{e}^{\mathrm{i}\,2\pi\,f_0\,t}\,s(t) \end{array}$$

Eine Frequenzverschiebung erzeugt aus einer reellen Zeitfunktion somit eine komplexe Zeitfunktion. Wenn wir allerdings eine Verschiebung um f_0 und eine Verschiebung um $-f_0$ gleichzeitig betrachten, können wir wieder eine reelle Zeitfunktion erzeugen. Dazu addieren wir die beiden Korrespondenzen:

$$\begin{array}{rcl} \mathrm{e}^{\mathrm{i}\,2\pi\,f_0\,t}\,s(t) & \circ\!\!-\!\!\bullet & S(f-f_0) \\ \mathrm{e}^{-\mathrm{i}\,2\pi\,f_0\,t}\,s(t) & \circ\!\!-\!\!\bullet & S(f+f_0) \\ \hline \left(\mathrm{e}^{\mathrm{i}\,2\pi\,f_0\,t} + \mathrm{e}^{-\mathrm{i}\,2\pi\,f_0\,t}\right)\,s(t) & \circ\!\!-\!\!\bullet & S(f-f_0) + S(f+f_0) \end{array}$$

Die Summe der beiden e-Funktionen lässt sich nach Satz 13.2 durch einen Kosinus ausdrücken. Unter Berücksichtigung der Linearität der Fourier-Transformation ergibt sich

$$\cos(2\pi\,f_0\,t)\,s(t) \quad \circ\!\!-\!\!\bullet \quad \frac{1}{2}\big(S(f-f_0) + S(f+f_0)\big).$$

Einen Ausdruck der Form $s(t)\,\cos(2\pi\,f_0\,t)$ nennt man amplitudenmodulierten Kosinus.

Definition 18.3 (Amplitudenmodulation)

Die Multiplikation einer Signalfunktion s mit einer Kosinusschwingung

$$s_{\mathrm{AM}}(t) = s(t)\,\cos(2\pi\,f_0\,t)$$

bezeichnet man als amplitudenmodulierten Kosinus mit der Grundfrequenz f_0.

Bei der Amplitudenmodulation beschreibt s die zeitabhängige Amplitude der Kosinusschwingung mit Kreisfrequenz $2\pi\,f_0$. Die Amplitudenmodulation ist ein grundlegendes Verfahren der Signalverarbeitung.

Satz 18.7 (Amplitudenmodulierter Kosinus)

Die Multiplikation der Funktion s mit $\cos(2\pi f_0 t)$ im Zeitbereich entspricht der Mittelwertbildung aus zwei Frequenzverschiebungen um $\pm f_0$ der Fourier-Transformierten S im Frequenzbereich.

$$\begin{array}{ccc} s(t) & \circ\!\!-\!\!\bullet & S(f) \\ \downarrow & & \downarrow \\ s(t)\,\cos(2\pi f_0 t) & \circ\!\!-\!\!\bullet & \dfrac{1}{2}\big(S(f-f_0)+S(f+f_0)\big) \end{array}$$

Beispiel 18.9 (Amplitudenmodulation bei der Fourier-Transformation)

Wir verwenden die Dreieckfunktion aus Beispiel 18.4 als Amplitudenfunktion:

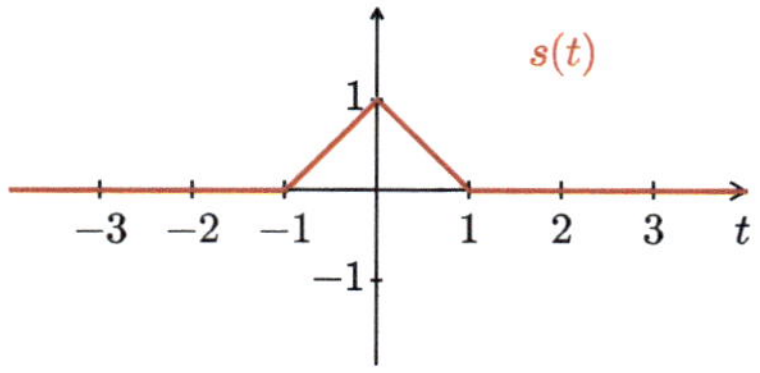

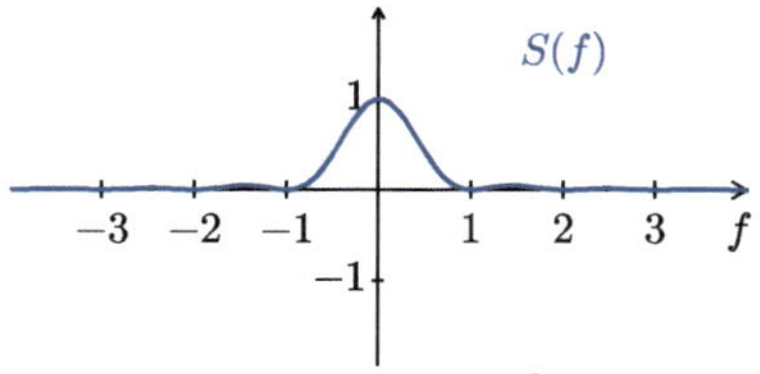

$$s(t) \quad \circ\!\!-\!\!\bullet \quad S(f) = \left(\frac{\sin(\pi f)}{\pi f}\right)^2$$

Die Fourier-Transformationen des durch s amplitudenmodulierten Kosinus ergeben sich aus der Mittelung der beiden um $\pm f_0$ verschobenen Transformierten. Für $f_0 = 1$ gilt

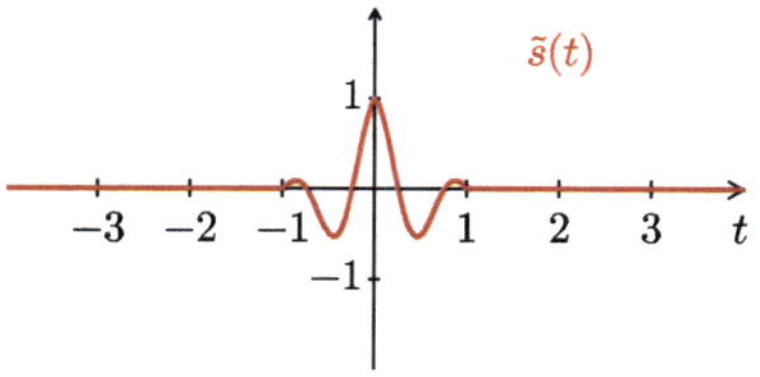

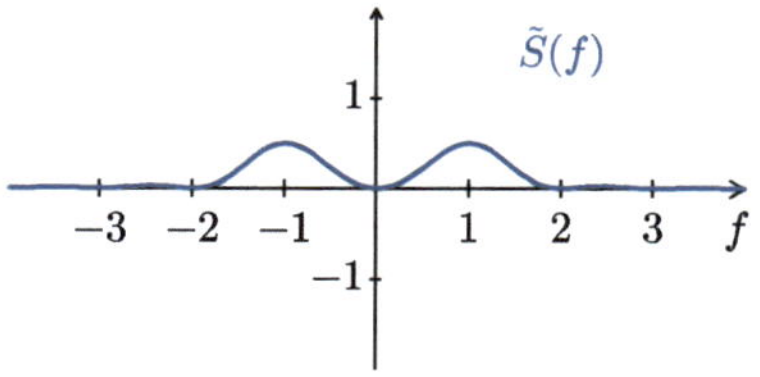

$$\tilde{s}(t) = s(t)\,\cos(2\pi t) \quad \circ\!\!-\!\!\bullet \quad \tilde{S}(f) = \frac{1}{2}\big(S(f-1)+S(f+1)\big)$$

und für $f_0 = 3$ ganz entsprechend

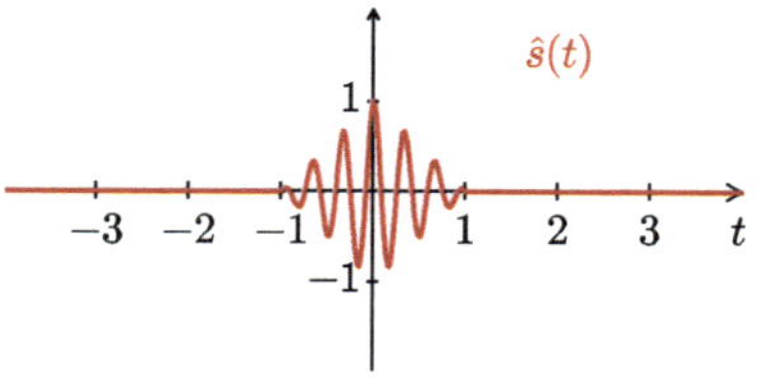

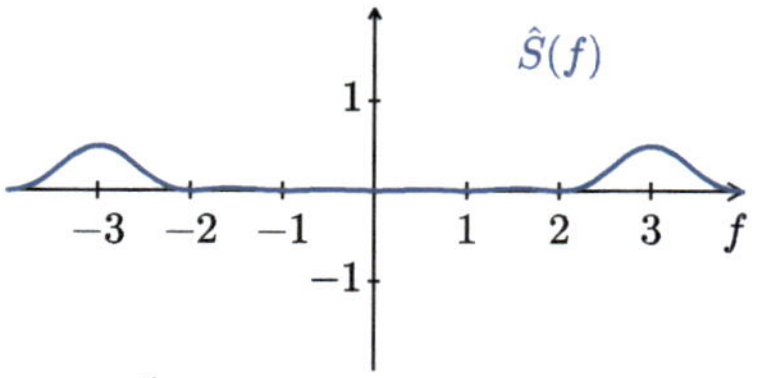

$$\hat{s}(t) = s(t)\,\cos(6\pi t) \quad \circ\!\!-\!\!\bullet \quad \hat{S}(f) = \frac{1}{2}\big(S(f-3)+S(f+3)\big)$$

Damit erhalten wir die Amplitudenmodulation bei der Fourier-Transformation. ■

18.2.4 Ähnlichkeit und Zeitumkehr

Ersetzt man im Zeitbereich t durch at, so spricht man von Ähnlichkeit. Für den Parameter a sind alle reellen Werte außer null zugelassen. Wir klären nun, wie sich eine Ähnlichkeit auf den Frequenzbereich auswirkt. Die Transformation von $\tilde{s}(t) = s(a\,t)$ kann man mit der Integralformel aus Definition 18.1 durchführen. Mithilfe der Substitution $u = a\,t$ und $\mathrm{d}u = a\,\mathrm{d}t$ ergibt sich

$$\tilde{s}(t) = s(a\,t) \quad \circ\!\!-\!\!\bullet \quad \tilde{S}(f) = \int_{-\infty}^{\infty} s(a\,t)\mathrm{e}^{-\mathrm{i}\,2\,\pi\,f\,t}\mathrm{d}t = \int_{\mp\infty}^{\pm\infty} s(u)\mathrm{e}^{-\mathrm{i}\,2\,\pi\,f\,\frac{u}{a}}\,\frac{\mathrm{d}u}{a}.$$

An den Grenzen $\pm\infty$ verändert die Substitution nichts, sofern a positiv ist. Falls a negativ ist, ändern die Grenzen das Vorzeichen. Beide Fälle können wir zusammenfassen durch

$$\tilde{s}(t) = s(a\,t) \quad \circ\!\!-\!\!\bullet \quad \tilde{S}(f) = \frac{1}{|a|}\int_{-\infty}^{\infty} s(u)\mathrm{e}^{-\mathrm{i}\,2\,\pi\,\frac{f}{a}\,u}\,\mathrm{d}u = \frac{1}{|a|}S\left(\frac{f}{a}\right)$$

und erhalten so die Fourier-Transformierte der ähnlichen Funktion $\tilde{s}$.

Satz 18.8 (Ähnlichkeit)

Ersetzt man bei der Funktion s im Zeitbereich t durch $a\,t$, dann wird bei der Fourier-Transformierten S im Frequenzbereich f durch $\frac{f}{a}$ ersetzt und die Fourier-Transformierte durch $|a|$ dividiert. Dabei darf die Konstante a nicht null sein.

$$\begin{array}{ccc} s(t) & \circ\!\!-\!\!\bullet & S(f) \\ \downarrow & & \downarrow \\ s(a\,t) & \circ\!\!-\!\!\bullet & \dfrac{1}{|a|}S\left(\dfrac{f}{a}\right) \end{array}$$

Beispiel 18.10 (Ähnlichkeit bei der Fourier-Transformation)

Die Wirkung der Ähnlichkeit zeigt sich an der Rechteckfunktion aus Beispiel 18.1:

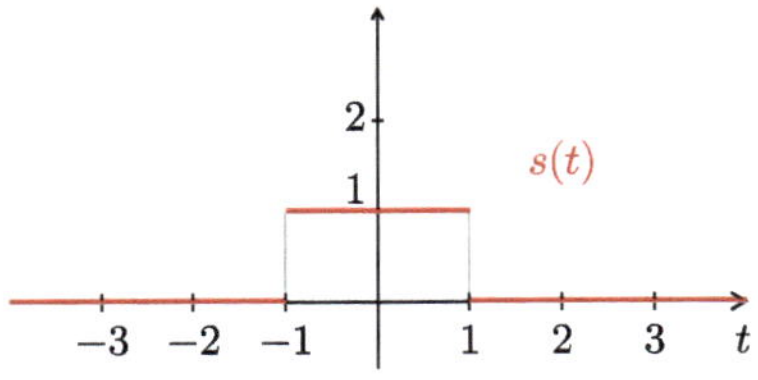

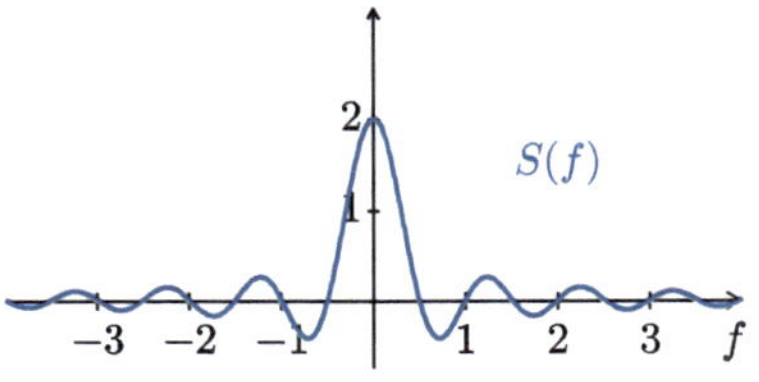

$$s(t) \quad \circ\!\!-\!\!\bullet \quad S(f) = \frac{\sin(2\,\pi\,f)}{\pi\,f}$$

Eine Ähnlichkeitstransformation mit dem Faktor $\frac{2}{3}$ ergibt

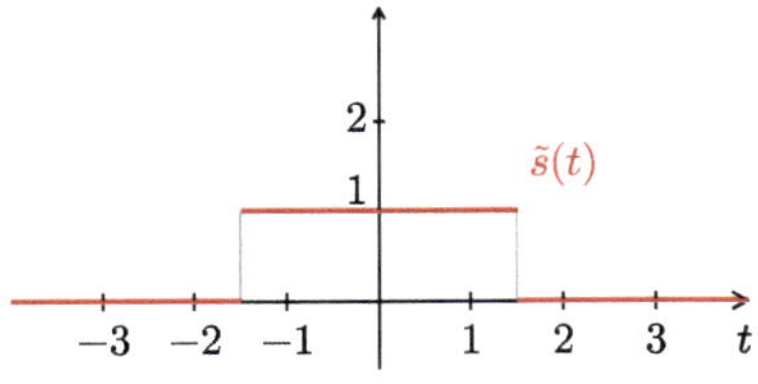

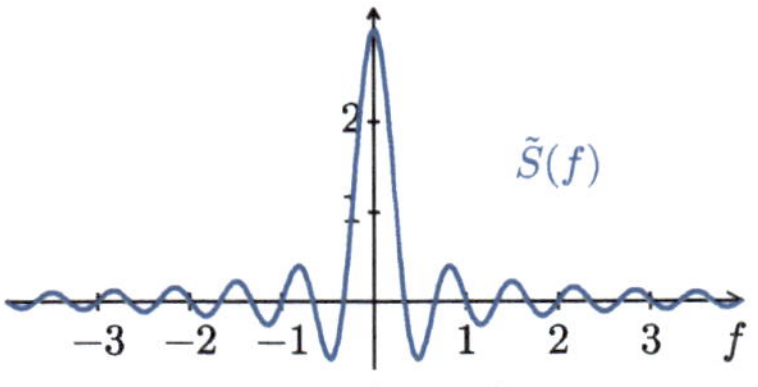

$$\tilde{s}(t) = s\left(\frac{2}{3}\,t\right) \quad \circ\!\!-\!\!\bullet \quad \tilde{S}(f) = \frac{\sin(3\,\pi\,f)}{\pi\,f}$$

Dies entspricht einer Streckung mit dem Streckfaktor $\frac{3}{2}$ im Zeitbereich.

Eine Ähnlichkeitstransformation mit dem Faktor 2 ergibt

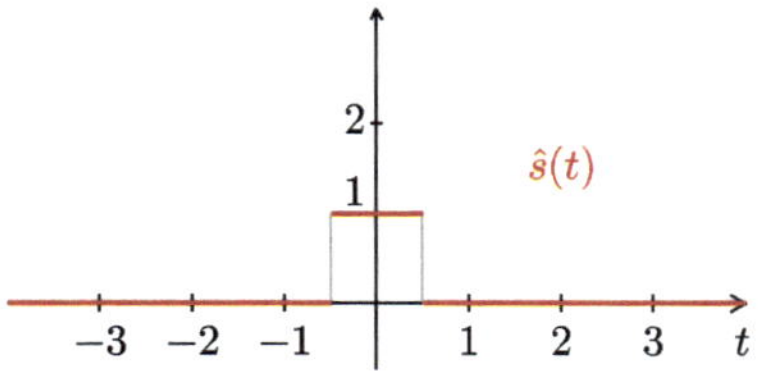

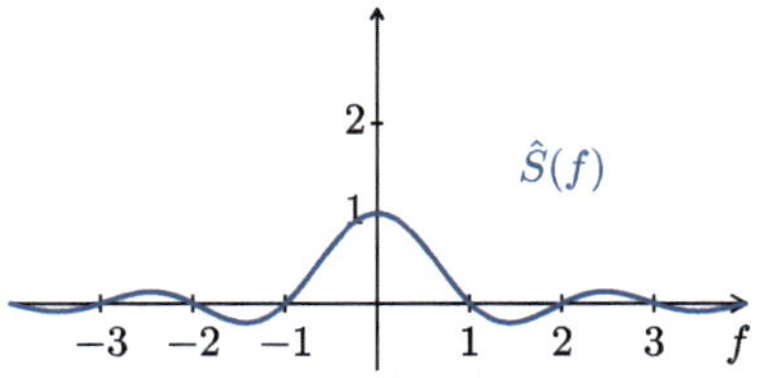

$$\hat{s}(t) = s(2\,t) \quad \circ\!\!-\!\!\bullet \quad \hat{S}(f) = \frac{\sin(\pi\,f)}{\pi\,f}$$

Dies entspricht einer Streckung mit dem Streckfaktor $\frac{1}{2}$ im Zeitbereich. ■

Mit den Begriffen der Nachrichtentechnik könnte man diesen Sachverhalt auch folgendermaßen formulieren: Die Zeitdauer eines Signals und die Bandbreite des Spektrums stehen in reziprokem Verhältnis. Ein wichtiger Spezialfall der Ähnlichkeit ist die Zeitumkehr.

Satz 18.9 (Zeitumkehr)

Die Zeitumkehr entspricht der Frequenzumkehr.

$$\begin{array}{ccc} s(t) & \circ\!\!-\!\!\bullet & S(f) \\ \downarrow & & \downarrow \\ s(-t) & \circ\!\!-\!\!\bullet & S(-f). \end{array}$$

18.3 Inverse Fourier-Transformation

Bei der Fourier-Transformation wird einer Zeitfunktion s eine Frequenzfunktion S zugeordnet. Nun stellt sich natürlich die Frage, ob wir nicht auch umgekehrt aus einer Frequenzfunktion S wieder die ursprüngliche Zeitfunktion s rekonstruieren können. Diese umgekehrte Transformation bezeichnet man als inverse Fourier-Transformation.

18.3.1 Definition

Die Formeln zur Berechnung der Fourier-Transformation und zur Berechnung der inversen Fourier-Transformation haben dieselbe Struktur. Sie unterscheiden sich durch das Vorzeichen in der Exponentialfunktion. Außerdem sind natürlich die Rollen der Zeitvariablen t und der Frequenzvariablen f vertauscht.

Definition 18.4 (Inverse Fourier-Transformation)

Die inverse Fourier-Transformation ordnet einer Funktion S im Frequenzbereich eine Zeitfunktion s zu. Die inverse Fourier-Transformation von S ist definiert durch

$$S(f) \quad \bullet\!\!-\!\!\circ \quad s(t) = \int_{-\infty}^{\infty} S(f)\mathrm{e}^{\mathrm{i}\,2\pi\,f\,t}\mathrm{d}\,f.$$

Dabei wird das Korrespondenzsymbol $\bullet\!\!-\!\!\circ$ verwendet.

Die inverse Fourier-Transformation ist genau auf die Fourier-Transformation abgestimmt. Mit anderen Worten: Wenn wir eine Funktion mit der Fourier-Transformation in den Frequenzbereich und anschließend mit der inversen Fourier-Transformation wieder zurück in den Zeitbereich transformieren, dann ergibt sich die Ausgangsfunktion.

Satz 18.10 (Fourier-Transformationspaar)

Die Zeitfunktion s und die Frequenzfunktion S bilden ein Fourier-Transformationspaar. Wenn S die Fourier-Transformierte von s ist, dann ist s die inverse Fourier-Transformierte von S und umgekehrt.

Durch diese Transformationseigenschaft ist sichergestellt, dass bei der Fourier-Transformation keine Information verloren geht. Die Zeitfunktion lässt sich mittels der inversen Fourier-Transformation vollständig aus der zugeordneten Frequenzfunktion rekonstruieren. Der Beweis dieser Transformationseigenschaft ist nicht trivial. Dem interessierten Leser möchten wir an dieser Stelle die wesentlichen Ideen aufzeigen, aus denen sich der Zusammenhang der beiden Transformationen ergibt. Wenn wir davon ausgehen, dass S die Fourier-Transformierte von s ist, dann gilt nach Definition 18.1

$$S(f) = \int_{-\infty}^{\infty} s(\tau)\,\mathrm{e}^{-\mathrm{i}\,2\pi f \tau}\,\mathrm{d}\tau.$$

Um Namenskonflikte zu vermeiden, verwenden wir hier die Integrationsvariable τ. Nun müssen wir zeigen, dass umgekehrt s die inverse Fourier-Transformierte von S ist. Die inverse Fourier-Transformierte von S können wir mit der Formel aus Definition 18.4 berechnen:

$$S(f) \quad \bullet\!\!-\!\!\circ \quad \int_{-\infty}^{\infty} S(f)\,\mathrm{e}^{\mathrm{i}\,2\pi f t}\,\mathrm{d}f\,.$$

Setzt man die erste Beziehung in die zweite ein, so entsteht

$$S(f) \quad \bullet\!\!-\!\!\circ \quad \int_{-\infty}^{\infty} \left(\int_{-\infty}^{\infty} s(\tau)\,\mathrm{e}^{-\mathrm{i}\,2\pi f \tau}\,\mathrm{d}\tau \right) \mathrm{e}^{\mathrm{i}\,2\pi f t}\,\mathrm{d}f.$$

Wir fassen die Exponentialfunktionen zusammen und vertauschen anschließend die Reihenfolge der Integration:

$$S(f) \quad \bullet\!\!-\!\!\circ \quad \int_{-\infty}^{\infty} \left(\int_{-\infty}^{\infty} s(\tau)\,\mathrm{e}^{\mathrm{i}\,2\pi f (t-\tau)}\,\mathrm{d}f \right) \mathrm{d}\tau.$$

Die Funktion $s(\tau)$ ist bezüglich der Integration nach f konstant und kann deshalb vor das innere Integral geschrieben werden:

$$S(f) \quad \bullet\!\!-\!\!\circ \quad \int_{-\infty}^{\infty} s(\tau) \underbrace{\left(\int_{-\infty}^{\infty} \mathrm{e}^{\mathrm{i}\,2\pi f (t-\tau)}\,\mathrm{d}f \right)}_{\delta(t-\tau)} \mathrm{d}\tau = \int_{-\infty}^{\infty} s(\tau)\,\delta(t-\tau)\,\mathrm{d}\tau = s(t).$$

Bei der letzten Umformung haben wir die Ausblendeigenschaft der Dirac-Distribution aus Satz 17.3 verwendet. Die Identität

$$\delta(t-\tau) = \int_{-\infty}^{\infty} \mathrm{e}^{\mathrm{i}\,2\pi f (t-\tau)}\,\mathrm{d}f$$

liefert die wesentliche Beziehung für unseren Nachweis.

Dies ist gleichbedeutend damit, dass die inverse Fourier-Transformierte der Frequenzfunktion 1 die Zeitfunktion δ ist:

$$1 \quad \bullet\!\!-\!\!\circ \quad \delta(t) = \int_{-\infty}^{\infty} 1 \cdot \mathrm{e}^{\mathrm{i}\,2\,\pi\,f\,t}\,\mathrm{d}\,f.$$

Diese Korrespondenz ist die Umkehrung der Korrespondenz aus Beispiel 18.2. Auf den expliziten Nachweis dieser Beziehung verzichten wir jedoch an dieser Stelle. Genau genommen müssen wir den Beweis auch noch in umgekehrter Richtung führen: Wenn s die inverse Fourier-Transformierte von S ist, dann muss ebenfalls gezeigt werden, dass S die Fourier-Transformierte von s ist. Dieser Teil verläuft jedoch vollkommen analog zum obigen Teil. Wir verzichten deshalb auf die Einzelheiten.

18.3.2 Vertauschungssatz

Im Wesentlichen besteht der Unterschied zwischen der Fourier-Transformation und ihrer inversen Fourier-Transformation nur aus einem anderen Vorzeichen in der Exponentialfunktion. Man spricht deshalb auch von einer Symmetrie zwischen der Fourier-Transformation und der inversen Fourier-Transformation.

Satz 18.11 (Vertauschungssatz)

Aus der Fourier-Transformierten S einer Zeitfunktion s kann man die Fourier-Transformierte von S bestimmen, indem man die entsprechende Zeitfunktion s als Funktion im Frequenzbereich interpretiert und die Variable f durch $-f$ ersetzt.

$$\begin{array}{ccc} s(t) & \circ\!\!-\!\!\bullet & S(f) \\ \downarrow & & \downarrow \\ S(t) & \circ\!\!-\!\!\bullet & s(-f). \end{array}$$

Beim Vertauschungssatz interpretiert man die Funktion im Frequenzbereich $S(f)$ als Funktion im Zeitbereich $S(t)$. Die Fourier-Transformierte von $S(t)$ ist dann durch $s(-f)$ gegeben. Durch dieses Prinzip kann man aus jedem bekannten Transformationspaar ohne Rechenaufwand ein neues Transformationspaar erzeugen. Um diese Vertauschung unmittelbar anwenden zu können, muss $S(t)$ reell sein.

Beispiel 18.11 (Vertauschungssatz)

Aus Beispiel 18.1 kennen wir bereits die Fourier-Transformierte des Rechtecks:

$$r(t) = \sigma(t+1) - \sigma(t-1) \quad \circ\!\!-\!\!\bullet \quad R(f) = \frac{\sin(2\,\pi\,f)}{\pi\,f}.$$

Nun interpretieren wir $R(f)$ als Zeitfunktion $R(t)$ und können die Fourier-Transformation

$$R(t) = \frac{\sin(2\,\pi\,t)}{\pi\,t} \quad \circ\!\!-\!\!\bullet \quad r(-f) = r(f) = \sigma(f+1) - \sigma(f-1)$$

nach dem Vertauschungssatz, siehe Satz 18.11, direkt angeben. In die Umformung wesentlich eingegangen ist hierbei, dass r eine gerade Funktion ist. Wir haben also $r(-f) = r(f)$ ausgenutzt. ∎

18.3.3 Linearität

Die inverse Fourier-Transformation ist wie die Fourier-Transformation selbst linear. Wenn wir Frequenzfunktionen überlagern oder mit konstanten Faktoren skalieren, dann erhalten wir im Zeitbereich die entsprechenden überlagerten oder skalierten Zeitfunktionen.

Satz 18.12 (Linearität der inversen Fourier-Transformation)

Die Addition von Funktionen im Frequenzbereich entspricht der Addition der zugehörigen inversen Fourier-Transformierten im Zeitbereich. Die Multiplikation mit einem konstanten Faktor im Frequenzbereich entspricht der Multiplikation mit demselben Faktor im Zeitbereich.

$$\begin{array}{ccc} S_1(f), S_2(f) & \bullet\!\!-\!\!\circ & s_1(t), s_2(t) \\ \downarrow & & \downarrow \\ C_1\, S_1(f) + C_2\, S_2(f) & \bullet\!\!-\!\!\circ & C_1\, s_1(t) + C_2\, s_2(t) \end{array}$$

Dabei sind C_1 und C_2 beliebige Konstanten.

18.4 Differenziation, Integration und Faltung

Wir klären nun, wie sich das Ableiten und Integrieren einer Funktion auf die Fourier-Transformation auswirkt. Dabei werden wir ein verblüffendes Ergebnis erhalten. Differenziation bzw. Integration im Zeitbereich bewirkt im Frequenzbereich lediglich eine Multiplikation oder Division. Somit können wir durch die Fourier-Transformation das Ableiten oder Integrieren einer Funktion umgehen.

18.4.1 Differenziation im Zeitbereich

Nach Definition 18.4 können wir eine Zeitfunktion s als inverse Fourier-Transformierte von S darstellen:

$$s(t) = \int_{-\infty}^{\infty} S(f)\,\mathrm{e}^{\mathrm{i}\,2\pi\, f\, t}\,\mathrm{d}f.$$

Die Ableitung nach t ergibt die Beziehung

$$\dot{s}(t) = \frac{\mathrm{d}}{\mathrm{d}t} \int_{-\infty}^{\infty} S(f)\,\mathrm{e}^{\mathrm{i}\,2\pi\, f\, t}\,\mathrm{d}f = \int_{-\infty}^{\infty} (\mathrm{i}\,2\pi\, f) S(f)\,\mathrm{e}^{\mathrm{i}\,2\pi\, f\, t}\,\mathrm{d}f.$$

Dabei gehen wir stillschweigend und ohne Nachweis davon aus, dass wir die Reihenfolge von Ableitung und Integration an dieser Stelle vertauschen dürfen. Interpretiert man diese Beziehung geeignet, so besagt sie, dass die inverse Fourier-Transformation von $(\mathrm{i}\,2\pi\, f) S(f)$ gerade $\dot{s}(t)$ ergibt.

Satz 18.13 (Differenziation im Zeitbereich)

Die Ableitung der Funktion s im Zeitbereich entspricht der Multiplikation der Fourier-Transformierten S mit dem Faktor $\mathrm{i}\,2\pi f$ im Frequenzbereich.

$$\begin{array}{ccc} s(t) & \circ\!\!-\!\!\bullet & S(f) \\ \downarrow & & \downarrow \\ \dot{s}(t) & \circ\!\!-\!\!\bullet & \mathrm{i}\,2\pi f\, S(f) \end{array}$$

Diese Differenziationsregel für den Zeitbereich können wir natürlich auch mehrfach anwenden:

$$\frac{\mathrm{d}^n}{\mathrm{d}t^n} s(t) \quad \circ\!\!-\!\!\bullet \quad (\mathrm{i}\,2\pi f)^n S(f).$$

Auch bei Funktionen s, die aufgrund von Sprungstellen im klassischen Sinne nicht differenzierbar sind, können wir die Differenziationsregel anwenden. Dazu verwenden wir die verallgemeinerte Ableitung aus Definition 17.3. Diese Möglichkeit ist neu im Vergleich mit der klassischen Differenzierbarkeit.

Beispiel 18.12 (Fourier-Transformation der Signumfunktion)

Wir bestimmen die Fourier-Transformierte der Vorzeichenfunktion

$$\operatorname{sgn}(t) = \sigma(t) - \sigma(-t).$$

Für die verallgemeinerte Ableitung dieser Funktion gilt

$$\frac{\mathrm{d}}{\mathrm{d}t} \operatorname{sgn}(t) = \delta(t) + \delta(-t) = 2\,\delta(t) \quad \circ\!\!-\!\!\bullet \quad 2,$$

siehe Beispiel 18.2. Nach Satz 18.13 muss die Transformation der Ableitung der Transformation der Ausgangsfunktion multipliziert mit dem Faktor $\mathrm{i}\,2\pi f$ entsprechen:

$$2 = (\mathrm{i}\,2\pi f) S(f) \quad \Longrightarrow \quad \operatorname{sgn}(t) \quad \circ\!\!-\!\!\bullet \quad S(f) = \frac{1}{\mathrm{i}\pi f}.$$

An dieser Stelle sei ausdrücklich auf eine Feinheit hingewiesen. Bei der letzten Umformung wurde durch f geteilt. Wir müssen uns also noch Gedanken über die Stelle $f = 0$ machen. Da sgn eine ungerade Funktion ist, erhalten wir aufgrund der Symmetrie $S(0) = 0$. ▪

Beispiel 18.13 (Fourier-Transformation der Sigmafunktion)

Die Fourier-Transformation von $\sigma(t)$ können wir mithilfe der Transformation von $\operatorname{sgn}(t)$ durchführen. Aus Beispiel 18.12 wissen wir

$$\operatorname{sgn}(t) \quad \circ\!\!-\!\!\bullet \quad \frac{1}{\mathrm{i}\pi f}.$$

Nun stellen wir $\sigma(t)$ durch die Vorzeichenfunktion dar und verwenden für die einzelnen Teile die Rechenregeln der Fourier-Transformation:

$$\sigma(t) = \frac{1}{2}\operatorname{sgn}(t) + \frac{1}{2} \quad \circ\!\!-\!\!\bullet \quad \frac{1}{2\,\mathrm{i}\pi f} + \frac{1}{2}\delta(f)$$

und verwenden für die einzelnen Teile die Rechenregeln der Fourier-Transformation: ▪

18.4.2 Differenziation im Frequenzbereich

Die Differenziation im Frequenzbereich verläuft analog zur Differenziation im Zeitbereich:

$$S'(f) = \frac{\mathrm{d}}{\mathrm{d}f} \int_{-\infty}^{\infty} s(t)\,\mathrm{e}^{-\mathrm{i}\,2\pi f t}\,\mathrm{d}t = \int_{-\infty}^{\infty} (-\mathrm{i}\,2\pi t)s(t)\,\mathrm{e}^{-\mathrm{i}\,2\pi f t}\,\mathrm{d}t.$$

Mit der Ableitung im Frequenzbereich $S'(f)$ korrespondiert die Zeitfunktion $(-\mathrm{i}\,2\pi t)s(t)$.

Satz 18.14 (Differenziation im Frequenzbereich)

Die Ableitung der Fourier-Transformierten S im Frequenzbereich entspricht der Multiplikation der Funktion s mit dem Faktor $-\mathrm{i}\,2\pi t$ im Zeitbereich.

$$\begin{array}{ccc} S(f) & \bullet\!\!-\!\!\circ & s(t) \\ \downarrow & & \downarrow \\ S'(f) & \bullet\!\!-\!\!\circ & (-\mathrm{i}\,2\pi t)s(t) \end{array}$$

Auch hier ist mehrfaches Anwenden der Regel möglich:

$$S^{(n)}(f) \quad \bullet\!\!-\!\!\circ \quad (-\mathrm{i}\,2\pi t)^n\, s(t).$$

Das n-fache Ableiten im Frequenzbereich erzeugt im Zeitbereich die Potenz t^n.

18.4.3 Multiplikationssatz

Aus der Differenziation im Frequenzbereich, siehe Satz 18.14, geht noch ein weiterer interessanter Aspekt hervor. Aufgrund der Linearität können wir den konstanten Faktor $(-\mathrm{i}\,2\pi)^n$ im Zeitbereich eliminieren und dafür entsprechend im Frequenzbereich berücksichtigen:

$$S^{(n)}(f) \quad \bullet\!\!-\!\!\circ \quad (-\mathrm{i}\,2\pi)^n\, t^n\, s(t) \quad \Longrightarrow \quad \frac{S^{(n)}(f)}{(-\mathrm{i}\,2\pi)^n} \quad \bullet\!\!-\!\!\circ \quad t^n\, s(t).$$

Wir sind somit in der Lage, die Fourier-Transformierte von $t^n\, s(t)$ zu berechnen.

Satz 18.15 (Multiplikationssatz)

Die Multiplikation der Funktion s mit dem Faktor t^n im Zeitbereich entspricht der n-ten Ableitung der Fourier-Transformation S dividiert durch den Faktor $(-\mathrm{i}\,2\pi)^n$ im Frequenzbereich.

$$\begin{array}{ccc} s(t) & \circ\!\!-\!\!\bullet & S(f) \\ \downarrow & & \downarrow \\ t^n\, s(t) & \circ\!\!-\!\!\bullet & \dfrac{S^{(n)}(f)}{(-\mathrm{i}\,2\pi)^n} \end{array}$$

Kurz zusammengefasst besagt der Multiplikationssatz: Wenn man im Zeitbereich mit t multipliziert, dann muss man im Frequenzbereich ableiten und durch $-\mathrm{i}\,2\pi$ teilen. Dies gilt entsprechend auch für höhere Potenzen von t.

Beispiel 18.14 (Multiplikationssatz)

Aus Beispiel 18.1 kennen wir bereits die Fourier-Transformierte der Rechteckfunktion:

$$s(t) \quad \circ\!\!-\!\!\bullet \quad S(f) = \frac{\sin(2\pi f)}{\pi f}.$$

Mit dem Multiplikationssatz, also Satz 18.15, können wir die Fourier-Transformierte von $t\,s(t)$ bestimmen:

$$t\,s(t) \quad \circ\!\!-\!\!\bullet \quad \frac{1}{-\mathrm{i}\,2\pi}\,\frac{\mathrm{d}}{\mathrm{d}f}\left(\frac{\sin(2\pi f)}{\pi f}\right) = \frac{1}{-\mathrm{i}\,2\pi}\left(\frac{2\pi\cos(2\pi f)\,\pi f - \sin(2\pi f)\,\pi}{\pi^2 f^2}\right).$$

Dieser Ausdruck lässt sich noch vereinfachen zu:

$$t\,s(t) \quad \circ\!\!-\!\!\bullet \quad \frac{\sin(2\pi f) - 2\pi f\,\cos(2\pi f)}{2\,\mathrm{i}\,\pi^2 f^2}.$$

Damit haben wir die Fourier-Transformierte von $t\,s(t)$ bestimmt. ■

18.4.4 Integration

Differenziation im Zeitbereich korrespondiert mit einer Multiplikation mit dem Faktor $\mathrm{i}\,2\pi f$ im Frequenzbereich. Umgekehrt korrespondiert die Integration im Zeitbereich mit einer Division durch den Faktor $\mathrm{i}\,2\pi f$ im Frequenzbereich. Allerdings ist dabei eine Art Integrationskonstante in Form einer Dirac-Distribution zu beachten. Diese Phänomen ist uns bereits in Beispiel 18.13 begegnet. Auf eine detailierte Herleitung verzichten wir jedoch.

Satz 18.16 (Integration im Zeitbereich)

Die Integration der Zeitfunktion s entspricht der Division mit dem Faktor $\mathrm{i}\,2\pi f$ der Fourier-Transformierten S. Zusätzlich ist noch ein Dirac-Impuls zu addieren.

$$\begin{array}{ccc} s(t) & \circ\!\!-\!\!\bullet & S(f) \\ \downarrow & & \downarrow \\ \displaystyle\int_{-\infty}^{t} s(\tau)\,\mathrm{d}\,\tau & \circ\!\!-\!\!\bullet & \displaystyle\frac{1}{\mathrm{i}\,2\pi f}\,S(f) + \frac{1}{2}\,S(0)\,\delta(f) \end{array}$$

Von großer praktischer Bedeutung ist die sogenannte Parsevalsche Gleichung, benannt nach dem französischen Mathematiker Marc-Antoine Parseval. Sie stellt eine Beziehung zwischen den Integralen über den Quadraten der Funktionen im Zeitbereich und im Frequenzbereich her. Die Parsevalsche Gleichung kann als eine Art Energieerhaltungssatz interpretiert werden. Die Energie des gesamten Zeitsignals ist gleich der Gesamtenergie der Spektralfunktion. Die Energie eines Zeitsignals kann im Frequenzbereich ermittelt werden.

Satz 18.17 (Parsevalsche Gleichung für die Fourier-Transformation)
Das Integral über dem Quadrat der Funktion s im Zeitbereich ist gleich dem Integral über das Quadrat des Betrags der Fourier-Transformierten S im Frequenzbereich:

$$\int_{-\infty}^{\infty} s^2(t)\,\mathrm{d}t = \int_{-\infty}^{\infty} |S(f)|^2\,\mathrm{d}f.$$

18.4.5 Faltung

Eine grundlegende Fragestellung konnten wir bisher noch nicht klären. Angenommen, wir kennen die Fourier-Transformierten S_1 und S_2 der beiden Funktionen s_1 und s_2. Wie können wir dann daraus die Fourier-Transformation des Produktes der beiden Funktionen berechnen?

Satz 18.18 (Faltung im Frequenzbereich)
Die Faltung der beiden Fourier-Transformierten S_1 und S_2 im Frequenzbereich entspricht dem Produkt der beiden Funktionen s_1 und s_2 im Zeitbereich.

$$\begin{array}{ccc} S_1(f),\, S_2(f) & \bullet\!\!-\!\!\circ & s_1(t),\, s_2(t) \\ \downarrow & & \downarrow \\ S_1(f) \star S_2(f) & \bullet\!\!-\!\!\circ & s_1(t) \cdot s_2(t) \end{array}$$

Umgekehrt korrespondiert das Produkt im Frequenzbereich mit einer Faltung im Zeitbereich. Der Faltungssatz in dieser Form ist grundlegend für die Systemtheorie, siehe Abschnitt 18.6.1. Die Beweise der beiden Faltungssätze sind verhältnismäßig aufwendig, deshalb verzichten wir auf weitere Details.

Satz 18.19 (Faltung im Zeitbereich)
Die Faltung der beiden Funktionen s_1 und s_2 im Zeitbereich entspricht dem Produkt der beiden Fourier-Transformierten S_1 und S_2 im Frequenzbereich.

$$\begin{array}{ccc} s_1(t),\, s_2(t) & \circ\!\!-\!\!\bullet & S_1(f),\, S_2(f) \\ \downarrow & & \downarrow \\ s_1(t) \star s_2(t) & \circ\!\!-\!\!\bullet & S_1(f) \cdot S_2(f) \end{array}$$

18.5 Periodische Funktionen

Wie der Name schon andeutet, besteht zwischen Fourier-Reihe und Fourier-Transformation ein enger Zusammenhang. Wir werden sehen, dass man die Fourier-Reihe einer periodischen Funktion mithilfe der Fourier-Transformation berechnen kann. Grenzwertbetrachtungen werden zeigen, dass Fourier-Transformationen eine Verallgemeinerung von Fourier-Reihen für nicht periodische Funktionen darstellen.

18.5.1 Fourier-Transformation einer Fourier-Reihe

Zur Fourier-Transformation einer periodischen Funktion verwenden wir die Fourier-Reihe Eine Funktion s mit Periode T können wir durch ihre komplexe Fourier-Reihe

$$s(t) = \sum_{k=-\infty}^{\infty} c_k \, \mathrm{e}^{\mathrm{i}\,k\,\omega\,t}, \qquad \omega = \frac{2\pi}{T}$$

darstellen, siehe Definition 16.5. Anstelle der Periode T verwenden wir die Grundfrequenz $f_0 = \frac{1}{T}$. Dadurch erhalten wir

$$s(t) = \sum_{k=-\infty}^{\infty} c_k \, \mathrm{e}^{\mathrm{i}\,2\,\pi\,k\,f_0\,t}\,.$$

Aus Beispiel 18.11 wissen wir bereits, dass die Fourier-Transformation der Zeitfunktion 1 die Frequenzfunktion $\delta(f)$ ergibt:

$$1 \quad \circ\!\!-\!\!\bullet \quad \delta(f)\,.$$

In Kombination mit der Frequenzverschiebung aus Satz 18.6 erhalten wir

$$\mathrm{e}^{\mathrm{i}\,2\,\pi\,k\,f_0\,t} \cdot 1 \quad \circ\!\!-\!\!\bullet \quad \delta(f - k f_0).$$

Nun wenden wir die Linearität aus Satz 18.4 auf die unendliche Reihe an und erhalten

$$\sum_{k=-\infty}^{\infty} c_k \, \mathrm{e}^{\mathrm{i}\,2\,\pi\,k\,f_0\,t} \quad \circ\!\!-\!\!\bullet \quad \sum_{k=-\infty}^{\infty} c_k \, \delta(f - k f_0).$$

Die Fourier-Transformation einer Fourier-Reihe besteht also aus Dirac-Impulsen.

Satz 18.20 (Fourier-Transformation einer Fourier-Reihe)

Die Fourier-Transformierte einer Fourier-Reihe mit Periode T besteht aus Dirac-Impulsen an den ganzzahligen Vielfachen der Grundfrequenz $f_0 = \dfrac{1}{T}$:

$$\sum_{k=-\infty}^{\infty} c_k \, \mathrm{e}^{\mathrm{i}\,2\,\pi\,k\,f_0\,t} \quad \circ\!\!-\!\!\bullet \quad \sum_{k=-\infty}^{\infty} c_k \, \delta(f - k\, f_0).$$

18.5.2 Koeffizienten der Fourier-Reihe

Die Formel zur Berechnung der komplexen Koeffizienten der Fourier-Reihe einer Funktion s mit Periode T aus Satz 16.4

$$c_k = \frac{1}{T} \int_{-\frac{T}{2}}^{\frac{T}{2}} s(t) \, \mathrm{e}^{-\mathrm{i}\,k\,\omega\,t} \, \mathrm{d}t, \qquad \omega = \frac{2\pi}{T}$$

und die Formel zur Berechnung der Fourier-Transformation aus Definition 18.1

$$s(t) \quad \circ\!\!-\!\!\bullet \quad S(f) = \int_{-\infty}^{\infty} s(t) \, \mathrm{e}^{-\mathrm{i}\,2\,\pi\,f\,t} \, \mathrm{d}t$$

besitzen eine gewisse Ähnlichkeit.

Es stellt sich deshalb die Frage, ob wir die Fourier-Koeffizienten nicht auch mithilfe der Fourier-Transformation berechnen können. Dazu verwenden wir wieder anstelle der Periode T die Grundfrequenz $f_0 = \frac{1}{T}$:

$$c_k = f_0 \int_{-\frac{T}{2}}^{\frac{T}{2}} s(t)\,\mathrm{e}^{-\mathrm{i}\,2\,\pi\,k\,f_0\,t}\,\mathrm{d}t, \qquad f_0 = \frac{1}{T}.$$

Die beiden Formeln unterscheiden sich nur durch die unterschiedlichen Argumente f bzw. $k\,f_0$ in der e-Funktion, durch das Integrationsintervall und den Vorfaktor f_0. Bei der Formel zur Berechnung der Fourier-Koeffizienten erstreckt sich die Integration über eine volle Periode und bei der Fourier-Transformation über alle reellen Zahlen. Eine Verbesserung der Darstellung schafft hier eine Art Prototyp der periodischen Funktion.

Definition 18.5 (Prototyp einer periodischen Funktion)

Zu einer Funktion s mit Periode T definiert man den periodischen Prototyp

$$s_0(t) = \begin{cases} s(t) & \text{für } -\dfrac{T}{2} < t \le \dfrac{T}{2} \\ 0 & \text{sonst}\,. \end{cases}$$

Der periodische Prototyp s_0 stimmt im Intervall zwischen $-\frac{T}{2}$ und $\frac{T}{2}$ mit der periodischen Funktion s überein und ist außerhalb dieses Intervalls null. Der Trick besteht nun darin, nicht die Fourier-Transformation von s zu betrachten, sondern die Fourier-Transformation von s_0, also

$$s_0(t) \quad \circ\!\!-\!\!\bullet \quad S_0(f) = \int_{-\infty}^{\infty} s_0(t)\,\mathrm{e}^{-\mathrm{i}\,2\,\pi\,f\,t}\,\mathrm{d}t = \int_{-\frac{T}{2}}^{\frac{T}{2}} s(t)\,\mathrm{e}^{-\mathrm{i}\,2\,\pi\,f\,t}\,\mathrm{d}t.$$

Dadurch ergibt sich der Zusammenhang

$$c_k = f_0\,S_0(k\,f_0)$$

zwischen den komplexen Koeffizienten c_k und der Fourier-Transformation S_0.

Satz 18.21 (Fourier-Reihe aus Fourier-Transformation)

Die komplexen Koeffizienten c_k der Fourier-Reihe einer Funktion s mit Periode T kann man mithilfe der Fourier-Transformation berechnen:

(1) Bestimme die Fourier-Transformierte des periodischen Prototyps s_0:

$$s_0(t) \quad \circ\!\!-\!\!\bullet \quad S_0(f) = \int_{-\infty}^{\infty} s_0(t)\,\mathrm{e}^{-\mathrm{i}\,2\,\pi\,f\,t}\,\mathrm{d}t = \int_{-\frac{T}{2}}^{\frac{T}{2}} s(t)\,\mathrm{e}^{-\mathrm{i}\,2\,\pi\,f\,t}\,\mathrm{d}t.$$

(2) Die Koeffizienten c_k entsprechen dem Produkt der Grundfrequenz $f_0 = \dfrac{1}{T}$ mit den Funktionswerten von S_0 an den ganzzahligen Vielfachen der Grundfrequenz:

$$c_k = f_0\,S_0(k\,f_0), \qquad k = \ldots, -2, -1, 0, 1, 2, \ldots$$

Beispiel 18.15 (Fourier-Reihe aus Fourier-Transformation)

Die Fourier-Reihe der abgebildeten Funktion s mit Periode $T = 2$ soll mithilfe der Fourier-Transformation berechnet werden. Dazu betrachten wir den Prototyp s_0 der periodischen Funktion s. Die Fourier-Transformierte dieser Rechteckfunktion haben wir in Beispiel 18.10 berechnet:

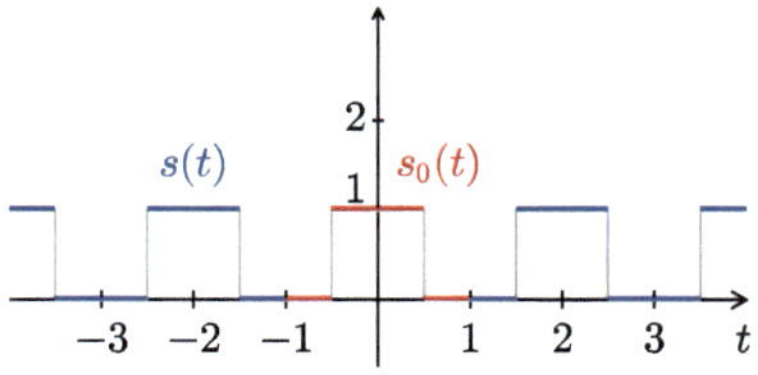

$$s_0(t) \quad \circ\!\!-\!\!\bullet \quad S_0(f) = \frac{\sin(\pi f)}{\pi f} \,.$$

Die Formel aus Satz 18.21 ergibt mit

$$f_0 = \frac{1}{T} = \frac{1}{2}$$

die komplexen Fourier-Koeffizienten

$$c_k = \frac{1}{T}\, S_0\left(\frac{k}{T}\right) = \frac{1}{T}\, \frac{\sin\left(\pi \frac{k}{T}\right)}{\pi \frac{k}{T}} = \frac{\sin\left(k \frac{\pi}{2}\right)}{k\pi} \,.$$

Explizit ausgeschrieben lauten diese

$$c_1 = \frac{1}{\pi},\quad c_2 = 0,\quad c_3 = \frac{-1}{3\,\pi},\quad c_4 = 0,\quad c_5 = \frac{1}{5\,\pi},\quad c_6 = 0,\quad c_7 = \frac{-1}{7\,\pi},\quad c_8 = 0,\quad \ldots$$

Den Mittelwert c_0 können wir aus dem Grenzwert

$$c_0 = f_0 \lim_{f\to 0} S_0(f) = \lim_{f\to 0} \frac{\sin(\pi f)}{2\,\pi f} = \frac{1}{2}$$

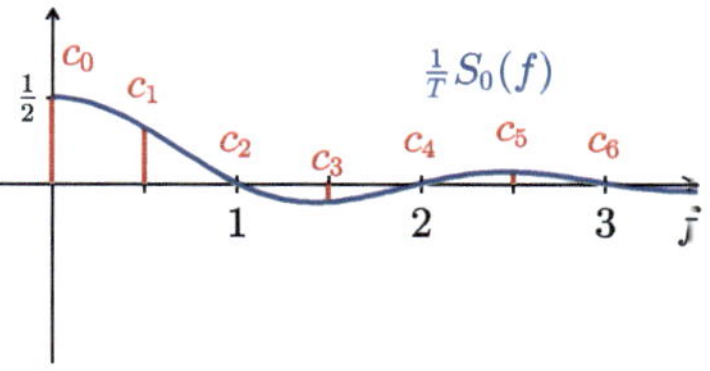

bestimmen, siehe Beispiel 8.18. Dadurch ergibt sich die Fourier-Reihe mit dem Mittelwert $\frac{1}{2}$ und der Kreisfrequenz $\omega = \pi$:

$$s(t) = \frac{1}{2} + \frac{2}{\pi}\left(\cos(\pi t) - \frac{1}{3}\cos(3\,\pi t) + \frac{1}{5}\cos(5\,\pi t) - \frac{1}{7}\cos(7\,\pi t) + \ldots\right).$$

Wir haben die Fourier-Reihe also mithilfe der Fourier-Transformation bestimmt. ■

18.5.3 Grenzwertbetrachtung

Im letzten Abschnitt haben wir gesehen, dass man die Koeffizienten der Fourier-Reihe einer periodischen Funktion aus der Fourier-Transformierten des Prototyps s_0 berechnen kann. Umgekehrt werden wir nun zeigen, dass die Fourier-Transformation eine Art Fourier-Reihe für nicht periodische Funktionen darstellt. Dabei betrachten wir eine nicht periodische Funktion als Grenzwert einer periodischen Funktion, bei der die Periode gegen unendlich geht. Aus der Formel aus Satz 18.21 ergibt sich mit $T = \frac{1}{f_0}$

$$c_k = f_0\, S_0(k\, f_0) \quad\Longrightarrow\quad T\, c_k = S_0\left(\frac{k}{T}\right) .$$

Daraus erkennen wir, wie das Spektrum c_k einer Funktion s mit Periode T sinnvollerweise zu normieren ist. Wir tragen die Werte von $T\, c_k$ über den Stellen $\frac{k}{T}$ ab. Für wachsende T-Werte werden die Abstände zwischen den Stellen $\frac{k}{T}$ immer geringer und wir nähern uns immer besser an die Fourier-Transformation S_0 des periodischen Prototyps s_0 an.

Beispiel 18.16 (Fourier-Transformation als Grenzwert)

Wir betrachten Rechteckfunktionen mit wachsenden Perioden T. Der periodische Prototyp s_0 bleibt hierbei immer dieselbe Funktion. Eine Formel für die komplexen Fourier-Koeffizienten c_k kennen wir bereits aus Beispiel 18.15:

$$c_k = \frac{1}{k\,\pi} \sin\left(\frac{k}{T}\,\pi\right).$$

Wir betrachten nun die Schaubilder für größer werdende Perioden T:

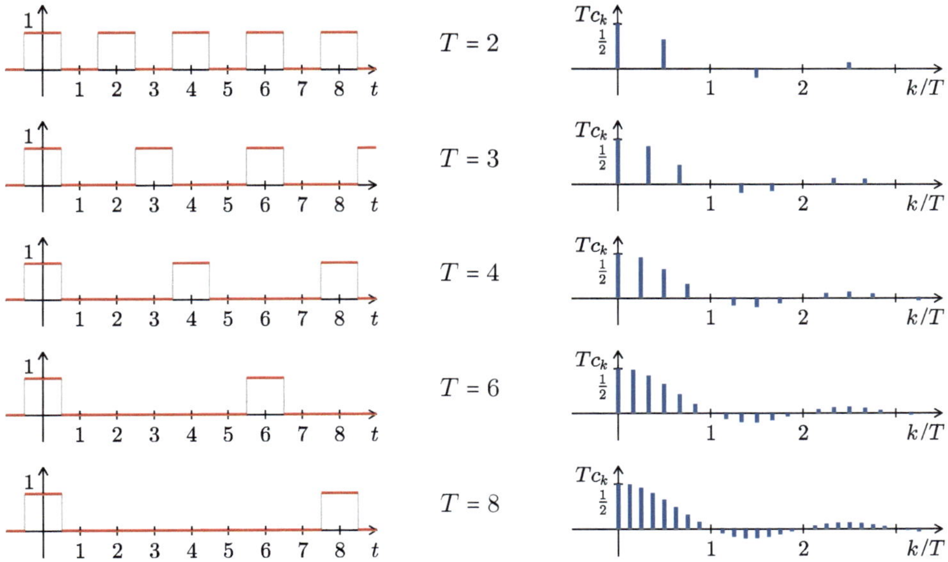

Das normierte Spektrum zeigt ein konvergentes Verhalten.

Der Grenzwert ist die Fourier-Transformierte S_0 des periodischen Prototyps s_0. ■

Merke 18.3 (Fourier-Transformation und normiertes Spektrum)

Beim normierten Spektrum einer Fourier-Reihe betrachtet man die Werte $T\,c_k$ über den Stellen $\frac{k}{T}$ für $k = \ldots, -2, -1, 0, 1, 2, \ldots$ Dabei sind c_k die komplexen Fourier-Koeffizienten einer Funktion s mit Periode T. Im Grenzwert für $T \to \infty$ konvergiert das normierte Spektrum gegen die Fourier-Transformierte S_0 des periodischen Prototyps s_0 der Funktion s.

Nochmals: Der Grenzwert $T \to \infty$ ist dabei so zu verstehen, dass der periodische Prototyp s_0 unverändert bestehen bleibt und das restliche Intervall mit größer werdendem T mit der Nullfunktion ausgefüllt wird.

18.6 Anwendungen

In der Elektrotechnik verwendet man die Fourier-Transformation zur Analyse von Schaltungen. Daraus hat sich die Systemtheorie entwickelt, mit der man ganz allgemein Systeme analysieren kann. Darunter fallen auch mechanische Systeme oder Mehrkörpersysteme. Aber auch Computernetzwerke etwa können mithilfe der Systemtheorie analysiert und charakterisiert werden. Parallel dazu werden Systeme oftmals auch mithilfe der Systemsimulation auf ihr dynamisches Verhalten hin untersucht.

Wir erläutern in diesem Abschnitt die grundlegenden Begriffe und Methoden der Systemtheorie und wenden sie auf einen Tiefpassfilter in der Elektronik an. In der Signalverarbeitung spielen Filter eine zentrale Rolle.

18.6.1 Lineare zeitinvariante Systeme

In den Ingenieurwissenschaften verwendet man die Systemtheorie zur Untersuchung technischer Prozesse und ihrer Gesetzmäßigkeiten. Bei einem System S hängen die Ausgabegrößen von den Eingabegrößen ab. Wenn das Ausgangssignal o durch das Eingangssignal i erzeugt wird, verwenden wir die Schreibweise

$$i(t) \quad \xrightarrow{S} \quad o(t).$$

Ein System kann sehr komplex und aus vielen Teilsystemen zusammengebaut sein. Wir betrachten nur Systeme, bei denen zwischen den Eingangssignalen und den entsprechenden Ausgangssignalen ein linearer zeitinvarianter Zusammenhang besteht.

Definition 18.6 (Lineares zeitinvariantes System)

Bei einem linearen zeitinvarianten System S besteht zwischen den Eingangssignalen i_1, i_2 und den entsprechenden Ausgangssignalen o_1, o_2 ein linearer Zusammenhang:

$$C_1\, i_1(t) + C_2\, i_2(t) \quad \xrightarrow{S} \quad C_1\, o_1(t) + C_2\, o_2(t).$$

Außerdem gilt bei einem solchen System zwischen einem Eingangssignal i und dem entsprechenden Ausgangssignal o für jede beliebige Zeitverschiebung t_0

$$i(t - t_0) \quad \xrightarrow{S} \quad o(t - t_0).$$

Lineare Systeme werden durch das Zusammenspiel von Ein- und Ausgabegrößen beschrieben. Bei vielen Systemen ergibt sich zwischen den Fourier-Transformierten der Ein- und Ausgangssignale ein einfacherer Zusammenhang als zwischen den Ein- und Ausgangssignalen im Zeitbereich. Deshalb betrachtet man das Verhältnis von Ausgangs- zu Eingangssignal im Frequenzbereich.

Definition 18.7 (Übertragungsfunktion)

Wenn o das Ausgangssignal eines linearen zeitinvarianten Systems zum Eingangssignal i ist, dann ist die Übertragungsfunktion definiert durch

$$G(f) = \frac{O(f)}{I(f)}.$$

Dabei sind I und O die Fourier-Transformierten von i und o.

$$\begin{array}{ccc} i(t) & \circ\!\!-\!\!\bullet & I(f) \\ \downarrow & & \downarrow \\ o(t) & \circ\!\!-\!\!\bullet & O(f) \end{array}$$

Grundsätzlich kann man ein Eingangssignal in entsprechend gewichtete und zeitverschobene Dirac-Impulse zerlegen. Aufgrund der Linearität und der Zeitinvarianz des Systems ist die Transformation der Summe der Dirac-Impulse leicht durchzuführen. Kennt man die Systemantwort auf einen Dirac-Impuls, dann ist das System komplett charakterisiert.

Definition 18.8 (Impulsantwort)

Bei einem linearen zeitinvarianten System bezeichnet man das Ausgangssignal g, das als Eingangssignal die Dirac-Distribution δ besitzt, als Impulsantwort:

$$\delta(t) \quad \xrightarrow{S} \quad g(t).$$

Einerseits gehört zur Dirac-Distribution δ die Fourier-Transformation 1:

$$i(t) = \delta(t) \quad \circ\!\!-\!\!\bullet \quad I(f) = 1.$$

Andererseits besitzt die Dirac-Distribution δ als Ausgangssignal die Impulsantwort g:

$$o(t) = g(t) \quad \circ\!\!-\!\!\bullet \quad O(f) = G(f)\,I(f) = G(f)\cdot 1 = G(f).$$

Dies können wir in einen gemeinsamen Zusammenhang stellen.

Merke 18.4 (Impulsantwort und Übertragungsfunktion)

Bei einem linearen zeitinvarianten System ist die Fourier-Transformierte der Impulsantwort g die Übertragungsfunktion G.

$$\begin{array}{ccc} \delta(t) & \circ\!\!-\!\!\bullet & 1 \\ \downarrow & & \downarrow \\ g(t) & \circ\!\!-\!\!\bullet & G(f) \end{array}$$

Für ein beliebiges Eingangssignal i mit Ausgangssignal o gilt mit der Faltung, siehe Satz 18.19

$$O(f) = G(f)\,I(f) \quad \bullet\!\!-\!\!\circ \quad o(t) = g(t) \star i(t).$$

Sofern wir die Impulsantwort eines Systems kennen, sind wir also in der Lage, das Ausgangssignal zu jedem beliebigen Eingangssignal durch eine Faltung mit der Impulsantwort zu berechnen.

Merke 18.5 (Faltung mit der Impulsantwort)

Das Ausgangssignal o zum Eingangssignal i berechnet man durch Falten mit der Impulsantwort: $o(t) = g(t) \star i(t)$.

$$\begin{array}{ccc} i(t) & \circ\!\!-\!\!\bullet & I(f) \\ \downarrow & & \downarrow \\ g(t) \star i(t) & \circ\!\!-\!\!\bullet & G(f)I(f) \end{array}$$

18.6.2 Tiefpassfilter

Idealerweise lässt ein Tiefpassfilter Signale mit niedrigen Frequenzen ungehindert durch und blockiert den Durchlass von Signalen mit hohen Frequenzen. In der Praxis schwächt ein Tiefpassfilter Signale mit niederen Frequenzen kaum ab, Signale mit höheren Frequenzen werden dagegen stark abgeschwächt.

Ein einfacher Tiefpass in der Elektronik besteht aus einem Schaltkreis mit einem Ohmschen Widerstand R und einem Kondensator C. Unter idealisierten Annahmen stellt dieses RC-Glied ein lineares zeitinvariantes System dar. Zur Bestimmung der Übertragungsfunktion H verwendet man in der Elektrotechnik die Impedanzen

$$Z_R = R, \quad Z_C = \frac{1}{\mathrm{i}\,2\pi f C}$$

am Widerstand und am Kondensator.

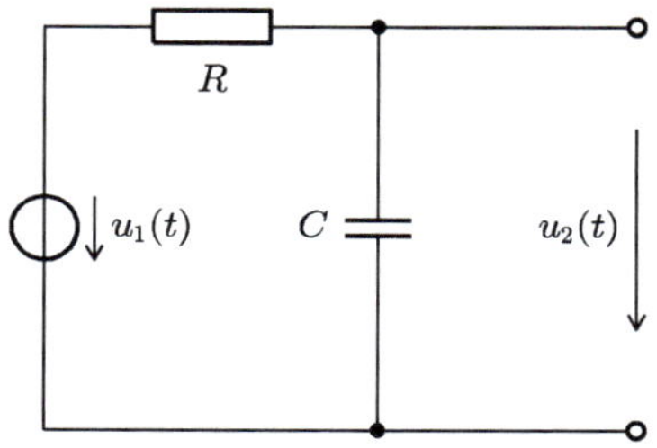

Zwischen der Fourier-Transformation der Eingangsspannung u_1 und der Fourier-Transformation der Ausgangsspannung u_2

$$u_1(t) \circ\!\!-\!\!\bullet U_1(f), \quad u_2(t) \circ\!\!-\!\!\bullet U_2(f)$$

kennt man aus der Theorie elektrischer Schaltungen den Zusammenhang

$$U_2(f) = U_1(f)\,\frac{Z_C}{Z_R + Z_C}.$$

Dadurch erhalten wir die Übertragungsfunktion

$$G(f) = \frac{U_2(f)}{U_1(f)} = \frac{Z_C}{Z_R + Z_C} = \frac{\frac{1}{\mathrm{i}\,2\pi f C}}{R + \frac{1}{\mathrm{i}\,2\pi f C}} = \frac{1}{1 + \mathrm{i}\,2\pi f RC}.$$

Die Impulsantwort g ergibt sich aus der Korrespondenz aus Beispiel 18.3 und einer Ähnlichkeit mit dem Faktor $a = \frac{1}{RC}$, siehe Satz 18.8:

$$G(f) = \frac{1}{1 + \mathrm{i}\,2\pi f RC} \quad \bullet\!\!-\!\!\circ \quad \frac{1}{RC}\,\mathrm{e}^{-\frac{1}{RC}t}\,\sigma(t) = g(t).$$

Damit ist die Impulsantwort g recht einfach hergeleitet.

Wir berechnen nun, welche Ausgangsspannung u_2 sich ergibt, wenn man als Eingangsspannung u_1 eine Rechteckfunktion der Höhe 1 im Bereich zwischen 0 und t_0 anlegt. Das Ausgangssignal

$$u_2(t) = g(t) \star u_1(t)$$

berechnet man durch Falten der Impulsantwort g mit dem Eingangssignal u_1.

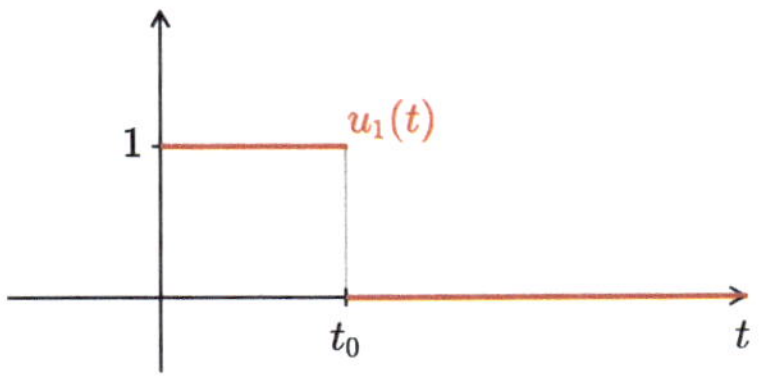

Falls t im Bereich zwischen 0 und t_0 liegt, müssen wir g von 0 bis t integrieren. Wir erhalten

$$u_2(t) = \int_0^t \frac{1}{RC}\,\mathrm{e}^{-\frac{1}{RC}\tau}\,\mathrm{d}\tau$$

und mithilfe einer Stammfunktion

$$u_2(t) = -\mathrm{e}^{-\frac{1}{RC}\tau}\Big|_0^t .$$

Das Einsetzen der Grenzen ergibt

$$u_2(t) = 1 - \mathrm{e}^{-\frac{1}{RC}t} \text{ für } 0 \le t \le t_0\,,$$

also eine wachsende Funktion, die im Ursprung beginnt und sich dem Grenzwert 1 annähert.

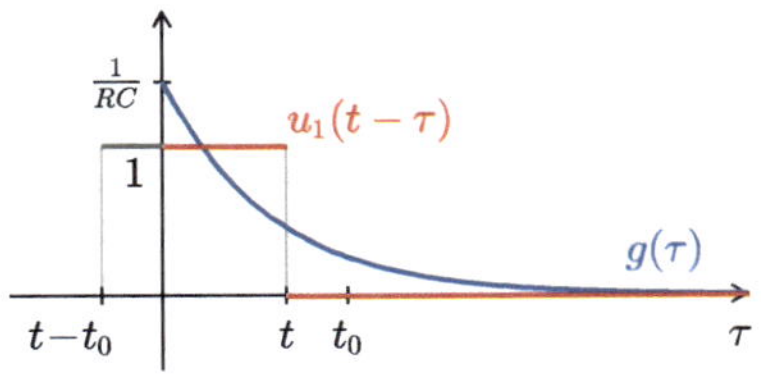

Für t-Werte größer als t_0 erstreckt sich die Integration von $t - t_0$ bis t:

$$u_2(t) = \int_{t-t_0}^t \frac{1}{RC}\,\mathrm{e}^{-\frac{1}{RC}\tau}\,\mathrm{d}\tau.$$

Mit derselben Stammfunktion wie im ersten Fall erhalten wir

$$u_2(t) = \mathrm{e}^{-\frac{1}{RC}(t-t_0)} - \mathrm{e}^{-\frac{1}{RC}t} \text{ für } t > t_0\,,$$

also eine exponentiell fallende Funktion.

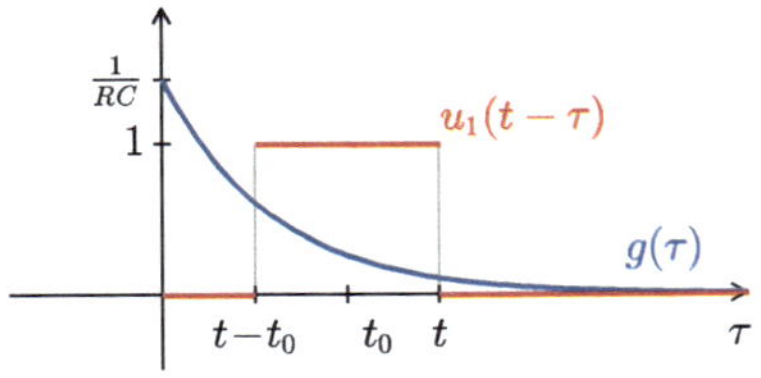

Insgesamt erhalten wir für die Ausgangsspannung eine abschnittsweise definierte Funktion:

$$u_2(t) = \begin{cases} 1 - \mathrm{e}^{-\frac{1}{RC}t} & \text{für} \quad 0 \le t \le t_0 \\ \mathrm{e}^{-\frac{1}{RC}t}\left(\mathrm{e}^{\frac{1}{RC}t_0} - 1\right) & \text{für} \quad t > t_0 \end{cases}$$

Die Ausgangsspannung wächst, solange die Eingangsspannung angelegt ist, streng monoton. Beim Zeitpunkt t_0 wird die maximale Spannung 1 nicht ganz erreicht. Danach fällt die Ausgangsspannung monoton gegen null. Der Tiefpass glättet gewissermaßen den Ein- und Ausschaltvorgang der Eingangsspannung. Wir erhalten eine abschnittsweise definierte Funktion.

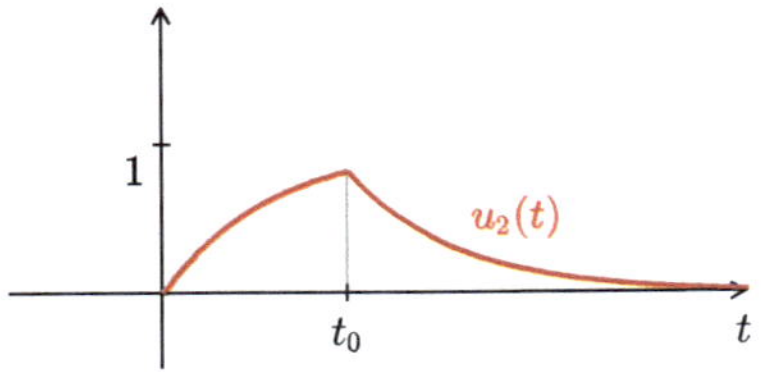

18.7 Aufgaben

18.7.1 Verständnis und Kompetenz

Aufgabe 18.1 (Rechtecksignal mit Zeitverschiebung) ★★

Die skizzierte Funktion s im Zeitbereich besteht aus einem nach rechts verschobenen Rechteck. Verwenden Sie die Formel für die Fourier-Transformation des Standardrechtecks

$$r(t) \quad \circ\!\!-\!\!\bullet \quad \frac{\sin(2\,\pi\,f)}{\pi\,f}$$

und bestimmen Sie damit die Fourier-Transformierte von s.

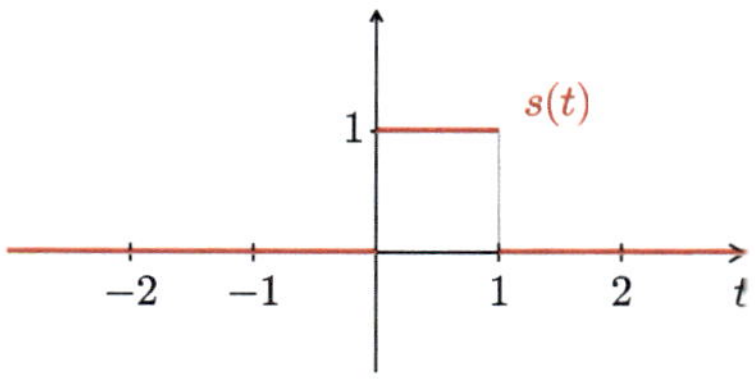

Aufgabe 18.2 (Überlagerung von Rechtecksignalen) ★★★

Die skizzierte Funktion s im Zeitbereich kann man entweder als Differenz von zwei Rechtecken oder durch Skalieren und Verschieben des Standardrechtecks r erzeugen. Bestimmen Sie mit

$$r(t) \quad \circ\!\!-\!\!\bullet \quad \frac{\sin(2\,\pi\,f)}{\pi\,f}$$

die Fourier-Transformierte von s auf zwei unterschiedliche Arten.

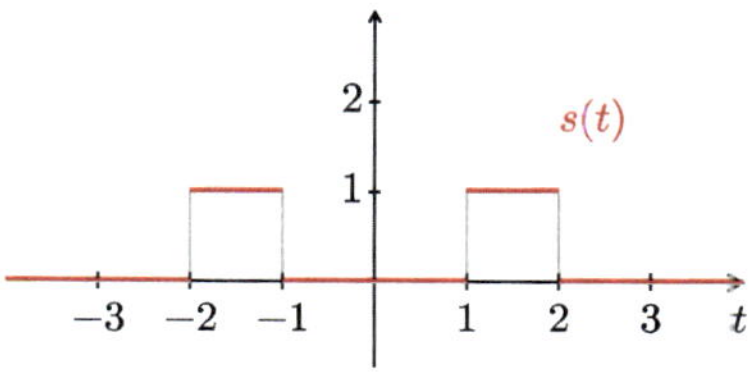

Aufgabe 18.3 (Fourier-Transformation durch Integration) ★★★

a) Bestimmen Sie die verallgemeinerten Ableitungen $\dot{s}$ und $\ddot{s}$ der skizzierten Funktion s.

b) Berechnen Sie die Fourier-Transformierte von $\ddot{s}$ mithilfe der Korrespondenz $\delta(t) \quad \circ\!\!-\!\!\bullet \quad 1$.

c) Verwenden Sie den Integrationssatz zur Bestimmung der Fourier-Transformierten von s.

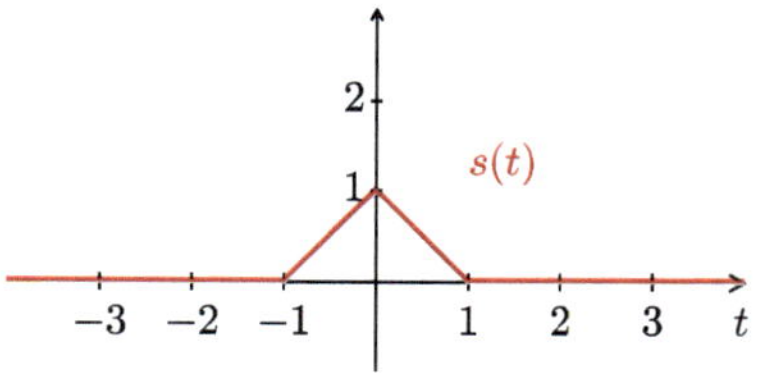

Aufgabe 18.4 (Überlagerung von Rechteck- und Dreieckfunktion) ★★★★

Gegeben ist die skizzierte Funktion s im Zeitbereich. Verwenden Sie die Korrespondenzen für Standardrechtecke r und Standarddreiecke d

$$r(t) \quad \circ\!\!-\!\!\bullet \quad \frac{\sin(2\,\pi\,f)}{\pi\,f}$$

$$d(t) \quad \circ\!\!-\!\!\bullet \quad \frac{\sin^2(\pi\,f)}{\pi^2\,f^2}$$

und bestimmen Sie damit die Fourier-Transformierte von s.

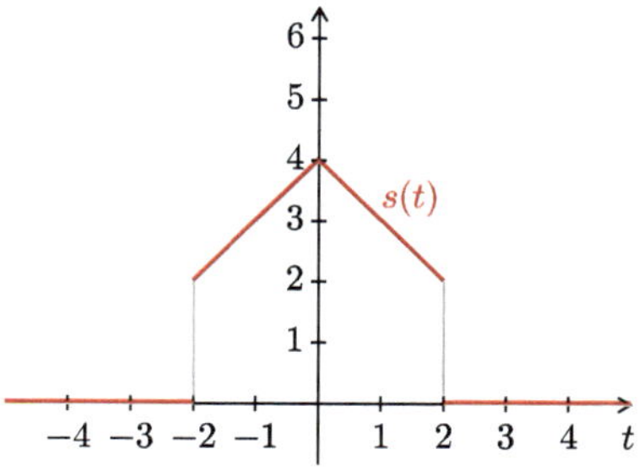

Aufgabe 18.5 (Fourier-Transformation und Differenziation) ★★★

Die Funktion s hat die Fourier-Transformierte S mit

$$s(t) = \begin{cases} 1+t & \text{für} \quad -1 \le t < 0 \\ 1-t & \text{für} \quad 0 \le t < 1 \\ 0 & \text{sonst} \end{cases} \quad \circ\!\!-\!\!\bullet \quad S(f) = \frac{\sin^2(\pi f)}{\pi^2 f^2}.$$

a) Stellen Sie die Funktion s mithilfe der Einheitssprungfunktion σ dar.

b) Bestimmen Sie die Fourier-Transformierten der verallgemeinerten Ableitungen $\dot{s}$ und $\ddot{s}$ mithilfe von S.

c) Skizzieren Sie das Schaubild der Funktion

$$s_1(t) = s\left(\frac{t}{2}\right)$$

und bestimmen Sie die Fourier-Transformierte S_1 der Funktion s_1.

d) Skizzieren Sie das Schaubild der Funktion

$$s_2(t) = s(t-1)$$

und bestimmen Sie die Fourier-Transformierte S_2 der Funktion s_2.

e) Skizzieren Sie das Schaubild der Funktion

$$s_3(t) = 4\,t\,s(t)$$

und bestimmen Sie die Fourier-Transformierte S_3 der Funktion s_3.

Aufgabe 18.6 (Fourier-Transformation einer Sprungfunktion) ★★★★

Wir untersuchen die skizzierte Funktion s.

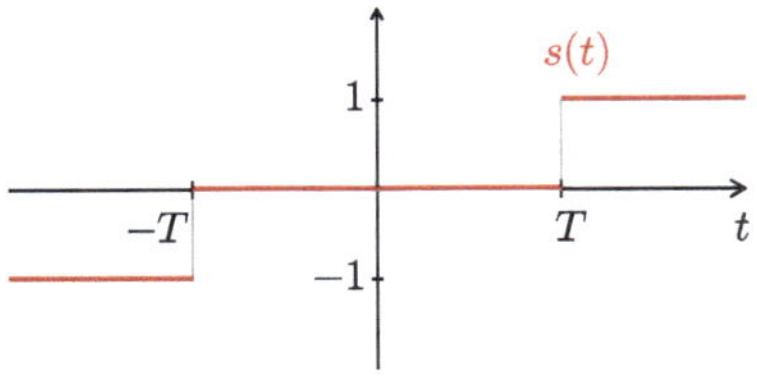

a) Stellen Sie die skizzierte Funktion s im Zeitbereich mithilfe der Heaviside-Funktion dar.

b) Bestimmen Sie die Fourier-Transformierte der Funktion s mithilfe der Fourier-Transformation der Heaviside-Funktion:

$$\sigma(t) \quad \circ\!\!-\!\!\bullet \quad \frac{1}{2\,\mathrm{i}\,\pi f} + \frac{1}{2}\,\delta(f)\,.$$

c) Berechnen Sie die Fourier-Transformierte der verallgemeinerten Ableitung $\dot{s}$.

Aufgabe 18.7 (Rücktransformation) ★★★

Gegeben ist die skizzierte Fourier-Transformierte S im Frequenzbereich. Berechnen Sie die inverse Fourier-Transformation von S mit dem Vertauschungssatz. Bestimmen Sie dabei die Fourier-Transformierte der entsprechenden Zeitfunktion mithilfe der bekannten Korrespondenzen von Dreiecken.

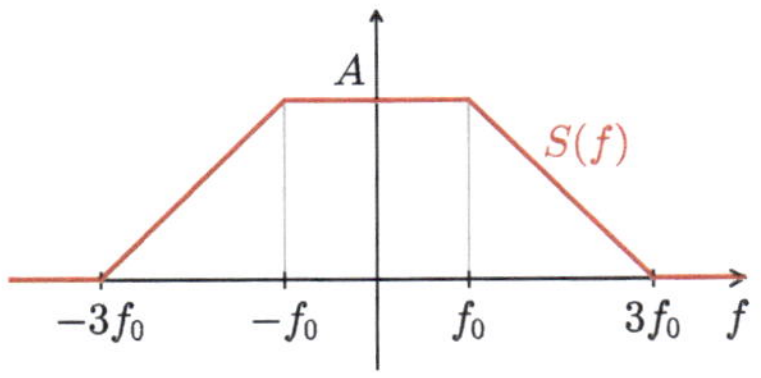

18.7.2 Rechnung und Training

Aufgabe 18.8 (Fourier-Transformation einer Rechteckfunktion) ★★★

Wir betrachten die skizzierte Funktion s.

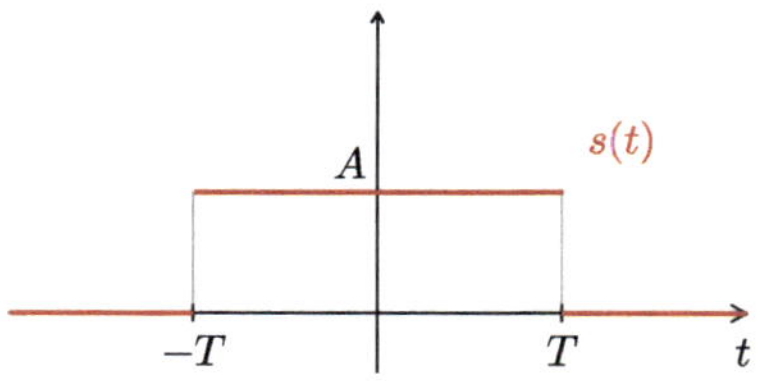

a) Welche Eigenschaften der Fourier-Transformierten S der Funktion s im Zeitbereich kann man ohne Berechnungen erkennen?

b) Berechnen Sie S mithilfe einer Integralformel.

c) Welchen Einfluss haben die Parameter T und A auf die Spektralfunktion S?

Aufgabe 18.9 (Fourier-Transformation einer Exponentialfunktion) ★★★★★

Wir betrachten die für alle reellen Zahlen definierte Funktion $s(t) = \mathrm{e}^{-|t|}$.

a) Skizzieren Sie die Funktion s.

b) Welche Eigenschaften der Fourier-Transformierten S von s kann man ohne Berechnungen unmittelbar vorhersagen?

c) Berechnen Sie S mithilfe einer Integralformel und skizzieren Sie S.

Aufgabe 18.10 (Fourier-Transformation einer Dreieckfunktion) ★★★★★

Wir untersuchen die skizzierte Funktion s.

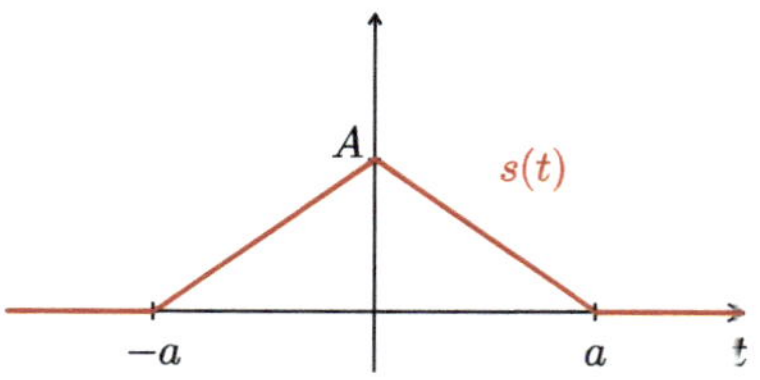

a) Berechnen Sie die Fourier-Transformierte S der Funktion s im Zeitbereich direkt mithilfe der Integralformel.

b) Skizzieren Sie für $A = 1$ und $a = 1$ die Amplitude der Spektralfunktion $|S(f)|$.

c) Was ergibt sich für $A = \frac{1}{a}$ im Grenzfall $a \to 0$?

18.7.3 Anwendung

Aufgabe 18.11 (Hochpassfilter) ★★★

Aus der Theorie elektrischer Schaltungen ist die Übertragungsfunktion des Hochpassfilters bekannt:

$$H(f) = \frac{\mathrm{i}\,2\pi f RC}{1+\mathrm{i}\,2\pi f RC}.$$

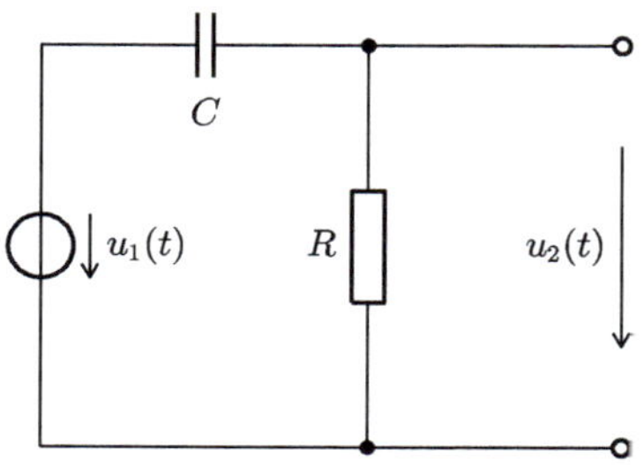

Bestimmen Sie die Impulsantwort h und damit die Ausgangsspannung u_2 zur Eingangsspannung

$$u_1(t) = \begin{cases} 0 & \text{für} \quad t < 0 \\ 1 & \text{für} \quad 0 \le t \le t_0 \\ 0 & \text{für} \quad t_0 < t \end{cases}.$$

19 Laplace-Transformation

In der Mathematik verwendet man die Laplace-Transformation zur Lösung von Differenzialgleichungen. Sie ist nach dem französischen Mathematiker Pierre-Simon Marquis de Laplace benannt. Insbesondere Anfangs- und Randwertprobleme, die durch lineare Differenzialgleichungen und Differenzialgleichungssysteme beschrieben werden, lassen sich mithilfe der Laplace-Transformation lösen. Auch zur Lösung von partiellen Differenzialgleichungen wird die Laplace-Transformation verwendet.

In der Mechanik und in der Elektrotechnik, speziell in der Regelungstechnik, werden Systeme durch sogenannte Übertragungsfunktionen beschrieben. Eine Übertragungsfunktion beschreibt den Zusammenhang zwischen den Eingangsgrößen und den Ausgangsgrößen. Somit charakterisiert die Übertragungsfunktion ein System. Die Laplace-Transformation stellt ein mathematisches Instrument dar, mit dem man die Eigenschaften der Übertragungsfunktion elegant bestimmen kann.

Eine mathematisch korrekte und vollständige Darstellung der Laplace-Transformation erfordert ein tiefergehendes Verständnis. Wir konzentrieren uns hier auf anwendungsnahe Aspekte und verzichten an einigen Stellen auf mathematische Feinheiten.

19.1 Bildbereich

Bei der Laplace-Transformation wird einer Funktion im Zeitbereich eine Funktion im sogenannten Bildbereich zugeordnet. Synonym für den Bildbereich wird in der Literatur auch vom Frequenzbereich oder Spektralbereich gesprochen. Da die Anwendungen der Laplace-Transformation jedoch sehr vielseitig sind, verwenden wir hier etwas neutraler den Begriff Bildbereich. Die Funktion im Zeitbereich hängt von einer reellen Veränderlichen ab, die Funktion im Bildbereich von einer komplexen Veränderlichen. Dabei handelt es sich um eine eins-zu-eins-Zuordnung. Alle Eigenschaften der Zeitfunktion spiegeln sich in der Spektralfunktion wieder und umgekehrt.

19.1.1 Definition

Die Laplace-Transformation ist genau wie die Fourier-Transformation eine Integraltransformation, siehe Abschnitt 18.1. Die Unterschiede zwischen der Laplace-Transformation und der Fourier-Transformation betrachten wir in Abschnitt 19.1.2 genauer. Für das Verständnis der Laplace-Transformation setzen wir in diesem Kapitel jedoch keinerlei Kenntnisse über die Fourier-Transformation voraus.

Definition 19.1 (Laplace-Transformation)

Die Laplace-Transformation ordnet einer Funktion f im Zeitbereich eine Funktion F im Bildbereich zu. Die Laplace-Transformation der Funktion f ist definiert durch

$$f(t) \quad ○\!\!-\!\!\!● \quad F(s) = \int_0^\infty f(t)\,\mathrm{e}^{-s\,t}\,\mathrm{d}t.$$

Die Variable t im Zeitbereich ist reell und die Variable s im Bildbereich ist komplex. Man verwendet das Korrespondenzsymbol ○—● für die Laplace-Transformation.

Bei der Laplace-Transformation spielen negative Parameterwerte der Zeitfunktion keine Rolle. Man nennt die Laplace-Transformation deshalb auch eine einseitige Integraltransformation. Es genügt, wenn die Zeitfunktion im Intervall $[0, \infty)$ definiert ist. Einschaltvorgänge bei technischen Anwendungen lassen sich durch solche Zeitfunktionen beschreiben. Die Laplace-Transformation ist über ein uneigentliches Integral definiert. Für jeden einzelnen t-Wert einer Zeitfunktion muss man deshalb prüfen, ob das uneigentliche Integral existiert. Typischerweise ergeben sich bei der Transformation einer Zeitfunktion gewisse Einschränkungen an den Gültigkeitsbereich des Parameters s im Bildbereich, siehe Beispiel 19.1 und Beispiel 19.2.

Beispiel 19.1 (Laplace-Transformation von Potenzfunktionen)

a) Die Laplace-Transformation der konstanten Zeitfunktion $f(t) = 1$ ergibt sich aus

$$f(t) = 1 \quad ○\!\!-\!\!\!● \quad F(s) = \int_0^\infty 1 \cdot \mathrm{e}^{-s\,t}\,\mathrm{d}t = \left.\frac{\mathrm{e}^{-s\,t}}{-s}\right|_{t=0}^{\infty} = \lim_{t\to\infty} \frac{\mathrm{e}^{-s\,t}}{-s} + \frac{1}{s}.$$

Unter der Voraussetzung, dass der Realteil von s positiv ist, geht der Grenzwert gegen null und es gilt

$$f(t) = 1 \quad ○\!\!-\!\!\!● \quad F(s) = \frac{1}{s}, \qquad \mathrm{Re}(s) > 0.$$

Damit ist die Laplace-Transformation von $f(t) = 1$ berechnet.

b) Zur Berechnung der Laplace-Transformation von $f(t) = t$ verwenden wir die Regel der partiellen Integration, siehe Satz 9.14:

$$f(t) = t \quad ○\!\!-\!\!\!● \quad F(s) = \int_0^\infty \underbrace{t}_{f} \cdot \underbrace{\mathrm{e}^{-s\,t}}_{g'}\,\mathrm{d}t = \left.\underbrace{t}_{f} \cdot \underbrace{\frac{\mathrm{e}^{-s\,t}}{-s}}_{g}\right|_{t=0}^{\infty} - \int_0^\infty \underbrace{1}_{f'} \cdot \underbrace{\frac{\mathrm{e}^{-s\,t}}{-s}}_{g}\,\mathrm{d}t.$$

Unter der Voraussetzung, dass der Realteil von s positiv ist, gilt für den Grenzwert

$$\lim_{t\to\infty} t\,\frac{\mathrm{e}^{-s\,t}}{-s} = 0,$$

denn die e-Funktion mit negativem Exponenten geht schneller gegen null als t gegen unendlich geht, siehe Beispiel 8.19. Mit dem Ergebnis aus Beispielteil a) ergibt sich

$$f(t) = t \quad ○\!\!-\!\!\!● \quad F(s) = \frac{1}{s^2}, \qquad \mathrm{Re}(s) > 0$$

für die Laplace-Transformation von $f(t) = t$.

c) Das Ergebnis aus Beispielteil b) lässt sich auf Potenzen $f(t) = t^n$ mit beliebiger natürlicher Hochzahl n verallgemeinern. Dazu verwenden wir wieder die Regel der partiellen Integration, siehe Satz 9.14:

$$f_n(t) = t^n \circ\!\!-\!\!\bullet\; F_n(s) = \int_0^\infty \underbrace{t^n}_{f} \cdot \underbrace{\mathrm{e}^{-s\,t}}_{g'} \,\mathrm{d}t = \underbrace{t^n}_{f} \underbrace{\frac{\mathrm{e}^{-s\,t}}{-s}}_{g} \Bigg|_{t=0}^{\infty} - \int_0^\infty \underbrace{n\,t^{n-1}}_{f'} \cdot \underbrace{\frac{\mathrm{e}^{-s\,t}}{-s}}_{g} \,\mathrm{d}t.$$

Wenn der Realteil von s positiv ist, dann gilt

$$t^n \frac{\mathrm{e}^{-s\,t}}{-s}\Bigg|_{t=0}^{\infty} = \lim_{t\to\infty} t^n \frac{\mathrm{e}^{-s\,t}}{-s} = 0,$$

denn das Wachstum vom t^n wird durch die e-Funktion mit negativem Exponenten dominiert, siehe Beispiel 8.19. Somit ergibt sich das Zwischenergebnis

$$f_n(t) = t^n \quad \circ\!\!-\!\!\bullet \quad F_n(s) = \frac{n}{s}\int_0^\infty t^{n-1}\,\mathrm{e}^{-s\,t}\,\mathrm{d}t = \frac{n}{s}\,F_{n-1}(s).$$

Dieses Zwischenergebnis stellt eine rekursive Beziehung zwischen der Laplace-Transformation von t^n und der Laplace-Transformation von t^{n-1} dar. Dadurch können wir Schritt für Schritt die Hochzahl erniedrigen

$$F_n(s) = \frac{n}{s}\,F_{n-1}(s) = \frac{n}{s}\frac{n-1}{s}\,F_{n-2}(s) = \ldots = \frac{n}{s}\frac{n-1}{s}\ldots\frac{3}{s}\frac{2}{s}\,F_1(s)$$

und das Problem auf das Ergebnis $F_1(s) = \frac{1}{s^2}$ aus Beispielteil b) zurückführen. Insgesamt erhalten wir die Formel

$$f_n(t) = t^n \quad \circ\!\!-\!\!\bullet \quad F(s) = \frac{n!}{s^{n+1}}, \qquad \mathrm{Re}(s) > 0.$$

Diese Formel ist einfach und einprägsam. Wir werden sie später zur Transformation von Polynomen verwenden. ∎

Beispiel 19.2 (Laplace-Transformation von Exponentialfunktionen)

Wir betrachten Exponentialfunktionen der Form e^{at} mit komplexem Parameter a. Die Laplace-Transformation dieser Zeitfunktion ergibt sich aus

$$f(t) = \mathrm{e}^{at} \quad \circ\!\!-\!\!\bullet \quad F(s) = \int_0^\infty \mathrm{e}^{at}\,\mathrm{e}^{-s\,t}\,\mathrm{d}t = \int_0^\infty \mathrm{e}^{(a-s)t}\,\mathrm{d}t = \frac{\mathrm{e}^{(a-s)t}}{a-s}\Bigg|_{t=0}^{\infty}.$$

Damit der Grenzwert

$$\lim_{t\to\infty} \frac{\mathrm{e}^{(a-s)t}}{a-s} = 0$$

existiert, müssen wir fordern, dass der Realteil im Exponent negativ ist. Dies ist der Fall, falls der Realteil von s größer als der Realteil von a ist. Dann erhalten wir

$$f(t) = \mathrm{e}^{a\,t} \quad \circ\!\!-\!\!\bullet \quad F(s) = \frac{1}{s-a}, \qquad \mathrm{Re}(s) > \mathrm{Re}(a).$$

Durch die Bedingung $\mathrm{Re}(s) > \mathrm{Re}(a)$ liegt die Polstelle $s = a$ nicht in der Definitionsmenge der Bildfunktion F. ∎

19.1.2 Laplace- und Fourier-Transformation

Die Laplace- und die Fourier-Transformation sind formal sehr ähnlich definiert. In diesem Abschnitt beleuchten wir die Unterschiede und die Gemeinsamkeiten beider Integraltransformationen.

Formal erkennt man sofort, dass die Integrationsintervalle bei der Laplace-Transformation und der Fourier-Transformation unterschiedlich sind. Die Laplace-Transformation bezeichnet man als einseitige Transformation, da der Integrationsbereich bei null startet. Bei der Fourier-Transformation wird über den gesamten Bereich der reellen Zahlen integriert. Man bezeichnet die Fourier-Transformation als zweiseitige Transformation.

Der zweite Unterschied entsteht durch die Exponenten der e-Funktionen. Bei der Laplace-Transformation wird die Funktion mit $\mathrm{e}^{-s\,t}$ multipliziert, bei der Fourier-Transformation mit $\mathrm{e}^{-\mathrm{i}\,2\,\pi\,f\,t}$. Da s bei der Laplace-Transformation komplexe Werte annehmen darf, aber f bei der Fourier-Transformation rein reell ist, ist die Fourier-Transformation gewissermaßen ein Spezialfall der Laplace-Transformation.

Merke 19.1 (Laplace- und Fourier-Transformation)

Bei einer Funktion f mit $f(t) = 0$ für $t < 0$ ist die Fourier-Transformation ein Spezialfall der Laplace-Transformation. Man kann die Fourier-Transformierte dadurch berechnen, dass man in der Laplace-Transformierten s durch $\mathrm{i}\,2\,\pi\,f$ ersetzt.

Beispiel 19.3 (Laplace- und Fourier-Transformation)

Die Laplace-Transformation der e-Funktion

$$f(t) = \mathrm{e}^{a\,t} \quad \circ\!\!-\!\!\bullet \quad F(s) = \frac{1}{s-a}, \qquad \mathrm{Re}(s) > \mathrm{Re}(a)$$

kennen wir aus Beispiel 19.2. Die Funktion $\tilde{f}(t) = \mathrm{e}^{a\,t}\,\sigma(t)$ hat wegen der Einheitssprungfunktion für alle negativen t-Werte den Wert null. Die Fourier-Transformation von $\tilde{f}$ erhalten wir aus der Laplace-Transformation von f, indem wir $s = \mathrm{i}\,2\,\pi\,f$ setzen:

$$\tilde{f}(t) = \mathrm{e}^{a\,t}\,\sigma(t) \quad \circ\!\!-\!\!\bullet \quad F(\mathrm{i}\,2\,\pi\,f) = \frac{1}{\mathrm{i}\,2\,\pi\,f - a}.$$

Um die Bedingung $\mathrm{Re}(s) > \mathrm{Re}(a)$ zu erfüllen, müssen wir $a < 0$ fordern. Das Ergebnis stimmt mit dem Ergebnis aus Beispiel 18.3 überein. ■

Die Laplace-Transformation besitzt einen sogenannten konvergenzerzeugenden Faktor. Dieser Faktor ist der Realteil von s. Bereits in Beispiel 19.1 und Beispiel 19.2 haben wir gesehen, dass die Laplace-Transformation nicht für alle komplexen Zahlen s, sondern nur für diejenigen komplexen Zahlen s definiert ist, deren Realteil größer als eine bestimmte Schranke ist. Das Konvergenzgebiet der Laplace-Transformation besteht also aus einer nach rechts unbeschränkten Halbebene in der Gaußschen Zahlenebene. Durch den konvergenzerzeugenden Faktor können mit der Laplace-Transformation Funktionen transformiert werden, für die die Fourier-Transformation nicht definiert ist.

19.2 Eigenschaften

In diesem Abschnitt analysieren wir die Eigenschaften der Laplace-Transformation. Die Rechenregeln der Laplace-Transformation ersparen uns viel Arbeit. Letztendlich genügt es, die Laplace-Transformation von ein paar wichtigen Funktionen zu kennen. Diese Korrespondenzen sind in Tabellen, siehe etwa Anhang A.10, festgehalten. Die Laplace-Transformationen weiterer Funktionen versuchen wir dann, auf die tabellierten Korrespondenzen zurückzuführen.

Die Rechenregeln der Laplace-Transformation sind alle ähnlich aufgebaut. Sie besagen, wie sich Veränderungen an der Zeitfunktion auf die Funktion im Bildbereich auswirken, oder umgekehrt, wie sich Veränderungen der Funktion im Bildbereich auf die Zeitfunktion auswirken. Die Rechenregeln erlauben also Rückschlüsse zwischen Zeitbereich und Bildbereich.

19.2.1 Linearität

Integrale sind linear. Konstante Faktoren darf man aus dem Integral herausziehen, siehe Satz 9.4. Die Integration der Summe zweier Funktionen ergibt dasselbe wie die Summe der beiden einzelnen Integrale, siehe Satz 9.5. Diese beiden Eigenschaften übertragen sich direkt auf jede Integraltransformation, also auch auf die Laplace-Transformation.

Satz 19.1 (Linearität)

Die Addition von Funktionen im Zeitbereich entspricht der Addition der entsprechenden Laplace-Transformierten im Bildbereich. Die Multiplikation mit einem konstanten Faktor im Zeitbereich entspricht der Multiplikation mit demselben Faktor im Bildbereich.

$$\begin{array}{ccc} f_1(t), f_2(t) & \circ\!\!-\!\!\bullet & F_1(s), F_2(s) \\ \downarrow & & \downarrow \\ C_1\, f_1(t) + C_2\, f_2(t) & \circ\!\!-\!\!\bullet & C_1\, F_1(s) + C_2\, F_2(s) \end{array}$$

Dabei sind C_1 und C_2 beliebige Konstanten.

Beispiel 19.4 (Linearität)

Aus Beispiel 19.1 kennen wir die Laplace-Transformation der Zeitfunktion t^n für beliebige natürliche Hochzahlen n. Aufgrund der Linearität ergibt sich daraus:

$$t^n \quad \circ\!\!-\!\!\bullet \quad \frac{n!}{s^{n+1}} \quad \Longrightarrow \quad \frac{t^n}{n!} \quad \circ\!\!-\!\!\bullet \quad \frac{1}{s^{n+1}}, \quad \mathrm{Re}(s) > 0.$$

Dabei haben wir die Funktionen im Zeitbereich und im Bildbereich durch denselben konstanten Faktor $n!$ geteilt. ■

Beispiel 19.5 (Laplace-Transformation des Kosinus)

Wir wollen die Laplace-Transformation der Funktion $f(t) = \cos t$ berechnen. Nach dem Satz von Euler, siehe Satz 13.1, stellen wir den Kosinus durch Exponentialfunktionen dar:

$$f(t) = \cos t = \frac{1}{2}\,\mathrm{e}^{\mathrm{i}\,t} + \frac{1}{2}\,\mathrm{e}^{-\mathrm{i}\,t}.$$

Die Laplace-Transformation der Exponentialfunktionen kennen wir bereits aus Beispiel 19.2. Damit erhalten wir

$$\mathrm{e}^{\mathrm{i}\,t} \quad \circ\!\!-\!\!\bullet \quad \frac{1}{s-\mathrm{i}}, \qquad \mathrm{e}^{-\mathrm{i}\,t} \quad \circ\!\!-\!\!\bullet \quad \frac{1}{s+\mathrm{i}}$$

unter der Voraussetzung, dass der Realteil von s größer als null ist. Die Linearität besagt, dass wir die Mittelung im Zeitbereich auch im Bildbereich durchführen können:

$$\frac{1}{2}\mathrm{e}^{\mathrm{i}\,t} + \frac{1}{2}\mathrm{e}^{-\mathrm{i}\,t} \quad \circ\!\!-\!\!\bullet \quad \frac{1}{2}\,\frac{1}{s-\mathrm{i}} + \frac{1}{2}\,\frac{1}{s+\mathrm{i}} = \frac{1}{2}\,\frac{s+\mathrm{i}}{s^2+1} + \frac{1}{2}\,\frac{s-\mathrm{i}}{s^2+1} = \frac{s}{s^2+1}.$$

Insgesamt ergibt sich

$$f(t) = \cos t \quad \circ\!\!-\!\!\bullet \quad F(s) = \frac{s}{s^2+1}, \qquad \mathrm{Re}(s) > 0.$$

Eine ähnliche Formel werden wir in Beispiel 19.9 für den Sinus herleiten. ■

19.2.2 Ähnlichkeit

Ersetzt man im Zeitbereich t durch $a\,t$, so spricht man bei der Laplace-Transformation von einer Ähnlichkeit. Wir klären nun, wie sich eine Ähnlichkeit auf den Bildbereich auswirkt. Die Transformation von $\tilde{f}(t) = f(a\,t)$ kann man mit der Integralformel aus Definition 19.1

$$\tilde{F}(s) = \int_0^\infty f(a\,t)\,\mathrm{e}^{-s\,t}\,\mathrm{d}t$$

berechnen. Mithilfe der Substitution $u = a\,t$ und $\mathrm{d}u = a\,\mathrm{d}t$ ergibt sich

$$\tilde{F}(s) = \int_0^\infty f(u)\,\mathrm{e}^{-s\,\frac{u}{a}}\,\frac{\mathrm{d}u}{a} = \frac{1}{a}\int_0^\infty f(u)\,\mathrm{e}^{-\frac{s}{a}\,u}\,\mathrm{d}u.$$

An den Grenzen verändert die Substitution nichts, sofern a positiv ist. Wir erhalten

$$\tilde{F}(s) = \frac{1}{a}F\left(\frac{s}{a}\right),$$

wenn wir obige Beziehung mit Definition 19.1 vergleichen.

Satz 19.2 (Ähnlichkeitssatz)

Ersetzt man bei der Funktion f im Zeitbereich t durch $a\,t$, dann wird bei der Laplace-Transformierten F im Bildbereich s durch $\frac{s}{a}$ ersetzt und die Laplace-Transformierte durch a dividiert. Dabei muss die reelle Konstante a positiv sein.

$$\begin{array}{ccc} f(t) & \circ\!\!-\!\!\bullet & F(s) \\ \downarrow & & \downarrow \\ f(a\,t) & \circ\!\!-\!\!\bullet & \frac{1}{a}F\left(\frac{s}{a}\right) \end{array}$$

Die Forderung $a > 0$ ist bei der Laplace-Transformation keine wirkliche Einschränkung, denn die Laplace-Transformation ist eine einseitige Transformation. Ein Funktionsteil für negative t-Werte wird nicht berücksichtigt.

Beispiel 19.6 (Ähnlichkeitssatz)

Aus Beispiel 19.5 kennen wir die Laplace-Transformierte des Kosinus:

$$f(t) = \cos t \quad \circ\!\!-\!\!\bullet \quad F(s) = \frac{s}{s^2+1}, \qquad \mathrm{Re}(s) > 0.$$

Mit dem Ähnlichkeitssatz lässt sich daraus problemlos die Laplace-Transformierte

$$f(\omega t) = \cos(\omega t) \quad \circ\!\!-\!\!\bullet \quad \frac{1}{\omega} F\left(\frac{s}{\omega}\right) = \frac{1}{\omega} \frac{\frac{s}{\omega}}{\frac{s^2}{\omega^2}+1} = \frac{s}{s^2+\omega^2}, \qquad \mathrm{Re}(s) > 0$$

der gegebenen Funktion f berechnen. ▪

Beispiel 19.7 (Laplace-Transformation der Rechteckfunktion und Dirac-Distribution)

a) Die Laplace-Transformierte der Rechteckfunktion r aus dem Schaubild berechnen wir mit der Formel aus Definition 19.1:

$$r(t) \quad \circ\!\!-\!\!\bullet \quad R(s) = \int_0^1 1 \cdot \mathrm{e}^{-st}\,\mathrm{d}t.$$

Es ergibt sich

$$R(s) = -\frac{1}{s}\,\mathrm{e}^{-st}\Big|_0^1 = \frac{1-\mathrm{e}^{-s}}{s}$$

für die Laplace-Transformierte von r.

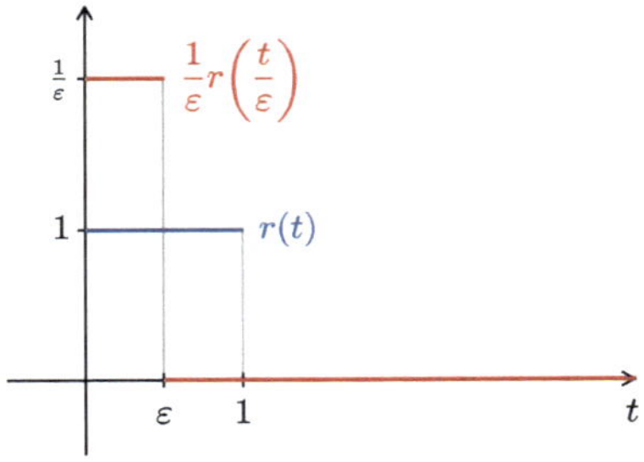

b) Zur Bestimmung der Laplace-Transformation der Dirac-Distribution δ verwenden wir die Darstellung der Dirac-Distribution als Grenzwert aus Definition 17.3. Aufgrund der Ähnlichkeit, siehe Satz 19.2, und der Linearität gilt

$$\delta(t) = \lim_{\varepsilon\to 0} \frac{1}{\varepsilon} r\left(\frac{t}{\varepsilon}\right) \quad \circ\!\!-\!\!\bullet \quad \lim_{\varepsilon\to 0} \frac{1}{\varepsilon}\, \varepsilon\, R(\varepsilon s) = \lim_{\varepsilon\to 0} \frac{1-\mathrm{e}^{-s\varepsilon}}{\varepsilon s} = 1.$$

Der Grenzwert wird mit der Regel von Bernoulli-de l'Hospital aus Satz 8.11 bestimmt:

$$\lim_{\varepsilon\to 0} \frac{1-\mathrm{e}^{-s\varepsilon}}{\varepsilon s} = \lim_{\varepsilon\to 0} \frac{s\,\mathrm{e}^{-s\varepsilon}}{s} = 1.$$

Dabei haben wir im Zähler und im Nenner nach der Variablen ε differenziert. ▪

19.2.3 Zeitverschiebung

Die meisten Systeme benötigen eine gewisse Zeit, bis sich veränderte Eingaben am Ausgang bemerkbar machen. Die Zeitspanne zwischen Anforderung am Systemeingang und Antwort am Systemausgang bezeichnet man in der Regelungstechnik als Totzeit. Der Zeitverschiebungssatz beantwortet die Frage, wie sich solche Totzeiten auf die Laplace-Transformation auswirken.

Beim Verschieben von Zeitfunktionen muss man bei der Laplace-Transformation sehr sorgfältig vorgehen. Funktionswerte für negative Zeiten werden durch die Integration, die erst bei $t = 0$ startet, ausgeblendet. Wenn wir eine Funktion um den Wert $t_0 > 0$ nach rechts verschieben, dann müssen wir den Funktionsabschnitt für Zeiten kleiner als t_0 komplett ausblenden. Dies geschieht durch eine Multiplikation mit der bekannten Heaviside-Funktion, siehe Definition 17.1.

Satz 19.3 (Zeitverschiebungssatz)
Die Verschiebung der Funktion f um $t_0 > 0$ nach rechts im Zeitbereich entspricht der Multiplikation der Laplace-Transformierten F mit dem Faktor $e^{-t_0 s}$ im Bildbereich.

$$
\begin{array}{ccc}
f(t) & \circ\!\!-\!\!\bullet & F(s) \\
\downarrow & & \downarrow \\
\sigma(t-t_0)\, f(t-t_0) & \circ\!\!-\!\!\bullet & e^{-t_0 s}\, F(s)
\end{array}
$$

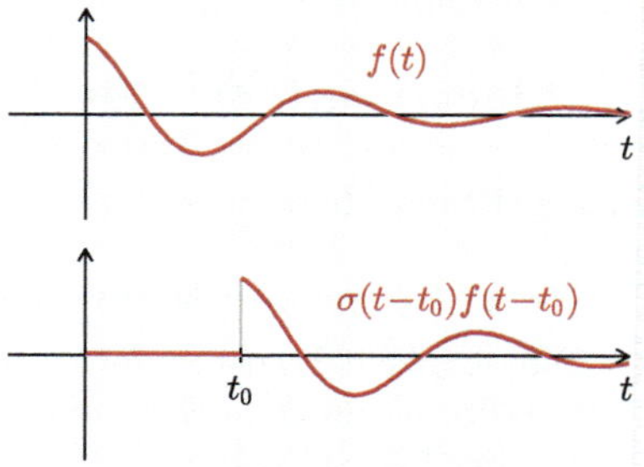

Satz 19.3 lässt sich aus Definition 19.1 herleiten. Dabei ist zu berücksichtigen, dass eine um $t_0 > 0$ nach rechts verschobene Funktion im Bereich zwischen 0 und t_0 null ist. Mithilfe der Substitution $u = t - t_0$ und $\mathrm{d}u = \mathrm{d}t$ ergibt sich

$$\sigma(t-t_0)f(t-t_0) \quad \circ\!\!-\!\!\bullet \quad \int_{t_0}^{\infty} f(t-t_0)e^{-st}\,\mathrm{d}t = \int_0^{\infty} f(u)e^{-s(u+t_0)}\,\mathrm{d}u.$$

Da der Faktor e^{-st_0} nicht von der Integrationsvariable u abhängt, können wir diesen Faktor vor das Integral ziehen:

$$\sigma(t-t_0)f(t-t_0) \quad \circ\!\!-\!\!\bullet \quad e^{-st_0}\int_0^{\infty} f(u)e^{-su}\,\mathrm{d}u = e^{-st_0}F(s)\,.$$

Bisher haben wir nur Zeitverschiebungen mit $t_0 > 0$ nach rechts betrachtet. Aus theoretischer Sicht kann man auch Formeln für Zeitverschiebungen mit $t_0 < 0$ herleiten. Diese Formeln sind jedoch für praktische Problemstellungen kaum von Bedeutung.

19.2.4 Dämpfung

Multipliziert man eine Funktion f mit dem Faktor $e^{-s_0 t}$, dann bezeichnet man die neue Funktion $e^{-s_0 t} f(t)$ als gedämpfte Funktion. Typische Beispiele sind gedämpfte harmonische Schwingungen, wie sie bei der Lösung von Schwingungsdifferenzialgleichungen vorkommen, siehe Abschnitt 14.4. Der Dämpfungssatz gibt Auskunft darüber, welche Laplace-Transformierte gedämpfte Funktionen besitzen. Die Herleitung erfolgt analog zum Zeitverschiebungssatz, auf Einzelheiten verzichten wir.

Satz 19.4 (Dämpfungssatz)

Die Verschiebung der Laplace-Transformierten F um s_0 im Bildbereich entspricht der Multiplikation der Funktion f mit dem Faktor $\mathrm{e}^{-s_0\,t}$ im Zeitbereich.

$$\begin{array}{ccc} F(s) & \bullet\!\!-\!\!\circ & f(t) \\ \downarrow & & \downarrow \\ F(s+s_0) & \bullet\!\!-\!\!\circ & \mathrm{e}^{-s_0\,t}\,f(t) \end{array}$$

Beispiel 19.8 (Dämpfungssatz)

Aus Beispiel 19.6 kennen wir die Laplace-Transformierte des Kosinus:

$$\cos(\omega\,t) \quad \circ\!\!-\!\!\bullet \quad \frac{s}{s^2+\omega^2}, \qquad \mathrm{Re}(s) > 0.$$

Mit dem Dämpfungssatz, siehe Satz 19.4, lässt sich daraus die Laplace-Transformation der Funktion

$$\mathrm{e}^{-s_0\,t}\cos(\omega\,t) \quad \circ\!\!-\!\!\bullet \quad \frac{s+s_0}{(s+s_0)^2+\omega^2}, \qquad \mathrm{Re}(s) > 0\,,$$

also einer gedämpften Kosinusfunktion, berechnen. ▪

19.3 Differenziation, Integration und Faltung

Die Laplace-Transformation wird vor allem im Zusammenhang mit Differenzialgleichungen eingesetzt. Mit der Laplace-Transformation kann man das Lösen von Differenzialgleichungen im Zeitbereich umgehen, indem man das Problem in den Bildbereich transformiert und dort einfache algebraische Umformungen durchführt. Die Grundlage für diese Methode liefert die Regel zur Differenziation, die wir in diesem Abschnitt vorstellen.

19.3.1 Differenziation

Wir klären nun die Frage, wie die Laplace-Transformierte F einer Zeitfunktion f mit der Laplace-Transformierten ihrer Ableitung f' zusammenhängt. Für die Laplace-Transformation der Ableitung gilt nach Definition 19.1 die Beziehung:

$$f'(t) \quad \circ\!\!-\!\!\bullet \quad \int_0^\infty \underbrace{f'(t)}_{v'}\,\underbrace{\mathrm{e}^{-s\,t}}_{u}\,\mathrm{d}t = \underbrace{f(t)}_{v}\,\underbrace{\mathrm{e}^{-s\,t}}_{u}\Big|_{t=0}^{\infty} - \int_0^\infty \underbrace{f(t)}_{v}\,\underbrace{(-s)\mathrm{e}^{-s\,t}}_{u'}\,\mathrm{d}t.$$

Die Umformungen ergeben sich durch partielle Integration. Wir setzen nun voraus, dass der Realteil von s so groß ist, dass die e-Funktion für große t-Werte schneller abklingt als die Funktion f anwächst, also:

$$\lim_{t\to\infty} f(t)\,\mathrm{e}^{-s\,t} = 0.$$

Diese Bedingung müssen wir streng genommen für jede einzelne Funktion überprüfen.

Für die meisten Funktionen von praktischer Bedeutung ist diese Grenzwertbedingung jedoch erfüllt, sodass wir uns in Zukunft mit diesen Details nicht weiter beschäftigen. Unter dieser Voraussetzung ergibt sich

$$f(t)\,\mathrm{e}^{-s\,t}\Big|_{t=0}^{\infty} = \lim_{t\to\infty} f(t)\,\mathrm{e}^{-s\,t} - f(0) = -f(0)$$

und insgesamt erhalten wir

$$f'(t) \quad \circ\!\!-\!\!\bullet \quad -f(0) + s\int_0^{\infty} f(t)\,\mathrm{e}^{-s\,t}\,\mathrm{d}t = -f(0) + s\,F(s).$$

In der Formel für die Transformation der Ableitung taucht der Funktionswert an der Stelle $t = 0$ auf. Die Laplace-Transformation ist aber über ein Integral definiert. Integrale haben die Eigenschaft, dass ein einziger Funktionswert keinen wesentlichen Beitrag liefert. Ist die Funktion f an der Stelle $t = 0$ unstetig, so müssen wir für $f(0)$ den rechtsseitigen Grenzwert ansetzen, siehe Definition 7.13.

Satz 19.5 (Differenziation im Zeitbereich)

Die Ableitung der Funktion f im Zeitbereich entspricht der Multiplikation mit dem Faktor s der Laplace-Transformierten F im Bildbereich. Außerdem muss man noch den Anfangswert der Funktion f zur Zeit $t = 0$ subtrahieren.

$$\begin{array}{ccc} f(t) & \circ\!\!-\!\!\bullet & F(s) \\ \downarrow & & \downarrow \\ f'(t) & \circ\!\!-\!\!\bullet & s\,F(s) - f(0) \end{array}$$

Beispiel 19.9 (Laplace-Transformation des Sinus)

Wir berechnen die Laplace-Transformierte der Funktion $f(t) = \sin t$. Dazu verwenden wir die Korrespondenz für den Kosinus aus Beispiel 19.5:

$$f(t) = \cos t \quad \circ\!\!-\!\!\bullet \quad F(s) = \frac{s}{s^2+1}, \qquad \mathrm{Re}(s) > 0.$$

Aus Satz 19.5 zur Differenziation folgt

$$f'(t) = -\sin t \quad \circ\!\!-\!\!\bullet \quad s\,F(s) - f(0) = \frac{s^2}{s^2+1} - 1 = \frac{-1}{s^2+1}, \qquad \mathrm{Re}(s) > 0.$$

Aufgrund der Linearität ergibt sich

$$\sin t \quad \circ\!\!-\!\!\bullet \quad \frac{1}{s^2+1}, \qquad \mathrm{Re}(s) > 0.$$

Die beiden Formeln für den Sinus und den Kosinus unterscheiden sich lediglich durch den Faktor s im Zähler. ■

Sofern auch die Ableitung die Voraussetzungen für die Differenziation im Zeitbereich erfüllt, können wir die Laplace-Transformierte der zweiten Ableitung durch zweifaches Anwenden von Satz 19.5 berechnen. Durch mehrfaches Anwenden ergeben sich die Laplace-Transformierten der höheren Ableitungen.

Die Transformation von Ableitungen ist das zentrale Hilfsmittel zur Lösung von Differenzialgleichungen. Die Werte der Funktion und der Ableitungen an der Stelle $t = 0$ entsprechen dabei den Anfangswerten, siehe Abschnitt 19.6.

Merke 19.2 (Höhere Ableitungen im Zeitbereich)

Wenn $F(s)$ die Laplace-Transformierte von $f(t)$ ist, dann gilt für die Ableitungen:

- $f'(t) \quad \circ\!\!-\!\!\bullet \quad s\,F(s) - f(0)$
- $f''(t) \quad \circ\!\!-\!\!\bullet \quad s^2\,F(s) - s\,f(0) - f'(0)$
- ...
- $f^{(n)}(t) \quad \circ\!\!-\!\!\bullet \quad s^n\,F(s) - s^{n-1}\,f(0) - s^{n-2}\,f'(0) - \ldots - s\,f^{(n-2)}(0) - f^{(n-1)}(0)$

Für die Ableitung der Laplace-Transformierten im Bildbereich gilt nach Definition 19.1

$$F'(s) = \frac{\mathrm{d}}{\mathrm{d}s} \int_0^\infty f(t)\,\mathrm{e}^{-s\,t}\,\mathrm{d}t = \int_0^\infty \frac{\mathrm{d}}{\mathrm{d}s}\left(f(t)\,\mathrm{e}^{-s\,t}\right)\mathrm{d}t = \int_0^\infty (-t)\,f(t)\,\mathrm{e}^{-s\,t}\mathrm{d}t.$$

Somit korrespondiert die Laplace-Transformation der Zeitfunktion $-t\,f(t)$ mit der Ableitung im Bildbereich. Die Formel für die Ableitung im Bildbereich kann auch als Formel zur Multiplikation mit t im Zeitbereich interpretiert werden.

Satz 19.6 (Differenziation im Bildbereich)

Die Ableitung der Laplace-Transformierten F im Bildbereich entspricht der Multiplikation der Funktion f mit dem Faktor $-t$ im Zeitbereich.

$$\begin{array}{ccc} F(s) & \bullet\!\!-\!\!\circ & f(t) \\ \downarrow & & \downarrow \\ F'(s) & \bullet\!\!-\!\!\circ & -t\,f(t) \end{array}$$

Beispiel 19.10 (Multiplikation im Zeitbereich)

Aus Beispiel 19.6 kennen wir die Laplace-Transformierte des Kosinus:

$$\cos(\omega\,t) \quad \circ\!\!-\!\!\bullet \quad F(s) = \frac{s}{s^2 + \omega^2}, \qquad \mathrm{Re}(s) > 0.$$

Wenn wir die Funktion im Zeitbereich mit t multiplizieren, dann korrespondiert diese Funktion mit der negativen Ableitung der Laplace-Transformierten F:

$$t\,\cos(\omega\,t) \quad \circ\!\!-\!\!\bullet \quad -F'(s) = -\frac{s^2 + \omega^2 - 2\,s^2}{(s^2 + \omega^2)^2} = \frac{s^2 - \omega^2}{(s^2 + \omega^2)^2}, \qquad \mathrm{Re}(s) > 0.$$

Die Multiplikation in der Zeit mit t hat im Bildbereich eine relativ komplexe gebrochen-rationale Funktion ergeben. ▪

19.3.2 Integration

Die Differenziation in der Zeit bewirkt eine Multiplikation mit s im Bildbereich. Umgekehrt bewirkt die Integration in der Zeit eine Division durch s. Auch für die Integration können wir somit einen Zusammenhang formulieren.

Satz 19.7 (Integration im Zeitbereich)

Die Integration der Funktion f im Zeitbereich entspricht der Division der Laplace-Transformierten F durch s im Bildbereich.

$$\begin{array}{ccc} f(t) & \circ\!\!-\!\!\bullet & F(s) \\ \downarrow & & \downarrow \\ \int_0^t f(\tau)\,\mathrm{d}\,\tau & \circ\!\!-\!\!\bullet & \frac{1}{s}F(s) \end{array}$$

Bei der Formel in Satz 19.7 startet die Integration bei null. Der Integrationssatz im Zeitbereich lässt sich auf eine beliebige untere Integrationsgrenze verallgemeinern, was wir hier aber nicht tun.

Satz 19.8 (Integration im Bildbereich)

Die Integration der Laplace-Transformierten F im Bildbereich entspricht der Division der Funktion f durch t im Zeitbereich.

$$\begin{array}{ccc} F(s) & \bullet\!\!-\!\!\circ & f(t) \\ \downarrow & & \downarrow \\ \int_s^\infty F(u)\,\mathrm{d}\,u & \bullet\!\!-\!\!\circ & \frac{1}{t}f(t) \end{array}$$

Beim Vergleich mit der Formel zur Differenziation im Bildbereich aus Satz 19.6 fragt man sich, warum der Faktor -1 bei der Formel in Satz 19.8 nicht vorkommt. Beim Integral befindet sich die Variable s in der Untergrenze. Dies entspricht einem Faktor -1.

19.3.3 Faltung

Angenommen, wir kennen die Laplace-Transformierten F_1 und F_2 zweier Zeitfunktionen f_1 und f_2. Im ersten Moment könnte man vermuten, dass das Produkt der beiden Funktionen f_1 und f_2 im Zeitbereich dem Produkt der zugehörigen Funktionen F_1 und F_2 im Bildbereich entspricht. Diesbezüglich unterscheiden sich jedoch Addition und Multiplikation grundsätzlich. Mit der Multiplikation im Bildbereich korrespondiert eine Faltung im Zeitbereich.

Satz 19.9 (Faltung im Zeitbereich)

Die Faltung der beiden Funktionen f_1 und f_2 im Zeitbereich entspricht dem Produkt der beiden Laplace-Transformierten F_1 und F_2 im Bildbereich.

$$\begin{array}{ccc} f_1(t), f_2(t) & \circ\!\!-\!\!\bullet & F_1(s), F_2(s) \\ \downarrow & & \downarrow \\ f_1(t) \star f_2(t) & \circ\!\!-\!\!\bullet & F_1(s) \cdot F_2(s) \end{array}$$

Die Laplace-Transformation ist eine einseitige Integraltransformation. Funktionen im Zeitbereich werden für negative Zeitwerte nicht betrachtet. Entsprechend sind alle Faltungen bei der Laplace-Transformation einseitige Faltungen, siehe Satz 17.7.

Auf einen expliziten Nachweis des Faltungssatzes verzichten wir. Die Faltung ist ein wichtiges Hilfsmittel zur Lösung von Differenzialgleichungen mit der Laplace-Transformation, siehe Beispiel 19.16.

19.3.4 Grenzwerte

Das Verhalten einer Funktion $f(t)$ im Zeitbereich für $t \to \infty$ steht im Zusammenhang mit dem Verhalten ihrer Laplace-Transformierten $F(s)$ für $s \to 0$. Umgekehrt hängt das Verhalten von $f(t)$ für $t \to 0$ mit dem Verhalten von $F(s)$ für $s \to \infty$ zusammen. Auf einen Nachweis dieser sogenannten Grenzwertsätze verzichten wir.

Satz 19.10 (Grenzwertsätze)

Zwischen der Funktion f im Zeitbereich und ihrer Laplace-Transformierten F im Bildbereich bestehen die Zusammenhänge

- $\lim\limits_{t\to\infty} f(t) = \lim\limits_{s\to 0} \big(s\,F(s)\big)$
- $\lim\limits_{t\to 0} f(t) = \lim\limits_{s\to\infty} \big(s\,F(s)\big)$

Der Grenzwertsatz für $t \to \infty$ gilt nur, wenn $F(s)$ außer einem einfachen Pol bei $s = 0$ keine weiteren Singularitäten in der Halbebene $\mathrm{Re}(s) \geq 0$ besitzt.

19.4 Transformation periodischer Funktionen

Das typische Werkzeug für periodische Funktionen sind Fourier-Reihen und die Fourier-Transformation. Insbesondere im Zusammenhang mit Differenzialgleichungen betrachtet man jedoch auch die Laplace-Transformation periodischer Funktionen. Genau genommen muss man bei der Laplace-Transformation von einer einseitig periodischen Funktion sprechen. Denn nach wie vor spielen die Funktionswerte für negative Zeiten bei der Laplace-Transformation keine Rolle.

Die komplette Information einer Zeitfunktion f mit Periode T ist in einem endlichen Intervall der Länge T enthalten. Dadurch kann man bei der Laplace-Transformation einer Funktion mit Periode T die Integration auf das Intervall zwischen 0 und T beschränken. Wir verwenden die Formel aus Definition 19.1 und zerlegen das Integrationsintervall in Einzelintervalle der Länge T:

$$f(t) \quad \circ\!\!-\!\!\bullet \quad \underbrace{\int_0^T f(t)\,\mathrm{e}^{-st}\,\mathrm{d}t}_{u=t} + \underbrace{\int_T^{2T} f(t)\,\mathrm{e}^{-st}\,\mathrm{d}t}_{u=t-T} + \underbrace{\int_{2T}^{3T} f(t)\,\mathrm{e}^{-st}\,\mathrm{d}t}_{u=t-2T} + \ldots$$

Auf jedes einzelne Integral wenden wir eine Substitution der Form $u = t - nT$ an, wobei die natürliche Zahl n so gewählt ist, dass alle Integrale auf das Intervall zwischen 0 und T transformiert werden:

$$\int_0^T f(u)\,\mathrm{e}^{-su}\,\mathrm{d}u + \int_0^T f(u+T)\,\mathrm{e}^{-s(u+T)}\,\mathrm{d}u + \int_0^T f(u+2T)\,\mathrm{e}^{-s(u+2T)}\,\mathrm{d}u + \ldots$$

Damit erhalten wir ein einheitliches Integrationsintervall.

Wegen der Periodizität von f gilt für alle natürlichen Zahlen n

$$f(u + nT) = f(u)\,.$$

Außerdem lässt sich der von u unabhängige Faktor e^{-nTs} jeweils vor das Integral ziehen:

$$\Big(1 + \underbrace{\mathrm{e}^{-Ts}}_{q} + \underbrace{\mathrm{e}^{-2Ts}}_{q^2} + \underbrace{\mathrm{e}^{-3Ts}}_{q^3} + \ldots\Big) \int_0^T f(u)\,\mathrm{e}^{-su}\,\mathrm{d}u.$$

Die Summe der Vorfaktoren hat die Form einer geometrischen Reihe mit $q = \mathrm{e}^{-Ts}$. Somit gilt die Korrespondenz

$$f(t) \quad \circ\!\!-\!\!\bullet \quad \frac{1}{1-\mathrm{e}^{-Ts}} \int_0^T f(u)\,\mathrm{e}^{-su}\,\mathrm{d}u.$$

Dabei müssen wir natürlich voraussetzen, dass die Reihe konvergiert. Das ist für $|q| < 1$, also für $\mathrm{Re}(s) > 0$, sichergestellt.

Satz 19.11 (Laplace-Transformation einseitig periodischer Funktionen)

Die Laplace-Transformation einer zumindest einseitig periodischen Funktion f mit der Eigenschaft $f(t+T) = f(t)$ kann man durch folgende Formel berechnen:

$$f(t) \quad \circ\!\!-\!\!\bullet \quad \frac{1}{1-\mathrm{e}^{-Ts}} \int_0^T f(t)\,\mathrm{e}^{-st}\,\mathrm{d}t, \qquad \mathrm{Re}(s) > 0.$$

Beispiel 19.11 (Laplace-Transformation einer periodischen Funktion)

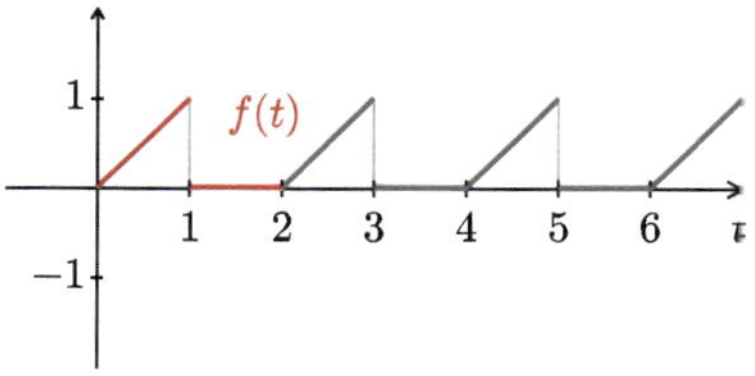

Die Laplace-Transformierte der abgebildeten abschnittsweise definierten Funktion f mit Periode $T = 2$ berechnen wir mit der Formel aus Satz 19.11:

$$f(t) \quad \circ\!\!-\!\!\bullet \quad \frac{1}{1-\mathrm{e}^{-2s}} \int_0^2 f(t)\,\mathrm{e}^{-st}\,\mathrm{d}t.$$

Im Bereich zwischen 0 und 1 gilt $f(t) = t$, zwischen 1 und 2 hat die Funktion den Wert null. Das Integral von 0 bis 1

$$\int_0^1 t\,\mathrm{e}^{-st}\,\mathrm{d}t = \left.\frac{-st\,\mathrm{e}^{-st} - \mathrm{e}^{-st}}{s^2}\right|_{t=0}^{1} = \frac{-s\,\mathrm{e}^{-s} - \mathrm{e}^{-s} + 1}{s^2}$$

berechnen wir mit einer Stammfunktion, siehe Anhang A.4:

$$\int x\,\mathrm{e}^{-ax}\,\mathrm{d}x = \frac{a\,x\,\mathrm{e}^{ax} - \mathrm{e}^{ax}}{a^2}.$$

Das Integral von 1 bis 2 ist null, da alle Funktionswerte null sind. Insgesamt erhalten wir

$$f(t) \quad \circ\!\!-\!\!\bullet \quad \frac{-s\,\mathrm{e}^{-s} - \mathrm{e}^{-s} + 1}{s^2\,(1-\mathrm{e}^{-2s})}$$

für die gesuchte Laplace-Transformierte. ■

19.5 Rücktransformation

Die typische Vorgehensweise bei der Laplace-Transformation besteht darin, ein Problem in den Bildbereich zu transformieren und dort zu lösen, siehe Abschnitt 19.6. Allerdings benötigt man dazu die Rücktransformation der Lösungsfunktion vom Bildbereich in den Zeitbereich. Es gibt zwar eine Integralformel, mit der sich die Funktion im Zeitbereich aus der Funktion im Bildbereich berechnen lässt. Diese Art der Rücktransformation erfordert jedoch ein tieferes Verständnis für die Integration im Komplexen. In der Anwendungspraxis verwendet man Korrespondenztabellen, in denen die wichtigsten Zuordnungen zwischen Zeitfunktionen und Spektralfunktionen enthalten sind, siehe Anhang A.10.

Bei vielen Anwendungen treten im Bildbereich gebrochenrationale Funktionen auf. Bei Nenner- und Zählerpolynomen von höherem Grad sind diese Funktionen nicht tabelliert. Sie lassen sich jedoch durch Partialbruchzerlegung in eine Summe aus einfacheren Brüchen zerlegen, siehe Abschnitt 6.2.2, und dann aufgrund der Linearität zurück transformieren. Ein weiteres Hilfsmittel zur Rücktransformation ist die Faltung, siehe Satz 19.9.

Merke 19.3 (Rücktransformation vom Bildbereich in den Zeitbereich)

Die wichtigsten Hilfsmittel zur Rücktransformation einer Funktion aus dem Bildbereich in den Zeitbereich sind bei der Laplace-Transformation

- Korrespondenztabellen,
- Partialbruchzerlegung und
- Faltung.

Beispiel 19.12 (Rücktransformation durch Partialbruchzerlegung)

Wir suchen eine Zeitfunktion f, deren Laplace-Transformation die Spektralfunktion

$$F(s) = \frac{s}{s^3 - 4\,s^2 + 5\,s - 2}$$

ergibt. Der erste Schritt bei der Partialbruchzerlegung ist die Bestimmung aller Nennernullstellen, siehe Abschnitt 6.2.2.

(1) Die Nullstelle $s_1 = 1$ kann man beispielsweise durch Raten finden:

$$s^3 - 4\,s^2 + 5\,s - 2 = 0 \quad\Longrightarrow\quad 1^3 - 4\cdot 1^2 + 5\cdot 1 - 2 = 0 \quad\Longrightarrow\quad s_1 = 1.$$

Durch Polynomdivision mit dem Linearfaktor der ersten Nullstelle

$$\begin{array}{l}
\big(\;\; s^3 - 4s^2 + 5s - 2\big) : \big(s - 1\big) = s^2 - 3s + 2 \\
\underline{-\,s^3 \;\; +\,s^2} \\
\qquad -\,3s^2 + 5s \\
\qquad\;\; \underline{3s^2 - 3s} \\
\qquad\qquad\quad 2s - 2 \\
\qquad\qquad \underline{-\,2s + 2} \\
\qquad\qquad\qquad\;\; 0
\end{array}$$

reduziert man den Grad des Polynoms.

Die weiteren Nullstellen erhält man durch Lösen der quadratischen Gleichung

$$s^2 - 3\,s + 2 = 0 \quad \Longrightarrow \quad s_{2,3} = \frac{3 \pm \sqrt{9-8}}{2} = 1, 2.$$

(2) Die Nullstelle $s_{1,2} = 1$ ist doppelt, die Nullstelle $s_3 = 2$ einfach. Mit

$$F(s) = \frac{A}{s-2} + \frac{B}{s-1} + \frac{C}{(s-1)^2} = \frac{A(s-1)^2 + B(s-1)(s-2) + C(s-2)}{(s-2)(s-1)^2}.$$

haben wir den richtigen Ansatz für diese Situation.

(3) Durch Ausmultiplizieren des Zählers erhalten wir

$$s = A\,s^2 - 2\,A\,s + A + B\,s^2 - 3\,B\,s + 2\,B + C\,s - 2\,C.$$

Ein Koeffizientenvergleich ergibt das lineare Gleichungssystem

$$\begin{array}{rcrcrcl} A & + & B & & & = & 0 \\ -2\,A & - & 3\,B & + & C & = & 1 \\ A & + & 2\,B & - & 2\,C & = & 0 \end{array}$$

mit der eindeutigen Lösung $A = 2$, $B = -2$ und $C = -1$. Die Korrespondenzen aus Beispiel 19.1 zusammen mit Verschiebungen im Bildbereich, siehe Satz 19.4, ergeben

$$1 \circ\!\!-\!\!\bullet \frac{1}{s}, \quad t \circ\!\!-\!\!\bullet \frac{1}{s^2} \quad \Longrightarrow \quad \begin{array}{ccccccc} F(s) & = & \dfrac{2}{s-2} & - & \dfrac{2}{s-1} & - & \dfrac{1}{(s-1)^2} \\ \bullet\!\!-\!\!\circ & & \bullet\!\!-\!\!\circ & & \bullet\!\!-\!\!\circ & & \bullet\!\!-\!\!\circ \\ f(t) & = & 2\,\mathrm{e}^{2\,t} & - & 2\,\mathrm{e}^{t} & - & t\,\mathrm{e}^{t} \end{array}$$

und somit den gesuchten Zusammenhang.

Damit haben wir die Rücktransformation der gegebenen Spektralfunktion bestimmt. ■

19.6 Lösung gewöhnlicher Differenzialgleichungen

Bei praktischen Problemen wird die Laplace-Transformation hauptsächlich zur Lösung von Differenzialgleichungen eingesetzt. Wir betrachten in diesem Abschnitt lineare Differenzialgleichungen mit konstanten Koeffizienten, siehe Definition 14.16 und lineare Differenzialgleichungssysteme mit konstanten Koeffizienten, siehe Definition 14.30. Für das Verständnis der in diesem Abschnitt präsentierten Methoden ist ein Grundverständnis für Differenzialgleichungen erforderlich. Die Lösungsmethoden unterscheiden sich jedoch grundsätzlich von den Verfahren aus Kapitel 14.

Die wesentliche Idee besteht darin, die Differenzialgleichung in den Bildbereich zu transformieren und dort zu lösen. Durch die Transformation einer linearen Differenzialgleichung oder eines linearen Differenzialgleichungssystems mit konstanten Koeffizienten in den Bildbereich ergibt sich eine algebraische Gleichung. Gelingt es, diese algebraische Gleichung zu lösen, dann kann man die Lösung im Zeitbereich durch Rücktransformation der Lösung im Bildbereich berechnen.

Merke 19.4 (Lösung einer Differenzialgleichung mit der Laplace-Transformation)

Folgende Schritte führen auf eine Lösung:

(1) Transformiere die Differenzialgleichung in den Bildbereich.

(2) Berechne die Lösung der algebraischen Gleichung im Bildbereich.

(3) Transformiere die Lösung der algebraischen Gleichung zurück in den Zeitbereich.

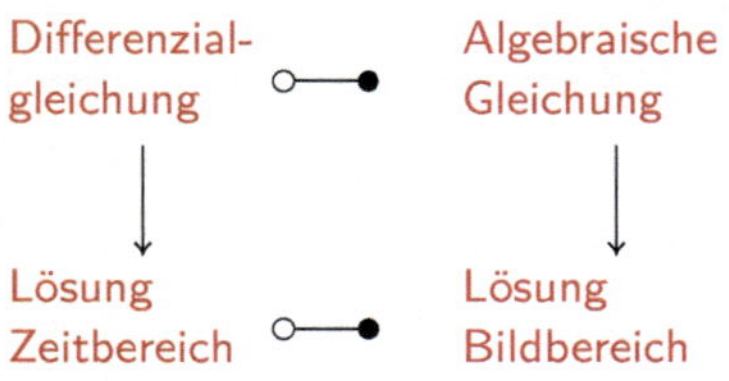

Bei der Laplace-Transformation der Differenzialgleichung arbeitet man mit Platzhalter für die zu berechnende Lösungsfunktion. Wenn x die gesuchte Lösung der Differenzialgleichung ist, dann verwendet man die Korrespondenz

$$x(t) \;\circ\!\!-\!\!\bullet\; X(s) \quad\Longrightarrow\quad x \;\circ\!\!-\!\!\bullet\; X.$$

Dabei ist es üblich, sowohl im Zeitbereich als auch im Bildbereich auf die explizite Angabe der Variablen t und s zu verzichten. Das Hauptproblem bei der Lösung von Differenzialgleichungen mit der Laplace-Transformation liegt typischerweise in der Rücktransformation der Lösung aus dem Bildbereich in den Zeitbereich. Dabei sind unterschiedliche Strategien erforderlich, siehe Abschnitt 19.5.

Beispiel 19.13 (Anfangswertproblem mit Differenzialgleichung erster Ordnung)

Zur Lösung des Anfangswertproblems transformieren wir die Differenzialgleichung unter Berücksichtigung des Anfangswerts in den Bildbereich:

$$\begin{array}{ccccccc} \dot{x} & + & 2x & = & 2 & - & 4t, \quad x(0)=1 \\ \circ\!\!\mid\!\!\bullet & & \circ\!\!\mid\!\!\bullet & & \circ\!\!\mid\!\!\bullet & & \circ\!\!\mid\!\!\bullet \\ sX-1 & + & 2X & = & \dfrac{2}{s} & - & \dfrac{4}{s^2} \end{array}$$

Bei der Transformation der Ableitung haben wir Satz 19.5 zur Differenziation im Zeitbereich verwendet. Die restlichen Korrespondenzen ergeben sich aus der Tabelle im Anhang A.10. Die Gleichung im Bildbereich lässt sich nach unserer gesuchten Spektralfunktion X auflösen:

$$sX+2X = 1+\frac{2}{s}-\frac{4}{s^2} \quad\Longrightarrow\quad X = \frac{1}{s+2}+\frac{2}{s(s+2)}-\frac{4}{s^2(s+2)}.$$

Die Rücktransformation erfolgt mithilfe der Korrespondenztabelle aus Anhang A.10:

$$\begin{array}{ccccccc} X & = & \dfrac{1}{s+2} & + & \dfrac{2}{s(s+2)} & - & \dfrac{4}{s^2(s+2)} \\ \bullet\!\!\mid\!\!\circ & & \bullet\!\!\mid\!\!\circ & & \bullet\!\!\mid\!\!\circ & & \bullet\!\!\mid\!\!\circ \\ x & = & e^{-2t} & + & 2\,\dfrac{e^{-2t}-1}{-2} & - & 4\,\dfrac{e^{-2t}+2t-1}{4} \end{array}$$

Die Lösung des Anfangswertproblems ist $x(t) = 2-2t-e^{-2t}$. ■

Merke 19.5 (Vorteile der Laplace-Transformation)

Die Lösung einer linearen Differenzialgleichung mit der Laplace-Transformation bietet folgende Vorteile:

- Anfangswerte werden bei der Transformation in den Bildbereich berücksichtigt.
- Eine separate Betrachtung der homogenen und der inhomogenen Differenzialgleichung ist nicht erforderlich.

Beispiel 19.14 (Randwertproblem mit Differenzialgleichung zweiter Ordnung)

Wir betrachten das Randwertproblem

$$\ddot{x} + 9\,x = 0, \qquad x\left(\frac{\pi}{2}\right) = 1, \qquad x(\pi) = -1.$$

Zur Transformation der Differenzialgleichung benötigen wir Anfangswerte zum Zeitpunkt $t = 0$. Da wir diese Werte nicht kennen, arbeiten wir mit Parametern:

$$x(0) = C_1, \qquad \dot{x}(0) = C_2.$$

Damit ergibt die Transformation in den Bildbereich

$$\begin{array}{ccccc} \ddot{x} & + & 9\,x & = & 0 \\ \circ\!\!-\!\!\bullet & & \circ\!\!-\!\!\bullet & & \circ\!\!-\!\!\bullet \\ s^2\,X - s\,C_1 - C_2 & + & 9\,X & = & 0 \end{array}$$

Die Lösung der Gleichung im Bildbereich

$$X\,(s^2 + 9) = C_1\,s + C_2$$

ergibt die Laplace-Transformierte der gesuchten Funktion x.

$$X = \frac{C_1\,s}{s^2+9} + \frac{C_2}{s^2+9}.$$

Aus der Korrespondenztabelle im Anhang A.10 bestimmen wir die Rücktransformation

$$\begin{array}{ccccc} X & = & C_1\,\dfrac{s}{s^2+9} & + & \dfrac{C_2}{3}\,\dfrac{3}{s^2+9} \\ \bullet\!\!-\!\!\circ & & \bullet\!\!-\!\!\circ & & \bullet\!\!-\!\!\circ \\ x & = & C_1\,\cos(3\,t) & + & \dfrac{C_2}{3}\,\sin(3\,t) \end{array}$$

Somit haben wir die allgemeine Lösung der Differenzialgleichung

$$x(t) = C_1\,\cos(3\,t) + \frac{C_2}{3}\,\sin(3\,t)$$

bestimmt. Die Lösung des Randwertproblems ergibt sich aus den Randwerten:

$$x\left(\frac{\pi}{2}\right) = 1 \implies C_2 = -3, \qquad x(\pi) = -1 \implies C_1 = 1.$$

Die Lösung des Randwertproblems lautet $x(t) = \cos(3\,t) - \sin(3\,t)$. ▪

Merke 19.6 (Lösung einer Differenzialgleichung mit Laplace-Transformation)

Zur Bestimmung der allgemeinen Lösung einer linearen Differenzialgleichung mit der Laplace-Transformation kann man für die Anfangswerte zum Zeitpunkt $t = 0$ Parameter einführen:

$$x(0) = C_1, \quad \dot{x}(0) = C_2, \quad \ddot{x}(0) = C_3, \quad \ldots$$

Dadurch kann man auch Anfangswertprobleme, bei denen die Anfangswerte nicht zum Zeitpunkt $t = 0$ gegeben sind, und Randwertprobleme lösen.

Beispiel 19.15 (Differenzialgleichung zweiter Ordnung mit Resonanz)

Zur Lösung des Anfangswertproblems

$$\ddot{x} - 3\dot{x} + 2x = \mathrm{e}^t, \quad x(0) = 0, \quad \dot{x}(0) = 1$$

transformieren wir die Differenzialgleichung mit den Anfangswerten in den Bildbereich:

$$\begin{array}{ccccccc} \ddot{x} & - & 3\dot{x} & + & 2x & = & \mathrm{e}^t \\ \circ\!\!-\!\!\bullet & & \circ\!\!-\!\!\bullet & & \circ\!\!-\!\!\bullet & & \circ\!\!-\!\!\bullet \\ s^2 X - 1 & - & 3sX & + & 2X & = & \dfrac{1}{s-1} \end{array}$$

Die Lösung der Gleichung im Bildbereich ergibt

$$s^2 X - 3sX + 2X = 1 + \frac{1}{s-1} \quad \Longrightarrow \quad X = \frac{s}{(s-1)(s^2 - 3s + 2)}.$$

Die Rücktransformation ergibt $x(t) = 2\mathrm{e}^{2t} - 2\mathrm{e}^t - t\,\mathrm{e}^t$, siehe Beispiel 19.12. ▪

Bei der Differenzialgleichung in Beispiel 19.15 liegt Resonanz vor, siehe Abschnitt 14.3.4. Bei der Lösung des Problems mit der Laplace-Transformation wird dieser Aspekt quasi automatisch berücksichtigt.

Merke 19.7 (Laplace-Transformation bei Differenzialgleichung mit Resonanz)

Die Laplace-Transformation kann auch im Resonanzfall zur Lösung einer linearen Differenzialgleichung mit konstanten Koeffizienten verwendet werden.

In Beispiel 19.15 taucht bei der Lösung des Problems das charakteristische Polynom, siehe Definition 14.17, auf. Das ist kein Zufall. Transformiert man eine lineare homogene Differenzialgleichung mit konstanten Koeffizienten mit Nullanfangsbedingungen

$$x(0) = 0, \quad \dot{x}(0) = 0, \quad \ddot{x}(0) = 0, \quad \ldots$$

in den Bildbereich

$$\begin{array}{ccccccccccccc} a_n x^{(n)} & + & a_{n-1} x^{(n-1)} & + & \ldots & + & a_2 \ddot{x} & + & a_1 \dot{x} & + & a_0 x & = & 0 \\ \circ\!\!-\!\!\bullet & & \circ\!\!-\!\!\bullet & & & & \circ\!\!-\!\!\bullet & & \circ\!\!-\!\!\bullet & & \circ\!\!-\!\!\bullet & & \circ\!\!-\!\!\bullet \\ a_n s^n X & + & a_{n-1} s^{n-1} X & + & \ldots & + & a_2 s^2 X & + & a_1 s X & + & a_0 X & = & 0 \end{array}$$

dann entsteht die charakteristische Gleichung mit der Variablen s anstelle von λ.

Das homogene Problem mit Nullanfangsbedingungen hat natürlich die triviale Lösung. Wenn die Differenzialgleichung jedoch inhomogen oder eine Anfangsbedingung ungleich null ist, dann taucht das charakteristische Polynom im Nenner auf.

Beispiel 19.16 (Anfangswertproblem mit Rechteckfunktion als Störfunktion)

Beim Anfangswertproblem

$$\ddot{x} + 4x = r(t), \quad x(0) = 0, \quad \dot{x}(0) = 0$$

ist die Störfunktion eine Rechteckfunktion

$$r(t) = \begin{cases} 1 & \text{für} \quad 0 \le t \le 1 \\ 0 & \text{sonst} \end{cases}.$$

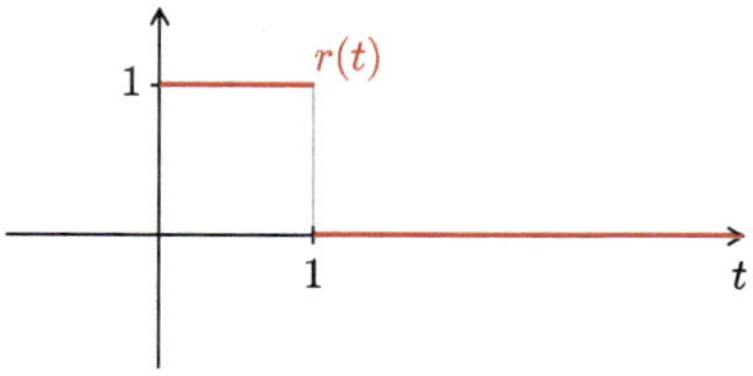

Wir transformieren die Differenzialgleichung in den Bildbereich:

$$\begin{array}{ccccc} \ddot{x} & + & 4x & = & r(t) \\ \circ\!\!-\!\!\bullet & & \circ\!\!-\!\!\bullet & & \circ\!\!-\!\!\bullet \\ s^2 X & + & 4X & = & R(s) \end{array}$$

Für die Laplace-Transformation der Rechteckfunktion r verwenden wir den Platzhalter R. Wir werden das Problem lösen, ohne R explizit zu bestimmen. Die Lösung der Gleichung im Bildbereich ergibt

$$s^2 X + 4X = R(s) \quad \Longrightarrow \quad X = \frac{1}{s^2+4} R(s).$$

Nach dem Faltungssatz im Zeitbereich, siehe Satz 19.9, können wir die Lösung x durch eine Faltung berechnen:

$$X(s) = \frac{1}{2}\frac{2}{s^2+4} R(s) \quad \Longrightarrow \quad x(t) = \frac{1}{2}\sin(2t) \star r(t) = \frac{1}{2}\int_0^t \sin(2\tau)\, r(t-\tau)\, \mathrm{d}\tau.$$

Für $t < 1$ wird von 0 bis t integriert:

$$\begin{aligned} x(t) &= \frac{1}{2}\int_0^t \sin(2\tau)\,\mathrm{d}\tau \\ &= \frac{1}{4}\big(-\cos(2\tau)\big)\Big|_0^t \\ &= \frac{1}{4}\big(1-\cos(2t)\big). \end{aligned}$$

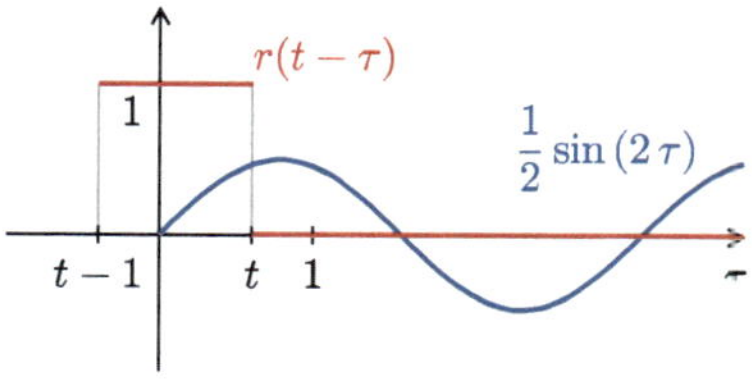

Für $t > 1$ wird von $t-1$ bis t integriert:

$$\begin{aligned} x(t) &= \frac{1}{2}\int_{t-1}^t \sin(2\tau)\,\mathrm{d}\tau \\ &= \frac{1}{4}\big(-\cos(2\tau)\big)\Big|_{t-1}^t \\ &= \frac{1}{4}\big(\cos(2t-2)-\cos(2t)\big). \end{aligned}$$

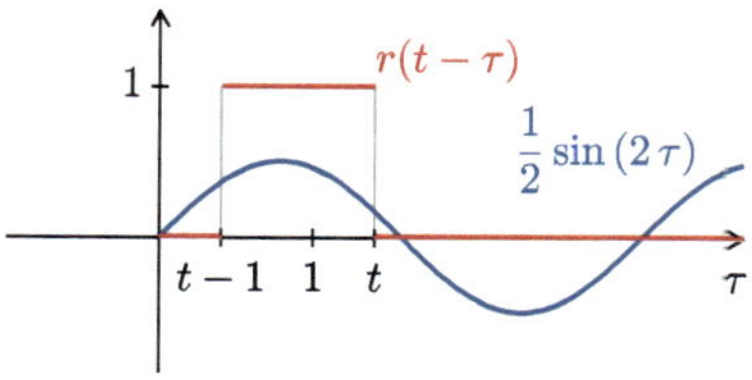

Die beiden Lösungsbestandteile sind bestimmt.

Insgesamt besteht die Lösung

$$x(t) = \begin{cases} \frac{1}{4}\big(1 - \cos(2t)\big) & \text{für } 0 \le t \le 1 \\ \frac{1}{4}\big(\cos(2t-2) - \cos(2t)\big) & \text{für } t > 1 \end{cases}$$

aus zwei Abschnitten.

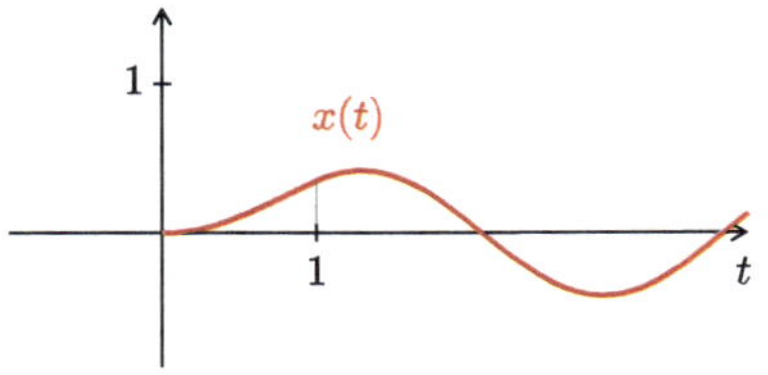

Die Differenzialgleichung aus Beispiel 19.16 ist mit klassischen Hilfsmitteln nur schwer in den Griff zu bekommen. Für die abschnittsweise definierte Störfunktion, die sogar eine Sprungstelle besitzt, fehlt uns bei der klassischen Lösungstheorie ein geeigneter Ansatz zur Bestimmung einer partikulären Lösung, siehe Abschnitt 14.3.4. Mithilfe der Laplace-Transformation können wir elegant Probleme lösen, die mit den klassischen Methoden aus Kapitel 14 nur schwer zu bewältigen sind.

Merke 19.8 (Differenzialgleichungen mit abschnittsweise definierten Störfunktionen)

Die Laplace-Transformation kann man auch zur Lösung linearer Differenzialgleichungen verwenden, bei denen die Störfunktion eine abschnittsweise definierte Funktion ist und sogar Sprungstellen haben darf. Zur Rücktransformation verwendet man dabei in der Regel den Faltungssatz.

Beispiel 19.17 (Differenzialgleichungssystem)

Wir betrachten ein Anfangswertproblem, das aus einem linearen Differenzialgleichungssystem zweiter Ordnung und vier Anfangswerten zum Zeitpunkt $t = 0$ besteht:

$$\begin{array}{ll} \ddot{x} + 2\ddot{y} + \dot{x} - 2y = 4\sigma(t), & x(0) = 0,\ \dot{x}(0) = 3 \\ \ddot{x} + \dot{y} - x + y = \sigma(t), & y(0) = 0,\ \dot{y}(0) = 1 \end{array}$$

Die Transformation der Gleichungen in den Bildbereich ergibt:

$$\begin{aligned} s^2 X - 3 + 2(s^2 Y - 1) + sX - 2Y &= \frac{4}{s} \\ s^2 X - 3 + sY - X + Y &= \frac{1}{s} \end{aligned}$$

Dabei bezeichnen X und Y die Transformationen unserer gesuchten Funktionen x und y. Im Bildbereich erhalten wir das lineare Gleichungssystem mit Parameter s

$$\begin{aligned} (s^2 + s) X + 2(s^2 - 1) Y &= \frac{4 + 5s}{s} \\ (s^2 - 1) X + (s + 1) Y &= \frac{1 + 3s}{s} \end{aligned} \Longrightarrow \begin{aligned} sX + 2(s - 1) Y &= \frac{4 + 5s}{s(s+1)} \\ (s - 1) X + Y &= \frac{1 + 3s}{s(s+1)}, \end{aligned}$$

das sich durch Multiplikation mit dem Faktor $\frac{1}{s+1}$ vereinfachen lässt. Mit

$$X = \frac{6s + 3}{s(2s^2 + s - 1)}, \quad Y = \frac{2}{2s^2 - s}.$$

erhalten wir die Lösung dieses Gleichungssystems.

Mit den Nennernullstellen lässt sich die Rücktransformation durch eine Partialbruchzerlegung bestimmen. Die Nennernullstellen sind $s_1 = 0$, $s_2 = -1$ und $s_3 = \frac{1}{2}$:

$$X = -\frac{3}{s} + \frac{4}{s-\frac{1}{2}} - \frac{1}{s+1} \qquad Y = -\frac{2}{s} + \frac{2}{s-\frac{1}{2}}$$

$$\bullet\!\!-\!\!\circ \qquad\qquad \bullet\!\!-\!\!\circ$$

$$x = -3 + 4\,\mathrm{e}^{\frac{1}{2}t} - \mathrm{e}^{-t} \qquad y = -2 + 2\,\mathrm{e}^{\frac{1}{2}t}$$

Die Grenzwertaussage für $s \to \infty$ aus Satz 19.10 ermöglicht uns eine Plausibilitätsprüfung:

$$\lim_{s\to\infty}\big(s\,X(s)\big) = \lim_{s\to\infty}\frac{6\,s+3}{2\,s^2+s-1} = 0 = x(0), \quad \lim_{s\to\infty}\big(s\,Y(s)\big) = \lim_{s\to\infty}\frac{2}{2\,s-1} = 0 = y(0).$$

Aufgrund der Singularitäten bei $s = \frac{1}{2}$ dürfen wir den Grenzwertsatz für $s \to 0$ aus Satz 19.10 jedoch weder auf $X(s)$ noch auf $Y(s)$ anwenden. ■

Merke 19.9 (Lineare Differenzialgleichungssysteme mit konstanten Koeffizienten)
Die Laplace-Transformation kann man zur Lösung linearer Differenzialgleichungssysteme mit konstanten Koeffizienten verwenden. Dabei ist im Bildbereich ein lineares Gleichungssystem mit Parameter zu lösen.

Das Differenzialgleichungssystem aus Beispiel 19.17 lässt sich auch durch Einführen von Zustandsgrößen mit den Methoden aus Abschnitt 14.5 lösen. Dabei entstehen jedoch $(4,4)$-Matrizen. Im Gegensatz dazu erzeugt die Laplace-Transformation lediglich ein Gleichungssystem, das sich mit einer $(2,2)$-Matrix beschreiben lässt.

19.7 Anwendungen

Eine der wichtigsten Anwendungen der Laplace-Transformation ist die Regelungstechnik. Die klassische Regelungstechnik kombiniert die Theorie linearer zeitinvarianter Systeme mit der Laplace-Transformation. Wir beziehen uns in diesem Abschnitt auf die Begriffe und Ergebnisse aus Abschnitt 18.6.1.

19.7.1 Regelungstechnik

Die Regelungstechnik ist ein Teil der Automatisierungstechnik, die sich mit dem Messen, Steuern und Regeln technischer Systeme beschäftigt. Im Gegensatz zur reinen Steuerung erfolgt beim Regeln ein Abgleich zwischen Soll- und Istwerten. Durch negative Rückkopplung entsteht dabei ein geschlossener Regelkreis. Wir betrachten ausschließlich lineare Übertragungsglieder, die sich mathematisch als lineare zeitinvariante Systeme beschreiben lassen, siehe Abschnitt 18.6.1. Solche Übertragungsglieder lassen sich im Zeitbereich durch lineare Differenzialgleichungen in der Form

$$a_n\,x_o^{(n)} + \ldots + a_2\,\ddot{x}_o + a_1\,\dot{x}_o + a_0\,x_o = b_m\,x_i^{(m)} + \ldots + b_2\,\ddot{x}_i + b_1\,\dot{x}_i + b_0\,x_i$$

ganz allgemein darstellen.

Es besteht also ein linearer Zusammenhang zwischen dem Eingangssignal x_i inklusive seiner Ableitungen bis zur Ordnung m und dem Ausgangssignal x_o inklusive seiner Ableitungen bis zur Ordnung n. Typischerweise sind zum Zeitpunkt $t = 0$ alle Funktionswerte und Werte der Ableitungen sowohl des Eingangs- als auch des Ausgangssignals null. Wir transformieren die Differenzialgleichung deshalb mit Nullanfangsbedingungen

$$x_i(0) = 0,\, \dot{x}_i(0) = 0,\, \ldots,\, x_i^{(m)}(0) = 0, \quad x_o(0) = 0,\, \dot{x}_o(0) = 0,\, \ldots,\, x_o^{(n)}(0) = 0$$

in den Bildbereich:

$$\big(a_n\, s^n + \ldots + a_2\, s^2 + a_1\, s + a_0\big) X_o(s) = \big(b_m\, s^m + \ldots + b_2\, s^2 + b_1\, s + b_0\big) X_i(s).$$

Nach Definition 18.7 ist die Übertragungsfunktion G das Verhältnis von Ausgangssignal im Bildbereich X_o zum Eingangssignal im Bildbereich X_i:

$$G(s) = \frac{X_o(s)}{X_i(s)} = \frac{b_m\, s^m + \ldots + b_2\, s^2 + b_1\, s + b_0}{a_n\, s^n + \ldots + a_2\, s^2 + a_1\, s + a_0}\,.$$

Somit ist jedes lineare Übertragungsglied durch seine Übertragungsfunktion G charakterisiert. Wenn x_o das Ausgangssignal zum Eingangssignal x_i ist, dann gilt aufgrund der Linearität und der Zeitinvarianz des Systems

$$x_i(t) \quad \xrightarrow{S} \quad x_o(t) \quad \Longrightarrow \quad X_o(s) = G(s)\, X_i(s).$$

Dabei sind X_i und X_o die Laplace-Transformierten des Eingangssignals x_i und des Ausgangssignals x_o.

Bei der Reihenschaltung zweier Systeme wird das Ausgangssignal des ersten Systems als Eingangssignal des zweiten Systems verwendet:

$$i_1(t) \quad \xrightarrow{S_1} \quad o_1(t) = i_2(t) \quad \xrightarrow{S_2} \quad o_2(t).$$

Entsprechend gilt im Bildbereich

$$O_1(s) = G_1(s)\, I_1(s) \quad \Longrightarrow \quad O_2(s) = G_2(s)\, O_1(s) = G_2(s)\, G_1(s)\, I_1(s).$$

Dabei sind I_1, I_2 und O_1, O_2 die Laplace-Transformierten der Einganssignale i_1, i_2 und der Ausgangssignale o_1, o_2. Mit G_1 und G_2 werden die Übertragungsfunktionen der beiden Systeme S_1 und S_2 bezeichnet. Das Gesamtsystem mit der Eingabegröße i_1 und der Ausgabegröße o_2 wird im Bildbereich durch das Produkt der beiden Übertragungsfunktionen beschrieben.

Merke 19.10 (Übertragungsfunktion von Systemen in Reihenschaltung)

Die Reihenschaltung der beiden Systeme mit den Übertragungsfunktionen G_1 und G_2 ergibt ein System mit der Übertragungsfunktion

$$G(s) = G_1(s)\, G_2(s).$$

Bei der Reihenschaltung werden die Übertragungsfunktionen multipliziert.

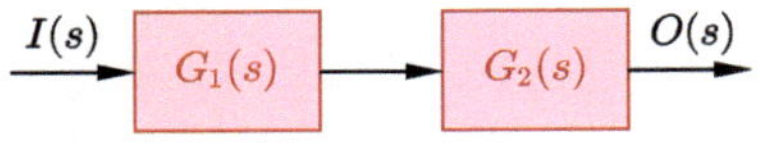

Dieses Ergebnis klingt auf Anhieb nicht so spektakulär wie es in Wirklichkeit ist. Es ist natürlich wesentlich eleganter, die Übertragungsfunktionen im Bildbereich zu multiplizieren anstatt im Zeitbereich Differenzialgleichungen ineinander einzusetzen.

Bei der Parallelschaltung zweier Systeme wird ein Signal i_1 als Eingangssignal von zwei Systemen verwendet. Die beiden Ausgangssignale o_1 und o_2 überlagern sich zu einem gemeinsamen Ausgangssignal $o_1 + o_2$. Es gilt

$$O_1(s) + O_2(s) = \big(G_1(s) + G_2(s)\big)I_1(s).$$

ganz entsprechend im Bildbereich.

Merke 19.11 (Übertragungsfunktion von Systemen in Parallelschaltung)

Die Parallelschaltung der beiden Systeme mit den Übertragungsfunktionen G_1 und G_2 ergibt ein System mit der Übertragungsfunktion

$$G(s) = G_1(s) + G_2(s).$$

Bei der Parallelschaltung werden die Übertragungsfunktionen addiert.

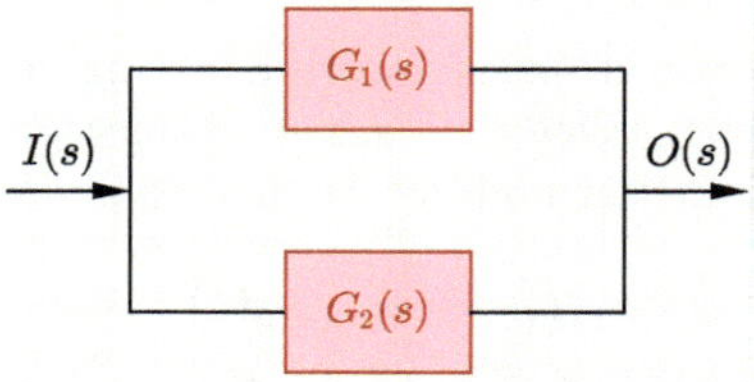

Ein Prinzip bei der Regelung von Systemen ist die negative Rückkopplung. Ein Eingangssignal i durchläuft dabei ein System mit Übertragungsfunktion G_R des Reglers sowie Übertragungsfunktion G_S der Regelstrecke und wird dann mit umgekehrtem Vorzeichen wieder dem Eingangssignal überlagert. Für die Übertragungsfunktionen bedeutet das

$$O(s) = G_\mathrm{R}(s)\,G_\mathrm{S}(s)\,(I(s) - O(s))$$

oder anders formuliert

$$O(s)\,(1 + G_\mathrm{R}(s)\,G_\mathrm{S}(s)) = G_\mathrm{R}(s)\,G_\mathrm{S}(s)\,I(s).$$

In der Praxis bedeutet dies, dass die Regelgröße o mit der Führungsgröße i verglichen wird. Der Regler beeinflusst die Regelstrecke dann so, dass die Regelabweichung $i - o$ möglichst klein wird.

Merke 19.12 (Übertragungsfunktion von Systemen mit negativer Rückführung)

Bildet man aus der Reihenschaltung der beiden Systeme mit den Übertragungsfunktionen G_R und G_S ein System mit negativer Rückführung, dann entsteht ein System mit der Übertragungsfunktion

$$G(s) = \frac{G_\mathrm{R}(s)\,G_\mathrm{S}(s)}{1 + G_\mathrm{R}(s)\,G_\mathrm{S}(s)}.$$

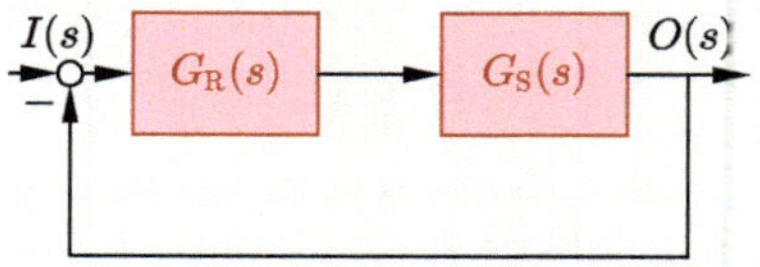

19.8 Aufgaben

19.8.1 Verständnis und Kompetenz

Aufgabe 19.1 (Laplace-Transformationen von Sinusfunktionen) ★★★

Verwenden Sie die Korrespondenz

$$\sin t \quad \circ\!\!-\!\!\bullet \quad \frac{1}{s^2+1}, \qquad \mathrm{Re}(s) > 0$$

und bestimmen Sie durch Anwendung von Sätzen die Laplace-Transformationen der folgenden Funktionen:

a) $f_1(t) = \sin(\omega\, t)$ b) $f_2(t) = \mathrm{e}^{-s_0\, t}\, \sin(\omega\, t)$ c) $f_3(t) = t\, \sin(\omega\, t)$

Aufgabe 19.2 (Laplace-Transformationen durch Ähnlichkeit) ★★★

Bestimmen Sie mithilfe der Korrespondenz

$$r(t) = \sigma(t) - \sigma(t-1) \quad \circ\!\!-\!\!\bullet \quad R(s) = \frac{1-\mathrm{e}^{-s}}{s}$$

und durch Anwenden geeigneter Sätze die Laplace-Transformationen der abgebildeten Funktionen:

a)
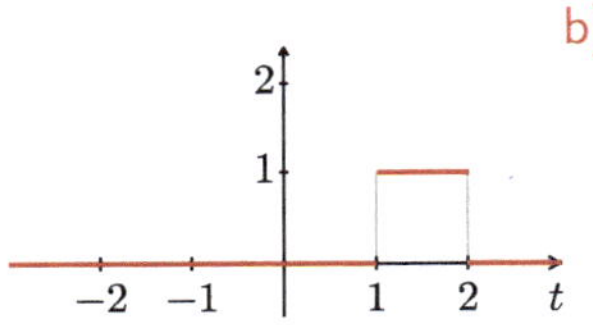

b)
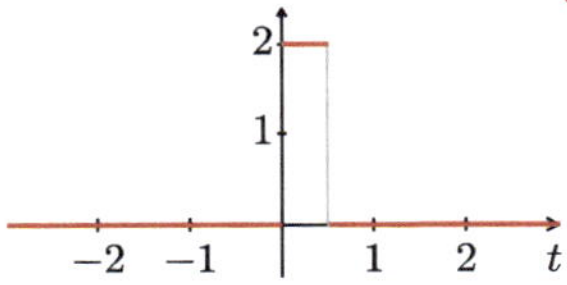

c)
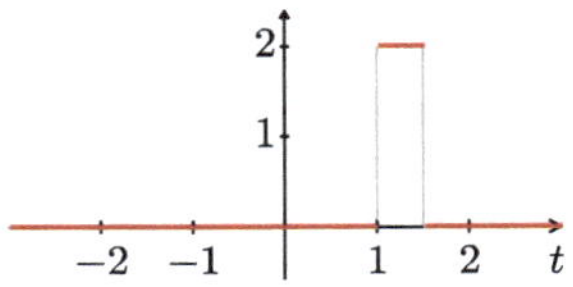

d)
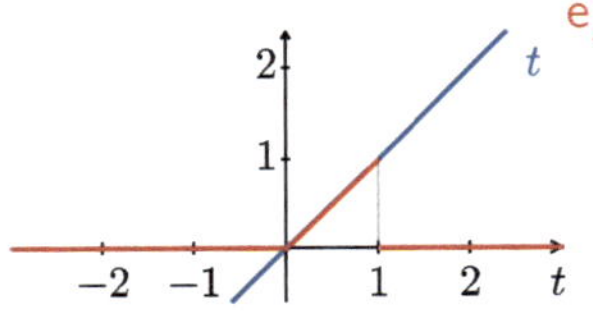

e)
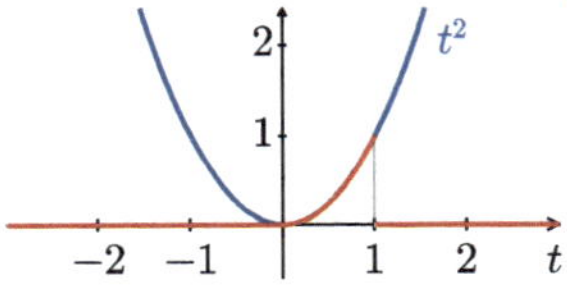

f)
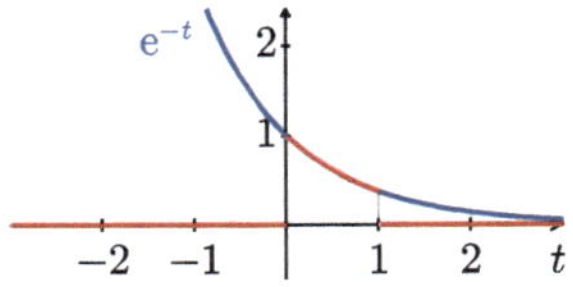

Aufgabe 19.3 (Zeitverschiebung) ★★

Für Sinus und Kosinus gelten die Korrespondenzen

$$\sin t \quad \circ\!\!-\!\!\bullet \quad \frac{1}{s^2+1}, \qquad \cos t \quad \circ\!\!-\!\!\bullet \quad \frac{s}{s^2+1}, \qquad \mathrm{Re}(s) > 0.$$

Andererseits lässt sich der Sinus als ein um $\frac{\pi}{2}$ verschobener Kosinus darstellen: $\sin t = \cos\left(t - \frac{\pi}{2}\right)$. Aufgrund des Zeitverschiebungssatzes müsste also gelten:

$$\sin t = \cos\left(t - \tfrac{\pi}{2}\right) \quad \circ\!\!-\!\!\bullet \quad \mathrm{e}^{-\frac{\pi}{2}\, s}\, \frac{s}{s^2+1}.$$

Erklären Sie, worin der Fehler bei dieser Argumentation liegt.

19.8.2 Rechnung und Training

Aufgabe 19.4 (Rücktransformation) ★★★

Bestimmen Sie für die folgenden Funktionen F im Bildbereich die zugehörigen Funktionen f im Zeitbereich. Dabei ist $a \neq 0$ eine reelle Konstante.

a) $F(s) = \frac{1}{s(s-1)}$ b) $F(s) = \frac{1}{s^3 - s^2}$ c) $F(s) = \frac{1}{s^2(s^2+a^2)}$

d) $F(s) = \frac{s}{s^2 - 4\,s + 3}$ e) $F(s) = \frac{s+1}{s^2 + 4\,s + 8}$ f) $F(s) = \frac{a^2}{s^4 - a^4}$

Aufgabe 19.5 (Anfangswertproblem erster Ordnung) ★★★

Berechnen Sie die Lösung des Anfangswertproblems

$$\dot{x} + x = t\,(\sigma(t) - \sigma(t-1))\,, \quad x(0) = 0.$$

Aufgabe 19.6 (Anfangswertproblem zweiter Ordnung) ★★★★

Berechnen Sie die Lösung des Anfangswertproblems

$$\ddot{x} + \dot{x} = \mathrm{e}^{T-t}\,\sigma(t-T), \quad x(0) = 1, \quad \dot{x}(0) = 0, \quad T > 0.$$

Aufgabe 19.7 (Differenzialgleichungssystem mit Anfangswerten) ★★★★★

Berechnen Sie die Lösung des Anfangswertproblems

$$\begin{aligned} \ddot{x} + 2\dot{x} - \dot{y} &= 0, \qquad x(0) = 0, \quad \dot{x}(0) = 1, \\ \ddot{y} + \dot{x} &= 0, \qquad y(0) = 0, \quad \dot{y}(0) = 0. \end{aligned}$$

19.8.3 Anwendung

Aufgabe 19.8 (Einweggleichrichter) ★★★★

Ein Einweggleichrichter blendet bei einer sinusförmigen Wechselspannung mit Kreisfrequenz $\omega > 0$ die negativen Halbwellen aus. Zeigen Sie, dass für die abgebildete Funktion f die folgende Korrespondenz gilt:

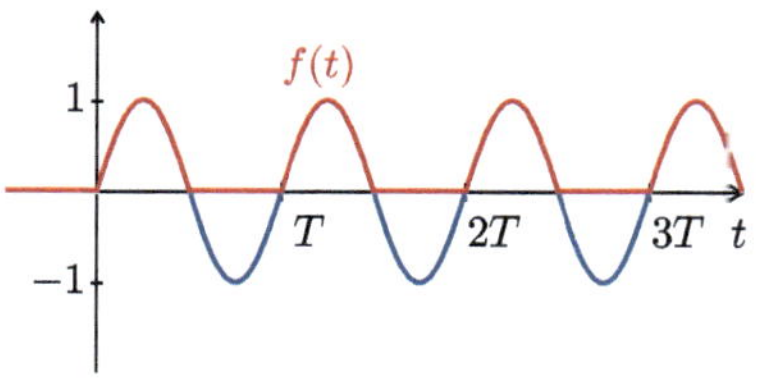

$$f(t) \quad \circ\!\!-\!\!\bullet \quad F(s) = \frac{1}{1 - \mathrm{e}^{-\frac{\pi}{\omega}s}}\,\frac{\omega}{s^2 + \omega^2}.$$

Aufgabe 19.9 (Übertragungsfunktion) ★★★★

Ein lineares, zeitinvariantes System besitzt die Übertragungsfunktion

$$G(s) = \frac{\mathrm{e}^{-T\,s}}{s^2 + s}, \quad T > 0.$$

Berechnen und skizzieren Sie die Impulsantwort g des Systems und ermitteln Sie das Ausgangssignal o für das Eingangssignal $i(t) = \sigma(t) - \sigma(t-T)$.

20 z-Transformation

Die z-Transformation ist das diskrete Analogon der Laplace-Transformation. Einer Folge von diskreten Zahlenwerten wird bei der z-Transformation eine Funktion im Bildbereich zugeordnet. Durch die Digitaltechnik hat die z-Transformation immens an Bedeutung gewonnen. Zum Verständnis der wesentlichen Begriffe und Eigenschaften der z-Transformation ist ein Grundverständnis der Laplace-Transformation aus Kapitel 19 hilfreich, aber nicht unbedingt erforderlich. Querbezüge zwischen der z-Transformation und der Laplace-Transformation stellen wir in Abschnitt 20.1.2 her.

20.1 Transformation diskreter Signale

Ausgangsbasis für die z-Transformation sind Zahlenfolgen, siehe Definition 7.1. Wir betrachten Folgen

$$(f_k) = f_0, f_1, f_2, f_3, \ldots, f_k, \ldots$$

mit unendlich vielen Folgengliedern, die mit dem Index null starten. In der Regel sind die Folgenglieder reelle Zahlen. Die meisten Begriffe und Eigenschaften lassen sich jedoch unmittelbar auf Folgen mit komplexen Zahlen übertragen. Der Fall mit endlich vielen Folgegliedern ist bei unseren Betrachtungen als Spezialfall enthalten. Eine Folge, die nur endlich viele Folgenglieder hat, können wir zu einer unendlichen Folge erweitern, indem wir den restlichen Folgengliedern den Wert null zuordnen. An der einen oder anderen Stelle kann die Vorstellung hilfreich sein, dass sich die Werte der Folgenglieder durch Abtasten eines kontinuierlichen Signals ergeben. Die z-Transformation stellt jedoch ein mathematisches Werkzeug dar, mit der sich jegliche Art von Zahlenfolgen analysieren lassen.

20.1.1 Definition

Bei der z-Transformation einer Zahlenfolge (f_k) wird jedes Folgenglied f_k mit dem Faktor z^{-k} multipliziert. Anschließend werden alle Produkte aufsummiert. Da es sich bei der Summe um eine unendliche Reihe handelt, muss sichergestellt sein, dass diese Reihe konvergiert. Sofern z eine komplexe Zahl mit $|z| > 1$ ist, besteht Hoffnung, dass die Reihe konvergiert. Die Folgenglieder werden mit dem Faktor z^{-k} multipliziert. Mit wachsendem k geht dieser Faktor für $|z| > 1$ gegen null. Wenn die Folgenglieder nicht zu stark anwachsen, geht das Produkt $f_k\, z^{-k}$ entsprechend schnell gegen null und die Summe konvergiert. Die mathematischen Feinheiten der Konvergenzfrage werden wir nicht genauer untersuchen.

Definition 20.1 (z-Transformation)

Die z-Transformation ordnet einer Folge $(f_k) = f_0, f_1, f_2, f_3, \ldots, f_k, \ldots$ im Zeitbereich eine Funktion F im Bildbereich zu. Die z-Transformation der Folge (f_k) ist definiert durch

$$(f_k) \quad \circ\!\!-\!\!\bullet \quad F(z) = \sum_{k=0}^{\infty} f_k\, z^{-k}.$$

Die Variable z im Bildbereich ist komplex. Man verwendet das Korrespondenzsymbol $\circ\!\!-\!\!\bullet$ für die z-Transformation.

Analog zur Laplace-Transformation verwendet man bei der z-Transformation ebenfalls die Begriffe Zeitbereich und Bildbereich. Die z-Transformation kann man auch als eine Art Potenzreihe, siehe Definition 10.5, interpretieren. Im Gegensatz zu einer Potenzreihe ist die Variable komplex und die Potenzen haben negative Hochzahlen. In der Mathematik bezeichnet man Potenzreihen mit positiven und negativen Hochzahlen als Laurent-Reihen, benannt nach Pierre Alphonse Laurent. Die z-Transformierte ist also eine spezielle Laurent-Reihe.

Beispiel 20.1 (z-Transformation)

a) Bei der Dirac-Folge

$$\delta_k = \begin{cases} 1 & \text{für } k = 0 \\ 0 & \text{sonst} \end{cases}$$

hat das erste Folgenglied den Wert 1. Alle anderen Folgenglieder sind null. Daher ist

$$(\delta_k) \quad \circ\!\!-\!\!\bullet \quad F(z) = 1 \cdot z^0 = 1$$

die entsprechende z-Transformation.

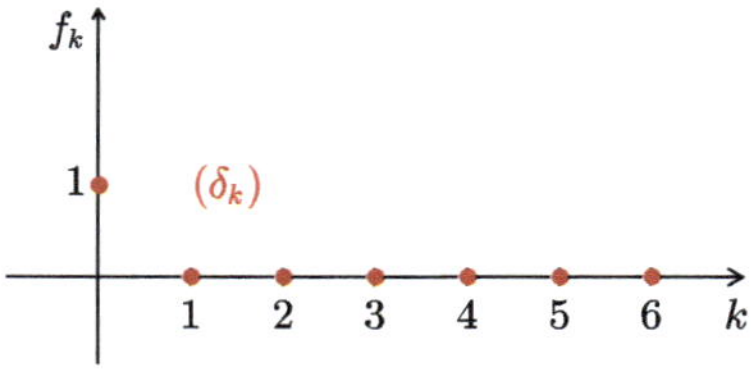

b) Die Folgenglieder der Folge (σ_k) haben alle den Wert 1. Die z-Transformation dieser Folge ergibt

$$(\sigma_k) \quad \circ\!\!-\!\!\bullet \quad F(z) = \sum_{k=0}^{\infty} 1 \cdot z^{-k}.$$

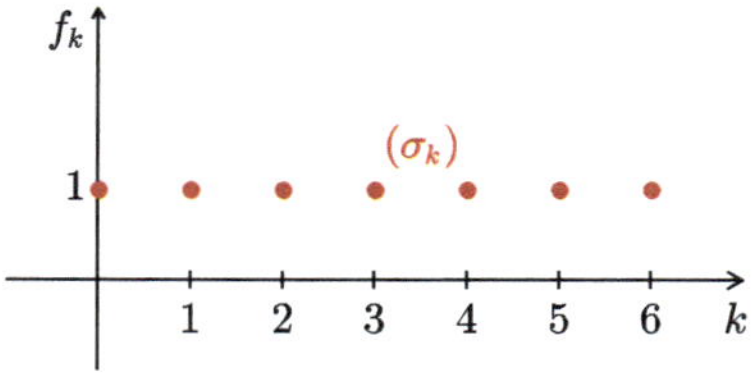

Bei dieser Summe handelt es sich um eine geometrische Reihe, siehe Beispiel 10.4.
Jedoch ist $q = \frac{1}{z}$ hier nicht reell, sondern komplex. Auch für komplexe Zahlen gilt

$$1 + q + q^2 + q^3 + \ldots + q^k + \ldots = \frac{1}{1-q},$$

allerdings nur für $|q| < 1$. Dadurch ergibt sich

$$F(z) = \sum_{k=0}^{\infty} z^{-k} = 1 + \frac{1}{z} + \left(\frac{1}{z}\right)^2 + \ldots + \left(\frac{1}{z}\right)^k + \ldots = \frac{1}{1-\frac{1}{z}} = \frac{z}{z-1}, \quad |z| > 1$$

für die gesuchte z-Transformierte. ∎

20.1.2 z-Transformation und Laplace-Transformation

Die z-Transformation wirkt auf einer Folge diskreter Werte, die Laplace-Transformation ist für kontinuierliche Funktionen definiert. Aus einer kontinuierlichen Funktion kann man durch Abtasten eine Folge diskreter Werte erzeugen. Dabei betrachten wir einen Abtastvorgang mit konstanter Abtastzeit T. Umgekehrt kann man aus jeder Folge diskreter Werte eine Treppenfunktion erzeugen. Auch dabei betrachten wir Treppen mit konstanter Breite T.

Definition 20.2 (Abtastwerte und Treppenfunktion)

Durch Abtasten einer Funktion f mit konstanter Abtastzeit T entsteht eine Folge diskreter Werte

$$(f_k) = (f(k\,T))\,.$$

Zu jeder Folge diskreter Werte kann man durch

$$f_T(t) = f_k, \quad k\,T \le t < (k+1)T, \quad k \in \mathbb{N}_0$$

eine Treppenfunktion erzeugen.

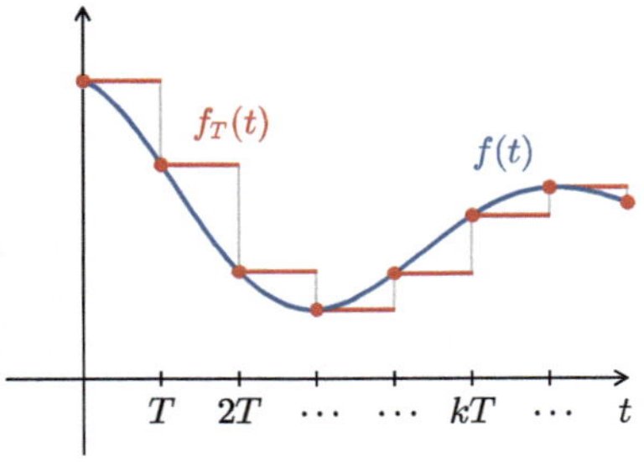

Die Laplace-Transformierte der Treppenfunktion erhalten wir aus den Transformierten der einzelnen Rechteckfunktionen. Die Rechteckfunktion r_0 mit der Länge T, die bei $t = 0$ startet, hat die Laplace-Transformierte

$$r_0(t) \quad \circ\!\!-\!\!\bullet \quad \frac{1-\mathrm{e}^{-T\,s}}{s},$$

siehe Beispiel 19.7. Die Laplace-Transformation einer um $k\,T$ nach rechts verschobenen Rechteckfunktion r_k ermitteln wir daraus durch Zeitverschiebung, siehe Satz 19.3

$$r_k(t) = r_0(t-k\,T) \quad \circ\!\!-\!\!\bullet \quad \mathrm{e}^{-k\,T\,s}\frac{1-\mathrm{e}^{-T\,s}}{s}.$$

Die Treppenfunktion f_T besteht aus einer unendlichen Summe von Rechteckfunktionen:

$$f_T(t) = \sum_{k=0}^{\infty} f_k\,r_k(t) = f_0\,r_0(t) + f_1\,r_1(t) + f_2\,r_2(t) + \ldots + f_k\,r_k(t) + \ldots$$

Aufgrund der Linearität der Laplace-Transformation ergibt sich daraus

$$f_T(t) = \sum_{k=0}^{\infty} f_k\,r_k(t) \quad \circ\!\!-\!\!\bullet \quad \sum_{k=0}^{\infty} f_k\,\mathrm{e}^{-k\,T\,s}\frac{1-\mathrm{e}^{-T\,s}}{s}\,.$$

Nun können wir noch konstante Faktoren vor die Summe ziehen:

$$f_T(t) = \sum_{k=0}^{\infty} f_k\,r_k(t) \quad \circ\!\!-\!\!\bullet \quad = \frac{1-\mathrm{e}^{-T\,s}}{s}\sum_{k=0}^{\infty} f_k\,\mathrm{e}^{-k\,T\,s}\,.$$

Die Laplace-Transformation einer Treppenfunktion lässt sich also mithilfe der z-Transformation der diskreten Werte darstellen.

Satz 20.1 (Laplace-Transformation einer Treppenfunktion)

Zwischen der Laplace-Transformierten einer Treppenfunktion F_T und der z-Transformierten F der entsprechenden diskreten Werte (f_k) besteht mit $z = \mathrm{e}^{T\,s}$ der Zusammenhang

$$F_T(s) = \frac{1 - \mathrm{e}^{-T\,s}}{s}\,F\left(\mathrm{e}^{T\,s}\right).$$

$$\begin{array}{ccc} (f_k) & \circ\!\!-\!\!\bullet & F(z) = \sum\limits_{k=0}^{\infty} f_k\,z^{-k} \\ \downarrow & & \downarrow \\ f_T(t) & \circ\!\!-\!\!\bullet & \dfrac{1 - \mathrm{e}^{-T\,s}}{s} \sum\limits_{k=0}^{\infty} f_k\,\mathrm{e}^{-k\,T\,s} \end{array}$$

20.2 Eigenschaften

Wir beschäftigen uns nun mit der Frage, wie sich einfache Veränderungen der Folge im Zeitbereich auf die z-Transformation auswirken. Die Kenntnis dieser Wechselwirkungen ermöglicht es, Berechnungen vom Zeitbereich in den Bildbereich zu verlagern und umgekehrt.

Genau wie bei der Laplace-Transformation können wir mit der z-Transformation Problemstellungen in den Bildbereich transformieren, eine Lösung im Bildbereich bestimmen und das Ergebnis wieder in den Zeitbereich übertragen. Genau dieses Prinzip werden wir in Abschnitt 20.3 verwenden, um Differenzengleichungen zu lösen.

20.2.1 Linearität

Die z-Transformation ist über eine Summe definiert. Zur Transformation einer Summe von Folgen im Zeitbereich darf man deshalb jede einzelne Folge transformieren und dann die z-Transformierten im Bildbereich addieren. Dasselbe Prinzip gilt auch bei der Multiplikation mit einem konstanten Faktor.

Satz 20.2 (Linearität)

Die Addition von Folgen im Zeitbereich entspricht der Addition der zugehörigen z-Transformierten im Bildbereich. Die Multiplikation mit einem konstanten Faktor im Zeitbereich entspricht der Multiplikation mit demselben Faktor im Bildbereich.

$$\begin{array}{ccc} (f_k), (g_k) & \circ\!\!-\!\!\bullet & F(z), G(z) \\ \downarrow & & \downarrow \\ C_1\,(f_k) + C_2\,(g_k) & \circ\!\!-\!\!\bullet & C_1\,F(z) + C_2\,G(z) \end{array}$$

Dabei sind C_1 und C_2 beliebige Konstanten.

20.2.2 Dämpfung

Welche Auswirkung hat es auf die Folge im Zeitbereich, wenn wir im Bildbereich die Variable z durch az ersetzen, also eine Skalierung durchführen? Dieser Frage wollen wir nun nachgehen. Dazu betrachten wir

$$F(az) = \sum_{k=0}^{\infty} f_k \, (az)^{-k} = \sum_{k=0}^{\infty} \left(f_k \, a^{-k}\right) z^{-k}$$

als skalierte Transformierte im Bildbereich.

Satz 20.3 (Dämpfungssatz)

Die Skalierung der Variablen mit dem Faktor a im Bildbereich entspricht der Multiplikation des Folgengliedes f_k mit dem Faktor a^{-k} im Zeitbereich.

$$\begin{array}{ccc} F(z) & \bullet\!\!-\!\!\circ & (f_k) \\ \downarrow & & \downarrow \\ F(a\,z) & \bullet\!\!-\!\!\circ & (a^{-k}\, f_k) \end{array}$$

Beispiel 20.2 (Dämpfungssatz)

Aus Beispiel 20.1 kennen wir bereits die z-Transformierte der Folge

$$(\sigma_k) \quad \circ\!\!-\!\!\bullet \quad F(z) = \frac{z}{z-1}, \qquad |z| > 1.$$

Somit gilt nach Satz 20.3 für die Folge mit den Gliedern a^k

$$\left(a^k\right) \quad \circ\!\!-\!\!\bullet \quad F\left(\frac{z}{a}\right) = \frac{\frac{z}{a}}{\frac{z}{a}-1}, = \frac{z}{z-a}, \qquad |z| > |a|.$$

Dabei ist a eine beliebige Konstante. ■

20.2.3 Verschiebung

Wir klären nun die Frage, welche Auswirkung eine Verschiebung der Folgenindizes auf die z-Transformation hat. Wir betrachten eine Folge (f_k) und eine um n Indizes nach rechts verschobene Folge (f_{k-n}):

$$(f_k) = f_0, f_1, f_2, \ldots, f_k, \ldots \quad \Longrightarrow \quad (f_{k-n}) = \underbrace{0, \ldots, 0}_{n\text{-mal } 0}, f_0, f_1, f_2, \ldots, f_k, \ldots$$

Die ersten n Folgenglieder der verschobenen Folge sind formal nicht definiert, man ordnet ihnen den Wert null zu. Mit dieser Festlegung gilt dann

$$\begin{aligned} \sigma(k-n)\,(f_{k-n}) \quad \circ\!\!-\!\!\bullet \quad & 0 + 0 \cdot z^{-1} + \ldots + 0 \cdot z^{-n+1} + f_0 z^{-n} + \ldots + f_k z^{-n-k} + \ldots \\ = \; & z^{-n}\left(f_0 + f_1\, z^{-1} + f_2\, z^{-2} + \ldots + f_k\, z^{-k} + \ldots\right) \end{aligned}$$

für die z-Transformation der verschobenen Folge.

Satz 20.4 (Verschiebung nach rechts)

Die Verschiebung der Folge (f_k) um n Indizes nach rechts im Zeitbereich entspricht der Multiplikation der z-Transformierten F mit z^{-n} im Bildbereich.

$$\begin{array}{ccc} (f_k) & \circ\!\!-\!\!\bullet & F(z) \\ \downarrow & & \downarrow \\ \sigma(k-n)\,(f_{k-n}) & \circ\!\!-\!\!\bullet & z^{-n}\,F(z) \end{array}$$

Beispiel 20.3 (Verschiebung nach rechts)

Wenn wir die Dirac-Folge aus Beispiel 20.1 um n Indizes nach rechts verschieben, erhalten wir die Folge

$$f_k = \begin{cases} 1 & \text{für } k = n \\ 0 & \text{sonst}\,. \end{cases}$$

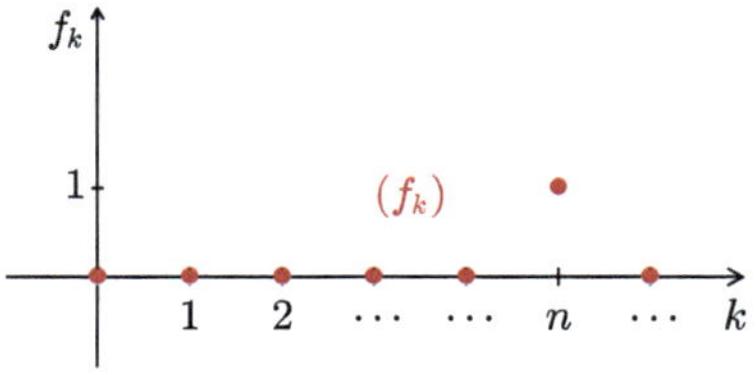

Nur das n-te Folgenglied hat den Wert 1. Alle anderen Folgenglieder sind null. Aufgrund der Verschiebung, siehe Satz 20.4, ist

$$(f_k) \quad \circ\!\!-\!\!\bullet \quad F(z) = z^{-n} \cdot 1 = z^{-n}$$

die z-Transformierte der gegebenen Folge. ▪

Eine um n Indizes nach links verschobene Folge (f_{k+n})

$$(f_k) = f_0, f_1, f_2, \ldots, f_k, \ldots \quad \Longrightarrow \quad (f_{k+n}) = f_n, f_{n+1}, f_{n+2}, \ldots, f_{n+k}, \ldots$$

besitzt die z-Transformation

$$(f_{k+n}) \quad \circ\!\!-\!\!\bullet \quad \sum_{k=0}^{\infty} f_{k+n}\, z^{-k} = \sum_{\ell=n}^{\infty} f_\ell\, z^{-\ell+n} = z^n \sum_{\ell=n}^{\infty} f_\ell\, z^{-\ell}.$$

Dabei haben wir den Index k durch $\ell = k + n$ substituiert. Die fehlenden Glieder in der letzten Summe lassen sich trickreich ergänzen:

$$(f_{k+n}) \quad \circ\!\!-\!\!\bullet \quad z^n \left(\sum_{k=0}^{\infty} f_k\, z^{-k} - \sum_{k=0}^{n-1} f_k\, z^{-k} \right)$$

Wir lassen den Summationsindex bei 0 beginnen und ziehen dafür eine zweite Summe mit den Anfangsgliedern wieder ab.

Satz 20.5 (Verschiebung nach links)

Die Verschiebung der Folge (f_k) um n Indizes nach links im Zeitbereich entspricht der Multiplikation der z-Transformierten F mit z^n im Bildbereich. Außerdem müssen die ersten n Anfangsglieder subtrahiert werden.

$$\begin{array}{ccc} (f_k) & \circ\!\!-\!\!\bullet & F(z) \\ \downarrow & & \downarrow \\ (f_{k+n}) & \circ\!\!-\!\!\bullet & z^n \left(F(z) - \sum\limits_{k=0}^{n-1} f_k z^{-k} \right) \end{array}$$

20.2.4 Vorwärtsdifferenzen

Durch Differenzenbildung kann man bei Folgen eine Art Ableitung definieren. Die Ableitung einer Funktion ist ja nichts anderes als der Grenzwert eines Differenzenquotienten, siehe Definition 8.2. Der Differenzenquotient wird auch bei der numerischen Differenziation benutzt, siehe Definition 8.14. Bei der sogenannten Vorwärtsdifferenz bildet man die Differenz des jeweils nächsten Folgengliedes f_{k+1} mit dem aktuellen Folgenglied f_k. Dies ist dann eine Differenz, kein Differenzenquotient.

Definition 20.3 (Vorwärtsdifferenzen)

Die Vorwärtsdifferenz der Folge (f_k) ist eine Folge mit den Gliedern

$$\Delta f_k = f_{k+1} - f_k, \quad k = 0, 1, 2, \ldots$$

Vorwärtsdifferenzen höherer Ordnung sind rekursiv definiert:

$$\Delta^n f_k = \Delta^{n-1} f_{k+1} - \Delta^{n-1} f_k.$$

Zur Durchführung der z-Transformation der Vorwärtsdifferenz

$$(\Delta f_k) = (f_{k+1}) - (f_k) \quad \circ\!\!-\!\!\bullet \quad = z\big(F(z) - f_0\big) - F(z) = (z-1)F(z) - z\, f_0.$$

verwenden wir die Linearität aus Satz 20.2 und außerdem auch noch die Verschiebung nach links aus Satz 20.5.

Satz 20.6 (Differenzensatz)

Die Vorwärtsdifferenz der Folge (f_k) im Zeitbereich entspricht der Multiplikation der z-Transformierten F mit dem Faktor $z - 1$ im Bildbereich. Außerdem muss der Anfangswert $z\, f_0$ subtrahiert werden.

$$\begin{array}{ccc} (f_k) & \circ\!\!-\!\!\bullet & F(z) \\ \downarrow & & \downarrow \\ (\Delta f_k) & \circ\!\!-\!\!\bullet & (z-1)F(z) - z\, f_0 \end{array}$$

Beispiel 20.4 (Differenzensatz)

Die z-Transformation der Folge

$$(\sigma_k) \quad \circ\!\!-\!\!\bullet \quad F(z) = \frac{z}{z-1}$$

kennen wir aus Beispiel 20.1. Nach Satz 20.6 über die Transformation von Differenzen gilt dann

$$(\Delta \sigma_k) \quad \circ\!\!-\!\!\bullet \quad (z-1)F(z) - z\, f_0 = (z-1)\,\frac{z}{z-1} - z \cdot 1 = 0.$$

Dieses Ergebnis ist zu erwarten, denn die Vorwärtsdifferenz der konstanten Folge (σ_k) ergibt die Nullfolge. Die z-Transformierte der Nullfolge im Zeitbereich ist die Nullfunktion im Bildbereich. ■

20.2.5 Multiplikationssatz

Wir gehen der Frage nach, wie sich die Ableitung im Bildbereich auf den Zeitbereich auswirkt. Oder mit anderen Worten, welche Zahlenfolge korrespondiert zu der Ableitung im Bildbereich. Die Ableitung im Bildbereich ermitteln wir durch gliedweises Differenzieren der Summenformel

$$F(z) = \sum_{k=0}^{\infty} f_k \, z^{-k} \quad \Longrightarrow \quad F'(z) = \sum_{k=0}^{\infty} -k \, f_k \, z^{-k-1}.$$

Durch Multiplikation von $F'(z)$ mit $-z$ ergibt sich der Zusammenhang

$$-z \, F'(z) = \sum_{k=0}^{\infty} k \, f_k \, z^{-k},$$

den man als Multiplikationssatz der z-Transformation bezeichnet.

Satz 20.7 (Multiplikationssatz)

Eine Multiplikation der Glieder der Folge (f_k) im Zeitbereich mit dem Index k entspricht der Multiplikation der Ableitung der z-Transformierten F mit dem Faktor $-z$ im Bildbereich.

$$\begin{array}{ccc} (f_k) & \circ\!\!-\!\!\bullet & F(z) \\ \downarrow & & \downarrow \\ (k\, f_k) & \circ\!\!-\!\!\bullet & -z\, F'(z) \end{array}$$

Beispiel 20.5 (Multiplikationssatz)

Aus Beispiel 20.2 kennen wir bereits die z-Transformierte der Folge

$$(f_k) = \left(a^k\right) \quad \circ\!\!-\!\!\bullet \quad F(z) = \frac{z}{z-a}, \qquad |z| > |a|.$$

Somit gilt nach Satz 20.7 für die Folge mit den Gliedern

$$\left(k\, a^k\right) = 0 \cdot a^0,\ 1 \cdot a^1,\ 2 \cdot a^2,\ 3 \cdot a^3,\ 4 \cdot a^4,\ \ldots \quad \circ\!\!-\!\!\bullet \quad -z\, F'(z) = \frac{a\, z}{(z-a)^2}.$$

Die Multiplikation mit k erzeugt den Faktor $-z$ und die Ableitung im Bildbereich. ▪

20.2.6 Diskrete Faltung

Die diskrete Faltung erzeugt aus zwei Zahlenfolgen eine neue Zahlenfolge. Das Prinzip der diskreten Faltung ist uns schon an anderen Stellen begegnet. Die Multiplikation von Polynomen, siehe Satz 6.2, ist eine diskrete Faltung. Auch das Cauchy-Produkt zur Multiplikation von Potenzreihen, siehe Satz 10.9, ist nichts anderes als eine diskrete Faltung.

Definition 20.4 (Diskrete Faltung)

Die diskrete Faltung der beiden Zahlenfolgen (f_k) und (g_k) ergibt eine Zahlenfolge $(h_k) = (f_k) \star (g_k)$. Die Glieder dieser Folge sind definiert durch

$$h_k = \sum_{\ell=0}^{k} f_\ell \, g_{k-\ell} = f_0 \, g_k + f_1 \, g_{k-1} + f_2 \, g_{k-2} + \ldots + f_{k-1} \, g_1 + f_k \, g_0 \, .$$

Man verwendet den Operator $\star$ für die diskrete Faltung zweier Folgen.

Ein Vergleich mit der Formel für die Faltung von Funktionen in Definition 17.5 zeigt, dass die diskrete Faltung nach demselben Schema aufgebaut ist:

$$f(t) \star g(t) = \int_{-\infty}^{\infty} f(\tau)\, g(t-\tau)\, \mathrm{d}\tau \quad \longleftrightarrow \quad (f_k) \star (g_k) = \left(\sum_{\ell=0}^{k} f_\ell\, g_{k-\ell} \right).$$

Das diskrete Gegenstück zum Integral ist die Summe. Der Summationsindex ℓ entspricht der Integrationsvariable τ und der Index k entspricht der Variable t.

Beispiel 20.6 (Diskrete Faltung)

Die diskrete Faltung der Zahlenfolge

$$(f_k) = 0,\, 1,\, 1,\, 1,\, 0,\, 0,\, 0,\, 0,\, 0,\, 0,\, \ldots$$

mit sich selbst ergibt

$$(h_k) = (f_k) \star (f_k) = 0,\, 0,\, 1,\, 2,\, 3,\, 2,\, 1,\, 0, \ldots$$

als neue Folge.

Die Glieder der Zahlenfolge (h_k) berechnet man mit der Summenformel. Für $k = 3$ etwa ergibt sich

$$h_3 = f_0\, f_3 + f_1\, f_2 + f_2\, f_1 + f_3\, f_0 = 2\,.$$

Bei Indizes $k > 6$ ist mindestens einer der beiden Faktoren in jedem Summand null und somit gilt dann stets $h_k = 0$.

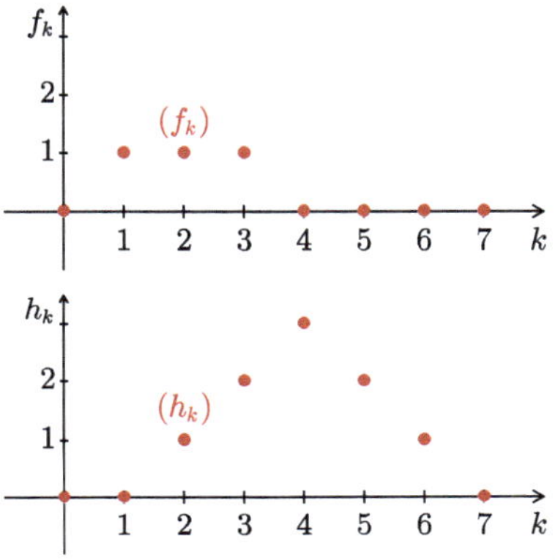

■

Das Beispiel 17.5 zeigt, dass die Faltung einer Rechteckfunktion mit sich selbst eine Dreieckfunktion ergibt. Wenn wir die Zahlenfolge aus Beispiel 20.6 als eine abgetastete Rechteckfunktion interpretieren, dann sehen wir bei der diskreten Faltung dasselbe Ergebnis, nämlich eine abgetastete Dreieckfunktion.

Bei der Faltung einer Folge (f_k) mit (δ_k) ergibt die Summenformel

$$\sum_{\ell=0}^{k} f_\ell\, \delta_{k-\ell} = f_k,$$

denn in der Summe sind, abgesehen von $\ell = k$, alle restlichen Summanden null:

$$(f_k) \star (\delta_k) = (f_k)\,.$$

Die Faltung mit der Dirac-Folge ergibt also wieder die ursprüngliche Folge. Bezüglich der Faltung ist die Dirac-Folge gewissermaßen das neutrale Element.

Satz 20.8 (Diskrete Faltung mit der Dirac-Folge)

Die diskrete Faltung der Zahlenfolge (f_k) mit der Dirac-Folge (δ_k) lässt die Zahlenfolge (f_k) unverändert:

$$(f_k) \star (\delta_k) = (f_k) = (\delta_k) \star (f_k)\,.$$

Die diskrete Faltung ist ein wichtiger Baustein der z-Transformation. Für das Produkt der z-Transformierten F und G der beiden Zahlenfolgen (f_k) und (g_k) gilt nach Satz 10.9

$$F(z) \cdot G(z) = \sum_{k=0}^{\infty} f_k\, z^{-k} \cdot \sum_{k=0}^{\infty} g_k\, z^{-k} = \sum_{k=0}^{\infty} \sum_{\ell=0}^{k} f_\ell\, g_{k-\ell}\, z^{-k}.$$

Folglich korrespondiert das Produkt mit der diskreten Faltung von (f_k) und (g_k).

Satz 20.9 (Diskrete Faltung im Zeitbereich)

Der diskreten Faltung der beiden Folgen (f_k) und (g_k) im Zeitbereich entspricht dem Produkt der beiden z-Transformierten F und G im Bildbereich.

$$\begin{array}{ccc} (f_k),(g_k) & \circ\!\!-\!\!\bullet & F(z),G(z) \\ \downarrow & & \downarrow \\ (f_k)\star(g_k) & \circ\!\!-\!\!\bullet & F(z)\cdot G(z) \end{array}$$

Genau wie bei der Laplace-Transformation stellt der Faltungssatz auch bei der z-Transformation ein schlagkräftiges Werkzeug für die Rücktransformation dar. Aus einem Produkt im Bildbereich wird eine Faltung im Zeitberiech.

Beispiel 20.7 (Diskrete Faltung im Zeitbereich)

Aus Beispiel 20.1. kennen wir die z-Transformation der Folge

$$(\sigma_k) = 1,\, 1,\, 1,\, 1,\, 1,\, \ldots \quad \circ\!\!-\!\!\bullet \quad F(z) = \frac{z}{z-1}.$$

Mithilfe von Satz 20.9 können wir die Rücktransformation des Produktes bestimmen:

$$F(z) \cdot F(z) = \frac{z^2}{(z-1)^2} \quad \bullet\!\!-\!\!\circ \quad (\sigma_k) \star (\sigma_k).$$

Die Folgenglieder der diskreten Faltung ergeben

$$\sum_{\ell=0}^{k} 1 \cdot 1 = k+1,$$

wodurch wir insgesamt Folgendes erhalten:

$$(k+1) = 1,\, 2,\, 3,\, 4,\, 5,\, \ldots \quad \circ\!\!-\!\!\bullet \quad \frac{z^2}{(z-1)^2}.$$

Damit kennen wir die z-Transformation der Folge der natürlichen Zahlen. ▪

20.3 Lösung von Differenzengleichungen

Differenzengleichungen sind Gegenstand von Kapitel 15. Abgesehen von ein paar Grundbegriffen setzen wir in diesem Abschnitt jedoch keine speziellen Kenntnisse über Differenzengleichungen voraus.

Analog zur Laplace-Transformation bei linearen Differenzialgleichungen kann man bei linearen Differenzengleichungen die z-Transformation zur Lösung verwenden. Dabei wird die Differenzengleichung in den Bildbereich transformiert. Die Transformation einer linearen Differenzengleichung ergibt im Bildbereich eine algebraische Gleichung. Die Lösung dieser algebraischen Gleichung wird dann in den Zeitbereich zurück transformiert.

Merke 20.1 (Lösung einer Differenzengleichung mit der z-Transformation)

Folgende Schritte führen auf eine Lösung:

(1) Transformiere die Differenzengleichung in den Bildbereich.

(2) Berechne die Lösung der algebraischen Gleichung im Bildbereich.

(3) Transformiere die Lösung der algebraischen Gleichung zurück in den Zeitbereich.

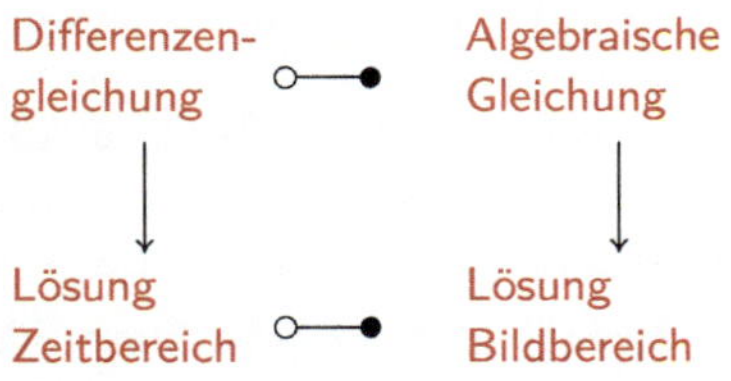

Bei der z-Transformation einer Differenzengleichung verwendet man Platzhalter für die zu berechnende Lösungsfolge. Wenn (f_k) die Lösungsfolge im Zeitbereich bezeichnet, dann verwendet man die Korrespondenz

$$(f_k) \quad \circ\!\!-\!\!\bullet \quad F(z),$$

wobei $F(z)$ der Platzhalter für die zu berechnende Lösung im Bildbereich ist. In einer linearen Differenzengleichung kommen außer (f_k) auch die nach links verschobenen Folgen (f_{k+1}), (f_{k+2}), ... vor. Die z-Transformierten dieser Folgen erhalten wir aus Satz 20.5:

$$(f_{k+1}) \;\circ\!\!-\!\!\bullet\; z\,(F(z) - f_0), \quad (f_{k+2}) \;\circ\!\!-\!\!\bullet\; z^2\left(F(z) - f_0 - f_1 z^{-1}\right), \quad \ldots$$

Auch bei diesen Formeln ist die Analogie zwischen Differenzengleichungen und Differenzialgleichungen gut zu erkennen. Die Anfangswerte bei Differenzialgleichungen entsprechen den ersten Folgengliedern bei Differenzengleichungen.

Beispiel 20.8 (Differenzengleichung)

Aus der Differenzengleichung erster Ordnung

$$f_{k+1} - 2\,f_k = 3^k, \quad k = 0, 1, 2, \ldots, \quad f_0 = -8$$

erhalten wir durch Transformation

$$z(F(z) + 8) - 2\,F(z) = \frac{z}{z-3},$$

dabei ist F die z-Transformierte von (f_k). Für die rechte Seite haben wir

$$\left(a^k\right) \quad \circ\!\!-\!\!\bullet \quad \frac{z}{z-a}$$

verwendet. Auflösen der Gleichung nach F ergibt

$$F(z) = \frac{z}{(z-3)(z-2)} - \frac{8\,z}{z-2} = z\,\frac{25 - 8\,z}{(z-3)(z-2)}.$$

Außerdem bringen wir die beiden Brüche auf einen gemeinsamen Nenner.

Den Ausdruck, abgesehen von dem Faktor z, zerlegen wir in Partialbrüche:

$$\frac{25-8\,z}{(z-3)(z-2)} = \frac{A}{z-3} + \frac{B}{z-2} = \frac{A\,z-2\,A+B\,z-3\,B}{(z-3)(z-2)}.$$

Mithilfe der Lösung des linearen Gleichungssystems

$$\begin{array}{rcrcr} -2\,A & - & 3\,B & = & 25, \\ A & + & B & = & -8, \end{array} \quad\Longrightarrow\quad A=1,\; B=-9$$

lässt sich die Rücktransformation

$$F(z) = \frac{z}{z-3} - \frac{9\,z}{z-2} \quad \bullet\!\!-\!\!\circ \quad (f_k) = (3^k - 9\cdot 2^k)$$

jetzt wieder unter Berücksichtigung des Faktors z durchführen. ■

Beispiel 20.9 (Fibonacci-Folge)

Die Folgenglieder der bekannten Fibonacci-Folge, benannt nach dem Mathematiker Leonardo Fibonacci,

$$1,\,1,\,2,\,3,\,5,\,8,\,13,\,21,\,\ldots$$

ergeben sich aus der Summe der beiden vorhergehenden Folgeglieder. Es handelt sich also um eine rekursiv definierte Zahlenfolge

$$f_{k+2} = f_{k+1} + f_k, \quad k = 0,1,2,\ldots, \quad f_0 = 0, \quad f_1 = 1.$$

Diese Gleichung stellt eine Differenzengleichung dar, ihr Äquivalent im Bildbereich lautet:

$$z^2\left(F(z) - f_0 - f_1 z^{-1}\right) = z\left(F(z) - f_0\right) + F(z).$$

Mit den Anfangsgliedern $f_0 = 0$ und $f_1 = 1$ ergibt sich

$$z^2\,F(z) - z = (z+1)F(z) \;\Longrightarrow\; \left(z^2 - z - 1\right)F(z) = z \;\Longrightarrow\; F(z) = \frac{z}{z^2-z-1}.$$

Zur Rücktransformation von $F(z)$ zerlegen wir

$$F(z) = \frac{z}{z^2-z-1} = \frac{1}{\sqrt{5}}\left(\frac{z}{z-z_1} - \frac{z}{z-z_2}\right), \quad z_1 = \frac{1+\sqrt{5}}{2}, \quad z_2 = \frac{1-\sqrt{5}}{2}.$$

Außerdem verwenden wir die Korrespondenz aus Beispiel 20.1:

$$F(z) = \frac{1}{\sqrt{5}}\left(\frac{z}{z-z_1} - \frac{z}{z-z_2}\right) \quad \bullet\!\!-\!\!\circ \quad (f_k) = \left(\frac{1}{\sqrt{5}}\left((z_1)^k - (z_2)^k\right)\right).$$

Somit haben wir eine explizite Berechnungsformel für die Glieder der Fibonacci-Folge. Es ist verblüffend, dass diese Formel für jedes k eine natürliche Zahl erzeugt. ■

Die z-Transformation kann auch verwendet werden, um Systeme linearer Differenzengleichungen zu lösen. Die Vorgehensweise ist dabei genau dieselbe wie bei einzelnen linearen Differenzengleichungen.

In der Literatur werden Differenzengleichungen manchmal mithilfe sogenannter erzeugender Funktionen gelöst. Wir gehen hier auf diese Methode nicht genauer ein. Die Lösungsmethoden für Differenzengleichungen mit der z-Transformation und erzeugenden Funktionen unterscheiden sich nur unwesentlich.

20.4 Anwendungen

Das Ziel der Komplexitätsanalyse besteht darin, den Ressourcenbedarf von Algorithmen zu ermitteln. Die beiden wesentlichen Kenngrößen für einen Algorithmus stellen Laufzeitverhalten und Speicherbedarf dar. Die Analyse rekursiver Algorithmen führt typischerweise zu Differenzengleichungen, siehe [Sedgewick]. Wir illustrieren in diesem Abschnitt an einem typischen Beispiel, wie solche Differenzengleichungen mithilfe der z-Transformation gelöst werden.

20.4.1 Zeitkomplexität von Quicksort

Quicksort ist ein Algorithmus, der oft zum Sortieren von Elementen verwendet wird. Das Laufzeitverhalten wird dabei im Wesentlichen von der Anzahl der Vergleiche zwischen den einzelnen Elementen bestimmt. Wir suchen nach einem funktionalen Zusammenhang zwischen der Laufzeit T und der Anzahl der zu sortierenden Elemente n. Die grundlegende Idee bei Quicksort besteht in einer „divide and conquer" Strategie. Wir teilen die zu sortierenden Daten in einen linken und einen rechten Bereich auf und rufen für diese beiden Teilbereiche Quicksort rekursiv wieder auf. Die Arbeitsweise der Aufteilung, die sogenannte Partitionierung, lässt sich an folgendem Beispiel verdeutlichen.

Beispiel 20.10 (Partitionierung bei Quicksort)

Die Buchstabenfolge

A S O R T I N G E X A M P L E

soll alphabetisch sortiert werden. Dazu greifen wir zunächst ein Referenzelement heraus. Als Referenzelement wird üblicherweise das letzte Element, in unserem Fall also E, gewählt. Ziel ist nun, das Referenzelement an der richtigen Stelle zu positionieren. Dazu suchen wir von links das erste Element, das größer oder gleich als unser Referenzelement ist und von rechts das erste Element, das kleiner oder gleich als unser Referenzelement ist. In unserem Beispiel finden wir S und A.

A S O R T I N G E X A M P L E

Diese beiden Elemente werden nun getauscht:

A A O R T I N G E X S M P L E

Entsprechend liefert die zweite Suche ab der aktuellen Stelle O und E:

A A O R T I N G E X S M P L E

Auch diese Elemente werden getauscht:

A A E R T I N G O X S M P L E

Bei der nächsten Suche kann nun kein Tauschpartner für das R bestimmt werden:

A A E R T I N G O X S M P L E

Wir tauschen das R mit unserem Referenzelement E und haben ein Teilziel erreicht:

A A E E T I N G O X S M P L R

Das Referenzelement E steht nun an der richtigen Position. Alle Elemente links davon sind nicht größer als das Referenzelement und alle Elemente rechts davon nicht kleiner. Der linke und der rechte Teil können jetzt separat sortiert werden. ■

Zur Analyse der Zeitkomplexität von Quicksort betrachten wir nur den günstigsten Fall. Dieser Fall tritt ein, wenn die Zerlegung von $2n$ Elementen in den linken und rechten Bereich jeweils zwei etwa gleich große Bereiche mit n Elementen liefert. Somit gilt dann näherungsweise die rekursive Beziehung

$$T_{\text{Quicksort}}(2n) = T_{\text{Partitionierung}}(2n) + T_{\text{Quicksort}}(n) + T_{\text{Quicksort}}(n).$$

Bei der Partitionierung wird jedes Element mit dem Referenzelement verglichen. Es ergeben sich also bei $2n$ Elementen $2n-1$ Vergleiche. Zugunsten einer einfacheren Darstellung arbeiten wir mit der Beziehung

$$T_{\text{Partitionierung}}(2n) = 2n.$$

Zur einfacheren Berechnung der Zeitkomplexität nehmen wir an, dass n eine Zweierpotenz ist. Dann können wir

$$n = 2^k$$

schreiben. Insgesamt erhalten wir damit für den Aufwand der Sortierung

$$T_{\text{Quicksort}}\left(2^{k+1}\right) = 2^{k+1} + 2\,T_{\text{Quicksort}}\left(2^k\right).$$

Diesen so erhaltenen Zusammenhang formulieren wir mit der Folge (f_k), wobei die Folgenglieder durch

$$f_k = T_{\text{Quicksort}}\left(2^k\right), \quad f_0 = 0$$

definiert sind. Das Anfangsglied f_0 ist null, da zum Sortieren von einem einzigen Element kein Vergleich notwendig ist. Zu der entsprechenden Differenzengleichung betrachten wir die z-Transformation

$$(f_{k+1}) = \left(2^{k+1} + 2\,f_k\right) \quad \circ\!\!-\!\!\bullet \quad z\,(F(z) - 0) = 2\,\frac{z}{z-2} + 2\,F(z).$$

Dabei verwenden wir Satz 20.5 und die Korrespondenz aus Beispiel 20.2 mit $a = 2$:

$$\left(a^k\right) \quad \circ\!\!-\!\!\bullet \quad F\left(\frac{z}{a}\right) = \frac{z}{z-a}, \quad |z| > |a|.$$

Wir lösen die Gleichung der z-Transformierten nach $F(z)$ auf. Für die z-Transformierte $F(z)$ unserer gesuchten Zahlenfolge (f_k) gilt

$$F(z) = \frac{2\,z}{(z-2)^2} \quad \bullet\!\!-\!\!\circ \quad (f_k) = \left(k\,2^k\right).$$

Diese Beziehung ist ein Spezialfall der Korrespondenz

$$\left(k\,a^k\right) \quad \circ\!\!-\!\!\bullet \quad \frac{a\,z}{(z-a)^2},$$

die wir bereits aus Beispiel 20.5 kennen, ebenfalls angewendet mit $a = 2$. Mit der Beziehung

$$k = \log_2 n$$

ergibt sich die gesuchte Zeitkomplexität von Quicksort:

$$T_{\text{Quicksort}}(n) = n\,\log_2 n.$$

Man kann zeigen, dass diese Zeitkomplexität von Quicksort viel allgemeiner, also nicht nur unter unseren vereinfachenden Annahmen, gilt.

20.5 Aufgaben

20.5.1 Verständnis und Kompetenz

Aufgabe 20.1 (z-Transformation einer alternierenden Zahlenfolge) ★★

Berechnen Sie die z-Transformation der alternierenden Zahlenfolge

$$(f_k) = 1, -1, 1, -1, 1, -1, \ldots$$

Aufgabe 20.2 (z-Transformation einer Zahlenfolge mit Sprung) ★★★

Bei der folgenden Zahlenfolge haben die ersten $m+1$ Folgenglieder den Wert 1 und die restlichen Glieder sind null. Bestimmen Sie die z-Transformation für den Spezialfall $m = 5$ und für den allgemeinen Fall einer beliebigen natürlichen Zahl m. Welche Korrespondenz ergibt sich im Grenzwert für $m \to \infty$?

$$(f_k) = \begin{cases} 1 & \text{für } 0 \le k \le m \\ 0 & \text{sonst} \end{cases}$$

Aufgabe 20.3 (z-Transformation einer linearen Zahlenfolge) ★★★

Begründen Sie, wie man aus der Formel für die geometrische Reihe die Formel

$$1 + 2q + 3q^2 + \ldots + m\,q^{m-1} + \ldots = \frac{1}{(1-q)^2}$$

herleiten kann und berechnen Sie damit die z-Transformation der Zahlenfolge

$$(f_k) = 0, 1, 2, 3, 4, 5, \ldots$$

Aufgabe 20.4 (z-Transformation einer gedämpften Zahlenfolge) ★★

Für die konstante Zahlenfolge σ_k gilt die Korrespondenz

$$(\sigma_k) = 1, 1, 1, \ldots, 1, \ldots \quad \circ\!\!-\!\!\bullet \quad \frac{z}{z-1}.$$

Bestimmen Sie mit dieser Korrespondenz die z-Transformation der Zahlenfolge $(f_k) = \mathrm{e}^{-\lambda k}$ für $k = 0, 1, 2, 3, \ldots$

20.5.2 Rechnung und Training

Aufgabe 20.5 (z-Transformation der gewichteten Fibonacci-Folge) ★★★★

Bei der rekursiv definierten Folge

$$f_{k+2} = \alpha\, f_{k+1} + (1-\alpha) f_k, \qquad f_0 = 0, \quad f_1 = 1, \qquad 0 < \alpha < 1$$

berechnen sich die Folgenglieder aus dem gewichteten Mittel der beiden Vorgänger. Der Parameter α beschreibt dabei den Einfluss des unmittelbaren Vorgängers und des Vorvorgängers. Geben Sie die Werte der Folgenglieder f_2, f_3 und f_4 an und bestimmen Sie eine explizite Formel für f_k mithilfe der z-Transformation.

Aufgabe 20.6 (Differenzengleichung) ★★★★

Wir betrachten die lineare homogene Differenzengleichung

$$f_{k+2} - a^2 f_k = 0, \qquad f_0 = 1, \quad f_1 = 0$$

mit reellem Parameter a. Geben Sie die Werte der Folgenglieder f_2, f_3, f_4, f_5, f_6 und f_7 an und bestimmen Sie die Lösung der Differenzengleichung mithilfe der z-Transformation.

20.5.3 Anwendung

Aufgabe 20.7 (Übertragungsfunktion) ★★

Bei der linearen Differenzengleichung

$$3\, y_k - 2\, y_{k-1} = x_k$$

interpretieren wir die Folge (x_k) als Eingangsgröße und die Folge (y_k) als Ausgangsgröße eines linearen zeitinvarianten Systems. Bestimmen Sie die Übertragungsfunktion

$$G(z) = \frac{Y(z)}{X(z)},$$

wobei $X(z)$ bzw. $Y(z)$ die z-Transformationen der Folgen (x_k) bzw. (y_k) bezeichnen. Welche Impulsantwort $(x_k = \delta_k)$ besitzt dieses System?

Aufgabe 20.8 (Totzeitglied) ★★★

Bei einem Totzeitglied T_m wird einer Eingangsfolge (i_k) eine um m Nullen nach rechts verschobene Ausgangsfolge (o_k) zugeordnet:

$$(i_k) = a_0,\, a_1,\, a_2,\, a_3,\, \ldots \quad \overset{T_m}{\longrightarrow} \quad (o_k) = \underbrace{0, \ldots 0}_{m\text{-mal } 0},\, a_0,\, a_1,\, a_2,\, a_3,\, \ldots$$

Bestimmen Sie die Übertragungsfunktion $G_m(z)$ des Totzeitgliedes.

Aufgabe 20.9 (PT_1-Glied) ★★★★★

Ein PT_1-Glied mit Eingangsgröße x und Ausgangsgröße y wird durch eine Differenzialgleichung beschrieben. $K > 0$ ist der Verstärkungsfaktor und $T > 0$ die Zeitkonstante:

$$T\, \dot{y}(t) + y(t) = K\, x(t)$$

Ersetzt man die Ableitung durch den Rückwärtsdifferenzenquotienten mit konstanter Abtastschrittweite Δt, erhält man die Differenzengleichung des zeitdiskreten PT_1-Gliedes:

$$\dot{y}(t) \approx \frac{y(t) - y(t - \Delta t)}{\Delta t} \quad \Longrightarrow \quad T\, \frac{y_k - y_{k-1}}{\Delta t} + y_k = K\, x_k.$$

a) Bestimmen Sie die Übertragungsfunktion $G(z) = \frac{Y(z)}{X(z)}$ des zeitdiskreten PT_1-Gliedes.

b) Wie lautet die Impulsantwort des zeitdiskreten PT_1-Gliedes? Welche Ausgangsfolge (y_k) gehört also zur Eingangsfolge $(x_k) = (\delta_k)$?

c) Bestimmen Sie die Ausgangsfolge (y_k) zur Eingangsfolge $(x_k) = (\sigma_k)$.

21 Elementare Zahlentheorie

Mit Teilbarkeitseigenschaften ganzer Zahlen, wie etwa der Modulo-Rechnung, hat sich die Mathematik schon in der Antike beschäftigt. Man bezeichnet dieses Teilgebiet als elementare oder arithmetische Zahlentheorie. Durch den Einsatz von Computern besitzt die elementare Zahlentheorie heute vielfältige praktische Anwendungen. Dabei spielen oft Primzahlen eine entscheidende Rolle. Beispiele sind Codes mit sogenannten Prüfziffern, wie etwa die ISBN-Nummern im Buchhandel, die EAN-Barcodes zur Produktkennzeichnung, die IBAN-Kontonummern der Banken und die Personalausweisnummern. Diese Prüfziffern helfen, die Eingabe- und Übertragungsfehler dieser Codes zu reduzieren.

21.1 Teilbarkeit

Einige Begriffe der elementaren Zahlentheorie sind so nahe liegend, dass wir uns schwer tun, die Notwendigkeit einer mathematischen Definition zu akzeptieren. Ein typisches Beispiel ist der Begriff der Teilbarkeit.

Definition 21.1 (Teilbarkeit)

Man nennt eine ganze Zahl m einen Teiler der ganzen Zahl n, falls n ein ganzzahliges Vielfaches von m ist:

$$m \mid n \quad \Longleftrightarrow \quad \text{es gibt eine Zahl } q \in \mathbb{Z} \text{ mit } n = q \cdot m\,.$$

Beispiel 21.1 (Teilbarkeit)

a) $2 \mid 8$, denn $8 = 4 \cdot 2$.

b) $7 \mid 91$, denn $91 = 13 \cdot 7$.

c) $13 \mid -1963$, denn $-1963 = -151 \cdot 13$.

d) $-16 \mid 368$, denn $368 = -23 \cdot (-16)$. ▪

Satz 21.1 (Rechenregeln für Teilbarkeit)

Für beliebige ganze Zahlen ℓ, m und n gilt:

- $m \mid 0$
- $m \mid m$
- $m \mid n \quad \Longrightarrow \quad m \mid \ell \cdot n$
- $m \mid n \quad \Longrightarrow \quad m \mid -n$
- $m \mid n$ und $m \mid \ell \quad \Longrightarrow \quad m \mid (n + \ell)$
- $m \mid n$ und $m \mid \ell \quad \Longrightarrow \quad m \mid (n - \ell)$

Die Division zweier ganzer Zahlen geht in der Regel nicht ohne Rest auf. Diesen Divisionsrest bezeichnet man als Modulo. Der Divisionsrest ist stets größer oder gleich null und kleiner als der Betrag des Divisors.

Definition 21.2 (Modulo)

Den Rest r, der beim Teilen einer ganzen Zahl n durch eine ganze Zahl m entsteht, bezeichnet man als Modulo:

$$r = n \mod m \iff \text{es gibt eine Zahl } q \in \mathbb{Z} \text{ mit } n = q \cdot m + r\,.$$

Der Rest r liegt in der Menge $\mathbb{Z}_m = \{0, 1, \ldots, |m| - 1\}$.

Für den Divisionsrest hat man eine Art normierten Bereich festgelegt. Bei der Rechnung modulo m besteht dieser Bereich aus den Zahlen von 0 bis maximal $|m| - 1$, der mit $\mathbb{Z}_m$ bezeichnet wird. Durch das Betragszeichen wird auch der Fall $m < 0$ berücksichtigt.

Beispiel 21.2 (Modulo)

a) $30 \mod 13 = 4$, denn $30 = 2 \cdot 13 + 4$.

b) $-30 \mod 13 = 9$, denn $-30 = -3 \cdot 13 + 9$.

c) $12345 \mod 13 = 8$, denn $12345 = 949 \cdot 13 + 8$.

d) Für $n > 1$ gilt: $2n - 1 \mod n = n - 1$, denn $2n - 1 = 1 \cdot n + n - 1$. ■

Es gibt eine Reihe von Zahlen m, für die der Modulo-Rest r einfach zu bestimmen ist. Beispielsweise ist bei $m = 2$ der Modulo-Rest einer geraden Zahl 0 und der Modulo-Rest einer ungeraden Zahl 1. Bei $m = 10$ ist der Modulo-Rest die letzte Ziffer und bei $m = 5$ muss man nur die letzte Ziffer durch 5 teilen, um den Modulo-Rest zu erhalten. Bei $m = 3$ oder $m = 9$ kann man den Modulo-Rest über die iterierte Quersumme bestimmen.

Beispiel 21.3 (Iterierte Quersumme)

Zur Bestimmung von

$$27051963 \mod 9$$

bilden wir zunächst die Quersumme, also die Summe der einzelnen Ziffern

$$2 + 7 + 0 + 5 + 1 + 9 + 6 + 3 = 33.$$

Da die Quersumme einen Wert größer als 9 hat, bilden wir die Quersumme der Quersumme

$$3 + 3 = 6\,.$$

Dieses Prinzip bezeichnet man als iterierte Quersumme. Es liefert einen Wert, der nicht mehr größer als 9 ist und damit unser gesuchtes Ergebnis $27051963 \mod 9 = 6$. ■

Beispiel 21.4 (Mikroprozessor)

Die Ganzzahlarithmetik bei einem Mikroprozessor mit 16 Bit entspricht der Rechnung modulo $m = 2^{16}$. Ein solcher Prozessor kann die Zahlen aus

$$\mathbb{Z}_{65536} = \{\,0,\ 1,\ 2,\ \ldots\ 65535\,\}$$

darstellen. Kleinere oder größere Zahlen können damit nicht erzeugt werden. ■

Die größte Zahl, die gleichzeitig ein Teiler von zwei ganzen Zahlen ist, nennt man den größten gemeinsamen Teiler dieser beiden Zahlen. Mit dieser Definition ist aber noch nicht klar, wie man einen solchen größten gemeinsamen Teiler bestimmt.

Definition 21.3 (Größter gemeinsamer Teiler, teilerfremd)

Der größte gemeinsame Teiler m der beiden ganzen Zahlen n_1 und n_2 ist die größte natürliche Zahl m, die beide Zahlen teilt:

$$m = \operatorname{ggT}(n_1, n_2) \iff m \text{ ist größte natürliche Zahl mit } m \mid n_1 \text{ und } m \mid n_2 .$$

Zwei Zahlen n_1 und n_2 mit $\operatorname{ggT}(n_1, n_2) = 1$ bezeichnet man als teilerfremd.

Für Berechnungen mit dem größten gemeinsamen Teiler gibt es ein paar einfache Regeln. Diese enthalten einige Sonderfälle mit den Zahlen 0 und 1 und auch die Symmetrie zwischen den Zahlen.

Ist n_1 ein Teiler von n_2, so ist der größte gemeinsame Teiler der beiden Zahlen n_1 und n_2 natürlich n_1 selbst. Dieser Sachverhalt ist von einfacher Natur, trotzdem muss man sich die Situation einmal in Ruhe klarmachen.

Satz 21.2 (Rechenregeln für ggT)

Für beliebige ganze Zahlen n, n_1 und n_2 gilt:

- $\operatorname{ggT}(n, 0) = |n|$
- $\operatorname{ggT}(n, 1) = 1$
- $\operatorname{ggT}(n, n) = |n|$
- $\operatorname{ggT}(n_1, n_2) = \operatorname{ggT}(n_2, n_1)$
- $n_1 \mid n_2 \implies \operatorname{ggT}(n_1, n_2) = n_1$
- $\operatorname{ggT}(n_1, n_2) = \operatorname{ggT}(n_1, n_2 \mod n_1)$

Speziell die Rechenregel

$$\operatorname{ggT}(n_1, n_2) = \operatorname{ggT}(n_1, n_2 \mod n_1)$$

schauen wir uns genauer an. Wenn m der größte gemeinsame Teiler von n_1 und n_2 ist, dann gilt:

$$m = \operatorname{ggT}(n_1, n_2) \implies m \mid n_1 \text{ und } m \mid n_2 .$$

Mit r bezeichnen wir n_2 modulo n_1. Nach Definition 21.2 gibt es dann eine ganze Zahl q so, dass:

$$r = n_2 \mod n_1 \implies n_2 = q \cdot n_1 + r .$$

Da m sowohl n_1 als auch n_2 teilt gilt:

$$m \mid n_2 - q \cdot n_1 = r .$$

Somit ist m auch ein Teiler von n_2 modulo n_1. Dieses Prinzip war bereits dem griechischen Mathematiker Euklid bekannt. Gegen Ende des 4. Jahrhunderts vor Christus formuliert er in seinem 7. Buch der Elemente „Teilbarkeit und Primzahlen" den nach ihm benannten Algorithmus zur Bestimmung des größten gemeinsamen Teilers.

Merke 21.1 (Euklidscher Algorithmus)

„Es seien AB und CD die beiden gegebenen Zahlen, sodass die größere, AB, von der kleineren, CD, nicht genau gemessen werde. Nimm immer die kleinere von der größeren weg, bis ein Rest kommt, welcher die nächst vorgehende Zahl genau misst. Dieser Rest ist das größte gemeinschaftliche Maß der beiden gegebenen Zahlen."

Die Schreibweise von Euklid ist sicherlich gewöhnungsbedürftig. Wenn man sich jedoch vor Augen hält, dass zur damaligen Zeit Zahlen nur in Form von Strecken zwischen zwei Punkten betrachtet wurden, dann lassen sich die Operationen „genau messen" und „die kleinere von der größeren weg nehmen" mit Holzstöcken nachvollziehen.

Beispiel 21.5 (Euklidscher Algorithmus)

a) Wir berechnen den größten gemeinsamen Teiler von 35 und 21. Nach dem Euklidschen Algorithmus bilden wir zunächst die Differenz der beiden Zahlen

$$\mathrm{ggT}(35,21) \longrightarrow 35-21=14 \longrightarrow \mathrm{ggT}(21,14).$$

Im zweiten Schritt betrachten wir die beiden Zahlen 21 und 14, die Differenz ergibt

$$\mathrm{ggT}(21,14) \longrightarrow 21-14=7 \longrightarrow \mathrm{ggT}(14,7).$$

Im nächsten Schritt bilden wir

$$\mathrm{ggT}(14,7) \longrightarrow 14-7=7 \longrightarrow \mathrm{ggT}(7,7)=7.$$

Damit ist der größte gemeinsame Teiler konstruktiv bestimmt.

b) Die Schritte zur Bestimmung des größten gemeinsamen Teilers von 81 und 18 sind:

$$\begin{aligned}\mathrm{ggT}(81,18) &= \mathrm{ggT}(63,18) = \mathrm{ggT}(45,18) = \mathrm{ggT}(27,18)\\ &= \mathrm{ggT}(18,9) = \mathrm{ggT}(9,9) = 9.\end{aligned}$$

Auch hier steht am Ende der größte gemeinsame Teiler fest. ■

Definition 21.4 (Kleinstes gemeinsames Vielfaches)

Das kleinste gemeinsame Vielfache n der beiden ganzen Zahlen m_1 und m_2 ist die kleinste natürliche Zahl n, die ein Vielfaches beider Zahlen ist:

$$n = \mathrm{kgV}(m_1,m_2) \iff n \text{ ist kleinste natürliche Zahl mit } m_1 \mid n \text{ und } m_2 \mid n.$$

Das kleinste gemeinsame Vielfache ist das Gegenstück zum größten gemeinsamen Teiler. Das Produkt aus ggT und kgV zweier Zahlen ergibt das Produkt der beiden Zahlen. Das ist eine verblüffende Eigenschaft.

Satz 21.3 (Zusammenhang von ggT und kgV)

Zwischen dem größten gemeinsamen Teiler und dem kleinsten gemeinsamen Vielfachen besteht der Zusammenhang

$$\mathrm{ggT}(m,n)\cdot\mathrm{kgV}(m,n) = |m\cdot n|.$$

Zur Berechnung des kleinsten gemeinsamen Vielfachen greifen wir auf den größten gemeinsamen Teiler zurück. Diesen können wir mit dem Euklidschen Algorithmus konstruktiv ermitteln.

Beispiel 21.6 (Kleinstes gemeinsames Vielfaches)

Wir ermitteln das kleinste gemeinsame Vielfache von 39 und 65. Dazu bestimmen wir zunächst den größten gemeinsamen Teiler mit dem Euklidschen Algorithmus:

$$\mathrm{ggT}(65,39) = \mathrm{ggT}(39,26) = \mathrm{ggT}(26,13) = \mathrm{ggT}(13,13) = 13\,.$$

Daraus erhalten wir dann

$$\mathrm{kgV}(65,39) = \frac{65\cdot 39}{\mathrm{ggT}(65,39)} = \frac{65\cdot 39}{13} = 195\,.$$

Dabei haben wir den Zusammenhang zwischen ggT und kgV genutzt. ▪

21.2 Kongruente Zahlen

Berechnungen modulo m erzeugen Zahlen in $\mathbb{Z}_m$. Zwei Zahlen, die modulo m denselben Rest haben, bezeichnet man als kongruent modulo m. Der Begriff der Kongruenz spielt in der Zahlentheorie eine wichtige Rolle.

Definition 21.5 (Kongruente Zahlen)

Man nennt zwei natürliche Zahlen n_1 und n_2 kongruent modulo m, falls der Rest modulo m beider Zahlen gleich ist:

$$n_1 \equiv n_2 \mod m \quad \Longleftrightarrow \quad n_1 \mod m \quad = \quad n_2 \mod m\,.$$

Beispiel 21.7 (Kongruente Zahlen)

Modulo $m = 2$ sind alle geraden Zahlen kongruent zu 0:

$$\ldots,\quad -2 \equiv 0 \mod 2,\quad 0 \equiv 0 \mod 2,\quad 2 \equiv 0 \mod 2,\quad 4 \equiv 0 \mod 2,\quad \ldots$$

Die ungeraden Zahlen sind modulo $m = 2$ kongruent zu 1:

$$\ldots,\quad -3 \equiv 1 \mod 2,\quad -1 \equiv 1 \mod 2,\quad 1 \equiv 1 \mod 2,\quad 3 \equiv 1 \mod 2,\quad \ldots$$

Somit ist jede Zahl modulo $m = 2$ entweder kongruent zu 0 oder zu 1. ▪

Satz 21.4 (Eigenschaften der Kongruenz)

Die Kongruenz ist

- reflexiv: $n \equiv n \mod m$,
- symmetrisch: $n_1 \equiv n_2 \mod m \quad \Longrightarrow \quad n_2 \equiv n_1 \mod m$,
- transitiv: $n_1 \equiv n_2 \mod m$ und $n_2 \equiv n_3 \mod m \quad \Longrightarrow \quad n_1 \equiv n_3 \mod m$.

Satz 21.5 (Rechenregeln für kongruente Zahlen)

Für beliebige ganze Zahlen ℓ, ℓ_1, ℓ_2, m, n_1, und n_2 gilt:

- $n_1 \equiv n_2 \mod m \implies n_1 \cdot \ell \equiv n_2 \cdot \ell \mod m$
- $n_1 \equiv n_2 \mod m$ und $\ell_1 \equiv \ell_2 \mod m \implies n_1 + \ell_1 \equiv n_2 + \ell_2 \mod m$
- $n_1 \equiv n_2 \mod m$ und $\ell_1 \equiv \ell_2 \mod m \implies n_1 \cdot \ell_1 \equiv n_2 \cdot \ell_2 \mod m$

Beispiel 21.8 (Rechenregeln für kongruente Zahlen)

a) Die beiden Zahlen 8 und 3 sind kongruent modulo $m = 5$. Multipliziert man diese Zahlen mit demselben Faktor 7, so ergeben sich wieder kongruente Zahlen

$$8 \equiv 3 \mod 5 \implies \underbrace{8 \cdot 7}_{56 \equiv 1 \mod 5} \equiv \underbrace{3 \cdot 7}_{21 \equiv 1 \mod 5} \mod 5 .$$

Diese sind ebenfalls kongruent modulo $m = 5$.

b) Aus den Kongruenzen von 8 und 3 sowie 4 und 9 modulo $m = 5$ folgt die Kongruenz

$$8 \equiv 3 \mod 5 \text{ und } 9 \equiv 4 \mod 5 \implies \underbrace{8 + 9}_{17 \equiv 2 \mod 5} \equiv \underbrace{3 + 4}_{7 \equiv 2 \mod 5} \mod 5$$

der Summen und die Kongruenz

$$8 \equiv 3 \mod 5 \text{ und } 9 \equiv 4 \mod 5 \implies \underbrace{8 \cdot 9}_{72 \equiv 2 \mod 5} \equiv \underbrace{3 \cdot 4}_{12 \equiv 2 \mod 5} \mod 5$$

der Produkte durch Anwenden der Rechenregeln für kongruente Zahlen. ■

Durch die Rechenregeln für kongruente Zahlen ist sichergestellt, dass eine Addition oder eine Multiplikation modulo m für kongruente Zahlen dasselbe Ergebnis ergibt. Es ist also nahe liegend, dass man für Berechnungen modulo m möglichst einfache Zahlen verwendet. Das sind die Zahlen aus $\mathbb{Z}_m$. Zu jeder dieser m Zahlen sind unendlich viele Zahlen kongruent modulo m. Alle diese kongruenten Zahlen bezeichnet man als Restklasse.

Definition 21.6 (Restklasse)

Die Menge der ganzen Zahlen, die zu einer ganzen Zahl r modulo m kongruent sind, bezeichnet man als Restklasse modulo m:

$$[r]_m = [r] = \{n \in \mathbb{Z} \mid n \equiv r \mod m\} .$$

Beispiel 21.9 (Restklassen)

a) Die Restklasse modulo 5 der Zahl 1

$$[1]_5 = \{\ldots, -14, -9, -4, 1, 6, 11, 16, \ldots\}$$

besteht aus den Vielfachen von 5 plus 1.

b) Die Restklasse modulo 7 der Zahl 2

$$[2]_7 = \{\ldots, -19, -12, -5, 2, 9, 16, 23, \ldots\}$$

besteht aus den Vielfachen von 7 plus 2. ■

Aufgrund der Eigenschaften aus Satz 21.4 ist die Kongruenz modulo m eine sogenannte Äquivalenzrelation auf den ganzen Zahlen. Die Addition und die Multiplikation modulo m wird vollständig durch die Restklassen beschrieben. Die Addition und die Multiplikation der ganzen Zahlen lässt sich auf die Restklassen durch

$$[r_1]_m + [r_2]_m = [r_1 + r_2]_m, \qquad \text{und } [r_1]_m \cdot [r_2]_m = [r_1 \cdot r_2]_m$$

unmittelbar übertragen.

Beispiel 21.10 (Addition und Multiplikation modulo 6)

Die Addition und die Multiplikation modulo 6 wird durch die beiden Tabellen beschrieben:

+	[0]	[1]	[2]	[3]	[4]	[5]
[0]	[0]	[1]	[2]	[3]	[4]	[5]
[1]	[1]	[2]	[3]	[4]	[5]	[0]
[2]	[2]	[3]	[4]	[5]	[0]	[1]
[3]	[3]	[4]	[5]	[0]	[1]	[2]
[4]	[4]	[5]	[0]	[1]	[2]	[3]
[5]	[5]	[0]	[1]	[2]	[3]	[4]

·	[0]	[1]	[2]	[3]	[4]	[5]
[0]	[0]	[0]	[0]	[0]	[0]	[0]
[1]	[0]	[1]	[2]	[3]	[4]	[5]
[2]	[0]	[2]	[4]	[0]	[2]	[4]
[3]	[0]	[3]	[0]	[3]	[0]	[3]
[4]	[0]	[4]	[2]	[0]	[4]	[2]
[5]	[0]	[5]	[4]	[3]	[2]	[1]

Die Restklassen von Summen und Produkten können direkt abgelesen werden. ▪

Modulo-Rechnungen lassen sich auf Bereiche der Mathematik übertragen, bei denen keine Division erforderlich ist. Ein typisches Beispiel ist die Multiplikation von Matrizen mit ganzzahligen Elementen.

Beispiel 21.11 (Multiplikation von Matrizen)

Wir berechnen das Produkt zweier Matrizen modulo 4:

$$\begin{pmatrix} 1 & 1 \\ 2 & 3 \end{pmatrix} \cdot \begin{pmatrix} 2 & 1 \\ 2 & 3 \end{pmatrix} = \begin{pmatrix} 4 & 4 \\ 10 & 11 \end{pmatrix} \equiv \begin{pmatrix} 0 & 0 \\ 2 & 3 \end{pmatrix} \mod 4\,.$$

Dabei wird jedes Matrixelement modulo 4 genommen. ▪

Wenn wir beim Rechnen mit ganzen Zahlen den Bereich der ganzen Zahlen nicht verlassen möchten, dann können wir keine Divisionen durchführen. In der Regel ergibt die Division zweier ganzer Zahlen nämlich einen Bruch. Bei der Modulo-Rechnung betrachtet man deshalb sogenannte multiplikative Inverse.

Definition 21.7 (Multiplikative Inverse)

Man nennt die Restklasse $[r]_m^{-1}$ multiplikative Inverse der Restklasse $[r]_m$, falls gilt:

$$[r]_m \cdot [r]_m^{-1} = [1]_m\,.$$

Die einzige Restklasse, bei der wir sicher sein können, dass es eine multiplikative Inverse gibt, ist die Restklasse $[1]$. Wegen

$$[1]_m \cdot [1]_m = [1]_m \quad \Longrightarrow \quad [1]_m^{-1} = [1]_m\,,$$

bezeichnet man die Restklasse $[1]_m$ als selbst invers.

Beispiel 21.12 (Multiplikative Inverse)

a) Eine komplette Übersicht über die Multiplikation modulo 6 haben wir bereits in Beispiel 21.10 generiert. Abgesehen von der Restklasse $[1]$ hat nur die Restklasse $[5]$

$$[5]_6 \cdot [5]_6 = [25]_6 = [1]_6 \quad \Longrightarrow \quad [5]_6^{-1} = [5]_6$$

eine multiplikative Inverse, nämlich sich selbst.

b) Eine Inverse der Restklasse $[3]$ modulo 7 ist $[5]$, denn

$$[3]_7 \cdot [5]_7 = [15]_7 = [1]_7 \quad \Longrightarrow \quad [3]_7^{-1} = [5]_7 .$$

Hier haben wir das Ergebnis nur nachgeprüft, nicht konstruktiv ermittelt. ■

Für größere Zahlen r und m ist es nicht mehr so einfach zu entscheiden, ob die multiplikative Inverse $[r]_m^{-1}$ überhaupt existiert. Dann ist auch ein einfaches Ausprobieren nicht mehr möglich. Hier hilft der folgende Satz weiter.

Satz 21.6 (Multiplikative Inverse)

Die Restklasse $[r]_m$ modulo m besitzt genau dann eine multiplikative Inverse $[r]_m^{-1}$, wenn m und r teilerfremd sind.

Die multiplikative Inverse ist ein wichtiges Instrument, um sogenannte simultane Kongruenzen zu lösen. Wir benötigen ein systematisches Verfahren zur Berechnung einer multiplikativen Inverse. Die Berechnung der multiplikativen Inversen erfolgt mit dem sogenannten erweiterten Euklidschen Algorithmus, den wir an einem Beispiel illustrieren.

Beispiel 21.13 (Erweiterter Euklidscher Algorithmus)

Unser Ziel ist es, eine multiplikative Inverse von $[14]_{33}$ zu bestimmen. Dazu zerlegen wir:

$$33 = 2 \cdot 14 + 5 \quad \Longrightarrow \quad 5 = 33 - 2 \cdot 14 .$$

Im nächsten Schritt wenden wir dieselbe Vorgehensweise auf 14 und 5 an:

$$14 = 2 \cdot 5 + 4 \quad \Longrightarrow \quad 4 = 14 - 2 \cdot 5 .$$

Die nächsten Zahlen sind 5 und 4:

$$5 = 1 \cdot 4 + 1 \quad \Longrightarrow \quad 1 = 5 - 1 \cdot 4 .$$

Der Rest 1 signalisiert uns, dass der größte gemeinsame Teiler von 33 und 14 die 1 ist. Die beiden Zahlen sind also teilerfremd und nach Satz 21.6 gibt es eine multiplikative Inverse. Ausgehend von dieser 1 setzen wir alle Gleichungen Schritt für Schritt rückwärts ineinander ein:

$$1 = 5 - 1 \cdot 4 = 5 - 1 \cdot \underbrace{(14 - 2 \cdot 5)}_{=4} = 3 \cdot 5 - 14 = 3 \cdot \underbrace{(33 - 2 \cdot 14)}_{=5} - 14 = 3 \cdot 33 - 7 \cdot 14 .$$

Nun müssen wir dieses Zwischenergebnis nur noch richtig interpretieren. Wir haben für die 1 eine Darstellung als Linearkombination von 33 und 14 erzeugt. Diese Darstellung modulo 33 betrachtet ergibt:

$$1 = 3 \cdot 33 - 7 \cdot 14 \quad \Longrightarrow \quad 1 \equiv -7 \cdot 14 \mod 33 .$$

Die -7 ist kongruent zu 26 modulo 33. Die gesuchte Inverse ist $[14]_{33}^{-1} = [26]_{33}$. ■

Bei einer simultanen Kongruenz sucht man eine Zahl, die Kongruenzen bezüglich verschiedener Moduln gleichzeitig erfüllt. Die grundlegende Idee zur Lösung simultaner Kongruenzen ist bereits seit dem 3. Jahrhundert bekannt und wird dem chinesischen Mathematiker Sun Zi zugeschrieben. Deshalb sprechen wir vom Chinesischen Restsatz.

Satz 21.7 (Chinesischer Restsatz)

Falls die Moduln m_1 und m_2 teilerfremd sind, hat die simultane Kongruenz

$$x \equiv n_1 \mod m_1 \quad \text{und} \quad x \equiv n_2 \mod m_2$$

für beliebige Zahlen $n_1 \in \mathbb{Z}_{m_1}$ und $n_2 \in \mathbb{Z}_{m_2}$ eine eindeutige Lösung $x \in \mathbb{Z}_{m_1 \cdot m_2}$.

Der Chinesische Restsatz garantiert nur die Existenz einer Lösung. Ein konstruktiver Rechenweg ist nicht enthalten. Die Berechnung der Lösung erfolgt mithilfe der multiplikativen Inversen.

Merke 21.2 (Chinesischer Restsatz)

Falls die simultane Kongruenz

$$x \equiv n_1 \mod m_1 \quad \text{und} \quad x \equiv n_2 \mod m_2$$

eine Lösung $x \in \mathbb{Z}_{m_1 \cdot m_2}$ besitzt, kann man sie durch folgende Schritte berechnen:

(1) Bestimme die multiplikativen Inversen $[m_1]_{m_2}^{-1}$ und $[m_2]_{m_1}^{-1}$.

(2) Setze $y = n_1 \cdot m_2 \cdot [m_2]_{m_1}^{-1} + n_2 \cdot m_1 \cdot [m_1]_{m_2}^{-1}$.

(3) Ermittle $x \in \mathbb{Z}_{m_1 \cdot m_2}$ mit $x \equiv y \mod m_1 \cdot m_2$.

Beispiel 21.14 (Chinesischer Restsatz)

Zur Lösung der simultanen Kongruenz

$$x \equiv 2 \mod 4 \quad \text{und } x \equiv 3 \mod 7$$

ermitteln wir zunächst die multiplikativen Inversen. Die multiplikativen Inversen von 4 modulo 7 und von 7 modulo 4 können wir durch Ausprobieren bestimmen. Für die erste multiplikative Inverse erhalten wir etwa

$$4 \cdot 2 = 8 \equiv 1 \mod 7 \quad \Longrightarrow \quad [4]_7^{-1} = 2$$

und für die zweite multiplikative Inverse ebenfalls durch Ausprobieren

$$7 \cdot 3 = 21 \equiv 1 \mod 4 \quad \Longrightarrow \quad [7]_4^{-1} = 3\,.$$

Daraus ergibt sich

$$y = 2 \cdot 7 \cdot 3 + 3 \cdot 4 \cdot 2 = 66\,.$$

Unsere gesuchte Zahl x erhalten wir aus $y = 66$ modulo $4 \cdot 7 = 28$

$$x \equiv 66 \mod 28 \quad \Longrightarrow \quad x = 10\,.$$

Man kann leicht überprüfen, dass $x = 10$ beide Kongruenzen erfüllt. ■

Bei der Formulierung in Satz 21.7 handelt es sich um die einfachste Form des Chinesischen Restsatzes. Man kann den Satz für mehr als zwei simultane Kongruenzen verallgemeinern. Außerdem ist die Bedingung von teilerfremden Moduln zwar hinreichend, aber nicht notwendig für die Existenz einer Lösung.

21.3 Primzahlen

Primzahlen sind Zahlen, die nur durch sich selbst und die Eins teilbar sind. Diese einfache Definition hat dazu geführt, dass sich die Mathematik mindestens seit der griechischen Antike mit Primzahlen beschäftigt. Viele Mathematiker wurden regelrecht in ihren Bann gezogen. Trotzdem gibt es bezüglich Primzahlen bis heute viele ungeklärte Fragen.

Erkenntnisse über Primzahlen schienen jahrhundertelang ohne praktischen Nutzen zu sein. Doch spätestens seit der Einführung der modernen Kryptographie im letzten Jahrhundert, bei der Informationen mithilfe von Computern verschlüsselt werden, hat sich das grundsätzlich geändert.

Definition 21.8 (Primzahl)

Eine natürliche Zahl p, die genau zwei Teiler hat, nämlich 1 und p, nennt man Primzahl:

$$2, \quad 3, \quad 5, \quad 7, \quad 11, \quad 13, \quad 17, \quad 19, \quad 23, \quad 29, \quad 31, \quad \ldots$$

Die Zahlen 0 und 1 sind keine Primzahlen.

Zunächst stellt sich die Frage, ob es überhaupt unendlich viele Primzahlen gibt. Diese Frage konnte bereits Euklid klären. Er hat die Annahme, dass es nur endlich viele Primzahlen gibt, zum Widerspruch gebracht.

Angenommen, es gäbe nur endlich viele Primzahlen $p_1, p_2, \ldots, p_n$. Dann betrachten wir die zusammengesetzte Zahl

$$p = p_1 \cdot p_2 \cdot \ldots \cdot p_n + 1\,,$$

die sicherlich größer als alle Primzahlen $p_1, p_2, \ldots, p_n$ ist. Wenn diese Zahl p keine Primzahl wäre, dann müsste sie mindestens eine Primzahl p_j als Faktor enthalten. Es müsste also eine Zahl k geben, sodass

$$p = k \cdot p_j\,.$$

Andererseits ist p_j im Produkt aller Primzahlen enthalten. Mit anderen Worten, es gibt eine Zahl ℓ, sodass

$$p_1 \cdot p_2 \cdot \ldots \cdot p_n = \ell \cdot p_j\,.$$

Zusammen erhalten wir die Gleichungen

$$1 = p - p_1 \cdot p_2 \cdot \ldots \cdot p_n = k \cdot p_j - \ell \cdot p_j = (k - \ell)\, p_j\,.$$

Dies ist ein Widerspruch, denn p_j ist kein Teiler von 1.

Satz 21.8 (Satz von Euklid)

Aus den ersten n Primzahlen p_1, p_2, ..., p_n kann man durch

$$p = p_1 \cdot p_2 \cdot \ldots \cdot p_n + 1$$

eine neue Primzahl konstruieren. Somit gibt es unendlich viele Primzahlen.

Beispiel 21.15 (Satz von Euklid)

Aus den ersten vier Primzahlen lässt sich nach dem Satz von Euklid eine neue Primzahl

$$p = 2 \cdot 3 \cdot 5 \cdot 7 + 1 = 211$$

bestimmen. Zwischen 7 und 211 gibt es noch eine Reihe weiterer Primzahlen, die mit dieser Konstruktion jedoch nicht ermittelt werden können. ▪

Eine systematische Methode um alle Primzahlen zu finden, ist das Sieb des Eratosthenes, benannt nach dem griechischen Mathematiker Eratosthenes von Kyrene. Dabei schreibt man alle Zahlen nacheinander auf und streicht dann die Vielfachen der Primzahlen. Angefangen mit der 2 ergibt sich:

2, 3, ~~4~~, 5, ~~6~~, 7, ~~8~~, 9, ~~10~~, 11, ~~12~~, 13, ~~14~~, 15, ~~16~~, 17, ~~18~~, 19, ~~20~~, 21, ~~22~~, 23, ~~24~~, ...

Im zweiten Schritt werden zusätzlich die Vielfachen der 3 gestrichen:

2, 3, ~~4~~, 5, ~~6~~, 7, ~~8~~, ~~9~~, ~~10~~, 11, ~~12~~, 13, ~~14~~, ~~15~~, ~~16~~, 17, ~~18~~, 19, ~~20~~, ~~21~~, ~~22~~, 23, ~~24~~, ...

Im nächsten Schritt werden dann auch die Vielfachen der 5 gestrichen:

2, 3, ~~4~~, 5, ~~6~~, 7, ~~8~~, ~~9~~, ~~10~~, 11, ~~12~~, 13, ~~14~~, ~~15~~, ~~16~~, 17, ~~18~~, 19, ~~20~~, ~~21~~, ~~22~~, 23, ~~24~~, ...

Auf den ersten Blick scheint das Sieb des Eratosthenes ein optimales Suchverfahren für Primzahlen zu sein. Allerdings kommt man mit diesem Algorithmus selbst mit Supercomputern schnell an seine Grenzen.

Man kennt heute wesentlich effizientere Methoden, Primzahlen zu bestimmen. Insbesondere für Zahlen der Form $2^k - 1$ gibt es Verfahren, mit denen man effizient überprüfen kann, ob es sich um eine Primzahl handelt. Primzahlen dieser Form bezeichnet man als Mersenne-Primzahlen, benannt nach dem französischen Mönch Marin Mersenne. Bis zum Jahr 2014 ist die größte bekannte Primzahl die Mersenne-Primzahl

$$2^{57.885.161} - 1\,.$$

Diese Zahl hat rund 17 Millionen Dezimalziffern.

Die Faszination für Primzahlen rührt vermutlich daher, dass es für Primzahlen eine Reihe ungelöster Probleme gibt. Einige dieser Problemstellungen sind selbst für mathematische Laien gut verständlich.

Eines der bekanntesten ungelösten Probleme der Mathematik ist die nach dem Mathematiker Christian Goldbach benannte Vermutung, wonach jede gerade natürliche Zahl größer als 2 als Summe zweier Primzahlen geschrieben werden kann.

Mit Computern hat man alle geraden Zahlen mit maximal 18 Ziffern bereits überprüft. Man konnte alle diese Zahlen tatsächlich als Summe von zwei Primzahlen darstellen. Allerdings gibt es bis heute noch keinen lückenlosen mathematischen Beweis für die Goldbachsche Vermutung.

Ähnlich populär ist die Vermutung über die Existenz unendlich vieler Primzahlzwillinge. Ein Primzahlzwilling besteht aus einem Paar von Primzahlen, die in der Differenz 2 ergeben. Beispielweise bilden die Paare 11 und 13, 17 und 19 oder 29 und 31 jeweils Primzahlzwillinge.

Primzahlen sind von zentraler Bedeutung für die Mathematik, weil sie die Grundbausteine darstellen, aus denen die natürlichen Zahlen aufgebaut sind. Umgekehrt kann man jede natürliche Zahl in sogenannte Primfaktoren zerlegen.

Satz 21.9 (Primfaktorzerlegung)

Jede natürlich Zahl $n > 1$ lässt sich eindeutig als Produkt von Primzahlen darstellen:

$$n = p_1^{k_1} \cdot p_2^{k_2} \cdot \ldots \cdot p_m^{k_m} .$$

Dabei sind $p_1, p_2, \ldots, p_m$ unterschiedliche Primzahlen und $k_1, k_2, \ldots, k_m$ die Vielfachheiten, mit denen diese Primzahlen vorkommen.

Satz 21.9 über die Eindeutigkeit der Primfaktorzerlegung liefert einen Grund dafür, dass man die Eins nicht als Primzahl bezeichnet. Wäre die Eins auch eine Primzahl, dann wäre die Primfaktorzerlegung nicht mehr eindeutig. Schließlich kann man eine Zahl beliebig oft mit Eins multiplizieren, ohne dass sich der Wert ändert.

Beispiel 21.16 (Primfaktorzerlegung)

a) Die Primfaktorzerlegung von 1980 bestimmen wir Schritt für Schritt aus

$$1980 = 2 \cdot 990 = 2 \cdot 2 \cdot 495 = 2 \cdot 2 \cdot 3 \cdot 165 = 2 \cdot 2 \cdot 3 \cdot 3 \cdot 55 = 2 \cdot 2 \cdot 3 \cdot 3 \cdot 5 \cdot 11 .$$

Insgesamt erhalten wir

$$1980 = 2^2 \cdot 3^2 \cdot 5^1 \cdot 11^1$$

für die Primfaktorzerlegung von 1980.

b) Die Primfaktorzerlegung von 4158 ergibt sich aus

$$4158 = 2 \cdot 2079 = 2 \cdot 3 \cdot 693 = 2 \cdot 3 \cdot 3 \cdot 231 = 2 \cdot 3 \cdot 3 \cdot 3 \cdot 77 = 2 \cdot 3 \cdot 3 \cdot 3 \cdot 7 \cdot 11 .$$

Durch Zusammensetzen der Primfaktoren

$$4158 = 2^1 \cdot 3^3 \cdot 7^1 \cdot 11^1$$

erhalten wir die gesuchte Primfaktorzerlegung. ∎

Die Primfaktorzerlegung ist ein nützliches Werkzeug für Teilbarkeitsuntersuchungen. Leider kennt man bis heute kein effizientes Verfahren zur Berechnung der Primfaktorzerlegung. Mithilfe der Primfaktorzerlegung kann man direkt den größten gemeinsamen Teiler oder das kleinste gemeinsame Vielfache ermitteln.

Beispiel 21.17 (Primfaktorzerlegung und größter gemeinsamer Teiler)

Aus Beispiel 21.16 kennen wir die Primfaktorzerlegungen

$$1980 = 2^2 \cdot 3^2 \cdot 5^1 \cdot 11^1 \quad \text{und} \quad 4158 = 2^1 \cdot 3^3 \cdot 7^1 \cdot 11^1 .$$

Aus den gemeinsamen Primfaktoren lässt sich der größte gemeinsame Teiler ermitteln:

$$\text{ggT}\,(1980, 4158) = 2^1 \cdot 3^2 \cdot 11^1 = 198 .$$

Das kleinste gemeinsame Vielfache ergibt sich nach Satz 21.2 aus dem größten gemeinsamen Teiler

$$\text{kgV}\,(1980, 4158) = \frac{1980 \cdot 4158}{\text{ggT}\,(1980, 4158)} = \frac{1980 \cdot 4158}{198} = 41580 .$$

Auf dieses Ergebnis kommt man auch, wenn man die Primfaktorzerlegungen heranzieht

$$\text{kgV}\,(1980, 4158) = 2^2 \cdot 3^3 \cdot 5^1 \cdot 7^1 \cdot 11^1 = 41580$$

und alle Primfaktoren miteinander multipliziert. Dabei werden die gemeinsamen Primfaktoren nur einmal verwendet. ■

Bei einigen Anwendungen verwendet man Berechnungen modulo einer Primzahl. Beim Identcode der Deutschen Post wird beispielsweise modulo 11 gerechnet. Die Überprüfung einer IBAN-Kontonummer erfolgt in Deutschland modulo 11 und in Frankreich modulo 97. Bei Berechnungen modulo einer Primzahl p ist r^p stets kongruent zu p. Dieser Zusammenhang wurde bereits im 17. Jahundert von Pierre de Fermat entdeckt.

Satz 21.10 (Kleiner Satz von Fermat)

Für jede Primzahl p und jede ganze Zahl r gilt:

$$r^p \equiv r \mod p .$$

Manchmal wird der Kleine Fermat, wie er oft liebevoll bezeichnet wird, in der Form

$$r^{p-1} \equiv 1 \mod p$$

präsentiert. Dabei darf r jedoch kein Vielfaches von p sein. Der Beweis des Kleinen Fermat ist nicht schwierig. Trotzdem verzichten wir hier auf die Details.

Beispiel 21.18 (Kleiner Fermat)

Unser Ziel ist es, den folgenden Ausdruck zu vereinfachen:

$$2^{10\,000} \mod 31 .$$

Dazu zerlegen wir $10\,000 = 333 \cdot 30 + 10$ und wenden den kleinen Satz von Fermat an:

$$2^{10\,000} = 2^{10}\left(2^{30}\right)^{333} \equiv 2^{10} \cdot 1^{333} \equiv 2^{10} \mod 31 .$$

Wegen $2^{10} = 1024 = 33 \cdot 31 + 1$ ergibt sich

$$2^{10\,000} \equiv 2^{10} \equiv 1 \mod 31 .$$

Wir erhalten als Ergebnis, dass $2^{10\,000}$ und 1 kongruent modulo 31 sind. ■

21.4 Anwendungen

Die Zahlentheorie galt lange Zeit als Spielwiese der Mathematiker ohne Bezug zu praktischen Problemstellungen. Mit zunehmender Bedeutung der modernen Kryptographie hat sich das geändert. Methoden der Zahlentheorie bilden die Grundlage für die Verschlüsselung von Informationen und für sicheren Zahlungsverkehr über das Internet.

21.4.1 International Bank Account Number (IBAN)

Um den Datenaustausch zwischen Banken verschiedener Länder zu vereinheitlichen, wurde die International Bank Account Number, die unter dem Kürzel IBAN bekannt ist, eingeführt. Die IBAN setzt sich aus einem zweistelligen Ländercode, zwei Prüfziffern und einer maximal 30-stelligen Kontoidentifikation zusammen.

Die deutsche IBAN hat den Ländercode „DE". Die Kontoidentifikation besteht aus einer 8-stelligen Bankleitzahl und einer 10-stelligen Kontonummer.

Deutsche IBAN																					
1	2	3	4	5	6	7	8	9	10	11	12	13	14	15	16	17	18	19	20	21	22
D	E	Prüfz.		Bankleitzahl								Kontonummer									

Insbesondere das manuelle Ausfüllen von Überweisungsformularen führt immer wieder zu Fehlern. Mithilfe der beiden Prüfziffern soll eine fehlerhafte IBAN erkannt werden. Zur Berechnung der Prüfziffern wird aus der IBAN eine 24-stellige Zahl gebildet. Bei einer korrekten IBAN muss der Rest dieser 24-stelligen Zahl modulo 97 immer genau 1 ergeben. Die Zahl 97 ist sehr geschickt gewählt. 97 ist eine Primzahl und bei Berechnungen modulo 97 sind 97 unterschiedliche Werte möglich. Dadurch werden falsche Ziffern mit hoher Wahrscheinlichkeit erkannt.

Beispiel 21.19 (IBAN)

Wir berechnen die beiden Prüfziffern für die Kontonummer $0815\,4711\,07$ bei der Bank mit der Bankleitzahl $100\,600\,70$. Dazu werden den Buchstaben des Ländercodes, entsprechend ihrer Position im Alphabet, Zahlen zugeordnet

$$\mathsf{A} \to 10, \quad \mathsf{B} \to 11, \quad \mathsf{C} \to 12, \quad \mathsf{D} \to 13, \quad \mathsf{E} \to 14, \quad \ldots \quad \mathsf{Z} \to 35$$

und daraus eine 24-stellige Zahl gebildet

$$z = \underbrace{100\,600\,70}_{\text{Bankleitzahl}}\ \underbrace{0815\,4711\,07}_{\text{Kontonummer}}\ \underbrace{13}_{\text{D}}\ \underbrace{14}_{\text{E}}\,\mathsf{XX}\,.$$

Dabei steht XX als Platzhalter für die beiden Prüfziffern. Diese Prüfziffern müssen wir jetzt so bestimmen, dass $z \mod 97 = 1$ ergibt. Aus den Berechnungen mit einem Computerprogramm

$$100600700815471107131400 \mod 97 = 44$$

ergeben sich die gesuchten Prüfziffern $\mathsf{XX} = 97 + 1 - 44 = 54$. ■

In Programmiersprachen wie etwa C, C++ oder Java sind zur Darstellung natürlicher Zahlen maximal 64 Bit vorgesehen. Dadurch ergibt sich ein Zahlenbereich

$$0 \quad \text{bis} \quad 2^{64} - 1 = 18\,446\,744\,073\,709\,551\,615\,.$$

Das reicht aber nicht um mit Zahlen mit 24 Ziffern zu rechnen. Abhilfe schafft das Aufteilen in zwei Zahlen z_1 und z_2 mit jeweils 12 Ziffern

$$z = z_1 \cdot 10^{12} + z_2.$$

Dann zerlegt man beide Zahlen modulo 97

$$z_1 = q_1 \cdot 97 + r_1, \qquad z_2 = q_2 \cdot 97 + r_2$$

und stellt die ursprüngliche Zahl z dar durch

$$z = (q_1 \cdot 97 + r_1)10^{12} + q_2 \cdot 97 + r_2 = (q_1 \cdot 10^{12} + q_2)\,97 + r_1 \cdot 10^{12} + r_2.$$

Bei der Berechnung von z modulo 97 spielen also q_1 und q_2 keine Rolle und es ergibt sich

$$z \mod 97 = r_1 \cdot 10^{12} + r_2 \mod 97 = \underbrace{(z_1 \mod 97)}_{r_1} 10^{12} + \underbrace{(z_2 \mod 97)}_{r_2} \mod 97.$$

Somit kann die Moduloberechnung einer Zahl mit 24 Stellen mithilfe von drei Moduloberechnungen im Bereich der 64-Bit-Zahlen durchgeführt werden.

21.4.2 Linearer Kongruenzgenerator für Pseudozufallszahlen

Es gibt Computerprogramme, die auf einem Zufallsprinzip basieren, beispielsweise die Simulation von Glücksspielen oder das Erzeugen von Stichproben für Meinungsumfragen. Solche Programme werden mithilfe von Zufallszahlen, genauer gesagt von Pseudozufallszahlen, realisiert. Vereinfacht ausgedrückt sind Pseudozufallszahlen Zahlen, die durch Computerprogramme erzeugt werden und trotzdem ähnliche Eigenschaften wie echte Zufallszahlen haben. Eine einfache Methode zum Erzeugen von Pseudozufallszahlen ist der lineare Kongruenzgenerator. Ausgehend von einem Startwert y_0 erzeugt man durch die Rekursionsvorschrift

$$y_{k+1} = a \cdot y_k + b \mod m, \qquad k = 0, 1, 2, \ldots$$

eine Folge von Pseudozufallszahlen. Die Qualität der Pseudozufallszahlen hängt von der Wahl der Parameter a, b und m ab. Man kennt ein paar Faustregeln, die gute Pseudozufallszahlen erzeugen. Für den Parameter m haben sich Zweierpotenzen bewährt. Der Parameter a sollte eine Ziffer weniger als m haben und mit den Ziffern 21 enden. Man verwendet oft $b = 0$ oder $b = 1$.

Beispiel 21.20 (Linearer Kongruenzgenerator)

Der lineare Kongruenzgenerator mit den Parametern $a = 7$, $b = 3$ und $m = 32$

$$y_{k+1} = 7 \cdot y_k + 3 \mod 32, \qquad k = 0, 1, 2, \ldots, \qquad y_0 = 1,$$

erzeugt die Pseudozufallszahlen

$$y_0 = 1,\ y_1 = 10,\ y_2 = 9,\ y_3 = 2,\ y_4 = 17,\ y_5 = 26,\ y_6 = 25,\ y_7 = 18,\ y_8 = 1, \ldots$$

Da y_8 wieder dem Startwert entspricht, wiederholen sich diese 8 Werte zyklisch. ■

21.5 Aufgaben

21.5.1 Verständnis und Kompetenz

Aufgabe 21.1 (Mersenne-Zahlen) ★

Richtig oder falsch? Für jede natürliche Zahl k ist $2^k - 1$ eine Primzahl.

Aufgabe 21.2 (Produkte von Primzahlen) ★★

Richtig oder falsch? Wenn $p_1, p_2, \ldots, p_n$ lauter Primzahlen sind, dann ist $p = p_1 \cdot p_2 \cdot \ldots \cdot p_n + 1$ auch eine Primzahl.

21.5.2 Rechnung und Training

Aufgabe 21.3 (Modulo-Rest) ★★

Bestimmen Sie für die Zahl 47110815007 den Modulo-Rest:

a) modulo 2 b) modulo 3 c) modulo 5
d) modulo 9 e) modulo 10 f) modulo 100

Aufgabe 21.4 (Modulo-Vereinfachungen) ★★

Vereinfachen Sie die folgenden Ausdrücke:

a) $2^{22} \mod 23$ b) $2^{110} \mod 23$ c) $2^{92} \mod 23$
d) $n+1 \mod n$ e) $n^2 \mod n$ f) $n^2 - 1 \mod n+1$

Aufgabe 21.5 (Teiler und Vielfache) ★★

Bestimmen Sie für die folgenden Zahlenpaare den ggT und das kgV:

a) 21 und 12 b) 2121 und 1212 c) 21021 und 12012

Aufgabe 21.6 (Primfaktorzerlegungen) ★★★

Bestimmen Sie die Primfaktorzerlegungen der beiden Zahlen 847 und 539. Ermitteln Sie daraus den größten gemeinsamen Teiler und das kleinste gemeinsame Vielfache.

Aufgabe 21.7 (Simultane Kongruenzen) ★★★★

Bestimmen Sie die Lösung der beiden simultanen Kongruenzen

$$x \equiv 1 \mod 11 \quad \text{und} \quad x \equiv 13 \mod 31\,.$$

Aufgabe 21.8 (Fakultäten und Primfaktoren) ★★★

Mit wie vielen Nullen endet die Zahl $\frac{100!}{50!}$?

Aufgabe 21.9 (Matrizen und Modulo) ★★★

Bestimmen Sie A^2, B^2, C^2, AB, AC und BC für die folgenden Matrizen:

$$\boldsymbol{A} = \begin{pmatrix} 1 & 0 & 0 \\ 0 & 1 & 0 \\ 0 & 0 & 1 \end{pmatrix}, \qquad \boldsymbol{B} = \begin{pmatrix} 1 & 1 & 1 \\ 1 & 1 & 1 \\ 1 & 1 & 1 \end{pmatrix}, \qquad \boldsymbol{C} = \begin{pmatrix} 1 & 0 & 1 \\ 0 & 1 & 0 \\ 1 & 0 & 1 \end{pmatrix}.$$

a) modulo 2 b) modulo 3 c) modulo 4

A Anhang

A.1 Bedeutende Mathematiker

Zu den Bildquellen siehe [Wikipedia] und [MacTutor]. Biografien von Wissenschaftlern, deren Namen in Maßeinheiten verewigt sind, findet man etwa in [Martin].

Abel, Niels Henrik
1802 (Finnøy, Norwegen) – 1829 (Froland, Norwegen)

- Norwegischer Mathematiker, Stationen in Berlin und Paris, mehrere Stipendien, Lungentuberkulose in jungen Jahren
- Beiträge zur Konvergenz von Reihen und zur Funktionentheorie, Arbeiten über Unlösbarkeit von Gleichungen fünften Grades
- Abelsche Gruppe, Abel-Preis

Al-Chwarizmi, Muhammad ibn Musa Abu Dscha'far
um 780 (Bagdad, Irak) – um 850 (Bagdad, Irak)

- Persischer Mathematiker, Astronom, Geograph und Universalgelehrter, Tätigkeit im Haus der Weisheit in Bagdad
- Beschäftigung mit der Algebra, Rechnen mit Dezimalzahlen, Lösungsansätze für lineare und quadratische Gleichungen
- Algorithmus

Alembert, Jean-Baptiste le Rond d'
1717 (Paris, Frankreich) – 1783 (Paris, Frankreich)

- Französischer Mathematiker und Physiker, Autodidakt, Philosoph der Aufklärung, Mitherausgeber der Encyclopédie
- Beschäftigung mit mathematischer Physik, Arbeiten zur Wellengleichung der schwingenden Saite und zur Konvergenz von Reihen
- D'Alembert-Kriterium, d'Alembert-Wellengleichung

Archimedes
287 v. Chr. (Syrakus, Italien) – 212 v. Chr. (Syrakus, Italien)

- Griechischer Mathematiker, Physiker und Ingenieur, bedeutender Mathematiker der Antike, Freund des Königs Hieron II
- Erfinder eines stellenwertbasierten Zahlensystems, Berechnung von Flächen- und Rauminhalten, Arbeiten zu Hebelgesetzen und Statik
- Archimedische Spirale, Archimedisches Prinzip

Aristoteles
384 v. Chr. (Stagirus, Griechenland) – 322 v. Chr. (Chalcis, Griechenl.)

- Griechischer Philosoph, maßgeblicher Einfluss auf viele Disziplinen, Forschung und Lehre an der Akademie in Athen
- Systematisierung des mathematischen und physikalischen Wissens, Begründer der Logik und der mathematischen Begriffsbildung
- Aristotelismus

Bachmann, Paul
1837 (Berlin) – 1920 (Weimar)

- Deutscher Mathematiker, Studium in Berlin, Stationen in Göttingen, Breslau, Münster und Weimar, Musiker und Musikkritiker
- Zahlentheoretische Arbeit über komplexe Einheiten, Autor von Lehrbüchern und Gesamtdarstellungen der Zahlentheorie
- Benennungen nach Bachmann nicht bekannt

Bernays, Paul
1888 (London, England) – 1977 (Zürich, Schweiz)

- Schweizer Mathematiker, starke musikalische Neigung, Stationen in Paris und Berlin, Professor in Göttingen und Zürich
- Ausbau der Beweistheorie, Arbeiten zur axiomatischen Mengenlehre, Mitbegründer der philosophischen Fachzeitschrift Dialectica
- Neumann-Bernays-Gödel-Mengenlehre

Bernoulli, Jakob
1654 (Basel, Schweiz) – 1705 (Basel, Schweiz)

- Schweizer Mathematiker und Physiker, älterer Bruder von Johann Bernoulli, Autodidakt, Professor in Basel
- Entwicklung der Wahrscheinlichkeitstheorie, Beiträge zur Variationsrechnung, Untersuchung von unendlichen Reihen
- Bernoulli-Verteilung, Bernoulli-Zahlen

Bernoulli, Johann
1667 (Basel, Schweiz) – 1748 (Basel, Schweiz)

- Schweizer Mathematiker und Arzt, jüngerer Bruder von Jakob Bernoulli, anfangs enge Zusammenarbeit, später große Differenzen
- Lösen des Kettenlinienproblems, Arbeiten zu Reihen und Differentialgleichungen, wichtige Beiträge zum modernen Funktionsbegriff
- Bernoulli-Verteilung, Bernoulli-Zahlen

Bernstein, Sergei Natanowitsch
1880 (Odessa, Ukraine) – 1968 (Moskau, Russland)

- Russischer Mathematiker, Studium in Paris und Göttingen, Professor in Moskau, Herausgeber der Tschebyschew-Werke
- Arbeiten zur Approximationstheorie, Beschäftigung mit Hilberts offenen Problemen, Interesse für Wahrscheinlichkeitstheorie
- Bernstein-Polynome

Bézier, Pierre Étienne
1910 (Paris, Frankreich) – 1999 (Paris, Frankreich)

- Französischer Ingenieur und Mathematiker, langjährige Tätigkeit bei Renault, Grad eines Doktors der Mathematik von der Sorbonne
- Arbeiten zur Gestaltung von Karosserieformen mit anwendungsfreundlichen Kurven, Mitentwicklung einer CAD-Software
- Bézier-Kurve

Bolzano, Bernhard Placius Johann Nepomuk
1781 (Prag, Tschechien) – 1848 (Prag, Tschechien)

- Tschechischer Mathematiker, Philosoph, und Theologe, Professor in Prag, Priesterweihe, Streit mit Immanuel Kant
- Arbeiten zur Stetigkeit und Differenzierbarkeit reeller Funktionen, Beiträge zur Größenlehre und Theorie unendlicher Mengen
- Satz von Bolzano-Weierstraß, Satz von Bolzano

Boole, George
1815 (Lincoln, England) – 1846 (Ballintemple, Irland)

- Englischer Mathematiker, Logiker und Philosoph, Autodidakt, Tätigkeit als Lehrer, Professor am Queens College in Cork
- Begründer der modernen Logik und Algebraisierung, Entwicklung der disjunktiven Normalform für Wahrheitsentscheidungen
- Boolesche Algebra, Boolescher Operator, Boolescher Ring

Boor, Carl de
1937 (Stolp, Polen)

- Deutsch-amerikanischer Mathematiker, Studium in Hamburg und Harvard, Werkstudent bei General Motors, Professor in den USA
- Numerische Mathematik, Approximationstheorie und Splines als Forschungsgebiete, Standardwerk: A Practical Guide to Splines
- Boor-Splines

Borel, Félix Édouard Justin Émile
1871 (St. Affrique, Frankreich) – 1956 (Paris, Frankreich)

- Französischer Mathematiker und Politiker, Professor in Paris, Mitglied des Abgeordnetenhauses, kurzzeitig Marineminister
- Grundlegende Arbeiten zur Maß- und Wahrscheinlichkeitstheorie, Beiträge zur Topologie, Spieltheorie und Funktionentheorie
- Borel-Maß, Satz von Heine-Borel, Borel-σ-Algebra

Cantor, Georg Ferdinand Ludwig Philipp
1845 (St. Petersburg, Russland) – 1918 (Halle)

- Deutscher Mathematiker, religiös geprägtes Elternhaus, Studium in Zürich und Göttingen, Professor in Halle
- Begründer der axiomatischen Mengenlehre, Zahlreiche Konflikte mit Zeitgenossen wie Kronecker und König
- Cantor-Menge, Cantor-Diagonalisierungsverfahren

Cardano, Gerolamo
1501 (Pavia, Italien) – 1576 (Rom, Italien)

- Italienischer Mathematiker, Arzt und Philosoph, wechselvolles Leben teilweise in Armut, Rektor in Padua
- Berechnungen mit komplexen Zahlen, Gleichungen 3. und 4. Grades, Wahrscheinlichkeitsrechnung, Buch der Glücksspiele
- Cardanische Formeln, Cardan-Welle, Cardan-Gitter

Casteljau, Paul de Faget de
1930 (Besançon, Frankreich)

- Französischer Mathematiker, Studium in Paris, Wehrdienst im Algerienkrieg, Tätigkeit in der Fahrzeugindustrie bei Citroën
- Arbeiten zur Modellierung von Kurven und Flächen, Verbindung von Bézier- und B-Spline-Technik durch Blossoming
- Algorithmus von de Casteljau

Cauchy, Augustin-Louis
1789 (Paris, Frankreich) – 1857 (Sceaux, Frankreich)

- Französischer Mathematiker, politische Konflikte zur Zeit der Französischen Revolution, Professor an der École polytechnique
- Pionier der Analysis, Arbeiten zu Folgen und Reihen, Beweis vieler zentraler Sätze der Funktionentheorie, Beiträge zur Algebra
- Cauchy-Folge, Cauchy-Schwarz-Ungleichung, Cauchy-Verteilung

Cramer, Gabriel
1704 (Genf, Schweiz) – 1752 (Bagnols-sur-Cèze, Frankreich)

- Schweizer Mathematiker, Aufenthalte in Basel und Petersburg, Professor in Genf, Berater bei Kircheninstandsetzungen
- Arbeiten zu linearen Gleichungssystemen und Kurven, Beiträge zur Rechtssphilosophie und Geschichte der Mathematik
- Cramer-Regel, Castillon-Cramer-Problem

Dedekind, Richard
1831 (Braunschweig) – 1916 (Braunschweig)

- Deutscher Mathematiker, Ordinarius am Polytechnikum Zürich, Professor in Braunschweig, Rufe an angesehene Universitäten
- Publikation „Was sind und was sollen Zahlen?“, Arbeiten zur Algebra und Zahlentheorie, Pionier der Gruppentheorie
- Dedekindsche Schnitte, Dedekind-Ringe

Descartes, René
1596 (La Haye, Frankreich) – 1650 (Stockholm, Schweden)

- Französischer Mathematiker, Philosoph und Naturwissenschaftler, Studium der Jura, Aufenthalt in Holland, Traktat zur Metaphysik
- Wegbereiter der analytischen Geometrie, Beitrag zur algebraischen Lösung des Tangentenproblems der Differenzialrechnung
- Kartesische Koordinaten, Descartes-Vorzeichenregel

Dirac, Paul Adrien Maurice
1902 (Bristol, England) – 1984 (Tallahassee, FL, USA)

- Britischer Physiker, überzeugter Atheist, Professuren in Cambridge und Tallahassee, hochrangige Auszeichnungen, Nobelpreisträger
- Mitbegründer der Quantenphysik, Arbeiten zur Theorie linearer Operatoren, These der Existenz eines magnetischen Monopols
- Dirac-Distribution, Dirac-Maß, Dirac-Gleichung

Dirichlet, Johann Peter Gustav Lejeune
1805 (Düren) – 1859 (Göttingen)

- Deutscher Mathematiker, Studium in Paris und Bonn, Privatdozent in Breslau, Professor in Berlin und Göttingen
- Wichtige Beiträge zur Analysis und Zahlentheorie, Konvergenzuntersuchungen, Beweis der Fermatschen Vermutung für Spezialfälle
- Dirichlet-Funktion und -Reihe, Dirichletsches Schubfachprinzip

Einstein, Albert
1879 (Ulm) – 1955 (Princeton, NJ, USA)

- Theoretischer Physiker, Inbegriff eines Forschers und Genies, Nobelpreis für Physik im Jahr 1921, zahlreiche Ehrendoktorwürden
- Forschungen zur Struktur von Materie, Raum, Zeit und Gravitation, bahnbrechende Arbeiten zur Relativitätstheorie
- Einsteinsche Relativitätstheorie, Einsteinsche Summenkonvention

Euklid
325 v. Chr. (Athen, Griechenland) – 265 v. Chr. (Alexandria, Ägypten)

- Griechischer Mathematiker, Ausbildung an Platons Akademie, Lehre der Mathematik in Alexandria unter Ptolemaios
- Arbeiten zur Arithmetik und Geometrie, Etablierung der Mathematik als axiomatische Wissenschaft, Verfasser von „Die Elemente"
- Euklidische Geometrie

Euler, Leonhard
1707 (Basel, Schweiz) – 1783 (St. Petersburg, Russland)

- Schweizer Mathematiker, Physiker und Philosoph, einer der bedeutendsten Mathematiker, enorme Produktivität
- Maßgeblicher Begründer der Analysis, Arbeiten über Funktionen, Differenzialgleichungen, Graphentheorie, Variationsrechnung
- Euler-Zahl, Euler-Formel, Euler-Verfahren, Euler-Polyedersatz

Fermat, Pierre de
um 1601 (Beaumont-de-Lomagne, Frankreich) – 1665 (Castres, Fr.)

- Französischer Mathematiker und Jurist, Anwalt in Bordeaux, Tätigkeit am obersten Strafgericht in Toulouse
- Wichtige Beiträge zur Zahlentheorie, Wahrscheinlichkeitsrechnung und Stochastik, Formulierungen oft als Problem ohne Lösung
- Kleiner Fermatscher Satz, Fermat's letzer Satz

Fibonacci, Leonardo
1170 (Pisa, Italien) – 1250 (Pisa, Italien)

- Mathematiker, Rechenmeister in Pisa, bedeutendster Mathematiker des Mittelalters, weitgereister Kaufmann
- Rechnen mit arabischen Ziffern im Dezimalsystem einschließlich der negativen Zahlen und der Null, Verfasser der „Liber abbaci"
- Fibonacci-Zahlen

Fourier, Jean Baptiste Joseph
1768 (Auxerre, Frankreich) – 1830 (Paris, Frankreich)

- Französischer Mathematiker und Physiker, Begleitung von Napoléon nach Ägypten, Professor an der École polytechnique
- Entwicklung von Funktionen in trigonometrische Reihen, Arbeiten zur Wärmeausbreitung in Festkörpern und zum Glashauseffekt
- Fourier-Reihe, Fourier-Analyse, Fourier-Transformation

Galois, Évariste
1811 (Bourg La Reine, Frankreich) – 1832 (Paris, Frankreich)

- Französischer Mathematiker, politisch aktiver Student an der École normale supérieure, starb an den Folgen eines Duells
- Mitbegründer der Gruppentheorie, Arbeiten zur Lösung algebraischer Gleichungen, Beiträge zur Analysis und Funktionentheorie
- Galois-Theorie

Gauß, Johann Carl Friedrich
1777 (Braunschweig) – 1855 (Göttingen)

- Deutscher Mathematiker, Astronom, Geodät und Physiker, Wunderknabe, Professor in Göttingen, Direktor der Sternwarte
- Fundamentalsatz der Algebra in Doktorarbeit, Arbeiten zur Differenzialgeometrie, Methode der kleinsten Fehlerquadrate
- Gauß-Algorithmus, Gauß-Zahlenebene, Gauß-Normalverteilung

Germain, Marie-Sophie
1776 (Paris, Frankreich) – 1831 (Paris, Frankreich)

- Französische Mathematikerin und Philosophin, Selbststudium, da als Frau an Universitäten nicht zugelassen
- Briefwechsel mit Gauß und Lagrange, entscheidende Beiträge zur Zahlentheorie, Teilbeweis der Fermatschen Vermutung
- Sophie-Germain-Primzahlen

Gibbs, Josiah Willard
1839 (New Haven, CT, USA) – 1903 (New Haven, CT, USA)

- Amerikanischer Physiker und Mathematiker, Stationen in New Haven, Paris, Berlin, Heidelberg, Professor an der Yale-Universität
- Mitbegründer der physikalischen Chemie, Arbeiten zur Vektoranalysis, zur statistischen Mechanik und zur Theorie des Lichts
- Gibbssches Phänomen, Gibbssches Paradoxon

Gödel, Kurt Friedrich

1906 (Brünn, Tschechien) – 1978 (Princeton, NJ, USA)

- Österreichisch-ungarischer Mathematiker, Professor in Princeton, depressive Stimmungen und Zwangsvorstellungen
- Beweis der beiden Unvollständigkeitssätze, Maßgebliche Beiträge zur Prädikatenlogik und zum Entscheidungsproblem
- Gödelsche Unvollständigkeitssätze, Gödelnummer, Gödelisierung

Gram, Jørgen Pedersen

1850 (Nustrup, Dänemark) – 1916 (Kopenhagen, Dänemark)

- Dänischer Mathematiker, Arbeiten für eine Versicherungsgesellschaft, Mitglied der Dänischen Akademie der Wissenschaften
- Arbeiten zur Reihendarstellung der Riemannschen Zetafunktion und zur Berechnung der Nullstellen mit hoher Genauigkeit
- Gram-Schmidtsche Orthogonalisierung, Gramsche Matrix

Hermite, Charles

1822 (Dieuze, Frankreich) – 1901 (Paris, Frankreich)

- Französischer Mathematiker, Professor an der École Polytechnique, Lehre an der Sorbonne, Mitglied der Académie des Sciences
- Arbeiten in der Zahlentheorie, Beiträge zu orthogonalen Polynomen und elliptischen Funktionen, Beweis der Transzendenz von e
- Hermite-Interpolation, Hermitesche Matrix und Polynome

Heron

1. Jh. n. Chr. (Alexandria, Ägypten)

- Griechischer Mathematiker und Ingenieur, Lehre am Museion von Alexandria, Verfasser von vielfältigen Werken zu Maschinen
- Bearbeitung von mathematischen, optischen und mechanischen Themen, vielfältige Ausführungen zu automatischen Geräten
- Heron-Verfahren, Satz des Heron, Heronisches Dreieck, Heronsball

Hesse, Ludwig Otto

1811 (Königsberg, Preußen) – 1901 (München)

- Deutscher Mathematiker, Lehrer in Königsberg, sechs Kinder, Professor in Königsberg, Halle, Heidelberg und München
- Arbeiten zur analytischen Geometrie der Ebene und des Raumes, Beiträge zu Determinanten und deren Bestimmung
- Hesse-Matrix, Hesse-Normalenform

Hilbert, David

1862 (Königsberg, Preußen) – 1943 (Göttingen)

- Deutscher Mathematiker, Professor in Königsberg und Göttingen, prägende Persönlichkeit der modernen Mathematik
- Entwurf eines Geometrie-Axiomensystems: statt „Punkte, Geraden und Ebenen“ jederzeit auch „Tische, Stühle und Bierseidel“
- Hilbert-Raum, Hilbert-Matrix, Hilbert-Transformation

Horner, William George

1786 (Bristol, England) – 1837 (Bath, England)

- Englischer Mathematiker, mit 18 Jahren Direktor seiner Schule, später Gründung einer eigenen Schule in Bath
- Wiederentdeckung eines Lösungsschemas für algebraische Gleichungen, weitere Arbeiten auf dem Gebiet der Optik
- Horner-Schema

Hospital, Guillaume François Antoine Marquis de l'

1661 (Paris, Frankreich) – 1704 (Paris, Frankreich)

- Französischer Mathematiker, Mitglied einer angesehenen aristokratischen Familie, Abkauf mathematischer Ergebnisse
- Autor des ersten Lehrbuches über Differenzial- und Integralrechnung, Arbeiten unter seinem Lehrer Johann Bernoulli
- Regel von de l'Hospital

Jacobi, Carl Gustav Jacob

1804 (Potsdam) – 1851 (Berlin)

- Deutscher Mathematiker, Aufenthalt in Königsberg, ordentliches Mitglied der Preußischen Akademie der Wissenschaften zu Berlin
- Theorie der elliptischen Funktionen, Untersuchungen zur Differenzialgeometrie, Wegbereiter der mathematischen Physik
- Jacobi-Matrix, Jacobi-Verfahren, Jacobi-Polynome

Jordan, Marie Ennemond Camille

1838 (Lyon, Frankreich) – 1922 (Paris, Frankreich)

- Französischer Mathematiker, Arbeit als Ingenieur, Professor in Paris, Präsident an der Académie des Sciences
- Fundamentale Beiträge zur Analysis, Gruppentheorie und Topologie, Beiträge zu geschlossenen und beschränkt varianten Kurven
- Jordan-Kurve, Jordansche Normalform, Satz von Jordan-Hölder

Klein, Felix
1849 (Düsseldorf) – 1925 (Göttingen)

- Deutscher Mathematiker, Professor in Erlangen, Leipzig, München und Göttingen, bedeutender Wissenschaftsorganisator
- Arbeiten zu automorphen Funktionen, Beiträge zur nichteuklidischen Geometrie, Engagement in der Mathematikdidaktik
- Kleinsche Flasche, Kleinsche Vierergruppe

Kolmogorow, Andrei Nikolajewitsch
1903 (Tambow, Russland) – 1987 (Moskau, Russland)

- Russischer Mathematiker, Studienreisen nach Göttingen und Paris, Professor in Moskau, Engagement zur Förderung begabter Kinder
- Axiomatisierung der Wahrscheinlichkeitstheorie, Beiträge zur Topologie, Begründer der algorithmischen Komplexitätstheorie
- Kolmogorow-Smirnow-Test, Kolmogorow-Ungleichung

Kutta, Martin Wilhelm
1867 (Pitschen, Oberschlesien) – 1944 (Fürstenfeldbruck)

- Deutscher Mathematiker, Studium in Breslau und München, Professor in Jena, Aachen und Stuttgart, hohe Allgemeinbildung
- Weiterentwicklung von Verfahren zur Lösung gewöhnlicher Differenzialgleichungen, Arbeiten auf dem Gebiet der Aerodynamik
- Runge-Kutta-Verfahren, Satz von Kutta-Joukowski

Lagrange, Joseph-Louis
1736 (Turin, Italien) – 1813 (Paris, Frankreich)

- Italienischer Mathematiker und Astronom, Lehrstuhl in Turin, weitere Stationen in Berlin und Paris an der École Polytechnique
- Arbeiten über das Dreikörperproblem, Differenzialgleichungen und Variationsrechnung, Begründer der analytischen Mechanik
- Lagrange-Restglied, Lagrange-Multiplikator, Lagrange-Polynom

Landau, Edmund
1877 (Berlin) – 1938 (Berlin)

- Deutscher Mathematiker, Studium in Berlin, Professor in Göttingen, Engagement für die Hebräische Universität in Jerusalem
- Arbeiten zur Zahlentheorie und Primzahlverteilung, Ablehnung von angewandten Problemen: „Schmieröl-Mathematik"
- Landau-Symbolik

Laplace, Pierre-Simon Marquis de
1749 (Beaumont-en-Auge, Frankreich) – 1827 (Paris, Frankreich)

- Französischer Mathematiker und Astronom, Mitglied der Pariser Militärakademie, Senats-Vizepräsident bei Napoléon, Graf
- Arbeiten zur Wahrscheinlichkeitstheorie und Stochastik, Untersuchungen zu Differenzialgleichungen und zum Sonnensystem
- Laplace-Entwicklungssatz, Laplace-Transformation

Laurent, Pierre Alphonse
1813 (Paris, Frankreich) – 1854 (Paris, Frankreich)

- Französischer Mathematiker, Ingenieur in der französischen Armee, Beteiligung am Ausbau des Hafens von Le Havre
- Konvergenzuntersuchungen über zweiseitige Reihen, Bericht der Arbeiten durch Cauchy, Arbeiten zu Lichtwellen und Polarisation
- Laurent-Reihe

Lebesgue, Henri
1875 (Beauvais, Frankreich) – 1941 (Paris, Frankreich)

- Französischer Mathematiker, glänzende Schulnoten, Gymnasiallehrer in Nancy, Professor in Poitiers und an der Sorbonne
- Begründung der Maßtheorie, Erweiterung des Integralbegriffs, Arbeiten zu Fourier-Reihen und der Potenzialtheorie
- Lebesgue-Integral, Lebesgue-Maß, Satz von Lebesgue

Legendre, Adrien-Marie
1752 (Paris, Frankreich) – 1833 (Paris, Frankreich)

- Französischer Mathematiker und Astronom, Privatgelehrter aus wohlhabendem Haus, Examinator an der École Polytechnique
- Arbeiten über elliptische Integrale, asymptotische Formel für die Primzahlverteilung, Autor eines erfolgreichen Geometrielehrbuchs
- Legendre-Polynome, Legendre-Transformation, Legendre-Symbol

Leibniz, Gottfried Wilhelm
1646 (Leipzig) – 1716 (Hannover)

- Deutscher Mathematiker, Philosoph und Universalgelehrter, erster Präsident der Preußischen Akademie der Wissenschaften
- Formulierung der Differenzial- und Integralrechnung, Entwicklung des Dualsystems, Erfindung einer Rechenmaschine
- Leibniz-Reihe, Leibniz-Kriterium, Leibnizsche Sektorformel

Lie, Marius Sophus
1842 (Nordfjordeide, Norwegen) – 1899 (Oslo, Norwegen)

- Norwegischer Mathematiker, Studium der Naturwissenschaften, Professor in Leipzig und Oslo, später Nervenleiden
- Begründer der Transformationsgruppen, Theorie der kontinuierlichen Symmetrie zur Untersuchung von Differenzialgleichungen
- Lie-Algebra, Lie-Integration

Liouville, Joseph
1809 (St. Omer, Frankreich) – 1882 (Paris, Frankreich)

- Französischer Mathematiker, Mitglied der Nationalversammlung, Gründung des Journal de Mathématiques Pures et Appliquées
- Beiträge zur Analysis, Zahlentheorie, Funktionentheorie und Differenzialgeometrie, Beweis für die Existenz transzendenter Zahlen
- Liouville-Funktion, Sturm-Liouville-Theorie, Liouville-Zahlen

Lipschitz, Rudolf Otto Sigismund
1832 (Königsberg, Preußen) – 1903 (Bonn)

- Deutscher Mathematiker, Studium in Königsberg und Berlin, labile Gesundheit, Professor in Breslau und Bonn
- Forschung zu Differenzialformen, Beiträge zur Hamilton-Jacobischen Methode zur Lösung von Bewegungsgleichungen
- Lipschitz-Stetigkeit, Lipschitz-Kriterium für Fourier-Reihen

Ljapunow, Alexander Michailowitsch
1857 (Jaroslawl, Russland) – 1918 (Odessa, Ukraine)

- Russischer Mathematiker und Physiker, Professor in Charkow und Petersburg, Russische Akademie der Wissenschaften
- Arbeiten über Stabilität von Differenzialgleichungssystemen, Beweis des zentralen Grenzwertsatzes der Wahrscheinlichkeitstheorie
- Ljapunow-Funktion, Ljapunow-Stabilität, Ljapunow-Fraktal

Lorenz, Edward Norton
1917 (West Hartford, CT, USA) – 2008 (Cambridge, MA, USA)

- Amerikanischer Mathematiker und Meteorologe, Wettervorhersagen für die United States Army Air Corps, Professor am MIT
- Pionier der Chaostheorie, Entdecker des Schmetterlingseffekts, Arbeiten zu Wettermodellen mit computergestützter Berechnung
- Lorenz-Attraktor

Maurolicus, Franciscus
1494 (Messina, Italien) – 1575 (Messina, Italien)

- Priester, Geometer, Astronom, Architekt und Historiker, Mitglied des venezianischen Adels, Professor an der Universität Messina
- Werke Cosmographia und Arithmeticorum Libri Duo, Herausgeber antiker Mathematiker, Beweise mit vollständiger Induktion
- Mondkrater Maurolycus

Mises, Richard von
1883 (Lemberg, Österreich-Ungarn) – 1953 (Boston, MA, USA)

- Österreichischer Mathematiker, Studium in Wien, Stationen in Brünn und Straßburg, Dresden, Berlin und Istanbul
- Arbeiten über Numerische Mathematik und Strömungsmechanik, Vorarbeiten zur Axiomatisierung der Wahrscheinlichkeitstheorie
- von-Mises-Iteration, von-Mises-Vergleichsspannung

Möbius, August Ferdinand
1790 (Schulpforta) – 1868 (Leipzig)

- Deutscher Mathematiker und Astronom, Studium in Leipzig, Professor in Leipzig, Direktor der Leipziger Sternwarte
- Umfangreiche Abhandlungen zur Astronomie, Geometrie und Statik, Beiträge zur analytischen Geometrie, Pionier der Topologie
- Möbius-Band, Möbius-Funktion, Möbius-Transformation

Morgan, Augustus de
1806 (Madura, Indien) – 1871 (London, England)

- Englischer Mathematiker, Lehrstuhl am University College in London, erster Präsident der London Mathematical Society
- Arbeiten über Analysis und Algebra, Einführung der mathematischen Induktion, geometrische Deutung der komplexen Zahlen
- De Morgansche Gesetze

Neumann, John von
1903 (Budapest, Ungarn) – 1957 (Washington D.C., USA)

- Österreichisch-ungarischer Mathematiker, Studium in Berlin und Zürich, Kollege von Einstein und Weyl in Princeton
- Einer der Väter der Informatik, Theorie selbstreproduzierender Automaten, Entwicklung der axiomatischen Mengenlehre
- von-Neumann-Architektur, von-Neumann-Gesetz

Newton, Sir Isaac
1643 (Woolsthorpe, England) – 1727 (London, England)

- Englischer Mathematiker und Physiker, Professor in Cambridge, Mitglied der Royal Society, einer der größten Wissenschaftler
- Begründer der Differenzialrechnung, Verfasser der „Principia Mathematica", Grundsteinlegung der klassischen Mechanik
- Newton-Verfahren, Newton-Cotes-Formeln, Einheit der Kraft

Noether, Emmy Amalie
1882 (Erlangen) – 1935 (Bryn Mawr, PA, USA)

- Deutsche Mathematikerin, Studium mit Ausnahmegenehmigung, erste Habilitation einer Frau in Deutschland, Professorin
- Begründerin der modernen Algebra, Forschungsschwerpunkt auf der Invariantentheorie und der allgemeinen Idealtheorie
- Noethersche Ringe und Moduln, Emmy-Noether-Programm

Oresme, Nikolaus von
1330 (Normandie, Frankreich) – 1382 (Lisieux, Frankreich)

- Dekan der Kathedrale von Rouen, Bischof von Lisieux, Naturwissenschaftler und Philosoph, entschiedener Gegner der Astrologie
- Übersetzung von Schriften, wegweisende Ideen, um mathematische Konzepte auf naturwissenschaftliche Erscheinungen anzuwenden
- Ungleichung von Oresme

Parseval, Marc-Antoine
1755 (Rosières-aux-Salines, Frankreich) – 1836 (Paris, Frankreich)

- Französischer Mathematiker, Monarchist aus aristokratischer Familie, Mehrmalige Nominierung für die Académie des Sciences
- Arbeiten enthalten Parsevalsche Gleichung ohne Beweis und Bezug auf Fourier-Reihen, Veröffentlichungen in geringem Umfang
- Parsevalsche Gleichung

Pascal, Blaise
1623 (Clermont-Ferrand, Frankreich) – 1662 (Paris, Frankreich)

- Französischer Mathematiker, Physiker, Literat und religiös inspirierter Philosoph, Kränkliches Wesen, Zuwendung zur Religion
- Arbeiten zur Wahrscheinlichkeitsrechnung und zum Glücksspiel, Erfindung einer Rechenmaschine zur Addition und Subtraktion
- Pascalsches Dreieck, Satz von Pascal, Programmiersprache Pascal

Peano, Giuseppe
1858 (Cuneo, Italien) – 1932 (Turin, Italien)

- Italienischer Mathematiker, Schule, Studium und Professur in Turin, Befürworter einer neuen Weltsprache
- Beiträge zur mathematischen Logik und Axiomatik der natürlichen Zahlen, Beweis eines Existenzsatzes für Differenzialgleichungen
- Peano-Axiome, Satz von Peano, Peano-Kurve

Pythagoras
569 v. Chr. (Samos, Griechenland) – 475 v. Chr. (Metapont, Italien)

- Griechischer Mathematiker und Philosoph, Aufenthalte in Ägypten und Babylonien, viele Legenden über sein Leben, „Alles ist Zahl"
- Arbeiten zur Geometrie der irrationalen Streckenverhältnisse und zum Tonsystem basierend auf der Himmelsharmonie
- Satz des Pythagoras, Pythagoreische Zahlenlehre

Ramanujan, Srinivasa Aiyangar
1887 (Erode, Indien) – 1920 (Kumbakonam, Indien)

- Indischer Mathematiker, Genie und Autodidakt, Stipendium am Trinity College in Cambridge, zeitlebens gesundheitliche Probleme
- Beschäftigung mit Zahlentheorie, Summenformeln und Kettenbruchentwicklung, Werke über hochzusammengesetzte Zahlen
- Landau-Ramanujan-Konstante, Ramanujan-Theta-Funktion

Riemann, Georg Friedrich Bernhard
1826 (Breselenz) – 1866 (Selasca, Italien)

- Deutscher Mathematiker, Studium und Professor in Göttingen, mehrere Italienreisen an den Lago Maggiore, Tuberkulose
- Wesentliche Beiträge zur Funktionentheorie und mehrdeutigen Funktionen, Vermutung über die Nullstellen der Zeta-Funktion
- Riemann-Integral, Riemannsche Zahlenkugel, Riemannsche Fläche

Rolle, Michel
1652 (Ambert, Frankreich) – 1719 (Paris, Frankreich)

- Französischer Mathematiker, Arbeit als freier Autor und Rechenexperte in Paris, Mitglied der Académie des Sciences
- Arbeiten zu algebraischen Gleichungen und diophantischen Gleichungen höheren Grades, Untersuchungen in der Geometrie
- Satz von Rolle

Romberg, Werner
1909 (Berlin) – 2003 (Heidelberg)

- Deutscher Mathematiker, Emigration nach Russland und Norwegen, Professor in Trondheim und Heidelberg, Einsatz für Frieden
- Beiträge zur Numerik von Differenzialgleichungen und zur numerischen Integration, Stärkung der Algorithmen in der Mathematik
- Romberg-Extrapolation, Romberg-Integration

Runge, Carl
1856 (Bremen) – 1927 (Göttingen)

- Deutscher Mathematiker, erste Professur für angewandte Mathematik in Deutschland, Vorliebe für Hausmusik, Sport und Reisen
- Beiträge zur Zahlentheorie und Funktionentheorie, Arbeiten zu Verfahren zur numerischen Lösung von Anfangswertproblemen
- Runge-Kutta-Verfahren, Runge-Theorie, Runges Phänomen

Russell, Bertrand Arthur William
1872 (Ravenscroft, Wales) – 1970 (Penrhyndeudraeth, Wales)

- Britischer Mathematiker, Philosoph und Logiker, Aktivist für Frieden und Abrüstung, Nobelpreis für Literatur
- Werke zu den Grundlagen der Mathematik, wesentliche Arbeiten zur mathematischen Logik und Typentheorie in der Mengenlehre
- Russellsches Paradoxon

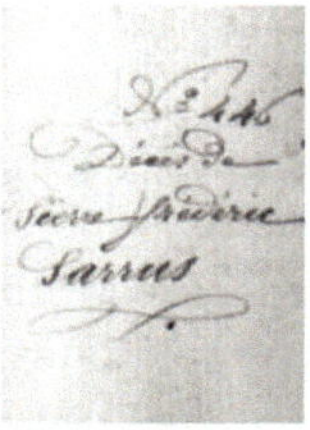

Sarrus, Pierre Frédéric
1798 (Saint-Affrique, Frankreich) – 1861 (Saint-Affrique, Frankreich)

- Französischer Mathematiker, Professor in Strasbourg, Preisträger der Académie des Sciences
- Wichtige Beiträge zur Variationsrechnung, Arbeiten zur Variationsrechnung und Integration von Differenzialgleichungen
- Regel von Sarrus, Sarrus-Zahlen

Schmidt, Erhard
1876 (Dorpat, Estland) – 1959 (Berlin)

- Deutscher Mathematiker, Stationen als Professor in Zürich und Berlin, Präsident der Deutschen Mathematiker-Vereinigung
- Mitbegründer der Funktionalanalysis, Arbeiten zu Integralgleichungen, Hilbert-Räumen und zur Topologie und Zahlentheorie
- Gram-Schmidtsches Orthogonalisierungsverfahren

Schoenberg, Isaac Jacob
1903 (Galati, Rumänien) – 1990 (Madison, WI, USA)

- Rumänisch-amerikanischer Mathematiker, Stationen in Berlin, Jerusalem und den USA, Professor an der University of Wisconsin
- Arbeiten zu Splines und deren Anwendung in der Approximationstheorie und auf Differentialgleichungen und zu Polynomen
- Schoenberg-Splines

Schwartz, Laurent
1915 (Paris, Frankreich) – 2002 (Paris, Frankreich)

- Französischer Mathematiker, Professor in Nancy und Paris, Träger der Fields-Medaille, hohes politisches Engagement
- Begründer der Theorie der Distributionen, Anwendung auf Differenzialformen, Mannigfaltigkeiten und in der Quantenfeldtheorie
- Schwartz-Raum, Kernsatz von Schwartz

Schwarz, Hermann Amandus
1843 (Hermsdorf, Schlesien) – 1921 (Berlin)

- Deutscher Mathematiker, Studium der Chemie und Mathematik in Berlin, Professor in Halle, Zürich und Göttingen
- Beiträge zur Funktionentheorie und der Theorie der Minimalflächen, Arbeiten zum Riemannschen Abbildungssatz
- Satz von Schwarz, Cauchy-Schwarz-Ungleichung

Seidel, Philipp Ludwig
1821 (Zweibrücken) – 1896 (München)

- Deutscher Mathematiker und Astronom, Professor in München, Mitglied der Bayerischen Akademie der Wissenschaften
- Wegbereiter der Theorie der optischen Abbildungsfehler, photometrische Messungen an Sternen, Arbeiten zu iterativen Lösungen
- Gauß-Seidel-Verfahren, Seidel-Summe, Seidel-Theorie

Tartaglia, Niccolò Fontana
1499 (Brescia, Italien) – 1557 (Venedig, Italien)

- Italienischer Mathematiker, Autodidakt in Mathematik und Militärkunde, Rechenmeister in Verona und Venedig, Privatlehrer
- Beiträge zur Lösung kubischer Gleichungen, wichtige Arbeiten zur Ballistik, mathematische Gefechte mit Zeitgenossen
- Lösungsregel von Tartaglia

Taylor, Brook

1685 (Edmonton, England) – 1731 (London, England)

- Britischer Mathematiker und Künstler, Studium in Cambridge, Privatgelehrter in Londen, Sekretär der Royal Society
- Potenzreihenentwicklung von Funktionen, Arbeiten zur schwingenden Saite, Methode der finiten Differenzen, projektive Geometrie
- Taylor-Polynom, Taylor-Reihe, Taylor-Entwicklung

Thales

624 v. Chr. (Milet, Kleinasien) – 546 v. Chr.

- Griechischer Naturphilosoph, Staatsmann, Mathematiker, Astronom, Aristokratenfamilie, Reise nach Ägypten
- Arbeiten zur Geometrie mit Kurven und Linien, Strahlensatz, Beiträge zur Landvermessung und Bestimmung der Pyramidenhöhen
- Satz von Thales

Vandermonde, Alexandre-Théophile

1735 (Paris, Frankreich) – 1796 (Paris, Frankreich)

- Französischer Mathematiker, Musiker und Chemiker, Violine als Leidenschaft, erst spät Interesse an Mathematik entdeckt
- Beschäftigung mit symmetrischen Funktionen, Lösung von zyklischen Polynomen, Entwicklung von Vorarbeiten zur Galois-Theorie
- Vandermonde-Matrix, Vandermondesche Determinante

Venn, John

1834 (Drypool, England) – 1923 (Cambridge, England)

- Englischer Mathematiker, Schule in London, Erlangung der Priesterwürde, Professor für Logik und Naturphilosophie in Cambridge
- Arbeiten zur Wahrscheinlichkeitstheorie, Wegbereiter der symbolischen Logik, Interesse an Geschichte der Universität Cambridge
- Venn-Diagramm

Viète (Vieta), François

1540 (Fontenay-le-Comte, Frankreich) – 1603 (Paris, Frankreich)

- Französischer Mathematiker und Advokat, Studium der Rechtswissenschaften, Rechtsanwalt in Paris, Berater des Königs
- Beiträge zum mathematischen Symbolismus, Lösung der quadratischen Gleichung, Methoden zur Lösung höherer Gleichungen
- Satz von Vieta

Weierstraß, Karl Theodor Wilhelm
1815 (Ostenfelde) – 1897 (Berlin)

- Deutscher Mathematiker, Lehrer und Professor in Berlin, Ehrendoktor in Königsberg, Gesundheitsprobleme über viele Jahre
- Logisch korrekte Fundierung der Analysis, Differenzialgeometrie, Funktionentheorie mittels Potenzreihen, Konvergenzkriterien
- Satz von Bolzano-Weierstraß, Approximationssatz von Weierstraß

Wronski, Joseph Marie
1778 (Wolsztyn, Polen) – 1853 (Paris, Frankreich)

- Polnischer Mathematiker und Philisoph, Geburtsname Joseh Hoëné, Offizier der polnischen und russischen Armee
- Reihenentwicklung von Funktionen mit Determinanten als Koeffizienten, Konstruktion von Raupenfahrzeugen
- Wronski-Determinante

Zermelo, Ernst Friedrich Ferdinand
1871 (Berlin) – 1953 (Freiburg im Breisgau)

- Deutscher Mathematiker, Studium in Berlin, Halle und Freiburg, Professor in Göttingen und Zürich, Ehren-Professur in Freiburg
- Untersuchungen über die Grundlagen der Mengenlehre, Formulierung des Auswahlaxioms, Beiträge zur Spieltheorie
- Zermelo-Mengenlehre, Zermelo-Fraenkel-Mengenlehre

A.2 Trigonometrische Funktionen

Quadrant	Gradmaß α		Bogenmaß x		$\sin x$	$\cos x$	$\tan x$	$\cot x$
	$0°$		0		0	1	0	
I	$30°$		$\frac{\pi}{6}$		$\frac{1}{2}$	$\frac{\sqrt{3}}{2}$	$\frac{\sqrt{3}}{3}$	$\sqrt{3}$
I	$45°$		$\frac{\pi}{4}$		$\frac{\sqrt{2}}{2}$	$\frac{\sqrt{2}}{2}$	1	1
I	$60°$		$\frac{\pi}{3}$		$\frac{\sqrt{3}}{2}$	$\frac{1}{2}$	$\sqrt{3}$	$\frac{\sqrt{3}}{3}$
	$90°$		$\frac{\pi}{2}$		1	0		0
II	$120°$		$\frac{2\pi}{3}$		$\frac{\sqrt{3}}{2}$	$-\frac{1}{2}$	$-\sqrt{3}$	$-\frac{\sqrt{3}}{3}$
II	$135°$		$\frac{3\pi}{4}$		$\frac{\sqrt{2}}{2}$	$-\frac{\sqrt{2}}{2}$	-1	-1
II	$150°$		$\frac{5\pi}{6}$		$\frac{1}{2}$	$-\frac{\sqrt{3}}{2}$	$-\frac{\sqrt{3}}{3}$	$-\sqrt{3}$
	$180°$		π		0	-1	0	
III	$210°$	$-150°$	$\frac{7\pi}{6}$	$-\frac{5\pi}{6}$	$-\frac{1}{2}$	$-\frac{\sqrt{3}}{2}$	$\frac{\sqrt{3}}{3}$	$\sqrt{3}$
III	$225°$	$-135°$	$\frac{5\pi}{4}$	$-\frac{3\pi}{4}$	$-\frac{\sqrt{2}}{2}$	$-\frac{\sqrt{2}}{2}$	1	1
III	$240°$	$-120°$	$\frac{4\pi}{3}$	$-\frac{2\pi}{3}$	$-\frac{\sqrt{3}}{2}$	$-\frac{1}{2}$	$\sqrt{3}$	$\frac{\sqrt{3}}{3}$
	$270°$	$-90°$	$\frac{3\pi}{2}$	$-\frac{\pi}{2}$	-1	0		0
IV	$300°$	$-60°$	$\frac{5\pi}{3}$	$-\frac{\pi}{3}$	$-\frac{\sqrt{3}}{2}$	$\frac{1}{2}$	$-\sqrt{3}$	$-\frac{\sqrt{3}}{3}$
IV	$315°$	$-45°$	$\frac{7\pi}{4}$	$-\frac{\pi}{4}$	$-\frac{\sqrt{2}}{2}$	$\frac{\sqrt{2}}{2}$	-1	-1
IV	$330°$	$-30°$	$\frac{11\pi}{6}$	$-\frac{\pi}{6}$	$-\frac{1}{2}$	$\frac{\sqrt{3}}{2}$	$-\frac{\sqrt{3}}{3}$	$-\sqrt{3}$
	$360°$		2π		0	1	0	

Verschiebung des Sinus

$$\sin\left(x + \tfrac{\pi}{2}\right) = \cos x$$
$$\sin\left(x - \tfrac{\pi}{2}\right) = -\cos x$$
$$\sin\left(\tfrac{\pi}{2} - x\right) = \cos x$$
$$\sin\left(-\tfrac{\pi}{2} - x\right) = -\cos x$$
$$\sin\left(x \pm \pi\right) = -\sin x$$
$$\sin\left(\pm\pi - x\right) = \sin x$$

Verschiebung des Kosinus

$$\cos\left(x + \tfrac{\pi}{2}\right) = -\sin x$$
$$\cos\left(x - \tfrac{\pi}{2}\right) = \sin x$$
$$\cos\left(\tfrac{\pi}{2} - x\right) = \sin x$$
$$\cos\left(-\tfrac{\pi}{2} - x\right) = -\sin x$$
$$\cos\left(x \pm \pi\right) = -\cos x$$
$$\cos\left(\pm\pi - x\right) = -\cos x$$

Additionstheoreme

$$\sin(x \pm y) = \sin x \cos y \pm \cos x \sin y$$
$$\cos(x \pm y) = \cos x \cos y \mp \sin x \sin y$$
$$\tan(x \pm y) = \frac{\tan x \pm \tan y}{1 \mp \tan x \tan y}$$
$$\cot(x \pm y) = \frac{\cot x \cot y \mp 1}{\cot y \pm \cot x}$$

Doppelwinkelformeln

$$\sin(2x) = 2 \sin x \cos x$$
$$\cos(2x) = \cos^2 x - \sin^2 x$$
$$\tan(2x) = \frac{2 \tan x}{1 - \tan^2 x}$$
$$\cot(2x) = \frac{\cot^2 x - 1}{2 \cot x}$$

Quadrant	$\sin x$	$\cos x$	$\tan x$	$\cot x$
I	+	+	+	+
II	+	–	–	–
III	–	+	+	+
IV	–	–	–	–

Euler-Formeln

$$\cos x = \frac{e^{ix} + e^{-ix}}{2}$$
$$\sin x = \frac{e^{ix} - e^{-ix}}{2i}$$
$$\cosh x = \frac{e^{x} + e^{-x}}{2}$$
$$\sinh x = \frac{e^{x} - e^{-x}}{2}$$

A.3 Ableitungen

Funktion $f(x)$	Ableitung $f'(x)$	Funktion $f(x)$	Ableitung $f'(x)$
x	1	e^x	e^x
x^2	$2x$	e^{ax}	$a\,e^{ax}$
$\sqrt{x}$	$\frac{1}{2\sqrt{x}}$	b^x	$(\ln b)\,b^x \quad (b>0)$
$\sqrt[3]{x}$	$\frac{1}{3\sqrt[3]{x^2}}$	b^{ax}	$a\,(\ln b)\,b^{ax} \quad (b>0)$
$\frac{1}{x}$	$-\frac{1}{x^2}$	$\ln x$	$\frac{1}{x}$
$\frac{1}{x^2}$	$-\frac{2}{x^3}$	$\ln(ax)$	$\frac{1}{x}$
$\frac{1}{\sqrt{x}}$	$-\frac{1}{2x\sqrt{x}}$	$\log_b x$	$\frac{1}{(\ln b)\,x} \quad (b>0, b\neq 1)$
x^a	$a\,x^{a-1} \quad (a\in\mathbb{R})$	$\log_b(ax)$	$\frac{1}{(\ln b)\,x} \quad (b>0, b\neq 1)$

Funktion $f(x)$	Ableitung $f'(x)$	Funktion $f(x)$	Ableitung $f'(x)$
$\sin x$	$\cos x$	$\sinh x$	$\cosh x$
$\cos x$	$-\sin x$	$\cosh x$	$\sinh x$
$\tan x$	$1+\tan^2 x$	$\tanh x$	$1-\tanh^2 x$
$\cot x$	$-1-\cot^2 x$	$\coth x$	$1-\coth^2 x$
$\arcsin x$	$\frac{1}{\sqrt{1-x^2}}$	$\operatorname{arsinh} x$	$\frac{1}{\sqrt{1+x^2}}$
$\arccos x$	$-\frac{1}{\sqrt{1-x^2}}$	$\operatorname{arcosh} x$	$\frac{1}{\sqrt{x^2-1}}$
$\arctan x$	$\frac{1}{1+x^2}$	$\operatorname{artanh} x$	$\frac{1}{1-x^2}$
$\operatorname{arccot} x$	$-\frac{1}{1+x^2}$	$\operatorname{arcoth} x$	$-\frac{1}{x^2-1}$

A.4 Integrale

Funktion $f(x)$		Stammfunktion $F(x)$	
$\int x\,\mathrm{d}x$	=	$\frac{1}{2}x^2$	
$\int x^2\,\mathrm{d}x$	=	$\frac{1}{3}x^3$	
$\int \sqrt{x}\,\mathrm{d}x$	=	$\frac{2}{3}x\sqrt{x}$	
$\int \sqrt[3]{x}\,\mathrm{d}x$	=	$\frac{3}{4}x\sqrt[3]{x}$	
$\int \frac{1}{x}\,\mathrm{d}x$	=	$\ln\lvert x\rvert$	
$\int \frac{1}{x^2}\,\mathrm{d}x$	=	$-\frac{1}{x}$	
$\int \frac{1}{\sqrt{x}}\,\mathrm{d}x$	=	$2\sqrt{x}$	
$\int x^a\,\mathrm{d}x$	=	$\frac{1}{a+1}x^{a+1}$	$(a \neq -1)$

Funktion $f(x)$		Stammfunktion $F(x)$	
$\int \mathrm{e}^x\,\mathrm{d}x$	=	e^x	
$\int \mathrm{e}^{ax}\,\mathrm{d}x$	=	$\frac{1}{a}\mathrm{e}^{ax}$	$(a \neq 0)$
$\int b^x\,\mathrm{d}x$	=	$\frac{1}{\ln b}b^x$	$(b > 0)$
$\int b^{ax}\,\mathrm{d}x$	=	$\frac{1}{a\ln b}b^{ax}$	$(a \neq 0, b > 0)$
$\int \ln x\,\mathrm{d}x$	=	$x(\ln x - 1)$	
$\int \ln(ax)\,\mathrm{d}x$	=	$x\big(\ln(ax) - 1\big)$	$(a > 0)$
$\int \log_b x\,\mathrm{d}x$	=	$x\big(\log_b x - \log_b \mathrm{e}\big)$	$(b > 0, b \neq 1)$
$\int \log_b(ax)\,\mathrm{d}x$	=	$x\big(\log_b(ax) - \log_b \mathrm{e}\big)$	$(a > 0, b > 0, b \neq 1)$

Funktion $f(x)$		Stammfunktion $F(x)$
$\int \sin x \,\mathrm{d}x$	=	$-\cos x$
$\int \cos x \,\mathrm{d}x$	=	$\sin x$
$\int \tan x \,\mathrm{d}x$	=	$-\ln\lvert\cos x\rvert$
$\int \cot x \,\mathrm{d}x$	=	$\ln\lvert\sin x\rvert$
$\int \arcsin x \,\mathrm{d}x$	=	$x \arcsin x + \sqrt{1-x^2}$
$\int \arccos x \,\mathrm{d}x$	=	$x \arccos x - \sqrt{1-x^2}$
$\int \arctan x \,\mathrm{d}x$	=	$x \arctan x - \frac{\ln(1+x^2)}{2}$
$\int \operatorname{arccot} x \,\mathrm{d}x$	=	$x \operatorname{arccot} x + \frac{\ln(1+x^2)}{2}$

Funktion $f(x)$		Stammfunktion $F(x)$
$\int \sinh x \,\mathrm{d}x$	=	$\cosh x$
$\int \cosh x \,\mathrm{d}x$	=	$\sinh x$
$\int \tanh x \,\mathrm{d}x$	=	$\ln\lvert\cosh x\rvert$
$\int \coth x \,\mathrm{d}x$	=	$\ln\lvert\sinh x\rvert$
$\int \operatorname{arsinh} x \,\mathrm{d}x$	=	$x \operatorname{arsinh} x - \sqrt{x^2+1}$
$\int \operatorname{arcosh} x \,\mathrm{d}x$	=	$x \operatorname{arcosh} x - \sqrt{x^2-1}$
$\int \operatorname{artanh} x \,\mathrm{d}x$	=	$x \operatorname{artanh} x + \frac{\ln(1-x^2)}{2}$
$\int \operatorname{arcoth} x \,\mathrm{d}x$	=	$x \operatorname{arcoth} x + \frac{\ln(x^2-1)}{2}$

Funktion $f(x)$		Stammfunktion $F(x)$
$\int \frac{1}{x-a}\,\mathrm{d}x$	=	$\ln\lvert x-a\rvert$
$\int \frac{1}{(x-a)^n}\,\mathrm{d}x$	=	$-\frac{1}{(n-1)(x-a)^{n-1}} \quad (n \neq 1)$
$\int \frac{x}{x-a}\,\mathrm{d}x$	=	$x + a\ln\lvert x-a\rvert$
$\int \frac{1}{x^2+1}\,\mathrm{d}x$	=	$\arctan x$
$\int \frac{1}{x^2+a^2}\,\mathrm{d}x$	=	$\frac{1}{a}\arctan\left(\frac{x}{a}\right) \quad (a \neq 0)$
$\int \frac{2ax+b}{ax^2+bx+c}\,\mathrm{d}x$	=	$\ln\left\lvert ax^2+bx+c\right\rvert \quad (a \neq 0)$

Funktion $f(x)$		Stammfunktion $F(x)$
$\int x\,\mathrm{e}^{ax}\,\mathrm{d}x$	=	$\frac{ax-1}{a^2}\,\mathrm{e}^{ax}$
$\int x^2\,\mathrm{e}^{ax}\,\mathrm{d}x$	=	$\frac{a^2x^2-2ax+2}{a^3}\,\mathrm{e}^{ax}$
$\int x\sin(ax)\,\mathrm{d}x$	=	$\frac{1}{a^2}\sin(ax) - \frac{x}{a}\cos(ax)$
$\int x\cos(ax)\,\mathrm{d}x$	=	$\frac{1}{a^2}\cos(ax) + \frac{x}{a}\sin(ax)$
$\int x^2\sin(ax)\,\mathrm{d}x$	=	$\frac{2x}{a^2}\sin(ax) - \frac{a^2x^2-2}{a^3}\cos(ax)$
$\int x^2\cos(ax)\,\mathrm{d}x$	=	$\frac{2x}{a^2}\cos(ax) + \frac{a^2x^2-2}{a^3}\sin(ax)$
$\int \mathrm{e}^{ax}\sin(bx)\,\mathrm{d}x$	=	$\frac{\mathrm{e}^{ax}}{a^2+b^2}\big(a\sin(bx) - b\cos(bx)\big)$
$\int \mathrm{e}^{ax}\cos(bx)\,\mathrm{d}x$	=	$\frac{\mathrm{e}^{ax}}{a^2+b^2}\big(a\cos(bx) + b\sin(bx)\big)$
$\int \sin^2 x\,\mathrm{d}x$	=	$\frac{x}{2} - \frac{1}{2}\sin x\cos x$
$\int \cos^2 x\,\mathrm{d}x$	=	$\frac{x}{2} + \frac{1}{2}\sin x\cos x$

A.5 Ableitungsregeln und Integralregeln

Regel	Formel
Faktorregel	$(C\,f(x))' = C\,f'(x)$
Summenregel	$\big(f(x) \pm g(x)\big)' = f'(x) \pm g'(x)$
Produktregel	$\big(f(x) \cdot g(x)\big)' = f'(x) \cdot g(x) + f(x) \cdot g'(x)$
Quotientenregel	$\left(\dfrac{f(x)}{g(x)}\right)' = \dfrac{f'(x) \cdot g(x) - f(x) \cdot g'(x)}{g(x)^2}$
Kettenregel	$\Big(f\big(u(x)\big)\Big)' = f'\big(u(x)\big) \cdot u'(x)$
Umkehrfunktion	$(f^{-1}(y))' = \dfrac{1}{f'(x)}$

Regel	Formel
Faktorregel	$\int C\,f(x)\,\mathrm{d}x = C \int f(x)\,\mathrm{d}x$
Summenregel	$\int f(x) \pm g(x)\,\mathrm{d}x = \int f(x)\,\mathrm{d}x \pm \int g(x)\,\mathrm{d}x$
Substitution	$\int f\big(u(x)\big) \cdot u'(x)\,\mathrm{d}x = \int f(u)\,\mathrm{d}u$
	$\int f(x) \cdot f'(x)\,\mathrm{d}x = \dfrac{1}{2} f^2(x)$
	$\int \dfrac{f'(x)}{f(x)}\,\mathrm{d}x = \ln\lvert f(x)\rvert$
Partielle Integration	$\int f(x) \cdot g'(x)\mathrm{d}x = f(x) \cdot g(x) - \int f'(x) \cdot g(x)\,\mathrm{d}x$
Vertauschen	$\int_a^b f(x)\,\mathrm{d}x = -\int_b^a f(x)\,\mathrm{d}x$
Integrationsbereich	$\int_a^b f(x)\,\mathrm{d}x = \int_a^c f(x)\,\mathrm{d}x + \int_c^b f(x)\,\mathrm{d}x$
Hauptsatz I	$\dfrac{\mathrm{d}}{\mathrm{d}t}\left(\int_a^t f(x)\,\mathrm{d}x\right) = f(t)$
Hauptsatz II	$\int_a^b f(x)\,\mathrm{d}x = F(b) - F(a)$

A.6 Potenzreihen

Funktion	Potenzreihe		Konvergenzradius
$\frac{1}{1-x}$	$= \sum_{k=0}^{\infty} x^k$	$= 1 + x + x^2 + x^3 + \ldots$	1
e^x	$= \sum_{k=0}^{\infty} \frac{1}{k!} x^k$	$= 1 + x + \frac{x^2}{2} + \frac{x^3}{3!} + \ldots$	∞
$\ln(1+x)$	$= \sum_{k=1}^{\infty} \frac{(-1)^{k-1}}{k} x^k$	$= x - \frac{x^2}{2} + \frac{x^3}{3} - \frac{x^4}{4} \pm \ldots$	1
$\arctan x$	$= \sum_{k=0}^{\infty} \frac{(-1)^k}{2k+1} x^{2k+1}$	$= x - \frac{x^3}{3} + \frac{x^5}{5} - \frac{x^7}{7} \pm \ldots$	1

Funktion	Potenzreihe		Konvergenzradius
$\sin x$	$= \sum_{k=0}^{\infty} \frac{(-1)^k}{(2k+1)!} x^{2k+1}$	$= x - \frac{x^3}{3!} + \frac{x^5}{5!} - \frac{x^7}{7!} \pm \ldots$	∞
$\cos x$	$= \sum_{k=0}^{\infty} \frac{(-1)^k}{(2k)!} x^{2k}$	$= 1 - \frac{x^2}{2} + \frac{x^4}{4!} - \frac{x^6}{6!} \pm \ldots$	∞
$\sinh x$	$= \sum_{k=0}^{\infty} \frac{1}{(2k+1)!} x^{2k+1}$	$= x + \frac{x^3}{3!} + \frac{x^5}{5!} + \frac{x^7}{7!} + \ldots$	∞
$\cosh x$	$= \sum_{k=0}^{\infty} \frac{1}{(2k)!} x^{2k}$	$= 1 + \frac{x^2}{2} + \frac{x^4}{4!} + \frac{x^6}{6!} + \ldots$	∞

Funktion	Potenzreihe		Konvergenzradius
$(1+x)^a$	$= \sum_{k=0}^{\infty} \binom{a}{k} x^k$	$= 1 + ax + \binom{a}{2} x^2 + \binom{a}{3} x^3 + \ldots$	1
$(1-x)^a$	$= \sum_{k=0}^{\infty} (-1)^k \binom{a}{k} x^k$	$= 1 - ax + \binom{a}{2} x^2 + \binom{a}{3} x^3 - \ldots$	1

A.7 Fourier-Reihen

Funktion	Fourier-Reihe
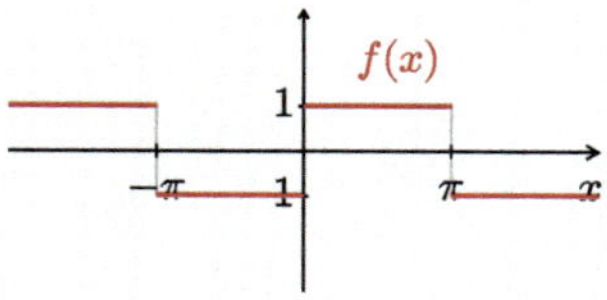	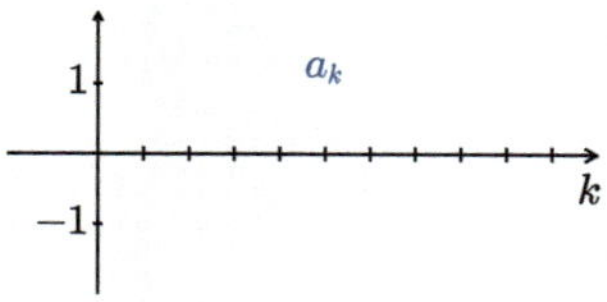 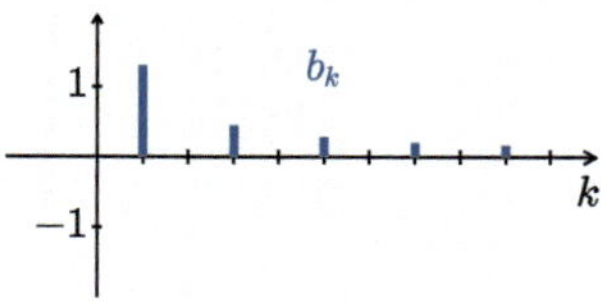
$f(x) = \begin{cases} -1 & -\pi \le x < 0 \\ 1 & 0 \le x < \pi \end{cases}$	$f(x) = \frac{4}{\pi}\left(\sin x + \frac{\sin(3x)}{3} + \frac{\sin(5x)}{5} + \dots\right)$
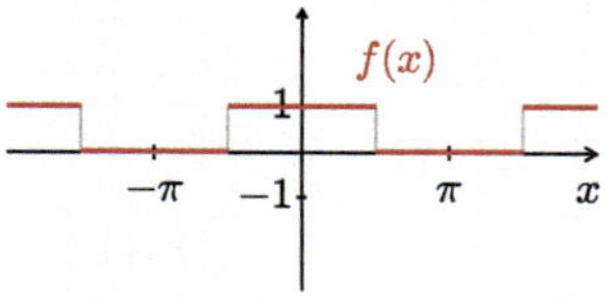	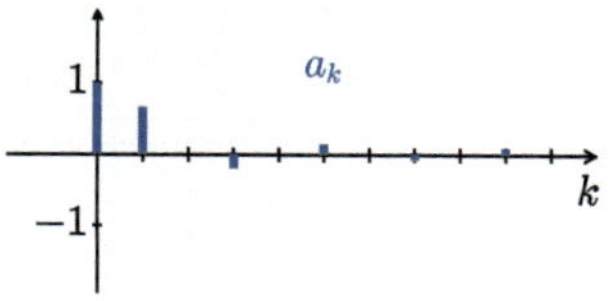 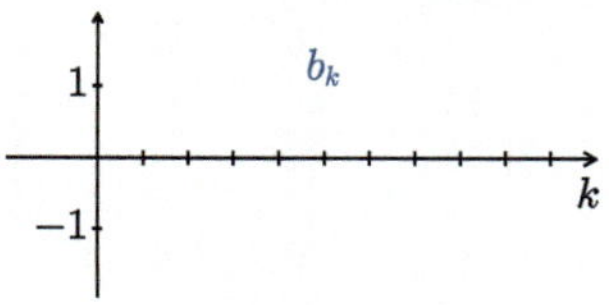
$f(x) = \begin{cases} 0 & -\pi \le x < -\frac{\pi}{2} \\ 1 & -\frac{\pi}{2} \le x < \frac{\pi}{2} \\ 0 & \frac{\pi}{2} \le x < \pi \end{cases}$	$f(x) = \frac{1}{2} + \frac{2}{\pi}\left(\cos x - \frac{\cos(3x)}{3} + \frac{\cos(5x)}{5} + \dots\right)$
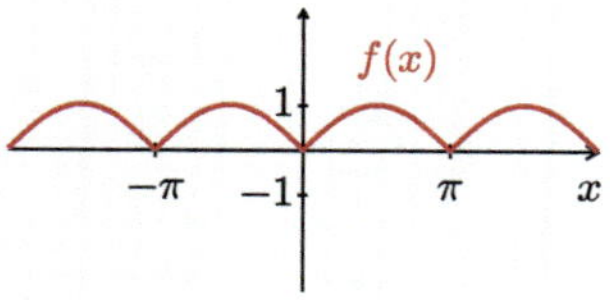	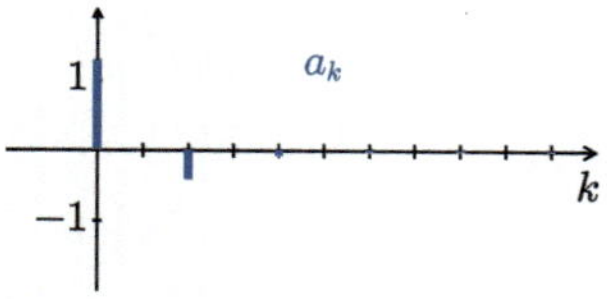 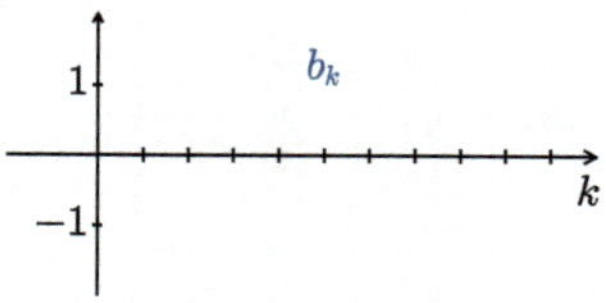
$f(x) = \lvert\sin x\rvert \quad -\pi \le x < \pi$	$f(x) = \frac{2}{\pi} - \frac{4}{\pi}\left(\frac{\cos(2x)}{1\cdot 3} + \frac{\cos(4x)}{3\cdot 5} + \frac{\cos(6x)}{5\cdot 7} + \dots\right)$
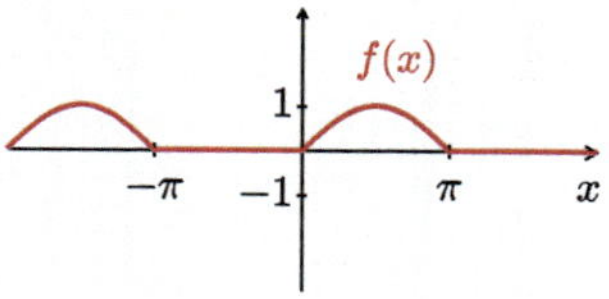	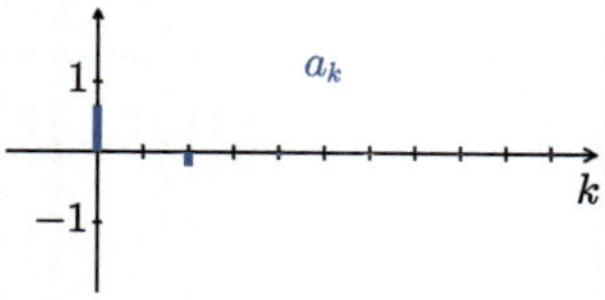 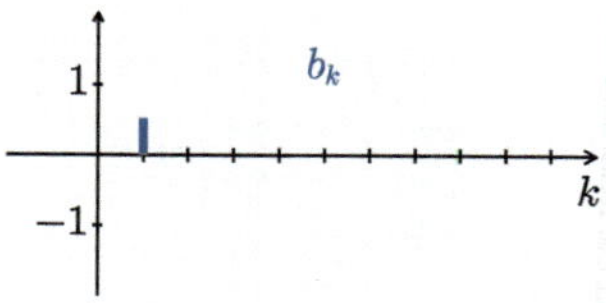
$f(x) = \begin{cases} 0 & -\pi \le x < 0 \\ \sin x & 0 \le x < \pi \end{cases}$	$f(x) = \frac{1}{\pi} - \frac{2}{\pi}\left(\frac{\cos(2x)}{1\cdot 3} + \frac{\cos(4x)}{3\cdot 5} + \frac{\cos(6x)}{5\cdot 7} + \dots\right) + \frac{\sin x}{2}$

Funktion	Fourier-Reihe
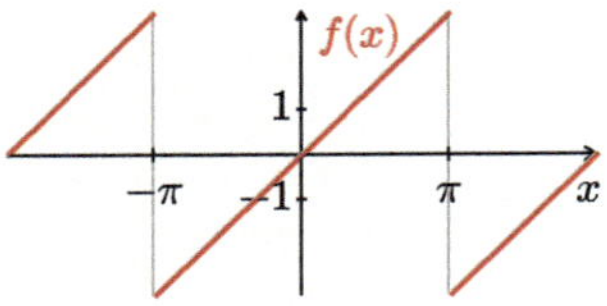 $f(x) = x \quad -\pi \le x < \pi$	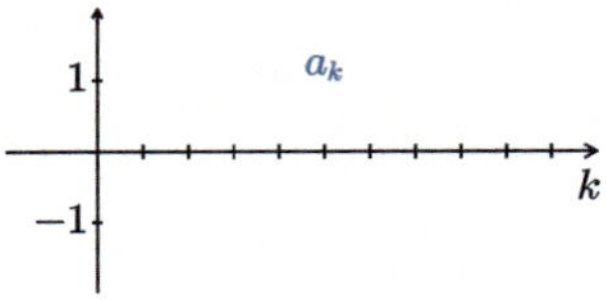 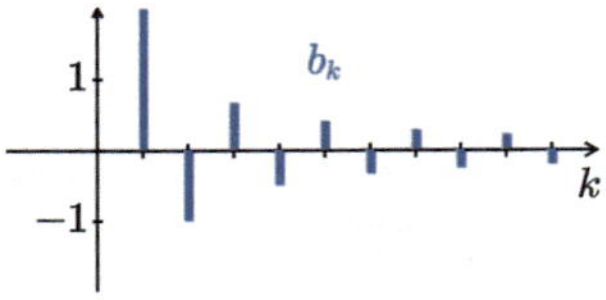 $f(x) = 2\left(\sin x - \frac{\sin(2x)}{2} + \frac{\sin(3x)}{3} \mp \ldots\right)$
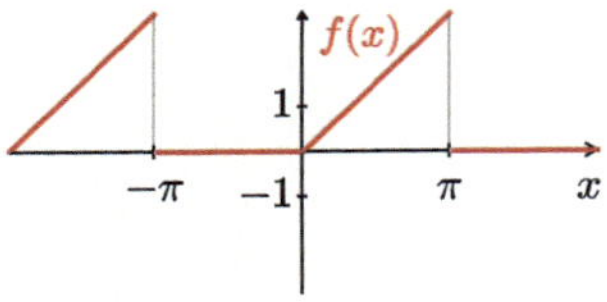 $f(x) = \begin{cases} 0 & -\pi \le x < 0 \\ x & 0 \le x < \pi \end{cases}$	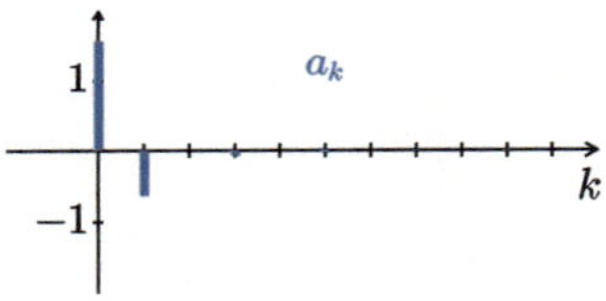 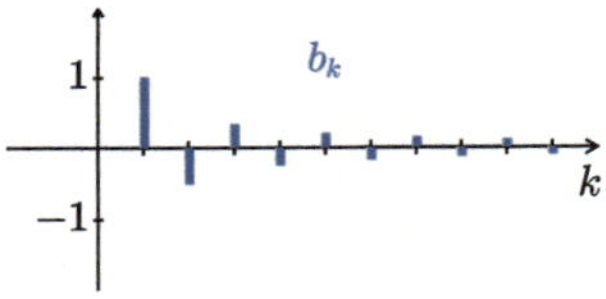 $f(x) = \frac{\pi}{4} - \frac{2}{\pi}\left(\cos x + \frac{\cos(3x)}{3^2} + \frac{\cos(5x)}{5^2} + \ldots\right)$ $+ \sin x - \frac{\sin(2x)}{2} + \frac{\sin(3x)}{3} \mp \ldots$
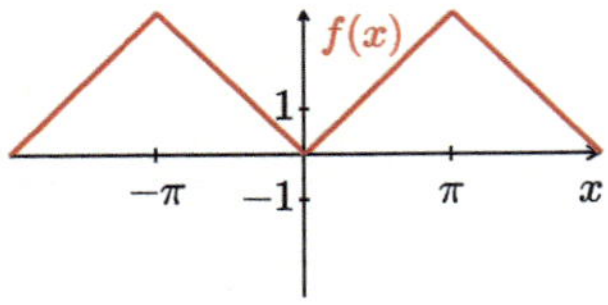 $f(x) = \lvert x\rvert \quad -\pi \le x < \pi$	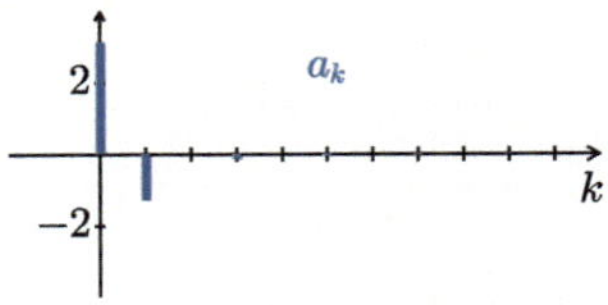 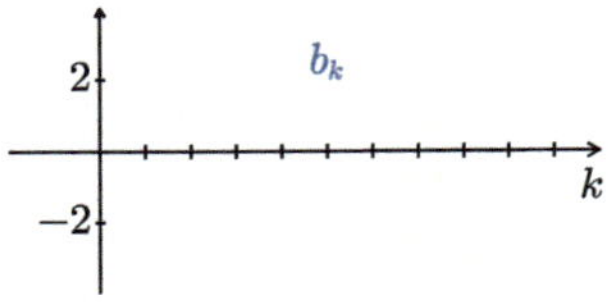 $f(x) = \frac{\pi}{2} - \frac{4}{\pi}\left(\cos x + \frac{\cos(3x)}{3^2} + \frac{\cos(5x)}{5^2} + \ldots\right)$
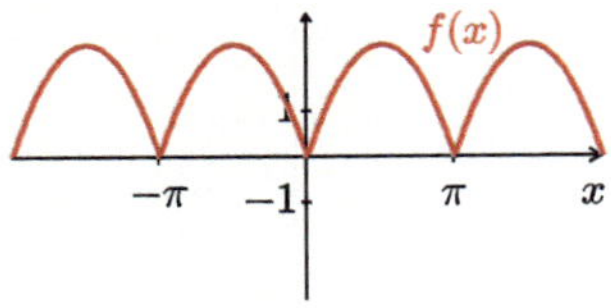 $f(x) = \begin{cases} -x(x+\pi) & -\pi \le x < 0 \\ -x(x-\pi) & 0 \le x < \pi \end{cases}$	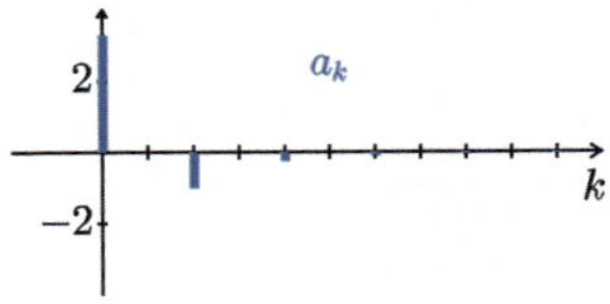 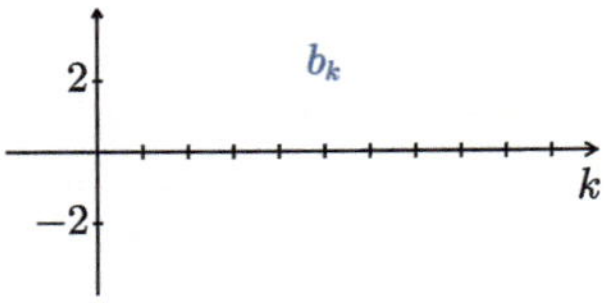 $f(x) = \frac{\pi^2}{6} - \left(\cos(2x) + \frac{\cos(4x)}{2^2} + \frac{\cos(6x)}{3^2} + \ldots\right)$

A.8 Korrespondenzen der Fourier-Transformation

Zeitfunktion $s(t)$	Fourier-Transformation $S(f) = R(f) + \mathrm{i}\,I(f)$	
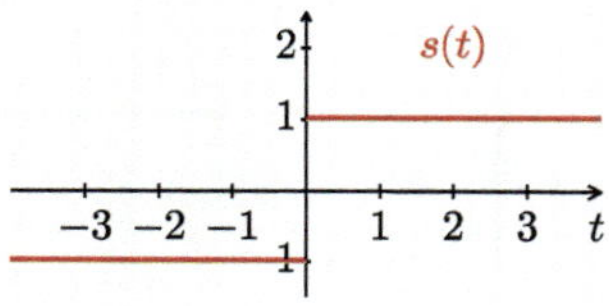	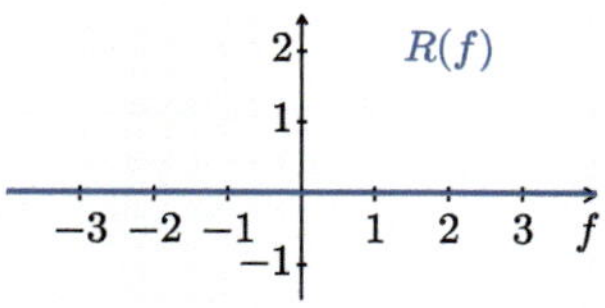	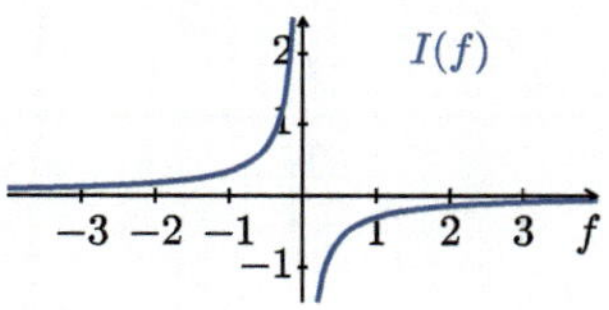
$s(t) = \mathrm{sgn}(t)$	$S(f) = -\mathrm{i}\,\dfrac{1}{\pi f}$	
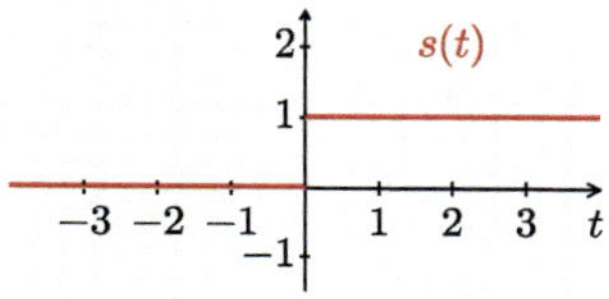	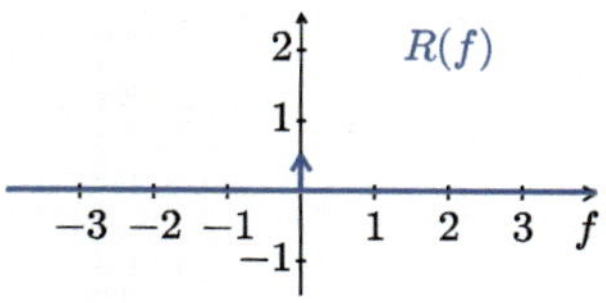	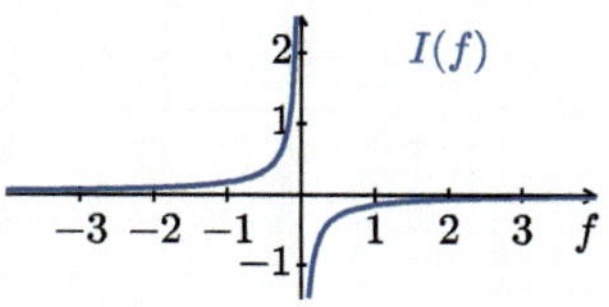
$s(t) = \sigma(t)$	$S(f) = \dfrac{1}{2}\,\delta(f) - \mathrm{i}\,\dfrac{1}{2\pi f}$	
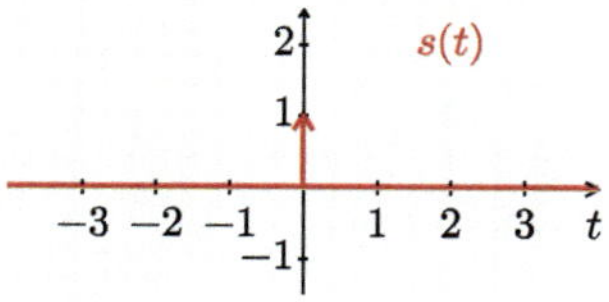	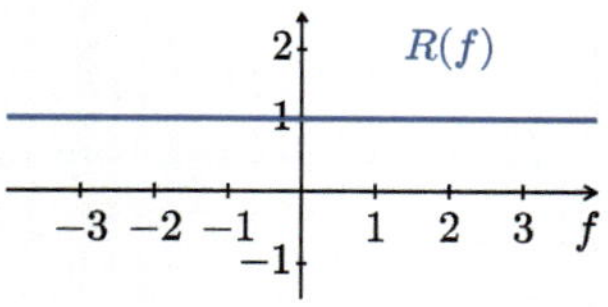	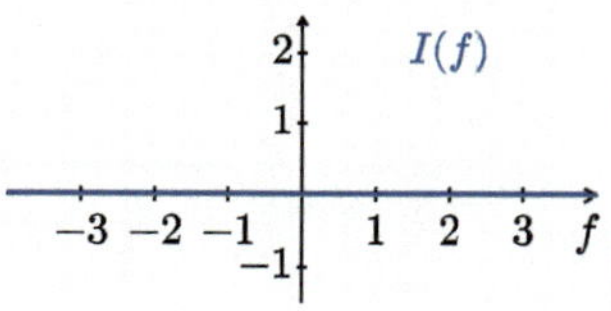
$s(t) = \delta(t)$	$S(f) = 1$	
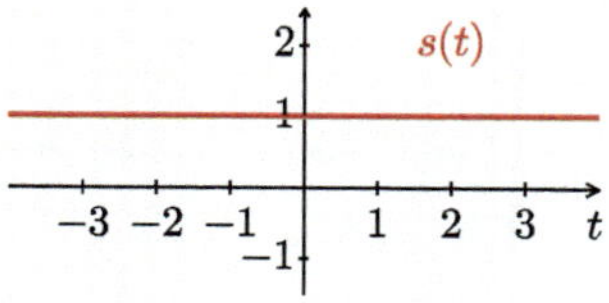	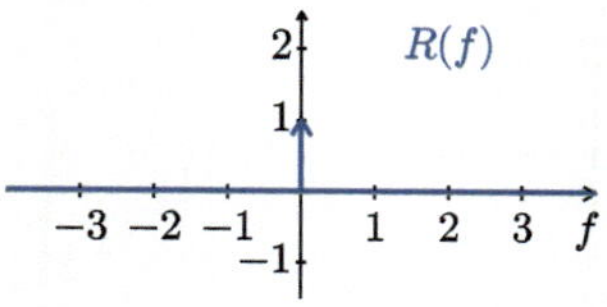	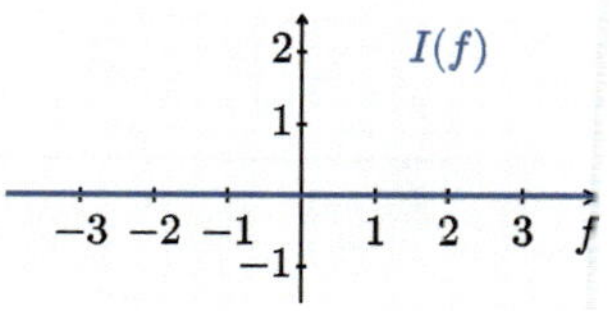
$s(t) = 1$	$S(f) = \delta(f)$	

Zeitfunktion $s(t)$	Fourier-Transformation $S(f) = R(f) + \mathrm{i}\,I(f)$

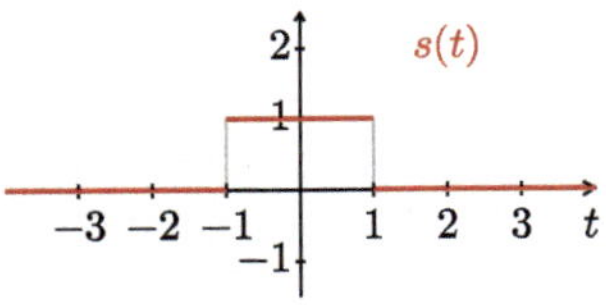

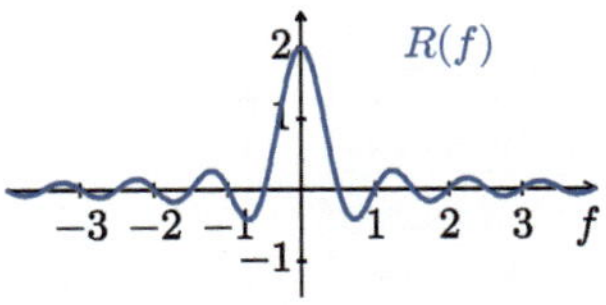

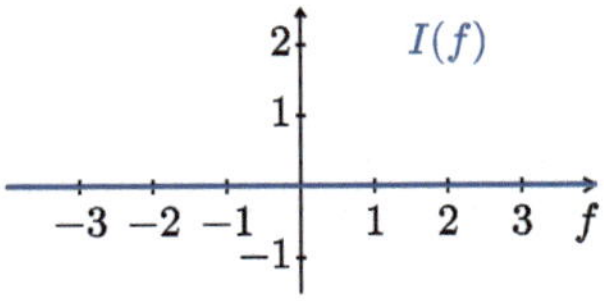

$s(t) = \sigma(t+1) - \sigma(t-1)$

$S(f) = 2\,\dfrac{\sin(2\pi f)}{2\pi f}$

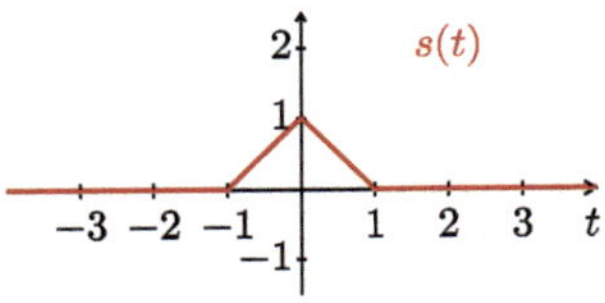

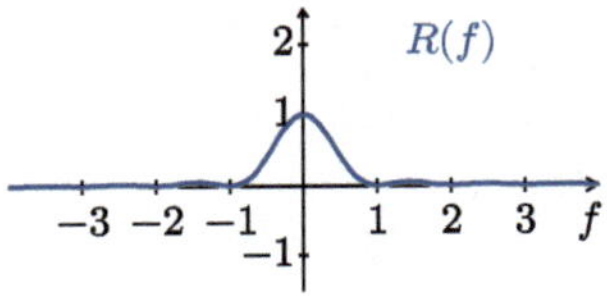

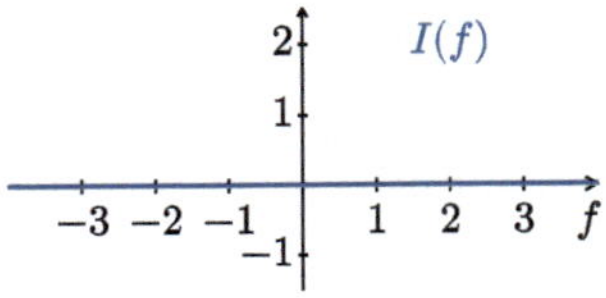

$s(t) = (1+t)\big(\sigma(t+1)-\sigma(t)\big) + (1-t)\big(\sigma(t)-\sigma(t-1)\big)$

$S(f) = \dfrac{\sin^2(\pi f)}{\pi^2 f^2}$

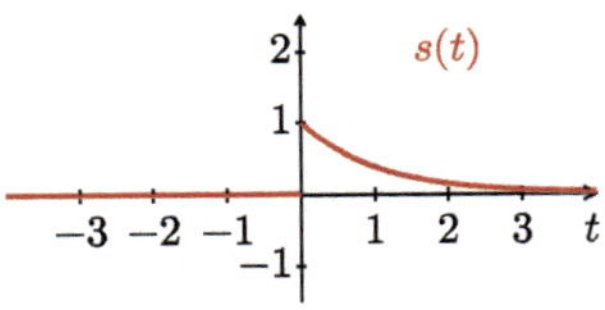

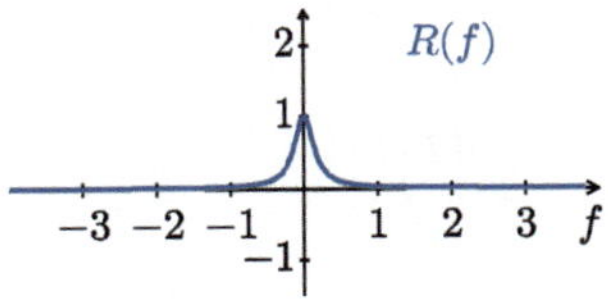

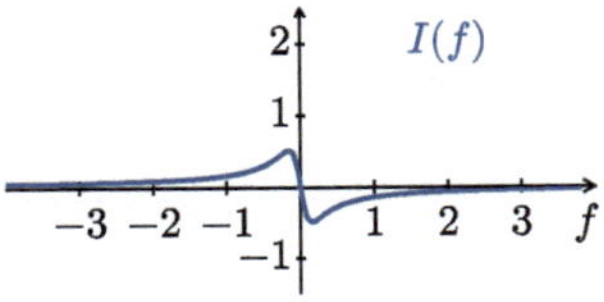

$s(t) = \mathrm{e}^{-t}\sigma(t)$

$S(f) = \dfrac{1}{1+\mathrm{i}\,2\pi f} = \dfrac{1}{1+4\pi^2 f^2} - \mathrm{i}\,\dfrac{2\pi f}{1+4\pi^2 f^2}$

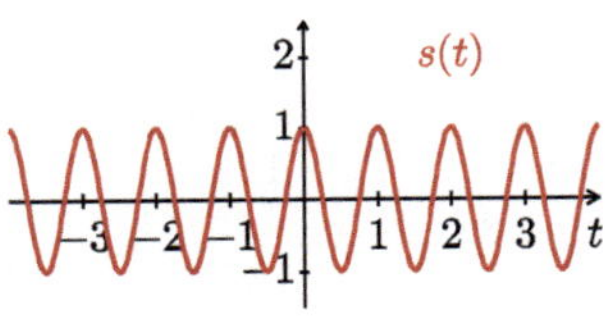

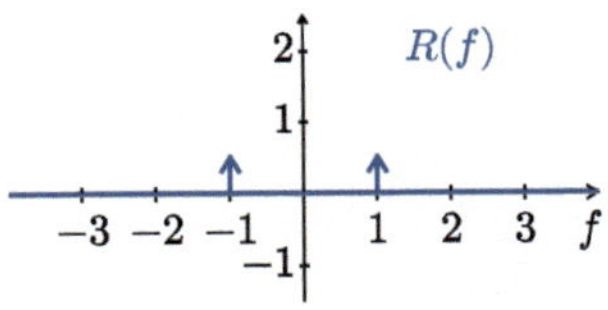

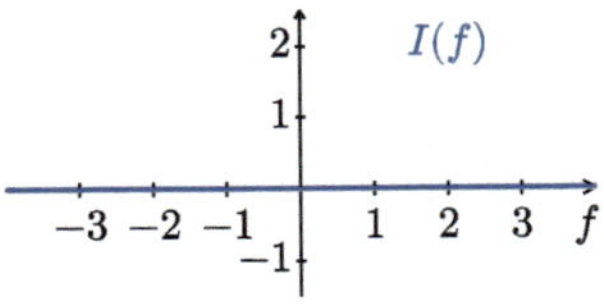

$s(t) = \cos(2\pi t)$

$S(f) = \dfrac{1}{2}\big(\delta(f-1) + \delta(f+1)\big)$

A.9 Eigenschaften der Fourier-Transformation

Eigenschaft	Zeitfunktion	Bildfunktion
Linearität	$C_1\, s_1(t) + C_2\, s_2(t)$	$C_1\, S_1(f) + C_2\, S_2(f)$
Zeitverschiebung	$s(t - t_0)$	$\mathrm{e}^{-\mathrm{i}\,2\,\pi\, f\, t_0}\, S(f)$
Frequenzverschiebung	$\mathrm{e}^{\,\mathrm{i}\,2\,\pi\, f_0\, t}\, s(t)$	$S(f - f_0)$
Amplitudenmodulation	$s(t)\, \cos(2\,\pi\, f_0\, t)$	$\frac{1}{2}\left(S(f - f_0) + S(f + f_0)\right)$
Ähnlichkeit	$s(a\,t)$	$\frac{1}{\lvert a\rvert}\, S\left(\frac{f}{a}\right)$
Zeitumkehr	$s(-t)$	$S(-f)$
Differenziation in t	$\dot{s}(t)$ $\ddot{s}(t)$ $\vdots$ $\frac{\mathrm{d}^n}{\mathrm{d}t^n} s(t)$	$\mathrm{i}\,2\,\pi\, f\, S(f)$ $-4\,\pi^2\, f^2\, S(f)$ $\vdots$ $(\mathrm{i}\,2\,\pi\, f)^n\, S(f)$
Differenziation in f	$-\mathrm{i}\,2\,\pi\, t\, s(t)$ $-4\,\pi^2\, t^2\, s(t)$ $\vdots$ $(-\mathrm{i}\,2\,\pi\, t)^n s(t)$	$S'(f)$ $S''(f)$ $\vdots$ $S^{(n)}(f)$
Multiplikation in t	$t\, s(t)$ $t^2\, s(t)$ $\vdots$ $t^n\, s(t)$	$\frac{S'(f)}{-\mathrm{i}\,2\,\pi}$ $\frac{S''(f)}{-4\,\pi^2}$ $\vdots$ $\frac{S^{(n)}(f)}{(-\mathrm{i}\,2\,\pi)^n}$
Integration	$\int_{-\infty}^{t} s(\tau)\, \mathrm{d}\,\tau$	$\frac{1}{\mathrm{i}\,2\,\pi\, f}\, S(f) + \frac{1}{2}\, S(0)\, \delta(f)$
Faltung in t	$s_1(t) \star s_2(t)$	$S_1(f) \cdot S_2(f)$
Faltung in f	$s_1(t) \cdot s_2(t)$	$S_1(f) \star S_2(f)$

A.10 Korrespondenzen der Laplace-Transformation

Bildfunktion $F(s)$	Zeitfunktion $f(t)$	Bildfunktion $F(s)$	Zeitfunktion $f(t)$
1	$\delta(t)$	$\dfrac{a}{s^2+a^2}$	$\sin at$
$\dfrac{1}{s}$	1	$\dfrac{s}{s^2+a^2}$	$\cos at$
$\dfrac{1}{s^2}$	t	$\dfrac{a}{s^2-a^2}$	$\sinh at$
$\dfrac{n!}{s^{n+1}}$	t^n	$\dfrac{s}{s^2-a^2}$	$\cosh at$
$\dfrac{1}{s-a}$	e^{at}	$\dfrac{a}{(s-b)^2+a^2}$	$\mathrm{e}^{bt}\sin at$
$\dfrac{1}{(s-a)^2}$	$t\,\mathrm{e}^{at}$	$\dfrac{s-b}{(s-b)^2+a^2}$	$\mathrm{e}^{bt}\cos at$
$\dfrac{a}{s(s-a)}$	$\mathrm{e}^{at}-1$	$\dfrac{a}{(s-b)^2-a^2}$	$\mathrm{e}^{bt}\sinh at$
$\dfrac{a-b}{(s-a)(s-b)}$	$\mathrm{e}^{at}-\mathrm{e}^{bt}$	$\dfrac{s-b}{(s-b)^2-a^2}$	$\mathrm{e}^{bt}\cosh at$
$\dfrac{a}{1+as}$	$\mathrm{e}^{-\frac{t}{a}}$ $(a\neq 0)$	$\dfrac{2as}{(s^2+a^2)^2}$	$t\sin at$
$\dfrac{a^2}{(1+as)^2}$	$t\,\mathrm{e}^{-\frac{t}{a}}$ $(a\neq 0)$	$\dfrac{s^2-a^2}{(s^2+a^2)^2}$	$t\cos at$
$\dfrac{1}{s(1+as)}$	$1-\mathrm{e}^{-\frac{t}{a}}$ $(a\neq 0)$	$\dfrac{2as}{(s^2-a^2)^2}$	$t\sinh at$
$\dfrac{a-b}{(1+as)(1+bs)}$	$\mathrm{e}^{-\frac{t}{a}}-\mathrm{e}^{-\frac{t}{b}}$ $(a,b\neq 0)$	$\dfrac{s^2+a^2}{(s^2-a^2)^2}$	$t\cosh at$
$\dfrac{s}{(s-a)^2}$	$(1+at)\mathrm{e}^{at}$	$\dfrac{2}{(s-a)^3}$	$t^2\,\mathrm{e}^{at}$
$\dfrac{(a-b)s}{(s-a)(s-b)}$	$a\,\mathrm{e}^{at}-b\,\mathrm{e}^{bt}$	$\dfrac{2s}{(s-a)^3}$	$(at^2+2t)\mathrm{e}^{at}$
$\dfrac{a^3 s}{(1+as)^2}$	$(a-t)\mathrm{e}^{-\frac{t}{a}}$ $(a\neq 0)$	$\dfrac{2s^2}{(s-a)^3}$	$(a^2t^2+4at+2)\mathrm{e}^{at}$
$\dfrac{ab(a-b)s}{(1+as)(1+bs)}$	$a\mathrm{e}^{-\frac{t}{b}}-b\mathrm{e}^{-\frac{t}{a}}$ $(a,b\neq 0)$	$\dfrac{a^2}{s^2(s-a)}$	$\mathrm{e}^{at}-at-1$

A.11 Eigenschaften der Laplace-Transformation

Eigenschaft	Zeitfunktion	Bildfunktion
Linearität	$C_1\, f_1(t) + C_2\, f_2(t)$	$C_1\, F_1(s) + C_2\, F_2(s)$
Ähnlichkeit ($a > 0$)	$f(a\,t)$	$\frac{1}{a}\, F\left(\frac{s}{a}\right)$
Zeitverschiebung	$\sigma(t - t_0)\, f(t - t_0)$	$\mathrm{e}^{-t_0\, s}\, F(s)$
Dämpfung	$\mathrm{e}^{-s_0\, t}\, f(t)$	$F(s + s_0)$
Differenziation in t	$f'(t)$ $f''(t)$ $\vdots$ $f^{(n)}(t)$	$s\, F(s) - f(0)$ $s^2\, F(s) - s\, f(0) - f'(0)$ $\vdots$ $s^n\, F(s) - \sum_{k=0}^{n-1} s^{n-k-1} f^{(k)}(0)$
Differenziation in s	$-t\, f(t)$ $t^2\, f(t)$ $\vdots$ $(-t)^n\, f(t)$	$F'(s)$ $F''(s)$ $\vdots$ $F^{(n)}(s)$
Multiplikation mit t	$t\, f(t)$ $t^2\, f(t)$ $\vdots$ $t^n\, f(t)$	$-F'(s)$ $F''(s)$ $\vdots$ $(-1)^n\, F^{(n)}(s)$
Integration im Zeitbereich	$\int_0^t f(\tau)\,\mathrm{d}\,\tau$	$\frac{1}{s}\, F(s)$
Integration im Bildbereich	$\frac{1}{t}\, f(t)$	$\int_s^\infty F(u)\,\mathrm{d}\,u$
Faltung im Zeitbereich	$f_1(t) \star f_2(t)$	$F_1(s) \cdot F_2(s)$
Periodische Funktion	$f(t + T) = f(t)$	$\frac{1}{1 - \mathrm{e}^{-T\,s}} \int_0^T f(t)\,\mathrm{e}^{-s\,t}\,\mathrm{d}t$

A.12 Korrespondenzen der z-Transformationen

Bildfunktion $F(z)$	Zeitfolge (f_k)	Bildfunktion $F(z)$	Zeitfolge (f_k)
1	δ_k	$\frac{1}{z^n}$	1 für $k = n$, 0 sonst
$\frac{z}{z-1}$	1	$\frac{z}{(z-1)^2}$	k
$\frac{z}{z-a}$	a^k	$\frac{az}{(z-a)^2}$	$k\,a^k$

A.13 Eigenschaften der z-Transformationen

Eigenschaft	Zeitfolge	Bildfunktion
Linearität	$C_1\,(f_k) + C_2\,(g_k)$	$C_1\,F(z) + C_2\,G(z)$
Dämpfung	$(a^{-k}\,f_k)$	$F(a\,z)$
Indexverschiebung	(f_{k-n})	$z^{-n}F(z)$
	(f_{k+1})	$z\big(F(z) - f_0\big)$
	(f_{k+2})	$z^2\big(F(z) - f_0 - f_1 z^{-1}\big)$
	$\vdots$	$\vdots$
	(f_{k+n})	$z^n\left(F(z) - \sum_{k=0}^{n-1} f_k z^{-k}\right)$
Differenzen	$(\Delta\,f_k)$	$(z-1)F(z) - z\,f_0$
	$(\Delta^2\,f_k)$	$(z-1)^2F(z) - z\big((z-1)f_0 + \Delta f_0\big)$
	$\vdots$	$\vdots$
	$(\Delta^n\,f_k)$	$(z-1)^nF(z) - z\sum_{k=0}^{n-1}(z-1)^{n-k-1}\Delta^k f_0$
Multiplikation mit k	$(k\,f_k)$	$-z\,F'(z)$
	$(k^2\,f_k)$	$z\,F'(z) - z^2\,F''(z)$
	$\vdots$	$\vdots$
Faltung im Zeitbereich	$(f_k) \star (g_k)$	$F(z)\cdot G(z)$

A.14 Griechisches Alphabet

Name	Groß-buchstabe	Klein-buchstabe
Alpha	A	α
Beta	B	β
Gamma	Γ	γ
Delta	Δ	δ
Epsilon	E	ϵ, ε
Zeta	Z	ζ
Eta	H	η
Theta	Θ	θ, ϑ
Iota	I	ι
Kappa	K	κ
Lambda	Λ	λ
My	M	μ
Ny	N	ν
Xi	Ξ	ξ
Omikron	O	o
Pi	Π	π
Rho	P	ρ, ϱ
Sigma	Σ	σ
Tau	T	τ
Ypsilon	Υ	υ
Phi	Φ	ϕ, φ
Chi	X	χ
Psi	Ψ	ψ
Omega	Ω	ω

Literaturverzeichnis

Mathematik

[DoCarmo] Do Carmo, M. P.: Differentialgeometrie von Kurven und Flächen, Vieweg + Teubner, Wiesbaden, 3. Auflage, 1993

[Forst] Forst, W., Hoffmann, D.: Gewöhnliche Differentialgleichungen, Springer, Berlin, 2. Auflage, 2013

[Heuser:Analysis] Heuser, H.: Lehrbuch der Analysis, Teil 1 und 2, Vieweg + Teubner, Wiesbaden, 17. Auflage, 2009

[Heuser:DGL] Heuser, H.: Gewöhnliche Differentialgleichungen, Vieweg + Teubner, Wiesbaden, 6. Auflage, 2009

[Heuser:FA] Heuser, H.: Funktionalanalysis, Vieweg + Teubner, Wiesbaden, 4. Auflage, 2006

[Mohr-Plappert] Mohr, R., Plappert, P.: Mathematik für Wirtschaftswissenschaftler, Grenzwert Verlag, Alfdorf, 2007

[Seydel] Seydel, R.: Practical Bifurcation and Stability Analysis, Springer, New York, 3. Auflage, 2009

Numerische Mathematik

[Freund-Hoppe] Freund, R., Hoppe, R.: Stoer/Bulirsch: Numerische Mathematik 1 und 2, Springer, Berlin, 10. Auflage, 2007

[Golub] Golub, G. H., van Loan, C. F.: Matrix Computations, The Johns Hopkins University Press, Baltimore, Maryland, USA, 4. Auflage, 2013

[Höllig] Höllig, K.: Grundlagen der Numerik, MathText, Zavelstein, 1998

[Mohr:Numerik] Mohr, R.: Numerische Methoden in Naturwissenschaft und Technik – Ein Lehrbuch mit MATLAB-Routinen, Grenzwert Verlag, Alfdorf, 2009

[Schwarz-Köckler] Schwarz, H. R., Köckler, N.: Numerische Mathematik, Vieweg + Teubner, Wiesbaden, 8. Auflage, 2011

Formelsammlungen

[Bartsch] Bartsch, H.-J.: Taschenbuch mathematischer Formeln, Hanser, 25. Auflage, 2023

[Mohr:Formeln] Mohr, R.: Mathematische Formeln für das Studium an Fachhochschulen, Hanser, München, 2011

Anwendungen

[Hering-Martin] Hering, E., Martin, R., Stohrer, M.: Physik für Ingenieure, Springer, Berlin, 14. Auflage, 2025

[Hoschek] Hoschek, J., Lasser, D.: Grundlagen der Geometrischen Datenverarbeitung, Teubner, Stuttgart, 2. Auflage, 1992

[Küpfmüller] Küpfmüller, K., Mathis, W., Reibiger, A.: Theoretische Elektrotechnik, Springer, Berlin, 20. Auflage, 2017

[Sedgewick] Sedgewick, R.: Algorithmen in C++, Addison-Wesley, München, 3. Auflage, 2002

Geschichte

[Martin] Martin, R.: Gestatten Sie, dass ich vorstelle . . . , Hochschule Esslingen, 2009

[MacTutor] O'Connor, J. J., Robertson, E. F.: The MacTutor History of Mathematics Archive, www-history.mcs.st-and.ac.uk, 2010

[Wikipedia] Wikipedia, www.wikipedia.org, 2024

Sachwortverzeichnis

Symbole

A

T

U